Jeremy Scahill

SCHMUTZIGE KRIEGE

Amerikas geheime Kommandoaktionen

Aus dem Englischen von
Gabriele Gockel, Bernhard Jendricke,
Sonja Schuhmacher und Maria Zybak,
Kollektiv Druck-Reif

Verlag Antje Kunstmann

Den Journalisten –
    jenen, die wegen ihrer Arbeit im Gefängnis sitzen, und jenen,
die auf der Suche nach der Wahrheit umgekommen sind.

JEREMY SCAHILL

»Es ist verboten zu töten; deshalb werden Mörder bestraft, es sei denn, sie töten in Massen und zum Klang von Trompeten.«

VOLTAIRE

Inhalt

KARTEN

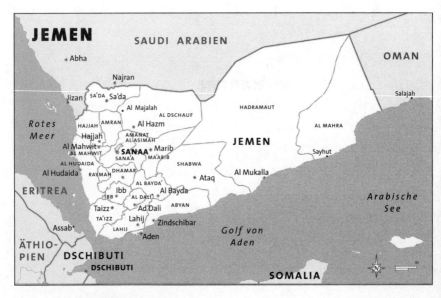

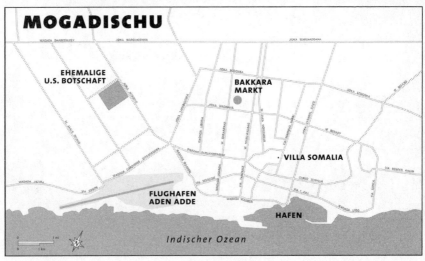

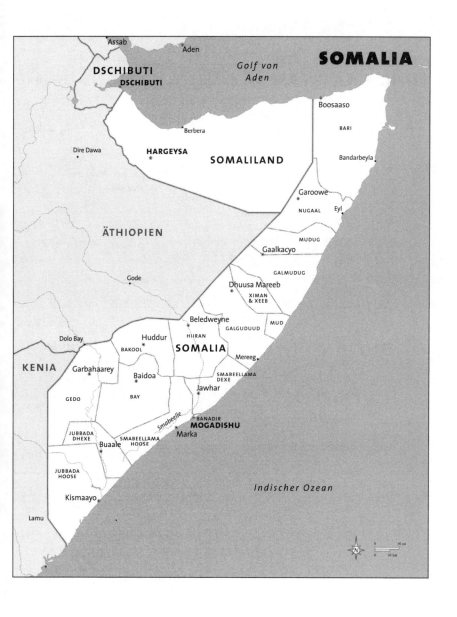

SCHMUTZIGE KRIEGE

SCHMETTERLINGE

Prolog

Dies ist die Geschichte, wie die Vereinigten Staaten dazu kamen, gezielte Tötungen zu einem zentralen Bestandteil ihrer nationalen Sicherheitspolitik zu machen. Diese Geschichte handelt auch davon, welche Folgen diese Entscheidung für die Menschen in zahlreichen Ländern auf der ganzen Welt und für die Zukunft der amerikanischen Demokratie hat. Wenngleich die Anschläge vom 11. September 2001 die Außenpolitik der USA auf dramatische Weise verändert haben, liegen die Wurzeln dieser Geschichte weit vor dem Tag, an dem die Twin Towers einstürzten. Zudem besteht seit dem 11. September eine gewisse Voreingenommenheit gegenüber der amerikanischen Außenpolitik: dass einerseits die von Präsident George W. Bush angeordnete Invasion im Irak ein heilloses Desaster angerichtet und die amerikanische Nation habe glauben lassen, weltweit Krieg führen zu müssen, und andererseits Präsident Barack Obama nichts anderes übriggeblieben sei, als den Scherbenhaufen aufzuräumen. Nach Ansicht vieler Konservativer erweist sich Präsident Obama im Kampf gegen den Terrorismus als zu schwach. Nach Ansicht vieler Liberaler hingegen führt er einen »intelligenteren« Krieg. Die Wirklichkeit ist jedoch viel differenzierter.

Dieses Buch erzählt von der Ausweitung der verdeckten Kriege der USA, dem Machtmissbrauch durch die Regierung und vom Einsatz militärischer Eliteeinheiten, die sich allein dem Weißen Haus gegenüber zu verantworten haben und niemandem sonst Rechenschaft schuldig sind. *Schmutzige Kriege* enthüllt zudem, wie sich von den früheren republikanischen Regierungen bis zur heutigen demokratischen Präsidentschaft eine Geisteshaltung fortsetzt, der zufolge »die Welt ein Schlachtfeld ist«.

Die Geschichte beginnt mit einem kurzen Überblick, welche Haltung die USA vor dem 11. September 2001 zu Terrorismus und Attentaten einnahmen. Damit verflechte ich weitere Geschichten, die den Zeitraum von Bushs Anfangszeit als Präsident bis zu Obamas zweiter

Amtsperiode umfassen. Es wird von al-Qaida-Kämpfern im Jemen die Rede sein, von Warlords in Somalia, die von den USA unterstützt werden, von CIA-Spionen in Pakistan und von Sondereinsatzkommandos mit dem Auftrag, jene Leute zur Strecke zu bringen, die die Vereinigten Staaten zu ihren Feinden erklärt haben. Wir werden Männern begegnen, die für Militär und CIA höchst sensible Operationen durchführen, und Geschichten von Insidern hören, die ihr Leben im Schatten verbringen. Manche waren zu einem Gespräch mit mir nur unter der Bedingung bereit, dass ihre Identität niemals offenbart wird.

Alle Welt weiß inzwischen, dass es das SEAL-Team 6 und das Joint Special Operations Command waren, die Osama bin Laden töteten. In diesem Buch werden bisher geheim gehaltene oder wenig bekannte Missionen dieser beiden Einheiten enthüllt, über die die Regierenden in den USA nie ein Sterbenswörtchen verloren haben und die nie in einem Hollywoodfilm verewigt werden. Ich werde mich ausführlich mit dem Leben von Anwar al-Awlaki beschäftigen, dem ersten bekannten US-Bürger, den seine eigene Regierung gezielt töten ließ, obwohl er nie eines Verbrechens beschuldigt worden war. Wir werden auch von jenen hören, die zwischen den Fronten stehen – den Zivilisten, die von Drohnen bombardiert und von Terroranschlägen heimgesucht werden. Wir werden afghanische Zivilisten kennenlernen, deren Leben durch die nächtliche Razzia eines Sonderkommandos zerstört wurde und die man dadurch von Verbündeten der USA zu potenziellen Selbstmordattentätern machte.

Einige der Geschichten in diesem Buch mögen auf den ersten Blick keine Verbindung miteinander haben und von Menschen handeln, die Welten voneinander getrennt sind. Aber zusammengenommen zeigen sie auf erschreckende Weise, was wir zu erwarten haben in einer Welt, in der schmutzige Kriege immer mehr um sich greifen.

1 „Es gab die Befürchtung, dass wir eine amerikanische Abschussliste aufstellen"

WASHINGTON, 2001–2002

Es war 10.10 Uhr am 11. Juni 2002[1], genau neun Monate nach den Anschlägen des 11. September. Die Senatoren und Abgeordneten nahmen im Raum S-407 des Kapitols ihre Plätze ein. Sie alle gehörten zu einer kleinen elitären Gruppe, der per Gesetz die bestgehüteten Geheimnisse der US-Regierung, die nationale Sicherheit betreffend, anvertraut waren. »Ich beantrage hiermit, diese Sitzung unter Ausschluss der Öffentlichkeit stattfinden zu lassen«, erklärte der Republikaner Richard Shelby, der dienstältere der beiden Senatoren von Alabama, in seinem Südstaatenakzent, »da die nationale Sicherheit der Vereinigten Staaten Schaden nehmen könnte, sollte unsere Unterredung öffentlich werden.« Der Antrag wurde rasch befürwortet.

Während in Washington die Mitglieder des Senate Select Committee on Intelligence, des Senatsausschusses zur Beaufsichtigung der Nachrichtendienste, und seines Partnerausschusses im Repräsentantenhaus, dem House Permanent Select Committee on Intelligence, zu einer Sitzung zusammentraten, fand auf der anderen Seite der Erdkugel, in Afghanistan, eine *Loja Dschirga* statt, ein »großer Rat«[2], beauftragt zu entscheiden, wer das Land nach dem raschen Sturz der Taliban-Regierung durch das US-Militär regieren sollte. Nach dem 11. September hatte der Kongress der Regierung Bush weitreichende Befugnisse bei der Verfolgung der für die Anschläge Verantwortlichen eingeräumt. Die seit 1996 in Afghanistan herrschende Taliba-Regierung wurde hinweggefegt, wodurch al-Qaida ihre Rückzugsorte in Afghanistan verlor. Osama bin Laden und andere Führer von al-Qaida befanden sich auf der Flucht. Aber für die Regierung Bush hatte der lange Krieg gerade erst begonnen.

Im Weißen Haus waren Vizepräsident Dick Cheney und Verteidigungsminister Donald Rumsfeld bereits intensiv mit den Planungen für die nächste Invasion beschäftigt – derjenigen im Irak. Schon bei ihrem Amtsantritt hatten die beiden den Plan in der Tasche, Saddam Hussein zu stürzen, und trotz der Tatsache, dass es zwischen den Anschlägen und dem Irak keine Verbindungen gab, nutzten sie den 11. September als Vorwand, um ihr Vorhaben voranzutreiben. Doch die Entscheidungen, die in diesem ersten Jahr der Regierung Bush gefällt wurden, zielten auf weit mehr ab als den Irak, Afghanistan oder selbst al-Qaida. Die beiden mächtigen Männer waren fest entschlossen, die Art der Kriegsführung der Vereinigten Staaten zu verändern und zugleich dem Weißen Haus eine nie dagewesene Macht zu verschaffen. Die Zeiten, in denen man gegen uniformierte Feinde und staatliche Armeen gemäß den Regeln der Genfer Konventionen kämpfte, waren vorbei. »Die Welt ist ein Schlachtfeld« lautete das Mantra, das die Neokonservativen im nationalen Sicherheitsapparat unablässig wiederholten und das in den PowerPoint-Präsentationen zu lesen war, mit denen die Pläne für einen extensiven, grenzenlosen weltweiten Krieg gegen den Terror vorgestellt wurden. Aber Terroristen waren nicht das einzige Ziel. Im Visier hatten sie vielmehr das 200 Jahre alte demokratische System der Gewaltenteilung.

Der fensterlose Raum S-407 im Dachgeschoss des Kapitols war nur mit einem einzigen Lift oder über eine schmale Treppe zu erreichen. Er galt als abhörsicher und war mit ausgeklügelten Vorrichtungen zur Abwehr von Lausch- und Spähangriffen ausgestattet. Seit Jahrzehnten wurde dieser Raum für die besonders sensible Unterrichtung von Kongressmitgliedern durch CIA, Militär und unzählige andere Personen und Institutionen genutzt, die sich im Schatten der US-Politik tummelten. Verdeckte Aktionen wurden in diesem Raum beraten und nachbesprochen. Er gehörte zu der Handvoll Orte in den Vereinigten Staaten, wo die bestgehüteten Geheimnisse des Landes diskutiert wurden.[3]

Die Senatoren und Abgeordneten, die sich an jenem Junimorgen 2002 auf dem Kapitolshügel hinter verschlossenen Türen trafen, erfuhren, dass die Vereinigten Staaten eine Schwelle überschritten hatten. Die Versammlung war zur Überprüfung von Arbeit und Struktur der für die Terrorbekämpfung zuständigen Behörden vor dem 11. September einberufen worden, denn es gab zu jener Zeit erhebliche Schuldzuweisungen, denen zufolge die US-Nachrichtendienste durch ihr »Versagen« die Anschläge erst ermöglicht hätten. Nach den verheerendsten Terroranschlägen auf US-Territorium in der Geschichte behaupteten

Cheney und Rumsfeld, die Regierung Clinton habe auf die eminente Be-
drohung durch al-Qaida nicht angemessen reagiert und dadurch die
USA genau zu dem Zeitpunkt angreifbar gemacht, als Bush im Weißen
Haus die Macht übernahm. Doch die Demokraten ließen sich das nicht
gefallen und verwiesen auf ihren Kampf gegen al-Qaida in den 1990er-
Jahren. Dass an diesem Tag Richard Clarke zu den Senatoren und
Abgeordneten sprach, war zum Teil auch als Signal an die führenden
Kongressmitglieder gedacht. Clarke war von Präsident Clinton zum Beauftragten für die Terrorismusbekämpfung ernannt worden und hatte
in den zehn Jahren vor dem 11. September den Vorsitz der Counterterrorism Security Group im Nationalen Sicherheitsrat innegehabt. Auch
unter Präsident George H. W. Bush war er Mitglied des Nationalen Sicherheitsrats gewesen, und bereits unter Präsident Ronald Reagan hatte
er als Staatssekretär im Außenministerium gearbeitet. Somit gehörte
Clarke zu den erfahrensten Antiterrorexperten in den USA.[4] Obwohl
sich Clarke unter einer demokratischen Regierung einen Namen gemacht hatte, galt er als »Falke«, und es war allgemein bekannt, dass er
während der Regierungszeit Clintons entschieden für eine Ausweitung
von verdeckten Aktionen plädiert hatte.[5] Daher war es ein geschickter
Schachzug der Regierung Bush, ihn als Fürsprecher für ein System von
militärischen und geheimdienstlichen Taktiken vorzuschicken, die bislang als illegal, undemokratisch oder schlicht zu gefährlich galten.

Clarke erklärte, unter Clinton habe es in den mit der nationalen Sicherheit befassten Kreisen schwere Bedenken gegeben, dass das seit langem geltende, vom Präsidenten verhängte Verbot gezielter Tötungen
verletzt werden und es wieder wie in der Vergangenheit zu Skandalen
kommen könnte. Seiner Ansicht nach habe sich in der CIA »eine Kultur« entwickelt, die auf der Überzeugung gründete, dass »im großem
Maßstab betriebene verdeckte Operationen schiefgehen, aus dem Ruder laufen und damit enden, dass die CIA mit Dreck beworfen wird«.[6]

»Die Geschichte der verdeckten Operationen in den 1950er- und
1960er-Jahren war keine glückliche«, erklärte Clarke den Senatoren
und Abgeordneten. Die CIA hatte den Sturz populistischer Regierungen in Lateinamerika und im Nahen Osten organisiert, Todesschwadronen in ganz Mittelamerika unterstützt, bei der Ermordung des
Rebellenführers Patrice Lumumba im Kongo mitgewirkt und Militär-
juntas und Diktaturen Beistand geleistet. Es habe eine derartige Flut solcher Tötungen gegeben, dass ein republikanischer Präsident, Gerald

Ford, sich gezwungen sah, 1976 das Dekret 11905 zu erlassen, das den USA ausdrücklich die Durchführung »politischer Attentate« untersagte.[7] Die CIA-Beamten, die zu jener Zeit am Anfang ihrer Karriere standen und in den 1990er-Jahren wichtige Posten einnahmen, hatten laut Clarke »verinnerlicht, dass verdeckte Aktionen riskant sind und wahrscheinlich ins Auge gehen. Und die Schlauberger im Weißen Haus, die einen zuerst zu einer verdeckten Aktion gedrängt haben, sind nirgendwo mehr zu finden, wenn [das Senate Select Committee on Intelligence] einen vorlädt, damit man erklärt, wie es zu dem Schlamassel kam, zu dem die verdeckte Aktion geworden ist.«

Präsident Jimmy Carter ergänzte Fords Verbot gezielter Tötungen, um es noch wirksamer zu machen. Es wurden nicht mehr nur politische Attentate untersagt, das Verbot galt nun auch für die Beteiligung bei Tötungen von Verbündeten und Dienstleistern, die im Auftrag der USA tätig waren. »Niemand, der in Diensten der Regierung der Vereinigten Staaten steht oder in deren Namen handelt, darf sich an einer gezielten Tötung oder an Planungen hierzu beteiligen«[8], hieß es in Präsident Carters Dekret. Die Präsidenten Reagan und George H. W. Bush hielten zwar an dieser Sprachregelung fest, aber in keinem Präsidentendekret wurde jemals definiert, was unter einer gezielten Tötung eigentlich zu verstehen sei. Reagan, Bush und Clinton wussten sich bei der Umgehung des Verbots zu helfen. Reagan zum Beispiel genehmigte 1986 einen Luftangriff auf das Haus des libyschen Diktators Muammar al-Gaddafi als Vergeltung für dessen angebliche Mitwirkung bei einem Bombenanschlag auf einen Berliner Nachtclub.[9] Präsident Bush sen. wiederum autorisierte während des Golfkriegs 1991 Angriffe auf die Paläste von Saddam Hussein[10], ebenso Clinton 1998 während der Operation Desert Fox.[11]

Clarke schilderte den Abgeordneten, wie unter der Regierung Clinton Pläne entworfen wurden, Anführer von al-Qaida und anderer Terrorgruppen, darunter auch Osama bin Laden, zu töten oder gefangen zu nehmen. Präsident Clinton erklärte hierzu, das Verbot gelte nicht im Hinblick auf ausländische Terroristen, die Angriffe gegen die Vereinigten Staaten planten. Nach den Bombenanschlägen auf die US-Botschaften in Kenia und Tansania Ende 1998 genehmigte Clinton Cruise-Missile-Angriffe auf vermeintliche Camps von al-Qaida in Afghanistan und einen Luftschlag gegen eine Fabrik im Sudan, die der US-Regierung zufolge Chemiewaffen produzierte.[12] Wie sich später herausstellte, wurden in der Fabrik pharmazeutische Artikel hergestellt.[13] Wenngleich Clinton diese mörderischen Aktionen genehmigt hatte, galten sie doch weiterhin als eine Option, auf die man nur selten zurückgriff und auch nur auf Anweisung des Präsidenten im Einzelfall.[14] Clinton stellte keineswegs eine Blankovollmacht für solche Operationen aus, sondern verlangte vor einer jeden derartigen Aktion eine gründliche Prüfung. Dafür wurden gesetzliche Regularien geschaffen, und der Einsatz todbringender Mittel bei der Verfolgung von Terroristen weltweit musste vom Präsidenten persönlich autorisiert werden. Doch laut Clarke geschah das nur selten.[15]

Clarkes Ansicht nach waren die in der Ära Clinton erteilten Genehmigungen für gezielte Tötungen »sehr spitzfindig formulierte und einigermaßen bizarre Dokumente«. Man habe sie eigens so formuliert, dass der Spielraum für derartige Operationen möglichst eng blieb. Die Ermächtigungen zum gezielten Töten während der Ära Clinton seien »sehr eng gefasst. Aber das liegt wohl an dem Wunsch, das Verbot von Attentaten nicht in Bausch und Bogen abzuschaffen und eine amerikanische Abschussliste aufzustellen.«

Die Abgeordnete Nancy Pelosi, damals eine der einflussreichsten Vertreterinnen der Demokraten im Kongress, ermahnte ihre Kollegen bei dieser nichtöffentlichen Sitzung, keines dieser als streng geheim eingestuften Memoranden zur Genehmigung gezielter Tötungen öffentlich zu diskutieren. Diese Memoranden, sagte sie, »unterliegen der höchsten Geheimhaltungsstufe. Es ist von größter Bedeutung ... sich dessen hier bewusst zu sein.«[16] Nichts davon dürfe an die Medien gelangen. »Dass wir von diesen Memoranden Kenntnis haben, dürfen wir auf keinen Fall bestätigen, abstreiten oder einräumen.« Clarke wurde gefragt, ob seiner Meinung nach das Verbot von Attentaten gelockert werden sollte. »Ich denke, man muss sehr vorsichtig damit umgehen, wie weit man den Einsatz tödlicher Mittel genehmigt«, antwortete er. »Ich glaube nicht, dass die Erfahrung der Israelis mit einer breit angelegten Todesliste ein großer Erfolg war. Nein – damit hat man sicher nicht den Terrorismus gestoppt und auch nicht die Organisationen, auf deren Mitglieder gezielte Anschläge verübt wurden.« Wenn er und seine Kollegen in der Regierung Clinton Genehmigungen für derartige Tötungsaktionen erteilten, so Clarke, hätten sie penibel darauf geachtet, dass es sich um chirurgische Schläge handelte und bei Einzelfällen blieb. »Wir wollten keine breiten Präzendenzfälle schaffen, die den Geheimdiensten künftig erlaubt hätten, Todeslisten zu führen und routinemäßig zu Mitteln zu greifen, die Attentaten gleichkommen … Es gab im Justizministerium und bei manchen Stellen im Weißen Haus und in der CIA Bedenken, dass wir eine amerikanische Abschussliste aufstellen, die zu einer festen Einrichtung wird, auf die wir einfach Namen setzen und dann Killerkommandos losschicken und Leute umbringen lassen.« Dennoch gehörte Clarke während der Regierung Clinton zu einer kleinen Gruppe von Beamten der Terrorabwehr, die sich dafür einsetzten, der CIA mehr Möglichkeiten für gezielte Tötungen einzuräumen, und die das Verbot von Attentaten möglichst großzügig auslegten. »Seit dem 11. September«, erklärte Clarke, »wird fast alles, was wir vor dem 11. September vorgeschlagen haben, auch durchgeführt.« Und es sollte schon bald noch weit mehr sein.

Rumsfeld und Cheney hatten den Regierungsapparat mit führenden Neokonservativen besetzt, die während der Ära Clinton praktisch eine Schattenregierung betrieben hatten – in rechtsgerichteten Denkfabriken und als Mitarbeiter großer Vertragsunternehmen für Militär und Geheimdienste, wo sie ihre Rückkehr an die Macht planten. Zu ihnen gehörten Paul Wolfowitz, Douglas Feith, David Addington, Stephen Cambone, Lewis »Scooter« Libby, John Bolton und Elliott Abrams. Viele von ihnen hatten ihre ersten Erfahrungen im Weißen Haus unter Reagan und Bush sen. gesammelt. Bei einigen wie Cheney und Rumsfeld reichten die Anfänge ihrer politischen Karriere bis in die Ära Nixon zurück. Mehrere spielten Schlüsselrollen bei der Entwicklung politischer Zielsetzungen, die die ultra-nationalistische Denkfabrik »Project for the New American Century« (Projekt für ein neues amerikanische Jahrhundert; PNAC) betrieb.[17] Obwohl Clinton in Jugoslawien und im Irak militärische Mittel einsetzen und in einigen anderen Ländern Luftangriffe ausführen ließ, betrachteten diese Neokonservativen die Regierung Clinton als nahezu pazifistisch, wodurch die Vorherrschaft der USA geschwächt und das Land angreifbar geworden sei. Ihrer Ansicht nach sei in den 1990er-Jahren »die Verteidigung vernachlässigt« worden.[18] Die Neokonservativen hatten schon lange die Haltung vertreten, dass seit dem Ende des Kalten Kriegs die USA als einzig verbliebene Supermacht weltweit ihr Gewicht aggressiv zur Geltung bringen, die politischen Landkarten neu zeichnen und ihr Imperium erweitern sollten. Im Zentrum ihrer Vorstellungen stand die radikale Erhöhung des amerikanischen

Militäretats. Dies hatten Cheney und sein Gefolge bereits 1992, während seiner Amtszeit als Verteidigungsminister, ins Auge gefasst. Cheneys damaliger Entwurf, betitelt mit »Defense Planning Guidance« (Richtlinien zur Verteidigungsplanung), war, wie die Neokonservativen im Gründungsdokument des PNAC erklärten, »ein Leitfaden zur Sicherung der Hegemonie der USA und zur Verhinderung des Aufstiegs einer großen rivalisierenden Macht, der die internationale Sicherheitsordnung mit amerikanischen Prinzipien und Interessen in Einklang bringt«.[19] Wolfowitz und Libby waren die eigentlichen Urheber[20] von Cheneys Verteidigungsmanifest, in dem gefordert wurde, die USA müssten die einzige Supermacht bleiben und alle notwendigen Maßnahmen ergreifen, um »potenzielle Konkurrenten« davon abzuschrecken, »eine größere regionale oder globale Rolle auch nur anzustreben«.[21]

Aber ihr Plan wurde von mächtigeren Figuren in der ersten Bush-Regierung verworfen, allen voran der Vorsitzende des Generalstabs, General Colin Powell, Außenminister James Baker und der nationale Sicherheitsberater Brent Scowcroft.[22] Der abschließende Entwurf wurde, sehr zur Enttäuschung von Cheney und den Neokonservativen, in seinem imperialistischen Ton deutlich entschärft.

Ein Jahrzehnt später, aber noch vor dem 11. September, fischten jedoch die Neokonservativen – die jetzt dank der Regierung Bush jun. erneut an der Macht waren – diese Pläne aus dem Mülleimer der Geschichte und machten sich an ihre Umsetzung. Im Mittelpunkt stand dabei die Ausweitung der Militärmacht und die Aufstellung schlagkräftiger Elite-Spezialeinheiten. »Im kommenden Jahrhundert müssen unsere Streitkräfte wendig, todbringend und jederzeit einsatzbereit sein und mit einem Minimum an logistischer Unterstützung auszukommen verstehen«, hatte George W. Bush 1999 in einer Wahlkampfrede verkündet, die ihm Wolfowitz und andere Neokonservative geschrieben hatten. »Wir müssen in der Lage sein, unsere Macht über weite Entfernungen hinweg auszuüben, und eher innerhalb von Tagen und Wochen als von Monaten. An Land müssen unsere schweren Truppen leichter werden. Unsere leichteren Truppen müssen schlagkräftiger werden. Alles muss einfacher zum Einsatz zu bringen sein.«[23]

Die Neokonservativen planten zudem, die amerikanische Dominanz über die natürlichen Ressourcen weltweit noch stärker auszubauen und dabei auch in direkte Konfrontation mit jenen Staaten zu gehen, die sich dem in den Weg stellen würden. Es gab Überlegungen, in verschiedenen Ländern einen Regimewechsel herbeizuführen, vor allem im ölreichen Irak. »Obwohl sie glühende Verfechter von Militärinterventionen waren, hatten nur wenige Neokonservative in den Streitkräften gedient. Und noch weniger waren je in ein öffentliches Amt gewählt worden«[24], schrieb der Journalist Jim Lobe, der den Aufstieg der neokonservativen Bewegung in dem Jahrzehnt vor dem 11. September nachzeichnete. Die Neokonservativen »streben unablässig nach globaler militärischer Dominanz und verachten die Vereinten Nationen so abgrundtief wie den Multilateralismus im Allgemeinen«. Lobe fügte noch hinzu: »Nach Ansicht der Neokonservativen haben die Vereinigten Staaten für immer und ewig die Macht in der Welt inne und zugleich die moralische Verantwortung, diese Macht auszuüben. Sie meinen, ihre militärische Stärke solle unüberbietbar sein und sie sollten sich global engagieren, aber niemals durch multilaterale Verpflichtungen davon abhalten lassen, unilateral die eigenen Interessen und Werte zu verfolgen. Außerdem sollten die USA ein strategisches Bündnis mit Israel eingehen. Saddam Hussein müsse verschwinden, fordern sie, weil er wie Saudi-Arabien eine Bedrohung für Israel darstelle, Massenvernichtungswaffen horte und auch schon eingesetzt habe.« Die Vereinigten Staaten hätten, so erklärte die PNAC-Clique, »jahrzehntelang versucht, bei der Sicherheit in der Golfregion eine dauerhaftere Rolle einzunehmen. Der ungelöste Konflikt mit dem Irak bietet zwar eine unmittelbare Rechtfertigung für eine dauerhafte amerikanische Militärpräsenz am Golf, doch diese ist nicht allein aufgrund des Problems mit dem Regime Saddam Husseins geboten.«[25] Nur wenige Wochen nach ihrem Amtsantritt forderten Rumsfeld und Cheney, die Unterzeichnung des Römischen Statuts, die Präsident Clinton ganz am Schluss seiner Regierungszeit vorgenommen hatte, rückgängig zu machen und somit die Legitimität des internationalen Strafgerichtshofs nicht anzuerkennen. Sie wollten nicht zulassen, dass US-Streitkräfte für ihre weltweiten Einsätze strafrechtlich verfolgt werden könnten. Kurz nach seiner Ernennung zum Verteidigungsminister verlangte Rumsfeld von seiner Rechtsabteilung – und denen anderer Ministerien –, ihm umgehend mitzuteilen, »wie wir da wieder herauskommen und Clintons Unterschrift zurückziehen können«.[26]

Selbst altgediente außenpolitische Experten innerhalb der Republikanischen Partei betrachteten Rumsfeld, Cheney und Konsorten als Extremisten. »Als wir diese Leute zurückkehren sahen, stöhnten alle auf:

›O Gott, die Wirrköpfe sind wieder da‹ – ›Wirrköpfe‹, so bezeichneten wir diese Leute«[27], erklärte Ray McGovern. Er war 27 Jahre lang in der CIA tätig gewesen, hatte für Bush sen., als dieser Vizepräsident war, als nationaler Sicherheitsberater fungiert und Ende der 1970er-Jahre, als Bush CIA-Direktor war, unter ihm gedient. Kaum waren die Neokonservativen an der Macht, so McGovern, hätten sie Ideen wiederbelebt, die in früheren republikanischen Regierungen von erfahrenen republikanischen Außenpolitikern versenkt worden waren. Doch er befürchtete, dass diese extremistischen Vorstellungen bald schon »aus der Asche wiederauferstehen und umgesetzt werden«. Diese Leute seien der Ansicht, »weil wir großes Gewicht haben, sollen wir es auch ausspielen. Wir sollen uns in kritischen Regionen wie dem Nahen Osten durchsetzen«, sagte McGovern.

Cheney und Rumsfeld waren jahrzehntelang Schlüsselfiguren einer militanten Bewegung außerhalb der Regierung und während der Amtszeit republikanischer Präsidenten auch innerhalb des Weißen Hauses gewesen. Ziel dieser Bewegung war es, die Exekutive mit einer beispiellosen Macht auszustatten, damit geheime Kriege geführt, verdeckte Operationen jenseits jeder Aufsicht organisiert und US-Bürger ausspioniert werden konnten. Ihrer Ansicht nach hatte der Kongress kein Recht, solche Operationen zu kontrollieren, sondern sollte nur für deren Finanzierung sorgen. Die Präsidentschaft stellten sie sich als eine Diktatur der nationalen Sicherheit vor, rechenschaftspflichtig ausschließlich der eigenen Auffassung davon, was für das Land das Beste sei. Rumsfeld und Cheney hatten erstmals 1969 unter Nixon im Weißen Haus zusammengearbeitet, als Rumsfeld den frischgebackenen Studienabsolventen Cheney als Referenten in seinem Office of Economic Opportunity einstellte.[28] Dies war der Beginn von Cheneys Karriere in den Machtzirkeln der republikanischen Elite und seines lebenslangen Projekts, der Exekutive immer mehr Macht zu verschaffen. In den 1970er-Jahren erschütterten Skandale die Regierung Nixon – zuerst die geheimen Bombardements in Laos und Kambodscha, dann die Enthüllung einer Liste von »inneren Feinden« und schließlich der Einbruch im Hauptquartier der Demokratischen Partei im Watergate-Komplex –, was dazu führte, dass der Kongress die Privilegien der Exekutive und die extreme Geheimhaltungspolitik der Regierung zu attackieren begann. Der Kongress verurteilte die Bombardierungen in Laos und Kambodscha[29] und vereitelte Nixons Versuch, gegen den War Powers Act von

1973 sein Veto einzulegen, ein Gesetz, das die Macht des Präsidenten zur Genehmigung von Militäraktionen einschränkte.[30] Laut diesem Gesetz hatte sich der Präsident »mit dem Kongress zu beraten, bevor er Streitkräfte der Vereinigten Staaten in Kampfhandlungen entsendet oder in Situationen, in denen die unmittelbare Verwicklung in Kampfhandlungen durch die Umstände eindeutig vorherzusehen ist«.[31] Sofern keine formelle Kriegserklärung vorlag, musste der Präsident den Kongress innerhalb von 48 Stunden schriftlich über jede Militäraktion informieren sowie über »die Umstände, die den Einsatz von Streitkräften der Vereinigten Staaten erforderlich machten, ferner über die verfassungsmäßige und rechtliche Befugnis, auf der dieser Einsatz beruhte, sowie über den voraussichtlichen Umfang und die zu erwartende Dauer der Kampfhandlungen beziehungsweise der Beteiligung an solchen«. Cheneys Ansicht nach verstieß der War Powers Act gegen die Verfassung und beschnitt die Rechte des Präsidenten als Oberbefehlshaber. Er bezeichnete diese Zeit als »Tiefpunkt« der präsidialen Autorität.[32]

Nach Nixons erzwungenem Rücktritt infolge des Watergate-Skandals ernannte Präsident Ford Cheney zu seinem Stabschef, während Rumsfeld jüngster Verteidigungsminister in der Geschichte der USA wurde. 1975 verstärkte der Kongress seine Nachforschungen in der dunklen Welt der Geheimoperationen des Weißen Hauses. Führend dabei war das Church Committee, benannt nach seinem Vorsitzenden Frank Church, einem demokratischen Senator aus Idaho. Das Komitee untersuchte eine Vielzahl von Missbrauchsfällen der Exekutive, darunter auch Spionageangriffe gegen US-Bürger im Inland.[33] Die Ermittlungen ergaben, dass gesetzwidrige Geheimaktionen ohne jegliche Kontrolle durch Gerichte oder den Kongress stattgefunden hatten. Untersucht wurde auch die Verwicklung der Vereinigten Staaten in den Sturz und Tod von Salvador Allende[34], des demokratisch gewählten sozialistischen Präsidenten von Chile im Jahr 1973, obwohl sich Ford auf seine Immunität berief und die Untersuchung behinderte.[35] Während das Komitee ermittelte, versuchte Cheney, das FBI zu zwingen, gegen den bekannten investigativen Journalisten Seymour Hersh und die *New York Times* gerichtlich verwertbare Beweise für Spionage zu sammeln, nachdem Hersh aufgedeckt hatte, dass die CIA gesetzwidrig im Inland spionierte. Ziel dabei war, andere Journalisten davon abzuhalten, Recherchen über umstrittene Geheimaktionen des Weißen Hauses anzustellen.

Das FBI wies Cheneys Forderungen, gegen Hersh zu ermitteln, zurück.[36] Das, was aus den Untersuchungen des Church Committee folgte, war für Cheney und seine Bewegung zur Machterweiterung der Exekutive ein Albtraum: Der Kongress setzte Ausschüsse ein, die gesetzlich befugt waren, die Operationen der Geheimdienste zu kontrollieren, einschließlich verdeckter Aktionen.[37] Zudem erließ der Kongress 1980 ein Gesetz, das das Weiße Haus verpflichtete, die neu eingerichteten Geheimdienstausschüsse über sämtliche Spionageprogramme zu unterrichten. Cheney und Rumsfeld verbrachten von da an viel Zeit damit, diese Regularien zu umgehen.[38]

Am Ende der Regierungszeit des liberalen Jimmy Carter kam Cheney zu dem Schluss, dass die Macht des Präsidenten »ernsthaft geschwächt« worden sei.[39] Während der Präsidentschaft von Ronald Reagan saß Cheney als Abgeordneter von Wyoming im Kongress, wo er mit aller Kraft Reagans radikalen Feldzug zur erneuten Machtstärkung des Weißen Hauses unterstützte. Der Pulitzer-Preisträger Charlie Savage schrieb darüber in seinem Buch *Takeover: The Return of the Imperial Presidency and the Subversion of American Democracy*, Reagans Justizministerium habe versucht, »den Wiederaufstieg des Kongresses in den 1970er-Jahren« zu beenden und hierzu einen Bericht in Auftrag gegeben, der dem Weißen Haus empfahl, Gesetze zu missachten, die »in verfassungswidriger Weise die Exekutive behindern«.[40] Die Regierung Reagan könne stattdessen durch »schriftliche Kommentare« unter Bundesgesetzen diese entsprechend interpretieren und durch Präsidialerlasse die Kontrolle durch den Kongress umgehen. Anfang der 1980er-Jahre unterstützte die Regierung Reagan massiv einen rechtsgerichteten Aufstand gegen die linke Regierung der Sandinisten in Nicaragua. Schwerpunkt dabei war die verdeckte Hilfe der USA für die Todesschwadronen der rechten Contras. Reagan ordnete auch die Verminung nicaraguanischer Häfen an, was den USA eine Verurteilung durch den Internationalen Gerichtshof aufgrund gesetzwidriger Gewaltanwendung eintrug.[41]

Als der Kongress 1984 schließlich beschloss, alle Hilfsleistungen der USA an die Contras zu verbieten, und zu diesem Zweck das Boland Amendment[42] verabschiedete, entwickelten einige Mitglieder der Reagan-Regierung unter Leitung des nationalen Sicherheitsberaters Oliver North einen Geheimplan zur finanziellen Unterstützung der rechtsgerichteten Rebellen – ein eklatanter Gesetzesverstoß. Die finanziellen

Mittel hierfür wurden durch den illegalen Verkauf von Waffen an die iranische Regierung beschafft, was zudem noch eine Verletzung des verhängten Waffenembargos darstellte. Vierzehn Mitglieder der Reagan-Regierung, darunter auch der Verteidigungsminister, wurden später aufgrund ihrer Beteiligung angeklagt.[43] Als die Iran-Contra-Affäre ans Licht kam und der Kongress offensiv deren Hintergründe untersuchte, trat Cheney auf dem Kapitolshügel als Hauptverteidiger des Weißen Hauses hervor und verteidigte in einem Sondervotum das geheime US-Programm, das die meisten seiner Kongresskollegen als gesetzwidrig verurteilt hatten. In seinem »Minderheitsbericht« brandmarkte Cheney die Kongressuntersuchungen zur Iran-Contra-Affäre als »hysterisch«.[44] Die Geschichte lasse, »falls überhaupt, wenig Zweifel daran, dass vom Präsidenten erwartet wird, bei der Gestaltung der Außenpolitik der Vereinigten Staaten die Führungsrolle zu übernehmen«. Daher »sollten Bestrebungen des Kongresses, den Präsidenten auf diesem Gebiet Beschränkungen aufzuerlegen, mit einem beträchtlichen Maß an Skepsis beurteilt werden. Wenn sie die Kernfunktionen der präsidialen Außenpolitik beeinträchtigen, sind sie zu unterlassen.«

Präsident George H. W. Bush bewirkte einen Straferlass für Cheneys Verbündete, die aufgrund ihrer Verwicklung in die Iran-Contra-Affäre verurteilt worden waren, und ernannte Cheney während des Golfkriegs 1991 zu seinem Verteidigungsminister. In diesem Amt fuhr er fort, seine Vision von einer überlegen mächtigen Exekutive zu verwirklichen, und brachte noch ein weiteres Programm zur Festigung der exekutiven Dominanz auf den Weg. Zu diesem Zweck beauftragte er den Konzern Halliburton, einen Zulieferer der Erdölindustrie, eine Studie über eine möglichst umfassende Privatisierung des Militärapparats anzufertigen.[45] Schon früh erkannte Cheney, dass der Einsatz von Privatunternehmen bei der Kriegsführung der USA eine weitere Barriere gegen Kontrollen schaffen und größere Geheimhaltung bei der Planung und Durchführung von Kriegen – ob offiziell erklärt oder nicht – ermöglichen würde. Von 1995 an war Cheney Vorstandsvorsitzender von Halliburton. In dieser Funktion trieb er die Schaffung einer Schattenarmee des Unternehmens voran, die schließlich zum Kernstück seiner verdeckten und offenen Kriege wurde, als er 2001 ins Weiße Haus zurückkehrte. Während der Ära Clinton war Cheney auch im neokonservativen American Enterprise Institute tätig und entwickelte dort ein politisches und militärisches Programm für die Zeit, wenn seine Partei wieder an die Macht käme.[46] Als George W. Bush das Präsidentenamt übernahm, wurde Cheney zum mächtigsten Vizepräsidenten der Geschichte. Und er vergeudete keine Minute, diese Macht immer mehr auszubauen.

Am 10. September 2001, einen Tag bevor Flug Nummer 77 der American Airlines – eine Boeing 757 – in die Westfront des Pentagon stürzte, hielt dort Donald Rumsfeld eine seiner ersten großen Reden als Verteidigungsminister. Zwei Porträtfotos von Rumsfeld hingen an der Wand – das eine zeigte ihn als den jüngsten Verteidigungsminister in der US-Geschichte, das andere als den ältesten.[47] Der 11. September stand erst noch bevor, doch Rumsfeld gab an diesem Tag bereits eine Kriegserklärung ab.

»Wir sprechen heute über einen Gegner, der eine Bedrohung darstellt, eine ernste Bedrohung für die Sicherheit der Vereinigten Staaten«, donnerte Rumsfeld. »Dieser Gegner ist eine der weltweit letzten Bastionen der zentralen Planung. Er herrscht, indem er Fünfjahrespläne diktiert. Von seiner Hauptstadt aus versucht er, seine Forderungen über Zeitzonen, Kontinente, Ozeane und noch darüber hinaus durchzusetzen. Mit brutaler Beständigkeit erstickt er jeden freien Gedanken und macht neue Ideen zunichte. Er untergräbt die Verteidigung der Vereinigten Staaten und setzt das Leben der Männer und Frauen in Uniform aufs Spiel.«[48] Rumsfeld, ein altgedienter Kalter Krieger, wusste seinen neuen Mitarbeitern noch mehr mitzuteilen: »Vielleicht klingt das so, als sei dieser Feind die ehemalige Sowjetunion. Aber diesen Feind gibt es nicht mehr: Unsere heutigen Feinde sind raffinierter und unversöhnlicher. Sie denken vielleicht, ich beschreibe hier einen der letzten klapprigen Diktatoren dieser Welt. Aber deren Tage sind ebenfalls gezählt, und sie kommen der Stärke und Größe dieses Feindes nicht gleich. Der Feind ist uns viel näher. Es ist die Bürokratie des Pentagon.« Sehr viel stehe auf dem Spiel, erklärte Rumsfeld, es sei »eine Frage von Leben und Tod für letztlich jeden einzelnen Amerikaner«. Rumsfelds Zuhörerschaft, ehemalige Manager der Verteidigungsindustrie, die jetzt in der Pentagon-Bürokratie tätig waren, erfuhren, dass er beabsichtige, die US-Kriegsführung auf Vordermann zu bringen. »Manche fragen sich vielleicht: Wie um alles in der Welt kann der Verteidigungsminister das Pentagon vor seinen eigenen Leuten attackieren? Darauf antworte ich: Es liegt mir fern, das Pentagon zu attackieren; ich will es befreien. Wir müssen es vor sich selbst retten.« Rumsfeld und sein Team bezeichneten dies später als seine »Revolution im Militärwesen«.[49]

Bushs außenpolitische Starmannschaft war mit dem Ziel angetreten, das US-Militär radikal neu zu organisieren, die in ihren Augen durch die Clinton-Ära bewirkte Schwächung der nationalen Verteidigung zu beenden und mit vereinten Kräften auf massive raketengestützte Verteidigungssysteme hinzuarbeiten, wie sie Reagan und andere Kalte Krieger favorisiert hatten.[50] Douglas Feith, Rumsfelds Stellvertreter, sagte dazu: »Vom Frühjahr 2001 an, kurz nach Bushs Amtsantritt, stand die Bedrohung durch den islamistischen Terrorismus zwar auf der Sorgenliste der Regierung, aber ihr wurde weniger Beachtung geschenkt als Russland.«[51] Wenn die Bush-Regierung in ihrer Anfangsphase das Augenmerk auf den »Terrorismus« richtete, hieß das, dass sie sich auf bestimmte Staaten konzentrierte – Iran, Syrien, Nordkorea und Irak – und darauf, dort einen Regimewechsel herbeizuführen. Cheney und Rumsfeld hatten in den 1990er-Jahren viel Zeit mit dem Entwurf von Plänen verbracht, die auf eine Änderung der Machtverhältnisse im Nahen Osten abzielten, dabei aber nicht die asymmetrische Bedrohung durch al-Qaida und andere terroristische Gruppen beachtet. Sie waren vom Irak besessen, nicht von al-Qaida. »Von Anfang an schossen wir uns auf Hussein ein und suchten nach Möglichkeiten, ihn zu beseitigen und den Irak in ein neues Land zu verwandeln«, erklärte der ehemalige Finanzminister Paul O'Neill. »Wenn uns das gelänge, wären alle Probleme gelöst, dachten wir. Es ging bloß darum, eine passende Möglichkeit zu finden. Das war der Tenor. Der Präsident meinte nur: ›Schön. Findet einen Weg, wie man es machen kann.‹«[52] Bei der zweiten Sitzung des Nationalen Sicherheitsrats der neuen Regierung am 1. Februar 2001 erklärte Rumsfeld unumwunden: »Worüber wir wirklich nachdenken sollten, ist, wie wir es schaffen, Saddam Hussein loszuwerden.«

Es entbehrt nicht der Ironie, dass allem Poltern Rumsfelds über die Schwäche der Clinton-Regierung und der Behauptungen der Neokonservativen zum Trotz, die Demokraten hätten al-Qaida nicht ernst genommen, Rumsfeld selbst anfangs die drohende Gefahr durch al-Qaida vor dem 11. September nicht wahrnahm. Der Journalist Bob Woodward berichtete detailliert über eine Unterredung, die am 10. Juli 2001 stattgefunden haben soll, zwei Monate vor den Anschlägen des 11. September. An diesem Tag traf sich CIA-Direktor George J. Tenet mit Cofer Black, dem Chef des Counterterrorism Center der CIA (Zentrum für

Terrorismusabwehr; CTC) in Langley, Virginia. Die beiden berieten über die neuesten Erkenntnisse der Geheimdienste zu bin Laden und al-Qaida. Black, so berichtet Woodward, »legte die Unterlagen vor, Protokolle von abgehörten Telefonaten und andere streng geheime Dokumente. Aus ihnen ging hervor, dass mit zunehmender Wahrscheinlichkeit al-Qaida schon bald einen Anschlag in den Vereinigten Staaten verüben würde. Es war ein Berg von Bruchstücken und Einzelteilen, aber dennoch für Tenet so schlüssig, dass er beschloss, dies gemeinsam mit Black sofort dem Weißen Haus mitzuteilen.«[53] Zu dieser Zeit hatte »Tenet Schwierigkeiten, einen unmittelbaren Aktionsplan gegen bin Laden in die Wege zu leiten, was teilweise daran lag, dass Verteidigungsminister Donald H. Rumsfeld die Abhörprotokolle der National Security Agency und andere geheimdienstliche Erkenntnisse in Zweifel gezogen hatte. Könnte dies alles bloß ein großes Täuschungsmanöver sein?, hatte Rumsfeld gefragt. Vielleicht sei es nur ein Plan, die Reaktionen und Verteidigungsmaßnahmen der USA auszutesten.« Nachdem Tenet mit Black die Erkenntnisse gesichtet hatte, rief Tenet die nationale Sicherheitsberaterin Condoleezza Rice an. Als Black und Tenet sich kurz darauf mit ihr trafen, spürten sie, so Woodward, »dass sie nicht zu Rice durchdrangen. Sie war ihnen gegenüber höflich, aber sie merkten, dass sie eine Abfuhr erhielten.« Später sagte Black: »Das Einzige, was wir nicht taten, war, die Pistole abzufeuern, die wir ihr an den Kopf hielten.«

Dann aber stürzten die von den Entführern gesteuerten Flugzeuge am 11. September in die Twin Towers und das Pentagon. Es dauerte nicht lange, bis Rumsfeld und sein Team begriffen, dass der Kampf gegen den Terrorismus keineswegs ihre Pläne für den Irak untergrub, sondern geradezu die Begründung für ihre Durchsetzung liefern konnte. Sogar noch wichtiger war vielleicht, dass die Lage nach dem 11. September es Rumsfeld, Cheney und ihrem Gefolge erlaubte, ihre schon lange verfolgten Bestrebungen nach einer übermächtigen Exekutive zu realisieren. Das praktisch unbegrenzte Recht der Exekutive, über alle Grenzen hinweg Krieg zu führen, war ihrer Ansicht nach durch eine globale Bedrohung der nationalen Sicherheit gerechtfertigt. Die Ziele und Pläne, über die sie bei inoffiziellen Zusammenkünften vertraulich miteinander gesprochen hatten, sollten schon bald zur offiziellen Politik der Vereinigten Staaten werden.

Als Präsident Bushs Kriegsteam mit den Planungen für eine Reaktion auf die Anschläge des 11. September begann, sorgte Rumsfeld dafür, dass der Irak sofort auf die Zielliste kam. Im Vorfeld der Treffen vom Wochenende des 15. bis 16. September 2001, die Bush in Camp David einberief, fertigte Feith für Rumsfeld ein Memo an, in dem »die unmittelbaren Hauptziele für den Erstschlag«[54] verzeichnet waren: al-Qaida, die Taliban und der Irak.»Vom Abend des 11. September an war das Vorgehen sehr klar«, berichtete mir General Hugh Shelton, damals Vorsitzender des Generalstabs und ranghöchster Militärberater von Präsident Bush.[55] Laut Shelton machten sich Rumsfeld und Wolfowitz gleich von Beginn an für einen Angriff auf den Irak stark.»Wir müssen in den Irak einmarschieren, und zwar sofort«, forderten die beiden.»Obwohl es nicht die Spur eines Beweises gab, dass der Irak damit etwas zu tun hatte«, sagte Shelton.»Aber trotzdem begann in dieser Nacht der Trommelwirbel. Es passte ihnen nicht, als ich in jener Nacht ins Büro kam mit Plänen für eine Reaktion und keiner davon den Irak miteinbezog.« Richard Clarke erklärte, Präsident Bush habe ihn am 12. September drei Mal aufgefordert, nach »irgendwelchen noch so kleinen«[56] Hinweisen dafür zu suchen, dass der Irak in die Anschläge verwickelt sei. Wolfowitz schickte Rumsfeld ein Strategie-Memo, in dem es hieß,»wenn auch nur eine zehnprozentige Wahrscheinlichkeit besteht, dass Saddam Hussein hinter den Anschlägen vom 11. September steckt …, sollte man der Eliminierung dieser Bedrohung höchste Priorität einräumen«.[57] Ein Vorgänger Sheltons, Außenminister General Colin Powell, schloss sich ihm in seiner Haltung gegen eine Invasion im Irak an. Zehn Jahre zuvor, während des Golfkriegs, war Powell mit Wolfowitz – damals Staatssekretär im Verteidigungsministerium – und den zivilen ideologischen Leitern im Pentagon aneinandergeraten, weil sie US-Truppen nach Bagdad marschieren lassen wollten, um Saddam Hussein zu stürzen.[58] Doch Powell und traditionelle Konservative wie der ehemalige Außenminister James Baker und Brent Scowcroft setzten sich schließlich durch. Jetzt aber, nachdem die Anschläge des 11. September noch jedermann vor Augen standen, waren sich Wolfowitz und die Ideologen sicher, ihre Ziele erreichen zu können.

In Camp David beharrte Wolfowitz laut Shelton weiterhin darauf, den Irak anzugreifen, selbst als Shelton, Powell und hochrangige Vertreter der Geheimdienste einwandten, dass es keinen Beweis für eine irgendwie geartete Verwicklung des Irak in die Anschläge gab. Als man über Afghanistan und den Angriff auf die Rückzugsorte von al-Qaida diskutierte,»brachte es Wolfowitz, wie nicht anders zu erwarten, zur Sprache: ›Wir müssen das als Begründung für einen Angriff auf den Irak benutzen‹«, erinnerte sich Shelton. Dr. Emile Nakhleh, damals hochrangiger CIA-Analytiker, beriet ebenfalls den Präsidenten in der Zeit unmittelbar nach den Anschlägen.

Nakhleh war damals bereits seit zehn Jahren für den Geheimdienst tätig und hatte in dieser Zeit unter akademischem Deckmantel zahlreiche muslimische Länder bereist. Als Begründer des Political Islam Strategic Analysis Program der CIA und profunder Kenner militanter islamistischer Bewegungen und Nahost-Regierungen war Nakhleh das Pendant der CIA zu einem Dreisterne-General. Nakhleh erzählte mir, als Rumsfeld und Wolfowitz bei diesen ersten Treffen immer wieder eine Invasion im Irak forderten, sei er schließlich aufgestanden und habe zu ihnen gesagt:»Wenn Sie diesen Hundesohn [Saddam Hussein] davonjagen wollen, um alte Rechnungen zu begleichen – bitte schön. Aber wir haben keine Informationen, dass Hussein Verbindungen zu al-Qaida oder zum Terrorismus unterhielt, und wir haben keine klaren Informationen«[59] über Massenvernichtungswaffen. Nach den ersten Treffen nach dem 11. September seien Nakhleh und andere Analytiker zu dem Schluss gekommen,»dass sie in den Krieg ziehen wollten. Der Zug war losgefahren, ungeachtet der geheimdienstlichen Erkenntnisse, die wir vorlegten.« Präsident Bush stellte die Irak-Diskussionen eine Weile hintan, da er als Präsidentschaftskandidat versprochen hatte, sich nicht in»Nationenbildung« einzumischen. Er wolle stattdessen eine»bescheidene« Außenpolitik betreiben.[60] Aber seine Einstellung sollte sich schnell ändern.

Es dauerte ein Weile – und bedurfte mehr als ein Dutzend Besuche von Cheney und seinem Stabschef»Scooter« Libby bei der CIA –, um genügend»Beweise« für ein irakisches Programm zur Herstellung von Massenvernichtungswaffen zu produzieren und damit ihre Invasionspläne voranzubringen.[61] Aber zuvor hatten sie noch eine Schlacht gegen die Kontrolle und Rechenschaftspflicht der Regierung auszufechten. Der Feldzug von CIA und Spezialeinheiten in Afghanistan war anfänglich eine Schlappe. Während der Afghanistan-Krieg für spektakuläre Schlagzeilen sorgte, die vom schnellen und entschlossenen Vorgehen des US-Militärs gegen die schwache Taliban-Regierung kündeten, beschäftigten sich Cheney, Rumsfeld und ihre neokonservativen Stellvertreter eifrig mit den Planungen für einen weltweiten Krieg. Dieser sollte sich bis hinter die Heimatfront erstrecken und mit Telefonüberwachung ohne richterlichen Beschluss, mit Massenfestnahmen von arabischen, pakistanischen und anderen muslimischen Immigranten und einem ungeheueren Abbau der Bürgerrechte in den USA einhergehen.[62] Um ihn zu führen, mussten sie den rechtlichen Kontrollapparat demontieren und manipulieren, der sukzessiv über mehrere Regierungen hinweg aufgebaut worden war. Das würde eine Vielzahl taktischer Möglichkeiten eröffnen, die man zwar auch schon früher genutzt hatte, nun aber in beispiellosem Umfang einsetzen konnte: verdeckte und geheime Operationen, Geheimgefängnisse, Entführungsaktionen und gezielte Tötungen, die jetzt pauschal mit dem Euphemismus »High Value Targeting«, Erfassung hochrangiger Ziele, beschönigt wurden.

Aus den Erfahrungen der Ära Reagan/Bush, in der verdeckte Operationen durch die Iran-Contra-Affäre in Verruf geraten waren, zog Präsident Clinton die Lehre, rigorosere Kontrollmechanismen und rechtliche Regelungen für die Genehmigung von Tötungsaktionen zu schaffen.[63] Schlug Clinton oder ein nationaler Sicherheitsberater eine verdeckte Aktion vor, trat ein internes Kontrollverfahren in Gang: Zuerst prüfte der Justitiar der CIA die Rechtmäßigkeit des Vorschlags und empfahl möglicherweise Änderungen, dann wurde er an zwei separate CIA-Ausschüsse weitergeleitet – an die Covert Action Planning Group und die Covert Action Review Group. Hatten diese Ausschüsse die geplante Aktion geprüft und Korrekturen angebracht, ging der Vorschlag zu einer abschließenden rechtlichen Prüfung noch einmal an den CIA-Justitiar und schließlich zurück ans Weiße Haus. Dort wurde er der Interagency Working Group for Covert Action vorgelegt, die aus Vertretern verschiedener Ressorts innerhalb der Exekutive bestand. Die Gruppe analysierte die möglichen Folgen der Aktion und prüfte erneut ihre Rechtmäßigkeit. Nach einer letzten Kontrolle durch die Chefs der zuständigen Ressorts und deren Stellvertreter wurde die Aktion dem Präsidenten zur Autorisierung vorgelegt. Doch solche Vorschläge überstanden den Genehmigungsprozess nur selten.

Als Präsident Bush zu Beginn des Jahres 2001 den Amtseid ablegte, gab er zu verstehen, an vielen dieser gegenseitigen Kontrollen festhalten zu wollen. Die Präsidentendirektive 1 zur Nationalen Sicherheit (NSPD-1), die Bush am 13. Februar 2001 unterzeichnete, spiegelte noch weitgehend das unter Clinton praktizierte Genehmigungsverfahren für verdeckte Aktionen wider.[64] Doch bereits im März bat Bush seine Sicherheitsberaterin Condoleezza Rice, die CIA aufzufordern,»eine neue Folge von Ermächtigungen für verdeckte Aktionen in Afghanistan vorzubereiten«. Clarke und seine Amtskollegen in der CIA, die die»bin-Laden-Einheit« leiteten, begannen verdeckte Aktionen gegen al-Qaida zu entwerfen, während die Regierung beantragte, die Gelder der CIA für die Terrorismusabwehr aufzustocken. Clarke forderte entschieden einen Vergeltungsschlag gegen al-Qaida für den Bombenangriff auf die USS *Cole* im Oktober 2000 vor der jemenitischen Küste. Wie bereits unter Clinton zielten viele der Pläne auf die al-Qaida-Führung in Afghanistan ab. Ende Mai trafen sich Rice und Tenet mit Clarke, Cofer Black und dem Chef der bin-Laden-Einheit, um zu beraten, wie sie gegen al-Qaida»in die Offensive« gehen könnten. Zwar führte die CIA zu dieser Zeit Störaktionen gegen bin Laden durch, aber die versammelten Amtsträger kamen überein, dass sie einen Plan brauchten, um al-Qaida»das Genick zu brechen«. Zudem befürworteten sie verdeckte Hilfsleistungen für Usbekistan, gingen aber nicht so weit, der Nordallianz und anderen Anti-Taliban-Gruppen innerhalb Afghanistans nennenswerte Unterstützung anzubieten. Mit anderen Worten: Sie hielten an der in der Clinton-Ära praktizierten Vorgehensweise bezüglich al-Qaida und Afghanistan fest, allerdings mit stärkerem finanziellem Einsatz und unter erhöhter Aufmerksamkeit.[65]

Im Juni zirkulierte der Entwurf einer neuen Präsidentendirektive zur Terrorismusabwehr. Der stellvertretende Sicherheitsberater Stephen Hadley bezeichnete das Konzept vor dem Ausschuss zum 11. September als»zugegebenermaßen ehrgeizig«.[66] Die geplanten Maßnahmen sollten sich über mehrere Jahre erstrecken und»alle Instrumente der nationalen Stärke« umfassen, darunter auch ein weitreichendes Programm für verdeckte Aktionen. Aber der Entwurf musste erst noch fünf weitere Sitzungen auf Stellvertreterebene passieren, bevor er den Chefs vorgelegt wurde. Bei einer dieser Sitzungen im August 2001 kam der Stellvertreterausschuss des Nationalen Sicherheitsrats»zu dem Schluss, dass die CIA rechtmäßig handelt, wenn sie bin Laden oder einen seiner Stellvertreter [mit einem Angriff durch eine Predator-Drohne] tötet«.[67]

Wenngleich der Einsatz von Drohnen schließlich zu einem der Hauptinstrumente für gezielte Tötungen wurde, herrschte vor dem 11. September innerhalb von Bushs Teams zur Terrorabwehr große Uneinigkeit bei diesem Thema. Im letzten Jahr der Regierung Clinton hatten die USA damit begonnen, von einem geheimen US-Militärstützpunkt namens K2 in Usbekistan aus Drohnen in Afghanistan einzusetzen.[68] Die Produktion einer bewaffneten Drohne war zwar schon in Planung, aber es gab noch kein einsatzfähiges Exemplar.[69] Deshalb plädierte Cofer Black dafür, die Drohnen gar nicht erst für Aufklärungszwecke zu verwenden, sondern lieber zu warten, bis man sie bewaffnen könne.

Black begründete seinen Vorschlag damit, dass im Jahr 2000 eine Predator-Drohne über Afghanistan gesichtet worden sei, worauf sich die Taliban-Regierung um die Anschaffung von MiG-Kampfflugzeugen bemüht habe.»Ich glaube nicht, dass der mögliche Aufklärungswert das Risiko aufwiegt, dass das Programm möglicherweise beendet wird, sobald die Taliban den Einsatz erhöhen, indem sie den Kameras von CNN stolz eine verkohlte Predator-Drohne vorführen.«[70] Schließlich entschied die Regierung, den Einsatz von Drohnen für Aufklärungszwecke in Afghanistan aufzuschieben, bis sie für Luftschläge bewaffnet werden konnten. Aber während Black, Clarke und andere Mitglieder des Antiterrorteams sich entschieden dafür aussprachen, die Predators für gezielte Tötungsaktionen zu verwenden, äußerte die oberste CIA-Führung ernste Bedenken gegen ein solches von der CIA durchzuführendes Programm und ließ dabei viele der Argumente anklingen, die bereits Clintons Antiterrorteam gegen die Aufstellung einer amerikanischen Todesliste vorgebracht hatte. Der Kommission zum 11. September zufolge war es vor allem Tenet, der»in Zweifel zog, ob er als CIA-Direktor eine bewaffnete Predator-Drohne einsetzen dürfe. ›Das wäre eine neue Sachlage‹, erklärte er. Und er stellte Schlüsselfragen: Wie sieht die Befehlskette aus? Wer feuert letztendlich? Ist es der politischen Spitze recht, wenn die CIA etwas tut, was außerhalb der normalen militärischen Befehls- und Kontrollgewalt liegt?«[71] Charles Allen[72], von 1998 bis 2005 stellvertretender CIA-Direktor für Datenerfassung, gab zu Protokoll, er und die Nummer drei der CIA, A.B.»Buzzy« Krongard,»hatten gegenüber Tenet erklärt, sie beide würden mit Freuden den Abzug drücken, worüber dieser geradezu entsetzt war«.[73] Tenet habe hinzugefügt, kein CIA-Mitarbeiter sei zum Einsatz von Drohnen berechtigt, um mit ihnen kurzerhand Menschen zu töten, selbst wenn es sich dabei um Terroristen handle.

Während innerhalb der CIA Diskussionen dieser Art stattfanden, berief eine Woche vor dem 11. September die Regierung Bush ein »Chef«-Treffen zur Beratung über die Bedrohung durch al-Qaida ein.

Bei dieser Sitzung am 4. September wurde offiziell der Entwurf der Präsidentendirektive zur Nationalen Sicherheit vorgelegt und »nach kurzer Diskussion« beschlossen, ihn dem Präsidenten zur Unterzeichnung zu übergeben. Sicherheitsberaterin Condoleezza Rice teilte Berichten zufolge Präsident Bush mit, dass ihrer Einschätzung nach die Umsetzung des ehrgeizigen Programms etwa drei Jahre beanspruchen würde. Am 10. September drängte Hadley den CIA-Direktor Tenet noch einmal, rechtliche Befugnisse auszuarbeiten »für das ›breit angelegte Programm verdeckter Aktionen‹, das in dem Entwurf der Präsidentendirektive vorgesehen war«.[74] Hadley instruierte Tenet zudem, Regelungen zu konzipieren, »durch die ein breites Spektrum weiterer verdeckter Aktionen genehmigt werden kann, darunter die Ergreifung oder Tötung« von »Befehls- und Kontrollelementen« al-Qaidas. Laut dem Bericht der Kommission zum 11. September sollten damit Vorschriften aus der Clinton-Ära außer Kraft gesetzt werden; zugleich wollte man die neuen Regelungen so weit fassen, dass sie »jede zusätzlich erwogene verdeckte Aktion im Zusammenhang mit Osama bin Laden abdeckten«. Zwar bemühte sich die Regierung Bush, den Umfang der zulässigen Gewaltaktionen gegen bin Laden und seine wichtigsten Stellvertreter zu erweitern, doch dieser Prozess wurde von denselben Bedenken begleitet, die schon während der Clinton-Ära gegen die Gewährung umfassender Ermächtigungen für Tötungsaktionen geäußert worden waren. Daher schlug die Regierung Bush einen Weg ähnlich dem der Regierung Clinton ein und versuchte, das Verbot gezielter Tötungen zu umgehen, da jedes derartige Vorhaben nach wie vor einer strengen Prüfung unterzogen werden musste.

Mit dem 11. September sollte alles anders werden.

So wie die Türme des World Trade Center in sich zusammenstürzten, kollabierte das System der Kontrolle und Prüfung verdeckter Tötungsaktionen, das im Laufe des vorangegangenen Jahrzehnts sorgfältig aufgebaut worden war.

»Nur eine Krise – tatsächlicher oder vermeintlicher Art – führt einen echten Wandel herbei.«[75] Dies schrieb Milton Friedman, eine Ikone der Konservativen, in seinem Buch *Kapitalismus und Freiheit*. Friedman war einer der wichtigsten Berater verschiedener republikanischer Regierungen und übte enormen Einfluss auf viele Amtsträger der Regierung Bush aus. Er hatte Rumsfeld schon zu Beginn seiner Karriere gefördert, und Cheney und die führenden Neokonservativen in der Regierung suchten regelmäßig seinen Rat.[76] Friedmans Credo lautete: »Wenn diese Krise eintritt, hängen die Handlungen, die ergriffen werden, davon ab, welche Ideen zur Verfügung stehen. Das ist meiner Ansicht nach unsere Grundaufgabe: Alternativen zur bestehenden Politik zu entwickeln, sie lebendig und verfügbar zu erhalten, bis das politisch Unmögliche zum politisch Unvermeidlichen wird.«[77]

Für die hochrangigen Amtsträger in Bushs Teams zur nationalen Sicherheit und Verteidigung, die die acht Clinton-Jahre – und mehr – damit verbracht hatten, jene Alternativen zu entwickeln, eröffneten die Anschläge vom 11. September und die fast einhellige Unterstützung durch den von den Demokraten dominierten Kongress die gewaltige Chance, ihre eigenen Ideen als unvermeidlich erscheinen zu lassen. In einer gespenstisch anmutenden Vorhersage hatten die Neokonservativen des Project for the New American Century 13 Monate vor dem 11. September in ihrem Bericht »Rebuilding America's Defenses« versichert, dass »der Transformationsprozess, selbst wenn er revolutionären Wandel bringt, vermutlich lange dauern wird, sofern nicht ein katastrophales oder beschleunigendes Ereignis stattfindet – wie etwa ein neues Pearl Harbor«.[78] Cheney und Rumsfeld konnten den 11. September wohl nicht vorhersehen, aber sie erwiesen sich als wahre Meister darin, diese Katastrophe für sich zu nutzen. »Die Anschläge des 11. September waren eines jener Ereignisse in der Geschichte, die mächtig genug sind, ein neues Denken zu stimulieren und die Selbstzufriedenen aufzurütteln«, erklärte Feith. »Sie schufen die Möglichkeit, vielen Leuten – Freunden und Feinden, in den Vereinigten Staaten und überall sonst auf der Welt – eine neue Perspektive zu eröffnen. Rumsfeld, Wolfowitz und ich teilten die Ansicht, dass der Präsident die Pflicht hatte, diese erstklassige Chance zu ergreifen.«[79]

Laut Verfassung hat nur der Kongress und nicht der Präsident das Recht, den Krieg zu erklären. Aber 72 Stunden nach den Anschlägen unternahm der Kongress einen radikalen Schritt in eine andere Richtung. Am 14. September 2001 räumten Abgeordnetenhaus und Senat Präsident Bush beispiellosen Handlungsspielraum für einen weltweiten Krieg ein, indem sie die Authorization for Use of Military Force (AUMF) verabschiedeten. Diese Vollmacht »ermächtigt den Präsidenten, alle erforderlichen und angemessenen Mittel gegen jene Staaten, Organisationen oder Personen einzusetzen, die seiner Kenntnis nach die terroristischen Angriffe des 11. September 2001 planten, genehmigten, ausführten oder dabei Hilfe leisteten oder die solchen Organisationen oder Personen Unterschlupf gewährten, um künftig jegliche Aktionen des internationalen Terrorismus gegen die Vereinigten Staaten durch solche Staaten, Organisationen oder Personen zu verhindern«.[80] Die Verwendung des Begriffs »Person« in dieser Vollmacht wurde von der Regierung als grünes Licht für gezielte Tötungen verstanden. Das Abgeordnetenhaus verabschiedete die AUMF mit nur einer Gegenstimme, der Senat sprach sich einstimmig für sie aus.[81] Als Einzige hatte sich die liberale kalifornische Demokratin Barbara Lee dagegen ausgesprochen. »So schwierig mein Votum auch sein mag – jemand von uns muss darauf pochen, dass Beschränkungen erhalten bleiben«, erklärte Lee mit zittriger Stimme vor den versammelten Abgeordneten. »Es muss doch unter uns welche geben, die sagen: Lasst uns einen Moment lang Abstand nehmen und die Folgen unserer heutigen Beschlüsse überdenken – lasst uns genauer überlegen, was sie nach sich ziehen«, fügte sie hinzu. »Wir müssen vorsichtig sein, damit wir uns nicht auf einen unbefristeten Krieg einlassen, ohne Ausstiegsstrategie und ohne genaues Ziel.«[82] Lees zweiminütige Rede war der einzige Einwand, den der Kongress gegen die weitreichende Ermächtigung zur Kriegsführung vorbrachte, die das Weiße Haus einforderte.

Ermächtigt durch eine unbeschränkte, von beiden Parteien erteilte Vollmacht, einen weltweiten grenzenlosen Krieg gegen einen staatenlosen Feind zu führen, erklärte die Regierung Bush die gesamte Welt zum Schlachtfeld. Wir »müssen sozusagen auf der dunklen Seite arbeiten«, verkündete Dick Cheney in der NBC-Sendung *Meet the Press* am 16. September 2001 und deutete damit an, was kommen würde. »Wir müssen uns in die unsichtbare Welt der Nachrichtendienste begeben. Vieles, was jetzt zu tun ist, muss im Stillen geschehen, ohne jegliche Diskussion, mit Mitteln und Methoden, die unseren Nachrichtendiensten zur Verfügung stehen, wenn wir Erfolg haben wollen.«[83] Am 18. September 2001 unterzeichnete der Präsident öffentlich die AUMF und gab ihr dadurch Gesetzesrang. Noch bedeutsamer aber war die Order, die er tags zuvor im Geheimen unterzeichnet hatte. Die geheime Präsidentendirektive[84], die nach wie vor als Verschlusssache eingestuft ist, räumte der CIA das Recht ein, überall auf der Welt verdächtige Militante zu ergreifen und festzuhalten, was zum Aufbau eines Netzes von »black sites« (wie sie Regierungsvertreter intern bezeichneten), von Geheimgefängnissen, führte. Durch diese Direktive wurden auch die Hemmnisse bei der Genehmigung von gezielten Tötungen aus dem Weg geräumt. Doch das vielleicht Wichtigste dabei war, dass von nun an der Präsident nicht mehr jede einzelne verdeckte Aktion zur gezielten Menschentötung unterzeichnen musste. Die Anwälte der Regierung kamen zu dem Schluss, das Verbot solcher Aktionen gelte nicht für Personen, die als »Terroristen« eingestuft wurden, und räumten der CIA einen weiten Spielraum ein, was die Genehmigung von Tötungsaktionen betraf. Anfangs wollte Präsident Bush, dass die CIA die Führungsrolle dabei übernahm. Er hatte genau den richtigen Mann für diese Aufgabe.

Cofer Black verbrachte den Großteil seines Berufslebens als Geheimagent der CIA in Afrika. Seine Sporen verdiente er sich während des Rhodesienkriegs in Sambia, danach war er in Somalia tätig und in Südafrika, als dort das Apartheid-Regime seinen brutalen Krieg gegen die schwarze Bevölkerungsmehrheit führte. In Zaire arbeitete Black für das verdeckte Waffenprogramm der Reagan-Regierung zur Aufrüstung der antikommunistischen Kräfte in Angola. Anfang der 1990er-Jahre, lange vor den meisten Antiterrorexperten, verbiss sich Black in das Thema bin Laden und erklärte ihn zu einer großen Gefahr, die ausgeschaltet werden müsse. Von 1993 bis 1995 tat Black, getarnt als Diplomat, in der US-Botschaft im sudanischen Khartum Dienst, wo er das Büro der CIA leitete. Zu dieser Zeit hielt sich bin Laden ebenfalls im Sudan auf. Dort baute er sein internationales Netzwerk zu dem aus, was die CIA am Ende von Blacks Auslandseinsatz als »die Ford Foundation des sunnitisch-islamistischen Terrorismus« bezeichnen würde. Blacks Agenten, die bin Ladens Spur verfolgten, arbeiteten während der Clinton-Ära unter der Direktive, dass sie über bin Laden und sein Netzwerk nur Erkenntnisse sammeln durften. Black ersuchte um die Ermächtigung, den saudischen Milliardär zu töten, aber die Regierung Clinton wollte keine Tötungsaktionen genehmigen; dies tat sie erst nach den Bombenanschlägen 1998 auf die US-Botschaften in Afrika.[85] »Leider war es zu dieser Zeit innerhalb der CIA tabu, einen Tötungsbefehl anzuordnen«, erklärte der CIA-Mitarbeiter Billy Waugh, der im Sudan eng mit Black zusammengearbeitet hatte. »In den frühen Neunzigern waren wir noch gezwungen, uns an dieses scheinheilige Gesetz zu halten und den Gutmenschen bei der CIA nicht auf die Füße zu treten.«[86] Zu Waughs abgelehnten Plänen gehörte angeblich auch ein Mordanschlag auf bin Laden in Khartum; sein Leichnam sollte bei der iranischen Botschaft abgelegt werden, um so Teheran die Schuld in die Schuhe zu schieben. Cofer Black sei von dieser Idee begeistert gewesen, erklärte Waugh.[87]

Bei Antritt der Regierung Bush ersuchte Black erneut um die Genehmigung, bin Laden verfolgen zu dürfen.»Ständig kam er in mein Büro, um mir all diese Geschichten zu erzählen, wie er schon vor dem 11. September versucht hatte, gegen Osama bin Laden vorzugehen«, berichtete Lawrence Wilkerson, damals Stabschef von Außenminister Colin Powell.»Weil der Delta [Force] der Mut fehlte und es der CIA an Entscheidungsbefugnis mangelte«, seien Black die Hände gebunden gewesen. Zum Beispiel habe Black laut Wilkerson»jedes Mal, wenn sie der Delta [Force] eine Möglichkeit präsentierten, eine Liste mit Fragen vorgelegt bekommen, ›Welche Art von Nägeln sind in der Tür?‹, ›Welche Art von Schloss ist in der Tür?‹, ›Wie lautet die Seriennummer des Schlosses?‹, und solches Zeug. Das ist einfach nur die übliche Masche der Spezialeinheiten, wenn sie nichts unternehmen wollen.«[88] Sehr zu Blacks Zufriedenheit wurden derartige Pedanterien schon bald in Bausch und Bogen abgeschafft.

Am 6. August 2001 hielt sich Präsident Bush auf seiner Ranch im texanischen Crawford auf, wo ihm der tägliche Lagebericht vorgelegt wurde, überschrieben mit»Bin Laden zu Anschlägen in den USA entschlossen«.[89] In dem Bericht wurde zwei Mal hervorgehoben, dass Mitglieder von al-Qaida versuchen könnten, Flugzeuge zu kapern. Das FBI habe»verdächtige Aktivitäten [in den USA] festgestellt, deren Muster Vorbereitungen zu Flugzeugentführungen und anderen Arten von Anschlägen vermuten lassen, darunter auch kürzlich die Observation von Bundesgebäuden in New York«. Neun Tage später referierte Black auf einer Geheimkonferenz des Pentagon über das Thema Terrorismusabwehr.»Wir werden bald einen Angriff erleben«, prophezeite Black.»Viele Amerikaner werden sterben, und es könnte sogar in den USA selbst geschehen.«[90]

Nach dem 11. September schrieben Bush und Cheney die Spielregeln neu. Black musste nicht mehr Klinkenputzen, um eine Genehmigung für eine Tötungsaktion zu erhalten.»Ich dachte mir: Jetzt geht es offiziell los«, erinnerte sich Black.»Man könnte das mit einem Hofhund vergleichen, der plötzlich von der Kette gelassen wird. Ich konnte es kaum erwarten.«[91] Bei seinem ersten Treffen mit Präsident Bush nach dem 11. September skizzierte Black, wie paramilitärische Einheiten der

CIA nach Afghanistan entsandt werden könnten, um bin Laden und seine Helfershelfer zur Strecke zu bringen. »Wenn wir mit ihnen fertig sind, werden die Fliegen über ihre Augäpfel krabbeln«[92], versprach Black in seinem Vortrag, der ihm im inneren Zirkel des Regierungsapparats die Bezeichnung »der Kerl mit den Fliegen auf den Augäpfeln« eintrug. Dem Präsidenten gefiel Blacks Ausdrucksweise angeblich sehr. Als Black anmerkte, dass die Operation nicht ohne Blutvergießen ablaufen würde, erwiderte der Präsident: »Sei's drum. So ist es im Krieg eben. Wir wollen ihn schließlich gewinnen.«[93] Philip Giraldi, Führungsoffizier bei der CIA, der zusammen mit Black die CIA-Ausbildung auf der sogenannten »Farm« im ländlichen Virginia absolviert hatte, berichtete mir, er sei Black zufällig in Afghanistan kurz nach dem Eintreffen der ersten US-Teams nach dem 11. September begegnet. »Wir hatten uns jahrelang nicht gesehen«, erzählte Giraldi. »Ich war erstaunt, wie borniert er inzwischen war. Ständig redete er davon, dass er bin Ladens Kopf auf einem Silbertablett nach Hause zurückbringen würde – das meinte er buchstäblich so.«[94] Laut Giraldi hatte Black »Scheuklappen«. Er habe nicht einmal den engsten europäischen Verbündeten, einschließlich der Briten, über den Weg getraut. Über den sich ankündigenden globalen Krieg der USA war Black, so Giraldi, »ganz begeistert. Das ist für einen CIA-Mann unüblich. In der CIA neigen die Leute zur Skepsis. Wenn du als Geheimdienstmann im operativen Einsatz bist, wirst du sehr schnell gegenüber vielem skeptisch. Aber Cofer gehörte zu den Enthusiasten.«

Am 19. September wurde das CIA-Team, Codename Jawbreaker, entsandt. Black erteilte seinen Männern makabre Anweisungen. »Gentlemen, ich möchte Sie über Ihren Auftrag informieren und ihn klar und deutlich formulieren. Ich habe ihn mit dem Präsidenten besprochen, und er stimmt ihm voll und ganz zu«, sagte Black zum CIA-Agenten Gary Schroen und dessen Team. »Ich möchte nicht, dass bin Laden und seine Strolche ergriffen werden, sondern ich möchte sie tot sehen«, befahl Black. »Sie müssen erledigt werden. Ich möchte Fotos von ihren aufgespießten Köpfen sehen. Ich möchte, dass bin Ladens Kopf in einer mit Trockeneis gefüllten Kiste in die USA gebracht wird. Ich möchte dem Präsidenten bin Ladens Kopf zeigen. Das habe ich ihm versprochen.«[95] Schroen sagte, es sei das erste Mal in seiner 30-jährigen Karriere gewesen, dass er den Befehl erhielt, einen Gegner zu töten, anstatt zu versuchen, ihn gefangen zu nehmen. Black fragte, ob er sich klar

genug ausgedrückt habe. »Vollkommen klar, Cofer«, erwiderte Schro-
en. »Ich weiß zwar nicht, wo wir in Afghanistan Trockeneis herkriegen
sollen, aber bestimmt können wir uns vor Ort Spieße schnitzen.« Später erklärte Black den Grund für diesen Befehl. »Wir brauchen die
DNA«, sagte Black. »Es gibt eine gute Methode, sie zu bekommen. Hack
ihm mit einer Machete den Kopf ab, und du kriegst einen Eimer voll
DNA zur Überprüfung. Das ist viel besser, als den ganzen Leichnam zu-
rückzutransportieren!«[96] Als bei einem Treffen in Moskau noch vor der
US-Invasion in Afghanistan russische Diplomaten Black an die sowjetische Niederlage gegen die von den Amerikanern unterstützten Mudschahedin erinnerten, schoss Black zurück: »Wir werden sie töten«, sagte er. »Wir werden ihre Köpfe auf Spieße stecken. Wir werden ihnen
ihre Welt kaputtschlagen.«[97] Als Zeichen dafür, was noch kommen sollte, wurden für die von Black unmittelbar nach dem 11. September organisierten verdeckten Operationen zu großen Teilen private Dienstleister herangezogen. Das ursprüngliche CIA-Team bestand aus etwa 60
ehemaligen Angehörigen der Delta Force, der SEALs und anderen Spezialeinsatzkommandos, die für Black als unabhängige Auftragnehmer
tätig waren und somit die Mehrheit unter den ersten Amerikanern bildeten, die nach dem 11. September nach Afghanistan gingen.[98]

Anfangs war die Liste derjenigen, die für die CIA zur gezielten Tötung freigegeben wurden, kurz: Schätzungen reichen von sieben bis
zwei Dutzend Personen, darunter bin Laden und sein Stellvertreter
Aiman al-Sawahiri.[99] Die Aktionen konzentrierten sich hauptsächlich
auf Afghanistan. Am 7. Oktober setzte Präsident Bush offiziell die
»Operation Enduring Freedom« in Gang, und das US-Militär begann
mit Luftschlägen, gefolgt von einer Bodeninvasion.[100] In den ersten Tagen des Afghanistan-Feldzugs arbeiteten CIA-Agenten und Spezialeinheiten zusammen. »Wir kämpfen auf dem afghanischen Kriegsschauplatz für die Ziele der Terrorismusabwehr«, schrieb der Chef der
Antiterror-Spezialeinheiten in einem Memo an die CIA-Verantwort-
lichen im Oktober 2001. »Und wenngleich dies sehr hochgesteckte Ziele auf einem sehr unsicheren, sich ständig verändernden Terrain sind,
kämpfen wir auch für die Zukunft einer von CIA und dem Department
of Defense (DoD) gemeinschaftlich praktizierten Kriegsführung weltweit. Mögen uns bei der Erkundung neuer Territorien und der Erpro-
bung neuer Methoden auch Fehler unterlaufen, so verfügen wir doch
über klare Ziele und ein solides Konzept der Partnerschaft.«[101] Zu die-

sem Zeitpunkt besaß die CIA nur sehr geringe paramilitärische Kapazitäten, aber als führender Geheimdienst bei der Jagd auf die Verantwortlichen für den 11. September konnte sich die CIA für bestimmte Missionen Spezialeinsatzkräfte ausleihen.[102] Doch Rumsfeld hatte kein Interesse, Hilfstruppen für die CIA zu stellen, und dass der Geheimdienst in dem sich ausweitenden Krieg immer mehr in den Mittelpunkt rückte, lief dem Verteidigungsminister ohnehin zuwider. Rumsfeld hatte für die Clinton-Regierung nichts als Verachtung übrig, und er teilte mit Cheney und ihren neokonservativen Verbündeten die Ansicht, dass die CIA zu einer verwässerten, liberalen Version ihres früheren Selbst verkommen sei. Verdeckte Aktionen, so ihre Überzeugung, seien durch Anwälte und unnötige, penetrante Kontrollen durch den Kongress verhindert worden, während doch gerade solche Operationen, bei denen es um Leben und Tod ging, im Geheimen stattfinden mussten. Auch wenn Cofer Black Rumsfeld in dem Eifer,»Terroristen« zu töten, in nichts nachstand, reichte das nicht. Rumsfeld wollte mit den Kontrollgremien der CIA nichts zu tun haben, und ebenso wenig wollte er, dass seine Truppen unter CIA-Aufsicht gerieten. Cheney hatte klargemacht, dass diese Regierung die CIA-Anwälte und Kongressausschüsse nicht als Wahrer des Rechts oder als Teil eines notwendigen Systems der wechselseitigen Kontrolle ansah. Wie Rumsfeld zu sagen pflegte, seien diese Einrichtungen nur hinderlich bei der Aufgabe,»den Terroristen Paroli zu bieten«. Anwälte sollten nur zu dem Zweck bemüht werden, geheime Maßnahmen unbesehen abzusegnen, und nur bestimmte handverlesene Mitglieder des Kongresses sollten überhaupt konsultiert werden. Schriftliche Unterrichtungen des Kongresses wollte man intern im Haus bearbeiten lassen und zensieren, sogar die gesetzlich vorgeschriebene umfassende Unterrichtung der als »Achterbande« bezeichneten ausgewählten Kongressmitglieder, die traditionell über verdeckte geheimdienstliche Operationen informiert werden mussten. Das bedeutete, der Legislative nur eine geschönte Version vorzulegen.

In den Monaten nach dem 11. September ergriffen Cheney, Rumsfeld und ihre Teams Maßnahmen, um zu verhindern, dass sich die Bürokratie ihren Plänen für einen unkontrollierten Einsatz der finstersten US-Kräfte in den Weg stellte. Cheney wollte der CIA unmissverständlich klarmachen, dass sie keinerlei Unabhängigkeit besaß. Der Geheimdienst sollte sich nicht mehr als oberste Instanz der Faktenprüfung und nachrichtendienstliche Quelle des Präsidenten verstehen, sondern seine neue Aufgabe darin sehen, die vorgegebene Politik auszuführen. Cheney wollte die ressortübergreifenden Prüfungen von vorgeschlagenen Tötungsaktionen aushöhlen, die unter Clinton Standard gewesen waren. Bald nach dem 11. September rief das Weiße Haus eine Gruppe von hochrangigen Regierungsanwälten zusammen. Ihre Aufgabe: die juristische Rechtfertigung von Folterungen, Entführungen und gezielten Tötungen. Diese Gruppe bezeichnete sich selbst insgeheim als »Kriegsrat«[103] und wurde von David Addington geleitet, Cheneys Anwalt und langjährigem Berater, der mit ihm das »Minderheitsvotum« zur Verteidigung der Iran-Contra-Affäre ausgearbeitet hatte.[104] Weitere Mitglieder waren der Anwalt des Weißen Hauses Alberto Gonzales und dessen Stellvertreter Tim Flanigan, der Justitiar des Pentagon William Haynes und der Deputy Assistant Attorney General John Yoo.[105] Ausdrücklich vom Kriegsrat ausgeschlossen waren der Justitiar des Außenministeriums und andere Anwälte des Militärs und des Justizministeriums, die üblicherweise an der rechtlichen Prüfung der Maßnahmen gegen den Terrorismus beteiligt gewesen waren.[106] Das Vorhaben war klar: Diese Gruppe sollte juristische Rechtfertigungen für Taktiken in einem verdeckten schmutzigen Krieg liefern, aber nicht in unabhängiger Weise ihre Rechtmäßigkeit beurteilen.

Für seinen geplanten globalen Krieg bediente sich das Weiße Haus ausgiebig der Methoden, die Cheney schon lange befürwortet hatte. Im Mittelpunkt des Feldzugs auf der »dunklen Seite« sollten Präsidialerlasse stehen, die ihrer Natur nach jede effektive Kontrolle durch den Kongress stark begrenzen würden. Laut dem National Security Act von 1947 muss ein Erlass des Präsidenten vorliegen, bevor eine verdeckte Aktion durchgeführt wird. Außerdem darf sie nicht gegen US-Gesetze oder die Verfassung verstoßen.[107] Der von Bush am 17. September 2001 unterzeichnete Erlass diente dazu, ein streng geheimes Programm mit dem Codenamen Greystone auf den Weg zu bringen.[108] Unter dem Schirm von GST, wie sein Kürzel in internen Dokumenten lautete, wurden zu Beginn des »Globalen Kriegs gegen den Terror« (»Global War on Terror«, GWOT) viele der geheimsten und rechtlich fragwürdigsten Aktivitäten genehmigt und durchgeführt. Seine Grundlage war die vom Kongress verabschiedete AUMF in ihrer Auslegung durch die Regierung. Nach deren Verständnis galt jeder, der im Verdacht stand, al-Qaida anzugehören, wo immer er in der Welt sich auch aufhielt, als legitimes Ziel.

Faktisch wurden durch die Präsidialerlasse sämtliche verdeckten Aktionen im Voraus für genehmigt und rechtmäßig erklärt, was nach Ansicht von Kritikern dem Geist des National Security Act widersprach. Unter GST entstand eine Reihe von kleinteiligen Programmen, die zusammen faktisch eine globale Tötungs- und Entführungsoperation bildeten. Das Genehmigungsverfahren für gezielte Tötungen wurde radikal gestrafft. Operationen dieser Art benötigten jetzt nicht mehr die fallweise Ermächtigung durch den Präsidenten. Black, Chef des Zentrums für Terrorismusabwehr, konnte nun direkt den Befehl dazu erteilen.[109]

Noch am selben Tag, an dem Bush den Präsidialerlass unterzeichnete, der unter anderem ein Inhaftierungsprogamm für »hochrangige Ziele« vorsah, wurden in Washington die Mitarbeiter des CTC und »ausgewählte Vertreter ausländischer Terrorabwehrdienste« darüber unterrichtet. »Cofer [Black] legte uns eine neue präsidiale Vollmacht vor, die unserem Vorgehen gegen terroristische Zielpersonen neue Wege eröffnete – eines der wenigen Male, dass so etwas geschah, seit der CIA 1976 politische Attentate verboten worden waren«, erklärte Tyler Drumheller, ehemals Chef der geheimen CIA-Operationen in Europa.[110] »Es war klar, dass die Regierung dies als einen Krieg ansah, der hauptsächlich mit nachrichtendienstlichen Mitteln geführt werden würde. Das erforderte eine neue Art des Operierens.« John Rizzo, ein ehemaliger CIA-Anwalt, der an der Ausarbeitung der Vollmacht beteiligt war, sagte später: »Ich hatte in meinem Leben noch nie an einem Präsidialerlass mitgewirkt oder auch nur einen gesehen, der einen derart großen Spielraum eröffnete. Er war einfach außergewöhnlich.«[111]

GST war auch ein Instrument für Entführungsaktionen, bekannt geworden als »Sonderüberstellungen«. Unter dem GST-Programm begann die CIA mit Geheimdiensten verschiedener Staaten »Status of Forces«-Abkommen zu treffen, Abkommen über die Präsenz von US-Streitkräften auf dem Territorium dieser Staaten. Deren Zweck war, im Ausland Geheimgefängnisse einzurichten, in denen Häftlinge interniert und verhört werden konnten, fernab jedes Schutzes durch das Rote Kreuz, den US-Kongress und allem, was auch nur vage an ein Rechtssystem erinnert hätte. Diese Abkommen verliehen nicht nur staatlichen Mitarbeitern der US-Behörden Immunität, sondern auch privaten Dienstleistern.[112] Die Regierung wollte Terrorverdächtige nicht vor Gericht bringen, »weil sie dann einen Anwalt bekämen«, sagte Jose Rodriguez, der zu dieser Zeit das Direktorat für Operationen in der

CIA leitete, zuständig für sämtliche von der CIA durchgeführten Aktionen.»Unsere erste und oberste Aufgabe ist, Informationen zu gewinnen.«[113] Um dies zu erreichen, wurde den Verhörspezialisten erlaubt, gegenüber den Häftlingen grässliche, teilweise mittelalterliche Methoden anzuwenden, viele davon angelehnt an die Folterpraktiken von Amerikas Feinden. Die im Kriegsrat versammelten Anwälte erstellten eine Reihe von Rechtsgutachten, die später von Menschen- und Bürgerrechtsorganisationen als »Folter-Memos« bezeichnet wurden, weil sie darauf abzielten, die besagten Methoden als notwendig zu begründen, ohne sie als Folter zu deklarieren.[114] »Wir mussten sämtliche Leute in der Regierung dazu bewegen, sich wie Erwachsene zu benehmen und uns die Vollmachten auszustellen, die wir brauchten«, berichtete Rodriguez, der zusammen mit Black zum maßgeblichen Architekten der Folterpolitik wurde.»Ich hatte es in der CIA oft genug erlebt, dass wir am Schluss wie die Dummen dastanden. Und das wollte ich den Leuten, die für mich arbeiteten, ersparen.«[115]

Am Rand des US-Luftwaffenstützpunkts Bagram in Afghanistan begann die CIA, heimlich Häftlinge zu internieren. Anfangs handelte es sich nur um ein Provisorium – die Gefangenen wurden in Frachtcontainer gesperrt. Später kamen noch eine Handvoll weiterer Geheimgefängnisse an abgelegenen Orten hinzu, darunter ein unterirdisches in der Nähe des Kabuler Flughafens und eine ehemalige Ziegelfabrik im Norden Kabuls.[116] Die Fabrik, die zudem der CIA als Außenstelle diente, wurde als »die Salzgrube« bekannt. Hierher brachte man auch Gefangene, die in anderen Ländern entführt und nach Afghanistan verschleppt worden waren. CIA-Mitarbeiter, die unmittelbar nach dem 11. September in der Terrorabwehr tätig waren, erklärten, die Idee zu einem Netz von Geheimgefängnissen rund um die Welt sei ursprünglich kein vorgefertigter Plan gewesen, sondern habe sich erst im Zuge der immer weiter ausgreifenden Operationen entwickelt. Ursprünglich hatte die CIA den Plan, Militärschiffe und abgelegene Inseln wie beispielsweise die unbewohnten Eilande im sambischen Kariba-See als Gefängnisse und zur Vernehmung von al-Qaida-Kämpfern zu nutzen. Aber schließlich knüpfte die CIA ein ganzes Netz von »black sites«, wie die Geheimgefängnisse genannt wurden, in mindestens acht Ländern, darunter Thailand, Polen, Rumänien, Mauretanien, Litauen und auf Diego Garcia im Indischen Ozean. Anfangs jedoch, als die CIA noch nicht über eigene Geheimgefängnisse verfügte, behalf sie sich damit, Verdächtige zur Vernehmung nach Ägypten, Marokko und Jordanien zu verschleppen.[117] Durch Zuhilfenahme ausländischer Geheimdienste konnten die Gefangenen nach Belieben gefoltert werden, ohne dass der Kongress lästige Fragen stellte.[118]

Im Frühstadium des GST-Programms regte sich im Kongress nur wenig Widerstand. Demokraten und Republikaner gleichermaßen räumten der Regierung enorme Spielräume zur Durchführung ihres geheimen Kriegs ein. Das Weiße Haus wiederum weigerte sich gelegentlich, Einzelheiten der verdeckten Operationen den dafür zuständigen Kontrollausschüssen des Kongresses offenzulegen, erntete dafür aber nur wenig Protest.[119] Zudem entschied die Regierung einseitig, die »Achterbande«, das heißt die acht Kongressmitglieder mit dem Privileg der umfassenden Unterrichtung, auf vier zu reduzieren: die Vorsitzenden und die jeweilige Nummer zwei der beiden Geheimdienstausschüsse von Abgeordnetenhaus und Senat.[120] Diesem Quartett wurde absolutes Stillschweigen über die Unterrichtungen auferlegt. Faktisch bedeutete dies, dass der Kongress keinerlei Kontrolle über das GST-Programm hatte – genau das, was Cheney wollte.

Die Regierung Bush hatte das Überstellungsprogramm der CIA nicht erfunden. Es war unter Clinton Mitte der 1990er-Jahre eingeführt worden durch einen Präsidialerlass, der die CIA und Spezialeinheiten bevollmächtigte, zusammen mit dem FBI weltweit Terrorverdächtige zu ergreifen, ohne Rücksicht auf bilaterale Auslieferungsabkommen oder internationale Vereinbarungen.[121] Und die Clinton-Direktive erlaubte auch, Terrorverdächtige nach Ägypten zu bringen, wo sie fernab jeglicher US-Gesetze und eines fairen Prozesses von Agenten des *Muchabarat* (Geheimdiensts) vernommen werden konnten und kein amerikanisches Folterverbot Geltung hatte. Für jede einzelne Ergreifungsaktion war eine direkte Genehmigung vonnöten.[122] Unter Clinton wurden mehr als 70 solcher Festnahmen durchgeführt.[123] In einigen Fällen wurden die Zielpersonen aus ihrem Heimatland per Flugzeug in die USA gebracht, um sie dort vor Gericht zu stellen. Zu den unter Clinton Verschleppten zählten beispielsweise: Mir Aimal Kasi[124], ein pakistanischer Staatsbürger, der 1993 zwei CIA-Mitarbeiter vor dem Hauptquartier der CIA erschossen hatte und 1997 aus Pakistan verschleppt wurde; Ramzi Yousef[125], Drahtzieher des Anschlags auf das World Trade Center 1993; Wali Khan Amin Schah[126], der geplant hatte, an einem be-

stimmten Tag des Jahres 1995 Maschinen mehrerer US-Fluggesell-
schaften in die Luft zu sprengen; und der Japaner Tsutomu Shirosaki[127],
Mitglied der japanischen Roten Armee, der 1986 einen Bombenanschlag auf die US-Botschaft in Jakarta verübt hatte und 1996 ergriffen
wurde. Alle diese Festnahmen waren von US-Richtern gerichtlich angeordnet worden und wurden vor zivilen Gerichten verhandelt. In Fällen jedoch, in denen der Regierung mehr an Informationen als an Gerechtigkeit lag, wurden die Zielpersonen in Drittländer verschleppt, wo
sie rechtlos waren. 1998 verabschiedete der Kongress ein Gesetz, das
verbietet, »eine Person auszuweisen, auszuliefern oder in anderer Weise ihre unfreiwillige Rückkehr in ein Land zu bewirken, wenn gewichti-
ge Gründe dafür sprechen, dass der Person dort Folter droht. Dies gilt
unabhängig davon, ob sich die Person in den Vereinigten Staaten aufhält oder nicht.«[128] Bushs Präsidialerlasse nach dem 11. September warfen solche Bedenken über Bord, und die CIA intensivierte den Gebrauch dessen, was Vertreter von Menschenrechtsorganisationen
später als »Foltertaxis« bezeichnen sollten.

Als das neue Tötungs- und Ergreifungsprogramm Ende 2001 voll in
Schwung kam, erklärte die damalige Nummer drei der CIA, Buzzy
Krongard, der »Krieg gegen den Terror« werde »weitgehend von Einsatzkräften gewonnen werden, die Sie nicht kennen, durch Aktionen,
von denen Sie nichts sehen werden, und auf eine Art und Weise, von
der Sie wahrscheinlich gar nichts wissen wollen«.[129] Ein direkt an der
Überstellung von Gefangenen Beteiligter sagte gegenüber der *Washington Post*: »Wir prügeln aus ihnen nicht die [Kraftwort] heraus. Wir ver-
frachten sie in andere Länder, wo man ihnen die [Kraftwort] heraus-
prügeln kann.« Ein anderer Offizieller, der die Ergreifung und den
Transfer von Gefangenen beaufsichtigte, ergänzte: »Wenn man nicht
gelegentlich die Menschenrechte einer Person verletzt, macht man
wahrscheinlich seinen Job nicht richtig.« Um hinzuzufügen: »Ich glaube nicht, dass wir dabei null Toleranz walten lassen sollten. Das war ja
lange das ganze Problem der CIA.«[130] Cofer Black präzisierte dies sehr
genau, als er dem Kongress über die neue »operative Flexibilität« berichtete, die im Krieg gegen den Terror zum Einsatz komme. »Das ist
eine streng geheime Angelegenheit, deshalb müssen Sie lediglich eines
wissen: Es gab eine Zeit vor dem 11. September, und es gab eine Zeit
nach dem 11. September. Nach dem 11. September haben wir die Samt-
handschuhe ausgezogen.«[131]

Am Überstellungsprogramm entfachte sich zwischen FBI und CIA ein mehrjähriger Streit darüber, wer die Leitung bei den Ermittlungen zu den Terroranschlägen innehatte. Das verdeutlichte, wie gering die Regierung Bush alles achtete, was auch nur entfernt an eine dem Recht und Gesetz verpflichtete Verfolgung der Täter des 11. September erinnerte. Als das Taliban-Regime zusammenstürzte und US-Truppen nach Afghanistan strömten, begannen sich die al-Qaida-Kämpfer in Scharen nach Pakistan zurückzuziehen. Im November fassten pakistanische Kräfte den al-Qaida-Ausbilder Ibn al-Shaykh al-Libi[132], den mutmaßlichen Leiter des Trainingslagers Khalden in Afghanistan, wo der spätere »Schuhbomber« Richard Reid und Zacarias Moussaoui, der sogenannte 20. Flugzeugentführer, ausgebildet worden waren. Von Pakistan wurde al-Libi nach Afghanistan ausgeliefert, wo ihn FBI-Agenten auf der Bagram Air Base vernehmen wollten. Das FBI betrachtete ihn als eine potenziell wertvolle Quelle für Informationen zu al-Qaida und einen möglichen Zeugen gegen Moussaoui. Der in New York stationierte FBI-Agent Jack Cloonan wies seine Mitarbeiter in Afghanistan an, »dies so zu handhaben, als würde es hier, in meinem Büro in New York, stattfinden«. Er berichtete: »Ich erinnere mich, dass ich über eine sichere Telefonleitung mit ihnen gesprochen habe. Ich sagte: ›Tut euch selbst einen Gefallen und lest diesem Kerl seine Rechte vor. Das mag altmodisch sein, aber es wird herauskommen, wenn wir es nicht tun. Vielleicht erst in zehn Jahren, aber es wird euch und dem Ansehen des FBI schaden, wenn ihr es nicht tut. Betrachtet es als leuchtendes Beispiel dafür, was wir für richtig halten.‹« Al-Libis Vernehmer schilderten ihn als kooperativ und »wirklich freundlich«; er habe eingewilligt, ihnen Informationen über Reid zu liefern, wenn sie im Gegenzug versprechen würden, seine Familie zu schützen.[133]

Doch gerade als das FBI glaubte, mit al-Libi voranzukommen, erschienen auf Befehl von Cofer Black CIA-Agenten in Bagram und verlangten al-Libis Überstellung an sie.[134] Die FBI-Agenten weigerten sich zwar, ihn der CIA zu übergeben, aber schließlich wurden sie vom Weißen Haus dazu gezwungen.[135] »Du weißt, wo du hinkommst«, sagte einer der CIA-Agenten zu al-Libi, als sie ihn abholten. »Bevor du dort bist, werde ich deine Mutter finden und sie ficken.«[136]

Die CIA brachte al-Libi per Flugzeug auf die USS *Bataan* im Arabischen Meer, wo auch der sogenannte amerikanische Taliban John Walker Lindh, der in Afghanistan gefasst worden war, und andere auslän-

dische Kämpfer festgehalten wurden.[137] Von dort wurde al-Libi nach
Ägypten überstellt, wo er von ägyptischen Agenten gefoltert wurde. Al-
Libis Vernehmung kreiste um den einen Punkt, der zum Kernstück des
Überstellungs- und Folterprogramms wurde: eine Verwicklung des
Irak beim 11. September nachzuweisen.[138] Im Gewahrsam der CIA
überschütteten die Vernehmer al-Libi mit Fragen, die darauf abzielten,
die Anschläge und al-Qaida mit dem Irak in Verbindung zu bringen.
Nachdem die zuständigen Vernehmer berichtet hatten, sie hätten al-
Libi so gründlich bearbeitet, dass er »gefügig« sei, schaltete sich Cheneys
Büro direkt ein und ordnete an, ihn weiterhin verschärften Vernehmungsmethoden auszusetzen.[139] »Nach einem echten Macho-Verhör –
also mit brutalen Methoden – gab er zu, dass al-Qaida und Saddam Hussein zusammenarbeiteten. Er gestand, dass al-Qaida und Hussein gemeinsam an Massenvernichtungswaffen arbeiteten«[140], berichtete der
ehemalige FBI-Vernehmer Ali Soufan in der Sendung *Frontline*. Doch
die Defense Intelligence Agency (DIA), der militärische Nachrichtendienst, äußerte schwere Zweifel an al-Libis Aussagen. In einem unter
Verschluss gehaltenen Bericht der DIA heißt es, al-Libis Aussagen
»mangelt es an spezifischen Details« über die angebliche Verwicklung
des Irak und »wahrscheinlich führt diese Person [ihre Vernehmer] bewusst in die Irre«.[141] Nachdem er »mehrere Wochen lang Befragungen
unterzogen wurde«, lautete das Fazit der DIA-Analyse, könnte al-Libi
»den Vernehmern Szenarien beschrieben haben, von denen er wusste,
dass sie ihr Interesse wecken würden«. Trotz solcher Zweifel wurde später al-Libis »Geständnis« an Außenminister Colin Powell weitergeleitet,
als er vor den Vereinten Nationen die falschen Anschuldigungen der
US-Regierung gegen den Irak vortrug.[142] In seiner Rede sagte Powell:
»Ich habe die Aussagen eines ranghohen terroristischen Kämpfers vorliegen, aus denen hervorgeht, dass der Irak al-Qaida im Gebrauch dieser Waffen ausbildet.«[143] Als sich Powells Behauptungen später als
falsch erwiesen, gestand al-Libi laut Soufan, gelogen zu haben. »Ich gab
Ihnen, was Sie hören wollten«, sagte er. »Ich wollte ja nur, dass die Folter aufhört. Ich habe Ihnen alles gegeben, was Sie hören wollten.«[144]

Wie sich schon bald herausstellte, drehte sich das Überstellungs-
und Vernehmungsprogramm um zwei Hauptziele: al-Qaidas Netzwerk
zu zerschlagen und weitere Anschläge zu verhindern sowie die Begründung für eine Invasion im Irak zu liefern. Dabei sollte keine Option oder
Vorgehensweise ausgeschlossen bleiben. Während das Außenministe-

rium vor einem schlecht durchdachten weltweiten Krieg warnte und auf eine eng begrenzte, rechtlich begründete Reaktion auf den 11. September drängte, begann Cheney, Pläne für ehrgeizige, global angelegte Entführungs- und Tötungsaktionen zu entwerfen, bei denen bestimmte Teile der CIA anfänglich eine Führungsrolle übernehmen sollten. Ehemalige hochrangige Mitarbeiter des CIA und des Außenministeriums versicherten, Cheney habe praktisch eine globale Menschenjagd in Gang gesetzt, für die er ein Geflecht aus Spezialkommandos und Agenten der CIA-eigenen Special Activities Division verwendete, dem paramilitärischen Arm der CIA.[145] Über diese geheimen oder verdeckten Aktionen wurden, wo immer sie auf der Welt stattfanden, selbst die jeweiligen US-Botschafter, Kommandeure des regulären US-Militärs und Chefs der CIA-Büros im Unklaren gelassen. Bei der Durchführung seines Programms verließ sich Cheney auf die Grauzonen in den US-Gesetzen und auf die nicht klar definierten Zuständigkeiten zwischen CIA und Militär.

Im November 2001 berief Cheney im Weißen Haus ein Treffen ein, um einer von Addington und anderen Anwälten entworfenen Präsidentenorder den letzten Schliff zu geben. Es ging darum, welchen rechtlichen Status die in aller Welt gefangen genommenen Terrorverdächtigen zugebilligt bekämen. Wie inzwischen Brauch, waren Anwälte des Kriegsrats zu dem Treffen eingeladen, hochrangige Vertreter des Außenministeriums und des Nationalen Sicherheitsrats hingegen ausgeschlossen.[146] Powell und die Anwälte des Außenministeriums hatten Präsident Bush mitgeteilt, ihrer Ansicht nach hätten gemäß den Genfer Konventionen al-Qaida- und Taliban-Häftlinge, die sich in feindlichem Gewahrsam befanden, Anspruch auf Rechtsschutz und humane Behandlung.[147] Falls die USA ihren Gefangenen einen solchen Schutz verweigerten, so warnten sie, würde dies im Gegenzug das Leben von US-Militärangehörigen in Gefahr bringen, die im Krieg in feindliche Gefangenschaft gerieten.[148] Am 7. Februar 2002 traf Präsident Bush seine Entscheidung. Er unterzeichnete eine weitere Direktive, deren Quintessenz lautete, die Genfer Konventionen seien »überholt« und würden für die von den USA gefangen gehaltenen al-Qaida- und Taliban-Kämpfer nicht gelten. Die Präsidentenorder wurde erlassen, kurz nachdem die Regierung Bush begonnen hatte, Häftlinge aus Afghanistan oder anderen Ländern ins US-Militärgefängnis von Guantánamo Bay auf Kuba zu schicken.[149]

Zu Beginn des Kriegs gegen den Terror verschlief der Kongress zwar weitgehend seine Kontrollpflichten, doch die Regierung wusste, dass dies nicht immer so bleiben würde. Schon Anfang 2002 verlangten Kongressmitglieder, dass CIA und Regierung sie über den Umfang der Maßnahmen unterrichtete, die von der CIA bei der Verfolgung von Terrorverdächtigen ergriffen wurden. Wie diese ersten, bald nach dem 11. September entsprechend dem »Cheney-Programm« durchgeführten Operationen im Einzelnen aussahen und wer genau sie durchführte, wird sich wahrscheinlich nie mehr rekonstruieren lassen. »Wir haben den Kreis derer, die von den Geheimgefängnissen wussten, absichtlich sehr klein gehalten. Auch dem FBI haben wir nichts gesagt«, erklärte Rodriguez, der in der CIA für die Einrichtung und den Betrieb der Geheimgefängnisse zuständig war. »Viele Leute, auch solche mit der höchsten Unbedenklichkeitsstufe innerhalb der CIA, wurden nicht eingeweiht. Meines Wissens kannte nicht einmal der Präsident den genauen Ort der Geheimgefängnisse.« Rodriguez fügte hinzu, dass jene Amtsträger außerhalb des Kreises der Eingeweihten nicht als nicht vertrauenswürdig gegolten hätten; sie hätten es »einfach nur nicht zu wissen brauchen«.[150]

Die Strategien, die den Aufstieg dieser Kräfte bewirkten, sollten zum Modell für ein Geheimprogramm werden, das Rumsfeld im Pentagon ersann. Argwöhnisch verfolgte Rumsfeld, wie die CIA unter Cheneys Anweisung zum Alphatier im weltweiten Krieg gegen den Terror wurde. Rumsfeld fasste den Entschluss, »die fast totale Abhängigkeit« des Pentagon »von der CIA«, wie er es nannte, zu beenden und die sensibelsten Aktivitäten der US-Elitesoldaten wie mit einem eisernen Vorhang abzuschirmen.[151] Dieses Projekt, geplant als geheimdienstliche Operation parallel derjenigen der CIA, wurde zur effektivsten Tötungs- und Gefangennahmemaschinerie, die die Welt je gesehen hatte – eine, die ihrer Anlage nach niemandem außer dem Präsidenten und seinem inneren Zirkel rechenschaftspflichtig war.

2 Anwar Awlaki: Eine amerikanische Geschichte

Vereinigte Staaten und Jemen, 1971–2002

Die Welt war noch eine andere, als George W. Bush sich im Jahr 2000 im Wahlkampf um das Präsidentenamt befand. Noch hatte das Datum 11. September für die US-Amerikaner keine besondere Bedeutung, und Osama bin Laden stand nicht im Fadenkreuz von US-Militär und Geheimdiensten. Viele Araber und Muslime sahen sich in der Ära Clinton in ihrer Hoffnung enttäuscht, dass es bei den Verhandlungen über die Palästinafrage zu einer Lösung in ihrem Sinne kommen würde. Für viele muslimische Amerikaner war Bush, nicht Clintons Vizepräsident Al Gore, der Hoffnungsträger bei der Präsidentschaftswahl 2000.[1] Aber es ging nicht nur um Palästina. Viele Muslime teilten die konservativen Werte evangelikaler Christen wie Bush zu Ehe, Schwulenrechten und Abtreibung. Einer dieser amerikanischen Muslime war ein junger Imam aus New Mexico namens Anwar al-Awlaki. »Wir sind mit vielem nicht einverstanden, was die Außenpolitik der Vereinigten Staaten betrifft, das stimmt«, sagte Awlaki 2001. »Wir sind sehr konservativ, was die familiären Werte angeht. Wir sind gegen den moralischen Verfall, den wir in der Gesellschaft sehen. Doch wir wissen auch viele der amerikanischen Werte sehr zu schätzen. Dazu zählen die Freiheit, aber auch die großen Chancen.«[2]

Awlakis Geschichte ähnelt in vieler Hinsicht derjenigen zahlreicher anderer Menschen aus fernen Ländern, die auf der Suche nach einem besseren Leben in die USA gehen. Sein Vater Nasser Awlaki war 1966 als brillanter junger Student mit einem Fulbright-Stipendium aus dem Jemen in die USA gekommen, um an der New Mexico State University Agrarwissenschaft zu studieren. »Schon als Fünfzehnjähriger habe ich viel über Amerika gelesen«, erzählte Nasser. »Mein Eindruck von den Vereinigten Staaten als junger Bursche war, dass Amerika das Land der Demokratie ist, das Land der unbegrenzten Möglichkeiten. Ich träumte immer davon, in den USA studieren zu können.«[3] Als er nach Amerika kam, ging Nasser zuerst nach Lawrence, Kansas, um Englisch zu lernen, und anschließend nach New Mexico. »Ich wollte Menschen der Neuen Welt kennenlernen, die Erschaffer eines der fortschrittlichsten Staaten, die die Welt je gesehen hat«, schrieb Nasser in einem Aufsatz, mit dem er sich seinen Kommilitonen in den USA vorstellte. Er möchte eine gute Ausbildung, erklärte Nasser, »um seinem Heimatland zu mehr Fortschritt und Modernität zu verhelfen.«[4] Unmittelbar nach Abschluss der Highschool heiratete er, konnte es sich aber mit den 167 Dollar, die er monatlich als Stipendium erhielt, nicht leisten, seine Frau Saleha nachzuholen. »Weil ich unbedingt mit meiner Frau zusammen sein wollte, schloss ich den Bachelor-Studiengang in Agrarwissenschaft in nur zwei Jahren und neun Monaten ab«, erzählte er mir, als wir im Dezember 2011 in seinem großen modernen Haus in der jemenitischen Hauptstadt zusammensaßen. Anschließend reiste Nasser in den Jemen, kümmerte sich um ein Visum für seine Frau und kehrte mit ihr nach Las Cruces in New Mexico zurück, wo er seinen Master-Abschluss machte. Am 22. April 1971 wurde ihr Sohn Anwar geboren.[5] »Damals fand man es noch in Ordnung, als junger Vater Zigarren an die Kommilitonen zu verteilen«, erzählte er lachend. »Auf der Banderole stand: ›Es ist ein Junge!‹. Es war ein unglaublicher Tag für mich, als Anwar zur Welt kam. Im Las Cruces Memorial Hospital.«

Anwar sollte als Amerikaner aufwachsen, so wollte es Nasser, nicht nur dem Pass nach, sondern auch vom Charakter her. 1971, als die Familie umzog, damit Nasser an der University of Nebraska promovieren konnte, meldeten sie den kleinen Anwar beim örtlichen YMCA-Verein zum Schwimmkurs an. »Er konnte schon mit zweieinhalb Jahren schwimmen, und zwar ganz ausgezeichnet«, erinnerte sich Nasser bei unserem Gespräch im Wohnzimmer seines Hauses in Sanaa. Er holte das Album mit Familienfotos und zeigte mir Studiobilder des kleinen Anwar, den der Fotograf auf einem Teppich in Szene gesetzt hatte. Später ließ die Familie sich in St. Paul nieder, wo Nasser eine Stelle an der University of Minnesota bekam und Anwar an der Grundschule Chelsea Heights einschrieb.[6] »Er war ein richtiger amerikanischer Junge«, sagte er und zeigte mir ein Foto von Anwar mit langem, gewelltem Haar, wie er im Klassenzimmer an einem Globus lächelnd auf den Jemen zeigt. Auf einem anderen Familienfoto ist ein schlaksiger Jugendlicher mit Sonnenbrille und Baseballkappe in Disneyland zu sehen. »Anwar wuchs wirklich wie jeder andere Junge in den USA auf, er trieb gern Sport und war ein ausgezeichneter Schüler, wissen Sie. Auch später im Studium.«

1977 beschloss Nasser, mit der Familie wieder in den Jemen zu gehen – für wie lange, wusste er nicht. Er sah sich in der Pflicht, sein in den USA erworbenes Wissen für seine bitterarme Heimat einzusetzen. Eines Tages sollte sein Sohn Anwar zum Studium wieder in die USA zurückkehren, aber er dachte, es sei gut, wenn der Junge sein Vaterland kennenlernte. Und so traf die Familie am letzten Tag des Jahres 1977 in Sanaa ein. Der sechsjährige Anwar sprach kaum ein Wort Arabisch, eignete sich die Sprache aber schnell an. Nach einem halben Jahr war er der viertbeste Schüler in seiner Klasse, und nach einem Jahr beherrschte er Arabisch bereits fließend. Schließlich gründete Nasser mit Kollegen eine Privatschule, in der in beiden Sprachen, Englisch und Arabisch, unterrichtet wurde. Von der ersten Klasse an, acht Jahre lang, war Ahmed Ali Abdullah Salih, der Sohn des jemenitischen Präsidenten, Anwars Schulkamerad. Ahmed Ali sollte später als Kommandant der Republikanischen Garde zu den meistgefürchteten Männern im Jemen gehören. Anwar hingegen schlug, dem Vorbild seines Vaters folgend, den Weg zu einer akademischen Karriere ein.

Die nächsten zwölf Jahre verbrachte Anwar im Jemen, während sein Vater immer engere Beziehungen mit amerikanischen Freunden in Sanaa pflegte. Gemeinsam mit anderen in den USA und Großbritannien ausgebildeten Jemeniten arbeitete Nasser mit der US Agency for International Development (US-Behörde für Internationale Entwicklung; USAID) zusammen und gründete mit einer amerikanischen Finanzierungshilfe von 15 Millionen Dollar eine Hochschule für Agrarwirtschaft. 1988 wurde Nasser zum jemenitischen Landwirtschaftsminister ernannt. Als Anwar die Highschool im Jemen abgeschlossen hatte, bot ein Kollege Nassers von USAID seine Unterstützung bei der Suche nach einem guten College für Anwar in den USA an. Nach dem Willen des Vaters sollte Anwar »Bauingenieurwesen, insbesondere mit Blick auf Hydraulik und die Wasserressourcen im Jemen [studieren]. Denn der Jemen leidet wirklich sehr unter Wasserknappheit.« Sein Freund von USAID schlug die Colorado State University vor und verhalf Anwar zu einem Stipendium. Dazu musste Anwar aber einen jemenitischen Pass vorweisen können. »Ich war damals nur ein ganz gewöhnlicher Universitätsprofessor und hatte nicht die Mittel, meinen Sohn auf eigene

Kosten in den USA studieren zu lassen«, erzählte Nasser. »Der amerikanische Direktor von USAID meinte, das sei kein Problem, sofern Anwar einen jemenitischen Pass besitze; dann käme er für das Stipendium von USAID infrage. Also besorgten wir Anwar einen jemenitischen Pass.« Die ausstellende Behörde verzeichnete darin die südjemenitische Stadt Aden als Geburtsort. Das sollte Anwar später eine Menge Ärger bereiten.

Am 3. Juni 1990 landete Anwar auf dem Chicagoer Flughafen O'Hare und reiste dann weiter nach Fort Collins, Colorado, um dort Bauingenieurwesen zu studieren.[7] »Als junger Mann träumte er wirklich davon, sein Studium [in den USA] zu absolvieren und dann seinem Heimatland zu dienen«, sagte Nasser. In Anwars erstem Jahr an der Universität begannen die Vereinigten Staaten den Irakkrieg. Nasser erinnert sich noch gut an einen Anruf von Anwar, als die ersten amerikanischen Bomben auf Bagdad fielen. Damals berichtete Peter Arnett, der bekannte CNN-Korrespondent, aus der irakischen Hauptstadt, und Anwar saß vor dem Fernseher. »Die Bilder auf CNN zeigten ein Bagdad in völliger Dunkelheit, und so dachte Anwar, die Stadt sei komplett zerstört. Für Muslime ist Bagdad von großer kultureller Bedeutung, denn es war der Sitz der Abbasiden-Dynastie. Er war tief enttäuscht von dem, was die USA dort anrichteten. Und so fing er zu dieser Zeit an, sich über allgemeine Probleme der Muslime Gedanken zu machen.«

Als er damals zum Studium in die USA ging, sei er »kein strenggläubiger Muslim gewesen«[8], räumte Anwar ein, aber durch den Irakkrieg habe er sich politisiert und schließlich die muslimische Studentenvereinigung auf dem Campus geleitet. Auch begann er, sich für den Kampf der Mudschahedin in Afghanistan zu interessieren, und in den Semesterferien im Winter 1992 reiste Anwar in das Land. Die Mudschahedin hatten die sowjetischen Besatzer 1989 mit US-amerikanischer Unterstützung aus dem Land gejagt, doch nun wütete in Afghanistan ein Bürgerkrieg, und das Land wurde zu einem bevorzugten Ziel junger Muslime, darunter erstaunlich viele Jemeniten, die sich dort am Dschihad beteiligen wollten. »Erst die Invasion Kuwaits, dann der Irakkrieg. Das war der Punkt, wo ich meine Religion ernster zu nehmen begann«, berichtete Anwar später. »Ich tat den Schritt und reiste nach Afghanistan, um zu kämpfen. Ich blieb den Winter über dort und kehrte mit der Absicht zurück, mein Studium in den USA zu beenden und für immer nach Afghanistan zu gehen. Ursprünglich wollte ich im Sommer wieder hinreisen, aber dann wurde Kabul von den Mudschahedin eingenommen, ich sah, dass der Krieg vorbei war, und blieb doch in den USA.«

Seit er sich verstärkt mit Politik und Religion befasste, ließen Anwars Leistungen an der Universität nach. Später sagte er, er habe sein Stipendium wegen ebendieses Engagements verloren. »Über einen Kontakt in der US-Botschaft in Sanaa erfuhr ich, dass man Berichte über meine islamischen Aktivitäten auf dem Campus erhalten hatte und von meiner Reise nach Afghanistan wusste, und das war der einzige Grund dafür, dass man mir mein Stipendium strich«, behauptete er. Im Nachhinein scheint dies ein entscheidender Moment für Anwars Lebensweg gewesen zu sein. Es war etwas in ihm entfacht worden, das – in Verbindung mit nachfolgenden Ereignissen – seinem Weg eine andere Richtung gab. Jahre später stellte Anwar die Theorie auf, das Gewähren von einem Stipendium, wie er es erhalten habe, sei Teil eines Plans der US-Regierung, rund um die Welt Studenten als Agenten für Amerika zu rekrutieren. »Mit ihren Stipendien für ausländische Studenten schafft sich die US-Regierung einen weltweiten Pool an Führungskadern. Es sind Führungskräfte in allen möglichen Bereichen darunter, Staatschefs, Politiker, Geschäftsleute, Wissenschaftler und so weiter. Ihnen ist eines gemeinsam: Sie haben alle an amerikanischen Universitäten studiert«, schrieb er. »Mit diesen Programmen haben die USA ihre Macht weltweit gestärkt und ausgebaut. Wie die USA ein Imperium beherrschen, ohne es ein Imperium zu nennen, das ist eine der großen Innovationen unserer Zeit.« Die Geschichte, die er von sich selbst erzählte, war die eines ungewöhnlichen Menschen, der diesen imperialen Machtgelüsten standgehalten hatte. »Aber ihre Absicht, mich als einen der vielen tausend Männer und Frauen rund um den Globus zu rekrutieren, die loyal zu den USA stehen, ist bei mir nicht aufgegangen. Für diese Rolle war ich nicht mehr geeignet. Ich war jetzt ein Fundamentalist!«

Die Awlakis betrachteten sich nicht als besonders religiös, lediglich als gute Muslime, die fünf Mal am Tag beteten und sich bemühten, nach dem Koran zu leben. Das hieß keineswegs, dass Religion keine Bedeutung gehabt hätte, aber an erster Stelle stand für die Familie Awlaki ihre Stammeszugehörigkeit. Außerdem waren sie moderne Menschen, die Beziehungen zu Diplomaten und Geschäftsleuten aus aller Herren Länder unterhielten. In der Zeit seiner Politisierung besuchte Anwar eine Moschee in der Nähe seiner Universität in Colorado, und der dortige Imam bat ihn, freitags doch einmal eine Predigt zu halten.[9] Anwar sagte zu und stellte fest, dass er durchaus rhetorisches Talent besaß. Er fragte sich, ob seine wahre Berufung nicht eher Prediger als Bauingenieur sei. »Er war wirklich ein sehr, sehr vielversprechender junger Mann. Wir erhofften uns eine gute Zukunft für ihn«, erinnerte sich Anwars Onkel, Scheich Saleh bin Fareed, ein reicher Geschäftsmann und Oberhaupt des Aulaq-Stammes im Jemen. »Ich glaube, Anwar war der geborene Anführer. Es lag ihm im Blut, es entsprach seiner Mentalität.«[10]

1994 machte Anwar seinen Abschluss an der Colorado State University und beschloss, in diesem Bundesstaat zu bleiben. Er heiratete eine Cousine aus dem Jemen und übernahm die Aufgaben eines Imam bei der Denver Islamic Society.[11] Von seinem Vater erfuhr ich, dass Anwar nie davon gesprochen hatte, Imam zu werden, als er in die USA ging, sondern dass es sich so ergab, nachdem er einige Male gebeten worden war, eine Predigt zu halten. »Er dachte, das sei ein Bereich, wo er [helfen] und etwas bewirken kann. Ich vermute, es war bloßer Zufall, dass es so kam. Aber dann fand er offenbar Gefallen daran und beschloss, nicht als Ingenieur zu arbeiten«, sondern der Berufung zum Prediger zu folgen. Anwar begann, sich für die Schriften und Reden von Malcolm X zu interessieren, und machte sich Gedanken über die schwierige Situation der Afroamerikaner. In Denver »begann er, sich mit den sozialen Problemen in Amerika zu beschäftigen, er kannte viele Schwarze, besuchte sie im Gefängnis und versuchte, ihnen zu helfen«, erzählte sein Vater. »Er beschäftigte sich immer stärker mit den sozialen Problemen der Muslime und anderer Minderheiten in den USA.«[12] Ein Mitglied seiner Moschee in Denver sagte später über Awlaki: »Er konnte die Leute sehr direkt ansprechen, er hatte Charisma.«[13] Einer der Ältesten der Moschee in Denver äußerte gegenüber der *New York Times,* dass er mit Awlaki einmal eine Auseinandersetzung gehabt habe, nachdem der junge Imam einem jungen saudischen Muslim empfohlen hatte, sich in Tschetschenien dem Dschihad gegen Russland anzuschließen. »Er konnte wirklich mit Engelszungen reden«, sagte der Älteste. »Aber ich verwahrte mich dagegen: ›Erzähl meinen Leuten nichts vom Dschihad‹, sagte ich.«[14]

Am 13. September 1995 brachte Anwars Frau ihr erstes Kind zur Welt, einen Jungen, dem sie den Namen Abdulrahman gaben.[15] Anwar zog mit seiner kleinen Familie nach San Diego in Kalifornien, wo er Imam an der Masdschid al-Ribat al-Islami wurde.[16] Außerdem begann er wieder zu studieren und bereitete sich an der San Diego State University auf den Master in Schulmanagement vor.[17] 1999 geriet Anwar zum ersten Mal in Konflikt mit dem FBI, das ihn wegen mutmaßlichen Kontakts zu Ziyad Khaleel, einem Mitglied von al-Qaida, im Visier hatte. Die US-Geheimdienste verdächtigten ihn, eine Batterie für bin Ladens Satellitentelefon gekauft zu haben. Außerdem hatte ihn ein Mitarbeiter von Omar Abdel Rahman aufgesucht, dem »blinden Scheich«, den man als Drahtzieher des Bombenanschlags auf das World Trade Center 1993 verurteilt hatte.[18] Angeblich wurden bei den Ermittlungen im Jahr 1999 auch andere Verbindungen aufgedeckt, die das FBI auf den Plan riefen, beispielsweise zur Holy Land Foundation[19], einem muslimischen Wohlfahrtsverband, dem vorgeworfen wurde, für karitative palästinensische Vereine Geld zu sammeln, die mit der vom US-Außenministerium als terroristische Organisation einstuften Hamas verflochten waren. Nach Steuerunterlagen, die sich das FBI beschaffte, war Awlaki während seiner Zeit in San Diego auch zwei Jahre lang Vizepräsident einer weiteren Organisation, der Charitable Society for Social Welfare (Wohltätiger Verein für Sozialfürsorge; CSSW).[20] Einem FBI-Agenten zufolge war dies lediglich eine weitere »Tarnorganisation zum Geldtransfer an Terroristen«[21], und die Staatsanwaltschaft sah darin einen Ableger einer größeren, von Abdul Madschid al-Sindani – einem recht bekannten Jemeniten mit angeblichen Verbindungen zu al-Qaida – gegründeten Organisation.[22] Nach dieser Logik müsste man allerdings auch das US-Arbeitsministerium beschuldigen, denn es unterstützte CSSW-Projekte zwischen 2004 und 2008 mit Millionen von Dollar.[23] Anwars Familie weist die Behauptung zurück, Anwar habe Geld für terroristische Gruppen gesammelt, und beharrt darauf, es sei für Waisenkinder im Jemen und anderen Ländern der arabischen Welt gedacht gewesen.[24] Mangels Beweisen stellten die US-Behörden ihre Ermittlungen zu Awlaki bald ein. Im März 2000 entschied das FBI abschließend, dass Awlaki »keine Kriterien aufweist, die [weitere] Ermittlungen rechtfertigen würden.«[25] Doch es sollte nicht das letzte Mal sein, dass er vom FBI hörte.

Zwei Männer, die in Anwars Moschee in San Diego beteten, Khalid al-Mihdhar und Nawaf al-Hazmi, sollten bald zu den 19 Flugzeugentführern der Anschläge vom 11. September gehören.[26] Als Awlaki mit seiner Familie im Jahr 2000 nach Falls Church in Virginia umzog, kam al-Hazmi auch in diese Moschee zum Beten. Nach den Anschlägen erhoben US-Ermittler den Vorwurf, Awlaki sei al-Hazmis »geistlicher Berater« gewesen.[27] Anwars Vater sagte mir, er habe seinen Sohn nach seiner Verbindung zu al-Hazmi und al-Mihdhar gefragt und von ihm zur Antwort bekommen, seine Beziehung zu den Männern sei nur sporadischer, rein religiöser Natur gewesen. »Ich habe ihn selbst danach gefragt, und er sagte: ›Sie beteten in der Moschee wie andere auch, ich bin ihnen nur ganz beiläufig begegnet‹«, versicherte der Vater und fuhr fort: »Warum um alles in der Welt sollte al-Qaida Anwar in die Pläne für ihr größtes Ding einweihen? Das ist unvorstellbar, denn zu dieser Zeit hatte er keinerlei Verbindung zu irgendeiner derartigen Gruppe. Definitiv. Da bin ich mir hundertprozentig sicher.«

Hört man sich Awlakis Predigten aus dieser Zeit an, findet sich kein Hinweis darauf, dass er al-Qaida nahegestanden hätte. Im Jahr 2000 begann er, seine Predigten auf CD zu brennen und im Set zu verkaufen; sie erfreuten sich bei Muslimen in den USA und anderen englischsprachigen Ländern großer Beliebtheit.[28] Er nahm insgesamt über hundert CDs auf, meistens mit Predigten über das Leben des Propheten Mohammed, über Jesus und Moses, auch mit theoretischen Gedanken über das »Jenseits«.[29] Die *New York Times* drückte es so aus: »Offenkundige Radikalität lässt sich bei den Aufnahmen nicht erkennen.«[30] Awlaki erhielt immer häufiger Einladungen – nicht nur aus den USA, sondern weltweit –, in Moscheen und islamischen Zentren zu sprechen. »Ich war sehr angetan von ihm«, sagte Abu Muntasir, Gründungsmitglied einer Gruppe namens JIMAS in Großbritannien, wo Awlaki mehrere Male zu Gast war. »Er füllte eine Lücke bei den Muslimen in westlichen Ländern, die den Islam anders leben wollten als die Generation ihrer Eltern, mit deren Art der Religionsausübung sie sich schwer identifizieren konnten.«[31]

Trotz der unpolitischen Natur seiner Predigten behauptete Awlaki später, die US-Geheimdienste hätten »Maulwürfe« in seine Moschee in San Diego geschickt, um Informationen über die dortigen Aktivitäten zu sammeln. »In der Moschee geschah nichts, was in die ungenau definierte Kategorie dessen fallen würde, was wir heute als Terrorismus bezeichnen, aber ich bin dennoch fest davon überzeugt, dass die Regierung aus irgendeinem Grund versucht hat, Maulwürfe in die Moschee einzuschleusen«, erklärte er.[32]

Es gibt einen weiteren rätselhaften Aspekt bei Awlakis ersten Konfrontationen mit dem FBI, der sich wahrscheinlich nie mehr klären lässt. Während seiner Zeit als Imam in San Diego wurde er zwei Mal mit der Beschuldigung verhaftet, er habe die Dienste von Prostituierten in Anspruch nehmen wollen.[33] Im ersten Fall bekannte er sich schuldig und zahlte 400 Dollar Geldstrafe. Im zweiten Fall wurde er zu 240 Dollar Strafe und drei Jahren Bewährung verurteilt und musste zwei Wochen Sozialdienst ableisten. Die beiden Verhaftungen wurden später genutzt, um Awlaki als Heuchler hinzustellen, doch er selbst hatte dafür eine andere Erklärung: Die Behörden hätten ihn durch Erpressung dazu zwingen wollen, als Informant für sie tätig zu werden. 1996, behauptete Awlaki, habe er in seinem Kleinbus an einer Ampel gestanden und auf Grün gewartet, als eine Frau mittleren Alters auf sein Fahrzeug zukam und an das Beifahrerfenster klopfte. »Als ich das Fenster herunterließ – weder ich noch die Frau hatten ein einziges Wort gesagt –, war mein Minivan schon von Polizisten umstellt, die mich zum Aussteigen aufforderten und mir sofort Handschellen anlegten«, berichtete er. »Ich wurde beschuldigt, eine Prostituierte angesprochen zu haben, und dann wieder freigelassen. Sie ließen durchblicken, dass die Frau eine verdeckte Ermittlerin war. Ich wusste nicht recht, wie ich diesen Vorfall einordnen sollte.« Einige Tage später, sagte Awlaki, hätten ihn zwei Männer aufgesucht, die sich als FBI-Agenten auswiesen und ihn zur »Kooperation« bewegen wollten. Er sollte »mit ihnen bei der Ausforschung der muslimischen Gemeinschaft in San Diego zusammenarbeiten. Ich war sehr verärgert über dieses Ansinnen und stellte unmissverständlich klar, dass sie mit einer Kooperation meinerseits nicht zu rechnen brauchten. Dann hörte ich ein Jahr lang nichts mehr von ihnen« – erst als er zum zweiten Mal wegen Ansprechens einer Prostituierten festgenommen wurde. »Dieses Mal hieß es, es sei eine verdeckte Ermittlung, aus der ich nicht mehr herauskäme«, erklärte Awlaki.[34]

Die Konfrontationen mit den kalifornischen Gesetzeshütern verunsicherten Awlaki. »Wenn das Problem in San Diego mit den dortigen Behörden zu tun hatte, dann sollte ich woanders hinziehen, um meine Ruhe zu haben.«[35] Sein Vater Nasser beschaffte ihm ein Teilstipendium für die George Washington University in Washington, damit er dort promovieren konnte. Inzwischen hatte seine Frau ihr zweites Kind zur Welt gebracht, und er musste eine Arbeit suchen. Er arbeitete als Geistlicher für den interreligiösen Rat der Universität und zugleich als Imam in einer beliebten Moschee in Virginia, Dar Al-Hijrah.[36] »Unsere Gemeinde brauchte einen Imam, der Englisch sprach, jemanden, der den Islam [auf moderne Weise und] mit vollster Glaubensüberzeugung vermitteln konnte«, sagte Johari Abdul Malik, der für Öffentlichkeitsarbeit Zuständige von Dar Al-Hijrah. Die Moschee benötigte einen Prediger, der in der Lage war, den amerikanischen Muslimen die Botschaften des Koran nahezubringen. Awlaki, sagte Malik, »war dieser Mann. Und er vermittelte diese Botschaft so, wie es sein sollte.«[37] Im Januar 2001 ließ die Familie sich in einer Vorortsiedlung in Virginia nieder. Obwohl Awlakis Äußerungen in späteren Jahren darauf hindeuten, dass sich sein Zorn auf die USA bereits in den Jahren vor dem 11. September aufbaute: Wenn das zutraf, dann ist es ihm hervorragend gelungen, ihn hinter seinem öffentlichen Bild als hoch angesehenes Mitglied der etablierten muslimischen Gemeinschaft zu verbergen.

Am Vormittag des 11. September 2001 saß Anwar Awlaki auf dem Rücksitz eines Taxis.[38] Er hatte nach einer Konferenz in Irvine, Kalifornien, noch einen späten Nachtflug erreicht, war gerade am Reagan National Airport in Washington angekommen und nun auf dem Heimweg, als er von den Anschlägen hörte. Er wies den Chauffeur an, direkt zu seiner Moschee zu fahren. Awlaki und seine Kollegen hatten sofort die Befürchtung, dass die Moschee zur Zielscheibe zorniger Reaktionen werden könnte. Am selben Abend noch wurde die Polizei zu Awlakis Moschee gerufen, nachdem ein Mann mit seinem Wagen vor das Gebäude gefahren war und eine geschlagene halbe Stunde lang Drohungen gegen die darin versammelten Gläubigen gebrüllt hatte.[39] Daraufhin schloss man die Moschee für drei Tage und gab eine Presseerklärung heraus, in der man die Anschläge verurteilte.[40] »Die meisten Leute fragen: ›Wie sollen wir reagieren?‹«, sagte Awlaki gegenüber der *Washington Post,* als er die Gründe für die vorläufige Schließung erläuterte. »Unsere Antwort lautet, insbesondere für unsere Schwestern, die aufgrund ihrer Kleidung deutlich zu erkennen sind: ›Bleibt zu Hause, bis sich die Lage wieder beruhigt hat.‹«[41] Zur Wiedereröffnung der Moschee hatte man eine Sicherheitsfirma unter muslimischer Leitung engagiert, deren Mitarbeiter Autos und Handtaschen durchsuchten und alle Personen, die das Gebäude betreten wollten, nach Waffen abtasteten. Örtliche Kirchen boten Dar al-Hijrah Unterstützung an, beispielsweise Begleitschutz für muslimische Frauen, die sich nicht mehr zur Moschee zu gehen trauten.[42] Zur Zeit der Anschläge vom 11. September besaß Awlaki kein Fernsehgerät. »Ich habe meine Nachrichten immer aus dem Internet bezogen«, sagte er einige Tage später. »Aber nach diesen Ereignissen fuhr ich schnellstens zum nächsten Elektronikmarkt und kaufte einen Fernseher. Seitdem sitzen wir wie gebannt davor. Für uns Muslime ist das eine komplizierte Situation, denn wir sind doppelt betroffen«, erklärte er. »Wir leiden als Muslime und als Mitmenschen mit allen, die jemanden auf tragische Weise verloren haben. Und zusätzlich leiden wir unter den Folgen, die diese Anschläge für uns als amerikanische Muslime haben werden, denn die Täter wurden, so weit bisher bekannt, als Araber oder Muslime identifiziert. Und wir sind, das möchte ich hinzufügen, durch diese Ereignisse in den Vordergrund gerückt worden. Seither zeigen nicht nur die Medien ein gewaltiges Interesse an uns, auch das FBI hat uns ins Visier genommen.«[43]

Während Awlaki sich mit anderen Muslimführern beriet, wie sie auf die Anschläge des 11. September reagieren sollten, hatten ihn die US-Behörden bereits wieder auf dem Radar. »Der 11. September war ein Dienstag, und schon am Donnerstag stand das FBI vor meiner Tür.«[44] Die Männer befragten ihn nach seiner Beziehung zu zwei der tatverdächtigen Flugzeugentführer, zeigten ihm Fotos von allen mutmaßlichen Tätern – darunter die beiden, die Awlakis Moschee in San Diego besucht hatten, und Hani Hanjour, der sich ebenfalls in San Diego aufgehalten und, zusammen mit Hazmi, im Jahr 2001 bei einer Predigt Awlakis in Falls Church, Virginia, zugegen gewesen war.[45] Awlaki »erklärte, er kenne Hazmi nicht dem Namen nach, identifizierte ihn aber auf dem Foto. Awlaki räumte zwar ein, sich mehrere Male mit Hazmi getroffen zu haben, gab jedoch an, sich nicht zu erinnern, worüber sie im Einzelnen sprachen«, heißt es in dem Bericht der Kommission zum 11. September.[46] Kurze Zeit nach diesem ersten Besuch erschienen die FBI-Männer erneut und forderten Awlaki auf, sie bei ihren Ermittlungen zu unterstützen. Beim nächsten Mal dann nahm Awlaki sich einen Anwalt.[47] In der FBI-Akte stand nach diesem Gespräch: »Die Außenstelle des FBI in Washington (Washington Field Office, WFO) ermittelt weiter hinsichtlich der Verbindung zwischen Anwar Aulaqi und Personen, die mit den Terroranschlägen vom 11. September 2001 auf die Vereinigten Staaten in Verbindung stehen.«[48]

Späteren Zeugenaussagen von FBI-Agenten vor der Kommission zum 11. September zufolge führte Awlaki im Jahr 2000 eine Reihe von

Telefongesprächen mit dem Saudi Omar al-Bayoumi, der Hazmi und Mihdhar bei der Wohnungssuche in San Diego half.[49] Ein FBI-Ermittler erklärte vor der Kommission, er glaube, die Männer hätten zu diesem Zeitpunkt Bayoumis Telefon benutzt, womit er Awlaki einen direkten Kontakt mit den Flugzeugentführern unterstellte. Dennoch kamen die Ermittler aufgrund der ersten Vernehmungen zu dem Schluss, dass Awlakis Beziehung zu den drei Flugzeugentführern uneindeutig sei. Die Kommission zum 11. September bestätigte, dass die späteren Flugzeugentführer »Awlaki als religiöses Vorbild respektierten und eine enge Beziehung zu ihm entwickelten«, fügte aber hinzu, dass »die Beweislage hinsichtlich eines konkreten Motivs dünn ist«.[50]

Während das FBI Awlakis Beziehung zu den Flugzeugentführern durchleuchtete, strömten die Gläubigen freitags zu Hunderten in die Dar Al-Hijrah-Moschee, um Awlaki predigen zu hören. Er stand Familien beratend zur Seite und half Neueinwanderern bei der Suche nach Wohnung oder Arbeit. Unter denen, die ihn um Hilfe baten, war auch ein palästinensisches Ehepaar, das jeden Freitag zu seiner Predigt kam. Sie hatten Probleme mit ihrem Sohn, einem Psychiater bei der US-Armee. Es machte ihnen Sorge, dass ihr Sohn überhaupt kein Interesse an ihrer Religion zeigte. Anwar habe ihm erzählt, sagte mir sein Vater Nasser, sie hätten ihn gebeten, doch einmal mit ihrem Sohn zu sprechen, damit er mit ihnen in die Moschee komme.[51] Awlaki erklärte sich bereit, ihnen zu helfen. Der Sohn dieses Ehepaars hieß Nidal Malik Hasan, es war der Mann, der über ein Jahrzehnt später eines der schlimmsten Massaker der Geschichte auf einer US-Militärbasis verüben sollte.[52] So wie Awlakis Verbindung zu einigen der Flugzeugentführer vom 11. September dazu führte, dass die Behörden sein Leben unter die Lupe nahmen, so sollte sein Kontakt mit Nidal Malik Hasan später dazu benutzt werden, seine Rolle bei anderen Terrorplänen als verdächtig hinzustellen.

Awlakis Predigten zogen offenbar eine ganze Reihe von Personen an, die später Terroristen wurden; daran besteht kein Zweifel. Wie viel Awlaki jedoch über sie selbst und ihre Pläne wusste, lässt sich schwer sagen. Sieht man sich Awlakis Erfahrungen und Aussagen in dieser Zeit genauer an, erscheint alles nur noch rätselhafter. Was in den Monaten nach dem 11. September zwischen Awlaki und den Vertretern der US-Behörden hinter geschlossenen Türen vor sich ging und was sich gleichzeitig öffentlich zwischen Awlaki und den US-Medien abspielte, ist eine

bizarre Geschichte voller Widersprüche. Es war, als würde Anwar Awlaki ein Doppelleben führen.

In den Wochen nach dem 11. September wurde Awlaki, während
er hinter verschlossenen Türen mit dem FBI sprach, in der Öffentlichkeit zu einem Medienstar, um den sich die Medien wegen seiner »gemäßigten« muslimischen Haltung zu den Anschlägen vom 11. September geradezu rissen. Fernsehteams folgten ihm auf Schritt und
Tritt, überregionale Radiosender interviewten ihn, Zeitungen zitierten
ihn zuhauf. Awlaki rief seine Anhänger dazu auf, sich an Blutspende-
aktionen für die Opfer vom 11. September zu beteiligen und Geld für
betroffene Familien zu sammeln. Die Moscheeleitung beschrieb ihn als
jemanden, der für sein »interreligiöses und soziales Engagement und
seine Toleranz«[53] bekannt sei, und Associated Press berichtete, dass
von den Gläubigen, die seine Predigten hörten, »die meisten ihn nicht
als offen politisiert oder radikalisiert empfanden«.[54] Awlaki kritisierte
zwar die US-Außenpolitik gelegentlich mit scharfen Worten, verurteilte aber auch die Anschläge mit aller Entschiedenheit. Anfänglich äußerte er sogar, die USA hätten das Recht, gegen die Verantwortlichen
für die Anschläge einen »bewaffneten Kampf« zu führen. »Durchaus«,
erklärte Awlaki in einem Interview mit einem überregionalen Radiosender. »Wir haben unseren Standpunkt dargelegt, dass … man den
Leuten, die das getan haben, irgendwie beikommen muss, sie müssen
den Preis bezahlen für das, was sie getan haben. Und jede Nation auf
der Welt hat das Recht, sich zu verteidigen.«[55] Doch obgleich er die Anschläge verurteilte, hielt Awlaki sich in seiner Analyse der US-amerikanischen Haltung gegenüber der islamischen Welt verbal keineswegs
zurück. In einer Predigt eine Woche nach dem 11. September wies Awlaki die Darstellung der Motive von al-Qaida durch die Bush-Regierung zurück. »Es hieß, dies sei ein Angriff auf die amerikanische Zivi-
lisation. Es hieß, dies war ein Anschlag auf den American Way of Life«,
erklärte Awlaki. »Nein, es war keines von beidem. Es war ein Angriff
auf die Außenpolitik der USA.«[56] Als die USA im Oktober 2001 ihren
Vormarsch in Afghanistan begannen, wurde Awlaki von der *Washington Times* interviewt. »Wir sind absolut gegen das, was die Terroristen
getan haben. Wir möchten diejenigen, die das getan haben, zur Rechenschaft ziehen«, sagte er. »Doch wir sind auch dagegen, dass in Afghanistan Zivilisten getötet werden.«[57]

Als ihn ein Reporter fragte, was er von bin Laden und den Taliban halte, erwiderte Awlaki: »Sie verkörpern ein sehr radikales Verständnis, eine extreme Sicht, und zum Teil geben auch die in der muslimischen Welt bestehenden Lebensbedingungen diesen radikalen Ansichten Nahrung. Es ist eindeutig eine Randgruppe. Es hat Irrlehren gegeben, und das kann in jeder Religion vorkommen.«[58] Man hat bei der Videoaufzeichnung den Eindruck, dass Awlaki ernsthaft darum ringt, wie er auf den 11. September reagieren soll.

Immer häufiger kam es zu gewalttätigen Übergriffen und religiösen Anfeindungen gegenüber Muslimen, und Awlaki musste feststellen, dass die Bundesbehörden die muslimischen und arabischen Gemeinschaften ins Visier nahmen. Gläubige, die zu seinen Predigten kamen, berichteten ihm, dass sie wegen ihrer Herkunft oder ihres Glaubens schikaniert wurden. Leute wurden verhaftet, Moscheen bespitzelt, muslimische Geschäfte von Bürgerwehren und Bundespolizei aufs Korn genommen.[59] Wie viele amerikanische Muslime glaubte auch Awlaki, dass man seine Glaubensbrüder allein wegen ihrer Religion oder ihres arabischen Aussehens herausgriff. »Unter den Muslimen herrscht der Eindruck, dass man sie ins Visier nimmt, oder zumindest dass sie diejenigen sind, die den höchsten Preis für die gegenwärtigen Vorgänge zahlen«, erklärte Awlaki im Oktober 2001 gegenüber National Public Radio. »Es gibt seither wesentlich mehr negative Berichte über den Islam in den Medien. Es sind 1100 Muslime in den USA festgenommen worden. Es fallen Bomben auf ein muslimisches Land, Afghanistan. Also gibt es einigen Grund dafür, dass die Muslime dieses Gefühl haben. Ja, es gab die Aussage, dass dies kein Krieg gegen den Islam sei, aber in der Praxis sind vor allem die Muslime betroffen.«[60] In den Wochen nach dem 11. September beschrieb Awlaki in zahlreichen Interviews die Schwierigkeiten, mit denen er und andere muslimische Führer sich in ihren Gemeinden konfrontiert sahen, ausgelöst von der Empfindung, dass die USA einen Krieg gegen die Muslime und den Islam führten. »Es sind die radikalen Stimmen, die sich immer mehr durchsetzen, diejenigen, die gewillt sind, sich auf eine bewaffnete Konfrontation mit ihrer Regierung einzulassen. Was wir jetzt im Grunde beobachten, ist, dass alle gemäßigten Stimmen in der muslimischen Welt mundtot gemacht werden«[61], sagte er in einem Interview. Und in einem anderen: »Wir amerikanischen Muslime fühlen uns zwischen unserem Land und der Solidarität mit den Muslimen in aller Welt hin- und hergerissen.«[62]

Wenn die USA etwas begännen, was die Muslime als Krieg gegen ihre Religion empfinden würden, könne das zum Bumerang werden, warnte Awlaki. »Meine Sorge ist, dass sich wegen dieses Konflikts ein Teil der Menschen in der muslimischen Welt von den Ansichten Osama bin Ladens angesprochen fühlen wird«, sagte er. »Und das ist höchst beängstigend. Die USA sollten deshalb sehr vorsichtig sein und sich bemühen, nicht als Feind des Islam wahrgenommen zu werden.«[63]

Im März 2002 führten Bundesbeamte eine groß angelegte Razzia in mehr als einem Dutzend gemeinnütziger muslimischer Organisationen, Unternehmen und Privathäusern durch.[64] Sie stand unter der Leitung einer ressortübergreifenden Sondereinheit und war Teil umfassender Ermittlungen im Bereich Terrorfinanzierung, die unter dem Codenamen Operation Green Quest stattfanden.[65] Zu den betroffenen Organisationen gehörten angesehene islamische Thinktanks wie das International Institute of Islamic Thought und die Graduate School of Islamic and Social Sciences an der Cordoba University in Virginia.[66] Auch die Privatwohnungen verschiedener Leiter und Mitarbeiter der Organisationen wurden durchsucht, Computer, vertrauliche Unterlagen und Bücher beschlagnahmt – insgesamt 500 Kartons Material.[67] Gegen keinen dieser Leiter wurde in Zusammenhang mit diesen Razzien jemals Anklage erhoben. Etablierte muslimische Organisationen und Bürgerrechtsgruppen verurteilten die Razzien als Hexenjagd. Awlaki bezeichnete die Operation Green Quest in einer scharfen Rede als »Angriff auf jeden Einzelnen von uns« in »der muslimischen Gemeinschaft« und fügte warnend hinzu: »Wenn diesen Organisationen solches widerfährt, könnt ihr morgen die nächsten sein.« In einer anderen Predigt erklärte Awlaki: »Vielleicht verabschiedet der Kongress demnächst ein Gesetz, dass der Islam in Amerika verboten ist. Denkt nicht, das wäre doch sehr seltsam; in der Welt von heute ist alles möglich, denn es gibt keine Rechte, wenn nicht um diese Rechte gekämpft wird.«[68]

Was Awlaki nicht wusste: Er war von der Green Quest-Sondereinheit als Verdächtiger eingestuft worden, obwohl letztlich festgestellt wurde, dass er keine Verbindung zu den Gruppen unterhielt, gegen die man ermittelte.[69] Gleichzeitig versuchte das FBI, ihn zur Zusammenarbeit zu nötigen.[70] Vermutlich wollten sie die alte Geschichte mit den Prostituierten in San Diego dazu benutzen, ihn »umzudrehen«[71], glaubte Awlaki. Das war gar nicht so weit hergeholt. Genau das Gleiche hatten schon einmal FBI-Agenten in den Monaten nach dem 11. Septem-

ber versucht, als Awlaki sich in Virginia aufhielt. »Das FBI hoffte, al-Awlaki würde bei den Untersuchungen zum 11. September mitarbeiten,
wenn sie ihn mit einer ähnlichen Beschuldigung in Virginia festnehmen
könnten«, berichtete US News and World Report später. »Laut FBI-
Quellen beobachteten Agenten den Imam, wie er angeblich mit Prostituierten aus dem Bezirk Washington nach Virginia fuhr. Man habe in
Erwägung gezogen, ein Bundesgesetz in Anwendung zu bringen, das
normalerweise dafür gedacht ist, Zuhälter festzunageln, die Prostituierte über die Grenzen von Bundesstaaten schaffen.«[72]

In den Medien wurde Awlaki gefeiert und als Stimme des gemäßigten Islam präsentiert, ein Mann, der wortgewandt die Schwierigkeiten
der muslimischen Gemeinschaft erläuterte, mit der Empörung über die
Anschläge vom 11. September einerseits und der Ablehnung der von
den USA daraufhin begonnenen Kriege andererseits umzugehen. Privat
plante Awlaki jedoch, die USA zu verlassen. Imam Johari Abdul Malik,
in Awlakis Moschee in Virginia für die Öffentlichkeitsarbeit zuständig,
sagte, er habe Awlaki 2002 zu überreden versucht, in den Vereinigten
Staaten zu bleiben. »Warum gehst du fort?«, fragte Malik ihn. Und Awlaki habe geantwortet: »Wegen des Klimas hier, man kann nicht richtig
seine Arbeit tun, weil es ständig nur um Antiterrorismus geht, um die
Untersuchungen. Ständig will das FBI mit einem reden. So hatte ich mir
mein Leben nicht vorgestellt. Ich würde lieber irgendwo hingehen, wo
ich predigen kann, lehren, über etwas anderes reden als über den 11.
September, jeden Tag.«[73] Er trage sich auch mit dem Gedanken, für das
jemenitische Parlament zu kandidieren, sagte Awlaki, und wäre an einer eigenen TV-Sendung in einem Golfstaat interessiert.[74] Und Awlaki
habe gewusst, fügte Malik hinzu, »dass es seinen Ruin bedeuten würde,
wenn die US-Behörden öffentlich machen würden, dass er wegen Kontakts mit Prostituierten festgenommen worden war«.[75]

Inzwischen schlug Awlaki auch gegenüber den USA einen anderen
Ton an. Er war empört über das scharfe Vorgehen gegen Muslime und
über die Kriege in muslimischen Ländern. Die Razzien in Verbindung
mit dem Krieg der USA in Afghanistan und der drohenden Invasion im
Irak ließen Awlaki in seiner Kritik an der US-Regierung schärfer werden. »Das ist kein Krieg gegen den Terrorismus, darüber müssen wir
uns klar sein. Das ist ein Krieg gegen die Muslime, ein Krieg gegen die
Muslime und den Islam. Nicht nur in anderen Ländern rund um den
Globus, sondern hier bei uns in Amerika, einem Land, das behauptet,

diesen Krieg um der Freiheit willen zu führen, während es die Freiheit seiner eigenen Staatsbürger missachtet, nur weil sie Muslime sind«[76], sagte Awlaki in einer Predigt. Es war eine der letzten, die er in den USA halten sollte. Als Anwar 2002 die USA verließ und nach Großbritannien ging, ließ er auch den Ruf des »gemäßigten Muslim« zurück, den er sich in den US-Medien nach dem 11. September erworben hatte. War Anwar Awlaki insgeheim ein Unterstützer von al-Qaida, ein sogenannter Schläfer? Ein geistlicher Lehrer der Flugzeugentführer, wie die Regierung später behaupten sollte? Oder war er ein amerikanischer Muslim, den seine Erlebnisse in den USA nach den Anschlägen radikalisiert hatten? Ob Awlaki nun der Öffentlichkeit nach dem 11. September nur etwas vorspielte und seine in Wahrheit militante Haltung gegenüber den USA verbarg oder ob er lediglich den Ermittlungen und Befragungen durch die US-Behörden aus dem Weg gehen wollte – als er Virginia verließ, befand er sich auf Kollisionskurs mit der Geschichte.

Finden, Festnageln, Fertigmachen:
Der Aufstieg des JSOC

Washington, 1979–2001

Am 21. November 2001, als der weltweite Krieg gegen den Terror langsam auf Touren kam, besuchte US-Verteidigungsminister Donald
Rumsfeld Fort Bragg, das Hauptquartier der Green Berets, der dienst-
ältesten und am vielseitigsten ausgebildeten Spezialeinheit der amerikanischen Armee. »Wir befinden uns in einem weltweiten Krieg gegen
den Terrorismus, und jeder Einzelne von Ihnen, jeder Einzelne der Organisationen, die Sie vertreten, wird gebraucht. Und ich weiß, ich bin
mir dessen ganz sicher, dass Sie bereit sein werden, wenn der Ruf an Sie
ergeht«, erklärte Rumsfeld auf der Militärbasis. »Zu Beginn des Feldzugs sagte Präsident George W. Bush: ›Wir stehen am Anfang unseres
Einsatzes in Afghanistan, doch Afghanistan ist nur der Anfang unseres
Einsatzes in aller Welt. Dieser Krieg wird nicht eher zu Ende sein, als bis
die weltweit aktiven Terroristen aufgespürt, gestoppt und besiegt sein
werden.‹ Sie, die heute hier anwesenden Männer und Frauen, werden
diese Botschaft Amerikas Feinden persönlich überbringen, besiegelt mit
der Stärke und Macht der größten Streitmacht der Erde.«[1] Bei dieser
Rede dankte Rumsfeld öffentlich der »normalen« Spezialeinheit, den
Green Berets, für ihre wichtige Arbeit in Afghanistan. Doch als er von
den Männern und Frauen sprach, die Amerikas Botschaft »persönlich
überbringen« würden, meinte er eine spezielle Kampftruppe, die er als
seine beste und geheimste Waffe betrachtete.

Rumsfelds Besuch in Fort Bragg war zwar zum Teil öffentlich, doch
es stand auch ein geheimes Treffen auf dem Programm[2] – mit Vertretern von Einheiten, die selten in der Presse Erwähnung fanden und
deren Aktionen absoluter Geheimhaltung unterlagen: mit dem Joint
Special Operations Command (Gemeinsames Kommando für Spezialeinsätze), kurz JSOC. Auf dem Papier wirkte das JSOC fast wie eine wissenschaftliche Organisation, und seine offizielle Mission wurde mit

nichtssagenden amtlichen Begriffen beschrieben. Offiziell war das JSOC die »gemeinsame Stabsstelle zur Prüfung der Anforderungen und Methoden von Spezialeinsätzen, zur Sicherstellung der Interoperabilität und einheitlichen Ausrüstung, zur Planung und Durchführung gemeinsamer Übungen und Trainings von Spezialeinsätzen und zur Entwicklung gemeinsamer Taktiken für Spezialeinsätze.«[3] In Wirklichkeit war das JSOC die am stärksten abgeschottete geheime Einsatztruppe des amerikanischen Sicherheitsapparats. Die ihr angehörenden Soldaten wurden von den anderen Geheimkommandos als Ninjas, »Schlangenfresser«, oder schlicht »Operators«, Anpacker, bezeichnet. Von allen Kampftruppen, die dem Präsidenten der Vereinigten Staaten zur Verfügung standen, war das JSOC *die* Eliteeinheit. Wollte ein amerikanischer Präsident eine Operation unter absoluter Geheimhaltung durchgeführt sehen, abseits der neugierigen Augen des Kongresses, dann war die beste Wahl nicht CIA, sondern JSOC. »Wer von Ihnen wird entsandt?«, fragte Rumsfeld die versammelten Elitesoldaten. Die Generäle wiesen auf die einsatzbereiten Männer. »Schön für Sie! Wohin geht's? Ah, verstehe. Sie müssten mich ja erschießen, wenn Sie es mir verraten würden«, witzelte Rumsfeld. »War nur ein Test.«

Das JSOC entstand gewissermaßen aus der Asche der gescheiterten Rettungsaktion der 53 amerikanischen Geiseln in der US-Botschaft in Teheran nach der islamischen Revolution im Iran 1979. Bei der Operation Eagle Claw[4], so der Codename, sollten Angehörige der Eliteeinheit Delta Force unter dem Kommando eines ihrer berühmten Gründerväter, Oberst Charlie Beckwith, zum Einsatz kommen und einen Behelfslandeplatz absichern, von dem aus man einen Angriff auf die Botschaft starten konnte. Als jedoch zwei der Helikopter in einem Sandsturm abstürzten, begannen Beckwith und andere Kommandanten darüber zu streiten, ob man die Operation abbrechen sollte. Der Verlust mehrerer wichtiger Fluggeräte in der iranischen Wüste hatte zur Folge, dass man sich zu keiner Entscheidung in der Lage sah. Beckwith stritt sich mit den Kommandeuren der Luftwaffe und Marineoffizieren. Schließlich erteilte Präsident Carter den Befehl, die Operation abzubrechen. Bei dem fehlgeschlagenen Einsatz starben acht Angehörige der US-Streitkräfte, als während der Evakuierung aus dem Iran ein Hubschrauber mit einem Transportflugzeug des Typs C-130 Hercules zusammenstieß. Es war eine Katastrophe. Daraufhin brachten die Iraner die amerikanischen Geiseln an verschiedene Orte im ganzen Land, um einen weiteren Rettungsversuch zu verhindern. Nach 444 Tagen Gefangenschaft, nachdem im Geheimen ein Tauschgeschäft von Geiseln gegen Waffen ausgehandelt worden war, wurden die Amerikaner endlich freigelassen – nur wenige Minuten nachdem Präsident Reagan seinen Amtseid abgelegt hatte.[5]

Hinter den Kulissen analysierten Weißes Haus und Pentagon, was bei dieser Operation schiefgegangen war. Man kam zu dem Schluss, dass man für derartige Aktionen ein gemeinsames, in jeder Hinsicht kompetentes Spezialeinsatzkommando aus den besten Kräften brauchte, eines mit eigenen Flugzeugen und Helikoptern, Soldaten, SEALs und Aufklärungsspezialisten. Kurz nachdem die Operation Eagle Claw fehlgeschlagen war, richtete das Pentagon das Joint Test Directorate ein, das unter dem Codenamen Operation Honey Badger eine weitere Rettungsaktion vorbereiten sollte.[6] Diese Operation fand zwar nie statt, doch es wurden Geheimpläne für die Aufstellung eines Spezialeinsatzkommandos ausgearbeitet, das über umfassende Kapazitäten verfügen sollte, damit es nie wieder zu einer Katastrophe wie bei der Operation Eagle Claw kam. Und so wurde 1980 offiziell das JSOC gegründet, dessen Existenz jedoch weder das Weiße Haus noch das Militär öffentlich bestätigten. Das JSOC war insofern einzigartig unter allen Einheiten von Militär und Geheimdiensten, als es direkt dem Präsidenten gegenüber verantwortlich und als seine kleine Privatarmee gedacht war. Zumindest theoretisch.

Oberst Walter Patrick Lang verbrachte den Großteil seiner Militärkarriere mit Geheimoperationen. Zu Beginn seiner Dienstzeit war er an der Operation beteiligt, die zur Gefangennahme und Tötung Che Guevaras 1967 in Bolivien führte.[7] Er gehörte der Studies and Observations Group (Aufklärungs- und Beobachtungsgruppe; SOG) an, die während des Vietnamkriegs die gezielten Tötungsaktionen für die USA durchführte, und wurde schließlich Leiter des geheimen, weltweiten HUMINT-Programms (der geheimdienstlichen Abschöpfung menschlicher Quellen) der DIA. Er war im Jemen, in Saudi-Arabien, im Irak und an anderen Gefahrenherden rund um den Globus stationiert. Lang war es auch, der an der West Point Military Academy den Studiengang Arabisch einführte. Er verfolgte interessiert, wie diese neue Kampftruppe für Spezialeinsätze geschaffen wurde. Hauptaufgabe der »normalen« Spezialeinheiten wie den Green Berets waren »Ausbildung und Führung einheimischer, meist irregulärer Kräfte gegen reguläre oder

Guerillaverbände. Deshalb sind sie auch an Menschen aus anderen Kulturen gewöhnt. Sie suchen Leute, die sich gut in andere einfühlen, gut mit solchen fremden Menschen arbeiten können. Die gerne irgendwo herumsitzen und mit der rechten Hand aus einer gemeinsamen großen Schüssel Brocken von zähem Ziegenfleisch herausfischen. Und irgendjemandes Oma zuhören, die irgendwelche erfundenen Geschichten von den Stammesvorfahren erzählt. Das gefällt ihnen.« Für Lang waren die Green Berets so etwas wie »bewaffnete Anthropologen«. Das JSOC, sagte er, war als »eine Antiterror-Kommandotruppe nach dem Vorbild des britischen SAS [Special Air Service] gedacht. Und der SAS macht keinen solchen ›Friede, Freude, Eierkuchen mit den Einheimischen‹- Kram. Das machen die nicht. Das sind Kommandotruppen, sie töten Einheimische. Diese Leute haben wenig Ahnung vom Gesamtbild, von den Auswirkungen [ihrer Operationen] auf das Ansehen der USA in der Welt.«

Anfangs war das JSOC eine Art Stiefkind innerhalb des Militärapparats. Die Spezialeinheit hatte kein eigenes Budget und wurde hauptsächlich bei akuten Konflikten zur Verstärkung der regulären Truppen unter dem jeweiligen Regionalkommando eingesetzt.[8] Die Delta Force war Anfang der 1970er-Jahre als Reaktion auf eine Reihe von Terroranschlägen ins Leben gerufen worden, in deren Gefolge Forderungen in den USA laut wurden, man solle die unkonventionellen Kampftruppen und Spezialeinsatzkräfte verstärken.[9] »Viele Militärs, die mit dieser Art von ›Charlie-Beckwith-Antiterrorkommando‹ groß geworden sind, sind im Grunde Kriegsexperten«, erklärte mir Lang.

Nach dem Desaster bei der Operation Eagle Claw im Iran sollte das JSOC als stark untergliederte Organisation mit Special Mission Units (Einheiten für Spezialeinsätze; SMUs) geschaffen werden, die nach dem Motto »Finden, Festnageln und Fertigmachen« (Find, Fix, Finish) trainierten – das sogenannte »F³«-Prinzip. Das inzwischen in aller Welt bekannte Navy-SEAL-Team 6, das Osama bin Laden tötete, wurde zur Unterstützung und Durchführung solcher Operationen aufgestellt. Sein erster Kommandeur, Richard Marcinko, diente früher bei der Spezialeinheit Terrorist Action Team, in deren Händen die Planung der Operation Eagle Claw lag.[10] Ursprünglich Mobility 6 genannt, sollte sich diese Eliteeinheit von 75 Navy SEALs zur führenden Truppe der US-Regierung in der Terrorismusbekämpfung entwickeln. Schon der Name war Propaganda. Als das Team 6 gegründet wurde, gab es nur zwei weitere SEAL-Teams, aber Marcinko wollte die Sowjets glauben machen, es existierten noch mehr, von denen sie nichts wussten. Da das JSOC seine Kräfte aus vielen unterschiedlichen Eliteeinheiten rekrutierte – darunter die Delta Force, die SEALs und die 75. Army Rangers, die jeweils von ihrer eigenen Überlegenheit überzeugt waren –, gab es anfänglich gewisse Schwierigkeiten. Trainiert wurden Einsätze in Hochrisikogebieten, die Durchführung kleinräumiger kinetischer Operationen oder direkte Aktionen, das heißt Operationen mit Tötungsauftrag. Vorübergehend bestand auch eine Einheit zur militärischen Aufklärung, genannt Field Operations Group, die später zur JSOC-eigenen Geheimdienstabteilung werden und den Spitznamen »the Activity« bekommen sollte. Zu ihren frühen Glanzleistungen zählt die Aufklärungsarbeit zur Befreiung von Brigadegeneral James Dozier, den die marxistischen Roten Brigaden im Dezember 1981 aus seiner Wohnung im italienischen Verona entführt hatten. Dozier war der einzige US-amerikanische Flaggoffizier, der jemals Opfer einer Entführung wurde. Es gelang der »Activity« nach mehreren Wochen der Spurensuche, seinen Aufenthaltsort ausfindig zu machen, sodass italienische Antiterrorkräfte einen erfolgreichen Rettungseinsatz durchführen konnten.[11]

Mit Hauptquartieren auf der Pope Air Force Base und in Fort Bragg in North Carolina unterstanden dem Kommando des JSOC schließlich die Delta Force, das 75. Ranger Regiment und das in Naval Warfare Development Group (DEVGRU) umbenannte SEAL-Team 6. Von der Luftwaffe kamen Angehörige des 160. Special Operations Aviation Regiment hinzu, einer als »Night Stalkers« bekannten Elitetruppe, sowie Mitglieder der 24. Special Tactics Squadron. Konzipiert war das JSOC von seinen Gründern als Antiterroreinheit, doch in der Anfangszeit wurde es überwiegend für andere Operationen eingesetzt. Die JSOC-Teams kamen nur geheim zum Einsatz und kooperierten mit verbündeten Streitkräften oder paramilitärischen Einheiten bei Operationen zum Sturz von Regierungen, die von den USA als feindlich betrachtet wurden. Manchmal verschwamm die Grenze zwischen Training und Kampfeinsatz, insbesondere in den schmutzigen Kriegen in Lateinamerika während der 1980er-Jahre. JSOC-Teams wurden 1983 in Grenada[12] eingesetzt, als Präsident Reagan eine US-Invasion anordnete, außerdem während der gesamten 1980er-Jahre in Honduras, wo die USA die Unterstützung für die Contras in Nicaragua koordinierte und eine Rebellion der Guerilla in Honduras selbst bekämpfte. In seiner ersten

Amtsperiode schien Präsident Reagan sehr daran gelegen, den Terrorismus als Bedrohung der nationalen Sicherheit darzustellen, der man mit flexiblen Einsatzkräften begegnen müsse. Etwa zur Zeit der Anschläge auf US-Einrichtungen in Beirut 1983 trat Reagan öffentlich für eine »schnelle und effektive Vergeltung« bei Terroranschlägen ein und unterzeichnete eine geheime National Security Decision Directive (Direktive zur Nationalen Sicherheit; NSDD) und nachfolgend einen geheimen Präsidialerlass mit der Ermächtigung, terroristische Gruppen mit »Sabotage, Tötungsaktionen [und] präventiven Vergeltungsschlägen«[13] zu bekämpfen. Die NSDD und der nachfolgende Erlass bezogen sich auf einen Plan zur Schaffung von CIA-Teams für Tötungsaktionen und erlaubten diesen angeblich auch die Zusammenarbeit mit JSOC-Kräften.

In ganz Lateinamerika und dem Nahen Osten arbeiteten JSOC-Kommandos beim Kampf gegen Geiselnehmer eng mit fremden Streitkräften zusammen. Auch an der Operation, die zur Tötung des kolumbianischen Drogenbosses Pablo Escobar 1993 in Medellín führte, waren sie beteiligt.[14] Derartige Operationen führten zum Aufstieg einer amerikanischen Kampftruppe mit einer einzigartigen Palette an Fertigkeiten zur Niederschlagung von Aufständen. Am Ende des Kalten Kriegs waren JSOC-Kommandos die unübertroffene Elitetruppe des US-Militärs; in ihnen bündelte sich die meiste Kampferfahrung. Während der 1990er-Jahre spielten sie weiterhin eine zentrale, wenn auch geheime Rolle in den Kriegen auf dem Balkan, in Somalia, Tschetschenien, Iran, Syrien, in Afrika und Asien. Im früheren Jugoslawien beteiligte sich das JSOC an der Suche nach mutmaßlichen Kriegsverbrechern, auch wenn es nicht gelang, die beiden wichtigsten Zielpersonen, die Führer der bosnischen Serben Ratko Mladić und Radovan Karadžić, zu fassen.[15] Präsident Clinton ermächtigte in einem geheimen Präsidialerlass das JSOC sogar, sich auf US-amerikanischem Boden an Operationen zur Terrorismusbekämpfung zu beteiligen. Dies bedeutete einen Verstoß gegen das Posse-Comitatus-Gesetz, das dem Militär verbietet, auf heimischem Boden polizeiliche Aufgaben zu übernehmen.[16]

Genau besehen fanden sogar einige der heikelsten JSOC-Operationen innerhalb der USA statt. 1993 nahmen Angehörige der Delta Force an der verhängnisvollen Erstürmung der Siedlung der Davidianer-Sekte im texanischen Waco teil.[17] Dabei kamen 75 Personen ums Leben, unter ihnen mehr als 20 Kinder und zwei schwangere Frauen. Auch während des FIFA World Cup 1994 und der Olympischen Sommerspiele 1996, bei denen die USA Gastgeber waren, führte das JSOC im Rahmen der Sicherheitsmaßnahmen Einsätze auf amerikanischem Boden durch.[18]

Ende der 1990er-Jahre räumte das US-Verteidigungsministerium offiziell ein, dass Einsatzkommandos wie das JSOC existierten, ohne sie jedoch beim Namen zu nennen. »Wir haben Einheiten für Spezialeinsätze konzipiert, die speziell besetzt, ausgerüstet und trainiert werden, sodass sie auf ein weites Spektrum transnationaler Bedrohungen reagieren können«[19], erklärte Walter Slocombe, Staatssekretär im Verteidigungsministerium. Von den JSOC-Einsätzen vor dem Jahr 2000 unterliegen geschätzte 80 Prozent nach wie vor der Geheimhaltung.[20]

»Diese Einheit ist wie ein Ass im Ärmel eines Pokerspielers, das er zur gegebenen Zeit herausziehen kann.«[21] So beschrieb General Hugh Shelton das JSOC mir gegenüber. Shelton war Generalstabschef unter Präsident Clinton und während seiner militärischen Laufbahn vor allem mit Spezialoperationen befasst. Vor seiner Ernennung zum Chef des Generalstabs hatte Shelton die Leitung des US Special Operations Command (Kommando für Spezialeinsätze; SOCOM) inne, formal gesehen die Dachorganisation für JSOC-Operationen.[22] »Das JSOC ist gewissermaßen die Einheit für chirurgische Eingriffe. Es wird nicht eingesetzt zur Erstürmung einer Festung oder Ähnlichem – dafür haben wir reguläre Truppen und Marines. Aber wenn Leute gebraucht werden, die in 50 Kilometer Entfernung mit dem Fallschirm abspringen, durch den Kamin in die Festung einsteigen und sie von innen in die Luft jagen – dann sind das genau die richtigen Kerle.« Sie sind »die schweigsamen Profis. Sie tun ihren Job, und zwar gut, prahlen aber nicht damit«, fügte er hinzu. »Man würde ihnen keine Aufgabe übertragen, die den Einsatz massiver Kampfkraft erfordert – als Generalstabschef war ich immer dagegen.« Diesen Posten hatte Shelton auch am 11. September 2001. Er und seine Vorbehalte waren Rumsfeld ein Gräuel.

Obgleich man sich auf den Korridoren des Pentagon mit Flüsterstimme über die geheimen Operationen des JSOC unterhielt, fanden seine hochdekorierten Angehörigen, dass diese Sondereinheit zu wenig oder, schlimmer noch, missbräuchlich eingesetzt wurde. Nach einem vielversprechenden Anfang mit weitreichendem Mandat wurde das JSOC im Pentagon und im Weißen Haus als eine Art Stiefkind behandelt. Der Iran-Contra-Skandal lag wie ein Fluch über den verdeckten Operationen. Trotz mancher Erfolge, wie 1989 die Befreiung des US-amerikanischem Staatsbürgers Kurt Muse aus einem panamaischen Gefängnis im Zuge der Operation Just Cause, wurden Spezialeinheiten in der Dekade vor dem 11. September nur sehr zögerlich losgeschickt.[23]

Während des Golfkriegs 1991 wollte General Norman Schwarzkopf, Kommandant des United States Central Command (Zentralkommando der US-Streitkräfte; CENTCOM) das JSOC nur widerstrebend in seine strategischen Pläne einbeziehen, doch diese Schlacht verlor er am Ende.[24] Das JSOC kam zum Einsatz und wurde unter anderem damit betraut, Scud-Raketensysteme aufzuspüren und unbrauchbar zu machen. Das Misstrauen begann während der Regierung Clinton allmählich zu schwinden. Laut offizieller SOCOM-Chronik nahm das operative Tempo der SOFs (Special Operation Forces, Spezialeinsatzkräfte) um mehr als 50 Prozent zu: »Allein 1996 kamen SOFs in insgesamt 142 Ländern zum Einsatz und beteiligten sich an 120 Aktionen zur Drogenbekämpfung, 12 Trainingseinsätzen zur Minenräumung und 204 Trainingsübungen verschiedener Einheiten.«[25] Statt für gezielte kinetische Operationen wurde das JSOC jedoch meistens für groß angelegte Operationen, aus denen sich zunehmend Friedensmissionen mit internationaler Beteiligung entwickelten, wie beispielsweise während der Kriege in Bosnien-Herzegowina, Liberia, Sierra Leone, Haiti und Somalia. Zu den kinetischen, direkten Aktionen, für die es ursprünglich gedacht worden war, schien es eher selten zu kommen. General Wayne Downing, SOCOM-Chef von 1993 bis 1996 und ehemaliger JSOC-Kommandant, sagte, dass die Funktion der »unkonventionellen Kriegsführung« der US-Spezialeinsatzkräfte nach dem Ende des Kalten Kriegs »ein reduziertes Gewicht erhielt« und deren »Leistungsfähigkeit auf diesem Gebiet verkümmerte«. Das JSOC, meinte er, »hatte exzellente Fähigkeiten bei der Bekämpfung von Terrorismus und der Weiterverbreitung von Waffen, agierte jedoch mehr aus einer reaktiven als aktiven Haltung heraus«.[26]

Als sich in den 1990er-Jahren die Bedrohung durch al-Qaida abzuzeichnen begann, machte das JSOC Vorschläge für gezielte Aktionen gegen die Führung des Netzwerks.[27] Die JSOC-Kommandanten sahen darin die zentrale Aufgabe der Spezialeinheit, und an den frühen Planungen für Operationen gegen bin Laden und al-Qaida in den späten 1990er-Jahren war JSOC angeblich auch beteiligt.[28] Doch die JSOC-Kommandanten beklagten, ihre Einheiten seien vor dem 11. September »kein einziges Mal eingesetzt worden, um Terroristen zur Strecke zu bringen, die das Leben von US-Bürgern auf dem Gewissen hatten«.

Downing zufolge war er während seiner Amtszeit an der Vorbereitung von rund 20 Aktionen gegen Terrorgruppen beteiligt, denen die Tötung von US-Bürgern zur Last gelegt wurde, aber »das Einsatzkommando durfte nicht zuschlagen«.[29] Das JSOC besitze zwar »hervorragende Fähigkeiten für den direkten Angriff, zum ›Fertigmachen‹«, wie Downing bekräftigte, doch es mangle ihm am erforderlichen Potenzial zum »›Finden‹ und ›Festnageln‹ und an nachrichtendienstlichen Kapazitäten«, um einen weltweiten Krieg gegen den Terrorismus zu führen.[30]

»Viele Jahre lang hat man sich über das JSOC lustig gemacht. Das waren die ›muskelbepackten, Gewichte stemmenden bösen Jungs‹, wissen Sie, unten in Fort Bragg, in ihrer Kaserne dort«, erzählte Lang. »Aber sie betrieben eine Menge Aufklärung, trotzdem kam es niemals zu einem direkten Kampfeinsatz, bis zu dieser Clinton-Sache in Somalia [der berüchtigte Vorfall mit den Black-Hawk-Helikoptern 1993]. Die Kerle waren ungeheuer mutig, das muss man sagen, zweifellos, aber ihre glorreiche Zeit als eine Art weltweite Ausputzer, die die Feinde der Gerechtigkeit und Wahrheit beseitigen, begann erst nach dem 11. September. Vorher waren sie kaum an Kampfhandlungen beteiligt, wirklich.«

Rumsfeld trat sein Amt mit der Absicht an, dies zu ändern. Er wollte nicht nur, dass das Pentagon die verdeckten Operationen der CIA übernimmt, sondern selbst mehr Kontrolle über diese Operationen haben und dazu die bestehende militärische Befehlskette radikal straffen. Das JSOC als geheime Spezialeinheit war für Operationen geschaffen worden, die naturgemäß praktisch allen anderen Instanzen von Militär und Regierung verborgen bleiben sollten. Nach dem 11. September entwickelte Rumsfeld im Handumdrehen eine Struktur, die es ihm erlaubte, die Generalstabschefs zu umgehen und kinetische Operationen direkt mit den Kommandanten der Kampftruppen des jeweiligen Regionalkommandos zu koordinieren. Nach Titel 10 des US-Bundesrechts war der Vorsitzende des Generalstabs der ranghöchste Militärberater des Präsidenten und sollte als Verbindungsmann zum Präsidenten dienen.[31] »[Rumsfeld] passte das überhaupt nicht«, erinnerte sich Shelton. Rumsfeld »versuchte ständig, meine Autorität zu untergraben oder Angehörige meines Stabs hinauszudrängen«, behauptete er. Rumsfeld »wollte die Richtlinien und die Operationen selbst in der Hand haben«, so Shelton. Daher habe Rumsfeld »all diese militärische Sachkenntnis« beiseitegeschoben, »und sofort nach Möglichkeiten gesucht, direkt mit den Befehlshabern der Kampftruppen zu verhandeln und nicht, wie jeder andere Verteidigungsminister vor ihm, über den Generalstabschef«. In seinen Memoiren behauptete Shelton, Rumsfelds Leitlinien als Verteidigungsminister »basierten auf Lug und Trug, arglistiger Täuschung, dem Verfolgen politischer Absichten und dem Versuch, den Generalstab zur Unterstützung einer Aktion bewegen zu wollen, die vielleicht nicht unbedingt für das Land gut ist, aber aus politischer Sicht für den Präsidenten.« Und er fügte hinzu: »Einen schlechteren Führungsstil habe ich in 38 Dienstjahren nicht erlebt oder seither auf den obersten Ebenen von Unternehmen beobachtet.«[32]

Während seiner Zeit als Generalstabschef unter Clinton wie auch unter Bush, sagte Shelton, habe er persönlich interveniert, um Operationen zu stoppen, von denen er glaubte, dass sie zum Tod unschuldiger Menschen geführt hätten, wären sie aufgrund der anfänglichen Geheimdiensterkenntnisse durchgeführt worden. Doch Rumsfeld wollte den Prozess abkürzen, um grünes Licht für gezielte Tötungsaktionen geben zu können, ohne sich von hochrangigen Militärs hineinreden zu lassen. »Wenn man Leute töten will, muss man vorsichtig sein und sicherstellen, dass man auch die richtigen trifft. Man braucht alle verfügbaren Informationen, um keinen Fehler zu machen. Das lässt sich schnell bewerkstelligen, aber dazu muss man auch gegenchecken«, sagte Shelton. »Auch wenn man sich keine Chance entgehen lassen will, einen Terroristen zu schnappen, will man doch keine internationale Affäre riskieren, bei der man am Ende selbst als der Terrorist dasteht.« Weit entfernt von Sheltons Auffassung, wie diese »chirurgischen« Kräfte eingesetzt werden sollten, war Rumsfeld der Meinung, dass das JSOC bislang zu wenig genutzt wurde. Er wollte die Spezialeinheit nicht zur Speerspitze des neuen weltweiten Killer-Feldzugs, sondern zum Speer selbst machen. Wie viele Angehörige der Spezialeinheiten war Rumsfeld der Ansicht, Präsident Clinton und die oberste Militärführung hätten in den 1990er-Jahren Einheiten wie das JSOC durch juristische Spitzfindigkeiten beim Kampf gegen den Terrorismus nahezu ins Aus manövriert.[33] Während der Regierung Clinton »fand die Möglichkeit, die Terroristen zur Strecke zu bringen, auf den obersten Ebenen zwar große Beachtung«, hieß es abschließend in einem von Rumsfeld drei Monate nach dem 11. September in Auftrag gegebenen Bericht. »Aber irgendwo zwischen den ersten Überlegungen und der Durchführung wurden die SOF-Optionen immer als zu problematisch verworfen.«[34] Verfasst hatte den Bericht Richard Shultz, ein in Fragen der Kriegsführung mit Spezialeinheiten kompetenter Wissenschaftler. Zweck des Berichts war, Clintons Strategie gegen den Terrorismus zu analysieren. Rumsfeld wollte sicherstellen, dass jegliche rechtlichen und bürokratischen Hindernisse für JSOC-Einsätze beseitigt würden. Ausgestattet mit einer Sicherheitsfreigabe, erhielt Shultz freie Hand für Interviews mit ranghohen Militärs und Einsicht in Geheimdienstberichte. Fazit seines Berichts war, dass die USA das JSOC aus der Versenkung holen und es im Krieg gegen den Terror an die vorderste Front schicken müsse.[35]

Im Shultz-Bericht, aus dem Teile später von der Geheimhaltung ausgenommen und zu einem Artikel für den neokonservativen *Weekly Standard* umgearbeitet wurden, hieß es, der Abschuss von zwei Black-Hawk-Helikoptern 1993 in Somalia habe das Weiße Haus derart schockiert, dass danach sämtliche Spezialeinheiten lahmgelegt wurden. Ende 1992 hatten die USA eine UN-Friedensmission angeführt, bei der anfänglich Hilfslieferungen im Vordergrund standen; in einem zweiten Schritt sollte Somalia von den Warlords, die die Regierung des Landes gestürzt hatten, befreit werden.[36] Doch die Warlords forderten die US- und UN-Truppen offen heraus, ihre Milizen zogen weiterhin plündernd durchs Land.[37] Im Sommer 1993, nach einer Reihe von Angriffen auf UN-Soldaten, gab Clinton grünes Licht für eine riskante JSOC-Operation: den inneren Kreis um den berüchtigten Warlord Mohamed Farrah Aidid zu zerschlagen, dessen Truppen Mogadischu von Tag zu Tag mehr unter ihre Kontrolle brachten. Doch die Aktion geriet zum Desaster, als zwei Black-Hawk-Helikopter des JSOC über Mogadischu abgeschossen wurden, worauf es zu massiven Kämpfen zwischen Spezialeinheiten und somalischen Milizen kam.[38] Dabei starben insgesamt 18 US-Soldaten. Die Bilder von toten US-Amerikanern, die durch die Straßen geschleift wurden, gingen um die Welt und beschleunigten letztlich den Abzug der USA. »Die Katastrophe von Mogadischu jagte der Clinton-Regierung und der Militärführung einen gehörigen Schrecken ein und bestätigte den Generalstab in seiner Ansicht, dass man SOFs niemals mit eigenständigen Operationen betrauen sollte«, hieß es in dem Shultz-Bericht. »Nach Mogadischu, erklärte ein Vertreter des Pentagon, habe es ›große Widerstände gegeben, über aktive Maßnahmen mittels SOF-Operationen zur Abwehr terroristischer Bedrohungen auch nur zu sprechen. Der Generalstab war froh, dass sich die Regierung auf einen rechtlichen Standpunkt zurückzog. Sie wollten keine Spezialeinheiten mehr losschicken.‹« General Peter Schoomaker, JSOC-Kommandant von 1994 bis 1996, sagte, Clintons Präsidialerlasse »und die nachfolgenden Dekrete und Ermächtigungen dienten meiner Ansicht nach nur dazu, Kästchen abzuhaken. Der Präsident unterschrieb Dinge, von denen jeder Beteiligte genau wusste, dass sie niemals umgesetzt werden würden.« Und er fügte hinzu: »Das Militär wollte übrigens gar nicht daran rühren. Es gab große Zurückhaltung im Pentagon.«[39]

Shultz hatte Personen interviewt, die während der Ära Clinton im Generalstab und bei den Spezialeinheiten tätig gewesen waren. Seine Gesprächspartner behaupteten, Amtsträger wie Richard Clarke, die den Einsatz von Spezialeinheiten am Boden für gezielte Aktionen zur Gefangennahme oder Tötung von bin Laden und anderer führender Mitglieder von al-Qaida befürworteten, seien von ranghohen Militärs als Verrückte abgestempelt wurden, als »vollkommen durchgedreht, machthungrig« und »darauf versessen, als Held dazustehen«. Einer der Interviewten sagte: »Wenn wir aus der Antiterrorgruppe mit einem dieser SOF-Vorschläge für gezielte Operationen zurückkamen, dann bestand unsere Aufgabe« nicht darin, herauszufinden, »wie sie durchgeführt, sondern wie sie abgelehnt werden könnte«. Shultz verurteilte solche »Showstopper«, wie er die rechtlichen und bürokratischen Hindernisse unter Clinton nannte, die eine »unüberwindbare Phalanx bildeten und dafür sorgten, dass alle konzeptuellen Diskussionen auf hoher Ebene, rigorosen Präsidialerlasse, verbesserten Eingreifpläne und konkreten Generalproben für Operationen ins Leere liefen«. Durch diese »sich gegenseitig verstärkenden, selbst auferlegten Beschränkungen … wurden die Spezialeinheiten [unter Clinton] kaltgestellt«, resümierte Shultz, »selbst als al-Qaida … weltweit Anschläge verübte und lauthals verkündete, dass noch weitere folgen würden«.

Der Shultz-Bericht suggerierte, dass den Spezialeinheiten von der Militärführung und zivilen Amtsträgern Handschellen angelegt worden seien, weil sie lieber Marschflugkörper einsetzen und bin Ladens Terrortruppen mit gesetzlichen Mitteln beikommen wollten. Nach Rumsfelds Meinung war es die Angst vor erfolglosen Operationen oder der Blamage, verbunden mit der Befürchtung, bei der Jagd nach den Schuldigen gegen das Verbot von gezielten Attentaten zu verstoßen oder Unschuldige zu töten, die den Anschlägen vom 11. September den Weg bereiteten. Kurz gefasst lautete seine Strategie: Amerikas beste Killer sollten Amerikas Feinde töten, wo immer sie sich aufhalten mochten.

Als die Vereinigten Staaten ihren weltweiten Krieg gegen den Terrorismus begannen, unterrichtete Shultz hochrangige Pentagon-Mitarbeiter über seine Erkenntnisse und Empfehlungen. Der als geheim eingestufte Bericht war eine vernichtende Kritik von Clintons Antiterrorstrategie und ein Plädoyer für eine offensive Förderung des JSOC innerhalb des Sicherheitsapparats.[40] Künftig solle nicht das JSOC allein zur Unterstützung des herkömmlichen Militärs bereitstehen, sondern umgekehrt das Militär die JSOC-Aktionen unterstützen. Das war eine historische Aufwertung von Amerikas erster geheimer Spezialeinheit zu einer Truppe mit maximalen Befugnissen. Rumsfeld, der nach eigenen Worten darüber nur »fünfzehn Minuten« lang mit General Shelton verhandelte, preschte schließlich mit voller Kraft vor, nachdem Shelton im Oktober 2001 durch den wesentlich leichter zu dirigierenden neuen Generalstabschef Richard Myers ersetzt worden war.[41] Wenn Rumsfeld das JSOC »verwenden« wolle, um »einen weltweiten Krieg gegen al-Qaida zu führen, dann muss es die richtigen Lehren aus Mogadischu ziehen«, hatte Shultz in seinem Bericht abschließend konstatiert. »Dort zeigte sich nämlich, wie gut die SOF-Einheiten sind, selbst wenn politische Entscheidungsträger sie zweckentfremden. Man stelle sich vor, sie würden im Krieg gegen den Terrorismus sachgemäß eingesetzt!«[42]

Ob sachgemäß oder nicht, Rumsfeld war bereits dabei, das JSOC aus der Versenkung zu holen und der Einheit zu einer nie dagewesenen Bedeutung und Stärke innerhalb der US-Kriegsmaschinerie zu verhelfen. Dazu musste er in die Gefilde der CIA eindringen und Parallelstrukturen schaffen, die nur ihm gegenüber verantwortlich waren – nicht gegenüber dem Kongress oder dem Außenministerium. Außerdem wären zur Unterstützung der verdeckten Unternehmungen eigene Geheimdienstoperationen vonnöten.

Schon zu Beginn der Regierung Bush gerieten Rumsfeld und Cheney häufig mit Außenminister Colin Powell aneinander; sie wollten auf keinen Fall, dass der hochdekorierte frühere Generalstabschef ihnen in Sachen Kriegsführung in die Quere kam. Powell gehörte zwar keineswegs zu den »Tauben«, befürwortete jedoch nach dem 11. September von Anfang an eine eng begrenzte militärische Reaktion der Vereinigten Staaten auf al-Qaida. Powell und seine Stellvertreter waren der Ansicht, dass »unsere Verbündeten und Freunde im Ausland Vergeltungsschläge der USA gegen die Täter vom 11. September eher akzeptieren könnten als einen weltweiten Krieg gegen islamistische Terroristen und ihre Unterstützerstaaten«, erklärte Douglas Feith. Powell habe den Standpunkt vertreten, eine »eng begrenzte Strafaktion stehe eher in Einklang mit den traditionell rechtsstaatlichen Maßnahmen der USA im Kampf gegen den Terrorismus«.[43] Doch die Neokonservativen waren fest entschlossen, Präventivkriege gegen Staaten zu führen, und suchten Wege, die CIA von ihren gesetzlichen Auflagen und Pflichten zu entbinden. »Vergessen Sie ›Ausstiegsstrategien‹«, sagte Rumsfeld zwei Wochen nach dem 11. September. »Wir sprechen hier von einem dauerhaften Waffengang, ohne Befristung.«[44] Als Außenminister war Powell für den Aufbau internationaler Beziehungen und Bündnisse verantwortlich, und seine diplomatische Agenda geriet fast sofort in direkten Konflikt mit derjenigen der Neokonservativen. Auch bei der Beaufsichtigung der CIA-Aktivitäten rund um den Globus hatten Powell und seine Botschafter ihre Hände im Spiel. Sie mussten über alle Operationen weltweit informiert werden – eine Einschränkung, die Rumsfeld und Cheney entschieden zuwiderlief.

Malcolm Nance, Antiterrorspezialist der Marine und Ausbilder von Spezialeinheiten, verfolgte, wie erfahrene Militärs innerhalb des Regierungsapparats von Cheney, Rumsfeld und ihrer Miliz von Ideologen kaltgestellt wurden. »Keiner von diesen Leuten hatte jemals im Kampf gestanden, aber Colin Powell, Lawrence Wilkerson und seine Männer sehr wohl«, erklärte mir Nance. »Witzigerweise wurden gerade sie ins Außenministerium abgeschoben und die zivilen Ideologen ins Pentagon gesetzt, und das waren die Leute, die sich TCCC ausdachten, die ›Tom Clancy Combat Concepts‹, wie wir sagen. Die lasen diese Bücher und Zeitschriften und dachten sich: ›Wir werden hart durchgreifen, ja, das werden wir, wir ziehen los und knallen die Leute auf der Straße ab oder wir lassen sie verschwinden.‹ Die Entscheidungsträger wollten es richtig krachen lassen, fast wie Kinder, im Stil von Rittergeschichten, mit Drachen und Dolchen und Intrigen.«[45]

Bis zum 11. September besaß die CIA kein großes eigenes paramilitärisches Potenzial – bestenfalls 600 bis 700 operative Agenten.[46] Viele ihrer Operationen hingen also stark von Spezialeinsatzkräften ab – insgesamt über 10.000 Mann – die sich die »Firma« für spezielle Missionen ausleihen musste. »Die gesamte paramilitärische Kompetenz kam eigentlich vom Militär, von den Spezialkräften«, erläuterte Vincent Cannistraro, Antiterrorspezialist der CIA, der auch für das Pentagon und die National Security Agency (militärischer Nachrichtendienst; NSA) tätig war. »Die CIA hatte praktisch gar keine, bestenfalls rudimentär«, sagte er. »Sachkenntnis besaßen nur die Spezialkräfte. Die Ressourcen stammten aus dem Verteidigungsministerium, und die Entscheidung, sie der CIA zur Verfügung zu stellen, musste auf höchster politischer Ebene getroffen werden.«[47]

Ursprünglich hatte die CIA, auf Anweisung von Präsident Bush, die Führungsrolle beim weltweiten Krieg inne. Cheney und Rumsfeld erkannten jedoch bald, dass sie keineswegs das einzige geheim operierende Instrument bleiben musste. Dem Weißen Haus stand noch eine weitere Möglichkeit zur Verfügung, etwas, das wesentlich flexibler eingesetzt werden konnte und fast ohne Einmischung durch den Kongress oder das Außenministerium. Obgleich manche Operationen durch die CIA abgewickelt werden mussten, vor allem wenn mit Hilfe fremder Dienste Geheimgefängnisse eingerichtet wurden, traute Cheneys Mannschaft den Bürokraten der »Firma« nicht. »Ich glaube, Rumsfeld und Cheney hielten die CIA für einen Haufen Weicheier, und nichts anderes dachten sie vom Außenministerium«[48], erklärte Wilkerson, Powells ehemaliger Stabschef. Im Laufe der Zeit habe sich, so Wilkerson, allmählich abgezeichnet, dass sich »der Vizepräsident der Vereinigten Staaten, wie mir schien, präsidiale Macht und die Befugnisse eines Oberbefehlshabers anmaßt«. Vor allem Cheney habe sich eine Neuauflage der verdeckten Kriege der 1980er-Jahre gewünscht, »als man unter Ronald Reagan die Contras im Kampf gegen die Sandinisten unterstützte« und eine »beinahe symbiotische Beziehung zwischen manchen Spezialeinheiten und den operativen Agenten der CIA bestand. Das ist ja die wahre Kunst im Krieg gegen den Terror, wie man sie sich wünschen würde, und genau das wollte Cheney. Klammheimlich agieren.«

Für Rumsfeld war das Ausleihen von US-Spezialeinheiten an die CIA, als würde man eine quertreiberische Vermittlungsinstanz dazwischenschalten, deren Operationen durch rechtliche Einwände unmöglich gemacht werden konnten. Er wollte, dass die amerikanische Elite-Kampftruppe uneingeschränkt agieren konnte und niemandem Rechenschaft ablegen müsste außer ihm selbst, Cheney und dem Präsidenten. »Die CIA kann nichts tun, ohne dass die Kongressausschüsse zur Kontrolle der Geheimdienste davon wissen oder unmittelbar danach informiert werden«, sagte Cannistraro, der das Antiterrorzentrum der CIA mit auf die Beine stellte. »Wenn man die CIA vor dem 11. September eine paramilitärische Operation durchführen ließ, bedeutete das, dass gewisse Spezialeinsatzkräfte der CIA zugeordnet waren und daher ziviler Kontrolle unterstanden, [und] was sie für die CIA taten, wurde dem Geheimdienstausschuss berichtet. Wenn aber das Militär die Operation ausführt, gelten diese Regularien nicht, dann erfährt der Geheimdienstausschuss nichts davon. Denn es sind ja militärische Operationen und deshalb Bestandteil einer kriegerischen Handlung oder einer ›militärischen Vorbereitung‹.« Cannistraro erklärte mir, einige der umstrittensten und geheimsten Aktionen weltweit seien »gemäß dem ›Cheney-Programm‹ vom Militär [durchgeführt] worden, weil der Kongress nicht darüber informiert werden musste.«

Während Powell und das Außenministerium davor warnten, den Schwerpunkt über Afghanistan, al-Qaida und die Taliban hinaus auszuweiten, drängte Rumsfeld auf einen globalen Kriegszug.[49] »Wir müssen die Terroristen bekämpfen, wo immer sie sein mögen. Wir haben gar keine andere Wahl«, erklärte Rumsfeld im Dezember 2001. »Mit einem weltweit agierenden Netzwerk von Terroristen wird man nur fertig, wenn man sie bis in die letzten Schlupfwinkel verfolgt.«[50] Rumsfeld wollte Spezialkommandos an vorderster Front sehen und bat General Charles Holland, Befehlshaber des Kommandos Spezialkräfte, eine Liste der regionalen Ziele zu erstellen, wo die USA sowohl Vergeltungs- als auch Präventivschläge gegen al-Qaida führen könnten.[51] Ende 2001 beauftragte Douglas Feith, Rumsfelds Stellvertreter, Jeffrey Schloesser, den damaligen Direktor für Strategische Planung im Generalstab, und sein Team, einen Plan mit der Bezeichnung »Nächste Schritte« auszuarbeiten. Afghanistan war erst der Anfang. Rumsfeld wollte Operationspläne für Somalia, den Jemen, Lateinamerika, Mauretanien, Indonesien und noch weitere Ziele. In einem Memo an Präsident Bush zwei Wochen nach dem 11. September schrieb Rumsfeld, das Pentagon »prüft mögliche Ziele und erwünschte Wirkungen in Ländern, in denen die CIA-Kontakte zu den Geheimdiensten vor Ort die geplanten Vorhaben der USA entweder nicht in Angriff nehmen können oder wollen«.[52] Dazu zählten sowohl Länder, die den USA freundlich gesinnt waren, als auch solche, auf die das nicht zutraf.

Die ganze Welt ist ein Schlachtfeld – so lautete das Mantra.

Der Boss:
Ali Abdullah Salih

Jemen, 1970–2001; Washington, 2001

Als die Flugzeuge in das World Trade Center krachten, wusste Ali Abdullah Salih, dass er rasch handeln musste. In Geheimdienstkreisen war der jemenitische Präsident als ausgefuchster Überlebenskünstler bekannt, der sich geschickt und größtenteils unbeschadet durch den Kalten Krieg, schwere Stammesfehden und terroristische Bedrohungen manövriert hatte. Zur Zeit der Anschläge vom 11. September hatte Salih bereits Ärger mit den USA wegen des Sprengstoffanschlags auf die USS *Cole* im südjemenitischen Hafen Aden. Er wollte durch die Anschläge vom 11. September auf keinen Fall seine Macht einbüßen, die er seit Jahrzehnten fest in Händen hielt. Während die Regierung Bush als Reaktion auf den 11. September Strategien für einen grenzenlosen Krieg auszuarbeiten begann, heckte Salih eigene Pläne aus, die nur ein Ziel hatten: an der Macht zu bleiben.[1]

Salih wurde 1990 Präsident des Jemen, nach der Vereinigung des Nordens, wo er seit Ende der 1970er-Jahre regiert hatte, mit dem bis dahin marxistisch beherrschten Süden. In ganz Jemen war er als »der Boss« bekannt.[2] Oberst Lang, lange Jahre Miliärattaché im Jemen, lernte Salih 1979 kennen. Da Lang fließend Arabisch sprach, wurde er bei heiklen Besprechungen häufig als Dolmetscher für andere US-amerikanische Amtsträger hinzugezogen. Lang und seine Kollegen vom britischen Auslandsgeheimdienst MI6 gingen oft mit Salih auf die Jagd. »Wir fuhren mit etlichen Wagen durch die Gegend und schossen Gazellen und Hyänen«, erzählte Lang. »Salih war ein ziemlich guter Schütze.« Und »wirklich ein sehr charmanter Bursche«, fügte Lang hinzu. Salihs jahrzehntelange Herrschaft sei »durchaus bemerkenswert in einem Land, wo jeder gegen jeden kämpft. Es ist, als wäre man der Kapitän auf einem Raumschiff der Klingonen, wissen Sie? Die anderen warten nur auf ihre Chance.« Salih habe es meisterhaft beherrscht, die Stämme gegeneinander auszuspielen, sie in entscheidenden Momenten für sich zu vereinnahmen und seine Probleme nach außen zu verlagern. »Es herrscht ständig ein labiles Gleichgewicht zwischen der Macht des Staates und der Macht dieser starken Stammesgruppen. Die Regierung kontrolliert normalerweise nur das Territorium, auf dem sie militärisch präsent ist oder wo sie Dienstleistungen zur Verfügung stellt, an denen die Stammesführer und die Bevölkerung interessiert sind, beispielsweise medizinische Versorgung oder Schulbildung. Das heißt, es gibt eine Menge Städte, die verteidigt werden müssen, und eine Menge Kontrollpunkte um sie herum, und dazu laufend kleine Strafexpeditionen seitens der Regierung gegen Leute, mit denen sie wegen irgendeiner Sache im Streit liegt.«[3]

In den 1980er-Jahren, während des Kriegs der Mudschahedin gegen die Sowjets in Afghanistan, schlossen sich Tausende Jemeniten dem Dschihad an – etliche in Abstimmung mit der Regierung Salih und von ihr finanziell unterstützt.[4] »Sie alle wurden nach Afghanistan geschickt, um gegen die sowjetischen Invasoren zu kämpfen«, versicherte Salih 2008 in einem Interview mit der *New York Times.* »Und die USA zwangen befreundete Staaten damals – darunter der Jemen, die Golfstaaten, der Sudan und Syrien –, zur Unterstützung der Mudschahedin in Afghanistan. Sie nannten sie Freiheitskämpfer. Die USA haben die islamistische Bewegung im Kampf gegen die Sowjets immer sehr unterstützt. Als dann die Herrschaft der Sowjets in Afghanistan zusammengebrochen war, bezogen die USA plötzlich eine vollkommen andere, extreme Haltung gegenüber diesen islamischen Bewegungen und fingen an, die Länder unter Druck zu setzen. Auf einmal sollten sie zu den islamischen Bewegungen in den arabischen und islamischen Staaten auf Konfrontationskurs gehen.«[5]

Als die Dschihadisten in ihr Heimatland zurückkehrten, bot Salih ihnen eine sichere Zuflucht.[6] »Bei uns im Jemen herrscht politischer Pluralismus, deshalb wollten wir keine Konfrontation mit diesen Bewegungen«[7], sagte Salih. Der Islamische Dschihad, die Bewegung des Aiman al-Sawahiri, des ägyptischen Arztes, der zu bin Ladens rechter Hand avancierte, gründete im Jemen in den 1990er-Jahren eine seiner größten Zellen.[8] Salih betrachtete al-Qaida eindeutig nicht als große Bedrohung. Eher sah er die Dschihadisten als brauchbare gelegentliche Verbündete, derer er sich für seine eigenen innenpolitischen Ziele bedienen konnte. Er gestattete ihnen, sich im Jemen frei zu bewegen und zu trainieren, und im Gegenzug konnte Salih auf die Unterstützung der ehemaligen Afghanistan-Kämpfer bei seinen Gefechten mit den Sezessionisten im Süden[9] und später mit den schiitischen Huthi-Rebellen im Norden[10] zählen. »Sie waren die Schläger, mit deren Hilfe Salih alle problematischen Elemente unter Kontrolle hielt. Ich könnte Ihnen eine ganze Reihe Beispiele nennen, wo Salih sich diese Kerle von al-Qaida zunutze machte, um Gegner des Regimes auszuschalten«, erzählte mir Ali Soufan, ehemaliger ranghoher FBI-Agent, der viel im Jemen arbeitete. Wegen ihres Nutzens für Salihs innenpolitische Zwecke »konnten sie ungehindert agieren. Sie bekamen jemenitische Papiere und konnten reisen. Salih war ihre sicherste Bank. Er versuchte, beim großen Spiel mitzumischen, indem er diese Karte ausspielte.«[11]

Infolge dieser Beziehung erwies sich der Jemen in den 1990er-Jahren, als al-Qaida immer größeren Zulauf erfuhr, als ideales Terrain zur Ausbildung und Rekrutierung von Dschihadisten. Doch dieses Arrangement fand außerhalb einer kleinen Gruppe von zumeist FBI- und CIA-Mitarbeitern, die den Aufstieg von al-Qaida verfolgten, kaum Beachtung auf dem Antiterrorradar der USA unter Clinton.

Dies sollte sich am 12. Oktober 2000 ändern, nachdem auf ein milliardenteures Kriegsschiff der USA, die USS *Cole,* die zum Auftanken im Hafen von Aden festgemacht hatte, ein massiver Sprengstoffanschlag verübt wurde. Kurz nach elf Uhr vormittags steuerte ein kleines, mit gut 200 Kilogramm Sprengstoff beladenes Motorboot auf das Schiff zu und riss ein rund zwölf mal zwölf Meter großes Loch in die Seitenwand. Bei dem Anschlag kamen 17 Angehörige der US-Marine ums Leben, weitere 30 wurden verletzt.[12] »In Aden haben sie einen Zerstörer angegriffen und zerstört, den furchtsame Menschen fürchten, einen, der Schrecken hervorruft, im Hafenbecken wie auf See«, rezitierte bin Laden später in einem Rekrutierungsvideo von al-Qaida[13] aus einem Gedicht, das einer seiner Helfer geschrieben hatte.[14] Der erfolgreiche Anschlag trieb al-Qaida und ähnlichen Gruppen laut Expertenmeinung scharenweise neue Rekruten zu – insbesondere aus dem Jemen.

Die FBI-Agenten, die nach dem Anschlag in den Jemen reisten, wurden von den jemenitischen Behörden schärfstens überwacht und schon am Flughafen von jemenitischen Spezialkräften mit vorgehaltener Waffe in Empfang genommen. »Im Jemen gibt es 18 Millionen Menschen und 50 Millionen Maschinengewehre«, kommentierte John O'Neill, leitender FBI-Ermittler des Sprengstoffanschlags auf die *Cole.* Später sagte

er: »Dies hier ist möglicherweise die feindseligste Umgebung, in der das
FBI je gearbeitet hat.«[15] Im Sommer 2001, nach einer Reihe von Drohungen gegen die Ermittler und einem angeblich geplanten Bombenanschlag auf die US-Botschaft, musste das FBI seine Mitarbeiter
vollständig abziehen.[16] »Wir bekamen regelmäßig Todesdrohungen,
hatten ständig mit Vorwänden und bürokratischen Hindernissen zu
kämpfen«[17], berichtete Soufan, der zur Leitung des FBI-Teams gehörte.
Salihs Regierung behinderte die Untersuchung des Sprengstoffanschlags durch die Amerikaner zwar nach Kräften, doch das allein war
nicht für die Frustration bei den FBI-Mitarbeitern verantwortlich.[18]
»Unter Clintons Präsidentschaft schien sich niemand für die Sache zu
interessieren«, erklärte Soufan. »Wir hatten gehofft, dass es unter
George W. Bush besser würde, aber bis auf Robert Mueller, den FBI-Direktor, schoben alle Spitzenbeamten den Fall bald zur Seite; laut Paul
Wolfowitz, dem stellvertretenden Verteidigungsminister, betrachteten
sie ihn als ›kalten Kaffee‹.«[19]

Soufan und eine Handvoll Antiterrorexperten der US-Regierung
mussten tatenlos zusehen, wie der Anschlag auf die *Cole* die Position
bin Ladens stärkte. »Der Angriff auf die *Cole* war ein großer Erfolg [für
Bin Laden]«, schrieb Lawrence Wright in seinem Buch *Der Tod wird
euch finden*, einem Standardwerk über al-Qaida. »Die afghanischen
Ausbildungslager von al-Qaida füllten sich mit neuen Rekruten, und
aus den Golfstaaten reisten Geldgeber mit Samsonite-Koffern an, die
mit Petrodollars gefüllt waren. Es war wie in den goldenen Tagen des afghanischen Dschihad.«[20] Eine Woche vor dem 11. September hatte Salih auf Al-Dschasira noch stolz verkündet, seine Regierung habe dem
FBI nicht erlaubt, auch nur einen einzigen höheren jemenitischen Beamten zu dem Anschlag zu verhören oder zu befragen. »Wir verweigerten ihnen den Zugang zum Jemen mit Truppen, Flugzeugen und
Schiffen«, erklärte Salih. »Wir ließen sie von unseren Sicherheitskräften
überwachen. Sie respektierten unsere Haltung und gaben unseren Forderungen nach.«[21]

Der Terroranschlag auf das World Trade Center vom 11. September
2001 stellte die Beziehung zwischen Salihs Regime und den Vereinigten
Staaten auf eine harte Probe. Er war zwar seit Ende der 1970er-Jahre an
der Macht, doch Salihs Welt hätte auch leicht von einem Tag auf den
anderen in Stücke gehen können. »Wer Krieg führt gegen die Vereinigten Staaten, hat selbst seinen Untergang gewählt«, erklärte Präsident

Bush vier Tage nach dem 11. September. »Der Sieg über den Terrorismus wird nicht mit einem einzigen Gefecht zu erringen sein, sondern nur mit einer Reihe entschlossener Aktionen gegen terroristische Organisationen und diejenigen, die ihnen Unterschlupf und Unterstützung gewähren.«[22] Den Teil mit dem »Unterschlupf« fasste Salih als unheilverkündende Warnung auf – und das zu Recht.

Die Präsidialerlasse und andere Direktiven, die Bush nach dem 11. September verkündete, hatten die CIA und die Spezialeinsatzkräfte ermächtigt, al-Qaida rund um den Globus zu bekämpfen, an welchem Ort sich deren Mitglieder auch aufhalten mochten. Während US-Truppen in Afghanistan landeten, blieben CIA und Spezialeinheiten den al-Qaida-Kämpfern auf der Spur mit dem Ziel, sie entweder gefangen zu nehmen oder zu töten. Nachdem die USA die Taliban-Regierung in Kabul ziemlich schnell vertrieben hatten, sahen sich viele der ausländischen Mitkämpfer bin Ladens zur Flucht gezwungen; sie suchten einen sicheren Rückzugsort. Als eine der besten Möglichkeiten bot sich der unwegsame Jemen an.

Die Regierung Bush setzte den Jemen auf die Liste der ersten potenziellen Ziele[23] im Krieg gegen den Terror und hätte Salihs Regierung trotz dessen großspuriger Erklärung vor dem 11. September, wonach »der Jemen ein Friedhof für Invasoren«[24] sei, im Handumdrehen stürzen können. Doch Salih war fest entschlossen, nicht den Weg der Taliban zu gehen, und unternahm sogleich, ohne groß Zeit zu vergeuden, die entsprechenden Schritte.

Als Erstes bestieg er ein Flugzeug in Richtung Vereinigte Staaten.

Im November 2001 traf Präsident Salih in Washington ein, wo er mit Präsident Bush und Vizepräsident Cheney, aber auch mit FBI-Direktor Robert Mueller und CIA-Direktor George Tenet Gespräche führte. Er erzählte jedem, der es hören wollte, dass der Jemen auf Seiten der USA stehe. Die Medien wurden zu einem Fototermin ins Weiße Haus geholt, die beiden Staatsführer präsentierten sich lächelnd und Hände schüttelnd. Bei seinem Treffen mit Bush erklärte Salih mit Nachdruck, dass der Jemen »die Terroranschläge vom 11. September auf die USA und alle Formen des Terrorismus verurteilt«, und bezeichnete sein Land als »wichtigen Partner der Koalition gegen den Terrorismus«.[25]

Während öffentlich die Salih-Show ablief und die Regierung Bush Salih als Verbündeten im soeben erklärten »Weltweiten Krieg gegen den Terror« präsentierte, verhandelten hochrangige US-Beamte hinter

verschlossenen Türen mit Salih über die Ausweitung der US-amerikanischen Präsenz im Jemen. Bei seinem Aufenthalt in Washington –
Mueller und Tenet suchten ihn sogar in seiner Suite im Ritz Carlton an
der 22. Straße auf[26] – erhielt Salih neben Geldern der Weltbank und des
Internationalen Währungsfonds ein Hilfspaket im Wert von 400 Millionen Dollar.[27] Ein entscheidender Punkt für die USA war, dass dazu
auch eine Ausweitung der Ausbildung jemenitischer Spezialeinheiten
gehörte. Denn dies würde die Stationierung von US-Spezialeinsatz-
truppen im Jemen ermöglichen, ohne dass Salih innenpolitisch das Gesicht verlor. Außerdem wurde die Einrichtung eines amerikanischen
»Antiterrorcamps« im Jemen vereinbart, das von der CIA, den US-Marines und Spezialeinheiten geführt und vom US-Außenposten im ostafrikanischen Dschibuti, wo auch Predator-Drohnen stationiert waren,
unterstützt werden sollte.[28] Zudem sorgte Tenet dafür, dass die Vereinigten Staaten dem Jemen Hubschrauber und Abhöranlagen lieferten.
Ein weiterer entscheidender Punkt: Salih erteilte Tenet die Erlaubnis,
den jemenitischen Luftraum für Drohnenflüge der CIA zu nutzen.[29]

»Salih wusste, wie man überlebt«, sagte Dr. Emile Nakhleh, ein ehemaliger hochrangiger CIA-Mitarbeiter. Während seiner jahrzehnte-
langen Herrschaft habe Salih »gelernt, sich in der Sprache des Kalten
Kriegs auszudrücken und sich bei uns und anderen westlichen Ländern
lieb Kind zu machen, indem er sich der antikommunistischen Sprache
bediente«. Nach dem 11. September habe Salih »recht schnell gelernt«,
dass er nun besser die Antiterrorsprache sprechen sollte, fügte Nakhleh
hinzu.

»Er wollte also von uns Unterstützung und Geld erhalten. Aber Salih hätte nie im Leben gedacht, dass der Terrorismus eine Bedrohung für ihn sein könnte. Er dachte, der Jemen sei lediglich ein Rückzugsort für al-Qaida und andere Terrororganisationen, deren
eigentliches Ziel al-Saud sei, das saudische Herrscherhaus. Also
fand er Wege, sich mit ihnen zu arrangieren«, erklärte mir Nakhleh.
»Und trotzdem kam er hierher, sprach zu uns in einer Sprache, die
uns gefiel und die wir verstanden, aber dann ging er wieder nach
Hause und schloss alle möglichen Bündnisse mit allen möglichen
zwielichtigen Gestalten, um politisch zu überleben. Ich glaube nicht,
dass er wirklich dachte, al-Qaida könnte sein Regime ernsthaft gefährden.«[30]

Laut Oberst Lang war Bush »derart angetan von Präsident Salih, diesem umgänglichen, sympathischen und kumpelhaften Typ, dass er für alles, was Salih sagte, ein offenes Ohr hatte: ›Wir mögen euch Amerikaner, wir möchten euch helfen, wir möchten mit euch kooperieren‹, solche Dinge eben. Und so war Bush durchaus geneigt, ihm Entwicklungshilfe zu geben und auch Militärhilfe.« Während seines Gesprächs mit Präsident Bush im November 2001 »äußerte Salih seine Sorge und Hoffnung, dass der Militäreinsatz in Afghanistan sich nicht über die Grenzen des Landes hinaus ausweite und auf andere Teile des Mittleren Ostens übergreife und damit zu weiterer Instabilität in der Region führe«, hieß es in einer Stellungnahme der jemenitischen Botschaft in Washington zum Abschluss des Besuchs.[31] Doch damit der Jemen nicht auch noch ins Schussfeld Washingtons geriet, musste Salih etwas unternehmen. Oder sich zumindest den entsprechenden Anschein geben.

Salihs Entourage erhielt eine Liste mit mehreren al-Qaida-Verdächtigen, die das jemenitische Regime zum Zeichen des guten Willens ins Visier nehmen konnte. Im folgenden Monat ließ Salih seine Truppen ein Dorf im Gouvernement Marib stürmen, in dem man Abu Ali al-Harithi, einen der mutmaßlichen Drahtzieher des Bombenanschlags auf die *Cole,* und andere militante Islamisten vermutete. Die Operation der jemenitischen Spezialkräfte geriet zum totalen Fehlschlag. Lokale Stammesangehörige nahmen mehrere Soldaten als Geiseln, und die Zielpersonen der Razzia konnten angeblich unbeschadet entkommen. Zwar kamen die Soldaten später durch Vermittlung von Unterhändlern wieder frei, doch die Stämme waren über Salihs Aktion erbost. Es sollte ihm eine Lehre sein, sich künftig vom Gouvernement Marib fernzuhalten. Das war der Anfang einer schwierigen und gefährlichen Schachpartie für Salih, der sich nun bemühte, Washingtons Wunsch nach gezielten Tötungen im Jemen nachzukommen und gleichzeitig selbst an der Macht zu bleiben.[32]

Kurz nach Salihs Besuch in Washington stellten die USA eine Einsatzgruppe für das Horn von Afrika und den Golf von Aden auf. Ende 2002 wurden rund 900 Angehörige von Militär und Geheimdiensten auf einen früheren militärischen Stützpunkt der Franzosen, Camp Lemonnier in Dschibuti, zusammengelegt; der Kampfverband erhielt den Namen Combined Joint Task Force – Horn of Africa (Gemeinsame Einsatzgruppe Horn von Afrika; CJTF-HOA).[33] Dieser geheime, per Schiff nur eine Stunde vom Jemen entfernt gelegene Stützpunkt sollte schon bald zur US-Kommandozentrale für verdeckte Aktionen am Horn von Afrika und auf der arabischen Halbinsel werden und CIA und JSOC als Startrampe dienen, von der aus sie nach Belieben außerhalb des erklärten Kampfgebiets Afghanistan zuschlagen konnten.

Während Camp Lemonnier für seine neue Verwendung vorbereitet wurde, stockten die USA die Zahl ihrer militärischen »Ausbilder« im Jemen auf. Offiziell brachten sie lediglich die jemenitischen Antiterroreinheiten auf den neuesten Stand, doch in Wahrheit bauten sie rasch operative Kapazitäten für die Jagd auf al-Qaida-Verdächtige auf.[34] »Im Laufe der Jahre haben sich zahlreiche, aus amerikanischer Sicht dubiose Figuren in den Jemen zurückgezogen. Und Salih kocht sein eigenes Süppchen, deshalb bietet er solchen Leuten auch verschiedentlich Schutz und Zuflucht an«, erzählte mir Oberst Lang. »Wir wussten also, dass es Leute im Land gab, die den USA feindlich gesinnt waren, und diese Leute wollte man aufspüren.« Ein Jahr nach Salihs Treffen mit Bush im Weißen Haus sollten die US-amerikanischen »Ausbilder« schließlich ihre erste »nasse« Operation starten.

Großbritannien, Vereinigte Staaten und Jemen, 2002–2003
Als Anwar Awlaki in Großbritannien eintraf, rief er seinen wohlhaben-
den Onkel Scheich Saleh bin Fareed an, der in Südengland ein Haus besaß. »Onkel Saleh, ich bin da. Kann ich dich besuchen kommen?«, fragte Anwar. »Aber gerne, sei mir willkommen«, erwiderte bin Fareed.[1] Als
Anwar bei seinem Onkel eintraf, plauderten die beiden erst einmal über
familiäre Angelegenheiten im Jemen, dann kamen sie auf die Ereignisse in den Vereinigten Staaten zu sprechen. »Hast du irgendetwas damit
zu tun?«, fragte ihn sein Onkel, da er wusste, dass Anwar mehrere Male
vom FBI verhört worden war. Außerdem hatten die Medien berichtet,
Awlaki habe einige der Flugzeugentführer gekannt. »Ich habe nichts
[mit dem 11. September zu tun], überhaupt nichts«, antwortete Anwar
seinem Onkel zufolge. »Wenn ich etwas mit al-Qaida oder diesen Leuten zu tun hätte, würde ich heute nicht bei dir in England sitzen. Ich
kann ungehindert reisen, und in Großbritannien will niemand etwas
von mir.« Die US-Beamten hätten zu ihm gesagt: »Wir haben nichts gegen Sie«, berichtete Awlaki seinem Onkel. Während er sich in England
eingewöhnte, wohnte Awlaki bei bin Fareed. Er begann, vor muslimischen Gläubigen zu predigen, vor Gemeindegruppen, in Religionszen-
tren und Moscheen in Birmingham und London. In seinen Predigten
betonte er zunehmend leidenschaftlicher, wenn nicht militant, wie
wichtig es sei, den Islam zu verteidigen und zu unterstützen, gerade
jetzt, da er von allen Seiten angegriffen werde, wie er meinte.

Mitte 2002 kehrte Awlaki in den Jemen zurück, um an der berühmten Iman University in Sanaa zu studieren. »Ich erhielt von der Univer-
sitätsleitung die Erlaubnis … jeden Kurs jeder Stufe zu besuchen. Das
nutzte ich auch und besuchte einige Monate lang Kurse in Tafsir [Ko-
ranexegese] und Fiqh [islamische Rechtswissenschaft]«, schrieb Awlaki
später. Auch habe er »von den Unterweisungen Scheich Abdul Mad-

schid al-Sindanis, dem Rektor der Universität, sehr profitiert.«[2] Dass die
Ermittler in den USA ihn nicht vergessen hatten, zeigte sich jedoch bald.

Während Awlaki nach Saudi-Arabien und in den Jemen reiste und
islamische Studien betrieb, wurden in den US-Geheimdiensten Stimmen laut, dass sein Fall nicht ad acta hätte gelegt werden dürfen, da der
junge Imam möglicherweise etwas mit dem 11. September zu tun hatte
und nicht alle Hinweise auf ihn verfolgt worden waren. Manche meinten, man hätte ihm die Ausreise aus den Vereinigten Staaten nicht gestatten sollen. »Nachdem er verschwunden war, war es, als wäre die Luft
raus«, sagte eine FBI-Quelle. Laut dem Bericht der Kommission zum 11.
September erbrachten die Ermittlungen zu Awlakis mutmaßlichen
Kontakten zu den Flugzeugentführern kein Beweismaterial, das als
»überzeugend genug erachtet wurde, um eine strafrechtliche Verfolgung zu rechtfertigen«.[3]

Im Juni 2002 konnten die Ermittler einen Haftbefehl gegen Awlaki
erwirken, auch wenn sie skeptisch waren, dass er in die USA zurückkommen würde.[4] Der Haftbefehl wurde nicht aufgrund seiner vermuteten Kontakte zu den Flugzeugentführern vom 11. September erlassen
oder weil er die Dienste von Prostituierten in Anspruch genommen hatte, sondern wegen eines Passvergehens: Als sich Awlaki Anfang der
1990er-Jahre um ein Stipendium beworben hatte, hatte er den Jemen als
Geburtsland angegeben, ebenso bei seinem Antrag auf eine Sozialversicherungsnummer, nachdem er zum Studium in die USA gekommen
war. Darauf angesprochen, hatte Awlaki dies seinerzeit den US-Behörden damit erklärt, dass seine jemenitischen Papiere falsche Angaben
enthielten.[5] Nun, ein Jahrzehnt später, wollte das FBI diese Sache als
Vorwand für eine Inhaftierung wieder aufrollen. »Wir waren begeistert,
dass wir einen Haftbefehl für diesen Kerl bekamen«, erzählte ein ehemaliger Ermittler. Auf das Passvergehen, das sie ihm anhängen wollten,
standen bis zu zehn Jahre Haft, und es ließ sich potenziell als Druckmittel nutzen, um ihn zu einer Kooperation bei den Ermittlungen zum
11. September zu bewegen.[6]

Ob er jemals in die USA zurückkehren würde, wussten die Ermittler
natürlich nicht. Sie veranlassten beim Finanzministerium, Awlakis Namen im TECS II-System zu registrieren, dem Treasury Enforcement
Communications System, gleichsam die Fahndungsliste der Zoll- und
Grenzbehörden. Sollte Awlaki versuchen, in die USA einzureisen, würde er sofort festgenommen und das FBI informiert.[7]

Die Sache schien wenig erfolgversprechend.

Doch Awlaki kehrte tatsächlich in die USA zurück, viel eher, als man erwartet hätte. Und es geschahen einige Dinge, die ernsthafte Fragen zur Art von Awlakis Beziehung zum FBI aufwerfen.

In Sanaa war es zum Streit zwischen Nasser Awlaki und seinem Sohn gekommen. Er wolle auf keinen Fall mehr in den USA leben, hatte Anwar verkündet. Ständig werde er vom FBI belästigt, Muslime würden schikaniert, ins Gefängnis geworfen, von der Polizei verfolgt. Doch Nasser Awlaki wollte seinen Traum von einem echt amerikanischen Sohn, der in den USA seinen Doktor machte, nicht aufgeben. »Versuch's noch mal, Anwar«, bat Nasser ihn im September 2002.[8] Die Eltern boten an, sich um Anwars älteren Sohn Abdulrahman und die Tochter Maryam zu kümmern, wenn Anwar mit seiner Frau und dem jüngeren Sohn Abdullah nach Virginia zurückgehen und versuchen würde, doch noch dort zu leben. »Es sollte eine Art Test sein«, erzählte Nasser. »Wenn sie feststellen würden, dass alles gut läuft«, würde Nasser die beiden anderen Kinder zu ihnen in die USA bringen. Schließlich willigte Anwar ein. »Ich habe ihm wirklich intensiv zureden müssen. ›Geh zurück, sieh dir an, wie die Dinge stehen, und wenn alles in Ordnung ist, promovierst du an der George Washington University‹«, sagte Nasser.

Offenbar hatte das FBI von Anwars Plänen Wind bekommen. Am 8. Oktober 2002 war Awlaki Gegenstand eines bis heute als geheim eingestuften, nur einem beschränkten Kreis zugänglichen FBI-Memos.[9] Tags darauf, am 9. Oktober 2002, stellte die Staatsanwaltschaft in Colorado den Antrag, den Haftbefehl für Awlaki aufzuheben.[10] Der zuständige Staatsanwalt erklärte, die Regierung habe entschieden, dass für eine Verurteilung nicht ausreichend Beweise vorlägen und man Awlaki nicht wegen »schlechten Leumunds« belangen könne.[11] Zwei Tage nachdem das FBI-Memo über Awlaki verschickt worden war, und einen Tag nach dem Antrag zur Aufhebung des Haftbefehls gegen ihn traf Awlaki mit seiner Familie, von Riad in Saudi-Arabien kommend, kurz nach sechs Uhr morgens auf dem Flughafen John F. Kennedy in New York ein.[12] Bei der Passkontrolle erschien sein Name im TECS II-System und auf den Terroristen-Suchlisten, allerdings mit dem Vermerk: »Antiterrorpassagier«.[13] Als die Beamten daraufhin ihren Datenbestand sichteten, stießen sie auf den Haftbefehl, den die Staatsanwaltschaft in Colorado gerade aufzuheben versuchte; er war zu diesem Zeitpunkt noch in

Kraft.[14] Deshalb wurde Awlaki von Beamten des Immigration and Naturalization Service (US-Einwanderungsbehörde; INS) beiseite genommen und zusammen mit seiner Familie in einem separaten Kontrollbereich des Flughafens drei Stunden lang festgehalten. Zollbeamte durchsuchten das Gepäck der Familie und informierten ihre Vorgesetzten, dass sich Awlaki in ihrem Gewahrsam befinde.[15] Dann versuchten sie, den Special Agent des FBI zu erreichen, der in dem Fahndungseintrag als Ansprechpartner genannt war. Sie konnten ihn anfänglich jedoch nicht erreichen, da die Mobilfunknummer dieses Agenten, Wade Ammerman, ungültig war.[16]

Ammerman war mit den Ermittlungen gegen Awlaki besonders gut vertraut. Ein leitender Zollbeamter, David Kane, versprach den Beamten, die Awlaki festhielten, Ammerman ausfindig zu machen.[17] Zufällig hatte Kane Jahre zuvor selbst am Fall Awlaki gearbeitet, als dieser Imam in San Diego gewesen war. Dann hatte man Kane nach Virginia versetzt, wo er im Zuge der Operation Green Quest, die Netzwerke zur Terrorfinanzierung ins Visier nahm, erneut gegen Awlaki ermittelt hatte, jedoch ohne Ergebnis, wie er selbst sagte: »Wir konnten keine Verbindung zwischen dem Netzwerk und Awlaki feststellen.« Kane wusste also genau, wen die Zollbeamten am 10. Oktober 2002 auf dem Flughafen JFK in Gewahrsam hatten. Als Kane den Agenten Ammerman schließlich erreichte, erklärte ihm dieser, der »Haftbefehl wurde aufgehoben«, daher sei Awlaki freizulassen. Für diese Anordnung habe das FBI »keine Begründung« gegeben, erklärte Kane. Im Ereignisprotokoll vermerkten die Zollbeamten: »Anruf von S/A Kane erhalten, der uns mitteilt, dass der vom Außenmin. erwirkte Haftbefehl aufgehoben wurde.« In einem weiteren Vermerk hieß es, ein Mitarbeiter des FBI-Büros Washington habe wegen des Haftbefehls aus Colorado bei ihnen angerufen und mitgeteilt: »Der Haftbefehl wurde am 9.10. aufgehoben.« Seltsam nur, dass dies erst am 11. Oktober geschah.[18]

Laut den Unterlagen zu Awlakis Festnahme auf dem Flughafen JFK wurde die Familie um 9.20 Uhr von den Beamten »mit einem Dank« für ihre Geduld entlassen. Außerdem erhielten sie ein »Kommentarformular«, auf dem sie ihre Erfahrung mit den US-Behörden schildern konnten. Dann begleitete ein Angestellter von Saudi Arabian Airlines die Awlakis zu ihrem Anschlussflug nach Washington. »Die Zollbeamten schauten ziemlich verdutzt drein und wussten gar nicht, was sie sagen sollten«, erinnerte sich Awlaki später. »Einer von ihnen entschuldigte sich mit einem seltsamen Gesichtsausdruck. Eigentlich konnte ich es selbst nicht fassen und fragte sie: ›War's das?‹ Und sie sagten: ›Ja, Sir, das war's. Sie dürfen an Bord gehen!‹« Am folgenden Tag wurde der Haftbefehl gegen Awlaki offiziell aufgehoben; das FBI wusste davon jedoch schon einen Tag vorher.[19]

Da er nun ungehindert in den USA reisen durfte, kehrte Awlaki nach Virginia zurück. Er nahm Kontakt zu früheren Kollegen auf und begann zu eruieren, welche Zukunft er mit seiner Familie in den USA zu erwarten hätte. Doch dann kam es zu einer kuriosen Begegnung. Im Oktober 2002 stattete Awlaki einem anderen charismatischen Prediger, Ali al-Timimi, einem Amerikaner mit irakischen Wurzeln, einen Besuch ab. Timimi war Vorbeter am Dar al-Arqam, einem islamischen Zentrum in Falls Church, Virginia. Doch Timimi spielte nicht nur religiös eine Rolle, er war auch ein brillanter junger Wissenschaftler, der die private Eliteschule Georgetown Day School in Washington besucht und einen Hochschulabschluss in Biologie erworben hatte. Zur Zeit von Awlakis Besuch bereitete er seine Promotion vor und forschte an Krebsgenen. Das FBI verdächtigte Timimi, an den »Anthrax-Anschlägen« beteiligt gewesen zu sein, die nach dem 11. September aufgedeckt wurden, und mit einem Netzwerk in Verbindung zu stehen, das auf US-amerikanischem Boden Dschihadisten aus westlichen Ländern für den Kampf ausbilden wollte. In Zusammenhang mit den Anthrax-Ermittlungen wurde gegen Timimi jedoch niemals Anklage erhoben.[20]

Das Treffen von Timimi und Awlaki könnte Awlakis Beziehung zum FBI in einem anderen Licht erscheinen lassen – dass er nicht einfach nur die Zielperson oder jemand »von besonderem polizeilichem Interesse« im Zuge einer Ermittlung war.

Hatte das FBI Anwar Awlaki tatsächlich »umgedreht« und ihn zum Informanten gemacht?

Es gibt eine Reihe stringenter Indizien, die diese Theorie stützen. Special Agent Ammerman, der dafür sorgte, dass die Zollbeamten am Flughafen JFK Awlaki gehen ließen, hatte nicht nur den Fall Awlaki bearbeitet; er war auch nach dem 11. September einer der leitenden Ermittler im Fall Timimi. »Ich glaube, niemand legt Wert darauf, dass ich erzähle, womit ich befasst war«, sagte Ammerman zu Catherine Herridge, einer Journalistin von Fox News, die in der Sache recherchierte und enge Kontakte zu den Strafverfolgungsbehörden hatte. Herridge vermutete, das FBI habe versucht, »al-Awlaki als menschliche Quelle an-

zuzapfen«, wie Awlaki selbst einige Jahre zuvor behauptet hatte.[21] Aber
war es ihnen gelungen?

Als Awlaki ihn aufsuchte, sagte Timimi, habe er sofort über die Anwerbung von Dschihadisten aus dem Westen zu reden begonnen. »Ali
hatte mit diesem Mann noch niemals gesprochen oder ihn getroffen,
sein ganzes Leben nicht«, erklärte mir Timimis Anwalt Edward Mac-
Mahon. »Awlaki tauchte einfach bei ihm zu Hause auf und fragte ihn,
ob er ihm helfen könne, junge Männer für den Dschihad zu finden.«[22]
Es sei Timimi verdächtig vorgekommen, sagte MacMahon, dass Awlaki »aus heiterem Himmel« bei ihm auftauchte. Zu der Zeit stand die gesamte muslimische Gemeinschaft unter scharfer Beobachtung der staatlichen Behörden – es fanden Razzien bei islamischen Vereinigungen
statt, Muslime wurden regelmäßig zu Vernehmungen festgenommen,
und es gab den berechtigten Verdacht, dass Maulwürfe und Informanten sich in muslimische Organisationen einschlichen. »Man muss
sich in die Zeit zurückversetzen, um das Ganze zu verstehen«, sagte
MacMahon. »Die muslimische Gemeinschaft war sich sicher, dass alle
möglichen Ermittlungen liefen, und Ali war ein ziemlich prominenter
Muslim. Überlegen Sie doch mal: Warum war der Kerl [Awlaki] dort?
Warum bat er jemanden, dem er zuvor noch nie begegnet war, ihm bei
der Rekrutierung von jungen Männern für den Dschihad behilflich zu
sein? Das roch doch sehr nach einer Falle. Ali warf ihn aus dem Haus.«

Timimis Freunde sagten, er habe Awlaki im Verdacht gehabt, dass
er mit dem FBI zusammenarbeite und versuchte, ihm eine Falle zu stellen.[23] 2003 führten FBI-Agenten eine Durchsuchung in Timimis Haus
durch. Am Ende wurde er für schuldig befunden, elf junge Muslime,
überwiegend US-Amerikaner, angestiftet zu haben, sich in Afghanistan
dem Kampf der Taliban gegen die USA anzuschließen.[24] Timimi wurde
schließlich zu lebenslanger Haft verurteilt. Unter denen, die als Zeugen
der Anklage gegen ihn aussagten, war Gharbieh, der Mann, der Awlaki
zu Timimi gefahren hatte.[25] Timimis Anwälte behaupteten, ihr Man-
dant sei in einem »unechten Terrorprozess« vorschnell verurteilt worden, rein aus der Panik nach dem 11. September heraus, dass ein weiterer Anschlag unmittelbar drohe. Das Urteil gegen Timimi habe auf
Ängsten und nicht auf Beweisen gegründet. »Man wollte einfach kein
Risiko eingehen«, meinte MacMahon. »Aber normalerweise benützen
wir unser Justizsystem nicht dazu, die Leute sicherheitshalber wegzu-
sperren, so wie es die Briten mit den Iren in Nordirland machten.«

MacMahon behauptete, das FBI habe Awlakis Rolle im Fall Timimi absichtlich unter der Decke gehalten; hätte es sie eingeräumt, wäre das Timimi im Kampf um seine Freiheit von Nutzen gewesen.»Hätten sie offengelegt, dass Ammerman den Besuch bei Timimi ermöglicht hatte, dann hätte ich näher darauf eingehen können, aber sie hielten diese Information zurück«, sagte MacMahon.»Das FBI will schlicht nicht zu seinem Tun stehen. Es wäre ein Beweis von entscheidender Bedeutung in Alis Prozess gewesen. Der arme Kerl verbüßt eine lebenslange Haftstrafe. Sie wissen ja, die Anklage in Alis Fall lautete, er habe junge Männer für den Dschihad rekrutiert. Dass ein Mitarbeiter einer staatlichen Behörde – also jemand, der für die Regierung arbeitet – zu ihm kam und ihn bat, es zu tun – und er ihn hinauswarf –, wäre als Beweis zulässig und würde die Anklagepunkte vollkommen entkräften.«

Jahre später forderte der Kongressabgeordnete Frank Wolf nachdrücklich Antworten von der US-Regierung.»Wie kam es, dass Aulaqi in Begleitung eines Zeugen der Anklage bei Ali al-Timimi vor der Tür stand, kurz nachdem er wieder in die USA einreisen durfte? Wusste das FBI im Voraus [vor Awlakis Rückkehr] von diesem Treffen?«[26] Ob Awlaki mit dem FBI zusammenarbeitete, weil man eine Anklage gegen Timimi untermauern wollte, werden wir vermutlich nie erfahren. Awlaki sprach mehrere Male von Versuchen des FBI, ihn zum Informanten zu machen. Waren diese Versuche erfolgreich?»Wade Ammerman hat im Fall [Timimi] als Zeuge ausgesagt. Mir erscheint die Beweislage erdrückend, dass Wade Ammerman versuchte, Anwar Awlaki ›umzudrehen‹. Oder vielleicht sogar dachte, ihn ›umgedreht‹ zu haben«, sagte MacMahon.»Schließlich war Awlaki einer der wenigen Menschen in den USA, der in mehreren Bundesstaaten Kontakt zu den Flugzeugentführern hatte. Er war kein gewöhnliches Zielobjekt für das FBI. Wieso haben sie den Kerl [Awlaki] nicht festgehalten, als er bei ihnen im Büro saß? Sie haben diesen Mann bei sich im Büro sitzen und jagen Leute, die Paintball spielen.«

»Anwar hat mir nie von diesem Problem am New Yorker Flughafen erzählt«, sagte mir sein Vater Nasser. Und Anwars Kontakt mit dem FBI, die möglichen Versuche, ihn »umzudrehen«? »Davon hat er mir gegenüber nie etwas erwähnt«, erklärte Nasser. Das FBI weigerte sich, Auskunft darüber zu geben, was genau sich mit Awlaki Ende 2002 abspielte und warum. Das lässt viele Fragen offen, darunter auch einige, die bei späteren Ereignissen stark ins Gewicht fielen. Hat das FBI Awlaki durch Drohungen zur Mitarbeit genötigt, ihn wegen seiner Kontakte zu Prostituierten oder zu den Flugzeugentführern vor Gericht zu bringen? Haben sie ihn durch Erpressung zur Kooperation gezwungen? Hat Awlaki mit dem FBI kooperiert als Gegenleistung dafür, dass die staatlichen Behörden ihn in Ruhe ließen? Wenn ja, war ihm dann bewusst, dass sie ihn niemals in Ruhe lassen würden, sondern man immer von ihm verlangen würde, als Informant tätig zu sein?

»Ich vermute, und es ist wirklich nur eine Vermutung, dass es tatsächlich den Plan gab, ihn anzuwerben«, sagte mir ein früherer hochrangiger Antiterroragent des FBI. »Falls Awlaki ›umgedreht‹ wurde und zum Schein darauf einging, würde das erklären, warum der Haftbefehl nach seiner Entlassung aus dem Gewahrsam aufgehoben wurde. Ich vermute, dass er eine Weile so tat, als würde er kooperieren, und sich dann einfach davonmachte. Das würde auch die Zurückhaltung des FBI erklären, mehr über den Fall preiszugeben, als sie in San Diego offenlegten. Es wäre zu blamabel.«[27] Wenn dem tatsächlich so war, hätte keiner der Beteiligten ein Interesse daran, es zuzugeben. Jedenfalls, so Nasser, »stellte Anwar fest, dass es nicht gut für ihn ist, länger in Amerika zu bleiben.« Ende Dezember verließ Awlaki die Vereinigten Staaten, dieses Mal für immer. Ein Jahr später wurde ein FBI-Beamter gefragt, warum man Awlaki habe ausreisen lassen. »Wir wissen nicht, wie er rausgekommen ist«, lautete die Antwort.[28]

6 „Wir befinden uns in einer neuen Art von Krieg"

Dschibuti, Washington und Jemen, 2002

Mitte des Jahres 2002 fanden US-Geheimagenten heraus, dass sich Abu Ali al-Harithi, den sie als einen der Drahtzieher des Bombenanschlags auf die USS *Cole* im Jahre 2000 identifiziert hatten, im Jemen aufhielt. US-Beamte bezeichneten ihn als »den Paten des Terrors im Jemen«. Monatelang hatten ihn JSOC-Teams und Drohnen vergeblich gejagt. US-Botschafter Edmund Hull hatte sich sogar in Marib mit Stammesvertretern getroffen, in der Hoffnung, von ihnen gegen Bezahlung Informationen über Harithis Aufenthaltsort und seine Bewegungen zu erhalten.[1] Um nicht aufgespürt zu werden, benutzte Harithi verschiedene Mobiltelefone und tauschte regelmäßig die SIM-Karten aus.[2] Am Sonntag, dem 3. November, ortete das Signalaufklärungsteam des geheimen Spezialkommandos im Jemen Harithi in einem Lager in Marib, nachdem er eine Mobilnummer benutzt hatte, die der US-Geheimdienst schon Monate zuvor zu ihm zurückverfolgt hatte. »Unser Spezialkommando hatte das Lager unter Beobachtung«, berichtete General Michael DeLong, damals stellvertretender Kommandeur des US Central Command. Sie »bereiteten sich gerade auf die Erstürmung vor, als Ali mit fünf seiner Leute herauskam. Sie stiegen in Geländewagen und fuhren davon.«[3]

Im Rahmen der Operation hatte die CIA von ihrem Außenposten in Dschibuti eine Drohne des Typs MQ-1 Predator in den jemenitischen Luftraum geschickt.[4] Aber es war keine reine Spionagedrohne – sie war mit zwei Hellfire-Panzerabwehrraketen bestückt. Den Einsatz der Drohne leitete die hoch geheime Special Activities Division der CIA, und die von der Drohne aufgezeichneten Videobilder wurden live in das Antiterrorzentrum in Langley, Virginia, und ins Kommandozentrum in Dschibuti übertragen.[5] »Das war eine Predator-Jagd in Hochgeschwindigkeit«[6], meinte DeLong.

Die Liveübertragung der Drohnenaufnahmen zeigte, wie Harithi und seine Helfer in der Abenddämmerung in einem Konvoi staubbedeckter Toyota Land Cruiser rund 160 Kilometer von der jemenitischen Hauptstadt Sanaa entfernt starteten und durch Marib fuhren, wo tags darauf der US-Botschafter erwartet wurde. Als der Konvoi die jemenitische Wüste umfuhr, schrie Harithis Fahrer etwas in ein Satellitentelefon. Am anderen Ende der Verbindung war ein Mann, mit dem sich die al-Qaida-Kämpfer vermutlich verabredet hatten. »Wir sind gleich da«, brüllte er. Abhörspezialisten stellten fest, dass im Hintergrund Harithis Stimme zu hören war, der dem Fahrer Anweisungen gab; der Drohne entging nichts. »Unser Nachrichtendienst sagt, dass er es ist«, erklärte DeLong dem CIA-Direktor George Tenet, während sie beide die Liveübertragung an ihren jeweiligen Orten verfolgten. »Einer von ihnen ist ein Amerikaner – der Dicke. Aber er gehört zu al-Qaida.«[7]

Tenet rief Salih an, um ihm mitzuteilen, dass er den Befehl zum Angriff geben wolle. Salih stimmte unter der Bedingung zu, dass die Mission geheim bleibe. Tenet stimmte ihm zu. »Auch wir wollten keine Öffentlichkeit«, erzählte DeLong. »Falls Fragen aufkämen, würde die offizielle jemenitische Auskunft lauten, ein Geländewagen mit Zivilisten sei unglücklicherweise in der Wüste auf eine Landmine gefahren und explodiert. Kein Wort über irgendwelche Terroristen oder abgefeuerte Raketen.«[8]

Nachdem die formellen Dinge geklärt waren, gab Tenet grünes Licht. Eine 1,5 Meter lange Hellfire-Rakete zerriss den Jeep in Stücke. Ein Fahrzeuginsasse überlebte den Angriff und schaffte es, rund 25 Meter davonzukriechen, bevor er kollabierte und starb. Noch während die Überreste des Jeeps in der Wüste brannten, untersuchte ein CIA-Mitarbeiter die Folgen des Luftschlags und nahm DNA-Proben von den Toten. Einige Tage später stellte man fest, dass sich unter den Getöteten Ahmed Hedschasi befand, auch bekannt als Kamal Derwisch, ein aus Buffalo im Bundesstaat New York stammender US-Bürger. Nach dem Angriff brachten offizielle Stellen Hedschasi mit einer »Terrorzelle«, wie sie es nannten, in Buffalo namens »Lackawanna Six« in Verbindung. Hedschasi galt als Mitverschwörer des mutmaßlichen Komplotts von sechs jemenitischen Amerikanern, die angeblich al-Qaida mit Material versorgt hatten; er war aber nie vor Gericht gestellt worden. Bürgerrechtsorganisationen behaupteten, die Männer seien vom FBI dazu angestiftet und schließlich in die Falle gelockt worden. Die übrigen fünf wurden zwei Monate vor Hedschasis Tod verhaftet. Die in dem Fall ermittelnden FBI-Agenten sagten aus, Hedschasi sei »festes Mitglied von al-Qaida« und am Aufbau einer Schläferzelle in Buffalo beteiligt gewesen.[9]

Einen Tag nach dem Drohnenangriff war Präsident Bush in Arkansas, um für republikanische Kandidaten der Zwischenwahlen zum Kongress die Trommel zu rühren. Ohne explizit auf den Angriff einzugehen, verkündete Bush seine Strategie gegen al-Qaida-Kämpfer auf der ganzen Welt: »Man muss sie als das behandeln, was sie sind – internationale Killer«, erklärte Bush. »Und um sie aufzuspüren, muss man geduldig und standhaft sein und Jagd auf sie machen. Und genau das tun die Vereinigten Staaten.«[10]

Im Pentagon wehrte Verteidigungsminister Donald Rumsfeld Fragen nach der Rolle der USA bei diesem Angriff ab. Falls Harithi getötet worden sei, meinte er: »Es wäre sehr gut, wenn er nicht mehr im Geschäft wäre.« Als man ihn mit Fragen nach dem Umfang der Operationen im Jemen bedrängte, erwiderte Rumsfeld lakonisch: »Wir haben ein paar Leute in dem Land«, um hinzuzufügen: »Ich werde mich jetzt nicht zu den Vereinbarungen äußern, die wir mit der Regierung des Jemen getroffen haben. Mehr habe ich dazu nicht zu sagen.«[11]

Während die Regierung Bush den Angriff, bei dem Hedschasi und Harithi umgekommen waren, als erfolgreiche Entfernung eines hochrangigen Ziels bezeichneten, räumten namentlich nicht genannte Regierungsvertreter in mehreren Pressekanälen ein, dass es sich dabei um eine US-Operation gehandelt habe, sie sich aber nicht weiter zur Rolle der USA dabei äußern wollten, um der Regierung Salih nicht zu schaden. »Die meisten Regierungen sind nicht sehr begeistert von der Vorstellung, dass in ihrem Land amerikanische Stoßtrupps oder unbemannte Drohnen unterwegs sind, um dort jemandem kurzen Prozess zu machen«, berichtete *Newsweek*, um hinzuzufügen, Salih habe den Vereinigten Staaten sein Plazet erteilt, »gegen al-Qaida mit amerikanischen Hightech-Mitteln vorzugehen.«[12] Am 5. November jedoch bestätigte der stellvertretende Verteidigungsminister Paul Wolfowitz, es habe sich um einen US-Angriff gehandelt, womit er sowohl bei Salih als auch bei der CIA für Verstimmung sorgte. »Es ist eine sehr erfolgreiche taktische Operation, und man hofft jedes Mal, einen solchen Erfolg zu haben, weil man damit nicht nur jemand Gefährlichen loswird, sondern sie zur Änderung ihrer Taktiken, Operationen und Vorgehensweisen zwingt«, erklärte Wolfowitz gegenüber CNN. »Und manchmal, wenn die Leute etwas ändern, exponieren sie sich auf neue Weise. Also müssen wir nur weiterhin überall Druck ausüben, wo wir können, und die Schlupflöcher schließen, wo wir können, und Druck auf jede Regierung ausüben, die diese Leute unterstützt, um die Sache abzuschließen.«[13]

Salih soll über diese Enthüllung »äußerst sauer« gewesen sein. »Das wird mir große Probleme bereiten«, beklagte sich Salih gegenüber General Tommy Franks, Kommandeur des CENTCOM. »Darum ist es so schwierig, mit den USA Abmachungen zu treffen«, sagte der jemenitische Brigadegeneral Jahja M. al-Mutawakel. »Sie scheren sich nicht um die Verhältnisse im Jemen.« Die amerikanischen Geheimdienste und Spezialkommandos, die zusammen mit Salihs Regierung die Legende konstruiert hatten, wonach die Explosion durch eine Autobombe oder eine Landmine ausgelöst worden sei, waren außer sich. Aber es gab auch andere Stimmen. Als Senator Robert Graham, damals Vorsitzender des Senatsausschusses für Geheimdienste, gefragt wurde, ob der Drohnenangriff »ein Vorbote für noch mehr« gewesen sei, erwiderte er offenherzig: »Das hoffe ich.«[14]

Die gezielte Tötung eines US-Bürgers fernab des erklärten Kampfgebiets Afghanistan versetzte Bürger- und Menschenrechtsgruppen in Aufruhr. Es war die erste offiziell bestätigte gezielte Tötung durch die Vereinigten Staaten abseits eines Schlachtfeldes seit Gerald Fords Verbot von politischen Attentaten 1976. »Wenn dies die vorsätzliche Tötung von Verdächtigen an Stelle einer Festnahme war, und zwar in einer Situation, in der sie keine unmittelbare Bedrohung darstellten, waren diese Tötungen außergerichtliche Exekutionen unter Verletzung internationaler Menschenrechtsgesetze«, erklärte Amnesty International in einem Brief an Präsident Bush. »Die Vereinigten Staaten sollten die klare und unmissverständliche Erklärung abgeben, dass sie außergerichtliche Exekutionen unter keinen Umständen dulden und dass jeder offizielle Vertreter der USA, der nachweislich an derartigen Aktionen beteiligt ist, zur Rechenschaft gezogen wird.«[15]

Die Regierung Bush dachte gar nicht daran, eine solche Erklärung abzugeben, vielmehr räumte sie die Operation nicht nur ein, sondern ging in die Offensive und behauptete, dass es nach amerikanischem Gesetz ihr Recht sei, als Terroristen identifizierte Personen in welchem Land auch immer zu töten, selbst wenn es sich um US-Bürger handelte. »Ich kann Ihnen versichern, dass sich hier keine Fragen nach der Verfassungsmäßigkeit stellen«, erklärte Sicherheitsberaterin Condoleezza Rice auf Fox News eine Woche nach dem Attentat. »Der Präsident hat den Sicherheitsdiensten umfassende Befugnisse erteilt, unter bestimmten Umständen das zu tun, was nötig ist, um unser Land zu schützen. Wir befinden uns in einer neuen Art von Krieg, und wir haben vollkommen klargemacht, dass diese neue Art von Krieg auf verschiedenen Schlachtfeldern ausgetragen wird.« Und sie fügte hinzu: »Es ist eine weit gefasste Befugnis.«[16]

Das gezielte Töten ließ nicht nur Menschenrechtsgruppen aufhorchen. »Je öfter so etwas geschieht, desto eher sieht es nach Methode aus«, sagte der ehemalige Justitiar der CIA Jeffrey Smith. Regelmäßig durchgeführt, würden solche Attentate »den Eindruck erwecken, als wäre es ein akzeptables Vorgehen, Menschen umzubringen ... Attentate als Norm internationalen Gebarens desavouieren die amerikanische Führung und die Amerikaner im Ausland.«[17]

Der Drohnenschlag, der Hedschasi tötete, leitete nicht nur eine neue Art von Krieg im Jemen und der umliegenden Region ein, sondern sollte auch von Bushs Nachfolger Barack Obama als Präzedenzfall benutzt werden, der fast ein Jahrzehnt später behauptete, es sei das Recht der US-Regierung, einen anderen US-Bürger im Jemen zu töten.

Aus größerer Distanz betrachtet, war der Drohnenangriff im Jemen 2002 ein entscheidender Wendepunkt im Krieg gegen den Terror. Es war das erste Mal, dass die bewaffnete CIA-Version einer Predator-Drohne zu einem Angriff gegen al-Qaida außerhalb Afghanistans benutzt wurde.[18] »Das bedeutet, dass sich die Regeln unseres Einsatzes geändert haben«[19], sagte ein ehemaliger CIA-Mitarbeiter, der mit Spezialeinsätzen vertraut war, gegenüber der Los Angeles Times. Der Angriff stellte die Eröffnungssalve im neuen grenzenlosen Krieg der US-Regierung dar. »Die beste Methode, Amerika vor dem Terrorismus zu schützen, ist, die Terroristen dort zu jagen, wo sie ihre Pläne aushecken und sich verstecken«, sagte Präsident Bush in seiner wöchentlichen Rundfunkansprache nach dem Drohnenangriff. »Und daran arbeiten wir weltweit.«[20] Bush versicherte, er habe zwar »Truppen« in den Jemen entsandt, jedoch nur, um dort Soldaten auszubilden.

Zur selben Zeit wurden Pläne entworfen mit dem Ziel, die neue Doktrin von der »Welt als Schlachtfeld« in die Praxis umzusetzen. Ende 2002 arbeiteten US-Militär und -Geheimdienst rund um die Uhr an der Nachrüstung und Erweiterung von Camp Lemonnier am Rande des

Flughafens von Dschibuti. Das Camp sollte als Geheimbasis für Operationen des JSOC und anderer Spezialkommandos dienen, die von dort
aus nach Belieben Anschläge auf Zielpersonen im Jemen und in Somalia ausführen sollten – Zielpersonen, die nach Präsident Bushs pau-
schalen Kriterien dafür, wer im Krieg gegen den Terror als Kombattant
galt, zum Terroristen abgestempelt wurden. Am 12. Dezember stattete
Donald Rumsfeld der Geheimbasis, noch während sie im Umbau war,
einen Überraschungsbesuch ab. »Wir müssen dort sein, wo die Musik
spielt«, erklärte Rumsfeld mehreren hundert Soldaten in militärischen
Tarnanzügen. »Und es ist keine Frage – in diesem Teil der Welt spielt
die Musik … Zum Beispiel gibt es gleich auf der anderen Seite des
Meers, im Jemen, eine ganze Reihe Terroristen«, verkündete er. »Das
sind schwerwiegende Probleme.« An diesem Tag wurde der Sprecher
der US-Armee in Camp Lemonnier gefragt, ob von der neuen Basis aus
Missionen gestartet worden seien. »Keine, die konventionell genug wären, um darüber Auskunft geben zu können«, erwiderte er. Am 13. Dezember war die Basis offiziell voll betriebsfähig.[21]

Die US-Streitkräfte in Dschibuti wurden von mehr als 400 Soldaten
und Marineangehörigen an Bord der USS *Mount Whitney* unterstützt,
einem Kommandoschiff, das am Horn von Afrika und im Golf von
Aden patrouillierte.[22] Sein offizieller Auftrag: Terroristengruppen, die
eine unmittelbare Bedrohung für die Koalitionspartner in der Region
darstellten, aufzuspüren und zu vernichten. »Wir kommen, wir jagen,
und niemand wird uns aufhalten«[23], versicherte der Kommandant der
Mount Whitney John Sattler, Generalmajor der US-Marine. Sein
Kriegsschiff beteiligte sich an der Koordination einer verdeckten Offensive, die Somalia, den Jemen, Kenia, Äthiopien, Eritrea, Dschibuti und
den Sudan umfasste. Zu diesem Zeitpunkt, im Dezember 2002, wurde
Sattlers Schiff mit Weihnachtsmännern aus Papier und anderem Weih-
nachtsschmuck dekoriert sowie mit einem Porträt von Osama bin Laden, das von Einschusslöchern zerfetzt war. Laut Sattler bestand seine
Aufgabe darin, Terroristenführer zu jagen, die aus Afghanistan in den
Jemen, nach Somalia oder in ein anderes Land der Region flohen.
»Wenn sie einen Fehler machen, werden wir sie ihrer gerechten Strafe
zuführen. Und selbst wenn sie keinen Fehler machen und eines Nachts
einfach nur zu früh schlafen gehen oder morgens zu spät aufstehen, werden wir da sein.«[24]

Sattler wollte nicht bestätigen, dass seine Streitkräfte in den Drohnenangriff vom November 2002 involviert waren, sagte aber: »Wenn ich ein Terrorist wäre und würde mit meinen Terroristen-Kumpels fröhlich auf der Straße herumfahren, würde ich nach links und nach rechts und jetzt auch nach oben schauen, weil wir da sind.« Am 22. Dezember traf sich Sattler mit Präsident Salih und anderen hohen jemenitischen Amtsträgern in Sanaa. Die US-Botschaft wollte sich damals nicht dazu äußern, und die jemenitische Regierung ließ lediglich verlauten, die offiziell Bevollmächtigten hätten über die »Koordination« im »Krieg gegen den Terrorismus« beraten.[25] Die *New York Times* zitierte einen hochrangigen Vertreter der Bush-Regierung mit folgenden Worten: »Solange Mr. Salih der CIA erlaubt, unbemannte Predator-Drohnen über jemenitisches Territorium fliegen zu lassen, und mit amerikanischen Spezialeinheiten und CIA-Teams, die Jagd auf al-Qaida-Mitglieder machen, kooperiert«[26], würden die USA weiterhin den jemenitischen Präsidenten unterstützen.

Der tödliche Drohnenangriff im Jemen und die Errichtung einer Basis in Dschibuti kündigten eine Ära der »direkten Intervention« durch amerikanische Antiterroreinheiten in der Region an. »Überflüssig zu sagen, dass wir vor einem Jahr noch nicht hier gewesen wären«, erklärte Rumsfeld in Camp Lemonnier. »Ich vermute, dass diese Einrichtung auch in ein, zwei, drei oder vier Jahren noch hier sein wird.«[27] Zusätzlich zu den im Jemen und am Horn von Afrika stationierten konventionellen Streitkräften wurden US-Spezialkommandos – darunter auch die zu dieser Zeit unauffällig in Katar und Kenia stationierten JSOC-Truppen – für geheime Operationen im Jemen und dessen Nachbarn jenseits des Golfs von Aden, Somalia, in Bereitschaft gehalten. Obwohl die CIA bei vielen der künftigen Einsätze in der Region die Führungsrolle hatte, war es ein Schlüsselmoment für den beispiellosen Einfluss, den die Spezialeinheiten und vor allem das JSOC innerhalb des amerikanischen Sicherheitsapparats gewinnen sollten.

7 Sonderpläne

Washington, 2002

2002 entwickelte sich das Gerangel zwischen CIA und Pentagon um die Vorherrschaft beim weltweiten Kampf der USA gegen den Terrorismus allmählich selbst zu einer Art Kleinkrieg. Am 17. April hieß es im Aufmacher der *Washington Post*, amerikanische Streitkräfte hätten Osama bin Laden im Dezember 2001 entkommen lassen, nachdem er in Tora Bora in Afghanistan verwundet worden sei; dies sei der »schlimmste Fehler im Krieg gegen al-Qaida«[1] gewesen. Rumsfeld tobte. Er hielt Cofer Black, damals Chef der Terrorabwehr bei der CIA, für den Informanten, auf den sich der Artikel stützte. Einen Monat später wurde Black »auf eine andere Position berufen«, auf eine Außenstelle der CIA in Tysons Corner, Virginia. Einige erhoben den Vorwurf, Rumsfeld habe die Entlassung Blacks veranlasst.[2] Ungeachtet dessen arbeiteten Operationsleitung und Terrorabwehr der CIA weiter an Cheneys Kampagne weltweiter Geheimoperationen. Im CTC wurde Black durch Jose Rodriguez ersetzt, wie sein Vorgänger ein eifriger Verfechter von »verschärften Verhörtechniken« und CIA-Geheimgefängnissen.[3] Aber die Analyseabteilung der CIA war ein anderer Fall.

Die Irak-Experten der CIA und das Außenministerium sperrten sich gegen das Vorhaben der Regierung, gegen den Irak in den Krieg zu ziehen. Cheney und »Scooter« Libby, sein Stabschef, drängten die Analytiker der CIA, Informationen zu liefern, die eine Verbindung des Irak mit dem 11. September beweisen oder den Nachweis erbringen sollten, dass der Irak über Massenvernichtungswaffen verfügte.[4] Aber die Clique, die unbedingt Krieg gegen den Irak führen wollte, bekam von Powells Außenministerium und den CIA-Analytikern erheblichen Widerstand zu spüren.[5] Die Geheimdienste, mit klaren Anweisungen von Präsident Bush versehen und durch das Büro des Vizepräsidenten enorm unter Druck gesetzt, prüften alle nachrichtendienstlichen Erkenntnisse, bis in die frühen 1990er-Jahre zurück, auf eine mögliche

Verbindung zwischen Saddam Hussein und al-Qaida beziehungsweise zwischen dem Irak und dem 11. September. Doch sie kamen einhellig zu der Ansicht, dass es weder eine nennenswerte Verbindung solcher Art noch »glaubwürdige« Informationen über eine Verwicklung des Irak in den 11. September »oder einen anderen Anschlag von al-Qaida« gab und – laut einem Bericht der CIA an den Kongress – das Verhältnis des Irak zu al-Qaida weniger einer kooperativen Partnerschaft, sondern »viel eher dem Verhältnis zweier unabhängiger Akteure gleicht, die versuchen, einander zu instrumentalisieren«.[6] Unzufrieden mit diesem Ergebnis, begannen Rumsfeld und Cheney ihren eigenen privaten Geheimdienstapparat aufzubauen und insgeheim Pläne zu schmieden, die Kapazitäten des JSOC für direkte Interventionen weltweit aufzustocken.

Schon wenige Wochen nach dem 11. September wurde Douglas Feiths Büro im Pentagon zur Schaltstelle einer geheimen, »parallelen und aus dem Stegreif entstandenen nachrichtendienstlichen Operation«, die zweierlei zum Ziel hatte: »Erkenntnisse« zu sammeln, die die Argumente für einen »präventiven« Krieg gegen den Irak stützten, und Rumsfeld, Wolfowitz und Feith »Daten [zu liefern], mit deren Hilfe sie die Analysen der CIA verunglimpfen, unterminieren und konterkarieren können«.[7] Als die parallele Geheimoperation ans Licht kam, versuchte Rumsfeld, ihre Bedeutung herunterzuspielen. »Das ist [Feiths] Laden. Die Leute arbeiten für ihn«, sagte Rumsfeld. »Sie haben nach terroristischen Netzwerken gesucht, nach Verbindungen zwischen al-Qaida und terroristischen Staaten und solchen Dingen.«[8] Wolfowitz erklärte gegenüber der *New York Times*, dass das parallele Geheimdienstteam »uns hilft, die unglaubliche Menge an wertvollen Daten zu sichten, die unsere vielen geheimdienstlichen Quellen zusammengetragen haben.«[9] Denn es sei ja »in der geheimdienstlichen Arbeit ein typisches Phänomen, dass Leute, die eine bestimmte Hypothese verfolgen, bestimmte Fakten sehen, die andere nicht sehen, und umgekehrt.« Und Wolfowitz fügte hinzu, dass »die Linse, durch die man bei der Suche nach Fakten blickt, Einfluss darauf hat, was man sucht«. Doch dieses Team treffe »keine unabhängigen Einschätzungen«.

Mitte 2002 war Feiths »Laden« zum Office of Special Plans, zum Büro für besondere Pläne, herangewachsen. Sein wichtigstes Vorhaben war, eine Rechtfertigung für eine Invasion im Irak zu konstruieren, wie später klar wurde, nachdem die aufgebauschte Behauptung, der Irak be-

sitze Massenvernichtungswaffen, durch nichts zu belegen war und die
einigermaßen in Verlegenheit gebrachten Mainstream-Medien begannen, den Vorlauf zu diesem Krieg noch einmal kritisch unter die Lupe
zu nehmen.[10] Wilkerson warf Cheney, Rumsfeld und ihren Beratern
vor, sie hätten darauf bestanden, die rohen, unausgewerteten Ermittlungsdaten zu sichten und zu analysieren in dem Glauben, »sie könnten
das viel besser als die CIA.«[11] Und er fügte hinzu, ihr »Studium« dieser
Rohdaten führe »stets zu einem weitaus beängstigenderen Bedrohungsszenarium als die Auswertung durch die CIA«, weil ihrer Ansicht
nach »die CIA einfach immer zweideutig bleibt«. Wilkerson erkannte
darin eine gefährliche Entwicklung. »Jeder Geheimdienstler, der etwas
auf sich hält, würde einem sagen, dass man Rohmaterial nicht Laien
überlässt, weil sie nicht wissen, wie man es zu interpretieren hat«, erklärte er mir. »So haben Cheney, Feith und diese Leute einen Flickenteppich zusammengestoppelt – denn nichts anderes war das – aus irakischen Verstößen gegen die Sanktionen und einem angeblichen
Programm des Irak zur Herstellung von Massenvernichtungswaffen.
Sie suchten einfach das Material zusammen, das ihr schon vorher gefälltes Urteil bestätigte.« Allein 2002 stattete Cheney persönlich der CIA
annähernd zehn Besuche ab. Auch sein Stabschef, Libby, erschien dort
wiederholt, ebenso der ehemalige Sprecher des Repräsentantenhauses,
Newt Gingrich, damals »Berater« des Pentagon. William Luti, als Feiths
Stellvertreter für den Nahen Osten und Südasien zuständig, wurde
ebenfalls bei der CIA vorstellig.[12]

Einige Analytiker fühlten sich unter Druck gesetzt, ihre Bewertungen der politischen Zielsetzung von Cheney und Konsorten anzupassen. Zudem überschwemmte Libby die CIA mit Anfragen nach Hunderten von Dokumenten, für deren Bereitstellung die Analytiker nach
eigener Einschätzung ein ganzes Jahr gebraucht hätten. Wenn Cheney
in Langley eintraf, nahm er einen Konferenzraum im sechsten Stock
des CIA-Hauptquartiers in Beschlag und rief verschiedene Analytiker
und ranghohe CIA-Mitarbeiter zu sich.[13] Cheneys Stab war »geradezu
versessen darauf, Hussein und sein Regime mit al-Qaida in Verbindung zu bringen«, erinnerte sich Jose Rodriguez, der zur damaligen
Zeit das Verhörprogramm für hochrangige Zielpersonen und die Geheimgefängnisse leitete. »Die Verbindungen zwischen dem Irak und al-Qaida waren ausgesprochen dürftig«, räumte Rodriguez ein. »Ich hätte
Ihnen eine Liste mit einem halben Dutzend Ländern geben können, die

engere Verbindungen mit bin Ladens Organisation unterhielten als der Irak.«[14]

Es war nicht ungewöhnlich, dass ein Vizepräsident die CIA aufsuchte, aber laut dem ehemaligen CIA-Analytiker Ray McGovern – der in den 1980er-Jahren unter dem damaligen Vizepräsidenten George H.W. Bush als nationaler Sicherheitsberater gedient hatte – waren Cheneys »zahlreiche Besuche ... beispiellos«.[15] Cheney habe »unablässig Druck« auf die Analytiker ausgeübt, die Erkenntnisse zu liefern, die er haben wollte.»Das ist, als würde man die Geldwechsler in den Tempel einladen. Ins Allerheiligste«, sagte McGovern.»Wir müssen dort keine Politiker am Tisch sitzen haben, die uns sagen, welche Ergebnisse wir liefern sollen. Und das ist die einzige Erklärung, warum Cheney dort so oft auftauchte.«

Ein von Senator Carl Levin vom Streitkräfteausschuss des Senats angefertigter Untersuchungsbericht kam zu dem Ergebnis, dass Feiths Büro »eine ›alternative‹ Bewertung des Verhältnisses zwischen dem Irak und al-Qaida vorgenommen und verbreitet hat, die weit über die Einschätzungen der Geheimdienstexperten hinausging und dazu führte, dass die Abgeordneten direkt oder indirekt unzuverlässige Informationen über das Verhältnis zwischen dem Irak und al-Qaida erhielten.«[16] Feith bearbeitete seine Berichte je nach Empfänger. Cheneys Büro erhielt alle Zugangsinformationen, wenn Feith jedoch dem CIA-Direktor Tenet etwas präsentierte, waren PowerPoint-Präsentationen ausgespart, die Kritik an der CIA bedeuteten. Die Vorlagen für Cheneys Stab hingegen vermittelten laut Levins Bericht »den Eindruck, die USA würden über zwingende Beweise für eine Beziehung zwischen dem Hussein-Regime und al-Qaida verfügen, obwohl dies nicht zutraf«. Tenet wusste nicht, dass Feiths Büro hinter seinem Rücken den Präsidenten und den Vizepräsidenten unterrichtete; er fand es erst ein Jahr nach der Invasion im Irak heraus.»Die führenden Geheimdienstexperten des Landes und der oberste Nachrichtenoffizier des Präsidenten waren der Möglichkeit beraubt ... Ungenauigkeiten [in Feiths Berichten] richtigzustellen«, heißt es in Levins Bericht. Noch schwerwiegender war, dass die CIA »der Möglichkeit beraubt war, das Weiße Haus über erhebliche Bedenken hinsichtlich der Verlässlichkeit mancher Erkenntnisse zu informieren, auf denen die Berichte des Staatssekretärs Feith an das Weiße Haus beruhten«.

Im August erschien Feiths Stab bei einem gemeinsamen Treffen der

Geheimdienste, bei dem ein abschließender Bericht über die Erkenntnisse zum Irak festgelegt werden sollte. Die professionellen Geheimdienstleute, die daran teilnahmen, bezeichneten die Anweisenheit von
Feiths Mitarbeitern als »ungewöhnlich«, da die »Empfänger nachrichtendienstlicher Informationen« wie Feiths Büro »normalerweise nicht
an der Erstellung dieser Informationen beteiligt sind«. Bei dem Treffen
beschwerten sich Feiths Mitarbeiter, der Bericht sei zu wenig aussage-
kräftig und enthalte zu viele Vorbehalte. Sie drängten die Analytiker, die
bereits angezweifelte Information mit aufzunehmen, wonach sich Mohammed Atta, einer der Flugzeugentführer des 11. September, vor den
Anschlägen mit einem irakischen Geheimdienstoffizier in Prag getroffen haben sollte. Nach der Geheimdienstsitzung verfasste Feiths Stab
ein Memo an Rumsfeld und Wolfowitz. Darin hieß es, die CIA versuche, die Informationen, die Feith in den Abschlussbericht aufnehmen
lassen wollte, »anzuzweifeln, abzulehnen oder herabzustufen«, was »in
vielen Punkten zu widersprüchlichen Schlussfolgerungen« führe. Daher
solle »der CIA-Bericht nur auf die darin enthaltenen Fakten hin gelesen,
die Interpretation der CIA jedoch ignoriert werden«.

Eine Untersuchung des Senats ergab, dass aufgrund des großen
Drucks durch Cheneys Team und Feiths Büro der gemeinsame Bericht
der Geheimdienste über den Irak am Ende »fragwürdige Erkenntnisse«
enthielt, die sich nahtlos in die bereits gefällte Entscheidung der Regierung, in den Irak einzumarschieren, einfügte. Später legte Feith dem
Senate Select Committee on Intelligence ein als geheim eingestuftes
Memo vor. Es wurde dem *Weekly Standard* zugespielt, der es als Beweis
für eine unerschütterliche Verbindung zwischen al-Qaida und dem irakischen Regime hinstellte. Feiths Memo, behauptete der Journalist Stephen Hayes, beweise, dass »Osama bin Laden und Saddam Hussein von
den frühen 1990er-Jahren bis 2003 ein operatives Verhältnis unterhielten«. Daher könne »nicht mehr ernsthaft bezweifelt werden, dass sich
der Irak unter Saddam Hussein mit Osama bin Laden und al-Qaida gegen die Amerikaner verschworen hat«.[17] Cheneys unablässiger Druck
auf die CIA und andere Geheimdienste und Feiths Berichte führten
schließlich zu den lügenhaften Behauptungen, mit denen die Invasion
im Irak gerechtfertigt wurde.

Überleben, Ausweichen, Widerstand, Flucht

Washington, 2002–2003

Der Drohnenangriff im Jemen im November 2002 war die Eröffnungssalve der Regierung Bush in ihrem Bestreben, die Militäraktionen der USA über das Kampfgebiet Afghanistan hinaus auszudehnen. Während sich die Medien vor allem auf die Bemühungen der Bush-Regierung um eine Rechtfertigung der Invasion im Irak konzentrierten, errichtete die CIA unbemerkt einen weltumspannenden Archipel von Geheimgefängnissen. Häftlinge aus verschiedenen Ländern wurden in die Gulags ausländischer Geheimdienste verschleppt, wo man sie unter der Regie von amerikanischen Agenten verhörte und oft auch folterte.

Gleichzeitig wurde der interne Machtkampf zwischen FBI und CIA immer unhaltbarer. Manche FBI-Mitarbeiter waren angewidert von den ihrer Ansicht nach extremen Verhörmethoden der CIA.[1] Andere hingegen wie Rumsfeld und Cheney hielten das Vorgehen der CIA für zu lax; sie glaubten, die CIA sei durch ihre Verpflichtung, die Kongressausschüsse über ihre Operationen auf dem Laufenden zu halten, zu stark eingeschränkt. Im Dezember 2002 tönte CIA-Direktor George Tenet, die USA und ihre Verbündeten hätten bereits in über hundert Ländern mehr als 3000 mutmaßliche al-Qaida-Kämpfer und deren Helfer verhaftet.[2] Doch das war erst der Anfang. Die Hysterie in der unmittelbaren Zeit nach dem 11. September, die Cheney ermöglicht hatte, seine Operationen »im Dunkeln« weitgehend ungehindert und unhinterfragt von Kongress und Medien durchzuführen, ebbte allmählich ab. Journalisten und Anwälte bohrten bereits nach, einige Kongressabgeordnete stellten Fragen, und es kamen Gerüchte über »Geheimgefängnisse« auf.

Cheney und Rumsfeld waren nicht zufrieden mit den Informationen, die sie von den Vernehmern der CIA und der DIA erhielten. »Wir müssen die Geheimdienste antreiben«, hatte Rumsfeld in einem inter-

nen Memo vom März 2002 geschrieben. »Es läuft nicht rund.«[3] Und in
einem weiteren Memo hieß es: »Wir stehen vor der Aufgabe, einzelne
Terroristen aufzuspüren. So etwas war nie Aufgabe des DoD. Aber heut-
zutage sind Terroristen gut organisiert und finanziell gut ausgestattet,
sie versuchen, an Massenvernichtungswaffen zu kommen, und können
den Vereinigten Staaten enormen Schaden zufügen. Deshalb ist es Aufgabe des Verteidigungsministeriums geworden, sie aufzuspüren.«[4]
Rumsfeld und seine Stellvertreter erhielten Unterstützung von einem
im Stillen stattfindenden militärischen Hilfsprogramm. Die Joint Personnel Recovery Agency (Gemeinsame Agentur zur Personenrückführung; JPRA) hatte die Aufgabe, die Rettung von US-Militärangehörigen
zu koordinieren, die auf feindlichem Territorium festsaßen – auch in
»Hochrisikogebieten«, wo allein schon ihre Anwesenheit, würde sie bekannt, eine große internationale Krise oder einen Skandal verursachen
konnte. Von größerem Interesse aber war für Rumsfeld die zweite Aufgabe der JPRA: Militärangehörige darauf zu trainieren, im Falle ihrer
Gefangennahme dem Feind keine Informationen preiszugeben. Alle
US-Spezialkommandos mussten sich der schrecklichen Foltermühle
der JPRA unterziehen, die unter der Abkürzung SERE bekannt war: Survival, Evasion, Resistance and Escape – Überleben, Ausweichen, Widerstand und Flucht.[5]

Das SERE-Programm sollte Angehörige von Heer, Marine und Luftwaffe auf das ganze Spektrum der Foltermethoden vorbereiten, die »ein
totalitäres Land des Bösen unter vollständiger Missachtung der Menschenrechte und der Genfer Konventionen«[6] gegen einen in Gefangenschaft geratenen US-Soldaten anwenden könnte. Beim SERE-Training
erfuhren die Teilnehmer am eigenen Leib Foltertechniken, die man aus
Diktaturen und von Terroristen kannte: Die Soldaten wurden rüde aus
ihren Quartieren gezerrt und geschlagen, man stülpte ihnen Kapuzen
über den Kopf, fesselte sie und stieß sie in Fahrzeuge oder Hubschrauber. Sie wurden mit Waterboarding traktiert, mit Stöcken verprügelt,
oder man schlug ihren Kopf an eine Wand. Oft kamen noch Nahrungs-
und Schlafentzug sowie psychische Folter hinzu.[7] »In der SERE-Schule
bedeuten ›verschärfte Verhörtechniken‹ Foltermethoden des Feindes«[8],
sagte Malcolm Nance, der von 1997 bis 2001 am SERE-Programm arbeitete und bei der Entwicklung und Modernisierung der Lehrpläne
half. Nance und andere SERE-Ausbilder werteten die Erfahrungsberichte von US-Kriegsgefangenen verschiedener historischer Epochen

aus. Sie analysierten die im kommunistischen China, in Nordkorea und Nazi-Deutschland praktizierten Verhörmethoden, die Techniken des Vietcong und zahlloser anderer Regime und Terrorgruppen. Das Fachwissen von SERE war »in Blut geschrieben. Alles, was wir bei SERE anwenden, hat ein US-Soldat mit seinem Leben bezahlt – in manchen Fällen auch Tausende von ihnen.« Laut Nance war SERE »ein Archiv aller bekannten [Foltermethoden]. Wir hatten Erfahrungsberichte – buchstäblich, die Originalaufzeichnungen –, die bis zum amerikanischen Bürgerkrieg zurückreichten.« Das erklärte Ziel von SERE war, amerikanische Soldaten auf die Methoden eines gesetzlosen Feindes vorzubereiten. Aber für Rumsfeld und seine Verbündeten erfüllte das Programm noch einen anderen Zweck.

In der Frühphase des Internierungsprogramms für hochrangige Zielpersonen führten CIA und DIA die Vernehmungen durch, aber stets unter genauer Beobachtung von JSOC-Mitarbeitern. Intern war das JSOC zu dem Fazit gelangt, dass die von den Vernehmern in Afghanistan praktizierten Methoden keine Ergebnisse zeitigten – nicht weil sie zu brutal, sondern im Gegenteil, weil sie nicht brutal genug waren.[9] »Von Anfang an wurden die Vernehmer unglaublich unter Druck gesetzt, aus praktisch jeder Person, die wir in Gewahrsam nahmen, verwertbare Informationen herauszupressen. Manche dieser Häftlinge waren schuldig, andere unschuldig; manche wussten etwas, andere hatten wirklich keine Ahnung«, erinnerte sich Colonel Steven Kleinman, der 27 Jahre lang bei US-Geheimdiensten gearbeitet hatte und als einer der erfahrensten Verhörspezialisten der USA galt.[10] Unter anderem war er an der Personnel Recovery Academy der JPRA für nachrichtendienstliche Belange zuständig gewesen. »In viel zu vielen Fällen haben wir den Fehler begangen, von den Verhören und den Vernehmern zu viel zu erwarten. Was dazu führte, dass das Verhör keine Methode zur Gewinnung von Informationen mehr war, sondern sich in eine Form von Bestrafung jener verwandelt hatte, die nicht kooperieren wollten.« Nachdem sich die Foltermethoden als ungeeignet erwiesen hatten, »die Art von verwertbaren Informationen zu gewinnen, die die Vorgesetzten benötigten«, schlugen, so Kleinman, altgediente Verhörspezialisten – darunter auch solche von FBI und Militär – vor, alternative, nicht auf Zwang und Gewalt setzende Methoden anzuwenden. Doch ranghohe Vertreter des Weißen Hauses »ignorierten [diese Methoden]« oder lehnten sie als »belanglos« ab. »Wir entschieden uns stattdessen für

noch mehr von derselben Art, nur dass der Druck noch verschärft wurde ... in manchen Fällen bis zu einem alarmierenden Maß«, sagte Kleinman. »Als wir vor die Wahl gestellt wurden, klüger zu werden oder
härter, wählten wir Letzteres.«

Zur Entwicklung neuer Methoden studierten Rumsfeld und sein
Team genau das JPRA-Programm, das Angehörige der Streitkräfte vor
Folterungen durch den Feind wappnen sollte. Nachdem das JSOC die
»Erfolglosigkeit« der von CIA und DIA an der afghanischen Luftwaffenbasis Bagram praktizierten Verhörmethoden festgestellt hatte, prüften Rumsfeld und sein Team die Möglichkeit einer weiteren Stufe bei
den Vernehmungen feindlicher, im Kampfgebiet aufgegriffener Kombattanten. Ihrer Ansicht nach ließ sich das SERE-Programm auch in
umgekehrter Richtung anwenden: Die mittelalterlichen Methoden der
schlimmsten Folterknechte der Geschichte sollte zum neuen Leitfaden
für Vernehmungen werden.[11] »Wir stehen im Krieg mit Feinden, die
schamlos das Kriegsrecht verletzt haben«, hatte Rumsfeld Ende 2001 erklärt. »Sie tragen keine Uniform. Sie verstecken sich irgendwo im Ausland in Höhlen oder hier mitten unter uns.«[12] Noch während sich
Rumsfeld und sein Team über die Missachtung des Kriegsrechts von
Seiten des »Feindes« beklagten, bereiteten sie sich darauf vor, genau das
selbst zu tun. Bereits im Dezember 2001 bat Rumsfelds Büro die JPRA
um Unterstützung bei der »Auswertung« von Gefangenen.[13]

Zunächst lehnte die JPRA-Leitung Rumsfelds Ansinnen ab, ihre
Ausbildungsmethoden bei Verhören im Krieg gegen den Terror einzusetzen. In einem zweiseitigen Memo an den Justiziar des Pentagon
warnte die JPRA davor, die »Folter«-Techniken von SERE an feindlichen Gefangenen anzuwenden. »Das Erfordernis, von einer unkoope-
rativen Quelle so schnell wie möglich Informationen zu erhalten – um
beispielsweise rechtzeitig einen bevorstehenden terroristischen Anschlag abzuwenden, der zum Verlust von Menschenleben führen könnte –, wurde als triftiges Argument für den Einsatz von Foltermethoden
angeführt ... Meist wird körperlicher und/oder psychischer Zwang als
Alternative zum zeitlich aufwendigeren konventionellen Verneh-
mungsprozess betrachtet«, erklärte die JPRA-Leitung. »Der diesem
Denken innewohnende Irrtum liegt in der Annahme, der Verneh-
mungsoffizier würde mittels Folter verlässliche und korrekte Informationen erhalten. Die historischen Erfahrungen und die Kenntnis
menschlichen Verhaltens widerlegen dies jedoch.« Die JPRA verwies

darauf, dass »mehr als 90 Prozent der Vernehmungen deshalb erfolgreich waren«, weil man ein enges Verhältnis zu dem betreffenden Gefangenen hergestellt hatte; umgekehrt würden brutale Verhörmethoden die Entschlossenheit eines Gefangenen, sich einer Kooperation zu verweigern, lediglich stärken. Bei entsprechend langer und schwerer Folter würden die Gefangenen »Antworten geben, von denen sie annehmen, dass sie genau die sind, die der Vernehmer hören will. In solch einem Fall ist die Information weder verlässlich noch korrekt.«[14]

Doch Rumsfeld und sein Team ließen nicht locker. Feith und andere Vertreter des DoD beauftragten die JPRA, die Verhörspezialisten gründlich in das SERE-Programm einzuweisen. So begann die JPRA Anfang 2002, Mitarbeiter der DIA über »den Widerstand von Häftlingen, Methoden und die Auswertung von Häftlingen« zu instruieren. Gleichzeitig entwickelte der erfahrene SERE-Psychologe Dr. Bruce Jessen, der auch für die CIA tätig war, für die CIA-Vernehmer einen »Auswertungsplan« zur Anwendung von SERE-Methoden bei Gefangenen.[15] Von Anfang Juli 2002 wurden CIA-Vernehmer von SERE-Ausbildern und -Psychologen in extremen Verhörmethoden trainiert.[16] Wie aus einer Untersuchung des Senate Committee on Armed Services hervorgeht, forderte Rumsfelds Büro im selben Monat von der JPRA Unterlagen an, »darunter Auszüge aus SERE-Ausbildungsplänen, eine Liste der beim SERE-Widerstandstraining eingesetzten physischen und psychischen Druckmittel und das Gutachten eines SERE-Psychologen über die psychischen Langzeitwirkungen des SERE-Widerstandstrainings sowie der Folgen von Waterboarding«. »Auf der Liste der SERE-Techniken standen unter anderem die Abschirmung von äußeren Reizen, Schlafentzug, schmerzhafte Fesselungen in sogenannten ›stress positions‹, Waterboarding und Schläge. Sie nahm auch Bezug auf einen Abschnitt im Ausbilderhandbuch der JPRA über ›Zwangsmaßnahmen‹, wie zum Beispiel rund um die Uhr das Licht brennen zu lassen und eine Person wie ein Tier zu behandeln.« Der für geheimdienstliche Belange zuständige Justiziar des Pentagon, Richard Shiffrin, räumte ein, dass das Pentagon diese Unterlagen haben wollte, um die Kenntnisse von SERE über die Folterungen von amerikanischen Kriegsgefangenen »in umgekehrter Richtung anzuwenden«.[17] Shiffrin berichtete, die JPRA habe Vernehmer auch mit Unterlagen über »Experimente mit Gehirnwäsche« versorgt, die nordkoreanische Agenten an US-Gefangenen durchgeführt hatten.[18] »Es war wirklich wie in dem Film ›Manchurian

Kandidat‹«, sagte Shiffrin. Die JPRA-Leitung gab diese Informationen auch an die CIA weiter.[19]

Im Nationalen Sicherheitsrat wurde über die Anwendung dieser neuen Techniken diskutiert; an manchen Treffen nahmen auch Rumsfeld und Condoleezza Rice teil.[20] Bis zum Sommer 2002 erarbeitete das von Cheneys Consigliere David Addington geleitete Anwaltsteam des Kriegsrats eine rechtliche Begründung für eine so eng gefasste Neudefinition von Folter, dass praktisch jede Methode, die nicht unmittelbar zum Tod führte, als zulässig galt. »Eine Handlung ist als Folter [im Sinne des Gesetzes gegen die Anwendung von Folter] zu bezeichnen, wenn die Zufügung schwer zu ertragender Schmerzen stattfindet. Körperlicher Schmerz ist nur dann als Folter zu bezeichnen, wenn er seiner Intensität nach dem Schmerz gleichkommt, der bei einer gravierenden körperlichen Schädigung wie etwa beim Organversagen, beim Ausfall von Körperfunktionen oder gar beim Tod auftritt«[21], erklärte der Assistant Attorney General for the Office of Legal Counsel Jay Bybee in dem berüchtigten Rechtsgutachten, das die Folterung von Gefangenen absegnete. »Rein psychischer Schmerz ist nur dann als Folter [im Sinne des Gesetzes gegen die Anwendung von Folter] zu bezeichnen, wenn er zu einer deutlichen psychischen Schädigung von beträchtlicher Dauer führt, das heißt, über Monate oder sogar Jahre andauert.« In einem zweiten von Bybee unterzeichneten Gutachten wurde die Anwendung einer Reihe »verschärfter Verhörmethoden«, darunter Waterboarding, rechtlich abgesichert.[22] »Es gab keinerlei Einwände«, berichtete CIA-Mann Rodriguez, der die Vernehmung von Häftlingen in den Geheimgefängnissen koordinierte. »Im August hatte ich den Eindruck, alle Befugnisse und Genehmigungen zu haben, die ich brauchte. Die Stimmung im Land hatte sich geändert. Alle wollten, dass wir das Leben von Amerikanern schützten.« Und er fügte hinzu: »Wir gingen zwar bis an die Grenze, blieben aber innerhalb der Legalität.«[23]

Im September 2002 wurden die Kongressführer über diese besonderen Verhörmethoden unterrichtet.[24] Einige Demokraten, darunter auch die Abgeordnete Nancy Pelosi, erklärten später, sie seien nie über die Anwendung von Waterboarding informiert worden.[25] Allerdings behaupteten die CIA und Pelosis republikanische Kollegen genau das Gegenteil, um hinzuzufügen, dass die Führer des Repräsentantenhauses und des Senats, die über die Methoden unterrichtet worden seien, keinerlei Einwände erhoben hätten.[26] Später stellte Pelosi klar, sie sei zwar seinerzeit über die Methode des Waterboarding informiert worden, nicht aber darüber, dass diese Methode bei Verhören tatsächlich angewendet wurde. Wie dem auch sei – das Folterprogramm lief nun auf vollen Touren und, soweit es das Weiße Haus betraf, mit rechtlicher Absicherung durch die Regierung.»Anstatt diese [al-Qaida-] Kämpfer auf unsere Seite zu ziehen, benutzten wir SERE-Methoden, die nichts anderes als die Methoden unserer Feinde sind«, erläuterte Nance.»Sie anzunehmen und umzukehren und sie weit über die Sicherheitsmargen hinaus anzuwenden ... zerstört komplett den Charakter jedes Menschen, der seine Hand zum Schwur hebt, die Verfassung der Vereinigten Staaten zu achten und zu verteidigen.«

Jahre nachdem die Geheimgefängnisse eingerichtet und dort unzählige Gefangene interniert worden waren, trug das Internationale Komitee vom Roten Kreuz (IKRK) Zeugenaussagen von 14 Gefangenen zusammen, die überlebt hatten. Einige waren in Thailand gefangen genommen worden, andere in Dubai und Dschibuti, die meisten jedoch in Pakistan. Der Bericht des IKRK[27] veranschaulicht, was geschieht, wenn US-Streitkräfte Gefangene machen:

Der Häftling wurde sowohl bekleidet als auch nackt fotografiert, sowohl vor als auch nach der Überstellung. Sämtliche Körperöffnungen wurden inspiziert (rektale Kontrolle). Einige Häftlinge gaben an, dass ihnen dabei ein Zäpfchen eingeführt wurde (dessen Art und Wirkung ihnen unbekannt war).

Der Häftling musste eine Windel anlegen und darüber eine Trainingshose anziehen. Er bekam einen Kopfhörer aufgesetzt, aus dem manchmal Musik drang. Es wurden ihm die Augen verbunden mit mindestens einem Tuch, das man ihm um den Kopf schlang, und darüber wurde ihm noch eine schwarze Korbbrille aufgesetzt. Einige Häftlinge gaben an, dass ihnen vor dem Verbinden der Augen und dem Aufsetzen der Korbbrille Watte vor die Augen geklebt wurde ...

Der Häftling wurde, an Händen und Füßen gefesselt, in einem Fahrzeug zum Flughafen gebracht und dort in ein Flugzeug gesetzt. In der Regel wurden die Häftlinge in sitzender Position transportiert, die Hände vor dem Oberkörper gefesselt. Die Transportdauer ... betrug zwischen einer Stunde und 30 Stunden. Während dieser Zeit durfte der Häftling nicht die Toilette aufsuchen und war notfalls gezwungen, in die Windel zu urinieren und defäkieren ...

Dem IKRK zufolge wurden manche Gefangene mehr als drei Jahre lang immer wieder zwischen verschiedenen Geheimgefängnissen verschoben, wo man sie »ständig in Einzelhaft hielt und eine Kommunikationssperre über sie verhängte. Sie wussten nicht, wo man sie gefangen hielt, und hatten keinen anderen Kontakt als den zu ihren Vernehmern und Wächtern«, die Masken trugen. Keinem Gefangenen wurde je erlaubt, seiner Familie telefonisch oder brieflich mitzuteilen, dass er inhaftiert war. Er war einfach wie vom Erdboden verschluckt.

Manche Gefangene wurden während ihrer Haft in Kisten gesperrt oder gezwungen, längere Zeit nackt zu bleiben – in einige Fällen über mehrere Monate hinweg. Andere mussten jeweils tagelang nackt in einer »belastenden Stehposition« ausharren, die »Arme ausgestreckt und über dem Kopf gefesselt«. Während dieser Folter durften sie nicht auf die Toilette, sodass sie sich selbst mit Urin und Kot beschmutzten. Schläge und Tritte waren an der Tagesordnung, ebenso die Methode, dem Gefangenen ein Halsband anzulegen, um ihn daran gegen eine Wand zu schleudern oder ihn durch einen Korridor zu schleifen. Mittels lauter Musik oder einer extrem hoch beziehungsweise niedrig eingestellten Raumtemperatur wurde es den Gefangenen unmöglich gemacht zu schlafen. Zeigte sich ein Häftling kooperativ, erhielt er Kleidung; erwies er sich als unkooperativ, musste er sich nackt ausziehen. Auch das Essen wurde zur Folter missbraucht – in manchen Fällen erhielten Gefangene über Wochen hinweg nichts anderes als Flüssignahrung. Drei Gefangene berichteten dem IKRK von Folterungen mittels Waterboarding. »Man sagte mir, ich sei einer der ersten, bei denen diese Verhörmethoden angewendet werden. Also gebe es dafür keine Regeln«, berichtete ein Gefangener, der gleich zu Beginn des Kriegs gegen den Terror inhaftiert worden war. »Mir kam es vor, als würden sie experimentieren und Methoden ausprobieren, die später bei anderen eingesetzt werden sollten.«

Obwohl die CIA in ihren Geheimgefängnissen vermehrt zu den SERE-Methoden griff, war Rumsfeld mit den Ergebnissen der CIA-Vernehmungen nicht zufrieden. Deshalb bildete das JSOC Ende 2002 eine Arbeitsgruppe, die herausfinden sollte, wie sich das JSOC selbst in die Vernehmungen der »als illegal eingestuften Kombattanten« einschalten könnte.[28] Zwar berichtete die CIA dem Weißen Haus – und speziell Cheneys Büro – über ihre Fortschritte bei der Anwendung von SERE-Methoden in den Geheimgefängnissen, aber das JSOC verfügte in dieser Hinsicht über eine viel größere Flexibilität und unterlag viel geringerer Kontrolle.[29] Daher verdonnerte das Weiße Haus JSOC-Mitarbeiter zur Teilnahme an einem parallelen Verhörtraining, das den nicht geheimen Codenamen Copper Green erhielt; intern wurde es als Machtbox bezeichnet.[30] Für Cheney und Rumsfeld waren die Verhöre zwar von zentraler Bedeutung, aber sie verfolgten noch viel weitergehendere Pläne für eine neue, geheime Kriegsführung auf globaler Ebene, die niemand kontrollieren sollte.

In den US-Gesetzen zu militärischen und nachrichtendienstlichen Operationen gibt es Grauzonen. Titel 50 des Bundesrechts der Vereinigten Staaten legt die Regeln und Strukturen für Geheimoperationen fest, während Titel 10 die Militäraktionen behandelt. Das Gesetz, unter dem eine Operation jeweils durchgeführt wird, hat entscheidende Folgen, was Kontrolle und Rechenschaftspflicht betrifft. Oft werden die Begriffe »verdeckte Operation« und »Geheimoperation« synonym gebraucht, was aber nicht korrekt ist. »Verdeckte Operation« ist ein dogmatischer und juristischer Begriff, der grob gesagt eine Aktivität bezeichnet, deren Urheberschaft geheim bleiben soll. Sie soll den USA die Möglichkeit geben, ihre Urheberschaft »glaubhaft abzustreiten«. Solche Operationen sind hochriskant, nicht nur in ihrer Ausführung, sondern weil dabei oft US-Geheimagenten innerhalb der Grenzen eines souveränen Staats Operationen durchführen, ohne dass die Regierung des betreffenden Landes davon Kenntnis erlangt. Wird die Operation aufgedeckt oder vereitelt, droht ein Skandal. Die juristische Definition einer verdeckten Aktion in Titel 50 lautet: »Eine oder mehrere Aktivitäten der Regierung der Vereinigten Staaten zur Einwirkung auf die politischen, wirtschaftlichen oder militärischen Bedingungen im Ausland, wobei die Rolle der Regierung der Vereinigten Staaten nicht offensichtlich oder öffentlich bekannt werden soll.«[31] Eine verdeckte Aktion setzt einen Präsidialerlass und die Unterrichtung der House and Senate Intelligence Committees durch das Weiße Haus über das genaue Vorhaben voraus. Diese Unterrichtung muss vor der Durchführung der verdeckten Aktion stattfinden, sofern nicht »ungewöhnliche Umstände« gegeben sind. Die Pflicht, den Kongress in Kenntnis zu setzen, wurde eingeführt, um künftig Desaster wie die Invasion in der Schweinebucht auf Kuba und die Iran-Contra-Affäre zu vermeiden.[32] Cheney und Rumsfeld waren leidenschaftliche Befürworter dieser beiden Operationen. Obwohl sie zweifellos bedauerten, dass die Iran-

Contra-Affäre ans Licht gekommen war und Kontroversen hervorgerufen hatte, betrachteten sie sie nicht als Skandal, sondern eher als
Modell dafür, wie die USA ihre schmutzigen Geschäfte erledigen
sollten.

Die Militärdoktrin kennt noch eine andere Kategorie von Aktivitäten, nämlich »geheime Operationen«, bei denen sich die Geheimhaltung
auf die Operation als solche bezieht und es weniger darum geht, ihren
Urheber, die US-Regierung, geheim zu halten.[33] Das Militär kann Operationen durchführen, die sowohl verdeckt als auch geheim sind, aber
das ist nur selten der Fall. Anders als bei verdeckten Operationen ist für
Geheimoperationen kein Präsidialerlass erforderlich, wenn »künftige
Feindseligkeiten« in dem Land »erwartet« werden, in dem sie stattfinden. Auch ist die Regierung gegenüber dem Kongress über solche Operationen nicht auskunftspflichtig. Da sie als »traditionelle militärische
Aktivitäten«[34] definiert werden, haben die Geheimdienstausschüsse
keine direkte Möglichkeit, sie zu kontrollieren. Nach Bundesrecht ist
das Militär nicht verpflichtet, die Einzelheiten einer Geheimoperation
offenzulegen, aber die Rolle der USA bei der »Gesamtoperation« soll
»offensichtlich« sein oder »eingeräumt« werden.[35]

Aus Cheneys und Rumsfelds Sicht befanden sich die USA im Krieg,
und die Welt war ein Schlachtfeld. Daher wurden Feindseligkeiten in jedem Land der Erde »erwartet«, was möglicherweise Dutzende, wenn
nicht Hunderte »traditioneller militärischer Aktivitäten« weltweit erforderlich machte. Cheney und Rumsfeld erkannten, dass sie durch den
Einsatz des JSOC – eines Geheimkommandos, dessen Aktivitäten vermutlich sowohl unter Titel 10 als auch unter Titel 50 fielen – in der
Grauzone zwischen Militär- und Geheimdienstgesetzen handeln konnten. Viele JSOC-Operationen ließen sich nach militärischer Lehr-
meinung als »Vorbereitung des Kampfgebiets« verstehen, die das US
Special Operations Command definiert als »Oberbegriff für alle Aktivitäten vor dem Tag X, die der Planung und dem Training für eventuell
nachfolgende militärische Operationen … in wahrscheinlichen oder potenziellen Einsatzgebieten dienen«. Aktivitäten dieser Art ließen sich als
Advance Force Operations (AFOs) verstehen, als »Militäroperationen
von Streitkräften, die den Hauptelementen in das Operationsgebiet vo-
rangehen, um nachfolgende Operationen vorzubereiten«.[36] Im Unterschied zu CIA-Operationen unterliegen AFOs nur einer geringen ex-
ternen Kontrolle – zumindest für einen erheblichen Zeitraum –, bevor

es zur »offenen« Kampfhandlung oder möglicherweise zum »Notfall« kommt.

In den Augen der zuständigen Ausschüsse im Kongress diente dieses Konstrukt als Umgehung der Gesetze zur Beaufsichtung und Berichterstattung der Geheimdienste, und sie monierten, dass das DoD seine zunehmend beeindruckenden nachrichtendienstlichen Kapazitäten unter dem Vorwand der operationalen Planung künftiger Kampfhandlungen nach Gutdünken im Ausland einsetzen wolle, ohne sich der eigentlich vorgeschriebenen Kontrolle durch die Geheimdienstausschüsse zu unterziehen.[37]

Noch komplizierter wurde dieser ohnehin schon schwer zu durchschauende Bereich des Bundesrechts durch die Tatsache, dass den Streitkräfteausschüssen die Genehmigung für die Finanzierung von Operationen oblag, während den Geheimdienstausschüssen das Recht zustand, darüber zu befinden, was eine verdeckte Aktion darstellte und was nicht. Daher gerieten die beiden Ausschüsse in dieser Frage oft aneinander und verteidigten erbittert ihre jeweiligen Befugnisse, wodurch einem möglichen Missbrauch Tür und Tor geöffnet wurde und gesetzliche Lücken und Grauzonen ausgenutzt werden konnten.

Die CIA war zwar als Hauptakteur bei der Durchführung verdeckter Aktionen vorgesehen, aber die National Command Authority – bestehend aus dem Präsidenten und Rumsfeld – konnte unter Berufung auf Titel 50 dafür auch andere Organisationen einsetzen, indem sie Militärstreitkräfte zu CIA-Operationen abordnete.[38] So war beispielsweise das JSOC für verdeckte Operationen in politisch unbeständigen Gebieten verwendet worden, um völkerrechtliche Konsequenzen zu vermeiden und nicht gegen das Recht des Kongresses auf Kriegserklärung zu verstoßen. Operationen zur »Vorbereitung des Kampfgebiets« gemäß Titel 10 waren mit noch weniger Pflichten zur Berichterstattung gegenüber dem Kongress verbunden, und seit dem Kongressbeschluss zur Genehmigung eines weltweiten Kriegs konnte die National Command Authority unmittelbar Militäroperationen durchführen, ohne sie als verdeckte Aktionen klassifizieren zu müssen. Dies war stets eine für Missbrauch offene Grauzone gewesen. Genau dies machte sie für Cheney, Rumsfeld und ihre Teams so attraktiv, als sie ihre »Nächsten Schritte« planten.

Rumsfeld hatte große Pläne für Spezialoperationen – und dabei war nicht vorgesehen, der CIA irgendwelche Kontrollen einzuräumen oder sie überhaupt zu beteiligen. Cofer Blacks Abgang eröffnete Rumsfeld die Möglichkeit, noch mehr Einfluss auf die Kriege im Dunkeln zu gewinnen. Aber Rumsfeld wollte nicht nur die CIA und den Kongress außen vor lassen, sondern auch die Militärbürokratie und -führung, die seiner Meinung nach verweichlicht und kriegsscheu war. »Die schlechteste Möglichkeit, eine Menschenjagd zu organisieren ... ist, sie im Pentagon planen zu lassen«, schrieb Rumsfeld in einem internen Memo, in dem er seine Vorstellungen über den weltweiten Einsatz von Sonderkommandos darlegte. »Wir müssen bereit sein, die Risiken zu akzeptieren, die mit einem kleineren Format verbunden sind.« Am 22. Juli 2002 schickte Rumsfeld dem SOCOM-Befehlshaber General Charles Holland eine Geheimanweisung zu einer dezentralen »Menschenjagd«, bei der die traditionelle militärische Kommandostruktur ausgeschaltet wäre; man solle dabei eher wie ein privates Killerkommando operieren. Außerdem beauftragte er Holland, »einen Plan zu entwerfen«, wie man mit al-Qaida und den mit ihr verbündeten Gruppen fertigwerden könne.[39] Dabei müsse eine Möglichkeit gefunden werden, die Pentagon-Bürokratie »zu umgehen« und Einsatzbefehle schon »innerhalb von Stunden und Minuten, nicht erst nach Tagen und Wochen« umzusetzen. »Ziel ist, Terroristen gefangen zu nehmen, um sie zu verhören oder, falls nötig, zu töten, und nicht nur irgendein Gesetz zu vollstrecken.« Holland antwortete jedoch »nicht so prompt und begeistert, wie manche Leute in Washington es von ihm erwartet hatten«, erinnerte sich der ehemalige Oberst Lawrence Wilkerson, der 30 Jahre in der Armee gedient hatte. »Ich meine damit Rumsfeld und Cheney.« Der General legte einen Fünfjahresplan vor, während Rumsfeld sofortiges Handeln wollte.[40]

Während Rumsfeld und Cheney darauf drängten, Spezialkommandos loszuschicken, die sofort weltweit zuschlagen konnten, äußerten höchste Militärs Bedenken, diese Pläne könnten die Kapazitäten der Streitkräfte, nachrichtendienstliche Informationen zu sammeln und auszuwerten, übersteigen.[41] In Afghanistan führten manche JSOC-Teams Grabenkämpfe gegeneinander, und obwohl sie eine beträchtliche Zahl afghanischer und ausländischer Kämpfer töteten, war nicht immer klar, wen sie eigentlich umgebracht hatten. Ein Riesenproblem war der Mangel an soliden geheimdienstlichen Informationen. Während die CIA die Führungsrolle bei der Jagd auf hochrangige Zielpersonen übernahm, drängte Rumsfeld die JSOC-Einsatzkräfte, Ergebnisse zu liefern. Aber ohne verlässliche Informationen jagten sie Gespenster.

Als Rumsfeld vorschlug, das JSOC aufzurüsten und weltweit einzusetzen, erhob General Holland Einspruch. Er teilte Rumsfeld seine Bedenken wegen des Mangels an »verwertbaren nachrichtendienstlichen Informationen«[42] in den vorgeschlagenen Zielregionen mit. Ein ranghoher Militärkommandeur erklärte unumwunden, »die Informationen waren nicht gut genug, als dass wir einen solchen Feldzug hätten durchführen können.«[43] Angeblich machten sich Rumsfeld und seine Adlaten über die Vorsicht der Kommandeure und vor allem über General Holland lustig. Ein Pentagon-Berater, der damals eng mit Rumsfeld zusammenarbeitete, berichtete dem Journalisten Seymour Hersh, Rumsfeld und sein Team seien überzeugt gewesen, dass »nur wenige Vier-Sterne-Generale im Special Operations Command die nötige Aktivität zeigten« und mehr »kämpfende Generale« gebraucht würden. Außerdem müssten die ranghohen Militärs, die in der Ära Clinton Karriere gemacht hätten, »neu beurteilt« werden.[44]

Schon mehr nach Rumsfelds Geschmack war General Wayne Downing, der nach dem 11. September aus dem Ruhestand zurückgeholt wurde, um als stellvertretender nationaler Sicherheitsberater den Feldzug gegen das Netzwerk der Terroristen und »all jene, die sie unterstützen«, zu koordinieren.[45] Obwohl er eigentlich der nationalen Sicherheitsberaterin Rice gegenüber berichtspflichtig war, fungierte er im Weißen Haus als Vertreter des JSOC. Downing wollte das JSOC zu seinen Wurzeln als eine »geheimere Streitmacht von geringerer Sichtbarkeit« zurückführen, die »präventiv denkt und bei anhaltenden Operationen über verbesserte Möglichkeiten zum Aufspüren und Ergreifen« verfügt.[46] Zudem drängte Downing darauf, Spezialeinsatzkräfte für »den künftigen indirekten und geheimen Krieg gegen den Terror in Ländern, mit denen wir nicht im Krieg stehen«, bereitzuhalten, um »in zahlreichen sensiblen, nicht zulässigen und hochriskanten Gebieten« operieren zu können. Er empfahl, das JSOC direkt dem Verteidigungsminister zu unterstellen und seine Operationen nicht über die herkömmliche Kommandokette laufen zu lassen.

Aber in Wirklichkeit war das JSOC bereits von der Kette gelassen. Während General Downing noch die offiziellen Kanäle benutzte, hatten Rumsfeld und Cheney laut Wilkerson bereits »das Special Operations Command umgangen und in Fort Bragg Anweisungen zu Sondereinsätzen erteilt, direkt vom Büro des Vizepräsidenten an das JSOC«.[47] Schon nach wenigen Monaten wurde General Holland von seinen SO-COM-Aufgaben entbunden.

Das war der Beginn eines mehrjährigen Projekts von Rumsfeld und Cheney, diese kleine, auf chirurgische Eingriffe trainierte Eliteeinheit vom üblichen Befehlsweg abzukoppeln und aus ihr eine weltweit einsetzbare Killermaschine zu machen. Schon vor dem 11. September hatten sie für das JSOC große Pläne gehegt, aber erst die Terroranschläge lieferten ihnen die nötige Munition, mit der sie ihren eigenen Krieg gegen die Beaufsichtigung dieser todbringenden Elitetruppe gewinnen konnten.

»Was ich sah, war die Entwicklung dessen, was ich später im Iran und Afghanistan sehen würde, wo Sonderkommandos auf beiden Schauplätzen operierten, ohne dass der herkömmliche Kommandeur überhaupt wusste, was sie taten«, sagte Wilkerson. »Das ist gefährlich, sehr gefährlich. Es gibt ein Riesendurcheinander, wenn du dem Kommandeur im Kampfgebiet nicht sagst, was du tust.« Wilkerson erzählte, während seiner Tätigkeit für die Regierung Bush habe »das JSOC als verlängerter Arm der [Regierung] operiert und getan, was die Exekutive – sprich Cheney und Rumsfeld – von ihm wollte. Das war mehr oder weniger ein Freifahrtschein. ›Wenn du es tun musst, dann tu es.‹ Das war für mich als herkömmlichen Soldaten sehr erschreckend.«

Die CIA einerseits und Rumsfeld und Cheney andererseits waren sich nicht besonders grün, wenn es um die Informationsgewinnung im heraufziehenden Irakkrieg ging. Und als die beiden weitere Kriege planten, trauten sie den CIA-Analytikern nicht zu, Informationen zu liefern, die nötig waren, um frühzeitig und weltweit zuzuschlagen. Rumsfeld war der Ansicht, dass Sondereinsätze ihren eigenen Nachrichtendienst benötigten, einen, der genau auf die Erfordernisse der weltweiten Gefangennahmen und Tötungen zugeschnitten war. Das JSOC arbeitete bereits eng mit dem Nachrichtendienst Intelligence Support Activity, kurz Activity genannt, zusammen. Diese auch unter ihrem ursprünglichen Codenamen Gray Fox bekannte Einheit war auf elektronische Überwachung und Abhörmaßnahmen spezialisiert.[48] Aber Rumsfeld wollte darüber hinaus eine Einheit, die ihrer Leistungsfähigkeit nach der CIA entsprach – eine, die ihre Erkenntnisse vornehmlich aus menschlichen Quellen gewann, was die Geheimdienste als HUMINT bezeichneten.[49] Im Frühjahr 2002 empfahl eine Kommission unter dem

Vorsitz des ehemaligen Sicherheitsberaters Brent Snowcroft, die NSA, das National Reconnaissance Office und die National Imagery and Mapping Agency aus der Kontrolle durch das Pentagon zu entlassen und sie der CIA zu unterstellen. Rumsfeld lehnte dies entschieden ab und dirigierte den US-Geheimdienst in genau die entgegengesetzte Richtung.[50]

Im April 2002 wurde Project Icon gestartet. Dessen Finanzierung erfolgte aus »umgewidmeten« Mitteln des Pentagon; die für die Kontrolle der Geheimdienste zuständigen Kongressausschüsse wurden davon nicht unterrichtet.[51] Die »neuen Geheimteams«, bestehend aus »Führungsoffizieren, Sprachwissenschaftlern, Vernehmungsoffizieren und technischen Spezialisten«, wurden den Sondereinsatzkräften zugeordnet und hatten die Aufgabe, menschliche Quellen abzuschöpfen – durch Verhöre vor Ort, Überwachungen und den Unterhalt von örtlichen Quellen und Agenten.[52] Dieses Geheimprogramm bekam, nachdem es unter verschiedenen geheimen Codenamen geführt worden war, schließlich die Bezeichnung Strategic Support Branch (SSB).[53] Im Juli 2002 gliederte Bush per Direktive Gray Fox dem Special Operations Command ein, wodurch Rumsfeld nunmehr über einen großen Teil der amerikanischen Geheimdienste das Kommando hatte. Diese neue Einrichtung, bestehend aus Gray Fox in Zusammenarbeit mit der SSB, sollte die Sondereinsatzkräfte auf direktem Wege mit Informationen versorgen, dank derer sie mutmaßliche Militante aufspüren, künftige Anschläge verhindern und für eventuelle Militäroperationen »das Schlachtfeld vorbereiten« konnten. Kurz gesagt, sie sollte eine weltweite Menschenjagd entfachen. Während Douglas Feiths Nachrichtendienst die Vorherrschaft der CIA-Analytiker brechen sollte, diente die SSB dazu, die für die Erkenntnisgewinnung mittels menschlicher Quellen Verantwortlichen in der CIA zu ersetzen.[54]

Jedes Land, ob Freund oder Feind der Vereinigten Staaten, galt als möglicher Schauplatz für Operationen. Die CIA, die US-Botschafter und die Regierung des jeweiligen Landes sollten nicht darüber informiert werden. Aus ersten Planungsmemos von Rumsfeld geht hervor, dass sich die Arbeit der SSB auf »Zielländer wie Somalia, den Jemen, Indonesien, die Philippinen und Georgien« konzentrieren sollte, »verdeckt und unter direkter Kontrolle des Verteidigungsministers«.[55] Der *Washington Post* lagen interne Pentagon-Dokumente vor, in denen die Bildung einer »unmittelbar den Weisungen des Verteidigungsministers unterstellten« HUMINT-Abteilung gefordert wurde. Diese SSB-Einheiten sollten unter »inoffizieller Tarnung« operieren, bei Bedarf falsche Namen und Nationalitäten verwenden und das »volle Spektrum von HUMINT-Operationen« ausschöpfen. Das war eine offene Kampfansage an die CIA, deren Directorate of Operations bisher für verdeckte Missionen zuständig gewesen war, vor allem wenn sie in »befreundeten« Ländern stattfanden, in denen »ein konventioneller Krieg wenig wahrscheinlich ist«. In den internen Richtlinien des SSB hinsichtlich der »Koordination« gab es zwar die Pro-forma-Regel, die CIA 72 Stunden vor dem Beginn einer Aktion zur Informationsgewinnung in Kenntnis zu setzen, aber in Wirklichkeit war die SSB dazu auserkoren, Tempo und Umfang der verdeckten Militäroperationen gegen Terrorverdächtige radikal zu erhöhen, ganz gleich, in welchen Ländern sich diese Personen aufhielten.

»Cheney und in geringerem Maß auch Rumsfeld betrachteten die CIA eindeutig als einen Haufen Schwächlinge, die politisch unzuverlässig waren«, erklärte Philip Giraldi, ehemals Führungsoffizier bei der CIA. »Und es wurde im Grunde entschieden, dass wir den JSOC-Kurs einschlagen. Aber der JSOC-Kurs wirft natürlich Probleme auf. Wenn man das Militär als das Mittel der Wahl für Aktivitäten nimmt, bei denen man nicht mit jemandem Krieg führt und Leute in das Territorium anderer souveräner Staaten schickt, sticht man in alle möglichen Wespennester, zu deren Vermeidung Geheimdienste eigentlich geschaffen wurden.«[56] Verdeckte Aktionen erlauben den amerikanischen Einsatzkräften, internationale Abkommen zu ignorieren und die Gesetze anderer Länder zu verletzen. Laut amerikanischem Gesetz müssen jedoch bei Militäreinsätzen der USA das Völkerrecht, das Kriegsrecht und die Genfer Konventionen geachtet werden. Die Regierung Bush hingegen war ganz anderer Auffassung, was den Status bestimmter Kriegsgefangener betraf. Der Einsatz von Spezialeinsatzkräften bei verdeckten Aktionen konnte dazu führen, dass diese Gefangenen ihren Status gemäß den Genfer Konventionen verloren, der Spionage bezichtigt und als »gesetzwidrige Kombattanten« eingestuft wurden.[57] Kritiker verwiesen darauf, damit würden die amerikanischen Soldaten dem Risiko ausgesetzt, im Falle ihrer Gefangennahme von feindlichen Kräften unter Berufung auf das amerikanische Vorgehen und unter Missachtung der Genfer Konventionen gefoltert und unmenschlich behandelt zu werden.

Die SSB wurde zwar offiziell von Vizeadmiral Lowell Jacoby geführt, dem Chef der Defense Intelligence Agency, ihr wirklicher Lehrmeister war jedoch Stephen Cambone, ein von Rumsfeld rekrutierter Politideologe.[58] Der führende Neokonservative fiel Cambone dem Pentagon erstmals auf, als er 1990 die Strategic Defense Initiative leitete.[59] Später arbeitete er für Rumsfeld im Auftrag des DoD an Sonderprojekten zur Raketenabwehr und weltraumgestützten Waffen. Cambone zu engagieren, um die Jäger-Killer-Strategie der Spezialeinsatzkräfte umzusetzen, die Rumsfeld schon seit dem 11. September vorgeschwebt hatte, öffnete alle Schleusen. Offiziell war Cambone Rumsfelds Sonderassistent,[60] de facto aber dessen Weichensteller bei der Entwicklung der DoD-Version der »dunklen Seite«.

Als Rumsfeld nach dem 11. September der CIA das Kommando über den weltweiten Krieg gegen den Terror zu entreißen versuchte, ging er zu Stephen Cambone. Am 23. September 2001 teilte Rumsfeld seinem Stab in einem seiner berühmten »Schneeflocken«-Memos Folgendes mit: »Wir sollten überlegen, den Spezialeinsatzkräften das Kommando über den weltweiten Krieg gegen den Terror zu übertragen. Sie haben ein gemeinsames Nachrichtendienstzentrum. Die Aufgabe muss global angepackt werden.«[61] Noch am selben Tag schickte Rumsfeld an Cambone eine Nachricht mit dem Betreff »Ressourcen«. Darin trug ihm Rumsfeld auf, herauszufinden, »wie wir im Pentagon und bei den Truppen zusätzliche unkonventionelle Ressourcen entwickeln können, wie beispielsweise die Spezialeinsatzkräfte, nur von anderer Art. Wir brauchen größere Flexibilität und Vielseitigkeit.«[62] Drei Tage später, am Morgen des 26. September 2001, schickte Rumsfeld Cambone ein weiteres Memo, diesmal mit dem Betreff »Möglichkeit«: »Jetzt ist es an der Zeit, die Geheimdienste auf Vordermann zu bringen«, schrieb Rumsfeld. Er wolle weltweit die Kommandostruktur der US-Streitkräfte neu gestalten, »unsere Truppen in Europa und Asien umorganisieren, die Reform der Armee beschleunigen, die Hauptquartiere reduzieren und die innere Verteidigung stärken. Und es gilt vielleicht auch noch andere Dinge anzupacken.«[63]

Cambone sollte zu einem mächtigen Mann im Hintergrund werden, der stets Zugang zu Rumsfeld und dessen Team hatte. Eine seiner Hauptaufgaben bestand darin, die Aktivitäten der Spezialkommandos zu organisieren, mit dem Ziel, Personen zu jagen oder zu töten, die von Rumsfeld und dem Weißen Haus als Terroristen oder Feinde eingestuft wurden. »Es lief alles immer nach dem Motto: ›Besorgen wir uns das

Modernste, was es an Kommunikationsmitteln und Waffen gibt, führen wir diese Operationen mit größtmöglicher Effizienz durch, besorgen wir uns wirklich gute Informationen, damit wir Einzelne aufspüren und töten können«, berichtete Oberst Lang.[64] Rumsfeld hatte gegenüber Cambone erklärt, er wolle die Zahl der Spezialeinsatzkräfte aufstocken.[65] Daher begann Cambone im Jahr 2002 zu prüfen, wie sich dafür möglichst viele Soldaten freistellen ließen.[66] Ein Mittel war, dem konventionellen Militär traditionelle Aufgaben der Spezialkommandos zu übertragen, beispielsweise die Ausbildung fremder Streitkräfte, Lufttransporte und Einsätze als Schnelle Eingreiftruppe für VIPs in Afghanistan. Rumsfeld und Cambone wollten, dass sich die Spezialkommandos voll und ganz auf ihre Jagd- und Tötungsaufgabe konzentrierten. Alles Übrige sollte die Armee erledigen.

Mitte 2002 erteilte Rumsfeld General Richard Myers, dem Vorsitzenden des Generalstabs, eine geheime Planungsorder, in der er einen umfassenden Wandel der Operationsweise des JSOC und der anderen Spezialkommandos verlangte. Rumsfeld wollte eine bereits »im Voraus erteilte Freigabe« für Operationen und die Einräumung maximaler Befugnisse für die Kommandeure vor Ort.[67]

Rumsfelds Ziel war, die Spezialeinsatzkräfte umzustrukturieren und ihnen alles aus dem Weg zu räumen, was sie bei der Durchführung rascher, tödlicher Operationen weltweit behindert hätte. Jede administrative Einmischung von außen sollte vermieden werden. Besonders geeignet erschienen Rumsfeld die Special Mission Units (SMUs) des JSOC, die Delta Force, offiziell als Combat Applications Group (CAG)[68] bezeichnet, und SEAL-Team 6, weil sie es gewohnt waren, autonom zu operieren, sogar schon in früheren Zeiten der Regionalkommandos, die für sämtliche in ihrem Verantwortungsbereich operierenden Truppen zuständig waren. Die SMUs bildeten die National Mission Force, befugt, geheim weltweit zu operieren, ohne sich mit den Befehlshabern der konventionellen Streitkräfte koordinieren zu müssen. Dieses Modell wollte Rumsfeld auf alle Spezialeinsatzkräfte übertragen.

»Heute unternehmen wir eine Reihe von Schritten zur Stärkung des U.S. Special Operations Command, damit es noch mehr zum weltweiten Krieg gegen den Terror beitragen kann«, erklärte Rumsfeld. »Seit 1987 wurde das Special Operations Command als Unterstützungskommando eingesetzt, das heißt, es stellt den verschiedenen regionalen

Befehlshabern Kampftruppen und Material zur Verfügung, die dann Missionen planen und leiten.«[69] Damit war jetzt Schluss. Von nun an, versicherte Rumsfeld, sollte das SOCOM sein eigener Chef sein – mit einem Hauptquartier in Tampa, Florida, und regionalen »Theater Special Operations Commands«, die fortlaufend Tötungsmissionen und andere direkte Aktionen organisieren konnten. Dies sei, so Rumsfeld, »aufgrund der Eigenart des Feindes und der Notwendigkeit von schnellen, effizienten Operationen zum Aufspüren und Ausmerzen terroristischer Netzwerke weltweit« geboten.

2003 schuf Rumsfeld für Cambone ein neues Ressort, eines, das es in der zivilen Verwaltung des Pentagon zuvor noch nie gegeben hatte: Staatssekretär im Verteidigungsministerium für nachrichtendienstliche Angelegenheiten.[70] Der neue Amtsträger wurde intern als »Zar der Nachrichtendienste« bezeichnet – und er verfügte über beispiellose Machtbefugnisse, als er sämtliche zuvor unabhängigen Geheimdiensteinheiten des Pentagon zwang, ihm direkt Bericht zu erstatten, darunter die Defense Intelligence Agency und die National Security Agency.[71] Nach Ansicht von Steven Aftergood von der Federation of American Scientists war dieses neue Amt Teil des Bestrebens, »den Schwerpunkt aller nachrichtendienstlichen Tätigkeit noch weiter ins Pentagon zu verlagern«.[72] In Zahlen bedeutete es, dass 85 Prozent des Gesamtbudgets für die Geheimdienste nun unter Cambones Kontrolle standen, während der CIA-Direktor nur über zwölf Prozent verfügte. »Rumsfeld war kein schlechter Kerl«, erklärte mir der ehemalige Berater eines Spezialkommandoleiters. »Rumsfeld hatte Weitblick. Er ließ zu, dass Leute wie Cambone Scheiße bauten.«[73] Manche Militärführer sollen Cambone geradezu verachtet haben, und ein ranghoher Armeeoffizier meinte zu Beginn von Cambones Amtszeit sarkastisch: »Wenn ich nur noch eine Kugel in meinem Revolver hätte, würde ich die für Stephen Cambone aufheben.«

Cambones rechte Hand, Generalleutnat William »Jerry« Boykin, ursprünglich Angehöriger der Delta Force, später sowohl beim JSOC als auch bei der CIA in Diensten, war eine Legende in der dunklen Welt verdeckter Militäroperationen: Während seiner ganzen Laufbahn war er in der Außenpolitik im Hintergrund tätig und an Operationen weltweit beteiligt gewesen, die man nicht zurückverfolgen kann.[74] Er selbst sagte dazu: »In den 1980er- und 1990er-Jahren sahen die Sondereinsatzkräfte große Möglichkeiten, Truppen loszuschicken, das Kampfgebiet vorzubereiten, das Umfeld zu sichern und Informationen zu sammeln.«[75] Diese Möglichkeiten, erklärte er, »wurden verspielt, weil man keine Risiken eingehen wollte und mangels Voraussicht und Kenntnis der Vorteile, die sich bieten, wenn man das Kampfgebiet vorbereitet. Es gab auch die Angst vor den Folgen.« In Boykins Augen hatten sich die amerikanischen Maßnahmen zur Terrorismusabwehr den Standards der Geheimdienste unterworfen, denen zufolge es eine fast hundertprozentige Sicherheit geben musste, dass es sich um die richtige Zielperson handelte und keine Zivilisten getötet würden.

Doch manche warnten vor den Risiken dieser Herangehensweise. Amerikanische Spezialeinsatzkräfte für CIA-typische Operationen zu verwenden und »ihre Rolle in der Art und Weise zu erweitern, die Rumsfeld vorschwebt, könnte für die US-Außenpolitik sehr gefährlich sein«, meinte Jennifer Kibbe von der Brookings Institution. Die Verwendung von Spezialeinsatzkräften sei »viel einfacher, als mit der CIA zu arbeiten. Und dieser Vorteil scheint Rumsfeld zu reizen.« Es bedeute aber, dass Spezialkommandos »verdeckte Operationen im Ausland ohne Erlaubnis der dortigen Regierungen durchführen, und ganz ohne oder nur mit geringer Kontrolle durch den Kongress. Sollte Rumsfeld sich durchsetzen, werden die Falken in der Regierung vielleicht bald Spezialkommandos losschicken, um andere Regime, die auf Washingtons Abschussliste stehen, anzugreifen oder zu unterminieren.«[76]

Im Außenministerium begriffen Powell und Wilkerson allmählich, welche Folgen diese neue, vom Pentagon betriebene Paralleloperation hatte. »Schon zu Beginn des sogenannten ›Weltweiten Kriegs gegen den Terror‹ riefen uns Botschafter an oder schickten E-Mails oder Telegramme, weil in ihrer jeweiligen Hauptstadt Leute aufgetaucht seien, männliche Weiße, über eins neunzig groß und mit einem Riesenbizeps. Die Botschafter brauchten nicht lange zu überlegen, wer diese Kerle waren und was sie im Sinn hatten«, erklärte Wilkerson. »Wir mussten Rumsfeld drängen, uns zu sagen, was er vorhatte, wenn er diese Spezialeinsatzkräfte in alle Welt hinausschickte, ohne die Regierung des jeweiligen Landes darüber zu informieren, geschweige denn unsere Botschafter und Missionschefs in den jeweiligen Ländern. In Südamerika kam es sogar zu einem Todesfall, als einer dieser Kerle eines Abends in angetrunkenem Zustand seine Waffe zog und einen Taxifahrer erschoss; wir mussten ihn ganz schnell aus dem Land herausholen.« Wilkerson fügte dann noch hinzu: »Ich bin mir nicht einmal sicher, ob

Rumsfeld von allen [Operationen] Kenntnis hatte, die das Büro des Vizepräsidenten [durchführte].«

»Unter dem Vizepräsidenten wurde die Sache immer größer und geriet außer Kontrolle. Sie lief irgendwie aus dem Ruder«, erzählte mir der ehemalige CIA-Agent Cannistraro.[77] »Im Pentagon saßen Leute mit der Befugnis für ›spezielle Sondereinsätze‹, die nicht die reguläre Befehlskette durchliefen und die nicht mit der CIA, dem Außenministerium oder anderen Stellen in der US-Regierung abgestimmt waren. Gerechtfertigt wurde das Ganze mit dem 11. September, der bedeute, dass wir uns in einem Krieg befänden, und dieser Krieg erfordere eben außergewöhnliche Maßnahmen. Das geriet außer Kontrolle. Weil nichts koordiniert und niemand informiert war, kam es vor, dass Leute umgebracht wurden, die keine wirklichen Zielpersonen waren. Sie hatten sich geirrt.« Cannistraros Fazit: »So etwas ist oft passiert.«

Das House Permanent Select Committee on Intelligence kam zu dem Schluss, das Pentagon habe »die Neigung gezeigt, das Etikett [Vorbereitung des Kampfgebiets] für alles zu verwenden, was auch nur im Entferntesten mit einer möglichen, eines Tages durchzuführenden Militäroperation in Verbindung stand.«[78] Manchen Karriereoffizieren aus der herkömmlichen Armee erschienen die Entwicklungen im Pentagon, deren Zeuge sie wurden, unheilvoll. »Wir wussten, dass die Genfer Konventionen schon früh sozusagen unter die Räder gerieten«, erklärte mir der hochdekorierte Oberst Douglas Macgregor.[79] Er hatte die berühmteste Panzerschlacht des Golfkriegs von 1991 befehligt und gehörte zum Pentagon-Team, das 2001 und 2002 die Strategie für einen Krieg gegen den Irak ausarbeitete.[80] Als er im DoD erlebte, wie Cheney und Rumsfeld anfingen, die SSB und das JSOC aufzubauen, sei er bestürzt gewesen. »Um es ganz offen zu sagen: Ich habe mich abseits gehalten, um nicht mit hineingezogen zu werden. Ich hatte kein Interesse, mich daran zu beteiligen, weil ich befürchtete, dass wir damit im Grunde gegen Gesetze verstießen«, sagte er. »Ob unsere eigenen Gesetze oder die Genfer Konventionen oder das ›Kriegsrecht‹, wie wir Militärs sagen. Man hätte erwartet, dass jemand aufsteht und sagt: ›Es tut mir leid, Herr Verteidigungsminister, Mr. Cambone, General Boykin. Sie haben nicht die Befugnis, sich über die Genfer Konventionen hinwegzusetzen, die vom Senat der Vereinigten Staaten ratifiziert worden sind.‹ Aber wir haben noch ein weiteres Problem. Wir haben kein Interesse am Senat, daran, irgendwen verantwortlich zu machen und sich an die Gesetze zu halten«, erklärte er. »Wenn man also auf keiner Ebene – weder der judikativen noch der legislativen oder der exekutiven – jemanden hat, der an der Einhaltung der Gesetze interessiert ist, kann man so ungefähr machen, was man will. Und ich denke, das ist schließlich auch geschehen.« Auch andere Stellen im Militär waren äußerst bestürzt, als klar wurde, welches Unheil diese von Cheney und Rumsfeld neu formierte Macht und das globale Abenteuer, das sie sich für die Spezialeinsatzkräfte ausgedacht hatten, anrichten konnte. »In ein befreundetes Land mit Streitkräften einzudringen, um eine militärische Mission durchzuführen, bedeutet, dass die USA eine Kriegshandlung begangen haben, auch wenn sich unser Interesse nicht auf das Land richtet, sondern auf die Hauptquartiere der Terroristen«, schrieb Oberst Kathryn Stone in einem Bericht für das US Army War College im Juli 2003:

> Der Großteil der Welt nimmt Einsätze der CIA, die de facto Kriege sind, als gegeben hin, weil die meisten Mächte selbst von ihren eigenen CIA-Pendants profitieren, wenn diese in fremden Ländern operieren, und politisch nichts gewonnen wäre, wenn man die verdeckte Aktion eines anderen Landes aufdecken und als Kriegshandlung bezeichnen würde. Die Welt wird es aber wohl nicht hinnehmen, wenn die USA überall ihre reguläre Militärmacht auf verdeckte Weise zum Einsatz bringen. Zu Recht würde die Welt fragen: Wo soll das enden? Wenn die USA Spezialkommandos entsenden, um ableugbare verdeckte Aktionen durchzuführen, dann könnte der nächste Schritt ein Angriff mit einer geheimen Tomahawk-Rakete oder vielleicht sogar ein Raketenangriff sein, dessen wahre Herkunft nicht nachvollziehbar ist, sodass der Fingerabdruck der USA verborgen bleibt.[81]

Oberst Stones Überlegungen sollten sich später als prophetisch erweisen, aber derartige Bedenken wurden einfach beiseite gewischt. »Ich glaube, es hat eine Menge undurchsichtige Geschäfte gegeben, und das Ergebnis war, dass sie ziemlich viel Spielraum bekamen. Der Präsident verhielt sich ziemlich passiv, in seiner ersten Amtszeit ließ er ihnen viel durchgehen, und sie hatten ihre eigenen Vorstellungen, wie man etwas anpacken musste, die sehr dem ähnelten, was die Israelis machen«, erklärte Oberst Lang. »Sie wissen schon, die berühmte Sache mit ›Cheneys einem Prozent‹ – wenn es nur den geringsten Zweifel gibt, tötet sie. So ist es im Grunde – entweder man fängt sie oder man tötet sie. Und genau das haben sie lange Zeit gemacht.«

Rumsfeld und Cheney begannen, die Infrastruktur für einen weltweiten Krieg aufzubauen, für den sie niemandem Rechenschaft schuldeten. Das JSOC war dabei ihre wertvollste Waffe. Sie brauchten aber noch einen gefügigen General, der ihren geheimen Krieg führen sollte. Und sie fanden ihn in Gestalt des US Army Rangers General Stanley McChrystal.

9 Der Unruhestifter: Stanley McChrystal

Vereinigte Staaten, 1974–2003, Irak, 2003

Stanley McChrystal war der Sohn eines Generals der Army.[1] 1972 schrieb er sich an der West Point Military Academy ein,[2] wo er sich den Ruf eines »Unruhestifters«[3] erwarb. Er feierte gern und sehnte sich nach einem Kampfeinsatz. Eines Abends inszenierten McChrystal und seine Freunde spaßeshalber einen Überfall auf ein Gebäude auf dem Campus.[4] Dabei verwendeten sie echte Gewehre und zusammengeknüllte Socken als Granaten. McChrystal wäre beinahe von Sicherheitskräften erschossen worden, später wurde ein Disziplinarverfahren gegen ihn eingeleitet. Eine Akte voller Einträge über Disziplinarmaßnahmen stand McChrystals Aufstieg zum Bataillonskommandeur jedoch nicht im Wege. 1976 machte er seinen Abschluss in West Point,[5] die Special Forces School in Fort Bragg schloss er 1979 ab und befehligte von 1979 bis 1980 eine Green-Beret-Einheit, wurde aber bei den wichtigsten Missionen in den Anfangsjahren seiner Laufbahn nicht eingesetzt. »Ich habe Panama und Grenada versäumt, und das wurmte mich«, erinnerte sich McChrystal. »Man fragt sich immer, wie man sich bewährt hätte.«[6] In den Jahren nach West Point verfolgte McChrystal eine Doppelstrategie, die ihm das Image des »Kriegergelehrten« einbrachte. Er machte seinen Master in Nationaler Sicherheit und Strategiestudien am Naval War College und einen weiteren in Internationale Beziehungen an der Salve Regina University. McChrystal stieg bei den US Army Rangers die Karriereleiter hoch und diente bei Luftlandetruppen und bei Spezialeinheiten.

1986 wurde McChrystal Kommandeur des 3. Bataillons des 75. Ranger Regiments und revolutionierte allem Anschein nach die Ausbildung der Rangers, modernisierte die für die Soldaten verfügbaren technischen Geräte und erhöhte bei der körperlichen Ausbildung und bei Nachtoperationen das Tempo.[7] McChrystals erste bekannte Tätigkeit bei einem JSOC-Team lag im Vorfeld des Golfkriegs von 1991, als er bei den Operationen Desert Shield und Desert Storm als Special Operations Action Officer der Army eingesetzt wurde. McChrystal war zwar am Golf für die Koordination von Spezialeinsätzen zuständig, verbrachte aber die Kriegszeit in Saudi-Arabien und Fort Bragg. Als McChrystal die Welt der verdeckten Operationen betrat, bekannte er: »Ich habe noch nie jemanden erschossen.«[8] Vielmehr konzentrierte er sich auf die Planung und Durchführung von Missionen, die Entwicklung von Führungsqualitäten und seinen beruflichen Aufstieg.

Ende der 1990er-Jahre war McChrystal zum Befehlshaber der Rangers ernannt worden. Dalton Fury, der ein Delta-Force-Team führte, das bin Laden in Afghanistan jagte, diente bei den Rangers als Stabsoffizier unter McChrystal, bevor er zu Delta wechselte. »Meinen Ranger-Kollegen und mir bot sich die einzigartige Gelegenheit, das Gute und das Böse bei [McChrystal] zu sehen. Ich glaube, wenn McChrystal auf dem Schlachtfeld verwundet worden wäre, hätte er rot, schwarz und weiß geblutet – die offiziellen Farben des 75. Ranger Regiments. Er ist ein 110-prozentiger US Army Ranger«, erklärte Fury. »Trotz seines kaputten Rückens und seiner vermutlich angeknacksten Knie nach unzähligen Gewaltmärschen und Sprüngen aus Flugzeugen scheint er den menschlichen Pauseknopf nicht zu kennen.«[9] Laut Fury stand McChrystal als Ranger »als untergeordneter Befehlshaber der zweiten Ebene der Befehlsstruktur unter dem Joint Special Operations Command. Die höchste Ebene war ausschließlich der Delta Force und dem SEAL-Team 6 vorbehalten. Das schien McChrystal immer zu ärgern. Seinem Naturell nach mochte er weder die zweite Geige spielen noch dulden, dass seine Rangers als Bürger zweiter Klasse gegenüber den Spezialeinheiten der ersten Ebene galten.«

Tatsächlich kämpfte McChrystal jahrelang darum, die Position der Army Rangers im Gefüge der Spezialeinheiten zu verbessern, und weigerte sich, sie als »Handlanger« für Delta Force zu sehen. »Die Rangers waren und sind immer noch genauso qualifiziert für ihre essenziellen Aufgaben wie die Ebene-eins-Einheiten für ihre«, meinte ein ehemaliger Ranger, der unter McChrystal gedient hatte. »Er glaubte, der Verlust von hochrangigen Offizieren und Unteroffizieren an das, was viele für die wahre Speerspitze hielten, schade dem Regiment.« Laut Fury waren die Rangers in McChrystals Augen »genauso qualifiziert auf ihrem Hauptaufgabenfeld der Eroberung von Fluglandeplätzen und Kommandounternehmen wie Delta bei landgestützten Geiselbefreiungen und die SEALs bei Angriffen auf Schiffe.«[10]

Fury erinnerte sich an ein Gespräch mit dem damaligen Oberst McChrystal über die fehlgeschlagene Operation Eagle Claw 1980 im Iran, bei der das Delta-Force-Geiselrettungsteam versagt hatte und die einen Schandfleck für die Spezialeinsatzgemeinde darstellte. »Es war ein interessantes, erhellendes Gespräch. Die Diskussion drehte sich im Wesentlichen um Oberst McChrystals Meinung, Beckwith hätte die Mission mit weniger Kräften und Schwerlasthubschraubern fortsetzen sollen. Zwar hätte sich das Risiko damit beträchtlich erhöht, aber Oberst McChrystal meinte, die Schande vor den Augen der Welt, es nicht einmal versucht zu haben, sei sehr viel verheerender für den Ruf unserer Nation als die Durchführung einer hochriskanten Mission, die auch nur eine minimale Erfolgschance gehabt hätte. McChrystal glaubte, das amerikanische Volk werde nie wieder eine solche Entscheidung akzeptieren.«

McChrystal hatte sich bei den Rangers als Ikone etabliert und polierte nun seine Referenzen mit Lehraufträgen in Harvard und beim Council on Foreign Relations (Rat für auswärtige Beziehungen, CFR) in New York auf. 1998 empfahl Dick Cheney, damals beim CFR als Vorsitzender des Military Fellowship Selection Board für die Vergabe von Stipendien an Militärs zuständig, McChrystal in den Thinktank aufzunehmen, um sein »Verständnis für auswärtige Angelegenheiten« zu erweitern.[11] Beim CFR schrieb McChrystal eine ausführliche Abhandlung über den Wert humanitärer Interventionen. In dem vor dem 11. September verfassten Text erklärte McChrystal: »Es ist eine militärische Realität, dass die Nation zu unbegrenzten Kampfeinsätzen in aller Welt nicht in der Lage ist. Es ist eine politische Realität, dass ungehemmte oder kaum gerechtfertigte US-Militärinterventionen weder durch den Kongress noch durch andere Nationen unterstützt oder gebilligt würden.« Und er fügte hinzu: »Unsere Kampfeinsätze, insbesondere Interventionen, können Regionen, Nationen, Kulturen, das Wirtschaftsleben und die Menschen aus dem Gleichgewicht bringen, ganz gleich, welch tugendhafte Absichten wir verfolgen. Wir müssen dafür sorgen, dass die Kur, die wir durch Intervention anbieten, nicht schlimmer ist als die Krankheit.«[12] Weiter schrieb McChrystal: »Wir dürfen unsere militärische Fähigkeit, wesentliche Missionen durchzuführen, die für die nationale Verteidigung unverzichtbar sind, nicht aufs Spiel setzen …

Was es kostet, die Macht der Vereinigten Staaten einzubüßen oder wesentlich zu vermindern«, führte er aus, »ist ein Preis, den sich die Welt kaum leisten kann.« Es entbehrt nicht einer gewissen Ironie, dass McChrystal, der sich politisch als Liberaler verstand, seinen späteren Ruhm Männern verdanken sollte, die all das taten, wovor er in seiner Abhandlung für den CFR gewarnt hatte.

Als die Anschläge vom 11. September stattfanden, war McChrystal Chef des Stabes des XVIII. US-Luftlandekorps. Bald darauf wurde er nach Afghanistan geschickt, um dort am Aufbau der Combined Joint Task Force 180 (CJTF) mitzuwirken, aus der die Kommandozentrale der Operation Enduring Freedom hervorgehen sollte.[13] Die CJTF 180 unter Leitung von McChrystal war in der ersten Zeit eine »Hybridorganisation«, die aus Spezialeinsatzgruppen sowie konventionellen und Spezialeinheiten bestand.[14] An ihrem Standort auf der Bagram Air Base hatte die Einsatzgruppe die Aufgabe, das ganze Spektrum der Kriegsanstrengungen zu koordinieren und, neben Antiterroroperationen, auch Maßnahmen gegen die Führung von al-Qaida und der Taliban.[15] Die Einsatzgruppe würde überdies in Afghanistan Festnahmen durchführen und Gefangene verhören, um »verwertbare Informationen« zu erhalten. CJTF 180 befehligte zahlreiche Einheiten, die sich nächtliche Razzien in Häusern von mutmaßlichen al-Qaida- und Taliban-Anführern zur Gewohnheit machten.[16] Diese Überfälle galten als »Blaupause für den Krieg gegen den Terror«,[17] die später anderswo als Vorlage diente.

Im Juli 2002 wurde McChrystal wegen einer Beförderung nach Washington zurückgerufen. Fünf Monate nach seiner Abreise aus Afghanistan wurde die CJTF 180 in einen Skandal um die Misshandlung von Gefangenen verwickelt,[18] denn es war ans Licht gekommen, dass im Dezember 2002 zwei Häftlinge im Gewahrsam der Einsatzgruppe infolge stumpfer Gewalteinwirkung gestorben waren. Das machte deutlich, wie die »verbesserten Verhörtechniken«, die dort Anwendung fanden, wirklich aussahen. Ob nun die Einsatzgruppe verantwortlich war oder die Spezialeinheit, die in den Quartieren der Einsatzgruppe Verhöre durchführte, wurde letztlich nie geklärt. Zwei Offiziere der Militärpolizei kamen wegen der Todesfälle vor Gericht.[19] McChrystals Zeit in Afghanistan war zwar kurz, aber er intensivierte dort seine enge Arbeitsbeziehung mit Generalmajor Michael »Mike« T. Flynn, einer Legende des militärischen Nachrichtendiensts.

Flynn, zuvor McChrystals Stellvertreter beim XVIII. US-Luftlandekorps, kam zeitgleich mit ihm nach Kabul, wo er für die CJTF 180 als
Leiter des Nachrichtendiensts arbeitete.[20] In seiner Jugend als trinkfes-
ter Surfer bekannt,[21] wurde Flynn 1981 bei der Army zum Leutnant befördert, ging zum Nachrichtendienst und arbeitete immer wieder in
Fort Bragg. 1983 nahm er an der Invasion von Grenada teil und Anfang
der 1990er-Jahre an der Intervention in Haiti. Viele Jahre lang arbeitete
er an sensiblen militärischen Nachrichtendienstprogrammen und entwickelte Systeme für den Aufbau der Nachrichtensammlung in »Hochrisikogebieten«. Mit McChrystal stieg auch Flynn auf. Als McChrystal
nach Washington zurückkehrte, übernahm Flynn die Leitung der 111.
Military Intelligence Brigade, deren Angehörige unter anderem für den
Einsatz bei »Krisenoperationen in aller Welt« »mit Leichtsystemen ausgerüstet«[22] wurden, zum Beispiel unbemannten Luftfahrzeugen. Während dieser Zeit nahm die Verwendung verschiedener Drohnen, die
später zu zentralen Waffen in den Kriegen Washingtons werden sollten,
dramatisch zu. Flynn stand an vorderster Front bei der Entwicklung der
Aufklärungstechnologie, die im Mittelpunkt des immer größer werdenden weltweiten Feldzugs zur Gefangennahme und Tötung von Terroristen stehen würde.

McChrystal blieb bei den Vorbereitungen der Invasion im Irak stil-
ler Beobachter. Bevor die Taktik des Shock and Awe (»Schrecken und
Ehrfurcht«) begann, wurde im Irak eine Elitegruppe aus JSOC-Kommandos als Vorhut einer größeren Invasionsstreitmacht eingesetzt, bekannt unter dem Namen Task Force 20. Sie hatte drei Aufgaben zu
erfüllen: den Invasionstruppen bei der Festlegung von Zielen für Luftangriffe zu helfen, Scud-Raketen und andere Massenvernichtungsmit-
tel zu finden und hochrangige Ziele wie Saddam Hussein aufzuspüren.
Die »supergeheime« Task Force 20 »hatte in den kurdischen Autono-
miegebieten im Norden des Irak seit über zehn Jahren operiert, und
2002 infiltrierten ihre Truppen den Irak selbst«, berichtete William Arkin im Juni 2002 in der *Los Angeles Times*. »Die Kommandos richteten
›Verstecke‹ und Lauschposten ein, und sie platzierten akustische und
seismische Sensoren an irakischen Straßen, um den Verkehr zu verfolgen. Sie drangen in das irakische Glasfaserkabelnetz ein, um die Kommunikation zu überwachen.«[23] Zu der Einsatzgruppe, die über rund ein-
tausend Leute verfügte, gehörten höchstrangige Teams mit je einem
Dutzend Kommandos, die freie Hand hatten, auf der Suche nach Sad-

dam Hussein, der Führungsriege der Baath-Partei und den militärischen Befehlshabern den Irak zu durchkämmen.[24]

McChrystal war aus Afghanistan zurückgekehrt, als die Planungen zum Irakkrieg gerade auf Hochtouren liefen. Er bekleidete nunmehr die Position eines Vizedirektors für Operationen (J-3) im Generalstab. Wie viele andere Vertreter von Militär und Nachrichtendienst sah er den Irak nicht als Terrorbedrohung und war von der Invasion nicht begeistert. »Viele von uns hielten den Irak für keine gute Idee«, erklärte McChrystal dem Journalisten Michael Hastings. »Wir vereinnahmten die Medien im Vorfeld des Irakkriegs«, sagte er weiter. »Man sah es kommen.«[25]

Die amerikanischen Anstrengungen zur Bekämpfung von al-Qaida in Afghanistan wurden durch die Invasion im Irak erschwert, so McChrystal:

Ich meine, sie wurden einerseits vom militärischen Standpunk erschwert, aber ich glaube eigentlich, sie wurden erschwert, weil sie in der muslimischen Welt die Ansichten über die Bemühungen Amerikas veränderten. Als wir 2001 in Afghanistan die Taliban verfolgten, herrschte die Einsicht vor, dass wir fähig und berechtigt seien, uns zu verteidigen. Und die Tatsache, dass al-Qaida von den Taliban beherbergt wurde, war nicht zu bestreiten. Ich denke, als wir die Entscheidung trafen, im Irak einzumarschieren, war das für viele Beobachter nicht gerechtfertigt. Während sich also zweifellos eine gewisse Ressourcenknappheit einstellte und wir an mehreren Orten nicht mit voller Aufmerksamkeit dabei sein konnten, war es meines Erachtens bedeutsamer, dass ein Großteil der muslimischen Welt jetzt hinterfragte, was wir taten und wir einen Teil der Unterstützung verloren, die, wie ich meine, langfristig hilfreich gewesen wäre.[26]

Ungeachtet seiner Bedenken trat McChrystal im ersten Monat der Invasion im Irak aus dem Schatten und wurde – wenigstens für einen Monat – eines der bekanntesten Gesichter des US-Militärs. Beim Pentagon sprach er mit Reportern, und hinter verschlossenen Türen lieferte er dem Kongress Geheimberichte. Im April 2003 bezeichnete der Abgeordnete Jose Serrano, ein Demokrat aus New York, die Berichte als »die tägliche Lüge«. Andere Demokraten des Repräsentantenhauses teilten Serranos Sicht. »Ich profitiere kaum von [den Berichten]«, sagte der Abgeordnete John Conyers. »Aus anderen Quellen, die meine Redefreiheit nicht einschränken, erfahre ich mehr« über den Krieg. »Ich finde, ich hätte meine Zeit besser nutzen können«, kommentierte der Abgeordnete Bobby Rush die Berichte gegenüber der Presse.[27]

Andere Parlamentarier fanden jedoch McChrystals Berichte freimütiger und interessanter als die stürmischen Sitzungen mit Rumsfeld. »Meine Mitarbeiter gehen morgens hin«, sagte der damalige Senator Joseph Biden, der die Invasion im Irak befürwortete.[28] »Sie sind sehr viel wertvoller als die berühmten Sitzungen, zu denen der Minister erscheint«, meinte Senator John McCain. »Dort erfährt man einfach die Tatsachen ohne Beschönigung ... Ich glaube kaum, dass [Rumsfeld] uns ein so unverfälschtes militärisches Bild liefert wie diese Leute.«[29]

Bei einer Pressekonferenz gab McChrystal einen Hinweis auf die Bedeutung der Spezialeinheiten im Irakkrieg. »Sie sind in diesem Feldzug stärker vertreten als in jedem anderen, den ich kenne. Wahrscheinlich sind sie prozentual gesehen beispiellos für einen Krieg, der gleichzeitig konventionell geführt wird«, erklärte er. »Offenbar handelt es sich hier wohl um die erfolgreichste und umfangreichste Verwendung von Spezialeinsatzgruppen in der jüngeren Geschichte.«[30] Das US-Militär, so McChrystal, verwende »einen höchst präzisen und genau festgelegten Zielauswahlprozess gegen das Regime«.[31] Am 14. April hatte McChrystal erklärt, der Krieg sei praktisch gewonnen. »Ich rechne damit, dass die wichtigsten Gefechte ausgetragen sind, weil die Hauptstreitmacht der Iraker auf dem Boden an Geschlossenheit verliert«, erklärte er.[32] In Wirklichkeit fing der Krieg gerade erst an, und ob McChrystal die Invasion für eine »gute Idee« hielt oder nicht, er sollte den Bodenkrieg bald aus nächster Nähe kennenlernen. Als Bush bereits »Melde Vollzug« im Irak verkündete, wurde McChrystal von Cheney und Rumsfeld mit der Leitung eines Menschenjagd-Teams mit bisher nicht dagewesenen Vollmachten betraut. Im September 2003 wurde er Kommandeur des JSOC.

Um Stanley McChrystal ranken sich widersprüchliche Legenden. Die vorherrschende, in den Kurzbiografien der Medien atemlos wiederholt, ist die vom »Kriegergelehrten«, der körperlich besser in Form ist als die jüngeren Leute unter seinem Kommando. In den 1990er-Jahren, als er beim Council on Foreign Relations tätig war, habe er sich mit einer Mahlzeit am Tag begnügt und sei auf dem Weg ins Büro täglich 20 Kilometer gejoggt.[33] Er kenne die Klassiker, habe aber trotzdem seinen Spaß an Monty-Python-Filmen oder Komödien wie *Ricky Bobby – König der Rennfahrer* mit Will Ferrell und zitiere häufig daraus. Sein Lieblingsbier sei Bud Lite Lime.[34] Es besteht kein Zweifel, dass seine Leute ihn zutiefst verehrten. »Als Soldat ist er in der amerikanischen Geschichte unerreicht. Ich hege die höchste persönliche Bewunderung für den Mann«, erklärte Andrew Exum, ein ehemaliger Ranger, der unter McChrystal im Irak gedient hatte. »Wenn man ein junger Zugführer ist und Stan McChrystal vor einem aufs Podium tritt, dann sieht man alles, was man im Leben sein möchte: einfach ein bemerkenswerter Mensch, ein phantastischer Soldat, jemand, der unglaublich fähig ist, und jemand, der große Bewunderung genießt. Das ist der Grund, warum ihn die Leute in der Gemeinde den ›Papst‹ nennen. Er ist der Mann, über dem niemand steht.«[35]

Tatsächlich war McChrystal nicht der erste JSOC-Kommandeur, den man »Papst« nannte. Schon während Clintons Amtszeit beklagte Justizministerin Janet Reno, Informationen vom JSOC zu ergattern gleiche dem Versuch, Zugang zu den geheimen Schatzkammern des Vatikan zu erhalten.[36] Aber der Titel »Papst« gebührt McChrystal mehr als jedem anderen JSOC-Kommandeur vor oder nach ihm, denn für die JSOC-Gemeinde war er das. Obwohl er den Irakkrieg für vergebliche Mühe hielt, sah er ihn auch als Chance, das JSOC zu revolutionieren und die Machtposition der Kommandoeinrichtung auszubauen. »Stan war der Inbegriff des Kriegers. Stan ist ein Mann, der, sobald er eine Anweisung von seinem Oberbefehlshaber erhält, blitzschnell handelt und den Befehl ausführt«, erklärte mir ein ehemaliges Mitglied von McChrystals Team. »Was Stan erkannte, war, dass er mit der entsprechenden politischen Rückendeckung aus dem Weißen Haus in der Lage sein würde, mit seinen Streitkräften Dinge zu erreichen, die nie zuvor getan worden waren.«[37]

Stanley »McChrystal ist stur«, bemerkte Fury, der als Stabsoffizier unter ihm diente, »und niemand kann bestreiten, dass er ein Mann von bemerkenswertem Durchhaltevermögen, scharfem Intellekt und kompromisslosem Einsatz für seine Soldaten, das amerikanische Volk und unsere Lebensweise ist. Ich persönlich kenne niemanden mit größerem Durchhaltevermögen und Interesse am Kampf als … McChrystal. Er gibt ein unglaubliches Tempo vor, erwartet hervorragende Leistungen, fordert Ergebnisse, aber am allerwichtigsten, er hört der kämpfenden Truppe zu.«[38]

Als Chef des JSOC besann er sich als ehemaliger Ranger darauf, die Kommandoeinrichtung nach dem Vorbild der Rangers umzugestalten. Als er das 75. Ranger Regiment leitete, wurden »Worte wie ›kit‹, das Delta- und SEAL-Team-Mitglieder für die gesamte Ausrüstung an Waffen und Geräten eines Angreifers verwendeten, aus dem Wortschatz der Rangers verbannt«, so Fury. »Der Ausdruck ›Angreifer‹ oder ›Operator‹ war im Regiment ebenfalls verboten. Die Männer, die das rot-schwarz-weiße Abzeichen trugen, waren Rangers, keine ›Angreifer‹ oder ›Operators‹. Sie hatten auch kein ›kit‹ bei sich. Sie hatten Standardmilitär-ausrüstung dabei.« Als er die Leitung des JSOC übernahm, glaubte McChrystal, dass die verschiedenen Spezialeinheiten der Kommando-einrichtung als flüssiges Team operieren sollten, wobei eine »gegensei-tige Befruchtung« durch unterschiedliche »Qualifikationen und [bei der] Teambildung« stattfinden sollte, statt die heikelsten Operationen an die Spezialeinsatzkräfte von Delta und SEAL-Team 6 abzugeben. »Von Anfang an versuchte McChrystal« als Chef des JSOC, »den Status quo der erstklassigen Gruppen zu neu zu strukturieren. Jetzt hatte er die Angreifer und Scharfschützen von Armee und Marine unter sich, und obwohl er kreative Risikobereitschaft und den Blick über den Teller-rand vollkommen unterstützte, schickte er sich bald an, ihre Einsätze nach einem leicht handhabbaren Schema zu organisieren. Das funktio-nierte aber nicht immer so, wie der General es wünschte.« McChrystal wollte, dass Delta und Team 6 zusammenarbeiteten, aber ihm sei – so Fury – rasch klar geworden, dass dies wohl nicht der beste Ansatz war. »Es dauerte eine Weile, bis der General schließlich erkannte, dass die beiden Einheiten wie Äpfel und Birnen waren. Sie nach Schema F zu-sammenzuspannen, hätte nur einen Obstsalat aus gegensätzlichen Eig-nungen, Standardverfahrensweisen und sogar Denkweisen ergeben.« McChrystals Anpassungsfähigkeit wurde Teil seiner Legende, während er die besten US-Terrorabwehreinheiten lenkte und der Kampf sich im-mer mehr ausweitete.

Aber nahezu unsichtbar in der atemlosen Medienstory vom Auf-stieg des Kriegerführers bleibt ein anderer McChrystal – ein Mann, der tatsächlich kaum Kampfhandlungen gesehen hatte, ehe er nach der Invasion im Irak zum JSOC-Kommandeur ernannt wurde. Dieser McChrystal war ein Aufsteiger, der sich politisch bei den richtigen Leu-ten eingeschmeichelt hatte, seien es Demokraten, Republikaner oder Schlüsselfiguren in der Militärverwaltung. Im Grunde war er einer der wenigen Auserwählten. »Als Soldat der dritten Generation verpasste [McChrystal] das Ende von Vietnam, während er in West Point war. Nach seinem Abschluss 1976 trat er einer Armee bei, die nach dem unpopulären Konflikt in Südostasien ausgehöhlt war«, meinte der altgediente Militärreporter Carl Prine. »Fast zwei Jahrzehnte lang wurden nur sehr wenige Kriege ausgetragen, er machte also seinen Weg in einer Welt, in der kaum Konkurrenz herrschte, und es wurde ihm vielleicht alles noch leichter gemacht, weil sein Vater – Generalmajor a.D. Herbert McChrystal – im Pentagon Director of Planing gewesen war, bevor sein Sohn ein Offizierspatent erhielt.«[39]

Ranghohe Offiziere, die McChrystal seit der gemeinsamen Zeit auf der Militärakademie kannten, berichteten, er sei jahrelang für die Karriere bei der Armee aufgebaut worden. »Als Mensch mag ich Stan sehr«, sagte Oberst Macgregor, der in West Point ein Zimmer mit McChrystal teilte.[40] Aber Macgregor hält ihm vor, dass sich McChrystal nach 11. September bei den Neokonservativen beliebt gemacht hatte, insbesondere bei Rumsfeld und Cheney. »Er war jemand, der seinen Ruf im Pentagon Rumsfeld verdankt. Er war jemand, der das ›globale‹ Kalifat als gigantischen Feind ansah und dafür die Trommel rührte. Und damit hatte er bei den wichtigen Leuten einen Stein im Brett.« Das Militär, so Macgregor, läuft unter einem »System, das letztlich auf dem Fundament der Vetternwirtschaft ruht. Mit anderen Worten, gehörst du zu den Jungs? Wenn sie dich von deiner Einstellung her für zuverlässig und gefügig halten, dann giltst du als jemand, der in die höchsten Ränge aufsteigen darf. Es ist wie die Aufnahme in eine Bruderschaft: Wird dieser Mann mit uns auf Kurs bleiben? Wird er sagen, was wir ihm auftragen, tun, was wir anordnen?« McChrystal, so der Oberst, erkannte sehr früh, dass er sich, »wenn er aufsteigen wollte, beliebt machen musste. Und das tut man im Pentagon.«

Trotz seiner erklärten Bedenken, die US-Militärpolitik verprelle die Muslime, teilte McChrystal die politische Haltung, die Vereinigten Staaten befänden sich tatsächlich im Krieg gegen den Islam, wie ein Offizier a.D. festhält, der McChrystal von Anbeginn seiner militärischen Laufbahn kannte und das Ranger-Training mit ihm durchlaufen hatte. »Boykin, Cambone und McChrystal waren Gesinnungsgenossen im großen Kreuzzug gegen den Islam«, erklärte mir der Offizier. »Sie leiteten praktisch ein Killerprogramm.«[41] Laut Macgregor sei McChrystal bei seiner Ernennung zum JSOC-Kommandeur »von Mr. Cambone,

Rumsfelds Nachrichtendienstchef, und General Boykin, Cambones rechter Hand, eine Mission übertragen [worden], die im Wesentlichen darin bestand, die ›Terroristen‹ zu jagen. Und natürlich haben wir den Begriff Terrorist sehr, sehr weit gefasst.« McChrystal, so Macgregor, »lenkte diese schwarze Welt, in der jede Kampfhandlung gegen Muslime damit gerechtfertigt wurde, dass man gegen das Kalifat kämpfte«.

Während McChrystal das JSOC neu organisierte, wollten das Weiße Haus und das Pentagon im Irak Resultate sehen. Ende 2003 fing der Krieg, den die Vereinigten Staaten schon für gewonnen erklärt hatten, gerade erst an. Die Pläne der Neokonservativen für den Irak und ihre schlecht durchdachte Politik schürte bei Sunniten und Schiiten gleichermaßen die Rebellion. Die Basis dafür wurde in dem Jahr gelegt, als L. Paul Bremer im Rahmen der Übergangsverwaltung den Irak regierte.

Bremer war ein zum Katholizismus konvertierter Konservativer,[42] der unter republikanischen Präsidenten Erfahrungen in der Regierungsarbeit gesammelt hatte und bei rechtsgerichteten Evangelikalen ebenso geachtet war wie bei Neokonservativen. Achtundvierzig Stunden nach dem 11. September schrieb Bremer im *Wall Street Journal:* »Unsere Vergeltung muss über die verweichlichten Angriffe des vergangenen Jahrzehnts hinausgehen, Maßnahmen, die dazu vorgesehen schienen, den Terroristen unsere Ernsthaftigkeit zu ›signalisieren‹, ohne echten Schaden anzurichten. Natürlich bewies ihre Schwächlichkeit das Gegenteil. Diesmal müssen die Terroristen und ihre Unterstützer vernichtet werden. Das bedeutet Krieg gegen ein oder mehrere Länder. Und es wird ein langer Krieg sein, keiner von der Sorte, die ›fürs Fernsehen‹ geführt wird«, so Bremer. »Wir müssen die sinnlose Suche nach einem internationalen ›Konsens‹ für unsere Maßnahmen unterlassen. Heute bekunden viele Nationen ihre Unterstützung und ihr Verständnis für Amerikas Wunden. Morgen werden wir wissen, wer unsere wahren Freunde sind.«[43]

Mitte April fragten »Scooter« Libby und Paul Wolfowitz bei Bremer an, ob er die Aufgabe übernehmen wolle, »die Besatzung des Irak zu leiten«.[44] Mitte Mai war Bremer in Bagdad und führte die Übergangsverwaltung der Koalition.

Während seines einjährigen Wirkens im Irak benahm sich Bremer wie ein streitsüchtiger Vizekönig, der das Land in einem Brooks-

Brothers-Jackett und Timberland-Stiefeln bereiste. Sich selbst sah er als »die einzige überragende Autoritätsperson – abgesehen von dem Diktator Saddam Hussein – die die meisten Iraker je gekannt haben«.[45] Bremers erste offizielle Amtshandlung, dem Vernehmen nach ein Geistesblitz von Rumsfeld und seinem neokonservativen Stellvertreter Douglas Feith, bestand in der Auflösung des irakischen Militärs und der Einleitung der »Entbaathifizierung«, was bedeutete, dass einige der klügsten Köpfe des Landes vom Wiederaufbau und dem politischen Prozess ausgeschlossen wurden, denn die Parteimitgliedschaft war in der Saddam-Ära Bedingung für zahlreiche Ämter gewesen.[46] Bremers »Order 1«[47] führte zur Entlassung tausender Lehrer, Ärzte, Krankenschwestern und anderer Staatsbediensteter und löste zugleich wachsende Wut und Desillusionierung aus. Die Iraker sahen, dass Bremer an den Regierungsstil Husseins und dessen politischer Hexenjagd anknüpfte. Im Grund vermittelten Bremers Maßnahmen vielen Irakern das Gefühl, dass sie bei der Gestaltung ihrer Zukunft wenig mitzureden hatten, einer Zukunft, die zunehmend düster und altbekannt aussah. Bremers »Order 2« – die Auflösung des irakischen Militärs – bedeutete, dass Hunderttausende irakischer Soldaten arbeitslos wurden und ihren Pensionsanspruch verloren. »Das war die Woche, in der wir uns auf irakischem Boden 450.000 Feinde schufen«, erklärte ein US-Vertreter dem *New York Times Magazine*.[48]

Innerhalb eines Monats nach Bremers Ankunft war von einem landesweiten Aufstand die Rede. Als es infolge seiner Entscheidung, das Militär aufzulösen, zu blutigen Anschlägen kam, schwelgte Bremer in Hetzrhetorik. »Wir werden sie bekämpfen und ihnen unseren Willen aufzwingen und wir werden sie gefangen nehmen und, wenn nötig, töten, bis wir in diesem Land für Recht und Ordnung gesorgt haben«, erklärte er.[49]

Am 1. Mai stand Präsident Bush in einer Bomberjacke auf der USS *Abraham Lincoln* vor einem großen Banner mit der Aufschrift »Mission Accomplished«. »Meine amerikanischen Mitbürger, die großen Kampfhandlungen im Irak sind vorüber«, erklärte er. »In der Schlacht um den Irak haben sich die Vereinigten Staaten und unsere Verbündeten durchgesetzt.«[50] Das war ein Märchen. Husseins Regime mochte abgesetzt und seine Tage mochten gezählt sein (nicht lange nach der Ansprache des Präsidenten, am 23. Juli 2003, wurden Husseins Söhne Uday und Qusay durch ein JSOC-Kommandounternehmen getötet),[51] aber ein Guerillakrieg – mit mehreren einander bekämpfenden Gruppen – fing gerade erst an.

Rumsfeld wies die Behauptung zurück, die Vereinigten Staaten seien mit einem »Guerilla«-Aufstand konfrontiert. »Ich denke, der Grund, warum ich nicht von einem ›Guerillakrieg‹ spreche«, witzelte er, »ist der, dass es keinen gibt.«[52] Allerdings war Rumsfelds neu ernannter CENT-COM-Chef, der praktisch die Bodentruppen im Irakkrieg befehligte, anderer Meinung. General John Abizaid erklärte im Juli 2003 auf einer Pressekonferenz im Pentagon, die Vereinigten Staaten hätten es jetzt im Irak mit einem »klassischen Guerillakrieg«[53] zu tun. Abizaid wusste, dass eine neue Widerstandsfront eröffnet wurde, hinter der keineswegs Husseins »Schergen« standen. Mitte August 2003, drei Monate nach Bremers Ankunft in Bagdad, waren Anschläge gegen US-Streitkräfte und irakische »Kollaborateure« an der Tagesordnung. Neue Milizen bildeten sich, amerikanische Truppen wurden sowohl von sunnitischen wie von schiitischen Gruppen angegriffen. Rumsfeld und Bush spielten das Ausmaß der Aufstände im Irak herunter, behaupteten, sie würden von »Fanatikern« des gestürzten Regimes, »Kriminellen«, »Plünderern«, »Terroristen«, »antiirakischen Kräften« und »durch den Iran Beeinflussten« vorangetrieben. Aber eine Tatsache konnten sie nicht leugnen: Die Zahl der Amerikaner, die in Blechsärgen heimkehrten, wuchs von Tag zu Tag. »Wir glauben, dass wir eine erhebliche Terrorbedrohung im Land haben, die neu ist«, räumte Bremer schließlich am 12. August ein. »Wir nehmen das sehr ernst.«[54]

Am 19. August hielt ein Kamaz-Tieflader vor dem Hauptquartier der Vereinten Nationen im Bagdader Canal Hotel direkt unterhalb des Fensters von Sergio Vieira de Mello, dem UN-Sonderbeauftragten im Irak.[55] In dem Hotel wurde eine Pressekonferenz abgehalten. Wenig später erschütterte eine Explosion das Gebäude. Der Tieflader war mit Sprengstoff gefüllt, darunter eine 250-Kilogramm-Bombe aus dem ehemaligen irakischen Militärarsenal, am Steuer hatte ein Selbstmordattentäter gesessen. Insgesamt wurden 22 Menschen getötet, darunter de Mello. Mehr als hundert Personen wurden verletzt. Die Vereinigten Staaten und die Vereinten Nationen erklärten, der Attentäter sei von Abu Mussab al-Sarkawi geschickt worden, einem militanten Jordanier, Anführer der Gruppe Jama'at al Tawhid wa'al Jihad.[56] Wenige Tage nach dem Bombenanschlag hielt Rumsfeld eine Rede auf einer Tagung der Veterans of Foreign Wars. »Wir stehen nach wie vor entschlossenen

Feinden gegenüber, wie wir es im Irak und in Afghanistan erlebt haben, wir haben es noch mit Fanatikern zu tun, mit den Übriggebliebenen der besiegten Regime, die weiterkämpfen, lange nachdem ihre Sache verloren ist«, erklärte Rumsfeld. »Manche sind überrascht, dass es immer noch Widerstandsnester im Irak gibt, und sie meinen, dies stelle eine Art Versagen seitens der Koalition dar. Aber das ist nicht der Fall. Vielmehr vermute ich, dass einige von Ihnen heute in dieser Halle, vor allem jene die im Zweiten Weltkrieg oder unmittelbar nach dem Krieg in Deutschland gedient haben, nicht überrascht waren, dass einige Baathisten weiterkämpfen. Sie werden sich erinnern, dass ein paar Fanatiker auch während und nach der Niederlage des Naziregimes in Deutschland weitergekämpft haben.«[57]

Rumsfeld klammerte sich an die Idee, dass der Widerstand im Irak im Wesentlichen aus dieser Ecke kam, aber in Wirklichkeit reagierten zu allem entschlossene Kräfte im Irak auf die Invasion und Besatzung. Während die Vereinigten Staaten gegen verschiedene sunnitische Widerstandsgruppen vorgingen, führte Moktada al-Sadr einen Aufstand gegen die Besatzer an und initiierte eine »Herz-und-Verstand«-Kampagne zur Bereitstellung wichtiger Dienstleistungen für Gemeinden und Stadtteile. Weil al-Sadr eine (wenngleich unsichere) Allianz mit einigen sunnitischen Widerstandsgruppen ausgehandelt hatte, mussten sich die Vereinigten Staaten womöglich auch auf einen nationalistischen Volksaufstand gefasst machen.

Nach dem Bombenanschlag vom August zogen die Vereinten Nationen den Großteil ihrer 600 Beschäftigten aus dem Irak ab. Im September 2003 wurde der UN-Komplex erneut bombardiert, was die Vereinten Nationen veranlasste, alle übrigen nichtirakischen Mitarbeiter außer Landes zu bringen.[58] Es war ein deutliches Zeichen dafür, dass die US-Mission im Irak alles andere als abgeschlossen war.

Im selben Monat wurde McChrystal JSOC-Kommandeur und erhielt den Auftrag, den Aufstand niederzuschlagen, den die Politik seiner Vorgesetzten ausgelöst hatte, eine Politik, die er selbst anzweifelte. Neben Hussein und seinen Schergen wurde der jordanische Terrorist Abu Mussab al-Sarkawi, der im Irak gegen die US-Besatzung kämpfte, Hauptzielperson von McChrystals Einsatzgruppe.

Al-Sarkawi hatte in Afghanistan gemeinsam mit den von den USA gestützten Mudschahedin gegen die sowjetische Besatzung gekämpft.[59] Anfang 2000 wurde er in Jordanien wegen Anschlagsplänen gegen amerikanische und israelische Touristen in Abwesenheit angeklagt.[60] Die Regierung Bush hatte al-Sarkawi benutzt, um eine Verbindung zwischen al-Qaida und dem Irak zu konstruieren, nachdem sich al-Sarkawi im Jahr 2002 in Bagdad angeblich einer medizinischen Behandlung unterzog.[61] Als Bush in einer landesweiten Fernsehansprache am 7. Oktober 2002 die Behauptung aufstellte, Husseins Regime stelle eine »ernste Bedrohung« dar, führte er »Kontakte auf hoher Ebene« zwischen der irakischen Regierung und al-Qaida an und erklärte, »einige al-Qaida-Führer, die aus Afghanistan geflohen sind«, seien »in den Irak gegangen. Darunter ein Mitglied der Führungsspitze von al-Qaida, der sich dieses Jahr in Bagdad medizinisch behandeln ließ und der mit der Planung von chemischen und biologischen Anschlägen in Verbindung gebracht wird.«[62] In seiner Rede vor den Vereinten Nationen bezeichnete Colin Powell al-Sarkawi als Anführer eines »todbringenden Terrornetzwerks«,[63] dem Husseins Regierung Zuflucht gewährt habe. Aber die Behauptung, al-Sarkawi habe sich mit Zustimmung der irakischen Regierung in Bagdad aufgehalten, darf bezweifelt werden.[64] Husseins Regime und al-Qaida waren Rivalen. Dennoch wurde nach der Invasion eine Belohnung von 25 Millionen Dollar auf al-Sarkawis Kopf ausgesetzt, und das JSOC jagte ihn im Irak.[65]

Zweifellos war al-Sarkawi ein brutaler Charakter, aber als Schurke kam er den Vereinigten Staaten gelegen. Washington war im Irak mit einem wachsenden Widerstand konfrontiert, und durch die Aufblähung von al-Sarkawis Bedeutung konnte man den Kampf im Irak in den Kontext eines umfassenderen Kriegs gegen den Terror einbetten. Al-Sarkawi füllte diese Rolle perfekt aus. Ein Jahr nach den Anschlägen gegen die Vereinten Nationen schworen al-Sarkawi und seine Leute Osama bin Laden den Treueeid und bildeten im Zweistromland eine al-Qaida-Gruppe, auch bekannt unter dem Namen al-Qaida im Irak (AQI).[66] Trotz seiner Loyalitätsbekundungen erwies sich al-Sarkawi letztlich als Problem für al-Qaida. Seine skrupellosen Angriffe gegen Muslime – sei es im Irak oder in Jordanien – spielten schließlich den US-Besatzern und Washingtons Propagandakampagne gegen den irakischen Widerstand in die Hände.

Der Irak diente als Versuchsfeld für die Schaffung einer neuen JSOC-Maschinerie für Gefangennahmen und Tötungen, geleitet von McChrystal und niemandem zur Rechenschaft verpflichtet außer einer kleinen Gruppe von Insidern im Weißen Haus und im Pentagon. Innerhalb weniger Monate gewann die angestrebte Menschenjagd-Kampagne Ähnlichkeit mit dem Phoenix-Programm der CIA im Vietnamkrieg, bei dem die CIA, unterstützt von US-Spezialeinheiten und einheimischen Milizen, einen grausamen Feldzug zur »Neutralisierung« des Vietcong und seines Unterstützernetzwerks durchführte. Im Klartext bestand das Phoenix-Programm einfach aus gut organisierten Todesschwadronen. »Sie töteten unzählige, Tausende und Abertausende angebliche Vietcongkämpfer«, erklärt Gareth Porter, ein unabhängiger Historiker, der sich ausführlich mit dem Phoenix-Programm in Vietnam und der Geschichte des JSOC auseinandergesetzt hat. »Phoenix war praktisch der Vorvorläufer dieser [JSOC-] Methode der Kriegsführung.«[67]

Die Aufstandsbekämpfung im Irak beschäftigte einen Großteil der amerikanischen Elitetruppen, aber Rumsfeld und Cheney hegten bereits globale Bestrebungen für die weitere Verwendung des JSOC. Am 16. September 2003 unterschrieb Rumsfeld einen Erlass – im selben Monat gab Holland das SOCOM-Kommando ab, sein Nachfolger wurde General Bryan »Doug« Brown –, mit dem das JSOC als wichtigste Terrorabwehrgruppe der Vereinigten Staaten etabliert wurde. Der Erlass enthielt zuvor genehmigte Listen von 15 Staaten, in denen Terrorabwehrmaßnahmen ergriffen werden könnten, und führte aus, welche Maßnahmen durchgeführt werden durften.[68] Brown, mit Spezialeinsätzen bestens vertraut und Gründungsmitglied des 160. Special Operations Aviation Regiment, erklärte vor dem Senat, »die Schaltstelle des Verteidigungsministeriums im Globalen Krieg gegen den Terror liegt bei USSOCOM«.[69] Das SOCOM, eine regional ungebundene Kommandoeinrichtung sollte »das führende Einsatzkommando für die Planung, zeitliche Abstimmung und, wenn angeordnet, Ausführung globaler Operationen gegen Terrornetzwerke in Abstimmung mit anderen Einsatzkommandos« sein. Einen Monat später forderte Rumsfeld von seinen Topberatern Antworten. »Können wir jeden Tag mehr Terroristen gefangen nehmen, töten oder abschrecken und überzeugen, als die Koranschulen und die radikalen Kleriker im Vergleich dazu rekrutieren, ausbilden und einsetzen?«, schrieb er in einem Memorandum an Wolfowitz, Feith und Myers.[70]

Das war eine interessante Frage, die in Antiterrorkreisen lebhaft diskutiert wurde. Aber während die al-Qaida-Führung in Länder am Horn von Afrika, auf der Arabischen Halbinsel und nach Pakistan floh, erhielt die führende Terrorabwehrgruppe den Befehl, sich voll und ganz auf ein Land zu konzentrieren, in der es al-Qaida überhaupt nicht gegeben hatte, bevor ein Jahr zuvor amerikanische Panzer dort eingedrungen waren. Das Pentagon hatte an seine Truppen im Irak Spielkarten verteilen lassen, die den verschiedenen Führungspersonen des ehemaligen Baath-Regimes einen Wert zuordneten. Hussein war das Pik-Ass. Die Tradition reichte bis in den Amerikanischen Bürgerkrieg zurück, nur wurden die Karten diesmal nicht nur an Militärs verteilt, sondern auch als Handelsprodukt an die Zivilbevölkerung verkauft.[71] Die Regierung Bush schien ihre eigene Propaganda zu glauben, wie leicht ein Sieg im Irak zu erringen sei, und schlussfolgerte, durch die Zerstörung der Baath-Partei und die Ermordung oder Gefangennahme ihrer Führer könne man den Krieg schnell gewinnen.

Als McChrystal im Oktober 2003 im Irak landete, nahm seine Task Force 20, nun unter den Namen Task Force 121, die Jagd auf. Zu ihren Mitgliedern zählten JSOC-Kräfte, britische SAS-Kommandos und einige irakische Teams. Ihre Aufgabe bestand darin, den Satz Spielkarten abzuarbeiten. »Die Mission für die direkt beteiligten Spezialeinsatzgruppen bestand eigentlich darin, sich auf die Führung des alten Regimes zu konzentrieren«, erinnerte sich Andrew Exum, der als Ranger-Zugführer im Irak bei McChrystals Einsatzgruppe dabei war. »Den Satz Spielkarten – also die dringendst gesuchten Leute. Ich glaube, das beruhte weitgehend auf der Idee, dass der Aufstand im Irak und die Kämpfe sozusagen verschwinden, wenn viele dieser Leute verschwinden.« Diese Theorie erwies sich als ebenso falsch wie verhängnisvoll.

Ob dieser Einsatz nun strategisch sinnvoll war oder nicht, bei der Erreichung seiner unmittelbaren Ziele – der Eliminierung ausgewählter Zielpersonen – gab es einen gewissen Erfolg. McChrystals rechte Hand als Kommandeur der JSOC-Einsatzgruppe für hochrangige Ziele (JSOC High Value Targeting Task Force oder HVT Task Force) war William McRaven, ein Navy SEAL, der für seine akademischen Ambitionen bekannt war.[72] Obwohl McChrystal für die Erweiterung der Möglichkeiten und die größten Erfolge des JSOC weitgehend die Lorbeeren erntete, wusste man in Kreisen der Spezialeinsatzkräfte, dass viele maßgebliche Leistungen der HVT-Einsatzgruppe McRavens Verdienst waren.

Aufgewachsen in San Antonio, Texas, begeisterte sich McRaven von

Jugend an für das Militär – sein Vater hatte im Zweiten Weltkrieg einen Spitfire-Jäger geflogen. Als Jugendlicher schwärmte Bill McRaven für James-Bond-Filme – besonders faszinierend fand er, laut seiner Schwester, Sean Connerys Heldentaten unter Wasser in *Feuerball*. »Das war sein Lieblingsfilm!«, verriet Nan McRaven dem *Time Magazine*. »Ich sagte zu ihm, wenn du groß bist, kannst du 007 werden. Und das wurde er wohl auch.«[73]

Die University of Texas verließ McRaven 1977 mit einem Abschluss in Journalismus. Dann immatrikulierte er sich für den Reserve Officers' Training Course (ROTC), erwarb den Rang eines Leutnants zur See und trat schließlich zur weiteren Ausbildung bei den SEALs ein. Nach deren Abschluss wurde er auf die Philippinen entsandt. Als Richard Marcinko 1982 die Naval Special Warfare Development Group, kurz SEAL-Team 6, gründete, bat er McRaven, eines der Teil-Teams zu leiten.[74] Marcinkos unbekümmerter Führungsstil brachte ihn bald auf Kollisionskurs mit seinem jungen Leutnant. Marcinko kaufte seinen SEALs teure Autos und finanzierte ausschweifende Partys auf dem Marinegelände, an denen auch Prostituierte teilnahmen.[75] »Die SEALs waren glücklich, ich war glücklich, und niemand hatte Probleme außer Bill McRaven«, erklärte Marcinko dem *Time Magazine* und bezeichnete McRaven als Spaßbremse. »Er war ein heller Kopf, aber er mochte meine raubeinige Art nicht. Wenn ich ein wandelndes Pulverfass war, dann war er zu steif. Er gönnte den Spezialgruppen nichts Spezielles.«[76] McRaven sah das anders. »Ich war kein weißer Ritter auf dem Pferd, der gegen Windmühlen kämpft«, konterte McRaven. Marcinko »war der Boss, ich ein sehr junger Leutnant. Da gab es ein paar Dinge, die ich nicht für richtig hielt … und er entließ mich« aus dem Dienst. Einem ehemaligen Spezialkräfte-Kommandeur zufolge übertrug Marcinko McRaven »einige fragwürdige Aktivitäten«, McRaven habe sich aber geweigert und »wollte nicht einlenken«.[77] Andere Offiziere im SEAL-Team 6 fanden McRavens Integrität heroisch, meinten aber, nach seinem Zusammenstoß mit Marcinko sei »seine Karriere zu Ende«.[78]

Tatsächlich war es Marcinkos Karriere im Reich der Geheimoperationen, die ein abruptes Ende fand – während die von McRaven gerade erst anfing. Im März 1990 wurde Marcinko mit der Begründung, er habe die US-Regierung bei einem Waffengeschäft betrogen, zu einer 21-monatigen Haftstrafe verurteilt.[79] McRaven erhielt kurz danach das Kommando über einen Zug im SEAL-Team 4 mit Schwerpunkt Süd-

und Mittelamerika. Über McRavens Kampfeinsätze ist nur wenig bekannt, obwohl er laut seiner offiziellen Biografie im Golfkrieg eine »Einsatzeinheit« führte.[80] 1991 ging er an die Naval Postgraduate School, die er 1993 absolvierte. Dort half er, das Special Operations/Low Intensity Conflict Programm einzurichten, dessen erster Absolvent er war.[81] Er machte einen doppelten Abschluss in SO/LIC und Fragen der nationalen Sicherheit. Seine Abschlussarbeit, betitelt *The Theory of Special Operations*, erschien als Buch, wurde viel gelesen und diente als Grundlage für den Unterricht. In seiner Arbeit analysiert McRaven entscheidende, von Spezialeinsatzgruppen geführte Schlachten vom Zweiten Weltkrieg bis Vietnam und zieht daraus Lehren für künftige Konflikte und Kriege. Das Buch gilt als Grundlagenwerk für das Studium der Kriegsführung mit Spezialeinsatzgruppen. »Bill hat den Ruf des klügsten SEAL, der je gelebt hat«, sagte ein ehemaliger Kommandeur 2004.[82] McRaven diente anschließend als »Einsatzgruppenkommandeur« im Nahen Osten und befehligte überdies das SEAL-Team 3, das in Südwestasien operierte. 2001 wurde er zum Kapitän zur See und Befehlshaber der SEALS Special Naval Warfare Group 1 befördert.

Kurz nach dem 11. September versetzte man McRavens SEAL-Team nach Afghanistan, aber sein Kommandeur musste zu Hause bleiben. Zwei Monate zuvor hatte sich McRaven bei einem Fallschirmabsprung unweit seiner Basis im kalifornischen Coronado die Hüfte gebrochen und den Rücken angeknackst.[83] Manche meinten, er würde nie wieder einen Kampfeinsatz bestreiten, geschweige denn normal gehen können. McRaven legte sein Kommando nieder, aber seine Laufbahn war nicht vorbei. Gewissermaßen erwies sich der Fallschirmunfall als Glücksfall. Denn obwohl McRaven anfangs nicht auf dem Schlachtfeld war, sollte er zum Schlüsselakteur der Strategie werden, die viele Jahre lang die US-amerikanischen Terrorabwehroperationen prägte. Wayne Downing, neu ernannter stellvertretender nationaler Sicherheitsberater für Terrorismusbekämpfung, holte McRaven in seinen Stab im Weißen Haus. Zwei Jahre lang arbeitete McRaven für Downing, während er sich von seinen Verletzungen erholte, und man schreibt ihm zu, der Haupturheber von Bushs »nationaler Strategie zur Terrorismusbekämpfung« zu sein.[84] Es war kein bequemer Job für einen Militär auf der Reservebank. Captain McRaven wurde der wichtigste JSOC-Vertreter im Nationalen Sicherheitsrat und koordinierte die Arbeit des Office of Combating Terrorism. Zu seinen Aufgaben gehörte es, die Listen der hochrangigen Zielpersonen, die das JSOC aufzuspüren hatte, zu prüfen und zusammenzustellen.[85] Er zählte zu den wichtigsten Akteuren bei der Militarisierung der US-Terrorismusbekämpfung und beim Aufbau der Infrastruktur für die Erstellung von Tötungslisten. McRavens Zeit beim Nationalen Sicherheitsrat bereitete ihm den Weg, sodass er zu einer der mächtigsten Gestalten in der Militärgeschichte der Vereinigten Staaten aufsteigen und die Institutionalisierung der gezielten Tötung als zentraler Komponente der Nationalen Sicherheitspolitik der USA vorantreiben konnte.

Nach dem 11. September standen nicht mehr als zwei Dutzend Personen auf der Tötungsliste der USA. Aber als sich McRaven an die Arbeit gemacht hatte, wuchs die Liste von Jahr zu Jahr. Nach dem Aufbau einer Struktur, dank derer das JSOC weltweit auf Menschenjagd gehen konnte, widmete sich McRaven mit aller Kraft ihrer Umsetzung. Es gibt »drei Leute, die die Spezialeinsatzgruppen wirklich verbessert haben und sich als hohes Verdienst anrechnen können, wie sie sich seit 2001 entwickelt haben«, versicherte mir Andrew Exum. »Das sind Bill McRaven, Stan McChrystal und Mike Flynn.«

„Sie verfolgen dieselbe Absicht wie wir."

Somalia 1993–2004

Anfang Januar 2003 stand Mohamed Afrah Qanyare auf der Rollbahn eines abgeschiedenen Flugplatzes nördlich von Mogadischu, den er kontrollierte.[1] Der winzige Landeplatz war eine kleine Festung inmitten eines gefährlichen, gesetzlosen Landes. Qanyares private Sicherheitskräfte bewachten das Gelände, und »im Busch« waren Landminen strategisch verteilt, die einen heimlichen Angriff – oder auch einen zwanglosen Besuch – hochriskant machten. In den Jahren nach dem Sturz des Diktators Mohamed Siad Barre – der Somalias letzte stabile Regierung geführt hatte – war Qanyare als einer der mächtigen Warlords hervorgetreten, die Mogadischu plünderten und eigene Territorialansprüche stellten.[2] Der Flugplatz Daynile war Qanyares Lehen. Und er brachte eine Menge Geld ein. Zehn Jahre lang machte der Landeplatz Profit, vor allem durch den Schmuggel von Mira, auch Khat genannt. Es handelt sich dabei um die Blätter des Khatstrauches, die süchtig machen und von Millionen Menschen am Horn von Afrika konsumiert werden.[3] Khat war auch die Lieblingsdroge Tausender Milizkämpfer, die im Dienst Qanyares und anderer Warlords standen. Und Khat trug auch Mitschuld an dem Irrsinn, der Somalia seit langer Zeit im Griff hatte. Aber an jenem Tag, dem 5. Januar 2003, erwartete Qanyare keine Maschine der Bluebird Aviation mit einer Ladung der begehrten Blätter, sondern eine kleine Gulfstream, die eine etwas andere brisante Fracht hatte.[4]

Qanyare sagte, er könne sich nicht erinnern, für welche Regierungsbehörde die weißen Männer arbeiteten, die am 5. Januar aus dem Flugzeug stiegen, aber sie waren eindeutig Amerikaner. »Ich glaube, sie gehörten zum militärischen Nachrichtendienst und zur CIA«, meinte Qanyare. »Aber ich weiß es nicht genau. Das waren deren interne Angelegenheiten. Aber sie gehörten zum Nachrichtendienst, zum amerikanischen Nachrichtendienst.«[5]

Ein paar Wochen zuvor war ein guter Freund auf Qanyare zuge-kommen, der ihm sagte, die CIA wolle sich im kenianischen Nairobi mit ihm treffen. Am Tag nach Weihnachten saß Qanyare mit einigen weißen Männern in einem Hotelzimmer. »Sie baten um eine Bespre-chung, und ich akzeptierte, weil Amerika eine Weltmacht ist«, berich-tete er. »Wir diskutierten über Geheimdienstfragen.«

Die Fragen, um die es ging, waren Washingtons Wunsch, eine klei-ne Gruppe von al-Qaida-Funktionären auszuschalten, die auf der Ab-schussliste von CIA und JSOC standen. Unter ihnen befänden sich, so die Amerikaner, gefährliche Leute, die 1998 Bombenanschläge auf die US-Botschaften in Kenia und Tansania geplant und ausgeführt und da-bei über 200 Menschen getötet hatten. Washington, so versicherten sie Qanyare, sei besorgt, dass al-Qaida weitere Anschläge in Ostafrika plane.

Tatsächlich hatten am 28. November 2002, zwei Monate bevor Qan-yare in Nairobi mit den Amerikanern zusammentraf, Terroristen in Ke-nia zeitgleich zwei Anschläge unternommen.[6] Einer richtete sich gegen den Ferienort Kikambala an der Küste nördlich von Mombasa, der an-dere gegen einen israelischen Linienjet am *Moi* International Airport bei Mombasa. Beim ersten Anschlag hatten drei Männer ein mit Sprengstoff beladenes Fahrzeug in das Paradise Hotel gelenkt und dabei sich selbst und 13 weitere Menschen getötet sowie 80 weitere ver-letzt. Wenige Minuten später feuerten zwei Männer Boden-Luft-Rake-ten auf Flug 582 der Arkia Israel Airlines.[7] Beide verfehlten die Maschi-ne knapp. Washington vermutete, dass die Leute hinter diesen Anschlägen zur selben Zelle gehörten, die 1998 die amerikanischen Bot-schaften angegriffen hatte.

Nach den Anschlägen auf die Botschaften in Kenia und Tansania hatte es mehrere Hauptverdächtige nach Somalia verschlagen – unter ihnen Fazul Abdullah Mohammed, der später wegen seiner mutmaß-lichen Rolle bei den Bombenanschlägen in den Vereinigten Staaten an-geklagt wurde.[8] Ende 2001 sammelte Fazul in Mogadischu eine Gruppe um sich, die schließlich 2002 die Anschläge in Kenia ausführte.[9] Einige der in Mombasa verwendeten Waffen ließen sich bis zum florierenden Schwarzmarkt in Somalia zurückverfolgen, darunter die beiden gegen die israelische Linienmaschine eingesetzten Strela-2 Boden-Luft-Rake-ten.[10] Um die Finanzen für die Operation kümmerte sich Tariq Abdul-lah, auch bekannt als Abu Talha al-Sudani, der zwischen Somalia und

den Vereinigten Arabischen Emiraten pendelte.[11] Ein bis dahin Unbe-
kannter, Saleh Ali Saleh Nabhan, geriet ins Visier der US-Behörden,
weil der im Paradise Hotel explodierte Wagen zu ihm zurückverfolgt
wurde.[12] Der kenianische Staatsbürger jemenitischer Herkunft wurde
auch beschuldigt, eine der Raketen abgefeuert zu haben. Nabhan hatte
vermutlich jahrelang eine Zelle in Mombasa geleitet und möglicherweise als wichtigster Mittelsmann zwischen der Zelle in Kenia und der
al-Qaida-Führung in Afghanistan und Pakistan fungiert.[13] Nach den
Anschlägen vom November 2002 entkamen Nabhan, Fazul und ihre
Komplizen erneut mit dem Boot nach Somalia.[14]

Diese Leute standen ganz oben auf der Liste der hochrangigen Zielpersonen, die Washington ausschalten wollte, aber es gab noch größere, grundsätzlichere Bedenken, denn das regierungslose Somalia wurde
zur neuen Heimat für al-Qaida-Angehörige, die nach der US-Invasion
in Afghanistan geflohen waren.

Mohamed Qanyare ist eine beeindruckende Persönlichkeit, sowohl körperlich als auch intellektuell. Er ist groß, und der Blick seiner Augen mit
den vielen Lachfältchen hat eine geradezu surreale Intensität. Er ist »im
Busch« von Somalia aufgewachsen, wie er berichtet, und erhielt eine
Ausbildung bei mennonitischen Missionaren, die ihn in die Kunst der
Buchhaltung einführten.[15] Als junger Mann übernahm Qanyare die
Buchhaltung für die somalische Geheimpolizei, was seine Karriere in
den finsteren Winkeln der somalischen Kriegspolitik beförderte. Er
spricht fließend Englisch und lacht gern über seine eigenen Witze, die
oft wirklich komisch sind. Er trägt perfekt gebügelte Guayaberahemden,
die mit seiner wilden Mähne kontrastieren.

Im Laufe der drei Jahre, die auf den ersten Besuch der US-Agenten
auf Qanyares Flugplatz folgten, flogen die Amerikaner ein bis zweimal
die Woche ein.[16] Zum US-Team gehörten oft verschiedene CIA-Leute
und »Schützen« des JSOC.[17] Zu Anfang handelte es sich um eine CIA-
geführte Operation mit Basis in der US-Botschaft in Nairobi. »Der Flugplatz liegt im Landesinneren, im Busch. Deshalb ist er ein sehr ver-
schwiegener Ort«, prahlte Qanyare. »Wir haben ihn so angelegt, dass
nicht ohne Weiteres zu erkennen oder zu sehen ist, wer dort landet. Den
Amerikanern gefällt das.«[18] Bei einem der ersten Besuche fuhr Qanyare
die Amerikaner zu seiner Villa. Beim Kaffee legten sie dem somalischen
Warlord mehrere Fotos vor. Die Amerikaner verlangten von ihm, etwas

gegen die Männer auf den Fotos zu unternehmen; was genau, wollte er mir nicht verraten. »Mein Ziel war, die al-Qaida-Vertreter in Somalia und ganz Ostafrika zu eliminieren«, erklärte mir Qanyare. »Meine Absicht war, mit Unterstützung und Wissen der Amerikaner gegen diese Leute zu kämpfen. Das war meine Absicht. Ich kann sagen, dass sie dieselbe Absicht verfolgen wie wir, und sie wollten die al-Qaida-Vertreter am Horn von Afrika eliminieren.«

Während CIA-Leute mit Qanyare und anderen Warlords zusammenarbeiteten, ging der Nachrichtendienst des JSOC – Activity – zuweilen eigene Wege. Eigenständig installierten sie ein Netzwerk aus Überwachungs- und Lauschgeräten in ganz Mogadischu.[19] Sie »bereiteten das Schlachtfeld vor«, kämpften aber nicht auf ihm. Washington war noch nicht so weit, amerikanische Bodentruppen nach Somalia zu schicken. Aber man hatte durchaus Lust auf altmodische Stellvertretertruppen, die Qanyare gern befriedigte. Im Durchschnitt, so Qanyare, bezahlten ihm die Amerikaner 100.000 bis 150.000 Dollar im Monat für seine Dienste und die Nutzung seiner Landebahn.[20] Geheimdepeschen der US-Botschaft in Nairobi berichten ausführlich darüber, in Somalia »nichttraditionelle Kontaktpartner (z.B. Milizenführer)« einzusetzen, um »hochrangige Zielpersonen aufzuspüren und auszuschalten«.[21] So entstand eine von den USA finanzierte Koalition von Warlords, die in Somalia im Dienste Washington standen. Ihr offizieller Name roch nach CIA: Alliance for the Restoration of Peace and Counterterrorism (Allianz für die Wiederherstellung des Friedens und Terrorismusbekämpfung). Innerhalb der US-Geheimdienste war sie damals allerdings als »Operation Black Hawk«[22] bekannt, eine Anspielung auf das Desaster, das zum Rückzug der amerikanischen Truppen aus Somalia geführt hatte. Was als stille Nachrichtensammlung gegen eine Handvoll al-Qaida-Angehörige begann, entwickelte sich bald zu einem schmutzigen Krieg erster Ordnung, der an die US-Hilfe für die Contras in Nicaragua in den 1980er-Jahren erinnerte.

Somalia hätte sich ganz anders entwickeln können als zu dem Land, das die Vereinigten Staaten gemeinsam mit den Warlords nach dem 11. September schufen. Der radikale Islam war in Somalia vor dem Beginn des Globalen Kriegs gegen den Terror so gut wie unbekannt.[23] Viele Somalia-Kenner glaubten, dass die Handvoll Radikaler im Land hätte eingedämmt werden können und das zentrale Ziel eine Stabilisierung des

Landes durch Entwaffnung und Entmachtung der Warlords hätte sein müssen. Stattdessen förderte Washington den Machtzuwachs der Warlords und löste damit eine radikale Gegenreaktion in Somalia aus, die die Türen für al-Qaida weit öffnete. Während die CIA ihre Beziehung mit Qanyare und anderen Warlords pflegte, sah die offizielle somalische Regierung hilflos zu. Die aus im Westen ausgebildeten Technokraten bestehende »Nationale Übergangsregierung« war nicht viel mehr als eine Idee, die in Hotelsuiten und Cafés in Kenia und anderen Nachbarländern existierte. Und genauso wurde sie auch von Washingtons Antiterrorbehörden behandelt.

Nach den Anschlägen vom 11. September und Präsident Bushs Erklärung – »Entweder seid ihr für uns oder für die Terroristen«[24] – schrieb der somalische Außenminister Ismail Mahmoud »Buubaa« Hurre in aller Eile einen Brief an den US-Außenminister: »Wir sind für Sie, und wir sind ebenso besorgt angesichts der Möglichkeit, dass al-Qaida nach [Somalia] vordringt, wie Sie es sind«, zitierte Buubaa seinen Brief aus dem Gedächtnis. »Aber«, verriet er mir beim Kaffee in einem vornehmen Hotel in Nairobi, »die Reaktion war lauwarm.« Statt die somalische Regierung zu stärken, so Buubaa, »begannen sie eine Zusammenarbeit mit den Warlords, weil sie glaubten, die besten Methode zur Terrorismusbekämpfung bestehe darin, die Warlords zu stärken, damit sie die Fundamentalisten aus Somalia vertreiben. Der Schuss ging nach hinten los.«[25]

Am 23. September 2001 hatte Präsident Bush den Präsidialerlass 13224 unterzeichnet und darin mehr als 25 Gruppen und Einzelpersonen als Terroristen benannt, die im Globalen Krieg gegen den Terror als Feinde angesehen wurden.[26] Letztlich würde die Liste auf mehr als 180 anwachsen. Der Erlass sollte offiziell dazu dienen, »das finanzielle Unterstützernetzwerk für Terroristen und Terrororganisationen zu zerschlagen«, aber es waren auch Gruppen aufgeführt, die sich womöglich als Objekt für Militärangriffe eigneten. Auf der ursprünglichen Liste stand unter anderem die somalische Gruppierung al-Itihad al-Islami (AIAI). Ungeachtet der Tatsache, dass sie sich bereits vor dem 11. September weitgehend aufgelöst hatte, wurde sie oft als Sammelbegriff für sämtliche militante Islamisten in Somalia verwendet.[27] AIAI hatte sich in den 1990er-Jahren an den Aufständen gegen die UN-Blauhelmtruppen in Somalia beteiligt[28] und die Verantwortung für eine Reihe von Terroranschlägen und Attentaten in Äthiopien übernommen.[29] Auch wurde vermutet, dass AIAI bei der mutmaßlichen Beteiligung al-Qaidas am Abschuss der Black Hawks 1993 als Bindeglied gewirkt hatte. Die explizite Erwähnung der Gruppe im Präsidialerlass 13224 war ein Hinweis darauf, dass die Regierung Bush erwog, in Somalia zuzuschlagen.

Die US-Kriegsstrategen gingen davon aus, dass nach der amerikanischen Invasion in Afghanistan al-Qaida-Kämpfer und andere Dschihadisten anderswo Zuflucht suchen würden. Der Jemen und Somalia zählten zu den infrage kommenden Ländern, deshalb beauftragten Washington und seine Verbündeten die Flotille der Task Force 150, die Dschihadisten auf dem Weg ins Ausland abzufangen.[30] Bei seiner Rede im NATO-Hauptquartier am 18. Dezember 2001 – nachdem Rumsfeld die Verteidigungsminister der Mitgliedsstaaten unterrichtet hatte – verriet der deutsche Verteidigungsminister Rudolf Scharping den Reportern im Hinblick auf Somalia, »die Frage sei nicht mehr, ob dort eingegriffen werde, sondern nur noch wann und mit welchen Mitteln«.[31] Rumsfeld hielt sich nicht damit auf, den, wie er sagte, »komischen Bericht über irgendeinen Deutschen, der etwas gesagt hat«, zu dementieren, sondern erklärte den Journalisten auf einer Pressekonferenz des Verteidigungsministeriums am folgenden Tag: »Der Deutsche hat Unrecht. Es war nicht seine Absicht, und ihm tut es wahrscheinlich leid, aber er lag eindeutig falsch.«[32]

Obgleich US-Truppen nicht sofort in Somalia eindrangen –Afghanistan und Pakistan hatten Vorrang –, wurde der erweiterte US-Stützpunkt in Camp Lemonnier in Dschibuti bald zur Drehscheibe für JSOC und CIA am Horn von Afrika. Der Stützpunkt erhielt die Aufgabe, Somalia und sein Nachbarland Jemen jenseits des Golfs von Aden zu überwachen. Scharping mag sich kurzfristig getäuscht haben, aber das Urteil »eindeutig falsch« erwies sich als Übertreibung. Ein paar Tage nach Rumsfelds Dementi zu einem geplanten US-Einfall in Somalia erklärte der amerikanische Außenminister Colin Powell, Somalias Instabilität mache es »reif für den Missbrauch durch jene, die das Chaos nutzen und durch das Chaos gedeihen«, und fügte hinzu: »Aus diesem Grund beschäftigen wir uns eigentlich mit Somalia – nicht dass wir es auf Somalia als Land oder seine Regierung abgesehen hätten, sondern weil wir besonders sensibel mit der Tatsache umgehen, dass Somalia ein Ort sein könnte, wo Leute plötzlich Zuflucht finden.«[33]

US-Vertreter in Ostafrika trieb auch die Sorge um, dass sich Kenia in eine Art Pakistan verwandeln und ein Versteck für ein al-Qaida-Netzwerk bieten könnte, das, wie sie meinten, »seine Infrastruktur in Kenia wiederaufbaute«.[34] Im amerikanischen Militär gab es Stimmen, die sich für eine robuste, dauerhafte Militärpräsenz der Vereinigten Staaten am Horn von Afrika stark machten, und in den Medien wurde eifrig über Washingtons Absichten in Somalia spekuliert. »Es besteht durchaus die Möglichkeit, dass in Somalia Terrorzellen existieren«, erklärte Walter Kansteiner, der damals die Afrikaabteilung im Außenministerium leitete.[35] »Da Somalia als Terrorbasis für bin Ladens al-Qaida und andere extremistische Organisationen gilt, haben dem Vernehmen nach US-Aufklärungsflugzeuge … begonnen, aus der Luft Ziele zu orten, während Militär- und CIA-Vertreter Kontakt mit potenziellen Verbündeten innerhalb Somalias und im benachbarten Äthiopien aufnahmen«, hieß es im *San Francisco Chronicle*.[36] Der stellvertretende US-Verteidigungsminister Paul Wolfowitz sagte, bei der Einschätzung von Terrordrohungen am Horn von Afrika »erwähnen die Leute aus offensichtlichen Gründen Somalia. Das ist ein Land nahezu ohne Regierung, ein Land, in dem bereits eine gewisse al-Qaida-Präsenz vorhanden ist.«[37]

Wie die Regierung von Ali Abdullah Salih im Jemen sahen auch die herrschenden Eliten in Kenia und Äthiopien in der Terrorbedrohung nach dem 11. September eine Chance. Beide Regierungen begrüßten die Aufstockung der amerikanischen Mittel zur die Terrorismusbekämpfung und die Ausbildung ihrer Soldaten sowie Finanzhilfen als Gegenleistung für ihre Unterstützung und den freien Zutritt für US-Streitkräfte auf ihrem Territorium. Äthiopien, seit langem Erzfeind Somalias, betrachtete die somalischen Islamisten als Bedrohung und verfocht aggressiv den Standpunkt, dass al-Qaida eine schleichende Gefahr für Äthiopien darstelle. Während interessierte Kreise in der Region eine aufkommende Terrorbedrohung beschworen und Gerüchte über mögliche US-Operationen in Somalia streuten, bezeichneten Kenner des Landes die dort von al-Qaida ausgehende Gefahr als »unbedeutend«.[38] »Es besteht keine Notwendigkeit, überstürzt nach Somalia zu gehen«, urteilte damals David Shinn, ehemals Botschafter der Vereinten Nationen in Äthiopien. »Was militärische Ziele betrifft, bezweifle ich, dass es welche gibt.«[39] Nach Schätzungen von Professor Kenneth Menkhaus von der Davidson University, Somalia-Kenner und Verfasser mehrerer wissenschaftlicher Arbeiten über die politisch-islamische Tradition in Somalia vor den Anschlägen vom 11. September, lag die Zahl somalischer Nationalisten mit »nennenswerten Verbindungen« zu al-Qaida zwischen zehn und zwölf Personen.[40] Auch mochten sich dort ein paar ausländische Kämpfer verkrochen haben, aber wegen des – laut Shinn – »abgrundtiefen«[41] Mangels an Informationen sei eine Taktik des »schnellen Zugriffs« unklug.

Zwar gab es im Militär, der CIA und der Regierung Kräfte, die in Somalia zuschlagen wollten, aber diese Pläne mussten vorerst warten. Die Combined Joint Task Force for the Horn of Africa verharrte weiterhin tatenlos in Dschibuti, und viele Kommandos, darunter JSOC- und CIA-Kräfte, die nach dem 11. September zunächst in Camp Lemonnier stationiert worden waren, benötigte man jetzt für die bevorstehende Invasion und Okkupation des Irak. Wie mir ein ehemaliges Mitglied der Horn of Africa Task Force erklärte, war man anfangs entschlossen, »die Ressourcen des US-Militärs voll auszuschöpfen, insbesondere das Spezialeinsatzkommando. Wir sollten sicherstellen, dass sich [al-Qaida] nicht neu aufbauen oder irgendein Gebiet des Horns von Afrika als sicheren Hafen für Operationen gegen die Vereinigten Staaten nutzen konnte.« Jedoch, so erklärte er, »entwickelte es sich zu unserem Nachteil nicht so. Irgendwann trafen die Spitzenpolitiker die Entscheidung, die massivste Bedrohung für die nationale Sicherheit Amerikas sei der Irak. Und als man sich zunehmend auf den Irak konzentrierte, wanderten auch die Ressourcen dorthin. Das führte dazu, dass am Horn von Afrika die Aufmerksamkeit nachließ und, was noch schlimmer war, dort ein Mangel an Ressourcen entstand.«[42] Die Rolle des JSOC in Somalia während der ersten Jahre nach dem 11. September wurde auf den Schutz für die CIA im Land, die Anbringung von Überwachungsgeräten am Boden und ein Team im Wartemodus in Dschibuti zurückgestuft, das eingreifen sollte, falls die kleinen CIA-geführten Teams, die für die Warlords zuständig waren, Schwierigkeiten bekamen.[43]

Da die JSOC-Ressourcen zum allergrößten Teil dem Irak gewidmet wurden, beschränkte sich die US-Strategie in Somalia auf einen verdeckten, CIA-gelenkten Stellvertreterkrieg. Und die Vereinigten Staaten machten Mohamed Qanyare zu ihrem Mann in Mogadischu. Geheimdepeschen aus der US-Botschaft in Nairobi zufolge wies der US-Geheimdienst interne Kritik am Bündnis mit den Warlords, das gezielte Gefangennahme- und Tötungsaktionen ermöglichen sollte, heftig zurück. »Wenn Kollegen aus Diplomatenkreisen und NGOs [nichtstaatlichen Organisationen] behaupten, ein subtileres Vorgehen … würde unseren Zielen bei der Terrorismusbekämpfung besser nützen, übersehen sie dabei die Unmittelbarkeit der Bedrohung«, heißt es in einer Depesche. Gewisse Personen in Somalia, konstatierte man unverblümt, müssen daher »entfernt werden«.[44] Das war der Anfang einer langjährigen Verbindung zwischen mörderischen Warlords und der CIA, die Somalia noch tiefer ins Chaos und Blutvergießen stürzte. Sie führte auch dazu, dass gerade jene militant-islamistischen Kräfte, die Washington vernichten wollte, mächtiger wurden als je zuvor.

General Downing meinte, »ein flaches bis unsichtbares amerikanisches Profil in der Region« sei entscheidend für die US-Strategie in Somalia, und warnte zugleich, die Vereinigten Staaten sollten darauf achten, »die Attraktivität der [al-Qaida-] Rhetorik und die Resonanz ihrer extremistischen Ideologie« nicht »überzubewerten«.[45] Die Regierung Bush mag versucht haben, Downings Rat teilweise zu folgen und wenigstens auf ein flaches Profil zu achten, aber dass sie sich mit den Warlords einließen, war eine krasse Missachtung des zweiten Aspekts. In der Annahme, sie hätten die Rückendeckung Washingtons, entwickelten sich Qanyare und seine CIA-gestützten Verbündeten von Gangstern, die um Territorien konkurrierten, zu paramilitärischen Milizen, die unter dem Vorwand des Kriegs gegen den Terrorismus ihre Aktivitäten rechtfertigten. CIA-Agenten und Spezialeinsatzkräfte flogen regelmäßig von Nairobi nach Mogadischu, im Handgepäck Geld und Listen mit Verdächtigen, die Washington beseitigen wollte. Anfangs lag der Schwerpunkt auf der Überstellung von ausländischen Terrorverdächtigen. Die CIA wollte nicht, dass die Warlords gegen Somalier vorgingen, weil sie fürchteten, dadurch den Bürgerkrieg weiter anzuheizen. Wie der Militärjournalist Sean Naylor berichtet, wurde das CIA-Warlord-Programm von John Bennett geleitet, damals Chef des CIA-Büros in Nairobi. Bennett legte zu Beginn bestimmte Grundregeln fest: »Wir arbeiten mit Warlords zusammen. Wir bevorzugen niemanden. Wir lassen uns nicht ausspielen. Wir verfolgen keine somalischen Staatsbürger, nur [ausländische] al-Qaida-Kämpfer.«[46] Die Warlords hatten jedoch eigene Pläne. Qanyare berichtete mir, seine CIA-Verbindungsleute seien davor zurückgeschreckt, Tötungsaktionen selbst auszuführen, weil sie fürchteten, es könnte ein Amerikaner getötet oder gefangen genommen werden.[47] Stattdessen überließen sie die Drecksarbeit ihm und anderen Warlords.

Nach Abschluss des Deals mit der CIA beteiligten sich Qanyare und seine Kumpane an einer groß angelegten Kampagne der Gefangennahme oder Tötung jeder Person – ob Somalier oder Ausländer –, die sie für einen Unterstützer einer islamistischen Bewegung hielten. In sehr wenigen Fällen gingen den Warlords Leute ins Netz, die die Vereinigten Staaten für wertvoll erachteten, zum Beispiel der mutmaßliche al-Qaida-Kämpfer Suleiman Ahmed Hemed Salim, der im Frühjahr 2003 gefangen genommen wurde.[48] Der Warlord Mohamed Dheere fasste Salim und übergab ihn den Amerikanern.[49] Salim wurde Berichten zufolge später in zwei Geheimgefängnissen in Afghanistan festgehalten.[50] 2004 führten entgegen Bennetts angeblichen »Regeln« für das Spiel mit den Warlords Qanyares Männer eine Razzia im Haus des militanten Somaliers Aden Hashi Farah Ayro durch. Offenbar hatten sie vor, Abu Talha al-Sudani zu fassen, den die Vereinigten Staaten wegen seiner mutmaßlichen Verwicklung in die Botschaftsanschläge in Afrika jagten.[51] Stattdessen aber ergriffen sie Ayros Schwager Mohamed Ali Isse, der im Zusammenhang mit einer Attentatserie 2003–2004 in Somaliland gesucht wurde. Isse zufolge wurde er in einem US-Hubschrauber auf ein Schiff der US-Marine gebracht. Paul Salopek von der *Chicago Tribune* spürte Isse Jahre später in einem Gefängnis in Berbera, Somaliland, auf. Er erzählte Salopek, an Bord des Schiffs sei zunächst seine Schusswunde behandelt worden, dann wurde er ungefähr einen Monat lang festgehalten und von US-Agenten in Zivil verhört. Anschließend wurde er über Camp Lemonnier in ein äthiopisches Geheimgefängnis gebracht, wo ihn, wie Isse erklärte, in den USA ausgebildete äthiopische Agenten des militärischen Nachrichtendiensts mit Elektroschocks folterten. Schließlich brachte man ihn in das Straflager in Somaliland.[52]

Zahlreiche weitere »Verdächtige« wurden von CIA-gestützten Warlords entführt und amerikanischen Agenten übergeben. »Das Gerangel der Splittergruppen in Mogadischu um die Ergreifung von al-Qaida-Angehörigen, für die die Amerikaner Geld zahlten, hat eine kleine Entführungsindustrie entstehen lassen. Wie Spekulanten an der Börse nehmen die Gruppen Ausländer gefangen – hauptsächlich, aber nicht ausschließlich Araber – in der Hoffnung, sie könnten auf einer Fahndungsliste stehen«, heißt es in einem Bericht der International Crisis Group aus dem Jahr 2005. »Einem Milizenführer zufolge, der bei Antiterroroperationen eng mit den Amerikanern zusammenarbeitet, wurden allein in Mogadischu seit 2003 17 mutmaßliche Terroristen festgenommen – alle bis auf drei waren offenbar unschuldig.«[53] In vielen

Fällen entschieden die Vereinigten Staaten, die Gefangenen hätten keinen Wert für den Nachrichtendienst, und brachten sie nach Somalia zurück. Manchmal, so mehrere ehemalige hochrangige somalische Regierungs- und Militärvertreter, richteten die Warlords diese Personen hin, damit sie nicht redeten.[54]

»Das waren abscheuliche Warlords, in Mogadischu hat man sie überall geschmäht. Und dann fangen sie an, Imame und Vorbeter zu ermorden«, sagte Abdirahman »Aynte« Ali, ein Somalia-Kenner, der die Geschichte al-Qaidas und die Politik der Warlords in Somalia genau erforschte. »Entweder nahmen sie sie gefangen und überstellten sie nach Dschibuti, wo sich ein großer amerikanischer Stützpunkt befindet. Oder in vielen Fällen schlugen sie ihnen den Kopf ab, brachten den Kopf den Amerikanern und sagten: ›Wir haben diesen Mann getötet.‹« Er fügte hinzu: »Die allermeisten Menschen, die sie ermordeten, hatten nichts mit dem Krieg gegen den Terror zu tun.«[55]

In einer Depesche der US-Botschaft in Nairobi an das Außenministerium hieß es, der Einsatz von Warlords und ihrer Milizen bei der Jagd auf mutmaßliche Terroristen »mag eine unangenehme Entscheidung sein, vor allem im Lichte der zivilen Verluste bei den jüngsten Gefechten in Mogadischu«. Aber diese Partner seien »das einzige derzeit verfügbare Mittel, um [die Terroristen] aus ihren Stellungen in Mogadischu zu entfernen«.[56]

Bei meinem Treffen mit Qanyare bestritt er, dass seine Milizen etwas mit Mord, Entführung oder Folterung zu tun hatten. Auf beharrliche Nachfrage gab er jedoch zu, dass er Menschen gefangen nahm und verhörte. Dann schoss er zurück: »Wenn man einen Feind bekämpft, ist jedes Mittel recht. Wenn man al-Qaida bekämpfen will, muss man sie schonungslos bekämpfen.« Nach einer Pause fügte er hinzu: »Gnadenlos.«[57]

Irak, 2003–2005

Als der Irakkrieg voll entbrannt war, beauftragte Rumsfeld General
John Abizaid, Befehlshaber des CENTCOM, die beiden für die Jagd auf
hochrangige Zielpersonen zuständigen Einsatzgruppen TF-5 und TF-
20 aufzulösen, die das JSOC in Afghanistan und Irak unterhielt. Stattdessen sollte das JSOC eine vereinigte Einsatzgruppe, TF-121, bilden
und zugleich ermächtigt werden, in beiden Ländern zu operieren und
zuzuschlagen. Dahinter stand der Gedanke, dass »das Aufspüren und
anschließende Gefangennehmen oder Töten von al-Qaida- und Taliban-Führern oder flüchtenden Mitgliedern der früheren irakischen
Regierung Planungen und Missionen erforderlich machen, die nicht
durch Linien auf der Landkarte einer Region behindert werden dürfen,
in der die Grenzen ohnehin durchlässig sind«.[1] Das war ein weiteres
Verwischen der Unterschiede zwischen »verdeckten« und »geheimen«
Missionen, aber Rumsfeld hatte entschieden, dem JSOC freie Bahn zu
schaffen. Auf Rumsfelds Drängen hin, den Sondereinsatzkräften die
Führungsrolle bei der »weltweiten Verbrecherjagd« zu übertragen, wurde die Einsatzgruppe von McRaven geführt und von McChrystal be-
aufsichtigt.[2] Ihnen sollte alles, was an geheimdienstlichen Mitteln vorhanden war, zur Verfügung stehen, falls nötig auch die Unterstützung
durch die CIA. Die neue Einsatzgruppe setzte sich aus McRavens Navy
SEALs und McChrystals Rangers sowie Angehörigen der Delta Force
zusammen, würde aber auch auf die Paramilitärs der Special Activities
Division der CIA zurückgreifen können und von Activity, dem JSOC-
Nachrichtendienst, unterstützt werden.[3]

Die Zeit, als JSOC-Leute regelmäßig an die CIA ausgeliehen wurden,
war endgültig vorüber. Cambones Strategic Support Branch und Activity koordinierten die Zuarbeit der Geheimdienste für die Einsatzgruppe. »Das verkürzt die Zeit zwischen Aufklärung und Kampfhandlung«,

erklärte ein hochrangiger Beamter des Verteidigungsministeriums gegenüber der *Washington Times*. »Man hat seinen Nachrichtendienst direkt bei der kämpfenden Truppe. Sämtliche Informationen unter einem
Dach.«[4]

Während TF-121 den Auftrag erhielt, Osama bin Laden und Saddam Hussein bis zum Frühjahr 2004 zu töten oder gefangen zu nehmen,
konzentrierte sich Washington zunehmend auf den Irak.[5] Altgediente
Geheimdienstbeamte bezeichnen diese Periode als Wendepunkt in der
Jagd nach bin Laden. Zwar bemühte sich das JSOC um weitere Mittel
und Befugnisse für seine Einsätze in Pakistan und anderen Ländern,
aber die oberste Priorität verschob sich immer mehr in Richtung Irak.

Die hohen Kosten dieser strategischen Neuausrichtung hin zu einem größeren Feldzug gegen den Terrorismus bereiteten Oberstleutnant Anthony Shaffer große Sorgen. Shaffer, Offizier im militärischen
Nachrichtendienst, war von der CIA ausgebildet worden und hatte für
die DIA und das JSOC gearbeitet. Er leitete eine Einsatzgruppe namens
Stratus Ivy. Diese war Teil eines Programms, das Ende der 1990er-Jah-
re unter dem Codenamen Able Danger gestartet worden war.[6] Ausgestattet mit der damaligen Spitzentechnologie zur »Datengewinnung«
und unter der Leitung des militärischen Nachrichtendiensts und des
Special Operations Command hatte Able Danger das Ziel, weltweit al-
Qaida-Zellen aufzuspüren. Shaffer und einige seiner Kollegen von Able
Danger beanspruchten für sich das Verdienst, mehrere der Flugzeugentführer des 11. September bereits ein Jahr vor den Anschlägen ent-
tarnt zu haben; es sei aber nichts gegen sie unternommen worden.[7] Vor
dem Ausschuss zum 11. September erklärte er, frustriert gewesen zu
sein, als das Programm eingestellt wurde, denn seiner Ansicht nach war
es eines der wenigen effektiven Werkzeuge, die die USA vor dem 11.
September im Kampf gegen al-Qaida überhaupt zur Verfügung hatten.[8]
Nach den Anschlägen wechselte Shaffer freiwillig in den aktiven Dienst
und wurde Kommandeur der DIA-Operationsbasis Alpha, die nach seinen Worten in Afrika »geheime Antiterrormaßnahmen durchführte«.
Shaffer war zuständig für das geheime Aufspüren von al-Qaida-Mitgliedern, die aus Afghanistan geflohen waren und womöglich Zuflucht
in Somalia, Liberia und anderen afrikanischen Staaten suchten. Es »war
die erste verdeckte Maßnahme der DIA nach dem Kalten Krieg, wobei
meine Offiziere afrikanische Helfer aus dem jeweiligen Land nutzten,
um al-Qaida-Terroristen zu jagen und zu töten«, so Shaffer.[9]

Wie viele andere erfahrene Nachrichtendienstoffiziere, die schon vor dem 11. September al-Qaida gejagt hatten, hielt Shaffer es für richtig, den Schwerpunkt letztlich auf die Eliminierung des Terrornetzwerks und seiner Anführer zu legen. Doch dann wurden alle Ressourcen für die Invasion im Irak umgelenkt.»Ich habe den Irrsinn der Regierung Bush unmittelbar persönlich erlebt«, erklärte Shaffer. Eineinhalb Jahre nachdem er die Leitung der afrikanischen Operationen übernommen hatte,»wurde ich gezwungen, die Operationsbasis Alpha zu schließen, damit deren Mittel für die Irak-Invasion genutzt werden konnten«.[10]

Shaffer erhielt einen neuen Posten als Planungsoffizier im DIA-Team, dessen Aufgabe darin bestand, dem JSOC-Vorausteam, das schon vor der Invasion verdeckt in den Irak eindrang, Informationen über mögliche Produktions- und Lagerstätten irakischer Massenvernichtungswaffen zu liefern.»Das Ergebnis war gleich null«, räumte er ein.»Wie wir jetzt wissen, wurden keinerlei Massenvernichtungswaffen gefunden.«[11] Nach Shaffers Überzeugung war die Verlagerung des Schwerpunkts und der Mittel auf den Irak ein schwerer Fehler, der es bin Laden erlaubte, noch fast ein weiteres Jahrzehnt lang zu operieren. Schließlich wurde Shaffer nach Afghanistan entsandt, wo er mit US-Militärführern wegen seines Vorschlags aneinandergeriet, die Operationen nach Pakistan auszuweiten, um die al-Qaida-Führer zu jagen, die sich dort versteckt hielten.

Von 2002 bis 2003 verlagerten die Spezialkommandos und die CIA-Einheiten in Afghanistan ihre Ressourcen in den Irak. Als 2003 TF-5 in Afghanistan aufgelöst wurde, hatte die Einsatzgruppe bereits »mehr als zwei Drittel ihrer Kampfstärke eingebüßt« und war von rund 150 Kommandosoldaten auf nur mehr 30 geschrumpft.[12] Im Winter 2003 wurde »fast die Hälfte der amerikanischen Nachrichtendienst- und Kommandoangehörigen, die in Afghanistan und im benachbarten Pakistan stationiert gewesen waren, in den Irak verlegt«.[13] McRavens Truppe intensivierte die Jagd auf Saddam Hussein, der inzwischen den Codenamen Black List One erhalten hatte, und durchkämmte den Irak nach ihm. Sie unternahm Razzien bei Husseins Familienangehörigen, ehemaligen Leibwächtern und Beratern und versuchte aus ihnen Informationen über seinen Aufenthaltsort herauszupressen. Ende 2003 wuchsen bei den amerikanischen Militärbefehlshabern die Bedenken gegen die Methoden, die TF-121 beim Verhör von Gefangenen anwandte.[14] Die

Schilderungen über diese Vernehmungstechniken ähnelten dem, was man sich hinter vorgehaltener Hand über die Methoden der CIA in deren Geheimgefängnissen erzählte. »Die von TF-121 inhaftierten Gefangenen wiesen Verletzungen auf, die das behandelnde ärztliche Personal zu der Bemerkung veranlasste, ›der Gefangene zeigt Anzeichen, dass er geschlagen wurde‹«, heißt es in einem geheimen Militärbericht für die damaligen US-Oberbefehlshaber im Irak. Im selben Bericht wurde ein Offizier mit den Worten zitiert: »Jeder weiß davon.«[15] Vermerkt wurde auch, dass manche Methoden, mit denen die Gefangenen von TF-121 behandelt wurden, »formal gesehen« gesetzwidrig sein könnten. Außerdem bestehe die Gefahr, dass die massenhafte Inhaftierung von Irakern einen Aufstand entfachen und die Iraker veranlassen könnte, die Vereinigten Staaten und ihre Verbündete als »unerwünschte Eindringlinge« anzusehen.[16]

Aber gerade als das Militär auf ein möglicherweise gesetzwidriges und kontraproduktives Inhaftierungsprogramm von TF-121 aufmerksam wurde, errang die Einsatzgruppe einen großen Erfolg, der international Schlagzeilen machte und vom Pentagon gefeiert wurde. Ein ehemaliger Leibwächter Husseins hatte bei seiner Vernehmung ein mögliches Versteck des gestürzten Staatschefs verraten, eine Farm in der Nähe von Husseins Heimatstadt Tikrit.[17] McRavens Leute, unterstützt von einer großen Zahl Soldaten der 4. Infanteriedivision und örtlichen irakischen Milizen, stürmten die Farm, nachdem sie die Stromleitungen gekappt hatten, damit dort alles dunkel blieb. Die Durchsuchung der Gebäude auf dem Gelände verlief ergebnislos, und sie wollten schon wieder abziehen, als einem Soldaten eine Ritze im Fußboden auffiel, der teilweise von einem Teppich bedeckt war. Darunter befand sich eine Hartschaumplatte – und dahinter ein Versteck.

Am 14. Dezember 2003 kam die Regierung Bush zu der Ansicht, das siegreiche Ende des Irakkriegs liege in greifbarer Nähe. An jenem Morgen gab Paul Bremer, flankiert von General Ricardo Sanchez, in Bagdad eine Pressekonferenz. »Meine Damen und Herren, wir haben ihn«, sagte Bremer[18] und konnte dabei kaum ein Grinsen unterdrücken. Mit »ihm« war niemand anderer als Saddam Hussein gemeint. Der ehemalige irakische Führer war in einem »Schlupfloch« in einer Ziegelhütte auf der Farm in Adwar nahe Tikrit entdeckt worden; er trug eine Pistole bei sich. Auf der Farm wurden auch einige Kalaschnikows und 750.000

Dollar in Hundertdollarnoten konfisziert.[19] Als ein Angehöriger der Delta Force Hussein in seinem Versteck erblickte, sagte dieser zu ihm: »Ich bin Saddam Hussein. Ich bin der Präsident des Irak. Ich will verhandeln.« Darauf soll der Soldat geantwortet haben: »Präsident Bush lässt schön grüßen.«[20] McRavens Männer brachten Hussein umgehend nach Camp NAMA, einer JSOC-Basis unweit des Bagdader Flughafens, die als provisorisches Geheimgefängnis diente. Das entbehrte nicht einer gewissen Ironie, denn in Husseins zeitweiligem Domizil war früher in seinem Auftrag gefoltert worden.[21] Die Medien erhielten Aufnahmen, die zeigten, wie Hussein dort medizinisch behandelt wurde, aber das JSOC hatte bereits damit begonnen, die Einrichtung für weitaus unfreundlichere Zwecke zu nutzen, die den Fernsehkameras verborgen blieben.

»Jetzt ist es an der Zeit, in die Zukunft zu blicken, in Ihre Zukunft der Hoffnung, in eine Zukunft der Versöhnung. Iraks Zukunft, Ihre Zukunft, war noch nie hoffnungsvoller. Der Tyrann ist jetzt unser Gefangener«, erklärte Bremer zuversichtlich. »Mit der Wirtschaft geht es aufwärts. Sie haben die Aussicht, in einigen Monaten eine unabhängige Regierung zu bekommen.«[22] General Sanchez erklärte, die Operation sei Teamarbeit gewesen, an der »eine Koalition von Sondereinsatzkräften« beteiligt gewesen sei; das JSOC und dessen Kommandeur erwähnte er jedoch mit keinem Wort.[23] Weder McChrystal noch McRaven nahmen an der Pressekonferenz teil, aber nach Auskunft von Angehörigen der Spezialkommandos war es McRaven gewesen, der die »Operation Red Dawn« koordiniert habe. Kurz nach der Gefangennahme des ehemaligen irakischen Staatschefs rauchten McRaven und der Staatssekretär im Verteidigungsministerium Thomas O'Connell, ehemals Angehöriger von Activity, vor Husseins Zelle eine Zigarre.[24] Rumsfeld verkündete, »dem acht Monate andauernden Aufstand [gehe] allmählich die Luft aus«.[25] In Wirklichkeit war das erst der Anfang des Kriegs, vor allem für McChrystal und McRaven. Und die CIA wusste das.

»Wir erhalten immer mehr Hinweise auf einen Aufstand im Irak«, hatte Robert Richer, Chef der CIA-Abteilung für den Nahen Osten, Bush mitgeteilt. »Das ist ein starkes Wort«, hatte Rumsfeld dazwischengeworfen. »Was meinen Sie? Wie definieren Sie Aufstand?« Als Richer es erläuterte, meinte Rumsfeld nur: »Ich wäre da eventuell anderer Meinung.« Schließlich schaltete sich Bush ein. »Ich möchte nicht in der *New York Times* lesen, dass uns im Irak ein Aufstand bevorsteht«, erklärte er. »Ich möchte nicht, dass jemand im Kabinett von einem Aufstand spricht. Ich glaube nicht, dass wir bereits so weit sind.«[26] Auch wenn Rumsfeld es leugnete, Richer behielt recht. Der Irak, der keine Verbindungen zu al-Qaida oder zum 11. September unterhielt, war zum Magnet für Dschihadisten geworden, die kämpfen und Amerikaner töten wollten.

In der Folgezeit wurde zwar oft über die Präsenz von al-Qaida im Irak gesprochen, aber nur selten darauf hingewiesen, dass die ausländischen Kämpfer erst wegen der US-Invasion eingereist waren. Husseins Regime und al-Qaida waren tief verfeindet gewesen. Und obwohl es nach der Invasion im März 2003 zweifellos bereits al-Qaida-Angehörige im Irak gab, stellten al-Sarkawi und al-Qaida nur einen kleinen Teil jener Kräfte, von denen US-Besatzungstruppen angegriffen wurden. Es waren vor allem versprengte Milizen, marodierende ehemalige irakische Militäreinheiten, schiitische Guerillas und diverse politische Fraktionen, die vor Ort um die Macht konkurrierten und sich samt und sonders gegen die USA auflehnten. Amerikanische Angriffe wie beispielsweise die Belagerung Falludschas im April 2004 und die Kämpfe in der für Schiiten heiligen Stadt Nadschaf sowie der breit angelegte Feldzug gegen den populären Geistlichen Mochtada al-Sadr führten den Aufständischen immer weitere Kräfte zu. Der Rede von den scharfen konfessionellen Trennlinien im Irak zum Trotz vereinte die US-Okkupation die Iraker, ob es nun Schiiten oder Sunniten waren, in der gemeinsamen Sache gegen ihre Besatzer.[27] Die Vereinigten Staaten hätten schon früh erkennen können, dass ihre desaströse Politik das Chaos im Irak vergrößerte. Aber die amerikanischen Kriegsplaner wollten mit Gewalt die Siegesfahne im Irak hissen, und das bedeutete, dass der Aufstand niedergeschlagen und seine Anführer getötet oder gefangen genommen werden mussten. »Wir sind von der Annahme ausgegangen, okay, es gibt diese Gruppe Fanatiker, aber wenn wir Saddam Hussein schnappen, wenn wir es schaffen, seine Söhne zu fangen oder zu töten, ist aus dem Aufstand mehr oder weniger die Luft raus«, erklärte der Army Ranger Exum. »Wir waren so sehr darauf fixiert, diese hochrangigen Zielpersonen zu kriegen, ganz unabhängig von einer größeren oder breiter angelegten Strategie, wie wir den Irak befrieden könnten. Ich glaube, wir haben letztlich die Gründe für den Konflikt noch verschärft und dadurch den Aufstand erst angeheizt.«[28]

Im Irak gab es zwei Kriege. Der eine, der hauptsächlich aus der Okkupation des Landes bestand, wurde von den konventionellen Streitkräften geführt; der andere war ein Zermürbungskrieg, geführt von der JSOC. McChrystals Männer gaben nichts auf die Befehle des konventionellen Militärs. General Sanchez, von 2003 bis 2004 Oberbefehlshaber im Irak, berichtete mir, dass die JSOC-Truppen sich kaum dazu herabließen, sein Büro über bevorstehende Operationen zu unterrichten, selbst wenn sie in Gebieten stattfanden, die seine Streitkräfte besetzt hielten.[29] Wenn sie es taten, so Sanchez, dann nur, um die Soldaten zu warnen, sie sollten Abstand halten. Exum beschrieb das Verhältnis zwischen dem JSOC und dem konventionellen Militär mit folgenden Worten: »Der Himmel weiß, wie sehr wir auf die Leute von Medivac und der Schnellen Eingreiftruppe angewiesen waren, wenn die Sache aus dem Ruder lief, aber auf der Befehlsebene gab es keinen Austausch mit ihnen.« Die Operationen der Einsatzgruppe waren laut Exum »sehr abgeschottet, sehr undurchsichtig«. Das JSOC entwickelte das System, Kampfhandlungen nach Maßgabe nachrichtendienstlicher Erkenntnisse durchzuführen, und oft wurden diese Erkenntnisse von niemandem außerhalb des JSOC überprüft. Oberstes Ziel war, die gesuchten Personen auszuschalten. »Das Schlimmste daran ist der Machtmissbrauch, durch den das ermöglicht wird«, sagte Wilkerson, ehemals Powells Stabschef:

Man macht sich an die Arbeit und erhält Informationen, und in der Regel kommen auch deine Informationen über diesen Apparat, und also sagt man: »Ja, das sind wirklich brauchbare Erkenntnisse. Also los mit Operation Blue Thunder. Packen wir's an.« Und du packst es an und tötest 27, 30 oder 40 Leute, wie viele auch immer, und nimmst sieben oder acht gefangen. Dann aber stellst du fest, dass die Informationen falsch waren und du einen Haufen unschuldiger Menschen umgebracht und einen Haufen unschuldiger Menschen gefangen hast. Also schickst du sie nach Guantánamo, denn dann erfährt niemand etwas davon. Du musst niemandem beweisen, dass du richtig gehandelt hast. Du hast alles im Geheimen getan, also kannst du einfach die nächste Operation in Angriff nehmen. Du sagst dir: »Verbuch das einfach als Erfahrung«, und packst die nächste Operation an. Und glauben Sie mir, genau so ist es abgelaufen.[30]

Exum schilderte die Jagd auf Izzat Ibrahim al-Douri, einem ranghohen Militärbefehlshaber Husseins und einer der wichtigsten auf der Liste der Zielpersonen. Die Rangers erhielten den Tipp, Douri halte sich in einem bestimmten Haus auf, und führten dort nachts eine Razzia durch. Aber Exums Ranger-Team wurde sogleich von zwei Männern unter Beschuss genommen. Die Rangers erwiderten das Feuer und töteten die beiden. »Später fanden wir heraus, dass wir auf der Basis von zwei Wochen alten Informationen operiert hatten ... Wir haben die beiden erschossen und erst danach gemerkt, dass sie einfach nur den Stromgenerator in dem Viertel bewacht hatten.« Die beiden Wächter, so Exum, hielten die Rangers wahrscheinlich für Diebe. »Ich hatte deswegen keine schlaflosen Nächte, denn schließlich haben diese Kerle auch auf mich geschossen. Aber trotzdem fängt man an, aus einer strategischen Perspektive darüber nachzudenken, und stellt fest, dass es ein schwerer Fehler war.«

McChrystals Streitkräfte erkannten schnell, dass der Widerstand der Iraker keineswegs geringer wurde, sondern zunahm, obwohl inzwischen diverse Schlüsselfiguren des gestürzten Baath-Regimes ausgeschaltet waren. McChrystal und sein Stellvertreter Mike Flynn schickten sich an, den Status des Aufstands zu bewerten. Zu diesem Zeitpunkt war das JSOC »in den Monaten nach dem Beginn der Invasion auf eine relativ geringe Größe zurechtgestutzt worden«, sagte McChrystal. »Wir stellten eine wachsende Bedrohung aus den verschiedensten Richtungen fest – aber vor allem durch den irakischen Zweig von al-Qaida (AQI). Deshalb widmeten wir uns der Einschätzung unseres Feindes und der Selbsteinschätzung. Keines von beidem war leicht.«[31] Auf dem kleinen JSOC-Stützpunkt außerhalb von Bagdad sondierten McChrystal und sein Team die Erkenntnisse, die sie über AQI gewonnen hatten. »Wie viel zu viele Militärs in der Geschichte sahen wir unseren Feind ursprünglich so, wie wir uns selbst sahen«, schrieb McChrystal später in einem Artikel für *Foreign Policy*:

Die großenteils aus ausländischen Mudschahedin bestehende, insgesamt Osama bin Laden verpflichtete, aber im Irak von dem Jordanier Abu Mussab al-Sarkawi kontrollierte AQI war verantwortlich für eine Reihe extrem gewalttätiger Angriffe auf die Streitkräfte der Koalition, die irakische Regierung und die irakischen Schiiten. Erklärtes Ziel dabei war, den neuen Irak zu spalten und schließlich ein islamisches Kalifat zu errichten. Wie gewohnt begannen wir, die Organisation des Feindes anhand traditioneller militärischer Kriterien zu analysieren, nach Rängen und Befehlsstrukturen. An der Spitze al-Sarkawi, unter ihm eine Hierarchie von Leutnants und Fußsoldaten. Aber je genauer wir hinsahen, desto weniger hatte dieses Modell Bestand. Die Leutnants der AQI warteten nicht auf Anweisungen von Vorgesetzten und schon gar nicht auf Befehle von bin Laden. Entscheidungen wurden nicht an zentraler Stelle gefällt, sondern rasch getroffen und horizontal über die ganze Organisation hinweg kommuniziert. Al-Sarkawis Kämpfer passten sich den jeweiligen Gegebenheiten der Region an, in der sie operierten, wie beispielsweise Falludscha und Qaim in der westirakischen Provinz Anbar, und waren gleichzeitig mittels moderner Technologie eng mit der übrigen Provinz und dem übrigen Land verbunden. Geld, Propaganda und Informationen flossen so in alarmierenden Mengen und ermöglichten eine schlagkräftige, geschmeidige Koordination. Wir konnten beobachten, wie sich fast gleichzeitig in verschiedenen Städten ihre Taktiken änderten (beispielweise von Raketenangriffen hin zu Selbstmordattentaten). Es war eine tödliche Choreografie, die auf einer sich ständig wandelnden, oft nicht durchschaubaren Struktur beruhte.

Der Aufstand war weit komplexer, als man in Washington oder im Pentagon zugeben wollte. An der bisherigen Strategie, jeden einzelnen Aufständischen auszuschalten, wurde aber nicht gerüttelt. Anstatt sie noch einmal zu überdenken, verstärkte man noch die Anstrengungen in diese Richtung. »Wenn man sieht, wie sich allmählich ein Aufstand entwickelt, dann muss man kein Genie sein, um zu erkennen, dass es die Spannungen erhöht und den Konflikt nur weiter anheizt, wenn man mitten in der Nacht Menschen aus ihren Häusern zerrt und den Nachbarn nicht erklärt wird ... warum diese und jene Person mitten in der Nacht aus ihrem Haus verschleppt wird«, sagte Exum. »Ich denke, das war es wahrscheinlich, was 2003 passiert ist.«

Rumsfeld sah das anders. Er wollte, dass der Aufstand niedergeschlagen und seine Anführer eliminiert wurden. Das Wie blieb McChrystal überlassen. Er entschied sich für ein System der Informationsgewinnung und -teilung, das eine erhebliche Ausweitung von Hausrazzien und Operationen zur gezielten Tötung ermöglichen sollte. »Es wurde immer klarer – oft durch abgehörte Gespräche oder Aussagen Aufständischer, die wir gefangen hatten –, dass unser Feind aus einer Konstellation von Kämpfern bestand, die sich nicht nach einer Rangordnung, sondern auf der Grundlage von Beziehungen und Bekanntschaften, Reputation und Ruhm organisierte«, erklärte McChrystal. »Wir begriffen, dass wir schnellstens lernen mussten, selbst winzige Veränderungen zu entdecken, sei es das Auftauchen neuer Persönlichkeiten oder Bündnisse oder einen plötzlichen Wechsel der Taktik.« Das JSOC »musste diese neuen Informationen in Echtzeit verarbeiten, damit wir entsprechend handeln konnten«, so McChrystal. »Um uns herum ging ein Schauer heißer Schlacke nieder, und wir mussten [die Brocken] erkennen, so viele wie möglich einfangen und unverzüglich auf jene reagieren, die uns entgangen waren, damit kein Flächenbrand entstand.«

Die Einsatzgruppe für hochrangige Zielpersonen wurde in vier Untereinheiten aufgeteilt: Task Force West, deren Haupteinheit aus einer Schwadron des SEAL-Team 6 bestand und von den Rangers unterstützt wurde; Task Force Central, bestehend aus einer Delta-Schwadron und ebenfalls mit Unterstützung durch die Rangers; Task Force North, ein Ranger-Bataillon kombiniert mit einer Gruppe der Delta Force; und Task Force Black, eine britische SAS-Schwadron mit britischen Fallschirmjägern.[32] Jede dieser Untereinheiten konnte mit einer Kompanie von Sondereinsatzkräften ergänzt werden, die auf »direkte Kampfhandlungen« spezialisiert waren. Der Umfang der Einsätze stieg im Verhältnis zu den Erkenntnissen, die aus einer Razzia gewonnen wurden und zu zwei oder drei Folgerrazzien führen konnten. »General McChrystal und Mike Flynn, sein für die Aufklärung zuständiger Stellvertreter, gaben dieser Einsatzgruppe neuen Schwung und führten einige ziemlich innovative Dinge ein«, erläuterte Exum. »Bis dahin galt die hauptsächlich aus den Erfahrungen von Mogadischu 1993 gewonnene eiserne Regel, dass man nirgendwohin geht, sofern man nicht die Army Rangers in Reserve hat. Aber unter McChrystal war niemand mehr in Reserve. Das heißt, die Leute beschossen Nacht für Nacht irgendwelche gestreuten Ziele. Ranger-Einheiten [führten Operationen durch], die früher ausschließlich erstklassigen Spezialeinheiten vorbehalten waren.«

McChrystals und Flynns kombinierter Ansatz zur Informationsgewinnung stützte sich auf eine Methode, die unter dem Akronym F³EA bekannt wurde: Find, Fix, Finish, Exploit und Analyze – Finden, Festnageln, Fertigmachen, Ausschöpfen und Analysieren.[33] »Gedacht war eine konzertierte Aktion aus Analytikern, die den Feind aufspürten (mittels Geheiminfos, Observation und Ausspähung), Drohnenpiloten, die die Zielperson verfolgten, Kampfteams, die die Zielperson durch Gefangennahme oder Tötung ausschalteten, Spezialisten, die die im Einsatz gewonnen Quellen wie beispielsweise Handys, Landkarten oder Gefangene auswerteten, und schließlich Nachrichtendienstanalytikern, die aus diesen Rohdaten verwertbare Erkenntnisse filterten«, schrieb McChrystal. »Dadurch beschleunigten wir den Ablauf einer Antiterroroperation und gewannen wertvolle Informationen bereits innerhalb von Stunden und nicht erst innerhalb von Tagen.«

McChrystals und Flynns Strategie der Aufstandsbekämpfung stützte sich zu einem Teil auf die Technologie, zum anderen auf die Gefangennahme Aufständischer, aus denen so schnell wie möglich Informationen herausgeholt werden sollten.

Flynn und McChrystal wurden als strategische Genies gefeiert. Aber ihr ganzes System war letztlich von Human Intelligence, der Erkenntnisgewinnung aus menschlichen Quellen, abhängig und nicht von der Technologie. Und angesichts eines unglaublich breiten Spektrums von Aufständischen, die sich gegen die Besatzungstruppen erhoben, war dies eine immense Herausforderung. Die Notwendigkeit, menschliche Quellen auszuschöpfen, und der Druck seitens des Weißen Hauses und des Pentagons, den Aufstand zu unterdrücken (den es ihrer Stellungnahme zufolge ja gar nicht gab), führte dazu, dass das JSOC ein brutales System der Misshandlung und Folter von Gefangenen schuf. Weil Rumsfeld und Cambone mit dem Ergebnis der Verhöre, die die CIA und andere US-Nachrichtendienste zu Beginn des Globalen Kriegs gegen den Terror führten, unzufrieden waren, entwickelten sie für die Geheimgefängnisse der CIA ein paralleles, mittels Greystone autorisiertes Überstellungs- und Internierungsprogramm. Dieses neue, hoch geheime Special Access Program (Sonderzugangsprogramm; SAP) trug verschiedene Codenamen wie Copper Green, Matchbox[34] und Footprint[35]. Nur rund 200 Personen waren eingeweiht. Das SAP machte aus Stephen Cambones privater »Geheimdienstklitsche« im Pentagon ein Riesenunternehmen. Zu Beginn der Invasion hatten »sie aus den Gefangenen im Irak überhaupt nichts Substanzielles herausbekommen«, erfuhr Seymour Hersh von einem ehemaligen hochrangigen Nachrichtendienstmann. »Keinerlei Namen. Nichts, mit dem sie etwas hätten anfangen können. Schließlich sagte Cambone: ›Ich muss das knacken und habe es satt, mich durch die normale Befehlskette zu arbeiten. Ich habe diesen Apparat aufgebaut – das geheime Special Access Program –, und ich werde ihn auch nutzen.‹ Also drückt er den Schalter, und schon fließt Strom.«[36]

Copper Greens großer Start erfolgte zwar erst im Irak, das Programm war aber schon vor der Invasion von 2003 auf eine weltweite Verwendung angelegt. Es stellte »Rumsfelds Antwort auf die Todesschwadronen der CIA [dar], die sich Cofer Black vorgestellt hatte«, schrieb die investigative Journalistin Jane Mayer. »Mitglieder der Schwadronen erhielten falsche Identitäten, tote Briefkästen und unetikettierte Kleidung. Sie arbeiteten in einer losen Struktur außerhalb der sonst strengen Befehlskette des Pentagon.«[37] Hersh, der als Erster über die Existenz von Copper Green im *New Yorker* berichtet hatte, interviewte mehrere ehemalige hochrangige Nachrichtendienstleute und Militärs über das Programm. »Wir werden nicht mehr Leute als nötig in unser Herz der Finsternis blicken lassen«, erklärte einer seiner Interviewpartner. »Die Regeln lauteten: ›Schnapp dir, wen du schnappen musst. Tu, was du willst.‹«[38]

Während seiner Zeit in Afghanistan erlebte Oberstleutnant Shaffer die Frühphase von Copper Green. Das Programm war »genehmigt«, sagte er, »aber viele von uns hielten es weder für angemessen noch für richtig.«[39] Als er die Einrichtung der Einsatzgruppe in Afghanistan besuchte, sei er »ganz von den Socken gewesen – aber nicht im guten Sinne – über das, was ich dort sah«. Das Gebäude war »vollständig entkernt. Die Zimmer hatte man zu Gefängniszellen oder offenen Räumen umgewandelt, verkleidet mit Holz und Stahl.« Sie erinnerten »überhaupt nicht an die Verhörräume, mit denen ich vertraut war«. Die Verhörräume der Einsatzgruppe Copper Green in Afghanistan hatten laut Shaffer »Ankerpunkte für die Arme und Beine des Gefangenen. Sie dienten dazu, den Gefangenen in einer sogenannten Stress-Position festzuhalten, um ihm möglichst viel Schmerz zuzufügen … Ich war in ein streng geheimes ›Zentrum‹ für Vernehmungen gebracht worden, genehmigt von meinem damaligem Chef, Verteidigungsminister Donald Rumsfeld, und seinem Staatssekretär für Aufklärung, Stephen Cambone, in dem Häftlinge beim Verhör in Afghanistan extremer Nötigung ausgesetzt waren.« Als er in dieser »riesigen Einrichtung« stand, spürte er »Wie zum Greifen eine Spannung in der Luft, so als würde man an einem Strand entlang wandern, kurz bevor ein Hurrikan heraufzieht«.

Alle Welt wusste von Guantánamo und würde auch schon bald den Namen Abu Ghraib kennen. Schockierende Fotos würden in die Hände der Medien gelangen, auf denen bellende Hunde zusammengekauerte Gefangene bedrohen, nackte Häftlinge hinter grinsenden Wachen menschliche Pyramiden bilden und ein Mann mit Kapuze über dem Kopf und ausgestreckten Armen wie bei einer Kreuzigung auf einer Kiste stehen muss. Die an seinen Fingern befestigten Drähte, hatte man ihm gesagt, würden ihm Stromschläge versetzen, wenn er das Gleichgewicht verliert und herunterfällt. Alle Welt würde Abu Ghraib als Schande betrachten, aber kaum jemand verlor ein Wort über Camp NAMA.

Wo kein Blut,
da keine böse Tat.

Irak, 2003–2004

Im ersten Jahr des Irakkriegs wurden viele der schmutzigen Geschäfte des JSOC in einer kleinen Ansammlung von Gebäuden in einem Winkel einer aus Saddams Zeiten stammenden Militärbasis unweit des internationalen Flughafens von Bagdad abgewickelt. Kurz nach der Invasion im Irak im März 2003 hatten amerikanische Spezialeinheiten die Basis übernommen und einen Zaun um die Gebäude errichtet, die Camp NAMA bildeten. Im Zentrum des kleinen Lagers, umgeben von Stacheldraht, befand sich die Battlefield Interrogation Facility (Kampfgebiet-Verhöreinrichtung; BIF).

Angehörige der JSOC-Einsatzgruppe wohnten in Camp NAMA, aber es diente nicht nur der Unterbringung. Diese Einsatzgruppe trug eine Vielzahl von Codenamen, die aus Sicherheitsgründen, aber auch um Ermittlungen zu erschweren, häufig wechselten. Mal hieß sie Task Force 20, dann Task Force 121, Task Force 6-26, Task Force 714 oder Task Force 145. Verdächtige, die bei Razzien festgenommen oder auf den Straßen aufgegriffen worden waren, brachte man in eines von zwei Gebäuden in Camp NAMA: »Motel 6«, eine Holzbaracke, oder »Hotel California«, ein Zellenblock, der wenige Monate zuvor noch Husseins Regime als Gefängnis gedient hatte.[1] Das Akronym NAMA stand für »Nasty-Ass Military Area«,[2] Militärgelände der bösen Buben. Das Motto der Truppe, das überall im Camp auf Plakaten zu lesen war, lautete: »No Blood, No Foul« – »Wo kein Blut, da keine böse Tat«. Ein Mitarbeiter des Verteidigungsministeriums erklärte, es handle sich dabei um eine Anspielung auf das Sprichwort der Einsatzgruppe: »Wenn sie nicht bluten, kann man dir nichts anhaben.«[3]

Die Spezialeinheiten, die die Einsatzgruppe für hochrangige Ziele bildeten, orientierten sich bei ihren Verhören im Irak an der Standard Operating Procedure (Standardverfahrensweise bei Vernehmungen;

SOP), die in Afghanistan unter McChrystal für Inhaftierungen und Verhöre ausgearbeitet worden war. Eine Untersuchung des Senate Armed Services Committee kam Jahre später zu dem Schluss, dass die irakische Einsatzgruppe »einfach ihren Namen darüberschrieb und ansonsten die SOP Wort für Wort übernahm«.[4] Die SOP sah »schmerzhafte Fesselungen in Stress-Positionen, Schlafentzug und den Einsatz von Hunden« vor.[5] Das Foltersystem, entstanden aus der Forderung von Rumsfeld, Cheney und Konsorten, bei Verhören brauchbarere Ergebnisse zu erzielen, zog immer weitere Kreise.

Die in Camp NAMA Inhaftierten wurden nicht als reguläre Kriegsgefangene mit entsprechenden Rechten betrachtet, sondern als ungesetzliche Kombattanten.[6] Anwaltlicher Beistand und Besuche vom Roten Kreuz wurden ihnen verwehrt, und es wurde auch nicht offiziell wegen irgendwelcher Verbrechen Anklage gegen sie erhoben.[7] Rumsfeld hatte für das »schwarze« Inhaftierungsprogramm des JSOC, das für das herkömmliche Militär tabu war, eigene Richtlinien erlassen. Die Einsatzgruppe durfte Gefangene 90 Tage lang inhaftieren, ohne ihnen irgendwelche Rechte einzuräumen oder sie an reguläre Militärgefängnisse zu überstellen.[8] Faktisch bedeutete das, dass die Einsatzgruppe freie Hand hatte, aus den Gefangenen drei Monate lang sämtliche Geheimnisse herauszupressen, die sie möglicherweise hüteten. Gefangene wurden oft »geschlagen, extremer Kälte ausgesetzt, mit dem Tod bedroht, erniedrigt und diversen Formen psychischer Misshandlung und Folter unterzogen«, stellte Human Rights Watch fest.[9] Dem Roten Kreuz, Anwälten und Familienangehörigen wurde der Zutritt zu Camp NAMA verweigert. Laut einem ehemals dort tätigen Vernehmer hatte ihm ein Oberst erklärt, es sei »direkt von General McChrystal und dem Pentagon Anweisung ergangen, das Rote Kreuz auf keinen Fall hereinzulassen«.[10] Auch Vernehmer der Armee erhielten keinen Zutritt.[11] Der Einsatzgruppe wurde mitgeteilt, diese Maßnahmen seien »zwingend erforderlich«, um »die Effizienz der Operation zu gewährleisten, und wir wollen nicht einmal, dass jemand den Namen unserer Einheit kennt«.[12] Als Oberst Stuart Harrington im Auftrag von Generalmajor Barbara Fast im Dezember die Bedingungen in den Inhaftierungseinrichtungen und bei den Aufklärungsoperationen im Irak überprüfen wollte, wurde ihm von der Einsatzgruppe in Camp NAMA eine Abfuhr erteilt.[13] In Camp NAMA herrschte solche Heimlichtuerei, dass nicht einmal General Geoffrey Miller, ehemals Kommandeur des Gefängnisses in

Guantánamo Bay, das Camp betreten durfte, als er es besuchen wollte. Das wurde ihm erst gestattet, als er sein Anliegen über die Befehlskette bis ganz nach oben vorgetragen hatte.[14] Um ins Camp NAMA zu gelangen, musste man einen Sonderausweis besitzen[15] – ausgenommen natürlich die Gefangenen, die gefesselt und mit verbundenen Augen dorthin verschleppt wurden. Es entbehrt nicht einer gewissen Ironie, dass man General Miller nicht ins Camp NAMA ließ, obwohl er doch die Methoden der Betreiber zu befürworten schien. Während Millers Reise durch den Irak, bei der er verschiedene Einrichtungen besuchte, darunter auch Abu Ghraib, rügte er Berichten zufolge die Leiter der US-Militärgefängnisse, sie würden »einen Country-Club betreiben« und mit den Häftlingen zu milde verfahren.[16] Miller empfahl ihnen stattdessen, ihre Gefängnisse »nach Art von Guantánamo« zu führen,[17] und laut Militärvertretern, die sich mit dem »Guantánamo-Team« getroffen hatten, diskutierten sie auch über den Einsatz von Hunden, »die beim Verhör von Arabern nützlich« seien, weil »Araber vor Hunden Angst haben«.[18]

Die Einsatzgruppe in Camp NAMA wurde vom JSOC geführt, aber ihre Mitglieder kamen aus den verschiedensten Diensten und Einheiten. Es gab unter ihnen Vernehmer der CIA, der DIA und der Luftwaffe sowie diverse Analytiker und Wachpersonal. »Wir erhielten Anweisung, unseren Vorgesetzten nichts darüber mitzuteilen, wer hier arbeitet und was [die Einsatzgruppe] tut. Man ist vollständig abgeschottet. Man darf nur mit den eigenen Leuten darüber reden. Das hat man uns vom ersten Tag an eingebläut«, berichtete ein Vernehmer, der von 2003 bis 2004 in Camp NAMA tätig war. »Die Kommandostruktur war ziemlich locker. Innerhalb der Einsatzgruppe gab es keine Ränge … Wir sprachen den Oberst mit dem Vornamen an, ebenso den Spieß … Ich könnte gar nicht sagen, wie der Spieß mit Nachnamen hieß. Auch den vom Oberst kenne ich nicht. Wenn man jemanden nach seinem Namen fragte, erfuhr man nie den Nachnamen … Eigentlich war jedem klar, wenn einer seinen Namen nannte, war es wahrscheinlich nicht sein echter.«[19]

Viele Mitglieder der Einsatzgruppe ließen sich lange Bärte wachsen, offenbar um möglichst einschüchternd auszusehen. »Das ist die dunkle Seite der Streitkräfte. Das ist ein Bereich, wo man im Grunde eine Truppe von Leuten hat, die über große Freiheit verfügt. Die Leute, die auf diese Ebene kommen, werden mit einer gewissen Ehrerbietung behandelt«, erklärte mir Oberstleutnant Anthony Shaffer. »Es ist dort Brauch, dass jeder beim Vornamen genannt wird, unabhängig von seinem Rang, und das alles Entscheidende ist: Wenn man auf diese Ebene kommt, weiß man einfach, was man zu tun hat. Da gibt es kein Nachfragen und keinen Platz für Gefühlsduseleien.«[20]

Im Außenministerium verfolgte Wilkerson den Aufbau dieses parallelen Inhaftierungssystems durch Rumsfeld und Cheney, die seiner Ansicht nach die Einsatzgruppe vor allem nutzten, um Kontrollen zu umgehen. »Eine Aufsicht existiert nicht, und wenn es die nicht gibt, bist du allmächtig. Und wenn du weißt, dass es keine Aufsicht gibt, dann weißt du auch, dass du so ziemlich alles machen kannst, was du willst«, erklärte mir Wilkerson. »Wir vergessen, dass wir, wenn wir solche Spezialkommandos aufstellen, einen gewissen Prozentsatz – ein Prozentsatz, der bei den Spezialeinsatzkräften unglaublich zunimmt – von Killermaschinen heranzüchten. Ja, das sind sie. Sie wurden ausgewählt und zu Killermaschinen ausgebildet. Wenn man zulässt, dass sie unbeaufsichtigt handeln und ihnen immer wieder Operationen überträgt, wieder und wieder und wieder, ohne Aufsicht, dann lässt man zu, dass sie instinktiv meinen, sie dürften fast alles. Und dann werden sie auch fast alles tun.«[21]

»Statt einer Befehlskette über das örtliche Kommando in Bagdad, von dort hinauf zum CENTCOM und dann zurück ins Pentagon gab es offenbar eine Art Expresslift: von den JSOC-Operationen vor Ort direkt zurück zum Staatssekretär im Verteidigungsministerium für Aufklärung [Cambone] und dann zum Verteidigungsminister. Also direkt zurück nach Washington, auf eine sehr, sehr hohe Ebene«, erklärte Scott Horton, Anwalt für Menschenrechte, der als Präsident des New Yorker Bar Association's Committee on International Human Rights das US-Folterprogramm und die Rolle des JSOC dabei untersuchte. »Wir wissen, dass eine Reihe normaler Regeln, die Inhaftierungs- und Vernehmungsprogramme betreffen, vom JSOC nicht beachtet wurde. Es hatte seine eigenen Regeln aufgestellt. Es gab Special Access Programs, und wir wissen, dass diese Operationen mit großer Brutalität durchgeführt wurden. Leute wurden zusammengeschlagen und schwer misshandelt. Fälle von Folterungen und schwerer Misshandlung gingen viel häufiger auf JSOC-Operationen zurück als auf irgendetwas anderes.«[22]

Als das JSOC in den Irak beordert wurde, um die Suche nach Massenvernichtungswaffen und die Jagd auf Husseins Führungskader zu leiten, wurden die ersten Gefangenen danach eingestuft, ob sie über Erkenntnisse oder Informationen verfügen könnten, die für eine der beiden Aufgaben von Nutzen wären. Die brutalen Vernehmungsmethoden, die in Geheimgefängnissen und in Afghanistan verfeinert worden waren, sollten im Irak hemmungslos zur Anwendung kommen. »Es gab zwei Gründe, warum diese Vernehmungen so extensiv waren und dabei extreme Methoden benutzt wurden«, sagte ein ehemaliger hochrangiger Geheimdienstmitarbeiter. »Der Hauptgrund war, dass alle befürchteten, es könnte [nach dem 11. September] einen weiteren Anschlag geben. Aber fast das ganze Jahr 2002 über und bis ins Jahr 2003 hinein forderten vor allem Cheney und Rumsfeld Beweise für Verbindungen zwischen al-Qaida und dem Irak, nachdem [der im Exil lebende Oppositionspolitiker Ahmad] Tschalabi und andere behauptet hatten, es gebe sie.«[23]

Die Regierung Bush wollte zudem Massenvernichtungswaffen finden und dadurch nachträglich den Beweis für ihre Behauptungen erbringen. Rowan Scarborough, ein konservativer Militärjournalist, der während seiner Arbeit an zwei Büchern freien Zugang zu Rumsfeld und dessen Team gewann, berichtete, wie wütend Rumsfeld wurde, wenn er Tag für Tag aufs Neue hörte, man habe im Irak noch immer keine Massenvernichtungswaffen entdeckt. »Jeden Morgen meldete das Krisenaktionsteam, dass ein weiterer Standort ein Fehlschlag gewesen war. Rumsfelds Zorn wuchs. Ein Beamter zitierte seine Worte: ›Es müssen aber welche da sein!‹ Bei einer Besprechung nahm er die Beweisfotos und schleuderte sie seinen Mitarbeitern entgegen«, so Scarborough.[24]

Und Horton ergänzte: »Anfangs wurde diese Suche nach Informationen sehr von der Notwendigkeit angetrieben, Erkenntnisse zu gewinnen, die [den Krieg] rechtfertigten. Und ich denke, dass die Anwendung von Folter hauptsächlich deshalb genehmigt wurde, weil man erwartete, damit Ergebnisse zu bekommen. Ich glaube aber nicht, dass es jemals die Erwartung gab, dadurch die Wahrheit zu erfahren, sondern es würde nur dazu führen, dass die Verhörten das sagten, was man von ihnen hören wollte, und damit sollte das Ganze irgendwie gerechtfertigt werden.«

Als jedoch die Monate ins Land gingen und sich die Behauptungen über Massenvernichtungswaffen und Verbindungen zu al-Qaida als unwahr erwiesen, konzentrierten sich die Vernehmungen immer mehr auf die Niederschlagung des Aufstands. Die Liste der Zielpersonen und Verdächtigen – die ursprünglich nur die Mitglieder des Regimes von Saddam Hussein umfasst hatte – wuchs auf einen potenziell unbegrenzten Katalog von Namen an. »Man hat gesehen, wie die Franzosen das in Algerien gemacht haben, und man hat gesehen, wie es die Amerikaner 2003 im Irak machen«, erklärte Exum, der damals im Irak stationiert war. »Man beginnt mit einer Liste von Zielpersonen, und man hat darauf vielleicht 50 Namen oder meinetwegen auch 200, aber man kann diese 50 oder 200 Namen abarbeiten. Und dann plötzlich, wenn man damit fertig ist, hat man eine neue Liste von Zielpersonen, auf der 3000 Namen stehen.«[25]

McChrystal weitete die Rolle des JSOC bei den Häftlingsoperationen aus, aber Camp NAMA war bereits in Betrieb, noch bevor er einen Fuß in den Irak setzte. Die CIA, die sich selbst nicht scheute, Gefangene zu misshandeln, war über die Folterungen in Camp NAMA so schockiert, dass sie im August 2003 ihre Vernehmer von der Basis abzog, die Einsatzgruppe aber weiterhin mit Informationen versorgte.[26] Einen Monat bevor McChrystal beim JSOC das Kommando übernahm, kritisierten ein Ermittler der Armee sowie Mitarbeiter von Nachrichtendienst und Strafverfolgung die Misshandlung von Häftlingen, wobei sie zu verstehen gaben, dass sich das JSOC solch brutaler Methoden bediente.[27] Im September 2003 trafen nach Anforderung durch den »Kommandeur der Special Mission Unit Task Force« Ausbilder des SERE-Programms in Camp NAMA ein.[28] Ihre offizielle Aufgabe lautete, Angehörige der US-Streitkräfte gegen Folterung und Kriegsgefangenschaft zu wappnen.

Die JSOC-Einsatzgruppe deklarierte Camp NAMA nicht als Gefängnis, sondern als »Filterstätte«, an der geheimdienstliche Erkenntnisse gewonnen würden.[29] Das diente als Deckmantel für die Drecksarbeit, die dort im Verborgenen verrichtet wurde. Das Special Access Program, unter dem die Einsatzgruppe operierte, »berechtigte vermutlich zur Anwendung von Sonderpraktiken aller Art, die nicht nur von den normalen militärischen Praktiken abwichen, sondern womöglich auch gegen militärische Gesetze und Regeln verstießen. Und dies geschah mittels eines Special Access Program, das vom Staatssekretär im Verteidigungsministerium für Aufklärung [Stephen Cambone] stammte. Darin enthalten sind ganz klar kriminelle Handlungsweisen«, stellte der Menschenrechtsanwalt Horton fest. »Unter der Regie des JSOC genehmigten die Offiziere, die das Camp befehligten, diese Handlungsweisen nicht nur, sondern stifteten sogar dazu an, obwohl sie sie eigentlich hätten unterbinden müssen.«

Die Battlefield Interrogation Facility in Camp NAMA bestand aus vier Vernehmungsräumen und einem Raum für medizinische Versorgung, wo auch Saddam Hussein nach seiner Festnahme untersucht worden war.[30] In den mit Teppichen, Gebetsmatten, Couchen, Tischen und Sesseln ausgestatteten »Soft Room« wurden die Häftlinge gebracht, die einen hohen Rang hatten oder sich als kooperativ erwiesen. Dort erhielten sie beim Verhör sogar Tee. Der Blaue und der Rote Raum (auch Holzraum genannt) waren rechteckig und karg; der Blaue Raum hatte blau gestrichene Sperrholzwände. Diese Räume waren für Vernehmungen mittlerer Intensität vorgesehen, bei denen angeblich Techniken angewandt wurden, die laut Dienstvorschrift des US-Militärs zulässig waren. Der Schwarze Raum stammte noch aus der Zeit des Hussein-Regimes, in der er als Folterkammer gedient hatte; dort hingen Fleischerhaken von der Decke. Die Einsatzgruppe ließ sie vorsorglich an Ort und Stelle. Der Schwarze Raum war der größte von allen, etwa dreieinhalb Meter im Quadrat. In ihm führte das JSOC die brutalsten Vernehmungen durch.

Die Häftlinge wurden zwischen diesen Räumen hin und her geschoben, je nachdem ob sie mit den Vernehmern kooperierten oder nicht. »Wir taten das, um dem Gefangenen deutlich zu machen: Wenn du uns sagst, was wir hören wollen, dann ist das die Behandlung, die du bekommst«, erklärte »Jeff Perry«, das Pseudonym eines ehemaligen Vernehmers in Camp NAMA, der Human Rights Watch einen Augenzeugenbericht über seine dortigen Erfahrungen lieferte. »Wenn nicht, dann bekommst du diese Behandlung. Also gab es eine Menge Verkehr zwischen den Räumen.« Wenn vermutet wurde, dass der Gefangene Informationen über al-Sarkawi besaß, wurde er in den Schwarzen Raum gebracht. Das geschah auch dann, »wenn der Vernehmer sich belogen fühlte oder meinte, durch einfaches Reden nichts herauszubekommen«, berichtete Perry. »Dann brachten wir den Gefangenen in den Schwarzen Raum.« Oder wenn die Vernehmer »wütend auf [einen Häftling] waren und ihn aus irgendeinem Grund bestrafen wollten«.[31]

Im Schwarzen Raum kam das volle Spektrum der SERE-Methoden zur Anwendung, zusammen mit einer Vielzahl selbst ersonnener Praktiken wie aus dem Mittelalter. »Der Raum war vom Boden bis zur Decke schwarz gestrichen, ebenso die Tür und alles andere auch«, berichtete Perry. »In den vier Ecken waren an der Decke Lautsprecher installiert. In einer Ecke standen ein kleiner Tisch und ein paar Stühle.

Aber in der Regel durfte sich im Schwarzen Raum niemand setzen. Man hatte zu stehen, in Stress-Position.« Um die Gefangenen gefügig zu machen, wurden sie oft mit extrem lauter Musik beschallt und ständigen Lichtblitzen ausgesetzt, geschlagen, mit Kälte oder Hitze traktiert, mit Schlafentzug oder Verhören rund um die Uhr gequält, schmerzhaft gefesselt und auf jede Art – auch sexuell – erniedrigt. Nicht ungewöhnlich war, dass sich der Gefangene nackt ausziehen musste. Die Gefangenen durften auf fast jede erdenkliche Weise misshandelt werden, solange es dem Motto »No Blood, No Foul« entsprach. Aber schließlich war sogar auch Blutvergießen erlaubt.[32]

Ein ehemaliger Häftling – Sohn eines Leibwächters von Hussein – berichtete, er habe sich ausziehen müssen, dann wurde ihm so oft auf die Wirbelsäule geschlagen, bis er ohnmächtig zusammenbrach. Nachdem man kaltes Wasser über ihn gekippt hatte, musste er sich vor die kalte Klimaanlage stellen, wo man ihm in den Magen schlug, bis er erbrach.[33] Häftlinge in anderen Gefängnissen berichteten ebenfalls von abscheulichen Misshandlungen durch Vernehmer und Wachen, darunter das Einführen von Gegenständen oder Einpressen von Wasser in den Anus, Schläge und extremer Nahrungsentzug – ein Gefangener erhielt mehr als zwei Wochen lang nur Brot und Wasser.[34]

Angehörige der Einsatzgruppe schlugen Gefangene mit dem Gewehrkolben und spuckten ihnen ins Gesicht.[35] Ein Mitglied der Einsatzgruppe berichtete, gehört zu haben, wie Vernehmer einen »Häftling grün und blau prügelten«.[36] Laut einem ehemaligen Vernehmer wurde einer seiner Kollegen »gerügt und zur Schreibtischarbeit versetzt, weil er in eine Flasche uriniert und sie dem Gefangenen zwangsweise zu trinken gegeben hatte«.[37] Mitglieder der Einsatzgruppe unterbrachen gelegentlich nicht-brutale Vernehmungen und fielen mit Ohrfeigen und Schlägen über den Häftling her.[38] In mindestens einem Fall entführten sie die Ehefrau eines von der Einsatzgruppe gejagten Verdächtigen, »um die primäre Zielperson zum Aufgeben zu bewegen«. Bei der Frau handelte es sich um die 28-jährige Mutter von drei Kindern, die ihr sechs Monate altes Baby noch stillte. Nach der Befragung zahlreicher Mitglieder der Einsatzgruppe in Camp NAMA kam Human Rights Watch zu dem Schluss: »… die Misshandlungen der Gefangenen scheinen einem festen Regelwerk für Häftlingsmisshandlung gefolgt zu sein – der ›Standardverfahrensweise‹«[39].

Steven Kleinman, damals Oberstleutnant der Airforce, traf Anfang

September 2003 in Camp NAMA ein, gerade als McChrystal das JSOC-
Kommando übernahm.[40] Kleinman war erfahrener Vernehmer und
Ausbilder der Airforce bei SERE. Bei seiner Versetzung in den Irak
nahm er an, er solle die Vernehmungen im Camp beobachten und analysieren, wie sie effektiver geführt werden könnten. Ein Jahr zuvor hatte
Kleinman das Programm in Guantánamo untersucht und »fundamen-
tale systemische Probleme« festgestellt, die seiner Ansicht nach die erklärten Vernehmungsziele unterminiert hatten.[41] Aber die Zuständigen
in Camp NAMA verfolgten andere Pläne. Sie erklärten Kleinman, es
gebe Schwierigkeiten bei der Gewinnung von verwertbaren und ver-
lässlichen Informationen. Deshalb sollten ihnen Kleinman und seine
SERE-Kollegen zeigen, wie man bei Vernehmungen SERE-Methoden
einsetzt. Sie wollten schlicht, dass Kleinman und seine Kollegen die Foltertechniken anwandten, von deren Anwendung sie Angehörigen der
Streitkräfte sonst abrieten.[42]

Kleinman räumte ein, dass die bis dahin gewonnenen Informationen unbrauchbar waren; das lag seiner Ansicht nach aber nicht an einer
mangelnden Härte bei den Verhören. Es hätten chaotische Zustände
geherrscht, weil es keine effektive Auslese der neu eingelieferten Häftlinge gegeben habe und manche Gefangene den Eindruck erweckten,
keinerlei Informationswert zu besitzen.[43] Doch die Einsatzgruppe verlangte, ja befahl die Teilnahme Kleinmans und seiner Kollegen an den
Vernehmungen.[44] »Ich ging in das vollkommen schwarz gestrichene
Vernehmungszimmer, in dem ein Lichtstrahler auf den Gefangenen gerichtet war. Hinter dem Gefangenen stand eine Militärwache ... mit einem Eisenknüppel ... den er immer wieder in seine Hand klatschen
ließ«, berichtete Kleinman. »Der Vernehmer saß auf einem Stuhl, der
Dolmetscher links von ihm ... und der Gefangene kniete auf dem
Boden ... Der Vernehmer stellte eine Frage, sie wurde übersetzt, der Gefangene antwortete, und noch während der Übersetzung wurde dem
Gefangenen ins Gesicht geschlagen ... Und so ging es bei jeder Frage
und jeder Antwort weiter. Ich fragte meine Kollegen, wie lange das
schon dauerte, vor allem das Schlagen, und sie sagten: ungefähr 30 Minuten.«[45]

Kleinmans Ansicht nach stellten die an den Gefangenen praktizierten Methoden »eine direkte Verletzung der Genfer Konventionen dar
und ... könnten als Kriegsverbrechen bezeichnet werden«. Kleinman
wies den Kommandeur der Special Mission Unit in Camp NAMA da-

rauf hin, dass seine Truppe »gesetzwidrige« Handlungsweisen und systematische Verletzungen der Genfer Konventionen praktiziere. Das zeigte jedoch bei dem Kommandeur und Kleinmans JPRA/SERE-Kollegen keine Wirkung. Kleinmans Vorgesetzter habe ihm erklärt, sie seien »unmissverständlich angewiesen worden«, bei den Vernehmungen SERE-Methoden anzuwenden.[46] Kleinmans Ansicht nach war dies ein »rechtswidriger Befehl«, deshalb wollte er »damit nichts zu tun haben, und sie sollten es besser auch lassen«. Worauf er zur Antwort erhielt, dass diese Gefangenen nicht unter dem Schutz der Genfer Konventionen stünden, weil sie »gesetzwidrige Kombattanten« seien.[47] Und so wurden die Folterungen fortgeführt.

Kleinman erzählte von einem Häftling, den die Einsatzgruppe zu brechen versuchte. Seine Kollegen beschlossen, den Mann glauben zu lassen, er käme frei, und fuhren ihn zu einer Bushaltestelle. Doch Sekunden später ergriffen sie ihn erneut und brachten ihn ins Camp NAMA zurück. Der Mann »wurde von zwei Wachen buchstäblich in den Bunker getragen, wogegen er sich heftig sträubte«, sagte Kleinman. Seine beiden SERE-Kollegen »übernahmen von da an die Sache … Sie rissen ihm [die Kleider] vom Leib – sie haben sie nicht zerschnitten, sondern heruntergerissen, dann auch seine Unterwäsche, und ihm die Schuhe weggenommen. Eine Kapuze über dem Kopf hatte er bereits, und er war auch schon an Händen und Füßen gefesselt. Und die ganze Zeit über brüllten sie ihm auf Englisch ins Ohr … was für ein armseliges Exemplar Mensch er sei … Und dann kam der Befehl, dass er in dieser Stellung zwölf Stunden lang stehen zu bleiben habe, ganz gleich, wie sehr er um Hilfe flehte. Die Wachen durften ihm unter keinen Umständen irgendwie helfen, sofern er nicht ohnmächtig würde.«[48]

Trotz Kleinmans Einwänden gegen die Anwendung von SERE-Methoden in Camp NAMA ließen die Einsatzgruppe und Kleinmans Chefs nicht davon ab. Im September 2003 begannen sie, CONOP zu entwickeln, ein »Concept of Operations« (Operationskonzept) für die »Verwertung« von hochrangigen Zielen. Ähnlich dem »Exploitation Draft Plan«, den der Chefpsychologe von SERE, Dr. Bruce Jessen, ein Jahr zuvor für Afghanistan entworfen hatte, empfahl CONOP die Anwendung feindlicher Folterpraktiken und »maßgeschneiderte Bestrafungen, die im kulturellen Kontext möglichst unerträglich empfunden werden«.[49] Nach nicht einmal einem Monat wurde Kleinman aus Camp NAMA abgezogen, da sich – wie der Generalinspekteur des Pentagon es formulierte, zwischen der Einsatzgruppe und Kleinman »offensichtlich Spannungen entwickelten«.[50] Später erklärte Kleinman vor dem US-Senat, dass »Spannungen« eine Untertreibung seien und er sich durch Angehörige der Einsatzgruppe bedroht fühlte, weil er ihre Meinung nicht geteilt habe. Ein Mitglied der Einsatzgruppe habe ihm zu einem »leichten Schlaf« geraten, weil die Einsatzgruppe keine »Terroristen verhätschelt«, und dabei gleichzeitig sein Messer geschärft.[51]

Zu Folterungen kam es in Camp NAMA auch, weil Angehörige der Einsatzgruppe Zugriff auf Häftlinge erhielten, die sie selbst gefangen genommen hatten. Laut Generalmajor Miller setzte die Einsatzgruppe in Camp NAMA gelegentlich Kommandosoldaten als Vernehmer ein.[52] Auf diese Weise wurde die Wut, die auf dem Schlachtfeld geherrscht hatte, in die Verhöre hineingetragen. Der ehemalige SERE-Ausbilder Malcolm Nance erklärte mir: »Das Erste, was die auf dem Schlachtfeld gefangen genommenen Feinde feststellen, ist, dass der Kerl, der dich gefangen nimmt, vor Wut tobt, weil du auf ihn geschossen und ein paar seiner Kumpel umgebracht hast. Also sei darauf vorbereitet, dass du Prügel beziehst. So einfach ist das.«[53] Noch schlimmer wird es, wenn die Soldaten auch später noch Zugang zu den Häftlingen haben, die sie selbst im Kampf gefangen genommen haben. »Bei der Armee gibt es die Regel, wenn man jemanden gefangen nimmt, wird er gesichert und dann rasch in die Etappe gebracht. Man schafft ihn von der Einheit fort, die ihn erwischt hat«, erklärte ein Armeeoffizier, der an einer anderen »Filterstätte« gearbeitet hatte. »Aber das haben wir nicht getan. Wir haben ihn bis zu 72 Stunden lang in unserem Gewahrsam gehalten. Dann übergaben wir ihn der Bewachung durch Soldaten, die er kurz zuvor zu töten versucht hatte.«[54] Der Offizier schilderte der Fall eines Gefangenen, der im Verdacht stand, einen US-Soldaten getötet zu haben; ein Kamerad dieses Soldaten zerschmetterte ihm mit einem Baseballschläger das Bein.

Perry berichtete von einem Vorfall kurz nach seiner Ankunft in Camp NAMA, als dort ein mutmaßlicher Financier al-Sarkawis eingeliefert wurde. Der Mann habe sich angeblich geweigert, seinen Vernehmern irgendwelche Informationen preiszugeben. »Ich war an diesen Vernehmungen nicht beteiligt, sondern nur Beobachter … Es gab im Freien eine Art Garten mit Erde und Matsch und einem Schlauch«, sagte Perry:

Der Mann wurde nackt ausgezogen, in den Matsch gestoßen und dann mit dem Schlauch abgespritzt. Mit sehr kaltem Wasser, es war ja Februar. Und nachts war es ebenfalls sehr kalt. Sie bespritzten ihn mit kaltem Wasser, und er lag vollständig nackt im Schlamm. Dann zog man ihn heraus und platzierte ihn vor eine Klimaanlage. Die war extrem kalt eingestellt, eisig, dann stieß man ihn wieder in den Schlamm und bespritzte ihn erneut mit Wasser. Das passierte Nacht für Nacht. Jeder wusste davon. Die Leute liefen vorbei, der Spieß und andere, jeder wusste, was da vor sich ging, und ich lief auch daran vorbei und sah es. Solche Dinge geschehen dort.

Einmal erlebte Perry mit, dass ein britischer SAS-Offizier – der nicht berechtigt war, irgendwelche Verhöre zu führen – gnadenlos auf einen Gefangenen einprügelte, bis er und ein anderer Soldat dazwischengingen. Bereits im Sommer 2003 beschwerte sich die CIA-Außenstelle Bagdad im CIA-Hauptquartier, dass die Spezialkommandos zu aggressiv mit Gefangenen verfuhren.[55] Nach Ansicht des CIA-Justitiars Scott Muller waren die in Camp NAMA praktizierten Methoden »aggressiver« als die der CIA.[56]

Die Einsatzgruppe brachte gewöhnlich die neuen Häftlinge mit Hubschraubern ohne Hoheitskennzeichen nach Camp NAMA.[57] Die Gefangenen waren in blaue Trainingsanzüge gekleidet und trugen während des Transports schwarze Korbbrillen, damit sie nichts sahen. Die Vernehmer in Camp NAMA hatten auf ihren Computern eine »Genehmigungsvorlage« für die Anwendung harter Verhörmethoden parat. Theoretisch mussten diese von den Vorgesetzten genehmigt werden. »Ich habe nie ein derartiges Formular gesehen, das nicht unterzeichnet gewesen wäre. Meist vom Kommandeur, wer immer es auch war«, berichtete Perry. »Er hat es jedes Mal unterzeichnet, wenn es beantragt wurde.«[58] Ein anderer Vernehmer fügte hinzu, dass »jede harte Vernehmung vom J2 [dem zuständigen Aufklärungsoffizier] der Einsatzgruppe und dem Arzt genehmigt [wurde], bevor das Verhör stattfand«. Laut Perry wandten »manche Vernehmer diese Methoden an, ohne einen Antrag zu schreiben, weil ihnen das einfach zu lästig war oder weil sie keine Lust dazu hatten und wussten, dass es sowieso genehmigt würde und sie keinen Ärger kriegen würden, wenn man feststellte, dass sie das ohne Unterschrift gemacht hatten.«

Als Perry und eine Handvoll Kollegen ihr Unbehagen über die Vorgänge in Camp NAMA äußerten, zogen ihre Vorgesetzten Juristen des militärischen Judge Advocate General's Corps (JAG) hinzu, die die Kritiker über den Unterschied zwischen gesetzwidrigen feindlichen Kombattanten und Kriegsgefangenen belehrten und über die entsprechenden rechtlichen Schlupflöcher.»Ein paar Stunden später kamen zwei Offiziere, zwei JAG-Juristen, und hielten uns einen zweistündigen Bildervortrag, warum dies notwendig und legal sei, warum es feindliche Kombattanten und keine Kriegsgefangenen seien. Also könnten wir all diese Sachen mit ihnen machen und so weiter«, berichtete Perry.»Sie hatten diesen zweistündigen Vortrag schon fix und fertig parat. Sie unterbrachen dafür sogar die Verhöre. Es war eine PowerPoint-Präsentation.« Die Juristen, so Perry, sagten,»wir bräuchten uns nicht an die Genfer Konventionen zu halten, weil diese Leute keine Kriegsgefangenen seien«. Nach Perrys Eindruck kommen diese Juristen»einfach hereingeschneit und sagen ihr Sprüchlein auf, um die Scharte auszuwetzen und mit dem Krieg weitermachen zu können«.

Alle Angehörigen der Einsatzgruppe mussten eine Stillschweigeverpflichtung unterschreiben.[59] Die Vernehmer bekamen häufig zu hören, dass ihre Arbeit vom Weißen Haus und von Rumsfeld genau verfolgt würde. Perry bestätigte, er habe mehr als einmal McChrystal in Camp NAMA gesehen. Den dort Tätigen wurde laut Perry der Eindruck vermittelt, dass die Methoden von oben genehmigt seien, weil sie»eigentlich in der Befehlskette nur ein paar Schritte vom Pentagon entfernt waren«. Die Befehlshaber der Einsatzgruppe teilten, so Perry, den Vernehmern mit, das Weiße Haus oder das Pentagon werde direkt über ihre Fortschritte informiert, vor allem was die Erkenntnisse über al-Sarkawi betraf:»Rumsfeld wurde unterrichtet, dieser oder jener Bericht liegt heute auf Rumsfelds Schreibtisch.« Perry fügte hinzu:»Das ist ein starker moralischer Impuls für Leute, die 14 Stunden am Tag arbeiten. Hey, das Weiße Haus schaut uns zu!« Malcolm Nance erzählte mir:»Wenn einem der Präsident der Vereinigten Staaten das Tempo vorgibt, tja, dann kommt es eben zu Abu Ghraib, dann kommt es zu Misshandlungen. Und die Nachrichtendienste weisen alle Anschuldigen zurück, dass es jemals durch die Streitkräfte der USA zu ›Misshandlungen‹ gekommen sei.« Generalmajor Keith Dayton, Kommandeur der Iraq Survey Group, seit Juni 2002 für die Koordinierung der Suche nach Massenvernichtungswaffen zuständig, sagte über Camp NAMA, dort »braut sich eine Katastrophe zusammen«, und warnte den Generalinspekteur des Pentagon, er müsse »dort dringend einige Regeln festklopfen, damit wir uns nicht in Schwierigkeiten bringen und dafür gesorgt ist, dass diese Leute ordentlich behandelt werden«. Dayton schilderte Fälle von Gefangenen, die bei der Überstellung von der Einsatzgruppe in herkömmliche Militärgefängnisse Anzeichen von »schlimmen Brandverletzungen«, blau geschlagene Augen, »ein fast gebrochenes Rückgrat« und »zahlreiche Prellungen im Gesicht« hatten.[60] Soldaten und Personal von Camp Cropper (unweit von Camp NAMA) erklärten unter Eid, dass die nach Camp Cropper überstellten Häftlinge, die von der Einsatzgruppe und SEAL-Team 5 gefangen genommen und vernommen worden waren, Anzeichen von Misshandlungen aufwiesen.

Bekannt sind mindestens zwei Fälle, in denen irakische Gefangene unmittelbar nach ihrer Überstellung aus dem Gewahrsam von Navy-SEAL-Kommandos starben. Nach einem – wie es ein SEAL-Team nannte – »Streit« übergaben die SEALs am 5. April 2005 den Gefangenen Faschad Mohammad einem Stützpunkt des regulären Militärs, wo er verhört wurde und sich danach schlafen legen durfte. Aus diesem Schlaf wachte er nicht mehr auf. Im ärztlichen Untersuchungsbericht über seinen Tod heißt es, dass Mohammad »in US-Gewahrsam ungefähr 72 Stunden nach seiner Ergreifung verstarb. Bei seiner Festnahme während einer Hausdurchsuchung soll körperlicher Zwang vonnöten gewesen sein. Während seiner Haft wurde ihm eine Kapuze über Kopf und Gesicht gezogen, ihm wurde der Schlaf verweigert, er wurde großer Hitze und Kälte ausgesetzt, unter anderem, indem man über Körper und Kapuze kaltes Wasser schüttete.« Obwohl der Arztbericht »zahlreiche geringfügige Verletzungen, Abschürfungen und Prellungen« sowie »Verletzungen durch stumpfe Gewalteinwirkung und einen lagebedingten Erstickungstod« vermerkte, lautete die Todesursache »unklar«.[61] Am 4. November 2003 starb Manadel al-Dschamadi im Gefängnis Abu Ghraib. Vermutlich wurde er von Mitgliedern des SEAL-Team 7 zu Tode geprügelt. Ein Angehöriger des Teams kam vor ein Militärgericht, das ihn jedoch freisprach – und auch niemand sonst musste sich für den Totschlag verantworten.[62]

In einem vertraulichen Memo des Pentagon vom Dezember 2003 war die Warnung zu lesen: »Es scheint klar«, dass die Einsatzgruppe »hinsichtlich ihrer Behandlung von Gefangenen gezügelt werden muss«.[63] Doch die Folterungen und Misshandlungen in Camp NAMA gingen ungehindert weiter, vor allem, wenn von einem Gefangenen vermutet wurde, dass er über Informationen zu al-Sarkawi und dessen Netzwerk verfügte. Sämtliche Vernehmungen hatten zum Ziel, Erkenntnisse zu gewinnen, die zur nächsten Razzia, zum nächsten Schlag, zur nächsten Gefangennahme oder Tötung führen würden. In einem »Operationszentrum« unweit von Camp NAMA »brüteten Analytiker der Einsatzgruppe über Informationen, die sie von Spionen, Gefangenen und ferngesteuerten Überwachungsdrohnen erhalten hatten, und werteten einzelne Spuren aus, die den Soldaten bei ihren Einsätzen hilfreich sein konnten«, berichtete die *New York Times*. »Zwei Mal täglich, um zwölf Uhr mittags und um Mitternacht, trafen sich die Vernehmer des Militärs und ihre Vorgesetzten mit Vertretern von CIA, FBI und verbündeten Militäreinheiten zur Überprüfung der Operationen und der neuen Erkenntnisse.«[64]

Anfang 2004 veröffentlichte das Rote Kreuz einen vernichtenden Bericht über die Massenverhaftungen von Irakern. Darin hieß es, dass in einem Bereich speziell für »hochrangige Zielpersonen« beim Bagdader Flughafen »mehr als hundert solcher Personen fast 23 Stunden pro Tag in strenger Isolationshaft in kleinen Betonzellen ohne Tageslicht gehalten wurden«.[65] Ohne die Einsatzgruppe namentlich zu nennen, wurde in dem Bericht der typische Ablauf der Razzien geschildert, die zur Verhaftung von zahllosen Irakern führten.

> Die Soldaten stürmten die Häuser gewöhnlich nach Einbruch der Dunkelheit, brachen Türen auf, zerrten die Bewohner rüde aus den Betten, brüllten Befehle, trieben die Familie in einem vom Militär bewachten Raum zusammen, um das übrige Haus zu durchsuchen und weitere Türen, Schränke und anderes Eigentum aufzubrechen. Bei der Festnahme der Verdächtigen fesselten sie ihnen die Hände mit Plastikbändern auf dem Rücken, zogen ihnen Kapuzen über den Kopf und brachten sie fort. Manchmal nahmen sie sämtliche männliche Erwachsene gefangen, die sich in dem Haus aufhielten, einschließlich der Alten, Behinderten und Kranken. Oft wurden die Verdächtigen herumgestoßen und beleidigt, man legte das Gewehr auf sie an, sie wurden geprügelt, getreten und mit dem Gewehr geschlagen. Häufig führte man die Personen in der Kleidung ab, die sie gerade trugen – manchmal in Pyjamas oder Unterwäsche –, und es wurde ihnen verweigert, wesentliche Dinge wie Kleider, Hygieneartikel, Arzneimittel oder Brillen mitzunehmen.

Der Bericht zitierte »Offiziere des militärischen Nachrichtendiensts«, die gegenüber dem Roten Kreuz erklärt hatten, »dass ihrer Schätzung nach zwischen 70 und 90 Prozent der Personen, die im Irak ihrer Freiheit beraubt wurden, irrtümlich verhaftet wurden«. Die Befunde des Roten Kreuzes stimmten mit denen des geheimen Militärberichts von Ende 2003 überein, der davor warnte, die Misshandlung von Gefangenen durch die Einsatzgruppe und die Massenverhaftungen von Irakern vermittelten den Eindruck, die Vereinigten Staaten und ihre Verbündeten würden sich wie »Feinde« des irakischen Volkes verhalten.

Als das Militär schließlich Erlaubnis erhielt, die Vorgänge in Camp NAMA zu prüfen, bekamen die Militärangehörigen von den Mitarbeitern des Camps Drohungen zu hören. Den DIA-Vernehmern wurden die Autoschlüssel abgenommen und man »befahl« ihnen, mit niemandem über das zu sprechen, was sie gesehen hatten. Am 25. Juni 2004 sandte Vizeadmiral Lowell Jacoby, damals Direktor der DIA, Stephen Cambone ein zweiseitiges Memo mit einer Liste von Beschwerden der DIA-Vertreter in Camp NAMA.[66] Einem Vernehmer waren die Fotos konfisziert worden, die er von verletzten Gefangenen gemacht hatte, andere beschwerten sich, dass die Einsatzgruppe ihnen verboten hatte, das Camp ohne ihre Erlaubnis zu verlassen, nicht einmal für einen Friseurbesuch, oder mit Außenstehenden zu sprechen; sie wurden bedroht und ihre E-Mails wurden kontrolliert. Trotz dieser Bemühungen um Geheimhaltung drangen Nachrichten über die Misshandlung von Gefangenen in Camp NAMA bis in die höheren Ränge und schließlich auch zu den Abgeordneten im Kongress.

Unter Druck einer Handvoll Kongressmitglieder schickte Stephen Cambone, dessen Strategic Support Branch (SSB) die brutalen Verhörmethoden in Camp NAMA ermöglicht hatten, seinem Stellvertreter, Generalleutnant Boykin, am 26. Juni 2004 einen handschriftlichen Brief, in dem es hieß: »Setzen Sie dem unverzüglich ein Ende. Das ist nicht akzeptabel. Vor allem möchte ich wissen, ob dies ein typisches Vorgehensmuster von TF 6-26 ist.«[67] Dazu meinte ein Mitarbeiter Boykins: »Hierauf teilte [Boykin] Mr. Cambone mit, dass er kein gewohnheitsmäßiges Fehlverhalten bei der Einsatzgruppe festgestellt habe.«[68]

Trotz aller anderslautenden Enthüllungen kam ein offizieller Bericht des US-Militärs über mutmaßliche Misshandlungen in Camp NAMA und anderen Einrichtungen zu dem Schluss, dass die Gefangenen, die Folterungen schilderten, gelogen hätten. Fehlverhalten und

Verbrechen durch Mitglieder der Einsatzgruppe wurden hausintern behandelt und nicht auf dem traditionellen Wege militärischer Disziplinarmaßnahmen. Als ein Agent der Army Criminal Investigation Command (CID) versuchte, gegen ein Mitglied der Einsatzgruppe wegen des Vorwurfs der Gefangenenmisshandlung zu ermitteln, wurde das Verfahren niedergeschlagen, weil es sich – wie es die CID formulierte – »bei dem Betroffenen dieser Ermittlungen um ein Mitglied der TF 6-26 handelt« und der Sicherheitsoffizier der Einsatzgruppe »eingewilligt hat, in dieser Sache selbst tätig zu werden«.[69]

Insgesamt wurden etwa 34 Mitglieder der Einsatzgruppe wegen Fehlverhaltens »gemaßregelt« und mindestens elf aus der Einheit entfernt. 2006 meldete Human Rights Watch, dass »einige Angehörige der Einsatzgruppe administrativ gemaßregelt, jedoch nicht vor ein Militärgericht gestellt wurden. Fünf mit der Einsatzgruppe zusammenarbeitende Army Rangers wurden wegen Misshandlung von Gefangenen militärgerichtlich belangt«, jedoch nur »zu einer Strafe von sechs Monaten oder weniger verurteilt. Es gibt keine Hinweise, dass Offiziere höherer Ebene zur Rechenschaft gezogen wurden, trotz des schweren Verdachts auf Straftaten.«[70]

Ein Vernehmer der Air Force, der mit der JSOC-Einsatzgruppe bei der Jagd auf al-Sarkawi zusammenarbeitete, berichtete mir, er habe »beim Tötungs- und Gefangennahmeprogramm keinerlei Kontrolle erlebt«. Mehrere Male sei er bei Misshandlungen eingeschritten und habe sie den Vorgesetzten gemeldet. »Doch in keinem dieser Fälle wurde jemand zur Verantwortung gezogen. Einmal wurde lediglich ein Vernehmer von einem abseits gelegenen Posten direkt ins Hauptgefängnis zurückbeordert. Die Geheimhaltung hatte oberste Priorität.« Abschließend meinte er: »Mein allgemeiner Eindruck ist, dass gelegentliche Gesetzesverstöße toleriert werden, solange die Presse nichts davon erfährt.«[71]

Die Misshandlungen und Folterungen in Camp NAMA waren nicht die Ausnahme, sondern eher ein Modell. Als die US-Regierung nachzuforschen begann, wie es zu den Gräueln kam, die in Abu Ghraib an Gefangenen verübt wurden, und wie dies alles seinen Anfang nahm, stellte man fest, dass sich die Leiter von Abu Ghraib am Beispiel von Camp NAMA, Guantánamo und Bagram in Afghanistan orientiert hatten. Als die US-Streitkräfte Abu Ghraib übernahmen und diese ehemalige Folterstätte Saddam Husseins in einen von den USA geführten Gulag umwandelten, übernahmen die dafür Zuständigen einfach die Standardverfahrensweise der Einsatzgruppe.[72]

Der Folterskandal um Abu Ghraib wurde im April 2004 publik, als die Medien Fotos von der systematischen Misshandlung, Erniedrigung und Folterung der Inhaftierten veröffentlichten, die in diesem vom US-Militär geführten Gefängnis an der Tagesordnung waren. Man sah nackte Gefangene, aufeinandergeschichtet zu menschlichen Pyramiden, zähnefletschende Hunde vor zitternden Häftlingen, Scheinhinrichtungen. Als Generalmajor Antonio Taguba schließlich Untersuchungen einleitete, wurden Beweise für Verbrechen entdeckt, die sogar noch schlimmer waren als die auf den veröffentlichten Fotos.[73] Aber das Weiße Haus spielte die Folterungen und Misshandlungen als Taten einiger weniger »fauler Äpfel« herunter, und die Öffentlichkeit erfuhr nie das wahre Ausmaß der in Abu Ghraib verübten Gräueltaten.

Die schrecklichen Verbrechen in den von den USA im Irak geführten Gefängnissen wird man vielleicht nie vollständig aufklären, aber eines ist überdeutlich geworden: Methoden, die unmittelbar im Gefolge des 11. September nur den widerwärtigsten amerikanischen Geheimkräften zugebilligt wurden und deren Anwendung einer Genehmigung von höchster Regierungsebene bedurft hatte, waren nun zur üblichen Standardverfahrensweise beim Umgang mit der wachsenden Zahl von Gefangenen geworden, die sich im Gewahrsam des US-Militärs befanden.

Hauptmann Ian Fishback, Absolvent der West Point Military Akademie, wurde mit der 82. Luftlandedivision nach Afghanistan zu einem Kampfeinsatz geschickt, der von August 2002 bis Februar 2003 dauerte. Ende 2003 erfolgte seine Versetzung auf die vorgeschobene Operationsbasis Mercury im Irak. Sowohl in Afghanistan als auch im Irak wurde Fishback Zeuge, wie die in den Geheimgefängnissen praktizierten Methoden von den Militärgefängnissen und Filterstätten übernommen wurden. Am 7. Mai 2004 hörte Fishback, was Rumsfeld als Zeuge vor dem Kongress aussagte. Der Verteidigungsminister behauptete, die USA würden im Irak die Genfer Konventionen achten und in Afghanistan dem »Geist« der Konventionen entsprechend vorgehen.[74] Doch Rumsfelds Ausführungen widersprachen dem, was Fishback mit eigenen Augen gesehen hatte. Deshalb begann er, bei seinen Vorgesetzten nach Antworten zu suchen. »Siebzehn Monate lang bemühte ich mich herauszufinden, welche Regeln für die Behandlung von Gefangenen galten. Dazu habe ich nach Auskunft gesucht – und zwar bei meinem Bataillonskommandeur, bei Juristen des Judge Advocat General's Corps (JAGC), bei demokratischen und republikanischen Kongressmitgliedern und deren Referenten, im Büro des Generalinspekteurs in Fort Bragg, in diversen Regierungsberichten, beim Staatssekretär für das Heer und bei mehreren Generälen, bei einem professionellen Vernehmer in Guantánamo Bay, beim stellvertretenden Chef der in West Point zuständigen Abteilung für den Unterricht in der Theorie des gerechten Kriegs und der Landkriegsordnung und bei zahlreichen Fachleuten, die ich für respektable und intelligente Menschen halte«, berichtete Fishback. »Ich bekam jedoch keine klare, widerspruchsfreie Antwort von meinen Vorgesetzten auf die Frage, was eine dem Gesetz entsprechende und menschliche Behandlung von Gefangenen ausmacht. Ich bin sicher, dass diese Unklarheit zu einer Vielzahl von Misshandlungen beitrug, wie etwa Todesdrohungen, Schläge, gezielt herbeigeführte Knochenbrüche, Morde, Quälereien mit Hitze und Kälte, erzwungene körperliche Strapazen, Geiselnahmen, erzwungene Nacktheit, Schlafentzug und Erniedrigungen. Ich und die Soldaten unter meinem Kommando wurden, sowohl in Afghanistan als auch im Irak, Zeugen solcher Misshandlungen.«[75]

Als Fishback anfing, zu den Folterungen und Misshandlungen Fragen zu stellen, wurde er vom Militär kaltgestellt. Man verbannte ihn nach Fort Bragg, und ihm wurde untersagt, die Basis zu verlassen, um an einer Anhörung im Kongress teilzunehmen.[76] In einem Brief an die republikanischen Senatoren Lindsey Graham und John McCain schrieb Fishback: »Manche sehen nicht die Notwendigkeit von [Untersuchungen]. Manche argumentieren, solange unsere Handlungen nicht so entsetzlich seien wie die von al-Qaida, sollten wir uns keine Gedanken machen. Aber seit wann ist al-Qaida der Maßstab, nach dem wir die Moral der Vereinigten Staaten bewerten?« Fishbacks Protest blieb so gut wie ungehört.

Im Sommer 2004 verlegte McChrystal offiziell die Einsatzgruppe rund 65 Kilometer nördlich von Bagdad auf die Balad Air Base und nahm die Vernehmungs- und »Filterstätte« für hochrangige Zielpersonen aus Camp NAMA dorthin mit.[77] Aber ein bloßer Ortswechsel bedeutete noch keineswegs das Ende der Misshandlungen.

McChrystal stritt rundweg ab, dass die Kommandeure in Camp

NAMA »die Misshandlung von Gefangenen befohlen« hätten, und versicherte, eventuelle Übergriffe seien auf einen »Mangel an Disziplin« bei vereinzelten Mitgliedern der Einsatzgruppe zurückzuführen. Die Behauptung, es hätten in Camp NAMA systematisch Folterungen stattgefunden, seien falsch, so McChrystal. »Es war nicht der Fall, bevor ich das Kommando übernommen habe, es war nicht der Fall, als ich das Kommando führte, und es wird auch unter meinen Nachfolgern nicht der Fall sein«, schrieb McChrystal in seinem Erinnerungsbuch.[78]

13 Der Todesstern

Irak, 2004

Balad, eine gewaltige Luftwaffenbasis aus der Zeit Saddam Husseins, verfügte über moderne Einrichtungen und eine hervorragende Infrastruktur. Dort richtete das JSOC sein Zentrum für die Gefangennahme und Tötung ein. Balad wurde zu einem Mikrokosmos dessen, was Rumsfeld und Cheney sich als Wunschziel für den gesamten nationalen Sicherheitsapparat der Vereinigten Staaten vorstellten: sämtliche Geheimdienste und Agenten den aus der Kriegerkaste der Spezialkommandos gebildeten Killerteams zu unterstellen und sie durch das Weiße Haus und das Verteidigungsministerium zu steuern. Später priesen es McChrystal und andere als ein beispielloses Gemeinschaftsunternehmen, aber in Wirklichkeit war es eine vom JSOC dirigierte Show, bei der alle anderen nur Nebenrollen spielten. Der Journalist Mark Urban, »eingebettet« bei britischen Kommandos, die mit McChrystals Einsatzgruppe zusammenarbeiteten, berichtete von JSOC-Mitarbeitern, die das Joint Operations Center in Balad als »den Todesstern [bezeichneten], weil ›man sozusagen nur den Finger ausstrecken musste, um jemanden zu eliminieren‹«.[1] Andere, die auf den Bildschirmen das weiße Aufblitzen der von bildverstärkenden Kameras live übertragenen Detonationen von 250-Kilogramm-Bomben verfolgten, sprachen vom »Killer-TV«. Das JSOC-Kommandozentrum trug die Spitznamen »Fabrik« und »Werkstatt«, McChrystal nannte seinen Menschenjagdapparat gern »die Maschine«.

Bis Mitte 2004 war das Tempo der JSOC-Operationen dramatisch gestiegen. Die CIA stellte Verbindungsleute in das Gemeinschaftszentrum ab, hinzu kamen Satellitentechniker der National Geospatial-Intelligence Agency, Überwachungsexperten der NSA und schließlich auch noch Irak-»Experten« des Außenministeriums. »Eine von der NSA geschaffene Verknüpfung – genannt Real Time Regional Gateway – erlaubte den Einsatzkräften, die bei Razzien gesammelten Informationssplitter und wichtigen Daten – Kontaktnummern vom Handy eines Terroristen, Anleitungen zum Bombenbau, geortete Mobiltelefone von Terroristen – an verschiedene Knotenpunkte des Netzwerks zu senden«, berichtete Spencer Ackerman von der Zeitschrift *Wired*. »Ein Analytiker allein erkannte vielleicht nicht die Bedeutung von Informationssplittern. Aber als das JSOC praktisch zu einem Experimentierfeld in geheimdienstlichem Crowdsourcing geworden war, zeichnete sich das Bild des Feindes, gegen den es kämpfte und mit dem es wetteiferte, bald schon klarer ab und wurde wirklichkeitsgetreuer.«[2] Im Grunde führte das JSOC den Geheimkrieg, der unterschwellig innerhalb des größeren Kriegs stattfand, und kontrollierte die Geheimdienste.

Im April 2004 tönte Rumsfeld erneut, der Aufstand im Irak sei das Werk von Überbleibseln des alten Regimes. Nach dem Tod von vier Mitarbeitern der Söldnerfirma Blackwater bei einem Hinterhalt in Falludscha am 31. März 2004,[3] hatte Bush einen massiven Vergeltungsschlag gegen die Stadt angeordnet und den US-Kommandeuren befohlen, die Aufständischen »in den Arsch zu treten« und »zu töten«.[4] Offenbar ohne im Mindesten zu begreifen, dass der Aufstand in Falludscha durch die Belagerung der Stadt durch US-Truppen mit einer unverhältnismäßig hohen Zahl von Toten ausgelöst worden war, donnerte Rumsfeld: »Wir werden nicht zulassen, dass Strolche, Meuchelmörder und ehemalige Henker des Hussein-Regimes ... sich dem Frieden und der Freiheit in den Weg stellen.«[5] Die amerikanische Besatzung bewirkte, dass Woche für Woche neue militante Zellen auftauchten, und die Einsatzgruppe hatte die größte Mühe, sie überhaupt auseinanderzuhalten, von ihrer Verfolgung ganz zu schweigen. Die Gegenstrategie der USA lautete, die Definition des Begriffs »Aufständischer« zu lockern und pauschal gegen jeden »Militanten« vorzugehen, der ihnen verdächtig vorkam. »Die Amerikaner verleugneten das Ausmaß des Aufstands komplett«, sagte ein britischer Geheimdienstoffizier. »Ihre Arroganz und Hybris ... waren atemberaubend.«[6]

Anfang April 2004 wurde in Bagdad ein junger amerikanischer Geschäftsmann namens Nicolas Berg vermisst. Wie Zehntausende andere Amerikaner war Berg in den Irak gekommen, um aus dem Auftragsboom nach der Invasion Profit zu schlagen. Unter Hussein hatte es im Irak kein echtes Mobilfunknetz gegeben, und Berg hoffte durch die Aufstellung von Mobilfunkmasten schnelles Geld zu machen. Aber seine

Träume sollten nicht in Erfüllung gehen. Am 8. Mai wurde Bergs enthaupteter Leichnam von einer US-Militärpatrouille auf einer Brücke in Bagdad gefunden.[7] Drei Tage später erschien im Internet ein Video mit dem Titel »Abu Mussab al-Sarkawi schlachtet einen Amerikaner ab«.[8] In dem Video trug Berg einen orangefarbenen Trainingsanzug, ähnlich dem der Häftlinge in Guantánamo. Der junge jüdische US-Bürger gab eine kurze Erklärung ab, in der er seinen Namen nannte, bevor er von maskierten bewaffneten Männern gepackt wurde. Zwei von ihnen drückten ihn zu Boden, während ein dritter seinen Kopf mit einem Messer abtrennte. Einer der Männer rief »Allah u Akbar«, ein anderer hielt den abgetrennten Kopf in die Kamera. Dann ertönte eine Stimme aus dem Off: »Wir erklären euch, dass die Würde der muslimischen Männer und Frauen in Abu Ghraib und anderswo nur durch Blut und Leben vergolten werden kann. Ihr werdet von uns nichts anderes bekommen als Sarg um Sarg.« Noch weitere Amerikaner würden »auf diese Weise geschlachtet. Wie kann ein freier Muslim ruhig schlafen, wenn er den Islam hingeschlachtet und seine Würde bluten sieht, wenn er die Bilder der Scham und die Nachrichten von der teuflischen Verhöhnung des Volkes des Islam – der Männer und Frauen – im Gefängnis von Abu Ghraib sieht?« Die Stimme aus dem Off wurde vom US-Geheimdienst als die von al-Sarkawi identifiziert.

Wenngleich al-Sarkawis Anspielung auf die Folterungen in Abu Ghraib nur eine Schutzbehauptung war, fand sie Widerhall bei den Überlebenden, die über ihre Torturen dort und in anderen Gefängnissen und »Filterstätten« zu berichten wussten. Zweifellos fachten solche Taten den Aufstand noch weiter an. Malcolm Nance, während dieser Zeit SERE-Ausbilder im Irak, sagte mir, es sei eindeutig zu beobachten gewesen, dass die Misshandlung der Gefangenen durch die USA den extremistischen Gruppen bei der Rekrutierung neuer Leute in die Hände gespielt habe. Die Gefängnisse, so Nance, wurden zur »Dschihad-Universität für Selbstmordattentäter«. Man habe »die Schlimmsten der Schlimmen mit Leuten zusammengesteckt, die nie im Sinn gehabt hatten, Dschihadist zu werden, und plötzlich wurden sie nach ihrer Freilassung zu Selbstmordattentätern.«[9]

Bergs Ermordung durch al-Sarkawi lieferte der Regierung Bush den willkommenen Anlass, von ihrer Behauptung abzurücken, die Gewalt im Irak gehe von »Fanatikern des alten Regimes« aus, und stattdessen nun die Terroristen von al-Qaida dafür verantwortlich zu machen. Dies wiederum trug al-Sarkawi Ruhm und Anerkennung ein, und er konnte sich neue Finanzquellen für sein bis dahin wenig bekanntes Netzwerk erschließen. Ein großer Teil des Geldes kam von reichen Saudis, Syrern und Jordaniern.[10] Obwohl das JSOC den jordanischen Terroristen schon eine geraume Weile auf dem Radar hatte, wurde al-Sarkawi von da an für die Bush-Regierung zu einem unschätzbaren Propagandamittel, weil man jetzt den Widerstand im Irak als Werk al-Qaidas hinstellen konnte. »Der Mord an Berg katapultierte al-Sarkawi mit einem Schlag ins Rampenlicht«, erklärte der freie Journalist Richard Rowley, der sich damals lange im Irak aufhielt, darunter auch in Hochburgen al-Sarkawis. Er führte aus:

Die USA bemühten sich eifrig, den Aufstand so darzustellen, als würde er von ausländischen Extremisten angeführt, und machten aus al-Sarkawi den meistgesuchten Aufständischen im Irak. Sie setzten ein Kopfgeld von 20 Millionen Dollar auf ihn aus und bezeichneten ihn nachträglich als den Drahtzieher aller großen Terroranschläge im Irak. Die Jagd auf al-Sarkawi ersetzte die Jagd auf Saddam Hussein als zentrales öffentliches Ziel des US-Feldzugs. Die Fixierung der Amerikaner auf ihn war wiederum ihm von Nutzen, da er dadurch innerhalb der Aufständischen rasch an Bekanntheit gewann, und al-Sarkawis Bekanntheit war wiederum den Amerikanern von Nutzen, weil sie damit ihre blutigste militärische Operation in diesem Krieg rechtfertigten.[11]

Diese Operation, die zweite Belagerung Falludschas, fand im November 2004 statt und wurde zu einem mächtigen Symbol des Widerstands gegen die US-Besatzung. Danach brach im Irak ein blutiger Bürgerkrieg aus. Al-Sarkawi erklärte den Schiiten den Krieg, während im Gegenzug die USA schiitische Todesschwadronen aufstellten.

Im Zentrum der amerikanischen Beteiligung am irakischen Bürgerkrieg standen zwei Amerikaner: Zum einen General David Petraeus, der enge Verbindungen zum Weißen Haus und vor allem zu Dick Cheney unterhielt und den Rumsfeld im Juni 2004 zum Chef des Multi-National Security Transition Command – Iraq erkoren hatte. Und zum anderen der pensionierte Oberst James Steele, ein ehemaliger Enron-Manager,[12] den Wolfowitz für einen hochrangigen Job im Irak vorgesehen hatte.[13]

Zwar hatte Enron Bushs Wahlkampf massiv unterstützt, aber Steele wurde nicht wegen seiner Verbindungen zu Enron in den Irak geschickt, sondern wegen seiner langjährigen Erfahrung mit den »schmutzigen Kriegen« der USA in Mittelamerika. Als Oberst der Marines war Steele Mitte der 1980er-Jahre einer der wichtigsten Offiziere bei der »Aufstandsbekämpfung« in dem von den USA angeheizten Krieg in El Salvador gewesen, wo er die US Military Advisory Group koordinierte, das heißt die amerikanische Militärhilfe und die Ausbildung salvadorianischer Armeeeinheiten für den Kampf gegen die Guerillas der linksgerichteten Befeiungsfront Farabundo Martí.[14] Ende der 1980er-Jahre musste Steele im Zuge der Iran-Contra-Affäre über seine Rolle in Oliver Norths verdeckten Waffenschiebereien aussagen, die über die salvadorianische Luftwaffenbasis Ilopango liefen und an die nicaraguanischen Todesschwadronen der Contras gingen.[15]

Steele und Petraeus standen im Mittelpunkt eines Programms, das als die »Salvadorisierung des Irak« oder schlicht als »Salvador-Option« bekannt wurde.[16] Die beiden bauten irakische Spezialeinheiten zur Aufstandsbekämpfung auf, aus denen aber schon bald Todesschwadronen wurden, die niemandem verantwortlich waren. »Wir werden diese Leute schlagen und ihnen eine Lektion erteilen, die sie nicht vergessen«, verkündete der irakische Verteidigungsminister Hazim Shalaan an dem Tag, als im Juni 2004 das erste, 500 Mann starke Bataillon der irakischen Spezialeinsatzkräfte in Dienst genommen wurde. »Den Amerikanern und ihren Verbündeten sind bestimmte Beschränkungen auferlegt, die wir nicht haben. Es ist unser Land, unsere Kultur, und wir haben andere Gesetze als sie.« Voller Zorn über ein weiteres Selbstmordattentat einige Tage später erklärte Hazim: »Wir werden ihnen die Hände abhacken und sie köpfen.«[17]

Im Alleingang half Steele bei der Aufstellung einer speziellen Kommandoeinheit der Polizei (auch bekannt als Wolf-Brigade), bestehend aus ehemaligen Mitgliedern der Republikanischen Garde und Spezialkommandos des Hussein-Regimes, die das Innenministerium rekrutiert hatte. Einem 2005 im *New York Times Magazine* erschienenen Artikel von Peter Maass zufolge wusste Petraeus zunächst nichts von dieser Einheit.[18] Als er von ihr erfuhr, besuchte er deren Stützpunkt in der Grünen Zone, forderte die Kommandos zu einem seiner berühmten Liegestütz-Wettbewerbe heraus – und das war's schon. »Er machte sich nicht nur eine neue militärische Formation zu eigen, sondern auch eine neue Strategie«, schrieb Maass.[19] »Die harten Kerle der Vergangenheit würden die Zukunft des Landes mitgestalten. Petraeus entschied, dass die neuen Kommandos alles an Waffen, Munition und Ausrüstung erhalten sollten, was sie anforderten«, und er sicherte Steele seine volle Unterstützung zu. Nachdem Ijad Allawi, der sunnitische Interims-Ministerpräsident, im Januar 2005 die Wahlen verloren hatte, übernahmen schiitische Milizen die Wolf-Brigade und kamen so in den Genuss von Petraeus' Unterstützung. Ab diesem Zeitpunkt wurde der Irak von unsäglicher Gewalt heimgesucht.

McChrystals Kommandozentrum in Balad war inzwischen fertiggestellt und lief mit gemächlichem Tempo. »Entscheidende Monate waren vergeudet, weil die Führung des Pentagon den Aufstand geleugnet hatte. Anfang 2004 änderte sich dies, und McChrystal gehörte zu den wenigen, die das sahen und die Notwendigkeit erkannten, es in den Griff zu bekommen«, berichtete Mark Urban, der bei den britischen Kommandos, die mit McChrystal zusammenarbeiteten, »eingebettete« Journalist.[20] »In Balad hatten alle Geheimdienste ihr eigenes Team. Sämtliche Informationen, die McChrystal von ihnen abzapfte, gab er in ein JSOC-Intranet ähnlich dem, das er in Afghanistan betrieben hatte. Auf diese Weise konnten die Leute, die bei der amerikanischen Terrorismusbekämpfung an den entscheidenden Stellen saßen, weltweit alle Informationen teilen.« Aber »McChrystals Zentrum für Terrorismusbekämpfung ließ sich ebenso wenig wie Rom an einem Tag erbauen. Es verschlang einen Großteil des Jahres 2004, bis es Gestalt annahm.«

Während Saddam Hussein in Haft saß und die Einsatzgruppe für hochrangige Ziele mordend durch den Irak zog, begannen McChrystal und McRaven, den Schwerpunkt der Menschenjagd auf Afghanistan und Osama bin Laden zu verlagern. »Wenn irgendjemand schlau und ausgefuchst genug ist, [bin Laden] zu schnappen, dann sind das McRaven und die Kerle von Delta und dem SEAL-Team 6, die er jetzt befehligt«,[21] sagte General Downing 2004. Downings Bemerkung über McRaven und Team 6, die bin Laden zur Strecke bringen würden, sollte sich als hellsichtig erweisen, aber er selbst erlebte die Erfüllung seiner Vorhersage nicht mehr – Downing starb 2007. Der Irak versank unterdessen in den Flammen zahlreicher Aufstände, großenteils angeheizt von der US-Invasion und -Besatzung, der Misshandlung und Folterung von Gefangenen und der in weiten Teilen der irakischen Bevölkerung verbreiteten Auffassung, wonach die USA ihr Feind seien. Al-Sarkawi und sein Netzwerk wurden immer stärker und ließen die frühere Lüge über die Präsenz von al-Qaida im Irak blutige Wahrheit werden. McChrystal sollte viel Zeit damit verbringen, al-Sarkawi aufzuspüren und schließlich zu erledigen. Aber auch Afghanistan und Pakistan erforderten seine Aufmerksamkeit.

„Die beste Technologie, die besten Waffen, die besten Leute – und eine Menge Geld zu verbrennen"

Afghanistan, Irak und Pakistan, 2003–2006

Wie im Irak führte das JSOC auch in Afghanistan eigene Operationen durch und stellte eine Liste mit Leuten zusammen, die getötet oder inhaftiert werden sollten. Bekannt unter dem Namen Joint Prioritized Effects List (JPEL), begann sie mit Anführern der Taliban und al-Qaidas, wuchs aber in den folgenden Jahren auf über 2000 Namen an, da der Widerstand in Afghanistan immer stärker wurde.[1] So wie sich das JSOC im Irak mit dem Befehl konfrontiert sah, »Aufständische« aus einer sich unaufhörlich erneuernden und wachsenden Liste zu beseitigen, sah es sich auch hier letztlich mit einem Guerillakampf konfrontiert, in dem Amerikas mächtigste Krieger gegen Afghanen antraten, die zuvor weder zu den Taliban noch zu al-Qaida eine ernsthafte Verbindung gehabt hatten.

Anthony Shaffer, Agent beim militärischen Nachrichtendienst, war im Juli 2003 nach Afghanistan gekommen, um bei der Gruppe für Führungsziele mitzuarbeiten, die beauftragt war, die Anführer von al-Qaida und Taliban sowie von Hezb-e-Islami Gulbuddin (HIG) aufzuspüren, einer militanten Bewegung, die mit al-Qaida in Verbindung stand.[2] Shaffer erhielt einen Decknamen und gefälschte Papiere – Sozialversicherungsnummer, Führerschein, Kreditkarten und einen neuen Pass. Sein Deckname lautete Chris Stryker,[3] inspiriert durch den von John Wayne dargestellten Helden des Films *Du warst unser Kamerad* aus dem Jahr 1949. Shaffer fand treue Verbündete unter den JSOC-Ninjas, die nach Afghanistan zurückgekehrt waren, um die Jagd nach bin Laden, Mullah Mohammed Omar und anderen al-Qaida- und Taliban-Führern wiederaufzunehmen, eine Operation, die von der Bagram Air Base aus koordiniert wurde. Als die Mitglieder der Task Force »in Bagram anrollten, veränderte sich die Struktur des ganzen Stützpunkts. Es entwickelte sich eine geradezu surreale Energie«, erinnerte sich Shaffer. »An einem Tag landete alle 30 bis 45 Minuten eine voll beladene C-17-Transportmaschine in Bagram, blieb etwa eine Stunde zum Entladen und hob dann mit kreischendem Triebwerk wieder ab. Ich sah, wie Palette um Palette mit Material aus den Maschinen ordentlich aufgereiht wurde, gefüllt mit genügend High-Tech-Gerät für ein ganzes Land.« Shaffer zufolge wurde die Zahl der Kommandos und der Betreuer für die Verfolgung der hochrangigen Zielpersonen »aufgebläht«. Die ursprüngliche Einsatzgruppe sei »eine straffe Einheit von etwa 200« Mann gewesen, fügte er hinzu, diese aber »würde über 2000 umfassen«. Shaffer erinnerte sich, dass die JSOC-Truppe »die beste Technologie, die besten Waffen, die besten Leute hatte – und eine Menge Geld zu verbrennen«.[4]

Sobald JSOC das Kommando übernahm, baute die Einsatzgruppe in aller Eile ein großes Operationszentrum auf, das aus mehreren »B-Huts«, Holzhäusern, und Zelten bestand, die verschiedenste Zwecke von der Baracke bis zum Nachrichtendienstbüro erfüllten. Das Herz des Stützpunkts war das Taktische Operationszentrum, das in einem gigantischen Zelt untergebracht war. Wie das Joint Operations Center im Irak wurde es als »Todesstern«[5] bezeichnet. Von diesem Stützpunkt aus versuchte das JSOC, die meistgesuchten Männer Afghanistans aufzuspüren, zu töten oder gefangen zu nehmen. Bärtige Navy SEALs liefen auf dem Stützpunkt in Zivil herum, und fast niemand trug ein Namensschild, anhand dessen Außenstehende sie hätten identifizieren können. Die neue JSOC-Präsenz gefiel den Green Berets und anderen »weißen« Spezialeinsatzleuten gar nicht, die in den vergangenen Jahren versucht hatten, vor Ort Kontakte aufzubauen, und deshalb viel Zeit für Reisen durch Afghanistans unwirtliche Gegenden aufgewendet hatten.[6] Anders als die Green Berets war das JSOC nicht im Lande, um Herz und Verstand der Einheimischen zu gewinnen. Sobald das JSOC die Sache in die Hand nahm, hatte die Mission nichts mehr mit der »Anthropologie« der Green Berets zu tun. Sie wurde zur Menschenjagd, teilweise zur Attentatsmaschinerie.

Zu Anfang von McChrystals Amtszeit beim JSOC informierte ihn Shaffer mehrmals in Afghanistan. Shaffer, der sich um die Genehmigung bemühte, Operationen in Pakistan durchzuführen, drängte seinen Vorgesetzten, Vorstöße jenseits der Grenze gegen al-Qaida-Zufluchtsorte abzusegnen, und erklärte, »der Nachrichtendienst hat Hinweise darauf, dass die meisten Anführer sich jetzt wahrscheinlich in Pakistan aufhalten«. Shaffers Vorgesetzter erwiderte, im Moment sei das »keine Option. Ehrlich gesagt, und das darf außerhalb dieses Raums niemand erfahren, versucht McChrystal, die Genehmigung zu bekommen«, aber »CENTCOM und das Pentagon haben angeordnet, dass wir auf dieser Seite bleiben müssen«.[7] McChrystal war entschlossen, das zu ändern.

Pakistan und die CIA haben eine lange und komplizierte gemeinsame Geschichte, aber insbesondere in den Jahren nach dem 11. September hatte sich der pakistanische Geheimdienst Inter-Services Intelligence (ISI) allmählich damit abgefunden, dass CIA-Leute auf seinem Territorium unterwegs waren. Gelegentlich kooperierten die beiden Dienste, aber häufiger hatte die »Firma« damit zu kämpfen, dass der ISI versuchte, CIA-Operationen zu behindern, während der ISI sich bemühte, den Überblick über alle Agenten zu behalten, die in Pakistan für die USA arbeiteten. Im gegenseitigen Einverständnis führte man eine Beziehung, die auf Misstrauen, Unehrlichkeit und Verrat beruhte und letztlich eine Zwangsgemeinschaft war. Als die Vereinigten Staaten im Oktober 2001 in Afghanistan einmarschierten und al-Qaida- und Taliban-Führer in die Flucht schlugen, wurden Pakistans Stammesgebiete zum Epizentrum von Washingtons Operationen zur Terrorabwehr. Für bestimmte Missionen wie die Ergreifung von Leuten, die mit den Anschlägen vom 11. September in Verbindung gebracht wurden, führten Pakistan und die CIA gemeinsame Operationen durch. Aber das JSOC war der Ansicht, mit der CIA würde ein falsches Spiel getrieben und die Vereinigten Staaten müssten in Pakistan unilateral operieren, wenn sie das Rückzugsgebiet von al-Qaida sprengen wollten.

Konsterniert nahm der ISI zur Kenntnis, dass Präsident Pervez Musharraf 2002 ein Geheimabkommen mit dem JSOC schloss, das US-Truppen erlaubte, pakistanische Streitkräfte bei Razzien gegen mutmaßliche al-Qaida-Zellen in den Stammesregionen des Landes zu begleiten.[8] Shaffer war begeistert. »Die Frage war nun, wie tief, wie schwerwiegend wir die Souveränität Pakistans verletzen würden«, erklärte er mir.[9] Die Einsatzregeln für die US Army Ranger und andere Elite-»Terrorjägereinheiten« entlang der afghanisch-pakistanischen Grenze sahen vor, »Eindringen nach PAK« sei in folgenden Fällen »autorisiert«: verschärfte Verfolgung, Truppen in Feindkontakt, Personenrettung sowie Vorgehen gegen »die großen drei« – bin Laden, al-Sawahiri und Taliban-Führer Mullah Mohammed Omar –, genehmigt durch den CENTCOM-Kommandeur oder den Verteidigungsminister.[10] Als »Faustregel« galt, dass die Terroristenjäger nicht tiefer als zehn Kilometer nach Pakistan eindringen sollten. Formell mussten amerikanische und pakistanische Behörden kurz nach solchen Maßnahmen informiert werden. Aber die Realität sah anders aus: Von zentraler Bedeutung für die Operationen war, dass Pakistan vorherige Kenntnis leugnen und die Souveränitätsverletzung anschließend verurteilen konnte. Die Vereinigten Staaten würden zuschlagen, und dann würde Musharraf die US-Übergriffe nach Pakistan als »unerlaubtes Eindringen« bezeichnen. Aber just als die JSOC-Kampagne in Pakistan begann, verlor sie schon wieder an Fahrt, weil ein großer Teil der JSOC-Mittel, die ursprünglich für Pakistan bestimmt waren, nun in den Irak umgeleitet wurde, um den dortigen Widerstand niederzuschlagen. Die Folge war, dass in Pakistan 2003–2004 hauptsächlich die CIA aktiv war.

Im Jahr 2004 gaben die Amtsträger im Weißen Haus und im Pentagon mehrere Geheimbefehle heraus, die zusammengenommen eine dauerhafte Blaupause für gezielte Tötungen und, rund um den Globus, die Missachtung der Souveränität von Nationalstaaten durch die USA darstellten. Das interne Machtgerangel zwischen CIA und Rumsfeld um die Frage, welche Organisation für die Durchführung der Menschenjagd und der weltweiten Kriege im Gefolge des 11. September verantwortlich sein sollte, war in die entscheidende Phase getreten. Um die dramatische Ausweitung der JSOC-Operationen zu finanzieren, verlangte Rumsfeld eine 34-prozentige Erhöhung des Budgets für Spezialeinsätze von 5 Milliarden auf 6,7 Milliarden Dollar.[11] Im Jahr 2004 erhielt JSOC eine Vorrangstellung in der Terrorismusbekämpfung, eine Position, die es unter Republikanern wie unter Demokraten beibehielt. Präsident Bush, der den Spezialeinheiten freie Hand lassen wollte, ersann eine Formel, die er jährlich wortwörtlich vor dem Kongress vortrug, um die grenzenlose Kriegsstrategie zu rechtfertigen, die die Welt zum Schlachtfeld machte. »Ich werde zusätzliche Maßnahmen anordnen, sofern sie zur Ausübung des Selbstverteidigungsrechts der Vereinigten Staaten und zum Schutz von US-Bürgern und -Interessen erforderlich sind«, erklärte Bush. »Zu diesen Maßnahmen zählt der kurzfristige Einsatz von Spezialeinsatz- und anderen Truppen bei sensiblen Operationen an verschiedenen Orten in aller Welt. Im Augenblick kann man weder den genauen Umfang noch die Dauer für den Einsatz von US-Streitkräften bestimmen, der erforderlich ist, um die Terrorbedrohung gegen die Vereinigten Staaten abzuwehren.«[12]

Anfang 2004 unterschrieb Rumsfeld einen Geheimbefehl, der die Einsatzmöglichkeiten für das JSOC außerhalb der offiziellen Schlachtfelder des Iraks und Afghanistans optimierte. Die Al Qaeda Network Execute Order oder AQN-ExOrd, erlaubte JSOC-Operationen »überall auf der Welt«, wo al-Qaida-Mitglieder bekanntermaßen oder mutmaßlich operierten oder Zuflucht erhielten. Der Befehl unterliegt, trotz aller Bemühungen von Journalisten um Einsicht, immer noch der Geheimhaltung, aber es sind dem Vernehmen nach 15 bis 20 Länder genannt, darunter Pakistan, Syrien, Somalia, der Jemen und Saudi-Arabien sowie mehrere andere Golfstaaten.[13] Der AQN-ExOrd-Befehl wurde 2003 vom Special Operations Command und dem Office of the Assistant Secretary of Defense for Special Operations/Low-Intensity Conflict (Büro des Staatssekretärs im Verteidigungsministerium für Spezialoperationen/Konflikte niedriger Intensität) ausgearbeitet und von Wolfowitz und Cambone als Rechtfertigung für Spezialeinheiten benutzt, die in aller Welt verdeckt ihrem tödlichen Handwerk nachgingen.[14] Der Befehl deckt auch das, was ein Informant bei den Spezialeinheiten als »verschärfte Verfolgung« bezeichnet. Vergleichbar ist die Befugnis der Polizei in einigen Staaten, bei der Verfolgung von Tatverdächtigen die Landesgrenze zu überschreiten. »Im Wesentlichen geht es darum, dass man in Somalia jemanden jagt, und er geht rüber nach Äthiopien oder Eritrea, dann kann man ihn verfolgen«, berichtete mir der Informant.[15] Der Befehl wurde im Frühjahr 2004 unterschrieben, aber es dauerte 15 Monate, bis Rumsfeld aus dem Weißen Haus »die Zustimmung des Präsidenten« erhielt. Die Verzögerung war teilweise die Folge von »bürokratischer Verschleppung«,[16] aber auch die CIA leistete Widerstand, denn sie sah ihr Mandat als führende Behörde bei der al-Qaida-Jagd nach dem 11. September gefährdet.

Die Eingliederung von Spezialeinsatzkräften in US-Botschaften getarnt als Military Liaison Elements (militärische Verbindungsbeamte, MLE) war zwischen CIA und Außenministerium höchst umstritten.[17] Aber die JSOC-Leute operierten nicht nur unter offizieller Tarnung. Sie hatten auch Kräfte, die in verschiedenen Ländern unter »nicht-offizieller Tarnung« im Einsatz waren, gelegentlich benutzten sie dabei Decknamen, abgesichert durch gefälschte Pässe auch anderer Nationalitäten.

Ihre Aufgabe war es, das Einsatzgebiet für JSOC-Operationen vorzubereiten, und sehr oft koordinierten sie ihr Vorgehen weder mit der CIA
noch mit den Botschaftern. Falls die SOCOM-»Präsenz in US-Botschaften im Ausland den Versuch darstellt, den Weg für unilaterale US-
Militäroperationen zu ebnen oder Verteidigungselemente in verdeckten Kampfhandlungen unabhängig von der CIA einzusetzen, werden
sich die Probleme der USA im Ausland sicher erheblich vermehren«,
urteilte John Brennan, ein erfahrener CIA-Beamter, der seit einem
Vierteljahrhundert für die »Firma« arbeitete und damals das National
Counterrorism Center leitete.[18] Der Einsatz von MLE-Posten als Deckung für JSOC, in Kombination mit Cambones nachrichtendienstlichen Operationen, wurde von manchen auf der zivilen Seite der
Terrorabwehr als gefährlicher Präzedenzfall gesehen. Aber Generalleutnant Boykin, Staatssekretär im Verteidigungsministerium für den
Nachrichtendienst, hielt den Kritikern entgegen, es sei »eine Unterstel-
lung, der Verteidigungsminister wolle sagen: ›Drängt die CIA aus dem
Geschäft, dann übernehmen wir das.‹ So interpretiere ich das überhaupt
nicht.« Vielmehr behauptete er: »Der Minister trägt tatsächlich mehr
Verantwortung für die Sammlung von Informationen für das nationale
Auslandsnachrichtendienstprogramm« als »der CIA-Direktor«.[19]

Während dieser Zeit verwischten Rumsfeld, Cambone und das
JSOC die Grenze zwischen »verdeckt« und »klandestin«, und zwar mit
Rückendeckung durch das Weiße Haus. Das Pentagon definierte fortan »Abstimmung« mit der CIA so, dass die »Firma« 72 Stunden im Voraus über eine geplante JSOC-Operation informiert wurde, und Cambone änderte die Definition von militärischen »Einsatzbefehlen«, die
dem Kongress vorgelegt werden müssen. Cambone gab neue Richtlinien heraus, die für Spezialeinsatzkräfte das Recht geltend machten,
»klandestine HUMINT-Operationen durchzuführen«, bevor der Kongress informiert wurde.[20] Nicht nur wurde die CIA aus Operationen gedrängt, die historisch ihr ureigenstes Aufgabengebiet waren, sondern
der Einsatz des JSOC zur Durchführung von Nachrichtendienstoperationen sorgte überdies dafür, dass der Kongress noch mehr außen vor
gehalten wurde. In Kombination mit dem Copper-Green-Programm
bedeutete das praktisch, dass es dem JSOC freistand, als Geheimdienst
und gleichzeitig als Truppe zur Gefangennahme oder Tötung zu agieren. Sogar einige mit guten Beziehungen ausgestattete republikanische
Verbündete des Weißen Hauses fanden beunruhigend, was sie da beob-

achteten.»Von der CIA geleitete Operationen unterliegen bestimmten Restriktionen und Kontrollen, bei militärischen sind es andere«, erklärte ein republikanischer Kongressabgeordneter »mit einer substanziellen Rolle in der Aufsicht über Belange der nationalen Sicherheit« der *Washington Post*. »Es hört sich an, als stünde dahinter eine heimliche Absicht: ›Umgehen wir mal jede Aufsicht, indem wir das Militär etwas erledigen lassen, was normalerweise die [CIA] macht, und sagen es niemandem‹. Da schrillen bei mir die Alarmglocken. Warum informieren sie uns nicht?«[21]

Rumsfeld und seine Berater wussten, dass der paramilitärische Arm der CIA viel zu schwach war, um einen weltweiten Krieg zu führen, und sobald man bei Bush dafür geworben hatte, dass das Special Operations Command ein globales Mandat als eigenständiges Kommando erhalten sollte, war es beschlossene Sache. Rumsfeld überredete Bush nicht nur, den AQN-ExOrd abzusegnen, sondern auch Formulierungen in der National Security Presidential Directive-38 (NSPD-38) einzufügen, die SOCOMs globale Rolle beim Finden, Festnageln und Fertigmachen von Terrorverdächtigen festschrieben.[22] Die freigegebene Version trägt die Überschrift »National Strategy to Secure Cyberspace«. Aber die Direktive, die im ganzen Wortlaut weiterhin geheim ist, gab dem JSOC noch nie dagewesenen Spielraum, in aller Welt zuzuschlagen, und erteilte damit praktisch im Voraus die Genehmigung für gezielte Tötungen außerhalb von offiziellen Kriegsschauplätzen. »In der NSDP-38 stehen eine Menge Dinge, die nichts mit Cyber zu tun haben«, erklärte mir ein Angehöriger einer Spezialeinheit und fügte hinzu, dass die Genehmigung für Spezialeinsätze »vor der Unterschrift hineingeschmuggelt« wurde. Darunter war eine »umfassende Genehmigung, Operationen zum Finden, Festnageln und Fertigmachen unter der Führung von SOCOM in Gang zu setzen«. Weiter führte er aus, die Geheimdirektive sei »streng geheim«, und schätzte, dass »es vielleicht fünf Kopien gibt, [die sich] in den Büros des Nationalen Sicherheitsrats befinden. Jeder witzelt über den mannshohen Safe.«[23]

Die globale Menschenjagd, der sich das JSOC jetzt mit höchster Genehmigung widmen durfte, lief mehrgleisig. Das JSOC erstellte eine Liste mit verschiedenen al-Qaida-Mitgliedern, zu deren Verfolgung es weltweit befugt war, Listen mit »Unversöhnlichen«, die man töten durfte, und mit anderen, die man auf freiem Fuß ließ, um Informationen über ihre Kontakte oder Zellen zu bekommen. Manche mögen die Ereignisse im Irak und in Afghanistan mit der Task Force 121 als skandalös betrachtet haben, aber sie entsprachen in vieler Hinsicht genau dem Typ von Krieg, den Rumsfeld und Cheney sich vorstellten: keine Rechenschaftspflicht, maximale Geheimhaltung und totale Flexibilität.

Menschenrechtsanwalt Scott Horton erklärte, das Programm weise Parallelen auf zu »etwas, das das OSS [Office of Strategic Services] im Zweiten Weltkrieg getan hat, und anschließend die CIA. Nun ist diese Vorgehensweise, in gewissen Grenzen, nicht ungewöhnlich. Beim Militär ist es nicht unüblich, dass Kommandos in einem Kriegsgebiet Angehörige der feindlichen Führungsebene aufspüren, um sie zu identifizieren und dann zu beseitigen. Und ja, das könnte auch bedeuten, in ein Café zu gehen und jemanden zu erschießen. Und das wäre traditionelle, autorisierte Kriegsführung.« Aber, so fügte er hinzu, »hier ist etwas anders, denn plötzlich ist der gesamte Globus zum Kriegsschauplatz geworden. Und man erwägt die Möglichkeit, Leute in Hamburg, Deutschland, in Norwegen oder Italien ebenso zu ermorden wie in Marokko, Jordanien, dem Senegal, der Türkei, dem Jemen, den Philippinen und Staaten am Horn von Afrika. Und ich würde sagen, rechtlich gesehen ist das ziemlich offensichtlich illegal, sobald man den normalen Kriegsschauplatz verlässt.«[24]

Ende 2004 schrieb Rumsfeld ein Memo an seine Topberater, unter ihnen Cambone und Douglas Feith. Es unterlag der Geheimhaltungsstufe »nur für den Amtsgebrauch«, der Titel lautete »Preparation of the Battlespace« (Vorbereitung des Kampfgebiets). In dem Memo schrieb Rumsfeld, er sei besorgt, dass »die alte Formulierung ›Vorbereitung des Kampfgebiets‹ nicht mehr die passende Terminologie« sei. Heute, so Rumsfeld, »ist die ganze Welt das ›Kampfgebiet‹«.[25]

Der Einsatz bewaffneter Drohnen war in den globalen Kriegen der USA noch im Anfangsstadium, aber Aufklärungsdrohnen befanden sich schon jahrelang im Einsatz.[26] Die JSOC-Einsatzgruppe verwendete ein System, das McChrystals für den Nachrichtendienst zuständiger Stellvertreter Mike Flynn als »the Unblinking Eye«, das starre Auge, bezeichnete. Dabei befanden sich Drohnen und anderes Fluggerät am Himmel zur »Luftüberwachung mit langer Verweildauer, um eine Multisensorüberwachung sieben Tage die Woche rund um die Uhr durchzuführen und mit Hilfe einer Lebensmusteranalyse besser zu erkennen, wie das Netzwerk des Feindes operiert«, um mit dem so gewonnenen

Material Razzien durchzuführen. Unter Einsatz einer sogenannten »Knotenanalyse« wurden durch die Observierung von mutmaßlichen Mitgliedern einer aufständischen Gruppe oder Zelle Bewegungsmuster erstellt. Die Knotenanalyse, so meinte Flynn, hätte »den Effekt, die physische Infrastruktur für Dinge wie Finanzierung, Treffen, Hauptquartier, Pressekanäle und Waffenlieferungen eines schattenhaften Feinds zu enthüllen. Die Folge ist: Das Netzwerk wird stärker sichtbar und verwundbar und damit der asymmetrische Vorteil des Feindes, der ein Ziel verweigert, zunichte.« Flynn fügte hinzu: »Der Ertrag dieser Analyse ist immens, erfordert aber Geduld, damit sich das Bild des Netzwerks über einen längeren Zeitraum entwickeln kann. Auch muss man das damit einhergehende Risiko in Kauf nehmen, möglicherweise die Beute zu verlieren.« Schließlich würde die Einsatzgruppe »Fahrzeugverfolgungen« durchführen, also die Bewegung von Fahrzeugen überwachen, die nach ihrer Meinung von Aufständischen benutzt wurden. Ab und zu setzte die Einsatzgruppe drei bewaffnete Luftraumüberwachungsteams ein, um eine oder eine Gruppe von Zielpersonen zu beobachten. »Es reicht nicht, mehrere Augen auf ein Ziel zu richten – mehrere Augen auf ein Ziel werden über einen langen Zeitraum benötigt«, so Flynn. Diese Methode ermögliche eine »permanente Observierung eines Ziels, während gleichzeitig das Lebensmuster des Netzwerks durch Knotenanalyse und Fahrzeugverfolgung erstellt wird. Sie gibt dem Kommandeur der mit der Tötung beauftragten Einsatzgruppe mehr Optionen, als den observierten Feind entweder zu töten oder ihn laufen zu lassen; mit ausreichender ISR [Intelligence, Surveillance, Reconnaissance] kann ein Bodentruppenkommandeur weit größere operationale Geduld beweisen und damit zulassen, dass ein größeres Rebellennetzwerk sichtbar wird.« Was JSOC-Kommandos vom herkömmlichen Militär unterscheide, so Flynn, sei, dass dessen »Kräfte dazu neigen, ungleichartige Ziele für einen kürzeren Zeitraum zu überwachen als die SOF, die sich wesentlich länger auf die Datensammlung zu einer kleineren Zahl von Zielen konzentrieren«. Das JSOC wolle zuerst die »Lebensmuster eines feindlichen Netzwerks« verstehen. [27]

Das Special Operations Command begann überdies mit der Arbeit an einem Programm zur Überwachung mutmaßlicher oder bekannter Rebellen. Es hätte direkt aus einem Sciencefictionfilm stammen können. Unter der Bezeichnung »Continuous Clandestine Tagging, Tracking, and Locating«[28] oder CTTL wurde hier mit Hilfe von Biometrik und

Chemie ein weitreichendes Programm zur Gesichtserkennung ersonnen. Überdies wurde ein »Human Thermal Fingerprint« entwickelt, der sich für jeden Menschen isolieren ließ. Auch kam ein chemisches »bioreaktives Taggant«[29] zum Einsatz, mit dem Menschen markiert werden, indem man unauffällig ihren Körper streift. Das Markierungsmittel gab ein Signal ab, mit dem Personen aus der Distanz verfolgt und dadurch jederzeit, in jedem Moment aufgespürt werden konnten. Es war eine moderne Ausgabe der alten, durch Filme bekannten Observierungsvorrichtungen, die Spione in die Kleidung ihrer Feinde einarbeiteten oder unter einem Fahrzeug anbrachten. Mit dem Taggant konnte das JSOC Gefangene markieren und dann freilassen, um zu sehen, ob sie die Einsatzgruppe womöglich zu einer Terrorzelle oder Rebellengruppe führten. Den Taggant bei Nichtinhaftierten anzubringen, war schon schwieriger, aber es kam vor. Der Einsatz solcher Techniken, neben dem zunehmendem Tempo der Gefangennahmen und Tötungen, bewog Präsident Bush zu dem Ausspruch: »Das JSOC ist klasse.«[30]

Während der Irak den Großteil der Ressourcen für die Terrorabwehr verschlang, setzten das Weiße Haus und das Pentagon ihre zwielichtigen Kriege in anderen Ländern der Erde fort, und der Krieg in Afghanistan schwärte, beinahe vergessen, weiter. Bin Laden war nach wie vor auf freiem Fuß, ebenso viele Leute aus seiner Führungsriege, und Bushs Fahndungsaufrufe »tot oder lebendig« zogen nur noch Hohn und Spott auf sich und verkamen zum Symbol eines gescheiterten und doch sich ausweitenden Krieges. Der Taliban.Führer Mullah Omar war untergetaucht, während sich die Lage in Pakistan zuspitzte und Somalia und der Jemen immer öfter auf dem Radar der Terrorabwehr auftauchten.

Da die Zahl gefallener US-Soldaten im Irak wegen des sich ausbreitenden Aufstands stieg, wollte Präsident Bush von den Kommandeuren wissen, wie viele Menschen sie an jedem einzelnen Tag getötet hätten.[31] Die Generäle der konventionellen Streitkräfte verweigerten oft die Antwort, aber die JSOC-Leute gaben nur zu gern Auskunft. Auf die Frage, wie viele Iraker die Einsatzgruppe (im Irak) getötet habe, erwiderte McChrystals Nachrichtendienstchef Mike Flynn: »Tausende, ich weiß gar nicht genau, wie viele.«[32] Im Irak erfüllt die Einsatzgruppe Rumsfelds und Cheneys kühnste Träume davon, was eine modernisierte, gut ausgestattete Geheimtruppe leisten konnte, ungestört durch die neugierigen Blicke des Kongresses, der Medien und sogar der CIA.

Obgleich Rumsfeld und Cheney die konventionelle militärische

Kommandostruktur bereits zuvor umgangen und sich direkt mit dem JSOC abgesprochen hatten, fanden erst jetzt alle Teilchen ihres Puzzles an die richtige Stelle. Die Einsatzgruppe, die in Afghanistan und im Irak aufgebaut und weiterentwickelt worden war, würde nun global und fern der offiziellen Kampfzonen operieren. McChrystal begann mit der Einrichtung von JSOC-Stützpunkten[33] in verschiedenen Staaten des Nahen und Mittleren Ostens und anderswo, um nicht auf US-Botschaften oder CIA-Residenten angewiesen zu sein – oder mit ihnen zusammenarbeiten zu müssen. »Das Verteidigungsministerium ist sehr darauf bedacht, sein Engagement bei Antiterrormaßnahmen auszuweiten, und es hat traditionelle operative Verantwortungsbereiche und Befugnisse der CIA anvisiert«, erklärte Brennan, der damals das National Counterterrorism Center leitete. »Unglücklicherweise wird die wichtige Leitungsfunktion der CIA stetig untergraben, und die derzeitige Militarisierung zahlreicher nationaler Nachrichtendienstaufgaben und -verantwortungsbereiche wird in sehr naher Zukunft als großer Fehler angesehen werden.«[34] Nach dem Chemiewaffenskandal bei der Vorbereitung des Irakkriegs sahen altgediente Nachrichtendienstprofis bereits die Unabhängigkeit von CIA-Analysen durch politische Einflussnahme gefährdet. Der Einsatz des JSOC als Parallelgeheimdienst neben der CIA – dessen Truppe handelte, ohne unabhängige Kontrollen fürchten zu müssen – bot zahlreiche Möglichkeiten des Missbrauchs einer schlagkräftigen, geheim agierenden Militärmacht.

Oberst Patrick Lang, früher Leiter der HUMINT-Operationen beim militärischen Nachrichtendienst, teilte Brennans Bedenken um Rumsfelds und Cheneys riskante Innovationen in der Kommandostruktur. »Mit der Umwandlung des SOCOM vom unterstützten Kommando zum unterstützenden Kommando gab man [JSOC] freie Hand für alles Mögliche«, so Lang. »Derartiges ohne Absprache mit dem jeweiligen US-Botschafter zu tun oder mit der Regierung des Gastlandes ist im Grunde nichts anderes als Banditentum. Ich meine, da fordert man doch geradezu irgendeine Vergeltung durch irgendjemanden im eigenen Land, gegen das eigene Volk heraus. Das ist überhaupt keine gute Idee.«[35]

Mochten die Kritiker sagen, was sie wollten – das JSOC-Irak-Modell sollte auf Tournee gehen. »Man braucht sich nur die Spezialeinheiten anzusehen, damit kann man Krieg führen, ganz unauffällig und in einer Weise, die keine große Kontrolle durch den Kongress verlangt«, stellte

Exum fest. Dahinter stehe die Einstellung, so Exum: »Man hat eine mit allen Vollmachten ausgestattete Exekutive, die mehr oder weniger eine Lizenz zur Kriegsführung hat, wo immer sie muss, wo immer sie zu müssen beschließt, weltweit. Man hat da einen großen Hammer, und sagt sich, warum nicht ein paar Nägel einschlagen?«[36]

Anfang 2005 kam es hinter den Kulissen zwischen CIA, CENTCOM und dem Pentagon zu einem Gerangel um die Frage, wer die Führungsrolle beim Vorgehen gegen al-Qaida in Pakistan übernehmen sollte, wo US-Nachrichtendienstberichten zufolge Aiman al-Sawahiri, al-Qaidas Nummer zwei, an einem Treffen in den Stammesgebieten von Bajaur in Wasiristan teilnehmen sollte.[37] General McChrystal plädierte energisch für einen JSOC-Einsatz zur Festnahme Sawahiris, und einige CIA-Vertreter meinten, man müsse Ryan Crocker, US-Botschafter in Islamabad, nicht darüber informieren. Anthony Shaffer sagte, er und seine Spezialeinsatzplaner hätten solche Missionen durchführen wollen, ohne die CIA ins Bild zu setzen. »Wie wir meinten, bestand eine gewisse Wahrscheinlichkeit, dass die CIA – entweder unabsichtlich oder wissentlich – dem ISI Informationen über unser Vorhaben geben würde«, erklärte er mir. »Die Idee war, offen gesagt, es im Alleingang zu machen. Wir hatten das Gefühl, dass wir weder der CIA noch den Pakistanern besonders weit trauen konnten.« Und er fügte hinzu: »Es gibt einfach einige Zielpersonen, bei denen die Pakistaner niemals mit uns kooperieren würden.«[38]

Die CIA hatte aber durchaus Kenntnis von dieser Operation. Teams der Navy SEALs und Army Ranger bereiteten in Afghanistan bereits ihren Abflug zum Einsatz vor, an dem immerhin 100 Kommandos beteiligt sein sollten, als sich der Streit zwischen CIA-, CENTCOM- und Pentagon-Führung so zuspitzte, dass die ganze Operation abgeblasen wurde. Ein ehemaliger CIA-Beamter erklärte gegenüber der *New York Times,* als der Einsatz diskutiert wurde, habe er »den Militärleuten gesagt, dass diese Sache die größte Dummheit seit der Schweinebucht werden würde«.[39]

Shaffer stellte fest, die Regeln für einen Militärschlag in Pakistan hätten »sich dramatisch geändert« und seien »viel restriktiver geworden bis zu dem Punkt, wo er praktisch unmöglich wurde«. Weiter sagte er: »Das Format des Krieges hat sich unter unseren Füßen geändert.« General McChrystal bemühte sich, laut Shaffer, »weiterhin um Genehmigung, etwas in Pakistan zu unternehmen«, aber, so fügte er hinzu, »ich weiß sicher, dass auf irgendeiner Ebene eine politische Entscheidung getroffen wurde, die unsere Möglichkeiten einschränkte, mit grenzüberschreitenden Operationen die Dinge anzupacken, die, wie wir auf meiner Ebene alle meinten, das eigentliche Problem waren. Pakistan war das eigentliche Problem, nicht Afghanistan.«

Doch dann, im Oktober 2005, wurde Pakistan von einem Erdbeben der Stärke 7,6 erschüttert. 75.000 Menschen starben, Millionen wurden obdachlos. JSOC und CIA nutzten das Chaos, um unter Umgehung der erforderlichen ISI-Überprüfungen Agenten, Leute von privaten Dienstleistern und Kommandos ins Land zu schleusen.[40] Wie die Journalisten Marc Ambinder und D. B. Grady ausführen, verfolgten die JSOC-Nachrichtendienstteams, die mit der CIA nach Pakistan gingen, mehrere Ziele, darunter den Aufbau eines Informantenrings, um Material zu al-Qaida zu sammeln; auch wollte man in Erfahrung bringen, wie die Pakistaner ihre Atomwaffen transportierten. Die amerikanischen Elitetruppen hatten auch vor, den ISI zu infiltrieren.

»Unter einem Geheimprogramm mit dem Codenamen Screen Hunter war das JSOC, unterstützt durch die Defense Intelligence Agency und Leute von privaten Dienstleistern, befugt, Angehörige des ISI zu beschatten und zu identifizieren, die als al-Qaida-Sympathisanten verdächtig waren«, schrieben Ambinder und Grady. »Es ist nicht klar, ob JSOC-Einheiten diesen ISI-Beamten nach dem Leben trachteten: Ein Sprecher sagte, das Ziel des Programms sei es gewesen, über den ISI mittels Desinformation und psychologischer Kriegsführung Terroristen aufzuspüren.«[41]

Ungeachtet dieser sagenhaften Möglichkeiten standen weder Afghanistan noch Pakistan an erster Stelle im Kriegsplan der Regierung Bush. Vielmehr wurden die besten Agenten von JSOC und CIA wieder einmal in den Irak geschickt, um gegen den rasch um sich greifenden Widerstand vorzugehen, ein Volksaufstand, der die Behauptung der Regierung, die US-Streitkräfte würden als Befreier willkommen geheißen, Lügen strafte. Alec Station, die CIA-Einheit mit dem Auftrag, bin Laden zu jagen, wurde aufgelöst. »Das wird unsere Operationen gegen al-Qaida eindeutig abwerten«, erklärte Michael Scheuer, ehemals hochrangiger CIA-Beamter und erster Chef der Einheit. »Zurzeit werden bin Laden und al-Qaida in der ›Firma‹ offenbar nur noch als Erste unter Gleichen behandelt.«[42]

Jose Rodriguez, Leiter der CIA-Abteilung für klandestine Operationen, organisierte den Geheimkrieg der CIA in Pakistan unter dem Codenamen Operation Cannonball (Operation Kanonenkugel) neu. Theoretisch war sie ein Versucht, die Verfolgung von al-Qaida wieder in Gang zu bringen. Aber da die meisten altgedienten CIA- und Spezialeinsatzkräfte im Irak festsaßen, waren vornehmlich unerfahrene Leute an der Operation beteiligt. »Man hatte eine sehr begrenzte Zahl« von Agenten mit operativer Erfahrung in der islamischen Welt, berichtete ein ehemaliger hochrangiger Nachrichtendienstmitarbeiter der *New York Times.* »Diese Leute sind alle in den Irak gegangen. Wegen des Irak hatten wir alle zu leiden.«[43] Der Geheimkrieg in Pakistan wurde weitgehend zu einem Feldzug mit bewaffneten Drohnen; die CIA-Leute in der US-Botschaft in Islamabad sprachen von »Jungs mit Spielzeug«.[44] Der Drohnenkampagne fielen mehrere mutmaßliche al-Qaida-Mitglieder zum Opfer, und angeblich verfehlte man Sawahiri nur knapp, aber es wurden auch viele Zivilisten getötet, was in Pakistan für Proteste und Unruhen sorgte.

Obwohl CIA-Drohnen damals zur wichtigsten von den USA in Pakistan eingesetzten Waffe wurden, führten JSOC-Kräfte doch sporadisch Bodenoperationen durch, wenn auch, laut Shaffer, begleitet »von sehr großem Protest« seitens der Pakistaner. Bei einer Razzia in Damadola in Bajaur drangen Navy SEALs von der DEVGRU 2006 in das Haus mutmaßlicher al-Qaida-Leute ein und verhafteten mehrere Personen. »Sie flogen [mit dem Hubschrauber] ein, seilten sich ab und gingen auf das Gelände«, erklärte ein mit der Operation vertrauter ehemaliger US-Beamter der *Los Angeles Times.* »Es war taktisch hervorragend durchgeführt.«[45] Pakistanische Medien stellten den Vorgang etwas anders dar. »Amerikanische Soldaten verletzten den pakistanischen Luftraum, landeten mit Helikoptern im Dorf, töteten im Heim eines Geistlichen, des Maulana Noor Mohammad, acht Personen und brachten fünf weitere nach Afghanistan«, berichtete der Journalist Rahimullah Yusufzai.[46]

Wegen des sich ausweitenden Flächenbrands im Irak waren die Ressourcen für Pakistan mager, also begann die Regierung Bush mit dem Outsourcing des dortigen Krieges. Bühne frei für Blackwater, Erik Princes geheimnisumwitterte Söldnerfirma, bereits berüchtigt wegen ihrer Tätigkeit im Irak. Wie die CIA hatte Blackwater eine eigene Deckung: den Schutz von Diplomaten. Seit der Ausrufung des weltweiten

Krieges gegen den Terror hatte die Firma sehr viele ihrer Leute in Kriegszonen als Bodyguards für US-Vertreter untergebracht. Blackwater war die Prätorianergarde für die hochrangigen Organisatoren der US-Besatzung im Irak, arbeitete aber auch für das Außenministerium, das Pentagon und die CIA und übernahm Sicherheitsaufgaben bei deren Operationen in feindlichen Gebieten auf dem ganzen Globus.

Die Firma erhielt überdies den Auftrag, ausländische Streitkräfte auszubilden wie das pakistanische Frontier Corps, eine paramilitärische Truppe, offiziell zuständig für Bodenangriffe gegen mutmaßliche Terroristen oder Militante in den Stammesgebieten.[47]

Unterdessen kontrollierte Blackwater jenseits der Grenze in Afghanistan vier vorgeschobene Operationsbasen, darunter die US-Basis, die der pakistanischen Grenze am nächsten war.[48] All das war für JSOC und CIA höchst attraktiv.

Shaffer zufolge bildete Blackwater im Auftrag der CIA afghanische Milizen für grenzüberschreitende Razzien/Einsätze in Pakistan aus, sodass die USA ihre Beteiligung leugnen konnten. »Ich hatte mit zwei von ihren CIA/Blackwater-KIAs [killed in action; im Kampf gefallen] zu tun, die während einer Mission draußen getötet wurden ... als sie praktisch eine Spezialeinsatzmission durchführten, afghanische Kadermilizen für grenzüberschreitende Aktionen ausbildeten«, erinnerte sich Shaffer. Er fügte hinzu: »Ganz klar wollten sie nicht, dass über das, was sie da taten, gesprochen wurde.« Einer der Gründe, warum Blackwater eingesetzt wurde, war laut Shaffer, »der Aufsicht zu entgehen«.

Viele Elitekräfte der Firma, vor allem jene, die in ihrer sensibelsten Sparte, Blackwater SELECT, arbeiteten, waren Veteranen aus US-Spezialkräften.[49] Ihnen fiel es also nicht schwer, zwei Herren zu dienen, der CIA und dem JSOC. Während die CIA per Mandat für verschiedenste Nachrichtendienstaufgaben zuständig war, hatte das JSOC weltweit nur eine zentrale Mission: die Gefangennahme oder Tötung hochrangiger Zielpersonen. 2006 wurden zwölf »taktische Einsatzagenten« von Blackwater für eine geheime JSOC-Operation in Pakistan rekrutiert, die auf eine al-Qaida-Einrichtung abzielte. Sie lief unter dem Codenamen Vibrant Fury (helle Wut).[50] Die Beteiligung von Blackwater bewies, wie unverzichtbar die Firma für verdeckte US-Einsätze geworden war.

Im Jahr 2005 trieb Abu Mussab al-Sarkawi seinen erbarmungslosen Feldzug gegen die irakischen Schiiten, aber auch gegen Sunniten, die er für schwach oder halbherzig hielt, auf die Spitze. Die Führungsriege von al-Qaida, die meinte, die Ermordung von Muslimen durch Sarkawi werde sich als Bumerang erweisen, trat an den militanten Jordanier heran. Im Juli 2005 schrieb Aiman al-Sawahiri einen Brief an Sarkawi. Bin Ladens Stellvertreter überhäufte Sarkawi mit Lob wegen seiner Bedeutung für den Dschihad, betonte aber, das erste Ziel im Irak müsse sein, die US-Invasoren zu vertreiben. Der Sektenkrieg gegen die Schiiten, so Sawahiri, sei »von zweitrangiger Bedeutung gegenüber der Aggression von außen« und al-Qaida solle sich im Irak darauf konzentrieren, eine Volkserhebung gegen die Amerikaner zu unterstützen. Sawahiri warnte Sarkawi:

In Abwesenheit dieser öffentlichen Unterstützung würde die islamische Mudschahedinbewegung in den Schatten gestoßen werden, fernab der verwirrten, ängstlichen Massen, und der Kampf zwischen der dschihadistischen Elite und der arroganten Staatsgewalt wäre auf Kerkerverliese fernab der Öffentlichkeit und des hellen Tages beschränkt. Genau das erstreben die säkularen, vom Glauben abgefallenen Kräfte, die unsere Länder beherrschen. Diese Kräfte wollen die islamische Mudschahedinbewegung nicht auslöschen, vielmehr bemühen sie sich insgeheim, sie von den irregeleiteten oder ängstlichen muslimischen Massen zu trennen. Deshalb muss unsere Planung anstreben, die muslimischen Massen in den Kampf einzubinden und die Mudschahedinbewegung zu den Massen zu bringen.[51]

Al-Sarkawi wollte aber offenbar nicht auf al-Sawahiri hören. Anfang 2006 gründete Sarkawis Gruppe den Mudschaheddin-Schura-Rat, der prompt sunnitische Anführer in der Provinz Anbar bedrohte – eine der Fronten gegen die Vereinigten Staaten –, wenn sie sich nicht al-Qaida anschlössen, würde die Gruppe »ein Exempel an [ihnen] statuieren für jeden Einzelnen«. Im Februar 2006 verübte al-Sarkawis Gruppe einen Bombenanschlag gegen den al-Askari-Schrein in Samarra, eine der wichtigsten Moscheen des schiitischen Islam weltweit, wobei deren goldene Kuppel zerstört wurde.[52] Der kurze Zeitraum eines gemeinsamen nationalen Aufstands gegen die Amerikaner im Irak war vorbei. Al-Sarkawi hatte mit der Anzettelung eines Krieges gegen die sunnitischen Stämme von Anbar einen schweren taktischen Fehler begangen. Die zuvor antiamerikanisch eingestellten Stämme schlossen nun eine Allianz mit den Besatzern.[53] Amerika versorgte sie mit Waffen und Geld als Gegenleistung für ihren Kampf gegen al-Sarkawis Gruppe. Kombiniert mit der US-Hilfe für schiitische Todesschwadronen war es den Vereinigten Staaten gelungen, ihren Krieg gegen den Terror zu irakisieren.

Obgleich man General Petraeus in späteren Jahren beglückwünschen würde, er habe den Irakkrieg mit seinem Truppenaufgebot gewonnen, hatte er auch, gemeinsam mit Sarkawi, dazu beigetragen, den Irak zu zerstören und einen blutigen Konflikt zwischen den Religionsrichtungen heraufzubeschwören, der noch lange nach dem Abzug der Amerikaner weiterschwelen sollte. Petraeus setzte seinen glanzvollen Aufstieg innerhalb des Machtapparats der nationalen Sicherheit fort, aber Sarkawis Tage waren gezählt. Im Juni 2006 fasste ein JSOC-Team den jordanischen Terroristen und erledigte ihn.[54] Am 7. Juni landeten Mitglieder der Einsatzgruppe in Hibhib, wo der amerikanische und der jordanische Nachrichtendienst al-Sarkawi aufgespürt hatten. Wie die irakischen Zeugen der Szene berichteten, wurde aus einem Haus das Feuer auf die US-Soldaten eröffnet, und es kam zu einem kurzen Schusswechsel. Die Amerikaner beschlossen, nichts zu riskieren, und riefen einen F-16-Kampfjet, der eine lasergelenkte 250-Kilogramm-Bombe auf das Haus abwarf. Al-Sarkawi war tot.

Quelle: »Hunter«

Ungeachtet der Tatsache, dass ich in den 1990er-Jahren begann, über US-amerikanische Kriege zu berichten, und viel Zeit in Jugoslawien, im Irak und anderen Staaten des Nahen Ostens verbrachte, geriet das JSOC erst auf meinen Radar, als die Besetzung des Irak bereits in vollem Gange war. Ich hatte keine Vorstellung vom Umfang der JSOC-Operationen oder davon, wie (und ob überhaupt) das JSOC mit konventionellen Militäreinheiten und der CIA zusammenarbeitete. Mein persönlicher Zugang zum JSOC lief über Quellen, die ich während meinen Recherchen zur privaten Söldnerfirma Blackwater erschloss; bei Blackwater waren zahlreiche ehemalige Spezialeinsatzkräfte beschäftigt, darunter viele, die für JSOC und CIA gearbeitet hatten. In mehreren Berichten über Blackwater, an denen ich arbeitete, tauchte der Name JSOC immer wieder auf. Während ich zu dem Geheimkrieg ermittelte, der sich allmählich über den ganzen Globus ausbreitete, erhielt ich elektronische Nachrichten von einem Mann, der Licht ins Dunkel dieser geheimen Welt bringen konnte. Als wir in Kontakt traten, entwickelte ich eine leichte Paranoia. Mein Computer war vor kurzem gehackt worden, und ich hatte mehrere Drohanrufe und -E-Mails erhalten, die sich auf meine Arbeit zu Blackwater und JSOC bezogen, der Zeitpunkt wirkte also verdächtig.

Er stellte sich mir als patriotischer Amerikaner vor, der an den weltweiten Krieg gegen den Terror glaubte, aber die Rolle von Blackwater mit großer Sorge sah. Er hatte mein Buch über die Firma gelesen, mich im Fernsehen gesehen und beschlossen, mit mir Kontakt aufzunehmen. Zum JSOC sagte er anfangs nichts. Wir tauschten uns nur über Blackwater aus. Wenn ich ihn nach seiner Rolle in verschiedenen US-Kriegen befragte, wechselte er das Thema oder blieb in seinen Schilderungen so vage, dass er praktisch jeder in jeder beliebigen Einheit hätte sein können. Nachdem wir uns einige Monate lang auf verschlüsselten elektronischen Wegen verständigt hatten, kam ich zu der Überzeugung, dass er aufrichtig bestrebt war, mir zu erklären, wie es in der Welt des JSOC aussah. Als wir ein Vertrauensverhältnis aufgebaut hatten, versprach er, mir von seiner Tätigkeit zu erzählen, aber nur unter einer Bedingung: im persönlichen Gespräch.

Ich beschloss, ihn »Hunter« zu nennen, weil wir uns schließlich in einem schäbigen Motel nur einen Steinwurf von Fort Belvoir in Virginia entfernt trafen, wo die Nachrichtendienstabteilung des JSOC untergebracht war.[1] Das Motel hieß »The Hunter«. Es erwies sich als passender Treffpunkt für das erste von vielen Gesprächen im Lauf von Jahren. Hunter hatte unter General McChrystal, Admiral McRaven und verschiedenen anderen Kommandeuren der Spezialeinheiten gedient, und er hatte aus nächster Nähe die Operationen der geheimniskrämerischen Organisation in Zeiten miterlebt, als die Weichen neu gestellt wurden.

Öffentlich kann ich nur wenig darüber sagen, was Hunter getan hat oder tut, weil die Spezialeinheiten sehr eng verflochten sind und ich ihm mein Wort gegeben habe, niemals Informationen über seine Person preiszugeben. Die Mitglieder dieser Kreise sprechen praktisch nie mit Journalisten, und ganz gewiss nicht über ihre sensibelsten Operationen. Was ich sagen kann, ist, dass ich Hunter schließlich bat, mir Beweise vorzulegen, die seine Identität und seine Teilnahme an den Ereignissen, von denen er mir berichtete, belegten. Im Lauf der Jahre zeigte er mir seine vom Verteidigungsministerium ausgestellten Dienstausweise und Unbedenklichkeitsbescheinigungen sowie Fotos von sich in Ländern rund um den Globus. Ich ließ seine Dokumente unter Geheimhaltung seiner Identität durch sachkundige Quellen prüfen, die seine Integrität bestätigten. Abgesehen davon, dass er für das JSOC und in mehreren geheimen Spezialeinsatzgruppen an Operationen in offiziellen und inoffiziellen Kampfgebieten beteiligt war, kann ich guten Gewissens nichts weiter über ihn mitteilen.

Bei unseren Gesprächen erläuterte mir Hunter, wie er den Aufstieg des JSOC im Einzelnen sah. Er stellte klar, dass er keinesfalls Geheiminformationen an mich weitergeben oder Operationen in irgendeiner Weise gefährden würde. Auch betonte er seine Hochachtung für General McChrystal und Admiral McRaven; die JSOC-Angehörigen bezeichnete er als die besten Soldaten, die die Vereinigten Staaten besitzen, und nannte sie »Menschen, die wirklich an die Nation und unsere Ideale glauben«. Die Ausbildung, die SEALs, Delta Force und andere Spezialeinheiten durchlaufen, schilderte er als die härteste auf diesem Planeten. Diese Spezialeinheiten »erhalten einen hohen Grad an Autonomie für direkte Einsätze und Spezialaufklärungsmissionen zur Terrorbekämpfung, die sie fast immer unter Geheimhaltung für die Regierung der Vereinigten Staaten durchführen«. Wegen des Charakters ihrer Arbeit und der sie umgebenden Geheimhaltung sei aber, so Hunter, »ein Potenzial für Missbrauch vorhanden«.

Den glanzvollen Aufstieg des JSOC als führende Terrorabwehrkraft nach dem 11. September war, laut Hunter, auf die Überzeugung der Regierung Bush und der Spezialeinsatzkreise zurückzuführen, dass die CIA einem weltweiten Krieg nicht gewachsen sei. »Es herrschte große Unzufriedenheit mit dem Niveau der Human Intelligence und der paramilitärischen Operationen, die von Seiten der ›Firma‹ durchgeführt wurden, und im Lauf der Zeit wurde das Joint Special Operations Command praktisch der paramilitärische Arm der Regierung, denn es handelte auf Geheiß von Spitzenpolitikern zur Erreichung politischer Ziele«, erklärte er mir bei einem unserer ersten Treffen. Nach dem 11. September wurde das JSOC-»Mandat erheblich ausgeweitet, und der Geldhahn, wenn Sie so wollen, voll aufgedreht. Milliarden über Milliarden Dollar flossen in das Special Operations Command, und damit wiederum an das JSOC. Und das ging einher mit einem größeren Ermessensspielraum und größerer Bewegungsfreiheit – mit Autonomie.«

Hunter verwies darauf, dass in der Regierung vor allem Cheney davon besessen war, dem JSOC eine neue Rolle zuzuweisen. »Ich hatte immer den Eindruck, dass [Cheney] das Verteidigungsministerium mit all seinen verschiedenen Komponenten und Dienststellen in- und auswendig kannte«, erinnerte sich Hunter. Cheney »begriff, dass er, um das US-Militär radikal umzugestalten und es für einen ›Krieg gegen den Terror‹ oder einen ›Langen Krieg‹ auf eine andere Basis zu stellen – was heute gern ›Extremismusbekämpfung‹ genannt wird –, dass er dafür den dunkleren Elementen im Militär immer mehr Befugnisse und Verantwortung zugestehen musste als zuvor, was letztlich dazu führte, dass das Special Operations Command die Führungsrolle erhielt, als es darum ging, in aller Welt Antiterroroperationen durchzuführen.«

Der Regierung Bush warf Hunter vor, sie habe die Befugnisse für die »operative Vorbereitung des Kampfgebiets« missbraucht, die, wie er

sagte, den US-Streitkräften erlaubt,»die Basis für jede potenzielle oder
zukünftige Militäroperation zu schaffen, indem sie Spähtrupps oder
Sprachkundige in ein Gebiet schickt, in ein Land, dem man nicht unbedingt den Krieg erklärt hat, um ›das Kampfgebiet vorzubereiten‹«.
Unter Bush, so Hunter, »wurde das irgendwie zu paramilitärischen
Operationen pervertiert, in der Regel verdeckt und ohne den Hauch einer Rechenschaftspflicht. Sie erzählten dem Kongress das eine und taten das andere.« Hunter sprach auch über das parallel dazu laufende
Programm zur Überstellung von Terrorverdächtigen, das zum Ergreifen und Verhören von Gefangenen eingesetzt wurde. Unter den Festgenommenen, so Hunter, waren Personen, bei denen »die Regierung
das Kalkül verfolgte, sie nicht an das Justizministerium zu übergeben
und weder das Außenministerium noch den US-Botschafter für Kriegsverbrechen noch die Central Intelligence Agency einzubeziehen. Sie
führten eigenständige Operationen mit den Häftlingen durch.«

Hunter erklärte mir, dass einige seiner Kollegen ihren Einsatz hin-
terfragten. »Es herrschte große Beklemmung bei den Leuten in diesem
Kreis angesichts dessen, was von uns verlangt wurde und wo und zu welchem Zweck. Vieles war rechtlich gesehen fragwürdig, und meist fanden [die Operationen] außerhalb erklärter Kriegsgebiete statt«, erinnerte er sich. Er stellte auch klar, dass es einen ansehnlichen Kreis von
JSOC-Agenten gab, die an Rumsfelds und Cheneys Vision »wirklich
glaubten … und sich über die Gesetzwidrigkeit der Operationen an sich
völlig im Klaren und damit zufrieden waren und meinten, sie hätten
höchste Deckung durch das Verteidigungsministerium und letztlich
durch das Weiße Haus«. Die JSOC-»Jungs sind wie ein Wolfsrudel an
vorderster Front, und sie tun, was sie für das Werk Gottes, manche auch
für die Aufgabe Amerikas halten«, sagte er. Rumsfeld und Cheney, so
Hunter, »umgingen absichtlich die CIA und wandten sich an das Joint
Special Operations Command mit Rahmenbedingungen und konkreten Vorgaben für Missionen und politischen Zielen, die sie um eigener
politischer Zwecke willen erreichen wollten«.

Auf die Frage, welche Operationen er am verwerflichsten finde, antwortete Hunter spontan: »Die Verwendung von Spezialkräften für
Spionage ohne Wissen des Außenministeriums und der Central Intelligence Agency; den Einsatz von Spezialeinheiten in aller Welt, teilweise
in verbündeten Ländern, um Menschen gefangen zu nehmen oder zu
töten, die angeblich mit extremistischen Organisationen in Kontakt

standen.« Er schilderte vom JSOC durchgeführte Operationen in zahlreichen Ländern, nicht nur im Irak oder in Afghanistan. Darunter: Somalia, Algerien, die Philippinen, Indonesien, Pakistan, Thailand, Mali, der Jemen, Kolumbien, Peru sowie verschiedene europäische und zentralasiatische Länder. Rund um den Globus, so Hunter, wurde das JSOC eingesetzt, um »auf Anweisung kinetische Operationen – sei es Gefangennahme oder Tötung« – durchzuführen.

»Wer waren die Leute, die getötet werden sollten?«, fragte ich.

»Leute, die entweder Verbindungen zu einer extremistischen Organisation hatten oder mutmaßlich einer extremistischen Organisation angehörten. Oder es waren Leute, die Unterschlupf boten oder für die Finanzierung sorgten«, erklärte mir Hunter.

»Welche Informationen waren erforderlich, um zu sagen: ›Wir haben grünes Licht‹ für die Durchführung einer gezielten Tötung außerhalb eines erklärten Kriegsgebiets?«

»Meist handelte es sich um reine Indizien«, erwiderte Hunter. »Die Mehrzahl der Operationen basierte auf zwar verwertbaren, aber nicht unbedingt eindeutigen Informationen. Ich glaube, das ist der beunruhigendste Aspekt der Operationen, die stattfanden.«

Dahinter stand die Einstellung, so Hunter: »Die Welt ist ein Schlachtfeld, und wir führen Krieg. Deshalb kann das Militär gehen, wohin es will, und tun, was immer es tun will, um die nationalen Sicherheitsziele der Regierung, die zufällig gerade an der Macht ist, zu erreichen.«

Die Inhaftierung von Anwar Awlaki

Jemen, 2004–2007

Als Anwar Awlaki 2004 in den Jemen zurückkehrte, lag ein Weg vor ihm, der ihn international in Verruf bringen und zu einer Kraftprobe mit dem JSOC, der CIA und dem US-Tötungsprogramm führen sollte. Dass er dies damals ahnte, ist eher unwahrscheinlich. Wie sollte er auch? Anwars Vater Nasser sagte, die Entscheidung seines Sohnes, wieder nach Sanaa zu kommen, habe praktische Gründe gehabt und sei kein Hinweis auf seine wachsende Radikalität gewesen. »Er bekam kein Studienstipendium in Großbritannien«, erklärte Nasser, also »beschloss er, wieder in den Jemen zu gehen«.[1] Aber was nach seiner Rückkehr mit Awlaki geschah, verfestigte seine ablehnende Haltung gegen die US-amerikanische Politik und führte zum Verlust jeglicher Loyalität, die er dem Land seiner Geburt früher entgegengebracht hatte.

Awlaki traf also in Sanaa ein und überlegte, wie es weitergehen sollte. Er hatte vor, an der Iman University zu studieren, und wurde gebeten, in einigen Moscheen zu predigen.[2] Bei einer Veranstaltung an der Universität hielt er einen Vortrag über die Rolle des Islam in der Welt und verurteilte den Krieg der Vereinigten Staaten im Irak. Er, seine Frau und die Kinder zogen in Nassers Haus unweit der Universität. Damals war Awlakis ältester Sohn Abdulrahman neun Jahre alt. Wie sein Vater war er in den ersten Lebensjahren als Amerikaner aufgewachsen. Er war ein schmächtiger Junge mit Brille und hatte große Ähnlichkeit mit seinem Vater im selben Alter. Anwar »dachte darüber nach, ein Lernzentrum für Islam und Sprache – Arabischunterricht für Nichtmuslime – zu schaffen«, erinnerte sich Nasser. »Er dachte darüber nach, eine eigene Schule zu gründen, zum Beispiel eine Grundschule. Er wollte einfach ganz normal predigen, bis er eine Beschäftigung fand, die für ihn passte.«

Aber die Vereinigten Staaten hatten Awlaki nicht vergessen, und der jemenitische Geheimdienst war seit dem Tag seiner Ankunft hinter ihm her. Awlaki hatte sich an ein Leben unter Überwachung gewöhnt und bemühte sich nach Kräften, den Lebensunterhalt für die Familie zu verdienen. Die Religion – sein Glaube – aber war seine wahre Leidenschaft. Er verbrachte viel Zeit vor dem Computer, nahm Predigten auf und führte eine umfangreiche Korrespondenz mit seinen Anhängern in aller Welt. »Meistens gab er Unterweisungen über das Internet«, sagte Nasser. »Und er versuchte auch, sich selbstständig zu machen, Immobilien, Projekte. Er versuchte, als Privatmann Immobilien anzukaufen und weiterzuverkaufen.« Nasser lachte kopfschüttelnd und fügte dann hinzu: »Das hat aber nicht funktioniert.« Awlakis Kinder genossen das Familienleben mit Großeltern, Tanten und Onkeln, und die Awlakis begannen, auf ihrem umfriedeten Grundstück in Sanaa eine eigene Wohnung für Anwar und seine Familie zu errichten.

Awlakis Angehörige sagen, diese Periode sei für Anwar eine Zeit der Suche gewesen. Es scheint klar, dass sich Anwar im Jahr 2006 mit der Tatsache abgefunden hatte, dass sein Leben als Amerikaner vorbei war. Das FBI würde ihn nicht in Ruhe lassen. Die Kriege im Irak und in Afghanistan empörten ihn. Endlose Tage und Nächte grübelte er über die Frage, wie Muslime auf die Kriege reagieren sollten, angefangen mit dem Irak über Gaza bis Afghanistan und in anderen Regionen. Der Ton seiner Predigten wurde schärfer. Mit seinen Korrespondenzpartnern diskutierte er oft das Wesen des Dschihad. Offenbar rang er tatsächlich darum, seine eigenen Wahrheiten über die Welt nach dem 11. September zu finden. Aber al-Qaida erwähnte Anwar nicht, jedenfalls nicht in einem positiven Zusammenhang. »Alles war normal, und wir dachten, er hätte alles von damals [in Amerika] hinter sich gelassen«, erklärte Nasser. »Und wir bauten an unserem Haus, wir bauten ihm eine Wohnung. Also war für mich wirklich alles ganz normal. Und er selbst arbeitete einfach an seinen Predigten. Und nichts sonst.«

Nichts sonst, bis Anwar inhaftiert wurde.

»Das war ein Wendepunkt«, sagte Nasser.

Anwar Awlaki war ein politischer Gefangener. Als ihn Mitte 2006 von den USA unterstützte jemenitische Sicherheitskräfte verhafteten, geschah das unter einem Vorwand. Angeblich hatte sich Anwar in einen Stammeskonflikt eingemischt.[3] Aber wie bei den meisten politischen Gefangenen war das nur eine durchsichtige Ausrede, um ihn aus dem Verkehr zu ziehen. Anwar wurde nachts festgenommen und kam in dem gefürchteten Gefängnis von Sanaa in Einzelhaft.[4] Geführt wurde die Haftanstalt von der PSO (Political Security Organization), die eng mit den US-Nachrichtendiensten zusammenarbeitete. Nach seiner Festnahme konfiszierten jemenitische Geheimdienstagenten seinen Computer und Audioaufzeichnungen der Vorträge, die er an der Iman University gehalten hatte.[5] Eine konkrete Anklage wurde nicht gegen ihn erhoben. Anwar schwor, hinter seiner Inhaftierung stecke die US-Regierung, deshalb wandte sich Nasser hilfesuchend an die US-Botschaft. Schließlich war er US-Bürger. Sicherlich kannten sie Anwar, dachte Nasser. Er war ja auch nach dem 11. September häufig im Fernsehen gewesen. Der Imam, »zu dem man gerne ging«. Ein Rechtsberater der Botschaft erklärte, er könne wenig mehr anbieten als die Zusicherung, sie würden sich um Anwar »kümmern«.[6]

»In den ersten neun Monaten saß ich in Einzelhaft in einer Kellerzelle. Ich würde sagen, die Zelle war etwa 1,20 mal 2,50 Meter groß«, berichtete Awlaki später. »Ich erhielt weder Stift noch Papier und hatte keinerlei Bewegung. Während des gesamten Zeitraums habe ich die Sonne nicht gesehen.« Wie er sagte, wurde ihm »keine Interaktion mit anderen Menschen [gestattet] außer mit den Gefängniswärtern«.[7]

Es besteht kein Zweifel, dass die Vereinigten Staaten mit Anwars Inhaftierung zu tun hatten. »Ich glaube, dass ich auf Ersuchen der US-Regierung festgehalten wurde«, sagte Anwar. »Ich wurde ohne jede Erklärung in Gewahrsam genommen.«[8] Kurz nach seiner Festnahme begannen Agenten des jemenitischen Nachrichtendiensts »mir Fragen zu meiner islamischen Betätigung hier vor Ort zu stellen, und später kam heraus, dass ich auf Ersuchen der US-Regierung festgehalten wurde. Das sagten sie mir hier.«[9] Außerdem erklärten sie Awlaki, dass die Vereinigten Staaten ihn durch eigene Agenten verhören wollten. In einem Bericht durch den UN-Sonderberichterstatter für außergerichtliche, summarische oder willkürliche Hinrichtungen heißt es, Awlaki sei »auf Ersuchen der Regierung der Vereinigten Staaten« verhaftet worden.[10]

Die *New York Times* berichtete, John Negroponte, der zur Zeit von Anwars Verhaftung Direktor aller US-amerikanischen Nachrichtendienste war, habe »jemenitischen Regierungsvertretern erklärt, die Vereinigten Staaten hätten gegen seine Inhaftierung nichts einzuwenden«.[11] Aber man hatte nicht nur nichts einzuwenden. Eine jemenitische Quelle mit engen Verbindungen zu Awlaki und zur jemenitischen Regierung berichtete mir von einem Treffen zwischen Negroponte, dem jemenitischen Botschafter in den Vereinigten Staaten und Prinz Bandar bin Sultan, dem ehemaligen saudischen Botschafter in den USA.[12] Bandar stand der Regierung Bush und insbesondere auch dem Präsidenten sehr nahe – so nahe, dass er den Spitznamen Bandar Bush trug.[13] Mein Informant teilte mir mit, er habe mit dem jemenitischen Botschafter gesprochen, der Negropontes Aussage folgendermaßen wiedergab:»Ach, das ist sehr schön, dass Sie Anwar ins Gefängnis gesperrt haben. Das ist gut. Denn seine Predigten sind uns ein Dorn im Auge, und wir befürchten, dass er junge Leute im Westen beeinflusst.« Der jemenitische Botschafter erwiderte meinem Informanten zufolge: »Wissen Sie, wenn da nichts ist, keine Klage gegen Anwar, können wir ihn nicht unbegrenzt im Gefängnis festhalten. Die Stammesangehörigen im Jemen, [Anwars] Freunde, Menschenrechtsgruppen in Amerika und Großbritannien, sie schreiben wegen Anwars Inhaftierung Briefe an Condoleezza Rice und an uns. Wir können ihn nicht unbegrenzt festhalten.« Laut meinem Informanten sagte Negroponte darauf:»Tja, aber das müssen Sie.«

Im November 2006 begegnete Nasser Awlaki auf einer Entwicklungskonferenz in London zufällig dem jemenitischen Präsidenten Ali Abdullah Salih.»Ich bat ihn, meinen Sohn aus der Haft zu entlassen«, berichtete Nasser.»Und er sagte: ›Da gibt es einige Probleme mit den Amerikanern, ich werde versuchen, sie zu lösen, und ich werde deinen Sohn entlassen.‹« Anwars Onkel, Saleh bin Fareed, bei dem er in Großbritannien kurz gewohnt hatte, gehört zu den mächtigsten Stammesführern im Jemen. Er ist der Scheich des Aulaq-Stammes, Anwars Stamm, dem rund 750.000 Menschen angehören.[14] Im Jemen besitzen die Stämme mehr Macht und Einfluss als die Regierung, und die Aulaq wollten sich nicht damit abfinden, dass Anwar ohne Anklage einsaß. Bin Fareed berichtete mir, er habe Präsident Salih angerufen und ihn gefragt, warum er Anwar festhielt.»Die Amerikaner haben uns gebeten, ihn in Haft zu halten«, erwiderte der Präsident laut Fareed. Die Amerikaner hätten zu Salih gesagt:»Wir möchten, dass Sie ihn für drei, vier Jahre inhaftieren.« Anwar ist »wortgewandt – als Grund nannten sie uns, er sei sehr wortgewandt, viele Menschen in den Vereinigten Staaten hören auf ihn, vor allem junge Leute. Überall auf der Welt. Und wir wollen, dass er für einige Jahre [hinter Gittern] bleibt, bis die Leute ihn vergessen haben.«[15]

Als Präsident Salih zu Beginn von Anwars Haft Washington besuchte, traf er mit FBI-Direktor Robert Mueller, CIA-Direktor George Tenet und anderen Vertretern der US-Nachrichtendienste zusammen.[16] Salih erklärte Nasser, er habe Anwars Fall mit ihnen besprochen. Er habe sogar Präsident Bush persönlich darauf angesprochen. »Wenn Sie irgendwelche Beweise gegen Anwar haben, sagen Sie es uns«, bat Salih den amerikanischen Präsidenten. »Wenn nicht, werden wir ihn aus dem Gefängnis entlassen.« Laut Nasser erwiderte Bush: »Geben Sie mir zwei Monate, dann bekommen Sie eine Antwort von mir.«

Zwei Monate verstrichen, dann erhielt Nasser einen Anruf von General Ghalib al-Qamish, dem Chef der jemenitischen Political Security Organization. »Dr. Nasser«, sagte er, »bitten Sie Ihren Sohn, mit den Befragern zu kooperieren, die aus Washington kommen.« Also ging Nasser ins Gefängnis, um mit Anwar zu sprechen. »Ich sagte meinem Sohn: ›Bitte, lass uns das ein für alle Mal bereinigen. Warum bist du nicht entgegenkommend und sprichst mit diesen Leuten?‹ Und [Anwar] sagte: ›Ich bin bereit, sie zu treffen. Ich habe in Amerika mit ihnen gesprochen, und ich werde im Jemen mit ihnen sprechen.‹«

Die FBI-Agenten blieben zwei Tage lang, um Anwar Awlaki zu verhören.[17] Awlaki »wurde in ein Büro gerufen, und als er den Raum betrat, nahm er nicht die Haltung eines Angeklagten an, sondern er trat in das Büro zu den Amerikanern, als sei er der Chef«, berichtete Scheich Harith al-Nadari, der zur selben Zeit wie Awlaki inhaftiert war. »Er suchte sich den angenehmsten Sitzplatz aus, aß von dem Obst, das für die Amerikaner bereitgestellt worden war, und goss sich eine Tasse Tee ein. Ich fragte ihn, um welche Ermittlungen es dabei ging. Er sagte mir, die ganze Sache drehe sich darum, irgendeinen winzigen Gesetzesverstoß zu finden, der es ihnen ermöglichen würde, ihn vor ein amerikanisches Gericht zu bringen. Es sei ein Verhör gewesen, sagte er. Dennoch fanden sie nicht, was sie suchten.«[18] Der jemenitische Geheimdienst bestand auf der Anwesenheit eigener Leute im Raum.[19] Awlaki erklärte, als ihn die FBI-Agenten zwei Tage lang verhörten, habe es »einen gewissen Druck gegeben, dem ich nicht nachgeben wollte und der zu einem Konflikt zwischen mir und ihnen führte, weil ich meinte, dieses Verhalten ihrerseits sei unzulässig ... Das wurde dann aber geklärt, und sie entschuldigten sich.«[20] Nasser zufolge kooperierte Anwar mit den Vernehmern. Dennoch vergingen Tage und Wochen, und Anwar blieb hinter Gittern.

Als die Familie Awlaki weiter Druck machte, stellte Präsident Salih

klar, was auf dem Spiel stand. Der jemenitische Vizepräsident Abd Rab-
buh Mansur Hadi erklärte Nasser, Salih müsse ihn vor eine bittere Entscheidung stellen: Wollen Sie, dass Anwar inhaftiert bleibt oder wollen
Sie, dass ich ihn freilasse und er »von einer amerikanischen Drohne getötet wird«? Nasser fügte hinzu, er glaube, »der einzige Grund, der die
Vereinigten Staaten veranlasste, Anwar ins Visier zu nehmen, war seine Popularität unter Muslimen, unter englischsprachigen Muslimen auf
der ganzen Welt«. Sein Fazit lautete: »Ich glaube, dass Ali Abdullah Salih etwas gewusst haben muss.«

Nach 17-monatiger Haft erzwangen der große Druck seitens der Stammesgruppen, deren Unterstützung Salih für den Machterhalt brauchte,
und die Bemühungen seiner einflussreichen Familie schließlich Anwars
Freilassung. Scheich Saleh bin Fareed hatte sich persönlich beim jemenitischen Präsidenten verwendet und garantiert, Anwar werde keine
Schwierigkeiten machen, wenn man ihn freiließe. »Gut, wenn Sie Beweise
gegen Anwar haben, stellen Sie ihn bitte vor Gericht«, erklärte Fareed
dem Präsidenten. »Und wenn Sie ihm etwas nachweisen können, dann
richten Sie ihn hin. Wir haben nichts dagegen. Wenn Sie etwas haben,
irgendeinen Beweis gegen ihn, haben wir nichts dagegen, wenn Sie ihn
vor Gericht bringen und ihn hinrichten. Wenn nicht, dann geben Sie uns
unseren Sohn.« Die Antwort des jemenitischen Präsidenten lautete: »Ehrlich gesagt, wir haben nichts gegen Anwar vorliegen, gar nichts.« Am selben Tag wurde Anwar Awlakis Freilassung angeordnet. »Die Amerikaner
waren nicht glücklich darüber«, sagte bin Fareed. Eine US-Diplomatendepesche zu seiner Freilassung erhob Anwar in den Rang eines
»Scheichs« und bezeichnete ihn als »den mutmaßlichen geistlichen Berater« von zweien der Attentäter des 11. September.[21] In der Depesche
hieß es außerdem, jemenitische Regierungs»kontakte« hätten US-Vertretern versichert, sie hätten »nicht genügend Beweismaterial, um Anklage [gegen Awlaki] zu erheben, und können ihn nicht länger gesetzwidrig festhalten«. Ein paar Jahre später bezeichnete die US-Regierung
Awlakis Haft als Beweis für seine langjährige Verwicklung in Terrorpläne
gegen die Vereinigten Staaten. Ohne irgendeinen Beweis vorzulegen, der
diese Behauptung gestützt hätte, ließ das US-Finanzministerium ver-
lautbaren, Awlaki sei »2006 wegen Entführung und Lösegelderpressung
und Beteiligung an der geplanten Entführung eines US-Regierungs-
vertreters durch al-Qaida inhaftiert, im Dezember 2007 jedoch freigelassen worden und anschließend im Jemen untergetaucht.«[22]

17 „Die USA kennen sich aus mit Krieg. Sie sind wahre Meister darin."

Somalia, 2004–2006

Während das JSOC auf den wachsenden Schlachtfeldern im Irak, in Afghanistan und anderen Ländern eine immer wichtigere Rolle spielte, versank Somalia immer tiefer im Chaos. Die mörderischen Warlords, die für die CIA gezielte Gefangennahmen oder Tötungen erledigten, wurden weithin gefürchtet und geschmäht. Im Jahr 2004 schließlich legte die zu den Warlords ausgelagerte Somalia-Kampagne der »Firma« die Grundlage für eine Reihe spektakulärer Ereignisse, durch die al-Qaida am Horn von Afrika in nahezu unvorstellbarem Ausmaß an Einfluss gewann. Doch es war nicht das Warlord-Programm der CIA allein, das den Aufstand in Somalia begünstigte. Die große Zahl ziviler Opfer bei den Kriegen im Irak und in Afghanistan, die Misshandlung von Gefangenen in Abu Ghraib und Guantánamo ließen den Eindruck entstehen, dass die Vereinigten Staaten einen Krieg gegen den Islam führten. Während die USA ihren Warlords in Mogadischu den Rücken stärkten, bildete sich als Reaktion auf Washingtons Maßnahmen nach dem 11. September eine Koalition aus ehemaligen Warlords und religiös Bewegten, die den Marionetten der USA in Somalia den Kampf ansagte. Die US-Politik in Somalia und anderen Ländern erwies sich als Bumerang.

Yusuf Mohammed Siad erzählte mir, die CIA habe ihn 2004 in Dubai angesprochen.[1] Der berüchtigte somalische Warlord, bekannt unter dem Nom de Guerre Indha Adde, Weißauge, gehörte wie Mohamed Qanyare zu den Milizenführern, die Somalia während des Bürgerkriegs in den 1990er-Jahren verwüsteten und spalteten. Indha Adde verschaffte sich mit Gewalt die Kontrolle über die Region am unteren Flusslauf des Shabelle und wurde Chef einer, Berichten zufolge, äußerst brutal vorgehenden paramilitärischen Besatzung, was ihm den Spitznamen »der Schlächter« eintrug.[2] Er betrieb einen schwunghaften Drogen- und Waffenhandel vom Hafen Merka aus und schlug aus dem Zusammen-

bruch der Staatsmacht weidlich Profit.[3] Wie Qanyare war er Herr über
eine ziemlich große Miliz und eine ganze Reihe sogenannter »Technicals«, mit schweren Waffen bestückter Pick-ups. Im Gegensatz zu Qanyare pflegte Indha Adde jedoch in den 1990er-Jahren gute Beziehungen
zu den über das chaotische Land verstreuten Grüppchen radikaler Islamisten. Er gab offen zu, dass er einigen jener Männer, hinter denen Washington her war, Unterschlupf und Schutz gewährte. Das machte ihn
für die CIA interessant. In Dubai, sagte Indha Adde, habe er sich mit
dem CIA-Chef für Ostafrika getroffen. »Sie boten mir Geld, sie boten finanzielle Unterstützung für die Region, die ich kontrollierte, sie boten
mir Einfluss und Macht in Somalia durch Kooperation mit ihnen«, erzählte er mir im Juni 2011 beim Gespräch in einem seiner Häuser in Mogadischu. »Die CIA-Leute sagten immer wieder, dass die Männer, die
ich schützte, Verbrecher seien, Bombenanschläge auf US-Botschaften
verübt hätten und eine Gefahr für die ganze Welt seien. Sie wollten, dass
ich ihnen diese Männer ausliefere, sagten sie.«

Doch Indha Adde hatte die von der CIA unterstützten Warlords in
Aktion erlebt und wollte nichts mit ihnen zu tun haben. Wie er die Dinge sah, töteten sie Somalis im Dienst einer fremden Macht. »Sie wurden
engagiert, um jeden zur Strecke zu bringen, den die Amerikaner wollten. Ihre Gefangenen wurden allesamt misshandelt – nackt ausgezogen
und der Mund verklebt«, erzählte er. »Wenn die Amerikaner Gefangene freiließen, wurden sie von den Warlords getötet, damit sie nichts
über ihre Haft ausplaudern konnten.«

Zudem war Indha Adde gerade dabei, sich von einem Säufer und
Gangster zu einem – zumindest in seinen Augen – richtigen Muslim zu
wandeln. Nach der amerikanischen Invasion im Irak 2003 fand Indha
Adde – wie viele Muslime rund um den Globus – die Vereinigten Staaten »überheblich« und sah sie auf einem Kreuzzug gegen den Islam.
»Die Äußerungen des US-Präsidenten gegen den Islam, die Invasion im
Irak und der Krieg in Afghanistan waren für mich persönlich der
Grund, nicht mit der CIA zu kooperieren«, erklärte er. »Ich wies alle
ihre Angebote zurück.« Stattdessen entschloss sich Indha Adde, seine
Miliz auf den Kampf gegen die von der CIA unterstützten Warlords einzuschwören. »Die Regierung Bush überschätzte die Stärke von al-Qaida und Osama [bin Laden]. Als Bush dann aber im Irak einmarschierte, sahen wir das als Angriff auf den Islam. Das war al-Qaidas größter
Sieg, und deshalb haben wir sie unterstützt.«

Wenn al-Qaida-Kämpfer bei Indha Adde Unterstützung oder Unterschlupf in den von ihm kontrollierten Regionen suchten, kam er ihrer Bitte nach. In seinen Augen standen die Männer auf der richtigen Seite, sie kämpften gegen die Kreuzzügler und ihre Marionetten, die Warlords, und verteidigten den Islam. »Ich persönlich hielt sogar Osama für einen guten Mann, der nur das islamische Recht einführen wollte«, meinte er. »Von Rechts wegen hätte Bush ebenso wie Saddam Hussein hingerichtet werden müssen. Aber niemand ist so mächtig, dass er die USA zur Verantwortung ziehen könnte.«

Während Qanyare mit den Amerikanern zusammenarbeitete, wurde Indha Adde bald zu einem wichtigen paramilitärischen Verbündeten von al-Qaida und Anführer einer der mächtigsten islamistischen Gruppen, die nach dem 11. September in Somalia entstanden. Was 2002 mit einem geheimen Treffen der Amerikaner mit Qanyare in einem Hotelzimmer in Nairobi begann, bei dem es darum ging, fünf Terroristen zu töten oder gefangen zu nehmen, führte zur Bildung von Todesschwadronen, die ungestraft mordend durch Somalia zogen und nach allgemeinem Dafürhalten von den USA direkt unterstützt wurden.[4] Bei einem Gespräch mit US-Vertretern Anfang 2006 äußerte der international anerkannte somalische Präsident einer Diplomatendepesche zufolge »unverhohlen seine Verwunderung, warum die USA in Mogadischu einen offenen Krieg beginnen wollten«.[5]

Aus dieser Ära des Grauens ging die Union Islamischer Gerichte (Islamic Courts Union; ICU) hervor, die sich gegen die Marionetten der USA erheben sollte. Hinter der ICU steckte kein Komplott von al-Qaida, sie war vielmehr eine Antwort der einheimischen Bevölkerung auf die Gesetzlosigkeit und Brutalität der von der CIA unterstützten Warlords. Mit Somalias fortschreitendem Zerfall begannen sich kleine, regionale islamische Gerichte zu etablieren, die ein auf der Scharia basierendes Rechtssystem einführten und eine gewisse Stabilität zu schaffen versuchten.[6] Mehrere Jahre lang waren diese Gerichte größtenteils autonome Instanzen, die sich auf die Clans stützten. 2004 vereinigten sich die zwölf Gerichte zur Union Islamischer Gerichte. Scheich Sharif Sheikh Ahmed (als »Scheich Sharif« bekannt), ein ehemaliger Lehrer und Geistlicher aus der Region am mittleren Lauf des Shabelle, wurde zum Vorsitzenden gewählt.[7] Indha Adde wurde später zum Verteidigungsminister ernannt. »Als sich die Union Islamischer Gerichte formierte, herrschte in Somalia Bürgerkrieg. Es gab Morde, Raubüberfälle und Vergewaltigungen. Die Machtlosen wurden zu Opfern. Alle litten unter der Situation, aber die schwächsten Clans traf es am härtesten«, erinnerte sich Indha Adde. »Es regierten die Warlords, und wir suchten nach einem Weg, unser Volk zu einen und zu schützen. Was uns eint, ist der Islam, und deshalb bildeten wir die Union Islamischer Gerichte.« 2005 flossen Waffen und Geld aus dem Ausland nach Somalia. Indha Adde und andere Anführer aus der ICU erhielten schwere Waffen und Munition, die auf privaten Landepisten aus Eritrea eingeflogen wurden.[8] Äthiopien schlug sich unterdessen auf die Seite der USA und unterstützte die CIA-Warlords mit Geld, Waffen und Munition.[9] Der somalische Premierminister Ali Mohamed Gedi, ein in Italien ausgebildeter Tierarzt, verfolgte, wie die CIA Qanyare und andere Warlords, von denen einige sogar Minister seiner Regierung waren, finanzierte und mit Waffen versorgte. »Ich habe diese Warlords sehr genau beobachtet, insbesondere Qanyare, der die US-Geheimdienste mit der großspurigen Behauptung täuschte: ›Ich kann diesen Terroristen, diesen Islamisten vernichten, ja, das kann ich, morgen schon.‹ Dafür haben sie ihn bezahlt«, sagte Gedi mir gegenüber. Die CIA, behauptete er, habe seine Regierung geschwächt, »die sich vermehrt bildenden Islamischen Gerichte und ihre Macht hingegen gestärkt. [Die USA] lieferten den Islamischen Gerichten geradezu die Motivation, indem sie damals die Warlords und die ›Antiterrorgruppe‹ unterstützten. Damit fing das ganze Chaos an.«[10]

Im Februar 2006, während die Union Islamischer Gerichte ständig an Einfluss gewann, verkündeten Qanyare und das Netzwerk der CIA-Warlords offiziell die Gründung der Allianz für die Wiederherstellung des Friedens und gegen den Terrorismus und riefen die Somalis auf, sich ihnen im Kampf gegen die »Dschihadisten« anzuschließen.[11] Im März segnete der Nationale Sicherheitsrat im Weißen Haus offiziell die Finanzierung und Unterstützung der Warlords ab.[12] Sean McCormack, Sprecher des Außenministeriums, erklärte, die US-Strategie sei, »im Kampf gegen den Terror ... mit verantwortungsvollen Personen zusammenzuarbeiten. Das ist uns ein wirkliches Anliegen, denn der Terror beginnt, am Horn von Afrika Fuß zu fassen. Wir möchten nicht, dass hier ein neuer Rückzugsraum für Terroristen entsteht. Unser Interesse ist einzig und allein, dass Somalia in eine bessere Zukunft geht.«[13] Washington »wollte die Situation nur durch die Brille seines ›Kriegs gegen den Terror‹ sehen«, bemerkte Salim Lone, ein ehemaliger UN-Mitarbeiter. »Die Regierung Bush unterstützte die Warlords – unter Verletzung eines UN-Waffenembargos gegen Somalia, das sie viele Jahre zuvor mit verabschiedet hatte – und ließ ihnen auf indirektem Weg Waffen und Koffer voller Dollar zukommen.«[14] Plötzlich waren Qanyare und seine Verbündeten mit Waffen wesentlich besser ausgerüstet als zuvor. »Für einen Krieg gegen [al-Qaida] braucht man sehr gut ausgebildete Kräfte. Und zwar in ausreichender Zahl. Und genügend Waffen, genügend Logistik, genügend Verstärkung«, erklärte mir Qanyare. Ohne die Ironie dahinter zu erkennen, dass seine Tätigkeit im Auftrag der USA die ICU überhaupt erst hatte entstehen lassen, sagte Qanyare zu seinen amerikanischen Auftraggebern: »Dieser Krieg ist ein Kinderspiel, er wird im Handumdrehen beendet sein.«[15] In nicht einmal sechs Monaten, prophezeite er. Was den Zeitrahmen betraf, hatte er recht, aber der Konflikt ging anders aus als erwartet. Nachdem die Warlords den Islamischen Gerichten offen den Krieg erklärten, wurde Mogadischu von den schlimmsten Kämpfen seit mehr als einem Jahrzehnt erschüttert. Im Mai berichtete die *Washington Post* von »den heftigsten Gefechten in Mogadischu seit dem Ende der US-amerikanischen Intervention 1994 mit 150 Toten und Hunderten von Verwundeten«.[16] Die UN Monitoring Group schrieb in ihrem Bericht an den Sicherheitsrat von »klandestiner Drittland«[17]-Unterstützung für die Warlords. Das Land wurde nicht benannt, aber jeder wusste, wer gemeint war. Bald sahen sich US-Diplomaten in der Region von Kollegen aus anderen Staaten bestürmt, darunter auch EU-Vertretern. Laut einer Depesche der US-Botschaft in Nairobi hätten »einige europäische Regierungen den Schluss gezogen, dass die USA einzelne Warlords unterstützten, um den weltweiten Krieg gegen den Terror voranzutreiben, und sie äußern uns gegenüber Bedenken, dass solche Aktionen sowohl einen Rückschlag für den Kampf gegen den Terrorismus als auch die Demokratisierung Somalias bedeuten könnten«. Die EU, hieß es in der Depesche weiter, plane einen Bericht zu veröffentlichen, in dem rundheraus konstatiert werde: »Es gibt beunruhigende Anzeichen dafür, dass sich die allgemeine Bevölkerung – aufgebracht durch die unverhohlene Unterstützung der USA für die Warlords – verstärkt der Sache der Dschihadisten anschließt.«[18] Einige US-Vertreter waren eindeutig verärgert über das Warlord-Programm der CIA. Gegenüber der *New York Times* äußerten sie vertraulich, dass »die Kampagne die Bemühungen im Kampf gegen den Terrorismus innerhalb Somalias konterkariert und genau jene islamistischen Gruppen stärkt, die sie an den Rand drängen sollte«.[19]

Auf Drängen von und mit kräftiger Unterstützung durch einheimische Geschäftsleute in Mogadischu und anderen Städten begann die vordem so heterogene Union Islamischer Gerichte gemeinschaftlich zum Kampf gegen die Warlords der CIA mobilzumachen. Indha Adde sollte die Militärkampagne anführen. Die ICU rief die Somalis dazu auf, »sich dem Dschihad gegen die Feinde Somalias anzuschließen«.[20]

Doch es ging nicht bloß um religiöse Motive. Die Warlords hatten das Geschäftsleben in Mogadischu vollkommen zum Erliegen gebracht. Die »Ermordung [von] Vorbetern und Imams in verschiedenen Stadtvierteln, von Schullehrern, hatte einen längst überfälligen Zorn entfacht«, sagte Abdirahman »Aynte« Ali, der aus Somalia stammende Terrorismusexperte. Wirtschaftlich gesehen, meinte er, hätten die Warlords »Mogadischu 16 Jahre lang in Geiselhaft gehalten. Sie haben weder den Flughafen noch den Seehafen geöffnet, aber alle hatten kleine Landepisten neben ihren Häusern – wirklich, direkt daneben. Und die gewöhnlichen Bürger waren ihre Geiseln.« Ende 2005 hatten Geschäftsleute begonnen, die ICU mit Geld zum Kauf schwerer Waffen auszustatten, damit sie es mit den Warlords der CIA aufnehmen konnte. Somalis aus allen Gesellschaftsschichten meldeten sich, um an der Seite der ICU zu kämpfen. »Die Leute verließen um fünf Uhr nachmittags ihre Stände auf dem Bakara-Markt, holten ihre Waffen und schlossen sich dem Kampf gegen die Warlords an«, berichtete Aynte. »Und am nächsten Morgen waren sie wieder an ihrer Arbeitsstelle, in ihrem Laden oder was auch immer. Es war wirklich überwältigend.«[21]

Die Union Islamischer Gerichte war kein homogener Block. Viele ihrer Anführer und Anhänger hatten keinerlei Verbindung zu al-Qaida, wussten kaum etwas von bin Laden und verfolgten ausschließlich Somalia betreffende, innenpolitische Ziele. Ihr rasanter Popularitätszuwachs hatte vor allem mit dem Hass auf die Warlords zu tun; hinzu kam der starke Wunsch nach Stabilität und einem gewissen Maß an Recht und Ordnung. »Wir schickten unsere Kämpfer mit der Absicht nach Mogadischu, den Bürgerkrieg zu beenden und dem grausamen Wüten der Warlords ein Ende zu setzen«, erklärte Scheich Ahmed »Madobe« Mohammed Islam, dessen im südsomalischen Jubaland beheimatete Ras-Kamboni-Miliz sich 2006 der ICU anschloss.[22] »In der ICU gab es

Leute mit ganz unterschiedlichen Ansichten – Liberale, Gemäßigte und Extremisten«, sagte er mir. Außer der Absicht, die Warlords zu verjagen und das Land mit Hilfe der Scharia zu stabilisieren, habe es »kein gemeinsames politisches Ziel« gegeben.

Es gab sicherlich Elemente innerhalb der ICU, denen ein Somalia unter einer Art Taliban-Regime vorschwebte. Doch die regional verwurzelten Islamischen Gerichte wurden größtenteils für die Aufrechterhaltung der öffentlichen Ordnung in den jeweiligen Clans und Subclans genutzt, weniger als landesweites Rechtssystem. Zwar sind fast alle Somalis muslimischen Glaubens, es gibt aber auch eine starke säkulare Tradition, und daraus hätte sich ein unmittelbarer Konflikt mit einer national implementierten Ordnung nach Vorstellungen der Taliban ergeben. »Das Versprechen der ICU, für Sicherheit und Ordnung zu sorgen, spricht Somalis quer durch das religiöse Spektrum an. Die Heterogenität ihrer Mitglieder und Unterstützer bedeutet, dass jeder Versuch, das Scharia-System als ›extremistisch‹, ›gemäßigt‹ oder irgendwie anders ausgerichtet zu etikettieren, müßig ist. Tatsächlich ist die Union Islamischer Gerichte ein schwerfälliges Zweckbündnis, vereint durch annähernd gleiche Interessen«, hieß es in dem 2005 erstellten, mit »Somalias Islamisten« überschriebenen Bericht der International Crisis Group. Die ICG stellte fest, dass nur zwei der Islamischen Gerichte »durchgängig mit Militanz in Verbindung zu bringen« seien, was von anderen Gerichtshöfen ausgeglichen werde. »Die meisten dieser Gerichte existieren offenbar aus überwiegend pragmatischen Gründen«, hieß es abschließend. »Und die meisten werden sich wohl eher in ein zukünftiges Rechtssystem gleich welcher Art integrieren lassen, als einer neuen somalischen Regierung eine islamistische Agenda aufzuzwingen.«[23]

Das bedeutete aber nicht, dass die Extremisten die ICU nicht als Instrument zur Verwirklichung ihrer radikalen Vorstellungen betrachtet hätten. »Wir haben weder Ziele noch Vorgehensweisen mit Gruppen gemeinsam, die den Terrorismus finanzieren oder unterstützen«, erklärte Scheich Sharif, der Vorsitzende der ICU, in einem Appell an die internationale Gemeinschaft. »Wir haben keine ausländischen Elemente in unseren Gerichten, wir existieren lediglich, weil die Gemeinschaft, der wir dienen, uns braucht.«[24] Streng genommen mag Sharifs Aussage der Wahrheit entsprochen haben, jedoch nur, weil die Harakat al-Shabaab al-Mudschahedin offiziell nicht zur ICU gehörte.

Besser bekannt unter dem Kurznamen al-Shabaab, die Jugend, hatte sich die Gruppe junger militanter Islamisten während des Kampfes gegen die Warlords der ICU angeschlossen. Wann sich al-Shabaab offiziell formierte, ist nicht ganz klar; die Angaben reichen von Ende der 1990er-Jahre bis 2006. Aus Gesprächen mit Insidern schloss Aynte, dass es irgendwann im Jahr 2003 gewesen sein musste.[25] Ursprünglich ins Leben gerufen wurde al-Shabaab von Aden Hashi Farah Ayro, der laut USA-Behörden in al-Qaida-Camps in Afghanistan ausgebildet wurde und hinter der Ermordung von Mitarbeitern ausländischer Hilfsorganisationen in Somalia stand. Ein weiterer einflussreicher Anführer war Ahmed Abdi Godane, ein bekannter Dschihadist aus dem relativ friedlichen Norden Somalias. Die beiden begannen, junge Somalis für den heiligen Krieg auszubilden. »Es ging alles sehr geheim vonstatten, und viele Leute, die bei dieser Ausbildung mitmachten, waren nicht gut angesehen in der Gesellschaft. Sie waren weder Islamgelehrte noch Clan-Älteste«, sagte Aynte. »Sie wollten sich irgendwie legitimieren, und deshalb schlossen sie sich der Union Islamischer Gerichte an; zu verlieren hatten sie ja nichts. Falls sich die ICU in eine somalische Zentralregierung verwandelte, wäre das für sie eine tolle Sache. Falls sie sich auflöste, wollten sie deren entscheidenden Inhalte übernehmen. Das war wirklich vorausschauend.« In Hassan Dahir Aweys, einem ehemaligen Oberst der somalischen Armee, der nach dem Sturz des Regimes von Siad Barre zum militärischen Kommandeur von al-Itihad al-Islami (AIAI) avancierte, sollte al-Shabaab schließlich einen mächtigen Verbündeten finden.

In al-Shabaab erkannte al-Qaida eine Chance: die Gelegenheit, die politische Landschaft Somalias zu unterwandern, die sie seit langem für sich zu nutzen versucht hatte – größtenteils ohne Erfolg. Zu al-Shabaabs engsten Verbündeten in jener Anfangszeit gehörte Indha Adde, damals ein wichtiges Mitglied von Aweys' Fraktion in der ICU. »Ich habe diese Leute beschützt«, sagte er im Rückblick über die Ausländer, die nach und nach bei al-Shabaab auftauchten. »Ich hielt sie für gute Leute.« Unter den Männern, denen er Unterschlupf gewährte, war Abu Talha al-Sudani, mutmaßlich Sprengstoffexperte und Schlüsselfigur für die Finanzierung von al-Qaida-Aktivitäten in Ostafrika.[26] Auch dem auf den Komoren geborenen Fazul Abdullah Mohammed, mutmaßlicher Drahtzieher der Botschaftsanschläge von 1998, gewährte Indha Adde Zuflucht. »Mir erschien Fazul damals sehr gefestigt«, erzählte mir Indha Adde. »Jedenfalls versicherte er uns, dass er mit den Bombenanschlägen nichts zu tun habe.« Als die Kämpfe mit den CIA-gestützten Warlords begannen, erkannte Indha Adde, dass Fazul »große militärische Erfahrung besaß. Er und andere [ausländische Kämpfer] waren von Osama persönlich ausgebildet worden.« Für Indha Adde waren die CIA und die US-Regierung die Aggressoren, und die in wachsender Zahl in Somalia auftauchenden ausländischen Kämpfer standen auf der Seite derer, die das Land von den Warlords zurückerobern wollten. Mit Unterstützung durch al-Qaida setzten al-Shabaab-Milizionäre die Methoden Qanyares und der anderen Warlords nun gegen diese ein und ermordeten Personen, die dem Bündnis von CIA und Warlords nahestanden.

Indha Adde mochte Fazul überzeugt haben, er hätte mit Terrorismus nichts zu tun. In den Besprechungszimmern der US-amerikanischen Antiterrorexperten war Fazul indes unter Washingtons »hochrangigen Zielen« in Ostafrika zur Nummer eins aufgerückt. Fazul war nicht einfach ein Terrorist, er war ein Glaubensfanatiker. Und allem Anschein nach ein brillanter Kopf. Geboren 1972 oder 1974, je nachdem, welchen seiner vielen Pässe oder Ausweise man gerade vor Augen hat, wuchs Fazul in der politisch instabilen Inselwelt der Komoren auf, in einer stabilen Familie, die finanziell recht gut über die Runden kam.[27] Während seiner Kindheit erlebte er zahlreiche Putsche und Putschversuche – insgesamt mindestens 19 –, nachdem sich die Komoren 1975 von Frankreich unabhängig erklärt hatten. Als kleiner Junge spielte er mit seinen Freunden gerne Agent, wobei er selbst dann James Bond war. Er ahmte mit Begeisterung Michael Jacksons Tanzschritte nach und war seinen Lehrern zufolge ein sehr aufgewecktes Kind. Mit neun Jahren konnte er einen Großteil des Korans auswendig, und man hörte ihn im landesweiten Radio Suren rezitieren. Als er älter wurde, begann Fazul bei Predigern zu lernen, die sich der in Saudi-Arabien vorherrschenden wahabitischen Weltsicht verschrieben hatten.

Als Fazul 1990 in Karatschi, Pakistan, eintraf, war er bereits durch und durch radikalisiert. Das ursprünglich geplante Medizinstudium gab er bald zugunsten der Islamwissenschaft auf, er wurde von den Mudschahedin rekrutiert, die gerade die Sowjets aus Afghanistan verjagt hatten, und von ihnen ausgebildet. Im pakistanischen Peschawar hörte er Osama bin Laden zum ersten Mal predigen. Wenig später ging er zur Ausbildung im Guerillakampf, in Überwachungsabwehr, im Ge-

brauch verschiedener kleiner und großer Waffen und im Bombenbau
nach Afghanistan. 1991 schrieb er seinem Bruder Omar, er sei von al-
Qaida »bestätigt« worden.[28] Sein erster Auftrag führte ihn 1993 wieder
nach Somalia, wo er bei der Ausbildung kleiner Gruppen islamistischer
Kämpfer, die sich dem Aufstand gegen die US- und UN-Truppen angeschlossen hatten, mithelfen sollte.[29] Sein Chef war Abu Ubaidah al-
Banshiri, dem bin Laden die Verantwortung für die Operationen al-Qaidas in Somalia übertragen hatte. Für Fazul war es der Beginn einer
langen Karriere als Terrorist in Ostafrika. Dort kam er auch zum ersten
Mal in Kontakt mit Aweys und Mitgliedern von al-Itihad, den Leuten,
die ihn später bei der Union Islamischer Gerichte unterbringen sollten.

Fazul behauptete, sein Team habe am Abschuss der Black-Hawk-
Helikopter 1993 mitgewirkt, doch al-Qaida gelang es nicht, sich in Somalia zu etablieren, als die Warlords das Land unter sich aufteilten.[30]
Die meisten von ihnen hatten für bin Laden oder andere ausländische
Kämpfer keine Verwendung. »Letztlich hat das in Somalia vorherrschende Stammessystem al-Qaidas Versuche vereitelt, langfristig Kämpfer zu rekrutieren und eine geschlossene Allianz gegen die fremden Besatzer aufzubauen. Al-Qaida verstand den Aufruf zum Dschihad in
Afghanistan als weltweiten Motivator und meinte fälschlicherweise, die
somalischen Muslime würden sich in großer Zahl anschließen«, heißt
es in einer durch das Antiterrorzentrum der West Point Military Akademy erstellten Studie. »Im Somalia des Jahres 1993 stieß dieser Aufruf
auf ziemlich taube Ohren, denn im Kampf gegen die rivalisierenden Milizen vor Ort zu überleben war wichtiger als der Dschihad.«

Und so wandte sich Fazul Kenia zu.

Die Bombenanschläge auf die US-Botschaften in Kenia und Tansania erforderten fünf Jahre sorgfältiger Planung und Vorbereitung. In
Zusammenarbeit mit dem al-Qaida-Mitglied Saleh Ali Saleh Nabhan
koordinierte Fazul den Bombenanschlag in Nairobi und mietete ein
Haus, das als Labor zur Herstellung des dafür benötigten Sprengstoffs
diente. Fazul gewann bei al-Qaida als einer der wertvollsten Kuriere an
Einfluss. Er versorgte Zellen in ganz Ostafrika mit Geld und holte für
eine gewisse Zeit seine Familie nach Khartum im Sudan, wo bin Laden
al-Qaida aufbaute und Vorbereitungen traf, den USA endgültig den
Krieg zu erklären. Als bin Laden 1997 offiziell verkündete, dass al-Qaida US-amerikanische Interessen angreifen werde, hatte Fazul den Sudan bereits verlassen und war empört, dies über CNN erfahren zu müs-

sen. Auf diese Ankündigung folgten Razzien, auch bei einem von Fazuls engsten Kampfgefährten, der den Bombenanschlag auf die Botschaft in Nairobi vorbereitete. Am Ende waren die Botschaftsanschläge, obwohl die kenianischen Behörden der Terrororganisation mehrere Male fast auf die Spur gekommen wären, ein klarer Erfolg für al-Qaida, der sie und ihren Anführer bin Laden international mit einem Schlag berühmt machte. Und Fazul war auf dem besten Weg, zum al-Qaida-Chef in Ostafrika aufzusteigen.

Nach dem Bombenanschlag in Nairobi bemühten sich die USA offensiv darum, Bankguthaben einzufrieren, die sich bin Laden und al-Qaida zuordnen ließen. Als Reaktion darauf suchte bin Laden nach neuen Geldquellen und beauftragte Fazul mit einer gewagten Operation, nämlich in den Markt mit Blutdiamanten einzusteigen. Von 1999 bis 2001 agierte Fazul überwiegend von Liberia aus, und das unter dem Schutz des dort herrschenden Diktators Charles Taylor. Alles in allem nahm al-Qaida schätzungsweise 20 Millionen Dollar durch Blutdiamanten ein – Geld, das sich nicht zurückverfolgen ließ. Das meiste stammte von den Killing Fields in Sierra Leone. Inzwischen wurde Fazul bereits gesucht, von den US-Behörden gejagt, und al-Qaida gab enorme Summen für seine Sicherheit aus. Er war zu einem der maßgeblichen Akteure geworden.

2002 wurde Fazul nach Lamu geschickt, eine Insel vor Kenia – paradoxerweise nur einen Steinwurf von der späteren JSOC-Basis in Manda Bay entfernt. Von dort aus organisierte er die Bombenanschläge auf das Hotel Paradise und das israelische Flugzeug in Mombasa. Einige der Attentäter hatten ihre Ausbildung in Mogadischu begonnen, und Fazul war regelmäßig nach Somalia gereist, um ihre Fortschritte zu überprüfen. Während dieser Zeit arbeitete er sehr eng mit Nabhan zusammen. Nach den Anschlägen von Mombasa hielt sich Fazul mal in Kenia, mal in Somalia auf. Die CIA war ihm offenbar immer dicht auf den Fersen. 2003 beauftragte man Mohamed Dheere, der zu den mit der CIA verbündeten Warlords gehörte, ihn zur Strecke zu bringen.[31] Auch Qanyare erzählte mir, US-Geheimdienstleute hätten ihm schon im Januar 2003 Fazuls Foto gezeigt. Qanyare sagt, er habe den amerikanischen Antiterroragenten Häuser gezeigt, die von Fazul und Nabhan genutzt wurden, und ihnen GPS-Koordinaten gegeben, doch die US-Agenten hätten keine gezielten Tötungen in Mogadischu durchführen wollen, es sei ihnen lieber gewesen, wenn die Warlords die Terroristen gefangen nahmen. »Sie hatten Sorge, dass bei einer solchen Maßnahme unschuldige Menschen sterben könnten«, sagte mir Qanyare. »Sie festzunehmen, war aber nicht einfach, denn sie wurden von anderen al-Qaida-Leuten vor Ort beschützt.« Den Warlords gelang es jedenfalls nicht, Fazul oder Nabhan zu fassen.

Im August 2003, während sich die CIA in Ostafrika intensiv der Jagd auf Fazul und andere Terrorverdächtige widmete, konnte eine von der »Firma« al-Qaida zugeordnete E-Mail-Adresse bis zu einem Internetcafé in Mombasa verfolgt werden. In Zusammenarbeit mit einem CIA-Führungsoffizier führten kenianische Sicherheitskräfte in dem Café eine Razzia durch und nahmen zwei Männer fest, die an einem Computer saßen und sich auf dem fraglichen E-Mail-Konto eingeloggt hatten. Als sie die beiden Männer zum Polizeiwagen brachten, stieß der größere der beiden Verdächtigen den anderen zur Seite, zog eine Handgranate und sprengte sich in die Luft. Ein Mitglied der Spezialeinheiten erzählte dem Militärberichterstatter Sean Naylor später, der größere Mann sei ein »Selbstmord-Bodyguard« gewesen und der kleinere, den er schützte, der gesuchte Fazul. »Am Ort des Geschehens strömten Sicherheitskräfte zusammen, aber Fazul war zu schlau für sie«, erzählte Naylor. »Er rannte in eine Moschee und kam als Frau verkleidet, vollständig verschleiert, wieder heraus.« Als der US-Geheimdienst später die Wohnung in Mombasa durchsuchte, die Fazul und sein Bodyguard genutzt hatten, entdeckten sie einen Apparat zum Fälschen von Pässen und Visa.[32]

2004 behaupteten US-Geheimdienste, aus abgehörter Kommunikation von Seiten Nabhans zu wissen, dass al-Qaida erneut einen Anschlag auf die US-Botschaft in Nairobi plante, und zwar mit Hilfe einer Autobombe und eines gecharterten Flugzeugs.[33] Inzwischen hatten die amerikanischen Antiterrorexperten Fazul und andere Mitglieder der al-Qaida-Zelle in Somalia zu den »meistgesuchten flüchtigen Kriminellen auf dem Planeten« erklärt mit dem Hinweis, Fazul sei »ein Meister der Verkleidung, ein geschickter Fälscher und versierter Bombenbauer«, der »unglaublich schwer zu fassen« sei und »das gefährlichste und meistgesuchte« al-Qaida-Mitglied in Somalia.[34]

In Mogadischu tat sich Fazul mit Aweys, Aden Hashi Farah Ayro, einem somalischen Islamisten, der bei al-Qaida in Afghanistan ausgebildet worden war, und anderen ehemaligen Kameraden von al-Itihad zusammen, und sie begannen, al-Shabaab aufzubauen. Er und Nabhan fungierten in dieser Gruppe als al-Qaidas Chef-Emissäre. Damals kannten die US-Geheimdienste noch nicht einmal den Namen der Gruppe, sondern bezeichneten sie schlicht als »die spezielle Gruppe«.[35] Die schwer bewachte Ausbildungsbasis von al-Shabaab, das Salahuddin Center, befand sich auf dem Gelände eines früheren italienischen Friedhofs, den man auf schauerliche Weise geschändet hatte.[36] Dort hatten die zukünftigen Gotteskrieger die Möglichkeit, Dschihadisten-Videos aus Afghanistan, dem Irak und Tschetschenien und Videos mit bin Laden zu sehen. »In ihrem Salahuddin Center bot al-Shabaab Ausbildung und Knowhow, sie brachten die notwendige Erfahrung ein«, sagte Aynte.

Als sich die Union Islamischer Gerichte als Kraft formierte, die die Warlords vertreiben konnte, sorgte Fazul dafür, dass auch al-Qaida mit von der Partie war. »Fazul und Nabhan, die ganzen Ausländer waren bei uns dabei«, erzählte mir Madobe. »Damals knüpften sie vor allem Kontakte und kümmerten sich um die Zusammenarbeit mit anderen Dschihadisten, und wir wussten, dass sie Mitglieder von al-Qaida waren.« Sorgen hätten ihm Fazul und die anderen von al-Qaida nicht gemacht, als sie im Umfeld der ICU auftauchten, erklärte Madobe. Al-Shabaab habe bei den großen somalischen Clans kaum Rückhalt gehabt, die Gruppierung war im Vergleich zur mächtigeren ICU unbedeutend. »Sie waren den Leuten in der ICU, die ein konstruktives Programm hatten, zahlenmäßig deutlich unterlegen«, erklärte er. »Aber das Vorgehen der USA hat ihnen Aufwind gegeben, das steht fest.«

Aynte zufolge begann sich al-Shabaab 2005 einen Namen zu machen, und zwar mit einer Serie »schlagzeilenträchtiger Mordanschläge und Friedhofsschändungen in Mogadischu und anderswo«.[37] In seiner Abhandlung »The Anatomy of al Shabaab« schrieb Aynte, dass in den Jahren nach der Gründung von al-Shabaab »mehr als hundert Personen, überwiegend ehemalige Generäle, Professoren, Geschäftsleute, Journalisten und Aktivisten still und heimlich ermordet wurden«. Laut einem früheren Kommandeur von al-Shabaab, berichtete Aynte, »verfolgte man mit diesen Morden zwei Ziele: Erstens waren sie ein wohlüberlegter Versuch, präventiv abweichende Meinungen und potenzielle Hindernisse zu beseitigen. Zweitens sollten sie die gesellschaftliche Elite Mogadischus, die damals durch ihre schiere Dominanz im Geschäftsleben, in den Medien und der akademischen Welt erheblichen Einfluss ausübte, in Angst und Schrecken versetzen.«

Während die CIA vollkommen auf die vergleichsweise kleine Zahl ausländischer Dschihadisten in der ICU fixiert war, betrachteten viele innerhalb der ICU sie nicht als Problem. Sollte es dennoch Schwierigkeiten geben, dann würden man sie mit Hilfe der Clans, die in Somalias Machtgefüge eine herausragende Rolle spielten, schon in Schach halten können, davon war der Großteil der Anführer in der ICU überzeugt. Bald sorgte jedoch Washington mit eigenen Maßnahmen dafür, dass al-Shabaab und ihre Verbündeten bei al-Qaida mächtiger wurden, als man es sich dort – und bei der CIA – jemals hätte träumen lassen.

Dank enormen Rückhalts in der Bevölkerung gelang es der ICU, die CIA-gestützten Warlords in nur vier Monaten zu verjagen, auch Qanyare und seine Leute mussten fliehen. »Wir wurden besiegt, weil es an der Logistik fehlte, an dem, was eine Miliz unbedingt braucht: Munition, bessere Waffen, Koordination. Das hätten wir gebraucht«, meinte Qanyare rückblickend. Die USA hätten ihm lediglich ein »Taschengeld« gegeben, behauptete er. Dennoch blieb Qanyares Vertrauen in seine Partner von der CIA unerschütterlich. »Die USA kennen sich aus mit Krieg. Sie sind wahre Meister darin. Sie wissen besser Bescheid als ich. Wenn sie einen Krieg führen, dann können sie ihn auch finanzieren. Sie können das sehr gut, sie sind Lehrmeister, große Lehrmeister.« Als die Truppen der ICU seine Milizen unter Beschuss nahmen, behauptete Qanyare, habe die CIA ihm und den anderen Warlords weitergehende Unterstützung verweigert. »Ich werfe ihnen nichts vor, die Leute haben es ja auf Anweisung ihrer Chefs gemacht«, meinte er, aber wenn die USA in dem entscheidenden Moment, als die ICU Mogadischu belagerte, ihnen mehr Geld und mehr Waffen gegeben hätte, dann »hätten wir siegen, hätten wir sie besiegen müssen«. Er habe Washington noch gewarnt, als er sich schon auf die Flucht aus Mogadischu vorbereitete. »Es wird zu kostspielig, [al-Qaida und al-Shabaab] zu besiegen, für Sie, in Zukunft, am Horn von Afrika. Al-Qaida wird zusehends größer, sie rekrutieren Leute, sie haben hier Fuß gefasst und nutzen das ganze riesige Land als Rückzugsraum.«

Bis zu diesem Zeitpunkt war das JSOC in Somalia nur begrenzt präsent, da größtenteils die CIA die dortigen Antiterroroperationen steuerte. Als jedoch die von der »Firma« geförderten Warlords ihre Machtstellung einbüßten, begann sich das JSOC über eine aktivere Rolle Gedanken zu machen. Der Kommandeur des JSOC, General McChrystal, arrangierte bereits Videokonferenzen mit Schwerpunkt Horn von

Afrika und drängte darauf, das JSOC bei den Antiterroroperationen stärker miteinzubeziehen.[38]

Am 5. Juni 2006 übernahmen die Truppen der ICU offiziell die Kontrolle in Mogadischu.[39] Einige Somalia-Experten in der US-Regierung nahmen es als »wunderbare Nachricht« auf, dass die Warlords verjagt worden waren, sagte Herman Cohen, Anfang der 1990er-Jahre der für Afrika zuständige Mann im US-Außenministerium. »Die Warlords haben entsetzliches Elend über die Menschen gebracht ... Die Leute befanden sich unter den Warlords ständig in Gefahr«, erklärte Cohen einen Tag, nachdem die ICU die Hauptstadt eingenommen hatte. »Es muss unbedingt verhindert werden, dass diese Warlords wieder nach Mogadischu hineingelangen, das ist sehr wichtig.« Zur Unterstützung von Warlords wie Qanyare sagte Cohen: »Ich glaube, die US-Regierung war in Panik geraten. Man sah eine islamische Gruppe und dachte: ›Die Taliban kommen.‹« Zu dem Risiko, dass Somalia zum Rückzugsraum für al-Qaida werden könnte, meinte Cohen: »Ich halte es für gering, denn die Leute in der islamischen Bewegung haben gesehen, was mit den Taliban geschehen ist, und sie wollen bestimmt nicht das Gleiche erleben.«[40]

Der Vorsitzende der ICU, Scheich Sharif, schrieb sofort einen Brief an die Vereinten Nationen, das US-Außenministerium, die Arabische Liga, die Afrikanische und die Europäische Union und andere internationale Institutionen mit der Versicherung, die ICU habe keinerlei Verbindung zu Terroristen, und erklärte, sie wolle eine »freundschaftliche, auf gegenseitigem Respekt und Interesse basierende Beziehung mit der internationalen Gemeinschaft aufbauen«.[41]

»Der gegenwärtige Konflikt wurde von unrichtigen Informationen der Warlords an die US-Regierung befeuert«, schrieb er. »Sie sind Experten darin, Menschen zu terrorisieren, und so konnten sie die amerikanische Regierung terrorisieren, indem sie fälschlicherweise behaupteten, in Somalia hielten sich Terroristen auf.« In einem nachfolgenden Brief an die US-Botschaft in Nairobi sicherte Sharif seine Unterstützung im Kampf gegen den Terrorismus zu und sagte, die ICU wolle »ein Ermittlungsteam der Vereinten Nationen einladen, um sicherzustellen, dass internationale Terroristen die Region weder als Transitroute noch als Rückzugsgebiet nutzen«.[42]

Sonderlich beeindrucken konnte der Brief die USA nicht. »Wir sind durchaus bereit, positive Elemente in der ICU zu erkennen«, hieß es in einer Diplomatendepesche aus Nairobi, »doch der Lackmustest für ein Engagement unsererseits für gleich welchen ihrer Anführer wird das Eingeständnis sein, dass sich ausländische al-Qaida-Kämpfer im Land aufhalten.«[43]

Das Meinungsbild bei der US-Regierung zur Machtübernahme der ICU war keineswegs einheitlich. Zahlreiche Depeschen aus dieser Zeit belegen differierende und widersprüchliche Einschätzungen von Seiten der amerikanischen Diplomaten. In den Depeschen aus der US-Botschaft in Nairobi wurde Sharif durchweg als »gemäßigt« charakterisiert.[44] Doch Jon Lee Anderson vom Wochenmagazin *New Yorker* schrieb: »Die Regierung Bush hatte sogar die gezielte Tötung Sharifs erwogen.«[45] Al-Shabaab ihrerseits betrachtete Sharif als Verräter und dessen Anbiederungsversuche beim Westen als Abfall vom islamischen Glauben.

Die US-Diplomaten versuchten, gemeinsam mit der anerkannten somalischen Regierung zu erkunden, wie man mit der ICU umgehen sollte, das US-Militär und die CIA jedoch betrachteten die Einnahme Mogadischus als ernsthaften Krisenfall. »Plötzlich wird daraus ein Riesenproblem, mit dem sich Leute auf allen Regierungsebenen beschäftigen: Militäranalytiker, Geheimdienstanalytiker, alle miteinander. Plötzlich erscheint Somalia auf jedermanns Radarschirm«, sagte Daveed Gartenstein-Ross, ein häufiger Berater des US-Militärs, auch des CENTCOM und von Einheiten, die ans Horn von Afrika verlegt werden. »Unmittelbar geben zwei Dinge Anlass zur Besorgnis: zum einen die Verbindung der ICU zu al-Qaida, und zum anderen, dass sich in Somalia ein Rückzugsraum für Terroristen herausbilden könnte.«[46] Als die Nachricht eintraf, dass die ICU die Warlords aus Mogadischu verjagt hatte, hielt sich Präsident Bush gerade im texanischen Laredo auf. »Natürlich sind wir besorgt, wenn irgendwo in der Welt eine Instabilität entsteht. In Somalia gibt es eine solche Instabilität«, sagte er. »Wir beobachten die Entwicklung dort sehr aufmerksam. Und wenn ich wieder in Washington bin, werden wir überlegen, wie wir auf das neueste Ereignis in Somalia am besten reagieren.«[47]

Während das Weiße Haus überlegte, setzte die ICU in Mogadischu ein radikales Programm um – aber eines, das praktisch alle Somalis als Verbesserung betrachteten. Sie begann, das wahnwitzige Labyrinth an Straßensperren zu beseitigen, das ein Warlord-Territorium vom anderen trennte, was die Preise für Lebensmittel erheblich sinken ließ.[48] Sie öffnete die Häfen und den Flughafen wieder und ermöglichte dadurch, dass um ein Vielfaches mehr an humanitärer Hilfe nach Mogadischu gelangte.[49] Die Zahl der Raubüberfälle und anderer Verbrechen ging drastisch zurück, und viele Ortsansässige sagten Journalisten, sie hätten sich in den vergangenen 16 Jahren nie so sicher gefühlt wie jetzt.[50] Die ICU »brachte ein Mindestmaß an Stabilität, wie man es in Mogadischu noch nie erlebt hatte«, erinnerte sich Aynte. »Man konnte mitten in der Nacht durch Mogadischu fahren, ohne Probleme, ohne Leibwächter.« Vertreter der USA würdigten die verbesserten Bedingungen für Hilfslieferungen und führten es auf die Bemühungen der ICU zurück, dass die Piratenüberfälle vor Somalia zurückgegangen waren.[51] Selbst Mitglieder der von den USA unterstützten somalischen Exilregierung würdigten, dass die ICU etwas ganz Wichtiges erreicht hatte. »Die Union Islamischer Gerichte hat eine gewisse Ordnung und Stabilität nach Mogadischu gebracht«, räumte Ismail Mahmoud »Buubaa« Hurre ein, ehemals Außenminister und Gegner der ICU. »Darüber waren viele Menschen in Mogadischu sehr froh.«[52]

Bei den US-Spezialeinheiten war die Freude geringer.

Nach dem 11. September war dem JSOC der Auftrag erteilt worden, die nach den Vorgaben des Weißen Hauses meistgesuchten Terroristen der Welt zur Strecke zu bringen. Daran änderte auch das Sozialprogramm der ICU nichts. Das Abenteuer der CIA mit den Warlords war ein klarer Fehlschlag gewesen und hatte bewirkt, dass die al-Qaida-Kämpfer auf dem Radar des JSOC jetzt noch mehr Rückhalt fanden. Der Einmarsch im Irak bedeutete für den ursprünglichen Auftrag des JSOC in vieler Hinsicht eine gewaltige Ablenkung. »Das mit dem Irak hat alles vermasselt, keine Frage«, sagte Gartenstein-Ross. Somalia ist ein »Land, das im Vergleich zum Irak leichter zu stabilisieren gewesen wäre. Doch dafür hat man nie Ressourcen freigemacht. Das Hauptproblem ist, dass man nichts unternommen hat, um einen Aufstand zu verhindern – und der kam dann auch tatsächlich, schon sehr bald.« Wichtiger noch: Washington hatte den Aufstand mit seiner Politik selbst unmittelbar entfacht. Nach dem Scheitern der CIA in Somalia begann das US-Militär, sich auf eine Kampagne zur Zerschlagung der ICU vorzubereiten. Da jedoch der desaströse Abschuss der beiden Black-Hawk-Helikopter in den Köpfen noch sehr präsent war und man dem Einsatz von Bodentruppen in Somalia skeptisch gegenüberstand, stellte das

Weiße Haus Überlegungen an, stellvertretend Somalias verhassten Nachbarn Äthiopien als Deckung für US-Einsatzkommandos, insbesondere für das JSOC, zu nutzen, um heimlich nach Somalia vorzustoßen und dort Jagd auf »hochrangige Ziele« zu machen.

Eine UNO-Depesche vom Juni 2006 mit Anmerkungen zu einem Treffen hochrangiger Mitarbeiter des US-Außenministeriums mit Offizieren der Einsatzgruppe Horn von Afrika ließ erkennen, dass die Vereinigten Staaten über die verschiedenen Strömungen innerhalb der ICU informiert waren, jedoch »nicht erlauben« wollten, dass sie in Somalia regierte. Diesen Anmerkungen zufolge hatten die USA die Absicht, sich »mit Äthiopien zusammenzutun, wenn die ›Dschihadisten‹ die Macht übernehmen«. Die Depesche schloss mit dem Satz: »Jegliche Unternehmung Äthiopiens in Somalia hätte Washingtons Segen.«[53] Einige Vertreter der US-Regierung forderten einen Dialog oder Versöhnung, doch sie wurden von den Stimmen der Falken übertönt, die fest entschlossen waren, die ICU zu stürzen.

US-Spezialeinsatzteams befanden sich seit langem in Äthiopien, sie bildeten die berüchtigten Agazi-Kommandoeinheiten aus.[54] Zudem gab es im Land vom US-Militär genutzte Flugplätze und kleinere militärische Einrichtungen, zu denen die USA bei Bedarf Zugang hatten. Doch obwohl Äthiopien bei den künftigen Ereignissen eine große Rolle spielen sollte, war es ein anderer Nachbar Somalias, der die Startbasis für die JSOC-Einsatzkräfte zur Verfügung stellte. Das US-Militär begann mit dem Ausbau von Camp Simba im kenianischen Manda Bay, das kurz nach dem Black-Hawk-Desaster errichtet worden war. Dort sollten ursprünglich zwar nur kenianische Marinesoldaten für Einsätze entlang der somalischen Küste ausgebildet und unterstützt werden, doch als die ICU die Macht übernahm und die USA Krisenpläne erarbeiteten, wuchs der Basis in Manda Bay eine andere Rolle zu. JSOC-Teams, insbesondere Angehörige des DEVGRU/SEAL-Team 6, richteten sich dort ein.[55] Ihre Anwesenheit wurde notdürftig kaschiert durch US-Militäreinheiten für zivile Angelegenheiten, die mit den Einheimischen Kontakt pflegten – beim Wiederaufbau von Schulen und Projekten zur Wasseraufbereitung – und konventionelle kenianische Streitkräfte ausbildeten. Von Manda Bay aus sollten die amerikanischen Einsatzkommandos Operationen in Somalia starten. Die mit dieser Aufgabe betrauten Männer erhielten die Bezeichnung Task Force 88.[56]

Die ICU war kaum an der Macht, als den Äthiopiern beim Gedanken an eine mögliche Intervention in Somalia das Wasser im Mund zusammenlief. Seit einem verlustreichen Krieg zwischen beiden Ländern in den 1970er-Jahren überquerte äthiopisches Militär zum Ärger der somalischen Bevölkerung regelmäßig die Grenze zum Nachbarland. Militante Somalier wiederum, nach deren Ansicht die Region Ogaden in Äthiopien zu Somalia gehörte, führten Überfälle und Angriffe im äthiopischen Grenzgebiet durch. Nach der Machtübernahme der ICU nutzte Addis Abeba die Gelegenheit zu verschärfter Rhetorik wegen der Bedrohung der gesamten Region durch somalische Dschihadisten.[57] Kurz vor seiner Flucht aus Mogadischu warnte Qanyare noch über den nationalen Radiosender, der Sieg der ICU werde den Einmarsch der Äthiopier zur Folge haben und die Somalis begingen einen schweren Fehler, wenn sie die Islamischen Gerichte unterstützten.»Ich habe den Äthiopiern niemals geholfen, nach Somalia vorzudringen«, sagte Qanyare. »Nur über meine Leiche, ich hätte das niemals zugelassen. Denn ich weiß, wie sie sind, was sie wollen, was sie suchen.«[58] Bereits einen Monat nach der Machtübernahme der ICU notieren US-Diplomaten Berichte über »klandestine Aufklärungsmaßnahmen [der Äthiopier] in Somalia zur Vorbereitung möglicher künftiger Operationen.«[59]

Die USA »hatten die Entwicklung bereits falsch interpretiert, als sie die verbrecherischen Warlords unterstützten. Und sie deuteten sie wieder falsch«, sagte Aynte mir gegenüber. »Sie hätten die Gelegenheit nutzen sollen, sich die ICU zu verpflichten. Denn unter den dreizehn in ihr vertretenen Organisationen waren zwölf Islamische Gerichte, die nichts mit einem weltweiten Dschihad oder dergleichen im Sinn hatten. Die meisten dieser Leute hatten ihr ganzes Leben in Somalia verbracht, es waren ganz bodenständige Menschen. Die einzige Gefahr war al-Shabaab. Und die hätte man unter Kontrolle bekommen können. Aber man hat die Situation wieder falsch interpretiert, und eigentlich wurde Äthiopien von den USA dazu gedrängt, in Somalia einzumarschieren.« Für al-Qaida, meinte er, »war es die Chance, auf die sie gewartet hatten«.

Malcolm Nance, ein altgedienter Geheimdienstmann mit 25 Jahren Erfahrung in der Terrorabwehr, verbrachte sein Berufsleben größtenteils mit verdeckten Operationen im Nahen und Mittleren Osten und in Afrika. Er beschäftigte sich von Anfang an intensiv mit al-Qaida und al-Shabaab und kannte die Führungsriege beider Organisationen. Seiner Meinung nach hatten die USA ihre Antiterrorstrategie in Somalia vollkommen falsch angepackt, sagte Nance mir gegenüber. Ehe die Gerüchte von einer Intervention Äthiopiens aufkamen, sagte er, sei »al-Shabaab eine unwichtige Organisation gewesen, eine Randgruppe«. Die USA hätten versuchen sollen, mit der ICU zusammenzuarbeiten, darauf hinzuarbeiten, die ausländischen al-Qaida-Kämpfer zu isolieren. »Ich als Geheimdienstler wäre [mit einem al-Qaida-Kämpfer] so vorgegangen: ihn lassen, wo er ist. Möglichst viele eigene Leute in seine nächste Umgebung einschleusen. Ressourcen auf ihn und alle seine Helfershelfer ansetzen. So viele Informationen wie möglich sammeln. Feststellen, wie tief verwurzelt al-Qaida dort wirklich ist. Und dann hätte er einen bedauerlichen Unfall gehabt – ein Lastwagen hätte ihn überfahren.«[60]

Nance war der Meinung, angesichts der auf dem Clan-System basierenden Machtstruktur in Somalia – die dafür sorgte, dass ausländische Agenten keinen Fuß auf den Boden bekamen und fremde Besatzungstruppen auf allgemeinen Widerstand stießen –, hätten die USA einen Propagandakrieg gegen die relativ kleine Zahl an al-Qaida-Kämpfern im Umfeld der ICU führen können, um »ihre Geisteshaltung, ihre Daseinsberechtigung infrage zu stellen«. »Würde es denn nicht viel mehr Spaß machen, al-Qaida als unislamische Sekte zu brandmarken? Bis die Leute ihnen kein Brot mehr verkaufen, bis die Leute gegen sie kämpfen.« Die US-Geheimdienste, meinte er, hätten Desinformationskampagnen durchführen, sie als »Satanisten oder Feinde des Islam« hinstellen sollen. Und er fügte hinzu: »So hätten wir das Problem angehen sollen, das hätte uns eine Zerschlagung der Organisation gewaltig erleichtert.« Ob Nances Strategie angesichts des somalischen Clan-Systems und des erbitterten Widerstands gegen jeglichen Einfluss von außen wirklich so erfolgreich gewesen wäre, darüber lässt sich streiten. Aber man hat niemals die Probe aufs Exempel gemacht. Die von den USA tatsächlich verfolgte Strategie bezeichnete Nance als »absolut irrsinnig«.

Ebenso wie das JSOC und die CIA beobachtete auch al-Qaida die Vorgänge in Somalia sehr genau. Als sich Gerüchte über eine Intervention von außen verdichteten, erklärte Osama bin Laden in einer öffentlichen Stellungnahme unmissverständlich, dass al-Qaida sich keineswegs der Illusion hingab, Äthiopien treffe seine militärischen Entscheidungen allein. »Wir raten allen Völkern der Welt dringend, Amerikas Verlangen, internationale Truppen nach Somalia zu schicken, nicht nachzukommen. Wir schwören bei Allah, dass wir Amerikas Soldaten auf somalischem Boden bekämpft werden, und wir behalten uns das Recht vor, sie auf ihrem eigenen Boden oder an jedem anderen Ort zu bestrafen, zu gegebener Zeit und in angemessener Weise«, erklärte er. »Hütet euch, zu warten und zu zaudern, wie manche Muslime es taten, als sie zögerten, die islamische Regierung in Afghanistan zu retten. Dies ist eine einmalige Gelegenheit und eine persönliche Verpflichtung für jedermann, der dazu in der Lage ist, und ihr dürft diese Chance, die Keimzelle des Kalifats zu errichten, nicht ungenutzt verstreichen lassen.«[61]

Die Herrschaft der Union Islamischer Gerichte – und damit die erste relativ friedliche Periode in Mogadischu – dauerte nur sechs Monate. Während in der Region tätige US-Diplomaten ihre Vorgesetzten vertraulich informierten, dass ein Einmarsch Äthiopiens fatale Folgen haben könnte, und Wege zur Versöhnung zwischen der ICU und der international anerkannten Übergangsregierung suchten, rüstete sich Bushs Nationales Sicherheitsteam für einen Krieg zum Sturz der ICU.[62] Ende 2006 konzentrierten sich äthiopische Truppen an verschiedenen Punkten entlang der somalischen Grenze. Amerikanische Diplomaten äußerten ihre Besorgnis angesichts dieses Aufmarsches; allem Anschein nach wussten sie nicht, wie tief das US-Militär darin verstrickt war.

Die ICU sah das Menetekel an der Wand. Scheich Sharif, der nur wenige Monate zuvor zugesichert hatte, mit den USA und der UNO zusammenarbeiten zu wollen, und ebenso Aweys riefen die Somalis zum »Dschihad« gegen eindringende äthiopische Truppen auf. Gelegentlich präsentierte sich Sharif im Tarnanzug mit einer Kalaschnikow in den Händen, wenn er öffentlich eine Erklärung abgab. »Das somalische Volk muss sein Land und seine Religion schützen«, verkündete Sharif. »Somalias alter Feind ist zurückgekehrt, und deshalb erteile ich den Soldaten der Islamischen Gerichte meinen Befehl: Wir rufen euch auf zum Dschihad nach Allahs Willen.«[63] Im November, als Äthiopien bei der US-Regierung darauf drängte, eine Invasion zum Sturz der ICU zu unterstützen, erhielten deren Vertreter eine auf Arabisch verfasste »Exekutivorder«; angeblich stammte sie von Aweys, der kurz zuvor das Amt des ICU-Vorsitzenden übernommen hatte.[64] Darin wurde die Ermordung von 16 Mitgliedern der somalischen Exilregierung gefordert, darunter Präsident Mohammed Yusuf und Premierminister Ali Mohamed

Gedi. Ausdrücklich wurden die »Märtyrer« von al-Shabaab aufgefordert, »diese Operationen durchzuführen, und zwar mit den tödlichsten Selbstmordanschlägen nach dem Vorbild der Mudschahedin-Kämpfer im Irak, in Afghanistan, Palästina und anderen Ländern der Welt.«

Im Dezember hatten die USA eine Strategie entwickelt, die ICU gemeinsam mit dem äthiopischen Militär und der somalischen Exilregierung aus Mogadischu zu vertreiben. Es war geplant, die schwache, aber offiziell anerkannte somalische Regierung zu installieren, abgesichert von in Äthiopien ausgebildeten somalischen Truppen und äthiopischem Militär. Was die Anführer der ICU und ausländische Kämpfer anging, sollte die in Manda Bay stationierte Task Force 88 einen Plan ausarbeiten, sie zur Strecke zu bringen.

Am 4. Dezember 2006 traf CENTCOM-Kommandeur General John Abizaid zu einem Treffen mit Premierminister Meles Zenawi in Addis Abeba ein.[65] Offiziell handelte es sich um einen Routinebesuch bei einem Verbündeten der USA. Hinter den Kulissen war jedoch klar, dass ein Krieg bevorstand. »Wir betrachteten die aktuellen Vorgänge als einmalige Gelegenheit«, erklärte ein ranghoher Mitarbeiter des Pentagon gegenüber dem Magazin *Time,* »als sehr seltene Chance für die USA, direkt gegen al-Qaida vorzugehen und diese Terroristen zu packen.«[66]

Wenige Tage nach Abizaids Besuch in Äthiopien verschärfte das US-Außenministerium den Ton seiner Rhetorik und begann, die ICU öffentlich als al-Qaida-Front darzustellen. »Der Rat Islamischer Gerichte wird inzwischen von Personen der al-Qaida-Zelle beherrscht, der al-Qaida-Zelle Ostafrika«, erklärte Jendayi Frazer, im US-Außenministerium zuständig für Afrika. »Die Führungsriege der Islamischen Gerichte besteht aus hartgesottenen Extremisten. Sie sind Terroristen, und sie haben das Sagen.«[67] Ganz ähnlich wie vor der Invasion im Irak 2003 begannen nun die großen US-Medien die Verbindung zu al-Qaida aufzubauschen und druckten die Ansichten anonymer Regierungsvertreter als überprüfte Fakten ab. Reißerische Schlagzeilen warnten vor einer »wachsenden Bedrohung durch al-Qaida in Afrika«.[68] Reporter der großen Fernsehsender servierten im Ton höchster Aufregung eine revisionistische Darstellung des Somalia-Konflikts, wobei sie praktischerweise die Rolle der USA bei der Entstehung der Krise unerwähnt ließen. Auf CBS erklärte der altgediente Korrespondent David Martin: »Seit sich das US-Militär nach dem Feuergefecht im Anschluss an den unrühmlichen Verlust der Black-Hawk-Helikopter aus dem Land zurückgezogen hat, ist Somalia ein sicherer Rückzugsraum für al-Qaida.«[69] Die CNN-Korrespondentin im Pentagon, Barbara Starr, klang fast wie eine Sprecherin der Bush-Regierung:»Heute, hier in Ostafrika, müssen wir uns weiter Sorgen machen, dass die Bedrohung eines neuen Anschlags sehr real bleibt, wenn Somalia als Rückzugsgebiet für Terroristen nicht dichtgemacht wird.«[70]

Doch nicht alle beteiligten sich an der aufgeregten Propaganda von Bush-Regierung und Medien. Selbst als das US-Militär sich schon auf eine direkte Intervention vorbereitete, äußerte sich der Direktor der Nachrichtendienste, John Negroponte, skeptisch zu der Behauptung, die ICU werde von al-Qaida kontrolliert.»Ich glaube nicht, dass es verbindliche Ansichten dazu gibt«, sagte Negroponte. Somalia »ist erst vor kurzem wieder auf dem Radarschirm aufgetaucht«, bemerkte er und fügte hinzu, es stelle sich die grundsätzliche Frage, ob die ICU »die nächsten Taliban« seien.»Ich denke nicht, dass darauf eine vernünftige Antwort geliefert wurde«, meinte er abschließend. John Prendergast, unter Clinton Afrika-Experte im Nationalen Sicherheitsrat und im Außenministerium, bezeichnete die Somalia-Politik der Regierung Bush als »idiotisch« und erhob den Vorwurf, dass die Unterstützung einer äthiopischen Invasion »die Umsetzung unserer Antiterrorstrategie nahezu unmöglich macht«.[71]

Der damalige Senator Joe Biden, der sich zu dieser Zeit darauf vorbereitete, den Vorsitz im Ausschuss für Auslandsbeziehungen zu übernehmen, äußerte recht nachdrücklich seine Meinung und bewies präzise historische Kenntnisse zum zeitlichen Ablauf der Ereignisse, die zur Machtübernahme der ICU geführt hatten.»Die Regierung hat auf die Warlords und damit auf das falsche Pferd gesetzt«, erklärte Biden, und es somit »fertiggebracht, die ICU zu stärken, unsere eigene Position zu schwächen und uns guter Alternativen zu berauben. Dies ist eine der am wenigsten bekannten, aber zugleich gefährlichsten Entwicklungen der Welt, und die Regierung hat keine überzeugende Strategie, wie sie damit umgehen will.«

Überzeugende Strategie hin oder her, die Regierung Bush hatte sich darauf versteift, die ICU zu stürzen.

Am 24. Dezember 2006 flogen äthiopische Bomber ihre ersten Einsätze, und Panzer rollten über die Grenze nach Somalia.[72] Es war ein klassischer Stellvertreterkrieg, gelenkt von Washington und ausgeführt von 40.000 bis 50.000 Soldaten aus dem in Somalia verhassten Nach-barstaat.[73] Der Verteidigungsminister der ICU, Indha Adde, hielt eine Pressekonferenz ab und forderte ausländische Islamisten öffentlich auf, an der Seite seines Landes zu kämpfen. »Lasst sie in Somalia kämpfen und Dschihad führen und, so Gott will, Addis Abeba angreifen«, sagte er.[74]

Während Kampfflugzeuge somalische Städte bombardierten und äthiopische Truppen auf Mogadischu marschierten, leugneten Frazer und andere Regierungsvertreter, dass Washington hinter der Invasion steckte. Diese Behauptung war nachweislich falsch. »Die USA haben die äthiopische Invasion finanziert und alles bezahlt, selbst das Benzin … Und es waren auch amerikanische Soldaten dabei, Spezialeinsatzkräfte. Die CIA war vor Ort. Auch die amerikanische Luftwaffe mischte mit. Das alles verschaffte den Äthiopiern eine massive militärische Überle-genheit«, sagte Gartenstein-Ross. »Ohne die Unterstützung der US-Re-gierung wären die Äthiopier nicht in der Lage gewesen, in Somalia ein-zumarschieren«, erklärte Gedi, damals Premierminister im Exil, der mit den amerikanischen Nachrichtendiensten und der äthiopischen Regie-rung bei der Planung der Invasion zusammenarbeitete. »Die amerika-nische Luftwaffe half uns.«

Qanyare musste tatenlos zusehen, wie die Äthiopier den Platz der Warlords als Washingtons Marionetten einnahmen. Für ihn war das eine unermessliche Katastrophe. Die »internationale Gemeinschaft brachte [die Äthiopier] herein unter dem Vorwand, dass sie al-Qaida be-kämpfen«, erklärte Qanyare. »Sie bringen die Leute um, weil sie uns im-mer noch wegen des Krieges 1977 hassen. Sie töten Frauen und Kinder. Vernichten unser Volk. Unter dem Vorwand, al-Qaida zu bekämpfen. Ich meine, wenn die Amerikaner deren Charakter kennen würden, hät-ten sie die Äthiopier niemals gerufen.«

Am Neujahrstag wurde der zuvor im Exil lebende Premierminister Gedi in Mogadischu wieder in sein Amt eingesetzt. »Die Ära der War-lords ist vorbei«, erklärte er.[75] Wie als Vorzeichen künftiger Ereignisse brachen Demonstrationen gegen die Kräfte aus, die ihn installiert hat-ten, und die Bevölkerung begann sehr rasch und voller Zorn, die äthio-pische »Besatzung« anzuprangern.[76] Die Ereignisse von 2007 sollten Somalia immer weiter in Chaos und Schrecken stürzen, was ebenjenen Kräften, die Washington zu bekämpfen suchte, zahlen- und kräftemä-ßig einen gewaltigen Zugewinn einbrachte. »Äthiopien und Somalia waren Erzfeinde, von alters her, was das Ganze für die Menschen hier noch schlimmer machte«, sagte Aynte. »Und aus dieser Gemengelage entwickelte sich der Aufstand.«

»Wenn es aus den Militäroperationen der vergangenen zehn Jahre eine Lehre zu ziehen gibt, dann die, dass die USA hervorragend Aufstände anzetteln können«, meinte Gartenstein-Ross. »Sie verstehen sich darauf, eine Regierung zu stürzen. Aber wenn es gilt, eine tragfähige Regierungsstruktur zu schaffen, haben sie kein gutes Händchen.« Die Militäraktionen der Amerikaner und Äthiopier, sagte der ehemalige Außenminister Ismail Mahmoud »Buubaa« Hurre, trieben Somalia schließlich »in den Schoß von al-Qaida«.

Auch Nance, der altgediente Geheimdienstmann, war der Ansicht, dass die Invasion der Äthiopier mit Unterstützung der USA geradezu ein Geschenk für al-Shabaab war: »Vorher besaßen die Shabaab-Milizen nur eine minimale Infrastruktur, ähnlich wie die Warlords, aber sobald die Äthiopier einmarschierten – dass sie als Stellvertreter [der USA] handelten, ist ziemlich offensichtlich –, sagte al-Qaida: ›Hervorragend! Eine großartige neue Kampffront im Dschihad. Hier haben wir sie. Wir haben christliche Äthiopier, wir haben amerikanische Berater. Jetzt schaffen wir einfach eine neue Kampffront, und dann wird al-Qaida in Ostafrika erstarken.‹ Und genau das ist geschehen.«

Jemen, 2006

Während die Warlords mit Unterstützung der CIA die Union Islamischer Gerichte in Somalia bekämpften und die Regierung Bush sich fast ausschließlich auf den wachsenden Widerstand im Irak konzentrierte, kam es in Sanaa zu einem großen Gefängnisausbruch, ein Ereignis, das von grundlegender Bedeutung für den Wiederaufbau von al-Qaida in der Region werden sollte. Unter den Ausbrechern befanden sich mehrere Schlüsselfiguren, die sehr bald in die Führungsriege einer neuen Organisation aufsteigen sollten – al-Qaida auf der Arabischen Halbinsel (AQAP), darunter Nassir al-Wuhaischi, bin Ladens früherer Sekretär. Am 3. Februar 2006 flohen Wuhaischi und 22 weitere Häftlinge aus einem Hochsicherheitsgefängnis, indem sie von einer Zelle aus einen Tunnel zur nahe gelegenen Moschee gruben.[1] Später prahlte Wuhaischi, sie hätten noch ihr Morgengebet verrichtet, ehe sie zur Eingangstür hinausmarschierten.[2] Wuhaischi sollte in der Folge den saudischen und den jemenitischen Zweig von al-Qaida unter dem Banner der AQAP vereinigen. Qasim al-Rimi, der mit ihm flüchtete, wurde später der militärische Führer der AQAP. »Das ist ein ernstes Problem«, stellte Rumsfeld wenige Tage nach dem Ausbruch fest. »Diese Männer waren tief in die Aktivitäten von al-Qaida verstrickt, sie hatten direkt mit dem Bombenanschlag auf die USS *Cole* und dem Tod der Soldaten auf dem Schiff zu tun.«[3] Während jedoch Rumsfeld und andere Vertreter der US-Regierung nahezu ausschließlich bemüht waren, beim jemenitischen Präsidenten Ali Abdullah Salih auf die Ergreifung und Auslieferung von Jamal al-Badawi und anderen Verdächtigen im Zusammenhang mit dem Anschlag auf die *Cole* zu drängen, sollten Wuhaischi und Rimi von allen Geflüchteten später die meisten Probleme bereiten.

Mehrere ehemalige hochrangige Beamte der Geheimdienste, der Sicherheitsbehörden und des Militärs, die mit dem Jemen zu tun gehabt hatten, erzählten mir, dass solche Gefangenenbefreiungen kein Zufall seien, und die Entscheidung von AQAP für den Jemen habe sich wohl nicht ganz Salihs Kontrolle entzogen. Von direkten Absprachen zwischen Salih und al-Qaida bei der Planung von Anschlägen wussten die ehemaligen Regierungsbeamten zwar nichts, aber sie meinten doch, Salih habe über viele Jahre hinweg ein bestimmtes Verhaltensmuster gezeigt: Terrorakte auf jemenitischem Boden wurden stillschweigend geduldet, solche Anschläge hinterher für eigene Zwecke genutzt, damit Washington nicht vergaß, welche Bedrohung al-Qaida im Jemen darstellte. »Salih weiß, wie er das Spiel spielen muss, damit auch allen klar ist, dass sie ihn brauchen – von al-Qaida bis zu den Saudis und den Amerikanern«, erklärte ein ehemaliger US-Antiterrorexperte mit umfangreicher Jemen-Erfahrung. »Und er spielt es sehr gut.«[4]

Bei dem Spiel ging es darum, dass Salih Geld, Waffen und Spezialausbildung für seine Elitetruppen bekam, um damit die Aufstände im Lande niederzuschlagen, die er als die eigentliche Gefahr für sein politisches Überleben ansah. »Manche dieser Regime trieben seit Jahren ein solches Spiel«, sagte Dr. Emile Nakhleh, ehemaliger ranghoher CIA-Geheimdienstoffizier, im Jahr 2010. »Sie spielen es, um zu überleben, um für uns auf der Seite der Guten zu bleiben, um Militärhilfe in jeglicher Form zu erhalten – und tatsächlich bekommt der Jemen zwei- oder dreimal so viel Militärhilfe wie Wirtschaftshilfe … Und wenn dem so ist, nützen sie nicht unbedingt dem strategischen, langfristigen Konzept [der USA] zur Terrorismusbekämpfung.«[5]

Erfahrene politische Analytiker waren jedoch der Ansicht, dass es tatsächlich eine direkte Zusammenarbeit zwischen Salihs Regime und al-Qaida gab. Es wurden Vorwürfe erhoben, dass einige Mitglieder der Eliteeinheit Republikanische Garde, der Organisation für Politische Sicherheit (PSO) und der Zentralen Sicherheitskräfte – alle diese Einheiten erhielten Unterstützung von Washington – mit al-Qaida-Zellen zusammenarbeiteten oder ihnen mit Lebensmitteln, sicheren Häusern und Informationen über ausländische diplomatische Einrichtungen geholfen hatten. Der Gefängnisausbruch von 2006 kam einigen gut vernetzten Sicherheitsexperten wie »ein Insider-Job« vor, schrieb der Journalist Sam Kimball in einem Bericht für *Foreign Policy*. »Das Gefängnis ist eine imposante Festung im Herzen Sanaas, um die herum ununterbrochen Soldaten in Zivil patrouillieren. Die kargen Zellen der Insassen – nur Plastikbesteck ist gestattet – werden mehrmals täglich kon-

266

trolliert. Die Gefangenen dürfen nur eine halbe Stunde am Tag nach draußen.« Der pensionierte jemenitische Oberst Muhsin Khosroof sagte: »Wir wissen nicht, woher sie das Werkzeug hatten, einen 300 Meter langen Tunnel zu graben, und wir wissen nicht, wo die ausgegrabene Erde geblieben ist.« Ohne direkte Unterstützung durch Gefängniswärter, meinte er, »wäre dieses Unternehmen unmöglich gewesen«.[6]

Nach dem Gefängnisausbruch erhöhte die Regierung Bush nochmals die Militärhilfe für den Jemen. Dem ehemaligen amerikanischen Antiterrorexperten zufolge hatte Salih sich ausgerechnet, dass die politischen Kosten eines harten Vorgehens gegen al-Qaida – die Auslieferung ihrer Anführer – zu hoch gewesen wären. »In dem Augenblick, in dem er die Schlüsselfiguren ausliefert, springt [Salih] zusammen mit al-Qaida über die Klippe. Man würde ihn nicht mehr unterstützen. Die Beziehung wäre schwer erschüttert worden.« Salih habe »den USA für das Geld, das er erhielt, keine substanzielle Gegenleistung erbracht«, fügte er hinzu.

Im Juli 2006, fünf Monate nach dem Gefängnisausbruch, vergrößerten die USA Camp Lemonnier in Dschibuti von 35 auf 202 Hektar, die Truppe wuchs auf 1500 Mann an. Das Camp diente als Drehscheibe für die CIA und als Zwischenstation für Spezialeinsatzkräfte, die verdeckte oder klandestine Operationen in der Region durchführten. »Manche Teams nutzen den Stützpunkt, wenn sie nicht im ›Einsatzgebiet‹ arbeiten, in Ländern wie Kenia, Äthiopien und dem Jemen«, berichtete *Stars and Stripes* unter Berufung auf Oberst Joseph Moore, den Leiter von Camp Lemonnier.[7]

Während Salih bei seinem Spiel mit den USA die flüchtigen Häftlinge als Schachfiguren nutzte, weiteten die USA schrittweise ihre Präsenz in der Region aus, wenngleich die Bush-Regierung das Erstarken von al-Qaida im Jemen nach wie vor als zweitrangiges Problem behandelte. Im Oktober 2007 empfing Salih Präsident Bushs Beraterin für Heimatschutz und Terrorabwehr, Frances Townsend, in Aden. Bei diesem Gespräch bat Townsend Salih um aktuelle Informationen zu Jamal al-Badawi, dem mutmaßlichen Drahtzieher des Bombenanschlags auf die *Cole*. Salih bestätigte, dass er freigelassen worden war und »auf seinem Bauernhof arbeitete«, nicht weit vom Ort des Treffens entfernt. Er habe erst vor zwei Wochen mit Badawi gesprochen, fügte Salih hinzu. »Al-Badawi versprach, den Terrorismus aufzugeben, und ich erklärte ihm, dass sein Verhalten dem Jemen und dessen Image schadeten; er versteht es allmählich«, sagte Salih. Als Townsend wegen Badawis Freilassung »Betroffenheit äußerte«, meinte Salih, sie brauche sich keine Sorgen zu machen, denn er »habe ihn unter dem Mikroskop«. Einer Diplomatendepesche zufolge, die nach diesem Treffen in die USA ging, war es Salih, der auf Wuhaischi zu sprechen kam und Townsend rundheraus mitteilte, dass dieser mittlerweile al-Qaida-Chef im Jemen sei. Wie es in der Depesche hieß, wechselte Townsend daraufhin das Thema und monierte das nicht funktionierende Hausarrestsystem im Jemen. Dann sprach Salih über seinen Kampf gegen die Sezessionisten im Süden und stellte sein politisches Überleben erneut als wesentlich für Washingtons Politik dar. »Es ist wichtig, dass der Jemen nicht in einen Zustand der Instabilität gerät«, erklärte er Townsend. »Wir brauchen Ihre Unterstützung.« Worauf Townsend erwiderte: »Darüber müssen Sie sich keine Gedanken machen. Natürlich unterstützen wir den Jemen.«[8]

Bei dem Treffen mit Frances Townsend sorgte Salih auch für ein Überraschungsmoment – er holte nämlich Faris Mana'a dazu, einen der größten jemenitischen Waffenhändler. Den Vereinten Nationen zufolge »lässt sich Mana'as Beteiligung am Verkauf von Waffen nach Somalia trotz des seit 1992 für Somalia geltenden UN-Waffenembargos bis mindestens zum Jahr 2003 zurückverfolgen«, und Mana'a »hat in Missachtung des Waffenembargos direkt oder indirekt Waffen oder dazugehöriges Material nach Somalia geliefert, verkauft oder weitergeleitet«.[9] Als Mana'a den Raum betrat, wurde ihm ein Platz an Townsends Tisch zugewiesen. »He, FBI«, sagte Salih zu einem der US-Beamten, »wenn er sich nicht anständig benimmt, könnt ihr ihn mitnehmen … in Townsends Flieger nach Washington oder nach Guantánamo.« Dann erzählte Salih Townsend, seine Männer hätten kürzlich eine Waffenlieferung von Mana'a abgefangen und alles an das jemenitische Militär verteilt. »Er hat dem Militär seines Landes Waffen gespendet, also darf er jetzt als Patriot gelten«, scherzte Townsend, was Salih mit einem Lachen quittierte. »Nein, er ist ein Doppelagent – er hat auch den Huthi-Rebellen Waffen geliefert.« In einer nach dem Treffen von Townsend autorisierten Diplomatendepesche heißt es: »Besser hätte man es nicht erfinden können!« Die Krönung dieser ganzen Episode: Zwei Jahre später avancierte Mana'a zum Koordinator für Präsident Salihs »Friedens«-Bemühungen mit den Huthi-Rebellen.

An Townsends Zusammenspiel – und dem anderer US-Amtsträ-

ger – mit Salih lässt sich deutlich ablesen, wie geschickt Salih alle Register zu ziehen wusste, um sich an der Macht zu halten. »Auch dass er einerseits mit der Terrorismusgefahr droht, andererseits mit Instabilität,
wenn es um innenpolitische Konflikte geht, ist nichts Neues«, konstatiert die bereits erwähnte Diplomatendepesche nach Townsends
Besuch. »Salih setzt diese Taktik regelmäßig ein, wenn er von der US-
Regierung Unterstützung zu bekommen versucht.« Salih setzte diese
Methode zweifelsohne ein, weil sie effektiv war. Wenn es um al-Qaida
ging, konnte Salih den USA umso mehr Geld und Militärausbildung abpressen, je instabiler seine Regierung erschien. »Die amerikanischen Regierungsvertreter waren Salih überhaupt nicht gewachsen«, erzählte
mir ein ehemaliger ranghoher US-Militär, der im Jemen arbeitete. »Sobald es um den Jemen geht, ist er viel, viel cleverer als sie.«[10]

Nach dem Drohnenangriff der USA im Jemen 2002 und der nachfolgenden Festnahme zahlreicher mutmaßlicher militanter Islamisten
war al-Qaida im Jemen massiv beeinträchtigt und fast nur noch theoretisch existent. Nach dem Gefängnisausbruch 2006 bauten die geflüchteten Häftlinge die inaktive Organisation wieder auf, und Salih unternahm so gut wie nichts dagegen. Die USA verlangten, Salih solle Jamal
al-Badawi und einen anderen mutmaßlichen *Cole*-Attentäter, den US-
Bürger Jabir al-Banna, dingfest machen, und schenkten den anderen
wenig Aufmerksamkeit. »Die USA setzten den Jemen mächtig unter
Druck, die beiden Männer zur Strecke zu bringen«, sagte Gregory Johnsen, der Jemen-Spezialist aus Princeton. »Aber wie so oft verursachten
nicht die Leute die größten Probleme, über die sich die USA die meisten Gedanken machten, sondern es waren diejenigen am gefährlichsten,
über die man zu wenig wusste.«[11]

Wie Salih Frances Townsend bei ihrem Gespräch 2007 erklärte, formierte sich al-Qaida nach dem Gefängnisausbruch tatsächlich neu.
Und sie wurde, wie er sagte, von Wuhaischi angeführt, bin Ladens früherem Sekretär. Wuhaischi war ein hartgesottener Dschihadist, der
Ende der 1990er-Jahre nach Afghanistan ging, wo er sich bin Laden anschloss.[12] Als die USA 2001 in Afghanistan einmarschierten, kämpfte
Wuhaischi in der berühmten Schlacht um Tora Bora und floh anschlie
ßend in den Iran, wo er gefangen genommen wurde und zwei Jahre in
Haft saß, ehe man ihn 2003 an den Jemen überstellte. Eines Verbrechens angeklagt wurde er niemals. Nach seiner Flucht aus dem jemenitischen Gefängnis gab er al-Qaida im Jemen ein neues Image als eher

regional denn national agierende Gruppe und benannte sie um in »The al Qaeda Organization of Jihad in the South of the Arabian Peninsula«, woraus schließlich »al-Qaida auf der Arabischen Halbinsel« (AQAP) wurde. Unter Wuhaischis Führung wurde al-Qaida im Jemen »aggressiver, besser organisiert und ehrgeiziger als jemals zuvor«, befand Johnsen seinerzeit. Wuhaischi »krempelte die Organisation vollständig um«.[13] Dass al-Qaida wieder im Geschäft war, kam Salih sehr zupass, denn nun mussten die Amerikaner und die Saudis mit ihm verhandeln – und, noch wichtiger, sein Regime mit Geld und Waffen versorgen. Doch das JSOC verlor allmählich die Geduld und begann bald – mit oder ohne Salihs Zustimmung –, seine Operationen im Jemen auszuweiten.

Pakistan, 2006–2008

Ende 2006 fand Donald Rumsfelds Amtszeit als Verteidigungsminister ein unrühmliches Ende. Ein halbes Dutzend pensionierter Generäle, darunter einige wichtige Kommandeure im Irakkrieg, verbündeten sich mit mehreren Abgeordneten der Republikaner und Demokraten und forderten seinen Rücktritt. Viele machten ihn für die brenzlige Situation im Irak verantwortlich, andere gaben ihm die Schuld für die Misshandlungen im Gefängnis Abu Ghraib. Bei den Zwischenwahlen 2006 mussten die Republikaner herbe Verluste hinnehmen und die Mehrheit in Senat und Repräsentantenhaus an die Demokraten abgeben, was viele politische Analytiker der wachsenden Opposition gegen den Irakkrieg zuschrieben. Zu den Regierungsmitgliedern, die Bush gedrängt hatten, Rumsfeld im Amt zu halten, gehörte auch Dick Cheney. Obwohl Bush Rumsfeld anfangs unterstützt hatte, nahm er sein Rücktrittsgesuch schließlich an. Rumsfeld hatte nach dem 11. September zweifellos maßgeblichen Anteil daran, die bürokratischen Voraussetzungen für geheime Tötungen und Folterung zu schaffen, doch sein Abgang sollte den damals eingeschlagenen Kurs nicht wesentlich ändern.

Auf Rumsfeld folgte im Dezember 2006 Robert Gates, der eine enge Arbeitsbeziehung zur CIA pflegte, wo er einen Großteil seiner Laufbahn verbracht hatte. Er hatte Ende der 1960er-Jahre bei der »Firma« begonnen und sich bis Anfang der 1990er-Jahre zum Direktor hochgearbeitet – er war der Erste, dem ein solcher Aufstieg innerhalb der CIA gelang.[1] Er hatte mehrmals im Nationalen Sicherheitsrat gesessen und pflegte enge Beziehungen zu den Spezialeinheiten. Zwar hatte es Ermittlungen gegen ihn wegen seiner mutmaßlichen Beteiligung am Iran-Contra-Skandal gegeben, doch obwohl der unabhängige Staatsanwalt zu dem Schluss kam, dass Gates »vielen Beteiligten, die bei der Iran-Contra-Affäre eine wesentliche Rolle spielten, nahestand und daher von ihrem Tun Kenntnis haben konnte«, wurde entschieden, dass seine Rolle »keine Anklage rechtfertigte«.[2] Gates war auch eine Schlüsselfigur beim Stellvertreterkrieg der USA in Afghanistan gegen die Sowjets in den 1980er-Jahren.[3] Eine seiner ersten Amtshandlungen im Pentagon war, Pakistan nachdrücklich wieder für gezielte Tötungen in Betracht zu ziehen.

Bei seiner Aussage vor dem Senate Armed Services Committee, dem Senatsausschuss für die Streitkräfte, drei Monate nach Gates' Amtsantritt erklärte Generalleutnant Douglas Lute, Direktor für Operationen beim Generalstab, die US-Kommandeure hätten »in Afghanistan die Ermächtigung für direkte Aktionen«, für »Gefangennehmen oder Töten«, wodurch sie »berechtigt [seien], gegen all jene loszuschlagen, die Feindseligkeiten ausführen«. Lute fügte jedoch hinzu, dass diese Befugnisse auch Operationen innerhalb Pakistans erlaubten. Wenn »der Feind« versucht, »über die Grenze zu fliehen, dann haben wir jede Befugnis, die wir brauchen, um ihn zu verfolgen«.[4] Auf die Frage nach der Befugnis für invasivere Operationen wie beispielsweise einen direkten Angriff auf Osama bin Laden in Pakistan, antwortete Lute, dazu äußere er sich nur in nichtöffentlicher Sitzung.

Die Vereinbarung über die »verschärfte Verfolgung« ärgerte den ISI, seit sie 2002 zwischen Präsident Pervez Musharraf und JSOC ausgehandelt worden war. In Pakistan wusste jeder, dass die CIA umfangreiche Operationen im Land durchführte – das bewies jeder einzelne Droneneinsatz –, das US-Militär aber angeblich zu keinem anderen Zweck im Land war, als pakistanische Soldaten auszubilden. Während das pakistanische Militär und der ISI sich dafür starkmachten, US-Aktivität auf ihrem Boden einzudämmen, hatte das JSOC jahrelang »darauf gedrängt«, vom Weißen Haus mehr Spielraum für Militärschläge innerhalb Pakistans zu erhalten.[5] Das JSOC wollte die Genehmigung, einen Einsatz selbst in Fällen zu starten, wo es um eine komplexere Operation ging als die bloße Verfolgung mutmaßlicher al-Qaida-Kämpfer über die Grenze hinweg. »Gebt uns größeren Spielraum; wir müssen dort zuschlagen, wo ihre Zufluchtsorte sind«, lautete einem US-Amtsträger zufolge die Forderung des JSOC damals.

Auch wenn Pakistan sich bei Verhandlungen überaus hartnäckig zeigte – gelegentlich sogar hartnäckiger als die USA –, brauchte es letztlich doch Geld, Waffen und Unterstützung von Washington. Es lief also darauf hinaus, dass, wenn Pakistan sich mit bestimmten Terroristen nicht auseinandersetzen wollte, das JSOC und die CIA dies übernehmen würden. Und das Weiße Haus würde es absegnen. Im Fall JSOC bedeutete dies gezielte Überfälle in Pakistan. »Ich glaube, das gehört zu den Dingen, bei denen Pakistan manchmal einfach wegschaut, wie beim Drohnenprogramm«, sagte mir Pakistan-Experte und DIA-Agent Anthony Shaffer. »Ich glaube keine Sekunde lang, dass Präsident [Asif Ali] Zardari und [ISI-Chef] General [Ashfaq Parvez] Kayani und zuvor auch Musharraf nicht wussten, dass wir hin und wieder so etwas machten.«[6]

Von 2003 bis 2007 war das US-Budget für Spezialeinsätze um 60 Prozent auf über 8 Milliarden Dollar jährlich gewachsen. Im Januar kündigte Präsident Bush die *Surge* im Irak an.[7] Die Zahl der konventionellen US-Truppen wurde um 20.000 Mann erhöht, doch Bush genehmigte auch wesentlich mehr gezielte Tötungsaktionen, durchgeführt von JSOC-Kräften. Das war General McChrystals Abgesang auf das JSOC. Ende 2007 erklärte der Präsident die *Surge* im Irak zum Erfolg, was dem JSOC freie Kapazitäten für Pakistan verschaffte.

Und Ende 2007 begann die Regierung Bush mit der Ausarbeitung von Plänen für den beträchtlich erweiterten Einsatz von US-Spezialeinheiten innerhalb Pakistans. Die Pläne wurden jedoch vorübergehend auf Eis gelegt, da sich CIA und Pentagon nicht einigen konnten, wer bei den Operationen in Pakistan das Sagen haben sollte, was die *New York Times* als »erbitterte Differenzen innerhalb der Bush-Regierung und der CIA« beschrieb, »ob amerikanische Einsatzkommandos Bodenoffensiven in den Stammesgebieten durchführen sollten«.[8]

Ein Vorfall im Juni 2008 zeigte deutlich die mit einer potenziellen Ausweitung der Spezialeinsätze in Pakistan verbundenen Risiken. Ein Gefecht zwischen US-Truppen und Taliban in der afghanischen Provinz Kunar griff nach Pakistan über. Die US-Soldaten forderten Luftunterstützung an, und es kamen amerikanische Hubschrauber, die die Taliban-Kämpfer unter Beschuss nahmen. Bei diesen Luftschlägen kamen auch elf pakistanische Soldaten ums Leben, die auf ihrer Seite der Grenze in Stellung lagen. Pakistan verurteilte die Aktion als »nicht provozierten und feigen« Angriff der Vereinigten Staaten. »Wir werden uns mit allem Nachdruck für Souveränität, Integrität und Selbstachtung einsetzen«, erklärte der pakistanische Premierminister Yousaf Raza Gilani im Parlament. »Wir werden nicht gestatten, dass unsere Heimat [angegriffen wird].«[9] Faktisch konnte Pakistan solchen Erklärungen jedoch keine Taten folgen lassen.

Zwei Tage nach diesem Vorfall, am 13. Juni 2008, übernahm Vizeadmiral William McRaven das JSOC-Kommando von General McChrystal und damit auch die Führung bei der Jagd auf bin Laden und andere hochrangige Ziele. Die verpfuschte Operation, die elf pakistanische Soldaten das Leben gekostet hatte, störte ihn offenbar nicht sonderlich. McRaven, ehemaliger Gruppenführer von Navy-SEAL-Teams und McChrystals Stellvertreter im JSOC-Kommando, begann, sich für mehr Spielraum bei Operationen in Pakistan einzusetzen. Im Juli 2008 bestätigte Präsident Bush eine geheime Order[10] – um die es zwischen CIA, Außenministerium und Pentagon heftige Debatten gegeben hatte –, mit der er US-Spezialeinheiten ermächtigte, gezielte Operationen zur Gefangennahme oder Tötung in Pakistan durchzuführen. Im Gegensatz zur früheren Vereinbarung mit Präsident Musharraf würden die US-Spezialeinsatzkommandos nicht an der Seite pakistanischer Truppen arbeiten, und sie würden vor Operationen auf pakistanischem Boden keine Genehmigung der pakistanischen Regierung einholen. »Um die Bedenken von US-Botschafterin Anne Patterson wegen der wachsenden Zahl ziviler Opfer durch JSOC-Einsätze in anderen Ländern zu beschwichtigen, überreichten ihr die Kommandos eine Predator-Konsole, sodass sie ein Kommandounternehmen in Echtzeit verfolgen konnte«, berichteten die Reporter Dana Priest und William Arkin. Im August 2008 erklärte Präsident Musharraf, lange Zeit ein williger US-Verbündeter, angesichts eines drohenden Amtsenthebungsverfahrens seinen Rücktritt, und unmittelbar darauf begannen die JSOC-Kommandos, seinen Nachfolger auf die Probe zu stellen. Wie mir ein Informant bei den Spezialeinheiten erzählte, der damals für McRaven arbeitete, »weitete Bill die Operationen [in Pakistan] zügig aus«.[11]

Am 3. September 2008 brachten zwei Helikopter ein Navy-SEAL-Team des JSOC über die afghanisch-pakistanische Grenze. Unterstützt von dem leistungsstarken Kampfflugzeug AC-130 Spectre, das schweren Schaden anrichten konnte, landeten sie bei einem Dorf nahe Angoor Adda, einer kleinen pakistanischen Stadt in den Bergen Süd-Wasiristans nahe der afghanischen Grenze.[12] Über zwei Dutzend SEALs, ausgestattet mit Nachtsichtgeräten, umstellten das Haus eines 50-jährigen Holzfällers und Viehhirten. Einigen Berichten zufolge besaß das Spezialeinsatzteam Informationen, dass sich ein al-Qaida-Führer darin aufhalte. Die *Washington Post* berichtete, es sei »der erste US-Bodenangriff auf ein Taliban-Ziel im Land« gewesen. Jedenfalls führten die SEALs, nachdem sie in Position waren, ihren Angriff durch.

Was nach den ersten Schüssen geschah, ist nach wie vor umstritten. Laut Aussage von US-Regierungsvertretern wurden »bei einem geplanten Angriff gegen militante Islamisten, die Anschläge auf eine vorgeschobene Operationsbasis der USA jenseits der Grenze in Afghanistan durchführten, etwa zwei Dutzend mutmaßliche al-Qaida-Kämpfer«[13] getötet. Bewohnern des Dorfes zufolge eröffneten die SEALs das Feuer und töteten Payo Jan Wazir, den Besitzer des Hauses, zusammen mit sechs Kindern, darunter ein dreijähriges Mädchen und ein zweijähriger Junge, sowie zwei Frauen.[14] Als Payo Jan Wazirs Nachbarn die Schüsse hörten und aus ihren Häusern gelaufen kamen, um zu sehen, was vor sich ging, hätten die SEALs auch auf sie geschossen, so die Dorfbewohner, und zehn weitere Menschen getötet. Die pakistanische Regierung erklärte, alle Opfer seien Zivilisten gewesen. Die USA blieben dabei, es habe sich um militante al-Qaida-Mitglieder gehandelt. Das pakistanische Außenministerium bestellte die US-Botschafterin Patterson ein. Es verurteilte die Operation in einer Stellungnahme, nannte sie eine »schwerwiegende Verletzung pakistanischen Territoriums« und eine »gravierende Provokation«, da der Angriff einen »ungeheuren Verlust an zivilen Menschenleben« verursacht habe. Es sei »beklagenswert«, dass die US-Kommandos »auf den Einsatz von Gewalt gegen Zivilisten jenseits der Grenze zurückgegriffen« haben, denn »solche Aktionen sind kontraproduktiv und sicher nicht hilfreich für unsere gemeinsamen Bemühungen, den Terrorismus zu bekämpfen. Im Gegenteil, sie untergraben vielmehr die Kooperationsbasis und geben dem Feuer des Hasses und der Gewalt, das wir zu löschen versuchen, möglicherweise neue Nahrung.«[15]

Nachdem es jahrelang seine Ressourcen im Irak hatte bündeln müssen, erhielt das JSOC nun endlich Gelegenheit, sich auf Pakistan zu konzentrieren. Wie sich zeigte, wurde Rumsfelds Vision von der Welt als Schlachtfeld nach seinem Abgang noch gründlicher in die Tat umgesetzt als während seiner Amtszeit. Sein Rücktritt leitete eine Ära ein, in der Amerikas mächtigste dunkle Kräfte sich vom Irak auf die Schattenkriege in Südasien, in Afrika und anderswo verlagerten.

20 | **Jeder Schritt der USA war al-Shabaab von Nutzen.**

Somalia, 2007–2009

Während sich Anfang 2007 die Medien beim Thema Somalia vor allem mit der äthiopischen Invasion und Besatzung beschäftigten, konzentrierte sich das JSOC auf die Jagd. Es hatte Anfang Januar rasch sein provisorisches »Seerosenblatt« in der unauffälligen US-Basis Manda Bay in Kenia aufgebaut und wartete jetzt darauf zuzuschlagen. Die US-Kriegsplaner hofften, die äthiopische Invasion würde die Führung der ICU zwingen, aus der Hauptstadt in ihre Hochburgen zu fliehen, vor allem in diejenigen entlang der kenianischen Grenze, wo die Task Force 88 sie ausschalten könnte. Das JSOC hatte auf einer Luftwaffenbasis nahe Dire Dawa in Äthiopien heimlich Kampfflugzeuge des Typs AC-130 bereitgestellt, die fliehende ICU-Führer und ausländische Kämpfer unter Beschuss nehmen konnten, um nachfolgenden, in Manda Bay stationierten JSOC-Teams zu ermöglichen, in Somalia einzudringen und, falls nötig, den Job zu Ende zu bringen.[1] Die US-Politik reduzierte sich, was Somalia betraf, auf ein Motto: Finden, Festnageln, Fertigmachen. »Das heißt rasches, sicheres Töten«, bestätigte Malcolm Nance. »Anders würde die Sache nicht funktionieren.«[2]

Am 7. Januar startete von Camp Lemonnier aus eine unbewaffnete amerikanische Predator-Drohne nach Südsomalia, spürte einen Fahrzeugkonvoi auf und sandte davon Livebilder an die Kommandozentrale der Einsatzgruppe. Kurze Zeit später hob eine AC-130 Richtung Somalia ab und bombardierte den Konvoi, kurz bevor er in einem Wald an der kenianisch-somalischen Grenze verschwinden konnte. Berichten zufolge war das Ziel Aden Hashi Farah Ayro, Militärkommandeur von al-Shabaab, oder auch Fazal beziehungsweise. Nabhan, die Anführer al-Qaidas in Ostafrika. Offizielle amerikanische Stellen erklärten, bei dem Angriff seien zwischen acht und zwölf Kämpfer getötet worden, und Gerüchten zufolge soll sich darunter auch ein »al-Qaida-Führer«

befunden haben. Amerikanische und somalische Geheimdienstquellen hielten es für möglich, dass es sich dabei um Ayro oder Abu Talha al-Sudani, den Finanzier al-Qaidas, gehandelt haben könnte. Ein JSOC-Team aus Manda Bay fuhr zum Schauplatz des Angriffs in Somalia und nahm DNA-Proben von den Toten. Dort fanden sie neben den Leichen und Fahrzeugwracks Ayros blutverschmierten Pass. Ein Volltreffer, dachten sie.[3]

Wie sich herausstellte, war Ayro tatsächlich in dem Konvoi gefahren und vermutlich auch verletzt worden, konnte aber entkommen.

Am 9. Januar führte das JSOC einen weiteren Schlag »gegen Mitglieder der ostafrikanischen al-Qaida-Zelle, die sich vermutlich in einem abgelegenen somalischen Gebiet nahe der kenianischen Grenze auf der Flucht befindet«, hieß es in einer Depesche der US-Botschaft in Nairobi.[4] In den folgenden Tagen gab es weitere Luftangriffe, durch die laut Zeugen und Menschenrechtsgruppen zahlreiche Zivilisten ums Leben kamen. Ob diese Angriffe von den Amerikanern, den Äthiopiern oder von beiden gemeinsam ausgeführt wurden, ließ sich nicht feststellen. Zweifellos verfügte Äthiopien über eigene Helikopter und andere Flugzeuge, mit denen es Ziele in Somalia bombardierte. Das Pentagon bekannte sich zwar zu dem Angriff vom 7. Januar, gab jedoch zu den anderen Luftschlägen keinen Kommentar ab; US-Vertreter, die anonym bleiben wollten, räumten allerdings inoffiziell ein, dass die Angriffe von den USA ausgeführt worden waren.[5] In den US-Medien wurden die Angriffe ursprünglich als erfolgreiche Schläge dargestellt, mit denen auf geschickte Weise die »al-Qaida«-Führung in Somalia der Reihe nach ausgeschaltet werde. Mehreren Berichten zufolge, die sich auf Informationen von anonymen US-Vertretern stützten, seien Ayro und Fazul von amerikanischen Spezialkommandos getötet worden. In Wahrheit überstanden all diese wichtigen Figuren, die von den USA gejagt wurden, die Operationen unbeschadet, mit einer Ausnahme. Bei einem der Angriffe mit amerikanischen AC-130-Maschinen, Hubschraubern und äthiopischen Flugzeugen auf mutmaßliche Stützpunkte al-Shabaabs oder al-Qaidas kam zufällig Sudani ums Leben. Dies erfuhren die USA aber erst Monate später.[6]

Dies war der Beginn einer konzentrierten JSOC-Kampagne der gezielten Gefangennahmen und Tötungen in Somalia. Anfänglich zeitigte sie jedoch nur wenige nennenswerte Ergebnisse, was die Terrorismusbekämpfung betraf. Paradoxerweise wurden die Männer, die sie jagten, Nutznießer der Anschläge auf ihr Leben. »Wir gehen da rein und fliegen mit den AC-130 Angriffe«, erzählte mir Nance. »Das ist ein wirklich feines Werkzeug, wenn es gegen bekannte, massive Truppenverbände eingesetzt wird. Dazu ist die AC-130 sehr gut geeignet.« Aber statt fremder Truppen »löschten wir scharenweise Zivilisten aus«.

Tatsächlich führten die Bombardements der AC-130 dazu, dass eine schockierend hohe Zahl somalischer Zivilisten getötet wurde. Ein besonders schreckliches Beispiel war der Angriff auf eine große Gruppe nomadischer Hirten und ihrer Familien. Nach Angaben der Menschenrechtsorganisation Oxfam kamen dabei 70 unschuldige Somalier ums Leben. »Unter ihnen waren keine Kombattanten«, sagte ein Oxfam-Vertreter. »Vielleicht lag es an dem Lagerfeuer, das die Hirten nachts brennen ließen. Aber das tun sie eben normalerweise, um Raubtiere und Moskitos von ihrer Herde fernzuhalten.«[7] Ebenso wie Amnesty International stellte auch Oxfam die Legalität der Luftschläge infrage. »Nach internationalem Recht besteht die Pflicht, zwischen militärischen und zivilen Zielen zu unterscheiden«, erklärte Oxfam. »Wir sind tief besorgt, dass dieses Prinzip hier nicht gewahrt wird und unschuldige Menschen in Somalia den Preis dafür bezahlen.«[8]

Die amerikanischen Angriffe konzentrierten sich auf die Gebiete entlang der kenianisch-somalischen Grenze, wo sich die Stützpunkte von Ahmed Madobe und seiner Ras-Kamboni-Miliz befanden. Madobe war Protegé – und Schwager – von Hassan Turki, einem Dschihad-Kommandeur, der die Miliz gegründet und in jeder islamistischen Bewegung Somalias als militärischer Anführer fungiert hatte, bei AIAI ebenso wie bei der ICU und schließlich bei al-Shabaab. Als die Angriffe begannen, machten sich Madobe und seine Männer auf den Rückzug zu ihrer Heimatbasis nahe der kenianischen Grenze, wobei sie unabsichtlich ins Visier der Task Force 88 gerieten. Die Aufklärungsabteilung Activity des JSOC verfolgte Madobes Bewegungen und die anderer ICU-Anführer. Wie Indha Adde hatte Madobe die internationalen Dschihadisten zu respektieren gelernt, die nach Somalia gekommen waren, um sich am Kampf gegen die von der CIA unterstützten Warlords zu beteiligen. Sein Mentor Turki wurde inzwischen von den USA als Terrorist eingestuft.[9] Dies und seine führende Position innerhalb der ICU brachte Madobe auf die JSOC-Abschussliste.

Madobe wusste, dass die USA und Äthiopien flüchtende ICU-Führer jagten, und nachdem er einige Male knapp einem Angriff entgangen war, vermutete er, dass er ebenfalls auf der Liste stand. So versuchte er, zusammen mit einer kleinen Gruppe einen Fluchtweg durch das ländliche Somalia zu finden, ohne die wachsende Zahl von Flugzeugen auf sich aufmerksam zu machen. »Aus Angst zündeten wir nachts kein Feuer zum Kochen an, und tagsüber wollten wir keinen Rauch erzeugen«, erzählte er mir, als wir uns an einem Außenposten nahe der kenianischen Grenze trafen. »Wir hatten kein vorgekochtes Essen, deshalb war es wirklich hart.« Rückblickend meinte er, wahrscheinlich habe ihn die Technik verraten. »Wir benutzten Thuraya-Satellitentelefone, was den Amerikanern eindeutig half, uns auf die Spur zu kommen.«[10]

In der Nacht des 23. Januar 2007 schlugen Madobe und seine Gruppe unter einem großen Baum ihr Lager auf. »Um vier Uhr morgens standen wir auf, um das Morgengebet zu verrichten, und da griffen uns die Flugzeuge an«, berichtete er. »Der ganze Himmel war voller Maschinen. Es waren AC-130, Helikopter und Kampfjets. Am Himmel blitzten die Mündungsfeuer. Sie beschossen uns mit schweren Waffen.« Die acht Personen, laut Madobe sowohl Männer als auch Frauen, die sich mit ihm im Lager befanden, wurden alle getötet. Madobe selbst erlitt eine Verwundung. Er ging davon aus, dass eine Bodentruppe ihn suchen käme. »Ich schnappte mir eine Waffe und reichlich Magazine. Ich dachte, mein Tod sei nur noch eine Frage der Zeit, und wollte den ersten Feind, den ich sehen würde, umbringen«, erzählte er. »Aber nichts geschah.« Madobe lag verwundet auf der Erde, verlor Blut und Kraft. Dann landeten, erzählte Madobe, gegen zehn Uhr amerikanische und äthiopische Soldaten per Hubschrauber nicht weit von ihm entfernt. Ein Amerikaner sei auf ihn zugekommen, während er mit nacktem Oberkörper auf dem Boden lag. »Bist du Ahmed Madobe?«, fragte der Soldat. »Und wer bist du?«, erwiderte Madobe. »Wir sind die Leute, die dich fangen«, habe der Soldat geantwortet. Der Amerikaner hielt ein Foto von ihm in der Hand. Als ihn der Soldat fesselte, fragte der Guerillaführer, wozu das denn nötig sei. »Du siehst doch, dass ich halb tot bin.«

Man setzte Madobe in einen Hubschrauber und flog ihn zu einer provisorischen Basis in Kismayo, die von amerikanischen und äthiopischen Truppen genutzt wurde. Die Amerikaner, so Madobe, begannen sofort, ihn zu vernehmen, und erst als äthiopische Agenten eingriffen, habe man ihm zu trinken gegeben und ihn medizinisch versorgt. In der Zeit, in der Madobe sich in Kismayo von seinen Verletzungen erholte, wurde er von den Amerikanern regelmäßig verhört. »Sie hatten auf einer Liste die Namen verschiedener Rebellen und Kämpfer stehen und fragten mich, ob ich sie kenne oder Informationen über sie habe.« Einen Monat später wurde er an Äthiopien übergeben, wo er mehr als zwei Jahre lang in Haft blieb.

Im Unterschied zu Madobe versuchte der ehemalige Vorsitzende der ICU, Scheich Sharif, ein Abkommen zu treffen. Obwohl hochrangige US-Vertreter darauf hingewiesen hatten, dass die ICU gleichbedeutend mit den Taliban sei oder von al-Qaida gesteuert werde, stuften die Vereinigten Staaten Scheich Sharif eigentlich als »gemäßigt« ein. Am 31. Dezember 2007, als sich die ICU auflöste, gelangte Sharif nach Kismayo, wo er telefonisch mit dem US-Botschafter in Nairobi sprach. »Der Botschafter teilte Sharif mit, die Vereinigten Staaten seien der Ansicht, er könne eine wichtige Rolle bei der Wiederherstellung von Frieden und Stabilität in Somalia spielen«, hieß es in einer Depesche aus Nairobi an das US-Außenministerium. Der Botschafter, der sich mit Washington abgestimmt hatte, bevor er Sharif einen Handel anbot, »gab zu verstehen, dass die USA bereit seien, Kenia zu empfehlen, [Sharif] nach Nairobi zu bringen, falls er zu der Zusage bereit sei, an Frieden und Stabilität in Somalia mitwirken zu wollen … und dem Terrorismus abzuschwören«.[11]

Das war der Beginn einer hinter den Kulissen stattfindenden Kampagne mit dem Ziel, Sharif ein neues Image zu verschaffen. Der Staatssekretär im US-Außenministerium Jendayi Frazer meinte dazu, es sei »wohl besser, einen schwachen Scheich Sharif Sheik Ahmed zu vereinnahmen, als dass sich die Hardliner um ihn scharen«.[12] Mit Hilfe des amerikanischen Geheimdiensts entkam Sharif schließlich aus Somalia nach Kenia.[13] Ali Mohamed Gedi, der frühere somalische Premierminister, erzählte mir: »Ich glaube, [Sharif] arbeitete mit der CIA zusammen. Sie haben ihn beschützt.«[14] Als Sharif Anfang 2007 nach Kenia floh, sei Gedi von der US-Regierung gebeten worden, Sharif Reisedokumente auszustellen, damit er in den Jemen reisen könne. Gedi habe auch laut eigenem Bekunden Briefe in Sharifs Namen sowohl an die kenianische als auch an die jemenitische Regierung geschrieben und für Sharif um Erlaubnis für seine Einreise in den Jemen gebeten. »Ich tat das auf Ersuchen der amerikanischen Regierung«, so Gedi. Im Jemen begann Sharif seine spätere Rückkehr an die Macht in Mogadischu zu organisieren, dieses Mal mit Hilfe der USA.[15]

Anders als Sharif gerieten viele, die aus Somalia flohen, mit der CIA und anderen US-Geheimdiensten in Konflikt. Die kenianischen Sicherheitskräfte verhafteten – manchmal auf Geheiß Washingtons – eine Vielzahl von Personen. Human Rights Watch berichtete, Kenia habe »mindestens 150 Männer, Frauen und Kinder aus mehr als 18 verschiedenen Ländern – darunter die USA, Großbritannien und Kanada – bei Operationen nahe der somalischen Grenze [in Gewahrsam genommen]. Die Verhafteten wurden verdächtigt, Verbindungen zum Terrorismus zu haben, und die Kenianer hielten sie wochenlang ohne Anklage in Nairobi fest. Im Laufe von drei Wochen, vom 20. Januar bis zum 10. Februar 2007, ließ die kenianische Regierung Dutzende Gefangene – ohne deren Familien, Anwälte oder sie selbst darüber zu informieren – per Flugzeug nach Somalia überstellen, wo sie dem äthiopischen Militär übergeben wurden.«[16] Eine von Human Rights Watch durchgeführte Untersuchung kam zu dem Schluss, dass die nach Äthiopien verbrachten Gefangenen »praktisch verschwunden« seien und ihnen »der Kontakt zu ihren Botschaften, Familien und internationalen humanitären Organisationen wie dem Internationalen Komitee vom Roten Kreuz verweigert wurde«. In dem Bericht heißt es weiter: »Von Februar bis Mai 2007 transportierten äthiopische Sicherheitskräfte täglich Gefangene – darunter mehrere schwangere Frauen – in eine Villa, wo sie von amerikanischen Beamten wegen mutmaßlicher Verbindungen zu Terroristen vernommen wurden.« Insgesamt halfen kenianische Sicherheits- und Geheimdienstkräfte der Regierung der USA und anderer Länder bei einer Vielzahl von Überstellungen; allein 2007 wurden 85 Personen nach Somalia ausgeliefert und mindestens eine Person verschleppte man nach Guantánamo.[17] Sowohl für al-Qaida als auch die USA wurde Somalia zu einem Mikrokosmos des großen Kriegs gegen den Terror.

Als das JSOC und äthiopische Einheiten die Jagd auf die Führer der Union Islamischer Gerichte im Januar 2007 in Somalia verstärkten, verließ Fazul Abdullah Mohammed seine Familie nahe der kenianischen Grenze und verschwand.[18] Schließlich kehrte er aber nach Mogadischu zurück, um sich mit den Kämpfern von al-Shabaab zusammenzuschließen, an deren Ausbildung und Finanzierung er beteiligt gewesen war. Fazul war inzwischen der erfahrenste al-Qaida-Kämpfer am Horn von Afrika. Mehrere spektakuläre Aktionen gingen auf sein Konto, darunter der Bombenanschlag auf die Botschaft 1998. Er stand kurz davor, eine Hauptrolle in dem Spiel zu übernehmen, das al-Qaida seit Anfang der 1990er-Jahre betrieb: die USA im Herzen Ostafrikas in einen asymmetrischen Krieg hineinzuziehen.

Mit der Flucht der somalischen ICU-Führer wurde Somalia für al-Qaida zur idealen Frontlinie für den Dschihad, und al-Qaida begann, die Unterstützung für al-Shabaab zu verstärken. Anfang Januar 2007 äußerte sich bin Ladens Stellvertreter Aiman al-Sawahiri in einer im Internet veröffentlichten Botschaft zur Lage in Somalia: »Ich spreche heute zu euch, da die äthiopischen Kreuzzug-Invasoren den Boden des geliebten muslimischen Somalias schänden«, begann er. »Ich rufe die muslimische Nation Somalias auf, auf dem neuen Schlachtfeld zu bleiben, das eines der Kreuzfahrer-Schlachtfelder ist, die von Amerika, seinen Verbündeten und den Vereinten Nationen gegen den Islam und gegen die Muslime eröffnet wurden.« Al-Sawahiri beschwor die Mudschahedin, »legt Hinterhalte und Landminen, überfallt sie und bekämpft sie mit Selbstmordattentaten, bis ihr sie zerfleischt habt wie der Löwe seine Beute«.[19]

Der Zerfall der ICU ermöglichte al-Qaida, sich in Somalia festzusetzen. »Mit Hilfe dieser ausländischen Kräfte übernahm al-Shabaab den Kampf unter Führung al-Qaidas«, erklärte Indha Adde, der ehemalige Verteidigungsminister der ICU. »Al-Shabaab begann, Exekutionen anzuordnen, und unschuldige Muslime mussten sterben. Sie nahmen sogar Mitglieder der [ICU] ins Visier. Ich war Befehlshaber sämtlicher [ICU-] Militäroperationen und stellte mich gegen al-Shabaab, nachdem ich diese Verbrechen gegen den Islam erlebt hatte.«[20] Indha Adde ging schließlich zusammen mit Hassan Dahir Aweys in den Untergrund und erhielt Unterstützung von Eritrea, Äthiopiens großem Feind.[21] Beide Männer hielten Kontakt zur militanten islamistischen Bewegung, während sie abwarteten, wer die Oberhand gewinnen würde. Letztlich schlugen sie doch sehr unterschiedliche Richtungen ein.

Anfang Februar 2007 war aus der äthiopischen Invasion eine Besatzung geworden, was zu wachsenden Unruhen führte. In einem Land, das bereits eines der schlimmsten Schicksale der jüngeren Geschichte erlitten hatte, zahlte die somalische Zivilbevölkerung erneut einen entsetzlichen Preis. Von den Besatzern hatte sie nichts anderes als willkürliche Brutalität zu erwarten. Äthiopische und von den USA unterstützte somalische Regierungstruppen sicherten mit Militärgewalt die

Wohnviertel von Mogadischu, stürmten auf der Suche nach ICU-Anhängern Privathäuser, raubten ziviles Eigentum und schlugen oder erschossen jeden, der in Verdacht stand, mit regierungsfeindlichen Kräften zu kollaborieren. Scharfschützen auf den Hausdächern beantworteten Berichten zufolge jeden Angriff mit massivem Feuer und beschossen laut Human Rights Watch sogar dicht bewohnte Gebiete und diverse Krankenhäuser.[22] Es gab zahlreiche Berichte über Hinrichtungen ohne Gerichtsurteil durch äthiopische Soldaten, vor allem in den letzten Monaten des Jahres 2007. Laut Amnesty International sollen auch zahlreiche Männer, Frauen und Kinder »wie Ziegen geschlachtet« worden sein; man schnitt ihnen die Kehle durch. Sowohl die Truppen der somalischen Übergangsregierung, die von Exilpolitikern geführt und von den USA unterstützt wurde, als auch die äthiopischen Streitkräfte wurden entsetzlicher sexueller Gewalttaten beschuldigt. Zwar warf man auch den Truppen, die mit al-Shabaab kooperierten, Kriegsverbrechen vor, aber ein großer Teil der Amnesty International gemeldeten Verbrechen, darunter Plünderungen, Vergewaltigungen und außergerichtliche Hinrichtungen, wurden von den Streitkräften der somalischen Regierung und Äthiopiens verübt.[23]

Bei den Kämpfen in Mogadischu, in Süd- und Zentralsomalia kamen 2007 angeblich 6000 Zivilisten ums Leben. Mehr als 600.000 Einwohner sollen allein aus Mogadischu und dessen Umland vertrieben worden sein.[24] Schätzungsweise 335.000 Somalier flohen in diesem Jahr aus dem Land.[25] Die Stabilität, die die Islamischen Gerichte gebracht hatten, war dahin. Jetzt gab es wieder Straßensperren, die Herrschaft der Warlords und – was am schlimmsten war – die Truppen des somalischen Erzfeindes Äthiopien patrouillierten in den Straßen und töteten Somalier.

»Das Hauptproblem ist, dass nichts unternommen wurde, um den Aufstand abzuwenden – der sich aufgrund der mangelnden Stabilität im Land schon bald deutlich abzeichnete«, erklärte Daveed Gartenstein-Ross, der CENTCOM bei dessen Somalia-Politik beraten hatte. »Im Grunde verließen wir uns darauf, dass die Äthiopier Somalia stabilisierten. Und das war an sich schon eine schreckliche Annahme.«[26]

Nachdem die ICU zerfallen war und die brutale äthiopische Besatzung fast drei weitere Jahre fortdauerte, trat al-Shabaab immer mehr als Vorhut im Kampf gegen die ausländische Besetzung in Erscheinung. »Für sie war es die Chance, auf die sie gewartet hatten«, sagte Aynte. »Es war der Zorn der Menschen, auf den sie gehofft hatten, damit sie ihn für sich nutzen und sich als die neue nationale Bewegung präsentieren konnten, die die Äthiopier aus dem Land treiben würde. In den drei Jahren der äthiopischen Besatzung Somalias äußerte al-Shabaab kein Sterbenswörtchen über einen globalen Dschihad. Immer sagten sie, ihr Hauptziel sei, die Äthiopier fortzujagen.«[27] Für al-Qaida war dies der Anfang einer ganz neuen Situation, die ihnen zu keinem geringen Teil die Politik der US-Regierung ermöglicht hatte. »Was hat die Islamischen Gerichte hervorgebracht?«, fragte Madobe. »Die von den USA unterstützten Warlords. Und wären die Äthiopier nicht einmarschiert und hätten die USA keine Luftangriffe unternommen, die als Weiterführung der unbarmherzigen Vorgehensweise der Warlords und Äthiopiens wahrgenommen wurden, hätte al-Shabaab niemals überlebt. Jeder Schritt der USA war al-Shabaab von Nutzen.«

Im April 2007 war der Aufstand gegen die äthiopische Besatzung bereits voll entbrannt. In einer viertägigen Schlacht starben schätzungsweise 400 äthiopische Soldaten und somalische Rebellen.[28] Später in jenem Jahr trieb ein somalischer Mob äthiopische Soldaten durch die Straßen, und al-Shabaab nahm die Führungsriege der Regierung ins Visier, die mit Hilfe äthiopischer Panzer installiert worden war.[29]

Am 3. Juni 2007 durchbrach ein mit Sprengstoff beladener Toyota Land Cruiser die Sicherheitstore vor der Residenz des Premierministers Gedi in Mogadischu und detonierte direkt vor dem Gebäude.[30] Bei diesem Selbstmordanschlag kamen sechs seiner Wachen ums Leben, zahlreiche andere wurden verletzt. Nach dem Angriff fanden Zeugen noch mehr als eineinhalb Kilometer von der Explosion entfernt abgetrennte Gliedmaßen. »Sie hatten es auf mich abgesehen und schickten einen Selbstmordattentäter mit mehr als 200 Kilo Sprengstoff. Sie haben mein Haus in die Luft gejagt«, sagte Gedi zu mir. »Das war der Beginn der Selbstmordanschläge in Mogadischu, die auf die Führungspersönlichkeiten und die Regierung zielten.« Es war das fünfte Attentat auf Gedi. Noch im selben Jahr trat er zurück.

Äthiopiens Premier Meles Zenawi mochte die Invasion als »überwältigenden Erfolg«[31] bezeichnen, doch das war einfach nicht wahr. Auch wenn Somalia schon vorher ein Tummelplatz für militante Islamisten gewesen war, stieß die von den USA unterstützte Invasion die Tore Mogadischus für al-Qaida weit auf. Washington verschaffte Osama bin Laden und al-Qaida in Somalia einen Status, den sie aus eigener

Kraft nie erlangt hätten, wie ihre gescheiterten Versuche in der Vergangenheit wiederholt gezeigt hatten. »Ich denke, wirkliche Macht [bekamen sie erst], als Äthiopien einmarschierte«, sagte Aynte. Fazul und Nabhan »waren zur Brücke zwischen al-Shabaab und al-Qaida geworden, sie bedienten sich der Ressourcen von al-Qaida, brachten immer mehr ausländische Kämpfer und finanzielle Mittel ins Land – und noch wichtiger – militärisches Knowhow: Wie man Sprengsätze herstellt, Leute ausbildet und so weiter. Dadurch gewannen sie den großen Einfluss, den sie brauchten.«

Während Aweys und seine Verbündeten, darunter auch Indha Adde, schworen, den Kampf gegen die Äthiopier und die somalische Regierung weiterzuführen, intensivierte Scheich Sharif seine Zusammenarbeit mit der föderalen Übergangsregierung (TFG) und Washington. Al-Shabaab hingegen beobachtete alles sehr genau und wartete in diesem Machtkampf auf eine Chance.

Am 26. Februar 2008 erklärte US-Außenministerin Condoleezza Rice al-Shabaab offiziell zu einer terroristischen Organisation, worauf das JSOC seine Jagd intensivierte.[32] Am 2. März 2008 führten die USA einen Raketenangriff auf ein mutmaßliches al-Shabaab-Haus durch, in dem Saleh Ali Saleh Nabhan, der oberste Anführer al-Qaidas in Ostafrika, vermutet wurde.[33] Zunächst hieß es, er sei dabei getötet worden, aber als der Schutt weggeräumt war, stellte man fest, dass mehrere Zivilisten, einige Kühe und ein Esel umgekommen waren, aber kein Nabhan.

Nach drei Monaten mit vielen Angriffen, bei denen offenbar mehr unschuldige Menschen getötet wurden als gesuchte Terroristen, traf das JSOC am 1. Mai ins Ziel. Um drei Uhr nachts schlugen in der zentralsomalischen Stadt Dhusa Mareb fünf Cruise Missiles des Typs Tomahawk in einem Haus ein, das nach Ansicht von CENTCOM von »einem bekannten al-Qaida-Kämpfer und Milizenführer«[34] genutzt wurde. Laut offiziellen militärischen Stellen sei dieser Angriff das Ergebnis von wochenlanger Observation und Verfolgungsarbeit gewesen.[35] Zeugen zufolge gab es 16 Tote, darunter der militärische Kommandeur al-Shabaabs, Aden Hashi Farah Ayro.[36] Obwohl die US-Geheimdienste schon mehrmals bei dem Versuch gescheitert waren, Anführer von al-Shabaab zu töten, gab es diesmal wenig Zweifel am Erfolg. Nach dem Angriff veröffentlichte al-Shabaab eine Erklärung, die Ayros Tod bestätigte und ihn als Helden pries. Der Erklärung beigegeben waren das erste öffentlich verfügbare Foto von Ayro und biografische Angaben.[37] Kurz vor seinem Tod hatte sich Ayro einer diplomatischen Depesche zufolge mit Indha Adde getroffen, die beide dem Ayr-Clan angehörten, womöglich um einen Handel zu schließen. Die USA hofften, dass Ayros Tod al-Shabaab von ihren früheren ICU-Verbündeten isolieren und zu einer »kurzfristigen Unterbrechung terroristischer Operationen«[38] führen würde. Der Anschlag könnte Indha Adde von einer Vertiefung seines Bündnisses mit al-Shabaab abgeschreckt haben, aber zugleich ermutigte das Attentat al-Shabaab und machte aus Ayro einen Märtyrer.

Als die äthiopischen Besatzer mit dem Abzug begannen, wurde in Dschibuti im August 2008 zwischen Scheich Sharifs Fraktion und Vertretern der Übergangsregierung ein Abkommen unterzeichnet.[39] In Wirklichkeit hatte der Aufstand von al-Shabaab die Äthiopier ausgeblutet, aber die diplomatische Scharade diente dazu, dass alle ihr Gesicht wahren konnten. Das »Abkommen von Dschibuti« ebnete Scheich Sharif den Weg zur Präsidentschaft. Für langjährige Beobachter der somalischen Politik war Sharifs Wiederaufstieg unglaublich. Die USA und Äthiopien hatten seine Regierung gestürzt, ihn später aber als Präsident des Landes eingesetzt. Als ich Scheich Sharif im Präsidentenbüro in Mogadischu traf, weigerte er sich, über diesen Abschnitt seiner Karriere zu sprechen; dafür sei nicht die richtige Zeit, erklärte er kurzerhand.[40] Es entbehrt nicht der Ironie, dass Scheich Sharif, einst selbsternannter Kämpfer gegen jede ausländische Besatzung, sich vollständig auf die von den USA unterstützten Streitkräfte der Afrikanischen Union verlassen musste, die die Äthiopier abgelöst hatten, um seine nominelle Macht zu sichern.

Als sich nach dem Abkommen von Dschibuti Mitglieder der ICU und der somalischen Regierung zusammenschlossen, lehnten Aweys und al-Shabaab dies erwartungsgemäß ab, da die ICU »sich den Ungläubigen unterworfen hatte«, wie Aynte es formulierte. Fazul und Nabhan »taten alles dafür, al-Shabaab davon zu überzeugen, nicht dem Abkommen von Dschibuti beizutreten. Denn wäre al-Shabaab dem Abkommen beigetreten, das die gegenwärtige Regierung unter der Führung von Scheich Sharif hervorgebracht hatte, wäre es Fazul und anderen Leuten von al-Qaida nicht mehr möglich gewesen, in Somalia [zu bleiben]. Deshalb glaube ich, es war ein persönliches Interesse der al-Qaida-Leute, dafür zu sorgen, dass das nicht geschah.« Der Anführer

von al-Shabaab in Somalia, Ahmed Abdi Godane, bezeichnete Sharif
als einen Abtrünnigen und als »Lieblingsmarionette« der »Ungläubigen«.[41] Nachdem sich die neue Regierung gebildet hatte, bereitete sich
al-Shabaab darauf vor, den Aufstand noch auszuweiten, und schwor,
die neue Koalitionsregierung zu stürzen und die von den USA unterstützten Truppen der African Union Mission in Somalia (AMISOM)
aus dem Land zu jagen.

Da ein Großteil der ICU-Führung tot oder im Exil war oder sich darüber stritt, wer welchen Kabinettsposten in der neuen, von den USA
gestützten Regierung übernehmen durfte, machte sich al-Shabaab die
Unordnung zunutze. Die Gruppe nahm desillusionierte Kämpfer auf,
die sich von der Führung der ICU verkauft fühlten. Abgesehen von ihrem Einsatz für den Dschihad unterschied sich al-Shabaab von der somalischen Regierung auch durch ihre ethnische Vielfalt. Ihre Führung
bestand aus Männern der vier großen somalischen Clans, aber auch Angehörige kleinerer Clans erhielten einflussreiche Positionen. Und ihrem
Namen entsprechend begann al-Shabaab junge Somalier zu rekrutieren,
die sich leicht indoktrinieren ließen. Al-Shabaab verschaffte ihnen ein
Gefühl der Macht in einem Land, das wieder von brutalen Warlords
und Clan-Politik beherrscht war.[42]

2008 wuchs al-Shabaab zu einer breiten Bewegung und bedeutenden gesellschaftlichen Kraft heran. Sie blieb militärisch offensiv und begann, sich im Süden festzusetzen, indem sie sich als Freund und Helfer
der Bevölkerung betätigte. Mitglieder von al-Shabaab statteten verschiedenen Städten »diplomatische Besuche« ab, wie sie es nannten,
und brachten Nahrungsmittel, Geld und »mobile Scharia-Gerichte«
zur Beilegung von Rechtsstreitigkeiten mit. Ähnlich wie einst die ICU
führten die militanten Islamisten zügig Gerichtsverhandlungen durch
und verurteilten Straftäter. Diese Machtübernahme in den Städten
verlief meist unblutig, indem al-Shabaab die jeweiligen Clan-Ältesten in
langwierigen Verhandlungen von ihren noblen Absichten überzeugte.[43]

Auf die Diplomatie ließ al-Shabaab volksnahe soziale Maßnahmen
folgen. Ein sehr wichtiger Schritt war die Beseitigung von Straßensperren und Kontrollpunkten, mit der schon die ICU begonnen hatte, als sie
noch an der Macht gewesen war.[44] Üblicherweise dienten diese Kontrollpunkte nicht der Sicherheit, sondern als Einnahmequelle für die
Warlords. »Die Vorstellung, [al-Shabaab] und andere aufständische
islamistische Gruppen seien ein bewaffneter Haufen primitiver Fanati-

ker, die nichts anderes im Sinn hätten, als mit Gewalt und Terror ihre radikalen Vorstellungen durchzusetzen, ist ein Zerrbild«, heißt es in einem Bericht der International Crisis Group. »Ihre Taktiken waren gut durchdacht und effektiver als die ihrer Gegner. Es ist ihnen weitgehend gelungen, sich selbst als wahre somalische Patrioten darzustellen, die gegen die mit Äthiopien verbündete Übergangsregierung opponieren. Dadurch haben sie in Zentral- und Südsomalia an Popularität gewonnen, wie es auch schon vor der äthiopischen Invasion im Dezember 2006 der Fall gewesen war.«[45]

Gleichzeitig mit ihrer populistischen Politik führte al-Shabaab aber auch Regeln ein, die an die Taliban erinnerten: Verboten wurden die beliebten Bollywood-Filme, Männern mit »unangemessener« Haartracht rasierte man zwangsweise die Köpfe, und bei Verstößen gegen die Scharia, wie al-Shabaab sie verstand, wurden strenge Urteile verhängt.[46] Anfang 2009 kontrollierte al-Shabaab den größten Teil Südsomalias. »In vielen Regionen ist al-Shabaab die einzige Organisation, die elementare soziale Dienste leistet wie beispielsweise eine rudimentäre medizinische Versorgung, die Verteilung von Lebensmitteln und ein einfaches Justizsystem, das auf dem islamischen Recht basiert«, heißt es in einem Bericht für das Senate Foreign Relations Committee. »Westliche Diplomaten befürchten, dass al-Shabaab weiter Konvertiten gewinnt, indem sie Dienstleistungen anbietet ähnlich denen, die der Hamas im Gazastreifen Erfolg brachten. Nach Meinung von Experten haben die Vereinigten Staaten kaum Möglichkeiten, al-Shabaab zu schwächen.«[47] Weitere Bombardierungen durch die USA oder eine verstärkte militärische Intervention aus dem Ausland, hieß es warnend in dem Bericht, könnte al-Shabaab noch weiter stärken.

Während al-Shabaab ihre Stellung auf lokaler Ebene festigte, konnte landesweit gesehen al-Qaida jetzt den Dschihad in Somalia zu Rekrutierungszwecken nutzen. Aus islamistischer Sicht hatte eine christliche Nation – Äthiopien – mit Unterstützung der USA, der Wurzel alles Bösen, Somalia überfallen und Muslime abgeschlachtet. Dschihadisten hatten sich dagegen erhoben und die Invasoren zurückgeschlagen, wodurch Somalia zu einer Hauptkampfzone gegen den Kreuzzug geworden war, den die USA führten, wie bin Laden schon lange behauptete. Als die Äthiopier abzogen, erklärte Aynte, »trat [al-Shabaab] weit populärer und mächtiger denn je wieder in Erscheinung« und verwandelte »ihren innersomalischen, irredentistischen Kampf zu einem globalen dschihadistischen Machtanspruch«.[48] In weit größerer Zahl als früher strömten ausländische Kämpfer nach Somalia. Bin Laden veröffentlichte eine Audiobotschaft mit dem Titel »Kämpft weiter, ihr Helden Somalias«, in der er nachdrücklich zum Sturz von Sharifs »abtrünniger« Regierung aufrief.[49] Ohne große Schwierigkeiten besetzte al-Shabaab weite Landstriche in Südsomalia und kontrollierte schon bald ein deutlich größeres Gebiet als die somalische Regierung, obwohl diese von Tausenden Soldaten der Afrikanischen Union unterstützt wurde, die von den USA und anderen westlichen Ländern finanziert und ausgebildet wurden. Al-Shabaab trat als die stärkste Dschihad-Kraft in Somalia in Erscheinung und herrschte bald über ein größeres Territorium als jede andere mit al-Qaida verbündete Gruppierung zuvor. Die US-Politik war spektakulär gescheitert und hatte in Somalia aus einer bunt zusammengewürfelten Truppe relativer Nobodys in nur wenigen Jahren die neuen Helden von al-Qaidas weltweitem Kampf gemacht.

21 „Wenn Ihr Sohn nicht zu uns kommt, wird er von den Amerikanern umgebracht."

Jemen, 2007–2009

Während Anwar Awlaki in einem jemenitischen Gefängnis in Einzelhaft saß, erlebte al-Qaida im Jemen ein Comeback. Zwar ignorierte die zivile Führung der Regierung Bush diesen Wiederaufstieg weitgehend, aber das JSOC blieb der Neuorganisation von al-Qaida im Jemen dicht auf den Fersen. Am 27. März 2007 entdeckte eine jemenitische Militäreinheit in der Provinz Hadramaut eine amerikanische Spionagedrohne, die ans Ufer des Arabischen Meers gespült worden war.[1] Das unbewaffnete Aufklärungsfluggerät des Typs »Scan Eagle« stammte von der USS *Ashland*, die Anfang 2007 in das Gebiet beordert worden war, um die von der Task Force 150 am Horn von Afrika durchgeführten Antiterroroperationen zu unterstützen. Menschenrechtsgruppen zufolge wurde die *Ashland* von den US-Streitkräften aber auch als schwimmendes Gefängnis für die in der Region aufgegriffenen mutmaßlichen al-Qaida-Mitglieder genutzt.[2] Einen Tag nachdem das jemenitische Militär die Drohne geborgen hatte, telefonierte Präsident Salih mit dem diplomatischen Geschäftsträger der USA im Jemen. Dieser versicherte Salih, die Scan Eagle sei ins Meer gestürzt, ohne jemenitisches Territorium verletzt zu haben. Salih entgegnete, dass er das nicht glaube, versprach aber zugleich, der Jemen werde dies nicht »zu einem internationalen Vorfall« aufbauschen – wie es in einer diplomatischen Depesche hieß, die nach dem Telefongespräch abgeschickt wurde – und »die Vertreter der [jemenitischen] Regierung anweisen, es nicht zu kommentieren«. Stattdessen schlachtete Salih den Vorfall für seine Propagandakampagne gegen den Iran aus. Am 29. März berichteten offizielle jemenitische Medien, das jemenitische Militär habe in Abstimmung mit »multinationalen Streitkräften« in der Region ein »iranisches Spionageflugzeug« abgeschossen. Salih »hätte die Gelegenheit nutzen können, politisch zu punkten, indem er sich gegenüber den USA als standfest zeigte, aber stattdessen beschloss er, den Iran zu beschuldigen«, hieß es in der bereits zitierten Depesche. Die abgestürzte Drohne war ein Omen für künftige Geschehnisse.

Die Neuformierung von al-Qaida im Jemen begann mit einer Reihe kleinerer Aktionen, darunter auch Selbstmordanschläge gegen Öl- und Gasanlagen, hauptsächlich im Gouvernement Marib, wo 2002 Harithi durch einen Drohnenangriff der USA ums Leben gekommen war.[3] Im März 2007 tötete al-Qaida den kriminalpolizeilichen Chefermittler von Marib, Ali Mahmud al-Qasaylah, der angeblich an diesem Drohnenschlag beteiligt gewesen war.[4] In einer Audiobotschaft verkündete Wuhaischis Stellvertreter, Qasim al-Rimi, dass Wuhaischi offiziell der neue Anführer von al-Qaida im Jemen sei.[5] Zugleich schwor al-Rimi, seine Gruppe werde weiterhin Rache üben an allen, die für den amerikanischen Drohnenangriff verantwortlich seien. Zwei Wochen nach al-Rimis Ankündigung griffen Selbstmordattentäter einen Konvoi spanischer Touristen in Marib an und töteten acht Spanier sowie zwei jemenitische Fahrer.[6]

Nach 18 Monaten Haft wieder in Freiheit, stellte Awlaki fest, dass sich die US-Kriege, gegen die er immer entschiedener opponierte, noch weiter ausgebreitet hatten. Jetzt schien der Krieg auch in den Jemen zu kommen. Während JSOC und CIA ihre Operationen intensivierten, erlebte Awlaki fast ein Déjà-vu. Als Awlaki Ende 2007 aus dem Gefängnis entlassen wurde, ging er nicht in den Untergrund, wie die US-Regierung behauptete. Stattdessen fuhr er nach Hause zu seiner Familie in Sanaa und suchte nach einer Möglichkeit, sie zu unterstützen und weiter zu predigen.[7]

In einem Interview einige Tage nach seiner Freilassung wurde Awlaki gefragt, ob er in die USA oder nach Großbritannien zurückkehren und dort Predigten halten wolle. »Ja, ich würde gern dorthin reisen. Aber erst, wenn die USA ihre mir unbekannten Anschuldigungen, welche auch immer, fallenlassen«, erwiderte er. »Wahr ist, mir ist nicht verboten, in die USA zurückzukehren. Ich habe die USA aus eigenen Stücken verlassen und verzichte freiwillig auf meine Rückkehr«, sagte Awlaki später. »Tatsächlich ist das Gegenteil wahr: Als mich der US-Konsul während meiner Haft besuchte, ermutigte er mich, ich solle in die USA zurückkehren. Alhamdulillah [gelobt sei Allah] hat Allah mich damit gesegnet, in einem durch das Zeugnis Rasulullahs [des Propheten] gesegneten Land leben zu dürfen. Warum sollte ich das mit einem

Leben in den USA tauschen? Ich weigere mich, die USA auch nur zu besuchen, weil der US-Regierung nicht zu trauen ist, da sie genauso lügt wie ihre Medien.« Auf die Frage, was er als Nächstes vorhabe, sagte Awlaki: »Mir stehen momentan verschiedene Möglichkeiten offen, aber ich habe mich noch nicht entschieden. Erst einmal sondiere ich gewissermaßen die Lage.«[8]

Anfang 2008 wurde das Internet zu Awlakis digitaler Moschee, wo er überall auf der Welt Muslime erreichen konnte. Im Februar eröffnete er seine eigene Website, www.anwar-alawlaki.com, betitelt mit »Imam Anwar's Blog«. Er legte sich auch einen Facebook-Account zu, der Tausende Anhänger gewann. »In früheren Zeiten dauerte es Tage, wenn man beispielsweise von Mekka nach Medina reisen wollte, die nur 450 Kilometer voneinander entfernt sind. Heute können wir über den ganzen Erdball hinweg innerhalb von Sekunden miteinander kommunizieren; per SMS, Audio oder Video, alles innerhalb von Sekunden. So möchte ich allen Brüdern dort draußen, die ich persönlich kenne und mit denen ich eine unvergessliche Zeit verbracht habe, sagen: Assalamu alaikum und inschallah. Ich werde euch nie vergessen«, schrieb Awlaki in seinem ersten Blogeintrag. »Und mit allen, die ich durch diese modernen Kommunikationsmittel kennengelernt habe, mit denen ich mich aber bedingt durch die Umstände nicht persönlich treffen kann, fühle ich mich dennoch verbunden, und ich liebe sie um Allah willen, weil sie beschlossen haben, dem Islam zu folgen: Assalamu alaikum, und wenn wir uns nicht in dieser Welt begegnen, so werden wir Allah bitten, dass wir uns kennenlernen mögen, wenn wir auf den Thronen des Paradieses ruhen.«[9]

Auf der Kommentarseite von Awlakis Website ging es immer lebhaft zu, und er baute eine große Online-Gemeinschaft auf, mit der er sehr intensiv kommunizierte. Die Menschlichkeit – und die Bereitschaft, sich auch auf Banales einzulassen –, die Awlaki bei diesen Diskussionen demonstrierte, sprachen dem Zerrbild Hohn, das die westlichen Medien von ihm verbreiteten, und erklärten zum Teil seine Anziehungskraft, vor allem bei manchen westlichen Muslimen.

Awlakis Postings strotzten aber auch vor Feindseligkeit gegen die USA und zeigten eine deutliche Radikalisierung seiner politischen Ansichten. Moderate Töne über die Vereinigten Staaten oder die Demokratie waren vollständig verschwunden. »Muslime versuchen nicht, das System zu infiltrieren und von innen heraus zu verändern. Das ist einfach nicht unsere Art. Das ist die Art der Juden und der Munafiqin (Heuchler), aber nicht die Art der Muslime«, schrieb er in einem Blogeintrag vom August 2008. »Als Muslime sollten wir den Islam nicht den Launen des Volkes unterwerfen nach dem Motto: Wenn es ihn wählt, führen wir ihn ein, wenn es ihn nicht wählt, akzeptieren wir die Wahl der Massen. Unsere Haltung ist vielmehr: Wir führen die Herrschaft Allahs auf Erden mit der Spitze des Schwertes ein, ob das den Massen gefällt oder nicht. Wir werden die Gesetze der Scharia nicht einem Beliebtheitstest unterziehen. Rasulullah sagt: Ich wurde mit dem Schwert gesandt, bis allein Allah angebetet wird. Dieser Weg, der Weg des Rasulullah, ist der Weg, dem wir folgen müssen.« Und er fügte hinzu: »Heute ist die muslimische Welt unter Besatzung, und unsere Gelehrten erklären unmissverständlich, dass es Fard (religiöse Pflicht) jedes fähigen Muslim ist, für die Befreiung des muslimischen Landes zu kämpfen. Wenn etwas Fard ist, ist es Fard. Man kann dagegen nicht argumentieren oder darüber Vermutungen anstellen. Die Entscheidung ist ebenso klar wie ihre Folgen.« Awlaki pries die Taliban in Afghanistan und die Union Islamischer Gerichte in Somalia als zwei »erfolgreiche, wenngleich keineswegs perfekte Beispiele« für ein System islamischer Herrschaft. Der Dschihad sei, »was [der Militärtheoretiker Carl von] Clausewitz als ›totalen Krieg‹ bezeichnen würde, aber mit den islamischen Regeln der Kriegsführung. Er ist eine Schlacht auf dem Schlachtfeld und eine Schlacht um die Herzen und Hirne der Menschen.«[10]

Die US-Geheimdienste betrachteten Awlakis Internetpredigten als Bedrohung und starteten eine Flüsterkampagne gegen ihn in den amerikanischen Medien. »Es gibt guten Grund zur Annahme, dass Anwar Aulaqi seit seiner Ausreise aus den Vereinigten Staaten in sehr schwerwiegende terroristische Aktivitäten verwickelt ist, darunter auch Pläne zu Anschlägen gegen Amerika und unsere Verbündeten«, erklärte ein namentlich nicht genannter Mitarbeiter der Terrorismusabwehr im Februar 2008 gegenüber der *Washington Post*, ohne allerdings Beweise dafür vorzulegen.[11]

In seinem Blog und in E-Mails behandelte Awlaki beispielsweise die Frage, ob Muslime aus westlichen Ländern am Dschihad teilnehmen sollten, und wie verdienstvoll es sei, an die Frontlinien zu gehen, um zu kämpfen. Eine neue Generation junger entrechteter Muslime fühlte sich von Awlakis Video- und Audiobotschaften besonders angesprochen. Eine der beliebtesten war »Konstanten auf dem Weg des Dschihad«, eine Audiopredigt, die vermutlich 2005 aufgezeichnet wurde.[12] Sie basierte auf den Lehren des Yusuf al-Ayyiri, des ersten al-Qaida-Anführers auf der Arabischen Halbinsel und wortgewandten Strategen der Guerilla-Kriegsführung, der 2003 von saudischen Sicherheitskräften getötet worden war.[13] In dieser Predigt entwickelte Awlaki Ayyiris Lehren über den Dschihad weiter, indem er Geschichten vom gewaltigen Kampf islamischer Krieger zur Verteidigung ihres Glaubens in den gegenwärtigen Zusammenhang stellte. »Wann immer ihr das Wort Terrorist seht, ersetzt es durch das Wort Mudschahedin«, erklärte Awlaki. »Wann immer ihr das Wort Terrorismus seht, ersetzt es durch das Wort Dschihad.« Sämtliche »Regierungen der Welt haben sich zum Kampf gegen den Islam vereinigt«, fuhr Awlaki fort. »Die Menschen suchen nach Möglichkeiten, dem Dschihad zu entgehen, weil sie ihn nicht mögen. Die Wirklichkeit des Krieges ist schrecklich, und deshalb versuchen die Menschen ihn zu vermeiden, aber das Kämpfen ist euch vorgeschrieben, es ist Allahs Auftrag.« Wahre Muslime, sagte Awlaki und zitierte dabei aus Ayyiris Schriften, definierten den Sieg nicht einfach nur als militärischen Triumph, sondern als eine Opfertat. »Wenn der Mudschahed ›sich selbst‹ und seinen Wohlstand opfert, ist das ein Sieg. Der Sieg eurer Idee, eurer Religion. Wenn ihr für eure Religion sterbt, wird euer Tod die Dawa [die Missionierung im Namen des Islam] weiterverbreiten ... Allah wählt unter den Gläubigen die Schuhada [Märtyrer] aus. Das ist ein Sieg.«[14]

Antiterrorexperten von CIA und FBI analysierten Awlakis Predigten und suchten nach möglichen Hinweisen auf eine Verbindung des Predigers zu al-Qaida. Zwar fanden sie keine, betrachteten aber seinen Einfluss und die Inspiration, die er anderen vermittelte, als Gefahr. In den Protokollen der Telefongespräche, die im Zuge der zahlreichen Antiterrorermittlungen abgehört worden waren, fanden sich immer wieder Verweise auf Awlaki, vor allem auf seine »Konstanten«-Predigt. »In gewissem Sinn überschreitet Awlaki diese Brücke. Er doziert auf Arabisch, aber auch auf Englisch, und er ist US-Bürger und weiß daher, wie man die Jugend anspricht«, erklärte mir Dr. Emile Nakhleh, der ehemalige CIA-Beamte, der die Political Islam Division der CIA geleitet hatte. »Und deshalb liegt die Gefahr nicht darin, dass er ein weiterer bin Laden ist – manche Leute in der Regierung fürchten Awlaki deshalb, weil er dieses neue Phänomen der Rekrutierung repräsentiert, er rekrutiert gewöhnliche Menschen, die das Radar nicht erfasst.«[15]

Als Awlakis Popularität im Internet immer mehr wuchs – auf viele seiner Postings erhielt er Hunderte von Kommentaren und Anfragen um Rat –, übten die USA gewaltigen Druck auf die jemenitischen Geheimdienste aus, ihn erneut zu verhaften. »Die Amerikaner waren sehr, sehr wütend auf die [jemenitische] Regierung«, berichtete Scheich Saleh bin Fareed, der sich regelmäßig sowohl mit amerikanischen als auch jemenitischen Regierungsvertretern traf, um Streitigkeiten zwischen der Regierung und jemenitischen Stämmen zu schlichten. »Sie waren wirklich verärgert. Und ich glaube, sie haben den [jemenitischen] Präsidenten enorm unter Druck gesetzt, ihn wieder«[16] in Gewahrsam zu nehmen. Awlaki wurde auf Schritt und Tritt verfolgt. »Er wurde schikaniert und stand die ganze Zeit, in der er sich in Sanaa aufhielt, unter Beobachtung. Er konnte überhaupt nichts tun«, erzählte Anwars Vater Nasser, der damals mit seinem Sohn zusammenlebte.[17] »Sie observierten ihn sehr genau«, fügte bin Fareed hinzu. »Er mochte das nicht. Wohin er auch ging, immer waren die Geheimagenten in seiner Nähe. Wenn er in die Moschee ging, waren sie da, wenn er mit dem Auto fuhr, waren sie hinter ihm, wenn er zum Essen ging, gingen auch sie essen. Ich glaube, er hat sich nicht frei gefühlt.«

Awlakis Freund Scheich Harith al-Nadari berichtete: »Wir wurden intensiv überwacht und schikaniert.« Daher habe Awlaki beschlossen, dass »Sanaa kein passender Aufenthaltsort mehr für uns war«.[18] Er entschied sich schließlich für Ataq, die Hauptstadt des Gouvernements Schabwa, dem Stammesland seiner Familie im Südjemen nahe dem Arabischen Meer.[19] Dort, hoffte er, würden ihn der jemenitische Geheimdienst und die US-Regierung in Ruhe lassen. Er irrte sich.

Washington minderte nicht den Druck auf das jemenitische Regime. Als Awlaki Sanaa den Rücken kehrte, verlangte der US-Geheimdienst, dass die jemenitischen Sicherheitskräfte ihn zurückbrachten. Yahya Saleh, Chef der von den USA ausgebildeten und finanzierten Eliteeinheit zur Terrorismusabwehr, sagte zu Nasser: »Wenn Ihr Sohn nicht zu uns kommt, werden die Amerikaner ihn töten.« Nasser und Scheich Saleh bin Fareed fuhren beide nach Schabwa, um Anwar zur Rückkehr nach Sanaa zu bewegen. »Ich traf mich mit Anwar in Schabwa und versuchte, ihn zu überzeugen«, erzählte mir bin Fareed. »Aber er sagte zu mir: ›Onkel, ich will nicht. Ich wurde als freier Mann geboren. Ich will nicht, dass jemand mir sagt, wo ich zu schlafen habe, wohin ich meinen Kopf betten, in welche Richtung ich ihn legen soll. Ich versichere dir, ich habe mit Terrorismus nichts zu tun. Und ich habe mit al-Qaida nichts zu tun. Ich gehe nur in die Moschee, und diejenigen, die dort zu mir kommen, stammen alle aus meiner Stadt. Ich schreibe im Internet, [und] die Leute stellen mir Fragen, und ich antworte. Ich predige den Islam, das ist meine Aufgabe.‹ Sollte sein Onkel irgendeinen Beweis dafür finden, dass er in den Terrorismus verwickelt sei«, sagte Awlaki zu bin Fareed, »kommst du und steckst mich ins Gefängnis.«[20]

Ursprünglich hatte Awlaki seine Frau und seine Kinder nach Ataq mitgebracht, aber sie zogen schließlich zurück nach Sanaa zu seinen Eltern. Seine Familienangehörigen erzählten mir, Awlaki sei in Ataq ständig von jemenitischen Geheimagenten observiert worden. Um ihnen zu entgehen, beschloss Awlaki, noch weiter fortzuziehen, in das kleine Dorf seiner Familie namens al-Saeed im ländlichen Schabwa. »Es ist ein kleines Dorf. Ein paar tausend Menschen leben dort in dem Tal. Alle gehören demselben Stamm an«, erklärte mir bin Fareed. »Wenn jemand aus einem anderen Dorf dorthin kommt, weiß jeder, dass er ein Fremder ist. Man kennt einander. Ich glaube, den Amerikanern hat das nicht gefallen.« Im Dorf seiner Familie führte Awlaki seinen Blog weiter und wurde noch radikaler. Freunden und seiner Familie erzählte er, er glaube, die USA hätten ihn zum Abschuss freigegeben.[21]

Die Jagd auf Awlaki fiel zeitlich mit der Eskalation von Angriffen al-Qaidas im Jemen zusammen. Am 17. September 2008 führte al-Qaida einen massiven Selbstmordanschlag auf die US-Botschaft in Sanaa durch.[22] Das festungsartige Gebäude wurde gleichzeitig mit Autobomben, Panzerfäusten und automatischen Waffen unter Beschuss genommen. Dreizehn Wachen und Zivilisten kamen dabei um, darunter ein Amerikaner. Auch die sechs Angreifer wurden getötet. Al-Qaida erklärte den Anschlag zu einem Erfolg. »Dieser Angriff ist eine Mahnung, dass wir mit Extremisten im Krieg stehen, die um ihrer ideologischen Ziele willen unschuldige Menschen ermorden«, sagte Präsident Bush. General David Petraeus saß dabei neben ihm. »Mit ihren Morden wollen diese Extremisten unter anderem erreichen, dass die Vereinigten Staaten die Nerven verlieren und sich aus bestimmten Weltregionen zurückziehen.«[23]

Bald darauf erhielt Petraeus das Kommando über CENTCOM, von

dem aus er die amerikanischen Kriege – die erklärten ebenso wie die nicht erklärten – im Nahen Osten steuerte. Eine seiner Aufgaben dabei war, die Ausweitung der verdeckten amerikanischen Militärschläge im Jemen zu koordinieren. Im Mai, kurz nachdem er die Nachricht von seiner Ernennung zum Befehlshaber von CENTCOM erhielt, traf sich Petraeus in Katar mit CIA-Direktor Michael Hayden, JSOC-Chef Admiral McRaven und weiteren Personen zur Erörterung von Plänen, wie man die Schläge gegen mutmaßliche al-Qaida-Mitglieder verstärken könnte, wo immer sie auch operierten.[24]

Als in den USA die Meldung vom Bombenanschlag auf die Botschaft durch die Medien ging, befand sich Petraeus' künftiger Chef, Senator Barack Obama, gerade auf Wahlkampftour. »Das macht uns bewusst, dass wir unsere Anstrengungen, die internationalen terroristischen Organisationen aufzuspüren und zu zerstören, verdoppeln müssen«, erklärte Obama während eines Aufenthalts in Grand Junction, Colorado.[25] Der Jemen war im Begriff, von einem Neben- zu einem Hauptthema zu werden.

Michael Scheuer, der 22 Jahre bei der CIA gearbeitet hatte und ehemals Chef der für die Jagd auf bin Laden zuständigen Einheit gewesen war, meinte dazu: »Al-Qaidas Organisation im Jemen scheint sich nach der Periode des Chaos und der repressiven Maßnahmen der Regierung, die nach dem Tod ihres Führers Abu Ali al-Harithi im November 2002 folgte, stabilisiert zu haben … Der Jemen stellt für al-Qaida eine entscheidende, zentrale Basis dar, von der aus sie ihre Operationsfelder in Afghanistan, dem Irak, Ostafrika und dem Fernen Osten miteinander verknüpft. Der Jemen bietet auch eine Basis für die Ausbildung jemenitischer Kämpfer und als Ruhezone zur Wiederherstellung der Kämpfer einer Vielzahl islamistischer Gruppen nach ihrem Einsatz in Afghanistan, dem Irak und Somalia.«[26] Vom Jahr 2000 an bis zum Ende der Regierung Bush gab es Dutzende dokumentierte Anschläge von al-Qaida auf jemenitischem Boden. Deshalb wurden im Laufe der Jahre die US-Militärhilfe und die Finanzmittel der CIA ständig erhöht. »Als [al-Qaida] anfing, im Jemen Probleme zu bereiten, begann das US-Geld zu fließen«, versicherte Scheuer. »Für Salih ist al-Qaida ein Geschenk, das immer weitere Geschenke nach sich zieht. Sie ist sein wichtigster Spendensammler, dank ihrer bekommt er von den Saudis und den USA Geld.«[27]

Im Oktober 2008 wurde die US-Basis in Dschibuti offiziell unter das

Kommando von AFRICOM gestellt, das sechste vereinte Regional-kommando des Pentagon. Der Jemen blieb jedoch im Verantwortungs-bereich von CENTCOM und wurde zu einem Haupteinsatzgebiet der Spezialeinheiten unter dem Banner von SOC(FWD)-Yemen (Special Operations Command-Forward Yemen). Während sich Salih für seine komplexen Beziehungen zu den USA der offiziellen Kanäle bediente, unternahmen ehemaligen Angehörigen der US-Spezialeinheiten zufol-ge JSOC-Teams gelegentlich »einseitige, direkte Aktionen« gegen mut-maßliche al-Qaida-Mitglieder im Jemen. Dies wurde öffentlich nie er-wähnt, und manche Operationen fanden vielleicht sogar ohne Salihs Wissen oder Genehmigung statt. »Damals bildeten wir die einheimi-schen Sicherheitskräfte im Jemen aus«, berichtete mir ein ehemaliger Mitarbeiter eines ranghohen JSOC-Offiziers. »Gleichzeitig jagten und töteten wir Leute auf der ganzen Halbinsel und auch im Jemen, die mut-maßlich oder erwiesenermaßen al-Qaida-Extremisten waren.«[28] Ob-wohl sich der Jemen auf dem Radar von JSOC und CIA immer deut-licher abzeichnete, blieb das Land weitgehend aus den Schlagzeilen. Bei den drei Fernsehduellen zwischen Barack Obama und John McCain vor den Wahlen 2008 wurde der Jemen nicht ein einziges Mal erwähnt.

Im Wahlkampf warf Obama Präsident Bush vor, für den Irakkrieg die Ressourcen ausgedünnt zu haben, die eigentlich für den Kampf ge-gen al-Qaida hätten bereitstehen sollen. »Im Irak gab es keine Spur von al-Qaida, bis George Bush und John McCain beschlossen, dort einzu-marschieren«, erklärte Obama im Februar 2008. »Sie interessierten sich nicht mehr für diejenigen, die den 11. September zu verantworten hat-ten, nämlich al-Qaida.«[29] Der neue Präsident versprach, Afghanistan wieder höchste Priorität einzuräumen und dort dem früheren JSOC-Be-fehlshaber, General McChrystal, das Kommando zu übertragen. Aber Obama erkannte bald, dass sein Versprechen, al-Qaida direkt zu be-kämpfen, sich nicht auf Afghanistan beschränken ließ. Der Jemen soll-te schon bald zu einem wichtigen Feld auf Obamas Schachbrett der Ter-rorismusbekämpfung werden.

Als die achtjährige Ära Bush sich ihrem Ende zuneigte und der Wahl-kampf in den USA kurz vor dem Finale stand, äußerte sich Awlaki er-zürnt über die Hoffnungen, die Muslime in den USA und weltweit auf die Kandidatur von Barack Obama setzten. »Die Fürsprecher für eine Beteiligung an den amerikanischen Wahlen behaupten, wir würden das geringere von zwei Übeln wählen. Ihr Grundgedanke ist richtig, aber sie übersehen dabei, dass sie bei der Wahl des geringeren von zwei Übeln ein noch größeres Übel schaffen«, schrieb Awlaki im Oktober 2008. »Der Typus von Kandidaten, die die amerikanische Politik ausgespuckt hat, ist absolut verabscheuungswürdig. Ich frage mich, wie ein Muslim mit nur einem Funken Iman [Glaube] in seinem Herzen an eine Wahlurne treten und mit seiner Stimme Kreaturen wie McCain oder Obama unterstützen kann?!« Und er fügte hinzu: »Ganz gleich, wie unbedeutend eure Stimme ist, am Tag des Jüngsten Gerichts müsst ihr euch dafür verantworten. Ohne Zwang und Not wählt ihr bewusst den Führer einer Nation, die den Krieg gegen den Islam anführt.«[30] In einem späteren Posting schrieb Awlaki, dass es »bei den meisten Themen, die Muslime betreffen, sehr wenig Unterschiede« zwischen McCain und Obama gebe. »Zum Beispiel haben sie eine ähnliche Einstellung zum Krieg gegen den Terror und zur Palästinafrage. Jeder, der nur die leiseste Ahnung von der amerikanischen Politik hat, kann erkennen, dass die beiden Parteien bei den entscheidenden Themen einer Meinung sind.«[31]

Je mehr Awlaki seine Rhetorik verschärfte, desto höher stuften ihn die US-Geheimdienste als potenzielle Bedrohung ein. Einen Monat vor Obamas Wahl zum Präsidenten wurde ein wenig deutlicher, wie Awlaki gesehen wurde, als Charles Allen, Staatssekretär für den Nachrichtendienst des Ministeriums für Innere Sicherheit, Awlaki als einen »Unterstützer von al-Qaida und ehemaligen geistigen Führer von drei der Flugzeugentführer des 11. September« bezeichnete. Dies war das erste Mal, dass ein Vertreter der amerikanischen Regierung Awlaki öffentlich mit dem Terrorismus in Verbindung brachte. Allen behauptete, Awlaki »indoktriniert von seinem neuen Zuhause im Jemen aus amerikanische Muslime mit Predigten im Internet, in denen er zu terroristischen Anschlägen aufruft«.[32] Nachdem Allens Äußerungen veröffentlicht wurden, schoss Awlaki in seinem Blog zurück. Als Antwort auf die Bezichtigung, er sei »geistiger Ratgeber« einiger der Flugzeugentführer gewesen, schrieb Awlaki: »Dies ist eine haltlose Anschuldigung, die ich in den Verhören durch das FBI und in den Medien immer wieder zurückgewiesen habe. Aber die US-Regierung und die Medien versteifen sich darauf, diese Lüge weiterzuverbreiten.«[33] Zu der Behauptung, er würde zu Terroranschlägen aufrufen, erwiderte er: »Dann soll er mir doch eine einzige Predigt nennen, in der ich zu ›terroristischen Anschlägen‹ animiere.« Aber nach Ansicht der amerikanischen Regierung waren Awlakis Aufrufe zum Dschihad nichts anderes als Ermutigungen zu Terroraktionen.

Als Obama nach der Wahl zum Präsidenten seine Teams für die Außenpolitik und die Terrorismusabwehr zusammenzustellen begann, erhielt der Jemen hohe Priorität. Obwohl die meisten Menschen in den Vereinigten Staaten und auf der ganzen Welt nichts von Anwar Awlaki wussten, verfolgte die neue Regierung sehr genau jeden seiner Schritte im Jemen. Die US-Behörden legten zwar keine konkreten Beweise vor, dass Awlaki aktiv in irgendwelche terroristische Komplotte verwickelt sei, behaupteten aber, er sei ein geistiger Anstifter, dessen Predigten bei diversen terroristischen Verschwörungen eine Rolle gespielt hätten: 2006 fand man heraus, dass eine Gruppe kanadischer Muslime, die laut Anklage geplant hatten, das Parlament zu stürmen und den Premierminister zu enthaupten, Reden von Awlaki gehört hatten. Des Weiteren sollen einige der Männer, die überführt waren, 2007 einen Anschlag auf Fort Dix in New Jersey geplant zu haben, mit großer Hochachtung von Awlaki gesprochen haben; dies hatte zumindest ein Regierungsinformant behauptet.[34] Verweise auf Awlaki tauchten auch bei Ermittlungen in Großbritannien, Chicago und Atlanta auf. Awlaki pries unverhohlen al-Shabaab in Somalia, wo sich westliche Muslime dem Dschihad anschlossen, wie die USA mit wachsender Besorgnis feststellten. Eine Gruppe junger somalischstämmiger Amerikaner aus Minneapolis, die in Somalia al-Shabaab beitraten, waren dazu angeblich von Awlakis »Konstanten auf dem Weg des Dschihad« inspiriert worden.[35]

Am 21. Dezember 2008 postete Awlaki in seinem Blog unter dem Titel »Gruß an al-Shabaab in Somalia«, dass die Eroberung Mogadischus und anderer somalischer Gebiete durch al-Shabaab »unsere Herzen mit großer Freude erfüllt. Wir möchten euch zu euren Siegen und Erfolge gratulieren … Al-Shabaab ist es nicht nur gelungen, ihre Herrschaftsgebiete zu erweitern, sondern sie hat es auch geschafft, die Scharia einzuführen und uns ein lebendiges Beispiel dafür zu geben, wie wir als Muslime vorgehen sollten, um unsere Lage zu verändern. Der Stimmzettel hat uns nichts genützt, die Kugel aber schon.« Awlaki stellte al-Shabaabs bewaffnete Auflehnung gegen die Erfüllungsgehilfen der USA den Lehren der »islamischen Universitäten [gegenüber], die von Gelehrten aus der Grünen Zone geführt werden, unter Regierungen, denen Zuhälter vorstehen« und die »Schwäche und Erniedrigung« predigen würden. Er hingegen versicherte, die »Universität von Somalia« werde als Absolventen »Kämpfer [hervorbringen], die von der Schlacht gestählt und bereit sind, furchtlos und ohne zu zögern weiterzukämpfen. Diese Universität wird ihren Absolventen die praktische Erfahrung vermitteln, die die Umma [die weltweite Gemeinschaft der Muslime] für ihre nächste Phase dringend benötigt. Aber ihr Erfolg hängt davon ab, dass ihr sie unterstützt. Es ist die Pflicht der Umma, ihnen mit Männern und Geld zu helfen.«[36]

Die Antwort von al-Shabaab auf seine Botschaft gab Awlaki auf seiner Website wieder. In al-Shabaabs Erklärung an den »geliebten Scheich Anwar« hieß es: »Wir betrachten dich als einen der wenigen Gelehrten, die fest zur Wahrheit stehen und die Ehre der Mudschahedin und der Muslime verteidigen, indem sie unablässig die kraftlosen Verschwörungen der Feinde Allahs aufdecken. Allah weiß, wie viele unserer Brüder und Schwestern von deiner Arbeit inspiriert wurden. Deshalb bitten wir dich, in deinen Anstrengungen nicht nachzulassen, wo immer du auch bist, und niemals den Tadel der Tadler zu fürchten.« Die Erklärung endete mit den Worten: »O Scheich, wir sehen in dir nicht nur einen Soldaten, sondern das Ebenbild des Ibn Taymiya [ein islamischer Gelehrter des 13. Jahrhunderts, der den Mongolen Widerstand leistete].«[37]

Während der israelischen Belagerung von Gaza, bekannt als Operation Cast Lead, die Ende 2008 begann, wurde Awlakis Ton merklich radikaler und militanter. »Der illegale Staat Israel muss beseitigt werden. Wie Rasulullah die Juden von der Arabischen Halbinsel vertrieben hat, müssen die Juden aus Palästina ins Meer getrieben werden«, schrieb Awlaki. »Es gibt keine israelischen Zivilisten, außer sie sind muslimisch. Wenn der Feind unsere Frauen und Kinder ins Visier nimmt, sollten wir die ihren ins Visier nehmen.«[38]

Awlaki hatte Einfluss auf dschihadistische Zirkel und auf junge, konservative Muslime im Westen, einschließlich derer, die darüber nachdachten, am bewaffneten Kampf gegen die USA, Israel und deren Verbündete teilzunehmen. Seine Predigten verbreiteten sich wie ein Lauffeuer in dschihadistischen Webforen, die von den amerikanischen Geheimdiensten genau observiert wurden. Aber es kamen keinerlei stichhaltige Beweise zutage, dass Awlaki etwas getan hatte, was nicht von dem in der amerikanischen Verfassung verbürgten Recht der Redefreiheit geschützt gewesen wäre. Und es hätte einen erheblichen gerichtlichen Aufwand erfordert, hätte man nachweisen wollen, dass Awlakis Äußerungen gegen die Verfassung verstießen. Awlaki erzeugte jedoch so viel Unruhe, dass der US-Geheimdienst ihn zum Schweigen bringen wollte, wie das während der 18 Monate der Fall gewesen war, als er im Jemen im Gefängnis saß. Jetzt, da Awlaki in Freiheit war und mit jedem Posting in seinem Blog immer populärer wurde, intensivierte man die Observierung seiner Aktivitäten im Internet.

Ohne dass Awlaki etwas davon merkte, wurden seine E-Mails abgefangen und sein Blog nach Hinweisen auf seine Kontakte durchkämmt. Am 17. Dezember 2008 fing das FBI eine E-Mail ab, die Awlaki von Nidal Malik Hasan bekam, dem Armeemajor, dessen Eltern 2001 Awlakis Moschee in Virginia aufgesucht hatten. Den letzten Kontakt mit Hasan hatte Awlaki gehabt, bevor er die USA verließ und in den Jemen ging – und damals auch nur, um im Namen seiner Eltern mit ihm zu sprechen. Rückblickend verhieß diese E-Mail nichts Gutes. »In den amerikanischen Streitkräften gibt es viele Soldaten, die während ihrer Dienstzeit zum Islam konvertiert sind. Es gibt auch viele Muslime, die aus tausenderlei verschiedenen Gründen den Streitkräften beigetreten sind«, schrieb Hasan an Awlaki. »Manche scheinen von inneren Konflikten belastet und haben im Namen des Islam sogar andere [US-] Soldaten getötet oder versucht zu töten, zum Beispiel Hasan Akbar [ein US-Soldat, der des Mordes an zwei seiner Kameraden in Kuwait überführt wurde] und so weiter. Andere hingegen empfinden keinen Konflikt. Frühere Fatwas scheinen vage und nicht sehr entschieden zu sein.« Dann fragte er Awlaki: »Kannst du einige allgemeine Erläuterungen zum Thema Muslime im [US-] Militär geben? Würdest du jemanden wie Hasan Akbar und andere Soldaten, die solche Taten begangen haben mit dem Ziel, Muslimen/dem Islam zu helfen (dies einmal angenommen), als Kämpfer für den Dschihad ansehen, und wenn sie sterben würden, würdest du sie als Schahids [Märtyrer] ansehen? Ich weiß, das sind schwierige Fragen, aber du scheinst einer der wenigen zu sein, die in den [USA gelebt] haben und den Koran und die Sunna gut kennen und nicht davor zurückschrecken, direkt zu sein.«[39] Awlaki, der auf diese E-Mail nicht antwortete, erhielt noch monatelang weitere Nachrichten von Hasan.

Obwohl die Ermittler des FBI nach dieser E-Mail nichts gegen Hasan unternahmen, wurden ein Jahr später, nachdem Hasan in Fort Hood in Texas 13 seiner Kameraden niedergeschossen hatte, Hasans E-

Mails zur Untermauerung der Behauptung verwendet, Awlaki sei ein
Terrorist. »Al-Awlaki fasst die Philosophie von al-Qaida zu leicht ver-
daulichen, gut geschriebenen Traktaten zusammen«, erklärte Evan
Kohlmann, selbsternannter al-Qaida-Experte und oft bemühter »Sach-
verständiger« bei Terrorismusprozessen gegenüber der *New York Times*.
»Darin steht vielleicht nicht geschrieben, wie man eine Bombe baut oder
eine Waffe gebraucht. Aber er sagt ihnen, wen man töten soll und warum, und betont die Dringlichkeit der Mission.«[40] Kohlmann wurde
häufig von der US-Regierung um seine Expertenmeinung zu al-Qaida
befragt – obwohl er kein Arabisch sprach und die Länder mit einer starken al-Qaida-Präsenz kaum bereist hatte.[41] Kohlmann sagte, er habe das
US-Justizministerium gewarnt, dass Awlaki seiner Meinung nach mit
zunehmendem Geschick junge Menschen aus dem Westen dazu anstif-
te, sich im Ausland dem Dschihad anzuschließen oder im eigenen Land
Terroranschläge zu verüben. Es sei »wenig überraschend, dass Anwar
al-Awlakis Name und seine Predigt über ›Konstanten auf dem Weg des
Dschihad‹ anscheinend bei jeder Ermittlung gegen inländische Terroristen auftauchen, sei es in den Vereinigten Staaten, Großbritannien,
Kanada oder anderswo«, so Kohlmann. Die »Konstanten« bezeichnete
er als »eine Predigt, die im Laufe der Zeit für einzelgängerische muslimische Extremisten gewissermaßen zu ihrer Bibel geworden ist«.[42]
    Awlaki zog zweifellos die Aufmerksamkeit einer wachsenden Zahl
von Spezialisten der Terrorismusabwehr in den USA auf sich, doch einige Experten im Verbund der Nachrichtendienste hielten seine Bedeutung für überschätzt. Tatsächlich gab es bei einer Vielzahl von Ermittlungen gegen den Terrorismus Verweise auf seine Predigten, aber
in der Welt der tatsächlichen al-Qaida-Zellen war er praktisch ein Nobody. Außerhalb der Zirkel englischsprachiger westlicher Muslime hatte er in den meisten Teilen der muslimischen Welt keinen Einfluss. »Ich
glaube, wir konzentrieren uns deshalb so sehr auf ihn, weil er auf Englisch predigt. Und deswegen haben wir mehr Aufschluss darüber, was
er sagt, und weil wir mehr Aufschluss darüber haben, nehmen wir an,
er habe mehr Einfluss, als er tatsächlich besitzt«, meinte Joshua Foust,
damals als Analytiker des militärischen Nachrichtendiensts für den Jemen zuständig. Foust sei besorgt darüber gewesen, wie Awlaki mit seinen Predigten junge Muslime im Westen beeinflusst habe, aber seiner
Ansicht nach hätten einige Leute bei den Nachrichtendiensten die Rolle, die seine Predigten bei terroristischen Komplotten spielten, zu hoch

eingeschätzt.»Ich sehe keinerlei Beleg dafür, dass [Awlaki] irgendeine Art von Bedrohung für die Vereinigten Staaten darstellt. Ich würde sagen, dass 99,99 Prozent all derer, die sich seinen ideologischen Botschaften anhören oder an sie glauben, niemals danach handeln werden«, erklärte mir Foust.»Wenn man also behauptet, dass es an der Ideologie lag, warum jemand etwas getan hat, dann muss man schon – zumindest sehe ich das so – intellektuell redlich und analytisch gründlich sein. Man muss erklären können, warum diese oder jene Ideologie diese oder jene Person zu ihrem Handeln gebracht hat und niemand anderen. Und mir scheint es nicht möglich, das wirklich zu erklären. Ich kenne auch kein Argument, mit dem es sich erklären ließe. Deshalb meine ich, dass es von vornherein keinen Sinn ergibt, Awlaki so viel Aufmerksamkeit zu schenken, denn dadurch verleihen wir ihm eine Art von Bedeutung und Einfluss, den er in Wirklichkeit gar nicht hat.«[43]

Aus Awlakis Sicht hatte er schon Jahre vor dem 11. September und mitten in den USA eine ähnliche Botschaft gepredigt. Amerikanisch-muslimische»Organisationen unterstützten stets den Dschihad in Afghanistan, in Bosnien, Tschetschenien und Palästina. Zu jener Zeit war ich in Amerika«, sagte Awlaki.»Wir riefen von der Kanzel ... zum Dschihad im Namen Allahs auf, zur Errichtung des Kalifats ... Wir konnten frei sprechen. Die Freiheit in Amerika erlaubte uns, diese Dinge zu sagen, und wir hatten viel größere Freiheit als in vielen Ländern der islamischen Welt.«[44] Nach Awlakis Meinung hatte sich seine Botschaft nicht grundlegend geändert. Geändert hatte sich die Zielrichtung des Dschihad, für den er eintrat. Wenn Awlaki in den 1990er-Jahren in seinen Predigten zum Dschihad in Tschetschenien, Afghanistan oder Bosnien aufrief, stand das mit den politischen Zielen der USA in Einklang. Ein Jahrzehnt später jedoch nahmen die gleichen Predigten – jetzt gegen die USA gerichtet – eine neue Bedeutung an und stempelten Awlaki zum Verräter am Land seiner Geburt.

In mancher Hinsicht entsprachen die islamischen Beteiligten an dem sich ausweitenden weltweiten Krieg der Kulturen, auf die Awlaki fixiert war, denjenigen auf den Listen, die Obamas Antiterrorteams insgeheim zusammenstellten. Darauf waren die Namen von al-Qaida-Anführern verzeichnet, aber auch die vieler Militanter, die weit unten in der Nahrungskette standen: »Helfershelfer«, »mutmaßliche Militante«, »Propagandisten«. Die Regierung bereitete sich auf eine Reihe kleinerer Kriege im Nahen Osten, am Horn von Afrika und auf der Arabischen

Halbinsel vor sowie auf einen strategischen Wandel in Afghanistan, mit dem man die Taliban-Führung ausschalten wollte. Im Mittelpunkt von Obamas neuer Strategie sollte ein Programm der gezielten Tötungen stehen, das Rumsfelds Visionen von der Welt als einem Schlachtfeld voll und ganz entsprach.

Awlaki sagte voraus, der neue US-Präsident werde gegen die islamischen Widerstandsbewegungen mit aller Aggressivität vorgehen. Er behielt recht. Obama sollte schon bald dem JSOC und der CIA einen Freibrief für die weltweite Menschenjagd geben. Die Gefangennahme wäre nur die zweitbeste Option. Jene umzubringen, die der Präsident zu einer Bedrohung für die USA erklärt hatte, war die primäre Mission, trotz aller anders lautenden öffentlichen Beteuerungen der Sprecher von Militär und Regierung. Das JSOC wurde nicht nur mit der Aufgabe betraut, die Führungsspitze von al-Qaida zu töten, sondern auch deren Infrastruktur der Unterstützer entscheidend zu schwächen, mit gezielten Tötungen bis hinab zur untersten Ebene der Hierarchie. Durch dieses Programm geriet Awlaki ins Fadenkreuz des neuen Präsidenten. Bald schon würde er ein ohne jegliches Gerichtsverfahren zum Tode verurteilter US-Bürger sein.

22 „Obama ist entschlossen, den von Bush eingeschlagenen Kurs fortzusetzen."

USA, 2002–2008

Barack Obama, Professor für Verfassungsrecht, absolvierte seine Ausbildung an Eliteuniversitäten und plante seine politische Karriere sehr sorgfältig. Im Oktober 2002, als Staatssenator in Illinois, vertrat er eine Haltung zum Irakkrieg, die bereits seine außenpolitischen Vorstellungen als Präsidentschaftskandidat erahnen ließ. »Ich bin nicht gegen jeden Krieg«, erklärte Obama. »Wogegen ich bin, ist ein dummer Krieg. Wogegen ich bin, ist ein unüberlegter Krieg. Wogegen ich bin, ist der zynische Versuch von … Stammtisch- und Wochenendkriegern in dieser Regierung, die uns ihre ideologischen Programme in den Rachen stopfen, ungeachtet der Kosten an Menschenleben und Leiden.«[1] Obama spielte noch oft auf diese Rede an, aber nur sehr wenige Amerikaner hatten sie damals gehört. Obama betrat die große Bühne, als er eine von vielen gelobte, feurige Ansprache vor der Versammlung der Demokratischen Partei hielt, im gleichen Jahr einen Sitz im US-Senat eroberte und drei Jahre später seine Kandidatur für die Präsidentschaftswahlen ankündigte. »Wir wollen die Generation sein, die niemals vergisst, was an jenem Septembertag geschehen ist, und die Terroristen mit allem bekämpft, was uns zur Verfügung steht«, sagte Obama in der Rede, in der er seine Kandidatur für die Präsidentschaft erklärte. »Wir können zusammenarbeiten, um mit einem stärkeren Militär die Terroristen aufzuspüren, wir können ihnen die Finanzströme abschnüren und die Möglichkeiten unserer Nachrichtendienste verbessern.«[2]

Bei der wahlkampfstrategischen Formulierung seiner außenpolitischen Ziele mussten Obama und seine Berater das Kunststück fertigbringen, einerseits die nationale Sicherheitspolitik der Ära Bush zu kritisieren und andererseits Obama als kompromisslosen Streiter gegen den Terrorismus herauszustellen. Obama demonstrierte diese Doppelstrategie bei seinem Angriff auf seinen republikanischen Konkurrenten

John McCain: Er machte McCain mitverantwortlich für den Krieg im Irak, die Verantwortungslosigkeit und Geheimniskrämerei während der Ära Bush, und versprach gleichzeitig, einen »klügeren«, konzentrierteren Krieg gegen al-Qaida zu führen.

Am Morgen des 4. Oktober 2007 veröffentlichte die *New York Times* auf ihrer Titelseite einen ausführlichen Artikel über eine Stellungnahme des Justizministeriums aus dem Jahr 2005, in der das Ministerium »die härtesten Vernehmungsmethoden, die jemals von der CIA angewendet wurde, voll und ganz befürwortete.«[3] Unter dem neuen Attorney General Alberto Gonzales wurde der CIA »erstmals ausdrücklich die Genehmigung erteilt, Terrorverdächtige mit einer Mischung aus physischen und psychologischen Methoden zu traktieren, einschließlich Schläge auf den Kopf, fingiertes Ertränken und erzwungene Unterkühlung«. An jenem Morgen trat Obama im Fernsehen auf. »Das ist ein Beispiel dafür, was wir in den vergangenen sechs Jahren verloren haben und wiedergewinnen müssen«, erklärte Obama der Chefmoderatorin von MSNBC, Mika Brzezinski. »Wissen Sie, wir alle meinen, wir müssen Terroristen, die Amerika bedrohen, aufspüren und sie fangen oder töten. Aber wir müssen auch begreifen, dass wir durch Folter keine Informationen gewinnen und wir uns damit nur neue Feinde machen. Und deshalb denke ich, dass das als Strategie zur Schaffung eines sicheren Amerikas sowohl zu wenig durchdacht als auch unmoralisch ist.« Und Obama fügte hinzu: »Ich denke, diese Regierung hat im Grunde jede Methode als akzeptabel betrachtet, solange sie sie nach Gutdünken einsetzen und vor der Öffentlichkeit verborgen halten konnte.«[4]

Im Laufe des Präsidentschaftswahlkampfs wurde das Versprechen, die Politik der Ära Bush umzukehren, zum zentralen Bestandteil von Obamas Programm. Folterungen, das Gefängnis in Guantánamo Bay, Kriege ohne Rechtfertigung oder Rechenschaftspflicht und die Beschneidung der Bürgerrechte würden ein Ende haben, schwor Obama. »Wir sind in den letzten sechs Jahren von der Angst regiert worden, und der Präsident hat diese Angst vor dem Terrorismus ausgenutzt, um einen Krieg zu beginnen, der nie hätte genehmigt werden dürfen«, sagte Obama Ende Oktober 2007. Seiner Ansicht nach habe das von der Regierung Bush erzeugte politische Klima den Vereinigten Staaten im Inneren und wie im Ausland geschadet. »Wir haben noch gar nicht von den Bürgerrechten gesprochen und von den Folgen jener Politik der Angst, was sie angerichtet hat im Hinblick auf die Aushöhlung grundlegender Bürgerrechte in diesem Land, was sie angerichtet hat im Hinblick auf unser Ansehen in der ganzen Welt.«[5] Wenngleich Obama von Liberalen und Antikriegsorganisationen in den USA großes Lob erntete und Unterstützung erfuhr, machte er hinsichtlich seiner außenpolitischen Vorstellungen klar, dass er beabsichtige, verdeckte und geheime Operationen zu genehmigen. »Es war ein schrecklicher Fehler, die Hände in den Schoß zu legen, als wir 2005 die Chance hatten, die Führungsspitze von al-Qaida bei einem Treffen auszuschalten«, sagte Obama. »Wenn wir verwertbare Erkenntnisse über hochrangige Terroristen haben und Präsident Musharraf nicht handeln will, werden wir das tun.«[6] McCain kritisierte Obama für seine Haltung, dass er in Pakistan Angriffe durchführen lassen wolle, und nannte das unverantwortlich. »Sie können sich nicht im Fernsehen hinstellen und sagen, dass Sie ein Land bombardieren wollen, ohne dessen Erlaubnis«, sagte McCain.[7] Obama konterte, die Regierung Bush habe »genau das« getan, und erklärte: »Das ist die Haltung, die wir von vornherein hätten einnehmen sollen ... Tatsache ist, es war die richtige Strategie.«[8]

Als Obama 2008 in einem riesigen Footballstadion in Denver, Colorado, zum Präsidentschaftskandidaten der Demokraten ernannt wurde, skizzierte er, welche Politik er umzusetzen beabsichtige: den Krieg in Afghanistan ausweiten und die Zahl der weltweiten verdeckten Operationen zur Gefangennahme und Tötung erhöhen. »John McCain pflegt zu sagen, dass er bin Laden bis an die Tore der Hölle verfolgen würde, aber er will ihn ja nicht einmal bis zu der Höhle verfolgen, in der bin Laden lebt«, erklärte Obama und wiederholte noch einmal, dass die USA unter seiner Regierung in Pakistan und anderswo einseitig zuschlagen würden, wenn es darum gehe, Terroristen zu töten. »Wir müssen Osama bin Laden und seine Stellvertreter beseitigen, wenn wir sie auf unserem Radar haben.«[9]

Obamas Standardreden im Wahlkampf drehten sich oft um die Beendigung des Kriegs im Irak, aber er demonstrierte auch eine unnachgiebige Haltung zu unilateralen Angriffen der USA, bei denen zwangsläufig dem JSOC und der CIA eine bedeutende Rolle zukäme. Nach seiner Amtseinführung besetzte Obama sein außenpolitisches Team mit demokratischen »Falken«, darunter Vizepräsident Joe Biden und Außenministerin Hillary Clinton, die beide 2003 die Invasion des Irak befürwortet hatten. Susan Rice übernahm den Posten der UN-Botschafterin, und Richard Holbroke wurde für die zivile Seite von Obamas

Plan einer Ausweitung des Kriegs in Afghanistan zuständig. Alle diese Personen hatten in der Vergangenheit gezeigt, dass sie für militärische Interventionen eintraten, eine neoliberale Wirtschaftspolitik befürworteten und eine Weltsicht pflegten, die im Einklang mit der Außenpolitik stand, die seit der Präsidentschaft von George H.W. Bush bis heute praktiziert wird. Obama beließ auch Bushs Verteidigungsminister Robert Gates im Amt, ernannte den ehemaligen CIA-Mitarbeiter John Brennan zu seinem Chefberater in Fragen der Terrorabwehr und inneren Sicherheit und General James Jones zu seinem nationalen Sicherheitsberater.

Konservative Republikaner überhäuften Obama mit Lob für seine Personalentscheidungen. Präsident Bushs Chefberater Karl Rove bezeichnete Obamas Kabinettsbesetzung als »beruhigend«[10], und der neokonservative Wortführer Max Boot, der in McCains Wahlkampfstab gearbeitet hatte, meinte begeistert: »Ich bin ganz baff über diese Ernennungen, die meisten hätte auch ein Präsident McCain so treffen können.«[11] Boot fügte hinzu, Hillary Clinton werde eine »mächtige« Stimme »für den ›Neoliberalismus‹ sein, der sich in vielerlei Hinsicht nicht so sehr vom ›Neokonservatismus‹ unterscheidet«. Boots Kollege Michael Goldfarb schrieb im *Weekly Standard*, dem offiziellen Organ der neokonservativen Bewegung, er sehe »gewiss nichts, das in der Washingtoner Politik einen drastischen Wandel darstellen würde. Man kann erwarten, dass Obama entschlossen ist, den von Bush in dessen zweiter Amtszeit eingeschlagenen Kurs fortzusetzen.«[12]

Nur wenige Wochen nach seinem Amtsantritt Anfang 2009 machte Obama unmissverständlich klar, dass er beabsichtige, an vielen der höchst aggressiven Maßnahmen zur Terrorabwehr festzuhalten, die in der Ära Bush praktiziert worden waren. Dazu zählten gezielte Tötungen, Abhöraktionen ohne richterlichen Beschluss, das Betreiben von Geheimgefängnissen, die drastische Einschränkung der richterlichen Haftprüfung, Inhaftierungen auf unbegrenzte Zeit, Überstellungsflüge der CIA, Bombardierungen mittels Drohnen, der Einsatz von Söldnern in den Kriegen der USA und das Festhalten am Recht auf »Staatsgeheimnisse«. In manchen Fällen weitete Obama sogar die unter Bush praktizierten Programme noch aus, die er zuvor als Musterbeispiele für eine sich der Rechenschaftspflicht entziehende Exekutive gebrandmarkt hatte.

Während des Wahlkampfs legte Obama das Lippenbekenntnis ab,

er werde für die unter Bush durchgeführten Folterungen Rechenschaft einfordern, später jedoch rückte er davon ab und sagte nach seiner Wahl, wir »müssen nach vorne blicken und nicht zurück«. Seine Aufgabe als Präsident sei, »dafür zu sorgen, dass zum Beispiel die CIA außerordentlich talentierte Leute bekommt, die alles dafür tun, dass sich die Amerikaner sicher fühlen. Ich möchte nicht, dass sie plötzlich das Gefühl bekommen, sie müssten ständig über die Schulter blicken.«[13]

Kurz nach Obamas Amtsantritt behauptete Dick Cheney, Obama habe vor, »viele der von uns eingeführten Maßnahmen rückgängig zu machen, die das Land fast acht Jahre lang davor bewahrten, noch einmal einen terroristischen Anschlag wie den vom 11. September zu erleben«.[14] Cheney irrte sich. Obama sorgte im Gegenteil dafür, dass viele dieser Maßnahmen auf viele Jahre hinaus zu fest etablierten und von beiden Parteien gleichermaßen unterstützten Einrichtungen der amerikanischen Sicherheitspolitik wurden. Ob diese Maßnahmen den Amerikanern wirklich Sicherheit verschafft haben, ist eine andere Frage.

23 Obamas „Signature Strikes"

Pakistan und Washington, 2009

Als Präsident Obama das Oval Office bezog und seine Rolle als oberster Kriegsherr übernahm, korrigierte er Bushs Rhetorik vom Globalen Krieg gegen den Terror und taufte die Kampagne nun »Krieg gegen al-Qaida und ihre Verbündeten«. An seinem dritten Tag im Amt unterschrieb Obama mehrere Präsidialerlasse, die als Demontage der Folter- und Haftprogramme aus der Ära Bush präsentiert wurden. »Die Botschaft, die wir an die ganze Welt senden, lautet, dass die Vereinigten Staaten beabsichtigen, den derzeitigen Kampf gegen Gewalt und Terrorismus fortzusetzen, und wir werden das wachsam tun, wir werden effektiv und in einer Weise vorgehen, die mit unseren Werten und Idealen im Einklang steht.«[1] Mit 16 Offizieren im Ruhestand an seiner Seite erklärte Obama: »Wir beabsichtigen, diesen Kampf zu gewinnen. Wir werden ihn zu unseren Bedingungen gewinnen.« Aber während er sich von den Schlagworten und der Cowboyrhetorik der Ära Bush verabschiedete, die die US-Außenpolitik in den vergangenen acht Jahren geprägt hatten, schickte sich Obama an, die verdeckten US-Kriege auszuweiten, die sein Vorgänger begonnen hatte.

Am Tag nach der Unterzeichnung der Präsidialerlasse informierte CIA-Chef Michael Hayden Obama über eine Operation des Geheimdiensts in Pakistan: ein Drohnenschlag unweit der afghanischen Grenze.[2] Die Zielpersonen, so versicherte Hayden dem Präsidenten, seien hochrangige al-Qaida- und Taliban-Angehörige. Noch am selben Tag trafen zwei Hellfire-Raketen Ziele in Nord- und Süd-Wasiristan. Beim ersten Angriff gegen 17 Uhr Ortszeit wurde ein kleines Dorf bei Mir Ali in Nord-Wasiristan beschossen.[3] Der zweite Schlag erfolgte gegen 20.30 Uhr Ortszeit und war auf ein Anwesen in dem Dorf Karez Kot in Süd-Wasiristan gerichtet.[4] Hayden, der in wenigen Wochen seinen Abschied vom Geheimdienst nehmen würde, räumte gegenüber dem Präsidenten ein, dass die wichtigsten Zielpersonen nicht getroffen worden seien, versicherte ihm aber, »mindestens fünf al-Qaida-Kämpfer« seien gestorben. »Gut«, sagte Obama und gab deutlich zu verstehen, dass er eine Ausweitung der Drohnenangriffe in Pakistan favorisiere.[5]

Als die Geheimdienstleute das Filmmaterial der Drohnenschläge im Januar auswerteten, stellte sich heraus, dass Zivilisten getötet worden waren. John Brennan ging direkt zum Präsidenten und klärte ihn über die Ereignisse auf.[6] Möglicherweise waren fünf »Militante« bei den Angriffen gestorben, aber sie waren nicht die einzigen Opfer. Wie das Bureau of Investigative Journalism meldete, kamen beim ersten Angriff in Nord-Wasiristan sieben bis fünfzehn Menschen ums Leben, fast ausnahmslos Zivilisten.[7] Viele von ihnen gehörten ein und derselben Familie an. Ein Junge hatte überlebt, allerdings einen Schädelbruch sowie eine schwere Bauchverletzung erlitten und ein Auge verloren.[8] Die Rakete in Süd-Wasiristan traf »das falsche Haus« und töte Berichten zufolge fünf bis acht Zivilisten.[9] Die Toten, darunter mindestens zwei Kinder, gehörten größtenteils der Familie eines Stammesältesten an, der ebenfalls umkam. Der Mann gehörte dem Vernehmen nach einem »regierungsfreundlichen Friedenskomitee«[10] an.

Obama bestellte Hayden zu einem Vier-Augen-Gespräch ein und forderte vollständige Informationen zu den Protokollen des Drohnenprogramms. Ungeachtet der zahlreichen Instruktionen zur nationalen Sicherheit, die Obama seit seiner Nominierung als Präsidentschaftskandidat der Demokraten erhalten hatte, hörte der Präsident nun zum ersten Mal von den sogenannten »Signature Strikes« der CIA.[11] In den letzten Monaten von Bushs Amtszeit hatte der Geheimdienst Menschen anhand von Lebensmustern anstelle eindeutiger Informationen ins Visier genommen. Die CIA meinte, »Männer im Militärdienstalter«, die in einer bestimmten Region großen Versammlungen beiwohnten oder Kontakte mit anderen mutmaßlichen Militanten hätten, könne man mit Fug und Recht als Ziele für Drohnenangriffe betrachten. Eine klare Identifizierung sei nicht nötig, nur einige »Signaturen«, die die CIA selbst entwickelt hatte, um Terrorverdächtige zu erkennen.

Nachdem Hayden einiges an Überzeugungsarbeit geleistet hatte, akzeptierte Obama schließlich die »Signature Strikes«, allerdings unter einer Bedingung: Bei allen Militärschlägen dieser Art sollte der CIA-Direktor das letzte Wort haben, was gelegentlich dem stellvertretenden Direktor oder dem Leiter der Antiterrorabteilung der CIA übertragen worden war.[12] Außerdem behielt sich Obama vor, die Genehmigung der »Signature Strikes« zu einem späteren Zeitpunkt wieder zurückzuziehen. Was allerdings nie eintrat.[13] In den folgenden Monaten nahm der neue CIA-Direktor Leon Panetta die Hilfe von »Undercover-Offizieren« des CIA-Antiterrorzentrums in Anspruch und gab dem Präsidenten einen »Crashkurs«[14] in gezielten Angriffen. Panetta überprüfte das Drohnenprogramm und andere kinetische Vorhaben sowie die für einen Militärschlag erforderlichen Befugnisse. Nachdem in Pakistan hochrangige Zielpersonen getötet worden waren, hielten Obama und Panetta regelmäßig Vier-Augen-Besprechungen ab.

In seinem ersten Amtsjahr traf sich Obama regelmäßig zu einstündigen Besprechungen mit seinen wichtigsten Beratern, um alle Fragen der nationalen Sicherheit und der Terrorismusbekämpfung zu diskutieren. Den Teilnehmern zufolge hatten diese ersten Treffen den Charakter eines »Seminars«.[15] Dabei wurden geheimdienstliche Informationen und Sicherheitsgefahren erörtert, aber zunächst erhielt Obama eine Einführung in die neuen Möglichkeiten. Im ersten Jahr war die Frage der Gefangennahme oder Tötung von Menschen außerhalb Afghanistans und Pakistans noch weitgehend theoretischer Natur. Der Vizevorsitzende des Generalstabs General »Hoss« Cartwright und Obamas Top-Antiterrorberater John Brennan gewannen zunehmend Einfluss auf die Debatte, ebenso JSOC-Kommandeur Admiral McRaven. Weit oben auf Obamas Agenda zur nationalen Sicherheit stand eine gründliche Prüfung der militärischen Präsidialerlasse Bushs. Was die Terrorismusbekämpfung betraf, hielt Obama an der Politik seines Vorgängers fest und ließ die meisten Präsidialerlasse unverändert.[16] In einigen Fällen erweiterte er die Befugnisse. Obama führte von nun an fast wöchentlich militärische Angriffe auf Pakistan durch.

Obama übernahm von Bush ein Drohnenprogramm, das bereits expandierte. Kurz vor Obamas Wahlsieg hatte Bush »ein stillschweigendes Übereinkommen erreicht, das weiterhin [Drohnenschläge] ohne Beteiligung Pakistans zulässt«.[17] In der Regel informierte die US-Regierung Pakistan, sobald die Angriffe anliefen, oder wenige Minuten nach dem Bombenabwurf. Präsident Obama billigte dieses Vorgehen, das eine vermehrte Drohnenaktivität bedeutete, und »befürwortete das Programm der verdeckten Kampfhandlungen voll und ganz«.[18] Auch beließ Obama »buchstäblich alle maßgeblichen Leute«[19] der CIA, die unter Bush den Geheimfeldzug geleitet hatten, auf ihren Posten. Das Programm, in das Obama unmittelbar nach der Wahl durch den scheidenden Direktor der Nationalen Nachrichtendienste Mike McConnell eingeführt wurde, umfasste auch ein HUMINT-Netzwerk in Pakistan. Die Spione lieferten Informationen vor Ort und damit eine notwendige Ergänzung zur Drohnenüberwachung und -bombardierung. Das Spionageprogramm, seit fünf Jahren im Aufbau und Berichten zufolge sehr kostspielig, war »das wahre [Geheimnis], das Obama von diesem Moment an hüten würde«.[20]

Bald nach seinem Amtsantritt setzte Obama Panetta wegen der Jagd auf bin Laden unter Druck. Im Mai 2009 befahl er dem CIA-Direktor, die Fahndung zum »vorrangigen Ziel«[21] zu machen, und wies ihn an, einen »detaillierten Operationsplan«[22] zur Aufspürung bin Ladens vorzulegen. Panetta bekam dafür 30 Tage Zeit und informierte anschließend den Präsidenten wöchentlich über die Fortschritte des Vorhabens, auch wenn es wenig zu berichten gab.

Während sich die Fahndung nach bin Laden intensivierte, wurden die Drohnenschläge fortgesetzt. Damit stieg auch die Zahl der zivilen Opfer. Im Juni tötete die CIA in Süd-Wasiristan mehrere mutmaßliche Militante mit einer Hellfire-Rakete, nur Stunden später folgte ein Angriff auf die Menschen, die bei der Beisetzung um die Toten trauerten. Dabei kamen viele Zivilisten – die Schätzungen bewegen sich zwischen 18 und 45 – ums Leben.[23] »Nach dem Gottesdienst forderten die Menschen einander auf, das Gebiet zu verlassen, weil über uns Drohnen kreisten«, sagte ein Mann, der bei dem Angriff ein Bein verloren hatte. »Erst schossen zwei Drohnen zwei Raketen ab, es entstand ein Chaos, überall war Rauch und Staub. Verletzte schrien und baten um Hilfe … nach einer Minute feuerten sie die dritte Rakete ab, und ich fiel zu Boden.«[24] Angeblich glaubte der US-Geheimdienst, Baitullah Mehsud, der Führer der pakistanischen Taliban sei »unter den Trauernden«.[25] Das war er nicht, jedenfalls nicht, als die Raketen einschlugen. Der flüchtige Mehsud hatte Berichten zufolge, unter Bush und Obama, bereits über ein Dutzend Anschläge überlebt, die Hunderte unschuldiger Menschen töteten. Anfang August aber spürte der US-Geheimdienst Mehsud im Haus seines Schwiegervaters in dem Dorf Zanghara in Süd-Wasiristan auf.[26] Am 5. August feuerten CIA-Drohnen auf ihn, als er mit Familienangehörigen und Gästen auf dem Dach des Hauses saß. Zwei Hellfire-Raketen zerrissen Mehsud und töteten elf weitere Personen, die sich in dem Haus befanden.

Im Oktober 2009 weitete Obama Berichten zufolge die »Zielbereiche«[27] in Pakistan aus und vergrößerte das Gebiet, in dem die CIA Personen verfolgen durfte, erteilte der CIA die Genehmigung, weitere Drohnen zu erwerben, und »erhöhte die Mittel für die geheimen paramilitärischen Truppen des Geheimdiensts«. Obama hatte innerhalb von zehn Monaten bereits ebenso viele Drohnenschläge genehmigt wie Bush in den acht Jahren seiner Amtszeit.[28]

Zwar erntete vor allem die CIA Anerkennung und Kritik für das US-Drohnenprogramm, aber in Pakistan mischten noch andere Kräfte mit. Das JSOC führte eigene Geheimdienstoperationen und auch eigene Drohnenschläge in dem Land durch. Eine zentrale Rolle bei den Tötungsprogrammen von JSOC und CIA spielten Mitglieder einer Eliteabteilung von Blackwater; sie assistierten bei der Planung von Anschlägen gegen mutmaßliche Taliban- und al-Qaida-Kämpfer, der Ergreifung von hochrangigen Zielpersonen und anderen sensiblen Maßnahmen in Pakistan. Einige Elitekräfte von Blackwater SELECT arbeiteten »auf versteckten Stützpunkten in Pakistan und Afghanistan, wo die Dienstleister der Firma ferngesteuerte Predator-Drohnen mit Hellfire-Raketen und lasergelenkten 250-Kilogramm-Bomben bestückten«.[29]

Blackwater-Leute arbeiteten auch bei einem Programm für das JSOC mit, das parallel dazu von der Bagram Air Base im benachbarten Afghanistan aus durchgeführt wurde. Mitarbeiter von Blackwater und Informanten aus dem militärischen Nachrichtendienst erklärten mir, dass die Söldner immer wieder Unbedenklichkeitsbescheinigungen über dem zulässigen Level erhielten. Mit Hilfe sogenannter Alternative Compartmentalized Control Measures (ACCMs) erhielten die Blackwater-Leute Zugang zu den geheimsten Programmen. »Mit einer ACCM kann der Sicherheitsbeamte Ihnen Zugang zu hoch geheimen Programmen verschaffen, bei denen Sie dann mitarbeiten können – obwohl Sie da nichts zu suchen haben«, sagte mir ein Informant vom militärischen Nachrichtendienst.[30] Dies ermöglichte Blackwater-Mitarbeitern, »die nicht die erforderliche oder auch gar keine Unbedenklichkeitsbescheinigung besaßen, auf Vertrauensbasis an Geheimoperationen teilzunehmen«, fügte er hinzu. »Das hat man sich als ultraexklusives Niveau oberhalb von streng geheim vorzustellen. Ein Liebesreigen, genau das ist es.« Die Folge war, dass Blackwater zu allen Berichten von »Quellen« Zugang erhielt, die teilweise von JSOC-Einheiten im Einsatz ge sammelt wurden. »So wurden im Lauf der Jahre viele Dinge mit den Auftragsfirmen durchgeführt«, sagte mein Informant. »Manche unserer Auftragnehmer sehen regelmäßig Dinge, die Spitzenpolitiker nicht zu Gesicht bekommen, außer sie fragen danach.«

Mein Informant vom militärischen Nachrichtendienst berichtete auch, die Blackwater-JSOC-Operation in Pakistan sei als »Katar hoch drei« bezeichnet worden, eine Anspielung auf die Forward Operating Site der Amerikaner in Katar, eine Drehscheibe für die Planung und Durchführung der US-Invasion im Irak. »Das soll wohl die schöne neue Welt sein«, sagte er mir. »Es ist das Jamestown des neuen Jahrtausends, und es soll ein Seerosenblatt sein. Man kann auf einen Sprung nach Usbekistan und wieder zurück über die Grenze, man kann seitwärts springen, man kann in den Nordwesten springen. Der Ort ist nach strategischen Gesichtspunkten ausgewählt, sodass sie ihre Leute hinschicken können, wo sie sie brauchen, ohne sich mit der komplizierten militärischen Kommandostruktur in Afghanistan plagen zu müssen. Sie müssen sich damit nicht abgeben, weil sie in geheimem Auftrag operieren.«

Neben der Planung von Drohnenschlägen und Operationen gegen mutmaßliche al-Qaida- und Taliban-Kämpfer in Pakistan im Auftrag von JSOC und CIA wirkten Blackwater-Teams auch bei der Planung von JSOC-Missionen gegen die Islamische Bewegung Usbekistan mit. Die Bodenoperationen wurden nicht von Blackwater selbst ausgeführt, erklärte mein Informant, sondern von JSOC-Einheiten. »Das machte mich neugierig, und es bereitet mir ernsthaft Sorge, weil – ich weiß nicht, ob es Ihnen aufgefallen ist, aber mir hat niemand gesagt, dass wir uns mit Usbekistan im Krieg befinden«, so mein Informant. »Habe ich etwas nicht mitgekriegt? Ist Rumsfeld wieder an der Macht?« Wenn Zivilisten getötet werden, »sagen die Leute: ›Ach, das ist die CIA, die wieder unkontrolliert verrückten Mist baut.‹ Tja, in mindestens 50 Prozent der Fälle ist es das JSOC, das jemanden aufs Korn nimmt, den sie über HUMINT identifiziert haben, oder sie haben die Informationen selbst gesammelt oder von außen erhalten, und sie legen die Person um, so funktioniert das.«

CIA-Operationen wurden, anders als parallel laufende JSOC-Operationen, durch den Kongress kontrolliert. »Gezielte Tötungen sind zurzeit nicht gerade populär, und die CIA weiß das«, erklärte mir mein Informant 2009. »Auftragsfirmen, und vor allem JSOC-Leute, die im geheimen Auftrag arbeiten, werden nicht [durch den Kongress] überwacht, also ist es ihnen einfach egal. Wenn sie hinter einer Person her sind, und es befinden sich weitere 34 Personen in dem Gebäude, dann werden 35 Personen sterben. Das ist die Mentalität.« Weiter sagte er: »Sie sind niemandem rechenschaftspflichtig, und das wissen sie. Es ist ein offenes Geheimnis, aber was will man machen, das JSOC auflösen?«

Als Präsident Obama und sein neues Kabinett die unter Bush entwickelten verdeckten Kampfhandlungen und Programme überprüften, standen sie vor der schwierigen Aufgabe zu entscheiden, welche fortgesetzt und welche eingestellt werden sollten. Das Labyrinth der geheimen CIA-JSOC-Blackwater-Operationen in Pakistan war ein Erbe der Fraktionskämpfe und der Heimlichtuerei, die seit dem 11. September die amerikanischen Antiterrororganisationen der USA beherrschten. Als Senator hatte Obama Blackwater kritisch gesehen und Gesetzesvorhaben eingebracht, um Blackwater und andere private Söldnerfirmen zur Rechenschaft zu ziehen.[31] Als Oberbefehlshaber der Streitkräfte war er nun damit konfrontiert, dass CIA und Militär ihm die Notwendigkeit verdeckter Operationen darlegten. Im Wahlkampf politische Visionen zu präsentieren, war eine Sache, der im Geheimen waltenden Elite des nationalen Sicherheitsapparats entgegenzutreten, hingegen etwas ganz anderes und keine einfache Aufgabe. Und Obama entschied sich eben größtenteils, diese Kräfte zu fördern statt sie zu zügeln. Je mehr der Präsident in das Tagesgeschäft der Programme zur gezielten Tötung einbezogen wurde, desto mehr weitete es sich aus. Am Ende seines ersten Jahres im Amt begannen Obama und sein neues Antiterrorteam mit dem Aufbau der Infrastruktur für ein offizielles Mordprogramm.

24 Spezialeinsatzkräfte wollen das selbst machen wie in den 1980er Jahren in Zentralamerika.

Washington und Jemen, 2009

An eben jenem Tag, an dem Obama den Präsidialerlass zur Schließung des Gefängnisses von Guantánamo unterzeichnete, erhielten seine Gegner Auftrieb, denn ein ehemaliger Guantánamo-Häftling, der im Rahmen eines von den USA unterstützten und in Saudi-Arabien durchgeführten Rehabilitationsprogramms freigekommen war, tauchte im Jemen wieder auf und bezeichnete sich öffentlich als al-Qaida-Führer. In Guantánamo als Häftling Nr. 372 geführt, hatte Said Ali al-Shihri zu den Ersten gehört, die am 21. Januar 2002 in das Gefängnis gebracht wurden, nachdem er an der pakistanisch-afghanischen Grenze aufgegriffen worden war.[1] Der Darstellung des Pentagon zufolge hatte Shihri in Afghanistan Leute für den Häuserkampf in Städten ausgebildet und war ein »Reiseorganisator für al Qaida«[2] gewesen, der Kämpfer mit Geld versorgte. In seinen Haftprüfungsdokumenten in Guantánamo befindet sich Shihris Aussage, er sei nach dem 11. September nach Afghanistan gegangen, um bei humanitären Projekten mitzuarbeiten. Im November 2007 entschied das Verteidigungsministerium schließlich, Shihri nach Saudi-Arabien ausreisen zu lassen. Dort absolvierte er ein von der Regierung Bush gefördertes Rehabilitationsprogramm und tauchte anschließend unter.[3] Ob er vor seiner Haft in Guantánamo al-Qaida-Mitglied gewesen war, ist strittig. Klar ist dagegen, was nach seiner Freilassung geschah.

Im Januar 2009 erschien Shihri mit Abu Hareth Muhammad al-Awfi, einem saudischen Landsmann, der ebenfalls in Guantánamo inhaftiert gewesen war, sowie Nassir al-Wuhaischi und Qasim al-Rimi, zwei berüchtigten al-Qaida-Angehörigen aus dem Jemen, auf einem Video. In dem Video, das Ende Januar auf YouTube gepostet wurde, verkündeten die vier, gekleidet in Stammestracht mit Kampfausrüstung, die Bildung einer neuen regionalen Organisation: al-Qaida auf der Ara-

bischen Halbinsel (AQAP). »Bei Allah, die Haft hat uns nur darin bestärkt, an unseren Grundsätzen festzuhalten, für die wir ausgezogen
sind, für die wir den Dschihad geführt haben und für die wir ins Gefängnis geworfen wurden«, erklärte Shihri, der auf dem Kopf eine Kufiya und über der Schulter einen Patronengurt trug.[4] Der Name AQAP
war zwar, besonders in Saudi-Arabien, in manchen Nachrichtendienst-
kreisen schon vor dem Erscheinen des Videos bekannt, für den Rest der
Welt war es aber das Debüt einer neuen, unbekannten al-Qaida. Nicht
zufällig bestand das Quartett auf dem Video zu gleichen Teilen aus Saudis und Jemeniten. Es war eine Abrechnung mit den Regierungen Saudi-Arabiens und des Jemen, denen die Terroristen Rechtsverstöße und
Verdunkelung vorwarfen. Die neue AQAP »machte al-Qaida im Jemen,
zuvor eine Tochter des Franchise-Unternehmens, zum regionalen
Hauptbüro, indem sie ihre einst größere Schwester in Saudi-Arabien
schluckte«, urteilte der Nahostexperte Barak Barfi, wissenschaftlicher
Mitarbeiter an der New America Foundation. Wuhaischi »und seine
Kader haben praktisch eine tote Organisation wiederaufgebaut und sie
sogar noch stärker gemacht als die alte«. Von den »85 meistgesuchten
Personen«[5], die auf einer in jenem Monat von Saudi-Arabien herausgegebenen Liste standen, hatten sich laut saudischem Nachrichtendienst
20 im Jemen der AQAP angeschlossen.

Al-Qaida war im Jemen mit voller Kraft wieder da. Ein Bericht des
Nationalen Antiterrorzentrums, der Anfang 2009 herauskam, gelangte
zu dem Schluss: »Die Sicherheitssituation im Jemen hat sich im vergangenen Jahr drastisch verschlechtert, da al-Qaida im Jemen seine Angriffe gegen westliche und jemenitische Regierungseinrichtungen verstärkt hat.«[6] In Obamas erstem Amtsjahr wurde der Jemen außerhalb
eines kleinen Kreises von nationalen Sicherheitsexperten und Journalisten selten öffentlich erwähnt. Stattdessen konzentrierte sich die Regierung darauf, den Krieg in Afghanistan auszuweiten und die US-
Truppen nach und nach aus dem Irak abzuziehen.

Die verdeckten Antiterrormaßnahmen in Obamas erstem Regie-
rungsjahr bestanden vor allem aus verstärkten Drohnenangriffen der
CIA in Pakistan sowie gelegentlichen verdeckten Kampfhandlungen
des JSOC. Der Präsident erklärte wiederholt, der Fokus des US-Kriegs
gegen al-Qaida liege auf den Stammesgebieten an der afghanisch-pakistanischen Grenze. »Ich glaube, es besteht kein Zweifel mehr, dass sich
ein Terrorsyndikat mit weit ausgreifenden Tentakeln entwickelt hat«,

erklärte Obamas Außenministerin Hillary Clinton bei einem ihrer ersten Auftritte vor dem Senat. »Ja, sie reichen nach Somalia, in den Jemen, in den Maghreb und so weiter. Aber sie konzentrieren sich im Grenzgebiet zwischen Pakistan und Afghanistan. Dort sind sie verankert.«[7] Obamas nationale Sicherheitsberater wussten jedoch von vornherein, dass al-Qaida, würde man in Pakistan hart vorgehen, höchstwahrscheinlich anderswo Zuflucht suchen würde. Admiral Dennis Blair, Obamas neu ernannter Direktor der Nationalen Nachrichtendienste, bestätigte am 25. Februar 2009 vor dem Geheimdienstausschuss im Kongress, dass sich al-Qaidas Hauptquartier in den pakistanischen Stammesgebieten befinde, fügte aber hinzu: »Wir sind beunruhigt über ihre Mobilität. Das ist ähnlich wie Zahnpasta in einer Tube«, sagte Blair. »Besonders besorgniserregend sind die sich ausweitenden al-Qaida-Netzwerke« in »Nordafrika und die neu entstehende, stärker werdende al-Qaida-Präsenz im Jemen«. Der Jemen, so Blair, »gewinnt als Schlachtfeld für ihren Dschihad an Bedeutung«. Unverblümt fügte er hinzu: »Sorge bereitet uns die Möglichkeit, dass einheimische amerikanische Extremisten, angeregt durch al-Qaidas militante Ideologie, Anschläge innerhalb der Vereinigten Staaten planen könnten.«[8]

Obamas neu ernannter CIA-Direktor teilte Blairs Bedenken. »Wir haben es hier mit einem sehr hartnäckigen Feind zu tun«, erklärte Panetta Journalisten, die er zu einer Diskussion am runden Tisch nach Langley eingeladen hatte. »Wenn sie angegriffen werden, ziehen sie weiter und suchen Möglichkeiten, sich neu zu formieren; sie finden Mittel und Wege, sich in andere Gebiete abzusetzen. Und deshalb bereitet mir Somalia Sorge, deshalb bereitet mir der Jemen Sorge ... weil es diese Möglichkeit gibt. Deshalb meine ich, dass wir es nicht bei dem Versuch bewenden lassen können, sie zu zermürben; ich meine, wir müssen andauernde Anstrengungen unternehmen, weil sie nicht aufhören werden.«[9] Er warnte, der Jemen und Somalia könnten »Zufluchtsstätten« für al-Qaida werden.

Im Präsidentschaftswahlkampf hatten John McCain und andere Republikaner den Eindruck zu erwecken versucht, Obama sei der Bedrohung durch den internationalen Terrorismus nicht gewachsen. Aber schon in den ersten Tagen seiner Amtszeit war der neue Präsident extrem darauf bedacht, den verdeckten Krieg gegen al-Qaida zu intensivieren und weit über das Niveau der Ära Bush hinaus auszuweiten, vor allem im Jemen.

320

Anfang 2009 befand sich die amerikanische Regierung gegenüber Präsident Salih in der Zwickmühle. Im Wahlkampf hatte Obama versprochen, Guantánamo zu schließen, und dann hatte er einen entsprechenden Präsidialerlass unterzeichnet. Fast die Hälfte der zu Obamas Amtsantritt gut 200 verbliebenen Gefangenen in dem Lager stammten aus dem Jemen.[10] Angesichts der vielen Gefängnisausbrüche und halbherzigen Rehabilitationsprogramme unter Salih traute die amerikanische Regierung dem jemenitischen Präsidenten nicht zu, mit den heimgekehrten Häftlingen fertigzuwerden. Obwohl die Saudis mit der Rehabilitierung Shihris, der sich dann als AQAP-Anführer präsentiert hatte, gescheitert waren, favorisierte das Weiße Haus die Überstellung der jemenitischen Häftlinge nach Saudi-Arabien.

Präsident Obama machte John Brennan, seinen Chefberater in Sachen Terrorabwehr, zum Weichensteller im Umgang mit dem Jemen. Brennan, der fließend Arabisch sprach, war 25 Jahre lang bei der CIA gewesen, wo er zunächst als Analytiker und Spion gearbeitet hatte und dann zum Chef der CIA-Operationen in Saudi-Arabien aufgestiegen war. 1996, als bei dem Bombenanschlag auf die Khobar Towers 19 US-Soldaten starben, war er CIA-Resident an der Botschaft in Riad gewesen.[11] Während der Bush-Jahre stand er im Epizentrum der US-amerikanischen Nachrichtendienstoperationen und wurde schließlich Leiter des National Counterterrorism Center, das Informationen über Terroristen in aller Welt sammelte. Brennan trat nach der Wahl Obamas Übergangsteam bei und half, die Geheimdienststrategie der neuen Regierung zu koordinieren. Anfangs hatte Obama ihn als CIA-Direktor vorgesehen, aber Brennan zog seine Kandidatur zurück, als klar wurde, dass seine frühere Stellungnahme zugunsten »verbesserter Verhörmethoden« und der außerordentlichen Überstellung von Gefangenen seiner Ernennung im Wege stand. Stattdessen sollte Brennan stellvertretender Nationaler Sicherheitsberater für innere Sicherheit und Terrorabwehr werden, eine Ernennung, die nicht durch den Senat bestätigt werden musste. Die Position wurde mit weiteren Befugnissen ausgestattet, als Obama die Portfolios innere Sicherheit und Terrorabwehr zusammenführte und Brennan »direkten und sofortigen«[12] Zugang zum Präsidenten einräumte.

Als Obamas Jemen-Experte spielte Brennan eine Doppelrolle: Er handelte Zugang zu jemenitischem Territorium für Spezialeinsätze und CIA-Operationen sowie für die Ausbildung jemenitischer Einheiten aus, und er musste sich mit dem Problem der Guantánamo-Häftlinge befassen. Wie vorherzusehen war, verband Salih die beiden Themen und setzte die Gefangenen als Druckmittel ein.

Im Februar 2009 entließ Salih nach einer Vereinbarung mit den Stammesführern 176 Häftlinge, die im Lauf der Jahre wegen mutmaßlicher al-Qaida-Kontakte inhaftiert worden waren.[13] Am 15. Mai fielen in der historischen Festungsstadt Schibam im Südjemen vier südkoreanische Touristen, die vor dem Weltkulturerbe für Fotos posierten, einem Bombenattentat zum Opfer.[14] Am folgenden Tag trafen Brennan und der Direktor für Terrorabwehr im nationalen Sicherheitsrat John Duncan in Sanaa mit Salih zusammen und versuchten, den Präsidenten die Erlaubnis abzuringen, jemenitische Häftlinge nach Saudi-Arabien zu überstellen. Einer amerikanischen Diplomatendepesche zufolge wurde dieses Ansinnen »wiederholt zurückgewiesen«.[15] Salih forderte, die Jemeniten sollten in ihre Heimat zurückkehren und in einem Rehabilitationszentrum untergebracht werden, das von den Vereinigten Staaten und Saudi-Arabien finanziert würde. »Wir stellen das Gelände in Aden bereit, und Sie und die Saudis übernehmen die Finanzierung«, schlug Salih vor und fügte hinzu, ein Betrag von 11 Millionen Dollar sollte für den Bau der Einrichtung ausreichen. Brennan meinte, Salih habe mit al-Qaida »alle Hände voll zu tun« und sei zu beschäftigt, um ein solches Zentrum zu leiten. Der Diplomatendepesche zufolge wirkte Salih »während der 40-minütigen Besprechung abwechselnd abweisend, gelangweilt und ungeduldig«. Bei dem Treffen überreichte Brennan Salih auch einen Brief Präsident Obamas. Die staatliche jemenitische Nachrichtenagentur Saba berichtete, in dem Brief sei es um die »Zusammenarbeit zwischen beiden Ländern auf den Gebieten Sicherheit und Terrorismusbekämpfung« gegangen. Obama »lobte auch Jemens Anstrengungen in der Terrorismusbekämpfung und bekräftigte die Unterstützung des Jemen durch die Vereinigten Staaten«.[16] In einer amerikanischen Depesche hieß es hingegen, in dem Brief sei nur von der Guantànamo-Frage die Rede gewesen.[17] Vor seiner Abreise aus Sanaa erklärte Brennan im Gespräch mit Salihs Neffen, einem leitenden Antiterrorbeauftragten im Jemen, er werde »Präsident Obama berichten, wie enttäuscht er sei«, dass sich der Jemen in der Guantànamo-Frage »so unflexibel zeigt«. Ein paar Wochen nach dem Treffen sagte Salih gegenüber *Newsweek:* »Wir sind keine gehorsamen Soldaten der Vereinigten Staaten. Wir sagen nicht einfach Okay zu allem, worum sie uns bitten.«[18]

Colonel Patrick Lang hatte Brennan kennengelert, als dieser als CIA-Analytiker nach Saudi-Arabien versetzt wurde. »Ich glaube nicht, dass [Brennan] den Verhandlungen mit Salih in puncto Gerissenheit und Listenreichtum gewachsen ist«, erklärte mir Lang damals und fügte hinzu, die Jemeniten »wissen, wie sie uns anpacken müssen«.[19]

Während Brennan und andere Regierungsvertreter mit Salih um die Guantánamo-Häftlinge stritten, stand das Thema keineswegs im Mittelpunkt von Washingtons Antiterrorpolitik. Die Regierung Obama vertiefte sich vielmehr in ihre Kriegsstrategie für Afghanistan und in die Frage, wie viele zusätzliche Soldaten sie nach Afghanistan entsenden und wie sie mit den al-Qaida-Rückzugsgebieten in Pakistan umgehen sollten. CENTCOM-Kommandeur General Petraeus setzte sich vehement dafür ein, General Stanley McChrystal als Oberbefehlshaber nach Afghanistan zu schicken, denn er wusste, dass McChrystal seine Leidenschaft für kinetische Kampfhandlungen und heimliche Operationen teilte.[20] Petraeus selbst konzentrierte sich unterdessen auf die Pläne zur Intensivierung der direkten Kampfhandlungen im Jemen und in anderen Ländern, für die er zuständig war. Im April umriss er vor dem Senatsausschuss für Verteidigung die Haltung des CENTCOM mit dramatischen Worten, die sehr an die Sicht der Welt als Schlachtfeld in der Ära Bush erinnerten. »Für den Erfolg im Kampf gegen die extremistischen Netzwerke in der CENTCOM AOR [Area of Resposibility, militärischer Verantwortungs- und Zuständigkeitsbereich] – sei es im Irak, in Afghanistan, in Pakistan, im Jemen, im Libanon oder anderswo – sind alle Kräfte und Mittel nötig, die uns in einer auf den Prinzipien der Aufstandsbekämpfung basierenden Strategie zur Verfügung stehen«, erklärte Petraeus. »Unsere Antiterrormaßnahmen, die, oft durch den Einsatz militärischer Gewalt, auf eine Zerschlagung der extremistischen Netzwerke und ihrer Führung abzielen, sind entscheidend.«[21]

Im selben Monat segnete Petraeus einen Plan ab, der mit der US-Botschaft in Sanaa, der CIA und anderen Nachrichtendiensten entwickelt worden war und vorsah, die US-Militäreinsätze im Jemen auszuweiten.[22] Der Plan umfasste einerseits ein Spezialeinsatztraining für jemenitische Streitkräfte, andererseits unilaterale Militärschläge gegen AQAP. Petraeus beklagte die »Unfähigkeit der jemenitischen Regierung, die Kontrolle über ihr gesamtes Gebiet zu sichern und auszuüben … Sie bietet Terror- und Rebellengruppen in der Region, insbesondere al-Qaida, eine Zufluchtsstätte, wo sie Terrorakte planen, organisieren und unterstützen können ... Es ist wichtig, dass man dieses Problem anpackt, und CENTCOM arbeitet daran.«[23] Dass Petraeus die Bereitschaft der USA zur Zusammenarbeit mit dem Jemen erklärte, war lediglich ein Lippenbekenntnis, denn er stellte zugleich klar, dass die Vereinigten Staaten in dem Land zuschlagen würden, wann immer es ihnen gefiel.»Als CENTCOM-Kommandeur war er damals in der Lage, seine ›heilige Doktrin‹ auf alle Länder in dem Einsatzgebiet anzuwenden, über das er das Kommando hatte, und der Jemen war ein Land, das dafür zur Verfügung stand«, stellte Oberst Lang fest.»Und wenn Sie in Ihrem Hauptquartier sitzen, kommen Sie ganz leicht auf den Gedanken« – Lang machte eine Pause, dann fuhr er fort –,»machen wir es, dann ist es erledigt.«

Damals, im Sommer 2009, hatte General McChrystal das JSOC verlassen und diente als Direktor des Generalstabs. Obwohl McChrystal bald das Kommando über den Krieg in Afghanistan übernehmen sollte, riet er Präsident Obama, das JSOC anders einzusetzen, als es unter Bush üblich gewesen war; insbesondere sollte die Einheit verstärkt in Einsatzgruppen unter der Leitung einzelner Kommandeure aufgegliedert werden. Gemeinsam mit Petraeus drängte McChrystal Obama, die Ausweitung der verdeckten Operationen gegen al-Qaida auf ein Dutzend Länder im Nahen Osten, am Horn von Afrika und in Zentralasien zu genehmigen. Der Präsident gab dem Plan grünes Licht. Im Fall des Jemen hieß das,»direkte Aktionen« unterstanden Petraeus' Kommando und wurden von JSOC-Ninjas durchgeführt.[24]

Am 28. Mai bestieg der stellvertretende CIA-Direktor Stephen Kappes in Sanaa einen Helikopter der jemenitischen Luftwaffe und flog nach Taiz, 200 Kilometer südlich der Hauptstadt, wo er Präsident Salih in einer seiner Privatresidenzen aufsuchte.[25] Im Mittelpunkt der 40-minütigen Unterredung standen die Operationen gegen AQAP und der Nachrichtenaustausch zwischen dem Jemen und den Vereinigten Staaten. Aber zunächst bestätigte Salih seinen Beschluss, die Überstellung jemenitischer Guantánamo-Häftlinge nach Saudi-Arabien zu befürworten – ein Schritt, den er gegenüber Brennan abgelehnt hatte. Nachdem sich Kappes im Namen von Präsident Obama bedankt hatte, wiederholte Salih seine Forderung nach 11 Millionen Dollar für ein eigenes Rehabilitationszentrum und fügte hinzu, die Regierung Bush habe ihm die Summe bereits zugesagt. Schließlich wandten sich die beiden dem für

Kappes zentralen Thema zu: AQAP. Kappes gab der Sorge Ausdruck, al-Qaida könne ein Attentat auf Salih vorhaben. Der jemenitische Staatschef teilte diese Befürchtung und sagte, er habe unlängst einen Anschlag auf eines seiner Präsidentenflugzeuge vereitelt, das auf seiner Reise nach Aden zum Absturz hätte gebracht werden sollen. Auf Kappes' Ankündigung, die Regierung Obama wolle al-Qaida weltweit auslöschen, erwiderte Salih: »Ich hoffe, dass dieser Feldzug fortgesetzt wird und Erfolg hat. Auch wir kämpfen hier gegen sie. Unsere Position ist unerschütterlich.«

Was Kappes an dem Treffen besonders bemerkenswert fand, war, »dass Salih seine Haltung revidiert hatte und AQAP als ernsteste Bedrohung des Jemen bezeichnete«. Kappes und seine Entourage hatten den Eindruck, Salihs stärkere Fokussierung auf AQAP statt auf die Huthi-Rebellen im Süden »sei höchstwahrscheinlich mit Rücksicht auf seine Gesprächspartner [aus der US-Regierung] erfolgt« und ziele darauf ab, »das nötige Maß an politischer, wirtschaftlicher und militärischer Hilfe zu erwirken, um dem Zusammenbruch des Staats und dessen negativen Folgen für die Stabilität und Sicherheit der Region vorzubeugen«. Bei der Unterredung mit Kappes vertrat Salih auch die Meinung, die Huthis im Norden würden vom Iran und der Hisbollah unterstützt. Was Kappes nicht wusste, war, dass Salih eine weitere Offensive im Norden vorbereitete. Die beiden waren sich einig, dass ihre nachrichtendienstliche Zusammenarbeit reibungslos verlaufe und sich eher noch intensivieren werde.

Am 1. Juni 2009 eröffnete der US-Bürger Abdulhakim Mujahid Muhammad aus einem fahrenden Fahrzeug das Feuer auf ein Rekrutierungszentrum der US-Armee in Little Rock, Arkansas. Er tötete William Long und verwundete Quinton Ezeagwula, zwei Soldaten, die vor dem Gebäude standen.[26] Muhammad, der zum Islam konvertiert war und dessen Geburtsname Carlos Bledsoe lautete, war 2007 in den Jemen gereist, wo er heiratete und anderthalb Jahre blieb. Im Jemen wurde er von den Behörden verhaftet, als er an einer Kontrollstelle mit einem gefälschten somalischen Pass, Gebrauchsanweisungen für Waffen und Literatur von Anwar Awlaki aufgehalten wurde.[27] Daraufhin verbrachte Muhammad vier Monate im Gefängnis, wo er nach Angaben seines Anwalts gefoltert und durch andere Häftlinge radikalisiert wurde. »Wenn du aus diesem gottverdammten Knast je rauskommst, jagen wir dich bis zum Tag deines Todes«, drohte ihm laut seinem Anwalt ein FBI-Agent, der Muhammad im Gefängnis aufsuchte.[28]

Schließlich konnte die US-Regierung die jemenitische Regierung bewegen, Muhammad an die Vereinigten Staaten auszuliefern. Auf amerikanischem Boden wurde er von der Joint Terrorism Task Force des FBI vernommen, aber nicht inhaftiert.[29] Muhammad erklärte den Polizisten, die ihn verhörten, sein Motiv seien die Kriege der USA im Irak und in Afghanistan gewesen.[30]

Nach dem Attentat in Arkansas schickte Muhammad, während sein Anwalt den Prozess vorbereitete, einen handschriftlichen Brief an den mit dem Fall befassten Richter und kündigte an, er wolle sich schuldig bekennen. Muhammad erklärte, die Schüsse seien »ein Dschihad-Angriff auf ungläubige Streitkräfte« gewesen, gestand seine Gefolgschaftstreue gegenüber al-Wuhaischi und AQAP und verkündete: »Ich war weder verrückt noch posttraumatisch noch wurde ich zu dieser Tat gezwungen. Sie ist nach islamischen Gesetzen und der islamischen Religion Teil des Dschihad, um jene zu bekämpfen, die gegen den Islam und die Muslime Krieg führen.«[31] Ob Muhammad tatsächlich Verbindungen zu AQAP unterhielt, wird vielleicht niemals ans Licht kommen. Sein Vater war der Ansicht, sein Sohn sei einer Gehirnwäsche unterzogen worden und wolle sich »womöglich mit al-Qaida in Verbindung bringen, weil er meint, er werde dann hingerichtet und zum Märtyrer«.[32] Ob es sich nun um ein AQAP-Attentat handelte oder nicht, sollte sich aber bald als unerheblich erweisen, weil andere Ereignisse die Vermutung bestätigten, dass die Gruppe Anschläge in den Vereinigten Staaten plante.

Kurz vor dem Anschlag auf das Rekrutierungszentrum geißelte Exvizepräsident Dick Cheney öffentlich Präsident Obamas Antiterrorpolitik. In einer Rede vor dem neokonservativen American Enterprise Institute übte Cheney scharfe Kritik an Obama, weil er die »verbesserten Verhörtechniken« unterbunden hatte, und feierte die Entscheidung des Kongresses, die Mittel für die von Obama geplante Verlegung von Guantánamo-Häftlingen auf amerikanischen Boden zu streichen, ein Schachzug, der praktisch die Schließung des Gefängnisses blockierte. Cheney bezeichnete Obamas Antiterrorpolitik, insbesondere das Folterverbot, als »Leichtsinn, getarnt als Rechtschaffenheit« und behauptete, er erhöhe »damit die Gefahr für das amerikanische Volk«.[33]

Während Cheney seine öffentlichen Attacken ritt, bereitete die Re-

gierung Obama hinter den Kulissen einen viel umfassenderen und wei-
terentwickelten Antiterrorfeldzug vor allem im Jemen vor, als Cheney
und sein ehemaliger Chef ihn geführt hatten, und griff auf die umstrittene Bush-Doktrin zurück, die die Welt zum Schlachtfeld erklärte. Obama »steigerte die Politik von Bush noch«, urteilte Joshua Foust, der in
der ersten Hälfte von Obamas Amtszeit als Jemen-Analytiker für die Defense Intelligence Agency tätig war.[34] Kurz nach seinem Ausscheiden
aus der DIA Anfang 2011 erklärte mir Foust, Obamas Vorgehen im Jemen sei »hoch militarisiert, stark darauf fokussiert, die Bedrohung direkt auszuschalten, anstatt sozusagen den Sumpf trockenzulegen«.

Von Anfang an waren zwei der Hauptakteure aus dem Kriegsteam
der Regierung Bush damit beauftragt, »die Bedrohung auszuschalten«.
Während General McChrystal die Intensivierung des Kriegs in Afghanistan und Pakistan koordinierte, war General Petraeus, in Zusammenarbeit mit McChrystals Nachfolger beim JSOC, General McRaven,
für die »kleinen Kriege« in anderen CENTCOM-Gebieten zuständig,
vor allem im Jemen. Aufgrund der Kommandostruktur hatte das JSOC
die Leitung über die verdeckten Kampfhandlungen im Jemen. Für viele
JSOC-Angehörige entsprach der Jemen im Vergleich zu Afghanistan,
wo al-Qaida weitgehend ausgeschaltet oder in die Flucht geschlagen
war, weitaus mehr ihren Fähigkeiten. »Diese Leute sind Skalpelle. Sie
möchten nicht als Vorschlaghammer eingesetzt werden«, erklärte mir
der ehemalige Berater des Kommandeurs der Spezialeinheiten. »In Afghanistan wurden sie als Vorschlaghammer gegen Taliban-Ziegenhir-
ten eingesetzt. Im Jemen konnten sie wieder Skalpell sein und die echte
al-Qaida ausschalten.« Spezialeinheiten, meinte er noch, »wollen das
selbst machen wie in den 1980er-Jahren in Zentralamerika ... COIN
[Counterinsurgency, Aufstandsbekämpfung] oder ›Nationenbildung‹
interessieren sie nicht.«[35]

Im Anschluss an Kappes' Besuch bei Salih im Mai beauftragte Hillary Clinton den US-Botschafter im Jemen Stephen Seche, mit Präsident
Salih eine Vereinbarung darüber zu treffen, dass künftig US-Drohnen
und Hubschraubern eine unbegrenzte Flugerlaubnis über jemenitischen Hoheitsgewässern erhielten.[36] Dies beruhte auf der gemeinsamen
Planung von CIA, Armee, JSOC und Außenministerium. Seche wurde
angewiesen, nichts schriftlich festzuhalten und den Vorschlag nur mit
dem Präsidenten persönlich zu besprechen. Als offiziellen Grund sollte
Seche anführen, man wolle »den Waffenschmuggel in den Gazastreifen

unterbinden«. Zu den Themen, die Seche mit Salih besprechen sollte, gehörten auch angebliche Erkenntnisse der amerikanischen Geheimdienste, dass »umfangreiche Waffenlieferungen an die Hamas in nur 24 Stunden vom Jemen über das Rote Meer in den Sudan gelangen«. Ein weiterer Punkt betraf ein »Netz von Waffenschmugglern aus dem Jemen. Es versorgt Personen in Afrika mit Waffen, die sie an verschiedene Organisationen liefern, darunter möglicherweise al-Qaida-nahe Terrorgruppen.« Ein Einverständnis des Jemen in Sachen Drohnen und Hubschrauber »würde das CENTCOM sehr viel besser in die Lage versetzen, Informationen zu sammeln, die für das Identifizieren und Nachverfolgen« der Lieferungen erforderlich seien. Mag sein, dass die Vereinigten Staaten beim Aushandeln dieses Abkommens tatsächlich nebenbei die Absicht verfolgten, den Waffenschmugglern auf die Schliche zu kommen, aber der Zeitpunkt lässt darauf schließen, dass es sich um einen Vorwand handelte.

General Petraeus flog am 26. Juli 2009 in den Jemen, um den Boden für den gemeinsamen Plan von CIA und Militär zu bereiten, der eine Ausweitung der gezielten Anschläge gegen AQAP vorsah. Für Salih brachte der General ein Geschenk mit – die offizielle Bestätigung, Obama werde die Militärhilfe für den Jemen aufstocken. Im Gegenzug drängte Petraeus Salih, auch der Jemen müsse al-Qaida verfolgen. Salih und die Vereinigten Staaten legten gleichermaßen Wert darauf, den Anschein zu erwecken, der Jemen bekämpfe AQAP selbstständig, um das Ausmaß des US-Engagements zu verschleiern, das mit jedem Tag zunahm. Eine Woche nach dem Treffen mit Petraeus schickte Salih seinen Neffen Ammar Muhammad Abdullah Salih, Kommandant im Nationalen Sicherheitsbüro, nach Marib, einem Tummelplatz von al-Qaida.[37]

Abdullah Salih hatte den Auftrag, eine mutmaßliche al-Qaida-Zelle auszuschalten, eine Operation, die Washington beweisen sollte, dass der jemenitische Präsident es ernst meinte. Doch die Sache ging gründlich schief. Obwohl Abdullah Salih mit den Stammesführern vor Ort die Bedingungen für den Angriff ausgehandelt hatte, verpfuschten die jemenitischen Antiterroreinheiten den Einsatz. Statt den al-Qaida-Unterschlupf zu bombardieren, trafen sie ein Stammesgebäude. Es kam zu einem Feuergefecht, bei dem die Stammesleute gemeinsam mit al-Qaida gegen Regierungstruppen kämpften. Ein Lastwagen mit Militärgütern kam abhanden und wurde von al-Qaida-Kämpfern erbeutet. Am Ende hatten Salihs Streitkräfte fünf Panzer verloren und mehrere Tote zu beklagen; sieben Soldaten gerieten in Gefangenschaft. AQAP schlug Kapital aus dem Debakel, sprach von der »Schlacht von Marib« und stellte ein Video mit den gefangenen Soldaten ins Netz.[38] Obwohl die Operation ein kolossaler Fehlschlag war, diente sie zugleich den Zwecken Salihs und der Vereinigten Staaten, denn sie demonstrierte der Öffentlichkeit, dass die jemenitische Regierung AQAP bekämpfte, was dazu beitrug, die US-Operationen im Jemen zu verschleiern.

Am 10. August wurde bei einer Versammlung mit US-Soldaten folgende Frage an Admiral Mike Mullen gestellt: »Auf welchen Regionen wird für uns als Militärs voraussichtlich in den kommenden nicht ein bis zwei Jahren, sondern fünf bis zehn Jahren der Schwerpunkt liegen?« Mullen antwortete, er habe »beobachtet, dass al-Qaida in den letzten fünf bis sechs Jahren Bündnisse aufgebaut« habe, und er sei »in Sorge, dass zum Beispiel im Jemen und in Somalia Rückzugsgebiete entstehen. Ungefähr so wie 2001 in Afghanistan, als das alles angefangen hat.« Er erwähnte auch Nordafrika, die Philippinen und Indonesien. »Das Netzwerk wächst im Lauf der Zeit immer mehr«, erklärte Mullen.

Die Regierung Obama entsandte nun noch mehr Ausbilder für Spezialeinsatzkräfte in den Jemen. Die Jemeniten »erhielten kostenloses Training durch die Elite der amerikanischen Armee – die Besten der Besten«, erklärte mir der ehemalige Berater des Kommandeurs einer Spezialeinheit. »›Berater und Helfer‹, meist unter der Führung der DEVGRU. Sie sollen zeigen, wie man alles mögliche Zeug in die Luft sprengt, Hubschrauber fliegt und nächtliche Überfälle macht, und sie verstehen ihr Handwerk.«[39] Während die Ausbildung jemenitischer Soldaten ausgeweitet wurde, nahmen auch die unilateralen, verdeckten Todesoperation des JSOC zu.

25 | Selbstmord oder Märtyrertum

Jemen, 2009

Während sich Präsident Obama im Oval Office einrichtete, beschäftigte sich Anwar Awlaki mit dem Aufbau seiner Website und der Verbreitung seiner Botschaft. Auf seinem Blog postete er einen Essay zum Thema »Selbstmord oder Märtyrertum?«. Formal handelte es sich um eine Erörterung der Frage, ob der Selbstmord im Islam eine Todsünde sei, praktisch war es aber eine Rechtfertigung des Selbstmordattentats. »Heute steht die Welt Kopf, wenn ein Muslim eine Märtyreroperation durchführt. Können Sie sich vorstellen, was passieren würde, wenn 700 Muslime das am selben Tag machten?!«, schrieb Awlaki. »Brüder und Schwestern, ob ihr Märtyreroperationen befürwortet oder nicht, lassen wir unsere Meinungsverschiedenheiten hinter uns und unterstützen unsere muslimischen Brüder, die an der Front stehen. Auch wenn wir bei vielen anderen Themen unterschiedlicher Meinung sind, sollten unsere Unstimmigkeiten der Solidarität im Angesicht unserer Feinde nicht im Wege stehen.«[1] Zu dem Blogeintrag wurden über 300 Kommentare abgegeben, die meisten fanden lobende Worte für Awlaki. Ein paar Wochen vor Erscheinen des Essays hatte Awlaki Links zu einer seiner populärsten Abhandlungen gepostet: »44 Möglichkeiten, den Dschihad zu unterstützen.« Im Februar stellte Awlaki Links zum kostenlosen Download seiner beliebtesten Texte ins Netz. Mit jedem neuen Blogeintrag zeigte Awlaki den US-Behörden, die versucht hatten, ihn zum Schweigen zu bringen und in einem jemenitischen Verlies verrotten zu lassen, die lange Nase. Dieser Awlaki präsentierte sich vor aller Augen online, ermunterte Muslime, gegen die Ungläubigen zu kämpfen, und bezeichnete die Vereinigten Staaten und ihre Verbündeten als »Geißel« und »die größten Terroristen überhaupt«.[2]

Unterdessen wuchs Nasser Awlakis Sorge um seinen Sohn. Was der Vater von Freunden und seinen Kollegen in der jemenitischen Regierung hörte, ließ nichts Gutes ahnen. Hohe Nachrichtendienstbeamte warnten ihn, die Amerikaner planten, Anwar zu töten. Sie sprachen von Drohnen, die ihn im Hinterland von Schabwa beseitigen würden, wo Anwar lebte. Der jemenitische Präsident rief Nasser sogar persönlich an und bat ihn, Anwar zu einer Rückkehr nach Sanaa zu bewegen. »Damals … gab es eine Anordnung vom Innenminister und den Sicherheitsleuten, [meinen Sohn] zu verhaften«, erklärte mir Nasser. Das habe ihm der Gouverneur von Schabwa telefonisch mitgeteilt.[3]

Für Anwar war das keine Überraschung. Anwar wohnte im Dorf seiner Familie in Schabwa im dreistöckigen Lehmhaus seines Großvaters, zeichnete seine Predigten auf und schrieb in seinem Blog. Bald nach seiner Ankunft dort postierten jemenitische Sicherheitskräfte regelmäßig ihre Fahrzeuge und Waffen in dem *wadi* (Tal) vor dem Haus. Anwar berichtete seinem Vater, sie würden ihre Automatikwaffen auf sein Haus richten, um ihn einzuschüchtern. Bei einem Telefongespräch beschwor Nasser seinen Sohn: »Bitte bleib ruhig. Ganz gleich, was sie tun, bitte bleib ruhig.« Nasser befürchtete, wenn die jemenitischen Sicherheitskräfte versuchten, Anwar festzunehmen, würde es zu einem Feuergefecht zwischen dem Aulaq-Stamm und den Regierungssoldaten kommen.

Im Mai 2009 fuhren Nasser und seine Frau auf Geheiß des Präsidenten nach Schabwa, um Anwar zu bitten, mit ihnen nach Sanaa zurückzukehren. »Das ist der Wunsch des Präsidenten«, erklärte Nasser seinem Sohn. »Er wird von den Amerikanern unter Druck gesetzt.«[5] Sie sprachen auch über den Haftbefehl gegen Anwar. »Du bist mein Vater«, entgegnete Anwar. »Wie kannst du mich nach Sanaa bringen, wenn diese Leute mich ins Gefängnis werfen wollen? Wie kannst du sicher sein, Vater, dass die Amerikaner nichts gegen mich unternehmen?« Nasser erwiderte darauf, er könne ihm keine Garantie geben, aber er glaube, für Anwar sei dieser Schritt am sichersten. Aber Anwar gab nicht nach. »Ich lasse mir nicht von den Amerikanern sagen, in welche Richtung ich mein Bett stelle«, entgegnete Anwar.[6] »Es war eine hitzige Diskussion«, berichtete mir Nasser später. »Für mich ist das schlimm, weil es unser letztes Gespräch war und wir uns damals nicht besonders gut verstanden.«[7]

Auch Scheich Saleh bin Fareed sprach mit Anwar, kam aber zu dem Schluss, im ländlichen Schabwa könne sein Neffe keinen Schaden anrichten. Wenn überhaupt, so meinte er, würde Anwar dort weniger Ärger bekommen. Bei einem Telefonat mit dem jemenitischen Geheimdienstchef General Ghalib al-Qamish sagte er: »Ich glaube, Sie und die Amerikaner irren sich. Anwar sitzt hier in einem Dorf mit 1000 oder 2000 Einwohnern. Wenn er nach Sanaa kommt, wird er zwei Millionen Menschen erreichen. Es ist besser, ihn hierzulassen.« Qamish seufzte und meinte: »Das wollen die Amerikaner nicht.«[8] Warum die Amerikaner es auf Anwar abgesehen hatten, verstand bin Fareed nicht. Wie konnte ein Prediger im ländlichen Jemen eine Gefahr für die mächtigste Nation der Erde darstellen?

Anwar war es egal, was die Amerikaner wollten. Als seine Eltern nach Sanaa zurückkehrten, plante er seinen nächsten Schritt. Aus seiner Sicht hatte sich seine Familie vor den Karren der jemenitischen Regierung spannen lassen, die ihn verhaften wollte. Die Amerikaner gaben den Ton an. Sie wussten, wo er sich aufhielt, und ihre Drohnen konnten ihn finden. Er hatte keine andere Wahl, als sich zu ergeben oder unterzutauchen. Seine Frau und seine Kinder sollten in Sanaa unter der Obhut seiner Eltern bleiben. Anwar stand unter Druck und suchte schließlich die Freundschaft und den Schutz anderer Vogelfreier, die im Jemen verfolgt wurden. »Was wird mir vorgeworfen? Dass ich zur Wahrheit aufrufe? Dass ich um Allahs willen und um die Sache der islamischen Nationen zu verteidigen, zum Dschihad aufrufe?«, verteidigte sich Anwar. »Dasselbe gilt für die Amerikaner. Ich habe nicht die Absicht, mich ihnen auszuliefern. Wenn sie mich wollen, sollen sie mich suchen.«[9]

Auf Anwar Awlakis Blog tat sich inzwischen sehr viel weniger als während des Jahres 2008. Da ihm die amerikanische und die jemenitische Regierung im Nacken saßen, hatte er drängendere Probleme. Awlaki trat nun die Wanderschaft durch die Stammesgebiete seiner Familie an und verhielt sich dabei möglichst unauffällig. Wenn er Zugang zum Internet hatte, postete er einen oder zwei Essays.

Als sich Awlaki auf ein Leben im Untergrund vorbereitete, erhöhte die Regierung Obama den Druck auf den Jemen, militante al-Qaida-Anhänger im Land zur Strecke zu bringen. Am 1. August 2009 postete Awlaki eine Analyse der Kämpfe zwischen den Regierungstruppen und den »Mudschahedin« in Marib: »Das erste Gefecht von Angesicht zu Angesicht zwischen der Armee und den Mudschahedin endete mit einem durchschlagenden Sieg für die Mudschahedin. Möge Allah sie mit weiteren Siegen segnen. Die Armee zog sich zurück, nachdem sie die Mudschahedin um einen Waffenstillstand gebeten hatte.« Abschließend schrieb er: »Möge dies der Beginn des größten Dschihad, des Dschihad der Arabischen Halbinsel sein. Er wird das Zentrum der islamischen Welt von den Tyrannen befreien, die die Umma täuschen und unseren Sieg zu verhindern suchen.«[10] Für Awlaki war der Dschihad, für den er jahrelang in seinen Reden geworben hatte, Realität geworden. Aus seiner Sicht begann jetzt im Jemen ein Krieg, und er würde entscheiden müssen, ob der Blog mächtiger war als das Schwert.

Sei es Zufall oder Absicht, Anwar Awlaki war just zu der Zeit auf der Flucht, als al-Qaida im Jemen mit ihrem Zentrum in Schabwa und Abyan, den Stammesgebieten des Aulaq-Stammes, zu einer ernstzunehmenden Größe erstarkte. Fahd al-Quso, der wegen seiner Beteiligung am Bombenanschlag auf die USS *Cole* im Jahr 2000 gesucht wurde, war ebenfalls Mitglied von Awlakis Stamm, außerdem weitere Schlüsselfiguren von al-Qaida auf der Arabischen Halbinsel.

Viele Jemeniten hatten den Dschihad in andere Länder der Welt getragen, wie Awlaki hervorhob, aber jetzt erlebte der Jemen den Bedeutungszuwachs eines al-Qaida-Ablegers auf eigenem Boden. »In den Jahren 2001 oder 2002 bestand al-Qaida im Jemen aus höchstens zehn bis zwanzig Personen, es war keine Organisation«, erklärte mir der unabhängige jemenitische Journalist Abdul Razzaq al-Jamal, der zahlreiche Gründungsmitglieder von AQAP interviewt hat. »Bis 2009 hatte sie keine Struktur.«[11] Als sich AQAP bildete, hielt es Awlaki für seine Pflicht, seine Brüder im Dschihad gegen das jemenitische Regime und die Amerikaner zu unterstützen, die bald Krieg gegen sie führen würden, wie er glaubte. »Ich habe 21 Jahre lang in den USA gelebt. Amerika war meine Heimat«, erinnerte sich Awlaki später. »Ich war ein Prediger des Islam, habe mich an gewaltfreien islamischen Aktionen beteiligt. Mit der amerikanischen Invasion im Irak und den anhaltenden Aggressionen der USA gegen Muslime konnte ich jedoch mein Leben in den USA nicht mehr mit meiner Existenz als Muslim in Einklang bringen … und ich bin zu dem Schluss gekommen, dass ich zur Teilnahme am Dschihad gegen Amerika ebenso verpflichtet bin wie jeder andere wehrtüchtige Muslim.«[12]

Awlaki war der US-Regierung schon lange lästig, und die Antiterrorinstitutionen wollten ihn zum Schweigen bringen. Doch als AQAP im Jemen immer mehr an Boden gewann, verbreitete sich die Ansicht, Awlaki stelle eine reale Bedrohung dar. Die Ereignisse der letzten beiden Monate des Jahres 2009 besiegelten Awlakis Schicksal. Auch überschritt Awlaki in dieser Zeit eine Grenze, denn er sprach sich mit klaren Worten für spezifische Terrorakte gegen US-amerikanische Ziele aus.

Kaum ein Jahr nach Präsident Obamas Amtsantritt rückte der Jemen für die amerikanischen Terrorbekämpfer ganz nach oben auf der Liste der Krisenherde, und Awlaki wuchs zur monumentalen Gestalt heran, die Vertreter der US-Regierung schließlich mit Osama bin Laden verglichen. In ihren Augen wurde er zu einem der gefährlichsten Terroristen, die Amerika bedrohten.

26 Obama entdeckt die Vorzüge des JSOC

Somalia, Anfang 2009

Im ersten Jahr von Obamas Präsidentschaft richtete sich die außenpolitische Aufmerksamkeit vornehmlich auf Afghanistan und das Vorhaben des Präsidenten, den Krieg dort zu intensivieren. Ohne Rücksicht auf Schätzungen, nach denen sich inzwischen nicht einmal mehr 100 al-Qaida-Aktivisten im Land aufhielten[1], erwog Obama eine massive Aufstockung der nach Afghanistan entsandten Truppen, um eine Intervention fortzusetzen, die Obama im Wahlkampf als den »gerechten Krieg« bezeichnet hatte. Doch während sich die US-Regierung auf Afghanistan konzentrierte, mobilisierte al-Qaida verstärkt am Horn von Afrika und auf der arabischen Halbinsel.

Nachdem die Union Islamischer Gerichte (ICU) in Somalia an Bedeutung verloren hatte, war dort al-Shabaab zur beherrschenden militanten Bewegung geworden und kontrollierte in Mogadischu und anderswo große Gebiete. Die Vereinigten Staaten und ihre Erfüllungsgehilfen in der Afrikanischen Union unterstützten eine schwache Übergangsregierung unter Scheich Sharif Sheikh Ahmed, dem ehemaligen Vorsitzenden der ICU. Im Mai 2009 fanden zwischen den Regierungstruppen und al-Shabaab-Kämpfern in der Hauptstadt so heftige Gefechte statt, dass die Vereinten Nationen al-Shabaab beschuldigten, durch einen »versuchten Staatsstreich«[2] die Macht ergreifen zu wollen.

Um diese Zeit veröffentlichte al-Shabaab zwei aufwendig produzierte Videos, in denen ein bärtiger Amerikaner namens Omar Hammami auftrat.[3] Der junge Mann, der an der University of South Alabama studiert hatte, erklärte, er sei Mitglied von al-Shabaab, und rief andere westliche Muslime auf, sich wie er dem Kampf in Somalia anzuschließen. Hammami – Sohn eines syrischen Einwanderers – hatte eine typische Jugend im Süden der USA verlebt, hatte Fußball gespielt und war Mädchen nachgestiegen.[4] Auf der Highschool war er vom Christentum zum Islam übergetreten. Das College brach er ab und heiratete eine Somalierin, mit der er ein Kind hatte. Hammami durchlief einen Prozess der Radikalisierung, sprach davon, im Dschihad kämpfen zu wollen, und besuchte islamische Webforen. 2006 reiste er nach Ägypten, wo er Daniel Maldonado traf, einen US-Bürger, den er in Online-Chatrooms kennengelernt hatte. Maldonado überredete Hammami, nach Somalia zu fahren, wo er die islamische Revolution selbst miterleben könne. In Mogadischu wohnte er zunächst bei der Großmutter seiner Ehefrau. Am Vorabend der äthiopischen Invasion im Dezember schlossen sich die beiden Amerikaner al-Shabaab an. »Ich setzte mir zum Ziel, diese Leute zu finden, sollte ich es nach Somalia schaffen«, bekannte Hammami, er habe sich dort »zur Ausbildung angemeldet«.[5]

Maldonado wurde schließlich von »einem multinationalen Antiterrorteam« an der kenianisch-somalischen Grenze aufgegriffen.[6] Nach seiner Auslieferung an die Vereinigten Staaten wurde er Anfang 2007 von einem Bundesgericht wegen terroristischer Betätigung verurteilt.[7] Hammami aber entging der Verhaftung und blieb bei al-Shabaab aktiv. US-amerikanischen Antiterrorexperten zufolge zog er die Aufmerksamkeit der al-Qaida-Führer Fazul und Nabhan auf sich, die ihn wegen seiner amerikanischen Staatsbürgerschaft als Gewinn betrachteten.[8] Ende 2007, ein Jahr nach seiner Ankunft in Somalia, trat Hammami bei Al-Dschasira auf – mit einer Kufiya, die sein Gesicht halb bedeckte – und legte die Gründe dar, warum er sich al-Shabaab angeschlossen hatte. »O Muslime von Amerika, denkt nur einmal an die Situation in Somalia«, erklärte er unter seinem Pseudonym Abu Mansoor al-Amriki, das heißt der Amerikaner. »Nach 15 Jahren des Chaos und der Unterdrückung durch von Amerika gestützte Warlords sind eure Brüder aufgestanden und haben in diesem Land Frieden und Gerechtigkeit geschaffen.«[9]

Hammami warb fortan mit Erfolg online junge westliche Muslime für al-Shabaab an. Sein Verhältnis zu Nabhan und Fazul wurde enger, und schließlich stieg er bei al-Shabaab zu einer Führungsfigur auf. Vertreter Somalias schätzten zu diesem Zeitpunkt, dass bereits über 450 ausländische Kämpfer nach Somalia gekommen waren, um al-Shabaab zu unterstützen.[10] »Der einzige Grund, warum wir hier sind, fern von unseren Familien, fern von den Städten, fern von – na ja – Eis, Schokoriegeln und so weiter, ist, dass wir auf ein Zusammentreffen mit dem Feind warten«, sagte Hammami in dem ersten Video, in dem er für al-

Shabaab warb.[11] »Wenn Sie noch mehr Kinder, Nachbarn, Menschen aus Ihrem Umkreis ermuntern können, Leute herzuschicken … in diesen Dschihad, würde uns das sehr helfen.«[12]

In Hammamis Video trat – maskiert und eine Kalaschnikow schwingend – noch ein weiterer englischer Muttersprachler auf, der westliche Jugendliche aufrief, sich al-Shabaab anzuschließen. »Wir appellieren an alle Brüder im Ausland, an alle Shabaab, wo immer sie sind, herzukommen und das Leben der Mudschahedin zu führen. Sie werden es mit eigenen Augen sehen, und es wird ihnen gefallen.«[13] In anderen Videos ist Hammami mit al-Shabaab-Führern über Karten gebeugt bei der Planung von Anschlägen zu sehen.[14] 2008 sprengte sich Shirwa Ahmed bei einem Selbstmordattentat in Nordsomalia in die Luft.[15] Er war der erste namentlich bekannte Amerikaner, der in Somalia ein Selbstmordattentat verübte. Er würde nicht der letzte sein.

Nach dem Wahlsieg Barack Obamas im November 2008 stand die Tatsache, dass eine wachsende Zahl amerikanischer Muslime ans Horn von Afrika reiste, ganz oben auf der Liste, die die Berater dem neuen Präsidenten zu Somalia vorlegten. Im Wahlkampf hatte er zu Somalia wenig gesagt, allerdings indirekt auf die wachsenden Gefahren für die nationale Sicherheit hingewiesen, die in Afrika entstünden. Es gebe, so Obama, »Situationen, die eine Zusammenarbeit der Vereinigten Staaten mit ihren Partnern in Afrika notwendig machen, um den Terrorismus mit tödlicher Gewalt zu bekämpfen.«[16]

Als Präsident Obama sein Amt antrat, beobachteten amerikanische Antiterrorexperten Somalia mit wachsender Sorge. Bei der Machtübernahme der Union Islamischer Gerichte im Jahr 2006 war al-Shabaab eine wenig bekannte Miliz am Rande der Bewegung, die kaum in den Clans verwurzelt war. Ihre ausländischen Kämpfer, vor allem Fazul und Nabhan, waren gefährliche Leute, die bereits unter Beweis gestellt hatten, dass sie in der Lage waren, groß angelegte Angriffe durchzuführen. Aber sie waren nicht imstande, Somalia insgesamt oder größere Gebiete davon zu erobern und zu verteidigen. Einer Gegenreaktion auf die US-Politik war es nun zu verdanken, dass al-Shabaab Zulauf bekam und sich wachsende Gebiete sichern konnte. Im selben Monat, in dem Obama seinen Amtseid ablegte, wurde Scheich Sharif Sheikh Ahmed Präsident von Somalia, konnte aber nicht einmal behaupten, die Stadt Mogadischu unter Kontrolle zu haben. In einem kleinen Teil der

Hauptstadt besaß er ungefähr die Autorität eines Stadtrats, der umgeben von weit mächtigeren Feinden um sein Leben fürchten musste.

»Die Vorstellung, dass Somalia nur ein gescheiterter Staat ist, irgendwo dort drüben, wo die Menschen einander wegen Gott weiß was bekämpfen, ist ein Konstrukt, das sehr gefährlich sein kann«, erklärte Hillary Clinton bei einer Anhörung im Kongress vor ihrer Amtsübernahme. »Der interne Konflikt unter den Gruppen in Somalia ist so heftig wie eh und je, nur haben wir jetzt zusätzlich al-Qaida und Terroristen, die versuchen, aus dem Chaos Vorteile zu ziehen.«[17]

Die Regierung Obama stellte mehr Geld und Waffen für die unter der Bezeichnung AMISOM bekannten Friedenstruppen der Afrikanischen Union in Somalia bereit.[18] Das ugandische Militär machte, unterstützt von Burundi, da weiter, wo die Äthiopier aufgehört hatten, und baute seinen Militärstützpunkt am Internationalen Flughafen von Mogadischu aus. Inzwischen hatte al-Shabaab die Truppen der somalischen Regierung und der Afrikanischen Union am Flughafen und am Präsidentenpalast, der Villa Somalia, umzingelt. Die al-Shabaab-Kämpfer wurden besser bezahlt als die somalischen Armeeangehörigen, und sie hingen nicht so am Leben wie die Friedenstruppen von AMISOM, für die bei dem Konflikt persönlich nichts auf dem Spiel stand.[19] Im Februar 2009 führten al-Shabaab-Angehörige ein Doppelselbstmordattentat aus, bei dem elf burundische Soldaten umkamen.[20] AMISOM-Kommandeure mussten feststellen, dass ihr Stützpunkt ständig unter Mörserbeschuss stand, und bestätigten, das Bombardement erreiche ein »noch nie dagewesenes Ausmaß«.[21] Ein Vergeltungsschlag gegen al-Shabaab führte zu einem Feuergefecht, bei dem in Mogadischu 15 Menschen getötet und 60 verletzt wurden, als eine Granate in ein Wohngebiet einschlug. Die *New York Times* bezeichnete die Kämpfe als »die schwersten dieser Art, seit sich die äthiopischen Truppen aus Somalia zurückgezogen haben.«[22]

Einige Monate nach Obamas Amtsantritt wurde in Regierungskreisen über Militärschläge gegen al-Shabaab-Stützpunkte gesprochen, obwohl von der Terrorgruppe außerhalb Somalias keine konkrete Bedrohung ausging. Die *Washington Post* berichtete von Meinungsverschiedenheiten zwischen Vertretern des Verteidigungsministeriums, die eine vermeintliche »Untätigkeit« kritisierten, und zurückhaltenden zivilen Regierungsbeamten, die die verheerende Politik der Bush-Jahre noch allzu gut in Erinnerung hatten. Die Regierung Obama »geht langsam vor und bei Akteuren, die sich Kontinuität wünschen, wächst die Frustration«, erklärte ein Sprecher.[23] »Die Sorge wächst, was in Somalia operierende Terroristen anrichten könnten«, sagte ein US-Antiterrorexperte gegenüber der *Washington Post.* Zu der Zeit untersuchte das FBI bereits über 20 Fälle von jungen Somali-Amerikanern, die die Vereinigten Staaten verlassen hatten, um sich dem Aufstand in Somalia anzuschließen.[24]

Während al-Shabaab seinen Einflussbereich ausdehnte, kam es zur ersten großen Krise, der sich Obama in Somalia stellen musste, allerdings nicht durch die islamistische Gruppierung, sondern durch Leute, die sich am Horn von Afrika und auf der Arabischen Halbinsel zunehmend bemerkbar machten: Piraten. Diese Konfrontation – mit Piraten, und nicht mit al-Qaida – zementierte Präsident Obamas wachsende Verbundenheit mit dem JSOC.

Das Pirateriegewerbe war in Somalia nach dem Sturz von Siad Barres Regime 1991 aufgeblüht. Doch in den sechs Monaten ihrer Herrschaft griff die Union Islamischer Gerichte hart gegen Entführungen durch.[25] Im Anschluss an die äthiopische Invasion eroberten die Piraten die offene See vor der somalischen Küste zurück. Zwar wurden die Piraten häufig als Terroristen und Kriminelle verurteilt, aber ihre Taten standen in einem selten erwähnten Kontext. Internationale Konzerne und Nationalstaaten hatten sich die permanente Instabilität Somalias zunutze gemacht und schickten ihre Fischfangflotten[26] in somalische Hoheitsgewässer, während andere dort illegal Müll abluden.[27] Anfangs war die Piraterie eine Reaktion auf diese Übergriffe, und die Piraten sahen sich als eine Art somalische Küstenwache mit dem Recht, den Schiffen einen Wegezoll abzunehmen, die im einstigen Reich der somalischen Fischer Profit machen wollten.[28] Diese Ziele traten aber in den Hintergrund, als die Piraten erkannten, dass sie durch die Entführung von Schiffen und Geiselnahme hohe Lösegeldsummen erpressen konnten. Die Piraterie wurde ein lohnendes Geschäft. Meist passierte den Geiseln nichts, das Lösegeld wurde bezahlt, und alle ließen die Sache hinter sich. Selten kam es vor, dass Geiseln getötet wurden, eher starben sie noch an Krankheiten oder durch mangelnde Versorgung.

Bei der Entführung am 8. April 2009 erwischten die somalischen Piraten das falsche Schiff. An diesem Tag fuhr die *Mærsk Alabama*, ein Frachter unter amerikanischer Flagge, durch den Indischen Ozean ent-

lang der somalischen Küste Richtung Mombasa, als sich ein kleines
Schiff mit vier bewaffneten Piraten an Bord näherte. Die Mannschaft
der *Alabama* hatte ein Piratenabwehrtraining[29] durchlaufen und machte alles richtig: Man feuerte Leuchtgeschosse ab und brachte mitfahren-
de Passagiere in einen gesicherten Raum.[30] Durch ein rasches Ruder-
manöver versuchte der Steuermann der *Alabama*, das wesentlich
kleinere Schiff vom Kurs abzubringen,[31] schaltete die Maschinen ab und
legte dann den Antrieb lahm. Aber die jungen Somalier auf dem kleinen
Schiff waren erfahrene Piraten. Das Boot, mit dem sie kamen, stammte
von dem soeben gekaperten taiwanesischen Schiff FV *Win Far 161*.[32]
Mit den Piratenabwehrmanövern hatten sie zwar zu kämpfen, aber
schließlich gelang es den vier Somaliern, an Bord der *Alabama* zu gelangen. Was sie nicht ahnten, war, dass das eroberte Schiff einem großen Auftragnehmer des US-Verteidigungsministeriums gehörte[33] und
diese Operation etwas anders laufen würde als alle früheren.

Als man im Weißen Haus erfuhr, ein Frachter unter US-Flagge sei
gekapert worden und der Kapitän und andere Mitglieder der 20-köpfi-
gen Besatzung seien Amerikaner, wurde die Entführung zum Topthe-
ma. Präsident Obama wurde umgehend über die Krise informiert. Es
handelte sich um die erste Kaperung eines Schiffes unter amerikanischer Flagge seit Anfang des 19. Jahrhunderts.[34] Wenige Stunden später
genehmigte Präsident Obama die Entsendung eines Zerstörers, der
USS *Bainbridge*.[35]

Als die *Bainbridge* am 9. April am Schauplatz eintraf, war Richard
Phillips, Kapitän der *Alabama*, von den Piraten als Geisel genommen
worden und befand sich auf einem kleinen geschlossenen Rettungsboot
auf dem Weg zum somalischen Festland.[36] Einer der Piraten war bei
dem Kapermanöver verletzt worden und wurde schließlich von US-Marines gefangen genommen. Die anderen drei Piraten hatten die *Alabama* verlassen und versuchten, mit Kapitän Phillips, dem einzigen
Faustpfand, das sie noch hatten, zu fliehen. In dieser Pattsituation spielten Präsident Obama und seine nationalen Sicherheitsberater rund um
die Uhr gemeinsam mit hohen Militärs verschiedene Szenarien durch,
wie man die Situation meistern und Phillips unversehrt befreien könnte. Zwei weitere Schiffe, die Fregatte USS *Halyburton* und die USS
Boxer, ein amphibisches Angriffsschiff, wurden an den Schauplatz geschickt.[37]

Zwei Tage nach der Geiselnahme hatte Präsident Obama zwei Einsatzbesprechungen. Verteidigungsminister Gates sagte, die US-Kommandeure hätten zweimal um die Autorisierung militärischer Gewalt ersucht, die Obama »praktisch sofort« erteilte.[38] Die erste Autorisierung[39] wurde am 10. April um 20 Uhr erteilt, nachdem Angehörige der US-Marine auf der *Bainbridge* einen Tag zuvor einen gescheiterten Fluchtversuch von Kapitän Phillips beobachtet hatten.[40] Daraufhin warfen die Piraten ihre einzigen Kommunikationsgeräte aus dem Rettungsboot ins Meer, weil sie fürchteten, die Amerikaner würden sie damit überwachen und heimlich Kontakt mit Phillips aufnehmen.[41] Damit blieb den Marinesoldaten nur der Versuch, das Rettungsboot nicht aus den Augen zu verlieren, während das Weiße Haus befürchtete, ein US-Bürger würde nur drei Monate nach Obamas Amtsantritt vor den Augen der Öffentlichkeit von Piraten getötet. Am 11. April um 9.20 Uhr erteilte Obama einem »weiteren US-Kampfverband« die zweite Autorisierung zum Einsatz von militärischer Gewalt.[42]

Die Kaperung der *Alabama* brachte Präsident Obama unmittelbar mit dem JSOC und dessen Möglichkeiten in Kontakt. Es war »meines Wissens das erste Mal, dass Obama persönlich Erfahrungen mit diesen Einheiten machte und sich mit der Realität seiner Macht als Regierungschef auseinandersetzte«, erinnerte sich Marc Ambinder, ein Journalist mit engen Kontakten zu den nationalen Sicherheitsberatern der Regierung.[43] Der Präsident genehmigte die sofortige Entsendung von in den USA stationierten JSOC-Verbänden ans Horn von Afrika.[44] Obama wurde auch über die Präsenz einer SEAL-Team-6-Einheit in Manda Bay informiert, die innerhalb von 45 Minuten die *Bainbridge* erreichen konnte.[45] Diese Leute, erfuhr der Präsident, seien die besten Scharfschützen des US-Militärs.

»Wenn man Scharfschützen in einem Helikopter platziert und sichergehen will, dass der erste Schuss nicht daneben geht, wen würden Sie da nehmen?«, fragte General Hugh Shelton, ehemals Vorsitzender des Generalstabs und davor Kommandeur des Special Operations Command. »Sie arbeiten mit tödlicher Präzision«, sagte er zu mir über das Team 6.[46] Als die SEAL-Scharfschützen eingetroffen waren, baten die Kommandeure auf dem Schiff um die Genehmigung, die Piraten auszuschalten. Unter den Regierungsvertretern »gab es eine kleine Debatte«, erinnerte sich Ambinder. »Obama, der nationale Sicherheitsrat und die Juristen wollten es tun, weil es der erste Fall war, wirklich das erste Mal, dass sie eine Operation komplett planten, also wollten sie sehr vorsichtig vorgehen. Sie verfassten sehr klare, umsichtige Einsatz-regeln.«

Am 12. April wurde der JSOC-Kommandeur an Bord der *Bains-bridge* direkt mit Präsident Obama im Lagezentrum des Weißen Hau-ses verbunden. »Der Präsident stellte dem Kommandeur praktisch eine Reihe von Fragen«, sagt Ambinder. »›Sind diese und jene Bedingungen erfüllt? Gibt es eine Möglichkeit, diesen Mann zu retten, ohne Schaden für US-Truppen zu verursachen? Haben Sie eine klare Sichtlinie? Be-steht die Gefahr anderer Opfer oder von Kollateralschäden?‹ ›Nein, Sir.‹ Und dann fragt der Kommandeur: ›Erhalte ich Ihre Erlaubnis zur Aus-führung?‹ Und der Präsident sagt: ›Ja.‹ Der Kommandeur erteilt seinen Befehl.«

Plopp. Plopp. Plopp.

Drei Schüsse, praktisch im selben Augenblick abgefeuert von drei verschiedenen Scharfschützen. Drei tote somalische Piraten.[47]

Kapitän Richard Phillips wurde gerettet und mit großem Trara in die Vereinigten Staaten zurückgebracht. Präsident Obama erntete viel Lob aus allen politischen Lagern, weil er dank seiner Führungsstärke mit nur drei abgefeuerten Schüssen dem Geiseldrama ein Ende gesetzt hatte, ohne dass ein einziger Amerikaner ums Leben gekommen war. Hinter den Kulissen lernte Präsident Obama eine ganze Menge über das JSOC – die Geheimtruppen, die Präsident Bush einmal als »klasse« be-zeichnet hatte. Als er den Teams dankte, die bei der *Mærsk-Alabama*-Operation mitgewirkt hatten, erwähnte Präsident Obama erstmals öffentlich den Namen Admiral William McRavens, des JSOC-Kom-mandeurs, der die Operation geleitet hatte.[48] »Gut gemacht«, sagte Oba-ma zu McRaven, als er ihn nach der Operation anrief. Und Ambinder meinte: »Die somalischen Piraten sind tot, der Kapitän ist gerettet, und Obama begreift, wie ich meine, ganz handfest, dass er als Präsident die-se Macht besitzt.«

Spezialeinheiten nach Afghanistan und Pakistan zu entsenden, war eine Sache, aber erst ihr Einsatz in wirklich unkonventionellen, unvor-hergesehenen Operationen offenbarte die Fähigkeiten dieser Spezial-kräfte. Nach der Ausschaltung der Piraten wurde Admiral McRaven ein gern gesehener Gast Obamas, und die JSOC-Truppen wurden, wie un-ter Bush, die hochgeschätzten Ninjas des Präsidenten. Nach der *Alaba-ma*-Operation »lud der Präsident persönlich die Chefs der Spezialein-satzkräfte ins Weiße Haus ein und forderte sie auf, eine wesentliche

Rolle in seiner Politik zu übernehmen«, erinnerte sich ein Informant aus Spezialeinsatzkreisen, der damals in der amerikanischen Politik am Horn von Afrika mitwirkte. Obama »bat sie um ihren professionellen militärischen Rat in der Frage, wie man diese Operationen am besten durchführe. So etwas war unter der vorherigen Regierung nicht vorgekommen – sie hatte die Politik vorgegeben und das Pentagon unterrichtet, und das Pentagon sorgte dafür, dass die nachrangigen Führungsstäbe die jeweiligen Schritte ausführten.« Obama, so mein Informant, erkannte den Wert der Chefs der Spezialeinheiten, insbesondere Admiral McRavens. Seine Zeit im Weißen Haus in der Anfangsphase des Globalen Krieges gegen den Terror »hatte ihn gelehrt, wie man die Bedürfnisse und Wünsche der politischen Entscheidungsträger vorhersieht, deshalb war das JSOC immer eine Nasenlänge voraus, es hatte immer die perfekten politischen Rezepte für das Weiße Haus parat«, fügte er hinzu. Das JSOC »wusste, was man von ihm verlangen würde, bevor man es verlangte. Das ist entscheidend. Deshalb ist McRaven eine Schlüsselfigur – er schlägt die Brücke zwischen den Welten.«[49]

Zwar blieben Afghanistan und Pakistan die Hauptfronten in den Kriegen des JSOC, die Lage im Jemen und in Somalia erforderte jedoch große Aufmerksamkeit von Obamas Antiterrorteam. Öffentlich richtete sich ein Großteil der außenpolitischen Energie auf Afghanistan, aber insgeheim weiteten sowohl al-Shabaab als auch das JSOC ihre gezielten Tötungsoperationen aus und machten im Verborgenen aus Somalia ein Hauptkampfgebiet für die asymmetrische Kriegsführung.

Im Sommer 2009 kündigten die Vereinigten Staaten die Lieferung von 40 Tonnen Waffen an somalische Regierungstruppen an.[50] Im August hielt Außenministerin Clinton in Nairobi eine Pressekonferenz mit Scheich Sharif Sheikh Ahmed ab. Der somalische Präsident hatte eine außerordentliche Laufbahn hinter sich: Er war als Oberhaupt der Union Islamischer Gerichte von den Vereinigten Staaten abgesetzt worden, nur um jetzt als von den USA gestützter Staatschef aufzutreten. Hillary Clinton nannte Scheich Scharif »seit geraumer Zeit unsere größte Hoffnung«.[51] Aber für die USA hatte nicht etwa Scheich Scharifs Regierung Vorrang. Vorrang hatte die Jagd. »Wir haben Präsident Obama mehrere Maßnahmen und Initiativen im Kampf gegen al-Qaida und andere Terrorgruppen vorgestellt«, sagte Obamas Antiterrorberater John Brennan. »Er hat diese Operationen nicht nur gebilligt, er hat uns ermuntert, noch aggressiver vorzugehen und sogar Eigeninitiative zu zeigen, nach neuen Methoden und Gelegenheiten zu suchen, diese Terroristen auszuschalten.« Eine herausragende Bedeutung hatten für Obama, laut Brennan, die Leute, »die vor elf Jahren unsere Botschaften in Afrika und vor acht Jahren unsere Heimat angegriffen haben«.[52]

In diesem Sommer wurden vor der Küste bei Mogadischu mehrere Gruppen großer Kriegsschiffe gesichtet. Sie gehörten zu einem US-amerikanischen Truppenverband – und sie tauchten nicht zufällig auf.

27 „Lasst das JSOC von der Leine."

Saudi-Arabien, Washington und Jemen, Ende 2009
Ende August 2009 erhielt der saudische Prinz Mohammed bin Naif einen Anruf vom meistgesuchten Mann des Landes, dem al-Qaida-Terroristen Abdullah Hassan Tali al-Asiri.[1] Prinz bin Naif war der Sohn des mächtigen saudischen Innenministers Prinz Naif bin Abdel-Asis, der in der Thronfolge an dritter Stelle stand. Er hatte nicht nur den Posten als Stellvertreter seines Vaters inne, sondern war auch Chef der Terrorismusbekämpfung in Saudi-Arabien. Zu den Aufgaben seines Amtes gehörte es, im Rahmen des Wiedereingliederungsprogramms für Terroristen al-Qaida-Mitglieder dazu zu bringen, sich zu stellen. Al-Asiri, der seit Februar 2009 auf der Liste der 85 meistgesuchten Verbrecher Saudi-Arabiens stand, war aus dem Königreich geflohen und lebte im benachbarten Jemen.[2] Wenn es dem Prinzen gelänge, al-Asiri zum Aufgeben zu bewegen, wäre das für die Saudis ein unglaublicher Coup. Berichten zufolge war al-Asiri durch seinen Bruder Ibrahim Hassan al-Asiri für al-Qaida rekrutiert worden, den die saudischen und amerikanischen Geheimdienste für den Chef-Bombenbauer von AQAP hielten.[3]

»Ich muss Sie treffen, um Ihnen alles zu erzählen«, erklärte al-Asiri in dem Telefonat.[4]

»Wenn Sie kommen, werde ich Ihnen zuhören«, erwiderte der Prinz.

Al-Asiri stellte jedoch eine Bedingung: Er wollte mit einer Privatmaschine des Prinzen in einer saudi-arabischen Stadt unmittelbar an der jemenitischen Grenze abgeholt werden.[5] Bin Naif erklärte sich einverstanden. Am 27. August begegneten sich die beiden Männer persönlich.

Laut Richard Barrett, dem Chef des für al-Qaida und die Taliban zuständigen UN-Beobachtungsteams, reichte al-Asiri dem Prinzen zu Beginn des Treffens ein Mobiltelefon. »Asiri sagte: ›Sie müssen mit meinen Freunden sprechen. Sie wollen sich ebenfalls stellen, und wenn sie Ihre Stimme hören, kommen sie bestimmt.‹«[6]

Während Prinz bin Naif mit al-Asiris angeblichen Kumpanen im Jemen sprach, aktivierte Asiris Mobiltelefon einen Sprengsatz, erklärte Barrett. So unglaublich es klingt – es war al-Asiri gelungen, mit einer aus Pentrit hergestellten Bombe in ein Flugzeug der königlichen Flotte zu steigen, zahlreiche Sicherheitsschleusen zu überwinden und in Prinz bin Naifs Palast in Dschidda zu gelangen. Die Saudis hatten die etwa ein halbes Kilo schwere Bombe[7] nicht entdeckt, weil sie sich in al-Asiris Rektum befand. Als Prinz bin Naif das Handy nahm, explodierte al-Asiri. »Der Prinz hatte großes Glück, er verletzte sich nur einen Finger, weil die Druckwelle senkrecht nach oben und unten und nicht horizontal in Richtung des Prinzen verlaufen war«, erklärte Barrett. Der Attentatsversuch war mit einer Videokamera aufgenommen worden. »Man sah, dass der rechte Arm von dem Kerl in der Decke steckte – die Explosion muss also beachtlich gewesen sein –, und Teile von ihm im ganzen Raum verstreut waren«, berichtete Barrett.

Obwohl Prinz bin Naif das Attentat überlebte, stellte es für AQAP einen symbolischen Triumph dar. Es war der erste bekannte Anschlag auf ein Mitglied des saudischen Königshauses und die erste bedeutende Aktion al-Qaidas seit einer 20-monatigen Serie von Bombenangriffen und Morden in ganz Saudi-Arabien in den Jahren 2003 und 2004. Al-Asiris Bruder Ibrahim galt als der mutmaßliche Bombenbauer.[8] AQAP hatte sich mal wieder gezeigt.

Wenige Tage später reiste Obamas oberster Antiterrorberater John Brennan nach Saudi-Arabien, um bin Naif einen persönlichen Brief seines Präsidenten zu überreichen, in dem dieser seine »Empörung« über den Anschlag zum Ausdruck brachte.[9] »Ich traf Prinz Mohammed bin Naif in demselben Zimmer, in dem das Attentat stattgefunden hatte«, berichtete Brennan.[10] »Wir arbeiteten sehr eng mit den Saudis zusammen.« Und er fügte hinzu: »Diese spezielle Ausführung des Attentats macht uns große Sorgen, und wir nehmen es genau unter die Lupe, um alle nötigen Vorkehrungen zur Verhinderung von Attentaten jeglicher Art treffen zu können.«[11] Nach Ansicht des UN-Vertreters Barrett war damit zu rechnen, dass im Körper versteckte Bomben auch benutzt würden, um Anschläge auf Flugzeuge zu verüben. »Dieser Mann passierte unbehelligt mindestens zwei Sicherheitskontrollen und einen Metalldetektor. Er wäre also in jedes Flugzeug gekommen. Und die Methode würde bei sämtlichen Fluglinien funktionieren, unabhängig davon, welche Sicherheitsmaßnahmen es im Flughafen gibt. All das dürfte schwerwiegende Folgen haben. Was können wir tun? Welchen Schutz kann man noch bieten, wenn so etwas möglich ist?«

Brennan hingegen meinte nach dem Treffen mit den Saudis zum Attentat vom 27. August 2009: »Es gab keinerlei Hinweis ... dass al-Qaida einen Anschlag dieser Art auf ein Flugzeug vorhatte.«[12] Doch das Attentat auf bin Naif sollte nicht das letzte sein, das auf al-Asiris Bomben bauenden Bruder zurückging und sich gegen Amerikaner und Saudis richtete. Und es lenkte die Aufmerksamkeit Riads und Washingtons auf den Stützpunkt al-Qaidas im Jemen.

Bereits am 6. September 2009, nur eine Woche nach al-Asiris Attentat, saß John Brennan erneut bei Präsident Salih in Sanaa.[13] Salih beklagte sich offen, das »gegenwärtige Niveau« der US-Hilfe für die Terrorbekämpfung sei unzureichend. Seine Offensive gegen die Huthi-Rebellen sei schließlich auch im Interesse Washingtons. »Wir führen diesen Krieg im Namen der USA«, sagte er zu Brennan. »Die Huthis sind auch Ihre Feinde.« Außerdem versuche der Iran, seine Beziehung zu Washington zu unterlaufen, indem er die Huthis unterstütze und Hisbollah-Kämpfer einschleuse. In einer darauf folgenden geheimen US-Depesche von Diplomaten hieß es, die Huthis hätten seit Beginn der Kämpfe 2004 nicht gegen US-Interessen verstoßen oder amerikanische Staatsbürger angegriffen, und es sei kaum zu eruieren, in welchem Maße der Iran an den Auseinandersetzungen beteiligt sei.[14] Brennan erklärte Salih, eine militärische Unterstützung gegen die Huthis sei gesetzwidrig, da es sich um einen innerstaatlichen Konflikt handle. Darauf erwiderte Salih, der Mangel an amerikanischer Hilfe und Washingtons Weigerung, die Huthis als Terroristen einzustufen, widersprächen den Freundschaftsbekundungen und Kooperationsvereinbarungen. US-Vertreter meinten, bei dem Treffen sei Salih »in Bestform« gewesen, »mal herablassend und verächtlich, dann wieder konziliant und freundlich«.

Der geheimen Depesche der US-Diplomaten zufolge »verlangte [Salih] wiederholt mehr Geld und Ausrüstung zur Bekämpfung« von AQAP. Im Gegenzug für die Aufstockung der Hilfsleistungen, die Salih zweifellos eher für seine eigenen Kriege im Land als für den Kampf gegen al-Qaida verwenden wollte, bot er Brennan eine Trumpfkarte. »Präsident Salih versprach den Amerikanern für die Terrorbekämpfung uneingeschränkten, exklusiven Zutritt zum nationalen Territorium des Jemen«, hieß es in der Depesche.

Brennan und andere US-Vertreter sahen in Salihs Angebot den Versuch, sich für den Fall weiterer Angriffe auf die US-Botschaft oder andere amerikanische Ziele abzusichern. »Ich habe Ihnen das Tor zur Terrorbekämpfung geöffnet«, sagte Salih zu Brennan, »und übernehme deshalb keine Verantwortung.« Aus Brennans Sicht hatte Salihs »Interesse, den Antiterrorkampf im Jemen« der US-Regierung zu überlassen, mit seinem Wunsch zu tun, seine eigenen Streitkräfte für die Bekämpfung der heimischen Aufstände freizustellen und besser auszurüsten. »Eine konzertierte Antiterrorkampagne [der USA] wird Salih freie Hand geben, weiterhin seine begrenzten militärischen Mittel in dem anhaltenden Krieg gegen die Huthi-Rebellen einzusetzen«, hieß es in der Depesche. »Wenn Amerikaner und [Jemeniten] gemeinsam mit eiserner Hand im Jemen durchgreifen, wird dies allen, die politische Unruhe im Land schüren wollen, umissverständlich verdeutlichen, dass sie dasselbe Schicksal erwartet. Wir haben den starken Verdacht, dass Salih genau darauf spekuliert.«

Oberst Lang, der jahrelang mit Salih zu tun hatte, meinte zu den Unterredungen Brennans mit Salih: »Was sie einem bei so einem Treffen erzählen, bedeutet überhaupt nichts. Man muss sehen, was sie wirklich zu tun bereit sind, wenn man hinter den Kulissen mit Leuten auf der operativen Ebene spricht. Und ehrlich gesagt, je mehr man darüber weiß, je weniger man sich täuschen lässt, desto bereiter sind sie, vernünftige Vereinbarungen zu treffen.«[15]

Unabhängig von Salihs Motiven war Brennan nach dem Treffen überzeugt, dass die USA offiziell grünes Licht hätten, Spezialoperationen im Jemen durchzuführen. Und er übergab Salih einen Brief des US-Präsidenten, in dem Obama mehr Unterstützung im »Kampf gegen den Terrorismus« versprach. Die Sicherheit des Jemen, schrieb Obama, »ist entscheidend für die Sicherheit der Vereinigten Staaten und der Region, und Amerika wird Maßnahmen ergreifen, um dem Jemen zu helfen«.[16] Nach Aussage von Mitarbeitern der US-Spezialoperationen genehmigte die Regierung Obama in dieser Zeit Pläne für weitere todbringende Aktionen.[17]

Im Pentagon wurden Befürchtungen laut, die Konzentration auf den Jemen käme zu spät. »In den Nachrichtendiensten und beim Militär haben zu wenige Leute [der Region] die nötige Aufmerksamkeit geschenkt, und al-Qaida hat auf unsere Kosten davon profitiert«, erklärte ein höherer Militär kurz nach Brennans Besuch im Jemen gegenüber der *Washington Post*.[18] »Das wird in naher Zukunft ein schwerwiegendes Problem für uns sein.«

Am 30. September 2009 trat Michael Leiter, Direktor des National Counterterrorism Center, vor den Senatsausschuss für Innere Sicherheit und Regierungsangelegenheiten. »Al-Qaida steht inzwischen unter stärkerem Druck, ist angreifbarer und verwundbarer als jemals seit dem 11. September«, erklärte er. »Dennoch bleibt sie ein starker Feind. Und obwohl wir meiner Meinung nach viel unternommen haben, Anschläge zu verhindern und abzuwehren, besteht weiterhin das Risiko, dass es in den Vereinigten Staaten zu Anschlägen kommt … Der Rückzugsraum al-Qaidas in Pakistan schrumpft zwar und ist nicht mehr so sicher«, aber in anderen Ländern steige ihre Mitgliederzahl.[19]

Leiter warnte die Senatoren, die al-Qaida-Ableger stellten allmählich »eine wachsende Bedrohung für unser Land dar«. Manche »haben bewiesen, dass sie fähig sind, westliche Ziele in ihren Regionen anzugreifen«, sagte er, aber »sie streben eine noch größere Ausbreitung an«. Leiter verwies vor allem auf die zunehmende Bedrohung durch AQAP im Jemen. »Wir haben das Wiedererstarken al-Qaidas auf der Arabischen Halbinsel beobachtet, wobei der Jemen ein wichtiges Schlachtfeld und möglicherweise die Operationsbasis in der Region ist. Dort kann al-Qaida Anschläge planen, Rekruten ausbilden und die Aktionen der Kämpfer unterstützen«, behauptete Leiter. »Wir machen uns Sorgen, dass im Fall eines Zuwachses für AQAP al-Qaida-Anführer die Gruppe und die steigende Zahl ausländischer Kämpfer in der Region nutzen könnten, um ihre operative Stärke jenseits der eigenen Landesgrenzen zu erhöhen.«[20]

Am selben Tag berief Präsident Obama ein Treffen seiner militärischen und politischen Spitzenberater im Situation Room des Weißen Hauses ein, um mit ihnen die Strategie für Afghanistan zu besprechen. Anwesend waren Vizepräsident Joe Biden, Außenministerin Hillary Clinton, Verteidigungsminister Robert Gates, CIA-Direktor Leon Panetta, der Vorsitzende des Generalstabs Admiral Mike Mullen, der Direktor der Nationalen Nachrichtendienste Admiral Dennis Blair und General Petraeus. Einzelheiten der Gespräche stehen unter Geheimhaltung, aber zweifellos war Afghanistan nicht das einzige Thema.[21]

Kurz nach dem Treffen unterzeichnete General Petraeus eine siebenseitige geheime Anweisung, die kleine Teams von Spezialeinsatzkräften ermächtigte, verdeckte Operationen jenseits der offiziellen Kampfgebiete im Irak und in Afghanistan durchzuführen. Sie war mit dem Vermerk »LIMDIS« – für »limited distribution« (begrenzter Empfängerkreis) – versehen.[22] Etwa 30 Personen erhielten Kopien des Dokuments, dessen ursprünglicher Codename »Avocado« lautete. Die Direktive, eine sogenannte Joint Unconventional Warfare Task Force (JUWTF) Execute Order, diente als eine Art Genehmigung für militärische Spezialeinheiten, heimliche Operationen ohne jeweilige Billigung durch den Präsidenten durchzuführen. »Anders als bei verdeckten Aktionen der CIA ist für solche heimlichen Operationen keine Genehmigung durch den Präsidenten oder der sonst übliche Bericht an den Kongress erforderlich«, berichtete Mark Mazzetti von der *New York Times*, der den Erlass lesen durfte.[23]

Der Erlass war ein beredtes Zeugnis für die Fortführung der Außenpolitik der Vorgängerregierung durch Obama. Unter Bush hatte das Pentagon verdeckte Spezialoperationen regelmäßig damit gerechtfertigt, dass sich die Einsatzkräfte nicht im Krieg befänden, sondern »das Schlachtfeld vorbereiten«. Petraeus' »ExOrd« von 2009 lieferte ein noch stärkeres Fundament für die Ausweitung geheimer Kriege unter Präsident Obama. »Während die Bush-Regierung nur einzelne verdeckte Militäroperationen außerhalb ausgewiesener Kriegsgebiete gebilligt hatte, dient die neue Verordnung dazu, solche Aktivitäten systematisch und langfristig zu genehmigen«, schrieb die *New York Times*. »Das Ziel ist, Netzwerke aufzubauen, die al-Qaida und andere militante Gruppen ›unterwandern, stören, außer Gefecht setzen oder beseitigen‹ könnten, und ›den Boden zu bereiten‹ für zukünftige Angriffe durch amerikanische oder örtliche Streitkräfte, heißt es in dem Dokument.«[24]

Darüber hinaus machte das Petraeus-Papier deutlich, dass die Vereinigten Staaten neben der CIA auch dem Militär derartige Geheimoperationen erlaubten. »Die Obama-Regierung sträubte sich zunächst, eine solche Ausweitung unkonventioneller Militäroperationen in Ländern zuzulassen, in denen die USA offiziell nicht stationiert waren. Denn diese Praxis wurde unglücklicherweise mit der Missachtung internationaler Regelungen durch die Bush-Cheney-Regierung in Zusammenhang gebracht«, stellte der Journalist Marc Ambinder damals fest. »Aber aufgrund politischer Zwänge, der Bedrohung durch den Terrorismus und weil man wusste, was das Militär erreichen kann, wenn es freie Hand erhält, änderten manche der wichtigsten Berater Obamas allmählich ihre Meinung. Es ist hilfreich, dass der Kongress dem Militär generell einen breiten Spielraum für Operationen eingeräumt hat, denen sich die paramilitärischen Kräfte des Geheimdiensts widersetzen würden.«[25]

Abgesehen von der Genehmigung direkter Interventionen der Spezialeinheiten widmete sich das Papier von Petraeus auch der Sammlung von Informationen, unter anderem durch amerikanische Truppen, ausländische Geschäftsleute und Wissenschaftler, mit dem Ziel, Aufständische oder Terroristen und ihren Aufenthaltsort aufzuspüren.[26] Die Anweisung, die Petraeus in Absprache mit Admiral Eric Olson, Chef des JSOC, verfasst hatte, enthielt einen Plan für Geheimoperationen, die von regulären Streitkräften oder Geheimdiensten »nicht ausgeführt werden können oder nicht ausgeführt werden«.[27] Zu denen, die die Operationen der Spezialeinsatzkräfte unter Obama weltweit überwachen würden, gehörte Michael Vickers, ehemals CIA-Paramilitär der Abteilung Spezialeinsätze und in den 1980er-Jahren ein wichtiger Akteur beim Schmuggel von Waffen und Geld für die Mudschahedin in Afghanistan.

Laut Oberst Lang glaubten die JSOC-Einsatzkräfte in Afghanistan zu der Zeit, als die Anweisung herausgegeben wurde, die hochrangigen Zielpersonen im Land bereits getötet oder gefangen genommen, zumindest aber in andere Länder vertrieben zu haben. »Deshalb ist die Versuchung groß, Leute in anderen Ländern zu verfolgen. Weil diese exzellent ausgebildeten Kräfte Zielpersonen ins Visier nehmen, die deren Einsatz gar nicht wert sind«, erklärte er mir. »Für die Führung – den Drei-Sterne-General und noch höher stehende Militärs – liegt die Versuchung darin, für ihre Leute noch unbeackerten Boden zu finden.« Lang, ehemals Angehöriger der Green Berets, bezeichnete die JSOC-Leute, die Petraeus' kleine Kriege führen sollten, als »eine Art Mordunternehmen« und fügte hinzu: »Ihre Aufgabe ist es, al-Qaida-Mitglieder zu töten. Das ist ihr Job. Es ist nicht ihre Aufgabe, irgendjemand von unseren Zielen zu überzeugen oder dergleichen.«[28]

Dem ehemaligen Mitarbeiter eines Kommandeurs der Spezialeinsatzkräfte zufolge, der sowohl unter Bush als auch unter Obama diente, handelte es sich bei der Ausweitung der Spezialeinsätze auf die ganze Welt eigentlich um eine Fortführung der geheimen sogenannten

»AQN ExOrd« oder al-Qaida-Netzwerk-Direktive, die Rumsfeld im Jahr 2004 unterzeichnet hatte. Mit ihr sollten bürokratische und rechtliche Hürden umgangen werden, sodass die Spezialeinsatzkräfte auch in »Hochrisikogebiete« oder in Länder jenseits der offiziellen Kampfzonen Irak und Afghanistan vordringen konnten. Meinem Informanten aus den Spezialeinsatzkräften zufolge war die Haltung des Weißen Hauses unter Obama:»›Das Pentagon ist bereits ermächtigt, diese Dinge zu tun, also lasst das JSOC von der Leine.‹ Und genau das hat dieses Weiße Haus getan.« Und er fügte hinzu:»Das JSOC erhielt unter der [Obama-] Regierung mehr Vollmachten als sonst jemand in der jüngeren Geschichte. Keine Frage.«[29]

Während Obama anfangs noch zögerte, wurde bald klar, dass er die Anweisung aus der Bush-Ära ausweiten und festschreiben wollte. »Die Obama-Regierung ging über die Direktive von 2004 weit hinaus«, meinte mein Informant.»›Die ganze Welt ist das Schlachtfeld.‹ Da sind wir jetzt wieder. Eine Weile haben wir uns davon entfernt, aber Cambones ›Vorbereitung des Kampfgebiets‹ ist immer noch quicklebendig. Diese Regierung hat das bereitwillig aufgegriffen.«

Unter Bush koordinierten das JSOC und sein damaliger Chef Stanley McChrystal den Großteil ihrer Aktivitiäten mit Vizepräsident Dick Cheney und Verteidigungsminister Rumsfeld. Unter Obama bekam die Beziehung des JSOC zur Regierung als ganzer einen offizielleren Charakter. »Früher lautete die Strategie, den Präsidenten zu schützen. Jetzt kommunizieren die JSOC-Leute regelmäßig mit Regierungsmitgliedern«, sagte der ehemalige Berater des Kommandeurs der Spezialeinheiten zu mir.[30]

Am 4. Oktober 2009, wenige Tage nach Unterzeichnung des Dekrets und einen Monat nach Brennans Treffen mit Salih, unternahm Admiral McRaven von der Öffentlichkeit unbemerkt eine Reise in den Jemen, um den Präsidenten zu treffen.[31] McRaven trug seine Marineuniform mit gelben Streifen an den Ärmeln. Salih nahm, bekleidet mit einem tadellos sitzenden Anzug, in einem goldfarbenen Sessel Platz. Laut Mitarbeitern seiner Regierung sprachen die beiden über eine »Zusammenarbeit« bei der »Terrorismusbekämpfung«. In der US-Botschaft in Sanaa hieß es, man habe über eine »Zusammenarbeit zwischen den USA und dem Jemen im Kampf gegen al-Qaida auf der Arabischen Halbinsel« gesprochen. »Diese Gespräche dienen den anhaltenden Bemühungen der USA, den Jemen bei der Beseitigung der Bedrohung zu helfen, die al-Qaida für die Sicherheit und Stabilität des Landes darstellt.«[32] Gut informierte jemenitische Kreise hingegen behaupteten, McRaven habe Druck auf Salih ausgeübt, mindestens drei Drohnen des JSOC regelmäßig im Jemen operieren zu lassen und »Spezialeinsätze ähnlich denen in Pakistan und Somalia« zu erlauben.[33] Salih ging auf die Forderungen ein, wiederholte aber unmittelbar darauf die Bitte um Militärhilfe, die er bereits Brennan vorgetragen hatte.

Am 9. Oktober 2009 setzte sich Präsident Obama erneut mit seinem nationalen Sicherheitsteam zusammen, um das wichtigste außenpolitische Thema zu besprechen: Afghanistan. Bei diesem Treffen erklärte Brennan, die Bedrohung durch al-Qaida sei im Jemen und in Somalia größer als in Afghanistan. »Wir entwickeln hier geostrategische Prinzipien«, sagte er, »und wir werden nicht über die Mittel verfügen, in Somalia und im Jemen dasselbe zu tun wie in Afghanistan.«[34]

USA und Jemen, 2001–2009

Im Rückblick erscheint es äußerst plausibel, dass die Regierung Obama Ende 2009 bei ihrem Kampf gegen den Terrorismus das Augenmerk auf den Jemen lenkte. Im November war das Land ständig Thema in den Nachrichten und offenbar in jeden angeblich geplanten neuen, gegen die Vereinigten Staaten gerichteten Terroranschlag verwickelt – vor allem in der Person Anwar Awlakis. Für viele Amerikaner aber schien der Jemen aus dem Nichts aufzutauchen.

Die mediale Hysterie wurde am 5. November 2009 losgetreten. An diesem Tag betrat der junge Psychiater der US-Armee Major Nidal Malik Hasan ein Büro im *Soldier Readiness Center* im texanischen Fort Hood, in dem Soldaten auf ihre Entsendung in Einsatzgebiete vorbereitet werden[1] und in dem er selbst arbeitete, rief »Allah u Akbar« und eröffnete das Feuer auf seine Kameraden. Er tötete 13 Menschen und verletzte 43, bevor er selbst durch einen Schuss außer Gefecht gesetzt wurde und heute querschnittsgelähmt ist. In den meisten Berichten war es eine Kombination verschiedener Faktoren, die Hasan zu der Tat geführt hatte. In erster Linie aber hatte sie mit seiner Arbeit zu tun. Er behandelte Soldaten, die in Afghanistan und im Irak gekämpft hatten. Wie es hieß, hatte er vergeblich versucht, einige seiner Patienten, die ihm ihre Untaten auf dem Schlachtfeld bekannt hatten, wegen Kriegsverbrechen vor Gericht zu bringen.[2] Und er hatte sich bei Freunden und Verwandten darüber beklagt, dass er von Kameraden wegen seiner Religion schikaniert werde. Sie berichteten, er habe seinen Abschied vom Militär nehmen wollen, da es ihm zunehmend schwerfiel, seine Tätigkeit bei Streitkräften, die in islamischen Ländern Krieg führten, mit seinem Glauben zu vereinbaren.[3]

Bei einer PowerPoint-Präsentation für Militärärzte im Jahr 2007 hatte Hasan erklärt: »Für Muslime wird es immer schwieriger, ihren

Dienst in einer Armee, die ständig ihre Glaubensbrüder bekämpft, moralisch zu rechtfertigen.« Hasan plädierte dafür, Muslimen die Möglichkeit der Kriegsdienstverweigerung zu geben, um »unerwünschte Zwischenfälle« zu vermeiden, wie er sagte.[4] Zum Zeitpunkt seiner Tat stand Hasan unmittelbar vor einem Einsatz in Afghanistan.[5] Und kurz nach den Schüssen berichteten die Medien, er habe Kontakt zu Awlaki gehabt und im Jahr 2001 dessen Moschee in Virginia besucht. Allerdings hatte er ihn nur ein einziges Mal getroffen – doch das wurde nicht erwähnt. Dass die beiden Männer seit Dezember 2008 mindestens 18 E-Mails ausgetauscht hatten, sorgte bei Journalisten und Politikern hingegen für reichlich Wirbel. Die Prüfung der E-Mails durch Spezialisten der amerikanischen Terrorismusabwehr ergab jedoch, dass ihr Inhalt harmlos war. Laut *New York Times* »stellte ein Antiterrorexperte, der die E-Mails kurz nach ihrer Absendung untersuchte, fest, dass sie mit den Recherchen zu tun hatten, die Major Hasan mit offizieller Genehmigung durchführte und die seine Vorgesetzten nicht beunruhigten«.[6] Später erklärte Awlaki einem jemenitischen Journalisten, Hasan habe sich wegen religiöser Fragen an ihn gewandt. Er, Awlaki, habe Hasan weder »den Auftrag erteilt noch gedrängt«, Anschläge zu verüben, eine Behauptung, die sich bei der Veröffentlichung der E-Mails bestätigte.[7] Doch durch Awlakis Reaktion auf Hasans Amoklauf verloren solche Details in den Augen der amerikanischen Öffentlichkeit und der Regierung an Bedeutung.

Wenige Tage nach den Schüssen in Fort Hood postete Awlaki einen Blogbeitrag mit der nicht gerade geschickten Überschrift: »Nidal Hasan hat genau das Richtige getan«. Hasan, so Awlaki, »ist ein Held. Er ist ein Mann mit Gewissen und konnte den Widerspruch nicht mehr ertragen, als Muslim einer Armee anzugehören, die seine eigenen Glaubensbrüder bekämpfte. Viele Muslime wischen diesen Widerspruch beiseite und tun einfach so, als existierte er nicht.« Hasan »eröffnete das Feuer auf Soldaten, die bald in den Irak oder nach Afghanistan verlegt werden sollten. Wie könnte man die Tugendhaftigkeit seiner Tat bestreiten? Ein Muslim kann seinen Dienst in der US-Armee überhaupt nur dann mit seinem Glauben rechtfertigen, wenn er die Absicht hat, in die Fußstapfen von Menschen wie Nidal zu treten.«[8] Dann rief Awlaki die Muslime in der Armee auf, ebenfalls Anschläge solcher Art zu verüben. »Nidal Hasan wurde nicht von al-Qaida rekrutiert«, sagte Awlaki später. »Nidal Hasan wurde durch amerikanische Verbrechen rekrutiert, aber

Amerika weigert sich, dies einzugestehen.«[9] Es war der letzte Blogbeitrag, den Awlaki veröffentlichen sollte.

Am Morgen nach der Schießerei traf sich Obama mit den Stabschefs und den Leitern der Geheimdienste »und wies sie an, genau zu untersuchen, wie es zu den Schüssen kommen konnte«. In seiner wöchentlichen Ansprache erklärte Obama: »Wir müssen sämtliche Informationen zusammentragen, die über den Schützen bekannt waren, und in Erfahrung bringen, wie mit diesen Informationen umgegangen wurde. Wenn wir diese Fakten haben, müssen wir entsprechend handeln.« Und er fügte hinzu: »Unsere Regierung muss zu schnellem und entschiedenem Handeln fähig sein, wenn sie bedrohliche Informationen erhält. Und unsere Truppen müssen die Sicherheit haben, die ihnen zusteht.«[10]

Obwohl es keinerlei Beweise für einen Zusammenhang zwischen Awlaki und den Schüssen von Fort Hood gab und die Ermittler zu dem Schluss kamen, dass Hasan nicht Teil einer groß angelegten terroristischen Verschwörung war, wurde die Verbindung zwischen den beiden Männern hochgespielt und gab damit denjenigen neue Nahrung, die von Obama ein aggressiveres Vorgehen im Jemen forderten. Am 18. November bezeichnete Senator Joseph Lieberman die Schüsse als »den verheerendsten Terroranschlag seit dem 11. September«.[11] Einen Monat später verlangte Lieberman Präventivschläge gegen das Land.[12]

Awlaki beobachtete die Vorgänge von seinem Versteck im jemenitischen Gouvernement Schabwa aus. Er surfte im Internet, und sein »Google Alerts« mit der Suchanfrage nach seinem Namen pingte alle paar Minuten. Unter englischsprachigen Muslimen war sein Name wahrscheinlich schon vorher bekannt, jetzt aber war er wirklich weltweit ein Begriff. Ob Awlaki eine Rolle bei Hasans Amoklauf gespielt hatte, war in den Vereinigten Staaten nicht von Interesse. Allein dass er dessen Tat offen und freudig gepriesen hatte, wurde für die Medien zur fixen Idee. Sie bezeichneten Awlaki als »Imam des 11. September« und brachten jeden Tag neue Storys über seinen Lebensweg. Die Verhaftungen wegen Förderung der Prostitution, seine angeblichen Kontakte zu den Attentätern vom 11. September, seine Predigten über den Dschihad und sein Blog – all das wurde zusammengewoben, um den Eindruck zu erwecken, er habe sein Leben lang terroristische Anschläge auf die Vereinigten Staaten geplant. Im Fernsehen spekulierten »Terrorexperten«, er sei wohl auch in der Lage, im Westen Dschihadisten für die Sache von al-Qaida zu gewinnen.

Nicht lange nach den Schüssen in Fort Hood endeten Awlakis Tage als Blogger abrupt. Die Vereinigten Staaten entfernten seine Website aus dem Netz. Die URL war bei Wild West Domains registriert, einem Unternehmen mit Sitz in Scottsdale, Arizona.[13] »Nach Nidal Hasans Aktion schlossen sie meine Website«, erzählte Awlaki. »Dann las ich in der *Washington Post*, dass sie meinen E-Mail-Austausch überwachten. Deshalb musste ich diese Form der Kommunikation beenden.«[14] Für ihn war die Aufmerksamkeit der Medien ein bedrohliches Zeichen: Er musste ständig den Aufenthaltsort wechseln und jede digitale Spur auslöschen, die die Amerikaner zu ihm hätte führen können. Er wusste schon lange, dass sie vorhatten, ihn hinter Gitter zu bringen, jetzt aber fürchtete er, dass Obama ihn tot sehen wollte.

Im Oktober 2009 landete ein junger Amerikaner pakistanischer Abstammung namens Samir Khan auf dem Flughafen von Sanaa.[15] Wie Hunderte andere Muslime, die jedes Jahr aus der ganzen Welt in den Jemen kommen, wollte auch Khan Islamwissenschaft und Arabisch an den berühmten alten Universitäten des Landes studieren. Zumindest hatte er das seiner Familie und seinen Freunden zu Hause gesagt. In den zehn Jahren vor seiner Reise in den Jemen war Khan zunehmend militant geworden, sowohl politisch als auch in seinem Verständnis des Islam. Wie bei Awlaki hatten die Ereignisse des 11. September und das scharfe Vorgehen gegen Muslime in den Vereinigten Staaten tiefe Spuren in ihm hinterlassen. Khan wurde 1985 in der saudi-arabischen Hauptstadt Riad als Kind pakistanischer Eltern geboren; seine Mutter Sarah Khan war zugleich amerikanische Staatsbürgerin. »Er ist ein Weihnachtskind«, sagte sie später, »er kam am Weihnachtstag zur Welt.«[16] Als Samir sieben Jahre alt war, wanderte die Familie in die Vereinigten Staaten aus und ließ sich im Haus seiner Großeltern im New Yorker Stadtteil Queens nieder. Seine Verwandten waren konservative Muslime, betrachteten sich aber als amerikanische Patrioten. »Wir wünschten uns eine bessere Zukunft für unsere Kinder«, sagte Sarah zu mir. »Wir setzten große Hoffnungen in dieses Land.« Khans Schulkameraden in der Highschool erinnerten sich an ihn als einen etwas unbeholfenen Jungen in Baggy-Jeans, der trotz seiner Schüchternheit in der Footballmannschaft der Schule spielte und sich für Hip-Hop und die Schülerzeitung begeisterte. »Er war schon immer an Sport interessiert«, erzählte mir Samirs Mutter. »Ständig redete er davon, er wolle später einmal in der National Football League spielen.«[17]

Doch im August 2001 begann Samir, sich anderen Dingen zuzuwenden. Mit 15 Jahren nahm er an einem einwöchigen Sommerlager in einer Moschee in Queens teil, das von der Islamic Organization of North America (IONA) finanziert wurde, einer bekannten konservativen islamistischen Organisation mit Verbindungen zur pakistanischen Tanzeem-e-Islami. Jahre später sagte Khan in einem Interview, das Camp sei prägend für ihn gewesen, und als er in jenem Jahr in die Schule zurückgekehrt sei, habe er gewusst, »was ich mit meinem Leben anfangen wollte: ein standhafter, starker und praktizierender Muslim werden«.[18] Er verabschiedete sich von Baggy-Jeans und Rap mit der einzigen Ausnahme der Hip-Hop-Band »Soldiers of Allah«, die sich inzwischen aufgelöst hat. Er engagierte sich in der Islamic Thinkers Society, einer Gruppe mit Sitz in Jackson Heights, die bei gewaltlosen Aktionen wie etwa »Straßen-Dawas« ein islamisches Kalifat forderten.[19] Nach dem 11. September bemühte sich Khan nicht, seine neue Haltung zu Religion und Politik gegenüber Freunden und Familienangehörigen zu verbergen. Er weigerte sich, das Treuegelöbnis auf die US-Flagge zu sprechen, und geriet mit Klassenkameraden in Streit, weil er erklärte, die Amerikaner hätten die Anschläge verdient.

»Vor dem 11. September bemerkten die Leute zwar seine Veränderung, machten aber nicht viel Aufhebens davon«, erzählte einer seiner Klassenkameraden. »Danach aber stellte man sich Fragen, was seine Haltung betraf: › Will er wie sie [die Terroristen des 11. September] sein? Denkt er wie sie?‹«[20] Ein anderer Klassenkamerad sagte, Khan sei hin und wieder Ziel rassistischer Bemerkungen gewesen. In der zehnten Klasse trug Khan stets seine Kufi-Mütze.

Als Samir Khans Vater bemerkte, dass sein Sohn häufig dschihadistische Websites besuchte, versuchte er, ihn davon abzubringen.[21] In seinem Highschool-Jahrbuch bezeichnete sich Khan als »Mudschahed« und schrieb, er habe vor, »ins Ausland [zu gehen, um] islamisches Recht zu studieren und [sich] mit Themen im Zusammenhang mit dem Islam zu beschäftigen«. Dort findet man auch den Rat: »Wenn man dem Teufel den kleinen Finger reicht, nimmt er bald die ganze Hand.«[22]

Als Khan 2003 die Highschool abschloss und die USA in den Irak einmarschierten, hatte er bereits eine extrem radikale Haltung zur amerikanischen Außenpolitik. Seine Familie kehrte wieder nach North Carolina zurück, wo Khans Vater Zafar eine Stelle als Informationstechniker annahm. Samir schrieb sich an einer Volkshochschule ein und verkaufte nebenbei Küchenmesser und andere Haushaltsgegenstände.[23] Er besuchte regelmäßig eine Moschee und führte immer wieder Streitgespräche mit anderen Gläubigen über die religiösen Führer, denen es seiner Meinung nach angesichts der sich ausweitenden Kriege der USA an Rückgrat fehle.[24]

Außerdem verbrachte er viel Zeit damit, im Internet gleichgesinnte Muslime zu suchen, zu bloggen und Nachrichten über den Dschihad im Ausland zusammenzustellen, oft unter dem Bloggernamen »InshallahShaheed« (Erweckung) und »Ein Märtyrer, so Gott will«. Khan betrieb von seinem Elternhaus aus mehrere Blogs, gab manche wieder auf oder wechselte den Server, wenn er wegen seiner Hasstiraden angegriffen oder sein Blog vom Administrator entfernt wurde.[25]

Schließlich fand Khan ein virtuelles Zuhause bei Muslimpad, einer Website, die vom Islamic Network unterhalten wurde (dem einstigen Arbeitgeber von Daniel Maldonado, der überführt wurde, an ICU-Trainingslagern in Somalia teilgenommen zu haben).[26] Einer seiner Blogs, der ebenfalls unter der Bezeichnung InshallahShaheed lief, wurde 2005 eröffnet und hatte bereits 2007 eine ungeheure Beliebtheit erreicht – der Traffic-Counter Alexa.com stellte fest, dass er zu dem einen Prozent von 100 Millionen Websites mit den höchsten Besucherzahlen weltweit gehörte.[27] Weitere Blogs führte er unter Namen wie Human Liberation – An Islamic Renaissance und Revival. Khan pries dort die Siege und Erfolge von al-Qaida und den ihr nahestehenden Militanten, aber er trug auch zur Popularisierung einer breiteren ideologischen Bewegung radikaler Scheichs und Gelehrter bei, von denen viele Amerikaner noch nie gehört hatten. In einem späteren Blog war unter der Rubrik »Über uns« eine Liste mit Namen zu finden wie Abu Mussab al-Sarkawi, Abu Layth al-Libi und Anwar al-Awlaki, laut Khan »Islamgelehrte … durch die wir Wissen erlangen«.[28]

Einer derjenigen, die Beiträge zu Khans InshallahShaheed-Blog lieferten, war der Amerikaner Zachary Chesser, der 2010 wegen des Versuchs, sich in Somalia al-Shabaab anzuschließen, verhaftet werden sollte.[29] Auf seinen verschiedenen Webseiten pries Khan die Anschläge auf US-Soldaten im Irak, warb für die Schriften bin Ladens und verlieh seiner Hoffnung Ausdruck, dass Dschihadisten auf der ganzen Welt die Streitkräfte der USA und Israels besiegten.

In dieser Zeit zog Khan das Interesse der Presse auf sich, insbesondere der *New York Times*, die ihn 2007 erstmals porträtierte und als »unglaublichen Fußsoldaten in den ›islamisch-dschihadischen Medien‹, wie al-Qaida sich ausdrückt«, bezeichnete.[30] In den Vereinigten Staaten war Khan ein Newcomer innerhalb der sich ausbreitenden und mittlerweile vielfältigen digitalen militanten Kultur. Sie hatte mit körnigen hochgeladenen Videos begonnen, die zeigten, wie al-Sarkawi im Irak Leute enthauptete, war aber mittlerweile technisch auf dem Stand der Zeit, da, wie die *Times* schrieb, eine »Vielzahl offensichtlich unabhängiger Medienbetreiber die Botschaft von al-Qaida und anderen Gruppen« auf der ganzen Welt verbreitet und zunehmend auch im Westen.

Gegenüber der *New York Times* erklärte Khan, das Video eines Selbstmordattentäters, der einen US-Stützpunkt im Irak angegriffen hatte, habe ihm »viel Freude bereitet«.[31] Und über die Angehörigen der im Irak stationierten amerikanischen Soldaten sagte er: »Was immer ihren Söhnen und Töchtern geschieht, berührt mich nicht.« Er bezeichnete diese Soldaten und Soldatinnen als »Menschen, die in der Hölle schmoren werden«.

Zwar bestritt Khan jegliche Verbindung zu terroristischen Gruppen und beteuerte einem lokalen Nachrichtensender gegenüber, er rekrutiere nicht aktiv amerikanische Kämpfer, deutete aber an, dass er sich vielleicht eines Tages selbst am gewaltsamen Dschihad beteiligen werde.[32] Doch er ging nicht so weit, offen zu Gewalt aufzurufen. Vor dem Start seines ersten Blogs ließ sich Khan sogar von einem Anwalt über die Grenzen der freien Meinungsäußerung beraten.[33] Die Behörden behelligten ihn kaum, obwohl sie zweifellos auf ihn aufmerksam wurden: Mitarbeiter des Ministeriums für Innere Sicherheit und Analytiker des Antiterrorzentrums beobachteten ihn auf Schritt und Tritt.[34] Sue Myrick, eine republikanische Abgeordnete aus North Carolina, berichtete später der *Washington Post*, sie sei an Versuchen beteiligt gewesen, Khan »mit Hilfe des FBI unschädlich zu machen«. Diese seien aber letztlich erfolglos gewesen, »weil er nicht zu Gewalt aufrief, sondern bloß Informationen bereitstellte, und weil er ständig seinen Server wechselte«.[35]

Khan glaubte, die Behörden würden nicht nur seine Blogs lesen. »Als ich wieder in North Carolina war, setzte das FBI einen Spion auf mich an, der vorgab, zum Islam übertreten zu wollen«, schrieb er später.[36] Mehrmals tauchten FBI-Agenten bei ihm zu Hause auf und redeten auf Samirs Eltern ein, sie sollten ihren Sohn dazu bringen, mit dem Bloggen aufzuhören. Laut Sarah Khan erklärten die FBI-Beamten der Familie, Samir verstoße zwar nicht gegen Gesetze und übe nur sein Recht auf freie Meinungsäußerung aus, aber sie seien besorgt über die Richtung, die er eingeschlagen habe. Samirs Vater Zafar ging sogar so weit, die Internetverbindung zu kappen, und versuchte weiterhin, Einfluss auf ihn zu nehmen. Er lud einen Imam namens Mustapha Elturk ein, der Samir dazu bewegen sollte, seine radikale Haltung zu überdenken.[37] Elturk betrachtete Samirs Vater als »gemäßigten, zutiefst gläubigen Muslim«.[38] Zafar, so meinte er, »unternahm alles in seiner Macht Stehende, um mit seinem Sohn zu reden und ihn mit Imamen und muslimischen Gelehrten zusammenzubringen, die ihm klarmachen konnten, dass die Ideologie der Gewalt nicht der richtige Weg sei«. Doch Samir »glaubte felsenfest, Amerika sei ein imperialistisches Land, das Diktatoren unterstütze und Israel blind jede Hilfe leiste … Er war der Meinung, rücksichtsloses Töten sei gerechtfertigt«, berichtete Elturk.[39] »Ich argumentierte mit dem Koran dagegen, zitierte Gelehrte und sagte: ›Was du denkst, entspricht nicht der Wahrheit.‹«[40]

Samir aber blieb ungerührt und machte weiter wie zuvor. Die Frucht seiner letzten Monate in den Vereinigten Staaten war *Jihad Recollections*, eine Online-Zeitschrift mit unzähligen Abbildungen und Übersetzungen von al-Qaida-Texten sowie Artikeln von Khan selbst und anderen. Seiner Ansicht nach wurde er rund um die Uhr vom FBI beobachtet, und er hatte es satt, von Muslimen umgeben zu sein, die sich der amerikanischen Kultur angepasst hatten.

Die vierte und letzte Ausgabe der *Jihad Recollections* erschien im September 2009. »Ich wusste, dass die Wahrheit die Massen erst dann erreichen würde, wenn ich mich über das Gesetz stellte«, schrieb er später. Im Oktober reiste Khan unter dem Vorwand, Arabisch zu studieren und Englisch zu unterrichten, in den Jemen aus. Antiterrorspezialisten in den USA vermuteten, dass Awlaki ihn eingeladen hatte, beim »Medien-Dschihad« mitzuwirken.[41] Sarah Khan zufolge war der Jemen allerdings nicht Samirs erste Wahl. Er hatte sich an Schulen in Pakistan und in Großbritannien beworben, aber die Zusage aus dem Jemen war als Erste eingetroffen. »Wir wussten, dass er Arabisch lernen wollte und geeignete Schulen suchte, wo er gleichzeitig mehr über den Islam erfahren und den Koran studieren konnte«, erzählte seine Mutter. Als

Samir seinen Eltern mitteilte, dass er in den Jemen gehen werde, war Sarah zunächst besorgt, sagte sich dann aber, »es wird ihm schon nichts passieren, er ist ja erwachsen. Soll er sich ruhig einmal in der Welt umsehen und sich selbst einen Eindruck verschaffen.«

In Khan aber gingen ganz andere Dinge vor, als seine Eltern vermuteten. Er hatte mit dem amerikanischen Vorstadtleben abgeschlossen, das er für oberflächlich und sündig hielt. Das Internet war seine Schule gewesen, dort war er auf die Predigten der muslimischen Führer gestoßen, und sie hatten ihm Anregungen gegeben. Er hatte die Schrecken der Kriege und Invasionen in der Folge des 11. September gesehen und daraus den Schluss gezogen, dass es seine Pflicht sei, sich anderen Muslimen im Kampf gegen die Streitkräfte anzuschließen, die er als Kreuzzügler betrachtete. »Nachdem sich mein Glaube um 180 Grad gedreht hatte, wusste ich, dass ich nicht länger als braver Bürger in Amerika leben konnte. Meine Überzeugungen hatten mich zu einem Rebellen gegen den Imperialismus Washingtons gemacht«, schrieb er später. »Wie kann jemand, der Vernunft für sich beansprucht, die Hände in den Schoß legen? Mir war das jedenfalls nicht möglich. Mein Gewissen prägte mein Denken; ich konnte einfach nicht die einmalige Gelegenheit verstreichen lassen, die islamische Nation aus ihrer Misere zu befreien.«[42]

Obwohl unter Beobachtung, konnte Khan ohne große Schwierigkeiten aus den Vereinigten Staaten ausreisen. »Es dauerte eine halbe Stunde länger, bis ich in North Carolina meine Bordkarte bekam, weil ich, wie mir der Schalterbeamte erklärte, überwacht wurde«, schrieb Khan und brachte sein Erstaunen darüber zum Ausdruck, dass seine Ausreise nahezu unbemerkt blieb. In Sanaa unterrichtete er eine Zeit lang Englisch, bevor er in den Süden fuhr, um sich den Mudschahedin anzuschließen. »Ich war im Begriff, nach offizieller Definition zum Verräter des Landes zu werden, in dem ich aufgewachsen war«, erinnerte er sich. »Ich dachte zwar über die möglichen Folgen für mein Leben nach, aber welche es auch sein mochten, ich war dazu bereit.«

Somalia und Washington, 2009

Zu Beginn des Sommers 2009 wurde dem JSOC deutlich bewusst, dass die Männer, die als die größte Bedrohung der US-Interessen in Ostafrika galten, nämlich Saleh Ali Nabhan und Fazul Abdullah Mohammed, immer noch auf freiem Fuß waren. Man vermutete, dass sich Mohammed einer plastischen Chirurgie unterzogen hatte, und über seinen Aufenthaltsort konnten die Geheimdienste nur rätseln.[1] Die Spur der beiden hatte sich verloren, während al-Shabaab in Somalia zunehmend an Terrain gewann, somit mehr Rückzugsmöglichkeiten hatte und unauffälliger vorgehen konnte.

Der amerikanische Geheimdienst mutmaßte, dass Nabhan seit der Entmachtung der ICU stärker in die Operationen von al-Shabaab eingebunden war und drei Ausbildungslager leitete, aus denen mehrere Selbstmordattentäter hervorgingen, darunter auch ein US-Bürger. In einer Geheimdepesche der Botschaft in Nairobi hieß es: »Seit Nabhan im Sommer 2008 zum Chefausbilder von al-Shabaab ernannt wurde, ist der Zustrom von Ausländern nach Somalia stärker geworden. Es kommen Kämpfer aus Südasien, Europa und Nordamerika, dem Sudan sowie aus Ostafrika und hier vor allem aus Kenia ins Land.« Diese Kräfte würden in Mogadischu im Kampf gegen die von den USA unterstützte Afrikanische Union und die Streitkräfte der somalischen Regierung eingesetzt. Aus den »Lagern geht weiterhin eine wachsende Zahl ausländischer Kämpfer hervor«, hieß es am Schluss.[2]

Washington versuchte angestrengt, Nabhan zu beseitigen, und im Juli 2009 bot sich dem US-Geheimdienst hierzu die Möglichkeit. In jenem Monat stürmten kenianische Sicherheitskräfte das Haus eines jungen Kenianers somalischer Herkunft namens Ahmed Abdullahi Hassan in Eastleigh, einem dicht bevölkerten somalischen Slum in Nairobi. Am nächsten Abend fuhren sie ihn zum Wilson Airport:[3] »Sie stülpten mir einen Sack über den Kopf wie den Gefangenen in Guantánamo. Sie banden mir die Hände auf den Rücken und setzten mich in ein Flugzeug«, sagte Hassan später in einer Stellungnahme, die mir ein Menschenrechtsbeobachter zur Verfügung stellte. »Am frühen Morgen landeten wir in Mogadischu. Ich wusste das, weil es nach Meer roch – die Rollbahn befindet sich direkt am Strand.«[4] Von dort wurde Hassan in ein Geheimgefängnis im Keller des somalischen Geheimdiensts gebracht, wo er von Vertretern des US-Nachrichtendiensts verhört wurde.[5] In einem Bericht, der durch die Antiterroreinheit der kenianischen Polizei nach außen drang, hieß es, »Ahmed Abdullahi Hassan alias Anas« sei ein »ehemaliger persönlicher Assistent Nabhans« und »bei Kämpfen am Präsidentenpalast in Mogadischu im Jahr 2009 verletzt worden«.[6] Er galt als hochrangiger Gefangener. »Ich bin schon so oft verhört worden«, behauptete Hassan in einer Stellungnahme, die aus dem Gefängnis geschmuggelt und mir übergeben wurde. »Verhört von Somaliern und Weißen. Jeden Tag tauchen neue Gesichter auf.«

Im Wahlkampf und nach seinem Amtsantritt hatte Barack Obama versprochen, auf bestimmte Foltermethoden und Inhaftierungspraktiken aus der Bush-Ära zu verzichten. Im April 2009 hatte CIA-Direktor Leon Panetta erklärt, die »CIA unterhält keine Haftanstalten und Geheimgefängnisse mehr«, und einen »Plan zur Schließung der noch vorhandenen Gefängnisse« angekündigt.[7] Doch drei Monate später saß Hassan in einem solchen Geheimgefängnis und wurde von Amerikanern verhört.

Laut einem Vertreter der US-Regierung, der mit mir unter der Bedingung sprach, dass sein Name nicht genannt würde, brachten nicht die Amerikaner Hassan von Kenia nach Somalia. Aber »die Vereinigten Staaten lieferten Informationen, die zur Ergreifung Hassans – eines gefährlichen Terroristen – führten«.[8] Dies stützt die Theorie, wonach die kenianischen Streitkräfte im Auftrag der Vereinigten Staaten und anderer Länder Verdächtige überstellten. Laut einer weiteren zuverlässigen Quelle sei Hassan in Nairobi ins Visier geraten, weil er geheimdienstlichen Informationen zufolge die »rechte Hand« Nabhans war, der damals als Chef von al-Qaida in Ostafrika galt.[9]

Zwei Monate nachdem Hassan in das Geheimgefängnis in Mogadischu überstellt worden war, am 14. September 2009, startete ein JSOC-Team in Hubschraubern von einem Flugzeugträger vor der somalischen Küste und drang in den somalischen Luftraum ein.[10] Der Mann, den sie verfolgten, war, wie erst kurz zuvor »verwertbare« Erkenntnisse ergeben hatten, regelmäßig zwischen den Hafenstädten Merca und Kismayo an der kenianischen Grenze gependelt.[11] An diesem Tag war die Zielperson in einem Land Cruiser unterwegs, eskortiert von mehreren Kampffahrzeugen. Zeugen in einem Dorf schilderten, wie die Hubschrauber auf dem Weg zu dem Konvoi über sie hinwegdonnerten.[12] Am helllichten Tag griff das JSOC-Team den Konvoi an und erschoss sämtliche Fahrzeuginsassen. Dann landete die amerikanische Kommandoeinheit und lud mindestens zwei der Getöteten ein.[13] Wie später bestätigt wurde, handelte es sich bei einem von ihnen um Saleh Ali Nabhan. Der Sprecher des Pentagon Bryan Whitman wollte sich ebenso wenig »zu einer angeblichen Operation in Somalia« äußern wie das Weiße Haus.[14] Doch als al-Shabaab noch am selben Tag bestätigte, dass Nabhan, fünf andere Ausländer und drei somalische al-Shabaab-Kämpfer bei dem Angriff getötet worden waren, blieben kaum noch Zweifel.[15] Das JSOC hatte seinen meistgesuchten Mann in Ostafrika in der ersten von Obama genehmigten gezielten Tötungsaktion in Somalia zur Strecke gebracht.

Für altgediente Antiterrorspezialisten wie Malcolm Nance war die Tötung Nabhans ein Beispiel für das, was die Vereinigten Staaten hätten tun sollen, anstatt die äthiopische Invasion zu unterstützen. »Ich bin fest von gezielten Tötungen überzeugt, wenn es sich dabei um Leute handelt, die für weitere Ermittlungen nicht mehr von Bedeutung sind. Und wenn sie zu stark sind, als dass man sie auf dem Schlachtfeld erledigen könnte, muss man ihnen eben eine Hellfire reinjagen«, sagte Nance zu mir. »Mit den chirurgischen Schlägen waren wir sehr erfolgreich. Wir gingen einfach rein – um ehrlich zu sein, ganz ähnlich wie die Israelis – und jagten mit einer Drohne oder einer Hellfire den Wagen in die Luft, in dem der gesuchte Mann saß. Wir flogen hin, schnappten uns die Leiche, bestätigten den Tod ... und zogen wieder ab. So sollten wir es machen. Das hätten wir in den ganzen letzten zehn Jahren tun können.«[16]

Für die Tötung Nabhans erntete Obama viel Lob von Seiten der Antiterror- und Spezialeinheiten. In anderen Kreisen hingegen warf die Aktion schwerwiegende Fragen hinsichtlich der parteiübergreifenden Billigung von Morden, Überstellungen und Geheimgefängnissen auf. »Das kommt standrechtlichen Hinrichtungen gleich«, erklärte Evelyn Farkas, ehemals Mitarbeiterin des Senatsausschusses für die Streitkräfte und von 2001 bis 2008 bei der Beaufsichtigung des SOCOM tätig. »Wer erteilt hierfür die Genehmigung? Wer erstellt die Listen [der Zielpersonen]? Lautet der Auftrag ›Gefangennehmen oder Töten‹ oder ist es ein reiner Tötungsauftrag?« Als Präsidentschaftskandidat hatte Obama angekündigt, hinsichtlich der Politik der Ära Bush einen radikalen Kurswechsel zu vollziehen, aber im Fall Nabhan bediente er sich der umstrittensten Methoden seines Vorgängers. »Hat sich unsere Politik seit der letzten Regierung überhaupt verändert?«, fragte Farkas. »Ich denke, nein.«[17]

Nach Ansicht von Jack Goldsmith, unter Bush stellvertretender Attorney General, ist die Auffassung, »die Regierung Obama habe die Politik der Ära Bush umgekehrt, weitgehend falsch. Beinahe das Gegenteil trifft zu: Die neue Regierung hat den Großteil des Bush-Programms übernommen, einiges davon sogar ausgeweitet und nur ganz wenig davon eingeschränkt. Obama hat im Grunde nur die Verpackung, die Argumentationsweise, die Symbolik und Rhetorik verändert.«[18]

Zwar verkündete Obama die Schließung der Geheimgefängnisse, aber in Wahrheit nutzten er und sein Antiterrorteam eine Hintertür, um sie weiterbetreiben zu können. In Somalia verwendete die CIA inzwischen das Geheimgefängnis, in dem auch Hassan festgehalten wurde, als Verhörzentrum für Häftlinge, die der Mitgliedschaft bei al-Shabaab und al-Qaida verdächtigt wurden. Obwohl das Gefängnis im formalen Sinne nicht von den USA unterhalten wurde, konnten amerikanische Geheimdienstleute die Gefangenen dort jederzeit vernehmen.[19] Die von der Familie Hassans, der angeblich rechten Hand Nabhans, beauftragten Anwälte sahen seinen Fall als Beispiel einer leicht geschönten Fortsetzung der Inhaftierungspolitik Bushs. »Hassans Fall legt den Verdacht nahe, dass die USA an einem dezentralisierten, ausgelagerten Guantánamo im Herzen Mogadischus beteiligt sind«, erklärte das kenianische Anwaltsteam seiner Familie und verwies darauf, dass Hassan der Kontakt zu Anwälten, seiner Familie oder dem Roten Kreuz verweigert wurde.[20] Bald wurde auch deutlich, dass Hassan nicht der einzige Häftling in dem somalischen unterirdischen Geheimgefängnis war – und dass die Beteiligung Washingtons daran nicht auf gelegentliche Verhöre hochrangiger Gefangener beschränkt blieb.

Nach Nabhans Tod stieg Fazul Abdullah Mohammed zum wichtigsten Repräsentanten al-Qaidas in Somalia auf. Obwohl al-Shabaab durch das JSOC zweimal einen schweren Schlag erlitten hatte, ließ sie sich nicht beirren. Ihr asymmetrischer Kampf hatte gerade erst begonnen. Nabhans Tod sollte, wie so viele der enthusiastisch gefeierten »strategischen« Siege Washingtons in Somalia, zu einem Rückschlag führen. Selbst mit größter Perfektion ausgeführte gezielte Tötungen bargen das Risiko, dass die aufständischen Gruppierungen dadurch weiteren Zulauf erhielten und Märtyrer entstanden, die sich als Vorbilder eigneten. Bis Ende 2009 waren mindestens sieben amerikanische Staatsbürger auf Seiten al-Shabaabs umgekommen,[21] und man vermutete, dass noch viele weitere al-Shabaab angehörten und sich in Ausbildungslagern auf zukünftige Anschläge vorbereiteten. Natürlich war die Gruppierung nicht in der Lage, die USA direkt anzugreifen, aber sie bewies, dass sie fähig war, US-Bürger zu rekrutieren und den Marionetten und Vasallen der USA in Mogadischu schwere Schläge zuzufügen. Al-Shabaab verwickelte die Vereinigten Staaten, die Afrikanische Union und die somalische Regierung in eine Auseinandersetzung, die an die Herrschaft der von der CIA unterstützten Warlords und die schlimmsten Exzesse der äthiopischen Besatzungszeit erinnerte.

Natürlich sah man im Weißen Haus die Entwicklungen in Somalia anders. Nach der perfekt ausgeführten Ausschaltung der somalischen Piraten vertiefte sich die Beziehung des Präsidenten zum JSOC und dessen Chef Admiral McRaven. Die Regierung Obama prüfte eingehend die von Bush erlassenen Dekrete, die den Streitkräften Angriffe auf Terroristen wo auch immer erlaubten, beziehungsweise die von Stephen Cambone und anderen Architekten des Kriegs gegen den Terror verkündete Doktrin von der »Welt als Schlachtfeld«. Dabei kam man zu dem Schluss, dass diese Vollmachten ausgeweitet werden sollten. Verteidigungsminister Gates und der von Obama ernannte neue CIA-Direktor Leon Panetta arbeiteten emsig an einer Überbrückung der Kluft zwischen CIA und JSOC, die, vertieft von Rumsfeld und Cheney, während der Regierung Bush bestanden hatte. Obama wollte eine reibungslos funktionierende Antiterrormaschine. Nach der Tötung Nabhans legte der damalige CENTCOM-Chef David Petraeus eine überarbeitete Fassung der AQN-Direktive vor, die den Streitkräften, insbesondere denen des JSOC, weitaus größere Befugnisse bei ihren Operationen im Jemen, in Somalia und anderswo einräumte.[22] Asymmetrische Angriffe, in der Ära Bush relativ selten – der Schwerpunkt des Antiterrorkampfs lag in dieser Zeit nahezu ausschließlich im Irak und absorbierte alle

Kräfte –, sollten bei Obamas neu definiertem globalem Krieg im Mittelpunkt stehen.

Im ersten Jahr seiner Amtszeit bemühten sich Präsident Obama und seine Berater um eine Neuausrichtung der Antiterrorpolitik hin zu einem umfassenden, alle Aspekte berücksichtigenden Kampf gegen den Extremismus, der vorwiegend auf regionalen Sicherheitsmaßnahmen beruhte. Verteidigungsminister Gates fasste den Standpunkt der höchstrangigen zivilen und militärischen Vertreter der Regierung Obama im April 2009 mit den Worten zusammen, für den Bürgerkrieg und die Piraterie in Somalia werde es keine »rein militärische Lösung« geben.[23] Die USA müssten von einer reinen Eindämmungspolitik in Somalia abrücken. »Der Nationale Sicherheitsrat hat das Außen- und das Verteidigungsministerium, USAID, die Nachrichtendienste und verschiedene andere Behörden aufgerufen, gemeinsam eine umfassende und nachhaltige Strategie zu entwickeln«, erklärte der für Afrika zuständige stellvertretende Außenminister Johnnie Carson am 20. Mai 2009 vor dem Senatsausschuss für auswärtige Beziehungen.[24] Vorrang hätte dabei die Aufstockung der Hilfe für die somalische Regierung und die AMISOM, das Hauptaugenmerk liege aber nach wie vor darauf, die Führung von al-Shabaab und al-Qaida auszuschalten.

Die in Obamas erstem, bereits Anfang Mai vorgelegten Haushaltsantrag zutage tretenden Prioritäten waren aufschlussreich: Der Präsident verknüpfte wie gewohnt eine militaristische Afrikapolitik mit vermehrten Hilfsleistungen für die Sicherheit afrikanischer Staaten. Der Etat zeige, meinte Daniel Volman, Direktor des African Security Research Project, dass Obama den Kurs weiterverfolge, den »die Regierung Bush für das AFRICOM eingeschlagen hatte, anstatt diese Programme auf Eis zu legen, bis die Sicherheitspolitik für Afrika einer eingehenden Prüfung unterzogen worden war«.[25] Der Umfang der vorgesehenen Waffenlieferungen an Afrika stieg von 8,3 Millionen Dollar im Haushaltsjahr 2009 auf 25,6 Millionen, wobei 2,5 Millionen auf Dschibuti, 3 Millionen auf Äthiopien und 1 Million auf Kenia entfallen sollten. Auch die militärischen Ausbildungsprogramme für diese Länder wurden ausgeweitet. Weitere Aufstockungen waren für Camp Lemonnier und Sicherungsaufgaben der Marine im Indischen Ozean vorgesehen. Und die Stationierung von Drohnen sollte nicht auf Camp Lemonnier beschränkt bleiben: Mit der Regierung der Seychellen schloss die Regierung Obama ein Abkommen über die Stationierung einer Flotte von Drohnen des Typs MQ-9 Reaper von September 2009 an.[26] Erklärtes Ziel der Drohneneinsätze war die Unterstützung der Maßnahmen gegen die Piraterie durch Aufklärungsflüge, doch die Antiterroreinheiten drängten darauf, die Drohnen mit Waffen zu bestücken und für die Jagd auf al-Shabaab einzusetzen. »Es wäre ein Fehler, anzunehmen, dass Obama keine weitergehenden militärischen Maßnahmen ergreifen wird, wenn die Situation in Somalia eskaliert«, schloss Volman.[27] Und er hatte recht.

Während Obamas nationales Sicherheitsteam eine neue, tödliche Strategie im Kampf gegen al-Shabaab in Somalia und AQAP im Jemen zu entwerfen begann, organisierte sich auch al-Shabaab neu. Fazul Mohammed war an die Stelle Nabhans getreten und fest in die Führung der Organisation eingebunden. Ende 2009 profitierte sie enorm von der äthiopischen Invasion. »Jetzt haben wir es mit einer Gruppierung zu tun, die sich fest etabliert hat«, sagte Nance zu mir. Bis September war die AMISOM-Friedenstruppe in Mogadischu von etwas mehr als 1700 auf 5200 Soldaten angewachsen – zum großen Teil aufgrund zusätzlicher Finanzierung und Unterstützung durch Washington.[28] Nach Nabhans Tod kursierten Gerüchte, die Truppe bereite sich auf eine Offensive gegen al-Shabaab Ende des Ramadan vor.[29]

Nachdem Nabhan getötet worden war, stahlen al-Shabaab-Kämpfer in Zentralsomalia zwei Land Cruiser der UNO und brachten sie nach Mogadischu. Am 17. September fuhren sie die Fahrzeuge zum internationalen Flughafen der Hauptstadt, wo sich die AMISOM-Streitkräfte auf ihrer Basis mit Vertretern der somalischen Sicherheitsbehörden trafen. Sie stellten die beiden Land Cruiser vor den Büros einer privaten amerikanischen Sicherheitsfirma ab, neben denen sich ein Treibstofflager befand.[30] Durch die Explosion der Fahrzeuge kamen mehr als 20 Menschen ums Leben, darunter 17 Soldaten der Afrikanischen Union. Unter den Toten war auch der stellvertretende Befehlshaber der AMISOM, Generalmajor Juvenal Niyoyunguruza von Burundi. »Das war taktisch sehr geschickt«, sagte ein AMISOM-Vertreter gegenüber der *New York Times*. »Als hätten diese Typen eine Karte von dem Ort gehabt.« Das Selbstmordattentat war der schwerste Schlag gegen AMISOM seit ihrem Eintreffen in Somalia 2007.[31]

Über ihren Sprecher Scheich Ali Mohamud Rage bekannte sich al-Shabaab zu dem Anschlag und erklärte ihn als Vergeltung für Nabhans Tod. »Wir haben Rache genommen für unseren Bruder Nabhan«, verkündete Rage, »und mit zwei Selbstmordautobomben die AU-Basis angegriffen, gelobt sei Allah.« Und er fügte hinzu: »Wir wussten, dass die Regierung der Ungläubigen und die AU-Truppen nach dem heiligen Monat einen Angriff auf uns planten. Dies ist unsere Botschaft an sie.« Laut Rage waren insgesamt fünf al-Shabaab-Kämpfer an dem Selbstmordanschlag beteiligt.[32] Kurz nach dem Attentat behaupteten Zeugen, die gesehen hatten, wie die Land Cruiser für die Tat vorbereitet wurden, sie hätten gehört, dass zwei der Attentäter Englisch sprachen. »Sie sprachen Englisch und gaben sich als Mitarbeiter der Vereinten Nationen aus«, erklärte Dahir Mohamud Gelle, der somalische Informationsminister.[33] Ein somalisches Nachrichtenportal, das als zuverlässig gilt, berichtete später, einer der Attentäter sei ein US-Bürger gewesen.[34] Während die USA feierten, dass sie Nabhan erledigt hatten, begann auch al-Shabaab mit einer Kampagne gezielter Tötungen.

Am 3. Dezember 2009 strömten Dutzende stolzer junger Somalier, die ihr Studium abgeschlossen hatten, mit blau-gelben Mützen und Uniformen ins Hotel Shamo in Mogadischu. In einer Stadt, in der dringend Ärzte benötigt wurden, würden sie ein wahrer Segen sein. Sie alle sollten an jenem Tag von der Benadir University, gegründet 2002 von somalischen Ärzten und Wissenschaftlern, ihr medizinisches Abschlusszeugnis erhalten.[35] Auf einem Video der Feier, das mir in Mogadischu zur Verfügung gestellt wurde, sieht man die jungen Absolventen in Kameras lächeln, umringt von sichtlich stolzen Freunden und Familienangehörigen.[36] Als die Zeremonie begann und die Leute Platz nahmen, setzten sich die Würdenträger in die erste Reihe, unter ihnen fünf somalische Minister, darunter die Ressortchefs für Bildung, Sport und Gesundheit.[37] Drei der fünf hatten früher im Exil gelebt und waren nach Somalia zurückgekehrt, um beim Wiederaufbau einer Regierung mitzuwirken. Der Minister für höhere Bildung Ibrahim Hassan Addou war US-Bürger,[38] die Gesundheitsministerin Qamar Aden Ali Britin.[39] Kameraleute drängten sich um das Podium wie bei einer hochkarätig besetzten Pressekonferenz. Die Abschlussfeier sollte eine Botschaft an Somalia und die Welt sein: Dies ist unsere strahlende Zukunft.

In den Reihen derer, die an jenem Tag im Festsaal des Hotels zusammenkamen, befanden sich mehrere Frauen mit Burkas oder Abajas, die den Großteil des Kopfes und den ganzen Körper bedecken. Als der ehemalige Gesundheitsminister Osman Dufle die Menge begrüßte und die Zeremonie einleitete, stand eine der in eine Burka gehüllten Gestalten auf, wandte sich an die Amtsträger in der ersten Reihe und sagte mit unverkennbar männlicher Stimme: »Frieden.« Noch bevor jemand reagieren konnte, sprengte sich der Mann in die Luft. Für einen Moment sieht man nichts mehr auf dem Video. Dann erscheinen in einer Panoramaaufnahme des raucherfüllten Raums grässliche Bilder von abgetrennten Gliedmaßen. Drei Minister waren tot.

»Plötzlich bebte der Saal, und ich hörte einen Knall. Er kam von den vorderen Stuhlreihen, wo die meisten Regierungsvertreter und Amtsträger saßen. Ich duckte mich und sah mich um. Dutzende von Leuten lagen unter einer riesigen Rauchwolke auf dem Boden. Andere stürmten zum Ausgang, um sich in Sicherheit zu bringen«, erinnerte sich der somalische Journalist Abdinasir Mohamed, der gerade auf dem Weg nach draußen war, um sich ein Glas Wasser zu holen, als der Attentäter seine Bombe zündete. »Ich blickte nach rechts und sah einen meiner Kollegen, der tot in seinem Blut lag. Ich konnte ihm nicht mehr helfen. Die Stühle der Regierungsvertreter waren leer und blutbedeckt, viele Menschen schwer verletzt. Es wurde ganz dunkel im Saal, und es war wie in einem Schlachthaus. Überall floss Blut über den Boden.«[40]

Insgesamt wurden an jenem Tag 25 Menschen getötet, darunter angehende Ärzte und ihre Familienangehörigen wie auch Journalisten. Ein vierter Minister erlag später seinen Verletzungen. Fünfundfünfzig weitere Personen waren verwundet. Aus der geplanten Hoffnungsbotschaft war eine »nationale Katastrophe« geworden, wie der somalische Informationsminister sagte.[41] Präsident Scheich Sharif machte al-Qaida für das Attentat verantwortlich und ersuchte das Ausland verzweifelt um Hilfe. »Wir bitten die Welt, uns bei der Verteidigung gegen diese ausländischen Kämpfer zu unterstützen«, flehte er.[42] Bei der Identifizierung des Attentäters stellte sich heraus, dass es sich um einen dänischen Staatsangehörigen somalischer Herkunft handelte.[43]

Als die Nachricht von dem Massaker um die Welt ging, bestritt al-Shabaab, dafür verantwortlich zu sein. »Wir erklären, dass al-Shabaab nichts mit dem Anschlag zu tun hat«, sagte Scheich Rage. »Vielmehr glauben wir, dass es sich um ein Komplott der Regierung handelt. Es entspricht nicht dem Charakter von al-Shabaab, unschuldige Menschen zu töten.«[44] Während Angriffe auf die von den USA unterstützten ausländischen AMISOM-Streitkräfte nicht gerade Empörung unter normalen Somaliern auslösten – und ziemlich wahrscheinlich von einem beträchtlichen Teil der Bevölkerung in Mogadischu insgeheim sogar unterstützt wurden –, galt ein Bombenattentat auf die Abschlussfeier der medizinischen Universität als unentschuldbar. Vielleicht wollte sich al-Shabaab aus diesem Grund von der Tat distanzieren, vielleicht war es aber auch das Werk al-Qaidas, ausgeführt durch ein ausländisches Mitglied. Doch egal, wer hinter dem Attentat steckte, es verbreitete in allen Gesellschaftsschichten Somalias Angst und Schrecken.

Anfang Dezember hielt Präsident Obama an der West Point Military Academy im Bundesstaat New York eine wichtige Rede. Er konzentrierte sich darin zwar im Wesentlichen auf die bevorstehende Aufstockung der US-Truppen in Afghanistan, deutete aber auch auf die anhaltenden und sich ausweitenden asymmetrischen Kriege hin, die seine Regierung hinter den Kulissen führte. »Der Kampf gegen gewaltsamen Extremismus wird nicht rasch beendet sein, und er findet auch weit über die Grenzen Afghanistans und Pakistans hinaus statt«, erklärte Obama. »Unsere freie Gesellschaft und unsere Führungsrolle in der Welt werden auf eine lange Probe gestellt werden. Und im Gegensatz zu den Auseinandersetzungen zwischen den Großmächten und den klaren Trennungslinien, die das 20. Jahrhundert kennzeichneten, werden wir es mit Regionen ohne Ordnung, gescheiterten Staaten und diffusen Feinden zu tun haben ... Wir werden unsere militärischen Kräfte flexibel und präzise einsetzen müssen. Wo immer al-Qaida und ihre Verbündeten Fuß zu fassen versuchen – ob in Somalia, im Jemen oder sonstwo –, müssen sie wachsenden Druck erfahren und mit starken Bündnissen konfrontiert werden.«[45]

Eine Woche nach dieser Rede in West Point nahm Obama in Oslo den Friedensnobelpreis entgegen. Seine Worte bei der Verleihung trugen ihm viel Anerkennung seitens der Republikaner ein, die einen harten Kurs verfochten, denn Obama verteidigte energisch die weltweite Präsenz der amerikanischen Militärmacht und versicherte, Amerikas Kriege seien »gerechte Kriege«. »Vielleicht ist das größte Problem an meiner Auszeichnung mit diesem Preis die Tatsache, dass ich der Oberbefehlshaber der Streitkräfte eines Landes bin, das sich inmitten zweier Kriege befindet«, sagte Obama. Er äußerte seine Bewunderung für legendäre gewaltfreie Aktivisten wie Mahatma Gandhi und Martin Luther King – der ebenfalls den Friedensnobelpreis erhalten hatte –, bevor er darlegte, warum er deren pazifistische Einstellung nicht teile.

»Als jemand, der als unmittelbare Konsequenz des Lebenswerks von Dr. King hier steht, bin ich der lebendige Beweis für die moralische Kraft von Gewaltlosigkeit. Ich weiß, dass die Überzeugung und das Leben von Gandhi und King nichts Schwaches, nichts Passives und nichts Naives hatten.

Aber als Staatschef, der kraft seines Amtseides verpflichtet ist, sein Land zu schützen und zu verteidigen, kann ich mich nicht nur von ihrem Beispiel leiten lassen. Ich stehe der Welt gegenüber, wie sie ist, und ich kann angesichts der für die amerikanischen Bürger bestehenden Bedrohungen nicht untätig sein. Denn täuschen Sie sich nicht: Das Böse existiert auf der Welt. Eine gewaltlose Bewegung hätte Hitlers Armeen nicht aufhalten können. Verhandlungen können die Anführer von al-Qaida nicht überzeugen, ihre Waffen niederzulegen. Es ist kein Aufruf zum Zynismus, wenn man sagt, dass Gewalt manchmal notwendig sein kann – es ist eine Anerkennung der Geschichte, der Unvollkommenheit des Menschen und der Grenzen der Vernunft.«[46]

Karl Rove, ehemals einer der wichtigsten Berater von Präsident Bush, bezeichnete die Rede Obamas vor dem Nobelpreiskomitee als »hervorragend«, »stark« und »effektiv«,[47] und auch eine ganze Reihe Neokonservativer überhäuften Obama mit Lob. Newt Gingrich, ehemals republikanischer Sprecher des Repräsentantenhauses, hob besonders lobend hervor, dass ein »liberaler Präsident wegen eines Friedenspreises nach Oslo [gefahren ist] und das Komitee daran erinnert hat, dass es ohne Streitkräfte weder frei noch in der Lage wäre, einen Friedenspreis zu vergeben«.[48] Angesichts der Kommentare der republikanischen Hardliner zu Obamas Rede nannte Glenn Greenwald sie »die unzweideutigste Kriegsrede, die jemals von einem Empfänger des Friedensnobelpreises gehalten wurde«.[49] Als Obama aus Oslo zurückkehrte, war seine Regierung bereits im Begriff, einen neuen, verdeckten Krieg zu beginnen und eine Ära in der US-Außenpolitik einzuleiten, in der die Ausweitung des weltweiten Tötungsprogramms im Mittelpunkt stehen würde.

30 **„Wenn sie unschuldige Kinder töten und sie al-Qaida nennen, dann sind wir alle al-Qaida."**

Washington und Jemen, 2009

Am 16. Dezember 2009 wurden führenden Vertretern der nationalen Sicherheit Akten mit den biografischen Angaben dreier angeblicher AQAP-Mitglieder übergeben, die das JSOC nach dem Willen Admiral McRavens durch gezielte Tötungen im Jemen beseitigen sollte. Ihre Codenamen lauteten Akron, Toledo und Cleveland. Das JSOC wollte in weniger als 24 Stunden zuschlagen und benötigte deshalb rasch eine Antwort der Juristen: Ja oder Nein. Der für die Genehmigung dieser Tötungen zuständige Ausschuss hatte kaum Zeit, die geheimdienstlichen Informationen zu sichten. Harold Koh, der juristische Berater des Außenministeriums, und sein Gegenspieler im Pentagon, Jeh Johnson, hatten angeblich vom Empfang der Akten bis zur Telekonferenz unter Führung des JSOC, in der die Entscheidung fallen sollte, gerade einmal 45 Minuten Zeit. Mit 75 Teilnehmern war diese Konferenz größer als die meisten anderen Treffen zur Besprechung der Zielauswahl. Die Regierung Obama war im Begriff, den Jemen zu bombardieren, und der gesamte nationale Sicherheitsapparat wurde mobilisiert. Admiral McRaven nahm per Teleschaltung an dem Treffen teil und legte in dem kühlen und scharfen Ton, für den er bekannt war, die militärischen Gründe für die »kinetische Aktion« gegen die »Zielpersonen« dar. Beim Hauptziel »Akron« handelte es sich um Mohammed Saleh Mohammed Ali al-Kazemi, den die USA als AQAP-Vertreter im jemenitischen Gouvernement Abyan ausgemacht hatten. McRavens Leute hatten ihn »in einem Trainingslager in der Nähe des Dorfes al-Majalah aufgespürt«. Über Monate war er dem JSOC immer wieder entkommen. Jetzt, so McRaven, hatte der US-Geheimdienst ihn in eine Sackgasse getrieben. Nachdem eine Gefangennahme nicht infrage kam und andere militärische Optionen erwogen worden waren, beschloss das Team einen Raketenangriff auf das Lager unter Führung des JSOC. Johnson verspürte

»starken Druck seitens des Militärs, für die Tötung zu optieren«, und fand, dass er »überrumpelt worden und nicht darauf vorbereitet war«, alle Optionen abzuwägen. Dennoch gab er seine Zustimmung. Kurz darauf verfolgte Johnson von einem Kommandozentrum im Pentagon aus die Satellitenbilder von al-Majalah. Gestalten in der Größe von Ameisen bewegten sich auf dem Bildschirm umher, bis sie in einer Stichflamme verglühten. Übertragungen wie diese wurden vom JSOC als »Kill-TV« bezeichnet. Jetzt wusste Johnson, warum.[1]

Am Morgen des 17. Dezember klingelte das BlackBerry von Scheich Saleh bin Fareed.[2] Männer aus seinem Stamm der Aulaq berichteten ihm von einer schrecklichen Katastrophe in einem kleinen Beduinendorf namens al-Majalah im Gouvernement Abyan. In den frühen Morgenstunden sei ein wahrer Raketenhagel auf die ärmlichen Behausungen von einem Dutzend Familien in der abgelegenen Bergsiedlung niedergegangen. Dutzende Menschen seien umgekommen, darunter viele Frauen und Kinder. Bin Fareed schaltete den Fernsehsender Al-Dschasira ein, der soeben eine Eilmeldung brachte. Der Sprecher verlas eine Presseerklärung der jemenitischen Regierung, in der es hieß, jemenitische Flugzeuge hätten einen Angriff auf ein Trainingslager von al-Qaida geflogen und den Terroristen damit einen vernichtenden Schlag versetzt.[3] Bin Fareed rief seinen obersten Leibwächter und seinen Fahrer zu sich und wies sie an, seinen Geländewagen für die halbtägige Fahrt von Aden nach al-Majalah bereitzumachen.

Bin Fareed ist einer der mächtigsten Männer im Südjemen. Sein Familienstammbaum reicht zurück bis zu den Sultanen, die einst über die Arabische Halbinsel herrschten. Als britische Kolonialisten 1939 in den Südjemen vordrangen, wurden die Aulaq einer ihrer wichtigsten Verbündeten unter den verschiedenen Stämmen. Von 1937 bis 1963 war die südjemenitische Stadt Aden eine Kronkolonie, die die Verwaltung entlegener Gebiete durch Verträge mit den einzelnen Stämmen regelte. Bin Fareed, Sohn eines Sultans, wuchs auf wie ein Prinz. Im Jahr 1960 ging er nach Großbritannien und besuchte dort ein College und eine Militärschule. Nach seiner Rückkehr in den Jemen trat er der Armee bei. Als 1967 Marxisten die Macht im Südjemen übernahmen und sich die Briten zurückzogen, flohen bin Fareed und seine Familie aus dem Land. Sie glaubten, es sei nur für ein paar Monate, doch ihr Exil dauerte beinahe ein Vierteljahrhundert.[4]

Schließlich fand sich bin Fareed mit dem Exil ab, gründete als junger Mann Unternehmen in anderen Golfländern und lebte lange Zeit auf dem Familiensitz im Süden Englands. Im Lauf der Jahre wurde er zu einem wichtigen Transport- und Bauunternehmer am Golf. Als Präsident Salih 1990 Nord- und Südjemen wiedervereinigte, war bin Fareed ein ausgesprochen wohlhabender Mann. Da Salih zur Festigung seiner Macht im Süden die Hilfe der Stämme benötigte, traf er Vereinbarungen mit den Scheichs über ihre Rückkehr. So beendete bin Fareed sein Exil und lebte seit 1991 wieder im Jemen.

Als al-Qaida 2009 einen Ableger im Jemen gründete, war Fareed wieder ein mächtiger Mann im Land. Er saß im Parlament, war der Anführer eines riesigen Stammes und errichtete direkt am Golf von Aden ein weitläufiges privates Feriendomizil. Obwohl er wusste, dass etliche Leute Verbindungen zu al-Qaida unterhielten, darunter auch Mitglieder seines eigenen Stammes, sah er in ihnen in erster Linie Stammesangehörige und war nicht besonders beunruhigt über die Dschihadisten, da es im Jemen von Veteranen des Mudschahedin-Kriegs in Afghanistan und anderswo nur so wimmelte. Darüber hinaus galten diese Männer weithin als Nationalhelden. Bin Fareed erinnerte sich noch gut daran, wie Fahd al-Quso wegen seiner Beteiligung an dem Sprengstoffanschlag auf die *USS Cole* inhaftiert wurde. Al-Quso hätte das Attentat filmen sollen, hatte aber verschlafen.[5] Als die Regierung ihn als Mitverschwörer in Gewahrsam nahm, wurde bin Fareed als Mediator eingeschaltet, da al-Quso dem Aulaq-Stamm angehörte. »Damals hörte ich, dass sich auch ein Aulaqi al-Qaida angeschlossen hatte«, sagte er. »Aber er und vielleicht ein oder zwei andere waren die Einzigen.«

Nun, neun Jahre später, erfuhr bin Fareed durch die Nachrichten, dass al-Qaida anscheinend mitten in seinen Stammesgebieten einen Stützpunkt errichtet hatte. »Unsere Regierung habe al-Qaida in al-Majalah angegriffen, wo die Gruppe angeblich eine Basis und einen Ausbildungsplatz unterhielt. Dort hätten sich außerdem große Lager mit Waffen und Munition aller Art sowie Raketen und dergleichen befunden. Der Angriff sei erfolgreich gewesen«, berichtete bin Fareed. »Die Amerikaner wurden in der Meldung überhaupt nicht erwähnt.« Bin Fareed konnte nicht glauben, dass es in al-Majalah solch eine al-Qaida-Basis gab. Selbst wenn sich dort Mitglieder der Gruppe aufhielten, hätte die Regierung doch nur Bodentruppen entsenden müssen, um sie aufzuspüren. Die Berichte über Luftschläge ergaben für ihn keinen Sinn. Das Gebiet war zwar abgelegen, aber auch nicht Tora Bora.

Als bin Fareed in al-Majalah eintraf, war er entsetzt. »Wir trauten unseren Augen nicht. Jemand mit einer Herzschwäche wäre zusammengebrochen. Ziegen und Schafe überall und dazwischen die Köpfe der Getöteten. Ihre Leichen und die von Kindern. Manche waren nicht direkt von den Raketen getroffen worden, sondern im Feuer verbrannt«, erzählte er mir. Im ganzen Dorf lagen Leichenteile verstreut. »Man konnte nicht sagen, ob das Fleisch von Tieren oder von Menschen stammte.« Bin Fareed und seine Begleiter versuchten, möglichst alle Leichenteile einzusammeln und zu beerdigen. »Aber wir konnten nicht alles finden. Vögel hatten sich über das Fleisch hergemacht.« Bei genauerem Hinsehen stellte bin Fareed fest, dass die meisten Opfer Frauen und Kinder waren. »Lauter Kinder, alte Frauen, Schafe, Ziegen und Kühe. Unfassbar.« Und er fand nichts, was auch nur entfernt wie ein Ausbildungslager aussah. »Warum haben sie das getan? Warum zum Teufel tun sie so etwas?«, fragte er. »Keine [Waffen-] Lager, kein Ausbildungsgelände. Da ist niemand, nur ein sehr armer Stamm, einer der ärmsten im ganzen Süden.«

Später traf ich mich mit Überlebenden des Anschlags in Abyan, darunter ein lokaler Stammesführer namens Muqbal. Er war davongekommen, weil er Besorgungen in einem Nachbardorf gemacht hatte. »Die Leute sahen den Rauch und hatten das Gefühl, die Erde bebte – so etwas hatten sie noch nie gesehen. Die meisten Toten waren Frauen, Kinder und Alte. Fünf schwangere Frauen wurden getötet«, erzählte er mir. Nachdem die Raketen eingeschlagen waren, »lief ich hin. Ich fand verstreute Leichen, verletzte Frauen und Kinder«.[6] Eine andere Überlebende schluchzte, als sie an das Geschehene zurückdachte. »Um sechs Uhr am Morgen machte ich Brot, während [meine Familie] noch schlief. Als die Raketen explodierten, verlor ich das Bewusstsein. Ich wusste nicht, was mit meinen Kindern, meiner Tochter, meinem Mann passiert war. Nur ich, dieser Alte und meine Tochter haben überlebt. Alle anderen sind tot.«[7]

Für Muqbal, der ein Waisenkind adoptierte, war es unbegreiflich, dass man sein Dorf für einen al-Qaida-Stützpunkt hielt. »Wenn sie unschuldige Kinder töten und sie al-Qaida nennen, dann sind wir alle al-Qaida«, sagte er zu mir. »Wenn Kinder Terroristen sind, dann sind wir alle Terroristen.«

Als sich bin Fareed in den Trümmern umsah, entdeckte er Raketenteile, die offenbar von Tomahawk-Marschflugkörpern stammten. »Natürlich verfügt unsere Regierung nicht über solche Raketen. Jeder normale Mensch hätte sofort gesehen, dass sie aus einem großen Land stammen mussten«, sagte er zu mir. Schließlich fand er ein Trümmerteil von einer Rakete mit der Aufschrift »Made in the United States«. Außerdem war al-Majalah mit Streubomben übersät. Ein paar Tage nach dem Luftangriff starben drei weitere Menschen, als eine davon explodierte.[8]

Im Gegensatz zu den Hofberichterstattern des jemenitischen Regimes, die die Medien des Landes beherrschten, gehörte Abdulelah Haider Shaye zu einer seltenen Journalistenspezies. »Im Jemen gab es nur westliche und vom Westen finanzierte arabische Medien, die ein einseitiges Bild von al-Qaida vermittelten«, erzählte sein bester Freund Kamal Sharaf, ein bekannter politischer Karikaturist und Dissident. »Aber Abdulehlah vertrat eine andere Sichtweise.«[9] Shaye hegte zwar keine Bewunderung für al-Qaida, hielt aber laut Sharaf den Aufstieg der Gruppierung im Jemen für ein wichtiges Thema. Ihm gelang es, Zugang zu al-Qaida-Mitgliedern zu bekommen, wohl auch deshalb, weil er in die Familie des radikal-islamischen Klerikers Abdul Majid al-Zindani eingeheiratet hatte, des Gründers der Iman-University, den das amerikanische Finanzministerium als Terroristen deklarierte.[10]

Sharaf wusste, dass Shaye seine Verbindungen nutzte, um Kontakt zu al-Qaida zu erhalten, meinte aber auch, sein Freund habe al-Zindani und seine Unterstützer »offen« kritisiert: »Er hatte keine Angst, die Wahrheit zu sagen.« Shaye verfasste ausführliche Porträts der AQAP-Führer Nassir al-Wuhaischi und Said al-Shihri. Für einen Artikel über ihren Bombenbau schlüpfte er einmal sogar selbst versuchsweise in eine mit Sprengstoff gefüllte Weste, wie sie die Selbstmordattentäter der AQAP verwendeten.[11] Er war der Chronist des Aufstiegs der Bewegung, und seine journalistische Arbeit war im Jemen und in der ganzen Welt bekannt.

Shaye galt im Jemen schon lange als tapferer, geistig unabhängiger Journalist. Auf Kollisionskurs mit der US-Regierung geriet er wohl erst nach den Luftschlägen auf al-Majalah. Als die Nachricht um die Welt ging, besuchte er das Dorf und fotografierte dort die Überreste der Tomahawk-Marschflugkörper und Streubomben und schickte die Aufnahmen an internationale Medienagenturen und Menschenrechtsorganisationen. Seine Recherchen brachten Shaye zu dem Schluss, dass es sich um einen Luftschlag der USA gehandelt hatte, dem vor allem Frauen, Kinder und Alte zum Opfer gefallen waren. Das verbreitete Shaye in allen Medien, die ihm Gehör schenkten. Dadurch wurde der junge Journalist für die Amerikaner zu einem lästigen Kritiker. Und als er dann auch noch Anwar Awlaki interviewte, nahmen sie ihn ins Visier.

Bin Fareed und Shaye hatten recht. Der Angriff auf al-Majalah war die Eröffnungssalve im jüngsten Krieg der USA. Im Gegensatz zu den verdeckten Operationen der CIA, die offiziell den Geheimdienstausschüssen von Repräsentantenhaus und Senat gemeldet werden mussten, wurde diese Aktion im Rahmen eines »Special Access Program« durchgeführt, das den Streitkräften großen Spielraum für tödliche, kaum oder gar nicht überwachte Geheimoperationen gibt.[12] Alle Operationen im Jemen wurden von den US-Spezialeinheiten koordiniert, die am gemeinsamen Operationszentrum der USA und des Jemen in Sanaa stationiert waren.[13] Dort stellte die Aufklärungsabteilung des JSOC die geheimdienstlichen Informationen bereit, dirigierte bei Angriffen die jemenitischen Bodentruppen und lieferte die Koordinaten für die amerikanischen Luftschläge. Per Video und mittels dreidimensionaler Generalstabskarten konnten die amerikanischen und jemenitischen Verantwortlichen von Militär und Geheimdienst die Einsätze live verfolgen und überwachen.[14] Die Informationen und Details der Operationen im Jemen wurden auch der NSA in Fort Meade, dem Special Operations Command in Tampa und anderen Geheimdienst- und Militärbehörden übermittelt.

Und so wurde am 17. Dezember al-Majalah zerstört. Unmittelbar nachdem Obamas Ausschuss in Washington zusammengetroffen war und die Tötung al-Kazemis und der anderen al-Qaida-Mitglieder auf Admiral McRavens Abschussliste gebilligt hatte, starteten JSOC-Aufklärungsflugzeuge zur Beobachtung der Zielpersonen. Die Operation selbst begann in den frühen Morgenstunden, als ein U-Boot vor der jemenitischen Küste seine mit Streubomben bestückten Tomahawk-Marschflugkörper Richtung al-Majalah abfeuerte. Gleichzeitig fand in Arhab, einem Vorort von Sanaa, ein weiterer Einsatz statt, gefolgt von Razzien in mutmaßlichen al-Qaida-Häusern durch jemenitische Spezialeinheiten der von den USA ausgebildeten und vom JSOC unterstützten Counter Terrorist Units (Antiterroreinheit, CTU).[15] Da angeblich »verwertbaren« Informationen zufolge al-Qaida in der jemenitischen Hauptstadt Selbstmordattentate plante,[16] wurde die Genehmigung für die Aktionen der Amerikaner in Präsident Salihs Büro mehr oder weniger durchgepeitscht. Laut Geheimdienstberichten war das Zielobjekt in Arhab ein al-Qaida-Haus, in dem ein dicker Fisch vermutet wurde – der AQAP-Führer Qasim al-Rimi.[17] In Abyan sagte ein nicht namentlich genannter US-Vertreter gegenüber ABC News, es stehe »unmittelbar ein Angriff auf eine US-Einrichtung bevor«.[18]

Ein Informant aus Militärkreisen, der mit der Sache vertraut war, erklärte mir, al-Majalah sei »eine JSOC-Operation mit geborgten Marine-U-Booten, geborgten Marine Corps, Aufklärungsflugzeugen der Air Force und der Navy« gewesen und habe »in enger Koordination mit CIA und DIA vor Ort stattgefunden. Was die U-Boot-Mannschaft betrifft, waren 350 bis 400 [Leute] eingeweiht.«[19]

Als der Angriff öffentlich bekannt wurde, übernahm Salihs Regierung die Verantwortung. Das jemenitische Verteidigungsministerium erklärte, die Streitkräfte des Landes hätten »erfolgreich Präventivoperationen« gegen al-Qaida durchgeführt, 34 Terroristen getötet und weitere 17 verhaftet.[20] Das Pentagon verweigerte jeden Kommentar und verwies auf die jemenitische Regierung, die in einer Pressemitteilung verkündete, ihre Streitkräfte hätten bei »konzertierten Razzien Militante getötet und festgenommen«.[21] Präsident Obama rief Salih an, um ihm zu »gratulieren« und »sich bei ihm für seine Kooperation zu bedanken und weitere amerikanische Unterstützung zuzusagen«.[22] Der ägyptische Diktator Hosni Mubarak gab in einem Telefonat mit Salih ebenfalls seiner Zufriedenheit Ausdruck.[23]

Als jedoch Aufnahmen des Luftangriffs auf al-Majalah auftauchten, bezweifelten manche Militärexperten, dass der Jemen überhaupt über die Art von Waffen verfügte, die dort eingesetzt wurden.[24] Al-Dschasira zeigte Videobilder von Artilleriegranaten mit sichtbaren Seriennummern und äußerte die Vermutung, der Angriff sei mit einer amerikanischen Cruise Missile erfolgt. Abdulelah Haider Shaye sprach in einem Interview mit dem Sender über die toten Zivilisten, die er in al-Majalah gesehen hatte. Bei der vor Ort entdeckten Munition handelte es sich unter anderem um Streubomben des Typs BLU 97 A/B, bei deren Explosion rund 200 scharfe Stahlsplitter mehr als 130 Meter weit durch die Luft jagen.[25] Im Grunde sind es fliegende Landminen, die einen

menschlichen Körper völlig zerfetzen können. Außerdem waren die
Bomben mit Brandmunition aus Zirkonium versehen, das brennbare
Gegenstände im Zielgebiet in Flammen aufgehen ließ. Die bei dem Angriff verwendete Rakete, eine Tomahawk BGM-109D, kann mit über
160 Streubomben bestückt werden. Keine dieser Munitionsarten befand sich im jemenitischen Arsenal.[26]

Als sich die Nachricht von dem Angriff verbreitete, befand sich Generalstabschef Admiral Mike Mullen an Bord seiner Militärmaschine
auf dem Rückflug von einer Reise in den Irak und nach Afghanistan.
Noch während des Flugs lobte er die – wie er es nannte – jemenitischen
Operationen mit Unterstützung der Vereinigten Staaten.»Wir haben in
der Tat dort einiges auf den Weg gebracht. Ich denke, wir sind auf einem ziemlich guten Kurs«, sagte er.»Ich kann ihnen zu der Aktion nur
gratulieren, vor allem wenn man bedenkt, dass sie die al-Qaida-Zelle ins
Visier genommen haben, die in den vergangenen zwei Jahren dort
enorm gewachsen ist.«[27]

Aber die meisten Opfer des Angriffs waren keine al-Qaida-Terroristen. Laut einer Geheimdepesche von US-Diplomaten handelte es
sich»in der Mehrzahl um nomadisierende Beduinenfamilien, die in der
Nähe des AQAP-Ausbildungslagers in Zelten lebten«.[28] Ein höherer
Vertreter des jemenitischen Verteidigungsministeriums bezeichnete sie
als»arme Leute, die den Terroristen Nahrungsmittel und andere Dinge
verkauften, sich allerdings mit ihnen absprachen und finanziell von der
Anwesenheit der AQAP profitierten«. Al-Qaida hegte keinen Zweifel:
Die Anschläge gingen auf die USA zurück. Und AQAP verstand es, die
Bilder der verheerenden Folgen, vor allem die der toten und entstellten
Kinder, zu nutzen, um Jemeniten für ihre Sache zu gewinnen.

Scheich Saleh bin Fareed war außer sich, als er sah, wie die internationalen Medien über die Bombardierung von al-Majalah berichteten.
Praktisch alle westlichen Nachrichtenorgane, die den Vorfall meldeten,
behaupteten, die jemenitischen Streitkräfte hätten erfolgreich ein Ausbildungslager von al-Qaida angegriffen. Aber bin Fareed war selbst dort
gewesen. Er hatte geholfen, die Überreste armer Beduinen von den Bäu-
men zu kratzen. Er hatte gesehen, wie die Leichen von Kindern aus den
Trümmern gezogen wurden. Er hatte gerade zu Waisen gewordenen
Kindern versprochen, sich um sie zu kümmern, und er hatte die Be-
schriftungen auf den Raketentrümmern gesehen, die belegten, dass die

Geschosse aus den Vereinigten Staaten stammten. Er würde dafür sorgen, dass die Welt erfuhr, wer die Opfer waren, und dass die USA die Verantwortung dafür trugen.

Am 20. Dezember trommelte bin Fareed Stammesführer aus dem ganzen Jemen zusammen – an die 150 der mächtigsten Scheichs des Landes.[29] Damit vollbrachte er ein Meisterstück. Manche der Versammelten lagen seit ewiger Zeit miteinander im Streit, erbitterte Fehden und tödlicher Hass prägten ihre Beziehungen. Aber bin Fareed gelang es, sie davon zu überzeugen, ihre Differenzen angesichts der bevorstehenden Aufgabe hintanzustellen. »Wir luden Scheichs aller Stämme ein, und sie kamen. Aus Marib, aus al-Dschauf, aus dem Norden und aus dem Süden«, erzählte er. »Wir fuhren die ganze lange Strecke nach al-Majalah, um den Medien zu beweisen und zu zeigen, dass es nicht stimmte, was unsere Regierung behauptete. An der Katastrophe von al-Majalah waren allein die Amerikaner schuld. Da war nichts mit al-Qaida.«

Bin Fareeds Ziel war es, Zehntausende Jemeniten aus dem ganzen Land in al-Majalah zu einer Kundgebung zu versammeln, um ihre Solidarität mit den Opfern des Raketenangriffs zu demonstrieren. Eins seiner Anwesen befand sich etwa 160 Kilometer von dem Ort entfernt, und so bot Fareed allen Stammesführern dort eine Übernachtungsmöglichkeit, sodass sie am nächsten Tag gemeinsam zur Demonstration fahren konnten.

Um 21.30 Uhr, als die Stammesführer noch beim Essen saßen und über logistische Fragen für den nächsten Tag diskutierten, flüsterte einer von Fareeds Wächtern ihm zu, etwa ein halbes Dutzend Männer stünde vor dem Gelände. »Sie möchten Sie sprechen«, sagte der Wächter. Bin Fareed gab die Erlaubnis, sie einzulassen. »Aber sie sind schwer bewaffnet, mit Maschinengewehren, Handgranaten und Raketenwerfern«, erklärte der Wächter. »Macht nichts«, erwiderte bin Fareed. »Wir sind genauso ausgerüstet. Es sind keine Feinde.«

Die Männer, jung, gut gekleidet und adrett, traten ins Haus und plauderten mit den Anwesenden. Bin Fareed fragte sie nach ihren Namen und wovon sie lebten – er wusste, welchen Stämmen sie angehörten, kannte sie aber nicht persönlich. Die Männer sahen sich lachend an. »Wir sind arbeitslos«, sagte einer und fügte dann hinzu: »Es heißt, wir sind al-Qaida.« »Und, stimmt das?«, fragte Fareed. Schließlich gaben die Männer zu, dass sie al-Qaider-Kämpfer waren. »Hier in Schabwa gibt es keinen einzigen Amerikaner, Israeli oder Briten«, schimpfte bin Fareed. »Ihr bereitet euren Leuten eine Menge Schwierigkeiten. Ihr beschädigt unseren Ruf und den unseres Stammes. Wenn ihr gegen die Israelis kämpfen wollt, kaufe ich euch Tickets und schicke euch nach Palästina.«

Allmählich verlor bin Fareed die Geduld. »Was kann ich für euch tun?«, fragte er. Sie hätten von der Versammlung gehört und wollten zu der Menge sprechen, erwiderten die Männer. »Wenn ihr morgen als normale Stammesleute kommt, seid ihr willkommen«, erwiderte Fareed, aber nicht als Vertreter von al-Qaida.»Nein«, meinte daraufhin einer. »Wir wollen kommen, eine Rede halten und über al-Qaida sprechen.« Nun konnte Fareed nicht mehr an sich halten. »Das heißt, dass ihr wirklich Idioten seid. Totale Idioten«, sagte er. »Wir wollen mit unserer Versammlung der ganzen Welt beweisen, dass es [in al-Majalah] keine al-Qaida gibt und die Menschen, die getötet wurden, unschuldig sind.« Wenn sie kämen, sagte er zu ihnen, werde es »in den Medien heißen, wir alle gehörten zu al-Qaida … Wenn ihr hier aufkreuzt, könnt ihr mir den Bart scheren, solltet ihr auch nur drei Tage überleben.« Es war eine ernste Warnung. Den Stammesbräuchen zufolge bedeutete es eine lebenslängliche Demütigung, wenn einem von einem anderen Mann öffentlich der Bart geschoren wurde.

Am nächsten Morgen um 4.30 Uhr fuhren bin Fareed und die vielen Stammesführer, die er in seinem Haus beherbergt hatte, nach al-Majalah. Dort hatten sich bereits Zehntausende Jemeniten versammelt. Man hatte Zelte aufgeschlagen, und so weit das Auge reichte, reihte sich ein Auto ans andere. »Wir schätzen, dass an jenem Tag 50.000 bis 70.000 Menschen gekommen waren, manche meinen sogar, es seien mehr gewesen«, sagte bin Fareed. Als er sich in einem der riesigen Zelte niederließ, um noch einmal das Programm durchzugehen, stürmten seine Wächter herein. Die Männer vom vorigen Abend – die al-Qaida-Leute – stünden auf einem Wagen und hielten eine Rede mit einem Megafon, berichteten sie. Bin Fareed griff nach seinem Revolver und stürmte aus dem Zelt. Aber seine Männer hielten ihn zurück. »Entweder sie töten mich oder ich sie«, erklärte er. »Ich habe sie gewarnt.« Aber es war zu spät. Die al-Qaida-Leute hatten bereits ihr Ziel erreicht.

Als bin Fareed zu seiner Waffe griff, stand der al-Qaida-Anhänger Muhammad al-Kilwi mit hennagefärbtem Bart und Militärjacke auf einem Wagen am Rand der Menge. »Der Krieg al-Qaidas im Jemen richtet sich gegen die Vereinigten Staaten, nicht gegen das jemenitische Militär«, erklärte er.[30] Die anderen al-Qaida-Männer schwenkten ihre Gewehre, als al-Kilwi Rache für die Toten in al-Majalah schwor. »Uns geht es um die Amerikaner und ihre Lakaien.« Nach seiner kurzen Rede sprangen er und seine Leute in die Fahrzeuge und verschwanden in den Bergen. An jenem Abend ging das Video von seiner Rede um die Welt, und bin Fareeds Demonstration wurde, wie er gefürchtet hatte, als al-Qaida-Versammlung dargestellt.

»Sie haben alles verdorben«, sagte bin Fareed. Doch am Ende behielt er recht. Die Männer, die seine Demonstration missbraucht hatten, wurden ein paar Tage später bei einem weiteren US-Raketenangriff getötet. Vielleicht konnten die Amerikaner sie nach der Veranstaltung aufspüren, überlegte bin Fareed. »Sie wurden getötet«, sagte er. »Alle.«

Im Jemen breitete sich Empörung über die Ereignisse in al-Majalah aus, genährt vor allem von der Annahme, dass es sich um einen US-Angriff gehandelt habe.[31] Das jemenitische Parlament entsandte eine Delegation, die vor Ort ermittelte.[32] Sie »stellte fest, dass die Häuser mitsamt allem, was sich darin befand, verbrannt und nur noch Reste von Möbeln vorhanden waren«, abgesehen von »Blutspuren der Opfer und einer Reihe von Kratern im Erdreich, verursacht durch die Raketen, sowie etliche Blindgänger«. Laut dieser Untersuchungen waren 41 Menschen von zwei Familien durch den Angriff getötet worden, darunter 14 Frauen und 21 Kinder. Manche hatten geschlafen, als die Raketen einschlugen. Die Salih-Regierung behauptete beharrlich, es seien 14 al-Qaida-Kämpfer getötet worden, aber die parlamentarische Untersuchungskommission erklärte, die Regierung könne ihnen nur einen einzigen al-Qaida-Kämpfer namentlich nennen, der bei dem Angriff umgekommen sei – al-Kazemi, der »Anführer«, der auf der Liste des JSOC als Akron verzeichnet war. Verschiedene jemenitische Journalisten und Sicherheitsexperten, die ich interviewte, rätselten, warum man al-Kazemi als al-Qaida-Führer hinstellte; er sei lediglich ein in die Jahre gekommener Veteran der Afghanistan-Kriege und habe bei AQAP keine herausragende Rolle gespielt.[33]

Ein älterer jemenitischer Regierungsvertreter erklärte gegenüber der *New York Times*: »Die Beteiligung der Vereinigten Staaten weckt Sympathien für al-Qaida. Die Zusammenarbeit mit den USA ist zwar notwendig – aber sie löst beim Normalbürger Verständnis für al-Qaida aus. Er sympathisiert mit al-Qaida.«[34]

Am 21. Dezember schickte Botschafter Stephen Seche von Sanaa aus eine Depesche nach Washington.[35] Die jemenitische Regierung, schrieb er in Bezug auf die Operation, »scheint nicht übermäßig besorgt, dass ohne Genehmigung Informationen über die US-Beteiligung verbreitet wurden und die Medien negativ auf die Tötung von Zivilisten reagieren«. Der stellvertretende Premierminstr Rashad al-Alimi habe ihm versichert, »Belege für eine größere US-Beteiligung wie beispielsweise vor Ort gefundene Bruchstücke von US-Munition könne man plausibel damit erklären, dass es sich um Waffen handle, die man von den Amerikanern gekauft habe«. Aber sowohl in den Vereinigten Staaten als auch im Jemen wisse man, dass die Streitkräfte Salihs nicht über solche Waffen verfügten. Daher müsse, so Botschafter Seche, der Jemen »ernsthaft über seine öffentliche Haltung nachdenken, darüber, ob sein striktes Festhalten an der Behauptung, die Angriffe seien unilateraler Natur, eventuell die öffentliche Unterstützung für legitime und dringend erforderliche Antiterroroperationen unterminiert, sollten Beweise für das Gegenteil auftauchen«.

Monate nach den Angriffen veröffentlichte Amnesty International Fotos von den US-Bomben, die vor Ort gefunden wurden. Auf Anfragen der Menschenrechtsorganisation reagierte das Pentagon nicht.[36] »Ein militärischer Angriff dieser Art gegen angebliche Militante ohne jeglichen Versuch, sie zunächst einmal festzunehmen, ist zumindest gesetzwidrig«, erklärte Philip Luther, stellvertretender Direktor der Abteilung Naher Osten/Nordafrika von Amnesty. »Die Tatsache, dass sich so viele Frauen und Kinder unter den Opfern befanden, zeigt aber, dass der Angriff sogar in hohem Maße verantwortungslos war.«[37] Weder der Jemen noch die Vereinigten Staaten hatten das Übereinkommen über Streumunition unterzeichnet, das genau die Waffen verbot, die bei den Angriffen eingesetzt worden waren. Ohne öffentlich einzuräumen, dass es sich um eine amerikanische Operation gehandelt habe, nannten namentlich nicht genannte US-Vertreter als Grund für die Entscheidung, Marschflugkörper zu verwenden, »begrenzte Mittel« und behaupteten, da »die bewaffneten Drohnen der CIA durch die Bombardierungen in Pakistan gebunden waren … standen damals lediglich Cruise Missiles zur Verfügung«.[38]

Dem US-Botschafter teilte die jemenitische Regierung mit, sie habe dem Gouverneur von Abyan 100.000 Dollar für die Entschädigung der Opfer und der Familien der Toten übergeben.[39] Unterdessen verteidigten hochrangige amerikanische Antiterrorexperten, die jedoch anonym bleiben wollten, die Angriffe. Einer von ihnen erklärte gegenüber der *New York Times*, sie seien »sehr systematisch« durchgeführt worden und die Berichte über tote Zivilisten »sehr stark übertrieben«.[40] Laut dem Journalisten Daniel Klaidman aber soll Jeh Johnson, der Anwalt des Pentagon, der die Luftschläge auf al-Majalah abgesegnet hatte, gesagt haben: »Wenn ich Katholik wäre, müsste ich zur Beichte gehen.«[41] Salih wiederum ließ die Vereinigten Staaten wissen, er wolle, dass solche Operationen »ununterbrochen [fortgesetzt werden], bis wir diese Pest mit Stumpf und Stiel ausgerottet haben«.[42] Und laut einem US-Telegramm, das vier Tage nach dem Angriff verfasst wurde, fügte sein Stellvertreter al-Alimi hinzu, der Jemen »›muss bei seiner bisherigen Haltung bleiben‹, was die offizielle Leugnung der US-Beteiligung betreffe, um weiter ›bestimmte Operationen‹ gegen die AQAP zu gewährleisten«. Der jemenitische Außenminister Abu Bakr al-Qirbi bat die Vereinigten Staaten, über ihre Rolle bei den Angriffen »Stillschweigen zu wahren« und »bei Nachfragen weiterhin auf die jemenitische Regierung zu verweisen, die Leistungen [der jemenitischen Regierung] bei der Terrorismusbekämpfung hervorzuheben und zu betonen, dass al-Qaida nicht nur für den Westen eine Bedrohung darstellt, sondern auch für die Sicherheit des Jemen«.[43] Während US-Diplomaten zusammen mit ihren jemenetischen Partnern weiter an der Legende strickten, wurden bereits die nächsten Operationen geplant.

Die Rolle der US-Regierung bei den Angriffen im Jemen kam nur aufgrund undichter Stellen ans Licht, und es wurde klar, wer dabei das Sagen hatte. Bei der Forderung jemenitischer Parlamentsabgeordneter nach einer Erklärung für das Massaker in al-Majalah sponn al-Alimi eine aktualisierte Version der Geschichte zusammen und sagte: »Jemenitische Sicherheitskräfte haben die Operationen mit geheimdienstlicher Unterstützung aus Saudi-Arabien und den Vereinigten Staaten von Amerika für unseren Kampf gegen den Terrorismus durchgeführt.«[44] Obwohl schon etwas näher an der Wahrheit, war auch diese Version falsch. »Es handelte sich um den Einsatz von Marschflugkörpern in Kombination mit am Boden operierenden Militäreinheiten«, erklärte Sebastian Gorka, Dozent an der Joint Special Operations University des amerikanischen Special Operations Command, der jemenetische Soldaten ausgebildet hatte.[45] »Es war ein sehr eindeutiges Signal der Regierung Obama, dass sie ernsthaft darum bemüht ist, dem Jemen bei der Beseitigung dieser al-Qaida-Stützpunkte von seinem Territorium zu helfen. Der Einsatz wurde zwar weitgehend von den Vereinigten Staaten ausgeführt, jedoch mit starker Unterstützung durch die jemenitische Regierung.«

Hochrangigen Vertretern der amerikanischen Streitkräfte und Geheimdienste zufolge entdeckten jemenitische Spezialeinheiten, die mit dem JSOC-Team zusammenarbeiteten, bei der Razzia nach dem Anschlag auf das Dorf Arhab in der Nähe von Sanaa jemanden, der angeblich ein überlebender al-Qaida-Selbstmordattentäter war und noch seinen Sprengstoffgürtel trug. Er wurde festgenommen und lieferte bei seinem Verhör verwertbare Informationen, wie man glaubte.[46] Eine Woche nach dem tödlichen Luftschlag in Abyan und der Razzien bei Sanaa segnete Präsident Obama einen weiteren Angriff ab, der zum Teil auf den Informationen dieses Gefangenen beruhte. Diesmal war die Zielperson ein amerikanischer Staatsbürger.

31 Die Amerikaner wollten Anwar wirklich töten.

Jemen, Ende 2009 – Anfang 2010

Nasser Awlaki hatte seit Mai nichts von seinem Sohn gehört. Als er dann am 20. Dezember 2009 einen Anruf von Präsident Salih erhielt, spürte er einen Stich. »Er rief mich um drei Uhr nachmittags an und sagte: ›Nasser, hast du es schon gehört?‹ Ich erwiderte: ›Was denn?‹ Darauf er: ›Vor vier Stunden ist dein Sohn von einem amerikanischen Flugzeug getötet worden.‹ Und ich: ›Welches Flugzeug? Wo?‹« Salih nannte ihm einen Ort im Gouvernement Schabwa. Nasser legte auf und rief sofort Stammesführer in der Region an, um Näheres zu erfahren. Dort wusste man nichts von Luftangriffen. »Ich weiß nicht, warum der Präsident mir das gesagt hat«, erzählte Nasser mir später. Er glaube, fügte er hinzu, die Amerikaner hätten Salih informiert, dass sie Anwar an diesem Tag erledigen wollten, die Operation aber aus irgendeinem Grund abgeblasen. Immerhin war jetzt klar: »Die Amerikaner wollten Anwar wirklich töten.«[1]

Vier Tage nach dem Anruf, am 24. Dezember, führten US-Streitkräfte rund 650 Kilometer südöstlich von Sanaa, im Rafd-Tal im Gouvernement Schabwa, einen Luftschlag durch.[2] Offiziellen Berichten zufolge wiesen Informationen von amerikanischen und jemenitischen Geheimdiensten darauf hin, dass sich Awlaki mit den zwei wichtigsten Führern der wachsenden AQAP traf – mit Nassir al-Wuhaischi, bin Ladens früherem Sekretär, und dem AQAP-Führer Said Ali al-Shihri.[3] Vertreter des Jemen behaupteten, sie hätten »einen Anschlag auf jemenitische und ausländische Erdölanlagen geplant«.[4]

Bei dem Luftschlag kamen 30 Menschen ums Leben, und die Medien berichteten, dass mit den beiden al-Qaida-Führern auch Awlaki getötet worden sei. Ehemalige Geheimdienstmitarbeiter und Jemen-»Experten« traten in den Nachrichtensendungen auf und bezeichneten die Tötungen als »großen Sieg im Kampf gegen al-Qaida im Jemen«.[5]

Ein namentlich nicht genannter hochrangiger Regierungsbeamter erklärte gegenüber der *Washington Post*, die Regierung Obama habe kein
Problem damit, einen US-Bürger ins Visier zu nehmen, von dem sie
annehme, dass er sich al-Qaida angeschlossen habe. Dass es sich um
einen US-Bürger handelte, »ändert nichts an der Frage, ob er getötet
werden soll«, erklärte er, denn »er gehört dann zum Feind«.[6] Die Genehmigung für die gezielte Tötung eines US-Bürgers durch den Präsidenten wurde von Demokraten wie Republikanern nahezu kritiklos
hingenommen.

Obwohl die Tatsache, dass es sich um eine amerikanische Operation
handelte, in großen Medien – hauptsächlich informiert durch US-Vertreter, die demonstrieren wollten, dass sie gegen al-Qaida vorgingen –
durchaus Resonanz fand, übernahmen weder das Weiße Haus noch das
Pentagon öffentlich die Verantwortung dafür. »Bislang blieben die
USA zwar von der vollen Wucht der Kritik verschont, aber undichte
Stellen in Washington und die internationalen Medienberichte über die
amerikanische Beteiligung könnten im Jemen antiamerikanische Ressentiments entfachen«, hieß es in einer Depesche der US-Botschaft in
Sanaa nach Washington.[7]

Als die Nachrichten meldeten, dass sein Sohn getötet worden sei,
nahm Nasser Kontakt mit einem Stammesführer auf, der mit Anwar in
Verbindung stand. »An jenem Tag sagte man mir, mein Sohn sei nicht
da, er sei nicht getötet worden«, erzählte er. Als ein Reporter der *Washington Post* bei Nasser anrief und ihn um einen Kommentar zu Anwars Tod bat, sagte ihm Nasser, dass Anwar am Leben sei. Inzwischen
veröffentlichte CBS News ein Interview mit einem Informanten im Jemen, dem zufolge Awlaki nicht nur noch am Leben war, sondern die
Luftschläge »weit entfernt von seinem Haus [erfolgten] und er nichts
mit den Getöteten zu tun hatte«.[8] Ob sie jemals dort waren oder nicht –
auch Wuhaischi und Shihri kamen bei diesen Luftschlägen nicht um.

»Ende 2009 beschlossen sie, [Anwar] zu töten«, sagte Nasser zu mir.
»Ist es rechtens, dass die USA einen amerikanischen Staatsbürger töten,
ohne Gerichtsprozess, ohne ein ordentliches Verfahren? Es soll mir
doch *ein* ehrbarer amerikanischer Anwalt sagen, dass es in Ordnung ist,
wenn die amerikanische Regierung einen amerikanischen Staatsbürger
tötet, weil er etwas gegen die Vereinigten Staaten oder amerikanische
Soldaten gesagt hat. Soweit ich die amerikanische Verfassung kenne,
glaube ich nicht, dass die amerikanische Verfassung, das amerikanische

Gesetz, die Tötung eines amerikanischen Staatsbürgers erlaubt, weil er etwas gegen die Vereinigten Staaten gesagt hat.«

Während die amerikanische Regierung vom Himmel aus Jagd auf Anwar Awlaki machte, gelang es dem jemenitischen Journalisten Abdulelah Haider Shaye, ihn für ein exklusives Interview aufzuspüren, das rund um den Globus ausgestrahlt und in zahlreiche Sprachen übersetzt wurde. Das US-Fernsehen berichtete darüber, Zeitungen druckten es ab. Shaye gab sich bei diesem Interview keineswegs wohlwollend, sondern bohrte hartnäckig nach und schien tatsächlich Antworten haben zu wollen. Unter anderem stellte er Awlaki folgende Fragen: Wie können Sie gutheißen, was Nidal Hasan getan hat, als er seine amerikanische Heimat verriet? Warum haben Sie Nidal Hasans Tat Ihren Segen gegeben? Haben Sie direkt etwas mit der Sache zu tun? Shaye konfrontierte Awlaki auch mit einigen Widersprüchen in früheren Interviews.

Angesichts Shayes hartnäckiger Nachfragen rechtfertigte Awlaki ausführlich das von Nidal Hasan in Fort Hood verübte Massaker und meinte, er wolle seinen Standpunkt zu Hasans Amoklauf »klarstellen«. »Nicht ich habe Nidal Hasan rekrutiert, sondern Amerika mit seinen Verbrechen und seiner Ungerechtigkeit, aber das will Amerika nicht zugeben. Amerika will nicht zugeben, dass das, was Nidal getan hat und was Tausende andere Muslime im Kampf gegen Amerika tun, seinen Grund in seiner unterdrückerischen Politik gegenüber der islamischen Welt hat«, sagte Awlaki dem Journalisten. »Nidal Hasan ist zuallererst Muslim und dann Amerikaner, und er ist auch Palästinenser und hat gesehen, wie die Juden mit amerikanischer Unterstützung sein Volk unterdrücken. Ja, es mag sein, dass ich bei Nidals geistiger Entwicklung eine Rolle gespielt habe, aber mehr auch nicht. Ich versuche aber nicht, mich von Nidals Tat zu distanzieren, weil ich nicht damit einverstanden wäre. Vielmehr wäre es eine Ehre für mich, wenn ich dabei eine wichtigere Rolle gespielt hätte.«

Awlaki stellte Shaye seine E-Mail-Korrespondenz mit Hasan zur Verfügung, sodass der Journalist aus dem Inhalt seine eigenen Schlüsse ziehen konnte. »Ich habe Ihnen diese E-Mails überlassen, damit Sie sie veröffentlichen, denn die amerikanische Regierung hat die Veröffentlichung verboten«, sagte Awlaki zu ihm. »Warum wollen sie diese Korrespondenz nicht öffentlich machen? Aus welchem Grund? Wollen sie vertuschen, dass die Sicherheitsorgane versagt haben? Oder wollen sie nicht zugeben, dass Nidal Hasan ein Mann mit Prinzipien war und das, was er getan hat, Dienst am Islam war? [Wollen] sie damit beweisen, dass es die spontane Tat eines Einzelnen war, ohne jeden Bezug zu den Taten der verbrecherischen amerikanischen Armee?« Awlaki wies darauf hin, dass die US-Regierung die E-Mails zwischen ihm und Hasan abgefangen habe, auch die erste, die Hasan ihm ein Jahr vor seinem Amoklauf in Fort Hood geschickt hatte und in der er »fragte, ob es rechtens ist oder nicht, amerikanische Soldaten und Offiziere zu töten«. Die E-Mails bewiesen doch das Versagen der US-Geheimdienste, meinte Awlaki. »Ich frage mich, wo die amerikanischen Sicherheitskräfte waren, die einmal behaupteten, sie könnten vom Weltraum aus jedes Autokennzeichen überall auf der Welt entziffern.«[9]

Shaye hatte den USA und der jemenitischen Regierung mit seinen Berichten über die Rolle der Amerikaner bei der Bombardierung von al-Majalah und anderen Luftschlägen bereits ziemlichen Ärger beschert. Nun stand er in Verbindung mit Anwar Awlaki und gab dem Prediger erneut Gelegenheit, seine Botschaft unter die Leute zu bringen. Shaye war ein seriöser Journalist, der in seinem Land immer wieder wichtige Vorfälle ans Licht brachte. Wenn überhaupt, dann lieferten Shayes Interviews den US-Geheimdiensten, den Politikern und Befürwortern gezielter Tötungen Munition für ihre Kampagne gegen Awlaki. Dennoch betrachteten die USA Shaye als Bedrohung – eine Bedrohung, um die man sich kümmern musste.

Mittlerweile kannte so gut wie jeder den Namen Awlaki. Nach den Luftschlägen und Razzien im Dezember wurde den Medien wie dem Kongress langsam bewusst, dass die USA offenbar auf einen unerklärten Krieg im Jemen zusteuerten. Die Ereignisse am ersten Weihnachtsfeiertag 2009 sollten das ganze Land erschüttern.

Präsident Barack Obama sang mit seiner Familie Weihnachtslieder auf Hawaii, als einer seiner Mitarbeiter die Feststimmung störte und Obama für ein dringendes Telefonat mit John Brennan, seinem obersten Antiterrorberater, beiseitezog.[10]

Wenige Stunden vorher hatte am Amsterdamer Flughafen Schiphol ein junger Nigerianer namens Umar Farouk Abdulmutallab, drei Tage zuvor 23 Jahre alt geworden, bei Flug 253 von Northwest Airlines eingecheckt. Gegen acht Uhr Ortszeit ging er den Mittelgang entlang und ließ sich auf Platz 19A nieder. Um 8.45 Uhr hob das Flugzeug ab und nahm Kurs auf den Atlantik in Richtung Detroit.[11] Abdulmutallabs Vater, Alhaji Umaru Mutallab, war ein Geschäftsmann im Ruhestand, ehemaliger nigerianischer Bevollmächtigter für wirtschaftliche Entwicklung und einer der reichsten Männer auf dem afrikanischen Kontinent.[12]

Der Weg des reichen jungen Nigerianers zu Flug 253 führte über den Jemen. Abdulmutallab hatte im togoischen Lomé private Eliteschulen besucht, wo er als gläubiger Muslim galt – »der Traum jedes Lehrers«, wie es hieß.[13] Das Jahr 2005 verbrachte er teilweise in Sanaa, um Arabisch zu lernen.[14] Wie viele andere vom amerikanischen Antiterrorapparat beobachtete junge Männer besuchte auch er Vorlesungen an der Iman University. Im selben Jahr ging Abdulmutallab nach London, wo er sich am University College für Maschinenbau einschrieb.[15] Er wurde Vorsitzender der islamischen Gesellschaft der dortigen Studentenvereinigung, beteiligte sich an gewaltlosen Demonstrationen gegen die amerikanisch-britischen Kriege in muslimischen Ländern und organisierte eine Konferenz zum Protest gegen den »Antiterrorkrieg«.

Mindestens zwei Mal flog Abdulmutallab für Besuche in die Vereinigten Staaten, und 2008 erhielt er ein Visum zur mehrfachen Einreise.[16] Im August 2008 hörte er Vorträge an einem islamischen Institut in Texas und kehrte anschließend in den Jemen zurück, um sein Arabischstudium fortzusetzen.[17] In dieser Zeit habe sich sein Sohn zunehmend radikalisiert, berichtete Abdulmutallabs Vater, und sei vollkommen auf die Scharia und »den wahren Islam«, wie er sich ausdrückte, fixiert gewesen.[18] Und schließlich tauchte Abdulmutallab ganz ab. Sein Vater machte sich so große Sorgen, dass er am 19. November 2009 die US-Botschaft in Nigeria aufsuchte und dort zwei Sicherheitsbeamten – CIA-Mitarbeiter, wie sich später herausstellte – mitteilte, sein Sohn sei im Jemen verschollen.[19] Bei dem Gespräch schilderte er auch die »extremen religiösen Ansichten« seines Sohnes.[20]

Als Flug 253 über Detroit zum Sinkflug ansetzte, klagte Abdulmutallab plötzlich über Bauchschmerzen und ging zur Toilette, wo er etwa 20 Minuten blieb. Zurück an seinem Platz zog er eine Decke über sich. Sekunden später, so andere Passagiere, hörten sie einen Knall wie von einem Silvesterböller. Im nächsten Augenblick stand Abdulmutallabs Hosenbein in Flammen und ebenso die Innenwand des Flugzeugs. Ein in der Nähe sitzender Passagier warf sich auf ihn, und Flugbegleiter begannen sofort mit dem Löschen. Auf die Frage einer Stewardess, was er unter seiner Hose trage, soll Abdulmutallab geantwortet haben: »Einen Sprengkörper.«[21]

Am Vormittag des ersten Weihnachtsfeiertags, als überall in den Vereinigten Staaten Geschenke ausgepackt wurden und man sich auf Festessen vorbereitete, kam die Meldung, dass es in einem amerikanischen Linienflugzeug einen versuchten Anschlag gegeben habe. Nachdem sich herausgestellt hatte, dass er den Sprengstoff in seiner Unterwäsche an Bord geschmuggelt hatte, wurde Abdulmutallab bald nur noch als »Unterhosenbomber« bezeichnet. Es dauerte nicht lange, bis Abdulmutallabs Verbindung zum Jemen publik und eine mögliche Zugehörigkeit zu AQAP geprüft wurde. Die Tatsache, dass man in dem selbstgebauten Sprengkörper PETN fand, wurde als Beweis für die Beteiligung Ibrahim al-Asiris genannt, jenem Bombenbauer, dessen Bruder wenige Monate zuvor ein gescheitertes Attentat auf Prinz Mohammed bin Naif von Saudi-Arabien verübt hatte.[22]

Während die Regierung Obama noch an einer Stellungnahme arbeitete, streuten US-Geheimdienste und republikanische Kongressabgeordnete bereits die ersten Erkenntnisse. Wenig später wurde Abdulmutallab als ein von Anwar Awlaki auf Selbstmordmission geschicktes AQAP-Mitglied präsentiert.[23] Jemenitische Geheimdienstler berichteten den amerikanischen Kollegen, Abdulmutallab sei im Oktober 2009 in Awlakis Stammesgebiet im Gouvernement Schabwa gereist. Dort, sagten sie, habe er sich Mitgliedern der AQAP angeschlossen. Ein Informant aus dem amerikanischen Regierungsapparat sagte, die National Security Agency habe im Herbst 2009 ein »Voice-to-Voice-Gespräch« zwischen Abdulmutallab und Awlaki abgefangen und sei zu dem Schluss gekommen, dass Awlaki »diesem Burschen in irgendeiner Weise geholfen hat, sich im Jemen zu bewegen. Das kann eine Ausbildung gewesen sein, alles Mögliche. Wir wissen es nicht genau«, sagte der anonyme Informant gegenüber der Washington Post.[24]

Mullah Zabara, ein Stammesführer aus Schabwa, erzählte mir später, er habe den jungen Nigerianer auf dem Anwesen von Fahd al-Quso, dem mutmaßlichen Mitverschwörer des Bombenanschlags auf die USS Cole, gesehen. »Er bewässerte Bäume«, berichtete Zabara. »Als ich [Abdulmutallab] sah, fragte ich Fahd: ›Wer ist das?‹« Und al-Quso habe geantwortet, der junge Mann stamme aus einem anderen Teil des Jemen, aber Zabara wusste, dass das gelogen war. »Als ich ihn im Fernsehen gesehen hatte, sagte mir Fahd die Wahrheit.«[25]

Welche Rolle Awlaki bei dem »Unterhosenanschlag« spielte, ist unklar. Awlaki behauptete später, Abdulmutallab sei einer seiner »Studenten« gewesen.[26] Von Stammesangehörigen in Schawba erfuhr ich, dass al-Qaida-Mitglieder Awlaki gebeten hätten, Abdulmutallab religiöse Unterweisung zu geben, Awlaki mit dem Anschlag aber nichts zu tun gehabt habe.[27] Er sei weder an der Planung noch an der Vorbereitung beteiligt gewesen, sagte Awlaki, wenngleich er den Anschlag guthieß.

»Ja, wir hatten Kontakt, aber ich habe keine Fatwa erlassen, die ihm diese Aktion erlaubt hätte«, erklärte Awlaki gegenüber Abdulelah Haider Shaye bei einem Interview für Al-Dschasira wenige Wochen nach dem gescheiterten Anschlag. »Ich unterstütze, was Umar Farouk getan hat, da ich sehe, dass meine Brüder in Palästina seit mehr als 60 Jahren getötet werden und andere im Irak und in Afghanistan. Und in meinem eigenen Stamm wurden auch [Frauen und] Kinder von US-Raketen getötet, also lassen Sie mich bloß in Ruhe mit der Frage, ob al-Qaida nach alledem getötet oder ein US-Zivilflugzeug in die Luft gesprengt hat. 300 Amerikaner sind doch nichts im Vergleich zu den Tausenden von Muslimen, die getötet worden sind.«

Shaye fragte noch einmal nach, ob Awlaki die versuchte Sprengung des Flugzeugs wirklich verteidige, und wies ihn darauf hin, dass es sich schließlich um eine Passagiermaschine gehandelt habe. »Sie haben Nidal Malik Hasans Tat gutgeheißen mit dem Argument, er habe ein militärisches Ziel angegriffen, kein ziviles. Die Maschine, in der Umar Farouk Abdulmutallab saß, war ein Zivilflugzeug, das bedeutet, dass der Anschlag auf die amerikanische Bevölkerung abzielte?« Worauf Awlaki erwiderte: »Es wäre besser gewesen, wenn es ein militärisches Ziel gewesen wäre.« Aber, fügte er hinzu:

Das amerikanische Volk lebt [in] einem demokratischen System, und deshalb ist es für seine Politik verantwortlich. Das amerikanische Volk hat zweimal für den Verbrecher Bush gestimmt und Obama gewählt, der nicht anders ist als Bush, da er von Anfang an klargestellt hat, dass er Israel weiterhin zur Seite steht. Dabei gab es bei der US-Wahl auch Kandidaten, die Kriegsgegner waren. Sie erhielten aber nur sehr wenig Stimmen. Das amerikanische Volk ist an allen Verbrechen seiner Regierung beteiligt. Wenn es dagegen ist, soll es eine andere Regierung wählen. Die Leute zahlen Steuern, die für die Armee verwendet werden, und sie schicken ihre Söhne zum Militär, deshalb tragen sie auch Verantwortung.[28]

Kurz nach dem versuchten Anschlag postete AQAP im Internet eine Stellungnahme, in der sie Abdulmutallab als Helden pries, der »all die moderne und ausgefeilte Technik, alle Geräte und Sicherheitsbarrieren an den Flughäfen der Welt überwunden« und »sein Ziel erreicht« hat. Weiter hieß es, die »Mudschahedin-Brüder in der Fertigungsabteilung« hätten den Sprengkörper hergestellt und er sei wegen eines »technischen Fehlers« nicht detoniert.[29] Vier Monate nach dem Anschlagsversuch veröffentlichte AQAP ein Video, das Abdulmutallab mit einer Kalaschnikow und einer Kufiya auf dem Kopf in einem Ausbildungscamp in der jemenitischen Wüste zeigte. In dem Video sind maskierte Männer zu sehen, die mit scharfer Munition üben. In einer Szene feuern AQAP-Kämpfer auf eine Drohne hoch über ihren Köpfen. Am Ende des Videos liest Abdulmutallab eine Märtyrererklärung in Arabisch vor. »Muslimische Brüder auf der Arabischen Halbinsel, ihr habt das Recht, einen Dschihad zu führen, denn der Feind ist in eurem Land«, sagte er, ganz in Weiß gekleidet und mit einem Gewehr vor einer Fahne sitzend. »Gott hat gesagt, wenn ihr nicht zurückschlagt, wird er euch strafen und andere an eure Stelle setzen.«[30]

Der Vorfall lieferte Republikanern und ehemaligen Beamten der Regierung Bush Munition für Angriffe auf Präsident Obama und seine Sicherheitsberater. Sie hätten, so der Vorwurf, wiederholt Warnzeichen nicht zur Kenntnis genommen und den Hinweis von Abdulmutallabs Vater bei der Botschaft im nigerianischen Abuja ernster nehmen müssen. In *Newsweek* konterte ein Geheimdienstmitarbeiter: »Im Nachhinein kritisieren und mit dem Finger auf andere zeigen hat gerade wieder Hochkonjunktur. Aus dem Gespräch in Abuja konnte ich nichts entnehmen, was Abdulmutallab unmittelbar auf die Flugverbotsliste katapultiert hätte. Da war ein junger Mann, der sich immer mehr seiner Religion zuwandte und den Lebensstil seiner reichen Familie ablehnte. Das allein macht aus ihm noch keinen heiligen Franziskus, aber ebenso wenig einen kaltblütigen Killer. Wie jeder weiß, bekommen alle Informationen ein anderes Gewicht, wenn man die Antwort kennt.«[31]

Gleichzeitig machten sich die Republikaner den Vorfall zunutze, um Obama als naiven Pazifisten hinzustellen. Die Regierung Obama trat mit der Erklärung an: »Wir werden das Wort ›Terrorismus‹ nicht mehr benützen. Wir nennen es ›von Menschen gemachte Katastrophen‹.« »Damit wollen sie wohl, vermute ich, die Bedrohung durch den Terrorismus herunterspielen«, meckerte Pete Hoekstra, Mitglied im Repräsentantenhaus und damals ranghöchstes Mitglied im Geheimdienstausschuss, bei Fox News zwei Tage nach dem missglückten Anschlag.[32] Am 30. Dezember lieferte der ehemalige Vizepräsident Cheney eine weitere bissige Attacke auf Obama. »Was ich in den letzten Tagen erlebt habe, hat wieder einmal deutlich gemacht, dass Präsident Obama so zu tun versucht, als befänden wir uns nicht im Krieg«, erklärte Cheney. »Offenbar glaubt er, wenn er auf den Versuch, eine Passagiermaschine in die Luft zu sprengen und Hunderte Menschen zu töten, zurückhaltend reagiere, befänden wir uns nicht im Krieg. Er scheint zu glauben, wenn er Terroristen die Rechte der Amerikaner zugestehe, sie einen Anwalt für sich suchen lasse und ihnen die Miranda-Rechte vorlese, befänden wir uns nicht im Krieg.«[33] Das war dreist, nicht zuletzt wegen der Scheinheiligkeit seiner Worte. Als der sogenannte Schuhbomber Richard Reid auf ähnliche Weise ein Flugzeug zum Absturz hatte bringen wollen, hatte ihn die Regierung Bush vor ein Zivilgericht gebracht, und Rumsfeld hatte erklärt, der Fall sei »eine Angelegenheit, die sich in der Hand der Strafverfolgungsbehörde befindet«.[34] Im Gegensatz zu Obama, der sehr rasch auf den Vorfall reagierte, hatte Präsident Bush sechs Tage gebraucht, ehe er sich zu Reids Attentat äußerte.

Weiter warf Cheney Obama vor, dass er »offenbar glaubt, wenn er die Worte ›Krieg gegen den Terror‹ abschaffe, befänden wir uns nicht mehr im Krieg. Aber wir sind im Krieg, und wenn Präsident Obama so tut, als wären wir es nicht, bringt er uns in Gefahr.«[35] Cheneys Kommentar war eine gewaltige Verdrehung der Tatsachen. Obama hatte in seinem ersten Amtsjahr schon häufiger Luftschläge im Jemen genehmigt als Bush und Cheney in den gesamten acht Jahren ihrer Amtszeit im Weißen Haus. »Von den Armleuchtern, die in Fernsehsendungen auftreten, wissen die meisten doch gar nicht, wovon sie reden«, schäumte Brennan bei einem Interview mit der *New York Times*. »Wenn sie sagen, die Regierung befinde sich nicht im Krieg mit al-Qaida, dann ist das kompletter Unsinn. Sie spielen damit nur al-Qaida in die Hände, deren Strategie es ist, dass wir uns gegenseitig bekämpfen, anstatt uns auf sie zu konzentrieren.«[36] Bei seiner Antrittsrede hatte Obama erklärt: »Unsere Nation befindet sich im Krieg gegen ein weit gespanntes Netzwerk der Gewalt und des Hasses.«[37] Was den Jemen anging, so betrachtete Obama im Gegensatz zu Cheneys öffentlichen Behauptungen die Präsenz al-Qaidas im Land sicherlich als Thema mit oberster Priorität.

Während die Regierung Obama hinsichtlich ihres Umgangs mit

dem Vorfall unter genauester Beobachtung stand, verschärfte sie gleichzeitig ihr militärisches Vorgehen gegen AQAP. »Wir zeigen dort verstärkt Präsenz – mit Spezialeinheiten, Green Berets, Geheimdiensten –, und das müssen wir auch«, beteuerte Senator Joseph Lieberman, der im August den Jemen besucht hatte, bei Fox News. »Ein Mitarbeiter unserer Regierung sagte mir in Sanaa: ›Der Irak war der Kriegsschauplatz von gestern. Afghanistan ist der Kriegsschauplatz von heute. Wenn wir nicht präventiv tätig werden, wird der Jemen der Kriegsschauplatz von morgen.‹«[38] Doch ebenso wie Cheney war auch Lieberman ein wenig spät dran. Der Krieg im Jemen war bereits in vollem Gang.

Anfang 2010 spielte die Regierung Obama die Rolle der USA im Jemen immer noch herunter, und ihre Vertreter wiederholten in der Öffentlichkeit in unterschiedlichen Varianten den immer gleichen Refrain: Die Vereinigten Staaten unterstützen lediglich die Maßnahmen des Jemen zur Terrorabwehr. »Ich werde gefragt, die Frage stellt sich: Schicken wir Truppen in den Jemen?«, sagte Admiral Mike Mullen, Vorsitzender des Generalstabs, am 8. Januar bei einem Vortrag im US Naval War College. »Und die Antwort lautet, dass wir keine derartigen Pläne haben und nicht vergessen sollten, dass es sich um ein souveränes Land handelt. Und souveräne Länder bestimmen, wer in ihr Land kommt und wer nicht.«[39] Zwei Tage später schlug der Präsident in dieselbe Kerbe. »Im Lauf dieses Jahres mussten wir feststellen, dass al-Qaida im Jemen zu einem ernsthaften Problem geworden ist«, sagte Obama am 10. Januar. »Daher haben wir uns mit der jemenitischen Regierung zusammengetan, um die Terrorzellen und ihre Ausbildungslager wesentlich gezielter und nachhaltiger zu bekämpfen.« Dann fügte Obama hinzu: »Ich habe nicht die Absicht, Bodentruppen [in den Jemen] zu schicken.«[40] Das war eine unglaubliche Aussage von einem Oberbefehlshaber, der dort seit einem ganzen Jahr einsatzbereite und immer zahlreicher werdende Einheiten fest stationiert hatte.[41] Noch war die Präsenz der Amerikaner zwar überschaubar, aber das JSOC hatte sich mit ausdrücklicher Genehmigung des Präsidenten dort installiert.

Laut US-Außenministerium gab es eine »stetig wachsende Zahl von bei der [US-] Botschaft registrierten Militärpersonen« als Bestandteil einer erweiterten »US-Militärpräsenz«. Nach der 1982 erlassenen National Security Decision Directive-38 (NSDD-38) war der US-Botschafter ermächtigt, die Einreise allen US-Personals in den Jemen zu genehmigen.[42] Im Juni 2010 berichtete die Botschaft, sie habe »täglich eine Flut von Anträgen des US-Militärs« zu bewältigen und müsse Anfragen von Geheimdienst- und Militärangehörigen mit der Bitte um eine solche Genehmigung für einen »zeitlich befristeten Einsatz« beantworten. Der für den Kontakt zwischen dem Special Operations Command und der Botschaft zuständige Verbindungsoffizier war Oberstleutnant Brad Treadway, der zu Beginn der US-Invasion im Irak als Verbindungsmann für ein SEALs-Team der Naval Special Warefare Group gedient hatte. Jetzt war er zweifellos ein vielbeschäftigter Mann, denn die Zahl der Spezialeinsatzkräfte wurde beträchtlich erhöht. In der Zeit zwischen dem gezielten Angriff auf al-Majalah und Ende Januar hatte sich das JSOC bereits an mehr als zwei Dutzend Bodenangriffen und Luftschlägen im Jemen beteiligt – Operationen, bei denen zahlreiche Menschen getötet beziehungsweise gefangen genommen wurden.[43] Gleichzeitig begann das JSOC, eigene Drohnen im Land einzusetzen.[44] Was mit koordinierten Luftschlägen im Jemen begonnen hatte, entwickelte sich zu einer lang anhaltenden Kampagne gezielter Tötungen unter Federführung des JSOC.

»Nach der Geschichte mit Abdulmutallab im Dezember musste [Präsident Salih] mehr Unterstützung für unsere Operationen demonstrieren«, erklärte der ehemalige CIA-Mitarbeiter Dr. Emile Nakhleh. »Er spielte das Spiel mit, bei bestimmten militärischen Operationen unsererseits, bei kinetischen Operationen gegen radikale Gruppen in seinem Land schaute er einfach weg. Und wenn man ihn entsprechend unter Druck setzte, erklärte er sie zu Operationen seines Militärs. Er spielte das Spiel mit.«[45]

Während US-Militär und Geheimdienste weitere Luftschläge im Jemen planten, reiste General Petraeus zu erneuten Gesprächen mit Präsident Salih und hochrangigen Vertretern seines Militärs und seiner Geheimdienste nach Sanaa, um nach den Operationen vom Dezember und dem gescheiterten Bombenanschlag vom ersten Weihnachtstag die Kontinuität des amerikanischen Einsatzes sicherzustellen. Gleich zum Auftakt, am 2. Januar, versprach Petraeus Präsident Salih, die »Sicherheitsbeihilfe« für den Jemen mehr als zu verdoppeln, unter anderem mit 45 Millionen Dollar für die Ausbildung und Ausrüstung jemenitischer Spezialeinheiten für den Luftkrieg gegen AQAP. Salih bat Petraeus um zwölf Kampfhubschrauber und meinte, wenn die US-»Bürokratie« bei der Lieferung Schwierigkeiten mache, könne Petraeus doch mit Saudi-

Arabien und den Vereinigten Arabischen Emiraten heimlich eine Vereinbarung treffen, um für die Amerikaner die Abwicklung der Lieferungen zu übernehmen. Worauf Petraeus erwiderte, er habe mit den Saudis bereits über eine derartige Abmachung gesprochen.

Darüber hinaus sagte Salih zu Petraeus, die Vereinigten Staaten könnten auf jemenitischem Territorium Flugzeuge »außer Sichtweite« stationieren und er genehmigte Angriffe auf AQAP, wenn »verwertbare Informationen« vorlägen. Offiziell, erklärte Salih, wolle seine Regierung keine US-Operationen auf jemenitischem Boden. »Sie dürfen das Operationsgebiet nicht betreten, sondern müssen auf dem gemeinsamen Stützpunkt bleiben«, sagte Salih. Doch zweifellos wussten alle bei der Besprechung Anwesenden, dass sich diese »Forderung« – wie schon in der Vergangenheit – nicht durchsetzen ließ.[46]

Während er sich lobend über die Luftschläge vom Dezember äußerte, »beklagte« Salih den Einsatz von Marschflugkörpern beim Angriff auf al-Majalah, weil sie »nicht sehr treffsicher« gewesen seien. In der Besprechung hatte Petraeus behauptet, »die einzigen getöteten Zivilisten waren die Frau und zwei Kinder eines AQAP-Kämpfers am Ort«, was schlichtweg nicht stimmte. Salih aber beharrte darauf, er bevorzuge »Bomben mit Präzisionslenkung«, abgefeuert von einem Flugzeug. Dann sprach er ausdrücklich die Verschleierung der Tatsachen an: »Wir werden weiterhin sagen, dass es unsere Bomben sind, nicht Ihre.« Worauf Jemens stellvertretender Premierminister Rashad al-Alimi witzelte, er habe gerade »gelogen«, weil er dem Parlament erklärt habe, die Bomben in Arhab, Abyan und Schabwa seien zwar vom Jemen eingesetzt worden, stammten aber aus amerikanischer Herstellung.

Kurz nach jenem Treffen teilte Alimi Reportern im Jemen mit: »Die Operationen ... wurden zu 100 Prozent von jemenitischen Truppen durchgeführt. Der jemenitische Sicherheitsapparat hat Unterstützung, Informationen und Technologie übernommen, die hier nicht verfügbar sind, und zwar hauptsächlich von den USA und Saudi-Arabien und anderen befreundeten Staaten.«[47] Aber das kauften ihm die meisten Jemeniten nicht ab. Ahmed al-Aswadi, einer der Anführer der oppositionellen al-Islah-Partei, äußerte dazu, »die meisten Jemeniten glaubten«, dass die jüngsten Luftschläge »in Wirklichkeit vom US-Militär durchgeführt wurden«. Und er fügte hinzu: »Es ist kein Geheimnis, welche Politik die USA in dieser Weltregion betreiben. Wenn die Regierung die Forderungen der USA nicht erfüllt, kommen sie eben mit Drohnen.«[48]

Petraeus wiederum hatte sich bei dem Treffen mit Salih beklagt: »Im vergangenen Jahr sind von fünfzig geplanten SOFCOM-Ausbildungsprogrammen mit der jemenitischen Luftwaffe nur vier tatsächlich durchgeführt worden.« In Interviews bezeichneten Spezialeinsatzkräfte mit Jemen-Erfahrung die Soldaten, die sie dort ausbilden sollten, als nicht kampfeswillig. Deshalb hätten sie, erklärten sie mir gegenüber, zunehmend das Bedürfnis, die Dinge selbst in die Hand zu nehmen.[49]

Anfang 2010 widerrief die Regierung Obama die geplante Rückführung von mehr als 30 jemenitischen Gefangenen in Guantánamo, deren Freilassung bereits beschlossen war. »Angesichts der unsicheren Lage [im Jemen] habe ich mit dem Attorney General gesprochen, und wir sind übereingekommen, derzeit keine weiteren Häftlinge in den Jemen rückzusenden«, sagte Präsident Obama am 5. Januar.[50] Anwälte von Gefangenen erklärten, das sei »sittenwidrig« und würde »faktisch jeden bedeutenden Fortschritt hin zur Schließung von Guantánamo verhindern, die, wie Präsident Obama wiederholt argumentiert hat, unser Land sicherer machen werde.«[51] Es lag auf der Hand, dass für die Regierung Obama die Guantánamo-Frage, im Wahlkampf noch ein zentrales Thema, weit weniger dringlich war als ihr Antiterrorprogramm im Jemen, dem Land mit der höchsten Häftlingszahl in Guantánamo.

Im Außenministerium erklärte Hillary Clinton: »Die Instabilität im Jemen stellt eine Bedrohung der Stabilität in der ganzen Region, ja selbst der weltweiten Stabilität dar.«[52] Am 15. Januar wurden weitere Luftschläge auf mutmaßliche AQAP-Kämpfer durchgeführt, die Raketen trafen zwei Fahrzeuge.[53] Vier Tage später, am 19. Januar, erklärte die US-Regierung AQAP offiziell zur »ausländischen Terrororganisation«.[54] Genauso äußerte sich der UN-Sicherheitsrat auf Drängen von US-Botschafterin Susan Rice noch am selben Tag.[55] Philip J. Crowley, der Sprecher des US-Außenministeriums, sagte, diese Schritte »unterstützen die Bemühungen der USA, die Schlagkraft der Gruppe zu vermindern. Wir sind entschlossen, AQAP gewalttätige Angriffe unmöglich zu machen, entschlossen, ihre Netzwerke zu zerreißen, zu zerschlagen, zu vernichten.«[56]

Am 20. Januar erfolgten erneut gezielte Raketenangriffe auf mutmaßliche AQAP-Kämpfer im Gouvernement Marib. Wie schon nach den Luftschlägen von 15. Januar behaupteten die jemenitischen Behörden auch dieses Mal, es seien hochrangige AQAP-Mitglieder getötet worden – darunter Qasim al-Rimi –, die, wie sich später herausstellte, noch am Leben waren.[57] Die Angriffe ließen vermuten, dass bewaffnete US-Drohnen eingesetzt wurden. Beide Luftschläge hatten offenbar das Ziel, die AQAP-Führung in Marib zu beseitigen, zuvorderst den mutmaßlichen Anführer Ayad al-Shabwani.[58] Der Chefredakteur der *Yemen Post*, Hakim Almasmari, berichtete am 20. Januar von anhaltenden Luftschlägen. »Heute hat es in Marib 17 Angriffe gegeben, die meisten waren gegen al-Shabwani und seine Freunde gerichtet«, sagte er. »Bis jetzt ist nur ein al-Qaida-Führer getötet worden. [Jemenitische Sicherheitskräfte] haben Soldaten dort, tun aber nichts. Die meisten Angriffe kommen aus der Luft.«[59] Augenzeugen berichteten, dass Dorfbewohner mit Flugabwehrgeschützen auf die bedrohlichen Flugzeuge schössen.

Der Autor mit Überlebenden des US-Angriffs vom Februar 2010 in Gardez, Afghanistan. Bei dem Angriff wurden zwei schwangere Frauen, ein afghanischer Polizeikommandant und noch weitere Personen getötet.

Der afghanische Polizeikommandant Mohammed Daoud Sharabuddin (Vierter von links) mit amerikanischen Soldaten. Daoud wurde bei einem Angriff von US-Spezialkräften getötet, der aufgrund falscher Informationen durchgeführt wurde. Er hatte jahrelang die Taliban bekämpft und war sogar vom US-Militär ausgebildet worden.

Admiral William McRaven, zu der Zeit JSOC-Kommandant, besuchte Gardez im März 2010, einen Monat nach dem US-Angriff.

Die afghanischen Einheiten, die McRaven begleiteten, boten an, ein Schaf zu opfern, um so um Vergebung für den US-Angriff zu bitten.

© Jeremy Kelly

© Jeremy Kelly

© Richard Rowley. Aus dem Film »Dirty Wars«

Hajji Sharabuddin, dessen Familienmitglieder in Gardez getötet wurden, sagte: »Ich akzeptiere Ihre Entschuldigung nicht, die Amerikaner haben nicht nur mein Haus zerstört, sie haben meine Familie zerstört.«

Der somalische Warlord Mohammed Siad, bekannt als »Indha Adde« (Weißauge), kontrolliert weite Teile Mogadishus. Er war einst ein Alliierter al-Qaidas, kämpft aber jetzt mit den USA gegen al-Shabaab. Er sagt: »Wenn wir Ausländer gefangen nehmen, richten wir sie hin, so dass alle sehen: wir kennen keine Gnade.«

Mohammed Afrah Qanyare war einer der ersten Warlords, der von der CIA nach dem 11. 9. 2001 engagiert wurde, um Leute auf der US-Todesliste in Somalia zu jagen. »Die USA kennen sich aus mit dem Krieg«, sagte er, »sie sind wahre Meister darin.«

Der Autor an der Frontlinie in der Nähe des Bakara-Marktes in Mogadishu.

General David M. Petraeus, eine der Schlüsselfiguren der amerikanischen Kriegsführung der letzten zehn Jahre und ehemaliger CIA-Direktor.

General Stanley McChrystal, JSOC-Kommandeur von 2003 bis 2008 und anschließend ISAF-Kommandeur.

Emblem des JSOC

John O. Brennan, ehemaliger Antiterrorberater des US-Präsidenten, seit
8.3.2013 Direktor der CIA.

Admiral William McRaven, JSOC-
Kommandeur von 2008 bis 2011,
seit 8. August 2011 Befehlshaber des
United States Special Operations
Command.

JSOC-Kommandant William McRaven mit dem jemenitischen Präsidenten Ali
Abdullah Salih in Sanaa im Oktober 2009.

Teil einer US-Rakete, die in einem Dorf in der jemenitischen Provinz Majalah am 17. Dezember 2009 einschlug. Insgesamt kamen bei diesem Angriff über vierzig Menschen ums Leben, darunter vierzehn Frauen und einundzwanzig Kinder. Die jemenitische Regierung übernahm die Verantwortung und behauptete, es handelte sich um einen erfolgreichen Angriff auf ein Ausbildungslager al-Qaidas.

Der jemenitische Journalist Abdullelah Haider Shaye, der verhaftet wurde, kurz nachdem er die Wahrheit über den Angriff in der Provinz Majalah veröffentlicht und ein Interview mit Anwar Awlaki geführt hatte. Als der Präsident des Jemen ihn begnadigte, intervenierte Präsident Obama persönlich, und die Begnadigung wurde revidiert.

Anfang 2010 wurde bekannt, dass Awlaki auf der US-Todesliste stand. Seine Predigten waren immer radikaler geworden, und er verkörperte nun das, was er noch vor ein paar Jahren strikt abgelehnt hatte. Am 30.9.2011 wurde er durch einen US-Drohnenangriff im Jemen getötet.

Nasser Awlaki und sein erster Sohn Anwar, der 1971 in New Mexico geboren wurde.

Dr. Nasser Awlaki in Sanaa, Jemen. Nachdem sein Sohn, der US-Bürger Anwar Awlaki, auf die Todesliste gesetzt wurde, reichte er eine Klage ein, um seinem Sohn das Leben zu retten, und schrieb Präsident Obama einen Brief, in dem er ihn bat, den »Befehl, meinen Sohn zu töten, zu überdenken«.

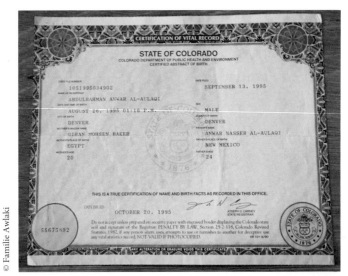

Abdulrahman Awlakis Geburtsurkunde. Anwar Awlakis ältester Sohn lebte mit seinen Großeltern im Jemen, nachdem sein Vater 2009 in den Untergrund gegangen war.

Abdulrahman Awlaki (Mitte), ein sechzehnjähriger US-Bürger, wurde bei einem Drohnenangriff der USA im Jemen am 14. Oktober 2011 getötet, zwei Wochen nach seinem Vater. Er war gerade bei einem Picknick mit seinen Freunden und Cousins, als die Rakete einschlug. Die US-Regierung hat sich für seinen Tod nie gerechtfertigt.

32 „Mr. Barack Obama ... Ich hoffe, Sie überdenken Ihren Befehl, meinen Sohn ... zu töten."

Washington und Jemen, Anfang 2010

Im Januar 2010 wurde über die US-Medien bekannt, dass das JSOC Anwar Awlaki auf seiner Liste hochrangiger Ziele offiziell in die Kategorie »Gefangennehmen oder Töten« hochgestuft hatte. Die Entscheidung, einen US-Bürger zur gezielten Tötung freizugeben, erfolgte nach Prüfung durch den Nationalen Sicherheitsrat, der hierfür grünes Licht gegeben hatte. »Die CIA wie auch das JSOC führen Listen von Personen, ›hochrangige Ziele‹ und ›hochrangige Individuen‹ genannt, die sie zu töten oder gefangen zu nehmen beabsichtigen«, berichtete die *Washington Post*. »Auf der JSOC-Liste stehen drei Amerikaner, darunter Aulaqi, dessen Name Ende letzten Jahres hinzugefügt wurde. Auch die CIA-Liste beinhaltete drei US-Bürger (Stand von vor einigen Monaten), und ein Geheimdienstmitarbeiter sagte, man habe nun Aulaqis Namen hinzugefügt.«[1]

Als der *Washington Post*-Artikel am 27. Januar erschien, beeilte sich die CIA zu erklären, dass sie Awlaki nicht zur gezielten Tötung freigegeben habe. Daraufhin brachte die *Washington Post* eine Richtigstellung, in der es hieß, »das Joint Special Operations Command der Streitkräfte führt eine Todesliste, auf der auch mehrere Amerikaner stehen.« Diese Wortklauberei machte deutlich, welchen Vorteil es dem Weißen Haus brachte, für gezielte Tötungen das JSOC zu nutzen. »Aufgrund der Tatsache, dass wir uns nicht im Krieg befinden, halte ich das rechtlich für sehr fragwürdig«, sagte Oberst Patrick Lang mir gegenüber, kurz nachdem herausgekommen war, dass Awlaki auf einer Abschussliste des JSOC stand. »Und er gehört keiner feindlichen Streitmacht an, die sich juristisch gesehen im Krieg mit den Vereinigten Staaten befindet. Ich schätze Recht und Gesetz, wenn es um Krieg geht. Sonst wird es sehr schnell sehr chaotisch.«[2] Der Verfassungsrechtler Glenn Greenwald schrieb damals:

Wenn US-Truppen auf einem realen Schlachtfeld kämpfen, haben sie natürlich [wie jeder andere] das Recht, gegen sie kämpfende Kombattanten zu töten, auch wenn diese amerikanische Staatsbürger sind. Das liegt in der Natur des Kriegs. Deshalb ist es zulässig, einen Kombattanten auf einem realen Schlachtfeld in einem Kriegsgebiet zu töten, aber nicht, ihn etwa zu foltern, sobald er gefangen genommen wurde und wehrlos in Haft sitzt. Aber wir sprechen hier nicht von einem realen Kampf. Die Menschen auf dieser »Abschussliste« werden vermutlich getötet, wenn sie sich zu Hause aufhalten, schlafend im Bett liegen, mit Freunden oder der Familie in einem Wagen unterwegs sind oder irgendwelche anderen Dinge tun. Noch kritischer ist, dass die Regierung Obama – wie die Regierung Bush vor ihr – die ganz Welt zum »Schlachtfeld« erklärt.[3]

Die demokratische Abgeordnete Jane Harman, die zu der Zeit den Vorsitz im Geheimdienst-Unterausschuss des Ministeriums für Innere Sicherheit im Repräsentantenhaus führte, bezeichnete Awlaki als »wahrscheinlich die Person, den Terroristen, der im Hinblick auf die Bedrohung für uns der Terrorist Nummer eins wäre«. Und sie fügte hinzu, die Regierung Obama habe »unmissverständlich klargemacht, dass wir Personen, auch Amerikaner, die unser Land anzugreifen versuchen, auf jeden Fall verfolgen werden … dass sie Zielpersonen der Vereinigten Staaten sind«.[4] Am 3. Februar bestätigte Admiral Dennis Blair, damals Direktor Nationale Nachrichtendienste, vor dem Geheimdienstausschuss, dass die Regierung Obama das Recht für sich beanspruche, US-Bürger zu töten, mit dem Argument, »eine Entscheidung zur Anwendung todbringender Waffen gegen einen US-Bürger [erfordere] eine besondere Genehmigung«. Blair betonte, »die Tatsache, US-Bürger zu sein, verschont einen Amerikaner nicht davor, durch Einsatzkräfte des Militärs oder der Geheimdienste im Ausland gezielt getötet zu werden, wenn diese Person mit Terroristen zusammenarbeitet und Anschläge auf amerikanische Mitbürger plant«.[5]

»Ich weiß nicht, ob sich die mit diesen Dingen befassten Leute sonderlich wohlfühlen, wenn man jetzt beginnt, einen US-Bürger in dieselbe Kategorie wie einen Nicht-US-Bürger zu stecken«, sagte Nakhleh, der bereits aus der CIA ausgeschieden war, bevor man Awlaki auf die JSOC-Abschussliste setzte. »Es gibt ein gewisses Unbehagen bei Leuten, mit denen ich über gezielte Tötungen von US-Bürgern ohne ordentliches Gerichtsverfahren spreche.«[6] Die Regierung Obama hingegen schien von derlei Unbehagen unberührt. Im Zusammenhang mit den Beziehungen der USA zum Jemen, der den Vereinigten Staaten gestattete, im Land nach eigenem Gutdünken zuzuschlagen, äußerte ein anonymer hochrangiger Regierungsbeamter gegenüber der *Washington Post:* »Wir sind sehr zufrieden mit der Richtung, die diese Sache nimmt.«[7] Den Artikel las auch Nasser Awlaki im Jemen. Und er beschloss, direkt an Obama zu schreiben.[8] Sein Brief, der von einem amerikanischen Journalisten an Vertreter der US-Regierung weitergegeben wurde, blieb ohne Antwort:

An
Mr. Barack Obama, Präsident der Vereinigten Staaten von Amerika

Ich war hocherfreut, als Sie zum Präsidenten der Vereinigten Staaten von Amerika gewählt wurden. Ich blieb sogar die ganze Wahlnacht wach, bis die Medien bekannt gaben, dass Sie der »gewählte Präsident« sind.

Ich habe Ihr Buch »Ein amerikanischer Traum« gelesen, und es hat mich sehr bewegt. Mit 20 Jahren, 1966, ging ich selbst mit einem Fulbright-Stipendium nach Amerika, um Agrarwissenschaft zu studieren. Mein Sohn »Anwar« war mein erstes Kind, und ich habe unter meinen Freunden und Kommilitonen an der New Mexico State University viele Zigarren verteilt, als er 1971 auf die Welt kam.

Wegen meiner Liebe zu Amerika schickte ich Anwar auf die Colorado State University. Auch er sollte eine amerikanische Ausbildung bekommen.

Mein Sohn studierte, und 2001 ging er an die George Washington University, um zu promovieren.

Wegen der unseligen Ereignisse vom 11. September wurde es schwierig für ihn, mit dem Studium fortzufahren, denn er wurde an der Universität schlecht behandelt, und so beschloss er, in Großbritannien seinen Abschluss zu machen, was sich aber als zu kostspielig herausstellte. So kehrte er in den Jemen zurück. Seit dieser Zeit tut er nichts anderes, als seine Religion zu studieren und zu predigen.

Dennoch wurde er auf Verlangen der US-Regierung mehr als 18 Monate in Haft gehalten. 2007 verhörte das FBI Anwar zwei Tage lang, und man fand keine Verbindung zwischen ihm und den Ereignissen vom 11. September. Nach seiner Entlassung aus dem Gefängnis wurde er weiter schikaniert und beschloss deshalb, die jemenitische Hauptstadt Sanaa zu verlassen und in einer kleinen Stadt im Südjemen zu leben. Wieder tauchten viele Monate lang amerikanische Spionageflugzeuge über der Stadt auf, und als er erfuhr, dass er verfolgt wurde, um ihn erneut ins Gefängnis zu stecken, zog er sich in die Bergregion im Gouvernement Schabwa zurück, in das Land seiner Vorfahren.

Am Mittwoch, dem 27. Januar 2010, veröffentlichte die *Washington Post* einen Artikel von Dana Priest, in dem es hieß, Sie hätten den Luftschlag vom 24. Dezember angeordnet, als »sich Anwar angeblich mit al-Qaida-Führern traf«.

Weiter berichtete die *Washington Post*, CIA und JSOC hätten Anwar auf eine Liste sogenannter »hochrangiger Ziele« gesetzt, deren Gefangennahme oder Tötung sie beabsichtigen in der Annahme, Anwar Al-Aulaqi sei »ein al-Qaida-Führer«. Sie wissen so gut wie ich, dass Anwar Al-Aulaqi niemals ein Mitglied dieser Organisation war, und ich hoffe, er wird es auch niemals werden. Er ist einfach nur ein Prediger, der das Recht hat, die Botschaft des Islam zu verbreiten, wo auch immer, das ist absolut legal und von der amerikanischen Verfassung geschützt. Deshalb hoffe ich, dass Sie Ihren Befehl überdenken, meinen Sohn in der irrigen Annahme gefangen zu nehmen oder zu töten, er sei ein Mitglied von al-Qaida. Mr. President, ich möchte noch einmal wiederholen, dass mein Sohn unschuldig ist, dass er nichts mit Gewalttätigkeiten im Sinn hat und lediglich ein Islamgelehrter ist, und das hat, glaube ich, nichts mit Terrorismus zu tun. Deshalb bitte ich Sie noch einmal, das amerikanische Gesetz zu respektieren, und wenn Anwar irgendetwas Falsches getan hat, sollte er gemäß dem amerikanischen Gesetz belangt werden.

Hochachtungsvoll
    Nasser A. Al-Aulaqi
    Professor der Agrarwissenschaft
    Universität Sanaa
    Republik Jemen

33 Eine Nacht in Gardez

Washington, 2008–2010; Afghanistan, 2009–2010

Seit Anfang 2008 war Stanley McChrystal nicht mehr aktiv im Kampfgebiet tätig. Nachdem McRaven das Ruder beim JSOC übernommen hatte, kehrte McChrystal nach Washington zurück, um dort als Direktor des Joint Staff zu dienen, eine einflussreiche Position in der Pentagon-Bürokratie. Eine Handvoll Senatoren hatte seine Nominierung verzögert, da sie seine mögliche Beteiligung an Misshandlungen und Folter von Gefangenen im Irak und in anderen Ländern untersucht wissen wollten, doch letztlich wurde seine Berufung bestätigt.[1] Dieser Wechsel war keineswegs eine Degradierung für McChrystal. Vielmehr rückte er dadurch ins Zentrum künftiger Entscheidungen über die Entsendung von Truppen und die Zusammensetzung der Einheiten für militärische Operationen. Im Joint Staff war es vor allem McChrystal, der Obama davon überzeugen konnte, die Leitung der Spezialeinheiten breiter zu verteilen und die Kommandogewalt für die unkonventionelle Kriegsführung partiell auf die Kampfkommandanten zu übertragen. Diese Maßnahmen wiederum führten zu einer Ausweitung der verdeckten Operationen auf weitere Gebiete und erleichterten die tödlichen Aktionen, die Obama im Jemen und in anderen Ländern vermehrt genehmigte.[2]

In den ersten Monaten der Regierung Obama gab es in seinem nationalen Sicherheitsteam hitzige Debatten, wie man in Afghanistan weiter vorgehen sollte. Einige Militärkommandeure drängten auf eine erhebliche Verstärkung der US-Truppen. Sie dachten dabei an eine Neuauflage der Aufstandsbekämpfung im Irak, deren Erfolg man mythologisiert und vor allem auf das beeindruckende amerikanische Truppenaufgebot zurückgeführt hatte.[3] Doch Vizepräsident Joe Biden und der nationale Sicherheitsberater James Jones sprachen sich stattdessen dafür aus, den Fokus auf Pakistan zu richten und eine Kombination aus

Spezialeinheiten und Drohnen einzusetzen.[4] »Ich sehe nicht, dass die Taliban in absehbarer Zeit zurückkehren, und ich möchte hier eins klarstellen: Es besteht keine unmittelbare Gefahr, dass Afghanistan fällt«, erklärte General Jones im Oktober 2009. »Die Präsenz von al-Qaida ist stark vermindert. Es sind schätzungsweise maximal 100 Kämpfer im Land aktiv, sie haben keine Stützpunkte mehr, keine Möglichkeit, uns oder unsere Verbündeten anzugreifen.«[5]

McChrystal und McRaven hingegen drängten Obama, die US-Truppen in Afghanistan zu verstärken, und zusammen mit anderen einflussreichen Militärs, darunter auch Petraeus, überzeugten sie den neuen Oberbefehlshaber von der Richtigkeit dieses Strategie. Obama und McRaven »haben sogar ein recht gutes Verhältnis zueinander, und McRaven arbeitete bei der Planung der Strategien gegen al-Qaida mit McChrystal Hand in Hand, solange dieser in Afghanistan war«, erzählte mir ein regierungsnaher Informant damals. McRaven »spielte im Hintergrund eine maßgebliche Rolle bei der Ausarbeitung des McChrystal-Plans, den Obama schließlich absegnete«.[6]

Im Dezember 2009 kündigte Obama eine Aufstockung der Truppen in Afghanistan an.[7] Bis zum Sommer 2010 sollte die Truppenstärke im Land von 68.000 auf 100.000 Mann erhöht werden. Ziel sei, so Präsident Obama Ende 2009, »das al-Qaida-Netz in Afghanistan und Pakistan zu zerreißen, zu zerschlagen, zu vernichten, bis es keine Bedrohung mehr für Amerika und unsere Verbündeten darstellt«, und »die Taliban zurückzudrängen«. Er sei »überzeugt, dass unsere Sicherheit auf dem Spiel steht«, erklärte Obama, und »dass bereits während ich hier spreche, neue Anschläge ausgeheckt werden. Das ist keine irreale Gefahr, keine hypothetische Bedrohung.«[8] Um dieser »Bedrohung« zu begegnen, wählte Obama General McChrystal zu seinem Mann in Afghanistan.

Mit der Ernennung McChrystals zum Kommandeur der International Security Assistance Force (ISAF) und der US-Truppen in Afghanistan ließ Obama erkennen, dass das JSOC im Mittelpunkt seiner Antiterrorstrategie stand. Als Führungsperson in diesem Krieg, den Obama bald als seinen eigenen betrachten sollte, wählte er einen Mann aus, der enger als fast jeder andere mit der äußerst aggressiven Militärpolitik der Regierung Bush verbunden war – vielleicht mit Ausnahme von General Petraeus. »Ich war einigermaßen erstaunt, als McChrystal zum Kommandeur in Afghanistan ernannt wurde«, erinnerte sich Oberst Lawrence Wilkerson, der während Bushs Amtszeit gegen die Geheimniskrämerei des JSOC angekämpft hatte. »Der Bursche ist immer von der Öffentlichkeit ferngehalten worden. Er führte nur Geheimoperationen durch. Er ist unmittelbares Handeln gewöhnt, daran, seinen Kopf durchzusetzen und alles ohne jede Transparenz durchzuziehen.«[9]

Andere Quellen, mit denen ich sprach, beurteilten die Ernennung McChrystals ein wenig anders. Sie wiesen darauf hin, dass das Kommando der konventionellen Truppen lange Zeit Schwierigkeiten mit den JSOC-Kräften gehabt hatte, die Operationen durchführten, ohne es zu informieren. Solche Aktionen, meinten sie, hätten die Aufstandsbekämpfung untergraben. »Das Kommando in Kabul hatte das Gefühl, vollkommen aus dem Rennen zu sein, das JSOC zog sein eigenes Ding durch, es ordnete sich nicht der Doktrin der Aufstandsbekämpfung unter« und »die meisten vom JSOC angewandten Methoden untergruben sogar die Legitimität der [afghanischen] Regierung«, sagte mir der Menschenrechtsanwalt Scott Horton, der sich eingehend mit dem JSOC befasst hat. »Eine Möglichkeit, all das miteinander in Einklang zu bringen, war wohl tatsächlich, Stanley McChrystal das Kommando in Kabul zu übertragen. Und ihn damit zu zwingen, das Konzept zur Aufstandsbekämpfung umzusetzen. Auf ihn würde das JSOC hören müssen.«[10]

Auch wenn viele dieser Spezialeinsatzkräfte jenseits der Befehlskette der Koalition agierten, stellte McChrystal rückblickend klar, dass eine engere Abstimmung mit dem JSOC zu seinen wichtigsten Zielen gehört habe und er die SOFs in die Gesamtstrategie zur Bekämpfung des Aufstands habe einbeziehen wollen. Im Herbst 2009 wurden die Vizeadmiräle McRaven und Robert Harward (ein erfahrener JSOC-Mann und Leiter einer neuen Task Force für Festnahmen) zu den Afghanistan-Gesprächen im Weißen Haus hinzugezogen. Wie McChrystal drängten auch McRaven und Harward auf eine »starke, starke, starke COIN-Präsenz« in größeren Bevölkerungszentren, während Antiterrortrupps Ziele im ganzen Land verfolgen sollten. Die Region an der pakistanischen Grenze sollte wieder verstärkt Aufmerksamkeit erhalten, und McRaven wollte darüber hinaus sicherstellen, dass Operationen in Pakistan nicht vom Tisch waren. »Sie konzentrieren sich auf die größeren Bevölkerungszentren, die sie mit militärischer Stärke vor Ort befreien zu können glauben, alles andere findet jenseits der Grenze statt«, erzählte ein Mitarbeiter des Nationalen Sicherheitsrats dem Journalisten Spencer Ackerman im November 2009. »Das JSOC fährt schon seine Kapazitäten hoch.«[11]

Als der Mann, dem man die Systematisierung der zahlreichen Tötungen und Inhaftierungen von mutmaßlichen Aufständischen im Irak zuschrieb, mochte McChrystal nicht unbedingt der beste Sachwalter für die Aufstandsbekämpfung in Afghanistan sein. Doch er machte sich demonstrativ deren wichtigste Grundsätze zu eigen, etwa eine erhebliche Aufstockung der Truppen, die erneute Konzentration auf die Sicherung der Bevölkerungszentren und die Förderung guter Regierungsführung.[12] Während seines Bestätigungsverfahrens im Juni betonte McChrystal, es sei »unerlässlich für [die] Glaubwürdigkeit« der Mission, die Zahl der durch Koalitionstruppen verursachten Todesopfer und Verletzten zu vermindern. Außerdem sei ein taktischer Sieg dort »bedeutungslos und nicht nachhaltig«, wenn es anschließend zu Volksaufständen käme. Die »vollständige Eliminierung al-Qaidas« in Pakistan und Afghanistan sei immer noch oberstes Ziel. Jedoch sei »nicht [die Zahl] getöteter Feinde« das Maß des Erfolgs in Afghanistan, sondern »die Zahl der vor Gewalt geschützten Afghanen«.[13] McChrystal erließ Direktiven, die die Zahl der Luftschläge in Afghanistan mit ihren vielen zivilen Opfern deutlich reduzierten.[14] McChrystal entwickelte auch neue Regeln für Hausdurchsuchungen; von nun an sollte »jedes Eindringen in ein afghanisches Haus durch afghanische Sicherheitskräfte und mit Unterstützung örtlicher Beamter erfolgen«.[15]

Während McChrystal und die »COIN-Doktrin« in den Medien große Beachtung fanden, sah die Realität vor Ort so aus, dass die Vereinigten Staaten in Afghanistan nicht nur den öffentlichen, um die Aufstandsbekämpfung zentrierten Feldzug der konventionellen Truppen, sondern auch den verdeckten, von den Spezialeinheiten geführten Krieg intensivierten. In der Woche, als McChrystal als neuer Kriegskommandeur für Afghanistan bestätigt wurde, wurden 1000 Spezialeinsatz- und Hilfskräfte in das Land verlegt, was die Gesamtzahl der SOFs in Afghanistan auf rund 5000 Mann erhöhte.[16] Die JSOC-Liste hochrangiger Ziele beschränkte sich nicht mehr auf al-Qaida; McChrystals Strategie zur Aufstandsbekämpfung musste Biss haben, und während konventionelle Kräfte damit beschäftigt waren, größere und kleinere Städte zu sichern, machten sich die SOF-Trupps daran, die mittlere Führungsebene der Taliban und anderer militanter Gruppen wie die des Haqqani-Netzwerks auszuschalten.[17] »Objektiv gesehen war [McChrystal] für nichts anderes qualifiziert als für die Durchführung gezielter Tötungen. Fünf Jahre lang, von 2003 bis 2008, hat er nichts anderes gemacht«, sagte mir der Historiker Gareth Porter, der sich während McChrystals Dienstzeit ebenfalls lange in Afghanistan aufhielt. Dass man McChrystal dort als Kriegskommandeur einsetzte, »war ein eindeutiges Signal, dass die Vereinigten Staaten den Schwerpunkt mehr und mehr auf gezielte Tötungen legen würden. Ganz einfach – und natürlich kam es genau so.«[18]

Nach der Übernahme des Kommandos in Afghanistan erhöhte McChrystal die Zahl der nächtlichen Razzien im JSOC-Stil und erweiterte die Liste für gezielte Tötungen im Land. Im Oktober 2009 umfasste die Joint Prioritized Effects List, für die alle beteiligten NATO-Länder Namen von Personen nennen konnten, die gefangen genommen und/oder getötet werden sollten, mehr als 2000 Personen.[19] Im Mai 2009 führten die Spezialeinheiten in Afghanistan rund 20 Razzien im Monat durch. Im November, unter McChrystal, waren es bereits 90, mit steigender Tendenz. Zugang verschaffte man sich gemäß den neuen Vorgaben mit Hilfe afghanischer Sicherheitskräfte, doch durchgeführt wurden diese Razzien von US-Spezialkräften. Im Dezember 2009 war die Zahl der monatlichen Hausdurchsuchungen des JSOC um das Vierfache gestiegen. »Das ist General McChrystals Handschrift«, sagte ein ranghoher US-Beamter gegenüber der *Los Angeles Times*. »Er muss beweisen, dass er die Kräfteverhältnisse umkehren kann. Er muss beweisen, dass er vorankommt.«[20] Die wesentlich häufigeren Razzien führten zudem dazu, dass auch mehr Gefangene in Gewahrsam genommen wurden.

Wie Jahre zuvor im Irak ging das JSOC auch in Afghanistan mit den Häftlingen auf seine spezielle Weise um. Gefangene, die vielleicht Informationen über »hochrangige Ziele« liefern konnten, wurden in geheime Gefangenenlager, die sogenannten Field Detention Sites (FDS), auf einem der US-Stützpunkte in Afghanistan verbracht. Nach den NATO-Richtlinien durften die Streitkräfte der Koalition feindliche Kombattanten zwar nur 96 Stunden in Haft halten, aber die US-Spezialeinheiten fanden Wege, Gefangene in Übergangslagern für bis zu neun Wochen festzuhalten. Es gab auch ein Geheimgefängnis innerhalb des großen Gefängnisses in Bagram, für die Inhaftierung »hochrangiger Ziele«. Ebenso wie bei Camp NAMA im Irak erhielt das Rote Kreuz auch hier keinen Zugang. Mitarbeiter von Menschenrechtsorganisationen, die dort nachforschten, berichteten, dass sich Gefangene nackt ausziehen mussten, quälenden Umgebungsbedingungen ausgesetzt und in

Isolationshaft gehalten wurden, und ehemalige Gefangene berichteten, geschlagen worden zu sein.[21]

Obwohl Obama versprochen hatte, al-Qaida in Afghanistan zu besiegen, sollte dort, während McChrystal am Ruder war, die Unterstützung für die Taliban erheblich zunehmen und die Zahl gefallener US-Soldaten einen Rekord erreichen.[22]

In der Anfangszeit der Präsidentschaft Obamas fanden seine Schattenkriege in Pakistan, im Jemen und in Somalia kaum Interesse bei den Medien. Man berichtete vor allem über Afghanistan und die Debatte über die Aufstockung der Truppen, doch es war bereits eine Entwicklung im Gang, die weit einschneidendere Folgen haben sollte. In enger Zusammenarbeit mit General McChrystal begann das Weiße Haus in Afghanistan mit der Umsetzung seines Konzepts der weltweiten Terrorbekämpfung mittels gezielter Tötungen, eingebettet in den größeren, öffentlich geführten Krieg der konventionellen US-Truppen. Als ich Afghanistan 2010 besuchte, erzählten mir afghanische Polizeichefs, dass die amerikanischen Spezialeinheiten in ihre Verantwortungsbereiche eindrängen, ohne sich mit den örtlichen Beamten abzustimmen oder die US-Militärbasis in der Region zu informieren. Sie führten Operationen durch, bei den nächtlichen Razzien töteten sie manchmal Menschen oder entführten sie und flögen sie in andere Provinzen. Diese Razzien, erklärten die Polizeichefs, führten zu starken Ressentiments gegen die konventionellen US-Truppen und die von den USA unterstützten afghanischen Polizeieinheiten. Die nächtlichen Razzien nutzten nur den Taliban, meinten sie.[23]

Das Weiße Haus war sich zu diesem Zeitpunkt durchaus bewusst, welch schwerer Schaden in Afghanistan angerichtet wurde. Im September 2009 reichte ein hochrangiger US-Diplomat in Afghanistan sein Rücktrittsgesuch ein, in dem er eine scharfe Anklage gegen den Krieg der Amerikaner formulierte. Matthew Hoh, hochdekorierter Angehöriger des Marine Corps, der mehrfach im Irak eingesetzt war und anschließend als der höchste US-Vertreter in der afghanischen Provinz Zabul Dienst tat, erklärte, die »Präsenz und die Operationen der USA und der NATO in den paschtunischen Tälern und Dörfern« laufe auf »eine Besatzungsmacht [hinaus], gegen die ein Aufstand gerechtfertigt ist«. In einem Brief an das US-Außenministerium erklärte Hoh rundheraus: »Die Militärpräsenz der Vereinigten Staaten in Afghanistan trägt sehr viel zur Legitimität und zu den Kampfzielen des paschtunischen Aufstands bei.« Er schrieb:

In meinen Augen sind es fadenscheinige Argumente, mit denen wir von unseren jungen Männern und Frauen in Afghanistan so hohe Opfer verlangen. Ehrlicherweise müssten wir im Zuge unseres erklärten Ziels, Sicherheit in Afghanistan herzustellen, um ein Wiedererstarken oder eine Neuorganisation von al-Qaida zu verhindern, auch im westlichen Pakistan, in Somalia, im Sudan und im Jemen etc. einmarschieren und dortige Regionen besetzen. Unsere Präsenz in Afghanistan hat nur zu einer weiteren Destabilisierung und zu weiterem Widerstand in Pakistan geführt, und wir befürchten zu Recht, dass eine geschwächte oder gestürzte pakistanische Regierung die Kontrolle über ihre Atomwaffen verlieren könnte.[24]

Die *Washington Post* berichtete, Hohs Brief habe »Wellen bis zum Weißen Haus geschlagen«. Hochrangige Regierungsvertreter, darunter der US-Botschafter und Obamas Sonderbeauftragter für Afghanistan und Pakistan, Richard Holbrooke, bemühten sich, Hoh mit Angeboten für andere Aufgaben von seinem Rücktritt abzubringen. Holbrooke sagte der *Washington Post,* er habe Hoh gefragt, »wenn er auf die Politik wirklich Einfluss nehmen und mithelfen wollte, die Kriegskosten in Form von Menschenleben und Finanzmitteln zu verringern«, sollte er dann nicht »eher im Gebäude [sein] als draußen vor der Tür, wo man vielleicht eine Menge Aufmerksamkeit bekommt, aber nicht denselben politischen Einfluss hat?«.[25] Letztlich lehnte Hoh alle Jobangebote ab und machte seine Opposition gegen den Krieg öffentlich.

Als ich Hoh kurz nach seinem Rücktritt traf, sprachen wir über die nächtlichen Razzien und die Rolle des JSOC in Afghanistan. Er habe größte Hochachtung für die Spezialeinheiten, versicherte Hoh, und er denke, dass es gefährliche Leute gebe, die »getötet werden müssen«. Doch Hoh stellte den Einsatz einer solchen Elitetruppe infrage, um den Aufruhr zu bekämpfen, der sich im Grunde zu einem Volksaufstand gegen eine fremde Besatzung ausgewachsen hatte. Das JSOC, sagte er, sei »die beste Kampftruppe, die die Welt je gesehen hat«, aber »wir lassen sie in Afghanistan auf Taliban der mittleren Führungsebene los, die nicht die USA bedrohen, sondern eigentlich nur gegen uns kämpfen, weil wir uns in ihren Tälern herumtreiben«. Weiter meinte Hoh: »Wir sind in einem Zermürbungskrieg, der durch die Spezialeinheiten einen ganz eigenen Charakter hat.« Seiner Schätzung nach gab es damals »fünfzig bis hundert« al-Qaida-Kämpfer in Afghanistan.[26]

Unter McChrystal wurden die nächtlichen Razzien deutlich forciert, und das JSOC arbeitete die anscheinend endlos lange Abschussliste zügig ab. McChrystal wusste, wie er seine Pläne dem Weißen Haus schmackhaft machen konnte, und er versuchte, seine Vorstellungen »mit derselben Furchtlosigkeit [durchzusetzen], mit der er im Irak Terroristen zur Strecke gebracht hatte: herausfinden, wie der Feind vorgeht, schneller und skrupelloser sein als alle anderen und die Scheißkerle dann aus dem Verkehr ziehen«, schrieb der Journalist Michael Hastings, der mit McChrystal unterwegs war und sich eine Zeit lang in Afghanistan aufhielt.[27] Die Spezialeinsatzkommandos von McChrystal und McRaven erweiterten die Abschussliste und verfolgten inzwischen auch »Helfer« und »mutmaßliche Militante«. Für die Operationen wurden überwiegend Informationen verwertet, die von afghanischen Quellen stammten. Es sei gang und gäbe gewesen, erzählte mir Hoh, dass Afghanen Leute beschuldigten, Taliban-Kämpfer zu sein, um auf diese Weise Landstreitigkeiten oder Stammeskonflikte zu lösen. Solche falschen Informationen führten wiederum dazu, dass sich eine gewaltige Zahl unschuldiger Afghanen plötzlich US-Kommandos gegenübersahen, die mitten in der Nacht ihr Haus stürmten, Menschen einfach festnahmen oder töteten. »Oft erwischte man auch die richtigen Kerle, ja, und oft wurden die richtigen Kerle getötet«, meinte Hoh. »Aber sehr oft eben auch die falschen. Manchmal traf es unschuldige Familien. Dann wieder wurden Leute wegen irgendwelcher Streitigkeiten oder Rivalitäten aus der Zeit vor dem Einmarsch der US-Truppen angeschwärzt. Wer als Erster bei den Amerikanern auftauchte, der hängte seinen Rivalen, seinen Feind oder Widersacher hin, so war es meistens.«

Es sei auch vorgekommen, sagte Hoh, dass ein JSOC-Kommando »jemanden tötete, der für uns wichtig war, einen Stammesführer oder Regierungsbeamten, der mit uns zusammenarbeitete oder dessen Hilfe uns wirklich weitergebracht hätte. Mitten in der Nacht hat man den Mann abgeknallt.« Und er fügte hinzu: »Es gibt wohl kaum etwas Schlimmeres, als mitten in der Nacht in ein Dorf zu marschieren, eine Tür einzutreten, eine Frau oder ein Kind abzuknallen und alles zunichtezumachen«, was zivile Mitarbeiter oder konventionelle Truppen in den verschiedenen Regionen Afghanistans an Fortschritt erreicht haben.[28] Ich habe in Afghanistan mehrere solcher stümperhaften nächtlichen Razzien recherchiert, bei denen definitiv unschuldige Menschen ins Visier genommen wurden. Aber keiner dieser Einsätze war schrecklicher als jener am Rand von Gardez in der Provinz Paktia im Februar 2010.

Am 12. Februar 2010 hatte Mohammed Daoud Sharabuddin viel zu feiern. Der angesehene Polizeibeamte war kurz zuvor zum Leiter des Geheimdiensts in einem Distrikt der Provinz Paktia im Südosten Afghanistans ernannt worden.[29] Und ihm war gerade ein Sohn geboren worden.[30] An diesem Abend feierten Daoud und seine Familie das Namensgebungsfest, ein Ritual, das am sechsten Lebenstag eines Neugeborenen stattfindet.[31] Zu dem Fest auf dem Anwesen im Dorf Khataba nahe der Provinzhauptstadt Gardez hatten sich zwei Dutzend Menschen versammelt, dazu drei Musiker.[32] »Wir hatten viele Gäste eingeladen, und es gab auch Musik«, erzählte mir Daouds Schwager Mohammed Tahir, als ich die Familie besuchte. »Und man tanzte unseren traditionellen Tanz, den Attan.«[33]

Die Familie Sharabuddin gehörte nicht zur Volksgruppe der Paschtunen, die bei den Taliban fast ausnahmslos dominiert.[34] Ihre Hauptsprache war Dari. Viele Männer in der Familie waren glatt rasiert oder trugen nur einen Schnurrbart. Sie hatten lange gegen die Taliban opponiert. Daoud, der Polizeikommandant, hatte Dutzende US-Ausbildungsprogramme durchlaufen, sein Haus war voller Fotos von ihm zusammen mit amerikanischen Soldaten. Ein anderer Familienangehöriger war Staatsanwalt bei der von den USA unterstützten Regionalregierung, ein dritter stellvertretender Rektor der örtlichen Universität. Nicht weit von ihrem Dorf befand sich ein Stützpunkt der Taliban, und das Haqqani-Netzwerk – eine Gruppe Aufständischer, die nach amerikanischer Einschätzung enge Kontakte zu al-Qaida und dem pakistanischen Geheimdienst ISI pflegte – hatte bereits Anschläge auf die Regierung und NATO-Truppen verübt. Als die Feiernden nun draußen vor dem Haus ungewohnte Geräusche hörten, dachten sie an einen Angriff der Taliban.

Gegen 3.30 Uhr morgens, das Fest ging seinem Ende zu, bemerkten die Familie und ihre Gäste, dass das Hauptlicht auf dem Anwesen abgeschaltet worden war.[35] Ungefähr zur selben Zeit machte sich einer der Musiker auf den Weg zum Toilettenhäuschen im Hof und sah, dass das

Gelände von außerhalb mit Laserstrahlen ausgeleuchtet wurde.[36] Der
Mann lief wieder ins Haus, um den anderen zu berichten. »Daoud ging
hinaus, um nachzuschauen, was los war«, erzählte mir Tahir. »Er dachte, die Taliban seien gekommen und hockten bereits auf dem Dach.«
Kaum hatten Daoud und sein 15-jähriger Sohn Sediqullah den Innenhof betreten, trafen sie die Kugeln von Scharfschützen, und die beiden
stürzten zu Boden.[37] Nun hörte die Familie die Stimmen der Angreifer.
Einige brüllten Befehle in Englisch, andere auf Paschtu. Die Familie vermutete, dass es sich bei den Angreifern um Amerikaner handelte.

Im Haus brach Panik aus.

»Die Kinder riefen alle durcheinander: ›Daoud ist getroffen! Daoud
ist getroffen!‹«, erinnerte sich Tahir. Daouds ältester Sohn stand hinter
seinem Vater und dem jüngeren Bruder, als die Kugeln sie trafen. »Als
mein Vater zu Boden sank, schrie ich«, erzählte er mir. »Alle, meine Onkel, die Frauen, alle standen an den Hoftüren. Ich rief ihnen zu, sie sollten drinnen bleiben, die Angreifer seien Amerikaner, sie würden sie töten.«[38] Inzwischen versuchten Daouds Brüder Mohammed Saranwal
Zahir und Mohammed Sabir, ihm zu helfen. »Als ich hinauslief, lag Daoud hier«, sagte Mohammed Sabir zu mir, als wir im staubigen Innenhof unmittelbar vor der Stelle standen, wo Daoud angeschossen worden
war. »Wir trugen Daoud hinein.«[39]

Während Daoud auf dem Boden zu verbluten drohte, sagte sein Bruder Zahir, er werde versuchen, den Angriff zu stoppen, er werde mit den
Amerikanern reden. Als Staatsanwalt des Bezirks konnte er ein wenig
Englisch. »Wir arbeiten für die Regierung!«, schrie er hinaus. »Schauen
Sie sich doch unsere Polizeiwagen an. Sie haben einen Polizeikommandanten verwundet!« Drei Frauen aus der Familie, Bibi Saleha, 37, Bibi
Shirin, 22, und die 18-jährige Gulalai klammerten sich an Zahirs Kleidung und flehten ihn an, nicht hinauszugehen. Es half nichts. Zahir wurde niedergeschossen, wo er stand, die Kugeln der Scharfschützen trafen
nicht nur ihn, sondern auch die drei Frauen. Zahir, Bibi Saleha und Bibi
Shirin starben schnell. Gulalai und Daoud hielten noch ein paar Stunden durch, doch die bedrängte Familie konnte nichts für sie tun – sie er-
lagen schließlich ihren Verletzungen.

So war aus einer fröhlichen Familienfeier innerhalb von Minuten
ein Massaker geworden. Es kamen sieben Personen ums Leben, wie die
Familie sagt. Zwei der Frauen waren schwanger.[40] Insgesamt verloren
16 Kinder ihre Mütter.[41]

Es war sieben Uhr geworden. Wenige Stunden zuvor hatte Mohammed Sabir mit ansehen müssen, wie sein Bruder, seine Frau, seine Nichte und seine Schwägerin niedergeschossen wurden. Nun stand er völlig verstört neben ihren Leichen in einem Raum, der voller amerikanischer Soldaten war. Die maskierten Kommandokräfte waren in das Wohnhaus eingedrungen und durchsuchten nun Zimmer für Zimmer. Zu diesem Zeitpunkt lebten Daoud und Gulalai noch, erzählte mir Sabir. Die amerikanischen Soldaten sagten immer wieder, sie würden für ärztliche Hilfe sorgen. »Sie ließen uns nicht mit ihnen ins Krankenhaus fahren, sondern sagten immer wieder, sie hätten Ärzte und würden sich um die Verletzten kümmern«, erzählte er. »Ich bat sie mehrmals, meine Tochter ins Krankenhaus bringen zu dürfen, denn sie hatte viel Blut verloren, und vor der Tür stand unser Wagen«, erinnerte sich Mohammed Tahir, Gulalais Vater. »Aber sie erlaubten es mir nicht. Meine Tochter und Daoud waren noch am Leben. Auf unsere Bitten hieß es nur immer wieder, es käme ein Helikopter und der würde unsere Verletzten ins Krankenhaus bringen.« Beide starben, ehe ein Hubschrauber auftauchte, der Rettung hätte bringen können.

Die Durchsuchung war noch in vollem Gang, als Mohammed Sabir und sein Neffe Izzat zusammen mit den Frauen von Daoud und Sabir die Verstorbenen für die Bestattung vorbereiteten.[42] Nach afghanischem Brauch werden die Füße mit einem Tuch zusammen- und der Unterkiefer hochgebunden, damit der Mund des Verstorbenen geschlossen bleibt.[43] Doch kaum waren sie damit fertig, fesselten ihnen die Amerikaner die Hände und trennten Männer und Frauen voneinander. Und wie mir mehrere männliche Familienmitglieder schilderten, geschah dann etwas, was sie alle in Schock versetzte: Die Soldaten fingen an, aus den weiblichen Leichen die Kugeln herauszuholen. »Sie bohrten mit Messern in die Schusswunden«, erzählte mir Sabir. Ungläubig fragte ich nach: »Sie haben gesehen, wie die Amerikaner die Kugeln aus den Frauenleichen herausholten?«, und er antwortete ohne zu zögern: »Ja.« Tahir erzählte mir, er habe gesehen, wie sich die Amerikaner mit Messern in der Hand über die Leichen gebeugt hätten. »Sie holten die Kugeln aus den Leichen, um den Beweis für ihr Verbrechen zu beseitigen«, sagte er.

Als die Amerikaner ihre Durchsuchung beendet hatten, mussten alle hinaus in den Innenhof. Augenzeugen berichteten mir, jeder, der mit den Soldaten zu sprechen versuchte oder eine Bitte an sie richtete, sei geschlagen worden. »Sie befahlen mir, die Hände hochzunehmen, aber ich dachte, ich bin doch bei mir zu Hause, warum sollte ich das tun?«, erzählte mir Daouds ältester Sohn Abdul Ghafar. »Sie haben mich mehrere Male geschlagen. Sie haben auf mich gefeuert, mir vor die Füße geschossen. Ich warf mich auf den Boden. Ich bat den [afghanischen] Dolmetscher, ihnen zu sagen, sie sollten keine Frauen töten, nur ihre Durchsuchung machen. Wir stünden auf Seiten der Regierung, wir arbeiteten für die Regierung. Sie versetzten mir Fußtritte, mehrere Male. Ich versuchte, aufzustehen, aber sie traten mich in den Leib.« Einem UN-Ermittler berichtete ein Augenzeuge später, das Einsatzkommando aus amerikanischen und afghanischen Kräften sei gegen mindestens zehn Personen tätlich geworden, darunter den 65-jährigen Familienvorstand Hadschi Sharabuddin. »Sie sagten, sie seien informiert, dass sich hier 40 bis 50 Taliban aufhielten«, berichtete mir Sharabuddin. »In Wirklichkeit waren die Leute aber alle aus der Familie und arbeiten für die Regierung.« Sharabuddin wollte wissen, warum sie mitten in der Nacht sein Haus stürmten. »Sie hätten mein Haus doch am Morgen durchsuchen können«, sagte er zu den Soldaten. »Und wenn Sie einen einzigen Taliban in meinem Haus finden, können Sie mit mir machen, was Sie wollen, und mein Haus zerstören und plündern. Ich würde Ihnen keinen Vorwurf machen.«[44]

Eine zwei Tage später von UN-Ermittlern durchgeführte Untersuchung – deren Ergebnis nie öffentlich gemacht wurde – konstatierte, dass die Überlebenden dieser Kommandoaktion eine »brutale, unmenschliche und entwürdigende Behandlung [erfahren hätten], indem sie von amerikanischen und afghanischen Einsatzkräften körperlich attackiert, festgehalten und gezwungen wurden, mit bloßen Füßen mehrere Stunden draußen in der Kälte zu stehen«. Außerdem hätten Augenzeugen angegeben, »dass sich die amerikanischen und afghanischen Einsatzkräfte weigerten, zwei Personen mit schweren Schussverletzungen angemessene und rechtzeitige ärztliche Hilfe zukommen zu lassen, sodass sie einige Stunden später verstarben«.[45]

Unter den Männern, die nach der Razzia für eine weitere Befragung herausgegriffen wurden, war auch Mohammed Sabir. Die Kleidung immer noch mit dem Blut seiner Angehörigen verschmiert, wurden Sabir und sieben weitere Männer gefesselt, dann zog man ihnen Kapuzen über. »Jeweils zwei Soldaten packten uns und stießen uns, einen nach dem anderen, in den Helikopter«, erinnerte er sich. Sie wurden in eine andere afghanische Provinz geflogen, nach Paktika, und dort tagelang von den Amerikanern festgehalten. »Meine Sinne funktionierten nicht mehr«, erzählte er. »Ich konnte nicht weinen, ich war wie betäubt. Ich habe drei Tage und Nächte lang nichts gegessen. Sie gaben uns kein Wasser, mit dem wir uns das Blut hätten abwaschen können.« Die Amerikaner führten biometrische Messungen durch, fotografierten ihre Iris und nahmen Fingerabdrücke. Amerikanisch-afghanische Vernehmungsteams fragten Sabir nach den Verbindungen seiner Familie zu den Taliban, woraufhin er ihnen erklärte, seine Familie sei gegen die Taliban, habe gegen die Taliban gekämpft, und einige Familienmitglieder seien von den Taliban entführt worden.

»Die amerikanischen Vernehmer hatten Bärte und trugen keine amerikanische Uniform. Sie waren sehr muskulös«, berichtete Sabir und fügte hinzu, dass sie ihn immer wieder heftig geschüttelt hätten. »Wir haben ihnen wahrheitsgemäß erklärt, dass sich keine Taliban bei uns aufhielten.« Einer der Amerikaner habe zu ihm gesagt, sie »hätten Informationen, dass sich in unserem Haus ein Selbstmordattentäter versteckt halte und dass er einen Anschlag plane«. Worauf Sabir entgegnete: »Würden wir denn ein Fest feiern, wenn wir einen Selbstmordattentäter im Haus hätten? Fast alle Gäste waren Regierungsangestellte.« Nach drei Tagen in Haft, erzählte er mir, ließen die Amerikaner ihn und die anderen frei. »Sie sagten, wir seien unschuldig, es tue ihnen sehr leid und es sei sehr schlimm, was sie in unserem Haus angerichtet hätten.« Der Öffentlichkeit präsentierten die Vereinigten Staaten und ihre Verbündeten jedoch eine ganz andere Version der Ereignisse jener Nacht auf dem Anwesen bei Gardez.

Während Mohammed Sabir und die anderen von den Amerikanern festgehalten wurden, formulierte das Hauptquartier der International Security Assistance Force (ISAF) eilig eine Stellungnahme zu dem Vorfall. Wenige Stunden nach der nächtlichen Razzia gaben die ISAF und das afghanische Innenministerium eine gemeinsame Presseerklärung heraus. Darin hieß es, ein afghanisch-internationales »Sicherheitsteam« habe in der Nacht zuvor eine »grausige Entdeckung« gemacht. Das Team sei auf einem Routineeinsatz nahe dem Dorf Khataba unterwegs gewesen. Geheimdienstinformationen hätten »bestätigt«, dass es auf dem Anwesen »militante Aktivität« gegeben habe. Als die Soldaten sich näherten, seien sie von »mehreren Aufständischen« in ein »Feuergefecht verwickelt« worden. Das Sicherheitsteam habe die Aufständischen getötet, und bei der anschließenden Sicherung des Anwesens habe man eine schreckliche Entdeckung gemacht: drei Frauen, die man »gefesselt«, »geknebelt« und dann hingerichtet hatte. Man habe sie »in einem angrenzenden Raum versteckt« gefunden, so die Presseerklärung.[46]

»Die ISAF kämpft mit unseren afghanischen Partnern unablässig gegen Kriminelle und Terroristen, die sich nicht um das Leben von Zivilisten scheren«, sagte der kanadische Brigadegeneral Eric Tremblay, Sprecher der ISAF, zu diesem Vorfall gegenüber der Presse und bezeichnete die Sicherheitskräfte, die das Haus durchsucht hatten, als Helden.[47] Eine ganze Reihe von Männern, Frauen und Kindern seien von den Einsatzkräften festgehalten worden, als sie das Anwesen zu verlassen versuchten, hieß es in der Presseerklärung, und acht Männer seien zur weiteren Vernehmung in Haft genommen worden. Während des Einsatzes sei medizinische Hilfe angefordert worden, hieß es weiter.

Einige Nachrichtenagenturen griffen die Sache an jenem Tag auf und veröffentlichten weitere Behauptungen von Vertretern der USA, Afghanistans und der ISAF. Ein »hochrangiger US-Militär« erklärte gegenüber CNN, man habe vier Tote auf dem Anwesen gefunden, zwei Männer und zwei Frauen. Er bestätigte die schockierenden Details der ursprünglichen Presseerklärung über die Hinrichtung der Frauen und fügte hinzu, dass wohl extreme kulturbedingte Motive dahinterstünden. »Die Sache trägt alle Merkmale eines traditionellen Ehrenmords«, sagte der US-Militär und deutete damit an, dass die vier Personen von der eigenen Familie getötet worden sein könnten. Möglicherweise wegen Ehebruchs oder wegen Zusammenarbeit mit den NATO-Streitkräften, spekulierte er weiter.[48]

In der *New York Times* erschien am folgenden Tag eine Kurzmeldung, die im Großen und Ganzen den NATO-Bericht zusammenfasste. Der *New-York-Times*-Reporter Rod Nordland sprach mit dem Polizeichef der Provinz Paktia, Aziz Ahmad Wardak, der, wie er schrieb, den Vorfall in den meisten Einzelheiten bestätigte, jedoch seien drei Frauen und zwei Männer getötet worden.[49] Er behauptete, diese fünf Personen seien von militanten Taliban umgebracht worden, die während eines Fests zur Feier einer Geburt angegriffen hätten. US-Vertreter sagten später gegenüber der Presse, die Opfer hätten tiefe Schnitt- und Stichwunden aufgewiesen, sie seien wohl erstochen worden.[50]

Während internationale Nachrichtenagenturen überwiegend die US-Version der Ereignisse verbreiteten, führten die Reporter vor Ort erste Interviews mit afghanischen Amtsträgern und Familienmitgliedern. Die Agentur *Pajhwok Afghan News* sprach mit dem stellvertretenden Polizeichef der Provinz, Brigadegeneral Ghulam Dastagir Rustamyar, der sagte, »US-Spezialeinsatzkräfte« hätten die fünf Personen im Zuge einer Operation getötet, offenbar aufgrund eines unrichtigen oder absichtlich falschen Tipps. »Vergangene Nacht führten die Amerikaner eine Operation auf einem Anwesen durch und töteten fünf unschuldige Menschen, darunter drei Frauen«, erklärte Shahyesta Jan Ahadi, stellvertretender Provinzialrat in Gardez, gegenüber einem Reporter von *Associated Press*. »Die Leute sind furchtbar aufgebracht.«[51] Ahadi wies die Behauptung der NATO zurück, es sei ein gemeinsames Einsatzkommando aus Afghanen und Amerikanern gewesen. »Die [afghanische] Regierung hat nichts davon gewusst«, erklärte er. »Wir verurteilen dies aufs Schärfste.«[52]

Wenige Tage nach der Razzia sprachen UN-Menschenrechtsvertreter mit »örtlichen Amtsträgern« in Gardez, die sagten, die US-Spezialeinsatzkräfte seien Tage vor der Operation von Bagram nach Gardez gekommen. Die afghanischen Sicherheitskräfte seien über die bevorstehende Operation informiert worden, jedoch ohne nähere Zeit- und Ortsangaben. Die UN-Vertreter kamen zu dem Schluss, dass weder die Afghan National Security Forces (ANSF) vor Ort noch ISAF-Angehörige in den Vorfall verwickelt waren.

Die NATO hatte eine »gemeinsame Untersuchung« zugesagt, doch diese fand nie statt. Afghanischen Beamten aus der Provinzhauptstadt wurde der Zugang zu dem Anwesen unmittelbar nach dem Vorfall verwehrt.[53] »Als wir eintrafen, war dort ein Ausländer, der die Leichen bewachte, und man ließ uns gar nicht näher heran«, sagte Wardak von der Polizei in Paktia.[54] Schließlich entsandte das Innenministerium in Kabul eine von Kabuls oberstem Kriminalbeamten angeführte Delegation, die den Vorfall untersuchen sollte. Diese Gruppe arbeitete offenbar größtenteils unabhängig von der NATO.[55]

Als Mohammed Sabir aus amerikanischem Gewahrsam entlassen wurde und nach Hause zurückkehrte, waren seine Frau und die anderen Opfer aus der Familie bereits bestattet. Zutiefst erschüttert in seiner Trauer, dachte er daran, seine Lieben zu rächen. »Ich wollte nicht mehr leben«, erzählte er mir. »Ich wollte eine Sprengstoffjacke anziehen und

mich unter den Amerikanern in die Luft jagen. Aber mein Bruder und
mein Vater haben mich nicht gelassen. Ich wollte den Dschihad gegen
die Amerikaner.«

Zweifellos war es Vertuschung. Die Familie wusste es. Die UN-Vertreter wussten es. Und die afghanischen Ermittler wussten es. Es war ein
US-geführtes Einsatzkommando, das die Durchsuchung des Anwesens
durchführte, aber wer waren die Amerikaner, die mitten in der Nacht
die Familie überfielen?

Erst als der britische Journalist Jerome Starkey einen Monat nach
dem Vorfall bei Gardez ernsthaft zu recherchieren begann, kam die Geschichte nach und nach ans Licht. Beim Lesen der ISAF-Presseerklä-
rung sah Starkey zunächst »keinen Grund, an ihrer Richtigkeit zu zwei-
feln«. Als ich ihn in seinem Zuhause in Kabul besuchte, erzählte er mir:
»Ich dachte, eine genauere Recherche würde sich lohnen, denn wenn die
Presseerklärung stimmte – ein Massenehrenmord, drei Frauen von Taliban getötet, die dann wiederum von Spezialkräften getötet wurden –,
wäre das allein schon eine außergewöhnliche, interessante Geschichte
gewesen.«[56] Dann jedoch reiste er nach Gardez, traf sich mit Augenzeugen und erkannte sofort, dass die ISAF-Geschichte wahrscheinlich
falsch war.

Die Familie besaß wichtige Beweise, die die von der ISAF verbreitete
und von vielen Medien übernommene Geschichte zweifelhaft erscheinen ließen. Sie zeigten Starkey und mir ein Video von jener Nacht, auf
dem man die Musiker spielen, Daoud und seine Verwandten tanzen
sieht. »Am nächsten kommt dem im christlichen Kulturkreis wohl eine
Feier anlässlich einer Taufe«, meinte Starkey. »Das Fest findet am sechsten Tag nach der Geburt eines Kindes statt – es wird üblicherweise nach
den Großeltern genannt –, und man lädt dazu alle seine Freunde, Nachbarn und Verwandten ein. Es ist im Grunde eine Art Festessen mit Tanz
und Musik.« Und ein solches Fest, meinte Starkey, »passte überhaupt
nicht zu der Annahme, dass es sich bei den Anwesenden um Taliban
handle. Die extrem strengen Grundsätze der Taliban sind allgemein bekannt, und Musikinstrumente waren unter ihrer Herrschaft verboten.
Und hier haben wir ein Video mit drei Musikern, wir haben sie interviewt, und sie bestätigten die Geschichte. Nein, die Leute waren eindeutig keine Taliban. Das war wirklich nicht plausibel.«

Etwa einen Monat nach der Razzia reiste Starkey nach Gardez und sprach mit über einem Dutzend Personen, die den Vorfall miterlebt hatten, mit Vertretern der Regionalregierung, Polizeibeamten und einem religiösen Führer, außerdem mit Mitarbeitern einer UN-Menschenrechtsorganisation vor Ort, die eine eigene Untersuchung durchgeführt hatten. Alle Personen, mit denen Starkey sprach, beharrten darauf, dass die mysteriösen amerikanisch-afghanischen Einsatzkräfte die fünf Menschen getötet hatten. Starkey erfuhr nicht nur neue Einzelheiten über den Vorfall vom 12. Februar, er stellte auch fest, dass aller Wahrscheinlichkeit nach keine konventionellen Koalitionstruppen dahinterstanden, sondern vermutlich US-Spezialeinsatzkräfte beteiligt waren. In der Gegend stationierte US-Soldaten bestritten, an jenem Tag an einer nächtlichen Razzia in Khataba teilgenommen zu haben.[57] Und afghanische Amtsträger, die den NATO-Vorschriften zufolge über eine Operation in ihrem Zuständigkeitsbereich hätten informiert werden müssen, sagten, sie hätten keinerlei Mitteilung über eine geplante Razzia erhalten. »Niemand informierte uns«, erklärte der stellvertretende Provinzgouverneur Abdul Rahman Mangal in Gardez. »Diese Operation war ein Irrtum.«[58]

Nach den NATO-Vorschriften hätte das Einsatzteam hinterlassen müssen, zu welcher Einheit es gehörte, aber die Familie sagte, sie hätten keine Information darüber erhalten.[59] Des Weiteren beschuldigte die Familie die Soldaten, den Vorfall vertuschen zu wollen, was durch Falschinformationen der NATO noch gestützt worden sei.

Starkey setzte sich mit Konteradmiral Greg Smith in Verbindung, dem Chef der ISAF-Öffentlichkeitsarbeit unter General McChrystal, und konfrontierte ihn mit den Unstimmigkeiten. Die NATO sei schuld, sagte Smith – eine schlechte Wortwahl. Die toten Frauen, räumte er ein, seien wahrscheinlich für die Bestattung vorbereitet und nicht »gefesselt und geknebelt« gewesen. Smith bestritt jedoch jeden Vertuschungsversuch und beharrte darauf, dass die Frauen schon seit Stunden tot gewesen seien. Dass die Männer von den amerikanischen und afghanischen Einsatzkräften erschossen worden waren, bestätigte er hingegen. »Sie waren nicht die Zielpersonen dieser speziellen Razzia«, räumte Smith ein. Aber sie seien bewaffnet gewesen und hätten eine »feindselige Haltung« gezeigt, behauptete er, um die Gewalteskalation zu rechtfertigen. »Ich weiß nicht, ob sie Schüsse abgegeben haben«, sagte er weiter. »Wenn eine einzelne Person aus einem Haus herauskommt, und Ihr Einsatzteam ist vor Ort, dann ist das oft der Auslöser für die Neutra-

lisierung dieser Person. Man muss nicht beschossen werden, um das
Feuer zu eröffnen.«[60]

Ungeachtet der Untersuchung einer UN-Menschenrechtsorganisation vor Ort und vereinzelter Berichte in meist lokalen Nachrichten, die
die ISAF-Version der Ereignisse infrage stellten, wurde das US-geführ-
te NATO-Kommando nicht gezwungen, für die auffälligen Diskrepan-
zen zwischen den Schilderungen der Familie und den Behauptungen
der ISAF Rechenschaft abzulegen. Zumindest bis Starkey in der Londoner *Times* eine Geschichte veröffentlichte mit dem Titel: »NATO ›ver-
tuschte‹ Fehler bei Nachtrazzia in Afghanistan mit fünf Toten«. Innerhalb weniger Stunden nach Erscheinen des Artikels erhielt Starkey
warnende Anrufe von Kollegen. »Befreundete Journalisten in Kabul informierten mich, dass die NATO gegen mich ermittelte«, erzählte mir
Starkey. »Die NATO versuchte, mich zu diskreditieren, indem sie behauptete, die Geschichte sei falsch, im Grunde wollten sie sie abwürgen.«

Konteradmiral Smith gab eine Stellungnahme heraus, in der auf die
für offizielle Pressemeldungen typischen diplomatischen Andeutungen
verzichtet und die Sache mit einem Namen versehen wurde. »Die Behauptung des britischen *Times*-Reporters Jerome Starkey, die NATO
habe einen Vorfall bei Gardez in der Provinz Paktia ›vertuscht‹, ist definitiv falsch«, hieß es in der Stellungnahme.[61] Weiter wurde Starkey vorgeworfen, er habe Admiral Smith in seinem Artikel falsch zitiert, und
man behauptete, das ISAF-Kommando habe innerhalb von zwölf Stunden nach dem Vorfall ein Ermittlerteam zu dem Anwesen geschickt.
Smith und Duncan Boothby, damals McChrystals ziviler Pressespre-
cher, »riefen bei konkurrierenden Medien und Reportern an, um Informationen zu lancieren, die seine Seriosität infrage stellen sollten«,
etwa, dass er einmal bei einem britischen Boulevardblatt gearbeitet hatte.[62] »Ich lebe seit vier Jahren in Afghanistan«, sagte Starkey. »Ich kann
mich an keinen Fall erinnern, bei dem so vorgegangen wurde. Meines
Wissens war es das erste Mal, dass sie einen Journalisten namentlich
nannten, einen einzelnen Journalisten in einem Dementi derart heraus-
hoben.«

Die NATO »behauptete, eine Aufzeichnung meines Gesprächs zu
besitzen, die meinen aufgeschriebenen Stichworten widerspricht«, postete Starkey im Blog von Nieman Watchdog in der folgenden Woche,
wobei er sich auf das angeblich falsche Zitat bezog. »Als ich verlangte,
die Aufnahme anhören zu können, gingen sie nicht darauf ein. Ich

machte Druck, und da sagten sie, es sei ein Missverständnis gewesen. Mit »Aufzeichnung‹ hätten sie gemeint, jemand habe Notizen gemacht. Ein Band, sagten sie, existiere nicht.«[63]

Starkey ließ nicht locker, veröffentlichte einen weiteren Bericht, in dem er den Zorn der Menschen in der betroffenen Gemeinde über die Razzia und die nachfolgenden Reaktionen von NATO und afghanischen Autoritäten schilderte. »Ich will kein Geld, ich will Gerechtigkeit«, sagte Hadschi Sharabuddin gegenüber Starkey. Nachdem Demonstrationen die Provinzhauptstadt lahmgelegt hatten, habe ihm die Regierung eine Entschädigung für jedes getötete Familienmitglied angeboten, sagte er. »Unserer ganzen Familie, uns liegt jetzt nichts mehr an unserem Leben. Wir alle werden Selbstmordanschläge verüben, und [die ganze Provinz] wird auf unserer Seite sein.«[64]

»Gestern informierten NATO-Vertreter Journalisten in Kabul erneut, die Frauen seien ›Ehrenmorden‹ zum Opfer gefallen«, schrieb Starkey. »Sie lieferten aber keine Erklärung dafür, warum die Leichen – entgegen islamischem Brauch – die Nacht über im Haus blieben, und ebenso wenig, warum die Familie am selben Abend 25 Gäste zum Namensfest des Neugeborenen eingeladen hatte.«[65]

»Mein Vater war ein Freund der Amerikaner, und sie haben ihn getötet«, sagte Daouds Sohn Abdul Ghafar zu Starkey und zeigte ihm ein Foto, auf dem sein Vater mit drei lächelnden amerikanischen Soldaten zu sehen war. »Sie haben meinen Vater getötet. Ich möchte sie töten. Ich möchte, dass die Mörder ihre gerechte Strafe bekommen.«[66]

Am 15. März 2010 berichtete die *New York Times,* General McChrystal habe beschlossen, den Großteil der US-Spezialeinheiten in Afghanistan unter sein Kommando zu nehmen. Grund für diese Entscheidung seien zum Teil Bedenken wegen ziviler Opfer, hieß es in dem Artikel, die häufig durch Elitekräfte verursacht würden, die außerhalb der NATO-Kommandostruktur operierten. Der *New-York-Times*-Artikel unterstützte Starkeys Bericht über die Razzia in Gardez weitgehend und bestätigte, dass »Spezialkräfte der afghanischen Polizei gemeinsam mit amerikanischen Spezialkräften« hinter der Operation gestanden hätten. Wieder übernahm Admiral Smith keine Verantwortung für den Tod der Frauen. »Wir bedauern, dass zwei unschuldige Männer ums Leben kamen«, erklärte Admiral Smith. »Wie die Frauen gestorben sind, wird man vielleicht niemals erfahren.« Allerdings fügte er noch hinzu: »Mir ist nicht bekannt, dass es forensische Beweise für Schusswunden bei den Frauen gibt oder Blut von den Frauen.« Sie seien wohl eher erstochen als erschossen worden, fügte er hinzu. Die *New York Times* sprach mit Sayid Mohammed Mal, dem Vater von Gulalais Verlobtem und Vizekanzler der Universität in Gardez. »Die Amerikaner haben sie getötet«, sagte er. »Wenn die Regierung uns kein Gehör schenkt, dann bringe ich meine ganze Familie, 50 Personen, zum Rondell in Gardez, dort übergießen wir uns mit Benzin und verbrennen uns.«[67]

Wochen später, Anfang April, erhielt Starkey einen unerwarteten Anruf. »Die NATO meldete sich bei mir«, erzählte mir Starkey, »und sie sagten: ›Jerome, wir wollten Sie nur wissen lassen, dass wir eine Presseerklärung herausgeben. Wir ändern unsere Version der Ereignisse.‹« Eine sogenannte gemeinsame Untersuchung habe »ergeben, dass internationale Einsatzkräfte für den Tod der drei Frauen verantwortlich waren, die sich auf demselben Anwesen aufhielten, auf dem die zwei Männer von der afghanisch-internationalen Patrouille auf der Suche nach einem Taliban-Rebellen getötet wurden.« Und weiter hieß es: »Die Ermittler konnten mangels forensischer Beweise zwar nicht endgültig bestimmen, wie oder wann die Frauen ums Leben kamen, doch sie gelangten zu dem Schluss, dass die Frauen versehentlich getötet wurden, als das gemeinsame Einsatzkommando auf die Männer feuerte.«[68]

Man blieb dabei, dass die Männer eine »feindliche Haltung« gezeigt hätten, man habe jedoch »später festgestellt, dass es keine Aufständischen waren … Im [ursprünglichen] Bericht hieß es, dass die Frauen gefesselt und geknebelt waren, doch diese Information stammte aus der ersten Aussage des international zusammengesetzten Einsatzteams, das mit den islamischen Bestattungsbräuchen nicht vertraut war.« Als Starkey den erwähnten Telefonanruf erhielt, hatte er gerade einen weiteren Artikel für die Londoner *Times* abgespeichert. Es war seine bislang brisanteste Geschichte, basierend auf einem Gespräch mit einem hochrangigen afghanischen Ermittler, der an der Untersuchung von Seiten der Regierung beteiligt war, sowie mit Angehörigen der Familie.

Die Untersuchungskommission hatte ihren Bericht fertiggestellt, und auch McChrystal wurde über das Ergebnis informiert. Die Presseerklärung, gefolgt von der Meldung, McChrystal habe eine zweite Untersuchung der Ereignisse angeordnet, sollte der Aufdeckung eines grausigen Vorfalls zuvorkommen. »Die unselige nächtliche Razzia hatte ein blutiges Nachspiel: US-Spezialkräfte gruben Projektile aus den

Leichen ihrer Opfer und wuschen die Wunden dann mit Alkohol aus, ehe sie ihren Vorgesetzten ihre Lügengeschichte auftischten«, schrieb Starkey in seinem Artikel, der am folgenden Tag erschien.[69] Von den afghanischen Ermittlern erfuhr Starkey, dass die US-Soldaten auch Projektile vom Ort des Geschehens mitgenommen hatten, denn ihre Untersuchung hatte ergeben, dass elf Kugeln abgefeuert, aber nur sieben gefunden worden waren. Fotografische Beweise und Zeugenaussagen untermauerten ihre Schlussfolgerung. »In welchem Kulturkreis lädt man … Gäste zu einem Fest und bringt vorher noch drei Frauen um?«, sagte der afghanische Ermittler zu Starkey. »Die Leichen lagen nur acht Meter von dem Ort entfernt, wo das Essen vorbereitet wurde. Die Amerikaner sagten uns, die Frauen seien seit vierzehn Stunden tot gewesen.« Die Ermittler der afghanischen Regierung hatten bestätigt, dass die US-Soldaten – wie die Familie Starkey und später mir erzählt hatte – Kugeln aus den Leichen der Frauen geholt hätten. »Uns war bewusst, dass wir da an einer brisanten Sache dran waren, und deshalb wollten wir auf jeden Fall sichergehen«, sagte Starkey zu mir. »Ich habe das in meinem ersten Artikel nicht erwähnt. Als ich es aber von dieser sehr hochrangigen, sehr glaubwürdigen afghanischen Quelle erneut hörte, haben wir es veröffentlicht.«

Am selben Tag berichtete die *New York Times* über einige Ergebnisse der afghanischen Untersuchung. »Wir kamen zu dem Schluss, dass die NATO-Patrouille für den Tod der zwei Männer und drei Frauen verantwortlich war und dass Beweise für Manipulationen durch Angehörige [der Patrouille] in dem Gang innerhalb des Anwesens vorlagen«, sagte der leitende Ermittler, Merza Mohammed Yarmad. »Es herrschte ein ziemliches Durcheinander am Ort des Geschehens.« Die NATO erklärte, die Vorwürfe hätten Anlass zu einer weiteren Untersuchung gegeben, wies die Anschuldigungen jedoch uneingeschränkt zurück. »Wir bestreiten nachdrücklich, dass irgendwelche Kugeln aus Leichen geholt wurden. Dafür gibt es schlicht keinen Beweis«, sagte ein NATO-Vertreter der *New York Times*.[70] Der mit der zweiten Untersuchung betraute Offizier stand unter unmittelbarer »operativer Kontrolle« von General McChrystal. Das Ergebnis wird unter Verschluss gehalten, die NATO beharrt jedoch darauf, dass es »keinen Beweis für eine Vertuschung« gibt.[71]

Während der Zorn der afghanischen Bevölkerung angesichts ziviler Todesopfer bei Razzien wie jener in Gardez immer größer wurde, kam es
innerhalb der NATO zu heftigen Diskussionen, wie man reagieren sollte. Schließlich wurde beschlossen, dass General McChrystal in das Dorf
reisen und sich persönlich bei der Familie entschuldigen sollte.[72] Doch
dann reiste an seiner statt der Kommandeur des für die Razzia verantwortlichen Einsatzkommandos nach Gardez, und es wurde offenbar,
welche Einheit hinter den schrecklichen Morden und der Vertuschung
des Massakers steckte. Und das JSOC bekam in der Öffentlichkeit ein
Gesicht. Am Vormittag des 8. April, kurz nach elf Uhr, hielt Admiral
William McRaven, der Kommandeur des JSOC, vor dem Tor des Anwesens der Familie Sharabuddin.

Am Abend zuvor hatte man der Familie mitgeteilt, dass ein wichtiger Besucher zu ihnen komme, und sie hatten gedacht, es sei McChrystal selbst. Mohammed Sabir und andere Mitglieder der Familie erzählten mir, sie hätten sogar darüber gesprochen, McChrystal zu töten,
wenn er am nächsten Tag erscheinen würde, doch der Imam habe ihnen
geraten, sich gastfreundlich zu zeigen und ihm zuzuhören. Angesichts
der bevorstehenden Begegnung beschloss die Familie, einen ausländischen Zeugen hinzuzuziehen: Jerome Starkey. Die NATO hatte zwar
versucht, Zeitpunkt und Einzelheiten des Besuchs geheim zu halten,
doch als Starkey die Aufforderung erhielt, brach er sofort in das eine halbe Tagesreise von Kabul entfernte Gardez auf. »Wir wollten natürlich
unbedingt rechtzeitig zu diesem Besuch dort sein, und das war sehr,
sehr schwierig, denn niemand wollte uns etwas sagen. Ich denke, die PR-
Leute der NATO wollten möglichst keine Aufmerksamkeit erregen«, erzählte er mir. »Sie gaben zu, dass sie einen Fehler gemacht hatten. Und
sie hofften erneut, dass sie die Sache aus der Welt schaffen könnten,
aber das klappte nicht.«

Starkey traf am frühen Morgen auf dem Anwesen der Familie ein,
man setzte sich zusammen, trank Tee und unterhielt sich. »Gegen elf
Uhr kommt ein Konvoi schwerer, gepanzerter amerikanischer Fahrzeuge, gepanzerter Geländewagen angerollt, mit unzähligen, ich meine
wirklich unzähligen afghanischen Offizieren und Soldaten«, erzählte
Starkey. »Unter ihnen ein Mann in einer Uniform, wie ich sie von den
US-Marines kenne, aber auf dem Kragenspiegel steht US-Navy.« Und
auf dem Namensschild nur »McRaven«. »Ich wusste damals nicht, wer
er war«, sagte Starkey, zu der Zeit einer der erfahrensten westlichen

Journalisten im Land. »Und dann spielte sich vor meinen Augen eine
Szene ab, wie ich sie in Afghanistan noch nie erlebt hatte. Von einem afghanischen Armeelastwagen luden sie ein Schaf ab. Und drei afghanische Soldaten knieten sich dort, auf der Straße vor dem Haus, wo dieser
Einsatz stattgefunden hatte, an derselben Stelle, wo diese Soldaten gestanden hatten, als sie mit der Razzia begannen, auf das Schaf. Sie hatten ein Messer, das sie schärften, und ein afghanischer Armee-Mullah
war dabei, der ein Gebet zu sprechen begann, und sie boten an, das
Schaf zu opfern.«

Doch Hadschi Sharabuddin, das Familienoberhaupt, schritt ein.
»Tut es nicht«, sagte er zu den Soldaten. Die afghanischen Soldaten und
McRavens Männer hätten die Familie in eine schwierige Lage gebracht,
meinte Starkey. »Wenn jemand an dein Tor kommt und um Vergebung
bittet, dann darf man ihn nach afghanischem Gesetz eigentlich nicht
zurückweisen«, hatte Sharabuddin Starkey erklärt.[73] Es handele sich,
fügte Starkey hinzu, um »ein altes afghanisches Ritual, *nanawate* genannt, bei dem man um Vergebung bittet, indem man vor jemandes
Tür ein Schaf opfert.« Die Familie, sagte Starkey, »hatte keine andere
Wahl, keine andere ehrenhafte Wahl, als diese Männer in [ihr] Haus zu
lassen.«

Die afghanischen Soldaten versuchten, Starkeys Fotografen Jeremy
Kelly daran zu hindern, Aufnahmen zu machen, und Starkey aus dem
Raum zu drängen, als McRaven hereingekommen war. Doch die Familie bestand darauf, dass sie blieben. Andernfalls hätte es keinen Beweis
gegeben, dass dieses denkwürdige Ereignis wirklich stattgefunden hatte, keinen Beweis dafür, wer die Mörder waren. Nun stand also der
Kommandeur des JSOC den Überlebenden der Razzia gegenüber, darunter die Väter und Ehemänner der Frauen, die seine Männer getötet
hatten. »Admiral McRaven erhob sich und hielt eine ungewöhnliche
Rede. Er zog Parallelen zwischen sich selbst und Hadschi Sharabuddin,
beschrieb sie beide als spirituelle Männer, als Männer Gottes. Er zog
Vergleiche und fand Gemeinsamkeiten zwischen dem Christentum
und dem Islam«, erinnerte sich Starkey. »Sir, Sie und ich sind sehr ver-
schieden«, sagte McRaven zu Sharabuddin. »Sie sind ein Familienvater
mit vielen Kindern und vielen Freunden. Ich bin Soldat. Ich bin die
meiste Zeit in fremden Ländern, weit entfernt von meiner Familie, aber
auch ich habe Kinder, und mein Herz trauert mit Ihnen. Aber wir haben eines gemeinsam. Wir haben denselben Gott, einen Gott, der ein

großes Maß an Liebe und Mitgefühl zeigt. Ich bete heute für Sie, Sir,
dass er Ihnen in Ihrer Trauer Liebe und Mitgefühl zeigen und Ihren
Schmerz lindern möge. Ich bete heute auch darum, dass er angesichts
dieser schrecklichen Tragödie mir und meinen Männern barmherzig
sein möge.« Dann, berichtete Starkey, habe McRaven zu der Familie gesagt: »Meine Soldaten waren verantwortlich für den Tod jener Mitglieder Ihrer Familie«, und sich anschließend entschuldigt.[74] Die afghanischen Offiziere übergaben der Familie einen Stapel Geld – an die 30.000
Dollar, wie Verwandte angaben.[75] Große internationale Nachrichtenagenturen berichteten, Hadschi Sharabuddin habe McRavens Entschuldigung angenommen.[76]

Monate später, als ich mit Sharabuddin in seinem Haus zusammen-
saß, erschien er mir noch zorniger, noch verbitterter. »Ich nehme ihre
Entschuldigung nicht an. Ich würde meine Söhne nicht für die ganzen
Vereinigten Staaten eintauschen«, sagte er zu mir und hielt dabei ein
Foto seiner Söhne hoch. »Am Anfang dachten wir, die Amerikaner
seien die Freunde der Afghanen, aber jetzt halten wir die Amerikaner
selbst für Terroristen. Die Amerikaner sind unsere Feinde. Sie bringen
Terror und Zerstörung. Die Amerikaner haben nicht nur mein Haus,
sie haben meine Familie zerstört. Die Amerikaner haben uns die Spezialkräfte auf den Hals gehetzt. Diese Spezialkräfte mit ihren langen Bärten
haben entsetzliche, kriminelle Sachen gemacht.«

»Wir nennen sie die amerikanischen Taliban«, ergänzte Mohammed Tahir, der Vater von Gulalai, einer der getöteten Frauen. Während
ich mit anderen Familienmitgliedern sprach, kam Mohammed Sabir,
dessen Brüder und Frau unter den Opfern waren, mit seiner sechsjäh-
rigen Tochter Tamana auf mich zu. Wir sollten uns bald auf den Rück-
weg nach Kabul machen, meinte er, denn nachts beherrschten die Taliban die Straßen. Als wir beinanderstanden, sagte er zu seiner Tochter:
»Tamana, wen haben die Amerikaner getötet?« Die Kleine schlug bei jedem Namen, den sie sagte, gegen das Bein ihres Vaters, und dann starr-
te sie mit leeren Augen vor sich hin. »Sie erinnert sich an alles aus jener
Nacht«, erzählte mir Sabir. »Wie die Amerikaner kamen, ihre Schüsse,
die Zerstörung, alles.« Während wir unseren Wagen beluden, sagte er
noch zu mir: »Ich habe eine Botschaft an das amerikanische Volk, wie
es uns helfen kann: Holt eure Spezialkräfte zurück und bestraft sie, denn
sie töten unschuldige Menschen.«

Über ein Jahr lang versuchte ich, Zugang zu Dokumenten des US-Militärs über den Vorfall in Gardez zu bekommen. Ich bat um den »Einsatzbericht« und Informationen über Disziplinarmaßnahmen gegen die Soldaten, die die drei Frauen und zwei Männer getötet und dann die Projektile aus den Leichen der Frauen geschnitten hatten. Ich stellte Anträge nach dem Informationsfreiheitsgesetz, die beim Militär so lange herumgeschoben wurden, bis sie bei einer ungenannten »Behörde« landeten und dort der Prüfung harrten. Bis zur Drucklegung dieses Buchs, Anfang 2013, habe ich keine Dokumente erhalten. Von Starkey weiß ich, dass seinen Versuchen, an Unterlagen heranzukommen, dasselbe Schicksal beschieden war.

Nicht lange nach meiner Rückkehr aus Afghanistan, Ende 2010, traf ich mich mit General Hugh Shelton, ehemals Vorsitzender des Generalstabs, und befragte ihn zu dem Vorfall von Gardez. Er sagte, ihm seien nicht alle Details bekannt. Und obwohl seiner Meinung nach eine interne Prüfung im Auftrag des Kommandeurs stattfinden sollte, um festzustellen, was geschehen war und ob sich Soldaten vor dem Militärgericht verantworten müssten, sollte die Angelegenheit doch nicht weiter untersucht werden. »Wenn dieser Polizeichef [Daoud] und diese beiden schwangeren Frauen bei einem JSOC-Einsatz getötet wurden, aufgrund von Informationen, die darauf hinwiesen, dass dort ein Terroranschlag stattfinden würde, wenn die Spezialkräfte dann eingeflogen sind und sich aufgemacht haben zu diesem Ort und dort auf Widerstand gleich welcher Art gestoßen sind – ich meine, wenn Schüsse fielen –, dann kann ich nur bedauern, dass sie getötet wurden«, sagte er zu mir. »Aber unsere Jungs haben, wenn auch am falschen Ort und zur falschen Zeit, getan, was sie meinten, tun zu müssen, und sich selbst und ihre Kameraden geschützt. Damit kann ich leben. Ich glaube nicht, dass man die Sache untersuchen sollte. Man muss sie wohl als eins dieser verdammten Dinge abschreiben, die eben in einem Krieg passieren.«[77]

Der Tatsache, dass Daoud ein von den USA ausgebildeter Polizeikommandant war, maß Shelton wenig Bedeutung zu. »Also, er könnte trotzdem ein Terrorist gewesen sein. Er könnte für beide Seiten gearbeitet haben«, sagte er zu mir. »Die beiden schwangeren Frauen? Dass sie schwanger waren, ist sehr, sehr bedauerlich. Und auch, dass überhaupt Frauen ums Leben kamen. Aber andererseits bin ich auch schon von Frauen beschossen worden, wirklich, von Frauen. Das allein ist keine Entschuldigung. Wenn sie auf uns schießen, sterben sie ebenso wie Männer.«

Während unter McChrystal die nächtlichen Razzien in Afghanistan stark zunahmen, hatten die Spezialeinsatzkräfte weiterhin freie Hand, ohne sich für ihre Operationen verantworten zu müssen, eine Tatsache, die McChrystal durchaus bewusst zu sein schien. »Sieh zu, dass du heute Nacht vier oder fünf Ziele ins Visier nimmst«, sagte McChrystal zu einem Navy SEAL, fügte dann jedoch hinzu: »Ich werde dich aber hinterher dafür rügen müssen.«[78] Doch nach jeder neuen Razzia gab es heftigere Proteste in Afghanistan.

Die Zustände, die Matthew Hoh Ende 2009 dazu veranlassten, von seinem Posten im Außenministerium zurückzutreten, bestanden im Jahr 2010 fort. Es wurde eher alles noch schlimmer. In den ersten Monaten des Jahres waren durch NATO-Operationen mehr als 90 Zivilisten ums Leben gekommen, eine Steigerung um 75 Prozent gegenüber dem Vorjahr.[79] Und nicht nur bei nächtlichen Razzien. Von der Übernahme des Kommandos durch McChrystal bis zum Frühjahr 2010 wurden mehr als 30 Afghanen bei Schießereien an Kontrollpunkten getötet. »In den gut neun Monaten, seit ich hier bin, hat es keinen einzigen Fall gegeben, bei dem wir von Schusswaffen Gebrauch gemacht haben und jemand verletzt wurde und bei dem sich dann bestätigte, dass sich in dem Fahrzeug eine Bombe oder Waffen befanden – in vielen Fällen war es mit einer Familie besetzt«, räumte McChrystal im März 2010 bei einer Telefonkonferenz mit US-Truppen ein. »Wir haben eine erstaunlich hohe Zahl an Menschen unter Beschuss genommen und eine ganze Reihe getötet, und meines Wissens hat sich keiner von ihnen als echte Bedrohung erwiesen.«[80]

Während McChrystal angeblich größere Einschränkungen für nächtliche Razzien eingeführt und Luftschläge fast gänzlich gestoppt hatte, veränderte sich an der Realität im Land nichts: Unschuldige Menschen starben, und die Afghanen wurden immer zorniger. Bis Mai 2010 führten die USA sage und schreibe 1000 nächtliche Razzien pro Monat durch.[81] Die US-Spezialeinsatzkräfte »waren ermächtigt, jeden bewaffneten Mann bei Sichtkontakt zu erschießen«, berichtete Gareth Porter, »deshalb wurden im Zuge der Razzien viele afghanische Zivilisten getötet. Sie wurden von den SOFs automatisch als Aufständische eingestuft.«[82]

Als ich mich Ende 2010 mit dem ehemaligen Taliban-Sprecher Mullah Abdul Salam Zaeef traf, sagte er mir rundheraus, die Razzien der Amerikaner seien eine Unterstützung für die Taliban, wie auch Hoh bereits gemeint hatte. »Sie animieren unsere Leute geradezu, Extremisten zu werden«, sagte er, als wir in seiner Wohnung in Kabul zusammensaßen, wo er de facto unter Arrest stand und Tag und Nacht von afghanischen Polizisten beobachtet wurde, die vor seinem Haus postiert waren. Die politische und militärische Führung der USA »denkt: ›Wenn wir den Leuten Angst machen, werden sie Ruhe geben.‹ Aber unser Volk ist anders. Wenn du einen Menschen tötest, erheben sich vier oder fünf andere gegen dich. Wenn du fünf Leute tötest, erheben sich mindestens zwanzig gegen dich. Wenn du die Leute oder die Ehre der Leute in einem Dorf nicht respektierst, hast du das ganze Dorf gegen dich. Das erzeugt Hass gegen die Amerikaner.«[83]

Die zivilen Opfer von US-Operationen in Verbindung mit dem weit verbreiteten Eindruck, dass die afghanische Regierung nur dazu da sei, um mächtigen und korrupten Warlords, Drogenhändlern und Kriegsverbrechern das Leben zu erleichtern, hatte dazu geführt, dass die Taliban und das Haqqani-Netzwerk Unterstützung von Gemeinden im paschtunischen Kernland erhielten, die sie sonst nicht bekommen hätten. So sagte Zaeef zu mir, seit 2005, als er aus dem Gefangenenlager Guantánamo entlassen wurde[84], »sind die Taliban stärker geworden«. »Fallen die Taliban vielleicht vom Himmel?«, fragte er und beantwortete die Frage gleich selbst: »Nein, sie kriegen immer wieder neue Leute.«

Als ich Hoh um seine Meinung zu Zaeefs Ansicht bat, meinte er, sie treffe die Realität. »Ich glaube, wir rufen nur Feindseligkeit hervor. Wir vergeuden eine Menge bester Ressourcen mit der Jagd nach Kerlen der mittleren Führungsebene, die weder eine Bedrohung für die USA noch in der Lage sind, sie zu bedrohen«, meinte er in einem Gespräch. »Wenn wir sagen, al-Qaida rekrutiert auf der Grundlage der Ideologie, dass sie die muslimische Welt gegen westliche Angriffe verteidigt, geben wir dieser Ideologie nur neue Nahrung.«

Im Juni 2010 war der Krieg in Afghanistan der längste in der amerikanischen Geschichte geworden.[85] In diesem Sommer überstieg die Zahl der amerikanischen Verluste die 1000er Marke.[86] Von Juni 2009 bis Mai 2010 war die Zahl der Anschläge mit Sprengkörpern aus Eigenbau von 250 auf über 900 pro Monat gestiegen.[87] Während sich die Lage in Afghanistan verschlechterte und die Taliban und andere Aufständische an Boden gewannen, erschütterte ein unfassbarer Skandal die US-Armee und die Spezialeinheiten, der schließlich zu General McChrystals Rücktritt und zu seiner Verabschiedung in den Ruhestand führte, jenes Mannes, der zu den Architekten der US-Tötungsmaschinerie nach dem 11. September gehörte. Doch sein Abgang hatte weder etwas mit seinen JSOC-Operationen im Irak zu tun noch mit seiner Beteiligung an der Vertuschung des Todes von Pat Tillman, dem ehemaligen Spieler der National Football League und seit 2004 als Army Ranger in Afghanistan, der durch irrtümlichen Beschuss der eigenen Seite ums Leben gekommen war, noch mit seiner Rolle bei der Umwandlung des JSOC in ein weltweit agierendes Killerkommando. Was McChrystal vielmehr zu Fall brachte, war ein Artikel in der Zeitschrift *Rolling Stone* von Michael Hastings mit abschätzigen Äußerungen von McChrystal und seinem inneren Kreis über Präsident Obama, Vizepräsident Biden und andere Vertreter der Regierungsspitze. Noch ehe diese Nummer des *Rolling Stone* in den Zeitungskiosken auslag, machten Auszüge daraus bereits die Runde in den Hinterzimmern der Macht und bei den Medien in Washington. McChrystal war erledigt, seine Karriere als Kommandeur der US-Eliteeinheiten durch einen Artikel in der aktuellen Ausgabe einer Zeitschrift beendet worden, auf deren Titelseite eine fast nackte Lady Gaga mit schwarzem BH und zwei hochgereckten Sturmgewehren posierte.

Am 23. Juni verkündete der von Biden, Admiral Mullen, Verteidigungsminister Gates und General Petraeus flankierte Präsident Obama mit »großem Bedauern«, dass er McChrystals Rücktrittsgesuch angenommen habe. »Es ist das Richtige für unsere Mission in Afghanistan, für unser Militär und für unser Land«, sagte Obama vor dem Weißen Haus. »Ich glaube, es ist die richtige Entscheidung für die nationale Sicherheit«, fügte er hinzu. »Die in dem kürzlich erschienen Artikel geschilderte Einstellung entspricht nicht der, die ein kommandierender General an den Tag legen sollte.« Obama dankte McChrystal »für seine bemerkenswerte Karriere in Uniform«.[88]

»Dies ist eine personelle Veränderung«, erklärte Obama, »aber das bedeutet keine Veränderung in der Politik.«

Diese Aussage unterstrich der Präsident unmissverständlich mit der Ankündigung, General Petraeus, einer der entscheidenden Mitwirkenden bei der Ausweitung des amerikanischen Schlachtfelds auf die ganze Welt, werde das Kommando von General McChrystal übernehmen. Und kaum war Petraeus am Ruder, stieg die Zahl der nächtlichen Razzien, und es wurden erneut Luftschläge durchgeführt.[89] Die Zahl der zivilen Opfer erhöhte sich, der afghanische Widerstand wurde stärker.[90] Das US-Programm der »gezielten« Tötungen schürte die Bedrohung, die eigentlich damit bekämpft werden sollte.

Jemen und USA, 2010

Während Tausende amerikanische Soldaten nach Afghanistan verlegt wurden, weiteten die USA ihre verdeckten, nicht erklärten Kriege aus. Woche für Woche bombardierten ihre Drohnen Pakistan, während JSOC-Spezialeinsatzkräfte in Somalia und im Jemen am Boden operierten und im Jemen auch Luftschläge durchführten. Bei alledem gewannen die al-Qaida-Ableger in diesen Ländern an Stärke. Als ich mich erneut mit Hunter traf, der unter Bush beim JSOC gearbeitet hatte und auch für die Obama-Regierung als Spezialist für Terrorbekämpfung tätig war, fragte ich ihn, welche Veränderungen die neue Regierung gebracht hätte. Wie aus der Pistole geschossen antwortete er: »Praktisch keine. Und wenn, dann sind die JSOC-Operationen unter der jetzigen Regierung intensiviert worden. Es wird mehr vom JSOC verlangt, die Leute sollen auf zunehmend schwierigem Terrain operieren, und es wird mehr Druck ausgeübt«, sagte er zu mir. »Inzwischen geschehen überall auf der Welt Dinge, die unter der Bush-Regierung undenkbar gewesen wären, nicht nur weil sich das Kabinett und das Pentagon lautstark dagegen gewehrt hätten, sondern weil auch der Präsident selbst sie nicht gebilligt hätte. Obama hingegen kalkuliert – was sein Privileg ist –, dass es politisch und militärisch das Beste ist, dem JSOC bei der Verfolgung der Ziele, die [er selbst] gesetzt hat, alle Freiheiten zu lassen, wie einem verwilderten Pferd.«[1]

Die Regierung Obama, erzählte mir Hunter, arbeite intensiv daran, die Kluft zwischen CIA und JSOC zu überbrücken und alle Kräfte für einen weltweiten Kampf gegen den Terror zu bündeln, auch wenn dies eine schwierige Aufgabe sei. Im ersten Jahr seiner Amtszeit wurde klar, dass das JSOC den zehnjährigen Konkurrenzkampf zwischen den Antiterrorkräften gewonnen hatte. Seine vorwiegend paramilitärischen Aktionen sollten zur zentralen Strategie in den verschiedenen kleinen Kriegen der neuen Regierung nicht nur in Afghanistan werden. »Die

Operationen wurden so weit institutionalisiert, dass sie nun einen integralen Bestandteil jedes Kampfes an jedem beliebigen Schauplatz bilden. Irgendwann haben wir eine Schwelle überschritten, sodass jetzt das JSOC den Kampf allein führt«, sagte Hunter zu mir. »In Ländern wie dem Jemen zum Beispiel agiert nur das JSOC und sonst niemand. Dessen Leute stellen die Regeln auf. Es ist ihr Terrain, und sie tun, was immer sie tun müssen.« Mit zunehmender Dominanz des JSOC im Kampf gegen den Terrorismus erhöhte die CIA stets ihre paramilitärischen Kapazitäten, weitete ihre Drohnenschläge aus und verlängerte ihre Todeslisten. Es glich fast einem kleinen Grabenkampf zwischen JSOC und CIA darum, wer die Abschusslisten schneller abarbeitete.

Anfang 2010 führten mindestens drei Regierungsinstanzen Todeslisten: der Nationale Sicherheitsrat, mit dem sich Obama bei wöchentlichen Treffen direkt austauschte; die CIA und das US-Militär.[2] Die CIA hatte ihre eigenen »parallelen, nach außen abgeschotteten Abläufe« bei der Zielauswahl und der Durchführung von Angriffen vor allem in Pakistan.[3] Der Nationale Sicherheitsrat und das Verteidigungsministerium hatten kaum Einblick in diesen Prozess.[4] Bei »komplexeren und riskanten Operationen« in dem Land behielt sich Obama die endgültige Genehmigung vor.[5] Mindestens zweimal im Monat erhielt der oberste CIA-Anwalt eine Akte vom Antiterrorzentrum (häufig nicht mehr als zwei bis fünf Seiten lang) mit Empfehlungen für die Zielauswahl und Informationen.[6] Dann besprach sich der Anwalt kurz mit den Kollegen vom Counterterrorism Center (CTC) und dem Chef des National Clandestine Service, dem früheren Directorate of Operations, der die verdeckten CIA-Operationen auf der ganzen Welt koordiniert. Anwälte des Weißen Hauses und des Nationalen Sicherheitsrats überprüften die Liste der CIA, und schließlich bedurfte es noch der Genehmigung durch die Achterbande auf dem Capitol Hill.

Den Journalisten Dana Priest und William Arkin zufolge bestand die Liste der ausgewählten Ziele »aus mehreren Teilen, denn die Spezialeinheiten für verdeckte Operationen« vom JSOC führten eine eigene Liste.[7] Es kam häufig zu Überschneidungen, aber, so Priest und Arkin, »nicht einmal diese hoch geheimen Todeslisten wurden unter den drei wichtigsten Behörden, die sie aufgestellt hatten, koordiniert«.

Ein Jahr nach seinem Amtsantritt waren Obama und sein Antiterrorteam intensiv damit beschäftigt, die Maßnahmen zur Tötung von Terrorverdächtigen und anderen »Militanten« zu formalisieren. Sie hatten, leicht abgewandelt, die neokonservative Sicht der Welt als Schlachtfeld übernommen, und auf ihren Todeslisten standen Namen aus der ganzen Welt. Im Gegensatz zu Präsident Bush, der Tötungsbeschlüsse häufig militärischen Befehlshabern und CIA-Vertretern überlassen hatte, bestand Obama meist darauf, die Tötungsbefehle selbst zu unterzeichnen.[8] Bei den jeden Dienstagnachmittag unter Obamas Vorsitz abgehaltenen Meetings, von hochrangigen Mitarbeitern als »Terrordienstage« bezeichnet, wurden aus vorgeschlagenen Zielen diejenigen »nominiert«, die auf die Liste gesetzt wurden. Häufig handelte es sich um bekannte aktive Kämpfer in Pakistan, im Jemen und in Somalia, doch gelegentlich befanden sich auch nur lose mit anderen Verdächtigen verbundene Personen oder einfach Bewohner einer bestimmten Region oder eines Landes darunter.

»Dieser geheime ›Nominierungsprozess‹ ist eine Erfindung der Regierung Obama, es ist ein Debattierclub von Hardlinern, der die PowerPoint-Darstellungen mit den Namen, Decknamen und Biografien verdächtiger Mitglieder des al-Qaida-Ablegers im Jemen oder von dessen Verbündeten in der somalischen Shabaab-Miliz unter die Lupe nimmt«, berichtete die *New York Times*. »Die Nominierungen gehen ans Weiße Haus, wo Mr. Obama, beraten von Mr. Brennan, jedem Namen zustimmen muss, wie er selbst es gewünscht hat. Er unterzeichnet sämtliche Tötungsbefehle für den Jemen und Somalia sowie auch die Genehmigungen für die komplexeren und gefährlichen Schläge in Pakistan«, stellte die *New York Times* fest.[9] Die Terrordienstage fanden statt, nachdem eine größere Runde – bis zu 100 für die nationale Sicherheit zuständige Anwälte und Vertreter der Regierung – über die Namen diskutiert hatte, die der Liste hinzugefügt oder daraus gestrichen werden sollten. Laut informierten Kreisen dominierte das JSOC den Ablauf und »verführte« die Vertreter von Außenministerium, CIA und Regierung, einer chirurgischen Tötungsaktion zuzustimmen, die die »Infrastruktur« der Netzwerke treffen würde.[10] Die Absicht dabei war, in verschiedenen Ländern die »Nahrungskette« immer weiter in Richtung ihres Ursprungs zu zerstören.

Obama hatte im Wahlkampf versprochen, mit Hilfe der US-Streitkräfte bekannte Terroristen aufzuspüren, allerdings erklärt, seinen Feldzug auf Osama bin Laden und dessen wichtigste Stellvertreter zu beschränken. Sobald er sein Amt angetreten hatte, baute er ein weitaus umfassenderes Antiterrorsystem auf. Im Grunde war die Todesliste eine Art der Strafverfolgung »vor der Tat«, bei der einzelne Personen, deren Lebensführung der verdächtiger Terroristen glich, als Freiwild galten. Seit der Einführung der sogenannten »Signature Strikes« standen nicht mehr nur gewaltbereite Personen, die an bestimmten Komplotten oder Aktionen gegen die Vereinigten Staaten beteiligt waren, auf den Todeslisten. Schon allein die Möglichkeit, jemand könnte zukünftig solche Taten begehen, reichte als Rechtfertigung für seine Tötung. Gelegentlich war bereits die Zugehörigkeit zu einer Gruppe »von Männern im wehrfähigen Alter« in einer bestimmten Region Pakistans ein Beleg für terroristische Aktivitäten, der zu einem Drohnenangriff führte. Im Jemen genehmigte Obama auch JSOC-Angriffe auf Zielpersonen, deren Identität den Planern gar nicht bekannt war. Diese Angriffe wurden als Terrorist Attack Disruption Strikes (TADS) bezeichnet.[11]

Während Obama die Terrordienstage leitete, wurde die Ausführung der gezielten Tötungen durch zwei der führenden Architekten dieser Strategie koordiniert: John Brennan und Admiral William McRaven. Unter Obama bot sich beiden die Gelegenheit, die Tötungsmaschinerie, der sie hinter den Kulissen viele Jahre ihrer Laufbahn gewidmet hatten, offiziell weiterzuentwickeln und zu optimieren.

In Pakistan übernahm die CIA die Führung bei den Drohneneinsätzen, wobei Obama dem Geheimdienst umfassendere Kompetenzen übertrug und ihm dafür mehr Drohnen zur Verfügung stellte. Ende 2009 hatte Leon Panetta verkündet, die CIA führe »die aggressivsten Operationen in der Geschichte unseres Geheimdiensts durch«.[12] Der Rest der Welt hingegen gehörte zum großen Teil dem JSOC, und auch ihm erteilte Obama nun weitaus größere Vollmachten für weltweite Operationen. Obwohl manche Konflikte zwischen JSOC und CIA, die unter Bush hinter den Kulissen getobt hatten, weiter bestanden, sahen McRaven und Brennan die Gelegenheit, eine gemeinsame Antiterrorfront zu bilden. Präsident Obamas Referenzen als populärer, liberaler Demokrat und Verfassungsrechtler, der versprochen hatte, den Exzessen von Bushs Kriegsmaschinerie ein Ende zu setzen, waren von enormem Wert für sie, um für ihre Sache zu werben.

In Interviews mit der *New York Times* und anderen großen Medien erwähnten hochrangige Vertreter des Weißen Hauses ständig die Theorie vom »gerechten Krieg«, die Obama in seiner Nobelpreisrede aufgegriffen hatte, und wiesen darauf hin, dass Obama ein großer Bewunderer von Augustinus und Thomas von Aquin sei. »Wenn John Brennan als Letzter mit dem Präsidenten im Raum zurückbleibt, bin ich beruhigt, denn Brennan ist ein Mensch von echter Rechtschaffenheit«, sagte der juristische Berater des Außenministeriums Harold Koh. Koh, einer der schärfsten Kritiker von Bushs Antiterrorpolitik, sang jetzt ein anderes Lied: »Es war so, als stünde ein Priester mit äußerst strengen moralischen Werten plötzlich vor der Aufgabe, einen Krieg zu führen.«[13]

An der Antiterrorfront war Obamas erstes Amtsjahr von einer aggressiven Tötungsstrategie als Kernstück der nationalen Sicherheitspolitik geprägt. Die Präventivschläge waren zum Teil durch die Angst vor einem weiteren Angriff auf die Vereinigten Staaten motiviert. Obamas Berater wussten, dass ein erfolgreicher Terroranschlag seiner Präsidentschaft politisch schaden würde, und brachten dies auch gegenüber Journalisten offen zum Ausdruck. Aber der erhöhte Einsatz von JSOC-Personal und Drohnen war auch dem Bild förderlich, Obama führe einen »klügeren« Krieg als sein Vorgänger. Der Präsident konnte sagen, er bekämpfe die Terroristen, und im gleichen Atemzug behaupten, Truppen aus dem Irak abzuziehen, dessen Besetzung er ohnehin nicht gutgeheißen hatte. Obama erhielt zwar von vielen Republikanern Lob für seine offensive Antiterrorpolitik, andere aber meinten, er weiche lediglich der strittigen Frage aus, wie man Terrorverdächtige auf rechtlich vertretbare Weise in Haft nehmen könne. »Sie wollen hochrangige Zielpersonen ausschalten, statt sie gefangen zu nehmen«, erklärte Senator Saxby Chambliss, der älteste Republikaner im Geheimdienstausschuss des Senats. »Sie hängen es nicht an die große Glocke, aber sie tun es.«[14] Nur wenige Demokraten sprachen sich gegen Obamas weltweiten Tötungsfeldzug aus. »Er ist politisch von großem Vorteil – niedrige Kosten, keine Verluste auf amerikanischer Seite, und er erweckt den Eindruck von Stärke«, sagte Admiral Dennis Blair, Obamas einstiger Direktor der Nationalen Sicherheitsdienste. »Innenpolitisch kommt das gut an, unpopulär ist es nur im Ausland. Und wenn es dem nationalen Interesse schadet, dann wird sich das erst langfristig zeigen.«[15]

Die Regierung machte starken Gebrauch vom staatlichen Geheimhaltungsprivileg (State Secrets Privilege), um unter dem Vorwand, die nationale Sicherheit zu schützen, das Tötungsprogramm weitgehend vor der Öffentlichkeit geheim zu halten. Nur wenn es zweckdienlich war, ließ sie Einzelheiten der Operationen durchsickern. Damit hielt

Obama an vielen Praktiken fest, gegen die liberale Demokraten in der Ära Bush gewettert hatten. Jack Goldsmith, ehemals Rechtsberater der Regierung Bush, stellte fest, »das vielleicht Bemerkenswerteste an der Präsidentschaft Obamas [sei], dass er fast die gesamte Antiterrorpolitik seines Vorgängers fortsetzte«.[16] Als Obama die geplante Tötung Anwar Awlakis prüfte, habe er erklärt: »Das ist ein einfacher Fall«, wie sich einer seiner hochrangigen Berater erinnerte.[17] Dennoch weigerte sich die Regierung, die Ergebnisse der Legalitätsprüfung preiszugeben.[18] »Dieses Programm beruht auf der persönlichen Legitimität des Präsidenten, und das ist nicht tragfähig«, sagte der ehemalige CIA-Direktor Michael Hayden gegenüber der *New York Times.* »Ich habe mein Leben lang auf der Grundlage geheimer OLC-Memos [Office of Legal Counsel] agiert, und das war nicht angenehm. Demokratien führen keine Kriege aufgrund juristischer Memos, die in einem Safe des DOJ [Department of Justice] weggeschlossen sind.«[19]

Obama und sein Team haben ein System geschaffen, »in dem Leute getötet werden, man aber nicht weiß, auf welcher Beweisgrundlage dies geschieht, und keine Möglichkeit hat, die Entscheidung rückgängig zu machen«, sagte der ehemalige CIA-Führungsoffizier Philip Giraldi zu mir. »Nicht, dass es keine Terroristen gäbe, und hin und wieder wird auch einer aus diesem oder jenem Grund getötet werden müssen, aber ich möchte den Grund erfahren. Ich möchte nicht von irgendjemandem aus dem Weißen Haus hören: ›Sie müssen mir vertrauen.‹ Davon hatten wir schon mehr als genug.«[20]

Mitte 2010 stieg die Zahl der Länder, in denen US-Spezialeinheiten stationiert waren, von 60 auf 75. Abgesehen vom Irak und von Afghanistan hatte das SOCOM weltweit 4000 Personen im Einsatz. »Das Weiße Haus verlangt von den Spezialeinheiten außer unilateralen Schlägen auch die Ausbildung lokaler Antiterroreinheiten und gemeinsame Einsätze mit ihnen«, berichtete damals die *Washington Post.* »Es existieren Pläne für Präventiv- oder Vergeltungsschläge überall auf der Welt, die im Fall einer aufgedeckten Verschwörung oder eines Anschlags, der einer bestimmten Gruppe zugeschrieben wird, realisiert werden.«[21]

John Brennan legte die neue Antiterrorstrategie der Regierung Obama folgendermaßen dar: Wir »werden nicht nur [auf Terroranschläge] reagieren, [wir werden] al-Qaida und ihren extremistischen Ablegern den Kampf ansagen, wo immer sie Pläne schmieden oder Leute ausbil-

den. In Afghanistan, Pakistan, im Jemen, in Somalia und darüber hinaus.«[22]

Laut hochrangigen Informanten aus den Spezialeinheiten wurden
unter Obama JSOC-Teams in folgende Länder entsandt: Iran, Georgien,
Ukraine, Bolivien, Paraguay, Ecuador, Peru, Jemen, Pakistan (mit Be-
lutschistan) und die Philippinen. Und manchmal wurden diese Teams
auch in der Türkei, in Belgien, Frankreich oder Spanien stationiert. Das
JSOC unterstützte außerdem Operationen der DEA in Kolumbien und
Mexiko. Aber abgesehen von Afghanistan und Pakistan standen der Jemen und Somalia an oberster Stelle. »In diesen beiden Ländern finden
anhaltende unilaterale Operationen statt«, erzählte mir 2010 ein Informant der Spezialeinheiten.[23]

Ein hochrangiger Militär sagte gegenüber der *Washington Post*, die
Regierung Obama habe grünes Licht für »Dinge gegeben, die die Vorgängerregierung nicht genehmigt« habe. Die Kommandeure der Spezialeinheiten, berichtete das Blatt, hätten mehr direkten Kontakt zum
Weißen Haus als unter Bush. »Wir haben viel mehr Zugang«, meinte
ein Vertreter des Militärs. »Öffentlich wird deutlich weniger darüber gesprochen, aber getan wird mehr. Die Regierung ist viel eher bereit, aggressiv vorzugehen.«[24] Unter Obama, sagte Hunter, könne das JSOC
»härter, schneller und mit der vollen Rückendeckung des Weißen Hauses« zuschlagen.

35 Awlaki in die Enge treiben

Jemen, 2010

Anfang Februar 2010 veröffentlichte der AQAP-Führer Said Ali al-Shihri, den die Jemeniten bereits mehrere Male getötet haben wollten, per Tonband eine Botschaft. »Wir raten euch, unserem Volk auf der Halbinsel, eure Waffen bereitzuhalten, euch und eure Religion zu verteidigen und euch euren Mudschahedin-Brüdern anzuschließen«, erklärte er und fügte hinzu, durch amerikanische »Spionageflugzeuge« – wahrscheinlich meinte er Drohnen – seien Frauen und Kinder getötet worden.[1]

Am 14. März schlugen die USA erneut zu.[2] Bei Luftangriffen in südjemenitischen Gouvernement Abyan wurden zwei mutmaßliche AQAP-Kämpfer getötet. Der eine war Jamil al-Anbari, der für den Süden zuständige Chef des al-Quaida-Ablegers. Wie nach dem Angriff auf al-Majalah übernahm die jemenitische Regierung auch hier die Verantwortung, während sich Washington in Schweigen hüllte. Auf einem bald danach veröffentlichten Tonband bestätigte der AQAP-Führer Qasim al-Rimi die Verluste. »Ein Luftschlag der USA hat unseren Bruder getroffen«, erklärte er. »Der Angriff fand statt, als unser Bruder Jamil übers Internet telefonierte.« Dass die Regierung dafür die Verantwortung übernahm, kommentierte al-Rimi mit den Worten: »Das ist genauso Unsinn wie ihre Behauptungen« zu den Angriffen vom Dezember 2009. »Möge Gott die Lügen und die Lügner bestrafen.«[3] Ein paar Monate später übte AQAP Vergeltung, indem sie einen waghalsigen Anschlag auf ein Gelände der Sicherheitskräfte in Aden verübte und elf Menschen tötete. Das Bekennerschreiben war unterzeichnet mit: »Brigade des Märtyrers Jamil al-Anbari«.[4]

Eine Woche nach dem Angriff vom 14. März begleitete einer der wichtigsten Beteiligten an Obamas verdecktem Krieg im Jemen, Michael Vickers, den damaligen Nationalen Geheimdienstdirektor James

Clapper zu Gesprächen mit Präsident Salih und anderen Vertretern des Jemen. Die US-Botschaft gab eine kurze Stellungnahme dazu heraus, in der es lediglich hieß, man wolle »über die fortgesetzte Zusammenarbeit im Kampf gegen den Terrorismus sprechen« und »die Wertschätzung der Vereinigten Staaten für die anhaltenden Bemühungen des Jemen zum Ausdruck bringen, [AQAP] entgegenzutreten«.[5] Einen Monat danach informierte Vickers hinter verschlossenen Türen den Streitkräfteausschuss für verdeckte US-Operationen im Jemen und Somalia.[6] In einer internen E-Mail in Vickers' Büro, die mir vertraulich zugesandt wurde, hieß es: »Eine im Jemen operierende Spezialeinheit hat die jemenitischen Streitkräfte bei der Tötung von Terrorverdächtigen unterstützt, aber auch unilaterale Operationen durchgeführt ... Die Geheimdienste, darunter die Defense Intelligence Agency und die Central Intelligence Agency, prüfen eingehend die Liste der Zielpersonen und entscheiden, wer zum Zweck weiterer Informationen gefangen genommen werden soll und wer getötet werden kann.«[7]

Während die JSOC-Einheiten weiterhin im Jemen agierten, gelegentlich dortige Streitkräfte ausbildeten und dann wieder kinetische Operationen durchführten, wurden die Luftschläge fortgesetzt. Ende Mai informierte der stellvertretende Generalstabschef General James »Hoss« Cartwright Präsident Obama darüber, dass das JSOC eine hochrangige Zielperson in die Falle gelockt habe. Der Präsident gab grünes Licht für den Angriff.[8] Am 24. Mai traf eine US-Rakete ein Fahrzeugkonvoi in der Marib-Wüste, der laut »verwertbaren Informationen« auf dem Weg zu einem Treffen von al-Qaida-Führern war.[9] Aber die Informationen stimmten nur teilweise. Bei den Männern in den Fahrzeugen handelte es sich nicht um al-Qaida-Mitglieder, sondern um prominente jemenitische Vermittler, die im Auftrag der Regierung versuchen sollten, AQAP-Mitglieder zum Niederlegen der Waffen zu bewegen. Unter den Getöteten befand sich Jabir al-Shabwani, der Vizegouverneur von Marib. Seine Teilnahme an den Gesprächen war besonders vielversprechend, da sein Cousin Ayad der lokale AQAP-Führer war, den amerikanische und jemenitische Streitkräfte bei zwei Luftschlägen im Januar auszuschalten versucht hatten.[10] Shabwanis Onkel und zwei seiner Begleiter kamen bei dem Angriff ebenfalls ums Leben. Laut einem Beamten der örtlichen Verwaltung war der »stellvertretende Gouverneur beauftragt, al-Qaida-Kämpfer dazu zu bewegen, sich den Behörden zu stellen«.[11]

Wie bei den anderen US-Angriffen übernahm auch hier die jemenitische Regierung die Verantwortung, und der Oberste Sicherheitsrat entschuldigte sich für die, wie es hieß, misslungene Aktion. Diesmal aber war der Einsatz weitaus höher gewesen, weil einer der eigenen Leute umgekommen war. Bereits Stunden nach der Drohnenattacke verübte Shabwanis Stamm einen Anschlag auf die wichtigste Ölleitung von Marib zum Hafen Ras Isa am Roten Meer. Die Stammesleute versuchten außerdem, den Präsidentenpalast in der Provinz zu stürmen, wurden aber von jemenitischen Streitkräften mit Panzern zurückgedrängt. Jemenitische Anwälte verlangten von Salihs Regierung eine Erklärung, auch dafür, wer wirklich hinter dem sich ausweitenden Luftkrieg im Jemen stecke.[12]

Monate später kam bei manchen Mitarbeitern der US-Regierung der Verdacht auf, das Salih-Regime habe ihnen falsche Informationen zukommen lassen, um Shabwani zu beseitigen, nachdem zwischen ihm und »wichtigen Mitgliedern« der Präsidentenfamilie ein Streit ausgebrochen war. »Wahrscheinlich wurden wir getäuscht«, sagte mir jemand, der bei Gesprächen über den Jemen auf höchster Regierungsebene anwesend war.[13] Das Weiße Haus, das US-Militär und der amerikanische Botschafter im Jemen hatten den Raketenangriff gebilligt. »Wie sich herausstellte, wusste man nicht genau, wer bei diesen [jemenitischen] Treffen jeweils teilnahm«, erklärte ein Ex-Geheimdienstler gegenüber dem *Wall Street Journal*. Und ein ehemaliger Regierungsvertreter sagte dem Blatt, der Luftschlag zeige, dass die Vereinigten Staaten »zu leichtgläubig sind, wenn die Jemeniten sagen: ›Oh, das ist ein schlimmer Kerl, schnappt ihn euch.‹ Politisch gesehen schlimm, aber nicht wirklich böse.« Brennan war angeblich »sauer«, und Obama fragte General Cartwright: »Wie konnte das passieren?«, worauf dieser erwiderte, die Jemeniten hätten sie falsch informiert. »Der Oberbefehlshaber hat mir ganz schön den Marsch geblasen«, meinte Cartwright.[14]

Nach den Luftschlägen auf al-Majalah mit den vielen zivilen Verlusten und dem verheerenden Irrtum, dem Shabwani zum Opfer fiel, warb die CIA dafür, statt der Tomahawks des JSOC ihre Waffe der Wahl einzusetzen: Drohnen.[15] Überwachungssatelliten wurden neu positioniert und auf geheimen Stützpunkten an der Grenze zum Jemen zusätzliche Predator-Drohnen stationiert. »Die Drohnen fliegen alle vierundzwanzig Stunden über Marib. Es vergeht kein Tag ohne sie«, sagte Scheich Ibrahim al-Shabwani, ein anderer Bruder des Vermittlers, der bei dem Angriff vom 24. Mai getötet worden war. »Manchmal fliegen sie tiefer, manchmal höher. Die Leute sind verzweifelt und haben Angst, dass sie jeder Zeit zuschlagen könnten.«[16] Das Schüren solcher Unsicherheit schien ein zentraler Bestandteil der neuen US-Strategie zu sein. Den lokalen Stämmen sollte klar werden, dass die Unterstützung von AQAP Todesgefahr bedeutete. Bei manchen aber ging diese Drohung nach hinten los, insbesondere bei den zahlreichen Stammesführern, deren Familienmitglieder in dem Krieg auf verschiedenen Seiten standen.

Aus manchen Berichten ging hervor, dass Salih, der Shabwani nie habe töten wollen, da sein Regime auf die Unterstützung der Stämme angewiesen war, nach dem Angriff eine Pause der US-Operationen im Jemen verlangte. Doch die USA beharrten darauf, dass der Vorfall das geheime Abkommen über US-Luftschläge im Jemen nicht tangiere. »Letztlich sagte er dann auch nicht: ›Schluss damit‹«, meinte ein namentlich nicht genannter Vertreter der Regierung Obama gegenüber der *New York Times*. »Er hat uns nicht aus dem Land geworfen.«[17]

Unbestritten ist, dass die Luftschläge, vor allem diejenigen, bei denen Zivilisten und wichtige Stammesleute getötet wurden, al-Qaida wertvolle Munition für die Rekrutierungskampagne im Jemen und ihre Propagandaschlacht gegen das amerikanisch-jemenitische Antiterrorbündnis lieferten.[18] Regierungsvertreter erklärten, bei den US-Angriffen zwischen Dezember 2009 und Mai 2010 seien über 200 Zivilisten und 40 al-Qaida nahestehende Personen ums Leben gekommen. »Was die USA zur Zeit im Jemen machen, ist unglaublich gefährlich, weil es in die Strategie von AQAP passt, nach der kein Unterschied zwischen dem Jemen und Irak und Afghanistan besteht«, meinte Gregory Johnsen, Professor in Princeton, im Juni 2010, nachdem Amnesty International einen Bericht über den Einsatz von US-Munition bei den Luftschlägen im Jemen veröffentlicht hatte. »Jetzt können sie sagen, dass der Jemen zu Recht eine Front im Dschihad ist«, erklärte Johnsen, der 2009 im USAID-Team für Konfliktanalyse im Jemen mitgearbeitet hatte. »Sie sagen das zwar schon seit 2007, aber Vorkommnisse wie diese geben ihnen nur neue Nahrung.«[19]

Nach monatelangen, anhaltenden amerikanisch-jemenitischen Luftschlägen und Razzien nahm AQAP im Sommer 2010 Rache. Im Juni verübte eine Gruppe von AQAP-Kämpfern in Militäruniformen einen waghalsigen Anschlag auf den Stützpunkt der jemenitischen Geheimpolizei (Political Security Organisation, PSO) in Aden. Während eines Fahnenappells am frühen Morgen schossen die Terroristen Panzerfäuste auf das Gelände und feuerten mit Maschinengewehren, während sie die Tore stürmten. Sie töteten mindestens zehn Polizeioffiziere und drei Reinigungsfrauen. Ziel des erfolgreichen Angriffs war die Befreiung mutmaßlicher Militanter, die von der PSO gefangen gehalten wurden.[20] Dem Überfall folgte eine anhaltende Serie von Attentaten auf hochrangige Vertreter des jemenitischen Militärs und des Geheimdiensts. Im heiligen Monat Ramadan, der im August begann, verübte AQAP ein Dutzend Anschläge, und bis zum September stieg die Zahl der getöteten Amtsträger auf 60, von denen viele durch Mörder auf Motorrädern umgebracht wurden.[21] Diese Methode wurde so beliebt, dass die Regierung in den städtischen Gebieten Abyans Motorräder verbot.[22]

Während sich die jemenitische Regierung von Feinden umringt sah und die Amerikaner ihre verdeckten Operationen ausweiteten, richtete Anwar Awlaki eine »Botschaft an das amerikanische Volk«. In seiner Rede sagte er, der Versuch Umar Farouk Abdulmutallabs, das Flugzeug über Detroit zum Absturz zu bringen, »war Vergeltung für die amerikanischen Marschflugkörper und Splitterbomben, die Frauen und Kinder im Jemen getötet haben«. Und erklärte: »Ihr habt eure B-52 Bomber, eure Apaches, eure Abrams und eure Marschflugkörper, und wir verfügen bloß über kleine Waffen und einfache, improvisierte Sprengsätze. Aber wir haben Männer, die leidenschaftlich und aufrichtig sind, und sie haben das Herz eines Löwen!« Dann setzte Awlaki zu einer Hetzrede gegen die amerikanische und die Salih-Regierung an. So wie »man sich an Bush als den Präsidenten erinnert, der Amerika in Afghanistan und im Irak in eine aussichtslose Lage gebracht hat, so scheint Obama den Wunsch zu haben, dass man sich an ihn als den Präsidenten erinnert, der Amerika im Jemen in die Sackgasse geführt hat«, erklärte er. Und weiter:

Obama hat seinen Krieg gegen den Jemen mit den Flächenbombardements von Abyan und Schabwa schon begonnen. Damit hat er die Öffentlichkeitsarbeit für die Mudschahedin im Jemen geführt und hat innerhalb von Tagen ihre Arbeit gemacht, die Jahre gedauert hätte. Während die Beliebtheit der Mudschahedin in Jemen in die Höhe schießt, ist Obamas Beliebtheit in den USA dabei, stark zu sinken. Die korrupten jemenitischen Regierungsvertreter und einige der Stammesführer, die behaupteten, eure Alliierten zu sein, amüsieren sich zurzeit. Unter ihnen verbreitet sich die Botschaft, dass es an der Zeit ist, die leichtgläubigen Amerikaner zu erpressen, sie auszubeuten. Eure Politiker, euer Militär und eure Geheimdienste werden gerade um Millionen ausgeschlachtet! Die jemenitischen Regierungsvertreter geben euch momentan große Versprechen und reichen euch viele Zusprüche. Willkommen in der Welt der jemenitischen Politiker![23]

Bemerkenswert war, dass Awlakis Äußerungen zum Verhältnis zwischen den USA und Salih vielen langjährigen Jemenbeobachtern sehr glaubhaft erschienen. In dieser Zeit wurde Awlaki in der Darstellung der US-Medien und der Regierung beinahe zum Mythos. Die eigentliche Frage aber war, wie groß die Bedrohung durch ihn wirklich war. Der Streit darüber wurde zwar nicht öffentlich ausgetragen, doch die Geheimdienste waren in der Frage, wie man mit Awlaki verfahren sollte, tief gespalten. Es gab eine Fülle von Belegen dafür, dass er Angriffe auf die Vereinigten Staaten nachträglich pries und Kontakt zu Hasan und Abdulmutallab gehabt hatte. Darüber hinaus rief er nachweislich zum gewaltsamen Dschihad gegen die USA und ihre Verbündeten auf. Aber es wurden öffentlich keine tragfähigen Beweise dafür vorgelegt, dass Awlaki aktiv an Anschlägen beteiligt gewesen war.

Im Oktober 2009 war die CIA angeblich zu dem Schluss gekommen, »über keine spezifischen Beweise dafür zu verfügen, dass er eine Bedrohung für das Leben von Amerikanern darstellte – das entscheidende Kriterium für den Befehl zur Festnahme oder Tötung« eines amerikanischen Staatsbürgers.[24] Präsident Obama aber war inzwischen anderer Meinung. Awlaki musste sterben.

Im Februar 2010 gelang es dem Journalisten Abdulelah Haider Shaye erneut, Awlaki aufzuspüren, und er führte das erste Interview mit ihm, seit öffentlich bekannt war, dass die US-Regierung ihn umbringen wollte. »Warum, glauben Sie, wollen die Amerikaner Sie töten?«, fragte Shaye. »Weil ich ein Muslim bin und für den Islam werbe«, erwiderte Awlaki und fügte hinzu, die Anschuldigungen gegen ihn – in den Medien, nicht etwa vor einem Gericht – beruhten auf der Vorstellung, er habe Nidal Hasan und Abdulmutallab »aufgehetzt«, und seine auf Band aufgezeichneten Unterweisungen seien bei angeklagten Mitverschwörern von über einem Dutzend angeblichen Terroranschlägen entdeckt worden. »All das dient dem Versuch, die Stimmen, die zur Verteidigung der Rechte der Umma aufrufen, auszuschalten ... Wir wollen den Islam, wie ihn Allah dem Propheten Mohammed gegeben hat, den Islam des Dschihad und des Scharia-Rechts. Sie töten jede Stimme, die nach diesem Islam verlangt – die Person oder ihr Ansehen. Sie töten sie durch Mord oder indem sie sie ins Gefängnis sperren, oder sie töten ihr Ansehen, das sie in den Medien verzerren.«

Shaye fragte Awlaki: »Glauben Sie, die jemenitische Regierung würde Ihre Ermordung unterstützen?«

»Die jemenitische Regierung verkauft ihre Bürger an die Vereinigten Staaten, um das illegale Geld zu bekommen, um das es den Westen als Gegenleistung für ihr Blut anbettelt. Die Vertreter der Regierung erlauben den Amerikanern zuzuschlagen, wo immer sie wollen, und bitten sie auch noch, nicht die Verantwortung für die Angriffe zu übernehmen, um nicht den Zorn des Volkes heraufzubeschwören. Die jemenitische Regierung macht sich diese Angriffe schamlos zu eigen«, erwiderte Awlaki. »Die Menschen in Schabwa, Abyan und Arhab haben die Cruise Missiles gesehen, manche haben Streubomben gefunden, die nicht explodiert waren. Der Staat lügt, wenn er die Verantwortung dafür auf sich nimmt. Und das tut er, um die Kollaboration zu leugnen. Ständig fliegen US-Drohnen über den Jemen. Was ist das für ein Staat, der seinem Feind erlaubt, sein Volk auszuspionieren und das als ›übliche Kooperation‹ bezeichnet?«[25]

Awlaki lebte jetzt im Jemen vollständig im Untergrund und hatte Schwierigkeiten, seine Predigten zu posten. Sein Blog war von der US-Regierung geschlossen worden, und am Himmel über Schabwa schwebten die Drohnen. Die Unterstellung von US-Medien, »Terrorismusexperten« und prominenten Regierungsvertretern, Awlaki sei ein AQAP-Führer, waren zweifelhaft. Awlaki hatte gefährlichen Boden betreten, als er Terroranschläge auf die Vereinigten Staaten offen gepriesen und Muslime in Amerika aufgefordert hatte, dem Beispiel Nidal Hasans zu folgen. Doch alles, was man über Awlakis Beziehungen zu al-Qaida im Jahr 2010 wusste, belegte, dass er kein aktives Mitglied war, sondern Gleichgesinnte suchte. Manche, wie etwa sein Onkel, meinten sogar, er sei in ein Bündnis mit AQAP gedrängt worden, nachdem er zusammen mit deren Anführern auf die Todesliste gesetzt worden war.

Scheich Saleh bin Fareed war Anwars Beschützer im Jemen gewesen. Dessen Stellung als Stammesführer erlaubte Awlaki, sich gefahrlos durch Schabwa und andere Stammesgebiete zu bewegen. Doch bin Fareed stand unter enormem Druck durch das jemenitische Regime, Anwar auszuliefern. Awlakis Vater Nasser war überzeugt, dass sein Sohn sich weiter versteckt halten und die US-Regierung ihre Versuche, ihn zu töten, fortsetzen werde. Bin Fareed beschloss, sich noch einmal um eine Lösung zu bemühen, und suchte Anwar in Schabwa auf. Dort, sagte er, habe er Drohnen »vierundzwanzig Stunden lang über dem Tal kreisen sehen – es hörte nicht eine Minute auf. Natürlich sehen wir sie erst, wenn die Sonne aufgegangen ist, aber wir hören sie auch nachts deutlich. Und sie hatten es, glaube ich, auf Anwar abgesehen«, sagte er zu mir.[26]

Bei dem Treffen sagte Anwar zu seinem Onkel bin Fareed, er habe gehört, dass Obama ihn auf die Todesliste gesetzt habe. »Ich denke, dass man in Sanaa ziemlich unter Druck steht«, erklärte ihm bin Fareed. »Jetzt hat der Präsident deine Gefangennahme oder Tötung angeordnet.« Die US-Regierung, erwiderte Awlaki, habe keine Anklage gegen ihn erhoben, und er werde sich nicht stellen, um sich dann für Verbrechen zu verantworten, die er gar nicht begangen habe. »Sag ihnen, dass ich bis heute nichts mit al-Qaida zu tun habe«, sagte Anwar zu seinem Onkel. »Wenn aber [Obama] seinen [Befehl] nicht zurückzieht und nach mir gefahndet wird, dann treiben sie mich vielleicht zum Äußersten. Ich habe keine andere Wahl.«

Bin Fareed meinte, die Drohungen gegen Anwar hätten ihn unweigerlich in größere Nähe zu AQAP gerückt. »Natürlich war uns klar, dass [Anwar] keine andere Wahl hatte. Und sie haben ihn tatsächlich zum Äußersten getrieben.« Die Erklärung der US-Regierung, Anwar stehe auf der Todesliste »war ein sehr, sehr großer Fehler«.

Am 23. Mai 2010 veröffentlichte al-Qaidas PR-Abteilung al-Malahim ein Video mit dem Titel »Das erste und exklusive Treffen mit Scheich Anwar al-Awlaki«.[27] Darin bedankt sich Awlaki bei dem Interviewer, einem bärtigen, ganz in Weiß gekleideten Mann, dafür, dass er »so viele Mühen auf sich genommen [habe], um hierherzukommen«. Awlaki trug ein traditionelles jemenitisches Gewand und saß vor einem mit religiösen Büchern gefüllten Regal. In seinem Gürtel steckte ein Jambia, ein Krummdolch, ein Stammessymbol, das im Jemen viele Männer tragen. In dem Gespräch lobte Awlaki eine kurz zuvor gehaltene Rede des zweiten Chefs von al-Qaida, Aiman al-Sawahiri, sprach andererseits aber von »ihr al-Qaida-Leute« und behauptete nicht, Mitglied der Gruppe zu sein. Und auch der Interviewer sprach Awlaki nicht als solches an.

In diesem Propagandavideo für al-Qaida war der Interviewer auffällig direkt und stellte Awlaki zahlreiche Fragen zur Tötung von Zivilisten, seiner Beziehung zu Nidal Hasan und Abdulmutallab sowie seiner Interpretation verschiedener Fatwas. Auch, dass Awlaki angeblich auf der Todesliste der Amerikaner stand, kam zur Sprache. Awlaki antwortete auf Arabisch: »Es stimmt nicht, dass ich mich auf der Flucht befinde. Ich bewege mich unter meinen Stammesangehörigen sowie in anderen Teilen des Jemen, weil das jemenitische Volk die Amerikaner hasst und ich die ehrlichen Menschen und die Unterdrückten unterstützen möchte. Ich bewege mich innerhalb des Stammesgebiets der Aulaq, und ich bekomme Hilfe von einem großen Teil des jemenitischen Volks.« Awlaki pries verschiedene Mudschahedin-Bewegungen, vom Irak und Afghanistan bis Somalia. »Um der Muslime im Allgemeinen und der Bewohner der arabischen Halbinsel im Besonderen willen sollten wir uns an diesem Dschihad gegen Amerika beteiligen«, sagte er.

Awlaki entwickelte zweifellos eine Affinität zu den Prinzipien al-Qaidas, und seine öffentlichen Äußerungen waren von denen der Terrorgruppe nicht mehr zu unterscheiden. Aber Worte sind keine Taten. Joshua Foust, ehemaliger Analytiker der DIA, hatte den Eindruck, in den US-Geheimdiensten schätzten manche Awlaki als gefährlicher ein, als er tatsächlich war. Awlakis Lob für al-Qaida und seine Aufrufe zu Terroranschlägen gegen die Vereinigten Staaten seien zwar verwerflich, aber das sei noch kein Beweis dafür, dass er eine wichtige operative Rolle bei al-Qaida spielte. »In AQAP gehörte er sozusagen zum mittleren Management«, sagte er damals zu mir. »Sogar die AQAP-Führung behandelt ihn wie einen Untergebenen, der den Mund zu halten hat und tun muss, was man ihm sagt.« Und dann fügte Foust noch hinzu: »Die Konzentration auf Awlaki ist im Grunde unsinnig, weil wir ihm damit eine Bedeutung und einen Einfluss zuschreiben, den er gar nicht hat.«[28]

Nach dem versuchten Sprengstoffanschlag an Weihnachten zog das Weiße Haus gegenüber Awlaki andere Saiten auf und behauptete, er sei jetzt selbst aktiv, und manche Regierungsvertreter verglichen ihn mit Osama bin Laden. »Ich halte es, ehrlich gesagt, für übertrieben, ihn als einen neuen bin Laden zu betrachten«, sagte Nakhleh, der ehemalige Nahostspezialist der CIA, zu mir. »Wir hätten uns kaum Gedanken um ihn gemacht, wäre da nicht der Unterhosenbomber Abdulmutallab gewesen.«[29]

Obwohl Awlaki Beziehungen zu verschiedenen al-Qaida-Mitgliedern in Schabwa und anderswo aufnahm und er bei ihnen immer mehr an Ansehen gewann, erklärten mir Jemeniten mit guten Kontakten, die AQAP-Anführer interviewt hatten, er sei nicht an Einsätzen beteiligt gewesen.»Anwar al-Awlaki war kein al-Qaida-Führer, er hatte überhaupt keinen offiziellen Posten«, sagte der Journalist Abdul Razzaq al-Jamal. AQAP betrachte Awlaki als Verbündeten und »was die beiden eint, ist die Feindschaft gegenüber den USA«. Awlakis »Vorstellungen, Grundgedanken und Strategien deckten sich mit denen von al-Qaida. Und er gab sich im Rahmen der Arbeit von AQAP außerordentliche Mühe, insbesondere bei der Anwerbung im Westen«.[30]

Nasser Awlaki bemerkte zwar, dass sein Sohn in Interviews Mitglieder von al-Qaida zunehmend als »meine Brüder« bezeichnete, glaubte hingegen nicht, dass er selbst zu AQAP gehörte. »Er hat das nie gesagt«, meinte er und vermutete, »vielleicht im ideologischen Sinne, vielleicht glaubte Anwar an manche Ideen von al-Qaida, zum Beispiel dass man sein Land nicht durch friedliche Mittel zurückbekommt und man dafür kämpfen muss. Und dass man sich verteidigen muss, wenn man angegriffen wird.« Dann fügte er hinzu: »Anwar ist ein ausgesprochen mutiger Mensch. Ich sage Ihnen, wirklich, ich kenne meinen Sohn. Wenn er Mitglied dieser Organisation wäre, hätte er kein Problem, es zu sagen.«[31] Schließlich hatte er, nachdem er von den USA bereits zur Tötung vorgesehen war, nichts mehr zu verlieren.

Selbst in der jemenitischen Regierung waren manche besorgt darüber, dass die Amerikaner Awlakis Status zu dem eines Terroristenführers aufbauschten. Außenminister Abu Bakr al-Qirbi erklärte in Sanaa vor Reportern: »Anwar al-Awlaki gilt seit jeher als Prediger, nicht als Terrorist, und er sollte auch nicht als solcher betrachtet werden, solange die Amerikaner keine Beweise dafür haben, dass er sich an Terrorakten beteiligt hat.«[32]

Die US-Regierung hatte Awlaki keinerlei konkrete Verbrechen vorgeworfen. Noch hatte sie Beweise dafür vorgelegt, dass Awlaki ein AQAP-Führer war, wie sie behauptete. Sein Fall betraf den Kern einer der Hauptfragen, die die zunehmende Rolle gezielter Tötungen in der US-Außenpolitik aufwarf: Konnte die amerikanische Regierung eigene Staatsbürger ohne ein ordentliches Gerichtsverfahren töten?

36 „Freiwild für den Killer"

Washington, 2010

Die Frage, ob der US-Bürger Anwar Awlaki zur gezielten Tötung freigegeben werden durfte, spaltete die Kongressabgeordneten in zwei Lager: Die einen schwiegen dazu, die anderen befürworteten das Vorhaben. Erst drei Monate nach Bekanntgabe des Plans sprach sich ein Abgeordneter dagegen aus. »Ich unterstütze das nicht. Punktum«, erklärte mir damals der Demokrat Dennis Kucinich.[1] »Ich denke, die Kollegen in beiden Parteien, die sich um die Verfassung Sorgen machen, sollten das auch offen äußern.« Er habe die Regierung Obama mehrfach schriftlich auf die mögliche Verfassungswidrigkeit und die Verletzung des Völkerrechts durch dieses Vorhaben hingewiesen, aber keine Antwort erhalten, erzählte Kucinich.

»All die klugen Leute in der Regierung müssen doch wissen, welche Risiken sie mit solchen Rechtsverletzungen eingehen«, sagte Kucinich. Seiner Ansicht nach sei das Vorhaben »verfassungs- und rechtswidrig«, da es der »Unschuldsvermutung zuwiderläuft und sich die Regierung zum Ermittler, Polizisten, Staatsanwalt, Richter, Geschworenen und Henker in einer Person aufschwingt. Das stellt doch unsere Verfassung und unsere demokratische Lebenseinstellung gravierend infrage.« Er fügte hinzu: »All das geschieht im Namen der nationalen Sicherheit. Wie können wir wissen, warum bestimmte Leute umgebracht werden? Ich meine, wer trifft die Entscheidung? Das ist wie eine gottgleiche Macht. Du zeigst mit dem Finger auf jemanden und sagst: ›Diese Person muss weg.‹«

Dass ein US-Bürger auf der Abschussliste stand, war nicht das Einzige, was Kucinich beunruhigte. Wenn ein populärer demokratischer Präsident und Experte für Verfassungsrecht die Grenzen der ohnehin schon extremen Politik der Regierung Bush überschritt, hätte das weitreichende Folgen: »Wir handeln aus Angst. Wir haben vergessen, wer wir sind«, sagte er zu mir. »Wir reißen hier die Pfeiler unserer demokratischen Traditionen ein. Das Recht auf einen fairen Prozess? Gestrichen. Das Recht, denjenigen gegenüberzutreten, die einen anklagen? Gestrichen. Das Recht, vor grausamer und unüblicher Bestrafung geschützt zu sein? Gestrichen. All diese Grundpfeiler werden gerade umgestürzt … Und glauben Sie bloß nicht, wir können das alles tun, ohne dass es unmittelbare Auswirkungen hier bei uns im Land selbst hätte. Man kann nicht ein Amerika im Ausland haben und ein anderes hier bei uns. Es ist überall dasselbe. Die Aushöhlung der Glaubwürdigkeit, die Aushöhlung der demokratischen Werte, die Aushöhlung der wohlwollenden Absicht – all das lässt befürchten, dass in diesem Land die Grundrechte der eigenen Bürger nicht mehr gelten. Sie sind Freiwild für den Killer.«

Im Juli 2010 brachte Kucinich den Gesetzentwurf HR 6010 »zum Verbot der außergerichtlichen Tötung von Bürgern der Vereinigten Staaten« ein.[2] Darin berief er sich auf verschiedene Präsidialerlasse zum Verbot gezielter Tötungen, die bis zur Regierung Ford zurückreichen, einschließlich des Präsidialerlasses 12333, in dem es heißt: »Keine Person, die in Diensten der Regierung der Vereinigten Staaten steht oder in deren Namen handelt, darf ein Attentat ausführen oder sich an einem solchen beteiligen.« Kurz gesagt, der Gesetzentwurf rief den Kongress dazu auf, zu bestätigen, dass jeder Bürger der USA das Recht auf ein ordentliches Gerichtsverfahren hat, bevor er hingerichtet wird. »Die Anwendung außergerichtlicher Gewalt gegen einen Bürger der Vereinigten Staaten außerhalb der international anerkannten Kampfgebiete im Irak und in Afghanistan stellt eine Verletzung des Kriegsrechts dar«, hieß es im Gesetzentwurf. »Es liegt im besten Interesse der Vereinigten Staaten, das Rechtsstaatsprinzip anzuerkennen und ein Beispiel zu geben für die Aufrechterhaltung der Prinzipien internationalen und nationalen Rechts.«

Nur sechs Mitglieder des Repräsentantenhauses und kein einziger Senator schlossen sich Kucinichs Gesetzentwurf an. Er wurde umgehend abgelehnt.

Im Juli räumten Vertreter der Nachrichtendienste ein, dass es auf Awlaki bereits »fast ein Dutzend« Angriffe gegeben habe mit dem Ziel, ihn zu töten.[3] Die Organisationen, die im Widerstand gegen Bushs Krieg gegen den Terror an vorderster Front gekämpft hatten – das Center for Constitutional Rights (Zentrum für verfassungsmäßige Rechte;

CCR) und die American Civil Rights Union (Amerikanische Bürger-
rechtsunion; ACLU) –, hatten Obamas Politik der gezielten Tötungen
bereits einer Bewertung unterzogen, vor allem die zunehmenden Drohnenangriffe der USA in Pakistan. Da jetzt jedoch ein US-Bürger auf der
Abschussliste stand, hielten diese Organisationen es für angebracht, das
Tötungsprogramm juristisch überprüfen zu lassen. Dies sei »eine sehr
gute Chance, das [Mord-] Programm anzufechten, weil wir hier tatsächlich den Namen der Zielperson haben, die getötet werden soll – es
handelt sich nicht um eine vollendete Tatsache. Diesen Fall können wir
vor Gericht bringen, um zu verhindern, dass jemand getötet wird, der
Berichten zufolge auf einer Abschussliste steht«, sagte Pardiss Kebriaei,
leitende Anwältin des CCR.[4]

Kebriaei und ihre Kollegen kamen nach Prüfung der öffentlich zugänglichen Fakten über Awlaki zu dem Schluss, dass Awlakis Predigten
und Interviews – so beleidigend sie für viele Amerikaner auch waren –
»nach unserem Dafürhalten durch den Ersten Verfassungszusatz geschützt sind«. Falls er jedoch »tatsächlich eine Bedrohung darstellt und
sein Handeln nicht diesem Schutz untersteht, sondern kriminell ist,
dann soll er angeklagt und vor Gericht gebracht werden und wie jeder
US-Bürger einen fairen Prozess erhalten«, so Kebriaei. Würden die Vereinigten Staaten einen ihrer eigenen Bürger in einem fremden Land,
dem sie nicht den Krieg erklärt haben, töten, ohne die betreffende Person wegen eines Verbrechens anzuklagen, würden sie damit demonstrieren, dass »sie sich für befugt halten, militärische Mittel gegen Terrorverdächtige einzusetzen mit dem Ziel, sie zu töten, wo immer sie sich
aufhalten. Was das rechtlich, moralisch und politisch bedeutet, entsetzt
mich.«

Als sich die Juristen von CCR und ACLU über ihre Korrespondenz-
anwälte im Jemen mit Awlakis Vater Nasser in Verbindung setzten, beauftragte er sie, ihn kostenlos in einem Verfahren gegen die Regierung
Obama zu vertreten.[5] Ziel war, klären zu lassen, ob die Regierung das
Recht habe, Nassers Sohn ohne vorherigen ordentlichen Gerichtsprozess zu töten. »Ich werde alles versuchen, meinen Sohn [zum Aufgeben]
und zur Rückkehr zu überreden, aber sie lassen mir keine Zeit. Sie wollen meinen Sohn umbringen. Wie kann die amerikanische Regierung einen ihrer eigenen Bürger umbringen? Das ist eine juristische Frage, die
beantwortet werden muss«, sagte Nasser.[6]

Wenige Tage nachdem Nasser erstmals mit den amerikanischen Anwälten gesprochen hatte, ergriff die Regierung Obama eiligst Maßnahmen, um zu verhindern, dass der Fall vor einem US-Gericht verhandelt wurde. Am 16. Juli 2010 setzte das Finanzministerium Anwar Awlaki auf die Liste der »Specially Designated Global Terrorists«. Das Weiße Haus schickte nicht den Verteidigungsminister oder den CIA-Direktor vor, sondern den im Finanzministerium für die Aufklärung terroristischer Finanztransaktionen zuständigen Staatssekretär Stuart Levey: Ihm fiel die Aufgabe zu, Awlaki zu beschuldigen, »terroristisch tätig« zu sein und Abdulmutallab »auf seinen Einsatz … vorbereitet« sowie instruiert zu haben. »Nachdem Abdulmutallab von Awlaki den Auftrag erhalten hatte, verschaffte er sich den Sprengstoff, den er beim Weihnachtsattentat verwendete«, behauptete Levey. Awlaki sei »an allen Stationen der Versorgungskette für Terroristen beteiligt gewesen – an der Geldbeschaffung, an der Rekrutierung und Ausbildung von Kämpfern, an der Planung und der Anweisung zu Anschlägen auf Unschuldige«.[7] Für all das legte Levey aber nicht einen einzigen Beweis vor.

Aufgrund dieser offiziellen Einstufung durch das Finanzministerium war es jedem amerikanischen Anwalt untersagt, Awlaki ohne ausdrückliche Genehmigung der Regierung zu vertreten. Am 23. Juli stellten ACLU und CCR einen Eilantrag auf eine solche Genehmigung. Als der Antrag abgelehnt wurde, erhoben sie Klage gegen das Finanzministerium.[8] Daraufhin änderte das Finanzministerium am 4. August seine Haltung und erlaubte den Anwälten, Awlaki zu vertreten.[9] Einen Monat später verklagten CCR und ACLU Präsident Obama, CIA-Direktor Panetta und Verteidigungsminister Gates, weil sie Awlaki in rechtswidriger Weise gezielt töten wollten. »Sowohl die Verfassung als auch das Völkerrecht verbieten gezielte Tötungen außerhalb eines bewaffneten Konflikts, es sei denn als letztes Mittel zur Abwehr konkreter, spezifischer und unmittelbarer Todesgefahr oder schwerer Körperverletzung«, hieß es in der Klageschrift. »Unter diesen eng gefasssten Umständen ist die generelle Anwendung von Gewalt nur deshalb rechtmäßig, weil aufgrund der Unmittelbarkeit der Bedrohung ein gerichtliches Verfahren ausgeschlossen ist. Eine Politik des gezielten Tötens, derzufolge Personen aufgrund einer administrativen Entscheidung auf eine Todesliste gesetzt werden und dort monatelang bleiben, geht jedoch eindeutig über die Anwendung tödlicher Gewalt als letztes Mittel zur Abwehr einer unmittelbaren Bedrohung hinaus und dementsprechend auch über das, was Verfassung und Völkerrecht billigen.«[10] Die

Anwälte beantragten bei einem Bundesrichter, dem Präsidenten, der CIA und dem JSOC zu untersagen, Awlaki »vorsätzlich zu töten«. Ferner verlangten sie, die Beklagten sollten »die Kriterien offenlegen, nach denen die Regierung die Entscheidung trifft, ob ein US-Bürger gezielt getötet wird«.

Die Regierung Obama reagierte entschlossen und griff auf ein Argument zurück, das bereits während der gesamten Regierungszeit Bush verwendet wurde, wenn jemand versuchte, Donald Rumsfeld und andere für ihrer Rolle bei außergerichtlichen Tötungen, Folterungen und Überstellungen gerichtlich zur Verantwortung zu ziehen: das »Geheimhaltungsprivileg« von Staat und Militär. Die Anwälte des Justizministeriums ersuchten den besagten Bundesrichter zwar, den Klageantrag aus anderen Gründen abzuweisen; falls dies jedoch scheitere, solle sich das Gericht auf jenes Privileg berufen mit der Begründung, es bestehe die »Gefahr eines erheblichen Schadens für die nationale Sicherheit«. Awlakis Klageantrag, behauptete Assistant Attorney General Tony West, »stellt unmittelbar die Existenz und operativen Details von angeblich militärischen und nachrichtendienstlichen Tätigkeiten zur Bekämpfung der terroristischen Bedrohung der Vereinigten Staaten zur Debatte«.[11] Dies sei ein »paradigmatisches Beispiel für eine Klage, bei der kein einzelner Streitpunkt verhandelt werden kann ohne die unmittelbare Gefahr, höchst sensible und als geheim eingestufte Informationen zur nationalen Sicherheit offenzulegen, was nicht wiedergutzumachen wäre«. Tony West bezeichnete Awlaki als »AQAP-Führer auf operativer Ebene«.

Die Regierung legte eidesstattliche Erklärungen von Panetta, Gates und Clapper vor, in denen sie sich auf das staatliche Privileg der Geheimhaltung beriefen und die Gefährdung der nationalen Sicherheit erläuterten, die durch eine gerichtliche Verhandlung des Falls entstehe. Panetta behauptete, die staatliche Geheimhaltung diene dem »Schutz nachrichtendienstlicher Quellen, Methoden und Aktivitäten, die durch die erhobenen Anschuldigungen Thema werden könnten«[12]; die Gründe für seine Berufung auf das Geheimhaltungsprivileg könne er jedoch nicht nennen, ohne der »nationalen Sicherheit der USA« zu schaden. Auch Gates versicherte, »die Offenlegung nachrichtendienstlicher Erkenntnisse über AQAP und Anwar al-Awlaki würde der nationalen Sicherheit außergewöhnlich schweren Schaden zufügen«.[13] Das Militär könne schließlich nicht »gegenüber einer ausländischen terroristischen

Organisation oder deren Anführern preisgeben, was es über ihre Aktivitäten weiß und wie es diese Informationen gewonnen hat«. Kurz gesagt, die Regierung pochte auf ihr angebliches Recht, einen US-Bürger töten zu dürfen, ohne dies vor der Öffentlichkeit begründen zu müssen, weil eine Offenlegung der Gründe angeblich zu gefährlich sei.

Awlakis Anwälte entgegneten Folgendes:

> Die pauschale Berufung der Regierung auf das staatliche Geheimhaltungsprivileg, um auf diese Weise ein Gerichtsverfahren zu verhindern, ist so paradox wie extrem: Dass Anwar al-Awlaki gezielt getötet werden soll, ist nur deshalb öffentlich allgemein bekannt, weil hochrangige Regierungsvertreter, offenbar aufgrund einer koordinierten Medienstrategie, den führenden Zeitungen des Landes mitgeteilt haben, dass der Nationale Sicherheitsrat die Anwendung tödlicher Gewalt gegen al-Awlaki genehmigt habe … Hätte die Regierung die in ihren Schriftsätzen genannten übergeordneten Sicherheitsbedenken geachtet, so hätten diese hochrangigen Amtsträger nicht aller Welt die Absichten der Regierung verkündet, und die Vertreter der Nachrichtendienste hätten sämtliche öffentlichen Kommentare verweigert, anstatt implizit zu bestätigen, dass der Sohn des Klägers auf der Todesliste steht.[14]

Im Erwiderungsschriftsatz hieß es weiter: »Die Regierung hat ihr Ersuchen um ungehinderte Ermächtigung mit Begriffen wie Lauterkeit, Justiziabilität, Billigkeit und Geheimhaltung umhüllt, doch das Fazit ihrer Argumentation lautet, dass die Exekutive zwar ohne richterlichen Beschluss weder die Kommunikation eines US-Bürgers überwachen noch seine Aktentasche durchsuchen dürfe, sehr wohl aber ermächtigt sei, ebendiesen Bürger zu exekutieren, ohne dies gegenüber einem Gericht oder der Öffentlichkeit rechtfertigen zu müssen.«

Die Regierung Obama hatte sich bereits einen eigenen Rechtsrahmen für die Tötung eines ihrer Bürger geschaffen.[15] Zwar war die Ankündigung, Awlaki umzubringen, im Kongress kaum auf Protest oder Zweifel gestoßen, aber die Regierung wusste, dass der Fall höchstwahrscheinlich wieder bei den Gerichten landen würde, sobald Awlaki tot war. So spielten hochrangige Regierungsvertreter Journalisten angebliche Geheiminformationen zu – Informationen, die darauf hindeuteten, dass Awlaki zum bewaffneten Kampf übergegangen war und sich an Planungen zu Anschlägen gegen die USA mit biologischen und chemischen Waffen beteiligte.

Präsident Obama wollte gute Argumente, um seine Entscheidung vor der amerikanischen Öffentlichkeit zu rechtfertigen. Deshalb sollte der oberste Rechtsberater des Außenministeriums, Harold Koh, den Fall noch vor Awlakis Tod öffentlich darlegen. Koh war die wiederholte heftige Kritik von Seiten europäischer Diplomaten und Menschenrechtsorganisationen am Programm der gezielten Tötungen leid. Da Koh in seinem früheren Leben als liberaler, den Menschen- und Bürgerrechten verpflichteter Anwalt aufgetreten war, erschien sein Beifall für das Tötungsprogamm im Allgemeinen und die außergerichtliche Tötung eines US-Bürgers im Besonderen ausgesprochen nützlich.

Das Weiße Haus hoffte zudem, mit Kohs öffentlichem Eintreten für das Programm den Kritikern den Wind aus den Segeln zu nehmen. »Auch das Militär und die CIA waren von dieser Idee sehr angetan«, meinte *Newsweek*-Korrespondent Daniel Klaidman, Autor des Buchs *Kill or Capture*, zu dieser Werbekampagne für gezielte Tötungen.[16] »Insgeheim gaben sie dem Anwalt des Außenministeriums den Spitznamen ›Killer-Koh‹. Einige Mitarbeiter überlegten sogar, sich auf T-Shirts den Spruch drucken zu lassen: ›Drohnen: Wenn sie Harold Koh taugen, taugen sie auch mir.‹«

Zur Vorbereitung seiner öffentlichen Rede erhielt Koh Zugang zu den nachrichtendienstlichen Erkenntnissen von Militär und CIA. Einen ganzen Tag lang studierte Koh in einer abgeschirmten, geheimen Einrichtung die Akten. Laut Klaidman, dessen Buch fast gänzlich auf vertraulichen Informationen von Regierungsvertretern basiert,

hatte Koh sich einen eigenen rechtlichen Maßstab zurechtgelegt, um die gezielte Tötung eines US-Bürgers zu rechtfertigen: Diese Person verkörpere das Böse schlechthin, was durch knallharte Fakten belegt sei. Das war kein im formalen Sinne rechtlicher Maßstab, aber eine Messlatte, mit der Koh zufrieden war. Jetzt las er von zahlreichen Anschlagsplänen zur Tötung von Amerikanern und Europäern, in die Awlaki tief verstrickt sei. Es gebe Pläne, in westlichen Ländern Trinkwasser und Nahrungsmittel mit Botulin zu vergiften und Amerikaner mit Rizin und Zyanid zu töten. Awlakis Einfallsreichtum, immer neue und noch gefährlichere Pläne auszuhecken, war er-

schreckend. Koh war erschüttert, als er den Raum verließ. Awlaki
war nicht nur böse, er war geradezu der Satan in Person.[17]

In seiner Rede am 25. Mai 2010 erklärte Koh, »die amerikanischen Praktiken der gezielten Tötung, einschließlich der Tötung mittels unbe-
mannter Drohnen, stehen in Einklang mit dem gesamten geltenden
Recht, auch dem Kriegsrechts«. Koh sprach auf der Jahresversammlung
der American Society of International Law. Mit allem Nachdruck verteidigte er die Praxis der Regierung Obama:

> Manche behaupten, die Anwendung tödlicher Gewalt gegen Per-
> sonen verhindere ein angemessenes Gerichtsverfahren und stelle
> daher eine *gesetzwidrige außergerichtliche Tötung* dar. Ein Staat je-
> doch, der sich in einem bewaffneten Konflikt oder in legitimer
> Selbstverteidigung befindet, ist nicht verpflichtet, Zielpersonen ein
> Gerichtsverfahren zu ermöglichen, bevor er tödliche Gewalt anwen-
> det … Manche behaupten, unsere Praktiken der gezielten Tötung
> verstießen gegen *nationales Recht*, vor allem gegen das seit langem
> geltende *Verbot von [staatlich angeordneten] Attentaten*. Aber nach
> nationalem Recht ist die Verwendung legaler Waffensysteme – in
> Einklang mit dem geltenden Kriegsrecht – zur präzisen Bestim-
> mung hochrangiger aggressiver Zielpersonen im Falle der Selbst-
> verteidigung oder während eines bewaffneten Konflikts nicht ge-
> setzwidrig und stellt daher kein »Attentat« dar.[18]

Nassers Anwälte präsentierten Anwar Awlaki keineswegs als Unschulds-
lamm. Doch wenn er ein Terrorist und aktives Mitglied von al-Qaida
sei, wie die Regierung behaupte – so die Argumentation der Anwälte –,
sollten dafür Beweise vorgelegt werden, die einem Gerichtsverfahren
standhielten. Wenn es stimme, was die Regierung heimlich der Presse
zuflüstere – dass Awlaki in terroristische Komplotte verwickelt sei, darunter auch Anschläge auf die USA mit Chemiewaffen –, warum werde
dann nicht Anklage gegen Awlaki erhoben und seine Auslieferung aus
dem Jemen verlangt, damit man ihn vor Gericht bringen könne?
»Wenn jemand eine Gefahr darstellt und es dafür Beweise gibt, na
schön, dann klag ihn an und mach ihm einen fairen Prozess«, sagte Kebriaei. »Der Präsident, das Verteidigungsministerium und die CIA können doch nicht einfach nach eigenem Gutdünken und im Geheimen

festlegen, dass diese Leute eine Gefahr darstellen. Und es kann nicht sein, dass wir sie nicht nur wegsperren, sondern umbringen.«

Die Regierung ließ weiterhin Informationen durchsickern, wonach Awlaki erwiesenermaßen bei al-Qaida aktiv sei, und die Medien begannen, Awlaki als einen oder als *den* AQAP-Anführer hinzustellen. Als Awlakis Anwälte versuchten, die beiden Behauptungen gerichtlich verbieten zu lassen, unterbanden dies die Anwälte der Regierung. Der Regierungsanwalt »marschierte ins Gericht und verkündete: ›Bei diesem Fall geht es um einen Anführer von AQAP, und alles, was damit im Zusammenhang steht, fällt unter das Staatsgeheimnis. Wir können daher nicht über die Beweise sprechen, das sollten Sie wissen‹«, erzählte mir Kebriaei. »Es kann einen verrückt machen, wenn die Regierung Anschuldigungen vorbringt, die durch keinerlei Fakten belegt sind, Informationen, die wir nicht gesehen haben und zu denen wir keinen Zugang haben, wenn man [in der Presse] diese Berichte liest und darauf nichts erwidern kann. Die Regierung Bush hat für sich in Anspruch genommen, im Rahmen des Kriegs gegen den Terror Personen willkürlich inhaftieren zu dürfen. Und die Regierung Obama verschärft das jetzt noch und nimmt für sich in Anspruch, willkürlich Menschen töten zu dürfen«, sogar amerikanische Staatsbürger.

37 „Wir sind hergekommen, um Märtyrer zu werden, mein Bruder."

Jemen, 2009–2010

Kaum im Jemen angekommen, verlor Samir Khan sein Mobiltelefon. So etwas passiert Touristen und Studenten auf der ganzen Welt. Aber für Khan war dieser Verlust dramatisch. Sein Mobiltelefon war die einzige Möglichkeit, mit den Leuten in Verbindung zu treten, die er im Jemen finden wollte: die Mudschahedin. Khan hatte die Mobilfunknummer eines Mannes, der ihn angeblich mit AQAP in Kontakt bringen konnte. Die beiden hatten SMS-Nachrichten ausgetauscht und geplant, sich zu treffen, als Khans Telefon verschwand. Der junge Amerikaner mit pakistanischen Wurzeln geriet in Panik. »Er war wie am Boden zerstört, weil das seine einzige Verbindungsmöglichkeit zu den Mudschahedin war«, erzählte sein Freund Abu Jazid, ein bekennender Dschihadist. »Trotzdem dachte er nie daran, zurückzufliegen.«[1] Khan blieb nichts übrig, als in die Moscheen zu gehen und zu hoffen, dort jemandem zu begegnen, der ihm den Kontakt vermitteln konnte. Eines Abends, mitten im Gebet, tippte ihm ein Mann auf die Schulter. »Bist du Samir?«, fragte er. Khan nickte. »Ich bin der Bruder des Mannes, dem du die SMS geschickt hast«, erklärte der Unbekannte. Bald darauf packte Khan seine Habseligkeiten, verließ Sanaa und unternahm von da an keinen Versuch mehr, so zu tun, als wäre er in den Jemen gereist, um an einer der Universitäten Englisch zu unterrichten oder Arabisch zu lernen. Er war auf dem Weg, bei den Mudschahedin den Dschihad zu studieren, die ihn als einen ihrer Muhadschirin (Emigranten) willkommen heißen würden.

Unterdessen tauchten in Khans Haus in North Carolina FBI-Agenten auf. »Sie hatten erfahren, dass Samir in den Jemen gereist war«, berichtete seine Mutter Sarah Khan. »Und sie fragten, wie er dorthin gekommen sei und so weiter und ob wir Verbindung zu ihm hätten.«[2] Die Agenten wollten wissen, »mit wem er dort in Kontakt stand und Ähnliches. Wir hatten schon verschiedentlich in den Nachrichten, im Internet und in den Zeitungen gesehen, dass das FBI Muslime überprüfte, deshalb dachten wir, dass es sich jetzt auch um so etwas handelte.« Sarah Khan hatte die Meldungen über den Einsatz von amerikanischen Cruise Missiles im Jemen und über den »Unterhosenbomber« verfolgt. Als Mutter eines Sohns, der, wie sie glaubte, an einer jemenitischen Universität studierte, war sie »natürlich sehr erschrocken. Es war eine sehr beängstigende Situation für uns.« Aber »Samir war ja an einer Universität, und so dachten wir nicht, dass er in Gefahr sei«. Samir war jedoch nicht mehr in der Universität. Er steuerte geradewegs ins Zentrum eines sich ausweitenden Kriegs der USA gegen AQAP.

In einem al-Qaida-Lager im Jemen taucht man nicht einfach so auf und wird mit offenen Armen empfangen. Es gibt ein Überprüfungsverfahren. Aber durch seine Blogs und seine Online-Magazin war Khan bereits eine bekannte Größe, und die AQAP-Führung war sehr angetan von der Vorstellung, einen amerikanischen Dschihadisten in ihren Reihen zu haben. Nach seiner Ausbildung konnte es Khan kaum erwarten, am bewaffneten Kampf teilzunehmen. »Samirs Sehnsucht, im Namen Allahs zum Märtyrer zu werden, war außergewöhnlich«, berichtete sein Freund Abu Jazid. Einmal schickte ihm Khan eine SMS, in der stand: »Wir sind hergekommen, um Märtyrer zu werden, mein Bruder. Wir werden nicht wieder gehen, bevor erreicht ist, wofür wir hier sind.« AQAP veröffentlichte schließlich Fotos, auf denen Khan Waffen schwingend und im Nahkampf zu sehen war, aber nach Ansicht der Mudschahedin lag Khans größtmöglicher Beitrag in seiner Rolle als Propagandist. Als er schließlich zu einem AQAP-Stützpunkt kam, lauschten die jemenitischen und saudischen Dschihadisten, denen er begegnete, seinen Geschichten von der Überwachung durch das FBI und den Schikanen der US-Regierung. Und sie studierten eifrig seine Artikel und früheren Arbeiten in seinen Online-Magazinen.

»Ich erfuhr, dass er einen sehr weiten Weg unter sehr schwierigen Umständen gegangen war, ganz zu schweigen von der Tatsache, dass er steckbrieflich gesucht wurde und die CIA ihn jagte«, schrieb Abu Jazid. »Seine Waffen zur Verteidigung des Islam waren sehr simpel – ein Laptop und eine Kamera. Doch er hatte Munition in Überfülle. Diese Munition war der Glaube an den Dschihad in Allahs Fußstapfen.« Khans neue Freunde fanden sein breites Grinsen ansteckend und baten ihn oft, »auf Englisch« zu lachen. Sie »fühlten sich von ihm motiviert

und inspiriert, da er um der Sache des Islam willen den Ozean über-
quert hatte«.

Obwohl Khan von der Ausbildung an den Waffen ganz begeistert
war, teilte ihn die AQAP-Führung ihrer Medienabteilung zu. Er sollte
beim Aufbau einer englischsprachigen Publikation zur Verbreitung ihrer Botschaft in der muslimischen Diaspora helfen. Geplant war eine
professionell gemachte, hochqualitative Online-Zeitschrift mit dem Titel *Inspire*. Auf der Volkshochschule in North Carolina hatte Khan sich
mit Webdesign befasst und bereits mehrere eigene Websites sowie ein
Online-Magazin kreiert ähnlich dem, das AQAP vorschwebte.[3] Während sich Khan in das Leben bei AQAP eingewöhnte, bestand seine
Hauptaufgabe darin, »im Internet verstreute Einzelpersonen miteinander in Verbindung zu bringen und ihnen Hilfestellung zu leisten«,
sagte der ausgewiesene AQAP-Experte Aaron Zelin. »Er war ein [der-
art] wichtiges Verbindungsglied, dass ohne ihn die Rekrutierung viel
schwieriger gewesen wäre, vor allem nachdem Awlakis Website aus
dem Netz genommen worden war. Khan verstand es, die Jugend im
Westen anzusprechen, ohne überheblich zu wirken. Seine Methode sah
ungefähr so aus: ›Schaut her, ich bin nur ein Durchschnittstyp, nicht
mal ein Religionsschüler, und trotzdem habe ich es geschafft, mich dem
Dschihad anzuschließen, um die Abtrünnigen und die zionistischen
Kreuzzügler zu bekämpfen. Also könnt ihr es auch.‹«[4]

Bei der ersten Ausgabe von *Inspire* übernahm Khan des grafische
Design, die Redaktion und einige Übersetzungen. Dafür legte er sich
mehrere Noms de Guerre zu, darunter al-Qaqa al-Amiriki und Abu Shi-
dah, Vater der Erbarmungslosigkeit. »Meiner Ansicht nach wählte er einen möglichst drastischen Kampfnamen, um die Feinde des Islam einzuschüchtern«, erklärte Abu Jazid. Khan stürzte sich geradezu in die
Arbeit für *Inspire* und lernte leidenschaftlich Arabisch. Wenn seine Kameraden versuchten, bei ihm ihr Englisch zu üben, antwortete Khan auf
Arabisch. »Ich kann mich nicht erinnern, dass wir uns einmal zusam-
mengesetzt haben, außer wenn er mich etwas zum arabischen Vokabu-
lar fragen wollte«, berichtete sein Freund. »Jedes Mal, wenn ich ihn traf,
stellte ich fest, dass sich sein Arabisch verbessert hatte. Im Laufe seines
Aufenthalts machte er riesige Fortschritte. Man konnte kaum noch her-
aushören, dass er ein englischsprachiger Bruder war.«

Khan wurde genau in dem Moment Mitglied von AQAP, als diese
in Washington alle Alarmglocken schrillen ließ. AQAP wollte mit *In-*

spire ihre Mission in einem englischsprachigen Publikum verbreiten und die Dschihadisten im Westen, die »einsamen Wölfe«, zu Anschlägen ermutigen. Aber das Magazin spielte auch der amerikanischen Propagandakampagne in die Hände, die AQAP als eine ernste Bedrohung darstellen wollte. Mit einem Magazin auf Englisch konnte jedermann lesen, was es mit den Zielen von AQAP auf sich hatte. Und von der ersten Ausgabe an war Anwar Awlaki als prominenter Kommentator und Religionsexperte in *Inspire* mit Beiträgen vertreten.

Doch *Inspire* bot wenig, was nicht schon viel früher in der arabischsprachigen Online-Zeitschrift von AQAP, *Sada al-Malahin*, gestanden hatte. Nur konnten jetzt auch die Analytiker der US-Geheimdienste, von denen nur wenige Arabisch beherrschten, die Erklärungen der Terrorgruppe mühelos lesen. »Bei Erscheinen der ersten Ausgabe von *Inspire* hatte AQAP bereits dreizehn Ausgaben ihres arabischsprachigen Magazins veröffentlicht, das inhaltlich viel mehr über AQAP verriet«, sagte Zelin. Die Veröffentlichung von *Inspire* sei »zeitlich mit dem Vorhaben von AQAP zusammengefallen, ihre globalen Ziele intensiver zu verfolgen, vor allem im Hinblick auf das Weihnachtsattentat. AQAP wollte immer die USA direkt treffen. *Inspire* bot die Möglichkeit, die Sympathisanten im Westen zusammenzuscharen und ihre Mitgliederzahl aufzustocken, um leichter Anschläge gegen den Westen zu planen.«

Die erste Ausgabe von *Inspire* war alles andere als ein durchschlagender Erfolg. Von den 67 Seiten enthielten nur vier lesbare Beiträge. Die übrigen 63 Seiten bestanden aus einem Computercode, bei dem es sich – wie sich nach seiner Entschlüsselung herausstellte – um Kuchenrezepte aus der beliebten amerikanischen Talkshow der Komikerin Ellen DeGeneres handelte. Unklar ist, wie die Dateien ausgetauscht werden konnten. Angeblich hatten Anti-AQAP-Hacker, der MI6 oder möglicherweise sogar die CIA einen Cyberangriff durchgeführt.[5]

Wie dem auch sei, im Juni 2010 gelangte schließlich Ausgabe eins von *Inspire* in unverfälschter Form ins Internet. »Allah sagt: ›Und inspiriert die Gläubigen zum Kampf‹«, begann der Beitrag des ungenannten *Inspire*-Herausgebers. »Von diesem Vers haben wir den Namen unseres neuen Magazins abgeleitet.« *Inspire*, hieß es weiter, sei »das erste Magazin, das al-Qaida in englischer Sprache herausgibt. Im Westen, im Osten, im westlichen und südlichen Afrika, im südlichen und südwestlichen Asien und noch an vielen anderen Orten leben Millionen Muslime, deren Erst- oder Zweitsprache Englisch ist. Wir wollen mit diesem Magazin der weiten und zerstreuten englischsprachigen muslimischen Leserschaft eine Plattform für die wichtigen Themen bieten, mit denen sich die Umma heute beschäftigt.«[6]

Die erste Ausgabe von *Inspire* enthielt ein »Exklusivinterview« mit dem AQAP-Führer Nassir al-Wuhaischi, auch bekannt als Abu Basir, und – in Übersetzung – Beiträge von bin Laden und al-Sawahiri. Zu lesen war auch ein Lobgesang auf Abdulmutallab, den gescheiterten »Unterhosenbomber«. Das Magazin war an den Stil eines typisch amerikanischen Teenager-Magazins angelehnt, allerdings ohne Bilder von modisch gekleideten Frauen und Prominenten. Stattdessen zeigte es Fotos von Kindern, die angeblich durch amerikanische Raketenangriffe getötet worden waren, und von bewaffneten und maskierten Dschihadisten. Ein mit »AQ-Chef« gezeichneter Artikel mit der Überschrift »Baue in der Küche deiner Mutter eine Bombe« enthielt eine Anleitung zur Herstellung von Sprengsätzen aus simplen Haushaltsmitteln. In einem anderen Beitrag wurde detailliert beschrieben, wie man militärische Chiffrierungssoftware zur Verschlüsselung von E-Mails und SMS-Nachrichten herunterlädt.

Doch am erschreckendsten war wohl die »Abschussliste« mit den Namen von Personen, die angeblich »blasphemische Karikaturen« des Propheten Mohammed verbreitet hatten. Ende 2005 hatte *Jyllands-Posten* – eine dänische Tageszeitung – ein Dutzend Karikaturen des Propheten abgedruckt, offenbar als Beitrag zur Debatte über die Selbstzensur innerhalb des Islam.[7] Die Karikaturen versetzten weltweit Muslime in Rage, lösten massive Proteste aus und führten zu Morddrohungen gegen ihre Urheber und Bombendrohungen gegen die Zeitung. Auf der von *Inspire* veröffentlichten Abschussliste standen Herausgeber von Zeitungen, antimuslimische Experten, die die Karikaturen verteidigt hatten, und der Schriftsteller Salman Rushdie. Verzeichnet war auch der Name von Molly Norris, der Comicautorin aus Seattle, die den »Malt-alle-Mohammed-Tag« ausgerufen hatte.[8] Sie habe das als Reaktion auf die Entscheidung des Senders US Comedy Central getan, der nach Erhalt einer Todesdrohung eine Szene aus der beliebten Comicsendung *South Park* streichen ließ, in der auf die Kontroverse angespielt wurde, sagte Morris.

Der Abschussliste war ein Artikel von Awlaki beigegeben, in dem er die Muslime dazu aufrief, alle anzugreifen, die das Bildnis Mohammeds diffamierten. »Ich möchte meinen Brüdern von *Inspire* meinen Dank aussprechen, dass sie mich eingeladen haben, in der ersten Ausgabe ihres neuen Magazins den Leitartikel zu schreiben.« Dann hob er zu einer Verteidigung des Mordes an all jenen an, die Mohammed verunglimpften. »Ihre große Zahl macht es uns leichter, weil wir damit aus mehr Zielen auswählen können und außerdem die Regierung kaum in der Lage ist, ihnen allen besonderen Schutz zu bieten.« Und er fuhr fort:

Aber selbst dann sollte sich unser Feldzug nicht auf jene beschränken, die sich aktiv an der Schmähung beteiligen. Diese Übeltäter agieren nicht in einem Vakuum, sondern innnerhalb eines Systems, das ihnen Hilfe und Schutz gewährt. Die Regierung, die politischen Parteien, die Polizei, die Geheimdienste, Blogs, soziale Netzwerke, die Medien und vieles mehr sind Teil eines Systems, in dem die Diffamierung des Islam nicht nur geschützt, sondern sogar gefördert wird. Die Hauptelemente dieses Systems sind die Gesetze, die diese Blasphemie legalisieren. Weil sie ein »Recht« ausüben, das vom Gesetz geschützt ist, haben sie die Rückendeckung durch das ganze politische System des Westens. Dies würde den Angriff auf jedes westliche Ziel aus islamischer Sicht rechtfertigen ... Attentate, Bomben- und Brandanschläge sind legitime Formen der Vergeltung an einem System, das sich im Namen der Freiheit an der Entweihung des Islam ergötzt.[9]

Als *Inspire* erschien, gerieten manche Geheimdienstleute in Panik. Die erste Sorge war, jene Personen zu schützen, die als Ziel von Anschlägen genannt worden waren. Das FBI leitete unverzüglich Schutzmaßnahmen für die Karikaturistin aus Seattle ein, die es für akut gefährdet hielt. Morris änderte schließlich ihren Namen und zog an einen anderen Ort. Auch in anderen Ländern ergriffen die Polizeibehörden entsprechende Maßnahmen.[10]

Die »Abschussliste« bestätigte die Befürchtungen, dass Awlaki junge Muslime im Westen zu Terroranschlägen in der Art der »einsamen Wölfe« anstacheln könnte. *Inspire* wurde für die amerikanischen Geheimdienste zu einer der Hauptquellen für Informationen über AQAP und Awlaki. Die Analytiker suchten in jeder Ausgabe nach Hinweisen auf seinen Aufenthaltsort und mögliche Anschlagspläne. »Je mehr *Inspire* und Anwar al-Awlaki zum Thema wurden, desto mehr konzentrierten sich die Medien auf das Magazin und den Mann. Was dazu führte, dass AQAP beide noch mehr förderte und sich im Grunde diese kostenlose Werbung zunutze machte«, erläuterte Gregory Johnsen, Jemen-Experte an der Princeton University. »Die Reaktion der US-Regierung auf *Inspire* zu beobachten, war ein wenig schockierend, weil AQAP viele dieser Dinge genau so schon Jahre zuvor verkündet hatte – nur früher eben auf Arabisch in *Sada al-Malahin*. Als dann *Inspire* erschien, verstanden viele Leute in der amerikanischen Regierung, die nicht das Instrumentarium hatten, *Sada al-Malahin* zu lesen, mit einem Mal, was AQAP gesagt hatte. Und das führte gerade in den Monaten nach dem gescheiterten Anschlag am Weihnachtstag 2009 in manchen Behörden zu einer Überreaktion und zu Panik.«[11]

Awlaki und Khan schienen sehr stolz darauf zu sein, dass die amerikanische Regierung in dieser Weise auf *Inspire* reagierte. In den folgenden Ausgaben veröffentlichte das Magazin an prominenter Stelle Zitate von offiziellen amerikanischen Stellen, die *Inspire* und die diversen Drohungen darin verurteilten. Samir Khan war plötzlich ein Star in der internationalen Dschihadisten-Szene. »Alle ernstzunehmenden Experten halten Khan für den Herausgeber von *Inspire*. Nicht nur, weil er selbst Beiträge schreibt, sondern aufgrund der Ähnlichkeit zwischen *Inspire* und Khans früherer Publikation *Jihad Recollections*, die er vor seiner Reise in den Jemen im Internet herausgab«, sagte Zelin. Im Jemen entwickelte Khan eine enge Beziehung zu Awlaki, den er aus der Ferne schon lange bewundert hatte. »Zweifellos hat Khan Awlaki vergöttert – sowohl wegen seiner Predigten als auch wegen seiner Lebenseinstellung«, erklärte Johnsen. Schließlich sei Khan eine »Art leitender Berater« für Awlaki geworden. Und Anwar Awlaki bekannte sich ohne Wenn und Aber zu seinem Bündnis mit AQAP. Mit früheren Anschlägen hatte er nur vage in Zusammenhang gestanden. Jetzt aber spornte er offen zu Attentaten auf genau benannte Personen in aller Welt an.«

AQAP-Chef Nassir al-Wuhaischi erkannte, welche Vorteile darin lagen, dass Awlaki für die USA geradezu zur fixen Idee geworden war. Daher schlug er Osama bin Laden vor, Awlaki zum neuen AQAP-Anführer zu ernennen. Am 27. August 2010 wies bin Laden seinen Stellvertreter Scheich Mahmud, auch bekannt als Atija Abd Rahman, al-Wuhaischi eine Nachricht zu übermitteln.[12] Bin Laden schien Awlaki als Verbündeten und potenziell wertvollen Helfer für die Ziele von al-Qaida zu betrachten. Das Problem, erklärte bin Laden, liege darin, dass Awlaki innerhalb von al-Qaida eine unbekannte Größe sei und er im aktuellen Dschihad erst noch beweisen müsse, was in ihm stecke. »Jemand mit Eigenschaften, wie sie unser Bruder Anwar zeigt … ist eine gute Sache, die dem Dschihad dient«, schrieb bin Laden und fügte hinzu, er wünsche, » ihn besser kennenzulernen … Hier bei uns sind wir uns im Allgemeinen erst dann sicher, wenn die Leute aufs Schlachtfeld gegangen sind und sich dort bewährt haben.« Bin Laden bat al-Wuhaischi um »den Lebenslauf unseres Bruders Anwar al-Awlaki, genau und ausführlich«, sowie um eine schriftliche Stellungnahme von Awlaki selbst, in der er »seine Vorstellungen im Einzelnen« darlegen solle. Al-Wuhaischi solle »seinen Posten behalten, für den er qualifiziert ist und auf dem er unsere Sache im Jemen vertreten kann«.

Samir Khan freute sich über seinen neuen Ruhm und veröffentlichte zahlreiche Beiträge, in denen er seine Erfahrungen als Beispiel dafür präsentierte, wie sich junge Muslime im Westen dem Dschihad anschließen konnten. »Ich habe Amerika verraten, weil meine Religion das von mir verlangt. Ein Verräter verdient entweder Lob oder Verachtung. Was gut ist und was böse, wird durch die politische Haltung definiert, die man einnimmt«, schrieb Khan. »Ich bin ebenso stolz, aus der Sicht Amerikas ein Verräter zu sein, wie ich stolz bin, ein Muslim zu sein. Und ich ergreife diese Gelegenheit, um meinen Treueeid (*Bai'yah*) und den Bai'yah der Mudschahedin der Arabischen Halbinsel zu erneuern, unseren Treueeid auf den grimmigen Löwen, den Helden des Dschihad, den demütigen Diener Gottes, meinen geliebten Scheich Usama bin Laden, möge Allah ihn beschützen. Wahrlich, er hat die Thröne der Tyrannen dieser Welt ins Wanken gebracht. Wir geloben, für den Rest unseres Lebens den Dschihad zu führen, bis wir entweder den Islam auf der ganzen Welt verbreitet haben oder unserem Herrn als Verfechter des Islam gegenübertreten. Und wie ehrbar, abenteuerlich und vergnüglich ist ein solches Leben verglichen mit dem jener Menschen, die einfach dasitzen und von neun bis fünf arbeiten?«[13]

38 Die Hetzjagd auf Abdulelah Haider Shaye

Jemen, Sommer 2010

In den Monaten nach den Raketenangriffen auf al-Majalah recherchierte der junge Journalist Abdulelah Haider Shaye weiter über den Vorfall. Er berichtete regelmäßig auf Al-Dschasira darüber sowie auch über weitere amerikanische Angriffe im Jemen. Auch Awlaki hatte er bereits mehrmals interviewt und sich innerhalb wie außerhalb des Jemen den Ruf eines führenden Kritikers am sich ausweitenden verdeckten Krieg der USA in dem Land erworben. »Vor allem beschäftigte ihn die Frage, wie Salih die al-Qaida-Karte spielte, um von den USA mehr Geld und logistische Unterstützung zu bekommen«, erzählte der Cartoonist Kamal Sharaf, Shayes engster Freund.[1] »Abdulelah war der Einzige, der kritisch war und die Wahrheit über al-Qaida aussprach. Deshalb schätzte man ihn in der arabischen Welt und in Amerika.« Shaye arbeitete mit der *Washington Post*, ABC News, Al-Dschasira und vielen anderen internationalen Medien zusammen und veröffentlichte oft Artikel, die ein negatives Licht auf das Vorgehen der USA im Jemen warfen.

Im Juli 2010, sieben Monate nach den Angriffen in al-Majalah, waren Shaye und Sharaf unterwegs, um Besorgungen zu machen. Sharaf ging in einen Supermarkt, während Shaye draußen wartete. Als Sharaf aus dem Laden kam, sah er »bewaffnete Männer, die [Shaye] ergriffen und ihn zu einem Wagen brachten«. Wie sich herausstellte, waren diese Männer Agenten des jemenitischen Geheimdiensts. Sie nahmen Shaye fest, zogen ihm eine Kapuze über den Kopf und brachten ihn an einen unbekannten Ort. Sharaf zufolge bedrohten die Agenten Shaye und warnten ihn vor weiteren Berichten im Fernsehen. Shayes Reportagen über den Raketenangriff und seine Kritik an den Regierungen der USA und des Jemen »veranlassten das Regime, ihn zu entführen. Einer der Vernehmungsbeamten sagte zu ihm: ›Wir werden dein Leben zerstören, wenn du weiterhin dein Maul aufreißt‹«, so Sharaf. Schließlich wurde

Shaye mitten in der Nacht auf einer Straße freigelassen. »Abdulelah war schon mehrmals telefonisch von Agenten der politischen Polizei bedroht worden, und dann wurde er das erste Mal gekidnappt, geschlagen und im Zusammenhang mit seinen Berichten und Analysen zum Bombenangriff auf al-Majalah und zum US-Krieg gegen den Terrorismus im Jemen verhört«, erklärte mir Shayes jemenitischer Anwalt, Abdulrahman Barman. »Ich denke, er wurde auf Verlangen der USA verhaftet.«[2]

Shaye reagierte auf seine Entführung, indem er auf Al-Dschasira darüber berichtete. Mohamed Abdel Dayem, Vorsitzender des Komitees zum Schutz von Journalisten im Nahen Osten und Nordafrika, war in der Nacht, als Shaye verhaftet wurde, zufällig im Jemen. Dayem wollte Nachforschungen über ein vom jemenitischen Regime eingerichtetes Sondergericht anstellen, das regierungskritische Journalisten verfolgen sollte. Zwei Tage vor Shayes Verhaftung hatte sich Dayem mit ihm getroffen. »Ich merkte sofort, dass er ein sehr kluger Journalist und wirklich bereit war, große Risiken einzugehen, um an die schwierigen Sachen ranzukommen, weil die leichten ja jedem zugänglich sind«, sagte Dayem.[3] In der Nacht von Shayes Verhaftung bereitete Dayem im Studio von Al-Dschasira in Sanaa ein Interview vor, als sein Telefon läutete. Es war Shaye. »Ich komme gerade aus dem Gefängnis«, sagte er. »Jetzt gehe ich nach Hause und ziehe mir eine andere Jacke an. Diese hier ist voller Blut. In zwanzig Minuten bin ich bei Ihnen.« Laut Dayem kam Shaye ins Studio und »nahm in der Sendung kein Blatt vor den Mund«, als er über seine Entführung berichtete und erklärte, warum er seiner Ansicht nach verfolgt wurde.

Ungefähr zur selben Zeit empfahl die US-Regierung den großen amerikanischen Medien, die mit Shaye zusammenarbeiteten, in vertraulicher Form, ihre Beziehung mit ihm zu beenden. Der Mitarbeiter eines bekannten US-Medienunternehmens erzählte mir, die Regierung habe sie gewarnt, Shaye würde mit seinem Honorar al-Qaida unterstützen.[4] Ein amerikanischer Geheimagent erklärte gegenüber dem Journalisten eines bekannten Magazins, es lägen »geheime Beweise« vor, dass Shaye mit al-Qaida »kooperiere«. »Ich war überzeugt, dass er ein Agent war«, sagte der Geheimdienstmann.[5] So wie die US-Regierung Awlaki zum Schweigen bringen wollte, so auch jeden, der Awlakis Ansichten publik machte oder AQAP-Anführer interviewte.

Als ich 2011 Sharaf in einem Café in Sanaa traf, schüttelte er bei dem Gedanken, Shaye könnte auf Seiten von al-Qaida gestanden haben, ungläubig den Kopf. »Abdulelah berichtete stets über Tatsachen, aber nicht um der Amerikaner oder al-Qaida willen, sondern weil er der Ansicht war, dass das, was er berichtete, die Wahrheit war und es die Aufgabe eines Journalisten ist, die Wahrheit aufzudecken«, so Sharaf. »Er ist ein richtiger Profi«, fügte er hinzu. »So jemand ist im jemenitischen Journalismus selten, wo neunzig Prozent der Journalisten einfach etwas hinschreiben und kaum glaubwürdig sind.« Shaye sei, so Sharaf, »sehr unvoreingenommen, und er lehnt jeden Extremismus ab. Er war stets gegen Gewalt und das Töten Unschuldiger im Namen des Islam. Und er war auch dagegen, unschuldige Muslime unter dem Vorwand der Terrorismusbekämpfung zu töten. Seiner Meinung nach hätte der Krieg gegen den Terror auf kultureller und nicht auf militärischer Ebene geführt werden müssen. Er glaubt, dass Gewalt nur noch mehr Gewalt erzeugt und die Ausbreitung weiterer extremistischer Strömungen in der Region fördert.«

Inzwischen hatte Sharaf wegen seiner Karikaturen von Präsident Salih und seiner Kritik am Krieg der jemenitischen Regierung gegen die Minderheit der Huthi im Nordjemen selbst Schwierigkeiten mit dem jemenitischen Regime. Er hatte auch die konservativen Salafisten kritisiert. Und seine enge Freundschaft mit Shaye brachte ihn in Gefahr.

Am Abend des 6. August 2010, im Ramadan, hatten Sharaf und seine Familie gerade das Fasten gebrochen, als er vor seinem Haus Schreie hörte: »Kommt raus, das Haus ist umstellt!« Als Sharaf nach draußen trat, »sah ich Soldaten, die ich noch nie gesehen hatte. Sie waren groß und wuchtig – sie erinnerten mich an amerikanische Marines. Da begriff ich, dass sie von der Antiterroreinheit waren. Sie hatten moderne Lasergewehre. Und sie trugen Uniformen, wie sie amerikanische Marines haben«, erzählte Sharaf. Sie befahlen ihm mitzukommen. »Was wird mir vorgeworfen?«, wollte er wissen. »Das wirst du schon noch erfahren«, erhielt er zur Antwort.

Zur selben Zeit, als Sharaf verhaftet wurde, umstellten jemenitische Kräfte auch Shayes Haus. »Abdulelah weigerte sich herauszukommen, also stürmten sie das Haus, packten ihn mit Gewalt und schlugen ihn so, dass er einen Zahn verlor«, sagte Sharaf. »Wir wurden mit verbundenen Augen und in Handschellen ins Gefängnis für nationale Sicherheit gebracht, das von den Amerikanern mitgetragen wird.« Getrennt voneinander wurden die beiden in finstere unterirdische Zellen geworfen, berichtete Sharaf. »Man hielt uns ungefähr dreißig Tage während des Ramadan im Gefängnis für nationale Sicherheit fest. Dort wurden wir fortlaufend verhört.«

In diesem ersten Monat sahen Sharaf und Shaye sich nicht. Schließlich brachte man sie ins Gefängnis für politische Häftlinge, wo sie sich eine Zelle teilten. Sharaf kam schließlich frei, nachdem er sich verpflichtet hatte, keine Karikaturen von Präsident Salih mehr zu zeichnen. Shaye lehnte einen ähnlichen Handel ab.

Shaye verbrachte 34 Tage in Isolationshaft, ohne einen Anwalt kontaktieren zu dürfen. Seine Familie wusste nicht einmal, wo er sich befand oder weshalb er verhaftet worden war.[6] Schließlich erhielten seine Anwälte von einem freigelassenen Häftling einen Hinweis und konnten mit ihm Kontakt aufnehmen. »Nach seiner Verhaftung sperrte man Abdulelah fünf Tage lang in eine verdreckte, stinkende Toilette. Ich stellte fest, dass ihm ein Zahn fehlte und ein anderer abgebrochen war, außerdem hatte er Narben auf der Brust«, berichtete Barman. »Ziemlich viele Narben. Und er wurde psychisch gefoltert. Man sagte ihm, sämtliche Freunde und seine ganze Familie hätten ihn verlassen und niemand kümmere sich um seinen Fall. Er wurde mit falschen Informationen gefoltert.«

Am 22. September brachte man Shaye vor ein Gericht. Doch die Staatsanwälte baten um mehr Zeit für ihre Vorbereitung.[7] Einen Monat später kam er, in einen Käfig gesperrt, vor den jemenitischen Staatsgerichtshof, der auf Anordnung des Präsidenten eingerichtet worden war. Menschen- und Medienrechtsorganisationen brandmarkten dieses Gericht rundheraus als gesetzwidrig und unlauter, was die jemenitische Regierung jedoch von sich wies. »O ja. Das Gerichtsverfahren war eine Farce. Und das Gericht selbst ebenfalls«, sagte Dayem vom Committee to Protect Journalists. »Ich weiß von keinem einzigen vor diesem speziellen Strafgerichtshof verhandelten Fall, der auch nur im entferntesten den Maßstäben eines ordentlichen Prozesses entsprochen hätte.«

Der Richter verlas eine Reihe von Anklagepunkten. Shaye wurde beschuldigt, der »Medienmann« von al-Qaida zu sein, Mitglieder zu rekrutieren und al-Qaida mit Fotos von jemenitischen Stützpunkten und ausländischen Botschaften zu versorgen, die sich als Ziele für Anschläge eignen könnten. »Er wurde«, sagte Barman, »unter anderem der Mitgliedschaft in einer bewaffneten Gruppierung beschuldigt, die die Stabilität und Sicherheit des Landes untergraben wolle. Des Weiteren warf man ihm vor, al-Qaida-Mitglieder zum Attentat auf Präsident Ali Abdullah Salih und seinen Sohn anzustacheln, für al-Qaida Mitglieder zu rekrutieren, für al-Quaida und vor allem für Anwar Awlaki als Propagandist tätig zu sein. Auf die meisten dieser Anklagepunkte steht nach jemenitischem Recht die Todesstrafe.« Während die Anklageschrift verlesen wurde, schritt Shaye »in seinem weißen Käfig langsam auf und ab, lächelte und schüttelte ungläubig den Kopf«, berichtete die Journalistin und langjährige Auslandskorrespondentin Iona Craig, die regelmäßig für die Londoner *Times* aus dem Jemen berichtete.[8]

Nachdem der Richter die Anklage verlesen hatte, stellte sich Shaye an die Gitterstäbe seines Käfigs und wandte sich an seine Journalistenkollegen. »Als sie die Mörder von Kindern und Frauen in Abyan versteckten, als ich enthüllt habe, wann die Aufenthaltsorte und Lager von Nomaden und Zivilisten in Abyan, Schabwa und Arhab von Cruise Missiles angegriffen würden, haben sie noch am gleichen Tag beschlossen, mich zu verhaften«, erklärte er. »Ihr habt gesehen, wie dieses Gericht hier alle meine journalistische Beiträge und Äußerungen gegenüber internationalen Reportern und Nachrichtenmedien in Anklagepunkte umgemünzt hat.« Als Sicherheitskräfte ihn wegzerrten, rief Shaye: »Jemen, dies ist ein Ort, in dem ein junger Journalist mit Argwohn angesehen wird, wenn er gut ist.«[9]

39 Der Präsident kann seine eigenen Regeln aufstellen.

Washington und Jemen, Ende 2010

Während sich im Sommer 2010 die amerikanischen Antiterroroperationen im Jemen ausweiteten, entwarfen Washington und andere politische und wirtschaftliche Kräfte Pläne für eine neoliberale Umstrukturierung der jemenitischen Wirtschaft. Unter dem Banner der »Freunde des Jemen« schlossen sich hierzu die Regierungen der USA und Großbritanniens mit der Europäischen Union, dem Internationalen Währungsfonds und einigen Nachbarstaaten des Jemen zusammen. »Ein Fortschritt im Kampf gegen gewalttätige Extremisten und ein Fortschritt hin zu einer besseren Zukunft für das jemenitische Volk sind nur durch eine Steigerung der Entwicklungshilfe zu erreichen«, sagte US-Außenministerin Hillary Clinton bei einem der ersten Treffen der Gruppe im Januar 2010.[1] Hierzu gehörte, was Aaron Jost, im Nationalen Sicherheitsrat Direktor der Abteilung Irak und Arabische Halbinsel, »stark erweiterte ... wirtschaftliche und humanitäre Hilfe für das jemenitische Volk« bezeichnete.[2]

Die Regierung Obama erhöhte die Gelder für USAID, für die humanitäre Hilfe und »Förderung der Demokratie« im Jemen von 14 Millionen Dollar im Jahre 2008 auf 110 Millionen Dollar im Jahre 2010. »Kein Zweifel, AQAP stellt für den Jemen, die USA und unsere Verbündeten eine große Bedrohung dar«, versicherte Jost. »Die Unterstützung von Operationen gegen AQAP ist jedoch nur ein Teil der amerikanischen Strategie für den Jemen.« Die Aufstockung der Hilfe, die der Jemen erhalten sollte, war aber an die Bedingung geknüpft, dass Präsident Salih die vom IWF geforderten struktuellen Anpassungen akzeptierte, darunter auch »die schrittweise Reduzierung der staatlichen Subventionierung von Treibstoff«. In einer Erklärung der »Freunde« hieß es unverblümt, dass »die notwendigen Wirtschaftsreformen negative Auswirkungen auf die Armen haben werden«.[3]

Washington und seine Verbündeten machten Salih klar, dass die Weiterführung der Militärhilfe an seine Kooperation bei den Wirtschaftsreformen geknüpft sei. »Das jemenitische Volk und die internationale Gemeinschaft sind mit echten Bedrohungen durch AQAP konfrontiert, und es wird Jahre dauern, sie entscheidend zu schlagen«, erklärte Jost. »Wir sind jedoch der festen Überzeugung, dass die Zukunft jenen gehört, die aufbauen, und nicht jenen, die immer nur zerstören wollen. Die Vereinigten Staaten stehen an der Seite des jemenitischen Volkes, das sich eine bessere Zukunft schaffen will und sich dagegen wehrt, dass AQAP unschuldige Männer, Frauen und Kinder tötet.«

Salihs oberste Priorität war aber nicht der Kampf gegen AQAP, sondern die Niederschlagung der Aufstände der Huthis und der Sezessionisten im Südjemen. Doch um weiterhin die für diese inneren Konflikte nötige Militärhilfe der USA zu bekommen, musste er Washington beweisen, dass es ihm mit dem Kampf gegen AQAP ernst war. Oberst Lang, der als amerikanischer Militärattaché über Jahre hinweg immer wieder mit dem jemenitischen Präsidenten verhandelte, sagte, Salih habe dies als einen sehr ärgerlichen Versuch der Regierung Obama empfunden, die amerikanische Antiterrorpolitik auf den Jemen zu übertragen, er aber habe mitspielen müssen, damit die Militärhilfe nicht versiegte. »Salih möchte eigentlich nicht, dass wir uns in dem Maße einmischen, wie es die volle Umsetzung dieser Politik erfordern würde, weil er dann zunehmend auf einen Status ähnlich dem von Karzai zurückgestuft würde. Und tatsächlich – während der afghanische Präsident [Hamid] Karzai nicht das Geschick besitzt, das Spiel erfolgreich mitzuspielen und alle Fäden so zu ziehen, dass am Ende ungefähr das herauskommt, was er sich vorstellt, ist Salih dazu sehr wohl in der Lage. Er ist da wirklich sehr geschickt«, sagte Lang damals.[4] Salih wisse, dass letztlich die USA den Fluss des Geldes steuerten, das die »Freunde des Jemen« und USAID für politische Reformen zur Verfügung stellten, »damit er und seine Kumpane nicht übermäßig von Bestechungen profitieren können, und Ähnliches. Und das wird tendenziell seine Macht schwächen. Also hat er davon eigentlich keinen Nutzen.« Aber da sich die USA intensiv auf AQAP konzentrierten, Salihs Schlüssel zur Militärhilfe, musste er das Spiel mitmachen.

Im August 2010, nach der Ermordung jemenitischer Militärangehöriger und Geheimdienstmitarbeiter durch die Motorradattentate, starteten jemenitische Streitkräfte eine massive Offensive im Bezirk Lawdar in Abyan, einer angeblichen Hochburg von AQAP. Bei mehrtägigen Feuergefechten kamen Berichten zufolge ein Dutzend jemenitische Soldaten ums Leben sowie 19 Personen, die die jemenitische Regierung als al-Qaida-Mitglieder bezeichnete. Auch mindestens drei Zivilisten wurden getötet, viele weitere flohen aus ihren Häusern. »Sicherheitskräfte haben den Terroristen von al-Qaida eine harte Lektion erteilt und ihnen schmerzhafte Schläge zugefügt sowie jene terroristischen Elemente, die sich zu verstecken versuchten, zur Flucht gezwungen, nachdem Dutzende von ihnen getötet oder verwundet wurden«, erklärte der stellvertretende Innenminister des Jemen, General Saleh al-Zaweri.[5]

Washington teilte diese Einschätzung nicht. JSOC-Kräfte verzeichneten gelegentlich Erfolge gegen AQAP, aber die jemenitischen Spezialeinheiten galten bei ihren amerikanischen Kollegen als faul und weitgehend unfähig, und Salihs Doppelspiel führte oft zu wertlosen nachrichtendienstlichen Erkenntnissen. Kurz gesagt, im Jemen gab es »einen Mangel an tragfähigen Informationen«, wie es hochrangige US-Vertreter formulierten.[6] Die JSOC-Kräfte waren zweifellos in der Lage, Zielpersonen aufzuspüren und auszuschalten, aber dazu benötigten sie erst einmal verlässliche Informationen. »Alle Land Rovers sehen sich ziemlich ähnlich«, sagte ein ehemaliger hochrangiger US-Geheimdienstler, der mit den Operationen im Jemen vertraut war, gegenüber der *Washington Post*. »Man muss sich sicher sein, dass es genau der und kein anderer ist, dem man folgen muss.«[7] Früher hatte die CIA vom JSOC und anderen Spezialeinheiten Personal für Tötungsaktionen ausgeliehen, aber durch die Aufwertung des JSOC durch die Regierungen Bush und Obama hatte sich das geändert. Wie mir Insider berichteten, wollte das JSOC jetzt selbst die Führungsrolle übernehmen – und die CIA war nicht glücklich darüber.

Einen Tag nach dem Ende der Lawdar-Offensive, am 25. August, brachten die *Washington Post* und das *Wall Street Journal* Titelstorys, die eindeutig auf undichten Stellen bei der CIA und ihren Verbündeten in der Regierung beruhten. »Zum ersten Mal seit den Anschlägen vom 11. September 2001 betrachten CIA-Analytiker einen Ableger von al-Qaida – und nicht mehr die Kerngruppe mit ihrem jetzigen Sitz in Pakistan – als die größte Bedrohung für die Sicherheit der USA«, schrieb die *Washington Post*.[8] »Das *Wall Street Journal* fügte hinzu, die Regierung erwäge, »im Jemen das Programm der gezielten Tötungen zu intensivieren«.[9] Die *Washington Post* zitierte einen namentlich nicht genannten hochrangigen Regierungsvertreter, dem zufolge AQAP »im Aufschwung« sei und sich »das Augenmerk von Pakistan auf den Jemen verschoben« habe.[10] »Wir sind jetzt wegen AQAP besorgter als früher … Wir versuchen, alle Möglichkeiten auszuschöpfen, die uns zur Verfügung stehen«, sagte er und sprach von Plänen für »eine Aufstockung über einige Monate hinweg«.

Die undichten Stellen schienen auf ein Machtspiel der CIA hinzudeuten, die sich eine größere Rolle bei den inzwischen vom JSOC dominierten Operationen im Jemen sichern wollte. »Sie werden keine Bombensplitter mit amerikanischen Hoheitszeichen darauf finden«, sagte der erwähnte hochrangige Regierungsvertreter und spielte damit unmissverständlich auf den Tomahawk-Angriff des JSOC im Dezember 2009 in al-Majalah und den auf falschen Informationen beruhenden Angriff in Marib an, bei dem der stellvertretende Gouverneur, der zu Verhandlungen mit AQAP unterwegs war, getötet worden war. Der Regierungsvertreter stellte klar, dass das Weiße Haus erwäge, mehr CIA-Drohnen einzusetzen.

»Die CIA hat jede Kritik am Vorgehen des JSOC als Argument für sich verwendet, um wieder die Kontrolle über die verdeckten Operationen zu bekommen«, sagte Oberst Lang, der sowohl bei den Spezialeinheiten als auch bei der CIA gearbeitet hatte und selbst im Jemen im Einsatz war. »Die Konkurrenz zwischen den militärischen Geheimdiensten und der CIA ist größer denn je.«[11] Im diesem Machtkampf kam der CIA zugute, dass die Regierung einen entscheidenden strategischen Vorteil darin sah, der CIA wieder mehr Kompetenz einzuräumen: Die Unterstellung der JSOC-Einheiten unter die Verantwortung der CIA würde nach US-Recht den Weg freimachen, um »erstklassige Jagd- und Killerteams der USA« sehr viel freier im Jemen operieren zu lassen, ohne Zustimmung der jemenitischen Regierung.[12]

Als Obamas oberster Antiterrorberater John Brennan den Jemen im September 2010 besuchte, ordnete Salih eine weitere Offensive gegen AQAP an, dieses Mal in der Stadt Hawta im Gouvernement Schabwa, rund 100 Kilometer vom Wohnort Anwar Awlakis entfernt.[13] Unter Führung der von den USA ausgebildeten und finanzierten CTU-Kräfte belagerten jemenitische Kommandos die Stadt, beschossen sie mit Artillerie und von Hubschraubern aus. Zwar unterliegt der Umfang der amerikanischen Beteiligung daran immer noch der Geheimhaltung, aber Militärvertreter bestätigten, dass amerikanische Streitkräfte in begrenztem Maße involviert gewesen seien. Am 20. September, als Tausende Menschen aus ihren Häusern flohen, hielt sich Brennan in Sanaa zu Gesprächen mit Salih auf. Die Terminierung der Offensive war typisch für Salih. Sie ermöglichte ihm, bei seinen Treffen mit Brennan auf eine konkrete, gerade stattfindende Operation gegen AQAP zu verweisen. Während sich die beiden trafen, bereiteten die »Freunde des Jemen« Gespräche auf Ministerebene über Hilfsleistungen für das Land vor. Laut einer vom Nationalen Sicherheitsrat veröffentlichten Erklärung diskutierten Brennan und Salih über »die Zusammenarbeit gegen die anhaltende Bedrohung durch al-Qaida, und Mr. Brennan sprach dem jemenitischen Volk das Beileid der Vereinigten Staaten für den Verlust jemenitischer Sicherheitskräfte und Bürger aus, die bei den jüngsten Angriffen al-Qaidas getötet wurden«.[14] Obwohl die jemenitische Regierung die Operation in Hawta und Lawdar als Erfolg feierte, erwies sie sich als Fehlschlag, da die wichtigsten Zielpersonen der Razzien in beiden Orten entkommen konnten und die Operation die Wut der Stämme auf die Regierung schürte.

Einen Monat nach den Treffen mit Salih, am 28. Oktober 2010, erhielt Brennan abends einen Telefonanruf von seinem Freund Prinz Mohammed bin Naif.[15] Der saudische Geheimdienst, erzählte der Prinz, habe entdeckt, dass AQAP amerikanische Frachtflugzeuge in die Luft sprengen wolle. Die Bomben befänden sich bereits in den Maschinen. Kurz nach 22.30 Uhr warnte Brennan Präsident Obama vor einer »möglichen terroristischen Bedrohung« im Inland.[16] Der saudische Geheimdienst übermittelte seinen amerikanischen und britischen Kollegen die Frachtnummern der Pakete, die möglicherweise Sprengsätze enthielten.[17] Als Brennan von den Anschlagsplänen erfuhr, war eines der Flugzeuge, die angeblich Bomben enthielten, bereits vom Flughafen Sanaa gestartet. Es handelte sich um eine Maschine von UPS mit dem Ziel Deutschland, wo die Fracht umgeladen wurde; um 2.13 Uhr örtlicher Zeit traf sie schließlich am East Midlands Airport in Leicestershire ein, rund 160 Kilometer nördlich von London.[18] Britische Sicherheitskräfte konfiszierten das fragliche Paket, das an eine Synagoge in Chicago adressiert war.

Das Paket enthielt eine Kartusche für einen Bürodrucker, ausgestattet mit einer Platine. Anstatt des Toners enthielt die Kartusche weißes

Pulver. Erste Untersuchungen in Großbritannien mit Bombenspür-
hunden und Sprengstofferkennungsgeräten ergaben, dass es sich wohl
nicht um eine Bombe handelte. Man behielt das Paket in Großbritannien für weitere Untersuchungen; die Maschine durfte nach Philadelphia weiterfliegen.[19] Derweil wurde das verdächtige Paket per Hubschrauber zur Analyse ins Labor für Defense Science and Technology in
Fort Halstead gebracht.[20] Dort stellte sich heraus, dass das Pulver 400
Gramm PETN enthielt, denselben Stoff, den Abdulmutallab für seine
Unterhosenbombe benutzt hatte und der auch bei dem Attentat auf
Prinz bin Naif verwendet worden war. Das Paket enthielt außerdem einen mit der Leiterplatte eines Nokia-Handys verbundenen Wecker.
Wäre die Bombe nicht entdeckt worden, erklärte später Scotland Yard,
»wäre ihre Aktivierung vermutlich über der Ostküste der Vereinigten
Staaten erfolgt«, und der Sprengstoff wäre um 17.30 Uhr amerikanischer Ostküstenzeit explodiert.[21] Ein hochrangiger britischer Antiterrorexperte erklärte gegenüber dem *Guardian*, die Bombe sei »eine der
raffiniertesten gewesen, die wir je gesehen haben. Mit bloßem Auge war
sie nicht zu erkennen, erfahrene Bombenexperten haben sie nicht gesehen, und selbst mit einer Röntgenaufnahme würde man sie höchstwahrscheinlich nicht auffinden.«[22] Eine weitere Bombe wurde in Dubai
an Bord einer Maschine von FedEx entdeckt. Sie enthielt 300 Gramm
PETN.[23] Wie das andere Paket war es an eine jüdische Organisation mit
Sitz in Chicago adressiert. Paradoxerweise waren beide Adressen nicht
mehr aktuell. Die Ermittler vermuteten, dass sich die Attentäter im Internet veraltete Adressen besorgt hatten.

Am Freitag, dem 9. Oktober, konnten die amerikanischen Fern-
sehzuschauer am Bildschirm verfolgen, wie US-Kampfflugzeuge eine
Frachtmaschine zu einer Notlandung am Flughafen JFK eskortierten.[24]
Auch auf den Flughäfen von Philadelphia und Newark mussten Flugzeuge außerplanmäßig landen. Berichte über weitere potenziell verdächtige Pakete machten die Runde.[25] In jener Nacht sagte Präsident
Obama, dass die Sprengsätze eine »glaubhafte terroristische Bedrohung« darstellten.[26] Schließlich aber kam keine der Bomben zur Explosion, und die Spekulationen über Sprengsätze in weiteren Maschinen erwiesen sich als haltlos. Sobald klar war, dass die Bomben in Verbindung
mit dem Jemen standen, gab es innnerhalb der Regierung keine Diskussion mehr: Alle Blicke richteten sich auf AQAP.

Im November veröffentlichte AQAP eine »Sonderausgabe« von *In-*

spire. Die Titelseite zeigte ein verschwommenes Bild der UPS-Fracht-maschine mit der schlichten Überschrift: »$ 4200«. So viel hatten laut AQAP die gescheiterten Bombenattentate gekostet, die die Gruppe als Operation Hemorrhage – Operation Ausblutung – bezeichnete. Zu sehen waren auch Fotos, die angeblich die Druckerkartuschen-Bomben vor ihrer Versendung zeigten, und in Artikeln wurden die technischen Details der Bomben beschrieben und die Ziele, die man damit verfolgte. AQAP behauptete, bereits einige Monate zuvor, am 3. September, eine UPS-Maschine in die Luft gesprengt zu haben. »Uns ist es gelungen, die UPS-Maschine abstürzen zu lassen, da aber die Medien des Feindes diese Operation nicht uns zugeschrieben haben, wahrten wir Stillschweigen, um die Operation wiederholen zu können«, behauptete *Inspire*.[27] An dem besagten Tag war tatsächlich eine UPS-Maschine abgestürzt; zwei Crewmitglieder kamen dabei ums Leben. Laut Ermittlungen hatte sich das Unglück ereignet, nachdem in dem Flugzeug ein Feuer ausgebrochen war. Offizielle amerikanische Stellen dementierten, dass es sich dabei um einen terroristischen Anschlag gehandelt habe.[28] »Wir würden gern wissen: Warum hat der Feind nicht die Wahrheit über die abgestürzte UPS-Maschine gesagt?«, hieß es in der Erklärung von AQAP. »Weil der Feind nicht herausgefunden hat, was die Ursache für den Absturz war? Oder weil die Regierung Obama die Wahrheit geheim halten wollte, um nicht eingestehen zu müssen, dass seine Regierung versagt hatte, gerade … als Wahlen stattfanden?« Den 3. September bezeichnete AQAP als den »Tag, an dem im Wald ein Baum umfiel, und niemand hat es gehört«.

Über die Anschlagsversuche im Oktober schrieb der Head of Foreign Operations (Chef der Auslandsoperationen) von AQAP in *Inspire*, der Absturz der Maschinen wäre eine Zugabe gewesen, aber »das Ziel war nicht, möglichst viele Menschen zu töten, sondern der amerikanischen Wirtschaft maximale Verluste zuzufügen. Das ist auch der Grund, warum wir die beiden amerikanischen Transportunternehmen FedEx und UPS für unseren Doppelschlag ausgewählt haben.«[29] Darauf verweisend, dass die Regierungen der USA und anderer Länder von nun an vermutlich beträchtliche Summen für die Überprüfung und Umstellung der Kontrollen an Flughäfen investieren müssten, schrieb er: »Entweder geben sie jetzt Milliarden Dollar dafür aus, jedes einzelne Paket auf dieser Welt zu überprüfen, oder sie unternehmen nichts dergleichen, und wir versuchen es weiterhin.« Sie hätten deshalb Adressen

in Chicago ausgewählt, weil es »Obamas Stadt« sei. Vier Tage nach Entdeckung der Bomben erhob der Jemen Anklage gegen Awlaki in Abwesenheit aufgrund von Beschuldigungen, die nicht mit den Anschlags-
versuchen in Zusammenhang standen.[30] Die offizielle Anklage lautete:
»Aufruf zur Ermordung von Ausländern und Angehörigen der Sicherheitskräfte«. Der Richter ordnete an, Awlaki zur Strecke zu bringen und
ihn tot oder lebendig der Gerechtigkeit zuzuführen. Ungeachtet der spezifischen Anschuldigungen gegen Awlaki war klar, dass die Anklage mit
Washington abgestimmt war und darauf abzielte, die anhaltende Jagd
und die mögliche Tötung Awlakis legal erscheinen zu lassen und dabei
die Verantwortung hierfür wieder einmal dem Jemen zuzuschreiben.

Richter John Bates, 2001 von Präsident George W. Bush ernannt, kritisierte in der mündlichen Verhandlung des Falles Al-Awlaki v. Obama
die Entscheidung der Regierung, einen US-Bürger auf die Abschussliste
zu setzen. »Wie kann es sein, dass eine richterliche Genehmigung erforderlich ist, wenn die Vereinigten Staaten beschließen, einen US-Bürger im Ausland elektronisch zu überwachen, aber – wie die Verteidiger
anführen – eine richterliche Prüfung untersagt ist, wenn die Vereinigten Staaten beschließen, einen US-Bürger im Ausland töten zu lassen?«,
fragte Richter Bates.[31] Die Anwälte der Regierung pochten darauf, dass
der Fall Anwar Awlaki ein Staatsgeheimnis sei, eine vom Präsidenten
angeordnete Maßnahme zur nationalen Sicherheit, und daher nicht vor
Gericht gehöre. Richter Bates bezeichnete das Verfahren als »einen einzigartigen und außergewöhnlichen Fall«, bei dem »grundlegende Er-
wägungen zur nationalen Sicherheit sowie zu militärischen und auswärtige Angelegenheiten (und somit potenziell zu Staatsgeheimnissen)
im Spiel sind«. Bates fragte: Kann sich ein US-Bürger auf »das Justizsystem der Vereinigten Staaten berufen, um seine verfassungsmäßigen
Rechte einzufordern, während er sich gleichzeitig den Strafvollzugsbe-
hörden entzieht, zum ›Dschihad gegen den Westen‹ aufruft und sich an
der Planung von Aktionen einer Organisation beteiligt, die bereits zahlreiche Terroranschläge auf die Vereinigten Staaten verübt hat? Kann
die Exekutive die Tötung eines US-Bürgers anordnen, ohne ihm zuerst
ein Rechtsverfahren welcher Art auch immer zuzubilligen, ausgehend
von der bloßen Vermutung, er sei ein gefährliches Mitglied einer
Terrororganisation?« Richter Bates kam zu dem Schluss: »Diese und andere rechtliche und politische Fragen, die in dem vorliegenden Fall

aufgeworfen werden, sind umstritten und von großem öffentlichem Interesse.«

Doch am 7. Dezember lehnte Richter Bates die Eröffnung eines Verfahrens aus formalen Gründen ab, da Anwars Vater Nasser nicht berechtigt sei, im Namen seines Sohns Klage einzureichen, und der Fall aufgrund der »politischen Fragen«, den er hinsichtlich des Rechts des Präsidenten, Krieg zu führen, aufwerfe, einer Revison nicht standhalten würde. So entschied Richter Bates, dass »die Klärung der schwerwiegenden Streitpunkte hinsichtlich der infrage stehenden Rechtmäßigkeit einer gezielten Tötung eines US-Bürgers im Ausland bis auf Weiteres verschoben werden muss«.

Awlakis Anwälte waren von dem Urteil enttäuscht, aber nicht überrascht. CCR und ACLU hatten acht Jahre lang in dieser Frage gegen die Regierung Bush gekämpft und immer wieder betont, dass der Fall weitreichende Konsequenzen habe. »Wenn die Entscheidung des Gerichts Bestand hat, hat die Regierung die nicht anfechtbare Vollmacht, jeden beliebigen Amerikaner wo auch immer auf der Welt gezielt töten zu lassen, den der Präsident als eine Gefahr für das Land ansieht«, sagte Jameel Jaffer von ACLU nach der Urteilsverkündung. »Man kann sich kaum ein Votum vorstellen, das noch mehr im Widerspruch zur Verfassung steht und das für die Freiheit in Amerika gefährlicher ist.«[32] Der Fall Awlaki zeigte exemplarisch, wie Präsident Obama den Kampf gegen den Terrorismus zu führen gedachte – erstaunlich ähnlich wie sein Vorgänger: Der Präsident kann seine eigenen Regeln aufstellen.

40 „Dass al-Qaida in Somalia Fuß fassen konnte, wurde wahrscheinlich durch die Einmischung westlicher Mächte und ihrer Verbündeter gefördert."

Somalia, 2010

Auch wenn der Streit um die Frage, ob die USA einen eigenen Staatsbürger töten durfte, weitergeführt wurde, waren Awlaki oder AQAP im Jemen nicht die einzigen Themen, die das Antiterrorteam des Weißen Hauses beschäftigten. Es sah sich durch eine neuerdings geeinte islamistische Bewegung in Somalia mit zunehmend breiter Basis bedroht. Al-Shabaab hatte ein »Vereinigungsabkommen« mit Hassan Turkis Ras-Kamboni-Miliz geschlosssen, in dem als Ziel ausdrücklich ein »islamischer Staat auf der Grundlage der Scharia« genannt wurde. Doch es war der letzte Punkt des Vertrags, der amerikanische Antiterrorkreise vor allem beschäftigte. »Um die verletzte Würde, die politische Macht und wirtschaftliche Stärke der Muslime wiederherzustellen, sollten sich alle Muslime in der Region zusammenschließen und die durch die Kolonialmächte geschaffene Feindschaft untereinander beenden«, hieß es darin. »Um eine Invasion der internationalen Kreuzritter und weitere Angriffe auf unser muslimisches Volk zu verhindern, muss der Dschihad am Horn von Afrika mit dem vom al-Qaida-Netzwerk und seinem Amir-Scheich Osama bin Laden angeführten internationalen Dschihad zusammengeführt werden.«[1]

Dass sich al-Shabaab als Rechtfertigung für die Allianz mit al-Qaida auf den Widerstand gegen ausländische Aggressoren berief, war ein Geschenk, von dem Osama bin Laden in den 1990er-Jahren nur hätte träumen können. Und Washingtons Missgriffe und Fehleinschätzungen hatten dazu beigetragen. »Die Vereinigten Staaten führen Luftschläge gegen hochrangige Mitglieder von al-Shabaab durch, die, wie sie glauben, Verbindungen zu al-Qaida haben. Experten sagen jedoch, dass diese Luftangriffe nur die Unterstützung des Volks für al-Shabaab verstärken. Sie sind sogar der Ansicht, dass es nur zwei Dinge gebe, die al-Shabaab zum Handeln veranlassen und ihre Unterstützung in Somalia erhöhen könne, und das seien weitere Luftschläge durch die Vereinigten Staaten oder die Rückkehr äthiopischer Truppen«, hieß es Anfang 2010 in einem Bericht des Senatsausschusses für ausländische Beziehungen. »Al-Qaida ist in Afrika inzwischen eine gut ausgebaute und gefährliche Organisation ...«[2]

Al-Shabaabs Dschihad war bis dahin auf Somalia beschränkt, aber schon bald sollte die Gruppe öffentlich ihre Vereinigung mit al-Qaida erklären, indem sie ihre Feinde auf eigenem Boden angriff.

Irgendetwas war passiert mit dem somalischen Milizführer Ahmed Madobe in den zwei Jahren, die er in äthiopischer Haft saß, nachdem das JSOC ihn 2007 beinahe getötet hätte. Er hatte 2009 ein Abkommen mit den Regierungen Äthiopiens und Somalias geschlossen, al-Shabaab abzuschwören und die Organisation aktiv zu bekämpfen, nun aber tauchte Madobe wieder in seinem angestammten Gebiet in Somalia auf.[3] Seiner Schilderung zufolge hatte er vor, in das Gebiet am Fluss Jubba zurückzukehren und zu sondieren, wo sich ihm die besten Chancen boten. Wenn es bei der somalischen Regierung war, gut. Wenn nicht – nun, einmal ein Guerillakämpfer, immer ein Guerillakämpfer.[4]

Doch als er in seine Region zurückkehrte, musste Madobe feststellen, dass sich die Verhältnisse geändert hatten. Sein Mentor Hassan Turki hatte die Ras-Kamboni-Miliz mit al-Shabaab zusammengeführt und al-Qaida Gefolgschaftstreue geschworen. Seine ehemaligen Kameraden stellten ihn vor die Wahl: entweder mit oder gegen uns. Madobe sagte, er habe eine Teilung der Macht in der Region auszuhandeln versucht, doch das habe al-Shabaab abgelehnt. So entschied sich Madobe für den einzigen Weg, der ihm offenstand. Jedenfalls stellt er es gern so dar. »Meine Haltung zu Äthiopien änderte sich massiv, genauso wie meine Meinung zur Politik des Auslands gegenüber Somalia«, sagte er zu mir. Anfang 2010 verkündete Madobe, seine Streitkräfte befänden sich im Krieg mit al-Shabaab und unterstützten die somalische Regierung.[5] Dabei war klar, dass er eine neue Beziehung mit den Äthiopiern eingefädelt hatte, die schon lange somalische Warlords und andere politische Kräfte finanzierte. »Wir haben gegen die Äthiopier und die Amerikaner gekämpft, die wir für unsere Feinde hielten«, erklärte er. »Aber diese Leute von al-Shabaab sind schlimmer als sie, weil sie das Ansehen des

Islam und die Werte unseres Volks in den Schmutz gezogen haben. Deshalb sind heute die Differenzen zwischen mir einerseits und den Äthiopiern sowie den USA andererseits gering im Gegensatz zu denen, die mich von al-Shabaab trennen.«

Turkis Bündnis mit al-Shabaab bereitete den Vereinigten Staaten besondere Sorge, da die Miliz damit die Hafenstadt Kismayo kontrollierte. Diese und die nicht ganz so bedeutenden »Häfen von Marka und Baraawe ... erweisen sich als die wichtigste Einkommensquelle für [al-Shabaab]«, hieß es in einem UN-Bericht. Al-Shabaab »fließen zwischen 35 und 50 Millionen Dollar aus Hafeneinkünften zu, wovon mindestens 15 Millionen aus dem Handel mit Kohle und Zucker stammen«.[6] Die USA wollten diesen Geldfluss stoppen und begannen deshalb, Ahmed Madobe zu päppeln. Nun wurden er und seine Leute von kenianischen Streitkräften, die wiederum von den USA unterstützt wurden, ausgebildet und ausgerüstet.[7] Sie fuhren in neuen Kampffahrzeugen herum und wurden bei Gefechten mit al-Shabaab-Milizen von der kenianischen Artillerie gedeckt, unter anderem auch mit Hubschraubern. Madobe war einer der Ersten in einer neuen Generation von den USA gestützter Warlords, die aus den Trümmern der Union Islamischer Gerichte hervorgingen. Und er sollte nicht der Letzte sein.

In den ersten beiden Jahren der Regierung Obama standen – abgesehen von der Kontroverse um das Gefangenenlager in Guantánamo – Afghanistan und der Irak im Mittelpunkt der amerikanischen Außenpolitik. Ab 2010 aber blickte man auch voller Sorge auf Somalia. Das JSOC hatte bereits ein paar Operationen in dem Land durchgeführt, darunter vor allem die Tötung Saleh Ali Saleh Nabhans, des Anführers von al-Qaida in Ostafrika. Doch während die Vereinigten Staaten ihre Angriffe intensivierten, schien al-Shabaab immer wagemutiger zu werden. Woche für Woche gewann die Gruppierung an Boden. Al-Shabaab kontrollierte so viel Land wie kein anderer al-Qaida-Ableger weltweit, und Somalia wurde die zweifelhafte Ehre zuteil, in Maplecrofts Global Terrorism Risk Index für 2010 mit 556 Terroranschlägen zwischen Juni 2009 und Juni 2010 und 1437 Todesopfern als die Weltmetropole des Terrorismus bezeichnet zu werden.[8] Die Rhetorik des Weißen Hauses wurde, was al-Shabaab betraf, merklich aggressiver. In seinem Erlass mit der Nummer 13536 verkündete Obama die »dringende nationale Aufgabe, sich mit [der somalischen] Bedrohung zu befassen«.[9] Eins der größten Probleme, die die amerikanischen Antiterrorspezialisten sahen, waren die ausländischen – insbesondere die amerikanischen – Kämpfer, die sich als Selbstmordattentäter zur Verfügung stellten.

Am 5. August verkündete Attorney General Eric Holder die Offenlegung der Anklageschriften gegen 14 in den USA lebende Personen, die beschuldigt wurden, al-Shabaab in erheblichem Maß unterstützt zu haben.»Diese Anklagen und Festnahmen – in Minnesota, Alabama und Kalifornien – werfen weiteres Licht auf eine tödliche Lieferkette, die al-Shabaab von Städten überall in den Vereinigten Staaten Geld und Kämpfer zugeführt hat«, sagte Holder.»Während wir im ganzen Land weiter ermitteln, sollten diese Festnahmen und Anklagen eine unmissverständliche Warnung an all diejenigen sein, die erwägen, sich Terroristengruppen wie al-Shabaab anzuschließen oder sie zu unterstützen: Wenn ihr diesen Weg wählt, dann habt ihr die Haft in einer amerikanischen Gefängniszelle oder den Tod auf dem Schlachtfeld in Somalia zu erwarten.«[10] Bewohner Mogadischus berichteten zunehmend über Aufklärungsflugzeuge, die über der Hauptstadt schwebten.

Die Regierung Obama verstärkte die Angriffe. Aber das tat al-Shabaab auch.

Am 22. August 2010 führte al-Shabaab »ihren bedeutendsten Feldzug seit Mai 2009« durch, wie das UN-Beobachterteam für Somalia und Eritrea es nannte.[11] In einer Pressekonferenz am 23. August kündigte Scheich Rage einen »heftigen Krieg« mit dem Ziel an, die von den USA gestützte somalische Regierung ein für alle Mal zu beseitigen.[12]

In Erwartung einer groß angekündigten AMISOM-Offensive, die erst viel später realisiert wurde, hatte al-Shabaab seit Monaten mobilgemacht. Mit einer Truppe von 2500 bis 5000 Milizionären verübte die Gruppe direkte Anschläge auf die Villa Somalia und andere Machtzentren der Regierung und versuchte, wichtige Bezirke von Mogadischu zu erobern, die unter der Kontrolle der somalischen Armee und der AMISOM standen. In der Woche massiver Gewalt zwischen dem 23. und dem 30. August wurden mindestens 80 Menschen getötet und etliche verletzt.[13] Des Weiteren griff al-Shabaa am 30. August den Präsidentenpalast an und zündete am nächsten Tag eine Bombe auf offener Straße, die weitere Todesopfer forderte.[14] Zwei Tage nach Beginn dieser »Ramadan-Offensive«, am 24. August, besetzten drei regierungsfeindliche, als somalische Regierungssoldaten verkleidete Milizionäre das Hotel Muna, das ein paar Hundert Meter von der Villa Somalia entfernt lag.[15]

Bei dem darauf folgenden Anschlag mit zwei Selbstmordattentätern kamen mindestens 33 Menschen ums Leben, darunter mehrere Parlamentarier. »Im Monat Ramadan ist das ein besonders abscheulicher Akt«, sagte John Brennan, Obamas oberster Antiterrorberater, am Tag des Anschlags. »Die Vereinigten Staaten werden weiterhin an der Seite derer stehen, die sich jeder Form von Terrorismus, Extremismus und Gewalt widersetzen, und sie werden ihre enge Zusammenarbeit mit denjenigen von ihnen fortsetzen, die in Afrika leben, insbesondere am Horn von Afrika in Somalia.«[16]

Zwei Wochen später, am 2. September 2010, explodierten am Flughafen zwei Autobomben, just zu dem Zeitpunkt, als eine internationale Delegation mit den Sonderbeauftragten des UN-Generalsekretärs und des Vorsitzenden der Afrikanischen Union eintraf.[17] Die beiden hochrangigen Amtsträger blieben unverletzt, aber die Anschläge und die folgenden Kampfhandlungen forderten das Leben von zwei AMISOM-Soldaten und mindestens fünf Zivilisten. Laut Critical Threats, einer regierungsnahen Organisation, die terroristische Entwicklungen beobachtet, vertrieben die Kämpfe bis Ende September 23.000 Menschen aus Mogadischu.[18]

Im September kam es in ganz Mogadischu zu schweren Kämpfen. Zu Beginn der Offensive konnte al-Shabaab beeindruckende Gewinne verzeichnen, und die Operation bewog die AMISOM, 2000 weitere Soldaten einzusetzen. Doch am Ende wurde al-Shabaab zurückgedrängt. Ein wichtiger Faktor für die Niederlage der Gruppe war laut dem UN-Überwachungsteam womöglich, »dass [al-Shabaab] vor allem auf Kindersoldaten zurückgriff, die nicht in der Lage waren, sich gegen die AMISOM-Truppen oder, in geringerem Maße«, die Soldaten der somalischen Armee und die regierungsfreundlichen Milizen zu behaupten.[19] Berichten zufolge erlitt al-Shabaab große Verluste und verlor mancherorts Territorium an regierungsfreundliche Milizen. Am Ende erzielte al-Shabaab einen Teilerfolg insofern, als sie die somalische Regierung, die sich bereits in einem kritischen Zustand befand, weiter destabilisierte. Und sie regte im Kreis der Verbindungsleute zwischen al-Shabaab und al-Qaida eine Debatte über Taktiken an, ob es klug sei, Territorium halten oder die Hauptstadt einnehmen zu wollen. Unterdessen verstärkte die CIA ihre Präsenz in Mogadischu.

41 „Die Rakete für Anwar Awlaki steht zweifellos schon bereit."

Jemen 2011

Der jemenitische Journalist Abdulelah Haider Shaye wurde von einem Gericht seines Landes terroristischer Aktivitäten für schuldig befunden und zu fünf Jahren Haft sowie anschließend zwei Jahren eingeschränkter Bewegungsfreiheit und staatlicher Überwachung verurteilt.[1] Während des gesamten Prozesses weigerte sich der Journalist, die Legitimität des Gerichts anzuerkennen, und lehnte es ab, sich zu verteidigen. Laut Human Rights Watch »hielt sich [das Sondergericht] nicht an die internationalen Regeln für einen ordnungsgemäßen Prozess«[2], und seine Anwälte erklärten, dass die wenigen »Beweise«, die vorgelegt worden seien, überwiegend auf gefälschten Dokumenten beruhten. »Es war eine politische, keine Gerichtsentscheidung. Der Prozess entbehrt jeder rechtlichen Grundlage«, sagte Abdulrahman Barman, Shayes Anwalt, der das Verfahren boykottierte.[3] »Nachdem ich [Shayes] Prozess verfolgt habe, kann ich sagen, dass es eine komplette Farce war«, erklärte Iona Craig, Journalistin der Londoner *Times*.[4]

Mehrere internationale Menschenrechtsgruppen verurteilten den Prozess als Scheinverfahren und Ungerechtigkeit. »Es gibt starke Hinweise darauf, dass die Anschuldigungen gegen [Shaye] erfunden sind und er einzig und allein deshalb inhaftiert wurde, weil er sich offen über die Zusammenarbeit mit den USA bei einem Streubombenangriff im Jemen geäußert hat«, sagte Philip Luther von Amnesty International.[5]

Zweifellos berichtete Shaye über Ereignisse, die die Regierungen des Jemen und der USA unterdrücken wollten. Außerdem hatte er Leute interviewt, denen Washington auf den Fersen war, insbesondere Anwar Awlaki. Beide Regierungen beschuldigten ihn, er habe die Propaganda al-Qaidas gefördert, aber Jemen-Kenner widersprachen dem. »Die Bedeutung seiner Arbeit ist kaum zu überschätzen«, sagte Gregory Johnsen, Nahost-Experte und exzellenter Jemen-Kenner an der Princeton

University, der seit 2008 mit Shaye in Kontakt stand. »Ohne Shayes Berichte und Interviews wüssten wir viel weniger über al-Qaida auf der Arabischen Halbinsel, und wenn man wie ich der Ansicht ist, dass die Kenntnis des Feindes wichtig ist, um eine Strategie für den Kampf gegen ihn zu entwickeln, dann hinterlässt seine Festnahme und anhaltende Inhaftierung eine Wissenslücke bei uns, die erst wieder gefüllt werden muss.«[6]

Nach der Verurteilung Shayes übten Stammesführer Druck auf Salih aus, den Journalisten zu begnadigen. »Prominente Jemeniten und Scheichs suchten den Präsidenten auf, um in der Sache zu vermitteln, und Salih erklärte sich bereit, ihn freizulassen und zu begnadigen«, berichtete Barman. »Wir warteten auf die Bekanntgabe der Begnadigung – sie lag dem Präsidenten bereits vor, der sie unterschreiben und am nächsten Tag öffentlich verkünden sollte.« Unterdessen sickerte die Nachricht in die jemenitischen Medien durch. An dem besagten Tag, dem 2. Februar 2011, erhielt Präsident Salih einen Anruf von Präsident Obama. Die beiden sprachen über die Zusammenarbeit bei den Antiterrormaßnahmen und den Kampf gegen AQAP. Und am Ende des Telefonats »äußerte [Obama] seine Sorge« über die Freilassung Shayes, der, wie der amerikanische Präsident sagte, »wegen seiner Verbindung zu AQAP zu fünf Jahren Gefängnis verurteilt worden ist«.[7] Zur Zeit des Anrufs war Shaye noch nicht aus der Haft entlassen und Salih erst im Begriff, die Begnadigungsurkunde zu unterzeichnen. Es war keineswegs ungewöhnlich, dass das Weiße Haus Bedenken kundtat, wenn der Jemen AQAP-Verdächtige frei herumlaufen ließ. In den zehn Jahren zuvor waren rätselhafte Gefängnisausbrüche militanter Islamisten im Jemen an der Tagesordnung gewesen, und Salih nutzte bekanntermaßen die terroristische Bedrohung, um von den Amerikanern Antiterrordollar zu erpressen. Dieser Fall aber lag anders: Abdulelah Haider Shaye war weder militanter Islamist noch al-Qaida-Kämpfer. Er war Journalist. Nach dem Anruf von Obama zerriss Salih das Begnadigungsschreiben.

»Zweifellos waren Shayes Berichte peinlich für die amerikanische und die jemenitische Regierung. Schließlich versuchten damals beide vergeblich, wichtige Führungspersonen von AQAP zu beseitigen, während dieser einzelne Journalist in der Lage war, mit seiner Kamera und seinem Computer ebendiese Anführer aufzuspüren und zu interviewen«, meinte Johnsen. »Das gesamte öffentlich zugängliche Beweismaterial zeigt, dass Abdulelah Shaye lediglich ein Journalist ist, der seinen Job machen will, und es bleibt ein Rätsel, warum sich die amerikanische und die jemenitische Regierung weigern, die Beweise vorzulegen, die sie angeblich besitzen.«

Shaye trat in den Hungerstreik, um gegen seine Inhaftierung zu protestieren, brach ihn aber nach kurzer Zeit ab, weil seine Familie über seinen sich verschlechternden Gesundheitszustand besorgt war.[8] Während internationale Journalistenorganisationen wie das Committee to Protect Journalists, die Internationale Journalistenföderation und Reporter ohne Grenzen Shayes Freilassung forderten, weckte sein Fall in den Vereinigten Staaten nur wenig Aufmerksamkeit. Jemenitische Journalisten, Menschenrechtsaktivisten und Anwälte erhoben Vorwürfe, Shaye bleibe auf Weisung des Weißen Hauses in Haft. Die Sprecherin des Außenministeriums Beth Gosselin räumte mir gegenüber ein, ihre Regierung wolle ihn weiterhin hinter Gitter sehen. »Wir sind nach wie vor besorgt über Shayes mögliche Freilassung, weil er Verbindungen zu al-Qaida auf der Arabischen Halbinsel unterhält. Wir teilen die Haltung des Präsidenten.« Auf die Frage, ob die US-Regierung nicht Beweise dafür vorlegen sollte, erwiderte Gosselin: »Mehr haben wir zu diesem Fall nicht zu sagen.«[9]

Als die Journalistin Iona Craig den US-Botschafter im Jemen Gerald Feierstein nach Shaye fragte, habe er, wie sie sagt, gelacht, bevor er antwortete: »Shaye sitzt im Gefängnis, weil er al-Qaida und ihre Anschlagspläne auf Amerikaner unterstützt hat. Deshalb haben wir ein unmittelbares Interesse an seinem Fall und seiner Inhaftierung.« Und als sie die Schockwellen erwähnte, die seine Verhaftung bei den Journalisten im Jemen hervorgerufen habe, erwiderte der Botschafter: »Das hat überhaupt nichts mit Journalisten zu tun, sondern mit der Tatsache, dass er AQAP Hilfestellung geleistet hat. Kein jemenitischer Journalist, der so etwas nicht tut, hat etwas von unserer Seite zu befürchten.«

Für viele Journalisten, die im Jemen tätig waren, zeigten die öffentlich zugänglichen »Fakten«, die angeblich Shayes »Hilfestellung« für AQAP bewiesen, dass nach Ansicht der US-Regierung allein schon Interviews mit jemandem, der Kontakte zu al-Qaida hatte, oder Berichte über durch US-Luftschläge verursachte Todesopfer ein Verbrechen darstellten. »Das Schlimmste an der ganzen Sache ist, dass nicht nur ein unabhängiger Journalist stellvertretend von den USA in Haft gehalten wird«, erklärte Craig, »sondern dass andere jemenitische Journalisten, die über Luftschläge gegen Zivilisten recherchieren und in erster Linie ihre eigene Regierung dafür verantwortlich machen, eingeschüchtert werden. Und Shaye hat genau das getan.« Dann fügte sie noch hinzu: »Angesichts der enormen Zunahme von Luftschlägen seitens der Regierung und der jüngsten amerikanischen Drohnenangriffe braucht der Jemen Journalisten wie Shaye, die über das berichten, was wirklich geschieht.«[10]

Anwar Awlakis Blog war von der US-Regierung abgeschaltet worden, und abgesehen von seinen Artikeln in der Zeitschrift *Inspire* tauchte der »Online-Imam« nirgendwo im Internet auf. Der einzige Journalist, der gewagt hatte, ihn zu interviewen, saß hinter Gittern. Dies war die Gelegenheit für das Weiße Haus, die Sache zu Ende zu bringen. Während die US-Regierung weiter an ihren Plänen für die Ermordung Awlakis arbeitete, entsandte sie ihren obersten Anwalt, Attorney General Eric Holder, zu einem Fernsehinterview in der prominenten Morgensendung *Good Morning America*. Das Gespräch wurde als »Offene Warnung vor Terroranschlägen« angekündigt, und eine dicke Schlagzeile verkündete, die Bedrohung durch »Terroristen aus unserem eigenen Land« bereite dem Attorney General »schlaflose Nächte«. Holder selbst sagte: »In diesem Gespräch möchte ich den Menschen bewusst machen, dass die Bedrohung real, beispiellos und dauerhaft ist ... Wir sind nicht mehr nur besorgt, dass Ausländer zu uns kommen, wir sind auch besorgt darüber, dass Menschen in den Vereinigten Staaten, amerikanische Staatsbürger, die hier aufgewachsen, die hier geboren sind und die sich aus welchem Grund auch immer radikalisiert haben, gegen das Land, in dem sie geboren sind, die Waffen erheben.«[11] Dann erschienen Bilder von Anwar Awlaki auf dem Bildschirm mit dem aufblinkenden Schriftzug: »Neue Terrorängste: Prediger will bin Laden noch überbieten.«

Dann kam der Reporter auf den »Unterhosenbomber« und das versuchte Sprengstoffattentat auf das Transportflugzeug zu sprechen. Awlaki sei ein »extrem gefährlicher Mann. Er hat gezeigt, dass er den Vereinigten Staaten Schaden zufügen will, dass er seiner Heimat einen Schlag versetzen will«, sagte Holder darauf. »Er ist ein Mensch, der als amerikanischer Staatsbürger mit dem Land vertraut ist, und wegen dieser Vertrautheit mit Amerika stellt er eine Gefahr dar wie kein anderer.« Die Bedrohung, die Awlaki für die Vereinigten Staaten darstelle, so Holder, liege darin, dass er potenzielle Terroristen zum Handeln aufzuhetzen in der Lage sei. »Man braucht nur den Computer einzuschalten, eine Website aufzurufen, die diesen Hass verbreitet … die brauchen nur auf jemanden zu stoßen, der vielleicht nur interessiert ist, der vielleicht auf der Grenze steht, und den ziehen sie dann auf die andere Seite«, sagte er. Awlaki, so fuhr er fort, »ist vom selben Kaliber wie bin Laden«. Schließlich fragte der Reporter, ob die Vereinigten Staaten Awlaki lieber gefangen nehmen und vor Gericht stellen oder ohne Umschweife töten wollten. »Nun, natürlich wollen wir ihn ausschalten. Und wir werden alles Erdenkliche tun, um das zu erreichen«, erwiderte Holder.

In den USA war Awlaki inzwischen zur monumentalen Figur und zum größten Verbrecher weltweit geworden. Die Anwälte der ACLU und des Center for Constitutional Rights, die die Regierung von der Tötung Awlakis abzubringen versuchten, waren verblüfft darüber, dass die Regierung keinerlei Beweise vorlegte, um die Behauptungen zu untermauern, die Holder und andere Amtsträger in den Medien verbreiteten und die ausgewählten Journalisten zugespielt wurden. »Auch wenn das, was [Awlaki] sagt, kriminell ist, klagt ihn an, stellt ihn vor Gericht. Jedenfalls ist das kein Grund, eine Drohne in den Jemen zu schicken und ihn zu töten«, sagte Pardiss Kebriaei, leitende Anwältin des Center for Constitutional Rights. »Egal, was die Leute denken, und egal, was er sagt, auch wenn er damit die Grenze überschritten hat – der Punkt ist doch, dass die Regierung nicht einfach aufgrund vager Anschuldigungen, er stelle eine Bedrohung dar, beschließen kann, ihn ohne ein ordentliches Verfahren zu töten.«[12]

Die Regierung Obama war anderer Meinung.

Das Katz-und-Maus-Spiel zwischen den USA und Awlaki näherte sich dem Ende. Obama schickte JSOC-Teams und die CIA los, um ihn aufzuspüren und zu töten. Der ehemalige Offizier des Marine-Nachrichtendiensts Malcolm Nance sagte damals zu mir, Awlaki sei »auf strategischer Ebene gefährlich« und »die Rakete steht schon für ihn bereit. Man darf nicht zulassen, dass er das Schlachtfeld ideologisch dominiert und das in Kampfkraft umwandelt.«[13]

Kurz nach der Vereitelung des Attentats auf die Transportmaschine berichteten britische Medien, Truppen des SAS operierten mit dem »Auftrag, AQAP-Führer zu töten oder gefangen zu nehmen« an der Seite des JSOC und des jemenitischen CTU.[14] Im Februar 2011 informierte der Direktor des National Counterterrorism Center Michael Leiter den Kongress über die größten Bedrohungen, denen die USA weltweit ausgesetzt seien. »Al-Qaida auf der Arabischen Halbinsel mit al-Awlaki als einem der Anführer in dieser Organisation stellt zweifellos die bedeutendste Gefahr für die USA dar«, erklärte er vor dem Ausschuss für Innere Sicherheit des Repräsentantenhauses. »Al-Awlaki ist der bekannteste englischsprachige Ideologe, der hier in unserer Heimat die Leute direkt anspricht.«[15]

Der ehemalige Jemen-Experte der DIA Joshua Foust schilderte damals Obamas Reaktion so: »Er schickte umgehend Drohnen und Spezialeinsatzkräfte in den Jemen. Es hieß sofort: ›Schicken wir das JSOC los. Schicken wir die Ninjas hin.‹« Ohne nähere Details zu nennen, die seiner Aussage nach unter Geheimhaltung standen, versicherte Foust, er habe gezielte Tötungsoperationen miterlebt und sie für gerechtfertigt gehalten. Seiner Meinung nach seien solche Aktionen »theoretisch betrachtet nicht schlecht«. Aber dann erklärte er mir, er sei zutiefst besorgt über die Kriterien, nach denen entschieden würde, wer getötet werden solle. »Offen gesagt, habe ich, als ich für den Jemen zuständig war, die meiste Zeit« mit dem Spezialeinsatzkommando Jemen und anderen DIA-Analysten »über Beweiskriterien« diskutiert. »Die Messlatte für die Tötung von Menschen hängt erschreckend tief. Drei bestätigte HUMINT-Berichte, und das soll reichen? Vor Gericht gälte das nur als Gerücht. Ich begreife nicht, dass sich Leute mit so dünnen Beweisen zufriedengeben, wenn es um die Tötung von Menschen geht ... Wenn man jemanden ermorden will, braucht man sehr gute Gründe dafür, man braucht absolut eindeutige Beweise, dass es notwendig ist und in hohem Maß unseren Interessen dienlich ist. Aber das ist nicht der Fall.« Am Ende habe, so Foust, sein Abteilungsleiter bei der DIA zu ihm gesagt, er solle »Ruhe geben und die Klappe halten«.[16]

42 Die Festung in Abbottabad

Washington 2010–2011; Pakistan 2011

Als die USA die Jagd auf Anwar Awlaki intensivierten, hielt sich der meistgesuchte Mann der Welt in einem Versteck auf, das in der Schusslinie lag. Jahrelang hatte man angenommen, Osama bin Laden lebe in einer Höhle in den Stammesgebieten an der afghanisch-pakistanischen Grenze. Manche US-Vertreter glaubten, man werde ihn nie zu fassen bekommen, während einige Terrorismusexperten meinten, bin Laden sei womöglich bereits tot. Aber er war quicklebendig und wohnte in der pakistanischen Stadt Abbottabad auf einem großen Anwesen im Mittelschichtsviertel Bilal Town, etwa eineinhalb Kilometer von einer pakistanischen Militärakademie entfernt.

Es ist nicht ganz klar, wann bin Laden dorthin zog, aber die Gebäude auf dem Gelände wurden 2005 fertiggestellt, Gebäude, die zweifellos der Geheimhaltung dienen sollten.[1] Der al-Qaida-Führer lebte zusammen mit drei seiner Frauen und vielen seiner Kinder im zweiten Stock des größten Hauses in einer Wohnung, die so geschickt konstruiert war, dass man von außen keinen Einblick hatte. Abgesehen von ein paar schmalen Öffnungen an einer Seite hatte sie keine Fenster.[2] Paradoxerweise verhinderte gerade dieser Umstand, dass bin Laden am 2. Mai 2011 die schwer bewaffneten US-Navy-SEALs bemerkte, die sich mit dem Auftrag, seinem Leben ein Ende zu setzen, seiner Residenz näherten.

Die letzte echte Chance, bin Laden zu töten oder gefangen zu nehmen, hatten die USA zehn Jahre zuvor gehabt, im Winter 2001 im afghanischen Tora Bora. Mangelnde Koordination zwischen Pentagon und CIA hatte die Operation scheitern lassen, sodass bin Laden und sein Stellvertreter al-Sawahiri fliehen konnten – endgültig, wie manche glaubten. In den folgenden zehn Jahren ging eine entschlossene Gruppe von CIA-Experten einer Spur nach der anderen nach, die alle in eine

Sackgasse führten. Ohne Informanten aus dem engeren Umkreis der al-Qaida-Führung, ohne Funk- oder andere elektronische Signale von bin Laden und ohne große Hoffnung auf Unterstützung von Behörden in den Regionen, in denen er vermutet wurde, saß die CIA auf dem Trockenen. Im Jahr 2005 wurde das Bin-Laden-Team aufgelöst, doch ein paar Analytiker verfolgten den al-Qaida-Führer weiter.

Barack Obama hatte im Wahlkampf versprochen, Afghanistan und den Kampf gegen al-Qaida zum zentralen Punkt seiner Antiterrorpolitik zu machen, und die Regierung Bush scharf kritisiert, weil sie die Jagd auf bin Laden vermasselt hatte. Als Präsident hatte Obama CIA-Direktor Leon Panetta beauftragt, der Suche nach dem Erzfeind Priorität zu geben. Im Mai 2009 bezeichnete er die Gefangennahme oder Tötung bin Ladens als Panettas »Ziel Nummer eins«.[3] Obamas Anweisungen hatten dem Projekt neuen Schwung verliehen – und es wurden neue Mittel zur Verfügung gestellt. Als die CIA ihre Bemühungen, bin Laden ausfindig zu machen, verschärfte, glaubten manche Geheimdienstmitarbeiter nicht, dass sie Ergebnisse liefern würde. Im April 2010 sagte Generalmajor Michael Flynn gegenüber dem *Rolling-Stone*-Reporter Michael Hastings: »Ich glaube nicht, dass wir bin Laden kriegen … Vielmehr denke ich, wir werden eines Tages einen Anruf von den Pakistanern bekommen: Bin Laden ist tot, Sawahiri haben wir gefasst.«[4] Damals war Flynn der hochrangigste Geheimdienstmann in Afghanistan und Pakistan und direkt General McChrystal unterstellt. Wie Hastings betonte, hatte Flynn »Zugang zu den sensibelsten und detailliertesten Geheimdienstberichten«.

Doch dann, im August 2010, gelang der CIA ihr größter Durchbruch in dem Fall seit Tora Bora: Einer ihrer Agenten in Pakistan hatte Abu Ahmed al-Kuwaiti in Peschawar ausfindig gemacht. Al-Kuwaiti stand schon lange unter CIA-Beobachtung, war von mehreren al-Qaida-Mitgliedern identifiziert und unmittelbar nach dem 11. September von US-Streitkräften als einer der ranghöchsten Berater bin Ladens und sein wichtigster Kurier gefasst und verhört worden.[5] Der CIA-Agent in Pakistan war al-Kuwaitis weißem Suzuki-Jeep auf der zweistündigen Fahrt von Peschawar zur Garnisonsstadt Abbottabad gefolgt.[6] Als die CIA-Analysten das Anwesen, bei dem Kuwaiti Halt machte und das sie als »Festung« bezeichneten, näher in Augenschein nahmen, stellten sie fest, dass es dort weder Telefon noch einen Internetanschluss gab und die Bewohner ihren Müll verbrannten.[7] Sie bauten ihr Gemüse selbst an und hielten Hühner und Kühe.[8] Jede Woche schlachteten sie zwei Ziegen. Die Analytiker wussten, dass sie einen der Vertrauten von bin Laden auf dem Schirm hatten, aber ihnen war auch klar, dass auf dem Anwesen womöglich ein größerer Fisch lebte – vielleicht sogar der größte. Sie beschlossen, al-Kuwaiti nicht festzunehmen. Vielleicht, so hofften sie, würde er sie zu bin Laden führen.

Zum Herbstende wies Panetta seine bin-Laden-Beobachter an, eine Liste von 25 Möglichkeiten aufzustellen, wie man mehr Einblick in das Anwesen bekommen könnte. Sie hatten bereits erwogen, Beobachtungsgeräte im Abwassersystem zu installieren oder in einem Baum in der Nähe eine Kamera anzubringen. Schließlich legten die Analytiker 38 Vorschläge vor. Laut Peter Bergen war eine Idee, »Stinkbomben in die Anlage zu werfen, um die Bewohner herauszutreiben. Ein anderer spielte mit dem vermuteten religiösen Fanatismus der Bewohner: Aus Lautsprechern außerhalb des Anwesens sollte die angebliche ›Stimme Allahs‹ den Satz ›Euch ist befohlen, auf die Straße hinauszugehen!‹ verkünden.[9]

Schließlich heuerte die CIA einen pakistanischen Arzt an, der vorgeblich eine Impfung gegen Hepatitis B in dem Viertel durchführen sollte.[10] Er sollte sich mit seinem medizinischen Team Zugang zu dem Anwesen verschaffen und den Bewohnern DNA-Proben entnehmen, um sie mit den Proben der verstorbenen Schwester bin Ladens zu vergleichen, über die der Geheimdienst bereits verfügte. Der Arzt, Shakil Afridi, stammte aus einem pakistanischen Stammesgebiet. Die CIA würde ihm Geld für die Aktion geben, die in den ärmeren Vierteln Abbottabads beginnen sollte, damit sie glaubwürdig erschien. Am Ende aber scheiterte der Plan, weil es dem Arzt und seinem Team nicht gelang, DNA-Proben zu bekommen.[11] Afridi wurde später wegen seiner Zusammenarbeit mit der CIA von den pakistanischen Behörden verhaftet und ins Gefängnis gesteckt.

Vom Spätsommer bis zum Herbstanfang tauschten CIA-Analytiker Memos über die Bedeutung Kuwaitis und seiner Beziehung zu bin Laden aus. »Die Schlinge um Osama bin Ladens Kurier zieht sich zu« hieß es da beispielsweise oder »Anatomie einer Spur«.[12]

Die CIA richtete einen geheimen Unterschlupf in Abbottabad ein und analysierte die Lebensweise der Menschen genauer.[13] Bald zeigte sich, dass es abgesehen von den Familien Kuwaitis und seines Bruders noch eine weitere Familie in dem abgeschlossenen zweiten Stock des größten Gebäudes gab. Mittels Schattenanalysen von Luftaufnahmen entdeckten CIA-Analytiker jemanden, der mit einem Mann identisch zu sein schien, der täglich in einem kleinen Gemüsegarten auf dem Gelände spazieren ging – allerdings stets unter einer Abdeckplane, die verhinderte, dass die Drohnen oder Satelliten mehr erfassten als seine Silhouette. Die Größe des Mannes konnte nicht bestimmt werden. Untereinander nannten die CIA-Analytiker ihn den »Pacer« (den »Schreitenden«).[14]

Im Januar 2011 herrschte in der CIA allgemeiner Konsens, dass der »Pacer« wahrscheinlich bin Laden höchstpersönlich war. Präsident Obama wies sein Antiterrorteam an, Optionen für eine Operation zu entwickeln. Staatssekretär im Verteidigungsministerium Michael Vickers, Panetta und sein Stellvertreter Mike Morell suchten McRaven im CIA-Hauptquartier auf und informierten ihn über die neuen Erkenntnisse. »Zuerst einmal Glückwunsch, dass Sie auf eine so gute Spur gestoßen sind«, sagte McRaven. »Zweitens ist dies aus Sicht des JSOC ein relativ einfaches Kommandounternehmen. Wir machen so etwas zwölf, vierzehn Mal pro Nacht. Kompliziert daran ist nur, dass die Anlage 240 Kilometer innerhalb Pakistans liegt. Die Logistik, die man braucht, um dorthin zu kommen, und dann die politische Rechtfertigung der Erstürmung – das erschwert das Ganze. Ich möchte ein bisschen darüber nachdenken, aber aus dem Bauch heraus würde ich vorschlagen, ein sehr erfahrenes Mitglied einer Sondereinheit einzusetzen, das direkt mit Ihnen zusammenarbeitet, jeden Tag in die CIA kommt und von Grund auf beginnt, einige Optionen durchzuplanen und zu konkretisieren.«[15]

Das *Wall Street Journal* berichtete, »McRaven [habe] einen erfahrenen Offizier der Spezialeinheiten – einen Marinekapitän des SEAL-Teams 6, einer der besten Spezialeinheiten – mit der Arbeit an AC1, für Abbottabad Compound 1, beauftragt. Der Mann hat Tag für Tag zusammen mit dem CIA-Team in einer abgeschiedenen Einrichtung auf dem CIA-Gelände in Langley, Va., gearbeitet.«[16] Auf dem Papier sollte eine Stürmung des Geländes durch die CIA erfolgen, damit die US-Regierung, falls die Sache schieflief, die Operation abstreiten konnte. In Wirklichkeit aber leitete McRaven das gesamte Unternehmen.

Die CIA und Obamas nationales Sicherheitsteam erwogen gleichzeitig eine Reihe anderer Optionen.[17] Sie prüften die Möglichkeit eines Luftschlags mit einer B-2 ähnlich der Operation im Irak, bei der al-Sarkawi getötet worden war. Das aber barg eine Reihe hoher Risiken: Es würde nahezu unmöglich sein, DNA-Proben zu erhalten als Bestätigung, dass man tatsächlich bin Laden getroffen hatte, und bei dem Angriff würden zweifellos nicht nur alle Frauen und Kinder auf dem Gelände umkommen, sondern möglicherweise auch Bewohner anderer Häuser in der Umgebung. Ein Drohneneinsatz war in Pakistan immer eine Option, aber die Bedingungen vor Ort machten die Chance einer chirurgischen Operation unvorhersehbar. Und bei der ganzen Planung schwebte die Tatsache im Hintergrund, dass der CIA-Agent Raymond Davis wegen Mordverdacht in einem pakistanischen Gefängnis saß und überall Forderungen nach seiner Hinrichtung laut wurden. Jede eigenmächtige Aktion der Vereinigten Staaten würde die pakistanische Regierung unzweifelhaft gegen sie aufbringen. Manche CIA-Mitarbeiter fürchteten, die Pakistaner könnten Vergeltung üben und Davis töten.[18]

Schließlich kam Obamas Antiterrorteam zu dem Schluss, dass ein JSOC-Einsatz erfahrener Navy SEALs unter McRavens Kommando die größte Chance bot, bin Laden zu beseitigen. Das JSOC hatte bereits mehrere Kommandounternehmen in Pakistan durchgeführt, allerdings nie so weit im Landesinneren – und nie mit einer so großen Truppe. Die Gefahr, dass die pakistanische Regierung die amerikanischen Hubschrauber sichten könnte, die 250 Kilometer ins Land hineinfliegen mussten, und sie womöglich abschießen würde, war groß. Admiral McRaven begann zwar bereits mit der Zusammenstellung von SEALs, um eine sensible Operation vorzubereiten, aber die Männer erfuhren noch nicht, wie der Auftrag lautete. Als Raymond Davis am 16. März aus dem pakistanischen Gefängnis entlassen wurde, gewann die Operation an Fahrt.

McRavens Leute bereiteten sich an geheimen Orten in North Carolina und in der Wüste von Nevada auf die Mission vor.[19]

Einer der SEALs, die an dem Training teilnahmen, war der 36-jährige Matt Bissonnette, ein erfahrener DEVGRU-Kämpfer, der in den vergangenen zehn Jahren in dem sich ausweitenden Krieg gegen den Terror praktisch ununterbrochen an Einsätzen hinter den feindlichen Linien beteiligt gewesen war. Bissonnette hatte Aufträge in Afghanistan, im Irak, am Horn von Afrika und in Pakistan ausgeführt. Und er hatte zu dem Team gehört, das 2007 bin Laden zu schnappen versuchte, eine Operation, die er als »aussichtsloses Unterfangen« bezeichnete.[20] In der

Hierarchie der Spezialeinheiten war er zum DEVGRU-Teamleiter aufgestiegen.

Bissonnette und andere JSOC-Kämpfer wurden in eine sogenannte Sensitive Compartmented Information Facility bestellt, ein Gebäude, in dem keine Telefone erlaubt und die Wände zum Schutz gegen elektronische Abhöranlagen mit Bleiplatten abgeschirmt sind. Laut Bissonnette befanden »sich an die dreißig Leute in dem Raum« – SEALs, ein Sprengstoffexperte sowie zwei »Jungs vom Support«. Bis auf, dass sie für eine »gemeinsame Bereitschaftsübung« nach North Carolina geflogen würden, erhielten sie kaum Informationen. Nicht einmal Hinweise darauf, was ihnen bevorstand. »Immerhin waren lauter erfahrene Leute dabei«, berichtete Bissonnette. »In den meisten Teams schleppt der Neue die Leiter und den Vorschlaghammer. Aber wenn ich mich hier so umsah, waren nur die altgedienten Recken dabei. Im Grunde war hier eine Art Dream-Team zusammengestellt worden.«[21]

Laut Bissonnette wurde unter ihnen »eifrig spekuliert«. Manche meinten, sie würden nach Libyen geschickt. Andere wetteten, es gehe nach Syrien oder in den Iran. Als die SEALs auf der Ausbildungsbasis eintrafen, klärte man sie schließlich auf – Ziel der geheimnisvollen Mission sei, nun, Osama bin Laden. »Ach du Scheiße, nie im Leben!«, war Bissonnettes spontane Reaktion.[22]

Zu dem Team gehörte auch ein Kampfhund namens Cairo und ein Dolmetscher. Hinzu kamen vier Ersatzleute für den Fall, dass sich ein SEAL während des Trainings verletzte.[23] In Afghanistan würde sich der Auswahlmannschaft ein SEAL anschließen, den Bissonnette »Will« nannte. Er hatte sich selbst Arabisch beigebracht und würde in der Lage sein, bei der Mission Vernehmungen durchzuführen.

Mit der Hilfe von CIA-Analysten prägten sich die Männer die Einzelheiten des nachgebauten Anwesens ein, das sich vor den Türen des Besprechungsraums befand. Das Hartschaummodell stand auf einer 1,5 mal 1,5 Meter großen Sperrholzplatte und wurde, wenn es nicht gebraucht wurde, in einer Holzkiste verschlossen. Es zeigte »Bin Ladens Anwesen mit erstaunlicher Detailgenauigkeit, sogar die kleinen Bäume im Hof waren nachgebildet, ebenso die Autos in der Auffahrt und auf der Straße, die an der Nordseite des Grundstücks verlief«, schrieb Bissonnette später. »Man sah die Tore zum Anwesen und die Türen zum Haus, Wassertanks auf den Dächern und den Stacheldraht, der die Grundstücksmauern krönte. Im Hof wuchs Gras. Selbst die Häuser

der Nachbarn und umliegende Felder waren detailgetreu wiederge-
geben.«[24]

Dann wurden die SEALs mit dem »Pacer« vertraut gemacht und erhielten von der CIA Informationsmaterial mit der Überschrift »Der
Weg nach Abbottabad«, das dazu diente, die mehrjährige Suche des
Geheimdiensts nach dem al-Qaida-Führer nachzuvollziehen und sie
auf den neuesten Stand zu bringen. Ein paar Tage nach der Ankunft in
North Carolina sahen die Männer erstmals den »Pacer« in einem
Schwarz-Weiß-Video-Feed, wie er unter einer provisorischen Abschirmung im Hof des Geländes im Kreis herumging. In einer Szene flog ein
pakistanischer Armeehubschrauber über das Gelände, während sich
der »Pacer« draußen aufhielt. »Wir alle starrten auf den Bildschirm und
warteten, wie die Bewohner reagierten. Aber nein, da rannte niemand
zum Auto und ergriff die Flucht. Sofort dachten wir alle dasselbe«,
schrieb Bissonnette. »Das bedeutete, dass der Pacer an Hubschrauber-
lärm gewöhnt war.«[25]

Der CIA-Bericht informierte die Männer ferner darüber, dass bin
Laden wahrscheinlich im zweiten Stock wohnte und sein Sohn Khalid
im ersten. Abgesehen von begründeten Vermutungen dieser Art hatten
die DEVGRU-Leute keine Ahnung, wie es im Inneren des Gebäudes
aussah. Das Team würde bei seiner Berichterstattung über den Verlauf
der Mission per Funk eine Reihe von Code- oder Stellvertreterwörtern,
sogenannte »Pro words«, verwenden, um den Funkverkehr durch einzelne Begriffe zu verkürzen und eventuelle Unklarheiten auszuschließen. »Für diese Mission wählten wir Codewörter zum Thema India-
ner«, erzählte Bissonnette. Für bin Laden sollte das Wort »Geronimo«
stehen.[26]

Während sich die SEALs auf ihre Mission vorbereiteten, informierte McRaven den Präsidenten und sein nationales Sicherheitsteam.
»Was den Schwierigkeitsgrad der Operation angeht … gehört das hier
im Vergleich mit dem, was wir jede Nacht in Afghanistan und im Irak
machen, keineswegs zu den technisch schwierigsten Missionen. Der
schwierige Teil hier ist die Sache mit der pakistanischen Souveränität
und der lange Zeitraum, den wir in pakistanischem Luftraum verbringen.«[27] Bidens nationaler Sicherheitsberater Tony Blinken beschrieb die
Wirkung dieser Feststellung so: »Zuerst einmal ist es natürlich hilfreich,
dass er die perfekte Besetzung für die Rolle ist. Er sieht so aus und er
spricht so, und das erzeugt Vertrauen. Gleichzeitig vermittelte er das

sehr starke Gefühl, dass er kein Typ ist, der prahlt oder übertreibt. Dass er jemand ist, der einem ganz offen seine ehrliche Meinung sagt. Und genau das tat er auch. Damit erwarb er sich nicht nur jede Menge Glaubwürdigkeit, es erzeugte auch eine enorme Zuversicht. Also, was McRaven im Prinzip zu uns sagte, nachdem sie das Ganze modelliert und durchgespielt und geübt hatten, war: ›Wir können das machen.‹«[28]

Während die SEALs in North Carolina und in der Wüste Nevadas für die Operation Krieg spielten, wohnten manchmal Prominente aus Regierung, Militär und CIA den Übungen bei. Laut Bissonnette fragte einmal jemand, ob es sich bei dem Einsatz um einen Tötungsauftrag handle. »Ein Jurist aus dem Verteidigungsministerium oder dem Weißen Haus machte deutlich, dass dies keine Hinrichtung werden sollte«, erzählte er. ›Wenn er nackt ist und sich mit erhobenen Händen ergibt, werden Sie ihn nicht töten‹, sagte der Anwalt. ›Aber ich schreibe Ihnen nicht vor, wie Sie Ihre Arbeit machen sollen.‹«[29]

Vor der eigentlichen Mission wurde das SEAL-Team in das afghanische Dschalalabad verlegt. Für die lange Reise hatte Bissonnette eine Hängematte in der Maschine aufgehängt, und manche seiner Kameraden nahmen für den langen Flug über den Atlantik Schlaftabletten. Als die Maschine abhob, setzte sich Bissonnette auf einen freien Platz neben eine Frau aus dem Team der NSA- und CIA-Analysten, die die Truppe begleitete, und fragte sie, wie die Chancen stünden, dass der Mann auf dem Anwesen tatsächlich bin Laden sei. »Hundert Prozent«, antwortete sie. Bissonnette winkte ab und erinnerte sie an die vielen bisherigen Ankündigungen dieser Art von Geheimdienstexperten, die sich dann in Wohlgefallen aufgelöst hätten. Aber seine Gesprächspartnerin setzte noch eins drauf und meinte, sie sei nicht für die Stürmung und hätte einen Luftschlag vorgezogen. »Manchmal macht das JSOC, was es will«, sagte sie. »Ich würde lieber einfach eine Bombe auf das Ding werfen.« Worauf Bissonnette meinte: »Ihr habt bis hierher die ganze harte Arbeit geleistet. Wir haben gern unsere halbe Stunde Spaß, und damit ist die Sache erledigt.«[30]

Am 29. April, einem Freitag, um 8.20 Uhr traf sich Obama mit dem nationalen Sicherheitsberater Thomas Donilon, dessen Stellvertreter Denis McDonough, John Brennan und Stabschef William Daley im Diplomatic Reception Room des Weißen Hauses.[31] Dort sagte Obama zu seinen im Halbkreis stehenden Mitarbeitern: »Ich habe meine Entscheidung getroffen: Sie lautet Ja. Das Einzige, was jetzt noch dagegen spricht, wäre, wenn Bill McRaven und seine Leute sagen würden, dass entweder die Wetterbedingungen oder die Bedingungen vor Ort das Risiko für unsere Leute erhöht haben.«[32]

Die Mission würde unter dem Namen Operation Neptune Spear laufen, eine Anspielung auf den Dreizack des römischen Wassergottes, der auch das Wappen der Navy SEALs ziert.

Am zweiten Abend in Dschalalabad saßen Bissonnette und andere SEALs um eine Feuerstelle und diskutierten darüber, auf welche Körperstelle sie bei bin Laden zielen sollten. »Versuch bloß nicht, diesem Scheißkerl ins Gesicht zu schießen«, sagte einer in der Runde, den Bissonnette »Walt« nannte. »Alle werden ein Foto sehen wollen.« Dann spekulierten sie darüber, wer von ihren Vorgesetzten wohl aufgrund der Operation einen Karrieresprung machen würde. Bissonnette prophezeite, McRaven werde zum SOCOM-Kommandeur befördert werden. »Und wir werden Obamas Wiederwahl sichern«, meinte Walt. »Ich höre ihn schon damit prahlen, dass er bin Laden zur Strecke gebracht hat.«[33]

Der Termin für das Kommandounternehmen, der Abend des 30. April, ein Samstag, fiel zeitlich mit dem Korrespondentendinner im Weißen Haus zusammen. Der Präsident und praktisch jedes hochrangige Mitglied des nationalen Sicherheitsteams würde mit der Medienelite und Hollywood-Berühmtheiten zusammensitzen, während die Operation stattfand. Einige Berater des Präsidenten wollten sie bis nach dem Dinner verschieben, weil sie fürchteten, wenn etwas schieflief und der Präsident und andere Regierungsvertreter den Tisch verlassen mussten, die Sache auffliegen könnte. Als Datum war eigens eine mondlose Nacht gewählt worden, damit die anfliegenden Hubschrauber den bestmöglichen Schutz hatten. Doch dann zwang eine dicke Wolkendecke McRaven, die Operation auf den nächsten Abend zu verschieben.[34]

In einem Telefonat mit Obama ließ sich McRaven nun endgültig grünes Licht geben. Es war spät in der Nacht in Dschalalabad, als McRaven den Hörer abhob und dem Präsidenten mitteilte, dass seine Leute bereit seien. »Ich setze das allergrößte Vertrauen in Sie und Ihre Leute«, sagte der Präsident. »Gott sei mit Ihnen und Ihren Leuten. Bitte geben Sie ihnen meinen persönlichen Dank für ihren Einsatz weiter und sagen Sie ihnen, dass ich die Operation persönlich verfolgen werde.«[35]

Am Samstag um 19 Uhr trafen der Präsident und die First Lady zum

Korrespondentendinner im Washington Hilton ein. Panetta, Gates, Vickers und mehrere andere zentrale Mitglieder des Planungsteams für die Tötung bin Ladens waren ebenfalls anwesend. Obamas Verhalten verriet nichts über die Vorbereitungen auf der anderen Seite des Globus, bei denen so viel auf dem Spiel stand. Vielmehr wirkte der Präsident gelassen und jovial, er machte Scherze, unter anderem auch über den Milliardär Donald Trump, der sich unter den Gästen befand. Trump hatte in den Medien mit seiner wahnwitzigen Theorie, der Präsident sei kein US-Bürger, viel Aufsehen erregt. Seth Meyers, Star der amerikanischen Comedy-Show *Saturday Night Live* und Gastgeber des Dinners, machte sogar einen Witz über bin Laden, offenbar nicht wissend, dass eine Reihe der Anwesenden eng in die Planung seines unmittelbar bevorstehenden Todes eingebunden waren. »Die Leute denken, bin Laden würde sich im Hindukusch verstecken, aber wussten Sie, dass er jeden Tag von 16 bis 17 Uhr seine eigene Show auf C-SPAN moderiert?« Die Kamera schwenkte zum Präsidenten, der schallend lachte.[36]

In Afghanistan war die letzte Instruktionsrunde vor dem Start der Operation Neptune Spear »bis auf den letzten Platz besetzt«, da die SEALs aus der anderen Einheit auf der Basis hinzukamen, schrieb Bissonnette. Der Präsident hatte den SEALs die Genehmigung erteilt, alle pakistanischen Einheiten abzuwehren, die ihnen bei der Mission eventuell im Wege stünden. Ein Offizier, der die Teams instruierte, informierte sie darüber, was sie erzählen sollten, falls sie in pakistanische Gefangenschaft gerieten: Ihr wolltet eine abgestürzte Drohne bergen. Der Vorschlag erregte Gelächter. »Die Geschichte klang völlig absurd. Auf dem Papier waren wir Verbündete Pakistans, und wenn wir eine Drohne verloren hätten, würde sich das Außenministerium direkt an die pakistanische Regierung wenden, um sie zurückzubekommen«, meinte Bissonnette. »Die Geschichte würde uns niemand abkaufen«, schrieb er. »In Wahrheit konnte, wenn es wirklich so weit kommen sollte, keine noch so gut erfundene Geschichte erklären, weshalb zweiundzwanzig SEALs mit mehr als fünfundzwanzig Kilo High-Tech-Ausrüstung auf dem Buckel, ein Sprengstoffexperte und ein Dolmetscher, insgesamt also vierundzwanzig Mann plus ein Hund ein Vorstadtviertel ein paar Meilen von der pakistanischen Militärakademie entfernt stürmten.« Die Instruktionssitzung wurde von dem befehlshabenden Offizier der DEVGRU mit der Meldung beendet, McRaven habe ihnen grünes Licht gegeben. In 24 Stunden würden sich die SEALs auf den Weg nach Abbottabad machen.[37]

Am Sonntag, dem 1. Mai, trafen gegen acht Uhr die Mitarbeiter der nationalen Sicherheit im Weißen Haus ein.[38] Man besorgte belegte Sandwichs und bestellte Pizzen in verschiedenen Restaurants, um keinen Verdacht zu erregen.[39]

Gegen 13 Uhr versammelte sich Obamas nationales Sicherheitsteam im Lageraum.[40] Obama spielte auf der Andrews Force Base noch eine Runde Golf, eine der Aktionen, die signalisieren sollten, dass alles wie üblich lief.[41] Drüben bei der CIA saßen Panetta und sein Stellvertreter Mike Morell mit dem SOCOM-Kommandeur Eric Olson in einem abgeschirmten Raum. Auf dem Papier trug Panetta die Verantwortung für die Aktion. In Wirklichkeit aber leitete Admiral McRaven die Operation Neptune Spear.

Obama kehrte um etwa 14 Uhr ins Weiße Haus zurück und ging, noch in Golfschuhen und Windjacke, hinunter in den Lageraum, in dem Panettas letzter Check übertragen wurde. Aber Obama und sein Team würden die sensibelste Mission in der US-Geschichte nicht im Lageraum verfolgen, der eigens für solche Operationen ausgebaut war. Stattdessen zwängten sich die mächtigsten Entscheidungsträger der Vereinigten Staaten in einen viel kleineren Raum nebenan.

Hier befanden sich die gleichen sicheren Video- und Telefonsysteme wie im Lageraum, aber es hatten nur sieben Personen Platz.[42] An einer Wand hingen zwei nicht allzu große Flachbildschirme nebeneinander. Am entscheidenden Tag hatte anfangs Brigadegeneral Marshall »Brad« Webb, der zweite kommandierende General des JSOC, den Raum besetzt, wo er und ein weiterer JSOC-Offizier die Operation in Echtzeit auf einem Laptop beobachteten. Den Feed lieferte eine Tarnkappendrohne des Typs RQ-170, die über Abbottabad schwebte. Außerdem standen sie in abhörsicherem Kontakt mit McRaven in Dschalalabad, mit Panetta im CIA-Hauptquartier und mit General Cartwright im Einsatzzentrum des Pentagon.[43] Als die Männer vorschlugen, ihr Kommandozentrum in den Lageraum zu verlegen, wurde ihnen gesagt, sie sollten an Ort und Stelle bleiben.[44]

Im Lageraum nebenan debattierte Obamas innerer Kreis darüber, ob der Präsident die Operation live verfolgen sollte.[45] Während die Diskussion noch im Gange war, betraten verschiedene hochrangige Regierungsvertreter Webbs kleinen Raum, darunter Außenministerin Clinton und Vizepräsident Biden. Kurz darauf kam der Präsident. »Ich muss das sehen«, sagte der Oberbefehlshaber der US-Armee.[46] Später erzählte Obama über diese Situation: »[Webb] war im Begriff aufzustehen, und andere gingen die Sitzordnung durch, um zu überlegen, wie man die Situation am besten bewältigen könnte. ›Macht euch keine Gedanken‹, sagte ich. ›Keine Sorge. Macht einfach weiter. Wir finden bestimmt irgendwo einen Stuhl, und ich setze mich direkt neben Webb.‹ So landete ich am Ende auf einem Klappstuhl.«[47]

In Abbottabad war es mittlerweile 23 Uhr, und die Familien auf dem Bin-Laden-Anwesen hatten sich bereits schlafen gelegt.[48] Viele Kilometer in Richtung Westen, in der Stadt Dschalalabad, bereiteten sich 23 Männer des SEAL-Teams 6 auf einem Luftstützpunkt auf den Beginn ihrer Mission vor. Eine halbe Stunde später hoben die Black Hawks ab.[49] Um 14.30 Uhr Ortszeit erfuhr das Weiße Haus, dass sich die Hubschrauber in der Luft befanden. »Es waren nervenaufreibende Minuten, wir hielten den Atem an«, erinnerte sich Brennan.[50]

Die SEALs wurden mit zwei speziell ausgestatteten Hubschraubern des Typs MH-60 transportiert, die von »Night Stalkern« geflogen wurden. Schon lange hatten Gerüchte kursiert, dass die USA eine solche Tarnkappenversion des Black Hawk entwickelten.[51] Eine öffentliche Debatte darüber hatte es nicht gegeben. Sie waren eigens mit hochmoderner Technik ausgestattet, die dafür sorgte, dass sie nahezu geräuschlos flogen und durch Radar nicht erfasst werden konnten. Zur weiteren Tarnung würden die Piloten mit hoher Geschwindigkeit so tief wie möglich über den Boden fliegen, eine Taktik, die als »Konturenflug« bezeichnet wurde.[52] Der ehemalige SOCOM-Kommandeur General Hugh Shelton, dessen Sohn JSOC-Pilot ist, meinte, die Night Stalker seien die besten Flieger im US-Militär. »Die Piloten können einen Hubschrauber buchstäblich auf dem Kopf fliegen, wenn sie wollen, sie können auf einem fahrenden Zug landen – und das bei Nacht«, erklärte er mir. »Wenn man eine Operation durchführen will, die auf keinen Fall scheitern darf, dann holt man sich möglichst diese Jungs dafür.«[53]

Sobald die Black Hawks in den pakistanischen Luftraum eingedrungen waren, hoben vom selben Flugfeld in Dschalalabad drei MH-47 Chinooks ab.[54] Einer landete auf der afghanischen Seite der Grenze zu Pakistan, die anderen beiden flogen zu einem abgelegenen Flussufer in Kala Dhaka im Swat-Tal, ungefähr 80 Kilometer nördlich des Bin-Laden-Anwesens.[55] Dort würde die Quick Reaction Force (schneller Eingreifverband, QRF) warten. Falls die SEALs in ernste Schwierigkeiten kommen sollten, konnte die QRF in etwa 20 Minuten in Abbottabad sein.[56] Unterdessen schwirrten die Black Hawks leise in Richtung des anvisierten Geländes und erreichten schließlich den Stadtrand von Abbottabad.

In Afghanistan leitete Admiral McRaven die Operation von einem geheimen Ort in Dschalalabad aus. In Kabul verfolgten General David Petraeus und einer seiner Mitarbeiter das Geschehen in einem geheimen Kontrollraum.[57] Sollten die Pakistaner ihre Kampfjets in Bewegung setzen, war Petraeus bereit, US-Kriegsmaschinen zu mobilisieren.

43 „Wir haben ihn. Wir haben ihn."

Pakistan 2011

Präsident Obama und sein Team drängten sich um einen Tisch in dem kleinen Zimmer neben dem Lageraum und verfolgten die grobkörnigen Bilder der Black Hawks, die von Nordwesten auf Abbottabad zuflogen. Abgesehen von einer gelegentlichen Frage an General Webb herrschte Schweigen.[1] An Bord der Hubschrauber hatten einige SEALs versucht, unterwegs ein Nickerchen zu machen, bevor die zweifellos wichtigste Mission ihrer Laufbahn begann. Navy SEAL Matt Bissonnette wachte auf, als seine Maschine zehn Minuten von der Stadt entfernt war.[2] Er setzte seine Nachtsichtbrille auf und bereitete seine Ausrüstung für das ungesicherte, aber rasche Abseilen vor. Mit aus dem Hubschrauber herabbaumelnden Beinen betrachtete er die Landschaft, die unter ihm vorbeizog. »Mehrere Häuser, die wir überflogen, hatten beleuchtete Pools und gepflegte Gärten hinter hohen Steinmauern. Ich war eigentlich eher gewohnt, Berge zu sehen oder Dörfer, die aus einer Handvoll Lehmhütten bestanden«, schrieb er. »Von oben wirkte Abbottabad wie ein Vorort in den Vereinigten Staaten.«[3]

Nachdem die Black Hawks über die südöstliche Mauer des Geländes geflogen waren, schwebten sie über dem Bereich, wo die SEALs in das Haus eindringen wollten. Durch seine Nachtsichtbrille konnte Bissonnette Einzelheiten des Anwesens erkennen. »Aus zehn Metern Höhe konnte ich an einer Leine aufgehängte Wäsche flattern sehen. Der Abwind des Rotors wirbelte Staub auf und hüllte zum Trocknen aufgehängte Matten ein. Müll wirbelte durch den Hof, und in einem angegrenzten Pferch rannten vom Lärm aufgeschreckte Ziegen und Kühe umher.«[4]

In diesem Augenblick wichen die Ereignisse vom Plan ab. Plötzlich sackte der Black Hawk ab. Zum Teil lag es an der hohen Temperatur, zum Teil aber auch an dem zusätzlichen Gewicht des Tarnkappensystems.[5] In großen Höhen kann ein Pilot versuchen, ausreichend Auftrieb zu erzeugen, um dieses Absacken zu verhindern, in geringen Höhen aber ist das unter Umständen tödlich.

Der Pilot gab sich alle Mühe, den Hubschrauber wieder unter Kontrolle zu bringen. Bissonnette wurde vom Boden der Maschine gehoben, und er versuchte, irgendwo Halt zu finden. Wegen der anderen SEALs direkt hinter ihm konnte er nicht zurückrutschen. »Scheiße, scheiße, scheiße, das wird echt wehtun«, dachte Bissonnette, während die Geländemauer immer näher kam. Bissonnette zog die Beine an die Brust und hoffte, dass sie nicht unter dem Hubschrauber zerquetscht würden, wenn er auf die Seite kippte. »[Der Hubschrauber] erzitterte, als er sich wie ein Rasen-Dart in den weichen Boden bohrte. Gerade noch war der Boden auf mich zugerast. Jetzt stand alles still. Es war so schnell gegangen, dass ich nicht einmal den Aufprall gespürt hatte«, erinnerte sich Bissonnette.[6]

Dem Piloten des Hubschraubers Chalk 1 war es gelungen, seinen Notfallplan bis zu Ende durchzuführen und die Maschine in dem größeren Hof des Geländes notzulanden. Das Heck des Black Hawk wurde in einem Winkel an die fast vier Meter hohe Umfassungsmauer gedrückt, der verhinderte, dass sich die Rotoren in den Boden gruben und in gefährliche Splitter zerbarsten. »Wenn irgendein anderer Teil des Hubschraubers auf die Mauer geprallt wäre oder wenn der Rotor zuerst auf den Boden getroffen wäre, hätte keiner von uns den Absturz unversehrt überstanden«, schrieb Bissonnette später. Die Piloten hätten »irgendwie das Unmögliche vollbracht«.[7]

Bei der »harten Landung« hatte das SEAL-Team überlebt, aber nun gab es keine Möglichkeit mehr, die Operation abzustreiten. Und auch keine Hoffnung, die Anwesenden auf dem Gelände zu überraschen.

Der ursprüngliche Plan musste über den Haufen geworfen werden. Anstatt sich direkt auf das Anwesen abzuseilen, blieb den SEALs jetzt nur noch die Möglichkeit, es von außerhalb der Mauern zu stürmen. Mit dem Verlust des Überraschungsmoments bestand die Gefahr, dass sich die Bewohner bewaffneten, um sich dem amerikanischen Kommando entgegenzustellen. »Ich bekam es mit der Angst zu tun«, schrieb Bissonnette. »Bis zu dem Moment, in dem ich den Befehl hörte, außen herumzugehen, war alles nach Plan verlaufen, und wir hatten unseren Einsatzort unbemerkt vom pakistanischen Radar und der pakistanischen Luftabwehr erreicht. Jetzt aber lief die Sache aus dem Ruder, bevor wir auch nur auf dem Boden waren. Natürlich hatten wir für diese Eventualität geübt, aber es war eben nur Plan B. Wenn unser Ziel tatsächlich vor Ort war, war der Überraschungsmoment entscheidend, und der drohte gerade verloren zu gehen.«[8]

Im Weißen Haus warteten Obama und seine Berater schweigend auf eine Meldung. »Wir konnten sehen, dass es anfangs Probleme bei der Landung eines Hubschraubers gab. Also hielten wir wohl alle, denke ich, gleich zu Beginn den Atem an. Das stand nicht im Drehbuch«, sagte der Präsident später.[9]

»Es waren wirklich aufregende Augenblicke«, erzählte Außenministerin Clinton. Und später sagte sie Peter Bergen gegenüber: »Es war wie eine Episode aus 24 oder irgendeinem Film.«[10] Biden, der sich gegen die Stürmung ausgesprochen hatte, fingerte nervös an seinem Rosenkranz, während er zusah, wie der Hubschrauber abstürzte. »Was sich hier zeigte, war, dass das, was unbedingt hätte geschehen müssen, sollte die Mission erfolgreich sein, nicht eintrat«, meinte er. »Dieser Hubschrauber landete eben nicht an der richtigen Stelle, und alle stöhnten auf.«[11]

Während Obamas Sicherheitsteam erschüttert reagierte, blieb Admiral McRaven gelassen. Zumindest erweckte er diesen Eindruck. »Wir werden jetzt den Einsatz abändern, Direktor«, sagte er ruhig zu Panetta. »Wie Sie sehen, ist inzwischen einer unserer Hubschrauber im Hof am Boden. Meine Männer sind auf diesen Eventualfall vorbereitet und werden damit fertigwerden.«[12] McRavens Ruhe und Zuversicht beeindruckten die Runde, die in dem Raum vor dem Bildschirm saß. »Admiral McRaven blieb unerschütterlich und professionell«, sagte der stellvertretende nationale Sicherheitsberater Ben Rhodes später. »Sein Verhalten veränderte sich nicht.«[13] Obama bezeichnete McRaven im Nachhinein als »kühlen Kopf«.[14]

»Wir hatten das Gefühl, dass trotz der brachialen Landung des Hubschraubers die Insassen nicht verletzt waren und die Mission zu Ende führen würden«, sagte Obama.[15]

Die SEALs in dem abgestürzten Hubschrauber hatten tatsächlich ausnahmslos überlebt und keine schweren Verletzungen davongetragen. Als der zweite Black Hawk, dessen SEALs sich auf das Dach des Gebäudes abseilen sollten, nun vor den Toren des Anwesens landete, begann Plan B zu greifen.

Bissonnette und Will, der Dolmetscher, schlichen sich an das Gästehaus heran, wo sie laut eigener Aussage mit Kalaschnikows angegriffen wurden und zurückschossen. Kurz darauf trat eine Frau mit einem Säugling im Arm aus dem Gebäude. Es war Mariam al-Kuwaiti, die Frau des Kuriers. »Er ist tot«, sagte sie. »Ihr habt ihn erschossen. Er ist tot. Ihr habt ihn getötet.«[16] Will durchsuchte sie nach Waffen und teilte Bissonnette mit, was sie gesagt hatte. Tief geduckt öffnete Bissonnette die Tür und blickte hinein. »Ich sah ein Paar Füße in der Tür des Schlafzimmers«, sagte er.[17] Dicht gefolgt von Will trat er in das Gästehaus und schoss noch mehrmals auf al-Kuwaiti. Während Bissonnette behauptete, es sei auf ihn geschossen worden, legen andere Berichte, unter anderem der von Bergen, nahe, dass al-Kuwaiti unbewaffnet war. »Die Kalaschnikow des Kuriers wurde später neben seinem Bett gefunden. Vermutlich benutzte er sie gar nicht, wenn man bedenkt, wo sie lag, und in Anbetracht der Tatsache, dass keine einzige Patronenhülse dieser Waffe später am Schauplatz gefunden wurde«, schrieb Bergen.[18] Unterdessen gelangte eine andere Gruppe von SEALs zum Hauptgebäude und erschoss vor den Augen der entsetzten Frauen und Kinder zwei weitere Mitglieder von al-Kuwaitis Familie.[19]

Die Männer befanden sich nun seit etwa zehn Minuten auf dem Gelände. Die SEALs des Chalk 2 waren durch das Haupttor eingedrungen. Als das Kommando bin Ladens Gebäude betrat, verlor es den Kontakt zu Obamas Team im Weißen Haus.[20] Obama sagte später, die Zeit, die die SEALs auf dem Anwesen verbrachten, seien »die längsten vierzig Minuten meines Lebens gewesen, vielleicht mit Ausnahme der Zeit als [meine Tochter] Sasha im Alter von drei Monaten Meningitis bekam und ich auf den Arzt wartete, um ihn zu fragen, ob sie durchkommen würde«.[21] In der Dokumentation *Targeting Bin Laden* für den History Channel meinte der Präsident: »Wir hatten einen echten Blackout, und es war schwierig für uns zu erfahren, was genau passierte. Wir wussten, dass Gewehrschüsse fielen, und wir wussten, dass es einige Detonationen gab.«[22]

Mittlerweile war die Tür, die die Treppe versperrte, gesprengt worden. »Die gefliesten Stufen waren im Winkel von neunzig Grad angeordnet, sodass sie eine Art eckige Wendeltreppe bildeten, unterbrochen von kleinen Treppenabsätzen.«[23] Im ersten Stock gab es vier Türen. Die SEALs sicherten alle Räume und stiegen dann in den zweiten Stock hinauf, wo vermutlich der »Pacer« und seine Familie wohnten. Währenddessen tauchte kurz ein Gesicht am oberen Ende der Treppe auf.

Geheimdienstanalysten hatten angegeben, dass bin Ladens Sohn Khalid im ersten Stock lebte und keinen Bart trug. Und das traf auf den Mann zu, der um die Ecke gespäht hatte.

»Khalid«, flüsterte ein SEAL. »Khalid.«[24]

Als der 23-Jährige wagte, den Kopf vorzustrecken, traf ihn eine Kugel ins Gesicht. »Was dachte sich Khalid damals eigentlich?«, fragte Bissonnette später. »So einfach um die Ecke zu schauen. Neugier ist der Katze Tod. Und ich denke, das traf auch auf Khalid zu.«[25]

Die Kommandokräfte schlichen weiter die Treppe hinauf, über Fliesen, die nass waren von Khalids Blut. Oben im Flur streckte jemand den Kopf aus einer Tür. Sofort feuerte ein SEAL mit einer schallgedämpften Waffe zwei Schüsse auf den Mann ab, und er verschwand wieder ins Zimmer.[26] Als sie dort eintraten, fanden die Männer zwei Frauen vor. In der Befürchtung, sie könnten Sprengstoffgürtel tragen, packte ein SEAL sie und drängte sie in eine Ecke, damit seine Kameraden weitermachen konnten. Ein anderer SEAL stand in der Dunkelheit von Angesicht zu Angesicht einem großen Mann gegenüber. »In diesem Augenblick schoss ich ihm zweimal in die Stirn. Bopp! Bopp! Beim zweiten Schuss sank er schon zusammen«, berichtete der SEAL. »Er sackte auf den Boden vor seinem Bett, und ich traf ihn erneut. Bopp! An derselben Stelle. Diesmal mit Hilfe meines elektronischen Zielsystems. Er war tot. Rührte sich nicht mehr. Seine Zunge hing heraus. Ich sah, wie er die letzten Atemzüge machte, aber das war nur ein Atemreflex.«[27]

Unterdessen traten Bissonnette und ein anderer SEAL in den Raum. »Wir sahen den Mann am Fuß seines Betts auf dem Boden liegen«, erzählte er. »Blut und Hirnmasse quollen auf der Seite aus seinem Kopf. Er krümmte sich und bäumte sich in Todeszuckungen auf. Der andere SEAL und ich richteten unsere Laser auf ihn und feuerten mehrmals. Die Kugeln schlugen in seinen Körper. Er schlug auf den Boden und rührte sich nicht mehr.«[28]

Da es in dem Raum immer noch vollkommen dunkel war, schaltete Bissonnette seine Helmlampe ein, um das Gesicht des Mannes genauer in Augenschein zu nehmen. Es war blutbedeckt. »Ein Einschuss in der Stirn hatte die rechte Schädelseite eingedrückt. Die Brust war von mehreren Kugeln durchlöchert. Er lag in einer ständig größer werdenden Blutlache.«[29] Der SEAL, der den ersten Schuss auf den Mann abgegeben hatte, meinte: »Die amerikanische Öffentlichkeit möchte so etwas bestimmt nicht sehen.«[30]

Die SEALs waren nicht sicher, ob der Mann, den sie erschossen hatten, bin Laden war, denn sein Gesicht war stark entstellt. Sie nahmen DNA-Proben von dem Getöteten, und einer der SEALs besprühte das blutige Gesicht mit Wasser aus seiner Flasche. »Mit jedem Blutfleck, den ich entfernte, kam mir das Gesicht bekannter vor. Aber er sah jünger aus, als ich erwartet hatte. Sein Bart war dunkel, vielleicht hatte er ihn gefärbt. Immer wieder kam mir der Gedanke, dass er ganz anders aussah, als ich es erwartet hatte«, schrieb er.[31] Einer der SEALS gab über Funk durch: »Wir haben einen möglichen, wiederhole: MÖGLICHEN Touchdown im zweiten Stock.« Bissonnette schoss Fotos von der Leiche des Mannes. Dann kniete er sich auf den Boden, um sich dessen Gesicht vorzunehmen, und drehte für Profilaufnahmen den Kopf hin und her. Schließlich ließ er seinen Kameraden ein Auge des Erschossenen öffnen, um eine Nahaufnahme davon zu machen.

Auf dem Balkon verhörte der SEAL, der Arabisch sprach, die Frauen und Kinder. Unterdessen kam über Funk die Anweisung, den abgestürzten Black Hawk zur Zerstörung vorzubereiten. Da die Mission länger als geplant dauerte, ging den anderen Hubschraubern, darunter auch der zur Rettung gedachte CH-47, der in der Nähe wartete, allmählich der Treibstoff aus.

Während Bissonnette weiter Fotos machte, nahm »Will« Blut- und Speichelproben von dem Mann. Zwei identische Fotoreihen und DNA-Proben würden mit den Black Hawks getrennt nach Dschalalabad mitgenommen werden. »All das war sorgfältig geplant worden: Sollte einer der Hubschrauber auf dem Rückflug nach Dschalabad abgeschossen werden, würde immer noch der zweite Satz von DNS-Proben und Fotos vorhanden sein«, erklärte Bissonnette später.[32]

Als der Dolmetscher die ältere Frau in dem Raum vernahm und sie fragte, wer der Tote sei, antwortete sie: »Der Scheich.« Sie weigerte sich, seinen wahren Namen zu nennen. Immer wieder nannte sie andere Decknamen, bis sich der SEAL den Kindern zuwandte. Eins der kleinen Mädchen sagte schließlich, es sei Osama bin Laden. Als der SEAL noch einmal nachfragte, ob sie sich sicher sei, sagte sie: »Ja.« Der SEAL wandte sich wieder an die ältere Frau. »Schluss mit dem Unfug«, herrschte er sie an und fragte sie noch einmal nach dem Namen des Getöteten. Weinend bestätigte sie, es sei Osama bin Laden. Daraufhin meldete der SEAL die zweifache Bestätigung.[33] In diesem Augenblick betraten die zwei SEALs den Raum, die die Operation leiteten – der eine war Bissonnettes Einsatzchef. Er betrachtete bin Ladens Gesicht. »Ja, sieht aus wie unser Mann«, sagte er. Der ältere SEAL trat hinaus und teilte McRaven über Funk mit: »Für Gott und Vaterland melde ich Geronimo«, sagte er. »Geronimo E.K.I.A.« (Geronimo Enemy Killed in Action) – Feind im Gefecht getötet.[34]

Auf der anderen Seite der Welt, im Konferenzraum des Weißen Hauses, saß Obamas nationales Sicherheitsteam und war überwältigt. »Wir haben ihn«, sagte Obama leise. »Wir haben ihn.«[35] Admiral McRaven aber ließ vorsorglich noch keine Feierstimmung aufkommen. »Hören Sie, ich habe zwar eine Geronimo-Meldung erhalten, aber ich muss Ihnen mitteilen, dass es eine erste Meldung ist. Das ist keine Bestätigung. Bitte dämpfen Sie noch ein wenig Ihre Erwartungen. Bei den meisten Elitesoldaten ist, wenn sie im Einsatz sind, der Adrenalinspiegel extrem hoch. Gewiss, das sind Profis, aber verlassen wir uns lieber auf gar nichts, bis sie zurück sind und wir einen handfesten Beweis haben.« Und dann fügte er hinzu: »Wir haben SEALs am Boden ohne Fluggelegenheit.«[36]

Als bin Laden getötet wurde, befanden sich die SEALs seit gut einer halben Stunde auf dem Gelände. Mit jeder Sekunde stieg die Gefahr, dass pakistanische Truppen auftauchten. Im ersten Stock packten die Männer so viel von bin Ladens Habe und eventuell geheimdienstlich relevanten Hinweisen wie möglich ein.[37]

Nachdem sie die Fotos von bin Laden gemacht und DNA-Proben genommen hatten, zogen zwei SEALs seine Leiche an den Beinen aus dem Schlafzimmer. Bissonnette sah sich um und steckte Dokumente und Kassetten ein. Die Männer fanden auch zwei Waffen: eine Kalaschnikow und eine Makarow-Pistole mit Gürtelholster. Beide waren nicht geladen.[38]

Inzwischen wurde die Zeit knapp. Dem Dolmetscher und den SEALs vor dem Anwesen war es gelungen, neugierige Zuschauer abzuwehren, aber nach und nach begann Abbottabad aufzuwachen. Jeden Moment konnte pakistanische Polizei oder Militär auftauchen, und den Hubschraubern, die über dem Gelände kreisten, ging der Treibstoff aus. In Anbetracht der Bewohner des ansonsten ruhigen Viertels, die Hubschraubergeräusche und Explosionen gehört hatten und sich zum Teil über den Stromausfall beschwerten, zeigte sich, wie wichtig die Anwesenheit eines Dolmetschers war. Gul Khan sagte gegenüber *India Today*: »Ich sah, wie Soldaten aus den Hubschraubern kletterten und auf das Haus zugingen. Manche wiesen uns in reinem Paschtu an, das Licht auszumachen und im Haus zu bleiben.«[39] Ein namentlich nicht genannter Mann sagte nach der Stürmung des Hauses in einem Interview mit CNN über einen Dolmetscher:»Wir konnten nicht sehen, was sie anhatten, aber sie sprachen Paschtu und sagten zu uns, wir sollten verschwinden. Als nach einer Weile wieder Strom da war und die Lichter angingen, sagten sie, wir sollten alle Lampen ausschalten.« Ein anderer Mann fügte hinzu:»Wir wollten zu dem Anwesen gehen, aber sie richteten ihre Laserwaffen auf uns und sagten: ›Nein, da könnt ihr nicht hin.‹ Sie sprachen Paschtu, deshalb dachten wir, sie kämen aus Afghanistan, nicht aus Amerika.«[40]

Im Haus waren die SEALs überwältigt von der Fülle des vorhandenen Materials, konnten aber nicht alles mitnehmen. Sie hatten noch fünf Minuten Zeit.»Schließlich war uns klar, wie gefährlich es werden würde, wenn der Treibstoff zur Neige ging oder wenn wir so lange am Einsatzort blieben, dass die örtliche Polizei oder das Militär uns auf die Pelle rücken konnte«, schrieb Bissonnette später.»Wir hatten bekommen, was wir haben wollten: bin Laden. Es wurde höchste Zeit, von hier zu verschwinden, solange wir es noch konnten.« Bissonnette ging zum Landeplatz, gefolgt von den SEALs, die schwer beladen aus dem ersten Stock kamen.»Wir alle sahen ein wenig wie eine Bande von Dieben aus oder vielleicht eher wie Weihnachtsmänner«, schrieb er.»Die Jungs trugen Netztaschen über den Schultern, die so prall gefüllt waren, dass sie eher watschelten als rannten. Ein SEAL trug einen Computer unter einem Arm und schleppte eine überquellende Sporttasche aus Leder in der anderen Hand.« Bin Ladens Leichnam, inzwischen in einen Leichensack verpackt, wurde in den verbliebenen Tarnkappenhubschrauber geladen, der nach Meinung der SEALs die besten Chancen hatte, unentdeckt aus Pakistan hinauszukommen.[41]

Der große Chinook – ein CH-47 – würde die übrigen SEALs transportieren. Vor dem Start sprengte die Einsatztruppe den abgestürzten Black Hawk, damit die Pakistaner die Tarnkappenausrüstung nicht untersuchen konnten. Obama und sein Team sahen den Videofeed von dem 60 Millionen Dollar teuren Freudenfeuer.[42]

Die Nachricht von ungewöhnlichen Ereignissen in Abbottabad verbreiteten sich rasch. Um ein Uhr, kurz bevor die Hubschrauber vom Gelände abhoben, erhielt General Ashfaq Parvez Kayani, der Oberbefehlshaber der pakistanischen Armee, in seinem Arbeitszimmer einen

Anruf seines Direktors für militärische Operationen, Generalmajor Ishfaq Nadeem. Nach dessen Berichten glaubte Kayani, Indien führe einen Angriff in seinem Land durch. Er rief den Luftwaffenchef Marschall Rao Qamar Suleman an und befahl, jedes nicht identifizierte Flugzeug zur Landung zu zwingen.[43]

Um 1.08 Uhr starteten in Abbottabad die Hubschrauber mit den SEALs, und Obama bat sein nationales Sicherheitsteam: »Sagt mir Bescheid, sobald unsere Hubschrauber den pakistanischen Luftraum verlassen haben.« Der Black Hawk und der Chinook flogen nun über direktere, aber jeweils verschiedene Routen in Richtung pakistanische Grenze, wobei der Black Hawk noch zum Auftanken innerhalb des Landes zwischenlanden musste. Die gesamte US-Mannschaft passierte unverletzt und mit bin Ladens Leichnam im Gepäck die Grenze zu Afghanistan.[44]

Auf der Rollbahn in Dschalalabad wartete bereits ein weißer Toyota-HiLux-Pick-up, um die Leiche zu einem nahe gelegenen Hangar zu bringen. Als der Black Hawk gelandet war, näherten sich drei Army Ranger der Maschine, die die Leiche aus dem Laderaum holen wollten. »Scheiße, nein!«, sagte daraufhin einer der SEALs. »Der gehört uns.«[45]

Nachdem bin Ladens Leiche nach Bagram transportiert und weitere DNA-Proben genommen worden waren, flog man sie zur USS *Carl Vinson*, die im Arabischen Meer bereitstand. »Die traditionellen Vorschriften für eine islamische Bestattung wurden befolgt«, schrieb Konteradmiral Charles Gaouette am 2. Mai in einer E-Mail von der *Carl Vinson* an Admiral Mike Mullen und andere Vertreter der US-Armee.[46] »Der Leichnam des Verstorbenen wurde gewaschen (rituelle Waschung) und in ein weißes Tuch gehüllt. Dann steckte man ihn in einen beschwerten Sack. Ein Militär verlas einen vorbereiteten religiösen Text, der von einem Muttersprachler ins Arabische übersetzt wurde. Danach wurde der Leichnam auf ein bereitliegendes flaches Brett gelegt, das hochgekippt wurde, sodass der Leichnam des Verstorbenen ins Meer glitt.«[47]

44 „Jetzt sind sie hinter meinem Sohn her."

Somalia, Washington und Jemen, 2011

Washington, 23.35 Uhr. Präsident Obama schreitet durch den Korridor, der zum East Room des Weißen Hauses führt. In dunklem Anzug mit roter Krawatte und einer Anstecknadel mit der amerikanischen Flagge am Revers tritt er ans Pult. »Guten Abend«, begrüßt der Präsident die Versammelten. »Heute kann ich dem amerikanischen Volk und der Welt mitteilen, dass die Vereinigten Staaten eine Operation durchgeführt haben, bei der Osama bin Laden getötet wurde, der Anführer von al-Qaida, ein Terrorist, der für den Mord an Tausenden unschuldiger Männer, Frauen und Kinder verantwortlich ist.« Die SEALs und Admiral McRaven erwähnt der Präsident mit keinem Wort. »Auf meine Weisung hin unternahmen die Vereinigten Staaten einen gezielten Angriff auf jenes Anwesen im pakistanischen Abbottabad. Ein kleines Team von Amerikanern hat diese Operation mit außerordentlichem Mut und Geschick ausgeführt«, versichert der Präsident. »Kein Amerikaner kam zu Schaden. Sie achteten darauf, dass keine Zivilisten getötet wurden. Sie töteten Osama bin Laden in einem Feuergefecht und nahmen seine Leiche in Verwahrung.«[1]

Als in den folgenden Wochen Vertreter des Weißen Hauses Einzelheiten der Operation bekannt gaben, die sich als vollkommen falsch oder übertrieben herausstellten, wurden kritische Stimmen laut. Die Regierung hatte ausdrücklich betont, die Operation sei darauf angelegt gewesen, bin Laden gefangen zu nehmen *oder* zu töten, und keinesfalls eine gezielte Tötung gewesen. Bin Laden war jedoch unbewaffnet, als er erschossen wurde, und die in seinem Schlafzimmer sichergestellten Waffen waren nicht geladen. Dennoch behauptete ein hochrangiger Regierungsbeamter kurz nach der Aktion gegenüber Reportern, bin Laden habe »den Einsatzkräften Widerstand entgegengesetzt« und sei »in einem Schusswechsel getötet worden, als unsere Leute das Anwesen stürmten«.[2] In Wirklichkeit handelte es sich keineswegs um das dramatische Feuergefecht, von dem im Weißen Haus anfänglich die Rede war.

Bei dem Angriff schossen die SEALs sieben der elf Erwachsenen auf dem Anwesen nieder und töteten vier Männer sowie eine Frau.[3] Laut Angaben pakistanischer Behörden wurden sowohl Frauen als auch Kinder verletzt.[4] Peter Bergen, der zu dem Anwesen und vielen Zeugen Zugang hatte, erklärte, sämtliche Verletzte seien offenbar unbewaffnet gewesen. Amnesty International bezeichnete in seinem Jahresbericht 2012 den Überfall als gesetzwidrig. »Die US-Regierung betonte, die Operation sei entsprechend ihrer Grundhaltung durchgeführt worden, wonach sich die USA und al-Qaida in einem weltweiten bewaffneten Konflikt befänden, in welchem die USA die Geltung der internationalen Menschenrechtsgesetze nicht anerkennen«, heißt es in dem Bericht. »Mangels weiterer Präzisierung durch die US-Behörden muss die Tötung Osama bin Ladens als gesetzwidrig betrachtet werden.«[5]

Am Tag nach der Operation gab Brennan eine Pressekonferenz, auf der er angeblich Einzelheiten der Aktion erläutern wollte, doch sie waren in vielen Punkten falsch. So behauptete er, bin Laden sei in einem Feuergefecht umgekommen und es habe keine Möglichkeit bestanden, ihn lebend festzunehmen. Später fügte er hinzu, bin Laden habe Frauen auf dem Anwesen als lebende Schutzschilde missbraucht. »Man muss sich das einmal bildlich vor Augen führen: Da ist also bin Laden, der zu den Anschlägen aufgerufen hat, und lebt auf diesem Millionen Dollar teuren Anwesen, in einer Region fernab der Front, und versteckt sich hinter Frauen, die ihm als Schutzschild dienen«, sagte Brennan. »Ich denke, das zeigt, wie verlogen seine Geschichten all die Jahre waren. Und wenn man sich ansieht, wie sich bin Laden da versteckt und zugleich Leute losgeschickt hat, diese Anschläge auszuführen, spricht das meiner Ansicht nach Bände über den Charakter dieser Person.«[6] Zudem behauptete Brennan, eine der Frauen sei getötet worden, als sie bin Laden als Schutzschild diente, obwohl sie in Wirklichkeit zusammen mit ihrem Mann erschossen wurde. Das Weiße Haus sah sich später gezwungen, Brennans Äußerungen zurückzunehmen.[7]

Die Behauptungen des Weißen Hauses erregten in Kreisen der Spezialeinsatzkräfte großen Unmut und brachten Matt Bissonnette – einen der SEALs, die bin Laden erschossen hatten – dazu, selbst ein Buch über die Operation zu schreiben, um, wie er sagte, die Dinge richtigzustellen.

Viele ehemalige SEALs und andere einstige Angehörige der Spezialeinheiten erklärten offen, McRaven habe alle gegenwärtigen und früheren Mitglieder von Spezialeinheiten ausdrücklich angewiesen, nicht mehr mit den Medien zu sprechen.[8]

In der Nacht, in der Obama den Tod bin Ladens verkündete, strömten Tausende Menschen in die Straßen vor dem Weißen Haus und auf den New Yorker Times Square und skandierten »USA, USA!«.

Die Familien der Opfer der Anschläge vom 11. September erklärten, mit bin Ladens Tod sei nun ein Schlusspunkt gesetzt. Doch das Ableben des al-Qaida-Führers gab Washingtons globalem Krieg neuen Schwung.

Das JSOC, einst geheimnisumwittert, wurde über Nacht zu einem jedermann geläufigen Begriff und sah sich von den Medien hofiert. Der Disney-Konzern versuchte, sich den Begriff »SEAL Team 6« markenrechtlich schützen zu lassen, und in Hollywood wurde unter großer Publicity der Kinostreifen *Zero Dark Thirty* produziert; die Filmleute erhielten sogar Zugang zu sensiblem Material.[9]

Während in den Medien die Debatte um die offiziellen Verlautbarungen – und die unterschiedlichen und einander widersprechenden Geschichten über die Tötung bin Ladens – tobte, war hinter den Kulissen das Weiße Haus eifrig damit beschäftigt, weitere tödliche Operationen gegen hochrangige Zielpersonen zu planen. An oberster Stelle stand Anwar Awlaki.

Im April 2011 war der Somalier Ahmed Abdulkadir Warsame, der den USA zufolge Verbindungen zur somalischen al-Shabaab unterhielt, von JSOC-Kräften im Golf von Aden aufgegriffen worden. Warsame befand sich in einem kleinen Ruderboot, als er gefangen genommen wurde.[10] Vertreter der amerikanischen Terrorismusabwehr behaupteten, Warsame habe sich mit Awlaki getroffen und knüpfe Verbindungen zwischen al-Shabaab und AQAP. Die JSOC-Einheit brachte ihn in den Militärarrest auf der USS *Boxer*, wo er mehr als zwei Monate lang in Isolationshaft gehalten wurde, bevor man ihn nach New York überstellte und anklagte; er wurde der Verschwörung und der materiellen Unterstützung von al-Shabaab und AQAP beschuldigt.[11]

Einige Bürgerrechtsorganisationen lobten die Regierung Obama, dass sie Warsame vor ein Bundesgericht und nicht nach Guantánamo gebracht hatte, doch das Internationale Komitee vom Roten Kreuz

(IKRK) erhielt erst Zugang zu ihm, nachdem er zwei Monate lang an Bord der *Boxer* vernommen worden war.[12] Warsame durfte auch keinen Kontakt zu einem Anwalt aufnehmen. An Warsames Fall entzündete sich eine juristische Debatte um die Vorgehensweise der Regierung Obama bei der Gefangennahme und Inhaftierung von Terrorverdächtigen, insbesondere angesichts der sich ausweitenden Antiterroraktionen in Somalia und im Jemen.

Die Präsidialerlasse, die Obama zwei Tage nach seinem Amtsantritt unterzeichnet hatte, sahen vor, dass das IKRK zeitnah Nachricht und Zugang zu jeder Person erhalten sollte, die die US-Regierung in Gewahrsam nahm.[13] Allen, die sich von jeher gegen die Inhaftierungspolitik der Regierung Bush gestemmt hatten, schien der Fall Warsame darauf hinzudeuten, dass Obama gegen seine eigenen Präsidialerlasse verstieß. »Das ist gesetzwidrig und unentschuldbar. Praktisch bedeutet das, dass Mr. Warsame in dieser Zeit wie vom Erdboden verschwunden und dabei allen entsprechenden Gefahren ausgesetzt war, die eine solche geheime Inhaftierung mit sich bringt. Das erinnert an die Anfänge von Guantánamo Bay und an die Geheimgefängnisse der CIA«, klagte das Center for Constitutional Rights.[14] Es warf der Regierung Obama außerdem vor, die Authorization for Use of Military Force (AUMF), die ursprünglich vom Kongress zur Verfolgung der Attentäter des 11. September bewilligt worden war, »zu überdehnen« und sie ein Jahrzehnt später dafür zu missbrauchen, »jedermann, den die Regierung zum Terrorverdächtigen erklärt, überall auf der Welt gefangen zu nehmen und zu inhaftieren, womöglich sogar zeitlich unbegrenzt«.

Aber die Regierung Obama nahm nicht einfach nur Verdächtige gefangen und sperrte sie ein – sie verhörte sie auch. Nach Warsames Festnahme brüsteten sich offizielle Vertreter der USA, die anonym bleiben wollten, gegenüber großen amerikanischen Medien, Warsame habe ihnen verwertbare Informationen geliefert.[15] Die auf diesen Informationen basierenden Aktionen sollten aber nicht in Somalia stattfinden, sondern im Jemen und sich gegen eine der meistgesuchten Personen auf Washingtons Abschussliste richten.

»Ich will Awlaki«, erklärte Präsident Obama seinem Antiterrorteam. »Bleibt an ihm dran!« Bin Laden war tot, und Aiman al-Sawahiri sollte schon bald seinen Platz als führender Kopf von al-Qaida einnehmen. Aber es war der US-Bürger, der sich in der Wildnis des Jemen versteckt hielt, den Obama und sein Team zum neuen Staatsfeind Nummer eins erklärt hatten. In seinem früheren Leben war Obama Professor für Verfassungsrecht gewesen, aber als Präsident entwickelte er für den Umgang mit Awlaki ein ganz eigenes Rechtskonstrukt. Präsident Obamas Exekutive sah sich als Ankläger, Richter und Geschworene in einer Person. Als höchste Macht im Staat hatte er sein Urteil gefällt. Jetzt sollten seine handverlesenen Einsatzkräfte die Exekution vollziehen. Drei Tage nachdem Obama der Welt verkündet hatte, dass Osama bin Laden vom JSOC ausgeschaltet wurde, legte ihm sein Antiterrorteam brandaktuelle Informationen aus dem Jemen vor. CIA und JSOC waren überzeugt, Awlakis Aufenthaltsort im Südjemen ausfindig gemacht zu haben, und wollten nun diese Chance nutzen, um ihn zu eliminieren. Im Triumphgefühl der erfolgreichen Aktion gegen bin Laden hatten die Generäle Obama gedrängt, eine Art Blitzkrieg zu genehmigen, um in mehreren Ländern al-Qaida »einen K.-o.-Schlag« zu verpassen. Und im Jemen wollte das JSOC dem Feind »ein für allemal ein Ende machen«. Präsident Obama hatte John Brennan angewiesen, ihn an jedem Terrordienstag über die neuesten verfügbaren Informationen zu Awlaki in Kenntnis zu setzen. Jetzt stand der Präsident vor der konkreten Möglichkeit, Awlaki auszuschalten. Laut Daniel Klaidman hatte Warsame entscheidende Hinweise gegeben. Bei seiner Gefangennahme durch die Navy SEALs waren sein Laptop, Speichersticks und andere Datenträger sichergestellt worden. »Darauf fand man E-Mails und andere Belege, dass er mit Awlaki in direkter Verbindung stand. Warsame hatte sich erst zwei Tage vorher mit dem Prediger getroffen und einen großen Waffenhandel abgeschlossen«, behauptete Klaidman. »Durch seine Verbindung zu Awlaki und anderen hochrangigen Mitgliedern von AQAP hatte Warsame Kenntnis von entscheidenden ›Lebensmustern‹ dieser Personen, die er bei den Verhören preisgab. Er schilderte den Beamten, wie Awlaki reiste, welche Fahrzeuge er benutzte und wie seine Konvois zusammengestellt waren. Außerdem beschrieb er, wie Awlaki kommunizierte und welche ausgeklügelten Sicherheitsmaßnahmen Awlaki und seine Entourage getroffen hatten.«[16]

Dank der von JSOC und CIA aus abgehörten Funksprüchen gewonnenen Informationen und »entscheidenden Hinweisen zu Awlakis Aufenthaltsort«[17] aus jemenitischen Geheimdienstquellen verfügte das Weiße Haus nun anscheinend über optimale Voraussetzungen für die gezielte Tötung Awlakis. US-Militärflugzeuge standen in Bereitschaft.

Obama gab grünes Licht. Das JSOC würde die Operation leiten. Eine mit Griffin-Kurzstreckenraketen bestückte Maschine des Typs Dragon Spear jagte durch den jemenitischen Luftraum Richtung Schabwa, begleitet von Harrier-Jets der Marines und Predator-Drohnen.[18] Und ein Überwachungsflugzeug des Typs Global Hawk sorgte dafür, dass die Einsatzplaner die Operation live am Bildschirm mitverfolgen konnten.

Der amerikanische Imam, der sehr genau wusste, dass die Vereinigten Staaten ihn tot sehen wollten, kommunizierte aus Vorsicht nur mit einer begrenzten Anzahl von Menschen. Er wechselte oft den Aufenthaltsort und die Fahrzeuge, mit denen er reiste. Am Abend des 5. Mai fuhren Awlaki und einige seiner Freunde gerade durch Dschawa im südlichen Schabwa, als ihr Pick-up durch eine heftige Explosion in der Nähe so erschüttert wurde, dass die Autoscheiben barsten. Als Awlaki den Blitz sah, glaubte er, dass auf sein Auto eine Rakete abgefeuert worden war. »Gib Gas!«, rief er dem Fahrer zu.[19] Dann sah er sich in dem Wagen um. Niemand war verletzt. Auf der Ladefläche des Pick-up befanden sich etliche volle Benzinkanister, aber das Fahrzeug war nicht explodiert.

Während Awlaki und seine Begleiter versuchten, so schnell wie möglich aus diesem Hinterhalt, wie sie glaubten, zu entkommen, verfolgten die Einsatzleiter des JSOC per Satellit, wie Awlakis Fahrzeug aus den Staubwolken auftauchte, die die Griffin-Rakete aufgewirbelt hatte. Sie hatten es verfehlt. Das Zielerfassungsinstrument hatte versagt, und das Leitsystem war nicht in der Lage, Awlakis Fahrzeug im Visier zu behalten. Nun mussten die Harriers und die Drohne eingreifen. Zweiter Schlag. Eine enorme Feuerkugel blitzte am Himmel auf. Gerade als sich die Einsatzplaner schon gegenseitig gratulieren wollten, stellten sie schockiert fest, dass der Pick-up erneut entkommen war. Die hintere Stoßstange war getroffen worden, aber das Fahrzeug raste davon. Den Harriers ging langsam der Treibstoff aus, sodass sie die Aktion abbrechen mussten. Der dritte Schlag musste also mit der Drohne erfolgen. Awlaki spähte aus dem Fenster nach seinen Verfolgern. Da sah er sie: eine Drohne lauernd am Himmel. In den Wolken aus Rauch und Staub wies Awlaki den Fahrer an, bewohntes Gebiet zu meiden. Stattdessen fuhren sie in ein kleines Tal hinein, in dem Bäume standen.

Zwei Brüder, Abdullah und Musa'd Mubarak al-Daghari, in AQAP-Kreisen als die Harad-Brüder bekannt, hatten die Angriffe aus der Ferne beobachtet und eilten Awlaki nun zu Hilfe.[20] Hoch am Himmel schwebte die Drohne, aber die amerikanischen Kriegsplaner konnten nicht sehen, was unter ihr vor sich ging. Ein ehemaliger JSOC-Planer, der die amerikanischen Einsatzberichte nach der gescheiterten Mission studiert hatte, erklärte mir, bei dieser Operation hätten nur Satelliten zur Verfügung gestanden, die »Bilder aus der Vogelperspektive« lieferten. Mit solchen Satelliten, sagte er, »erkennt man nicht, wenn etwas schiefläuft. Man sieht nur Ameisen, die sich bewegen. Alles, was die gesehen haben, waren Fahrzeuge, und die Leute in diesen Fahrzeugen waren sehr schlau.«[21] Staub, Sand, Rauch und Flammen hatten die hochrangige Zielperson verdeckt. Die Harad-Brüder schafften Awlaki und seinen Fahrer rasch in ihren Geländewagen, einen Suzuki Vitara, und nahmen selbst Awlakis Fahrzeug.[22] Und sie zeigten Awlaki den Weg zu einem felsigen Gebiet, wo er sich verstecken könnte, falls er es schaffte, den amerikanischen Raketen zu entgehen. Awlaki verabschiedete sich rasch und raste in dem Suzuki davon. Die Harad-Brüder schlugen die entgegengesetzte Richtung ein, in dem Pick-up, den die Amerikaner kurz vorher abzuschießen versucht hatten.

Als die beiden Fahrzeuge in entgegengesetzter Richtung davonpreschten, mussten die amerikanischen Kriegsplaner entscheiden, welchem sie folgen sollten. Sie entschieden sich für Awlakis Pick-up.[23] Awlaki sah am Himmel immer noch die Drohnen lauern. Aber es gelang ihm, die Felsregion zu erreichen. Von dort aus beobachtete er, wie eine weitere Raketensalve vom Himmel regnete und den Pick-up mit den Harad-Brüdern in Stücke riss.

Während das JSOC den vermeintlich erfolgreichen Schlag feierte, verrichtete Awlaki sein Abendgebet und dachte über die Lage nach. Der heutige Abend »hat mich in der Überzeugung bestärkt, dass kein menschliches Wesen sterben wird, bevor es nicht sein Leben vollendet und die festgelegte Zeit [erreicht] hat«, dachte er. Er legte sich in den Bergen schlafen und wurde später von Kameraden geweckt, die ihn im Haus seines alten Freundes Scheich Harith al-Nadari in Sicherheit brachten.

Nadari schlief, als die Angriffe stattfanden, aber das Donnern der Explosionen und die Erschütterungen am Boden weckten ihn auf. »Als die Morgendämmerung anbrach und das Licht sich auszubreiten begann, trug es Scheich Anwar zu mir«, erzählte er später. »Er trat mit einem fröhlichen Lächeln ein, und wir wussten sofort, dass er es war, auf den man geschossen hatte.« Die Männer umarmten sich, und Awlaki berichtete seinem Freund von den Luftschlägen. Seiner Schätzung nach waren zehn oder elf Raketen abgefeuert worden. Nadari fragte ihn, was für ein Gefühl es sei, von den Amerikanern bombardiert zu werden. »Ich empfand es als viel weniger schlimm, als ich gedacht hatte. Es befällt einen ein wenig Angst, aber Allah der Allmächtige sendet einem Seelenruhe«, erklärte Awlaki seinem Freund. »Dieses Mal haben elf Raketen [ihr] Ziel verfehlt, aber beim nächsten Mal trifft vielleicht schon die erste.« Awlaki blieb einige Tage bei Nadari, bevor er weiterzog. Es war das letzte Mal, dass sich die beiden Männer sahen.

»Wir hoffen, ihn erwischt zu haben«, sagte ein Sprecher der US-Regierung nach dem Angriff.[24] Als sich die Nachricht von der Operation verbreitete, bestätigten US-Vertreter, die jedoch anonym bleiben wollten, dass sich der Angriff gegen Awlaki gerichtet habe. Und eine Weile glaubte man, der Auftrag sei erledigt. Die amerikanischen Drohnenpiloten »wussten nicht, dass die Fahrzeuge getauscht worden waren, was dazu führte, dass die falschen Leute starben und Awlaki immer noch am Leben [war]«, erklärte ein jemenitischer Sicherheitsbeamter.[25]

Awlaki mochte entkommen sein, aber die USA waren jetzt noch intensiver hinter ihm her. »Die amerikanische Regierung hat al-Awlaki nun schon eine geraume Zeit im Visier, [und die] Intensität der Operation nimmt zu«, sagte Frances Townsend, die ehemalige Sicherheitsberaterin von Bush. »Es ist davon auszugehen, dass sie planten, die gesamte Führung [von al-Qaida] anzugreifen, und dass der Drohnenangriff auf al-Awlaki möglichst zeitnah mit der Operation gegen bin Laden stattfinden sollte. Sie wollten also unmissverständlich klarmachen, dass die gesamte Führung von al-Qaida, wo immer sie sich aufhielt, unter Beschuss stand.«[26]

Nasser al-Awlaki konnte mit seinem Sohn nicht in Verbindung treten, aber er hatte von Mittelsmännern gehört, dass Anwar am Leben war. Er wusste, dass die USA jetzt nach ihrem erneuten Scheitern entschlossener waren denn je, Anwar aufzuspüren und umzubringen. Nasser verfolgte die Medienberichte über den Angriff auf bin Laden und hörte, wie Kommentatoren, Experten und hochrangige US-Vertreter seinen Sohn mit dem al-Qaida-Führer verglichen und sogar Mutmaßungen darüber anstellten, dass Awlaki bin Laden als Anführer nachfolgen würde. »Sie haben bin Laden umgebracht, und jetzt sind sie hinter meinem Sohn her«, sagte er.[27]

45 „Die USA betrachten al-Qaida als Terrorismus, und wir betrachten die Drohnen als Terrorismus."

Jemen, Ende 2011

Während sich die Regierung Obama in dem Erfolg sonnte, bin Laden getötet zu haben, und JSOC und CIA Anwar Awlaki dicht auf den Fersen waren, hatten die Volksaufstände in den arabischen Ländern mehrere der von den USA gestützten Diktatoren hinweggefegt. Drei Wochen nach der Aktion im pakistanischen Abbottabad stand die jemenitische Regierung von Präsident Ali Abdullah Salih vor dem Zusammenbruch. Die Proteste schwollen immer weiter an, und Präsident Salih hatte schon nahezu jede Karte ausgespielt, die ihm zur Verfügung stand, um die Amerikaner an seiner Seite zu halten. So hatte er der amerikanischen Antiterrormaschinerie praktisch einen Freibrief erteilt, den Jemen nach Belieben zu bombardieren, und die Tür für einen gar nicht mehr so geheimen Krieg weit geöffnet. Aber als seine Machtbasis zu bröckeln begann, sah AQAP darin ihre Chance. Im Sommer 2011 wurden die von den USA unterstützten Antiterror-Eliteeinheiten vom Kampf gegen AQAP abgezogen, damit sie das Regime vor dem eigenen Volk schützen konnten.[1] Im Südjemen, wo AQAP am stärksten präsent war, versuchten die Mudschahedin, Vorteil aus dem Untergang eines Staates zu ziehen, dessen Führer sich den zweifelhaften Ruf erworben hatten, korrupt zu sein und nicht einmal die grundlegendsten Bedürfnisse der Einwohner zu befriedigen.

Am 27. Mai 2011 eroberten mehrere Hundert militante Islamisten die Stadt Zindschibar, rund 50 Kilometer nordöstlich der strategisch wichtigen Stadt Aden. Sie töteten mehrere Soldaten, verjagten die örtlichen Amtsträger und übernahmen innerhalb von zwei Tagen die Kontrolle über die Stadt.[2] Wer genau diese Militanten waren, die Zindschibar einnahmen, ist umstritten. Laut jemenitischer Regierung handelte es sich um AQAP-Kämpfer. Doch die Militanten selbst behaupteten, nicht zu AQAP zu gehören. Sie bezeichneten sich als eine neue Gruppierung namens Ansar al-Sharia, Anhänger der Scharia.[3] Hochrangige jemenitische Vertreter versicherten mir jedoch, Ansar al-Sharia sei lediglich ein Ableger al-Qaidas.[4] Sie verwiesen darauf, dass der oberste AQAP-Geistliche, Adil al-Abab, einen Monat vor dem Angriff auf Zindschibar diese neue Gruppe erstmals öffentlich erwähnt hatte. »Den Namen Ansar al-Sharia benutzen wir, wenn wir uns in den Gebieten vorstellen, in denen wir arbeiten, wenn wir den Menschen von unserer Arbeit und unseren Zielen erzählen, und dass wir dem Weg Allahs folgen«, hatte al-Abab gesagt.[5] Und hinzugefügt, dass der neue Name das Augenmerk auf die Botschaft der Gruppierung lenken und Assoziationen verhindern solle, die das Etikett al-Qaida hervorrufe. Ob Ansar al-Sharia nun eher unabhängigen Ursprungs war oder lediglich das Ergebnis einer Umetikettierung durch AQAP, wie al-Abab behauptete – der Stellenwert dieser Gruppe sollte jedenfalls schon bald weit über die historisch begrenzten Einflussbereiche al-Qaidas im Jemen hinausreichen und einige grundlegende Dogmen von AQAP populär machen.

Einige Monate nach der Einnahme Zindschibars reiste ich nach Aden, um mich mit dem jemenitischen General zu treffen, dessen Aufgabe es war, die von Ansar al-Sharia besetzten Gebiete zurückzuerobern. General Mohammed al-Sumali hatte es sich auf dem Beifahrersitz seines gepanzerten Toyota Land Cruiser bequem gemacht, in dem wir über die verlassene Landstraße jagten, die Aden mit der Provinz Abyan verbindet, wo die militanten Islamisten Zindschibar besetzt hielten. Sumali, ein stämmiger Mann mit Brille und Schnurrbart, war Kommandeur der 25. Mechanisierten Brigade der jemenitischen Streitkräfte. Seine Aufgabe, Zindschibar von den Militanten zu säubern, war von internationaler Bedeutung: Die Rückeroberung der Stadt wurde von vielen als Nagelprobe für die Überlebensfähigkeit von Salihs Regime gesehen. Auf unserer Straße sah man nur Flüchtlinge, die vor den Kämpfen Richtung Aden flohen, und in der Gegenrichtung Militärfahrzeuge, die nach Zindschibar unterwegs waren. An dem Tag unseres Treffens wollte al-Sumali nicht bis an die Frontlinie fahren. »Könnte sein, dass Sie dort mit Granaten beschossen werden«, sagte er zu mir.[6] Die Militanten in Zindschibar hatten bereits zweimal versucht, den General in ebendiesem Fahrzeug abzuschießen. In der Windschutzscheibe, knapp über seinem Kopf, klaffte ein Einschussloch, ein anderes am Seitenfenster hatte spinnwebenförmige Risse hinterlassen. Als ich al-Sumali versicherte, weder ihn noch seine Männer dafür verantwortlich zu machen, wenn mir etwas zustieße, gab er nach.

Auf der Fahrt entlang der Küste des Arabischen Meers, vorbei an liegen gelassenen Granathülsen, halb im Sand versunkenen russischen T-72-Panzern und vereinzelten Kamelen, erläuterte mir General al-Sumali seine Version dessen, was sich am 27. Mai 2011 ereignet hatte, als Ansar al-Sharia die Stadt einnahm. Sumali schrieb die Eroberung einem »Versagen des Nachrichtendiensts« zu und erklärte: »Wir waren überrascht, als Ende Mai eine große Zahl terroristischer Militanter in Zindschibar eindrang«. Die Militanten hätten »Sicherheitseinrichtungen angegriffen und besetzt. Wir waren überrascht, als der Gouverneur, seine Stellvertreter und andere örtliche Funktionsträger nach Aden flüchteten.« Zwar nahm das jemenitische Militär den Kampf gegen die Militanten auf, aber die Männer der jemenitischen Central Security Forces (CSF) hätten, so General al-Sumali, die Flucht ergriffen und schweres Waffengerät zurückgelassen. Die CSF, deren Antiterroreinheit von den USA ausgerüstet, trainiert und finanziert wurde, stand unter dem Kommando von Präsident Salihs Neffen Yahya. Eine mit den Militanten verbündete Nachrichtenagentur berichtete, die Streitkräfte von Ansar hätten »schwere Artillerie, moderne Luftabwehrwaffen, einige Panzer und gepanzerte Fahrzeuge [in Besitz genommen] sowie große Mengen unterschiedlicher Munition«.[7]

Als al-Sumalis Truppen eine Woche danach den Angriff auf Zindschibar zurückschlagen wollten, seien sie von den Militanten mit eben der Artillerie beschossen worden, die die CSF-Einheiten zurückgelassen hatten. »Viele meiner Männer wurden getötet«, sagte er. Die islamistischen Kämpfer unternahmen auch eine Reihe gewagter Angriffe auf die Basis der 25. Mechanisierten Brigade an der südlichen Peripherie von Zindschibar. Insgesamt kamen im Laufe eines Jahres bei den Kämpfen mit den Militanten mehr als 230 jemenitische Soldaten ums Leben.[8] »Diese Kerle sind unglaublich mutig«, räumte der General ein. »Hätte ich eine Armee mit Männern von solchem Mut, könnte ich die ganze Welt erobern.«

Sumali zufolge sei die Einnahme Zindschibars auf das Versagen des Nachrichtendiensts zurückzuführen, Kritiker des zerfallenden Salih-Regimes erzählten mir jedoch etwas ganz anderes. Sie behaupteten, Präsident Salihs Streitkräfte hätten bewusst zugelassen, dass die Stadt eingenommen wurde. Die Kämpfe dort begannen, als im Jemen und anderen Ländern immer mehr Stimmen laut wurden, die Salihs Rücktritt forderten. Mehrere seiner wichtigsten Verbündeten waren zu der wachsenden Oppositionsbewegung übergelaufen. Nachdem er 33 Jahre lang seine Gegner ausgetrickst hatte, so behaupteten sie, habe Salih das Ende vor sich gesehen. »Salih selbst hat diesen Militanten Zindschibar ausgeliefert«, sagte Abdul Ghani al-Iryani, ein Politanalytiker mit guten Verbindungen. »Er gab seinen Polizeikräften den Befehl, die Stadt zu evakuieren und sie dann den Militanten zu überlassen. Damit wollte er aller Welt ein Signal senden, dass ohne ihn der Jemen in die Hände der Terroristen fiele.«[9] Diese Theorie ist zwar unbewiesen, aber auch nicht ganz aus der Luft gegriffen. Seit dem Krieg der Mudschahedin gegen die Sowjets in Afghanistan in den 1980er-Jahren und nach den Anschlägen vom 11. September hatte Salih bekanntlich großes Geschick darin bewiesen, sich die Bedrohung durch al-Qaida und andere Militante zunutze zu machen und mit den Geldern und den Waffen, die er aus den USA und Saudi-Arabien erhielt, seine Machtbasis im Land auszubauen und seine Gegner zu neutralisieren. Ein jemenitischer Regierungsvertreter, der anonym bleiben wollte, weil er nicht autorisiert sei, öffentlich über militärische Angelegenheiten zu sprechen, räumte ein, dass die von den USA ausgebildete und unterstützte Republikanische Garde sich bewusst zurückhielt, als die Militanten die Stadt einnahmen.[10] Die Republikanische Garde wurde von Salihs Sohn Ahmed Ali Salih befehligt. Ebenso wenig mischten sich jene Truppen ein, die einem der mächtigsten Militärs im Land, General Ali Mohsen, Kommandeur der 1. Panzerdivision, treu ergeben waren. Zwei Monate vor der Einnahme Zindschibars hatte sich Mohsen vom Salih-Regime abgesetzt und öffentlich dessen Sturz gefordert.

General al-Sumali sagte, er könne weder »bestätigen noch bestreiten«, dass Ansar al-Sharia nichts anderes als AQAP sei. »Für mich als Soldat zählt, dass sie die Waffen gegen uns erhoben haben. Wir werden jeden bekämpfen, der unsere Einrichtungen und Militärlager angreift und unsere Soldaten tötet, ganz gleich, ob das al-Qaida-Ableger sind oder Ansar al-Sharia«, erklärte er. »Es ist uns gleich, wie sie sich nennen. Und ich kann nicht sagen, ob Ansar al-Sharia mit al-Qaida verbündet ist oder ob es sich um eine eigenständige Gruppierung handelt.«

Anstatt AQAP zu bekämpfen, wurden die von den USA unterstützten jemenitischen Eliteeinheiten – die ausdrücklich allein zum Zweck der Terrorismusbekämpfung aufgestellt worden waren – nach Sanaa zurückverlegt, um das zusammenbrechende Regime vor der eigenen Bevölkerung zu schützen. Die von den Amerikanern unterstützten Einheiten »dienten hauptsächlich der Verteidigung des Regimes«, sagte al-Iryani. »Bei den Kämpfen in Abyan wurden die Antiterrorkräfte in keiner Weise wirksam eingesetzt. Sie sind nach wie vor hier im Palast [in Sanaa], um ihn zu schützen. So sieht die Realität aus.« Zur gleichen Zeit räumte John Brennan ein, der »politische Tumult« habe dazu geführt, dass die von den USA ausgebildeten Einheiten »vor allem für interne politische Zwecke bereitgehalten werden, anstatt dass sie mit aller Kraft gegen AQAP vorgehen«.[11] So blieb es General al-Sumali und seinen konventionellen Truppen überlassen, die Islamisten zu bekämpfen, die Zindschibar eingenommen hatten.

Nachdem wir die erste Frontlinie an der Peripherie der Stadt, »Tiger 1« genannt, passiert und 800 Meter weit in »Tiger 2« hineingefahren waren, erlaubte mir al-Sumali, das Fahrzeug zu verlassen. »Wir bleiben nur zwei Minuten«, sagte er zu mir. »Es ist gefährlich hier.« Der General war sofort von seinen Männern umlagert. Sie sahen hager und abgehärmt aus, viele trugen lange Bärte und zerschlissene Uniformen oder hatten überhaupt keine Uniform. Einige baten al-Sumali, ihnen einen Schein auszustellen, mit dem sie zusätzlichen Sold für den Kampfeinsatz erhalten würden. Einer der Soldaten sagte zu ihm: »Ich war bei Ihnen, als Sie in den Hinterhalt geraten sind. Ich habe geholfen, den Angriff abzuwehren.« Sumali kritzelte etwas auf ein Stück Papier und reichte es dem Soldaten. Die Szene wiederholte sich, bis al-Sumali zum Toyota zurückging. Beim Losfahren sprach er per Lautsprecher aus seinem gepanzerten Fahrzeug zu den Männern. »Kämpft weiter. Gebt nicht auf!«

Ob es ein krasser Trick seitens des untergehenden Regimes war, den Militanten die Einnahme von Zindschibar zu gestatten, oder für AQAP eine günstige Gelegenheit zum Griff nach der Macht – die Eroberung mehrerer Städte im Südjemen durch islamistische Kräfte war jedenfalls auffällig. Im Unterschied zu der militanten Bewegung al-Shabaab in Somalia war es AQAP nie gelungen, im Jemen einen nennenswerten Teil des Landes unter ihre Kontrolle zu bringen. Aber Ansar al-Sharia war entschlossen, genau dies zu tun und in Abyan ein islamisches Emirat zu errichten.[12] Nachdem Ansar al-Sharia und ihre Verbündeten ihre Herrschaft in Zindschibar konsolidiert hatten, setzten sie sich zum Ziel, die Bevölkerung auf ihre Seite zu ziehen. »Ansar al-Sharia bemühte sich nach Kräften, die Bevölkerung in den Gebieten zu versorgen, in denen

die jemenitische Regierung praktisch verschwunden war«, erklärte mir
Gregory Johnsen, der Jemen-Experte an der Princeton University. »Ansar al-Sharia verkündete, dem Vorbild der Taliban folgend Dienstleistungen anzubieten und eine islamische Herrschaft zu installieren, wo
die jemenitische Zentralregierung ein Vakuum hinterließ.«[13]

Ansar al-Sharia reparierte Straßen, stellte die Stromversorgung wieder her, verteilte Nahrungsmittel und stellte Sicherheitspatrouillen in
der Stadt und ihrer Umgebung auf. Und es setzte Scharia-Gerichte zur
Beilegung von Streitfällen ein.[14] »Al-Qaida und Ansar al-Sharia brachten den Menschen Sicherheit in Gebieten, in denen Unsicherheit, Dieb-
stähle und Straßensperren an der Tagesordnung waren«, sagte Abdul
Razzaq al-Jamal, ein unabhängiger jemenitischer Journalist, der regelmäßig al-Qaida-Führer interviewte und sich längere Zeit in Zindschibar
aufhielt. »Die Menschen, die ich in Zindschibar traf, waren al-Qaida
und Ansar al-Sharia dankbar dafür, dass sie für Sicherheit sorgten.«[15]
Die Militanten ließen in Abyan zwar Recht und Ordnung einkehren,
aber sie setzten ihre Politik zuweilen mit brutalen Mitteln durch, zum
Beispiel, indem sie mutmaßlichen Dieben Gliedmaßen abhackten oder
vermeintliche Drogenkonsumenten öffentlich auspeitschten. In der
von Ansar al-Sharia beherrschten Stadt Dschaar berichteten Einwohner, sie seien zu einem grausamen Ereignis zusammengerufen worden:
Militante hackten mit einem Schwert zwei jungen Männern, die des
Diebstahls von Elektrokabeln beschuldigt waren, die Hände ab. Danach
wurden die abgetrennten Hände in der ganzen Stadt herumgetragen als
Warnung an alle Möchtegern-Diebe. Einer der jungen Männer, ein 15-
Jähriger, starb angeblich kurz darauf durch den Blutverlust.[16] Ein anderes Mal ließ Ansar al-Sharia in Dschaar öffentlich zwei Männer enthaupten, die angeblich den USA Informationen zur Durchführung von
Drohnenschlägen zugespielt hatten; ein dritter Mann wurde in Schabwa hingerichtet.[17]

AQAP machte sich die Unbeliebtheit der jemenitischen Regierung
zunutze und erkannte, dass ihr auf der Scharia gründendes System von
Recht und Ordnung von vielen in Abyan begrüßt würde, die das Salih-
Regime als eine Marionette der Amerikaner ansahen. Die amerikanischen Raketenangriffe, die Tötungen von Zivilisten, das fast vollständige Fehlen staatlicher Versorgungsleistungen und die grassierende
Armut – das alles eröffnete AQAP eine Chance, die sie gern ergriff. »Als
diese Gruppen von Militanten die Stadt übernommen hatten, kamen

auch AQAP und Stämme aus der Region herbei, die in der Vergangenheit von der jemenitischen und der amerikanischen Regierung angegriffen worden waren«, sagte der jemenitische Politanalytiker al-Iryani zu mir. »Sie kamen, weil sie mit dem Regime und den USA in Feindschaft stehen. Es gibt einen AQAP-Kern, aber die überwiegende Mehrheit sind Leute, die die Angriffe auf ihr Zuhause leid sind, durch die sie gezwungen wurden, rauszugehen und zu kämpfen.«

Als Ansar al-Sharia in südjemenitischen Städten die Kontrolle übernahm, wurde in Washington debattiert, wie man darauf reagieren solle. Einige Mitglieder der Regierung Obama drängten darauf, dass die USA in den Kampf eingriffen. General James Mattis, der als Nachfolger von Petraeus das Kommando des CENTCOM übernommen hatte, schlug vor, der Präsident solle einen massiven Luftangriff auf das »Unity«-Fußballstadion am Stadtrand von Zindschibar anordnen, wo die Kämpfer von Ansar al-Sharia einen provisorischen Stützpunkt eingerichtet hatten, von dem aus sie ihre Angriffe auf das jemenitische Militär führten. Das lehnte Präsident Obama jedoch ab. »Wir sind nicht im Jemen, um uns in irgendwelche inneren Konflikte verwickeln zu lassen«, sagte der Präsident. »Wir werden uns weiterhin auf die Gefahren für unser eigenes Land konzentrieren – dort liegt unsere Priorität.«[18]

Stattdessen wollten die USA Versorgungsflüge per Helikopter in den Südjemen unternehmen, um seine konventionelle Streitkräfte zu stärken, erzählte Gerneral Sumali. Die Amerikaner stellten den jemenitischen Truppen in Abyan zudem Echtzeit-Aufklärung mittels Drohnen zur Verfügung. »Es war eine aktive Partnerschaft. Die Amerikaner unterstützen uns hauptsächlich mit Logistik und Aufklärung«, sagte al-Sumali zu mir. »Dann können wir die Stellungen mit Artillerie oder Luftangriffen zerschlagen.« Bei einigen wenigen Gelegenheiten hätten die Vereinigten Staaten, so al-Sumali, in der Gegend von Zindschibar unilaterale Angriffe durchgeführt, die »gegen al-Qaida-Führer gerichtet waren, die auf der schwarzen Terroristenliste der Amerikaner standen«. Und er fügte hinzu: »Ich war aber an diesen Angriffen nicht direkt beteiligt.« Als immer mehr Städte im Südjemen an Ansar al-Sharia fielen und das Salih-Regime zusehends bröckelte, beschloss die Regierung Obama Ende 2011, den Großteil ihres militärischen Personals aus dem Jemen abzuziehen, einschließlich der Ausbilder für die jemenitischen Antiterroreinheiten.[19] »Sie sind aufgrund der Sicherheitslage gegangen«, sagte der jemenitische Außenminister Abu Bakr al-Qirbi damals

zu mir.»Ich denke, wenn sie nicht zurückkehren und die Antiterroreinheiten nicht mit der nötigen Munition und Ausrüstung ausgestattet
werden, wird das [für die Terrorismusbekämpfung] bestimmt Folgen
haben.«[20]

Die Vereinigten Staaten stellten ihre Taktik um. Da das Salih-Regime stark geschwächt war, sah die Regierung Obama zu diesem Zeitpunkt keinen großen Gewinn mehr in dem Bündnis mit Salih. Die USA
würden den Einsatz ihrer Luftwaffe und ihrer Drohnen verdoppeln und
in ihrem Feldzug gegen AQAP im Jemen nach Belieben zuschlagen. Die
Regierung Obama ließ rasch mit dem Bau einer geheimen Luftwaffenbasis auf der Arabischen Halbinsel beginnen, die näher lag als ihr Stützpunkt in Dschibuti und als Startrampe für ausgedehnte Drohnenangriffe im Jemen dienen konnte.[21] Die Zielperson Nummer eins aber
blieb dieselbe: Anwar Awlaki.

Unabdingbare Voraussetzung, um im Jemen etwas zu erreichen, ist,
sich in dem labyrinthischen Stammessystem zurechtzufinden. Über die
Jahre hinweg hatte das Patronage-Netzwerk der Stämme Salihs Regime
gestützt. Viele Stämme standen AQAP neutral gegenüber oder betrachteten sie als nebensächliches Ärgernis, während andere ihr sicheren Unterschlupf oder Schutz gewährten. Die Haltung vieler Stämme gegenüber al-Qaida hing davon ab, wie sie ihre eigenen Interessen durch
AQAP gefördert oder behindert sahen.

Aber die Jemen-Politik der Regierung Obama hatte viele Stammesführer erzürnt, die potenziell AQAP unter Kontrolle hätten halten können, und im Laufe der schon drei Jahre andauernden regelmäßigen
Bombardierungen vielen Führern die Motivation hierzu geraubt. Mehrere Stammesführer im Süden erzählten mir wütend Geschichten von
amerikanischen und jemenitischen Angriffen in ihren Gebieten, bei
denen Zivilisten und Vieh umgekommen waren und zahllose Häuser
zerstört oder beschädigt wurden.[22] Wenn überhaupt, dann hatten die
Luftschläge der Amerikaner und ihre Unterstützung für die von der Sa-
lih-Familie befehligten Antiterroreinheiten die Sympathie der Stämme
für al-Qaida verstärkt.»Warum sollten wir sie bekämpfen? Warum?«,
fragte Ali Abdullah Abdulsalam, Scheich eines Stammes im Süden von
Schabwa, der aus Bewunderung für den Taliban-Führer Mullah Mohammed Omar den Nom de Guerre Mullah Zabara angenommen hatte.»Wenn meine Regierung Schulen, Krankenhäuser und Straßen bau-

en und für die grundlegenden Bedürfnisse sorgen würde, wäre ich loyal gegenüber meiner Regierung und würde sie schützen. Aber bis heute haben wir keine elementaren Einrichtungen wie elektrischen Strom oder Wasserpumpen. Warum also sollten wir al-Qaida bekämpfen?«[23] Er erzählte mir, AQAP würde große Teile von Schabwa kontrollieren und »für Sicherheit sorgen und Plünderungen verhindern. Wenn dir dein Auto gestohlen wird, holen sie es dir zurück.« In den »von der Regierung kontrollierten [Gebieten] hingegen gibt es Plünderungen und Raubüberfälle. Merken Sie den Unterschied?«. Und Zabara fügte hinzu: »Wenn wir nicht stärker Acht geben, könnte al-Qaida noch mehr Gebiete unter ihre Herrschaft bringen.«

Zabara stellte klar, dass in seinen Augen AQAP eine terroristische Gruppierung sei, die es darauf abgesehen habe, die USA anzugreifen, aber das sei nicht seine Hauptsorge. »Die USA betrachten al-Qaida als Terrorismus, und wir betrachten die Drohnen als Terrorismus«, sagte er zu mir. »Die Drohnen fliegen Tag und Nacht, ängstigen Frauen und Kinder zu Tode und reißen die Menschen aus dem Schlaf. Das ist Terrorismus.« Bei mehreren amerikanischen Angriffen in seiner Region seien, so Zabara, zahllose Zivilisten ums Leben gekommen und sein Dorf sei mit nicht detonierten Streubomben übersät gewesen, die manchmal explodierten und Kinder töteten. Er und andere Stammesführer baten die Regierungen des Jemen und der USA um Hilfe bei der Beseitigung der Sprengkörper: »Aber wir haben keinerlei Antwort bekommen, deshalb schießen wir mit unseren Gewehren auf sie, um sie zur Explosion zu bringen.« Er verlangte auch, dass die amerikanische Regierung den Familien der zivilen Opfer ihrer Raketenangriffe in den letzten drei Jahren Geld zahlen solle. »Wir fordern von den USA Entschädigung für die Tötung jemenitischer Zivilisten, so wie im Fall Lockerbie«, erklärte Zabara. »Die ganze Welt ist ein Dorf. Die USA haben von Libyen Entschädigung für den Anschlag von Lockerbie erhalten, aber die Jemeniten bekommen keine.«

Ich traf Mullah Zabara und seine Männer am Flughafen von Aden, an der Küste, wo im Oktober 2000 ein Bombenanschlag auf die USS *Cole* verübt worden war. Zabara war in schwarze Stammestracht gekleidet, ergänzt durch einen Jambia, den traditionellen Krummdolch, im Gürtel. Außerdem trug er eine Beretta bei sich. Zabara war eine beeindruckende Figur, mit ledriger Haut und einer großen halbmondförmigen Narbe am rechten Auge. »Ich kenne diesen Amerikaner nicht«, sagte er zu meinem jemenitischen Kollegen. »Wenn mir also im Zusammenhang mit diesem Treffen etwas zustößt – wenn ich entführt werden sollte –, werden wir euch später umbringen.« Daraufhin lachten alle nervös. Wir unterhielten uns eine Weile an der felsigen Küstenstraße, dann fuhr er uns in der Stadt umher und zeigte uns die Sehenswürdigkeiten. Nach etwa 20 Minuten hielt er an und kaufte in einem barackenartigen Laden ein Sixpack Heineken-Bier, reichte mir eine Dose und machte sich selbst auch eine auf. Es war elf Uhr vormittags.

»Einmal hielten mich AQAP-Burschen an einem ihrer Kontrollpunkte an, und da sahen sie, dass ich eine Flasche Johnnie Walker bei mir hatte«, erzählte er, während er bereits die zweite Dose Heineken schlürfte und sich eine Zigarette anzündete. »Sie fragten mich: ›Warum hast du die?‹ Ich sagte: ›Um sie zu trinken.‹« Er lachte herzlich. »Ich sagte ihnen, sie sollten jemand anderen belästigen, und fuhr davon.« Die Botschaft dieser Geschichte war klar: Die Leute von al-Qaida wollen keinen Ärger mit Stammesführern. »Vor al-Qaida habe ich keine Angst. Ich gehe in ihre Lager und rede mit ihnen. Wir alle sind bekannte Stammesleute, und wenn sie die Streitigkeiten mit uns schlichten wollen, müssen sie mit uns reden.« Außerdem, fügte er hinzu, »habe ich in meinem Stamm 30.000 Kämpfer. Al-Qaida kann mich nicht angreifen.« Zabara fungierte als Vermittler zwischen AQAP und der jemenitischen Regierung und spielte eine wichtige Rolle bei der Freilassung dreier französischer Entwicklungshelfer, die von der militanten Gruppierung sechs Monate lang als Geiseln gefangen gehalten wurden.[24] Auch war Zabara bereits mehrmals vom jemenitischen Verteidigungsminister gebeten worden, als Mittelsmann mit den Militanten in Zindschibar zu verhandeln, beispielsweise als es darum ging, die Leichen von Soldaten ausgeliefert zu bekommen, die in den von Ansar al-Sharia kontrollierten Gebieten getötet worden waren. »Ich habe nichts gegen al-Qaida oder die Regierung«, sagte er. »Ich habe mich auf die Vermittlerrolle eingelassen, um das Blutvergießen zu beenden und Frieden herbeizuführen.« In Zindschibar blieben seine Bemühungen erfolglos. Bei seiner Tätigkeit als Vermittler, sagte er, habe er AQAP-Kämpfer aus den USA, Frankreich, Pakistan und Afghanistan kennengelernt.

Ich fragte ihn, ob er sich jemals mit hochrangigen AQAP-Führern getroffen habe. »Fahd al-Quso kommt aus meinem Stamm«, erwiderte er lächelnd. Al-Quso gehörte zu den meistgesuchten Verdächtigen des Anschlags auf die *Cole*. »Vor fünf Tagen habe ich mich mit [Said] al-

Shihri und [Nassir] al-Wuhaischi in Schabwa getroffen«, fügte er beiläufig hinzu. »Wir gingen die Straße entlang, und sie sagten: ›Friede sei
mit dir.‹ Und ich erwiderte: ›Auch mit euch sei Friede.‹ Wir haben
nichts gegen sie. Früher wäre es unmöglich gewesen, sie zu treffen. Sie
hielten sich in den Bergen und Höhlen versteckt, aber jetzt bewegen sie
sich ganz offen und gehen in Restaurants.« »Wie kommt das?«, fragte
ich. »Das Regime, die Minister und Beamten vergeuden das Geld, das
für den Kampf gegen al-Qaida vorgesehen ist, während zugleich al-Qaida expandiert«, erwiderte er. Die USA »finanzieren die Einheiten der politischen und nationalen Sicherheit, die das Geld dafür verwenden, dass
sie mal hierhin und mal dorthin reisen, nach Sanaa oder in die USA, gemeinsam mit ihren Familien. Alles, was die Stämme bekommen, sind
Luftangriffe.« Die Terrorismusbekämpfung sei »wie eine Investition«
für die von den USA unterstützten Einheiten geworden. »Wenn sie
ernsthaft kämpfen würden, würde die Finanzierung aufhören. Sie haben
den Konflikt mit al-Qaida verlängert, um weiter Gelder [von den USA]
zu erhalten.« Im Januar 2013 fiel Zabara in Abyan einem Anschlag zum
Opfer; wer ihn getötet hat, ist nicht bekannt.[25] Im selben Monat verkündete die jemenitische Regierung, Shihri »sei seinen Verletzungen er-
legen, die er sich bei einer Antiterroroperation zugezogen hatte«.[26]

Kein Zweifel – als Präsident Obama sein Amt übernahm, hatte al-Qaida im Jemen den Betrieb wiederaufgenommen. Über die Frage, wie
groß die Bedrohung durch AQAP für die USA oder Salih zu diesem
Zeitpunkt tatsächlich war, wurde heiß diskutiert. Bei der in den USA geführten Debatte über AQAP und den Jemen blieb jedoch die Frage fast
völlig unberührt, ob die amerikanischen Aktionen – die gezielten Tötungen, die Tomahawk- und Drohnenangriffe – nicht vielleicht ins Auge gehen und AQAP die Möglichkeit eröffnen könnten, neue Mitglieder
zu rekrutieren und die Gewalt eskalieren zu lassen. »Mit diesen Operationen schaffen wir keinen guten Willen«, sagte der ehemalige hochrangige CIA-Beamte Emile Nakhleh zu mir. »Wir zielen vielleicht auf
Radikale oder potenzielle Radikale, aber leider ... werden dabei andere
Dinge und andere Menschen zerstört oder getötet. Auf lange Sicht ist es
also notwendig, zu helfen. Diese Operationen werden nicht zwangsläufig dazu beitragen, potenzielle Rekruten zu entradikalisieren. Die
entscheidende Frage für mich ist das Thema der Radikalisierung. Wie
können wir ihr den Boden entziehen?« Und er fügte hinzu: »Diese Ope-

rationen mögen in bestimmten Fällen erfolgreich sein, aber ich glaube nicht, dass sie zwangsläufig zur Entradikalisierung bestimmter Segmente jener Gesellschaften beitragen.«[27]

Oberst Patrick Lang sagte zu mir, die Bedrohung durch AQAP sei »mächtig aufgebläht worden, zu einer Bedrohung für die USA. Tatsächlich glauben die meisten Amerikaner, alles, was sie womöglich umbringen könnte – in einem Flugzeug oder wenn sie die Park Avenue entlangspazieren –, sei die größte Bedrohung der Welt. Weil sie es nicht gewohnt sind, Gefahren als normalen Bestandteil des Lebens anzusehen, nicht wahr? Wenn es also heißt: ›Ist AQAP eine Bedrohung für die USA?‹, schreien alle ›Ja!‹. AQAP könnte ja ein Flugzeug abschießen und damit ein paar Hundert Leute umbringen. Aber ist AQAP tatsächlich eine existenzielle Bedrohung für die USA? Natürlich nicht. Wie denn auch? Niemand von denen stellt eine existenzielle Bedrohung für die USA dar. Wir machen uns nur verrückt damit. Wir reagieren auf Gefahren einfach hysterisch.«[28]

Ebenso wie Afghanistan und der Irak ein Laboratorium für die Ausbildung und Entwicklung einer neuen Generation von hoch versierten, routinierten Spezialeinheiten-Killern darstellte, wird der Jemen als Musterbeispiel die amerikanische nationale Sicherheitspolitik gewiss noch auf Jahrzehnte hinaus prägen. Unter der Regierung Bush erklärten die USA die ganze Welt zum Schlachtfeld und ermächtigten sich selbst, in jedem beliebigen Land gezielte Tötungen durchzuführen. Aber es war Präsident Obama, der diese Weltsicht, die mit großer Wahrscheinlichkeit noch lange nach Ende seiner Amtszeit Bestand haben wird, von beiden politischen Parteien absegnen ließ. »Das wird noch lange so weitergehen«, sagte Oberst Lang. »Der Globale Krieg gegen den Terror hat sich verselbstständigt … Und die Tatsache, dass sich diese Antiterror- und Antiaufstandsbranche zu einem solch Riesending entwickelt hat, mit all diesen Leuten, dem Unterbau aus Journalisten, Buchautoren, den Generälen und den Kerlen im Kampfeinsatz – all das zusammen hat ein großes, schreckliches Beharrungsvermögen, das dafür sorgt, dass alles weiter in dieselbe Richtung läuft.« Und Lang fügte hinzu: »Da brauchte es schon eine bewusste Entscheidung seitens der zivilen Politikmacher – zum Beispiel von jemandem wie dem Präsidenten –, der sagen würde: ›Okay, Jungs, die Show ist jetzt zu Ende.‹« Aber Obama dachte gar nicht daran, die Show für beendet zu erklären.

Washington und Somalia, 2011

Einen Monat nach dem Überfall auf bin Laden war Admiral McRaven immer noch der Stolz Washingtons. Im Juni 2011 trat er in seinem Bestätigungsverfahren für den Posten als Chef des Special Operations Command vor den Kongress. Die Beförderung ging auf den Obersten Befehlshaber der Armee zurück und bedeutete, dass McRaven die Verantwortung für das Armeeprogramm der gezielten Tötungen in aller Welt übernahm. Als er vor dem Verteidigungsausschuss des Senats saß, wurde er von Republikanern und Demokraten gleichermaßen für das Kommandounternehmen bin Laden und seine Rolle bei anderen Operationen mit Lob überschüttet. »Ich bewundere Sie und Ihre Kollegen bei den SEALs für diese außergewöhnlichen Operationen«, sagte der demokratische Senator Jack Reed. »Ihre Entschlossenheit und Ihr Gespür auf allen Ebenen des Konflikts, von den Dörfern in Afghanistan und Pakistan bis hierher in die komplexeren Gefilde Washingtons, ist uns in vollem Umfang deutlich geworden.« Ähnlich äußerte sich der Republikaner John McCain gegenüber McRaven: »Was Sie bereits vor dem 2. Mai 2011 in Ihrer herausragenden Laufbahn geleistet haben, ist schon außergewöhnlich. Doch an jenem Tag haben Sie sich durch die Leitung der Operation, bei der bin Laden getötet wurde, mit Ihren Leuten einen festen Platz in der amerikanischen Militärgeschichte erworben.«[1]

Doch dann zeigte sich, worauf die Anhörungen eigentlich hinauslaufen sollten: Waren McRaven und seine Sondereinsatzkräfte »darauf vorbereitet und in der Lage, [ihre] Operationen jeden Augenblick global auszuweiten?«, fragte Reed. Wegen der dramatischen zunehmenden Entsendung von Sondereinheiten in die sich ausweitenden globalen Kampfgebiete, so erklärte McRaven den Senatoren, seien zusätzliche Mittel erforderlich und es müsse eine neue Generation von Einsatz-

kräften ausgebildet werden. Und dann kam der Admiral zu den gegenwärtig vorrangigen Zielen. »Aus meiner Sicht als ehemaliger JSOC-
Kommandeur kann ich Ihnen sagen, dass wir den Blick vor allem auf
den Jemen und Somalia gerichtet haben.« Um dort die »kinetischen
Operationen« erfolgreich auszuweiten, müssten die Vereinigten Staaten
mehr Drohnen einsetzen und mehr Informationen vor Ort sammeln,
mehr Überwachungs- und Aufklärungsoperationen durchführen. »Jede
Erhöhung der Truppenstärke muss mit der entsprechenden Verstärkung der Wegbereiter einhergehen«, erläuterte McRaven.

Als ich in dem Monat, als McRaven befördert wurde, nach Mogadischu flog, war bei der Landung ein ziemlich eindeutiges Symbol der
gar nicht so diskreten Gegenwart der amerikanischen »Wegbereiter«
unübersehbar. In einem hinteren Winkel des Internationalen Flughafens Aden Adde befand sich ein weitläufiges ummauertes Gelände.
Die Einrichtung direkt am Indischen Ozean mit gut einem Dutzend Gebäuden hinter hohen Schutzmauern und Wachtürmen an allen vier
Ecken sah aus wie eine kleine bewachte Wohnanlage. Später erfuhr ich
aus mehreren somalischen und amerikanischen Geheimdienstquellen,
dass es sich um ein neues, von der CIA geführtes und von JSOC-Personal genutztes Antiterrorzentrum handelte. Wegen seiner Farbe nannten es die Somalier das »Rosa Haus«, andere hingegen schlichtweg
»Guantánamo«. Direkt daran angeschlossen auf dem Flughafen waren
acht große Metallhangars für die Maschinen der CIA errichtet worden.
Der Komplex, der laut Flughafenvertretern und somalischen Geheimdienstquellen Anfang 2011 fertiggestellt worden war, wurde von somalischen Soldaten bewacht, der Zugang jedoch von den Amerikanern
kontrolliert. Die CIA führte dort ein Antiterror-Ausbildungspro-
gramm für somalische Geheimagenten mit dem Ziel durch, eine einheimische Einsatztruppe aufzubauen, die in der Lage war, Terroristen
zu ergreifen und gezielte »Kampfoperationen« gegen al-Shabaab
durchzuführen.[2]

Als Teil des sich ausweitenden Antiterrorprogramms in Somalia benutzte die CIA auch das Geheimgefängnis im Keller des Hauptquartiers
des somalischen Sicherheitsdiensts. Hier saßen Leute ein, die verdächtigt wurden, zu al-Shabaab zu gehören oder Verbindungen zu der Organisation zu unterhalten. Einige Häftlinge wie die mutmaßliche rechte
Hand des al-Qaida-Führers Ali Saleh Nabhan waren in Kenia auf der
Straße gefasst und nach Mogadischu geflogen worden. Andere waren

nach der Landung aus einem Verkehrsflugzeug oder aus ihren Häusern direkt in das Verlies verbracht worden. Obwohl das Kellergefängnis offiziell von der somalischen NSA geführt wurde, bezahlte der US-Geheimdienst die Gehälter der einheimischen Agenten und verhörte auch Gefangene. Zu den Quellen, die mich mit Informationen über das Gefängnis und das CIA-Antiterrorzentrum versorgten, gehörten erfahrene Mitarbeiter des somalischen Nachrichtendiensts und der Übergangsregierung, ehemalige Insassen des Gefängnisses und mehrere somalische Geheimdienstanalytiker und Militärchefs, die zum Teil mit US-Personal, unter anderem der CIA, zusammenarbeiteten. Ein US-Vertreter, der mir die Existenz beider Einrichtungen bestätigte, sagte zu mir: »Es ist absolut sinnvoll, eine starke Antiterrorpartnerschaft« mit der somalischen Regierung zu unterhalten.[3]

Die erhöhte CIA-Präsenz in Mogadischu beruhte darauf, dass die Regierung Obama den Fokus auf Somalia richtete. Dazu gehörten auch Anschläge des JSOC auf Zielpersonen, Drohnenangriffe und erweiterte Überwachungsoperationen. Die US-Agenten »sind rund um die Uhr hier«, erklärte mir ein hochrangiger somalischer Geheimdienstler.[4] Manchmal hielten sich bis zu 30 dieser Leute in der Stadt auf, sagte er, betonte aber, diejenigen, die mit der somalischen NSA zusammenarbeiteten, führten keine Operationen durch, sondern berieten und bildeten somalische Agenten aus. »In diesem Umfeld ist das sehr kompliziert. Sie wollen uns helfen, aber die Situation erlaubt es ihnen nicht. Sie können die Politik nicht bestimmen, sie haben die Sicherheitslage nicht unter Kontrolle«, fügte er hinzu. »Es ist nicht so wie in Afghanistan und im Irak, wo sie die Lage überschauen können. In Somalia ist die Situation uneindeutig, sie verändert sich laufend, genauso wie die maßgeblichen Beteiligten.«

Laut somalischen Quellen, die über gute Verbindungen verfügten, weigerte sich die CIA, direkt mit somalischen Politikern zu verhandeln, die US-Vertreter trotz des öffentlichen Lobs für korrupt und nicht vertrauenswürdig hielten.[5] Stattdessen setzten die Amerikaner die somalischen Geheimdienstler auf ihre eigene Gehaltsliste. Laut somalischen Informanten, die Kenntnisse über das Programm hatten, erhielten die Agenten 200 Dollar pro Monat, während das durchschnittliche Jahreseinkommen im Land bei etwa 600 Dollar lag.[6] »Sie unterstützen uns finanziell großzügig«, sagte der somalische Geheimdienstvertreter. »Sie sind bei weitem der größte [Geldgeber].«

Es blieb unklar, inwieweit der somalische Übergangspräsident, wenn überhaupt, Befugnisse gegenüber den Antiterrorkräften hatte oder auch nur in vollem Umfang über deren Operationen informiert war. Die CIA-Mitarbeiter und andere amerikanischen Nachrichtendienstleute »machen sich nicht die Mühe, mit der politischen Führung des Landes in Kontakt zu treten, und das sagt eine Menge über ihre Absichten«, meinte Abdirahman »Aynte« Ali, der al-Shabaab-Beobachter, der über ein großes Netz von Informanten in der somalischen Regierung verfügte, mir gegenüber.[7] »Im Grunde betreibt die CIA mit ihren Operationen die Außenpolitik der Vereinigten Staaten. Das sollten die Leute vom Außenministerium machen, aber wie es scheint, hat die CIA das überall im Land übernommen.« Die somalischen Vertreter, die ich interviewte, meinten, die CIA sei die führende US-Behörde im Antiterrorprogramm für Mogadischu, doch sie wiesen darauf hin, dass gelegentlich auch der militärische Nachrichtendienst der USA beteiligt sei. Auf die Frage, ob sie im Auftrag des JSOC oder der DIA arbeiteten, antwortete der Vertreter des somalischen Geheimdiensts: »Das wissen wir nicht. Sie sagen es uns nicht.«

Während die CIA ihren somalischen Geheimdienst aufbaute, trat CIA-Direktor Leon Panetta vor den Kongress und beantwortete Fragen zum Kampf gegen al-Qaida und deren Ableger im Jemen, in Somalia und Nordafrika. »Unsere Absicht ist, in all diesen Regionen einen Aktionsplan zu entwickeln, um al-Qaida in Schach zu halten und deren Mitglieder zu verfolgen, sodass sie keine Fluchtmöglichkeiten mehr haben«, sagte er. »Zum Beispiel im Jemen. Dort herrschen zweifellos gefährliche Zustände und Unsicherheit, aber wir arbeiten weiterhin mit dortigen Kräften zusammen, um ein Antiterrorprogramm aufzubauen. Wir kooperieren auch mit dem JSOC bei dessen Operationen. Dasselbe gilt für Somalia.«[8]

Als ich meine Informationen über das Antiterrorprogramm der CIA in Somalia in einem Artikel für *The Nation* veröffentlicht hatte, sagte ein somalischer Vertreter gegenüber der *New York Times*, der von der CIA unterstützte Spionagedienst entwickle sich zu einer »Regierung in der Regierung«. »Niemand, nicht einmal der Präsident, weiß, was die NSA macht«, sagte er. »Die Amerikaner züchten da ein Monstrum heran.«[9]

Laut ehemaligen Gefangenen bestand das Untergrundgefängnis der NSA, personell mit Somaliern besetzt, aus einem langen Flur mit schmutzigen Zellen voller Wanzen und Moskitos. Einer berichtete, er habe bei seiner Ankunft im Februar 2011 zwei Weiße mit Militärstiefeln, Kampfhosen, grauen Hemden und schwarzen Sonnenbrillen gesehen.[10] Die ehemaligen Insassen berichteten, die Zellen seien fensterlos, die Luft stickig, feucht und übelriechend gewesen. Die Gefangenen hätten nicht ins Freie gehen dürfen. Viele hätten einen Ausschlag bekommen und sich permanent gekratzt. Manche seien ein ganzes Jahr oder länger ohne Anklage und ohne Kontakt zu Anwälten und Familienangehörigen dort festgehalten worden. Laut einem ehemaligen Gefangenen seien diese Mithäftlinge ständig auf und ab gegangen, während andere an der Wand lehnten und den Oberkörper vor und zurück bewegten.[11]

Ein somalischer Journalist, der in Mogadischu festgenommen und in das Untergrundgefängnis gesteckt worden war, als er eine sensible Militäroperation gefilmt hatte, erzählte mir, während seiner Haft habe er einen Mann mit einem westlichen Pass kennengelernt (er weigerte sich, die Nationalität des Mitgefangenen preiszugeben). Manche Mithäftlinge hätten ihm erzählt, sie seien in Nairobi gefasst, in einem kleinen Flugzeug nach Mogadischu gebracht und dort somalischen Geheimagenten übergeben worden.[12]

Dem bereits erwähnten hochrangigen somalischen Geheimdienstvertreter sowie ehemaligen Gefangenen zufolge wurden manche Häftlinge nach Belieben von amerikanischen und französischen Agenten verhört. »Wir wollen unsere Partner zufriedenstellen, damit wir mehr von ihnen bekommen, so wie es in jeder Beziehung der Fall ist«, erklärte mir der somalische Geheimdienstvertreter. Die Amerikaner operierten unilateral im Land, während die Franzosen eingebettet in die AMISOM an deren Flughafenstützpunkt agierten. Und in der Tat wurde ich Zeuge, wie ein französischer Geheimagent die Passagiere eines Flugzeugs aus Nairobi in Anwesenheit eines AMISOM-Kommandeurs unter die Lupe nahm. Von Informanten des somalischen Geheimdiensts erfuhr ich, dass die Franzosen manchmal darum baten, Flugpassagiere herauszugreifen und befragen zu dürfen. Laut Aynte »haben die amerikanischen und anderen Geheimdienste [gelegentlich] ihre somalischen Kollegen darüber verständigt, dass Verdächtige, Personen, die Kontakt zur al-Shabaab-Führung hätten, in einem Verkehrsflugzeug auf dem Weg nach Mogadischu seien. Im Grunde war das eine Anweisung, sich wegen dieser Leute zum Flughafen zu begeben: Nehmt sie fest, verhört sie.«

Das Untergrundgefängnis befand sich in demselben Gebäude, das während des Militärregimes Mohamed Siad Barres von 1969 bis 1992 den berüchtigten Nationalen Sicherheitsdienst Somalias (NSS) beherbergt hatte.[13] Ein ehemaliger Häftling erzählte mir, er habe draußen sogar ein altes NSS-Schild gesehen. Während der Herrschaft Barres war das Kellergefängnis und Verhörzentrum hinter dem Präsidentenpalast in Mogadischu ein Grundbestandteil des staatlichen Unterdrückungsapparats gewesen und als *Godka*, »das Loch«, bezeichnet worden.[14]

»Der Bunker existiert immer noch, und der Geheimdienst verhört dort Menschen«, sagte Aynte, der Kontakt zu Vertretern des somalischen Geheimdiensts unterhielt. »Wenn die CIA und andere Geheimdienste – die in Mogadischu vertreten sind – diese Leute verhören wollen, tun sie es einfach. Anfangs vernehmen [somalische Beamte] den Gefangenen, aber dann führen ausländische Geheimdienste ihre Verhöre durch, das heißt die Amerikaner und die Franzosen.« Der US-Vertreter, der mir für meine Fragen zur Verfügung gestellt wurde, meinte, eine »Vernehmung« von Gefangenen durch amerikanischen Geheimdienstleute sei nur selten erfolgt, und wenn, dann nur zusammen mit somalischen Kollegen.

In einer überschwänglichen Geste, die sein Wahlkampfversprechen zu erfüllen schien, die berüchtigten, unter Präsident Bush eingerichteten »black sites« der CIA zu schließen, hatte Obama am 22. Januar 2009 den Präsidialerlass 13491 unterzeichnet. Danach sollte »die CIA so schnell wie möglich alle Gefängnisse schließen, die sie gegenwärtig unterhält, und in der Zukunft keine derartigen Gefängnisse mehr unterhalten«.[15] Für Menschenrechtsgruppen war das Kellergefängnis eine Art Hintertür aus diesem Dekret. Nach Erscheinen meines Berichts über das Gefängnis in *The Nation* und eines folgenden ähnlichen Artikels von Jeffrey Gettleman in der *New York Times* schrieb ein Bündnis von Menschenrechtsgruppen einen Brief an Präsident Obama, in dem es hieß, die Artikel »verstärken Zweifel, ob die Vereinigten Staaten ihren Verpflichtungen nachkommen, die Menschenrechtserfordernisse in Bezug auf das *Non-Refoulement-Prinzip*, willkürliche Verhaftungen und menschliche Behandlung, zu respektieren und die Respektierung zu gewährleisten«. Unter Berufung auf den Präsidialerlass 13491 mahnten sie den Präsidenten: »Sie haben Ihre feste Zusage gegeben, dafür Sorge zu tragen, dass die Antiterroroperationen unter Respektierung der Menschenrechte und der Rechtsstaatlichkeit durchgeführt werden.

Wir bitten Sie dringend, diese Zusage zu bekräftigen, indem Sie im größtmöglichen Umfang die US-Beteiligung an Gefangennahmen, Verhören und Überstellungen im Zusammenhang mit dem Gefängnis in Somalia offenlegen, sodass ein vernünftiger öffentlicher Dialog darüber geführt werden kann, in welchem Maß solche Operationen mit dem Gesetz in Einklang stehen.«[16]

Trotz der öffentlichen Reden Präsident Obamas und seiner Stellvertreter zu Beginn seiner Amtszeit über die Notwendigkeit der Balance von Freiheit und Sicherheit war schon zwei Jahre später klar, dass das Weiße Haus die nationale Sicherheit wiederholt über die bürgerlichen Freiheiten gestellt hatte. Und obwohl einige Exzesse der Regierung Bush beendet oder eingedämmt wurden, weitete man das Programm der Gefangennahme oder Tötung aus, statt es zurückzuschrauben. Immer noch blieben schwerwiegende Fragen hinsichtlich der gezielten Tötungen unbeantwortet: Wurde Amerika damit wirklich sicherer? Gab es aufgrund dieser Operationen weniger Terrorismus oder mehr? Trugen die Maßnahmen des Weißen Hauses im Namen der Terrorbekämpfung – Drohnenschläge, Tötungen, Überstellungen – nicht eher dazu bei, dass Gruppierungen wie al-Shabaab, AQAP und die Taliban neue Mitglieder und Unterstützer rekrutieren konnten?

Anfang 2011 war das Gebiet in Somalia, das al-Shabaab kontrollierte, größer als das der Übergangsregierung, obwohl diese von Tausenden durch die USA ausgebildete, bewaffnete und finanzierte Soldaten der Afrikanischen Union unterstützt wurde. Trotz erhöhter US-Finanzhilfe und vermehrter Waffenlieferungen kamen die AMISOM-Truppen in Mogadischu kaum über ihre Stützpunkte hinaus. Statt Aufstandsbekämpfung zu betreiben, zogen sie es vor, die von al-Shabaab-Milizionären kontrollierten Viertel, in denen vorwiegend Zivilisten lebten, regelmäßig mit Granaten zu beschießen.[17] Das JSOC knallte zwar die Milizionäre reihenweise ab, aber die vielen zivilen Opfer der AMISOM-Granaten bewog manche Clan-Chefs, sich auf die Seite al-Shabaabs zu schlagen. Und die somalische Regierung galt als schwach, illegitim oder Schlimmeres.

»Neunundneunzig Prozent des Regierungspersonals sind korrupte, unmoralische und unehrliche Leute, die von der internationalen Gemeinschaft gewählt wurden«, sagte Mohammed Farah Siad, ein Geschäftsmann aus Mogadischu, als ich ihn im Sommer 2011 in seinem

Haus in der Nähe des Hafens der Stadt besuchte. Siad, der sein Unternehmen seit 1967 führte, klagte darüber, dass er wie andere Importeure regelmäßig Schmiergeld an Regierungsvertreter zahlen müsse. »Ich glaube, dass diese Leute ausgewählt wurden, weil sie zu den Schlimmsten gehören. Je krimineller, je drogenabhängiger jemand ist, desto größer sind seine Chancen, Mitglied des somalischen Parlaments zu werden.«[18] Die Regierung, erklärte er mir, sei nur dazu da, die Leute um ihr Geld zu betrügen. Siad, der al-Shabaab und al-Qaida entschieden ablehnte, meinte, al-Shabaab sei weitaus besser organisiert als die somalische Regierung, und wenn die AMISOM-Truppen abzögen, würde al-Shabaab die Macht übernehmen. »Sofort, innerhalb einer halben Stunde«, rief er aus. »In weniger als einer halben Stunde.« Die Somalier stünden vor der Wahl zwischen den »Dieben« in der Regierung und den »Kriminellen« von al-Shabaab. »Wir sind quasi Waisen«, schloss er.

Al-Shabaab kontrolliere »sage und schreibe etwa die Hälfte Somalias, das die Größe von Texas hat. Sie können sich also vorstellen, wie viel das ist – und ein Teil Mogadischus, der Haupstadt, gehört auch dazu«, meinte Aynte. Es war mehr als klar, dass der Einfluss al-Shabaabs weiterhin wachsen würde, wenn die von der somalischen Regierung aufgebauten Polizei- und Armeeeinheiten nicht einmal in der Lage waren, auch nur die Hauptstadt zu stabilisieren. Jedes Selbstmordattentat war ein weiterer Beleg für die Verwundbarkeit der Regierung, und jede Mörsergranate, die in ein Wohngebiet einschlug, zeigte, dass die Regierung – und die von den USA unterstützten Streitkräfte der Afrikanischen Union – nicht an der Seite des Volkes stand.

Während die meisten Somalier in der Zwickmühle steckten zwischen einer Regierung, die sie verachteten, und islamischen Milizen, die sie fürchteten, verkündete die Regierung Obama ein »zweigleisiges« Vorgehen in Somalia.[19] Sie werde mit der »Zentralregierung« in Mogadischu und zugleich mit regionalen Kräften und Clan-Führern verhandeln. »Die zweigleisige Politik ist nur ein neues Etikett für das alte (und gescheiterte) Vorgehen der Regierung Bush«, stellte der Somalia-Experte Afyare Abdi Elmi fest. »Sie wird unausweichlich die Clans stärken und demokratische Entwicklungen unterminieren und vor allem ein Klima schaffen, das der Rückkehr des organisierten Chaos oder der Warlord-Herrschaft im Land förderlich ist.«[20]

Die zweigleisige Politik ermutigte die selbsternannten, regionalen von Clans gebildeten Regierungen, um die Anerkennung und Unterstützung durch die Vereinigten Staaten zu werben. »Jede Woche schießen neue Lokalregierungen aus dem Boden«, sagte Aynte damals. »Die meisten üben keine Kontrolle über ein Territorium aus, aber sie hoffen, dass die CIA in ihrem kleinen Dorf einen Außenposten errichtet.«

Mitte 2011 hieß es in der *New York Times*, »amerikanische Regierungsvertreter [hätten] in Washington erklärt, man debattiere darüber, inwieweit die Vereinigten Staaten auf die heimliche militärische Ausbildung und Drohnenschläge bauen könnten, um al-Shabaab zu bekämpfen … Laut einem Regierungsvertreter wurde die amerikanische Botschaft in Nairobi zu einem Bienenkorb von Leuten aus Militär und Geheimdienst, die bereits ›mit den Hufen scharrten‹, um die Operationen in Somalia zu intensivieren.«[21]

Während die Vereinigten Staaten die Rhetorik und die Angriffe auf al-Shabaab verschärften, errangen sie taktische Erfolge vor allem in den ländlichen Gebieten um Mogadischu. In der somalischen Hauptstadt erzielten die von der CIA ausgebildeten und finanzierten Antiterroreinheiten hingegen kaum sichtbare Erfolge. »Bis jetzt haben wir keine Resultate gesehen«, sagte mir der hochrangige somalische Geheimdienstvertreter im Sommer 2011. Er räumte ein, dass weder die amerikanischen noch die somalischen Streitkräfte in der Lage gewesen seien, in den von al-Shabaab kontrollierten Gebieten der Hauptstadt auch nur eine einzige erfolgreiche chirurgische Operation durchzuführen. Ende 2010 sei eine Aktion durch die USA ausgebildeter somalischer Agenten auf schreckliche Weise gescheitert und habe zum Tod mehrerer Agenten geführt. »Es war ein ziemlich planloser Versuch.« Am 3. Februar 2011 meldete al-Shabaab auf seinem Fernsehsender Al-Kataib die Hinrichtung eines angeblichen CIA-Informanten.[22]

Während das neueste CIA-Programm in Somalia trotz aller Anstrengungen keinerlei Siege brachte, führten die Vereinigten Staaten ihren Feldzug gegen al-Shabaab vorwiegend durch die Unterstützung der AMISOM-Streitkräfte, die ihre Mission nicht annähernd mit chirurgischer Präzision erfüllten. Immer wieder gab AMISOM Presseerklärungen heraus, in denen es sich rühmte, Erfolge gegen al-Shabaab errungen und Territorium zurückerobert zu haben, aber die Realität war weitaus komplexer.

Als ich durch die 2011 von AMISOM zurückeroberten Gebiete ging, sah ich ein ganzes Netz unterirdischer Tunnel, die einst von al-Shabaab-Kämpfern genutzt worden waren, um sich von Gebäude zu Gebäude zu bewegen. Berichten zufolge erstreckte sich dieses Netz über mehrere Kilometer. Lebensmittelreste, Decken und Waffenpatronen lagen um die durch Sandsäcke abgeschirmten überirdischen »Pop-up«-Posten der al-Shabaab-Heckenschützen verstreut – die letzten Überbleibsel der Stützpunkte im Guerillakrieg. Aber nicht nur die al-Shabaab-Milizen waren aus den Vierteln vertrieben worden, sondern auch die Zivilisten, die einst dort gewohnt hatten. Während meines Aufenthalts dort feuerten AMISOM-Streitkräfte Artilleriegeschosse von ihrer Basis am Flughafen auf den Bakara-Markt, wo ganze Viertel vollständig verlassen waren. Häuser lagen in Ruinen, Haustiere streiften umher und suchten nach Nahrung im Müll. Mancherorts waren hastig Leichen in Gräben gelegt und mit Staub bedeckt worden, der die Körper kaum verhüllte. In einem ehemals von al-Shabaab kontrollierten Viertel lag nur wenige Meter von einem neuen Kontrollpunkt der Regierung entfernt ein enthaupteter Leichnam am Straßenrand.

In Interviews forderten international anerkannte Politiker in Mogadischu, darunter auch der Übergangspräsident Scheich Sharif Sheik Ahmed, die USA auf, die Hilfe für die somalische Armee in Form von Ausbildungsprogrammen, Ausrüstung und Waffen rasch und massiv aufzustocken. Darüber hinaus machten sie darauf aufmerksam, dass das Land ohne funktionierende zivile Institutionen weiterhin angreifbar für Terrorgruppen sei, die nicht nur Somalia, sondern die ganze Region destabilisieren könnten. »Ich glaube, dass die USA Somalia behilflich sein sollten, eine Regierung zu installieren, die die Bürger und ihr Volk schützt«, meinte Sharif.[23] Aber die Vereinigten Staaten hatten kaum Vertrauen in Sharif und andere Regierungsvertreter – und zwar aus gutem Grund. »Wenn die [somalische Regierung] mehr tun würde, als nur das ganze Geld einzustecken, das sie bekommt, hätte sie mehr Mittel als al-Shabaab«, erklärte Kenneth Menkhaus, Somalia-Experte am Davidson College.[24] Laut der UN-Beobachtungsgruppe für Somalia tauchten Waffen und Munition, die die somalische Regierung und die ihr nahestehenden Milizen erhalten hatten, zunehmend auf dem Schwarzmarkt auf und landeten letztlich bei al-Shabaab. Die Vereinten Nationen schätzten, dass »Regierungs- und regierungsfreundliche Streitkräfte ein Drittel bis die Hälfte ihrer Munition« auf dem Schwarzmarkt verkauften.[25]

Im Kampf gegen al-Shabaab schlugen sich die Vereinigten Staaten nicht auf die Seite der somalischen Regierung. Die Strategie der Amerikaner für das Land – die sich in der Politik, der erweiterten verdeckten Präsenz und Finanzierungsplänen niederschlug – fuhr ebenfalls zweigleisig. Einerseits trainierte und bezahlte die CIA – und führte gelegentlich sogar – somalische Geheimdienstagenten, die nicht dezidiert der Kontrolle der Regierung unterstanden, während das JSOC unilaterale Schläge durchführte, ohne vorher die Regierung zu informieren. Andererseits verstärkte das Pentagon die Unterstützung von Antiterroroperationen nicht-somalischer afrikanischer Streitkräfte.

Ein Somalier aber, der im Jahr 2011 die feste Kontrolle über sein Territorium ausübte, war Indha Adde, Verteidigungsminister in der Regierungszeit der Union Islamischer Gerichte und einstiger al-Shabaab-Verbündeter. Als ich ihn im Sommer 2011 besuchte, hatte er sich in Yusuf Mohammed Siad umbenannt und erschien in einer Militäruniform mit drei Sternen – mittlerweile war er ein hochrangiges Mitglied der somalischen Armee. Während die Vereinigten Staaten und andere Westmächte unter der Schirmherrschaft der AMISOM Spezialausbildungen für ugandische und burundische Soldaten durchführten und die Armeen beider Länder mit Waffen und Ausrüstung versorgten, deren Kosten in die Hunderte Millionen Dollar gingen, konnte die somalische Regierung kaum die eigenen Streitkräfte bezahlen.[26] Die somalische Armee war unterfinanziert und verfügte über zu wenig Waffen, die Soldaten wurden schlecht entlohnt, waren ausgesprochen disziplinlos und im Ernstfall mehr ihren eigenen Clans verpflichtet als der Zentralregierung. So entstand das Konzept der Söldnermilizen. Und Indha Adde war ein hervorragendes Beispiel dafür, wie es funktionierte.

Washington gab sich zwar alle Mühe, die Hilfe für die somalischen Warlords und Milizen zu verschleiern, aber in Mogadischu war es ein schlecht gehütetes Geheimnis, dass die US-Handlanger in Äthiopien und Kenia sowie AMISOM mit diesen Leuten Geschäfte machten ähnlich wie Anfang der 2000er-Jahre die CIA mit der Alliance for the Restoration of Peace and Counterterrorism.

Während sich die Vereinigten Staaten auf ihre unilateralen »kinetischen Operationen« konzentrierten, wandten sich die somalische Regierung und AMISOM zwielichtigen Gestalten zu: Sie bemühten sich, eine zumindest vage an eine nationale Armee erinnernde Streitmacht aufzubauen – ähnlich wie es die USA 2006 mit ihren Awakening Councils in den sunnitischen Gebieten des Irak versucht hatten –, um sich die

strategische Loyalität ehemaliger Verbündeter des jetzigen Feindes zu
sichern. Indha Adde bekam, obwohl er nie in einer staatlichen Armee
gedient hatte, einen militärischen Rang, andere erhielten im Gegenzug
für den Einsatz ihrer Milizen im Kampf gegen al-Shabaab Ministerpos-
ten. Einige von ihnen waren einst Verbündete von al-Qaida oder al-Shabaab gewesen, und viele hatten unabhängig gegen die von den USA finanzierte äthiopische Invasion gekämpft oder Anfang der 1990er-Jahre
gegen die Operation unter US-Führung demonstriert, die im Absturz
des Black Hawk gegipfelt hatte. Andere Milizionäre waren kaum mehr
als Marionetten der äthiopischen oder kenianischen Regierung, die beide in großem Umfang von Washington unterstützt werden. Im Jahr
2011 war Indha Adde eine Art Hybrid aus seinen früheren Identitäten
geworden, ein islamischer Warlord, der an die Scharia glaubte, Geld
und Waffen von der AMISOM nahm und freundschaftliche Beziehungen zur CIA unterhielt.

Große Teile Mogadischus waren ohne Indha Addes Genehmigung
nicht zugänglich, außerdem führte er eine der größten Milizen und besaß mehr Kampffahrzeuge als jeder andere Warlord der Stadt. Sein Me-
chaniker, der spezielle, mit Waffen bestückte Pick-ups für Indha Addes
Streitkräfte konstruierte, galt als der beste in ganz Mogadischu. Mit seinem hohen militärischen Rang und dem ständigen Zustrom moderner
Waffen besaß Adde mehr Macht – und zumindest aus seiner Sicht mehr
Respekt – als je zuvor. Als ich vor einem der Häuser Indha Addes saß
und darauf wartete, dass sein Gefolge zur Front aufbrach, fuhr ein weißer Toyota Corolla vor. Innerhalb kürzester Zeit wurde eine Kiste mit
Munition nach der anderen ausgeladen.

Indha Adde nahm mich zu verschiedenen Fronten mit, wo seine Miliz gegen al-Shabaab kämpfte. Auf dem Weg dorthin gerieten wir wiederholt unter Beschuss durch Heckenschützen der Shabaab. Ein paar
Monate zuvor war Indha Addes persönlicher Leibwächter durch einen
Kopfschuss getötet worden, als er sich in einem Kampf gegen al-Shabaab-Milizionäre vor seinen Boss gestellt hatte. Zeugen zufolge legte
sich Indha Adde den Leichnam des Mannes über die Schulter, trug ihn
in einen geschützten Bereich, nahm ein Maschinengewehr und zielte
auf die Mörder seines Leibwächters. »Eines Abends feuerte ich 120 AK-
47-Patronen ab, das sind vier Magazine und zweihundertfünfzig Schuss
mit dem Maschinengewehr. Ich bin die Nummer eins an der Front«, erklärte er mir, während wir durch ein zerbombtes Viertel gingen, das

seine Leute kurz zuvor von al-Shabaab zurückerobert hatten. Im Gegensatz zu den AMISOM-Streitkräften trug Indha Adde keine Panzerweste, und er hielt immer wieder inne, um Anrufe auf seinem Handy anzunehmen. »Die Rolle eines Generals ist eine doppelte. In einem konventionellen, gut finanzierten Krieg bleibt ein General im Hintergrund und erteilt Befehle für die Schlacht«, erklärte er. »In einem Guerillakrieg wie diesem hier aber muss der General an der Front stehen, um den Kampfgeist seiner Leute zu stärken.«[27]

Als wir an den Gräben um den Bakara-Markt entlanggingen, die früher die al-Shabaab-Kämpfer benutzt hatten, blieb Addes Gefolge plötzlich stehen. Am Wegesrand ragte ein Fuß aus einem improvisierten Grab heraus, das nur aus Sand bestand, der lose über den Toten gestreut worden war. Einer der Milizionäre Indha Addes sagte, der Tote sei ein Ausländer, der an der Seite al-Shabaabs gekämpft habe. »Wir bestatten ihre Toten und nehmen die Lebenden gefangen«, erklärte mir Indha Adde. »Wir kümmern uns um sie, wenn es sich um Somalier handelt, aber wenn wir Ausländer zu fassen bekommen, richten wir sie hin, damit die anderen sehen, dass wir keine Gnade kennen.«

Als ich Indha Adde fragte, warum er nun an der Seite der Vereinigten Staaten gegen seine ehemaligen Verbündeten von al-Shabaab kämpfe, reagierte er mit einem geradezu atemlosen Monolog: »Ausländische Terroristen sind in unser Land gekommen und haben unsere Leute umgebracht. Sie haben unsere Väter ermordet, unsere Frauen vergewaltigt und unsere Häuser geplündert. Es ist meine Pflicht, unser Volk, mein Land und meine Religion zu schützen. Entweder ich befreie mein Volk, oder ich komme bei dem Versuch um.« Die militanten Kräfte von al-Qaida und al-Shabaab hätten sich verändert, sagte er, nicht er. »Wenn ich gewusst hätte, was ich heute weiß – dass die Leute, die ich geschützt habe, Terroristen waren – hätte ich sie der CIA übergeben, ohne Geld dafür zu verlangen.«

Eine der stärkeren Kräfte, die im Zusammenhang mit den Anti-Shabaab-Milizen der somalischen Regierung auftauchten, war Ahlu Sunn Wal Jam (ASWJ), eine sufistische paramilitärische Gruppierung. Gegründet in den 1990er-Jahren als quasi politische Organisation, die sich dem Studium des Sufismus und der Gemeindearbeit widmete, betrachtete sich die ASWJ als Prellbock gegen das Vordringen des Wahabismus in Somalia. Ihr erklärtes Ziel war, »eine Friedensbotschaft zu verkünden und dem Glauben und der politischen Plattform fundamentalistischer Bewegungen die ideologische Grundlage zu entziehen«.[28]

Im Jahr 2008 nahm al-Shabaab erstmals Anführer der ASWJ ins Visier, verübte Attentate und schändete ihre Gräber.[29] In den Augen der Miliz war der ASWJ-Kult, bei dem die Toten verehrt und in Zungen gesprochen wurde, Häresie. Nach vielen Debatten in der ASWJ-Gemeinschaft bildeten sich Milizen, die gegen al-Shabaab zu den Waffen griffen.[30] Anfangs ließen ihre Kampfeinheiten aus disziplinlosen Clan-Angehörigen und Glaubensgelehrten sehr zu wünschen übrig. Doch dann bewaffnete und finanzierte Äthiopien die ASWJ, bildete deren Kämpfer aus und schickte schließlich auch eigene Soldaten.[31] Anfang 2010 galt ASWJ weitgehend als Handlanger Äthiopiens – und damit der USA. Nach langen Auseinandersetzungen innerhalb der Organisation unterzeichnete ASWJ im März 2010 einen Kooperationsvertrag mit der somalischen Regierung.[32]

Einer der größten Profiteure des neuen Status von ASWJ als paramilitärische Miliz war Abdulkadir Moalin Noor, genannt »der Kalif«, der Nachfolger. Sein Vater, ein weithin verehrter heiliger Mann, war 2009 im Alter von 91 Jahren gestorben und hatte Noor zum neuen geistlichen Führer der Bewegung bestimmt.[33] Noor hatte in London studiert und verwaltete die Geschäftsbeteiligungen seiner Familie im Ausland. Als sein Vater starb, gab er die Sicherheit seines komfortablen Lebens auf und kehrte nach Mogadischu zurück, wo er zum Außenminister des Präsidenten ernannt wurde. Dennoch genoss Noor auch hier westlichen Luxus. Er fuhr in einem gepanzerten SUV mit Fellen auf den Sitzen durch Mogadischu, richtete in einem ASWJ-Lager am Rand der Hauptstadt, in dem es nicht einmal eine Toilette gab, einen drahtlosen Internetanschluss ein, und den Koran las er auf einem glänzenden neuen iPad. Noor, der sich regelmäßig mit Politikern und Geheimdienstleuten aus dem Westen traf, weigerte sich darzulegen, wer genau die ausländischen Geldgeber für ASWJ seien, aber er hob die USA als Somalias Verbündeten »Nummer eins« hervor. »Ich möchte mich bei ihnen bedanken, denn sie helfen uns, indem sie den Terrorismus bekämpfen«, meinte er mir gegenüber. »Und auf militärischer Ebene?«, fragte ich. »Dazu kann ich nicht viel sagen«, erwiderte er. »Aber sie stecken sehr, sehr tief drin. Sie arbeiten mit unserem Geheimdienst zusammen, bilden die Leute aus. Und auch mit unserem Militärpersonal. Sie haben speziell ausgebildete Einheiten, die hier gegen al-Shabaab kämpfen. Ich möchte nicht zu viel verraten – aber sie machen ihre Sache gut … Und mit der Hilfe Allahs wird dieses Chaos hoffentlich bald ein Ende haben.« Mitte 2011 hatten sich die ASWJ-Milizen zu einer der stärksten Truppen im Kampf gegen al-Shabaab außerhalb Mogadischus gemausert und Gebiete in der Region Mudug und anderen Landesteilen zurückerobert. Doch wie bei den meisten mächtigen paramilitärischen Gruppen in Somalia waren auch hier nicht alle Aktivitäten offen sichtbar. Die UN-Beobachtergruppe für Somalia erklärte, manche ASWJ-Milizen »scheinen stellvertretend für Nachbarstaaten statt für örtliche Autoritäten zu agieren«. Unterstützung erhielt die ASWJ auch von Southern Ace, einer privaten Sicherheitsfirma. Das 2007 in Hongkong registrierte und von Edgar Van Tonder, einem weißen Südafrikaner, geleitete Unternehmen beging laut Vereinten Nationen »schwere Verstöße gegen das Waffenembargo« für Somalia, »suchte nach Möglichkeiten für den illegalen Waffenhandel und führte Gartenbauexperimente mit dem Ziel durch, Rauschgifte wie Marihuana, Kokain und Opium zu produzieren«. Laut UN »bauten Southern Ace und seine Partner vor Ort zwischen April 2009 und Anfang 2011 eine 220-köpfige Miliz auf … die von einem Dutzend Simbabwern und drei Leuten aus westlichen Ländern überwacht wurde und deren Kosten auf 1 Million Dollar an Gehältern und mindestens 150.000 Dollar an Waffen geschätzt werden. Herausgekommen ist eine der stärksten Kampftruppen … mit dem Potenzial, die Machtverhältnisse in dem Gebiet zu verändern.«

Southern Ace erwarb Waffen auf dem somalischen Schwarzmarkt, darunter Kalaschnikows in großer Zahl, schwere Maschinengewehre, Panzerfäuste und ein Flakgeschütz des Typs ZU-23 mit 2000 Schuss Munition. Die Waffenkäufe der Firma »waren so umfangreich«, dass lokale Behörden »einen sichtbaren Anstieg der Preise für Munition und eine Knappheit an ZU-23-Munition verzeichneten«. Einige der Waffen wurden auf Autos mit Allradantrieb und Pick-ups montiert. Das Unternehmen importierte überdies »aus den Philippinen Uniformen im Militärstil und kugelsichere Westen für ihre Operationen«, hieß es weiter im Bericht der Vereinten Nationen. Unterstützt von Äthiopien und Southern Ace startete die ASWJ eine Reihe groß angelegter Offensiven gegen al-Shabaab Äthiopien und die Vereinigten Staaten sahen in der ASWJ gewiss das beste Gegengewicht zur Rhetorik von al-Shabaab und al-Qaida, aber innerhalb von nur drei Jahren machten sie aus einer zuvor gewaltlosen Organisation eine der mächtigsten bewaffneten Gruppen in

Somalia. »In gewisser Hinsicht stellt der Rückgriff ausländischer Regierungen auf somalische Stellvertretertruppen eine potenzielle Rückkehr zum ›Warlordismus‹ der 1990er- und 2000er-Jahre dar«, hieß es nüchtern in dem UN-Bericht. Solche Praktiken »haben sich in der Vergangenheit als kontraproduktiv erwiesen«.[34]

Southern Ace war keineswegs die einzige Söldnerfirma, die in Somalia mitmischte. Es gab einen Mann, der in keinem der jüngeren US-Kriege fehlte: der Blackwater-Gründer Erik Prince. Auch wenn die Verbrechen und Skandale seines Unternehmens eng mit den Neokonservativen und der Ära Bush verbunden waren, spielten die Blackwater-Söldner auch unter der Regierung Obama eine wichtige Rolle bei den weltweiten Operationen der CIA. Als intensiv gegen Blackwater ermittelt und seine hochrangigen Vertreter wegen Verschwörung und Verstößen gegen die Waffengesetze angeklagt wurden, verließ Prince die Vereinigten Staaten und fand ein neues Zuhause in Abu Dhabi. Die Hauptstadt der Vereinigten Arabischen Emiraten (VAE) war ein Drehkreuz für Söldner und die Kriegsindustrie insgesamt. Prince unterhielt enge Kontakte zum Königshaus, insbesondere zum Kronprinzen.[35] Er habe, sagte er, Abu Dhabi wegen »seiner großen Nähe zu potenziellen Optionen im ganzen Nahen Osten und seiner hervorragenden logistischen Infrastruktur« ausgewählt. Hier finde er »ein freundliches Geschäftsklima, niedrige oder gar keine Steuern und keine durchgedrehten Anwälte oder Gewerkschaften. Ein wirtschaftsfreundliches Land voller Möglichkeiten.«[36]

Von seinem selbstgewählten Standort in den VAE aus betrieb Prince seine Söldnerfirma weiter. Er sei aus den Vereinigten Staaten weggegangen, sagte er, »damit es die Schakale schwerer haben, an mein Geld zu kommen«. Er habe vor, nach neuen Chancen »im Energiesektor« zu suchen.[37] Wenige Tage vor Weihnachten 2010 landete Prince mit einer Privatmaschine auf dem internationalen Flughafen von Mogadischu und wurde in eine VIP-Lounge geführt, wo er für eine Stunde mit nicht bekannten Personen zusammentraf. Dann stieg er wieder in seinen Jet und flog ab. »Wir hören immer häufiger, dass Blackwater Ambitionen hat, sich in Somalia einen Namen zu machen«, sagte damals ein westlicher Politiker zu mir.[38]

Prince war schon lange daran interessiert gewesen, eine private Truppe zur Piraterie-Bekämpfung aufzubauen, die vor der Küste Somalias eingesetzt werden könnte. Ende 2008 führte er Gespräche mit mehreren Schifffahrtsgesellschaften über die Anheuerung seiner Firma zum Schutz ihrer Schiffe bei der Fahrt um das Horn von Afrika und durch den Golf von Aden.[39] Zwei Jahre zuvor hatte er die *McArthur*, ein 55 Meter langes Schiff, erworben und zum Mutterschiff einer Antipiraterie-Flotte umgebaut, die mit Little-Bird-Hubschraubern, Schlauchbooten und einem 50-Kaliber-Maschinengewehr bestückt werden konnte und Platz für 35 Söldner bot.[40] »Wir könnten Schiffe zu einem viel günstigeren Preis hinausschicken und die Fischerboote aufhalten, die die Piraten benutzen, als die US-Marine mit ihren eineinhalb bis zwei Milliarden teuren Kriegsschiffen«, meinte Prince. Die Europäische Union »versucht, mit vierundzwanzig Schiffen die über fünf Millionen Quadratkilometer im Indischen Ozean zu bewachen, wo die somalischen Piraten aktiv sind. Das sind zweihunderttausend Quadratkilometer pro Schiff. So kriegen sie die Sache nicht in den Griff.«

Prince meinte, seine Flotte könne vorgehen wie die Kaperschiffe in der Amerikanischen Revolution. »Ein Kaperschiff war ein Privatschiff mit einem auf eigene Rechnung arbeitenden Kapitän, der eine Jagdlizenz besaß, einen sogenannten Kaperbrief. Solch ein Brief ist in unserer Verfassung noch vorgesehen«, erklärte Prince in einer Rede kurz vor seiner Abreise in die VAE. »Diese Leute durften Jagd auf feindliche Schiffe machen, und sie waren sehr erfolgreich dabei. Sogar General Washington hat in eins dieser Kaperschiffe investiert.«[41]

Zweifellos weitete sich die Piraterie über die somalische Küste hinaus aus. Und in der zweiten Hälfte des Jahres 2010 nahmen die Piratenangriffe weiter zu – von September 2010 bis Januar 2011 stieg die Zahl der Geiseln von 250 auf 770.[42] Die Piraten verlangten zunehmend exorbitante Lösegelder und führten mit erbeuteten »Mutterschiffen« auch ambitioniertere Aktionen durch.

Im Januar 2011 ergriffen US-Soldaten bei einer Antipiraterie-Operation an Land drei junge Somalier und brachten sie zu Verhören an Bord eines Schiffs.[43] Kurz darauf schlug der Chef der CENTCOM-Marinestreitkräfte, Vizeadmiral Mark Fox, Antiterrormaßnahmen im Kampf gegen die somalischen Piraten vor. Mit Verweis auf die sich perfektionierende Technik der Piraten sowie ihre Verbindungen zu al-Shabaab sprach Fox davon, die Piratenangriffe bereits an Land im Keim zu ersticken. »Al-Shabaab bildet in großem Umfang aus, unterhält Lager in Somalia und dergleichen«, erklärte er. »Die Piraten nutzen diese Dinge. Meiner Meinung nach sind terroristische Aktivitäten und Piraterie kaum voneinander zu trennen.«[44]

Auch wenn Fox die Verbindungen zwischen al-Shabaab und den Piraten überbewerten mochte – Berichte deuten vielfach darauf hin, dass al-Shabaab die Piraten eher erpresste, als dass sie mit ihnen kooperierte –, traf seine Beobachtung zu, dass die Piraten immer kühner wurden.[45]

Am 16. Februar wurde Abduwali Muse – der einsame Pirat, der wegen der Entführung der *Mærsk Alabama* vor Gericht stand, zu 33 Jahren Haft verurteilt.[46] Zwei Tage später wurde von der *SV Quest*, einer Privatjacht im Besitz der in Kalifornien ansässigen Schiffseigner Jean und Scott Adam, ein Hilferuf abgesetzt.[47] Zusammen mit Phyllis Macay und Robert Riggle aus Seattle waren sie etwa 400 Kilometer vor der Küste Omans in die Hände von Piraten geraten.[48] Unterstützt von Hubschraubern und unbewaffneten Überwachungsdrohnen folgte schon kurze Zeit später eine spontan zusammengestellte Flottille der 5. US-Flotte der *Quest*.[49] In internationalen Gewässern zwischen der nördlichsten Spitze von Puntland und der jemenitischen Insel Socotra holte das Kommando die Jacht ein.

Am nächsten Tag genehmigte Präsident Obama den uneingeschränkten Waffengebrauch.[50] Doch so, wie die Operation bei der *Mærsk Alabama* in jeder Hinsicht erfolgreich gewesen war, erwies sich die Mission zur Befreiung der Passagiere an Bord der *Quest* als reine Katastrophe.

An Bord der Jacht befand sich eine ungewöhnlich große, schwer in den Griff zu bekommende 19-köpfige Piratenbande, womit das griffige Motto »drei Schüsse, drei tote Piraten« aus der *Alabama*-Rettung hier nicht umzusetzen war. Die Pattsituation änderte sich erst, als zwei Vertreter der Piraten auf der *Quest* an Bord eines der Marineschiffe gingen, um mit dem FBI zu verhandeln.[51] Die Gespräche wurden in die Länge gezogen, die Piraten schließlich festgenommen. Am nächsten Morgen traf ein Schuss aus einer Panzerfaust eins der Schiffe, dann kam es auf der Jacht zu einer Schießerei. Zwei Piraten wurden getötet. Nun griffen die US-Streitkräfte ein: Mit zwei Motorbooten wurde ein Kommando aus 15 Navy SEALs zur Jacht gefahren, auf der es anschließend zu schweren Kämpfen Mann gegen Mann kam.[52] Zwei weitere Piraten wurden von den SEALs getötet. Für die Geiseln kam jede Rettung zu spät.[53] Zwei waren bereits tot, die anderen durch Schüsse tödlich verletzt. Es war nicht klar, ob sie hingerichtet oder ins Kreuzfeuer geraten waren.

Bei einer telefonischen Pressekonferenz erklärte Admiral Fox, die Geiseln seien bereits tot gewesen, als die SEALs die Quest enterten und mit Waffengewalt gegen die Piraten vorgingen. Ein BBC-Korrespondent, der mit den festgenommenen Piraten gesprochen hatte, berichtete, sie übernähmen die Verantwortung für die Tötung der Geiseln, doch sie hätten sie erst nach Beschuss durch die US-Marine umgebracht, bei dem zwei von ihnen umgekommen seien. Die 15 verbliebenen Piraten wurden in US-Gewahrsam genommen und wegen Piraterie und Geiselnahme vor Gericht gestellt (bei einem handelte es sich um einen Jugendlichen, der dem Gericht zufolge keine zentrale Rolle bei der Entführung gespielt hatte).[54]

Erik Prince hatte es schon immer verstanden, in der Krise seine Chance zu nutzen, eine Eigenschaft, die Blackwater so erfolgreich gemacht hatte. Und auch jetzt ließ er sich die Gelegenheit nicht entgehen. Bereits 2009 hatte Blackwater ein Abkommen mit der Regierung von Dschibuti geschlossen, wonach die Firma mit der *McArthur* von deren Territorium aus operieren konnte (das Schiff wurde später an eine Tochter der Sicherheitsfirma Saracen International verkauft). Die Vereinbarung war das Resultat einer Reihe von Gesprächen mit dschibutischen Regierungsvertretern, Prince und Cofer Black, dem ehemaligen Chef des CIA-Antiterrorzentrums, der damals eine Führungsposition bei Blackwater bekleidete. Ersten Schätzungen zufolge konnte die Firma 200.000 Dollar pro eskortiertem Schiff einnehmen. Die Mannschaft würde aus 33 Amerikanern bestehen, darunter drei sechsköpfige Schützenteams, die rotierend im Einsatz sein sollten. »Blackwater hat nicht die Absicht, Piraten in Gewahrsam zu nehmen, wird jedoch im Notfall Waffengewalt anwenden«, hieß es in einer geheimen amerikanischen Diplomatendepesche über das Abkommen, in der auch darauf hingewiesen wurde, dass Blackwater »AFRICOM, CENTCOM und Vertreter der Botschaft in Nairobi informiert hat«. Dies sei »eine beispiellose paramilitärische Operation in einem rein kommerziellen Rahmen«.[55]

Somalias Pirateriebranche hatte ihre Basis in der teilautonomen Region Puntland, die wenig Interesse an einer Zusammenarbeit mit der von den USA unterstützten Regierung in Mogadischu hatte. Die Regierung Puntlands wurde zunehmend durch die internationale Gemeinschaft unter Druck gesetzt, hart gegen die Piraten vorzugehen, und eine islamisch-militante Bewegung in der Region stand dem Wunsch der Regierung im Wege, lukrative Verträge zur Förderung von Öl und anderen Bodenschätzen mit großen Konzernen abzuschließen. Laut CIA verfügt Somalia über bedeutende »Uranvorkomen und weitgehend unausgebeutete Eisenerz-, Zinn-, Kalziumsulfat-, Bauxit-, Kupfer-, Salz-, Erdgas- und wahrscheinlich auch Öllager«.[56] Ende 2010 verkündete die Regierung von Puntland die Schaffung einer eigenen Streitmacht zur Bekämpfung von Piraterie und Terrorismus, die von einem nicht genannten Geberland am Golf finanziert werde.[57] Später kam heraus, dass es sich bei dem Geberland um kein anderes als die Vereinigten Arabischen Emirate handelte und das Unternehmen, das den Auftrag für die Ausbildung der Sicherheitskräfte erhalten hatte, von einem neu zugewanderten Bewohner des Landes namens Erik Prince finanziert wurde.[58]

Die Leitung von Saracen International lag in der Hand von Veteranen der Söldnerfirma Executive Outcomes, und das Unternehmen unterhielt Büros und Briefkastenfirmen in verschiedenen Ländern wie Südafrika, Uganda, Angola und dem Libanon.[59] Zu den Schlüsselfiguren des Unternehmens gehörte Lafras Luitingh, ein ehemaliger Mitarbeiter des Civil Cooperation Bureau in Südafrika zur Zeit der Apartheid, einer berüchtigten Sicherheitsfirma, die dafür bekannt war, Jagd auf Gegner des Apartheidregimes gemacht zu haben.[60] Der UN-Beobachtergruppe für Somalia zufolge trafen sich Prince und Luitingh im Oktober 2009 in Washington. Außerdem sprachen beide mit offiziellen Vertretern Abu Dhabis.[61]

Die VAE heuerten auch den früheren US-Diplomaten Pierre-Richard Prosper an, einen Anwalt, der unter Präsident Bush als Sonderbeauftragter für Kriegsverbrechen tätig gewesen war, sowie den ehemaligen CIA-Mitarbeiter Michael Shanklin, einst CIA-Resident in Mogadischu. Ende 2010 bildete Saracen im Norden Puntlands eine 1000-köpfige Antipiraterietruppe aus, die außerdem gegen militante Islamisten vorgehen sollte, weil sie eine Bedrohung für die Geschäfte mit Großunternehmen darstellten. Die Islamisten hatten sich darüber beschwert, dass sie von »Energiegewinnungsabkommen [in ihrer Region] ausgeschlossen« würden. »Man kann eben kein Öl fördern, wenn die Lage unsicher ist«, erklärte Mohamed Farole, Sohn und Berater des Präsidenten von Puntland, Abdirahman Mohamed Farole.[62]

Im Mai 2011 waren die Saracen-Operationen in Puntland voll im Gange: 470 Soldaten und Fahrer hatten auf dem Stützpunkt Bandar Siyada bei Bosaso ihre Ausbildung abgeschlossen. Die Truppe sollte mit

drei Transportfliegern, drei Aufklärungsflugzeugen, zwei Transport-
und zwei Leichthubschraubern ausgestattet werden. Laut der UN-Beobachtungsgruppe würde die geplante Streitmacht die best ausgerüste-
te einheimische Truppe in ganz Somalia und nach AMISOM das zweit-
größte vom Ausland unterstützte Militärprojekt sein. Fotoaufnahmen
zeigten, dass die Saracen-Mitarbeiter bereits für Personenschutz und
humanitäre Operationen eingesetzt wurden. Saracen schloss auch ein
Abkommen mit der Regierung in Mogadischu für den Aufbau einer persönlichen Leibwächtertruppe für den Präsidenten und andere hochrangige Regierungsvertreter. Im Oktober 2010 wurden Aktivitäten von
Saracen in Mogadischu bereits sichtbar. Luitingh, Shanklin und ein kleines Saracen-Team fuhren am 5. Okotber in die somalische Hauptstadt
und erhielten in den folgenden drei Wochen vier Panzerfahrzeuge mit
Geschütztürmen für Maschinengewehre von den VAE.[63]

Anscheinend hatten Präsident Sharif und sein Premierminister insgeheim Verträge mit Saracen und mindestens fünf weiteren Privatfir-
men geschlossen, die sich um den internationalen Flughafen von Mogadischu niedergelassen hatten.[64] Diese Geheimaktionen lösten bei den
AMISOM-Streitkräften und somalischen Politikern rasch Bedenken
aus und erregten Misstrauen. Der AMISOM-Kommandeur Generalmajor Nathan Mugisha drückte seine Sorge über »unbekannte bewaffnete Gruppen in [seinem] Operationsgebiet« aus, womit er auf die
Tätigkeit von Saracen anspielte.[65] Ende 2010 verlangten somalische Abgeordnete die Aufhebung der Verträge mit privaten Sicherheitsfirmen.
Sie wüssten nicht, behaupteten sie, wozu diese Firmen überhaupt ange-
heuert worden seien.[66]

Doch gerade als der neueste Privatkrieg von Prince und Saracen an
Schwung gewann, kam es zu einem Eklat. Die UN-Beobachtungsgruppe erklärte, Saracen operiere unter offenkundiger Verletzung des Waffenembargos für Somalia, und schloss in ihrem Bericht, dass »abgesehen von den kurzlebigen und erfolglosen Versuchen von Southern Ace,
Waffen- und Drogenhandel zu betreiben, Saracen International zusammen mit einem undurchsichtigen Netz nahestehender Organisationen den ungeheuerlichsten Verstoß gegen das Waffenembargo durch
eine private Sicherheitsfirma im Lauf des Mandats der UN-Beobachtergruppe begangen« habe. Die Beobachter befürchteten, Saracens weitere Tätigkeit könnte zu einer wachsenden Unterstützung für lokale
islamistische Milizen und möglicherweise auch für al-Shabaab führen.

»Saracens Vorgehen hat die Spannungen im Nordosten Somalias erhöht«, hieß es in ihrem Bericht. Als Reaktion auf einen weiteren UN-Bericht beschuldigte der Anwalt von Saracen ein Jahr später die Beobachtergruppe, »eine Reihe haltloser und oft falscher Andeutungen« veröffentlicht zu haben.[67]

Als Princes Beteiligung an Saracen Anfang 2011 bekannt wurde, sagte sein Sprecher Mark Corallo, Prince sehe sich lediglich aus humanitären Gründen veranlasst, »Somalia von der Geißel der Piraterie« zu befreien, und behauptete, er sei finanziell nicht an Aktivitäten von Saracen beteiligt.[68]

»Wir wollen mit Blackwater nichts zu tun haben«, sagte Somalias Informationsminister Abdulkareem Jama gegenüber der New York Times und erinnerte daran, dass die Firma 2007 auf dem Nisour-Platz in Bagdad unschuldige Iraker getötet hatte. »Wir benötigen Hilfe, aber nicht von Söldnern.«[69] Jama erwähnte allerdings nicht, dass er bei den Verhandlungen um den Vertrag mit Saracen selbst anwesend gewesen war.[70]

Im Frühjahr 2011 verkündete die Regierung von Puntland angesichts einer möglichen Anerkennung durch die Vereinten Nationen, die Operationen von Saracen würden eingestellt.[71] Ein hochrangiger somalischer Regierungsvertreter berichtete mir hingegen, das Unternehmen sei immer noch insgeheim in Mogadischu aktiv und arbeite mit somalischen Sicherheitskräften zusammen.[72] Zu den weiteren Sicherheitsfirmen, die sich am Flughafen von Mogadischu niedergelassen hatten, gehörten die AECOM Technology Corporation, OSPREA Logistics, PAE, Agility, RA International, die International Armored Group, Hart Security, DynCorp, Bancroft und die Threat Management Group.[73] Einige von ihnen bildeten somalische Sicherheitskräfte aus oder unterstützten die AMISOM, während andere logistische Unterstützung für Hilfsorganisationen und Journalisten anboten. Manche Firmen, wie etwa Bancroft, waren bekannt, die Rolle anderer wiederum blieb geheim, und ihre Aktivitäten wurden jeder wirksamen Kontrolle entzogen. Insofern passten sie sehr gut nach Somalia. Und sie waren auch für Washington vorteilhaft. »Wir wollen keine Spuren hinterlassen, keine amerikanischen Soldaten hier«, sagte Johnnie Carson, der führende Somalia-Experte der Regierung Obama.[74]

Trotz der zunehmenden Aktivitäten von CIA und JSOC, trotz der Beteiligung von Warlords, die sich zu Generälen gemausert hatten, und trotz der Söldnerfirmen errangen weder AMISOM noch CIA noch JSOC oder irgendeine von den USA unterstützte einheimische Truppe in Somalia den größten taktischen Sieg der letzten Jahre, sondern die Mitglieder einer Miliz, die als Teil der chaotischen somalischen Armee kämpfte. Und dieser Sieg fiel ihnen praktisch zufällig in den Schoß.

47 „Totales Chaos im ganzen Land"

Somalia 2011

Die Welt von Fazul Abdullah Mohammed war massiv zusammenge-
schrumpft. Fast alle seine Kameraden in der ostafrikanischen al-Qaida
waren vom JSOC umgebracht worden, und er befand sich ständig auf
der Flucht. Auf seinen Kopf hatten die USA eine Prämie von 5 Millionen Dollar ausgesetzt.[1] In Geheimdienstberichten wurde vermutet, er
habe sich einer plastischen Chirurgie unterzogen, und immer wieder
hieß es, er sei unter Decknamen und mit gefälschten Pässen am Horn
von Afrika aufgetaucht. Da viele alte al-Qaida-Führer nicht mehr lebten,
war Fazul zunehmend isoliert und stand der schwer durchschaubaren
Politik der somalischen Clans allein gegenüber. Dann wurde am 2. Mai
Osama bin Laden getötet, und der Sprecher von al-Shabaab, Scheich
Rage, erklärte:»Wir werden unseren Dschihad verstärken und unsere
Feinde überwinden ... Wir werden niemals vom Pfad Scheich Osamas
abweichen und den Kampf weiterführen, bis wir den Tod schmecken
wie unser Bruder Osama oder den Sieg erringen und die ganze Welt
regieren.«[2]

Entgegen derartigen Erklärungen war al-Shabaab jedoch geschwächt. Aufgrund der AMISOM-Bombardierungen, der gezielten
Tötungen durch das JSOC und der Rückeroberung von al-Shabaab-Ter-
ritorium durch verschiedene Clan-Milizen hatte die Gruppierung
schwere Verluste zu verzeichnen. Wenn sie überleben und ihren be-
merkenswerten Aufstieg in Somalia fortsetzen wollte, musste sie sich
den neuen Gegebenheiten anpassen. Als bin Laden starb, hatte Fazul
schon seit langem sein Augenmerk auf Somalia gerichtet und war von
der Führung al-Qaidas und al-Shabaabs enttäuscht. In einem Brief an
al-Sawahiri beklagte er, dass al-Shabaab nicht ausreichend von der al-
Qaida-Zentrale unterstützt werde.»Er kritisierte sie, weil sie seiner Meinung nach eine Organisation ignoriere, die ihre Leistungsfähigkeit un-

ter Beweis gestellt hatte«, sagte mir ein somalischer Informant mit engen Kontakten zu den Geheimdiensten seines Landes, der den Brief gelesen hatte.[3] Fazul habe dargelegt, »dass die al-Qaida-Zentrale ihre Mittel anderen AQ-Ablegern zukommen lasse, die nicht so erfolgreich wie
al-Qaida in Somalia seien«. Mein Informant fügte hinzu: »Damit hat er
recht. Al-Qaida in Ostafrika hat bewiesen, dass sie auf eine Organisation wie al-Shabaab Einfluss nehmen, eine Verbindung zu ihrer Führung
aufbauen, Teil ihrer Kommandoführung werden und mit ihr machen
kann, was sie will.« Doch Fazul fand es zunehmend schwierig, al-Shabaab geeignete Mittel von al-Qaida zu liefern, und al-Shabaab fand andere Wege, sich Finanzhilfe und Unterstützung zu sichern, und kam
stattdessen mit mächtigen Clans ins Geschäft.

So haderte Fazul auch mit der somalischen Führung von al-Shabaab.
Mein somalischer Informant, der Zugang zu den schriftlichen Hinter-
lassenschaften Fazuls aus dem Jahr 2011 hatte, sprach von zunehmenden »Rissen« und meinte: »Fazul dachte im Grunde, dass al-Shabaab
den falschen Weg eingeschlagen habe, dass die traditionelle Kriegsführung zwischen al-Shabaab und der Regierung nicht mehr haltbar sei, da
al-Shabaab in Mogadischu erheblich an Boden verlor und zu wenige
Kämpfer hätte, etwa 4000 gegenüber 8000 Soldaten der Friedenstruppen der Afrikanischen Union und an die 10.000 Somaliern.« Fazul kritisierte, dass die al-Shabaab-Führung keine jungen Somalier rekrutiere – idealerweise im Alter zwischen 13 und 16 Jahren – und für einen
langfristigen Kampf ausbilde. Die jungen Leute, die al-Shabaab anwer-
be, so schrieb Fazul, »schickten sie ein paar Monate später als Selbstmordattentäter raus. Das hielt er für eine schlechte Idee, die zur Folge
habe, dass al-Shabaab bald die Kämpfer ausgehen würden.« Weiter
meinte mein Informant: »Ich glaube, dieser Mann schaute weit voraus,
und er warf der al-Shabaab-Führung Kurzsichtigkeit vor.«

Einen Monat nach bin Ladens Tod hatte al-Shabaab ernste Probleme. Die AMISOM hatte ihre Streitkräfte aufgestockt und war zunehmend von friedenserhaltenden Maßnahmen zu offensiven Kampfhandlungen übergegangen.[4] Von den USA ausgebildete ugandische und
burundische Truppen drangen in Shabaab-Gebiete am Stadtrand von
Mogadischu und auf den Bakara-Markt vor.[5] Die Vereinigten Staaten
lieferten der AMISOM Zieldaten und statteten sie mit neuer Technologie aus, unter anderem mit kleinen Überwachungsdrohnen des Typs Ra-
ven, Nachtsichtgeräten und Kommunikationssystemen sowie anderer

Überwachungstechnik.[6] Die regierungsfreundliche Miliz ASWJ hatte den Streitkräften von al-Shabaab in mehreren Schlüsselbereichen außerhalb der Stadt entscheidende Niederlagen beigebracht, und weitere von den USA unterstützte Milizen wie die von Indha Adde und Ahmed Madobe bekämpften sie andernorts. Al-Shabaab führte wichtige Frontkämpfe, wie Fazul gewarnt hatte, mit zu jungen, unerfahrenen Rekruten, die weitaus besser ausgebildeten und erfahrenen somalischen Milizen und vom Ausland geförderten Streitkräften gegenüberstanden. Diese Situation erwies sich als entscheidend für die Geschichte al-Shabaabs wie auch für das Leben Fazuls.

Am späten Abend des 7. Juni 2011 saß ein Mann mit einem südafrikanischen Pass, der ihn als Daniel Robinson auswies, auf dem Beifahrersitz eines Toyota-Geländewagens, der durch die Straßen am Stadtrand von Mogadischu fuhr.[7] Als der kenianische Fahrer eine Kurve übersah, raste der Wagen direkt auf einen Kontrollpunkt zu, der von Kindersoldaten einer somalischen Miliz bewacht wurde. Der Vorfall war beispiellos, denn damals sah man nirgendwo in Mogadischu spätabends ein Auto, und so waren die Somalier am Checkpoint, zum Teil zugedröhnt mit der Alltagsdroge Khat, sofort misstrauisch.[8] Als sich die Männer in dem Toyota weigerten, ihren Anweisungen zu folgen, sich auszuweisen und die Innenbeleuchtung einzuschalten, damit ihre Gesichter erkennbar waren, witterten die jungen Milizionäre Gefahr und eröffneten das Feuer.[9] Es kam zu einem Schusswechsel. Bei Sonnenaufgang war der Wagen gespickt mit Einschusslöchern. Als sich die Somalier zu dem Auto begaben, fanden sie Laptops, Handys, Dokumente, Waffen und 40.000 Dollar in bar.[10] Die Soldaten rafften umgehend alles zusammen und nahmen die Beute mit in ihre Dörfer. Die Pässe und ein paar andere Gegenstände ließen sie am Ort des Geschehens zurück.[11]

Sobald sich herausstellte, dass die am Kontrollpunkt getöteten Männer Ausländer waren, wurden von der CIA finanzierte somalische Geheimagenten losgeschickt, um vor Ort zu ermitteln und die Beutegegenstände und das Geld zurückzuholen. »Es waren eine Menge Papiere in englischer und arabischer Sprache«, erzählte einer der somalischen Geheimdienstler, die die Ermittlungen leiteten. Die Dokumente enthielten »taktisches Material«, das mit al-Qaida in Zusammenhang zu stehen schien, darunter »die Kommunikation zweier hochrangiger Personen«. Die somalischen Agenten »erkannten, dass es sich um eine wichtige Person handelte«, und informierten die CIA in Mogadischu. Die Leichen der beiden Männer wurden zur somalischen NSA gebracht. Die Amerikaner entnahmen DNA-Proben und Fingerabdrücke und brachten sie zur Untersuchung nach Nairobi.

Innerhalb von Stunden teilten die USA mit, dass es sich bei Robinson in Wirklichkeit um Fazul Abdullah Mohammed handelte. Die CIA und ihre somalischen NSA-Agenten in Mogadischu vertieften sich in das Material aus Fazuls Toyota, das als mobiles Büro für den al-Qaida-Führer gedient hatte. Einige gelöschte und verschlüsselte Dateien wurden von US-Agenten gerettet und dekodiert. Der hochrangige somalische Geheimdienstmann, der die Dokumente prüfte, schätzte, dass sich das Material in taktischer Hinsicht als wertvoller erweisen werde als die Festplatte aus Osama bin Ladens Haus in Pakistan, insbesondere vor dem Hintergrund der zunehmenden Konzentration der USA – und al-Qaidas – auf Ostafrika. Die Amerikaner, sagte er, seien »unglaublich dankbar« gewesen. Außenministerin Hillary Clinton bezeichnete Fazuls Tod als »bedeutenden Schlag gegen al-Qaida, ihre extremistischen Verbündeten und ihr Vorgehen in Ostafrika. Es ist das gerechte Ende eines Terroristen, der so vielen Unschuldigen Tod und Schmerz gebracht hat.«[12]

Dem al-Shabaab-Experten Aynte zufolge war die Führung der Gruppe damals vorwiegend mit Taktiken und Operationen beschäftigt, die ihr ermöglichten, »so viel Land wie möglich zu erobern«.[13] Laut dem Informanten, der Fazuls Schriftstücke prüfte, hatte Fazul ihr hingegen geraten, »zu ihren alten Methoden der Blitzüberfälle und der Operationen aus dem Untergrund zurückzukehren und die Gebiete, die sie kontrollierten, aufzugeben«. Fazul »sprach sich dafür aus, dass al-Shabaab überall im Land, auch in den friedlichen Gebieten, in Somaliland und Puntland, aus dem Untergrund operieren und das ganze Land zum Erliegen bringen« solle. Al-Shabaab, so glaubte er, »könne nicht beim Status quo bleiben und vierzig Prozent Somalias in Besitz behalten; [die Organisation] solle diese Gebiete besser aufgeben und stattdessen für Aufruhr und Verwüstung sorgen, mit kleinen Operationen und Morden überall in Somalia«. Er wollte, dass die Marionettenregierung der USA scheiterte und al-Shabaab »im ganzen Land totales Chaos anrichtete«.

Am 23. Juni führten die USA in der Nähe von Kismayo einen Angriff auf mutmaßliche al-Shabaab-Mitglieder durch.[14] Auch hier landete ein JSOC-Team mit Hubschraubern, lud die Leichen und Verwundeten ein und brachte sie an einen unbekannten Ort. Am 6. Juli führten die USA drei Angriffe auf Ausbildungslager von al-Shabaab im selben Gebiet durch.[15] Als ich kurz darauf Präsident Scheich Sharif Sheikh Ahmed in Mogadischu traf, stritt er ab, Kenntnis von den US-Angriffen zu haben. Ich fragte ihn, ob seine Regierung durch solche Schläge gestärkt oder geschwächt werde. »Beides«, erwiderte er. »Was unsere Souveränität betrifft, nun, es ist nicht gut, ein souveränes Land anzugreifen. Das ist die negative Seite. Das Positive daran ist, dass Personen ins Visier genommen werden, die Verbrecher sind.«[16]

Eine Woche nach dem Angriff vom 23. Juni legte Präsident Obamas oberster Antiterrorberater John Brennan eine neue US-Strategie dar, in deren Zentrum nicht die »Entsendung großer Armeekontingente ins Ausland [steht], sondern präziser Druck auf die Gruppierungen, die uns bedrohen«. Brennan hob insbesondere al-Shabaab hervor. »Von dem somalischen Territorium, das sie unter Kontrolle hat, ruft sie weiterhin zu Anschlägen auf die Vereinigten Staaten auf ... Wir dürfen und werden in unserer Wachsamkeit nicht nachlassen. Wir werden gegen al-Qaida und ihresgleichen weiterhin zuschlagen.«[17]

Seit 1991 litten die Somalier immer wieder unter heftigen Faustschlägen von zwei Seiten: der Gewalt durch Bürgerkrieg, Eingriffe aus dem Ausland und Terrorismus; und den schwierigen klimatischen Verhältnissen in ihrem Land. Im Jahr 2011 trafen es beide Hiebe zugleich. Eine Dürre, gepaart mit missbräuchlicher Verwendung und Missmanagement der Auslandshilfe forderte extreme Opfer in der Zivilbevölkerung.[18] Die Landbevölkerung war so verzweifelt, dass sie zu Tausenden in die von Gewalt erschütterte Hauptstadt Mogadischu strömte.[19] Andere flohen über die Grenze in das völlig überfüllte Flüchtlingslager im kenianischen Dadaab. Als im Juli offiziell eine Hungersnot ausgerufen wurde, hatte sich mit etwa 30.000 Menschen die monatliche Rate der Flüchtlinge verdreifacht.[20] Zu diesem Zeitpunkt war für al-Shabaab aufgrund der AMISOM-Offensive am Bakara-Markt eine lebenswichtige Geldquelle versiegt. Die Kontrolle über den Markt – den wichtigsten Handelspunkt in Mogadischu – übernahm nun die AMISOM, sodass al-Shabaab keine Steuern mehr von den Geschäften und Bewohnern eintreiben konnte.[21] Die Dürre, die die Steuern zahlenden Bauern im Süden stark in Mitleidenschaft zog, führte zu einem ähnlichen Einkommensverlust für die Miliz. Dann kam die Monsunzeit und schränkte den Seehandel und die Hafenaktivitäten enorm ein.[22] Al-Shabaab konnte sich den Krieg, den sie jahrelang geführt hatte, buchstäblich nicht mehr leisten.

Am Samstag, dem 6. August, vollzogen al-Shabaab-Kämpfer einen gut organisierten Rückzug von vielen ihrer wichtigen Stützpunkte in ganz Mogadischu.[23] Am frühen Morgen verließen sie die Stadt auf LKWs und fuhren Berichten zufolge zu ihren südlichen Hochburgen in Barawa und Merca. Dem Rückzug waren abendliche Angriffe auf Militärbasen der somalischen Regierung sowie auf Truppenstützpunkte und heftige Feuergefechte vorausgegangen.[24] Als sich die Nachricht vom Abzug al-Shabaabs verbreitete, sollen die Menschen überall auf den Straßen der geplagten Stadt gefeiert haben.[25] Al-Shabaab-Sprecher Scheich Rage verkündete, die Miliz habe »Mogadischu aus taktischen Gründen aufgegeben«, werde aber »bald zurückkehren. Der Rückzug unserer Streitkräfte hat lediglich einen Gegenangriff auf den Feind zum Ziel. In den nächsten Stunden werden die Menschen gute Nachrichten hören. Wir bekämpfen den Feind, wo immer er sich aufhält.«[26]

Die somalische Regierung und die AMISOM-Truppen feierten das Ereignis als großen Sieg und als Anfang vom Ende al-Shabaabs. Somalia »freut sich über den Erfolg der von [der AMISOM] unterstützten somalischen Regierungstruppen, die den Feind al-Shabaab besiegt haben«, sagte Präsident Sharif gegenüber Reportern in der Villa Somalia und forderte die Somalier auf, »die Früchte des Friedens zu ernten«.[27] Kurz darauf verkündete die AMISOM, ihre Streitkräfte und die der somalischen Regierung kontrollierten 90 Prozent der Stadt.[28] In einer ernüchternden Fußnote hieß es allerdings, die AMISOM benötige 20.000 Soldaten, um Mogadischu zu sichern.[29] Im September sagte Michael Vickers, US-Staatssekretär für die Geheimdienste im Verteidigungsministerium – eine der wichtigsten Figuren bei den verdeckten US-Operationen und der Verfolgung der al-Qaida-Führung: »Al-Qaida-Zellen in Ostafrika stehen weiterhin im Zentrum der Terrorbekämpfung der Vereinigten Staaten, denn es gibt deutliche Hinweise auf ihre fortwährende Absicht, Anschläge zu verüben.«[30] Er glaube aber, so fügte er hinzu, dass die USA die »Führungsriege« al-Shabaabs und al-Qaidas in Ostafrika »stark geschwächt« habe. Das mag gestimmt haben, dennoch freuten sich die Sieger zu früh.

Im Herbst 2011 verübte al-Shabaab in Somalia eine Reihe groß angelegter Anschläge, unter anderem im Zentrum von Mogadischu, und demonstrierte damit, dass sie trotz ihres taktischen Rückzugs immer noch tief in das von der Regierung kontrollierte Gebiet vorstoßen konnte. Die Kämpfer fuhren einen mit Sprengstoff beladenen 15-Tonnen-LKW vor ein ummauertes Regierungsgelände und ließen das Fahrzeug explodieren.[31] Über 100 Menschen wurden getötet und viele weitere verletzt. Am Tatort im Stadtteil K-4 befand sich auch eine Dienststelle des Erziehungsministeriums, wo sich viele Studenten aufhielten, um die Ergebnisse einer Prüfung zu erfahren. K-4 gehörte zu den wenigen Vierteln, die die Regierung vollständig unter Kontrolle zu haben glaubte. »Das ist der größte Anschlag seit der Niederlage von al-Shabaab«, sagte ein AMISOM-Sprecher, der offensichtlich kein Gespür für die Ironie seiner Aussage hatte.[32]

Auf den Taktikwechsel und die jüngsten Anschläge hin startete eine AMISOM-Einsatztruppe unter burundischer Führung eine Offensive, um al-Shabaab aus Daynile, einem entscheidenden Stützpunkt der Gruppierung nördlich von Mogadischu, zu vertreiben.[33] Obwohl teilweise erfolgreich, kostete die Operation etliche burundische Soldaten das Leben – manchen Schätzungen zufolge belief sich die Zahl auf 76, was der größte Verlust der AMISOM bei einer Operation gewesen wäre. Nach der »Schlacht von Daynile«, wie al-Shabaab den Kampf nannte, türmten ihre Milizionäre die Leichen der burundischen Soldaten auf Laster und fuhren damit durch die Stadt.[34] Dutzende Menschen säumten die Straßen, jubelten ihnen zu, skandierten »Allah u Akbar!« und riefen Lobsprüche auf al-Shabaab. Am Ende hielten die Wagen auf freiem Feld und kippten die Leichen ab. Manche Bewohner fielen vor den Kämpfern auf die Knie. Mukhtar Robow und andere Anführer der Miliz untersuchten die Leichen der Burunder. In der Brust eines toten AMISOM-Soldaten steckte noch die Machete eines al-Shabaab-Kämpfers.

»Wir möchten allen Muslimen sagen, dass sie sich freuen können, denn diejenigen, die euch aus euren Häusern vertrieben haben, die euch so viel Leid gebracht und die Ehre eurer Frauen verletzt haben – heute hat Allah sie selbst gedemütigt«, sagte Scheich Rage. Dann hielt er ein Kreuz und eine Bibel in die Höhe, die er angeblich einem der feindlichen Soldaten entwendet hatte, und fuhr fort: »Wir möchten die Muslime auch wissen lassen, dass dies ein Krieg zwischen ... Islam und Christentum ist ... Und ich richte eine ernste Warnung an die Kenianer, die in unser muslimisches Land eindringen: Nach dem Willen Allahs des Allmächtigen ist das das Ende, das eure Söhne erwartet. Die Ungläubigen haben schwere Verluste erlitten, aber wir konnten nur sechsundsiebzig ihrer Leichname fortschaffen. Es waren Ungläubige, insbesondere aus Burundi.«

»Behauptungen, al-Shabaabs Zusammenbruch stehe unmittelbar bevor«, kommentierte Christopher Anzalone, Doktorand am Institute of Islamic Studies an der McGill University, der über al-Shabaab forschte, die Ereignisse, »sind übertrieben und werden durch die anhaltende Fähigkeit der Bewegung Lügen gestraft, in Mogadischu Anschläge im großen Stil zu verüben und den Streitkräften der AMISOM und [der somalischen Regierung] entscheidende Verluste beizubringen.«[35] Al-Shabaab kämpfte um ihr Überleben – und das nicht nur auf dem Schlachtfeld. Anscheinend erkannte sie, dass sie, egal wie viele militärische Siege sie errang, letztlich die Unterstützung der Bevölkerung brauchte – die auch der Union Islamischer Gerichte zur Macht verholfen und die CIA-Warlords verjagt hatte –, um weiter bestehen zu können. Gezwungen, die militärische Kontrolle über bestimmte Gebiete aufzugeben, verstärkte al-Shabaab ihre politischen Bemühungen.

Al-Shabaab organisierte nun eine Reihe von Treffen mit Clan-Führern aus verschiedenen Regionen, um die Beziehungen zu ihnen zu verbessern und Vereinbarungen auszuhandeln. Einen Monat nach der Tötung der burundischen Soldaten gewährte al-Shabaab Reportern den Zutritt zu einem ihrer Hilfslager für Binnenflüchtlinge, Ala-Yasir im Süden Somalias. Obwohl damit die Absicht verbunden war, Behauptungen entgegenzutreten, al-Shabaab sei für die humanitäre Katastrophe verantwortlich und habe verhindert, dass Hilfsgüter Somalia erreichten, war auch ein besonderer Gast anwesend: ein Weißer mit einer um das Gesicht geschlungenen Kufiya, der als al-Qaida-Gesandter namens Abu Abdullah al-Muhajir vorgestellt wurde und angeblich wegen der humanitären Krise ins Land gekommen war. Lokale al-Shabaab-Führer sagten, er sei amerikanischer Staatsbürger. Journalisten beoabachteten, wie Muhajir und seine Begleiter in dem Lager, in dem über 4000 Menschen untergebracht waren, Lebensmittel, islamische Literatur und Kleidung verteilten. Die al-Qaida-Delegation hatte auch ein Feldlazarett mitgebracht. »Für unsere geliebten Brüder und Schwestern in Somalia. Wir verfolgen Tag für Tag eure Situation«, erklärte al-Muhajir auf Englisch. »Und obwohl uns Tausende Kilometer voneinander trennen, sind wir in unseren Gedanken und Gebeten ständig bei euch.«[36] Journalisten berichteten, der Mann habe Beutel voller somalischer Schillinge im Wert von etwa 17.000 Dollar verteilt.

Die USA mochten eine Menge prominenter al-Qaida- und al-Shabaab-Mitglieder getötet haben, aber damit hatten sie zugleich Nachfolger – darunter amerikanische Staatsbürger – auf den Plan gerufen, die den Kampf fortsetzten. Im Gegensatz zu den AMISOM-Soldaten oder den anderen ausländischen Truppen handelte es sich bei den al-Shabaab-Kämpfern vorwiegend um Somalier, die sich wieder in die Gesellschaft integrieren, sich umbenennen und neu gruppieren konnten. »Wer heute noch glaubt, dass eine andere Regierung als die des Islam über Somalia herrschen wird, macht sich etwas vor und verfolgt nicht das Geschehen auf der Welt«, erklärte Ahmed Abdi Godane, den al-Shabaab als ihren Emir bezeichnete, Ende 2011. »Schon in sehr naher Zukunft wird eine Zeit kommen, in der die Scharia Allahs die Herrschaft über das ganze Land innehat – von einem Ende bis zum anderen, und Somalia wird dann das Fundament des islamischen Kalifats nach dem Vorbild der Propheten sein. Unser Dschihad wird andauern, bis wir das von Allah bestimmte Ziel erreicht haben.«[37]

Der kometenhafte Aufstieg al-Shabaabs in Somalia und das Erbe des Terrors, das sie hinterließ, war die unmittelbare Folge einer zehnjährigen katastrophalen US-Politik, die eben jene Bedrohung verschärfte, die sie ausschalten sollte. Die mehrgleisigen US-Maßnahmen in dem Land haben am Ende womöglich den Warlords den größten Auftrieb verschafft, auch jenen, die einst al-Shabaab zu ihren Verbündeten und Freunden zählten. »Sie kämpfen nicht für eine Sache«, erklärte mir Mohamed Ahmed Nur, der Bürgermeister von Mogadischu. »Und wenn wir al-Shabaab besiegen, wird am Tag danach der Konflikt entbrennen. Grundlage dieser Milizen sind die Clans und der Warlordismus. Sie wollen kein System. Sie wollen dieses Territorium als ihren Pfeiler – und sobald dann die Regierung schwach wird, wollen sie sagen können: ›Das hier untersteht unserer Kontrolle.‹«[38]

Washington schien all das zu ignorieren und scheute die Mühe, einheimische somalische Bewegungen zu unterstützen, die ihr Land möglicherweise hätten stabilisieren können. Stattdessen hatte sich Amerika für einen Zermürbungskrieg entschieden. Unter Präsident Obama wurde die konventionelle Entsendung großer Soldatenkontingente wie im

Falle des Irak und Afghanistans durch die Ausweitung der Drohnenschläge und Operationen von Spezialeinheiten ersetzt, die gezielte Tötungen durchführten. Anscheinend verfolgte Obama entschlossen eine
Strategie, die davon ausging, dass sich der Frieden schon einstellt, wenn
man die bösen Jungs umbringt. Doch wie man in Afghanistan, im Irak
und anderswo sehen konnte, förderte diese Strategie gerade die Bewegungen, aus denen jene »bösen Jungs« hervorgegangen waren. »Wenn
ihr Drohnen einsetzt und gezielt tötet und auf der anderen Seite nichts
tut, dann werdet ihr zwar einzelne Leute los, aber die Ursachen an der
Wurzel sind damit nicht beseitigt«, meinte der ehemalige somalische
Außenminister Ismail Mahmoud »Buubaa« Hurre. »Diese Ursachen liegen nicht in mangelnder Sicherheit. Sie sind politischer und wirtschaftlicher Natur.«[39]

Das Resultat der US-Politik von 1991 bis zum Ende der ersten Amtszeit Obamas ist, dass der Warlordismus weiterbesteht und Somalia eine
Brutstätte gewaltbereiter Dschihadisten bleibt, die für al-Qaida von an-
haltendem Interesse ist. Den Regierungen Bush und Obama ist es gelungen, das Rad der Geschichte bis in die Zeit zurückzudrehen, als die
US-Truppen nach dem Absturz des Black Hawk aus Somalia abzogen
und das Land Verbrechern und Warlords überließen. Von da an wurden die ohnehin schon höllischen Verhältnisse noch schlimmer. Trotzdem richtete die Regierung Obama Ende 2011 eine neue Drohnenbasis
in Äthiopien ein – zusätzlich zu denen auf den Seychellen und in Saudi-
Arabien.[40]

48 Abdulrahman verschwindet

Jemen, 2011

Abdulrahman Awlaki, der älteste Sohn von Anwar Awlaki, wurde am 26. August 1995 in Denver, Colorado, geboren.[1] Wie sein Vater verbrachte er die ersten sieben Lebensjahre in den Vereinigten Staaten und ging dort zur Schule. Nach Anwars Rückkehr in den Jemen übernahmen hauptsächlich Abdulrahmans Großeltern – Anwars Mutter und Vater – seine Erziehung, insbesondere, als Anwar in den Untergrund ging. Anwar »hielt es stets für das Beste, dass Abdulrahman bei mir lebte«, erzählte mir Nasser. Anwars Frau und Kinder »sollten nicht mit seinen Problemen belastet werden«.[2] Nasser wusste, dass Anwar niemals in die USA zurückkehren würde und er sich auf Kollisionskurs mit der amerikanischen Regierung befand. Aber für seinen Enkel hegte er große Hoffnungen. Nasser wollte, dass Abdulrahman in der Schule glänzte, und er träumte von einem College-Studium für seinen Enkel in den Vereinigten Staaten.

Abdulrahman sah aus wie sein Vater in jungen Jahren, allerdings mit langem gelocktem Haar. »Wir drängten ihn, in die Moschee zu gehen und die Gebete zu verrichten, und ähnliches«, berichtete Nasser und fügte hinzu, dass Abdulrahman nicht besonders religiös gewesen sei und sich lieber mit seinen Freunden die Zeit vertrieben habe. »Er ließ sich die Haare lang wachsen, sehr zum Ärger seiner Mutter. Er war eben ganz normal, so wie ein normaler amerikanischer« Jugendlicher. »Anwar war immer auf der Suche nach Abenteuern und so gewesen. Aber in der Hinsicht war Abdulrahman ganz anders«, erzählte Nasser. »Wenn er von der Schule nach Hause kam, zog er gleich wieder los, um mit seinen Freunden zu spielen. Dann gingen sie in eine Pizzeria und ich weiß nicht, wohin sonst noch. Ich habe immer zu ihm gesagt: ›Wenn du groß bist, möchte ich, dass du in den USA studierst.‹«

Für Abdulrahman und seine Geschwister war es schwierig, ohne Vater aufzuwachsen, aber als Teenager war Abdulrahman alt genug, um zu

verstehen, warum er nicht bei seinem Vater sein konnte. Und es machte ihm Angst. »Dass sein Vater auf der Abschussliste stand, hat ihn zweifellos sehr verstört«, fügte Nasser hinzu. »Er hat sich wirklich Sorgen
um seinen Vater gemacht.«

Abdulrahmans Tante Abir – Anwars jüngere Schwester – stand ihm
besonders nah. »Ich hatte Abdulrahman ganz besonders ins Herz geschlossen und habe ihn sehr geliebt. Das taten alle, denn Abdulrahman
hat es uns sehr leicht gemacht, ihn zu vergöttern«, erzählte mir Abir. »Irgendwie hat er mir seinen fehlenden Vater ersetzt und war mir zum Bruder geworden, zu einem wirklich geliebten Bruder.«[3] Abdulrahman
bewunderte seinen Vater so sehr, dass er als Usernamen auf seiner Facebook-Seite »Ibn al Shaykh« wählte, Sohn des Scheichs.[4] Aber Abdulrahman war ganz anders als sein Vater.

Abdulrahman mochte Hip-Hop und Facebook und streunerte gern
mit seinen Freunden herum.[5] Sie fotografierten sich gegenseitig in der
Pose von Rappern, und als die jemenitische Revolution begann, wollte
Abdulrahman daran teilnehmen. Während massive Proteste den Jemen
erschütterten, mischte er sich auf dem »Platz des Wandels« zu den jungen, gewaltlosen Revolutionären, die sich geschworen hatten, mit friedlichen Mitteln einen Regierungswechsel herbeizuführen. Gemeinsam
mit seinen Freunden verbrachte er dort ganze Nächte und träumte von
einer besseren Zukunft. Als die anhaltende Revolution die Regierung
an den Rand des Zusammenbruchs brachte, beschloss Abdulrahman,
seinen großen Wunsch zu verwirklichen und seinen Vater zu treffen.

Eines Morgens Anfang September stand Abdulrahman vor allen anderen Hausbewohnern auf. Auf Zehenspitzen schlich er sich ins Schlafzimmer seiner Mutter, nahm aus ihrer Geldbörse 9000 jemenitische
Rial – rund 40 Dollar – und legte einen Zettel vor ihre Schlafzimmertür.
Dann kletterte er aus dem Küchenfenster in den Hof. Kurz nach sechs
Uhr sah der Leibwächter der Familie den Jungen weggehen, dachte sich
aber nichts dabei. Es war Sonntag, der 4. September 2011, einige Tage
nach dem Fest Eid al-Fitr, das den heiligen Monat Ramadan beendet.
Neun Tage zuvor war Abdulrahman 16 geworden.

Kurze Zeit später wachte Abdulrahmans Mutter auf. Zuerst weckte
sie Abdulrahmans Geschwister für das Morgengebet, dann ging sie in
sein Schlafzimmer. Als sie es leer vorfand, rief sie nach ihm und fand
schließlich den Zettel. »Es tut mir leid, dass ich auf diese Weise fortge-
he. Ich vermisse meinen Vater und will versuchen, ihn zu finden, und

mit ihm sprechen«, hatte Abdulrahman geschrieben. »In ein paar Tagen bin ich zurück. Entschuldige bitte, dass ich das Geld genommen habe. Ich gebe es dir zurück. Bitte verzeih mir. In Liebe, Abdulrahman.«[6] Nasser sagte, alle seien schockiert gewesen. »Manchmal sprach er von seinem Vater und dass er ihn sehen wolle. Aber es deutete wirklich nichts darauf hin, dass er eines Tages einfach weglaufen würde. Nie hat er zu seiner Mutter oder zu mir oder zu seiner Großmutter gesagt, dass er seinen Vater suchen wollte«, erzählte Nasser.

Als seine Familie sein Zimmer durchsuchte, stellte sie fest, dass er nur einen Rucksack mitgenommen hatte. Offenbar wollte er nicht lange fortbleiben. »Als mir seine Mutter von dem Brief erzählte, war ich richtig schockiert«, meinte Abdulrahmans Großmutter Saleha. »»Das ist wie ein Köder für seinen Vater‹, habe ich gesagt.« Sie fürchtete, die CIA »könnte durch ihn seinen Vater aufspüren«.[7] Die Familie rief bei Abdulrahmans Freunden an. Einer erzählte Nasser, ein Lehrer in der Schule habe seit einiger Zeit ein recht enges Verhältnis zu Abdulrahman. Deshalb vermutete Nasser, dieser Lehrer habe Abdulrahman ermutigt, seinen Vater zu finden und bei ihm zu bleiben, weil das dem Jungen guttue. »Er hatte Einfluss auf ihn, und sie haben oft in einer Pizzeria zusammengesessen«, sagte Nasser. Aber als Nasser diesen Lehrer aufsuchen und ihn fragen wollte, ob er über Abdulrahmans Aufenthaltsort etwas wisse, sei er »verschwunden« gewesen.

Zu diesem Zeitpunkt hatte Abdulrahman bereits in Bab al-Yaman, der Altstadt von Sanaa, einen Bus bestiegen. Sein Ziel war Schabwa, das Gouvernement, aus dem die Familie stammte und wo die Amerikaner bereits wiederholt Luftangriffe durchgeführt hatten mit dem Ziel, seinen Vater zu töten.

Washington und Jemen, 2011

Am 6. September 2011 wurde General David Petraeus als CIA-Direktor vereidigt. Nach dem 11. September hatte sich die CIA durch die hinter den Kulissen stattfindenden Grabenkämpfe mit dem JSOC grundlegend gewandelt. Und manch altgedienten Geheimdienstmitarbeitern erschien Obamas Entscheidung für Petraeus als böses Omen. »Die CIA ist noch militaristischer geworden und arbeitet jetzt sehr eng mit dem JSOC zusammen. Das geht sogar so weit, dass das JSOC die CIA als Deckmantel benutzt, was vor zehn Jahren noch unvorstellbar gewesen wäre«, erklärte mir der frühere CIA-Führungsoffizier Philip Giraldi. »Ein beträchtlicher Teil des CIA-Budgets dient jetzt nicht mehr der Spionagearbeit, sondern der Unterstützung von Paramilitärs, die bei den Tötungsaktionen gegen Terroristen und beim Drohnenprogramm eng mit dem JSOC kooperieren.« Die CIA sei, fügte er hinzu, »zu einer Killermaschine geworden«.[1]

Ein Verbindungsmann des Außenministeriums, der ausgiebig mit dem JSOC zusammengearbeitet hatte, erklärte, Petraeus sei an seine neue Aufgabe mit der Vorstellung herangegangen, den Geheimdienst in ein »Special Operations Command in Miniaturformat [umzuwandeln], das vorgibt, ein Nachrichtendienst zu sein«.[2] Allem Lob zum Trotz, das Petraeus für seine Antiterrorstrategie und die als »Vorstoß« bezeichnete massive Truppenaufstockung im Irak gezollt wurde, habe Petraeus' bedeutendste Leistung – so der Verbindungsmann – in seiner Rolle als »politisches Werkzeug« bestanden, als jemand, der den Weg bereitet für jene Leute im nationalen Sicherheitsapparat, die auf die Weiterführung und Ausdehnung der verdeckten kleinen Kriege weltweit drängten. Mit Verweis auf den »geheimnisvollen Nimbus, der das JSOC« und Admiral William McRaven umgibt, sagte der Verbindungsmann: »Petraeus versuchte, diese Art von Befehlskultur auch in der CIA einzuführen.«

Nach Ansicht von Oberst Patrick Lang wollte Petraeus, nachdem er in Langley Einzug gehalten hatte, die CIA »in die Richtung der verdeckten Aktionen lenken und aus ihr eine wichtige Figur im Spiel machen«.[3]

Zwei Jahre lang stützten sich die amerikanischen Bemühungen, Anwar Awlaki ums Leben zu bringen, auf nachrichtendienstliche Hinweise, dass er sich in seinen Stammesgebieten in Schabwa und Abyan versteckt halte. Aber die Vernehmungen von Ahmed Abdulkadir Warsame – des jungen Somaliers, der vom JSOC geschnappt und monatelang auf einem Schiff der US-Marine festgehalten worden war – hatten darauf schließen lassen, dass Awlaki in das nordjemenitische Gouvernement al-Dschauf geflohen war, weit entfernt vom Schauplatz der meisten Aktionen, die auf sein Leben zielten.[4] Die USA hatten lange Zeit Awlaki in Schabwa vermutet und deshalb dort wiederholt Operationen durchgeführt. Doch der jemenitische Geheimdienst bestätigte die Informationen, die Warsame den amerikanischen Vernehmern gab, als er sich im Gewahrsam des JSOC befand. Anfang September entdeckte ein amerikanisches Aufklärungsflugzeug Awlakis Versteck – ein kleines Haus in Khashef, einem Dorf in al-Dschauf, rund 150 Kilometer nordöstlich von Sanaa.[5] Al-Dschauf, das an Saudi-Arabien grenzt, war voller Informanten in Diensten des Königreichs.[6]

Immer häufiger wurden über Khashef Drohnen gesichtet. Washingtons Drohnenkrieg im Jemen lief auf vollen Touren, sodass solche Flugzeuge am Himmel nicht ungewöhnlich waren.[7] Was die Dorfbewohner jedoch nicht wussten, war, dass die Antiterrorteams des Weißen Hauses ein ganz bestimmtes Haus beobachteten. Sie beobachteten und warteten ab. Als schließlich die Zielkoordinaten feststanden, ließ die CIA umgehend mehrere bewaffnete Predator-Drohnen von ihrer neuen Basis in Saudi-Arabien aufsteigen und übernahm zudem die operative Kontrolle über JSOC-Drohnen, die von Dschibuti aus starteten.[8]

Der Plan zur Tötung Awlakis trug den Codenamen Operation Troy (Troja).[9] Der Name deutete an, dass die USA über einen Maulwurf verfügten, der sie zu Awlaki führte.

Während die Amerikaner das Haus in al-Dschauf überwachten, in dem sich Anwar Awlaki aufhielt, traf Abdulrahman Awlaki in Ataq in Schabwa ein.[10] Am Busbahnhof wurde er von Verwandten in Empfang genommen, die ihm jedoch nichts über den Aufenthaltsort seines Vaters sagen konnten. Der Junge beschloss, in Ataq zu bleiben, weil er hoffte, dass sein Vater zu ihm kommen werde. Als seine Großmutter bei den Verwandten in Schabwa anrief, weigerte sich Abdulrahman, mit ihr zu sprechen. »Ich rief bei der Familie an, und sie sagten: ›Alles in Ordnung, er ist bei uns‹, aber ich habe nicht mit ihm gesprochen«, berichtete sie. »Er wollte nicht mit uns reden, weil er wusste, dass wir ihm befohlen hätten, sofort zurückzukommen. Er wollte doch seinen Vater treffen.«[11] Mit einigen seiner Cousins fuhr Abdulrahman in die Stadt Azzan, wo er Nachricht von seinem Vater zu erhalten hoffte.

Im Weißen Haus stand Präsident Obama vor einer Entscheidung, die nichts mit Moral oder Legalität, sondern mit dem richtigen Timing zu tun hatte. Er hatte den US-Bürger Anwar Awlaki, ohne Gerichtsverfahren, bereits zum Tode verurteilt. Dafür war eine geheime rechtliche Befugnis ausgearbeitet worden; Kritiker innerhalb der Regierung hatte man ruhiggestellt oder an Bord geholt. Jetzt blieb nur noch festzulegen, an welchem Tag Awlaki sterben sollte. Laut einem Berater Obamas hatte der Präsident »keine Bedenken« wegen der Tötung. Laut undichten Stellen in Regierungskreisen wussten die für die Operation Verantwortlichen, dass sich in dem Haus, in dem sich Awlaki befand, auch Frauen und Kinder aufhielten. Durch amerikanische Drohnenschläge waren bereits überall auf der Welt zahlreiche Zivilisten ums Leben gekommen, trotz der offiziellen Richtlinie, solche Opfer wo immer möglich zu vermeiden. Als Obama über Awlakis Aufenthaltsort unterrichtet wurde und man ihn auf die Kinder in dem Haus hinwies, verlangte er ausdrücklich, keine Option von vornherein auszuschließen. Awlaki dürfe nicht noch einmal entkommen. »Legen Sie es mir dann zur Entscheidung vor, wenn die Sache tatsächlich konkret wird«, trug Obama seinen Beratern auf. »In diesem einen Fall«, meinte ein Vertrauter Obamas, »erwog der Präsident, seine Sicherheitserfordernisse zu lockern.« Seit mindestens zwei Jahren war Anwar Awlaki allen amerikanischen Drohnen und Cruise Missiles erfolgreich ausgewichen. Nie blieb er länger als ein oder zwei Nächte an einem Ort. Doch diesmal war es anders. Aus einem bestimmten Grund hielt er sich in dem Haus in Khashef viel länger auf.[12] Und dort wurde er die ganze Zeit von den Amerikanern überwacht. Jetzt hatten sie ihn klar und deutlich im Fadenkreuz. »Sie wohnten mindestens zwei Wochen in diesem Haus, einer kleinen Lehmhütte«, erfuhr Nasser später von den Dorfbewohnern. »Ich glaube, sie wollten dort ein Video drehen. Samir Khan war bei ihm.« Am Morgen des 30. September 2011 frühstückten Awlaki und Khan gemeinsam in dem Haus.[13] Amerikanische Spionagekameras und -satelliten sendeten Bilder nach Washington und Virginia, auf denen zu sehen war, wie die beiden Männer und eine Handvoll Begleiter in Fahrzeuge stiegen und losfuhren, offenbar in Richtung des Gouvernements Marib. Während die Fahrzeuge über die staubigen, unbefestigten Straßen preschten, starteten die mit Hellfire-Raketen bestückten US-Drohnen. Sie standen offiziell unter dem Kommando der CIA, allerdings waren auch Flugzeuge und Bodentruppen des JSOC in Bereitschaft, um notfalls einzugreifen. Ein Kommando mit V-22-Hubschraubern wurde in Alarmbereitschaft versetzt, zusätzlich stiegen Harrier-Kampfflugzeuge der US-Marine auf.[14]

Ein halbes Jahr zuvor war Awlaki einem amerikanischen Raketenangriff nur knapp entgangen. »Diesmal haben elf Raketen ihr Ziel verfehlt, aber das nächste Mal könnte die erste Raketen treffen«, sagte er damals.[15] Nun sollte sich Awlakis Prophezeiung erfüllen. Zwei der Predator-Drohnen peilten den Wagen an, in dem Awlaki saß, weitere Flugzeuge hielten sich zur Unterstützung bereit. Eine Hellfire-Rakete schlug in dem Wagen ein und riss ihn in Stücke. Sekunden später detonierte eine zweite Rakete, die sicherstellen sollte, dass keine Fahrzeuginsassen entkamen. »Nur ein paar Minuten nachdem sie das Haus verlassen hatten, brachen sie zu einem Wadi auf, um dort diesen Film zu drehen, und wurden abgeschossen«, sagte Nasser. »Das Auto war nur mehr ein Trümmerhaufen und [Anwars] Körper wurde hinausgeschleudert.« In der Pressemitteilung der jemenitischen Regierung zu dem Vorfall hieß es: »Der Terrorist Anwar Awlaki wurde zusammen mit einigen seiner Begleiter getötet.«[16] Das war um 9.55 Uhr Ortszeit.[17] Die Dorfbewohner, die den Schauplatz des Luftschlags besichtigt hatten, berichteten, dass die Leichname in den Fahrzeugen bis zur Unkenntlichkeit verbrannt waren. Es gab keine Überlebende. Inmitten der Trümmer fand man einen Gegenstand, der in der jemenitischen Kultur höheren Beweiswert hatte als jeder Fingerabdruck: den verkohlten Griff eines Jambia-Krummdolchs aus Rhinozeroshorn.[18] Kein Zweifel, er gehörte Anwar Awlaki.

Am 30. September, während eines Besuchs in Fort Myer in Virginia, erklomm Präsident Obama ein Podium und erklärte den Reportern: »Heute morgen wurde Anwar Awlaki, der Anführer von al-Qaida auf der Arabischen Halbinsel, im Jemen getötet. Der Tod Awlakis ist ein schwerer Schlag für den aktivsten Zweig von al-Qaida.«[19] Dann belegte der Präsident Awlaki mit einer Bezeichnung, die ihm zuvor noch nie angeheftet worden war, trotz all seiner angeblichen Verbindungen zu al-Qaida. »Awlaki war der Leiter ausländischer Operationen für al-Qaida auf der Arabischen Halbinsel. In dieser Rolle übernahm er die Planung und Lenkung von Mordanschlägen auf unschuldige Amerikaner«, versicherte Obama. »Der Tod Awlakis ist ein weiterer bedeutender Schritt bei unseren Bemühungen, al-Qaida und deren Ableger zu zerschlagen.« Er fügte hinzu, die Vereinigten Staaten würden »entschlossen der Verpflichtung nachkommen, terroristische Netzwerke zu zerstören, die darauf ausgerichtet sind, Amerikaner zu töten, der Verpflichtung, eine Welt zu schaffen, in der die Menschen überall in größerem Frieden, Wohlstand und Sicherheit leben können«. Mit keinem Wort erwähnte Obama, dass Awlaki selbst US-Bürger war.

Auch Awlakis Familie im Jemen erfuhr von dem Luftschlag in al-Dschauf. Zunächst glaubten sie den offiziellen Berichten nicht, da es schon so viele Falschmeldungen gegeben hatte.[20] Aber schließlich mussten sie eingestehen, dass die Meldung stimmte. In ihrer Trauer um ihren toten Sohn Anwar vergaßen sie ihren Enkel Abdulrahman nicht. Er war nach Schabwa gefahren, um seinen Vater zu finden, und jetzt war Anwar tot.

Nachdem Abdulrahman von Anwars Tod erfahren hatte, rief er das erste Mal zu Hause an und sprach mit seiner Mutter und seiner Großmutter. »Es ist schon genug passiert, Abdulrahman. Du musst zurückkommen«, sagte seine Großmutter Saleha zu ihm. »Es ist vorbei, und du hast deinen Vater eben nicht getroffen.« Abdulrahman habe sich tief bestürzt angehört, sagte sie, aber dennoch versuchte er, sie zu trösten. »Hab Geduld. Sei stark«, sagte Abdulrahman zu ihr. »Allah hat ihn zu sich geholt.« Das Telefonat war nur kurz. Abdulrahman versprach, bald nach Hause zu kommen, aber erst, wenn die Straßen wieder sicherer seien. »Damals war es auf den Straßen ziemlich gefährlich. Die Revolution war so ziemlich auf ihrem Höhepunkt«, fügte Saleha hinzu. Es gab Straßensperren der Polizei und Schießereien. Abdulrahman wollte nicht eingesperrt oder in gewalttätige Auseinandersetzungen verwickelt werden, sondern bei seinen Cousins in Schabwa bleiben und erst nach Sanaa zurückkehren, wenn sich die Lage beruhigt hätte.

In North Carolina erfuhr Sarah Khan die Neuigkeiten aus dem Jemen gleich nach dem Aufstehen. »Als ich morgens den Computer einschaltete, sah ich, dass sie Anwar Awlaki umgebracht hatten«, sagte sie zu mir.[21] In den ersten Berichten war von ihrem Sohn Samir noch nicht die Rede. Aber dann rief ihr Mann Zafar aus dem Büro an: Er hatte in den Nachrichten gehört, dass ein »Samir Khan« ebenfalls bei dem Drohnenschlag umgekommen sei. »Ich konnte es nicht glauben«, sagte mir Sarah. »Der Name Samir ist im Nahen Osten ziemlich weit verbreitet – es konnte jeder mögliche Samir gewesen sein. Es musste nicht unbedingt mein Samir sein. Es ist nicht wahr, dachte ich. Ich wollte es nicht wahrhaben.« Doch je mehr Berichte das Ehepaar hörte, desto klarer wurde ihm, dass ihr Sohn tot war, umgebracht von seiner eigenen Regierung. Die Khans versuchten, vom Außenministerium Informationen und Antworten zu erhalten. Warum wurde Samir getötet, wenn doch das FBI der Familie versichert hatte, dass nichts gegen ihn vorlag? Ein Jahr zuvor, im August 2010, hatte eine Grand Jury entschieden, dass die staatsanwaltlichen Vorwürfe gegen Samir nicht für eine Anklage ausreichten. Warum wurde er ohne Gerichtsverfahren zum Tode verurteilt? Die Nachfragen der Familie Khan stießen auf eine Mauer des Schweigens.

Bis dahin hatte das Ehepaar Khan alles getan, das Rampenlicht der Medien zu meiden, als Samir durch *Inspire* zu einer bekannten Figur wurde. Aber jetzt beschlossen sie, ihre Fragen öffentlich zu stellen. Nach dem Angriff im Jemen schrieben sie in einer örtlichen Zeitung einen offenen Brief an die amerikanische Regierung. »Aus den Medien erfuhren wir, dass nicht Samir das Ziel des Angriffs war; doch kein offizieller Vertreter der Regierung hat uns mitgeteilt, was mit den Überresten unseres Sohns geschehen ist, oder uns ein Wort des Beileids zukommen lassen. Uns erschüttert, welche Gleichgültigkeit unsere Regierung an den Tag legt«, hieß es in dem Brief. »Als gesetzestreuer Bürger der Vereinigten Staaten hat unsere verstorbener Sohn Samir Khan niemals gegen ein Gesetz verstoßen und war an keiner Straftat beteiligt. Im Fünften Verfassungszusatz steht geschrieben, dass kein Bürger ›ohne ordentliches Gerichtsverfahren seines Lebens, seiner Freiheit oder seines Besitzes beraubt werden darf‹. Doch unsere Regierung hat zwei ihrer Bürger ermorden lassen. War diese Hinrichtung die einzige Lösung? Warum wurden sie nicht festgenommen und vor Gericht gestellt? Wo bleibt hier die Gerechtigkeit? Aus Trauer um unseren Sohn müssen wir diese Fragen stellen.«[22]

Tage später erhielt Zafar Khan einen Anruf aus dem Außenministe-

rium. Der Beamte am Telefon bekundete ihm das »Beileid« der amerikanischen Regierung für Samirs Tod. »Sie sagten, es täte ihnen leid und
Samir sei nicht die Zielperson gewesen«, erzählte mir Sarah Khan. »Sie
sagten, Samir habe nichts Falsches gemacht. Sie hätten es nicht auf ihn
abgesehen gehabt.« Das warf für sie noch mehr Fragen auf. »Wenn sie
wussten, dass Samir dort in dem Auto war, wie konnten sie dann so etwas tun?« Vertreter der Regierung Obama erklärten später gegenüber
Reportern, Khan sei »ein Kollateralschaden«[23] bei einem Angriff gewesen, der gegen Awlaki gerichtet gewesen sei, aber der Abgeordnete Michael McCaul aus Texas formulierte es noch anders. »Samir Khan war
eine Dreingabe. Wir haben eben zwei zum Preis von einem gekriegt«,
sagte McCaul. »Es war ein Volltreffer.«[24]

Als sich die Nachricht von Awlakis Tod verbreitete, lobten amerikanische Politiker beider Parteien die Ermordung eines ihrer eigenen
Staatsbürger. »Das ist ein außerordentlicher Sieg, ein großer Moment
für die Vereinigten Staaten«, freute sich der republikanische Kongressabgeordnete Peter King, Vorsitzender des Ausschusses für Innere Sicherheit im Repräsentantenhaus. Awlaki, so King, sei »gefährlicher [ge-
worden] als bin Laden«, ja, er sei »weltweit die Nummer eins unter den
Terroristen« gewesen.[25] Die demokratische Senatorin Dianne Feinstein,
Vorsitzende des Geheimdienstausschusses im Senat, feierte Awlakis
Tötung und sagte in einer gemeinsamen Erklärung mit dem republikanischen Senator Saxby Chambliss, Awlaki habe »für die Vereinigten
Staaten eine erhebliche und unmittelbare Bedrohung dargestellt«, da er
»den USA den Krieg erklärt und Anschläge gegen uns geplant [habe].
Wir sprechen den Behörden und Personen, die ihn aufgespürt und diese große Gefahr beseitigt haben, unser Lob aus.«[26] Und Außenministerin Hillary Clinton meinte: »Ebenso wie Osama bin Laden und viele
andere Terroristenführer, die in den vergangenen Jahren getötet oder
gefasst wurden, kann [Awlaki] Amerika, unsere Verbündeten und die
friedliebenden Menschen in aller Welt nicht mehr bedrohen. Heute
leben wir alle in größerer Sicherheit.«[27]

»Ich bin darüber sehr froh«, erklärte der republikanische Senator
John McCain.[28] Und der frühere Vizepräsident Dick Cheney pries Obama für die Tötung Awlakis mit den Worten: »Meiner Ansicht nach war
das eine wirklich gute Aktion. Ich denke, der Präsident sollte die Befugnis haben, solche Aktionen anzuordnen, auch wenn ein amerikanischer Bürger davon betroffen ist.«[29] CIA-Direktor Leon Panetta teilte

Cheneys Ansicht und erklärte: »Diese Person war eindeutig ein Terrorist und ja, er war ein US-Bürger, aber Terrorist ist Terrorist.«[30]

Auch wenn Awlakis Tötung keine spontanen karnevalartigen Feiern auf den Straßen Washingtons und New Yorks auslöste, wie sie nach bin Ladens Tod stattgefunden hatten, zelebrierten manche Boulevardblätter ihre eigenen Siegesparaden. »Ein weiterer al-Qaida-Mann beißt ins Gras – In die Hölle gebombt – CIA-Drohne tötet den aus den USA stammenden Terroristen al-Awlaki«, verkündete die *New York Post*.[31] »Per Fernsteuerung plattgemacht«, lautete eine andere Schlagzeile der Zeitung.[32] »Ein Terror-Boss weniger. Al-Qaida verliert Anführer bei Angriff; Ihr glühender Hass auf die USA erlischt, als eine Rakete ein in Amerika geborenes militantes Monster tötet«, hieß es in der in New York erscheinenden *Daily News*.[33]

Die einzigen kritischen Stimmen, die unmittelbar nach Awlakis Tötung aus Washington zu hören waren, kamen von den Rändern der Demokratischen und Republikanischen Partei. »Wenn das amerikanische Volk es blindlings und lässig hinnimmt, dass der Präsident ohne Weiteres Leute, die er für schlechte Menschen hält, hinrichten lassen darf, dann halte ich das für traurig«, sagte der texanische Republikaner Ron Paul auf einer Veranstaltung im Rahmen seiner erfolglosen Bewerbung um die republikanische Kandidatur für die Präsidentschaftswahlen. »Awlaki wurde hier geboren, er ist amerikanischer Staatsbürger. Er wurde niemals wegen eines Vergehens vor Gericht gestellt oder angeklagt. Amerikanische Staatsbürger ohne Anklage hinzurichten – darüber sollten wir gründlich nachdenken.«[34] Der Demokrat Dennis Kucinich, der der Regierung bereits rund zwei Jahre vor Awlakis Tod ihr selbsternanntes Recht abgesprochen hatte, US-Bürger ohne Gerichtsverfahren töten zu lassen, sagte: »Die Regierung hat eine gefährliche Grenze überschritten und einen gefährlichen Präzedenzfall geschaffen für den Umgang mit dem Terrorismus. Dieser gefährliche Präzedenzfall erlaubt der Regierung, US-Bürger im Ausland töten zu lassen, wenn sie der Beteiligung an Terrorakten verdächtigt werden. Damit beraubt man sie kurzerhand und pauschal der grundlegendsten verfassungsmäßigen Rechte und des Rechts auf ein ordentliches Gerichtsverfahren.«[35]

Der Verfassungsrechtler und Journalist Glenn Greenwald gehörte zu den wenigen amerikanischen Kommentatoren, die die Jubelfeiern über Awlakis Tötung skeptisch betrachteten. »Heute ist es den USA nach mehreren erfolglosen Versuchen gelungen, einen ihrer eigenen

Bürger umzubringen«, schrieb Greenwald. Und er prophezeite zutreffend, dass nur wenige Amerikaner Fragen stellen oder sich empören würden. »Am erstaunlichsten ist, dass die Bürger dieses Landes nicht nur keine Einwände dagegen erheben, sondern ihre Regierung sogar dafür feiern werden, dass sie sich das Recht herausnimmt, ihre eigenen Mitbürger umzubringen, weitab von jedem Kriegsgebiet und ohne jegliches ordentliches Gerichtsverfahren.«[36]

In einem Interview an dem Tag, als Awlakis Tod bekannt gemacht wurde, sagte Greenwald: »Denken Sie nur an die große Kontroverse, als sich George Bush das Recht herausnahm, amerikanische Bürger ohne ordentliches Gerichtsverfahren einzusperren und sie ohne richterliche Genehmigung zu belauschen. Heute geht es um etwas viel Gravierenderes. Nicht um einen Lauschangriff auf amerikanische Bürger, nicht darum, sie ohne ordentliches Gerichtverfahren einzusperren, sondern sie ohne Gerichtsverfahren umzubringen. Und weil Präsident Obama das macht, haben viele Demokraten und Fortschrittliche kein Problem damit und billigen es sogar.« Greenwald fügte später hinzu: »Zu sagen, der Präsident habe das Recht, Bürger ohne ordentliches Gerichtsverfahren töten zu lassen, bedeutet nichts anderes, als die Verfassung in möglichst kleine Stücke zu reißen, sie anzuzünden und schließlich mit Füßen zu treten.«[37]

Selbst ehemaligen hochrangigen Mitgliedern der Regierung Bush erschien die Tötung eines US-Bürgers durch einen demokratischen Präsidenten als ein Schritt über die Grenze zulässiger Praktiken im Krieg gegen den Terror, der sogar über ihre eigenen laxen Maßstäbe hinausging. »Im Augenblick gibt es abgesehen von Afghanistan und vielleicht Israel keine Regierung auf der Welt, die unsere rechtliche Begründung für diese Operationen teilt«, erklärte Michael Hayden, der unter Bush die CIA geleitet hatte. »Wir brauchten einen Gerichtsbeschluss, um [Awlaki] abhören zu dürfen, aber wir brauchten keinen, um ihn umzubringen. Sollte einem das nicht zu denken geben?«[38]

Obwohl die Fragen nach der Legitimität der Tötung Awlakis in den amerikanischen Medien und der Öffentlichkeit wenig Beachtung fanden, stellten einige Journalisten und Kongressabgeordnete Nachforschungen an, auf welchem Wege die Genehmigung für die gezielte Tötung von US-Bürgern zustande gekommen war. Nur wenige ausgewählte Personen in Washington wussten darüber Bescheid. »Der Vorgang durchläuft erst den Nationalen Sicherheitsrat, dann wird er dem

Präsidenten vorgelegt, der zur Kenntnis nimmt, dass diese und jene Personen auf der Liste stehen, und daraus folgerten wir, dass der Vorgang rechtmäßig ist«, sagte Charles Albert »Dutch« Ruppersberger III., ein Demokrat aus Maryland, damals führendes Mitglied des Geheimdienstausschusses im Repräsentantenhaus.»Es ist damit legitimiert. Wir stellen jemanden kalt, der schon oftmals versucht hat, uns anzugreifen. Der stand auf dieser Liste. Es lief einem bestimmten Verfahren entsprechend ab.«[39]

Während das Weiße Haus und führende Abgeordnete, die mit Fragen der nationalen Sicherheit befasst waren, Journalisten und der Öffentlichkeit versicherten, dass das Verfahren dem Gesetz entsprechend abgelaufen sei, weigerte sich die Regierung, ihre Beweismittel öffentlich vorzulegen. Einige Abgeordnete – deren Unbedenklichkeitsbescheinigung und Tätigkeitsbereich im Ausschuss sie berechtigte, Einblick in den Ablauf des Tötungsprozesses zu erhalten – klagten, sie seien vom Weißen Haus nicht ausreichend unterrichtet worden.»Es ist für das amerikanische Volk wichtig zu erfahren, wann der Präsident einen amerikanischen Bürger töten lassen kann und wann nicht«, sagte Senator Ron Wyden zu mir.[40] Der aus Oregon stammende Demokrat saß seit 2001 im Geheimdienstausschuss des Senats und war oft mit der Regierung Bush über Fragen der Geheimhaltung und Transparenz aneinandergeraten. Jetzt, unter einem demokratischen Präsidenten, focht er erneut diese – und neue – Kämpfe aus. Er habe die Regierung wiederholt ersucht, ihm die rechtlichen Grundlagen für die Tötung eigener Staatsangehöriger ohne Gerichtsprozess zu nennen; dies sei »ein enormer Kampf« gewesen. Das amerikanische Volk, sagte Wyden, verdiene es, »genau zu wissen, wann ein Präsident der Ansicht ist, dass ein amerikanischer Bürger getötet werden darf und ihm das Leben genommen wird. Das sind grundlegende Fragen, die meiner Ansicht nach kaum beantwortet wurden, und das amerikanische Volk verdient es, mehr darüber zu erfahren.« Es gab keine Anklage gegen Awlaki bei irgendeinem US-Gericht, es wurde überhaupt kein juristischer Vorwurf gegen ihn erhoben. Wie hätte er sich also stellen können? Und wo? »Diese Fragen hängen irgendwie in der Schwebe, ohne Antwort«, erklärte mir Wyden.

Der ehemalige CIA-Beamte Giraldi bezeichnete Awlakis Tötung als »Mord«. Er hatte die öffentlich verfügbaren Informationen über Awlaki und die Vorwürfe der Regierung gegen ihn gesichtet und ausgewertet.»Nichts davon würde meiner Ansicht nach ein Todesurteil rechtfertigen. Sie behaupten, sie hätten noch mehr gegen ihn in der Hand, aber das sei geheim«, meinte Giraldi. »Mit so was kommen sie natürlich immer. Wenn du vor Gericht die Offenlegung dieser Informationen verlangst, kontern sie mit ihrem staatlichen Geheimhaltungsprivileg, und schon ist es vorbei mit der Offenlegung. Also sieht es so aus, dass man Leute umbringt, aber die Beweise gegen sie nicht offenlegt. Und somit gibt es keine Möglichkeit, diese Situation zu ändern.«

Nasser al-Awlaki glaubt, die amerikanischen und jemenitischen Sicherheitskräfte hätten Anwar gefangen nehmen können, aber verhindern wollen, dass er sich vor Gericht verteidigte. Möglich sei auch, dass die USA Awlaki keine Plattform bieten wollten, seine Botschaft noch weiter zu verbreiten. »Ich glaube, sie wollten ihn ohne ordentliches Gerichtsverfahren töten, weil sie ihn militärisch als legitimes Zielobjekt betrachteten«, sagte Nasser. »Wie kann es sein, dass Umar Farouk, der versucht hat, das Flugzeug in die Luft zu sprengen, und Nidal Hasan, der diese vielen Soldaten umgebracht hat, einen – sagen wir mal – fairen Prozess bekommen haben, mein Sohn aber nicht?«

Washington und Jemen 2011

Abdulrahman Awlaki trauerte in Schabwa um seinen Vater. Seine Familie versuchte, ihn zu trösten, und ermunterte ihn, etwas mit seinen Cousins zu unternehmen – spazieren zu gehen oder irgendwo draußen ein Picknick zu machen.[1] Genau das tat Abdulrahman am Abend des 14. Oktober. Er und seine Cousins waren mit Freunden beim Grillen. Sie hatten eine Decke auf den Boden gelegt und wollten gerade mit dem Essen beginnen. In der Nähe saßen ein paar Leute ebenfalls um einen Grillofen. Es war gegen 21 Uhr, als die Drohnen den Abendhimmel durchbohrten. Wenige Augenblicke später war Abdulrahman tot. Und mit ihm mehrere Teenager aus seiner Verwandtschaft, so auch Abdulrahmans 17-jähriger Cousin Ahmed.[2]

Früh am nächsten Morgen erhielt Nasser Awlaki einen Anruf von seiner Familie in Schabwa. »Einige unserer Verwandten waren zu der Stelle hingegangen, wo [Abdulrahman] getötet worden war … Sie haben uns erzählt, dass er zusammen mit anderen in einem Grab bestattet wurde, weil sie durch die Drohne völlig zerfetzt worden waren. Deshalb konnten sie sie nicht in verschiedene Gräber legen«, erzählt mir Nasser. Die Leute, die dabei waren, konnten nur das Haar am Hinterkopf von Abdulrahman erkennen, aber weder sein Gesicht noch irgendetwas anderes.« Völlig unter Schock, weil ihr ältester Enkel nur zwei Wochen nach dem Tod ihres ältesten Kindes umgebracht worden war, nahmen Nasser und Saleha die vielen Meldungen zur Kenntnis, in denen behauptet wurde, Abdulrahman sei 21 Jahre alt gewesen und nicht namentlich genannte Vertreter des US-Militärs hätten ihn als jungen Mann »in wehrfähigem Alter« bezeichnet. Manche Berichte deuteten an, er habe al-Qaida unterstützt und sei getötet worden, als er sich mit Ibrahim al-Banna getroffen habe, einem ägyptischen Staatsbürger, der als »Medienkoordinator« von AQAP bezeichnet wurde.[3]

»Einen Teenager zu töten, das ist einfach unglaublich, wirklich, und sie behaupten auch noch, er sei ein al-Qaida-Kämpfer gewesen. So ein Unsinn«, sagte Nasser kurz nach dem Drohnenschlag. »Sie wollen damit nur den Mord rechtfertigen.«[4] Bei einem Besuch nach Abdulrahmans Tod zeigte Nasser mir die in Colorado ausgestellte Geburtsurkunde des Jungen, aus der hervorging, dass er 1995 in Denver geboren worden war. »Als die US-Regierung ihn tötete, war er ein Teenager und keine einundzwanzig. In den USA hätte er nicht in die Armee eintreten können. Er war erst sechzehn«, erklärte Nasser.

Wenige Tage nach dem Mord an Abdulrahman veröffentlichte die US-Regierung eine Stellungnahme, in der sie sich wie üblich unwissend stellte, wer die Verantwortung für die Todesmission trage, obwohl sie durch »nicht namentlich genannte Vertreter« der USA und des Jemen gegenüber allen Medien, die nachfragten, bestätigt worden war. »Es gibt Presseberichte, wonach der hochrangige AQAP-Vertreter Ibrahim al-Banna letzten Freitag im Jemen getötet wurde und zu dieser Zeit andere Leute, darunter der Sohn Anwar al-Awlakis, bei ihm waren«, erklärte der Sprecher des Nationalen Sicherheitsrats Thomas Vietor der Presse und erweckte den Eindruck, als wäre Abdulrahman halb al-Qaida-Mitglied, halb unglückseliger Tourist gewesen. »Wegen der anhaltenden Gefahr von gewaltsamen Übergriffen und dem Vorhandensein terroristischer Organisationen wie AQAP im ganzen Land hat das Außenministerium US-Bürger öffentlich vor Reisen in den Jemen gewarnt und diejenigen, die sich dort aufhielten, aufgefordert, das Land zu verlassen.«[5]

Die Mitglieder der Familie Awlaki, die es abgelehnt hatten, über die Tötung Anwars zu sprechen, hatten nun das Bedürfnis, sich öffentlich zur Ermordung Abdulrahmans zu äußern. »Mit Erstaunen und Empörung haben wir feststellen müssen, dass mehrere führende amerikanische Zeitungen und Nachrichtensender die Wahrheit verdrehen, Abdulrahman als al-Qaida-Kämpfer bezeichnen und fälschlicher- und irreführenderweise behaupten, er sei 21 Jahre alt gewesen«, hieß es in einer Stellungnahme der Familie. »Abdulrahman Anwar Awlaki wurde am 26. August 1995 in Denver, Colorado, geboren. Er war amerikanischer Staatsbürger und wuchs bis 2002 in den USA auf, als sich sein Vater gezwungen sah, das Land zu verlassen und in den Jemen zurückzukehren.« Sie forderten dazu auf, sich Abdulrahmans Facebook-Seite anzuschauen – die zeigte, dass er ein an Musik, Videospielen und seinen

Freunden interessierter normaler Jugendlicher war –, »und sich den ›mordenden Terroristen‹, ›den 21-jährigen Qaida-Kämpfer‹ anzusehen, den die US-Regierung angeblich getötet hat. Seht euch seine Fotos, seine Freunde und seine Hobbys an. Seine Facebook-Seite zeigt einen typischen Jugendlichen, einen Teenager, der einen hohen Preis für etwas gezahlt hat, was er nicht getan hat und was er niemals war.«[6]

Persönlich war die Familie Awlaki von Schmerz überwältigt. Als Anwar getötet wurde, »kamen die Leute in Scharen zu uns, um zu kondolieren und ihr Mitgefühl zu bekunden, und ich war absolut fassungslos und wollte das alles nicht wahrhaben«, erzählte Anwars Schwester Abir. »Zwei Wochen lang kamen Leute, bis uns dann mit dem Mord an Anwars ältestem Sohn Abdulrahman der nächste Schlag traf. Der spindeldürre, lächelnde Junge mit den Locken wurde ermordet, und wofür? Was hatten sie ihm vorzuwerfen? … Der Schock, Abdulrahman nur vierzehn Tage nach seinem Vater zu verlieren, war unerträglich. Ich kriege das Bild nicht aus dem Kopf, wie mein Vater auf die Nachricht reagierte. Es ist schwer – es ist schwer für einen Vater, seinen ältesten Sohn und dann seinen ersten Enkel, der zudem sein Liebling war, zu verlieren. Das ganze Haus war traumatisiert und litt furchtbar.«[7]

Abdulrahmans Großmutter Saleha wurde nach dem Tod ihres Sohnes und ihres Enkels schwer depressiv. Sie hatte Abdulrahman sehr nahegestanden. Als nach seinem Tod Gäste kamen, um ihren Respekt zu zollen, servierte sie ihnen Tee oder Süßigkeiten. Später sagte sie zu mir: »Ich schaue im ganzen Haus und suche nach jemandem, der den Tisch abräumt und das Geschirr in die Küche bringt.« Sie suchte ihren Enkel, der ihr beim Abräumen immer geholfen hatte, aber er war nicht da. »Ich vermisse ihn furchtbar«, sagte Saleha und begann zu weinen. »Abdulrahman war ein besonderer Jugendlicher. Ich habe niemals jemanden wie Abdulrahman erlebt. Er war ein sehr, sehr sanfter Junge.« Ich fragte, ob sie den Menschen in den Vereinigten Staaten etwas mitteilen wolle. »Abdulrahman war nicht der Einzige, der an jenem Tag getötet wurde. Es waren noch andere Kinder dabei, die von ihren Eltern sehr geliebt wurden. So wie die Kinder in Amerika geliebt werden«, sagte sie. »Was wäre denn, wenn Obama eine seiner Töchter verlöre, oder Mrs. Clinton. Wären sie etwa glücklich darüber? Wären sie glücklich, wenn sie eins ihrer Kinder auf diese Weise verlören? Ich frage mich die ganze Zeit, ob das hier das amerikanische Volk glücklicher macht.«[8]

Die Familie protestierte zwar gegen die Tötung Anwars und glaubte, die Vereinigten Staaten hätten mit ihrer Behauptung, er sei mit al-Qaida eng verbunden, übertrieben, aber Nasser sagte mir, in seiner Verwandtschaft wüssten alle, warum man ihn umgebracht habe. »Mein Sohn war überzeugt von dem, was er tat, aber dass sie auch seinen Sohn getötet haben, auf brutale Weise ermordet haben, betrübt und enttäuscht mich zutiefst. Er hat nichts getan, was gegen die USA gerichtet gewesen wäre. Er war amerikanischer Staatsbürger. Vielleicht wäre er eines Tages nach Amerika gegangen, um dort zu studieren und zu leben. Und jetzt haben sie ihn kaltblütig umgebracht.«

Die CIA bestritt, den Angriff durchgeführt zu haben, und versicherte, die angebliche Zielperson, Ibrahim al-Banna, stünde nicht auf ihrer Prioritätenliste. So wurde darüber spekuliert, ob das JSOC für den Schlag verantwortlich war. Hochrangige US-Vertreter sagten gegenüber der *Washington Post*, »die beiden Todeslisten deckten sich nicht, sie lieferten aber widersprüchliche Erklärungen zu den Gründen«. Abdulrahman, so die US-Vertreter, sei »unbeabsichtigt zum Opfer geworden«.[9] Ein JSOC-Mitarbeiter sagte zu mir, die eigentliche Zielperson sei bei dem Angriff nicht getötet worden, wollte aber nicht preisgeben, um wen es sich dabei handelte.[10] Am 20. Oktober 2011 informierten Angehörige des Militärs den Verteidigungsausschuss des Senats hinter verschlossenen Türen über das JSOC-Kommando.[11] Mit Ausnahme von Äußerungen nicht genannter US-Vertreter wurden keine öffentlichen Erklärungen für den Schlag abgegeben. Noch rätselhafter wurde die Sache, als AQAP in einer Stellungnahme behauptete, Banna lebe noch. »Solche Lügen und Unterstellungen der Regierung ... sind nichts Ungewöhnliches ... die Regierung hat bereits mehrmals fälschlicherweise den Tod von Mudschahedins verkündet.«[12] Nun fragte sich die Familie allmählich, ob Abdulrahman nicht doch das intendierte Ziel des Angriffs gewesen war.

Der Mehrheitsführer des Senats Harry Reid, einer der wenigen Abgeordneten, die Zugang zu den geheimen Dokumenten über den Fall hatten, bestätigte indirekt diese Vermutung, als er nach der Tötung Anwar und Abdulrahman Awlakis und Samir Khans gefragte wurde. »Eines weiß ich«, sagte er gegenüber CNN, »die amerikanischen Staatsbürger, die im Ausland getötet wurden ... waren Terroristen, und offen gesagt, wenn jemand auf der Welt es verdient hatte, getötet zu werden, dann diese drei.«[13] Als mein Kollege Ryan Devereaux den Abgeordneten Peter King, der ebenfalls im Geheimdienstausschuss saß, speziell zu

Abdulrahman befragte, antwortete dieser:»Ich bin überzeugt – und ich treffe mich regelmäßig mit General Petraeus, mit CIA-Mitarbeitern und auch mit Militärführern –, also, ich bin überzeugt, dass die Vereinigten Staaten für jeden Angriff im Jemen und in Afghanistan oder wo immer wir involviert sind, gute Gründe hatten, und ich stehe voll dahinter … Ich bin überzeugt, dass sie richtig gehandelt haben.«[14] Auf die Frage, ob er den Einsatz gegen Abdulrahman näher geprüft habe, erwiderte King:»Ja, das ist ja die logische Folgerung. Sie wollen mich aufs Glatteis führen.« Trotz Kings Versicherung, den Fall untersucht zu haben, erklärte er später, Abdulrahman sei bei seinem Vater gewesen, als dieser getötet wurde.»Wenn der Junge getötet wurde, als er bei ihm war, dann ist das nun mal so.«[15]

Robert Gibbs, Obamas früherer Pressesekretär im Weißen Haus und ein erfahrener Unterstützer in der Kampagne für die Wiederwahl des Präsidenten 2012, wurde ebenfalls zur Tötung Abdulrahmans befragt. »Er war amerikanischer Staatsbürger, der ohne ordentliches Gerichtsverfahren, ohne Prozess, beseitigt wurde. Und er war minderjährig. Es handelt sich um einen Minderjährigen«, meldete sich der Reporter Sierra Adamson bei einem Pressegespräch im Anschluss an eine Präsidentschaftsdebatte zu Wort, in der Gibbs Obama vertrat. Der schoss umgehend zurück:»Ich würde meinen, ein Vater, der wirklich um das Wohl seiner Kinder besorgt ist, sollte doch verantwortlicher handeln. Ich glaube, dass es nicht gerade die beste Art ist, seinen Pflichten nachzukommen, wenn man al-Qaida-Dschihadist und Terrorist wird.«[16]

Nasser und Saleha Awlaki blieben mit ihrer Frage, warum ihr Enkel getötet worden war, allein. Vielleicht hatte die US-Regierung Abdulrahman benutzt, um Anwar aufzuspüren. Vielleicht hatten die Amerikaner falsche geheimdienstliche Informationen über Abdulrahmans Alter und angebliche Verbindungen zu al-Qaida bekommen. Die Awlakis betonten zwar, dass sie nicht zu Verschwörungstheorien neigten, sagten aber, es sei schwer zu verstehen, warum Abdulrahman getötet wurde, vor allem, weil al-Banna ja gar nicht in der Nähe gewesen sei. Wer war dann das Ziel?»Es ist Aufgabe der US-Regierung, sich zu vergewissern, dass sie richtig informiert wurde, bevor sie gegen jemanden vorgeht. Deshalb glaube ich nicht, dass es ein Unfall war. Offensichtlich haben sie ihn verfolgt«, meinte Nasser.»Aber sie wollten die Sache vertuschen, und deshalb haben sie behauptet, er sei einundzwanzig gewesen – sie wollten ihre Tat rechtfertigen. Oder er war einfach, wie sie sagten, zur falschen Zeit am falschen Ort.« Aber nach einer Weile fügte er hinzu: »Aber das nehmen wir ihnen nicht ab.«

Ein US-Vertreter, der anonym bleiben wollte, sagte später gegenüber der *Washington Post*, die Tötung Abdulrahmans sei »ein furchtbarer Irrtum« gewesen.[17] »Sie hatten es auf den Kerl abgesehen, der neben ihm saß.« Aber niemand hat jemals aufgeklärt, wer dieser Kerl war. Soweit die Familie wusste, saß der Junge neben seinen Cousins, von denen keiner etwas mit al-Qaida zu tun hatte. Die Entscheidungen über »Ziele, Drohneneinsätze und diese Dinge werden doch an höchster Stelle in der amerikanischen Regierung und der CIA getroffen. Warum waren sie ausgerechnet hinter diesen Jungs her?«, fragte Nasser. »Ich verlange von der Regierung der Vereinigten Staaten Antworten.«

Die Regierung Obama kämpfte geradezu leidenschaftlich darum, diese Antworten geheim zu halten, und berief sich wiederholt auf das staatliche Geheimhaltungsprivileg – so wie Präsident Bush in den gesamten acht Jahren seiner Amtszeit. Doch die Tötung von Anwar und Abdulrahman Awlaki stellt eine Zäsur in der jüngeren Geschichte der Vereinigten Staaten dar.

Epilog: Permanenter Krieg

Am 21. Januar 2013 wurde Barack Obama in seine zweite Amtszeit als Präsident der Vereinigten Staaten eingeführt. Wie er schon bei seinem ersten Wahlkampf fünf Jahre zuvor versprochen hatte, kündigte er auch diesmal wieder an, das Blatt der Geschichte zu wenden und in der amerikanischen Außenpolitik eine neue Richtung einzuschlagen. »Ein Jahrzehnt des Krieges geht zu Ende«, erklärte er. »Wir, die Bürgerinnen und Bürger, glauben noch immer, dass dauerhafte Sicherheit und nachhaltiger Frieden keines permanenten Krieges bedürfen.«[1]

Ein Großteil der Medienaufmerksamkeit galt der neuen Ponyfrisur der First Lady Michelle Obama und der anwesenden Prominenz, darunter auch der Hip-Hop-Millionär Jay-Z und seine Frau Beyoncé, die die Nationalhymne sang. Unterdessen wurde an eben jenem Tag der Vereidigung Obamas im Jemen ein Drohnenangriff durchgeführt.[2] Es war der dritte in drei Tagen. Entgegen der Worte des Präsidenten auf den Stufen des Capitols gab es zahllose Hinweise darauf, dass er weiterhin an der Spitze eines Landes stehen würde, das sich in einem permanenten Krieg befand.

In dem Jahr vor Obamas zweiter Amtseinführung waren weltweit mehr Menschen durch amerikanische Drohnenangriffe ums Leben gekommen, als in Guantánamo inhaftiert waren.[3] Während Obama vereidigt wurde, arbeitete sein Antiterrorteam an der Systematisierung der Entscheidungsfindung für die Todesliste und entwickelte Kriterien für die Tötung von US-Bürgern.[4] Admiral McRaven war zum Kommandeur des SOCOM befördert worden, und seine Spezialeinsatzkräfte operierten in über 100 Ländern auf der ganzen Welt.[5]

Nachdem General Petraeus' Laufbahn wegen einer außerehelichen Affäre ein abruptes Ende gefunden hatte, fiel Obamas Wahl für seinen Nachfolger im Amt des CIA-Direktors auf John Brennan, womit dem Geheimdienst jemand vorstand, der bei der Ausweitung und Durchführung des Tötungsprogramms entscheidend mitgewirkt hatte. Nach vier Jahren als Obamas oberster Antiterrorberater galt Brennan wegen seiner Rolle beim Einsatz bewaffneter Drohnen und bei anderen gezielten Tötungsoperationen in manchen Kreisen als »Mordzar«.

Als Obama Brennan zu Beginn seiner ersten Amtszeit an die Spitze des Geheimdiensts hatte setzen wollen, wurde seine Nominierung aufgrund einer Kontroverse über Brennans Beteiligung am Häftlingsprogramm der Ära Bush zurückgezogen.[6] Zu Beginn von Obamas zweiter Amtszeit hatte Brennan bereits die Spielregeln für das Abhaken von Namen auf der Tötungsliste entwickelt.[7] »Gezielte Tötungen sind inzwischen so zur Routine geworden, dass die Regierung Obama im letzten Jahr mit großem Aufwand die Entscheidungsprozesse, die ihnen vorausgehen, in Regeln gefasst und optimiert hat«, stellte die *Washington Post* fest. Brennan spielte eine Schlüsselrolle bei der Entwicklung des Konzepts der gezielten Tötungen, indem er »die Regeln kodifizierte, nach denen die Regierung die Inhaftierungs-/Todeslisten zusammenstellte. Es war Teil des umfassenderen Vorhabens, zukünftigen Regierungen Richtlinien für die Antiterrormaßnahmen an die Hand zu geben, die sich Obama zu eigen gemacht hat«, fügte das Blatt hinzu. »Das System funktioniert wie ein Trichter, in den ein halbes Dutzend Geheimdienste ihre Informationen einfließen lassen, die dann mehrere Prüfungsebenen durchlaufen, bis man Brennan eine bereinigte Vorschlagsliste vorlegt, die anschließend dem Präsidenten übergeben wird.«

Obamas Antiterrorteam hatte die sogenannte »Disposition Matrix« erfunden, eine Datenbank voller Informationen über mutmaßliche Terroristen und Militante, die für Tötungs- oder Festnahmeoperationen infrage kamen. Hochrangige Regierungsvertreter sagten voraus, dass das Programm der gezielten Tötungen noch »mindestens weitere zehn Jahre« fortbestehen werde. In seiner ersten Amtszeit, schloss die *Washington Post*, »hat Obama die hoch geheime Praxis gezielter Tötungen institutionalisiert und Ad-hoc-Elemente in eine Antiterror-Infrastruktur überführt, die allem Anschein nach einen permanenten Krieg möglich macht«.[8]

Anfang 2013 tauchte ein »Weißbuch« des Justizministeriums auf, in dem die »Rechtmäßigkeit einer tödlichen, gegen einen US-Bürger gerichteten Operation« erläutert wurde.[9] Die Regierungsanwälte, die das 16-seitige Dokument verfasst hatten, versicherten, die Regierung benötige keine speziellen Informationen, die ihr anzeigten, dass ein amerikanischer Staatsbürger aktiv an einem bestimmten oder bereits laufenden Terrorplan beteiligt sei, um seine gezielte Tötung abzusegnen. Vielmehr, so hieß es in dem Papier, reiche als Grundlage für den Befehl zur Tötung eines amerikanischen Staatsbürgers die Entscheidung »eines gut informierten hochrangigen Regierungsvertreters«, dass eine Zielperson eine »unmittelbare Bedrohung« für die Vereinigten Staaten darstelle. Aber die Anwälte des Justizministeriums wollten eine Neudefinition des Begriffs »unmittelbar« und traten für eine »großzügigere Auslegung« ein. »An die Bedingung, dass ein Terrorismusführer eine ›unmittelbare‹ Bedrohung durch einen bewaffneten Angriff auf die Vereinigten Staaten darstellt, ist für die Regierung nicht die Notwendigkeit geknüpft, dass sie eindeutige Beweise für einen bestimmten Angriff auf US-Personen in der unmittelbaren Zukunft vorlegen kann.« Wenn die Regierung mit der gezielten Tötung eines Verdächtigen warten müsse, »bis der Betreffende die Vorbereitungen für einen Angriff abgeschlossen hat, hätten die Vereinigten Staaten nicht mehr genügend Zeit, sich zu verteidigen«. Die gezielte Tötung erfülle den Tatbestand »eines legalen Akts der Selbstverteidigung« und sei »kein Mord«.

Jameel Jaffer von der American Civil Liberties Union (ACLU) bezeichnete das Weißbuch als »erschreckendes Dokument«, das der Regierung das Recht zuspreche, »einen amerikanischen Staatsbürger ohne gerichtliches Verfahren zu töten«.[10] Und er fügte hinzu: »Diese Befugnis wird auf die nächste Regierung und die darauffolgende übergehen, und sie wird in jedem zukünftigen Konflikt genutzt werden, nicht nur im Konflikt mit al-Qaida. Laut der Regierung [Obama] ist ihr Geltungsbereich außerdem die ganze Welt, sie bezieht sich nicht nur auf geografisch eingegrenzte Kampfgebiete. Es ist also wirklich ein weitreichendes Vorhaben.«[11]

Im Oktober 2002, als die Regierung Bush Vorbereitungen für die Invasion des Irak traf, hielt Barack Obama die erste große Rede zur US-Außenpolitik in seiner Laufbahn. Der damalige Senator sprach sich vehement gegen einen Krieg mit dem Irak aus, begann seine Rede jedoch mit einer Klarstellung: »Auch wenn dies hier als Antikriegsdemonstration angekündigt wurde, steht vor Ihnen jemand, der nicht unter allen Umständen gegen den Krieg ist. Ich lehne nicht grundsätzlich jeden Krieg ab … Allerdings bin ich gegen einen dummen Krieg. Gegen einen unüberlegten Krieg.«[12] In seinem ersten Wahlkampf für das Präsidentenamt übte Obama scharfe Kritik an der Regierung Bush, sie führe – im

Irak – den falschen Krieg, und warf seinem Gegner, Senator John
McCain, vor, er äußere sich nicht dazu, wie er den Kampf gegen Osama
bin Laden und al-Qaida führen wolle.

Als Obamas erste Amtszeit zu Ende ging, war die überwältigende
Mehrheit der amerikanischen Streitkräfte aus dem Irak zurückgezogen
worden, und es wurde offen über einen ähnlichen Truppenabzug aus
Afghanistan bis 2014 gesprochen. Der Regierung war es gelungen, die
amerikanische Öffentlichkeit davon zu überzeugen, dass Obama einen
intelligenteren Krieg führte als sein Vorgänger. Als er für seine Wiederwahl warb, wurde er auf den Vorwurf seiner republikanischen Gegner
angesprochen, er betreibe außenpolitisch Appeasement-Politik. »Fragen Sie Osama bin Laden und die zweiundzwanzig von dreißig Top-al-
Qaida-Führer, die aus dem Weg geräumt wurden, ob ich das tue«, gab
er zurück. »Oder die, die da draußen noch übrig sind, fragen Sie sie.«[13]

Als der Krieg gegen den Terror in seine zweite Dekade ging, kam die
Idee des sauberen Krieges auf. Er war ein von der Regierung Obama ge-
nährter Mythos, und er stieß auf ein williges Publikum. Sämtliche Umfragen zeigten, dass die Bevölkerung die Entsendung großer Militär-
kontingente in den Irak und nach Afghanistan und die steigende Zahl
gefallener Amerikaner satt hatte. Eine Umfrage im Jahr 2012 ergab, dass
83 Prozent der Wahlberechtigten und 77 Prozent derer, die sich als
liberale Demokraten bezeichneten, Obamas Drohnenprogramm befürworteten. Laut gemeinsamer Umfragen von *Washington Post* und *ABC
News* war die Zustimmung zu Drohnenangriffen auf amerikanische
Staatsbürger »nur geringfügig« geringer.[14]

Präsident Obama und seine Berater erwähnten das Drohnenprogramm nur selten in der Öffentlichkeit. Als der Präsident erstmals den
Einsatz bewaffneter Drohnen einräumte, war er bereits mehrere Jahre
im Amt. Und es geschah nicht etwa in Form der Verkündung einer Ge-
setzesänderung oder bei einer Pressekonferenz, sondern im Rahmen eines Videochats auf Google+, bei dem er Fragen von Besuchern der Site
beantwortete. »Ich möchte klarstellen, dass der Einsatz von Drohnen
nicht viele zivile Opfer gefordert hat«, erklärte er einem Teilnehmer.
»Im Großen und Ganzen sind sie sehr präzise, es sind chirurgische Angriffe auf al-Qaida und ihre Ableger. Und wir sind bei der Anwendung
sehr vorsichtig.« Die Vorstellung, dass »wir einfach planlos überall zuschlagen«, sei völlig falsch. »Es handelt sich vielmehr um ein gezieltes,
präzises Vorgehen gegen Leute, die auf einer Liste aktiver Terroristen

stehen und Amerikaner, amerikanische Einrichtungen, amerikanische Stützpunkte und so weiter angreifen wollen ... Dabei ist es wichtig zu verstehen, dass das alles mit einem Höchstmaß an Kontrolle geschieht. Da setzen sich nicht irgendwo Leute zusammen und treffen wahllos Entscheidungen. Außerdem ist es Teil unserer Pflicht, al-Qaida zu bekämpfen. Darüber hinaus werden diese Mittel nicht eingesetzt.«[15]

Michael Boyle, ehemaliger Berater in der Expertengruppe für Terrorabwehr während Obamas Wahlkampf und Professor an der LaSalle University, sagte, einer der Gründe, warum die Regierung »die Zahl ziviler Opfer so erfolgreich verschleiern kann«, seien die »Signature Strikes« und ähnliche Methoden, wehrfähige Jugendliche als legitime Ziele zu kategorisieren, auch wenn man gar nicht wisse, um wen es sich eigentlich handle. »Wegen des Konstrukts der ›Kontaktschuld‹ sind die Bedingungen für die Auswahl von Zielen für die US-Drohnenangriffe immer mehr gelockert worden«, kritisierte Boyle. »Die Folgen sieht man daran, dass Moscheen oder Beerdigungen ins Visier genommen werden, wobei Nicht-Kombattanten umkommen und das soziale Gefüge in den entsprechenden Regionen aus den Fugen gerät.« Niemand kenne, sagte er, »die tatsächliche Zahl der Drohnenopfer in diesen entlegenen Gebieten, wo es manchmal nicht einmal eine Regierung gibt«.[16]

Die Drohnen, Cruise Missiles und Spezialeinsätze zeigen, dass die Vereinigten Staaten bereit sind, für den Sieg über Leichen zu gehen. Der Krieg gegen den Terror, begonnen unter der Regierung Bush, wurde letztlich durch einen populären demokratischen Präsidenten legitimiert und ausgeweitet. Auch wenn Barack Obamas Aufstieg in das Amt mit den größten Machtbefugnissen weltweit auf unzählige Faktoren zurückzuführen ist, so ist er doch weitgehend dem Wunsch von Millionen Amerikanern zu verdanken, nach den Exzessen der Ära Bush einen Kurswechsel zu vollziehen. Man kann sich nur schwer vorstellen, dass John McCain, hätte er die Wahl gewonnen, so breite Unterstützung, insbesondere unter liberalen Demokraten, für eine Antiterrorpolitik bekommen hätte, wie Obama sie eingeführt hat. Jeder Einzelne amerikanische Bürger muss sich fragen, ob er diese Politik – die Ausweitung der Drohnenschläge, die Ermächtigung des JSOC, der ständige Rückgriff auf das staatliche Geheimhaltungsprivileg, die Tötung von US-Bürgern ohne Anklage oder Gerichtsverfahren – gutheißen würde, wenn der Oberbefehlshaber nicht der Kandidat unserer Wahl wäre. Doch nüchtern und ohne jede Parteilichkeit betrachtet, wird die von Obama eingeschlagene Politik weitreichende Folgen haben. Zukünftige US-Präsidenten – ob republikanisch oder demokratisch – werden einen klar strukturierten Entscheidungsprozess für die Ermordung der vermeintlichen oder echten Feinde Amerikas übernehmen. Sie werden eine Exekutive mit umfassenden Befugnissen erben, rationalisiert unter dem Banner der nationalen Sicherheit.

Befragt zum US-Drohnenprogramm und den gezielten Tötungen antwortete ein ehemaliger amerikanischer Professor für Verfassungsrecht: »Es ist sehr wichtig, dass sich der Präsident und unser nationales Sicherheitsteam mit all seinen Strukturen immer wieder ernsthaft Fragen stellen wie: ›Ist es richtig, was wir machen? Halten wir uns noch an die Rechtsgrundsätze? Halten wir uns an das Prinzip des ordentlichen Gerichtsverfahrens?‹« Die Vereinigten Staaten, warnte er, müssten »zusehen, dass sie nicht auf eine Situation zusteuern, in der wir nicht mehr wir selbst sind«.[17]

Der zitierte ehemalige Professor für Verfassungsrecht heißt Barack Obama.

Mit der Aufstellung von Todeslisten und der Ausweitung der Drohnenangriffe »bricht Präsident Obama sein Versprechen, die Antiterrorpolitik mit der US-Verfassung in Einklang zu bringen«, erklärte Boyle. Obama habe »vom Oval Office aus die außergerichtlichen Tötungen zur Routine und zu einem normalen Vorgang gemacht, indem er Amerikas einstweiligen Vorsprung in der Drohnentechnologie dazu nutzt, in Afghanistan, Pakistan, im Jemen und in Somalia Schattenkriege zu führen. Ohne eine Prüfung durch die Legislative und die Gerichte und unsichtbar für die Öffentlichkeit genehmigt Obama Woche für Woche Morde, wobei die Debatte über die Schuld oder Unschuld der Kandidaten für die ›Todesliste‹ hinter verschlossenen Türen geführt wird.« Boyle warnte:

> Wenn Obama seine Amtszeit beendet, hindert den nächsten Präsidenten nichts daran, Drohnenangriffe durchzuführen, die vielleicht gegen andere und umstrittenere Ziele gerichtet sind. Die Infrastruktur und die Abläufe, an deren Ende die »Todesliste« steht, werden auch dem nächsten Präsidenten zur Verfügung stehen, der vielleicht nicht über die moralischen und rechtlichen Implikationen seines Handelns nachdenkt, wie es Obama nachgesagt wird.[18]

Ende 2012 verlangten die ACLU und die *New York Times* die Offenlegung der Gründe und Hintergründe für das Tötungsprogramm, insbesondere für die Angriffe, bei denen drei US-Bürger umgekommen waren, und zogen vor Gericht. Im Januar 2013 beschied eine Bundesrichterin die Forderung nach der Freigabe der Informationen abschlägig. In ihrer Urteilsbegründung äußerte sich die Richterin Colleen McMahon enttäuscht über den Mangel an Transparenz im Weißen Haus und schrieb, das Gesetz zur Informationsfreiheit werfe »schwerwiegende Fragen hinsichtlich der Beschränkung der Regierungsgewalt durch Verfassung und Gesetze der Vereinigten Staaten auf sowie darüber, ob wir tatsächlich vom Gesetz und nicht von Menschen regiert werden«. Sie beklagte, dass sich die Regierung Obama zwar »auf die öffentliche Debatte über die Gesetzmäßigkeit gezielter Tötungen auch von Staatsbürgern eingelassen hat, jedoch in verschleiernder und unpräziser Weise und ohne konkret ein Gesetz oder eine Gerichtsentscheidung zu zitieren, die ihre Entscheidungen rechtfertigen würden«. Und sie fügte hinzu: »Eine umfassende Offenlegung der Argumente, die die Regierung zu der Auffassung führen, dass das gezielte Töten von Menschen, einschließlich von Staatsbürgern der Vereinigten Staaten, fernab von ›heißen‹ Kampfgebieten legal sei, würde eine vernünftige Debatte über eine Vorgehensweise und deren Beurteilung ermöglichen, die (wie bereits die Folter) nach wie vor heftig umstritten sind. Es würde auch dazu beitragen, dass die Öffentlichkeit Einblick in das Ausmaß dieser unzureichend begründeten, jedoch weitreichenden und sich anscheinend ausweitenden Maßnahmen bekommt.«

Letztlich lehnte Richterin McMahon die Forderung nach Offenlegung der Dokumente jedoch ab. In der Urteilsbegründung legte sie aber ihre juristischen Bedenken angesichts der fehlenden Transparenz in Hinblick auf das Tötungsprogramm dar:

Dieses Gericht ist dem Gesetz verpflichtet, und aufgrund des Gesetzes bin ich zu dem Schluss gelangt, dass die Regierung nicht gegen den FOIA (Freedom of Information Act, Gesetz zur Informationsfreiheit) verstoßen hat, als sie sich weigerte, die Dokumente herauszugeben, wie es die Klage aufgrund dieses Gesetzes verlangt hat. Somit kann dieses Gericht die Regierung nicht zwingen, im Einzelnen die Gründe anzugeben, warum ihrer Meinung nach ihr Vorgehen keinen Verstoß gegen Verfassung und Gesetz der Vereinigten Staaten darstellt. Es ist mir nicht entgangen, dass diese Behauptung der Regierung ihrem Wesen nach an *Alice im Wunderland* erinnert; aber nach sorgfältiger Überlegung befinde ich mich in einer paradoxen Situation, in der ich ein Problem aufgrund sich einander widersprechender Zwänge und Regeln nicht lösen kann – eine regelrechte Zwickmühle. Ich sehe keine Möglichkeit, das Dickicht aus Gesetzen und Präzedenzfällen zu umgehen, das es der Exekutive unserer Regierung tatsächlich gestattet, die vollkommene Rechtmäßigkeit bestimmter Handlungen zu behaupten, die dem Augenschein nach nicht im Einklang mit unserer Verfassung und den Gesetzen stehen, während die Regierung gleichzeitig die Gründe für ihre Schlussfolgerung als geheim einstuft.[19]

Es ist jedoch nicht nur die Tatsache, dass in der Ära Obama Präzedenzfälle geschaffen wurden, die in der Zukunft ihren Nachhall finden werden, sondern auch die tödlichen Operationen selbst. Niemand kann wissenschaftliche Voraussagen darüber treffen, welche Folgen Drohnenangriffe und der Einsatz von Marschflugkörpern und nächtlichen Überfällen einmal haben werden. Doch aufgrund meiner Erfahrungen in mehreren nicht zum Kriegsgebiet erklärten Regionen auf der ganzen Welt scheint mir klar, dass die Vereinigten Staaten damit in Somalia, im Jemen, in Pakistan, Afghanistan und überall in der muslimischen Welt eine neue Generation von Feinden heranzüchten. Diejenigen, deren Angehörige und Freunde Opfer solcher Übergriffe wurden, haben einen legitimen Grund, Vergeltung zu üben. In einem Memo vom Oktober 2003, kaum ein Jahr nach dem Einmarsch in den Irak verfasst, machte Donald Rumsfeld das Problem, ob die Vereinigten Staaten »den weltweiten Krieg gegen den Terror gewinnen würden«, anhand einer Frage klar: »Können wir jeden Tag mehr Terroristen gefangen nehmen, töten oder abschrecken und überzeugen, als die Koranschulen und die radikalen Kleriker im Vergleich dazu rekrutieren, ausbilden und einsetzen?«[20] Über zehn Jahre nach dem 11. September sollte die Frage neu formuliert werden. Irgendwann werden US-Politiker und die Öffentlichkeit vor der viel unbequemeren Frage stehen, ob unser Handeln im Namen der nationalen Sicherheit uns nicht mehr gefährdet, als es uns schützt. Nimmt dadurch die Zahl unserer Feinde ab oder zu? Boyle drückte es noch milde aus, als er bemerkte, »die negativen Auswirkungen [des US-Tötungsprogramms] … wurden nicht ausreichend gegen die taktischen Gewinne durch die Tötung von Terroristen abgewogen«.[21]

Im November 2012 erklärte Präsident Obama, dass es »kein Land auf der Erde gibt, das es hinnehmen würde, wenn von außerhalb seiner Grenzen Raketen auf seine Bevölkerung herabregnen würden«. Mit diesen Worten verteidigte er den Angriff Israels auf den Gazastreifen, den die Israelis damit rechtfertigten, dass sie sich vor den Raketen der Hamas schützen müssten. »Wir bekräftigen voll und ganz das Recht Israels, sich gegen die Raketen zu verteidigen, die auf den Häusern und Arbeitsplätzen der Menschen landen und Zivilisten tödlich treffen können ... Und wir werden auch weiterhin das Recht Israels bekräftigen, sich zu verteidigen.«[22] Was wohl die Menschen in den Regionen des Jemen, Somalias oder Pakistans dazu sagen würden, die regelmäßig Ziel von US-Drohnen- oder Raketenangriffen sind?

Gegen Ende der ersten Amtszeit Präsident Obamas hielt der Leiter der Rechtsabteilung im Pentagon einen langen Vortrag vor der Oxford Union in England: »Wenn ich meine Arbeit mit einem Satz umreißen müsste, würde ich sagen, sie besteht darin zu gewährleisten, dass alles, was unser Verteidigungsministerium unternimmt, sowohl mit dem US- als auch mit dem Internationalen Recht übereinstimmt. Dazu gehört auch die juristische Prüfung jeder einzelnen Militäroperation, bevor der Verteidigungsminister und der Präsident ihre Genehmigung erteilen.«[23] Zur Zeit der Rede Jeh Johnsons sah sich die britische Regierung mit schwerwiegenden Fragen hinsichtlich ihrer Beteiligung an amerikanischen Drohnenangriffen konfrontiert. Ein Prozess, den der britische Sohn eines in Pakistan getöteten Stammesführers in Großbritannien anstrengte, hatte ans Licht gebracht, dass britische Militärs Hilfestellung bei dem Mord geleistet hatten.[24] Sie hatten den Vereinigten Staaten Geheiminformationen geliefert, die mutmaßlich zu dem Angriff im Jahr 2011 führten. Eine UN-Kommission bereitete die Prüfung des sich ausweitenden amerikanischen Tötungsprogramms vor, und bei US-Gerichten liefen neue Anfechtungsklagen.[25] Johnson legte dar, wie die USA ihre umstrittene Antiterrorpolitik rechtfertigten:

Manche Rechtswissenschaftler und Kommentatoren in diesem Land brandmarken die Festnahme von al-Qaida-Mitgliedern durch das Militär als »unbegrenzte Haft ohne Anklage«. Andere bezeichnen die gezielte Gewaltanwendung gegen bekannte, identifizierte al-Qaida-Mitglieder als »außergerichtliche Tötung«.

Im Zusammenhang mit den Regeln der Strafverfolgung und des Strafrechts, wonach niemand ohne Anklage, Vorführung vor einen Haftrichter und einen Prozess vor einem unabhängigen Gericht zum Tode verurteilt oder inhaftiert werden darf, mag diese Begriffswahl verständlich sein.

Im Licht eines konventionellen bewaffneten Konflikts aber, in dem man diese Maßnahmen betrachten sollte, sind Gefangennahme, Inhaftierung und die Anwendung tödlicher Gewalt traditionelle Vorgehensweisen, die existieren, seit es Armeen gibt.

Unter dem Strich schrumpfte die Rechtfertigung der Regierung Obama für ihre sich ausweitenden globalen Kriege auf die Aussage zusammen, dass sie sich tatsächlich im Krieg befinde. Mit den Befugnissen, die der Kongress der Regierung Bush nach dem 11. September erteilt hatte, diejenigen zu verfolgen, die für die Anschläge verantwortlich seien, rechtfertigte die Regierung Obama über zehn Jahre später die anhaltenden Angriffe auf »mutmaßliche Militante« auf der ganzen Welt – die noch Kleinkinder waren, als die Twin Towers zusammenbrachen. Das Endresultat der unter Präsident Bush eingeführten und unter seinem demokratischen Nachfolger fortgesetzten und ausgeweiteten Politik brachte der Welt die Morgendämmerung eines neuen Zeitalters: der Ära des schmutzigen Krieg gegen den Terror. Wie Boyle, Obamas ehemaliger Antiterrorberater im Wahlkampf, Anfang 2013 erklärte, »fördert [das US-Drohnenprogramm] ein neues Wettrüsten mit Drohnen, das gegenwärtigen und zukünftigen Rivalen neue Macht verleiht und den Grundstein legt für ein internationales, zunehmend brutales System«.[26]

Heute fallen Entscheidungen über Leben und Tod von Menschen im Namen der nationalen Sicherheit Amerikas im Geheimen, Gesetze werden vom Präsidenten und seinen Beratern hinter verschlossenen Türen ausgelegt, und kein Ziel ist tabu, nicht einmal der amerikanische Staatsbürger. Aber die in Washington getroffenen Entscheidungen ziehen Folgen nach sich, die nicht nur das demokratische Prinzip der Gewaltenteilung in den USA aushebeln. Im Januar 2013 kündigte Ben Emmerson, der Sonderberichterstatter für Terrorabwehr und Menschenrechte der Vereinten Nationen, an, er werde die Drohnenangriffe und gezielten Tötungen durch die Vereinigten Staaten untersuchen. In einer Rede zu Beginn der Ermittlungen sagte Emmerson, die Rechtfertigung der USA für den Einsatz von Drohnen und gezielte Tötungen im Ausland sei typisch für »westliche Demokratien … die einen zeitlich unbegrenzten weltweiten [Krieg] gegen einen Feind, der kein Staat ist, in einem Konfliktgebiet ohne geografische Grenzen führen. Diese Haltung, schloss er, »wird von den meisten Staaten und von der Mehrheit der Völkerrechtler außerhalb der Vereinigten Staaten von Amerika energisch angefochten«.[27]

Bei seiner Antrittsrede im Januar 2013 bediente sich Obama der Rhetorik der Völkerverständigung. »Wir werden unsere Bürger und unsere Werte durch Waffenstärke und Rechtsstaatlichkeit verteidigen. Wir werden den Mut aufbringen und versuchen, unsere Differenzen mit anderen Nationen friedlich beizulegen – nicht, weil wir den vor uns liegenden Gefahren naiv gegenüberstehen, sondern weil Angst und Zweifel dauerhafter durch Engagement bekämpft werden können«, erklärte er. »Die Vereinigten Staaten werden der feste Anker starker Bündnisse auf der ganzen Welt bleiben. Wir werden die Institutionen erneuern, die unsere Fähigkeiten zur Krisenbewältigung im Ausland verbessern, denn niemand hat ein größeres Interesse an einer friedlichen Welt als die mächtigste Nation der Welt.«[28] Doch als Obama zum zweiten Mal das Amt des Präsidenten antrat, gerieten die Vereinigten Staaten erneut mit dem Rest der Welt in Konflikt über ein zentrales Element ihrer Außenpolitik. Die Drohnenangriffe auf Ziele im Jemen am Tag der Vereidigung Obamas wurden zum mächtigen Symbol einer Realität, die zweifellos in seiner ersten Amtszeit geschaffen wurde: Unilaterales Vorgehen und die Sonderstellung unter den westlichen Industrienationen, die Amerika für sich beanspruchte, waren nicht nur überparteiliche Prinzipien in Washington, sondern institutionalisiert worden. Während die Entsendung von Truppenkontingenten im großen Stil immer seltener wurde, erhöhten die USA zugleich den Einsatz von Drohnen und Cruise Missiles und die Zahl der Übergriffe durch Spezialeinheiten in einer nie dagewesenen Vielzahl von Ländern. Der Krieg gegen den Terror hat sich verselbstständigt.

Es bleibt die quälende Frage, die sich alle Amerikaner stellen müssen: Wie soll ein solcher Krieg jemals enden?

Dank

Dieses Buch ist das Produkt der unermüdlichen Arbeit eines Teams von Menschen, die über die ganze Welt verstreut sind – von New York bis Sanaa; von Washington bis Mogadischu und Kabul und weiter. Ich werde nie den Wagemut und die Hingabe meiner Journalistenkollegen vergessen, die mich auf vielen Abschnitten dieser mehrjährigen Reise begleitet und mir zur Seite gestanden haben. Bei manchen Menschen, die besonders hilfreich beim Zustandekommen dieses Buches waren, kann ich mich nicht namentlich bedanken, entweder um ihrer Sicherheit willen, oder weil ich ihnen versprochen habe, ihren Namen nicht preiszugeben. Ihnen allen schulde ich tiefste Dankbarkeit und Respekt. Obwohl mein Name auf dem Buchdeckel steht, hätte ich viele Dinge, die hier erzählt werden, ohne meinen geliebten Bruder Richard Rowley nicht erfahren. Rick ist ein unglaublich mutiger Journalist und bleibt immer gelassen, auch wenn er unter Spannung oder Druck steht. Auf Dächern in Mogadischu wurden wir gemeinsam beschossen, im ländlichen Afghanistan schliefen wir nebeneinander auf schmutzigen Böden, und wir durchquerten zusammen die Niederungen des Jemen. Viele Male im Lauf meiner Forschungen hätte ich wohl nicht die Stärke und den Mut aufgebracht, weiterzumachen, wäre Rick nicht gewesen. Er ist ein strahlendes Beispiel für einen Journalisten und Freund, wie man ihn sich nur wünschen kann.

Mehr als zwei Jahre lang folgte Lauren Sutherland, die für mich recherchierte, sorgfältig jeder Spur – auch wenn sie noch so abseitig und verrückt schien. Lauren ist eine gnadenlose Ermittlerin und legte mir unzählige, bis ins kleinste Detail dokumentierte Informationen und Memos zu den verschiedensten Themen vor, angefangen von somalischen Warlords über kaum bekannte Militäreinheiten bis hin zu unverständlichen juristischen Akten. Selbst unter Stress blieb sie cool, und sie beklagte sich nie über die vielen langen Stunden, die sie an ihrer Arbeit saß. Sie begleitete uns sogar auf einem heimlichen Ausflug über die kenianisch-somalische Grenze, um einen somalischen Warlord zu treffen, der ins Visier des JSOC geraten war. Auch mein Kollege Ryan Devereaux liefert mir unschätzbares Recherchematerial.

Es ist üblich, sich als Autor bei seinem Agenten zu bedanken, aber Anthony Arnove ist für mich viel mehr als das. Ich fühle mich aufrichtig geehrt, mit ihm zusammenarbeiten zu können. Vor allem ist er ein unglaublich wunderbarer und treuer Freund, dem ich voll und ganz vertraue. Er hat unwahrscheinlich viel Zeit damit verbracht, die vielen Versionen meines Textes durchzusehen, immer auf der Suche nach Verbesserungsmöglichkeiten. Anthony besitzt einen fantastischen Instinkt und hat buchstäblich sein ganzes Leben lang für Gerechtigkeit gekämpft. Dieses Projekt hätte ich ohne seine kenntnisreiche Betreuung nicht verwirklichen können.

Meine Lektorin Betsy Reed ist zweifellos die beste in ihrem Fach. Sie hat bei diesem Buch gefühlte zehn Durchläufe gemacht und war fast zehn Jahre lang meine Redakteurin bei der Zeitschrift The Nation. Wenn es sein muss, verteidigt Betsy ihre Autoren und deren Geschichten mit Zähnen und Klauen. Ihr gelingt es stets, mich dazu zu bringen, dass ich weiter gehe, als ich mir zugetraut hätte. Noch nie habe ich von ihr einen Text zurückbekommen, der nicht bedeutend konziser gewesen wäre als der, den ich ihr vorgelegt habe. Ich schätze mich glücklich, tagtäglich mit ihr zusammenarbeiten und sie als liebe Freundin bezeichnen zu dürfen.

Ich habe das Glück einer ungeheuer hilfsbereiten Familie. Zuallererst möchte ich meine Eltern Michael und Lisa nennen. Mein Bruder Tim und meine Schwester Stephanie waren immer für mich da, und ich bin sehr stolz, ihr Bruder zu sein und ihre Freundschaft zu genießen. Ksenija Scahill ist eine unglaublich starke junge Frau, die klüger ist, als ihr Alter nahelegt, ungeheuer neugierig auf die Welt ist und mich stets inspiriert. Ich bin sehr stolz auf sie und ihre Persönlichkeit. Sie ist mein Ein und Alles. Liliana Segura ist eine überragende Journalistin und hat mich und dieses Projekt selbstlos, mit Hingabe und Entschlossenheit unterstützt. Im Kleinen wie im Großen war sie immer da, wenn es darauf ankam. Ohne sie und ihre unerschütterliche Hilfe wäre dieses Buch nicht zustande gekommen. Meine Tanten, Onkel, Cousins und Cousinen in meiner weitläufigen Familie sind einfach wunderbar, und sie haben bedingungslos zu mir gehalten und mich ermutigt. Meine Schwägerin Jenny Kling-Scahill ist eine große Bereicherung für unsere Familie, und ich liebe meine Nichten Maya und Caitlin. Meine Tante und mein Onkel Barb und Harry Hoferle haben mich fast überall auf der Welt besucht, wo ich meinen Forschungen nachging, und mich mit ihrer Liebe und Hilfe ermutigt.

Carl Bromley von Nation Books ist ein bemerkenswerter Mann und wunderbarer Freund mit brillantem Verstand, scharfem Witz und fantastischen Ideen. Vom ersten Tag unserer Gespräche über mein vorheriges Buch Blackwater an war Carl einer meiner vertrautesten Freunde. Er ist ein wahrer Schatz. Ruth Baldwin war über die Jahre eine echte Verbündete und unermüdliche Fürsprecherin dieses Projekts und vieler anderer. Der Beistand von Taya Kitman vom Nation Institute war für mich von entscheidender Bedeutung. Die Mitarbeiter des Instituts bilden ein hervorragendes Team kluger, begabter Menschen. Auch Hamilton Fish möchte ich meine Dankbarkeit für seine Unterstützung über viele Jahre aussprechen, ebenso Victor Navasky.

Das Team von Books Group and Basic Books ist einfach klasse. Von dem Tag an, an dem sie in dieses Projekt einstieg, war Susan Weinberg mit ihrem Enthusiasmus eine großartige Hilfe. Ihr Optimismus und ihre Leidenschaft gaben die Melodie für die großartige Teamleistung bei diesem Buch vor. Die reine Freude war für mich auch die Zusammenarbeit mit ihrem Vorgänger John Sherer, der vor Jahren den Grundstein für dieses Projekt legte. Die Aufgabe, bei diesem Buch die Herstellung in ausgesprochen kurzer Frist und allen Widrigkeiten zum Trotz durchzuziehen, hat Robert Kimzey hervorragend und mit Haltung und Klasse gemeistert. Danken möchte ich auch Michele Wynn – sie ist eine ausgezeichnete Korrektorin – und Mark Sorkin für seine Sorgfalt bei der Drucklegung. Meine Pressesprecherin Michele Jacob ist eine Perle und hat meine Arbeit geradezu mit Leidenschaft und höchster Professionalität gefördert. Mein Anwalt Alan Kaufman hat mit seiner Beharrlichkeit und Furchtlosigkeit vor den Mächtigen dieser Welt meiner journalistischen Arbeit stets Rückendeckung gegeben. Vielen Dank an Martin Soames, der dieses Buch mit großer Sorgfalt der juristischen Prüfung nach britischem Recht unterzogen hat.

Mein Dank geht auch an Marie Maes für das detaillierte Register, an Mike Morgenfeld und die Kartenabteilung von Avalon Travel für das hervorragende Kartenmaterial sowie an Jeff Vespa von WireImage für mein Autorenfoto. Daniel LoPreto von Nation Books hat beim Fotolayout und der komplexen Produktion dieses Buches unschätzbare Dienste geleistet.

Zu tiefstem Dank verpflichtet bin ich meinen Kollegen von der Zeitschrift The Nation. Katrina vanden Heuvel ist eine unerschütterliche Chefredakteurin, die seit Beginn unserer Zusammenarbeit 2005 stets an mich geglaubt hat. Es ist eine Freude, mit Richard Kim, Roane Carey und Emily Douglas zusammenzuarbeiten, sie sind wunderbare Redakteure. Joliange Wright und Ellen Bollinger unterstützten mich stets nach Kräften, ebenso Jean Stein. Ich fühle mich geehrt, der Nation-Familie anzugehören. Meine Freundin und Mentorin Amy Goodman ist der zuverlässigste Mensch, den ich kenne, und eine der großartigsten Journalistinnen unserer Zeit. Democracy Now! wird stets meine Lernstätte und meine Familie sein.

Dank an die Puffin Foundation, den Wallace Global Fund und die Lannan Foundation für die Jahre, in denen sie mich und meine Arbeit unterstützt haben. Ohre sie wäre nichts von dem, was ich in den letzten zehn Jahren in Angriff genommen habe, möglich gewesen. Patrick Lannan ist inzwischen zu einem lieben Freund und einem wunderbaren Partner beim spätabendlichen Whiskeytrinken geworden. Randall Wallace ist ein fabelhafter Mensch, und Perry Rosenstein war stets ein standhafter Unterstützer meiner Arbeit. Mein Freund Scott Roth hat eine entscheidende Rolle bei meinem Dirty-Wars-Projekt gespielt, er hat ein außerordentliches Gespür für Gerechtigkeit und ist einer der klügsten Menschen, die ich kenne. Mein Dank geht auch an Tony Tabatznik, Jen Robinson, Jess Search, Sandra Whipham und alle anderen Mitarbeiter der Bertha Foundation und von BRITDOC. Cara Mertes vom Sundance Institute, eine ausgesprochen kluge, geistreiche Frau, war für mich eine zuverlässige Ratgeberin. Vielen Dank auch an das Kindle Project für seine Unterstützung.

Dieses Buch hat in hohem Maße von der Unterstützung meiner ausländischen Verleger profitiert: Pete Ayrton und Hannah Westland von Serpent's Tail, Antje Kunstmann und Moritz Kirschner vom Verlag Antje Kunstmann, Alexandre Sanchez und Louis-Frédéric Gaudet von Lux Éditeur sowie die Lektorenteams von Companhia das Letras, Ediciones Paidós, Norstedts Förlag, All Prints Distributors and Publishers sowie Wydawnictwo Sine Qua Non. Dank auch an David Grossman von der David Grossman Literary Agency, an Isabel Monteagudo und Rosa Bertran von International Editors Co., Philip Sane von der Lennart Sane Agency und an das ganze Team der Prava I Prevodi Literary Agency.

Im Abspann des Films Dirty Wars sind über 200 Leute aufgelistet, die an der Dokumentation beteiligt waren. Ich kann an dieser Stelle nicht jedem Einzelnen danken, möchte aber insbesondere das bemerkenswerte Team von IFC Films/Sundance Selects, Josh Braun und alle seine Kollegen bei Submarine Entertainment, Nancy Willen von Acme Public Relations, David Harrington und das Kronos Quartet sowie die Kronos Performing Arts Association, Frank Dehn, Sue Bodine, Marc H. Simon, David Menschel vom Vital Projects Fund und Kristin Feeley vom Sundance Institute Documentary Film Program erwähnen. Meinen besonderen Dank auch an Joslyn Barnes, Bonni Cohen, Howard Gertler, Rebecca Lichtenfeld, James Schamus, das Sundance Institute Creative Producing Lab und an Michael Watt.

In der Zeit, in der ich dieses Buch schrieb, hatte ich die Ehre, mit vielen hervorragenden, mutigen Journalisten und Medienleuten zusammenzuarbeiten. In Afghanistan haben mir Jerome Starkey, Jeremy Kelly und Jason Motlagh ausgesprochen großzügig ihre Zeit und ihr Wissen zur Verfügung gestellt. Mein Freund Raouf Hikal war ein hervorragender Mittelsmann und Koordinator. Er nahm enorme Risiken auf sich, als er mir Dinge erzählte, die sonst im Dunkeln geblieben wären. Danke auch Haji Shokat, Fatima Ayoub, Noor Islam Ahmadzia, Asif Shokat, Naqibullah Salarzai und Sha-q Ullah. Una Vera Moores Hilfe war für mich von großer Bedeutung. Danke auch, liebe Familie Sharabuddin in Gardez, dass ihr uns bei euch willkommen geheißen und uns eure unendlich schmerzvolle Geschichte erzählt habt. Wir werden euch nie vergessen.

Im Jemen waren Saber al-Haidary und Nasser Arrabyee ganz wunderbare Koordinatoren, und ich zähle sie zu meinen Freunden. Außerordentlich hilfreich war auch Mohammed Albasha, der keine Mühen scheute, uns ins Land zu schleusen. Dank auch an Ashwaq Arrabyee und Adnan Arrabyee. Meine Freundin Iona Craig ist eine fantastische Journalistin und unglaublich großzügig. Sie half uns auf so viele Weise, dass ich hier gar nicht alles aufzählen kann. Die Kenntnisse von Adam Baron, Gregory Johnsen und Aaron Zelin halfen uns entscheidend, ebenso Haykal Bafana. Sheikh Saleh bin Fareeds Gastfreundschaft war unbeschreiblich, und ohne ihn hätten wir die Bombardierung von al-Majalah wohl nicht so gut dokumentieren können. Er ist ein feiner, ausgeprochen kultivierter Mensch. Die Familie Awlaki lud uns zu sich ein und erzählte uns freimütig, was sie erlebt hatte. Ich hege großen Respekt für ihre Vergebungsbereitschaft, ihre Geduld und ihre beharrliche Forderung nach Gerechtigkeit. Dr. Nasser Awlaki schenkte uns großzügig seine Zeit und half uns, Kontakt zu seinen Familienangehörigen aufzunehmen. Saleha und Abir Awlaki bereiteten uns erstaunliche Gerichte und durchsuchten ihre Foto- und Videosammlung, um uns zu helfen, ihre Familiengeschichte zu erzählen. Unglaublich hilfreich war Ammar Awlaki während unserem gesamten Aufenthalt im Jemen. Dank auch an Omar Awlaki für den köstlichen Honig und seine Einladung, ihn zu Hause zu besuchen.

In Somalia hatten wir das Glück, mit dem wundervollen Bashiir Yusuf Osman, dem Besitzer des Peace-Hotels, zusammenarbeiten zu können. Der furchtlose Mann ist eine fantastische Mischung aus Vermittler, Sicherheitskoordinator, Gastgeber und Freund. Ich werde nie vergessen, welche Risiken Bashiir auf sich nahm. Dankbar bin ich auch Abdirahman »Aynte« Ali und Mohamed Ibrahim »Fanah« Mohamed für ihre Unterstützung, ebenso Sadia Ali Aden und Mohamed Olad Hassan. In Kenia durfte ich die großzügige Hilfe von Abdirizak Haji Atosh und Daud Yussuf in Anspruch nehmen. Vielen Dank auch an Katharine Houreld und Clara Gutteridge für ihre große Hilfsbereitschaft.

Mein Bruder K'naan Warsame hat mich über all die Jahre stets inspiriert. Seine Musik war eine Art Soundtrack zu diesem Buch. Ich lauschte seinen Songs spät abends in Brooklyn beim Schreiben und auf den Straßen Mogadischus und Sanaas. Seine Stimme und seine beißenden Texte sind eine Mahnung überall auf der Welt. Welch eine Ehre für mich, dass ich ihn meinen Freund nennen darf. Mein besonderer Dank gilt auch dem Center for Constitutional Rights und der American Civil Liberties Union, vor allem Pardiss Kebriaei, Jameel Jaffer, Hina Shamsi und Vince Warren, die meine ständigen Nachfragen nach Dokumenten und Interviews bearbeitet haben.

Ich schätze mich glücklich, einen so großen Kreis von Freunden und Kollegen – und Gegnern – zu haben, die mich immer wieder herausfordern und aufklären. David Riker, der mit uns das Drebuch für den Film Dirty Wars geschrieben hat, ist einer der ernsthaftesten und nachdenklichsten Menschen, denen ich je begegnet bin. Ich habe enorm viel von ihm gelernt und bewundere ihn außerordentlich. Brenda Coughlin war über all die Jahre eine wichtige Verbündete. Sie ist stets bereit zu tun, was notwendig ist, wobei sie oft die undankbarsten Aufgaben zu übernehmen bereit ist und keine Mühen scheut. Mit Jacqueline Soohen arbeitete ich schon zusammen, als ich mir noch keinen Bart hatte wachsen lassen. Jahrelang besuchten wir gemeinsam den Irak. Sie ist eine hervorragende Journalistin und wie eine Schwester für mich. Sharif und Kareem Kouddous nenne ich meine Brüder, sie waren immer für mich da und gingen mit mir durch dick und dünn. Dank auch an meine Freunde Ali Gharib, Garrett Ordower, Hani Sabra und Dan Coughlin dafür, dass sie mich stets ermahnten, das Leben nicht zu ernst zu nehmen. Michael Ratner und Karen Ranucci haben mir all die Jahre großzügige Hilfe zukommen lassen und mir ihre Zuneigung geschenkt. Dank auch an den großartigen Michael Moore, der mir meinen ersten »echten« Job gab und meine Arbeit stets unterstützt hat. Oliver Stone und John Cusack haben mich in entscheidenden Augenblicken ermutigt und mir ihr Wissen zur Verfügung gestellt. Meine liebe Freundin Naomi Klein war in guten wie in schlechten Zeiten für mich da. Sie und Avi Lewis sind großartige Kämpfer für die Gerechtigkeit.

Anamaria Segura und Phil Tisne haben mein Leben heller gemacht. Muchas gracias auch an Jorge and Clemencia Segura für all ihre Liebe und Hilfe. Wallace Segura ist ein Gelehrter unter den Wissenschaftlern. Emma Kelton-Lewis und Daniel Avery haben mir großherzig ihre Hilfe zuteilwerden lassen, ebenso Claire und Rennie Alba. Dank auch an meinen Freund Glenn Greenwald dafür, dass er so ist, wie er ist, und dafür, dass er mich in den letzten Jahren an wichtigen Punkten meines Lebens davor bewahrt hat, den Verstand zu verlieren. Dankbar bin ich auch Chris Hayes, meinem Freund und Kollegen, für seine Ermutigung und Hilfe, meiner Schwester Ana Nogueira, die sich als wahre Freundin erwies, und meinen Freunden Mike Burke und Elizabeth Press.

Zu den Journalisten und Autoren, von denen ich gelernt habe, die mir Ratschläge erteilt und mit denen ich im Lauf dieses Projekts Aufzeichnungen austauschen konnte, gehören Spencer Ackerman, Marc Ambinder, D. B. Grady, Barry Eisler, Noah Shachtman, Matthew Cole, Matthieu Aikins, Anand Gopal, Azmat Zahra Khan, Michelle Shepherd, Gareth Porter, Jeffrey Kaye, Jason Leopold, Kevin Gosztola, Adam Serwer, James Gordon Meek, Jake Tapper, Eli Lake, Ryan Grim, Michael Hastings, Josh Rogin, Charlie Savage, Jim Risen, Marcy Wheeler, Alyona Minkovski, Medea Benjamin, Jodie Evans, Kade Ellis, Nick Turse, Tom Engelhardt, Willie Geist, Justin Elliott, Rachel Maddow, Solly Granatstein, Aram Roston, Amy Davidson, Arun Gupta, Christian Parenti, Jane Mayer, Sy Hersh, Josh Gerstein, Micah Zenko, Declan Walsh, J.M.

Berger, Sean Naylor, Joshua Hersh, Casey Coombs, Jonathan Larsen, Diane Shamis, Jamil Smith und Jeff Stein. Dank an euch alle für das, was ihr tut.

In all den Jahren hatte ich das Vergnügen, Gespräche mit vielen Menschen zu führen (oft zunächst über Twitter und dann auch persönlich), und einige von ihnen möchte ich an dieser Stelle nennen. Ich habe von ihnen allen gelernt, manchmal auch aufgrund von Meinungsverschiedenheiten, und sie alle haben meinen Respekt. Zu ihnen gehören Brandon Webb und Jack Murphy beim Special Operations Forces Situation Report, Rob Dubois, Daveed Gartenstein-Ross, Jeff Emanuel, Rob Caruso, Dan Trombly, Joshua Foust, Clint Watts, Matthew Hoh, Andrew Exum, Nada Bakos, Will McCants, Mosharraff Zaidi, Huma and Saba Imtiaz, Omar Waraich, Andy Carvin, Caitlin Fitzgerald, Blake Hounshell, Sebastian Junger, Timothy Carney, Peter Bergen und Chris Albon. Mein Dank geht auch an David Massoni, dessen Thistle Hill Tavern mir in der Zeit meiner Arbeit an diesem Buch so oft wunderbare Gerichte auftischte.

Zum Zeitpunkt, da ich dies schreibe, sitzt der Journalist Abdulelah Haider Shaye immer noch in einem Gefängnis in Sanaa, nicht zuletzt aufgrund der Intervention des Weißen Hauses. Er sollte freigelassen werden.

Akronyme und Abkürzungen

ACCMs, Alternative Compartmentalized Control Measures – *alternative Kontrollmaßnahmen*

AFOs, Advanced Force Operations – *Spezialeinsatzkräfte im Ausland*

AFRICOM, US Africa Command – *Regionalkommando der USA für Afrika*

AIAI, Al Itihaad al Islamiya

AMISOM, African Union Mission in Somalia – *Mission der Afrikanischen Union in Somalia*

ANSF, Afghan National Security Forces – *Nationale Sicherheitskräfte Afghanistans*

AOR, Area of Responsibility – *militärischer Verantwortungs- und Zuständigkeitsbereich*

AQAP, al Qaeda in the Arabian Peninsula – *Al-Qaida auf der Arabischen Halbinsel*

AQI, al Qaeda in Iraq – *Al-Qaida im Irak*

AQN ExOrd, Al Qaeda Network Execute Order – *Al-Qaida-Netzwerk-Direktive*

ASWJ, Ahlu Sunna Wal Jama

AUMF, Authorization for Use of Military Force – *Vollmacht des Präsidenten für den Einsatz militärischer Gewalt gegen Beteiligte des 11. September*

BIF, Battlefield Interrogation Facility – *Verhöreinrichtung im Kampfgebiet*

CAG, Combat Applications Group *(auch bekannt als Delta Force)*

CCR, Center for Constitutional Rights – *Zentrum für Verfassungsrechte*

CENTCOM, Central Command – *Zentralkommando der US-Streitkräfte*

CFR, Council on Foreign Relations – *Rat für auswärtige Beziehungen*

CID, Army Criminal Investigations Division – *Ermittlungseinheit für Straftaten in der Armee*

CJTF 180, Combined Joint Task Force 180 – *Gemeinsame Einsatzgruppe 180*

CJTF–HOA, Combined Joint Task Force Horn of Africa – *Gemeinsame Einsatzgruppe Horn von Afrika*

COIN, counterinsurgency – *Aufstandsbekämpfung*

CONOP, Concept of Operations – *Operationskonzept*

CSF, Central Security Forces – *Zentrale Sicherheitseinheiten (Jemen)*

CSSW, Charitable Society for Social Welfare – *Wohlfahrtsverband für Sozialfürsorge*

CT, counterterrorism – *Terrorismusbekämpfung, Terrorismusabwehr*

CTC, Counterterrorism Center – *Zentrum für Terrorismusabwehr*

CTTL, Continuous Clandestine Tagging Tracking and Locating – *Verdecktes Programm zur Identifizierung, Verfolgung und Lokalisierung von Zielpersonen*

DDTC, Directorate of Defense Trade

Controls – *Kontrollgremium für den Handel mit Verteidigungswaffen*

DEVGRU, Naval Warfare Development Group *(auch bekannt als Seal-Team 6) – Spezialeinheit der US-Navy für Terrorismusbekämpfung und Geiselbefreiung*

DIA, Defense Intelligence Agency – *Militärischer Nachrichtendienst*

DoD, Department of Defense – *Verteidigungsministerium*

E.K.I.A., Enemy Killed in Action – *Feind im Kampf getötet*

FOG, Field Operations Group – *Aufklärungseinheit*

GRS, Global Response Staff – *nach dem 11. September aufgebaute geheime Sicherheitseinheit, die verdeckte Operationen der Geheimdienste schützen soll*

GST, Greystone – *Codename eines streng geheimen Programms im Krieg gegen den Terror*

GTMO, oder Gitmo, Guantánamo Bay

GWOT, Global War on Terror – *Weltweiter Krieg gegen den Terror*

HIG, Hezb-e-Islami Gulbuddin

HUMINT, human intelligence – *geheimdienstliche Abschöpfung menschlicher Quellen*

HVT, High Value Target – *hochrangiges Ziel, hochrangige Zielperson*

ICG, International Crisis Group

ICRC, International Committee of the Red Cross – *Internationales Komitee vom Roten Kreuz (IKRK)*

ICU, Islamic Courts Union – *Union Islamischer Gerichte*

INS, Immigration and Naturalization Service – *US-Einwanderungsbehörde*

IONA, Islamic Organization of North America

ISAF, International Security Assistance Force – *Internationale Sicherheitsunterstützungstruppe*

ISI, Inter-Services Intelligence – *militärischer Geheimdienst Pakistans*

ISR, Intelligence, Surveillance, Reconnaissance – *koordinierte Aktivitäten der US-Streitkräfte in den Bereichen Nachrichtendienst, Überwachung und Aufklärung zur unmittelbaren Unterstützung eines Einsatzes*

IWGCA, Interagency Working Group for Covert Action – *Arbeitsgruppe für verdeckte Aktionen aus Vertretern verschiedener ausführrener Behörden*

JAG, Judge Advocate General – *Leiter der obersten Justizinstanz der US-Streitkräfte*

JIMAS, Association to Revive the Way of the Messenger – *Islamische Wohltätigkeitsorganisation*

JPEL, Joint Prioritized Effects List – *JSOC-Liste für Tötungen oder Gefangennahmen*

JPRA, Joint Personnel Recovery Agency – *Gemeinsame Agentur zur Personenrückführung, später auch für die Vorbereitung auf Einsätze*

JSOC, Joint Special Operations Command – *Gemeinsames Kommando für Spezialeinsätze*

JUWTF, Joint Unconventional Warfare Task Force

KIA, killed in action – *im Kampf gefallen*

LIMDIS, limited distribution – *Dokument mit begrenztem Empfängerkreis*

MLE, Military Liaison Elements – *militärische Verbindungsbeamte*

NSA, National Security Agency – *militärischer US-Nachrichtendienst*

NSC, National Security Council – *Nationaler Sicherheitsrat*

NSDD, National Security Decision Directive – *Direktive für Entscheidungen, die nationale Sicherheit betreffend*

NSPD, National Security Presidential Directive – *Präsidentendirektive zur nationalen Sicherheit*

NSS, National Security Service – *Nationaler Sicherheitsdienst Somalias*

OLC, Office of Legal Counsel – *Büro des Rechtsberaters im Justizministerium*

OSS, Office of Strategic Services – *Nachrichtendienst des Kriegsministeriums der Vereinigten Staaten von 1942 bis 1945*

PETN, pentaerythritol tetranitrate – *Pentaerythrityltetranitrat (Sprengstoff)*

PNAC, Project for the New American Century – *Projekt für das neue amerikanische Jahrhundert*

PSO, Political Security Organization – *jemenetischer Geheimdienst*

QRF, Quick Reaction Force – *schneller Eingreifverband*

RAO, Regional Affairs Office – *Büro für regionale Angelegenheiten im US-Außenministerium*

SAP, Special Access Program – *Sonderzugangsprogramm*

SAS, Special Air Service – *Spezialeinheit der britischen Armee*

SEALs, Sea, Air, Land teams of the US Navy – *Spezialeinheiten der US-Navy*

SECDEF, SecDef oder Secdef, secretary of defense – *US-Verteidigungsminister*

SELECT, *Eliteeinheit von Blackwater*

SERE, Survival, Evasion, Resistance and Escape – *Trainingsprogramm für US-Spezialeinheiten: Überleben, Ausweichen, Widerstand, Flucht*

SMU, Special Mission Unit – *Einheit für Spezialeinsätze*

SO/LIC, Special Operations/Low Intensity Conflict – *Spezialoperationen/Konflikt niedriger Intensität*

SOC(FWD)-PAK, Special Operations Command-Forward Pakistan – *vorwärts operierende US-Spezialeinheiten in Pakistan*

SOC(FWD)-Yemen, Special Operations Command-Forward Yemen – *vorwärts operierende US-Spezialeinheiten im Jemen*

SOCOM, Special Operations Command – *die Teilstreitkräfte übergreifendes Kommando für Spezialeinsätze*

SOF, Special Operation Force – *Spezialeinsatzkräfte*

SOG, Studies and Observation Group – *Aufklärungs- und Beobachtungsgruppe*

SOP, standard operating procedure – *Standardverfahrensweise bei Vernehmungen*

SSB, Strategic Support Branch – *Abteilung der DIA für den Einsatz von Militäragenten im Krieg gegen den Terrorismus*

TADS, Terrorist Attack Disruption Strikes – *Angriffe zur Terrorbekämpfung*

TECS II, Treasury Enforcement Communications System – *Fahndungsliste der Zoll- und Grenzbehörden*

TFG, Transitional Federal Government – *Übergangsregierung*

VAE, *Vereinigte Arabische Emirate*

USAID, US Agency for International Development – *Behörde der Vereinigten Staaten für internationale Entwicklung*

Anmerkungen

Kapitel 1

1. *Joint Inquiry Briefing by Staff on US Government Counterterrorism Organizations (Before September 11, 2001) and on the Evolution of the Terrorist Threat and U.S. Response: 1986–2001*, Senate Select Committee on Intelligence and House Permanent Select Committee on Intelligence, June 11, 2002. Alle Details des Briefings stammen aus der Mitschrift, sofern nicht anders vermerkt.

2. Joe Havely, »The loya jirga: A Very Afghan Gathering«, CNN.com, 11. Juni 2002.

3. »Tower Report Under Wraps in the Attic«, *New York Times*, 27. Februar 1989.

4. Clarke schilderte bei dieser Sitzung die Art seiner Dienste für das Weiße Haus und seine Erfahrungen in der Terrorismusabwehr.

5. Laut dem Bericht der Kommission zum 11. September entwarf Clarke 1998 einen, wie er ihn nannte, »politisch-militärischen Plan« zur »umgehenden Eliminierung jeder signifikanten Bedrohung von Amerikanern« durch das »bin-Laden-Netzwerk«. Der Plan sah diplomatische und finanzielle Maßnahmen vor, aber auch »verdecktes Vorgehen zur Störung terroristischer Aktivitäten, vor allem jedoch die Ergreifung bin Ladens und seiner Stellvertreter, um sie vor Gericht zu bringen« sowie »nachfolgend militärisches Vorgehen«. National Commission on Terrorist Attacks upon the United States (Philip Zelikow, Executive Director; Bonnie D. Jenkins, Counsel; Ernest R. May, Senior Advisor), *The 9/11 Commission Report* (New York: W. W. Norton, 2004), S. 120.

6. *Joint Inquiry Briefing by Staff on US Government Counterterrorism Organizations (Before September 11, 2001) and on the Evolution of the Terrorist Threat and U.S. Response: 1986–2001*, Senate Select Committee on Intelligence and House Permanent Select Committee on Intelligence, June 11, 2002 (Aussage von Richard Clarke). Alle Äußerungen Clarkes stammen aus dieser Anhörung, sofern nicht anders vermerkt.

7. Executive Order No. 11905, Fed. Reg. 7703, 7733 (1976).

8. Executive Order No. 12036, Fed. Reg. 3674, 3688, 3689 (1978).

9. Seymour M. Hersh, »Target Qaddafi«, *New York Times Magazine*, 22. Februar 1987.

10. »The United States Navy in ›Desert Shield‹/›Desert Storm‹; V: ›Thunder and Lightning‹ – The War with Iraq«, 15. Mai 1991, aufgerufen am 5. Au-

gust 2012, www.history.navy.mil/wars/dstorm/ds5.htm. »TLAMs wurden gegen Einrichtungen zur Produktion von Chemie- und Nuklearwaffen, Boden-Luft-Raketenstellungen, Befehls- und Kontrollzentren und Husseins Präsidentenpaläste eingesetzt.«

11. William M. Arkin, »The Difference Was in the Details«, *Washington Post*, 17. Januar 1999.

12. James Bennet, »U.S. Cruise Missiles Strike Sudan and Afghan Targets Tied to Terrorist Network«, *New York Times*, 21. August 1998.

13. James Astill, »Strike One«, *Guardian*, 1. Oktober 2001.

14. Clarke sagte, »[die Regierung und das Justizministerium] wollten das Verbot von gezielten Tötungen nicht auf eine Art und Weise aufheben, wie man das Kind mit dem Bade ausschüttet«.

15. Laut Clark »ersuchte die CIA um eine Vollmacht. Es hieß, sie würde rasch erteilt. Wir warteten, aber nichts geschah.«

16. Äußerung der Abgeordneten Pelosi während der gemeinsamen Sitzung.

17. »Statement of Principles«, Project for the New American Century, 3. Juni 1997. Elliott Abrams, Richard Cheney, Donald Rumsfeld, Paul Wolfowitz und I. Lewis Libby waren die Unterzeichner der Grundsatzerklärung des PNAC.

18. »Rebuilding America's Defenses: Strategy, Forces, and Resources for a New Century«, Project for the New American Century, September 2000, S. 4.

19. Ebd., Einführung, S. ii.

20. David Armstrong, »Dick Cheney's Song of America; Drafting a Plan for Global Dominance«, *Harper's*, Oktober 2002.

21. Patrick E. Tyler, »U.S. Strategy Plan Calls for Insuring No Rivals Develop«, *New York Times*, 8. März 1992.

22. Jim Lobe, »Cold War ›Intellectuals‹ Re-enlist for War on Iraq, Arabs«, Inter Press Service News Agency, 17. November 2001.

23. Rede von George W. Bush, »A Period of Consequences«, The Citadel, Charleston, SC, 23. September 1999.

24. Lobe, »Cold War ›Intellectuals‹«.

25. »Rebuilding America's Defenses«, S. 14.

26. Donald Rumsfeld, Fax an die nationale Sicherheitsberaterin Condoleezza Rice, »Subject: International Criminal Court«, 23. Februar 2001, http://rumsfeld.com/library.

27. Mitschrift, »›The Crazies Are Back‹: Bush Sr.'s Briefer Discusses How Wolfowitz and Allies Falsely Led the U.S. to War«, *Democracy Now!*, 17. September 2003.

28. Charlie Savage, *Takeover: The Return of the Imperial Presidency and the Subversion of American Democracy* (New York: Bay Back Books, 2008), S. 9.

29. Ebd., S. 25f.

30. Richard L. Madden, »House and Senate Override Veto by Nixon on Curb of War Powers; Backers of Bill Win Three-Year Fight«, *New York Times*, 7. November 1973.

31. Joint Resolution Concerning the War Powers of Congress and the President, Pub. L. No. 93-148, Sec. 3-4 (1973).

32. Bob Woodward, »Cheney Upholds Power of the Presidency; Vice President Praises Bush as Strong, Decisive Leader Who Has Helped Restore Office«, *Washington Post*, 20. Januar 2005.

33. Select Committee to Study Governmental Operations with Respect to Intelligence Activities, Final Report; Book III: Supplementary Detailed Staff Reports on Intelligence Activities and the Rights of Americans, Senate Rep. No. 94-755 (1976).

34. Select Committee to Study Governmental Operations with Respect to Intelligence Activities, Staff Report, Covert Action in Chile, 1963–1973 (1975).

35. Senate Select Committee to Study Governmental Operations with Respect to Intelligence Activities (The Church Committee), Website des United States Senate, aufgerufen am 5. Oktober 2012, www.senate.gov/artandhistory/history/common/investigations/ChurchCommittee.htm.

36. Adam Liptak, »Cheney's To-Do Lists, Then and Now«, *New York Times*, 11. Februar 2007.

37. Overview of the Senate Select Committee on Intelligence, Responsibilities and Activities, Website des SSCI, aufgerufen am 5. Oktober 2012, www.intelligence.senate.gov/about.html; »The CIA and Congress: The Creation of the HPSCI«, Website der CIA, aufgerufen am 5. Oktober 2012, www.cia.gov/news-information/featured-sto-ry-archive/2011-featured-story-archive/cia-and-congress-hpsci.html.

38. Intelligence Authorization Act for FY 1981, Pub. Law 96-450 (1980). In Abschnitt V des Gesetzes – »Accountability for Intelligence Activities« – ist festgelegt, dass »der Direktor der Central Intelligence Agency und die Leiter aller Ministerien, Agenturen und anderer Körperschaften der Vereinigten Staaten, die an nachrichtendienstlichen Aktivitäten beteiligt sind … das Select Committee on Intelligence of the Senate und das Permanent Select Committee on Intelligence of the House of Representatives … laufend umfassend und dem aktuellen Stand gemäß über sämtliche nachrichtendienstliche Aktivitäten zu informieren haben«, die von einer offiziellen Einrichtung der Vereinigten Staaten ausgeführt werden oder die diese von anderen per Auftrag ausführen lassen, einschließlich aller geplanten nachrichtendienstlichen Aktivitäten erheblicher Art.

39. Savage, *Takeover*, S. 43.

40. Ebd.

41. »Case Concerning the Military and Paramilitary Activities in and against Nicaragua (Nicaragua v. United States of America)«, Kurzfassung des Urteils, Internationaler Gerichtshof, 27. Juni 1986.

42. Senate Select Committee on Secret Military Assistance to Iran and the Nicaraguan Opposition and House Select Committee to Investigate Covert Arms Transactions with Iran, Report of the Congressional Committees In-

vestigating the Iran-Contra Affair, with Supplemental, Minority, and Additional Views, Senate Rep. No. 100-216, House Rep. No. 100-433 (1987), S. 498ff.

43. Paula Dwyer, »Pointing a Finger at Reagan«, *Businessweek*, 23. Juni 1997.

44. Senate Select Committee on Secret Military Assistance to Iran and the Nicaraguan Opposition and House Select Committee to Investigate Covert Arms Transactions with Iran, Report of the Congressional Committees Investigating the Iran-Contra Affair, Section II: Minority Report, Senate Rep. No. 100-216, House Rep. No. 100-433 (1987), S. 437 und 469.

45. Tom Squitieri, »Role of Security Companies Likely to Become More Visible«, *USA Today*, 1. April 2004.

46. Savage, *Takeover*, S. 67.

47. Das zweite Porträt war damals zwar nur eine Fotografie, wurde aber später durch ein Gemälde ersetzt, das fast 50.000 Dollar kostete. Siehe Christopher Lee, »Official Portraits Draw Skeptical Gaze«, *Washington Post*, 21. Oktober 2008.

48. Mitschrift der Rede von Donald Rumsfeld, »DOD Acquisition and Logistics Excellence Week Kickoff – Bureaucracy to Battlefield«, The Pentagon, 10. September 2001.

49. Paul C. Light, »Rumsfeld's Revolution at Defense«, Brookings Policy Brief Series, Paper No. 142, Brookings Institution, Juli 2005.

50. James M. Lindsay und Ivo H. Daalder, »The Bush Revolution: The Remaking of America's Foreign Policy«, Brookings Institution, Mai 2003.

51. Douglas Feith, *War and Decision: Inside the Pentagon at the Dawn of the War on Terrorism* (New York: Harper, 2009), S. 1.

52. Ron Suskind, *The Price of Loyalty: George W. Bush, the White House, and the Education of Paul O'Neill* (New York: Simon and Schuster 2004), S. 86.

53. Bob Woodward, *State of Denial: Bush at War, Part III* (New York: Simon and Schuster 2006), S. 49.

54. Feith, *War and Decision*, S. 51.

55. Interview des Autors mit General Hugh Shelton, März 2011. Alle Informationen und Erklärungen von General Shelton stammen aus diesem Interview, sofern nicht anders vermerkt.

56. Richard Clarke, *Against All Enemies: Inside America's War on Terror* (New York: Free Press, 2004), S. 32.

57. Bericht der Kommission zum 11. September, S. 335f.

58. »The War Behind Closed Doors«, *Frontline*, PBS, 20. Februar 2003.

59. Interview des Autors mit Dr. Emile Nakhleh, Februar 2012. Die Angaben zu Dr. Nakhlehs Karriere stammen aus diesem Interview. Informationen zu Dr. Nakhlehs Forschungen für die CIA sind auch nachzulesen in den biografischen Angaben beim American Foreign Policy Project, aufgerufen am 5. Oktober 2012, http://americanforeignpolicy.org/iran-ex-perts/emile-nakhleh.

60. Mitschrift der Kandidatendebatte zwischen George W. Bush und Al Gore,

Wake Forest University, Winston-Salem, North Carolina, 11. Oktober 2000, www.debates.org/index.php?page=october-11-2000-debate-transcript.

61. Einigen Berichten zufolge stattete Cheney dem CIA-Hauptquartier rund ein Dutzend Besuche ab; laut anderen Berichten lag die Zahl ein wenig niedriger. Dubose und Bernstein berichten von »mindestens acht, vielleicht sogar fünfzehn« Besuchen und zitieren hierfür aus Interviews mit der CIA und zu diesem Thema. Libby war Berichten zufolge sogar noch häufiger zu Gast. Siehe Tom Hamburger und Peter Wallsten (*Los Angeles Times*), »Cheney's Tussles with CIA Are Subtext of Leaker Probe; Vice President's Skeptical View of Intelligence Agency Dates Back to the Late 1980's«, *Baltimore Sun*, 21. Oktober 2005; Lou Dubose und Jake Bernstein, *Vice: Dick Cheney and the Hijacking of the American Presidency* (New York: Random House, 2006, E-Book).

62. Martha Mendoza (AP), »One Man Still Locked Up from 9/11 Sweeps«, *Washington Post*, 14. Oktober 2006.

63. Joshua A. Bobich, »Note: Who Authorized This?! An Assessment of the Process for Approving U.S. Covert Action«, *William Mitchell Law Review* 33 (3) (10. April 2007), S. 1111–1142 und 1126. Die Angaben über das von der Regierung Clinton praktizierte Genehmigungsprozedere für verdeckte Aktionen stammen aus diesem Artikel.

64. Ebd., S. 1126; Memorandum von George W. Bush, »Subject: Organization of the National Security Council System«, 13. Februar 2001. Das Memorandum wurde bekannt als Präsidentendirektive zur Nationalen Sicherheit (NSPD-1). In dem als nicht geheim eingestuften Memorandum werden verdeckte Aktionen zwar nicht ausdrücklich erwähnt, es erweckt aber den Anschein, dass die Struktur des nationalen Sicherheitssystems zum Großteil erhalten bleiben soll.

65. Vgl. Bericht der Kommission zum 11. September, S. 202f, S. 210.

66. Ebd., S. 204f.

67. Zeugenaussage von Minister Donald Rumsfeld, zur Vorlage bei der National Commission on Terrorist Attacks upon the United States, 23. März 2004.

68. Vgl. Bericht der Kommission zum 11. September, S. 190, S. 212. Sowie ein Interview des Autors mit einem Mitarbeiter der militärischen Nachrichtendienste der USA, Februar 2010.

69. Bill Yenne, *Attack of the Drones: A History of Unmanned Aerial Combat* (St. Paul, MN: Zenith Press, 2004), S. 86. Laut Yenne »feuerte am 16. Februar 2001 während einer Testreihe auf der Luftwaffenbasis Nellis eine Predator-Drohne erfolgreich eine Luft-Boden-Rakete des Typs Hellfire AGM-114C ins Ziel. Aus dem Predator [Raubtier]) war jetzt tatsächlich ein Raubtier geworden.«

70. Bericht der Kommission zum 11. September, S. 190 und 211. Die Kommission zitierte aus einem Memorandum von Cofer Black an Richard Clarke vom 25. Januar 2001.

71. Ebd.
72. »The Honorable Charles E. Allen, Principal«, Chertoff Group, aufgerufen am 5. Oktober 2012, http://chertoffgroup.com/bios/charles-allen.php.
73. Bericht der Kommission zum 11. September, S. 211.
74. Vgl. Ebd., S. 213, S. 214.
75. Milton Friedman, *Capitalism and Freedom* (Chicago: University of Chicago Press), 2003, Vorwort, 1982, p. xiv (dt.: *Kapitalismus und Freiheit*, Frankfurt/M., Berlin, Wien: Ullstein, 1984).
76. Vgl. Naomi Klein, *The Shock Doctrine: The Rise of Disaster Capitalism* (New York: Picador, 2007), S. 14 (dt.: *Die Schock-Strategie. Der Aufstieg des Katastropen-Kapitalismus*, Frankfurt/M.: Fischer-Verlag, 2009). Und Nina Easton, »Why Is Dick Cheney Smiling?«, Money.CNN.com, 25. November 2007.
77. Friedman, *Capitalism and Freedom*, Vorwort, 1982, p. xiv.
78. »Rebuilding America's Defenses«, S. 51.
79. Feith, *War and Decision*, S. 51.
80. Joint Resolution to Authorize the Use of United States Armed Forces Against Those Responsible for the Recent Attacks Launched Against the United States, Pub. Law 107-40, Sec. 2 (2001).
81. Richard F. Grimmett, »Authorization for Use of Military Force in Response to the 9/11 Attacks (P.L. 107-40): Legislative History«, Congressional Research Service, aktualisiert am 16. Januar 2007.
82. Rede der Abgeordneten Barbara Lee gegen die Bewilligung des Einsatzes von Streitkräften in Afghanistan, 14. September 2001. »Barbara Lee's 9/14/01 Speech«, YouTube-Video von der Berichterstattung über die Debatte vor der Verabschiedung der »Authorization for Use of Military Force« am 14. September 2001, geposted von »OneVoice-PAC«, 12. September 2007, www.youtube.com/watch?v=Zh_sxilhyVo.
83. Mitschrift des Interviews mit Vizepräsident Richard Cheney, *Meet the Press*, NBC, 16. September 2001.
84. Woodward, *Bush at War*, S. 75 und 101. Woodward erläutert einen früheren, mit »Going to War« beschriebenen Vorschlag von CIA-Direktor George Tenet, den er während der Treffen in Camp David vorlegte. Tenet empfahl, die Genehmigung zu erteilen, Mitglieder des al-Qaida-Netzwerks zu internieren und zu töten. Im Erlass vom 17. September, schreibt Woodward, »wurden alle Maßnahmen bewilligt, die Tenet in Camp David vorgeschlagen hatte«.
85. Vgl. Steve Coll, *Ghost Wars: The Secret History of the CIA, Afghanistan, and Bin Laden, from the Soviet Invasion to September 10, 2001* (New York: Penguin Press, 2004), Titelei, S. 267, S. 271.
86. Billy Waugh mit Tim Keown, *Hunting the Jackal: A Special Forces and CIA Ground Soldier's Fifty-Year Career Hunting America's Enemies* (New York: William Morrow, 2004), S. 143 (dt.: *Der Terroristenjäger. Mein Leben als Spezialagent*, Hamburg, Leipzig, Wien: Europa-Verlag, 2005, S. 197).

87. Robert Young Pelton, *Licensed to Kill: Hired Guns in the War on Terror* (New York: Three Rivers Press, 2006), S. 28.

88. Interview des Autors mit Oberst Lawrence Wilkerson, Mai 2011. Alle weiteren Äußerungen von Wilkerson im Text aus diesem Interview, sofern nicht anders vermerkt.

89. Vgl. Michael Hirsh und Michael Isikoff, »What Went Wrong«, *Newsweek*, 27. Mai 2002. Und Bericht der Kommission zum 11. September, S. 261. Der Bericht enthält Auszüge aus dem täglichen Lagebericht, der dem Präsidenten am 6. August 2001 vorgelegt wurde.

90. J. Cofer Black, Zeugenaussage bei der Anhörung vor dem Joint House-Senate Intelligence Committee zum 11. September, 26. September 2002.

91. Gordon Corera, »How Terror Attacks Changed the CIA«, BBC.co.uk, 13. März 2006.

92. Woodward, *Bush at War*, S. 52.

93. Ebd.

94. Interview des Autors mit Philip Giraldi, März 2012.

95. Gary C. Schroen, *First In: An Insider's Account of How the CIA Spearheaded the War on Terror in Afghanistan* (New York: Presidio Press, 2005), S. 38.

96. Jane Mayer, »The Search for Osama: Did the Government Let bin Laden's Trail Go Cold?«, *New Yorker*, 4. August 2003, S. 27.

97. Woodward, *Bush at War*, S. 103.

98. Pelton, *Licensed to Kill*, S. 30ff.

99. Seymour M. Hersh, »Manhunt: The Bush Administration's New Strategy in the War Against Terrorism«, *New Yorker*, 23. Dezember 2002, S. 66; James Risen und David Johnson, »Threats and Responses: Hunt for Al Qaeda; Bush Has Widened Authority of C.I.A. to Kill Terrorists«, *New York Times*, 15. Dezember 2002.

100. George W. Bush, »Presidential Address to the Nation«, 7. Oktober 2001.

101. Woodward, *Bush at War*, S. 175.

102. Bericht der Kommission zum 11. September, S. 351.

103. Tom Lasseter, »Day Four: Easing of Laws That Led to Detainee Abuse Hatched in Secret«, McClatchy, 18. Juni 2008.

104. Chitra Ragavan, »Cheney's Guy«, US News.com, 21. Mai 2006, www.us news.com/usnews/news/articles/060529/29addington.htm.

105. Lasseter, »Day Four«.

106. Tim Golden, »After Terror, a Secret Rewriting of Military Law«, *New York Times*, 24. Oktober 2004. Golden erwähnt ausdrücklich, dass bestimmte Anwälte und Offizielle von der internen Diskussion über die Maßnahmen der Militärgerichtsbarkeit ausgeschlossen waren.

107. 50 U.S.C. Sec. 413b, »Presidential Approval and Reporting of Covert Actions«.

108. Interview des Autors mit einem Angehörigen des militärischen Nachrichtendienstes, November 2009. Über die Existenz eines unter der Abkürzung »GST« bekannten Programms berichtete erstmals Dana Priest von der *Wa-*

shington Post. Später erwähnte Priest den Namen »Greystone« in einem Interview in der PBS-Sendung *Top Secret America.*

109. Vgl. Dana Priest, »Covert CIA Program Withstands New Furor«, *Washington Post,* 30. Dezember 2005.

110. Tyler Drumheller mit Elaine Monaghan, *On the Brink: An Insider's Account of How the White House Compromised American Intelligence* (New York: Carroll and Graff, 2006), S. 32.

111. Mitschrift des Interviews mit John Rizzo, »John Rizzo: The Lawyer Who Approved CIA's Most Controversial Programs«, PBS.org, 6. September 2011.

112. John Barry, Michael Isikoff und Michael Hirsh, »The Roots of Torture«, *Newsweek,* 23. Mai 2004.

113. Dana Priest, »Former CIA Spy Boss Made an Unhesitating Call to Destroy Interrogation Tapes«, *Washington Post,* 24. April 2012.

114. Stephen Gillers, »The Torture Memo«, *Nation,* 9. April 2008.

115. Mitschrift des Interviews mit Jose A. Rodriguez, *60 Minutes,* CBS, 29. April 2012.

116. Jane Mayer, »The Black Sites: A Rare Look Inside the C.I.A.'s Secret Interrogation Program«, *New Yorker,* 13. August 2007.

117. Vgl. Dana Priest, »CIA Holds Terror Suspects in Secret Prisons«, *Washington Post,* 2. November 2005. Ein ehemaliger hochrangiger Geheimdienstmitarbeiter berichtete Priest: »Soweit ich weiß, haben wir uns niemals hingesetzt und eine großartige Strategie hervorgezaubert. Wir haben immer nur reagiert. So gerät man in die Lage, dass man Leute schnappt und sie ins Jenseits befördert. Dann muss man sich nicht fragen: Und was stellen wir mit ihnen anschließend an?«

118. Rebecca Leung, »CIA Flying Suspects to Torture?«, CBSNews.com, 11. Februar 2009.

119. Priest, »CIA Holds Terror Suspects«.

120. Joby Warrick und Dan Eggen, »Hill Briefed on Waterboarding in 2002«, *Washington Post,* 9. Dezember 2007.

121. Jane Mayer, *The Dark Side: The Inside Story of How the War on Terror Turned into a War on American Ideals* (New York: Doubleday, 2008), S. 114.

122. Stephen Grey, *Ghost Plane: The True Story of the CIA Rendition and Torture Program* (New York: St. Martin's Press, 2006), S. 139ff (dt.: *Das Schattenreich der CIA. Amerikas schmutziger Krieg gegen den Terror,* München: DVA, 2009, S. 188–197). Laut Grey, der Michael Scheuer interviewte, hatte das Weiße Haus das Überstellungsprogramm abgesegnet. Die Anwälte genehmigten jede einzelne Operation, und »in der CIA musste jede dieser Operation vom Leiter des Geheimdienstes ... oder von dessen Stellvertreter genehmigt werden«.

123. Eighth Public Hearing Before the National Commission on Terrorist Attacks upon the United States, 24. März 2004 (Aussage von George Tenet, Direktor der CIA).

124. Amnesty International, »Pakistan: Imminent Execution of Mir Aimal Kasi Raises Fears for Others Taken into US Custody Without Human Rights Safeguards«, 2002.

125. Richard Clarke, »The Confusion over Renditions«, *Boston Globe*, 29. Januar 2009.

126. Christopher S. Wren, »U.S. Jury Convicts Three in a Conspiracy to Bomb Airliners«, *New York Times*, 6. September 1996; die Überstellungen wurden bestätigt in »Patterns of Global Terrorism 1998«, US-Außenministerium, April 1999.

127. »Patterns of Global Terrorism 1998«, US-Außenministerium, April 1999.

128. Foreign Affairs Reform and Restructuring Act, Pub. Law 105-277, Sec. 2242 (a) (1998).

129. Jim Landers, »CIA Official Says War on Terrorism Will Be Won with Great Force«, Knight Ridder/Tribune News Service, 18. Oktober 2001.

130. Dana Priest und Barton Gellman, »U.S. Decries Abuse but Defends Interrogations«, *Washington Post*, 26. Dezember 2002.

131. *Joint Inquiry into Intelligence Community Activities Before and After the Terrorist Attacks of September 11, 2001, Hearings Before the Senate Select Committee on Intelligence and House Permanent Select Committee on Intelligence, 107th Cong., 2nd Sess.,* 26. September 2002 (Aussage von J. Cofer Black).

132. Dana Priest, »Al Qaeda-Iraq Link Recanted; Captured Libyan Reverses Previous Statement to CIA, Officials Say«, *Washington Post*, 1. August 2004.

133. Vgl. Mayer, *The Dark Side*, S. 104, S. 106.

134. John Barry und Daniel Klaidman, »A Tortured Debate«, *Newsweek*, 20 Juni 2004.

135. Garrett M. Graff, *The Threat Matrix: The FBI at War in the Age of Global Terror* (New York: Little, Brown, 2011), S. 359; Jason Vest, »Pray and Tell«, *American Prospect*, 19. Juni 2005.

136. James Risen, *State of War: The Secret History of the CIA and the Bush Administration* (New York: Free Press, 2006), S. 29 (dt.: *State of War. Die geheime Geschichte der CIA und der Bush-Administration*, Hamburg: Hoffman und Campe Verlag 2006, S. 40).

137. »Top al Qaeda Leader Held Aboard U.S. Warship«, CNN.com, 8. Januar 2002.

138. Michael Isikoff und David Corn, *Hubris: The Inside Story of Spin, Scandal, and the Selling of the Iraq War* (New York: Three Rivers Press, 2007), S. 122f.

139. Oberst Lawrence Wilkerson, »The Truth About Richard Bruce Cheney«, *Washington Note*, 13. Mai 2009.

140. Abschrift, Interview mit Ali Soufan, »The Interrogator«, *Frontline*, PBS, ausgestrahlt am 13. September 2011.

141. John D. Rockefeller IV. und Carl Levin, Brief an Vizeadmiral Lowell E. Jacoby, Direktor der DIA, 18. Oktober 2005. Der Brief enthält zwei Absätze

einer Kurzdarstellung der DIA zum Terrorismus vom 3. Oktober 2005 hinsichtlich der Beschwerden, die Libi nach seiner Vernehmung erhoben hatte.

142. Isikoff und Corn, *Hubris*, S. 187.

143. Mitschrift der Rede von Colin Powell vor den Vereinten Nationen, 5. Februar 2003.

144. Mitschrift, »The Interrogator«, *Frontline*.

145. Interviews des Autors mit ehemaligen Regierungsvertretern, August 2010 und Mai 2011.

146. Savage, *Takeover*, S. 135f und 138.

147. Katharine Q. Seelye, »A Nation Challenged: The Prisoners; Powell Asks Bush to Review Stand on War Captives«, *New York Times*, 27. Januar 2002.

148. Colin L. Powell, Memorandum an den Rechtsberater des Präsidenten und den stellvertretenden nationalen Sicherheitsberater, »Subject: Draft Decision Memorandum for the President on the Applicability of the Geneva Convention to the Conflict in Afghanistan«, 26. Januar 2002. Powell listet in dem Memorandum das Pro und Contra einer Anwendung bzw. Nichtanwendung der Genfer Konventionen im Konflikt in Afghanistan auf. Gegen eine Nichtanwendung der Konventionen spreche, so Powell, dass dies »die mehr als ein Jahrhundert lang vertretene und praktizierte Haltung der Vereinigten Staaten bei der Unterstützung der Genfer Konventionen umkehren und den Schutz unserer Truppen durch das Kriegsrecht sowohl in diesem spezifischen Kontext als auch im Allgemeinen untergraben würde«.

149. Barry, Isikoff und Hirsh, »Roots of Torture«. Bush traf seine Entscheidung Anfang Februar und bereits »Mitte Januar 2002 landete das erste mit Gefangenen beladene Flugzeug in Camp X-Ray in Gitmo [Guantánamo].«

150. Jose A. Rodriguez mit Bill Harlow, *Hard Measures: How Aggressive CIA Actions After 9/11 Saved American Lives* (New York: Threshold Editions, 2012), S. 116f.

151. Donald Rumsfeld, Arbeitspapier für General Myers, »Subject: Afghanistan«, 17. Oktober 2001. Rumsfeld schreibt: »Ist es denn angesichts der Weltlage undenkbar, dass das Verteidigungsministerium in Situationen wie dieser nicht fast komplett von der CIA abhängig sein sollte?«

Kapitel 2

1. Dr. James J. Zogby, »The Arab American Vote in the November 2000 Election«, Arab American Institute, 14. Dezember 2000. In einer Analyse im Auftrag von Abu Dhabi Television schreibt Zogby, »eine jüngste Umfrage unter arabischstämmigen Amerikanern zeigt, dass 45,5 % von ihnen die Kandidatur des Republikaners George W. Bush unterstützten, 38 % den Demokraten Al Gore.« Weiter merkt er an, dass zwar die arabischstämmigen Amerikaner eher zu den Demokraten tendierten, aber »diese Wahl vor dem Hintergrund eskalierender israelischer Gewalt gegen die Palästinenser

stattfand«, was »offenbar das Stimmverhalten einiger arabisch-amerikanischer Wähler beeinflusste«.

2. Mitschrift, Interview mit Anwar al-Awlaki, »Fighting Fear«, *NewsHour with Jim Lehrer,* PBS, 30. Oktober 2001.

3. Interview des Autors mit Nasser al-Awlaki, Januar 2012. Details zum Familienleben von Nasser al-Awlaki sowie zur Kindheit und Jugend von Anwar al-Awlaki stammen aus diesem Interview, sofern nicht anders vermerkt.

4. Unveröffentlichter Aufsatz von Nasser al-Awlaki, vom Autor eingesehen im Januar 2012.

5. Ein FBI-Bericht über Anwar verzeichnet den 21. April als seinen Geburtstag, Nasser nennt in einem Interview mit dem Autor jedoch den 22. April. Die Medien verwenden beide Daten.

6. »Interview: Dr. Nasser al-Awlaki zur Tötung seines Sohnes Anwar und seines Enkels«, *National Yemen,* 6. Oktober 2012.

7. Vgl. Catherine Herridge, *The Next Wave: On the Hunt for Al Qaeda's American Recruits* (New York: Crown Forum, 2011), S. 78. Und Bruce Finley, »Muslim Cleric Targeted by U.S. Made Little Impression During Colorado Years«, *Denver Post,* 11. April 2010.

8. Anwar al-Awlaki, »Spilling Out the Beans; Al Awlaki Revealing His Side of the Story«, *Inspire 9* (Winter 2012), veröffentlicht im Mai 2012. Alle folgenden Zitate und Aussagen Anwar al-Awlakis stammen aus dieser Publikation, sofern nicht anders vermerkt.

9. Interview des Autors mit Nasser al-Awlaki, Januar 2012; Scott Shane und Souad Mekhennet, »Imam's Path from Condemning Terror to Preaching Jihad«, *New York Times,* 8. Mai 2010.

10. Interview des Autors mit Scheich Saleh bin Fareed, Januar 2012.

11. Finley, »Muslim Cleric Targeted by U.S.«.

12. Interview des Autors mit Nasser al-Awlaki, Januar 2012.

13. Finley, »Muslim Cleric Targeted by U.S.«.

14. Shane und Mekhennet, »Imam's Path«.

15. Dem Autor liegt eine Kopie von Abdulrahman al-Awlakis Geburtsurkunde vor.

16. Shane und Mekhennet, »Imam's Path«.

17. Union-Tribune und Associated Press, »Anwar al-Awlaki, al-Qaida-Linked Cleric with San Diego Ties, Killed«, UTSanDiego.com, 30. September 2011.

18. Shane und Mekhennet, »Imam's Path.«

19. National Commission on Terrorist Attacks upon the United States (Philip Zelikow, Executive Director; Bonnie D. Jenkins, Counsel; Ernest R. May, Senior Advisor), *The 9/11 Commission Report* (New York: W. W. Norton, 2004), S. 517.

20. Susan Schmidt, »Imam from Va. Mosque Now Thought to Have Aided al-Qaeda«, *Washington Post,* 27. Februar 2008.

21. Tom Hays (AP), »FBI Eyes NYC ›Charity‹ in Terror Probe«, washingtonpost.com, 26. Februar 2004.

22. Schmidt, »Imam from Va. Mosque«.

23. US-Arbeitsministerium, Büro für internationale Arbeitsfragen, Zusammenfassung für das Projekt »Alternatives to Combat Child Labor Through Education and Sustainable Services in the Middle East and North Africa (MENA) Region«, www.dol.gov/ilab/projects/europe_mena/MidEast_LebanonYemen_EI_CLOSED.pdf; »Project Status – Europe, Middle East, and North Africa«, Website des Arbeitsministeriums, aufgerufen im Oktober 2010, www.dol.gov/ilab/projects/europe_mena/project-europe.htm.

24. Interviews des Autors mit Angehörigen der Familie Awlaki, Januar 2012.

25. J. M. Berger, *Jihad Joe: Americans Who Go to War in the Name of Islam* (Washington: Potomac Books, 2011), S. 119.

26. Schmidt, »Imam from Va. Mosque«.

27. *Joint Inquiry into Intelligence Community Activities Before and After the Terrorist Attacks of September 11, 2001, Hearings Before the Senate Select Committee on Intelligence and House Permanent Select Committee on Intelligence*, 107th Cong., 2nd Sess. 26. September 2002, S. 178.

28. Vgl. Shane und Mekhennet, »Imam's Path«. Und Interview des Autors mit Nasser al-Awlaki, Januar 2012.

29. J. M. Berger, »Gone but Not Forgotten«, *Foreign Policy*, 30. September 2011.

30. Shane und Mekhennet, »Imam's Path«.

31. Alexander Meleagrou-Hitchens, »As American as Apple Pie: How Anwar al-Awlaki Became the Face of Western Jihad«, The International Centre for the Study of Radicalisation and Political Violence, London, 2011.

32. Awlaki, »Spilling Out the Beans«.

33. »Radical Cleric Killed by Drone Was Twice Arrested with Prostitutes in San Diego«, L.A. Now (Blog), *Los Angeles Times*, 30. September 2011, http://latimesblogs.latimes.com/lanow/2011/09/anwar-awlaki-the-american-born-cleric-andjihadist-killed-by-a-us-backed-drone-strikein-yemen-spent-several-years-in-san.html.

34. Vgl. Awlaki, »Spilling Out the Beans«.

35. Ebd.

36. Interview des Autors mit Nasser al-Awlaki, Januar 2012.

37. Mitschrift, »Connections Between Radical Cleric, Hasan Closely Examined«, *NewsHour*, PBS, 12. November 2009.

38. »Former Islamic Spiritual Leader Defends Mosque«, Copley News Service, 28. September 2001.

39. »Muslim Americans Suffer Terrorist Backlash«, Scripps Howard News Service, 12. September 2001.

40. William Branigin, »Terror Hits Close to Home; Mix of Emotions Sweeps over Area's Residents«, *Washington Post*, 20. September 2001.

41. Susan Morse, »First Source of Comfort; When Events Overwhelm, Clergy, Not Doctors, Are on the Front Lines«, *Washington Post*, 18. September 2001.

42. Debbi Wilgoren und Ann O'Hanlon, »Worship and Worry; Fear for Other Muslims Mixes with Support for US«, *Washington Post*, 22. September 2001.

43. Brian Handwerk und Zain Habboo, »Attack on America: An Islamic Scholar's Perspective - Part 1«, *National Geographic*, 28. September 2001.

44. Awlaki, »Spilling Out the Beans«.

45. FBI-Akte zu »Anwar Nasser Aulaqi«, 26. September 2001. Erhalten durch Intelwire, intelwire.com.

46. *The 9/11 Commission Report*, S. 221, S. 229f.

47. Awlaki, »Spilling Out the Beans«.

48. FBI-Akte zu »Anwar Nasser Aulaqi«. Aulaqi ist eine andere Schreibweise für Awlaki.

49. *The 9/11 Commission Report*, S. 517.

50. Ebd., S. 221.

51. Interview des Autors mit Nasser al-Awlaki, Januar 2012. Dass Hasan die Moschee Dar al-Hijrah besuchte, ist in Presseberichten dokumentiert, siehe z.B. David Johnston und Scott Shane, »U.S. Knew of Suspect's Tie to Radical Cleric«, *New York Times*, 9. November 2009.

52. Robert D. McFadden, »Army Doctor Held in Ft. Hood Rampage«, *New York Times*, 5. November 2009.

53. »Al-Awlaki Assassinated in Drone Attack«, Blogpost auf der Website von Dar al-Hidschrah, 30. September 2011, www.daralhijrah.net/ns/?p=6258.

54. Matthew Barakat, »Relief, Anger at Va. Mosque Where al-Qaida Figure Preached«, Associated Press, 30. September 2011.

55. Mitschrift, »Fighting Fear«, Interview von Ray Suarez, *NewsHour with Jim Lehrer*, PBS, 30. Oktober 2001.

56. Wilgoren und O'Hanlon, »Worship and Worry«.

57. »Muslim Students Are Wary of the War«, *Washington Times*, 11. Oktober 2001.

58. Videointerview vom November 2001, dem Autor zur Verfügung gestellt von Travis Fox.

59. Siehe Human Rights Watch USA, »›We Are Not the Enemy‹: Hate Crimes Against Arabs, Muslims, and Those Perceived to Be Arab or Muslim After September 11«, 14. November 2002; »NPR-Sondersendung: Muslims in America; Part One: Profiling the Proud Americans of ›Little Mecca‹«, NPR, 21. Oktober 2001, www.npr.org/news/specials/response/home_front/featu res/2001/oct/muslim/011022.muslim.html.

60. Mitschrift, *Talk of the Nation with Neal Conan*, NPR, 15. November 2001.

61. Mitschrift, *Morning Edition*, NPR, 1. November 2001.

62. Jean Marbella, »Ramadan Raises Conflicting Loyalties; US Muslims Feel Pull of Nation, Solidarity; War on Terrorism«, *Baltimore Sun*, 28. Oktober 2001.

63. Mitschrift, *Morning Edition*, NPR, 1. November 2001.

64. Jerry Markon, »Muslim Anger Burns over Lingering Probe of Charities«, *Washington Post*, 11. Oktober 2006.

65. Associated Press, »Feds Launch ›Operation Green Quest‹«, CBSNews.com, 25. Oktober 2001.

66. Vgl. Judith Miller, »A Nation Challenged: The Money Trail; Raids Seek Evidence of Money-Laundering«, New York Times, 21. März 2002. Und Riad Z. Abdelkarim und Basil Z. Abdelkarim, »Islam in America: As American Muslims Face New Raids, Muslim Charities Fight Back«, Washington Report on Middle East Affairs, Mai 2002, S. 80f.

67. Markon, »Muslim Anger Burns«.

68. Audiomitschnitt von Anwar al-Awlakis Predigt, Virginia, März 2002, Mitschrift nachzulesen bei Alexander Meleagrou-Hitchens, »As American as Apple Pie: How Anwar al-Awlaki Became the Face of Western Jihad«, The International Centre for the Study of Radicalisation and Political Violence, London, 2011.

69. Herridge, The Next Wave, S. 91.

70. Chitra Ragavan, »The Imam's Very Curious Story«, US News and World Report, 13. Juni 2004, www.usnews.com/usnews/news/articles/040 621/21 plot.htm.

71. Awlaki, »Spilling Out the Beans«.

72. Ragavan, »The Imam's Very Curious Story.«

73. Mitschrift, »Connections Between Radical Cleric, Hasan Closely Examined«, NewsHour, PBS, 12. November 2009.

74. Vgl. Meleagrou-Hitchens, »As American as Apple Pie«. Und Shane und Mekhennet, »Imam's Path«.

75. Meleagrou-Hitchens, »As American as Apple Pie«.

76. Audiomitschnitt von Imam Anwar al-Awlakis Predigt, unbestätigter Ort, März 2002.

Kapitel 3

1. Mitschrift, Verteidigungsminister Donald Rumsfeld, »Address to the Men and Women of Fort Bragg/Pope AFB«, Fort Bragg, NC, 21. November 2001.

2. Rowan Scarborough, Rumsfeld's War: The Untold Story of America's Anti-Terrorist Commander (Washington, Regnery, 2004), S. 8ff.

3. Beschreibung des JSOC aus »Special Operations Forces Reference Manual«, für das Joint Special Operations Forces Institute zusammengestellt und entwickelt von Cubic Applications, Inc., Januar 1998.

4. Vgl. im Folgenden Mark Bowden, »The Desert One Debacle«, Atlantic, Mai 2006.

5. Vgl. Gary Sick, »The Election Story of the Decade«, Kommentar, New York Times, 15. April 1991. Und NBC Nightly News, 20. Januar 1981, www.nbc.com/news-sports/msnbc-video/2012/01/from-the-archives-reagan-sworn-in-iran-hostages-released.

6. Tom Clancy mit General a.D. Carl Stiner, Shadow Warriors: Inside the Special Forces (New York: Berkley Publishing Group, 2002), S. 9.

7. Interview des Autors mit Oberst a.D. W. Patrick Lang, September 2010. De-

tails zu Oberst Langs Hintergrund und Qualifikation stammen aus dem Interview des Autors. Siehe auch »Bio of Col. W. Patrick Lang«, Sic Semper Tyrannis (Blog), turcopolier.typepad.com. Alle im Folgenden Oberst Lang zugeschriebenen Aussagen und Informationen stammen aus dem Interview des Autors.

8. Oberstleutnant David E. Hill Jr., »The Shaft of the Spear: US Special Operations Command, Funding Authority, and the Global War on Terrorism«, US Army War College Strategy Research Project, 15. März 2006.

9. Siehe Command Sergeant Major Eric L. Haney, *Inside Delta Force: The Story of America's Elite Counterterrorist Unit* (New York: Bantam Dell, 2003), S. 1ff.

10. »Seal Team Six«, Special Operations Forces Situation Report (SOFREP), aufgerufen am 5. September 2012, http://sofrep.com/devgru-seal-team-6/. Weitere Details zur Entstehung des SEAL-Team 6 stammen aus der Kurzchronik des SOFREP.

11. Michael Smith, *Killer Elite: The Inside Story of America's Most Secret Special Operations Team* (New York: St. Martin's Press, 2006), S. 20f, S. 22–46.

12. Siehe Ronald H. Cole, »Operation Urgent Fury: Grenada«, Joint History Office, Office of the Chairman of the Joint Chiefs of Staff, 1997.

13. Robert Chesney, »Military-Intelligence Convergence and the Law of the Title 10/Title 50Debate«, *Journal of National Security Law and Policy* 5 (2012), S. 539–629.

14. Siehe Mark Bowden, *Killing Pablo: The Hunt for the World's Greatest Outlaw* (New York: Penguin Books, 2001), S. 147 und 259 (dt.: *Killing Pablo: Die Jagd auf Pablo Escobar, Kolumbiens Drogenbaron*, Berlin: Berlin Verlag, 2001).

15. Paula Broadwell mit Vernon Loeb, *All In: The Education of General David Petraeus* (New York: Penguin Press, 2012), S. 148–153; Smith, *Killer Elite*, S. 192f.

16. »Joint Special Operations Command (JSOC)«, GlobalSecurity.org, aufgerufen am 1. Oktober 2012, www.globalsecurity.org/military/agency/dod/jsoc.htm.

17. Philip Shenon, »Documents on Waco Point to a Close Commando Role«, *New York Times*, 5. September 1999.

18. »Joint Special Operations Command (JSOC)«, GlobalSecurity.org.

19. Eric Schmitt, »Commandos Get Duty on U.S. Soil«, *New York Times*, 23. Januar 2005.

20. Marc Ambinder und D. B. Grady, *The Command: Deep Inside the President's Secret Army* (Hoboken, NJ: John Wiley and Sons, 2012, Kindle-Edition).

21. Interview des Autors mit General a.D. Hugh Shelton, März 2011. Alle im Folgenden General Shelton zugeschriebenen Informationen und Aussagen stammen aus dem Interview des Autors, sofern nicht anders vermerkt.

22. »General Henry Hugh Shelton Biography«, Website des General H. Hugh

Shelton Leadership Center an der North Carolina State University, aufgerufen am 5. Oktober 2012, www.ncsu.edu/extension/sheltonleadership/shelton-forum/documents/GENERALHENRYHUGHSHELTONBIOGRAPHYOct07.pdf.

23. »Delta Force Pulled Off Daring Rescue«, Associated Press, 3. Januar 1990.
24. Tom Clancy mit General a.D. Carl Stiner, *Shadow Warriors: Inside the Special Forces* (New York: Berkley Publishing Group, 2002), S. 409. Clancy schreibt: »›Schwarzkopf war ein gutes Beispiel für einen ranghohen Offizier, der sich von Spezialeinsätzen keinen Begriff machte und Angst vor ihnen hatte‹, sagte Generalmajor Jim Guest von den Special Forces, der bei J-3 des SOCOM diente. Schwarzkopfs Denkweise war: ›Ich habe eine zusammengerollte Kobra in einem Korb, und wenn ich ihn öffne, kommt diese Kobra heraus, und ich blamiere mich womöglich.‹«
25. U.S. Special Operations Command (SOCOM), *History of SOCOM,* 6. Auflage, 31. März 2008.
26. General Wayne Downing, Memorandum an Rumsfeld und General Peter Pace, Vorsitzender des Generalstabs, »Special Operations Forces Assessment«, 9. November 2005. Heruntergeladen von http://rumsfeld.com/library/.
27. Richard H. Shultz Jr., »Showstoppers: Nine Reasons Why We Never Sent Our Special Operations Forces After al Qaeda Before 9/11«, *Weekly Standard* 9(19), 26. Januar 2004.
28. National Commission on Terrorist Attacks upon the United States (Philip Zelikow, Executive Director; Bonnie D. Jenkins, Counsel; Ernest R. May, Senior Advisor), *The 9/11 Commission Report* (New York: W. W. Norton, 2004), S. 136.
29. Shultz, »Showstoppers«.
30. Downing, Memorandum an Rumsfeld und Pace, »Special Operations Forces Assessment.«
31. Siehe Abschnitte 153 und 163 von Titel 10 des US-Bundesrechts.
32. General a.D. Hugh Shelton, *Without Hesitation: The Odyssey of an American Warrior* (New York: St. Martin's Press, 2010), S. 401 und 413.
33. Rowan Scarborough, *Rumsfeld's War: The Untold Story of America's Anti-Terrorist Commander* (Washington, Regnery, 2004), S. 16. Scarborough zitiert aus dem Shultz-Bericht: »Die Pentagon-Anwälte behaupteten in den 1990er-Jahren, das Verteidigungsministerium habe keine rechtliche Befugnis nach Titel 10«, verdeckte Operationen zu genehmigen, schrieb Shultz. »Rumsfeld setzte sich über die Beschränkungen nach Titel 10, auf die sich Clinton berufen hatte, hinweg und entschied, dass verdeckte Operationen sehr wohl vom Pentagon genehmigt werden können«, schreibt Scarborough.
34. Shultz, »Showstoppers«.
35. Scarborough, *Rumsfeld's War,* S. 14.
36. Resolution 794 des UN-Sicherheitsrats, angenommen am 3. Dezember

1992, aufgerufen am 5. Dezember 2012, www.un.org/documents/sc/res/ 1992/scres92.htm.

37. Dr. Richard W. Stewart, »The United States Army in Somalia, 1992–1994«, U.S. Army Center of Military History, aufgerufen im Januar 2011, www. history.army.mil/brochures/Somalia/Somalia.pdf.

38. Mark Bowden, »How a Relief Mission Ended in a Firefight«, *Philadelphia Inquirer*, 14. Dezember 1997.

39. Shultz, »Showstoppers«.

40. Scarborough, *Rumsfeld's War*, S. 14.

41. Jamie McIntyre, »Rumsfeld Versus Shelton«, Line of Departure (Blog), Military.com, 25. Februar 2011, www.lineofdeparture.com/tag/rumsfeld-shelton.

42. Scarborough, *Rumsfeld's War*, S. 15.

43. Douglas J. Feith, *War and Decision: Inside the Pentagon at the Dawn of the War on Terrorism* (New York: Harper, 2009), S. 51.

44. Donald H. Rumsfeld, »A New Kind of War«, *New York Times*, 27. September 2001.

45. Interview des Autors mit Malcolm W. Nance, Mai 2011.

46. Jennifer D. Kibbe, »The Rise of the Shadow Warriors«, *Foreign Affairs* 83 (2) (März–April 2004), S. 112.

47. Interview des Autors mit Vincent Cannistraro, August 2010. Alle im Folgenden Vincent Cannistraro zugeschriebenen Informationen und Aussagen stammen aus dem Interview des Autors.

48. Interview des Autors mit Oberst a.D. Lawrence Wilkerson, Mai 2011.

49. Mitschrift, *NewsHour*, PBS, 26. März 2004. Colin Powell: »Ich empfahl dem Präsidenten, unser Hauptaugenmerk auf al-Qaida, die Taliban und Afghanistan zu legen. Das waren diejenigen, die die Vereinigten Staaten am 11. September angegriffen hatten.«

50. Mitschrift, »Secretary Rumsfeld News Briefing in Brussels«, 18. Dezember 2001.

51. Seymour M. Hersh, »Manhunt: The Bush Administration's New Strategy in the War Against Terrorism«, *New Yorker*, 23. Dezember 2002.

52. Memo an Präsident George W. Bush, ohne Betreff, 23. September 2001, www.rumsfeld.com/library.

Kapitel 4

1. Robert F. Worth, »For Yemen's Leader, a Balancing Act Gets Harder«, *New York Times*, 21. Juni 2008.

2. Gregory D. Johnsen, »The Boss Falls. Then What?«, *New York Times*, 24. März 2011.

3. Interview des Autors mit Oberst a.D. W. Patrick Lang, Februar 2011. Alle im Folgenden Oberst Lang zugeschriebenen Informationen und Aussagen sowie Details zu seinem Hintergrund stammen aus dem Interview des Autors.

4. Gregory D. Johnsen, *The Last Refuge: Yemen, Al-Qaeda, and America's War in Arabia* (New York: W. W. Norton, 2013), S. 7.

5. »An Interview with President Ali Abdullah Saleh«, *New York Times*, 28. Juni 2008.

6. Worth, »Balancing Act Gets Harder«.

7. »An Interview with President Ali Abdullah Saleh«.

8. Lawrence Wright, *The Looming Tower: Al-Qaeda and the Road to 9/11* (New York: Vintage Books, 2006), S. 365 (dt.: *Der Tod wird euch finden. Al-Qaida und der Weg zum 11. September,* München: DVA, 2007).

9. Robert F. Worth, »Yemen's Deals with Jihadists Unsettle the U.S.«, *New York Times,* 28. Januar 2008.

10. Interview des Autors mit ehemaligem US-Antiterrorexperten, Januar 2011.

11. Interview des Autors mit Ali Soufan, Januar 2011. Alle im Folgenden Ali Soufan zugeschriebenen Informationen und Aussagen stammen aus dem Interview des Autors, sofern nicht anders vermerkt.

12. William Branigin, »Two Sentenced to Die for USS Cole Attack«, *Washington Post,* 30. September 2004.

13. Diana Elias, »Video Offers Strong Bin Laden-USS Cole Link«, ABCNews. go.com, 19. Juni 2001.

14. Wright, *The Looming Tower,* S. 333 (dt.: *Der Tod wird euch finden,* S. 413).

15. Ebd., S. 365 (S. 403).

16. Ebd.

17. Ali H. Soufan, »Closing the Case on the Cole«, Kommentar, *New York Times,* 11. Oktober 2010.

18. Soufan merkt in seinem Kommentar an, dass das FBI-Team »die meisten Terroristen hinter Schloss und Riegel wusste, als es aus dem Jemen abreiste«, sie aber von der Regierung bald wieder freigelassen wurden.

19. Soufan, »Closing the Case on the Cole.«

20. Wright, *The Looming Tower,* S. 374 (dt.: *Der Tod wird euch finden,* S. 413).

21. Walter Pincus, »Yemen Hears Benefits of Joining U.S. Fight; Officials Discuss up to $400Million in Aid«, *Washington Post,* 28. November 2001.

22. Mitschrift, Radioansprache von Präsident George W. Bush, 15. September 2001, www.nytimes.com/2001/09/16/us/after-the-attacks-the-president-s-message-adifferent-battle-awaits.html.

23. Eric Schmitt und Thom Shanker, *Counterstrike: The Untold Story of America's Secret Campaign Against al Qaeda* (New York: Times Books, 2011), S. 30.

24. Jonathan Mahler, »The Bush Administration vs. Salim Hamdan«, *New York Times Magazine,* 8. Januar 2006.

25. »Issues of Interest; Yemeni-American Relations«, Website der Botschaft der Republik Jemen in Washington, aufgerufen am 1. Dezember 2012, www.yemenembassy.org/issues/ymusrelshp/index.htm.

26. Interview des Autors mit einem jemenitischen Amtsträger, Januar 2013.

27. Pincus, »Yemen Hears Benefits of Joining U.S. Fight«.

28. Philip Smucker und Howard LaFranchi, »Anti-US strike Shakes Yemen;

Three US aid Workers Slain in a Hospital«, *Christian Science Monitor,* 31. Dezember 2002.

29. Dana Priest, »U.S. Military Teams, Intelligence Deeply Involved in Aiding Yemen on Strikes«, *Washington Post,* 27. Januar 2010.

30. Interview des Autors mit Dr. Emile Nakhleh, Januar 2010. Alle Zitate und Aussagen von Emile Nakhleh stammen aus diesem Interview, sofern nicht anders vermerkt.

31. »Issues of Interest; Yemeni-American Relations«.

32. Gregory D. Johnsen, »The Expansion Strategy of Al-Qa'ida in the Arabian Peninsula«, *CTC Sentinel,* September 2009, S. 8ff.

33. Robert Schlesinger, »In Djibouti, US Special Forces Develop Base amid Secrecy«, *Boston Globe,* 12. Dezember 2002.

34. Priest, »U.S. Military Teams, Intelligence Deeply Involved«.

Kapitel 5

1. Interview des Autors mit Scheich Saleh bin Fareed, Januar 2012. Alle Saleh bin Fareed zugeschriebenen Aussagen und Informationen stammen aus diesem Interview, sofern nicht anders vermerkt.

2. Anwar al-Awlaki, »The Islamic Education of Shaikh Anwar al Awlaki«, Imam Anwars Blog, anwar-alawlaki.com, 12. August 2008.

3. Vgl. Interviews des Autors mit Angehörigen der Familie Awlaki, Januar und August 2012. Sowie Chitra Ragavan, »The Imam's Very Curious Story: A Skirt-Chasing Mullah Is Just One More Mystery for the 9/11 Panel«, *US News and World Report,* 13. Juni 2004. Und National Commission on Terrorist Attacks upon the United States (Philip Zelikow, Executive Director; Bonnie D. Jenkins, Counsel; Ernest R. May, Senior Advisor), *The 9/11 Commission Report* (New York: W. W. Norton, 2004), S. 517.

4. »Justice Department Response to Fox News Regarding Colorado 2002 Awlaki Matter«, FoxNews.com, 21. Mai 2010. Zum Haftbefehl selbst siehe www.scribd.com/doc/29510870/Al-Awlaki-Arrest-Warrant.

5. Im Schreiben des Justizministeriums, veröffentlicht von FoxNews.com, heißt es, er habe den Fehler »korrigiert«.

6. Joseph Rhee und Mark Schone, »How Anwar Awlaki Got Away«, ABC News.go.com, 30. November 2009.

7. Der Journalist Paul Sperry erhielt die Informationen aus dem TECS II-System bezüglich Awlaki; siehe www.sperry-les.com/images/1-3.jpg.

8. Interview des Autors mit Nasser al-Awlaki, September 2012. Alle Zitate von Nasser al-Awlaki stammen aus Interviews, die der Autor zwischen Januar und September 2012 führte, sofern nicht anders vermerkt.

9. *The 9/11 Commission Report,* S. 517.

10. Catherine Herridge, *The Next Wave: Inside the Hunt for Al Qaeda's American Recruits* (New York: Crown Forum, 2011), S. 95.

11. Joseph Rhee, »U.S. Attorney Defends Decision to Scrap Awlaki Arrest Warrant«, ABCNews.go.com, 7. Dezember 2009.

12. TECS II »Incident Log«-Eintrag bezüglich Awlakis Ankunft am Flughafen John F. Kennedy, 10. Oktober 2002, aufgerufen im März 2012, sperryfiles. com, www.sperryfiles.com/images/1-4.jpg.

13. Eintrag in Datenbank nach einer »zweiten Überprüfung« Awlakis bei seiner Ankunft am Flughafen JFK, 10. Oktober 2001, aufgerufen im März 2012, sperryfiles.com, www.sperryfiles.com/images/1-1.jpg.

14. Catherine Herridge, »Mueller Grilled on FBI's Release of al-Awlaki in 2002«, FoxNews.com, 8. März 2012.

15. TECS II »Incident Log«-Eintrag, 10. Oktober 2002.

16. Eintrag in Datenbank nach einer »zweiten Überprüfung«, 10. Oktober 2001.

17. TECS II »Incident Log«-Eintrag, 10. Oktober 2002.

18. Vgl. Herridge, The Next Wave, S. 91, S. 93, S. 96. Und TECS II »Incident Log«-Eintrag, 10. Oktober 2002.

19. Vgl. TECS II »Incident Log«-Eintrag, 10. Oktober 2002, S. 2. Und Anwar al Awlaki, »Spilling out the Beans; Al Awlaki Revealing His Side of the Story«, Inspire 9 (Winter 2012), veröffentlicht im Mai 2012.

20. Vgl. Susan Schmidt, »Imam from Va. Mosque Now Thought to Have Aided al-Qaeda«, Washington Post, 27. Februar 2008; Jerry Markon, »Muslim Lecturer Sentenced to Life«, Washington Post, 14. Juli 2005; Milton Viorst, »The Education of Ali al-Timimi«, Atlantic Monthly, Juni 2006, und Mary Beth Sheridan, »Hardball Tactics in an Era of Threats«, Washington Post, 3. September 2006.

21. Herridge, The Next Wave, S. 84, S. 216f.

22. Interview des Autors mit Edward MacMahon, Juli 2012. Alle folgenden Aussagen von Edward MacMahon aus diesem Interview, sofern nicht anders vermerkt.

23. Scott Shane und Souad Mekhennet, »Imam's Path from Condemning Terror to Preaching Jihad«, New York Times, 8. Mai 2010.

24. Eric Lichtblau, »Scholar Is Given Life Sentence in ›Virginia Jihad‹ Case«, New York Times, 14. Juli 2005.

25. Jerry Markon, »Views of Va. Muslim Leader Differ as Terror Trial Opens«, Washington Post, 5. April 2005.

26. Wolf, »Wolf Asks FBI Why Aulaqi Was Released from Custody in 2002«.

27. Interview des Autors mit einem ehemaligen ranghohen Antiterrorexperten des FBI, Juli 2012.

28. Ragavan, »The Imam's Very Curious Story«.

Kapitel 6

1. Philip Smucker und Howard LaFranchi, »Anti-US Strike Shakes Yemen; Three US Aid Workers Slain in a Hospital«, Christian Science Monitor, 31. Dezember 2002.

2. Seymour M. Hersh, »Manhunt: The Bush Administration's New Strategy in the War Against Terrorism«, New Yorker, 23. Dezember 2002.

3. Michael DeLong mit Noah Lukeman, *Inside CentCom: The Unvarnished Truth About the Wars in Afghanistan and Iraq* (Washington: Regnery, 2004), S. 70.
4. Hersh, »Manhunt«.
5. Dina Temple-Raston, *The Jihad Next Door: The Lackawanna Six and Rough Justice in the Age of Terror* (New York: PublicAffairs, 2007), S. 196.
6. DeLong, *Inside CentCom*, S. 70.
7. Temple-Raston, *The Jihad Next Door*, S. 195f.
8. DeLong, *Inside CentCom*, S. 70f.
9. Vgl. DeLong, *Inside CentCom*, S. 71; Temple-Raston, *The Jihad Next Door*, S. 196; Dana Priest, »U.S. Citizen Among Those Killed In Yemen Predator Missile Strike«, *Washington Post*, 8. November 2002; James Risen und Marc Santora, »Threats and Responses: The Terror Network; Slain in Yemen Tied by U.S. to Buffalo Cell«, *New York Times*, 10. November 2002; Matthew Purdy und Lowell Bergman, »Where the Trail Led: Between Evidence and Suspicion; Unclear Danger: Inside the Lackawanna Terror Case«, *New York Times*, 12. Oktober 2003.
10. Greg Miller und Josh Meyer, »U.S. Drops Bomb in Yemen, Kills Six al-Qaida Operatives«, *Los Angeles Times*, 5. November 2002.
11. Mitschrift, »DoD News Briefing - Secretary Rumsfeld and Gen. Myers«, 4. November 2002.
12. Mark Hosenball und Evan Thomas, »The Opening Shot; in a Show of Superpower Might, the CIA Kills a Qaeda Operative in Yemen and His American Ally«, *Newsweek*, 18. November 2002.
13. CNN International, 5. November 2002.
14. VGL: Hosenball und Thomas, »The Opening Shot«, DeLong, *Inside Cent Com*, S. 70f; Philip Smucker, »The Intrigue Behind the Drone Strike; Yemen Official Says US Lacks Discretion as Antiterror Partner«, *Christian Science Monitor*, 12. November 2002.
15. Amnesty International, »Yemen/USA: Government Must Not Sanction Extra-judicial Executions«, 8. November 2002.
16. Mitschrift, *Fox News Sunday*, Fox, 10. November 2002.
17. Dana Priest, »CIA Killed U.S. Citizen in Yemen Missile Strike; Action's Legality, Effectiveness Questioned«, *Washington Post*, 8. November 2002.
18. Chris Woods, »›OK, fine. Shoot him.‹ Four Words That Heralded a Decade of Secret US Drone Killings«, Bureau of Investigation Journalism, 3. November 2012.
19. Miller und Meyer, »U.S. Drops Bomb in Yemen«.
20. Mitschrift von Präsdent Bushs Rundfunkansprache vom 16. November 2002.
21. Vgl. Robert Schlesinger, »In Djibouti, US Special Forces Develop Base amid Secrecy«, *Boston Globe*, 12. Dezember 2002.
22. Agence France-Presse, »US Anti-Terror Chief Meets President of Troubled Yemen«, 22. Dezember 2002.

23. Mitschrift, »Joint Task Force Horn of Africa Briefing«, 10. Januar 2003.

24. Mark Fineman, »New Phase of War on Terror Moves to E. Africa; American Military Presence Is Beefed Up as Navy Vessel Becomes a Mobile Forward Base«, *Los Angeles Times*, 21. Dezember 2002.

25. »US Anti-Terror Chief Meets President of Troubled Yemen«.

26. Patrick E. Tyler, »Yemen, an Uneasy Ally, Proves Adept at Playing Off Old Rivals«, *New York Times*, 19. Dezember 2002.

27. Mitschrift, »Secretary Rumsfeld Town Hall Meeting at Camp Lemonier [sic], Djibouti«, 11. Dezember 2002.

Kapitel 7

1. Barton Gellman und Thomas E. Ricks, »US Concludes bin Laden Escaped at Tora Bora Flight; Failure to Send Troops in Pursuit Termed Major Error«, *Washington Post*, 17. April 2002.

2. Vgl. Richard Sale, »Embarrassed Rumsfeld Fired CIA Official«, United Press International, 28. Juli 2004. Sowie Bob Woodward und Dan Eggen, »Aug. Memo Focused on Attacks in U.S. Lack of Fresh Information Frustrated Bush«, *Washington Post*, 19. Mai 2002.

3. Vgl. Joby Warrick und Walter Pincus, »Station Chief Made Appeal to Destroy CIA Tapes; Lawyer Says Top Official Had Implicit Approval«, *Washington Post*, 16. Januar 2008. Sowie Jose A. Rodriguez mit Bill Harlow, *Hard Measures: How Aggressive CIA Actions After 9/11 Saved American Lives* (New York: Threshold Editions, 2012), Vorwort S. xiii.

4. Dana Priest und Walter Pincus, »Some Iraq Analysts Felt Pressure from Cheney Visits«, *Washington Post*, 5. Juni 2003.

5. Bryan Burrough, Evgenia Peretz, David Rose und David Wise, »The Path to War«, *Vanity Fair*, November 2004, S. 228.

6. CIA-Bericht vom Januar 2003, »Iraqi Support for Terrorism«, auszugsweise in »Report of an Inquiry into the Alternative Analysis of the Issue of an Iraq-al Qaeda Relationship«, von Senator Carl Levin, 21. Oktober 2004.

7. Robert Dreyfuss, »The Pentagon Muzzles the CIA«, *American Prospect*, 21. November 2002.

8. Mitschrift, »Department of Defense Press Briefing, Defense Secretary Donald Rumsfeld, Gen. Richard B. Myers, Chairman, JCS«, 24. Oktober 2002.

9. Eric Schmitt und Thom Shanker, »Pentagon Sets Up Intelligence Unit«, *New York Times*, 24. Oktober 2002.

10. Seymour M. Hersh, »Selective Intelligence: Donald Rumsfeld Has His Own Special Sources – Are They Really Reliable?«, *New Yorker*, 12. Mai 2003.

11. Interview des Autors mit Oberst a.D. Lawrence Wilkerson, Mai 2011. Alle folgenden Äußerungen von Lawrence Wilkerson aus diesem Interview, sofern nicht anders vermerkt.

12. Vgl. Julian Borger, »The Spies Who Pushed for War«, *Guardian*, 17. Juli 2003. Sowie Franklin Foer und Spencer Ackerman, »The Radical; What Dick Cheney Really Believes«, *New Republic*, 20. November 2003.

13. Michael Isikoff und David Corn, *Hubris: The Inside Story of Spin, Scandal, and the Selling of the Iraq War* (New York: Three Rivers Press, 2007), S. 3f, S. 6.

14. Rodriguez, *Hard Measures*, S. 125.

15. Ray McGovern, »Cheney Chicanery«, CommonDreams.org, 29. Juli 2003.

16. Vgl. im Folgenden: Senator Carl Levin, »Report of an Inquiry into the Alternative Analysis of the Issue of an Iraq–al Qaeda Relationship«, 21. Oktober 2004, S. 10ff.

17. Stephen F. Hayes, »Case Closed: The U.S. Government's Secret Memo Detailing Cooperation Between Saddam Hussein and Osama bin Laden«, *Weekly Standard* 9 (11), 24. November 2003.

Kapitel 8

1. Ali Soufan, »My Tortured Decision«, *New York Times*, 22. April 2009, www.nytimes.com/2009/04/23/opinion/23soufan.html.

2. James Risen und David Johnston, »Bush Has Widened Authority of C.I.A. to Kill Terrorists«, *New York Times*, 15. Dezember 2002.

3. Memo von Donald Rumsfeld an Stephen Cambone, »Subject: Intel«, 5. Mai 2002, rumsfeld.com.

4. Memo von Donald Rumsfeld an Stephen Cambone, Kopie an General Myers, »Subject: Finding Terrorists«, 31. Mai 2002, rumsfeld.com.

5. »About the Joint Personnel Recovery Agency«, United States Joint Forces Command, aufgerufen am 5. September 2012, www.jpra.mil/site_public/about/about.htm.

6. Mitschrift des Interviews mit Malcolm Nance im Dokumentarfilm *Torturing Democracy*, produziert von Sherry Jones, koproduziert von Carey Murphy und Washington Media Associates, in Zusammenarbeit mit dem National Security Archive (Interview vom 15. November 2008).

7. Vertraulich dem Autor zur Verfügung gestellte Dokumente und Interviews mit ehemaligen Teilnehmern und Ausbildern des SERE-Programms, November 2009 und Januar 2012; siehe auch Jane Mayer, »The Experiment: The Military Trains People to Withstand Interrogation – Are Those Methods Being Misused at Guantanamo?«, *New Yorker*, 11. Juli 2005.

8. Interview des Autors mit Malcolm Nance, Mai 2011. Alle Äußerungen und Informationen von Malcolm Nance stammen aus diesem Interview.

9. Marc Ambinder und D. B. Grady, *The Command: Deep Inside the President's Secret Army* (Hoboken, NJ: John Wiley and Sons, 2012, Kindle-Ausgabe). »Eine im Oktober 2002 vorgenommene interne JSOC-Bewertung der Vernehmungen im afghanischen Bagram und [Gitmo] kam zu dem Schluss, dass die Widerstandstechniken der feindlichen Kombattanten die Vernehmungstechniken der US-Kräfte ›übertrafen‹. Die vorgesetzten Stellen waren mit den Ergebnissen nicht zufrieden, und das JSOC nahm die Herausforderung an.«

10. Oberst Steven Kleinman, Aussage vor dem Senate Armed Services Hearing, »The Treatment of Detainees in U.S. Custody«, 25. September 2008. Die folgenden Zitate Kleinmans stammen aus dieser Aussage.

11. Senate Committee on Armed Services, Inquiry into the Treatment of Detainees in US Custody, S. Prt. 110-154, Executive Summary at xiv, 20. November 2008.

12. Donald Rumsfeld und Paul Wolfowitz, »Prepared Statement: Senate Armed Services Committee ›Military Commissions‹«, 12. Dezember 2001.

13. Senate Committee on Armed Services, Inquiry into the Treatment of Detainees, S. 6.

14. Vgl. JPRA-Memorandum an den Justitiar des Pentagon, »Operational Issues Pertaining to the Use of Physical/Psychological Coercion in Interrogation: An Overview«, Juli 2002, www.washingtonpost.com/wp-srv/nati on/pdf/JPRA-Memo_042409.pdf.

15. Senate Committee on Armed Services, Inquiry into the Treatment of Detainees, Executive Summary, at xiv.

16. Joby Warrick und Peter Finn, »Harsh Tactics Readied Before Their Approval«, *Washington Post*, 22. April 2009.

17. Senate Armed Services Committee Report, Inquiry into the Treatment of Detainees, Executive Summary, at xi.

18. Mark Mazzetti, »Ex-Pentagon Lawyers Face Inquiry on Interrogation Role«, *New York Times*, 17. Juni 2008.

19. Senate Committee on Armed Services, Inquiry into the Treatment of Detainees, S. 31.

20. Peter Finn und Joby Warrick, »2002 Document Referred to Extreme Duress as ›Torture‹, ›Warned of Techniques‹ Unreliability«, *Washington Post*, 25. April 2009.

21. US-Justizministerium, Büro des Justitiars, Büro des Assistant Attorney General, »Memo for Alberto R. Gonzales, Counsel to the President; Re: Standards for Conduct for Interrogation under 18 USC, sections 2340-2340 A«, 1. August 2002.

22. US-Justizministerium, Büro des Justitiars, Büro des Assistant Attorney General, »Memorandum for John Rizzo, Acting General Counsel of the Central Intelligence« Agency«, 1. August 2002.

23. Mitschrift, »Hard Measures«, Interview von Lesley Stahl, *60 Minutes*, CBS, 29. April 2012.

24. Joby Warrick und Dan Egan, »Hill Briefed on Waterboarding in 2002«, *Washington Post*, 9. Dezember 2007.

25. Paul Kane, »Pelosi Denies Knowing Interrogation Techniques Were Used«, Capitol Briefing (Blog), *Washington Post*, 23. April 2009, http://voi ces.washingtonpost.com/capitol-briefing/2009/04/pelo-si_denies_knowin g_interrog.html. Aufgrund anhaltenden öffentlichen Drucks gab Pelosi jedoch außerdem zu, dass sie nach Verlassen des Geheimdienstausschusses von einem Mitarbeiter über die Anwendung des Waterboarding informiert

wurde; siehe Deirdre Walsh, »Source: Aide told Pelosi Waterboarding Had Been Used«, CNN.com, 12 Mai 2009.

26. Warrick and Egan, »Hill Briefed on Waterboarding in 2002«.

27. Vgl. Internationales Komitee vom Roten Kreuz, »ICRC Report on the Treatment of Fourteen ›High Value Detainees‹ in CIA Custody«, Februar 2007. Die folgenden Schilderungen von unmenschlicher Behandlung in US-Haft stammen aus dem Bericht des Roten Kreuzes.

28. Ambinder und Grady, *The Command*, Kap. 3, »Interrogations and Intelligence«.

29. Greg Miller, »Cheney OK'd Harsh CIA Tactics«, *Los Angeles Times*, 16. Dezember 2008.

30. Ambinder und Grady, *The Command*, Kap. 3, »Interrogations und Intelligence«.

31. Titel 50 des Bundesrechts der Vereinigten Staaten, Abschnitt 413b, »Presidential Approval and Reporting of Covert Actions«.

32. Richard A. Best Jr., »Covert Action: Legislative Background and Possible Policy Questions«, Congressional Research Service, 27. Dezember 2011.

33. Joint Publication 1-02, DOD Dictionary of Military and Associated Terms, 8. November 2010 (mit Ergänzung vom 15. November 2012).

34. Joint Explanatory Statement of the Committee of Conference, H.R. 1455, 25 Juli 1991.

35. Seymour M. Hersh, »Preparing the Battleeld; The Bush Administration Steps Up Its Secret Moves Against Iran«, *New Yorker*, 7. Juli 2008.

36. Michael Respass, »Combating Terrorism with Preparation of the Battlespace«, Strategy Research Project, US Army War College, 4. Juli 2003.

37. Intelligence Authorization Act for Fiscal Year 2010, H.R. Rep. No. 111-186 (2009) (mit Anlage H.R. 2701).

38. Titel 50 des Bundesrechts der Vereinigten Staaten, Abschnitt 413b, »Presidential Approval and Reporting of Covert Actions«.

39. Seymour M. Hersh, »Manhunt: The Bush Administration's New Strategy in the War Against Terrorism«, *New Yorker*, 23. Dezember 2002.

40. Rowan Scarborough, »Billions Needed to Fight al Qaeda; General Requests More Troops, Too«, *Washington Times*, 24. September 2002.

41. Eric Schmitt und Thom Shanker, »Ranks and Growing Pains in Taking Key Antiterror Role«, *New York Times*, 2. August 2004.

42. Hersh, »Manhunt«.

43. Eric Schmitt und Thom Shanker, *Counterstrike: The Untold Story of America's Secret Campaign Against Al Qaeda* (New York: Times Books, 2011).

44. Hersh, »Manhunt«.

45. »Fact Sheet on New Counter-Terrorism and Cyberspace Positions; National Director and Deputy National Security Advisor for Combating Terrorism General Wayne Downing (U.S. Army Ret.)«, Büro des Pressesekretärs, 9. Oktober 2001, http://georgewbush-whitehouse.archives.gov/news/releases/2001/10/20011009.html.

46. Memo von General Wayne Downing an den Verteidigungsminister und den Vorsitzenden der Vereinigten Stabschefs, »Special Operations Forces Assessment«, 9. November 2005, www.rumsfeld.com.

47. Interview des Autors mit Oberst a.D. Lawrence Wilkerson, Mai 2011.

48. Ambinder und Grady, *The Command*, Kap. 8, »The Activity«.

49. Barton Gellman, »Secret Unit Expands Rumsfeld's Domain; New Espionage Branch Delving into CIA Territory«, *Washington Post*, 23. Januar 2005.

50. Linda Robinson, »Moves That Matter; in the Intelligence Wars, a Pre-emptive Strike by the Pentagon Surprises Many in Congress«, *US News and World Report*, 12. August 2002.

51. Gellman, »Secret Unit Expands Rumsfeld's Domain.

52. Josh White und Barton Gellman, »Defense Espionage Unit to Work with CIA«, *Washington Post*, 25. Januar 2005; Gellman, »Secret Unit Expands Rumsfeld's Domain«.

53. Gellman, »Secret Unit Expands Rumsfeld's Domain«.

54. Seymour M. Hersh, »The Coming Wars«, *New Yorker*, 24. Januar 2005.

55. Gellman, »Secret Unit Expands Rumsfeld's Domain«. Die folgenden Einzelheiten zu »internen Dokumenten des Pentagon« und der Strategic Support Branch stammen aus der *Washington Post*.

56. Interview des Autors mit Philip Giraldi, März 2012.

57. Oberst Kathryn Stone, »›All Necessary Means‹ – Employing CIA Operatives in a Warfighting Role Alongside Special Operations Forces«, USAWC Strategy Research Project (US Army War College, 2003).

58. Barbara Starr, »Pentagon Runs Clandestine Intelligence-Gathering Infrastructure«, CNN.com, 24. Januar 2005.

59. Kerry Gildea, »Rumsfeld Adviser Brings Precise Analytical Approach to DoD Post«, *Defense Daily*, 31. Januar 2001.

60. Verteidigungsministerium, offizielle Biografie von »Dr. Stephen A. Cambone; Under Secretary of Defense for Intelligence«, 13. Januar 2006.

61. Memo von Donald Rumsfeld an ungenannten Empfänger, »Memorandum 9/23/01«, www.rumsfeld.com.

62. Memo von Donald Rumsfeld an Stephen Cambone, »Subject: Capabilities«, 23. September 2001, www.rumsfeld.com.

63. Memo von Donald Rumsfeld an Stephen Cambone, »Subject: Opportunity«, 26. September 2001, www.rumsfeld.com.

64. Interview des Autors mit Oberst a.D. W. Patrick Lang, September 2010. Alle Äußerungen und Informationen von Patrick Lang stammen aus diesem Interview.

65. Memo von Donald Rumsfeld an Paul Wolfowitz und Stephen Cambone, »Subject: Increase Special Forces«, 15. Januar 2002, www.rumsfeld.com.

66. Memo von Stephen A. Cambone an Donald Rumsfeld, »Subject: Conventional Forces/Special Forces«, 16. September 2002, www.rumsfeld.com/library.

67. Rowan Scarborough, *Rumsfeld's War: The Untold Story of America's Anti-Terrorist Commander* (Washington: Regnery, 2004), S. 21.

68. Marc Ambinder, »Delta Force Gets a Name Change«, TheAtlantic.com, gepostet am 10. Oktober 2010.

69. Mitschrift, »DoD News Briefing – Secretary Rumsfeld and Gen. Myers«, 7. Januar 2003.

70. Thomas E. Ricks, »Rumsfeld Stands Tall After Iraq Victory«, *Washington Post*, 20. April 2003.

71. DoD-Direktive 5143.01, erlassen am 23. November 2005, »Subject: Under Secretary of Defense for Intelligence (US-D(I))«, www.fas.org/irp/doddir/dod/d5143_01.pdf.

72. Spencer Ackerman, »Rumsfeld's Intelligence Takeover«, *New Republic*, 10. Juni 2004.

73. Interview des Autors mit einem ehemaligen Mitarbeiter des Befehlshabers der Special Operations, Juni 2012.

74. Biografie des Generalleutnants (a.D.) William G. Boykin, www.kingdomwarriors.net/about.php. »Kingdom Warriors« ist eine von General Boykin und Dr. Stuart K. Weber gegründete christlich-fundamentalistische Vereinigung.

75. Zu Protokoll gegebenes Memorandum von Bonnie D. Jenkins, Berater in der Nationalen Kommission zu Terroranschlägen gegen die Vereinigten Staaten (Kommission zum 11. September), »Interview of Major General William Boykin«, 7. November 2003, www.archives.gov/research/9-11/commission-memoranda.html. Die folgenden Schilderungen und Zitate stammen aus Jenkins Erläuterungen zu dem Interview.

76. Jennifer D. Kibbe, »The Rise of the Shadow Warriors«, *Foreign Affairs* 83 (2) (März–April 2004), S. 102.

77. Interview des Autors mit Vincent Cannistraro, August 2010.

78. Intelligence Authorization Act for Fiscal Year 2010, H.R. Rep. No. 111-186 (2009) (beigefügt H.R. 2701).

79. Interview des Autors mit Oberst Douglas Macgregor, August 2010. Alle Informationen und Äußerungen von Oberst Macgregor stammen aus diesem Interview, sofern nicht anders vermerkt.

80. Richard J. Newman, »Renegades Finish Last: A Colonel's Innovative Ideas Don't Sit Well with the Brass«, *US News and World Report*, 20. Juli 1997.

81. Stone, »»All Necessary Means««.

Kapitel 9

1. Dexter Filkins, »Stanley McChrystal's Long War«, *New York Times Magazine*, 14. Oktober 2009.

2. Ebd.

3. Evan Thomas, »McChrystal's War«, *Newsweek*, 25. September 2009.

4. Michael Hastings, *The Operators: The Wild and Terrifying Inside Story of America's War in Afghanistan* (New York: Blue Rider Press, 2012), S. 161.

5. »Biography of General Stanley McChrystal«, Council on Foreign Relations, 2010. Informationen zu McChrystals Ausbildung und Militäreinsätzen stammen, falls nicht anders vermerkt, aus der Biografie.

6. Thomas, »McChrystal's War«.

7. Hastings, *The Operators*, S. 171f.

8. Thomas, »McChrystal's War«.

9. Dalton Fury, »The Pope«, *Small Wars Journal*, 14. Mai 2009. Alle Zitate von Dalton Fury stammen aus diesem Artikel.

10. Ebd.

11. »Overview of the Studies Program, 1998–99«, Council on Foreign Relations.

12. Stanley A. McChrystal, »Memorandum to the President«, in *Humanitarian Intervention: Crafting a Workable Doctrine: Three Options Presented as Memoranda to the President*, Project Director Alton Frye, Council Policy Initiative, Council on Foreign Relations (Washington: Brookings Institution Press, 2000), S. 56 und 62.

13. »Combined Joint Task Force 82« GlobalSecurity.org, aufgerufen am 1. Juni 2012.

14. Oberstleutnant Anthony Shaffer, *Operation Dark Heart: Spycraft and Special Ops on the Frontlines of Afghanistan – and the Path to Victory* (New York: St. Martin's Press, 2010), S. 29.

15. Dr. Donald P. Wright, James R. Bird, Steven E. Clay, Peter W. Connors, Oberstleutnant Scott C. Farquhar, Lynne Chandler Garcia und Dennis F. Van Wey, *A Different Kind of War: The United States Army in Operation Enduring Freedom, October 2001–September 2005* (Fort Leavenworth, KS: Combat Studies Institute Press, 2010), S. 209f.

16. Ebd., S. 220.

17. Elizabeth Neuffer, »Fighting Terror; Afghanistan on the Front Lines: In US Strategy, Myriad Hazards; Some See Tactics Bolstering Role of Local Warlords«, *Boston Globe*, 7. Juli 2002.

18. Senate Committee on Armed Services, Inquiry into the Treatment of Detainees in U.S. Custody, S. Prt. 110-154, S. 151f. (2008).

19. Lianne Hart, »Afghan Detainee's Leg Was ›Pulpified‹, Witness Says«, *Los Angeles Times*, 23. März 2005.

20. »Lieutenant General Michael T. Flynn, USA, Director, Defense Intelligence Agency«, Defense Intelligence Agency, aufgerufen am 10. August 2012. Informationen zu General Flynns Militärlaufbahn stammen, sofern nicht anders vermerkt, aus seiner offiziellen Biografie.

21. Hastings, *The Operators*, S. 27.

22. Second Lieutenant Ethan T. Vessels, »Pillar of Intelligence Training: The 111th MI Brigade«, *Military Intelligence Professional Bulletin* 21 (4) (Oktober 1995).

23. William Arkin, »Secret Soldiers: Will Our Military Be Dominated by Forces Shielded from Scrutiny?«, Kommentar, *Los Angeles Times*, 22. Juni 2003.

24. Josh White, »US Generals in Iraq Were Told of Abuse Early, Study Finds«, *Washington Post*, 1. Dezember 2004.
25. Hastings, *The Operators*, S. 90.
26. Mitschrift, »HBO History Makers Series with Stanley McChrystal«, Interview mit Tom Brokaw, Council on Foreign Relations, 6. Oktober 2011.
27. Allison Stevens, »Lawmakers Split About Benefits of Private Briefings on Status of Iraq War«, *Congressional Daily Monitor*, 9. April 2003.
28. Ebd.
29. Ebd.
30. Mitschrift, »DoD News Briefing – [Assistant Secretary of Defense for Public Affairs Victoria] Clarke and Maj. Gen. McChrystal«, 4. April 2003.
31. Mitschrift, »Special Targeting Procedures«, Foreign Press Center Briefing with Major General McChrystal, 3. April 2003.
32. Eric Schmitt und Bernard Weinraub, »A Nation at War: Military; Pentagon Asserts the Main Fighting Is Finished in Iraq«, *New York Times*, 15. April 2003.
33. Filkins, »Stanley McChrystal's Long War«.
34. Michael Hastings, »The Runaway General«, *Rolling Stone*, 8. Juli 2010.
35. Interview des Autors mit Andrew Exum, März 2012. Alle Informationen und Aussagen, die Andrew Exum zugeschrieben werden, stammen aus diesem Interview.
36. Marc Ambinder, »The Night Beat: Obama Borrows the Military Back«, TheAtlantic.com, 23. Juni 2010.
37. Interview des Autors mit einem ehemaligen Angehörigen der Spezialeinheiten, März 2001.
38. Fury, »The Pope«. Die folgenden Zitate von Dalton Fury stammen aus diesem Artikel.
39. Carl Prine, »McChrystal Clear«, Line of Departure (Blog), Military.com, 3. Juni 2012.
40. Interview des Autors mit Oberst Douglas Macgregor, August 2010. Alle Informationen und Aussagen, die Oberst Macgregor zugeschrieben werden, stammen aus diesem Interview, sofern nicht anders vermerkt.
41. Interview des Autors mit einem Offizier a.D., Juli 2010.
42. James Dao, »Aftereffects: The Overseer – Man in the News; at the Helm in Shattered Iraq: Lewis Paul Bremer III«, *New York Times*, 8. Mai 2003.
43. L. Paul Bremer III, »Crush Them; Let Us Wage Total War on Our Foes«, Kommentar, *Wall Street Journal*, 13. September 2001.
44. Botschafter L. Paul Bremer III. mit Malcolm McConnell, *My Year in Iraq: The Struggle to Build a Future of Hope* (New York: Threshold Editions, 2006), S. 6f.
45. Ebd., S. 2.
46. Ebd., S. 37. Bremer beschreibt, wie Verteidigungsminister Rumsfeld ihm den »Marschbefehl« erteilte, die Entbaathifizierung voranzutreiben, während Feith die Vorarbeit leistete.

47. Naomi Klein, »Baghdad Year Zero«, *Harper's,* September 2004.
48. David Rieff, »Blueprint for a Mess«, *New York Times Magazine,* 2. November 2003.
49. Mitschrift, Interview mit L. Paul Bremer III., *Breakfast with Frost,* BBC, 29. Juni 2003.
50. Mitschrift, »Remarks by the President from the USS Abraham Lincoln«, 1. Mai 2003.
51. Ann Scott Tyson, »Anatomy of the Raid on Hussein's Sons«, *Christian Science Monitor,* 24. Juli 2003.
52. Mitschrift, »DoD News Briefing – Secretary Rumsfeld and Gen. Myers«, 30. Juni 2003.
53. Brian Knowlton, »Top US General in Iraq Sees ›Classical Guerrilla-Type‹ War«, *New York Times,* 16. Juli 2003.
54. Alissa J. Rubin, Mark Fineman und Edmund Sanders, »Iraqis on Council to Get Guards«, *Los Angeles Times,* 13. August 2003.
55. Sameer N. Yacoub (AP), »Huge Explosion Rocks UN Headquarters in Iraq«, *USA Today* (USAToday.com), 20. August 2003; CBS/AP, »Baghdad Bomb Crude but Deadly«, CBSNews.com.
56. Associated Press, »CIA Feels al-Qaida Tape on Iraq Is Probably Authentic«, NBCNews.com, 7. April 2004. Die Vereinigten Staaten und die Vereinten Nationen führten beide den Anschlag vom August 2003 in der Begründung für ihre Sanktionen gegen al-Sarkawi und seine Gruppe auf. In einem Tonband aus dem Jahr 2004 übernahm ein Mann, der behauptete, al-Sarkawi zu sein, die Verantwortung für den Anschlag gegen die Vereinten Nationen. Ein Sprecher der CIA erklärte gegenüber Journalisten, das Tonband sei »wahrscheinlich authentisch«.
57. Mitschrift der Bemerkungen des Verteidigungsministers Donald Rumsfeld, Treffen der Veterans of Foreign Wars, San Antonio, Texas, 25. August 2003.
58. Edith M. Lederer, »Annan Orders U.N. Cutbacks in Iraq Staff«, Associated Press, 25. September 2003.
59. Mary Anne Weaver, »The Short, Violent Life of Abu Musab al-Zarqawi«, *Atlantic,* Juli–August 2006.
60. »Jordan Says Major al Qaeda Plot Disrupted«, CNN.com, 26. April 2004.
61. Brian Ross, »CIA Questions Saddam's Ties to al Qaeda«, ABCNews.go.com, 5. Oktober 2004.
62. Mitschrift »Remarks by the President on Iraq«, Cincinnati Museum Center, Cincinnati, Ohio, 7. Oktober 2002.
63. Mitschrift, Colin Powells Rede vor dem Sicherheitsrat der Vereinten Nationen, 5. Februar 2003.
64. Senate Select Committee on Intelligence, Postwar Findings About Iraq's WMD Programs and Links to Terrorism and How They Compare with Prewar Assessments, S. Report 1009-331, S. 63 [2006].
65. »U.S. Raises Zarqawi Reward to $25m«, CNN.com, 1. Juli 2004.

66. Weaver, »The Short, Violent Life of Abu Musab al-Zarqawi«.

67. Interview des Autors mit Gareth Porter, September 2010.

68. Priest und Arkin, *Top Secret America,* S. 236f.

69. Advance Questions for Lieutenant General Bryan D. Brown, USA Nominee for Commander, aufgerufen am 10. August 2012.

70. Donald Rumsfeld, Memorandum für General Richard Myers, Paul Wolfowitz, General Peter Pace und Douglas Feith, »Subject: The Global War on Terrorism«, 16. Oktober 2003, in voller Länge veröffentlicht bei USAToday. com, 20. Mai 2005.

71. Lisa Burgess, »Buyers Beware: The Real Iraq ›Most Wanted‹ Cards Are Still Awaiting Distribution«, *Stars and Stripes,* 17. April 2003.

72. John Barry und Michael Hirsh, »The Hunt Heats Up«, *Newsweek,* 14. März 2004.

73. Barton Gellman, »Person of the Year 2011; Runners-Up; William McRaven: The Admiral«, *Time Magazine,* 14. Dezember 2011.

74. Ebd.

75. Ebd.

76. Ebd.

77. Barry und Hirsh, »The Hunt Heats Up«.

78. Gellman, »Person of the Year 2011«.

79. Orr Kelly, *Brave Men – Dark Waters: The Untold Story of the Navy SEALs* (Novato, CA: Pocket Books, 1992), S. 235.

80. »Admiral William H. McRaven, Commander, United States Special Operations Command, United States Navy«. United States Navy, aufgerufen am 5. August 2012, www.navy.mil/navydata/bios/navybio.asp?bioID= 401. Informationen zu Admiral McRavens späteren Einsätzen stammen aus seiner offiziellen Biografie.

81. Amanda D. Stein, »USSOCOM McRaven Honors Longtime NPS Professor During SGL«, Naval Postgraduate School, 11. Juni 2012.

82. Gellman, »Person of the Year 2011«.

83. Ebd.

84. Ebd.

85. Interview des Autors mit vertraulicher Quelle, Juni 2012.

Kapitel 10

1. Interview des Autors mit Mohamed Afrah Qanyare, Juni 2011.

2. Emily Meehan, »Notes from a Failed State: Entry 2«, *Slate,* 19. August 2008.

3. Interview des Autors mit Mohamed Afrah Qanyare, Juni 2011. Siehe auch Ernst Jan Hogendoorn, Mohamed Abdoulaye M'Backe, und Brynjulf Mugaas, »Report of the Panel of Experts on Somalia Pursuant to Security Council Resolution 1425 (2002)«, Panel of Experts on Somalia, United Nations Security Council, 25. März 2003, S. 39.

4. Ebd. Viele Journalisten haben die Schmuggelgeschäfte von Bluebird Aviation dokumentiert. Siehe Donald G. McNeil Jr., »Correspondence/Touring

Somalia: When All Else Fails (Like the State), Take the Drug Flight into Town«, *New York Times,* 3. Februar 2003.

5. Interview des Autors mit Mohamed Afrah Qanyare, Juni 2011. Zitate von Mohamed Afrah Qanyare stammen, sofern nicht anders vermerkt, aus diesem Interview mit dem Autor.

6. Dexter Filkins, »Terror in Africa: Attacks in Mombasa; Kenyans Hunting Clues to Bombing; Toll Rises to Thirteen«, *New York Times,* 30. November 2002.

7. Tim Butcher, »Missiles Launched at Holiday Plane as Bombers Bring Carnage to Hotel«, *Telegraph,* 29. November 2002.

8. United States of America v. Usama bin Laden et al., United States District Court Southern District of New York, April 2000 cns.miis.edu/reports/pdfs/binladen/indict.pdf.

9. Johan Peleman, Edward Howard Johns, Pavanjeet Singh Sandhu und John Tambi, »Report of the Panel of Experts on Somalia Pursuant to Security Council Resolution 1474 (2003)«, UN Security Council, veröffentlicht am 4. November 2003, S. 29f.

10. International Crisis Group, »Counter-Terrorism in Somalia: Losing Hearts and Minds?«, Africa Report Nr. 95, 11. Juli 2005, S. 8.

11. Ebd.

12. Marc Lacey, »Threats and Responses: African Investigation; Kenya Clears Fishermen, Saying They Had No Ties to Attackers«, *New York Times,* 14. Dezember 2002.

13. International Crisis Group, »Counter-Terrorism in Somalia«.

14. J. Peleman, E. H. Johns, P. S. Sandhu, and J. Tambi, »Report of the Panel of Experts on Somalia Pursuant to Security Council resolution 1425 (2002)«, UN Security Council, veröffentlicht am 25. März 2003, S. 29f.

15. Interview des Autors mit Mohamed Afrah Qanyare, Juni 2011.

16. Ebd.

17. Sean D. Naylor, »Clandestine Somalia Missions Yield AQ Targets«, *Army Times,* 14. November 2011.

18. Interview des Autors mit Mohamed Afrah Qanyare, Juni 2011.

19. Naylor, »Clandestine Somalia Missions Yield AQ Targets«.

20. Interview des Autors mit Mohamed Afrah Qanyare, Juni 2011.

21. Diplomatendepesche 06NAIROBI2425 von Botschafter William Bellamy, US-Botschaft Nairobi, »Somalia: A Strategy for Engagement«, 2. Juni 2006, veröffentlicht durch WikiLeaks.

22. Naylor, »Clandestine Somalia Missions Yield AQ Targets«.

23. Dr. Kenneth Menkhaus, »Political Islam in Somalia«, *Middle East Policy* 9 (1) (März 2002). Menkhaus schreibt: »Trotz – oder vielleicht wegen – der Tatsache, dass es als einziges Land am Horn von Afrika fast ausschließlich muslimisch ist, war in Somalia historisch nicht dasselbe Niveau radikal-islamischer politischer Aktivität beheimatet, wie es in benachbarten, religiös gespaltenen Staaten der Fall war.«

24. Präsident Bush, »Address to a Joint Session of Congress and the American People«, Washington, 20. September 2001.

25. Interview des Autors mit Ismail Mahmoud Hurre, Juni 2011.

26. Executive Order 13224, Office of the Coordinator for Counterterrorism, 20. September 2011.

27. International Crisis Group, »Somalia's Divided Islamists«, Africa Briefing Nr. 74, 18. Mai 2010, S. 3f.

28. David Chazan, »Who Are al-Ittihad?«, BBC.co.uk, 30. November 2002.

29. International Crisis Group, »Somalia: Countering Terrorism in a Failed State«, Africa Report Nr. 45, 23. Mai 2002, S. 10.

30. Michael R. Gordon, »Threats and Responses: The Operations; U.S. Turns Horn of Africa into a Military Hub«, *New York Times,* 17. November 2002.

31. »US Chides German Minister«, BBC.co.uk, 20. Dezember 2001; dt. Zitat aus Spiegel, 20.12.2001.

32. Mitschrift, »DoD News Briefing – Secretary Rumsfeld«, 19. Dezember 2001; dt. Zitat ab »Der Deutsche hatte Uunrecht« aus Spiegel, 20.12.2001, http://www.spiegel.de/politik/ausland/somalia-einsatz-was-sagte-scharpi ng-wirklich-a-173825.html

33. Alan Sipress und Peter Slevin, »Powell Wary of Iraq Move; U.S. Eyes Somalia in Continuing Al Qaeda Hunt«, *Washington Post,* 21. Dezember 2001.

34. Botschafter William Bellamy, »Somalia: A Strategy for Engagement«.

35. Associated Press, »U.S. Concerned About Terrorist Activity in Somalia«, *Navy Times,* 12. Dezember 2001.

36. Simon Reeve, »News Analysis; U.S. Returning to a Nightmare Called Somalia«, *San Francisco Chronicle,* 16. Dezember 2001.

37. Mitschrift, »DoD News Briefing – Deputy Secretary Wolfowitz and Rear Admiral Stufflebeem«, 10. Dezember 2001.

38. Karl Vick, »Al Qaeda Ally in Somalia in Tatters; Only Remnants Remain of Potential U.S. Target«, *Washington Post,* 24. Februar 2002.

39. Ebd.

40. Ebd.

41. Ebd.

42. Interview des Autors mit ehemaligem Task-Force-Mitglied, März 2011.

43. Naylor, »Clandestine Somalia Missions Yield AQ Targets«.

44. Botschafter William Bellamy, »Somalia: A Strategy for Engagement«.

45. General Wayne A. Downing a.D., Forward to report by Clint Watts, Jacob Shapiro und Vahid Brown, »Al-Qaida's (Mis)Adventures in the Horn of Africa«, The Harmony Project, Combating Terrorism Center at West Point Military Academy, 2. Juli 2007.

46. Naylor, »Clandestine Somalia Missions Yield AQ Targets«.

47. Interview des Autors mit Mohamed Afrah Qanyare, Juni 2011.

48. Human Rights Watch, »Off the Record: US Responsibility for Forced Disappearances in the ›War on Terror‹«, Juni 2007.

49. International Crisis Group, »Counter-Terrorism in Somalia«.

50. Human Rights Watch, »Off the Record: US Responsibility for Forced Disappearances«.

51. International Crisis Group, »Counter-Terrorism in Somalia«.

52. Paul Salopek, »›Nobody Is Watching‹; America's Hidden War in Somalia«, *Chicago Tribune*, 24. November 2008. Informationen über Isses Zeit in US-Gewahrsam stammen aus diesem Artikel.

53. International Crisis Group, »Counter-Terrorism in Somalia«.

54. Interview des Autors, Mogadishu, Somalia, Juni 2011.

55. Interview des Autors mit Abdirahman »Aynte« Ali, Juni 2011.

56. Botschafter William Bellamy, »Somalia: A Strategy for Engagement«.

57. Interview des Autors mit Mohamed Afrah Qanyare, Juni 2011.

Kapitel 11

1. Eric Schmitt und Thom Shanker , »Pentagon Says a Covert Force Hunts Hussein«, *New York Times*, 7. November 2003.

2. John Barry und Michael Hirsh, »The Hunt Heats Up«, *Newsweek*, 14. März 2004.

3. »Agencies Unite to Find bin Laden«, *Washington Times*, 15. März 2004.

4. Ebd.

5. Oberstleutnant Anthony Shaffer, *Operation Dark Heart: Spycraft and Special Ops on the Frontlines of Afghanistan and the Path to Victory* (New York: St. Martin's Press, 2010), S. 192.

6. Ebd., S. 17.

7. Ebd., S. 178.

8. Ebd., S. 177ff.

9. Ebd., S. 18f.

10. Ebd., S. 19.

11. Ebd.

12. Barton Gellman und Dafna Linzer, »Afghanistan, Iraq: Two Wars Collide«, *Washington Post*, 22. Oktober 2004.

13. Juan O. Tamayo, »Capture of Saddam Will Not Mean More Forces Available to Find bin Laden«, *Knight Ridder Newspapers*, 14. Dezember 2003.

14. Josh White, »US Generals in Iraq Were Told of Abuse Early, Inquiry Finds«, *Washington Post*, 1. Dezember 2004.

15. Committee on Armed Services, Inquiry into the Treatment of Detainees in US Custody, S. Prt. 110-154, S. 218 (2008).

16. White, »US Generals in Iraq Were Told«.

17. Die Details der Gefangennahme Saddam Husseins stammen aus: Michael Smith, *Killer Elite: The Inside Story of America's Most Secret Special Operations Team* (New York: St. Martin's Press, 2006), S. 261ff.

18. Mitschrift, »Ambassador Bremer Briefing from Baghdad«, 14. Dezember 2003.

19. Smith, *Killer Elite*, S. 262.

20. »President Bush Sends His Regards«, CNN.com, 15. Dezember 2003.

21. Eric Schmitt und Carolyn Marshall, »Task Force 6-26: Inside Camp Nama; in Secret Unit's ›Black Room‹, a Grim Portrait of U.S. Abuse«, *New York Times*, 19. März 2006.

22. Mitschrift, »Ambassador Bremer Briefing from Baghdad«.

23. Ebd.

24. Barton Gellman, »Person of the Year 2011; Runners-Up; William McRaven: The Admiral«, *Time*, 14. Dezember 2011.

25. Rowan Scarborough, *Rumsfeld's War: The Untold Story of America's Anti-Terrorist Commander* (Washington: Regnery, 2004), S. 62.

26. Bob Woodward, *State of Denial: Bush at War, Part III* (New York: Simon and Schuster Paperbacks, 2006), S. 266 (dt.: *Die Macht der Verdrängung. George W. Bush, das Weiße Haus und der Irak*, München: DVA, 2007, S. 358f).

27. Jeffrey Gettleman, »Signs That Shiites and Sunnis Are Joining to Battle Americans«, *New York Times*, 9. April 2004.

28. Interview des Autors mit Andrew Exum, März 2012. Alle Zitate von Andrew Exum in diesem Kapitel stammen aus diesem Interview.

29. Interview des Autors mit General Ricardo S. Sanchez, Juni 2010.

30. Interview des Autors mit Oberst Lawrence Wilkerson, Mai 2011.

31. Stanley A. McChrystal, »It Takes a Network: The New Front Line of Modern Warfare«, *Foreign Policy* (März–April 2011). Alle Zitate von General McChrystal in diesem Kapitel stammen aus diesem Interview.

32. Sean D. Naylor, »Special Ops Unit Nearly Nabs Zarqawi«, *Army Times*, 28. April 2006. Der Artikel beschreibt die Einsatzgruppe, nachdem sie einen neuen Codenamen erhalten hat, Task Force 145.

33. McChrystal, »It Takes a Network«.

34. Marc Ambinder und D. B. Grady, *The Command: Deep Inside the President's Secret Army* (Hoboken, NJ: John Wiley and Sons, 2012, Kindle-Ausgabe).

35. William M. Arkin, *Code Names: Deciphering US Military Plans, Programs, and Operations in the 9/11 World* (Hanover, NH: Steerforth Press, 2005), S. 369.

36. Seymour M. Hersh, »The Gray Zone: How a Secret Pentagon Program Came to Abu Ghraib«, *New Yorker*, 24. Mai 2004.

37. Jane Mayer, *The Dark Side: The Inside Story of How the War on Terror Turned into a War on American Ideals* (New York: Doubleday, 2008), S. 243.

38. Hersh, »The Gray Zone«.

39. Shaffer, *Operation Dark Heart*, S. 257ff.

Kapitel 12

1. Eric Schmitt und Carolyn Marshall, »Task Force 6-26: Inside Camp Nama; in Secret Unit's ›Black Room‹, a Grim Portrait of U.S. Abuse«, *New York Times*, 19. März 2006.

2. John H. Richardson, »Acts of Conscience«, *Esquire*, 21. September 2009, www.esquire.com/features/ESQo806TERROR_102.

3. Schmitt und Marshall, »Task Force 6-26«.

4. Committee on Armed Services, Inquiry into the Treatment of Detainees in US Custody, S. Prt. 110-154, S. 158 (2008).

5. Ebd., S. 158f.

6. Wie John Sifton und Marc Garlasco in einem Bericht für Human Rights Watch anmerken, waren in der Zeit, in der die Einsatzgruppe von Camp NAMA aus operierte, »die Streitkräfte der USA und der Koalition an verschiedene Regelungen der Genfer Konventionen von 1949 und des Völkerrechts gebunden«. Die Regierung erklärte öffentlich, die Genfer Konventionen würden für in Gewahrsam genommene Iraker gelten, nicht aber für Gefangene, bei denen es sich um ausländische Kombattanten handle. Laut einem internen Bericht des US-Verteidigungsministeriums jedoch, aus dem in dem Senatsbericht zitiert wurde, orientierte sich die von der Einsatzgruppe im Irak praktizierte Standardverfahrensweise »am Memorandum zum Gegen-Widerstand, das der Verteidigungsminister am 2. Dezember 2002 herausgab ... und das Methoden speziell für Gefangene vorsah, die als ›illegale Kombattanten‹ eingestuft wurden«. Militärangehörige, die mit der Einsatzgruppe zusammengearbeitet hatten, berichteten dem Senate Armed Services Committee und Human Rights Watch, dass Gefangenen, auch wenn sie irakische Staatsbürger waren, die Schutzbestimmungen der Genfer Konventionen verweigert wurden. Siehe John Sifton und Marc Garlasco, »No Blood, No Foul: Soldiers' Accounts of Detainee Abuse in Iraq«, Human Rights Watch, 23. Juli 2006, www.hrw.org/reports/2006/07/22/no-blood-no-foul. Siehe auch Terry Frieden, »Justice Dept.: Geneva Conventions Limited in Iraq«, CNN.com, 26. Oktober 2004, und Committee on Armed Services, Inquiry into the Treatment of Detainees, S. 158.

7. Schmitt und Marshall, »Task Force 6-26«.

8. Spencer Ackerman, »How Special Ops Copied al-Qaida to Kill It«, Danger Room (Blog), Wired.com, 9. September 2011, www.wired.com/dangerroom/2011/09/mcchrystal-network/.

9. Sifton und Garlasco, »No Blood, No Foul«. Alle Informationen von Human Rights Watch in diesem Kapitel stammen aus dem Bericht, sofern nicht anders vermerkt.

10. Ebd.

11. Ebd.

12. Ebd.

13. Ebd.

14. Ebd.

15. Ebd.

16. Committee on Armed Services, Inquiry into the Treatment of Detainees, S. 191.

17. Ebd.

18. Ebd., S. 196f.

19. Sifton und Garlasco, »No Blood, No Foul«.

20. Interview des Autors mit Oberstleutnant Anthony Shaffer, Mai 2011.
21. Interview des Autors mit Oberst Lawrence Wilkerson, Mai 2011.
22. Interview des Autors mit Scott Horton, September 2010. Alle Scott Horton zugeschriebenen Äußerungen in diesem Kapitel stammen aus diesem Interview.
23. Jonathan S. Landay, »Report: Abusive Tactics Used to Seek Iraq–al Qaida Link«, *McClatchy Newspapers*, 21. April 2009.
24. Rowan Scarbor*ough, Rumsfeld's War: The Untold Story of America's Anti-Terrorist Commander* (Washington: Regnery, 2004), S. 48.
25. Interview des Autors mit Andrew Exum, März 2012. Alle Zitate von Andrew Exum in diesem Kapitel stammen aus diesem Interview.
26. Schmitt und Marshall, »Task Force 6-26«.
27. Ebd.
28. Committee on Armed Services, Inquiry into the Treatment of Detainees, S. 191.
29. Interview des Autors mit Scott Horton, September 2010.
30. Schmitt und Marshall, »Task Force 6-26«.
31. Sifton und Garlasco, »No Blood, No Foul.« Alle Zitate von »Jeff Perry« in diesem Kapitel stammen aus dem genannten Bericht.
32. Ebd.
33. Schmitt und Marshall, »Task Force 6-26«.
34. Brigadegeneral Richard P. Formica, »Article 15-6 Investigations of CJSOTF-AP and 5th SF Group Detention Operations«, 8. November 2004, S. 2of und 30; freigegeben am 7. Juni 2006, vom Verteidigungsministerium veröffentlicht am Freitag, den 16. Juni 2006, www.dod.mil/pubs/foi/opera tion_and_plans/Detainee/OtherDetaineeRelatedDocuments.html.
35. Schmitt und Marshall, »Task Force 6-26«.
36. Sifton und Garlasco, »No Blood, No Foul«.
37. »CID Report – Final – 0016-04-CID343-69355«, Bericht des Army Criminal Investigation Command über Anschuldigungen von Misshandlungen an Häftlingen in Camp NAMA am Internationalen Flughafen Bagdad, 4. August 2004, von FOIA an die American Civil Liberties Union und anderen Menschenrechtsgruppen zugestellt, www.aclu.org/torturefoia/releas ed/030705/9135_9166.pdf.
38. Sifton und Garlasco, »No Blood, No Foul«.
39. Ebd.
40. Committee on Armed Services, Inquiry into the Treatment of Detainees, S. 173.
41. Ebd.
42. Ebd.
43. Ebd.
44. Ebd., S. 181.
45. Ebd., S. 176.
46. Ebd., S. 179.

47. Ebd., S. 180.
48. Ebd., S. 181f.
49. Ebd., S. 184.
50. Ebd.
51. Ebd., S. 186.
52. Ebd., S. 193.
53. Interview des Autors mit Malcolm Nance, Mai 2011. Alle Zitate von Malcolm Nance in diesem Kapitel stammen aus diesem Interview.
54. Human Rights Watch, »Leadership Failure: Firsthand Accounts of Torture of Iraqi Detainees by the U.S. Army's 82nd Airborne Division«, 23. September 2005, www.hrw.org/node/11610/section/1.
55. Schmitt und Marshall, »Task Force 6-26«.
56. Committee on Armed Services, Inquiry into the Treatment of Detainees, S. 159.
57. Schmitt und Marshall, »Task Force 6-26«.
58. Sifton und Garlasco, »No Blood, No Foul«.
59. Ebd.
60. Committee on Armed Services, Inquiry into the Treatment of Detainees, S. 162.
61. Hina Shamsi, »Command's Responsibility: Detainee Deaths in U.S. Custody in Iraq and Afghanistan«, Human Rights First, 2006, www.humanrights first.org/our-work/law-and-security/we-can-end-torture-now/commands -responsibility-detainee-deaths-in-u-s-custody-in-iraq-and-afghanistan/. Der zitierte Bericht der medizinischen Untersuchung liegt Human Rights First vor: Office of the Armed Forces Medical Examiner, Final Autopsy Report for Autopsy No. ME-04-309 (Fashad Mohammad), 22. November 2004.
62. MG George R. Fay, »AR 15-6 Investigation of the Abu Ghraib Detention Facility and 205th Military Intelligence Brigade«, abgeschlossen am 23. August 2004, S. 53. In dem Bericht heißt es, »CIA-Vertreter« hätten am 4. November 2003 einen Mann nach Abu Ghraib gebracht. Er sei »vom Navy SEAL-Team 7 während einer gemeinsamen 121/CIA-Mission gefangen genommen worden«. In dem Bericht werden auch die Umstände geschildert, die zum Tod des Mannes führten. Nachfolgende Berichte gaben den Namen des Mannes mit Manadel al-Dschamadi an. Siehe David Cloud, »Seal Officer Hears Charges in Court-Martial in Iraqi's Death«, New York Times, 25. Mai 2005.
63. Josh White, »U.S. Generals in Iraq Were Told of Abuse Early, Inquiry Finds«, Washington Post, 1. Dezember 2004.
64. Schmitt und Marshall, »Task Force 6-26«.
65. »Report of the International Committee of the Red Cross (ICRC) on the Treatment by the Coalition Forces of Prisoners of War and Other Protected Persons by the Geneva Conventions in Iraq During Arrest, Internment and Interrogation«, ICRC, Februar 2004, http://military.piac.asn.au/ sites/de-fault/-les/documents/document-03.pdf.

66. Memorandum von Vizeadmiral Lowell E. Jacoby an den Staatssekretär im Verteidigungsministerium für Aufklärung Stephen A. Cambone, »Alleged Detainee Abuse by TF 6-26 Personnel«, 25. Juni 2004, (gekürzt) www.ac lu.org/torturefoia/released/t2596_0297.pdf.

67. Schmitt und Marshall, »Task Force 6-26«.

68. Ebd.

69. Memorandum des Army Criminal Investigation Command bezüglich der Anschuldigungen von Misshandlungen an Häftlingen in Camp NAMA, 31. Mai 2004, (gekürzt) www.aclu.org/torturefoia/released/030705/9117_9134.pdf.

70. Schmitt und Marshall, »Task Force 6-26«.

71. Interview des Autors mit einem ehemaligen Vernehmer der Air Force, Juni 2012.

72. Committee on Armed Services, Inquiry into the Treatment of Detainees, S. 167.

73. Seymour M. Hersh, »The General's Report: How Antonio Taguba, Who Investigated the Abu Ghraib Scandal, Became One of Its Casualties«, New Yorker, 25. Juni 2007.

74. Hauptmann Ian Fishback an Senator John McCain, »A Matter of Honor«, 16. September 2005, veröffentlicht in der Washington Post, 25. September 2005.

75. Ebd. Alle Zitate von Hauptmann Fishback stammen aus diesem Brief.

76. John H. Richardon, »Acts of Conscience«, Esquire, 21. September 2009, www.esquire.com/features/ESQ0806TERROR_102.

77. Sifton und Garlasco, »No Blood, No Foul«.

78. General Stanley McChrystal, My Share of the Task: A Memoir (New York: Portfolio/Penguin, 2012), S. 201f.

Kapitel 13

1. Mark Urban, Task Force Black: The Explosive True Story of the SAS and the Secret War in Iraq (London: Little, Brown, 2010), S. 82.

2. Spencer Ackerman, »How Special Ops Copied al-Qaida to Kill It«, Danger Room (Blog), Wired.com, 9. September 2011. com/dangerroom/2011/09/mcchrystal-net-work/all/.

3. Jeffrey Gettleman, »Enraged Mob in Fallujah Kills Four American Contractors«, New York Times, 31. März 2004.

4. Generalleutnant Ricardo S. Sanchez, mit Donald T. Phillips, Wiser in Battle: A Soldier's Story (New York: HarperCollins, 2008), S. 349f.

5. Abschrift, »Defense Department Operational Update Briefing«, 20. April 2004.

6. Urban, Task Force Black, S. 40.

7. Associated Press, »Body Found on Baghdad Overpass Identified as That of American«, USAToday.com, gepostet am 11. Mai 2004.

8. CBS/AP, »CIA: Top Terrorist Executed Berg«, CBSNews.com, gepostet am

13. Mai 2004. Das Video wurde auch unter dem Titel »Sheikh Abu Musab al-Zarqawi Slaughters an American Infidel with His Own Hands« gepostet.

9. Interview des Autors mit Malcolm Nance, Mai 2011.

10. Jonathan Masters und Greg Bruno, »Al-Qaeda in Iraq«, Council on Foreign Relations, aktualisiert am 20. März 2012, www.cfr.org/iraq/al-qaeda-iraq/p14811.

11. Interview des Autors mit Richard Rowley, September 2011.

12. »Jim Steele, Counselor to US Ambassador for Iraqi Security Forces«, Premiere Speakers Bureau, aufgerufen im August 2012, http://premierespea kers.com/jim_steele/bio.

13. Jon Lee Anderson, »The Uprising: Shia and Sunnis Put Aside Their Differences«, *New Yorker*, 3. Mai 2004.

14. Peter Maass, »The Salvadorization of Iraq: The Way of the Commandos«, *New York Times Magazine*, 1. Mai 2005.

15. Christopher Drew, »Testimony on Contras Still Haunts Colonel«, *Chicago Tribune*, 7. Juli 1991.

16. John Barry und Michael Hirsh, »›The Salvador Option‹«, *Newsweek*, 7. Januar 2005.

17. Rod Nordland, »Iraq's Repairman«, *Newsweek*, 5. Juli 2004.

18. Maass, »The Salvadorization of Iraq«.

19. Ebd.

20. Urban, *Task Force Black*, S. 52f.

21. John Barry und Michael Hirsh, »The Hunt Heats Up«, *Newsweek*, 14. März 2004.

Kapitel 14

1. Nick Davies, »Afghanistan War Logs: Task Force 373 – Special Force Hunting Top Taliban«, *Guardian*, 25. Juli 2010.

2. Oberstleutnant Anthony Shaffer, *Operation Dark Heart: Spycraft and Special Ops on the Frontlines of Afghanistan – and the Path to Victory* (New York: St. Martin's Press, 2010), S. 32.

3. Ebd., S. 24.

4. Ebd., S. 195.

5. Ebd., S. 196.

6. Ebd., S. 197.

7. Ebd., S. 116.

8. Mark Mazzetti und David Rohde, »Amid U.S. Policy Disputes, Qaeda Grows in Pakistan«, *New York Times,* 30. Juni 2008.

9. Interview des Autors mit Oberstleutnant Anthony Shaffer, Mai 2011.

10. Scott Lindlaw (AP), »U.S. OK'd Troop Terror Hunts in Pakistan«, *Washington Post,* 23. August 2007.

11. Jennifer D. Kibbe, »Rise of the Shadow Warriors«, *Foreign Policy,* (März–April 2004).

12. Communication from the President of the United States: A Supplemental

Consolidated Report, Consistent with the War Powers Resolution, To Help Ensure That the Congress Is Kept Fully Informed on U.S. Military Activities in Support of the War on Terror, Kosovo, and Bosnia Herzegovina, Pursuant to Pub. L. 93-148, H. Doc. 110-115, 15. Dezember 2006.

13. Eric Schmitt und Mark Mazzetti, »Secret Order Lets US Raid al Qaeda«, *New York Times*, 8. November 2008.

14. Dem Autor zu treuen Händen überlassene Dokumente; Interview des Autors mit einem Angehörigen der Spezialeinheiten, November 2009.

15. Interview des Autors mit einem Angehörigen der Spezialeinheiten, November 2009.

16. Dem Autor zu treuen Händen überlassene Dokumente.

17. Thom Shanker und Scott Shane, »Elite Troops Get Expanded Role on Intelligence«, *New York Times*, 8. März 2006.

18. Ebd.

19. Barton Gellman, »Secret Unit Expands Rumsfeld's Domain; New Espionage Branch Delving into CIA Territory«, *Washington Post*, 23. Januar 2005.

20. Ebd.

21. Ebd.

22. Michael Smith, *Killer Elite: The Inside Story of America's Most Secret Special Operations Team* (New York: St. Martin's Press, 2006), S. 268; Interview des Autors mit einem Angehörigen der Spezialeinheiten, Januar 2011.

23. Interview des Autors mit einem Angehörigen der Spezialeinheiten, Januar 2011.

24. Interview des Autors mit Scott Horton, September 2010.

25. Memorandum von Donald Rumsfeld für General Dick Myers, Douglas Feith; CC: General Pete Pace, Steve Cambone, »Preparation of the Battlespace«, 2. September 2004.

26. John Sifton, »A Brief History of Drones«, *Nation*, 27. Februar 2012.

27. Michael T. Flynn, Rich Juergens und Thomas L. Cantrell, »Employing ISR; SOF Best Practices«, *Joint Forces Quarterly* 50 (Juli 2008).

28. Doug Richardson, SOAL-T WSO, »US Special Operations Command; Continuous Clandestine Tagging, Tracking, and Locating (CTTL)«, PowerPoint-Präsentation, vorbereitet für USSOCOM, 5. September 2007.

29. Interviews des Autors mit Hunter (Pseudonym), Juni 2012; Richardson, »US Special Operations Command«.

30. »On the Record; Excerpts from Bob Woodward's Oval Office Interviews with President George W. Bush, May 20–21, 2008«, *Washington Post*.

31. Bob Woodward, *The War Within: A Secret White House History, 2006–2008* (New York: Simon and Schuster, 2008), S. 13.

32. Michael Hastings, *The Operators: The Wild and Terrifying Inside Story of America's War in Afghanistan* (New York: Blue Rider Press, 2012), S. 173.

33. Mark Urban, *Task Force Black: The Explosive True Story of the SAS and the Secret War in Iraq* (London: Little, Brown, 2010), S. 53; Shanker und Shane, »Elite Troops Get Expanded Role«.

34. Shanker und Shane, »Elite Troops Get Expanded Role«.
35. Interview des Autors mit Oberst a.D. W. Patrick Lang, September 2010.
36. Interview des Autors mit Andrew Exum, März 2012.
37. Mazzetti und Rohde, »Amid U.S. Policy Disputes«.
38. Interview des Autors mit Oberstleutnant Anthony Shaffer, Mai 2001. Sämtliche Oberstleutnant Shaffer zugeschriebenen Aussagen und Informationen stammen, sofern nicht anders vermerkt, aus diesem Interview.
39. Mazzetti und Rohde, »Amid U.S. Policy Disputes«.
40. Marc Ambinder und D. B. Grady, *The Command: Deep Inside the President's Secret Army* (Hoboken, NJ: John Wiley and Sons, 2012, Kindle-Ausgabe), Kap. 10 »Widening the Playing Field«.
41. Ebd.
42. Mark Mazzetti, »C.I.A. Closes Unit Focused on Capture of bin Laden«, *New York Times*, 4. Juli 2006.
43. Mazzetti und Rohde, »Amid U.S. Policy Disputes«.
44. Ebd.
45. Greg Miller, »War on Terror Loses Ground«, *Los Angeles Times*, 27. Juli 2008.
46. Rahimullah Yusufzai, »Forty-Six Killed in North Waziristan Fighting; Military Claims Killing Forty-one Foreign Militants«, aufgerufen am 10. April 2012.
47. Interview des Autors mit ehemaliger Blackwater-Führungskraft, November 2009.
48. Erik Prince, Rede, gehalten im Januar 2010, Audiokopie des Autors.
49. James Risen und Mark Mazzetti, »C.I.A. Said to Use Outsiders to Put on Drones«, *New York Times*, 20. August 2010.
50. Matthew Cole, Richard Esposito und Brian Ross, »Mercenaries? CIA Says Expanded Role for Contractors Legitimate«, ABCNews.go.com, 11. Dezember 2009.
51. Brief, Aiman al-Sawahiri an Mussab al-Sarkawi, 9. Juli 2005, freigegeben durch das Büro des Direktors Nationale Nachrichtendienste, 11. Oktober 2005.
52. Seth G. Jones, *Hunting in the Shadows: The Pursuit of al Qaeda Since 9/11* (New York: W. W. Norton, 2012), S. 249.
53. John Ward Anderson, »Iraqi Tribes Strike Back at Insurgents«, *Washington Post*, 7. März 2006.
54. Dexter Filkins, Mark Mazzetti und Richard A. Oppell Jr., »How Surveillance and Betrayal Led to a Hunt's End«, *New York Times*, 9. Juni 2006. Details zu den Sarkawi-Razzien sind in diesem Artikel nachzulesen.

Kapitel 15

Dieses Kapitel beruht auf mehreren Gesprächen, die der Autor 2010 und 2012 mit »Hunter« führte, einer Quelle aus den Kreisen der Spezialeinheiten. Hunter ist ein Pseudonym, das dazu dient, die Identität der Quelle zu schützen.

1. Siehe Marc Ambinder und D. B. Grady, *The Command: Deep Inside the President's Secret Army* (Hoboken: John Wiley and Sons, 2012, Kindle-Ausgabe), Kap. 8, »The Activity«.

Kapitel 16

1. Interview des Autors mit Nasser al-Awlaki, Januar 2012. Alle Informationen und Aussagen, die Nasser al-Awlaki zugeschrieben werden, stammen, sofern nicht anders vermerkt, aus den Interviews des Autors im Januar, August und September 2012. Einzelheiten über Anwar aus dieser Zeit stammen, sofern nicht anders vermerkt, aus den Interviews des Autors mit Nasser und anderen Familienmitgliedern.

2. Interviews des Autors mit Mitgliedern der Familie al-Awlaki, Januar und August 2012; Sudarsan Raghavan, »Cleric Linked to Fort Hood Attack Grew More Radicalized in Yemen«, *Washington Post*, 10. Dezember 2009.

3. Susan Schmidt, »Imam from Va. Mosque Now Thought to Have Aided al-Qaeda«, *Washington Post*, 27. Februar 2008.

4. Interview des Autors mit Nasser al-Awlaki, Januar 2012.

5. Schmidt, »Imam from Va. Mosque«.

6. Interview des Autors mit Nasser al-Awlaki, Januar 2012.

7. Mitschrift, »Moazzam Begg Interviews Imam Anwar al-Awlaki«, Cageprisoners, 31. Dezember 2007.

8. Mitschrift, »Interview with In Focus News, California«, von Saaqib Rangoonwala, gepostet von »SoldierOfAllah« on Shaykh Anwar's Blog, 13. Oktober 2011. Das ist nicht derselbe Domainname, der früher von Anwar Awlaki genutzt wurde.

9. Mitschrift, »Moazzam Begg Interviews Imam Anwar al-Awlaki«.

10. Christof Heyns, »Report of the Special Rapporteur on Extrajudicial Summary or Arbitrary Executions«, vorgelegt dem UN-Menschenrechtsrat, 27. Mai 2011, S. 395.

11. Scott Shane und Souad Mekhennet, »Imam's Path from Condemning Terror to Preaching Jihad«, *New York Times*, 8. Mai 2010.

12. Interview des Autors mit einem ehemaligen jemenitischen Regierungsminister, Januar 2012. Einzelheiten des Treffens stammen aus dem Interview des Autors.

13. Ian Black, »Prince Bandar bin Sultan – Profile«, *Guardian*, 10. Oktober 2012.

14. Interview des Autors mit Scheich Saleh bin Fareed, Januar 2012.

15. Ebd. Sämtliche bin Fareed zugeschriebenen Informationen und Aussagen stammen aus dem Interview des Autors.

16. Interview des Autors mit Nasser al-Awlaki, Januar 2012; siehe auch »Visits by Foreign Leaders of Yemen«, Office of the Historian, U.S. Department of State, aufgerufen am 15. Dezember 2012, http://history.state.gov/depart menthistory/visits/yemen. Präsident Salih besuchte die Vereinigten Staaten vom 29. April bis 7. Mai 2007.

17. Interview des Autors mit Nasser al-Awlaki, Januar 2012.
18. Scheich Harith al-Nadari, »My Story with al-Awlaki«, *Inspire* 9 (Winter 2012), erschienen im Mai 2012.
19. Interview des Autors mit Nasser al-Awlaki, 31. Januar 2007.
20. Mitschrift, »Moazzam Begg Interviews Imam Anwar al-Awlaki«.
21. »Treasury Designates Anwar al-Aulaqi, Key Leader of Al-Qa'ida in the Arabian Peninsula«, Presseerklärung, US-Finanzministerium, 16. Juli 2010.
22. Diplomatendepesche 07SANAA2333, von stellvertretender Chef de Mission Angie Bryan, US-Botschaft Sanaa, »Yemeni-American Awlaqi Released from ROYG Custody«, 18. Dezember 2007, veröffentlicht von Wiki Leaks, http://wikileaks.org/cable/2007/12/07SANAA2333.html.

Kapitel 17

1. Interview des Autors mit Yusuf Mohammed Siad, Juni 2011. Alle Zitate und Aussagen von Indha Adde stammen aus dem Interview des Autors, sofern nicht anders vermerkt.
2. Kenneth Menkhaus, »Governance without Government in Somalia: Spoilers, State Building, and the Politics of Coping«, *International Security* 31 (3) (Winter 2006–2007), S. 74–106, 85, www.mitpressjournals.org/doi/abs /10.1162/isec.2007.31.3.74.
3. Bruno Schiemsky, Melvin E. Holt Jr., Harjit S. Kelley und Joel Salek, »Report of the Monitoring Group on Somalia Pursuant to Security Council Resolution 1587(2005)«, UN-Sicherheitsrat, 4. Oktober 2005, S. 23f.
4. Diplomatendepesche 06NAIROBI2425 von Botschafter William Bellamy, US-Botschaft Nairobi, »Somalia: A Strategy for Engagement«, 2. Juni 2006, veröffentlicht von WikiLeaks, http://wikileaks.org/cable/2006/06/06NAIR OBI2425.html. »Fazul [Abdullah Mohammed], [Saleh Ali Saleh] Nabhan, [Abu Talha] el-Sudani, [Ahmed] Abdi [Godane] und [Aden Hashi] Ayrow müssen aus der Somalia-Gleichung entfernt werden.«
5. Diplomatendepesche 06NAIROBI1484 von Botschafter William Bellamy, US-Botschaft Nairobi, »Ambassador to Yusuf: Alliance Against Terror Not Directed at TFG«, 4. April 2006, veröffentlicht von WikiLeaks, http:// wikileaks.org/cable/2006/04/06NAIROBI1484.html.
6. Cedric Barnes und Harun Hassan, »The Rise and Fall of Mogadishu's Islamic Courts«, *Journal of Eastern African Studies* 1 (2) (Juli 2007).
7. Interview des Autors mit Abdirahman »Aynte« Ali, Juni 2011. Alle folgenden Zitate und Aussagen »Aynte« Alis stammen aus diesem Interview, sofern nicht anders vermerkt.
8. Schiemsky u.a., »Report of the Monitoring Group on Somalia«, S. 15. Die Monitoring-Gruppe berichtete, dass »ein weiterer Staat in der Region die Opposition und die Oromo-Befreiungsfront [einer separatistischen, entlang der Grenze operierenden Guerrilla-Gruppe] in Form von Waffen unterstützte. Dieser Staat lieferte Waffen an Verbündete der Opposition, darunter Scheich Yusuf Indohaadde ... Scheich Hassan Dahir Aweys ... und

andere als Gegengewicht für die Unterstützung der TFG durch Äthiopien«. Nachfolgende UN- und andere Berichte bestätigten, dass es sich bei dem erwähnten Staat um Eritrea handelt.

9. Schiemsky u.a., »Report of the Monitoring Group on Somalia«, S. 20f.

10. Interview des Autors mit Ali Mohamed Gedi, Juni 2011.

11. »Somali Warlords Battle Islamists«, BBC-Nachrichten, 21. Februar 2006, http://news.bbc.co.uk/2/hi/africa/4735614.stm.

12. Mark Mazzetti, »Efforts by C.I.A. Fail in Somalia, Officials Charge«, *New York Times*, 8. Juni 2006.

13. Emily Wax und Karen DeYoung, »U.S. Secretly Backing Warlords in Somalia«, *Washington Post*, 17. Mai 2006.

14. Salim Lone, »Destabilizing the Horn«, *Nation*, 22. Januar 2007.

15. Interview des Autors mit Mohamed Afrah Qanyare, Juni 2011. Alle Zitate von Mohamed Afrah Qanyare stammen aus diesem Interview, sofern nicht anders vermerkt.

16. Wax und DeYoung, »U.S. Secretly Backing Warlords in Somalia«.

17. Schiemsky u.a., »Report of the Monitoring Group on Somalia«, S. 15.

18. Diplomatendepesche 06NAIROBI1261 von Leslie Rowe, stellvertretende Chef de Mission an der US-Botschaft in Nairobi, »Worst Combat in Five Years Put at USG Doorstep«, 20. März 2006, veröffentlicht von WikiLeaks, http://wikileaks.org/cable/2006/03/06NAIROBI1261.html.

19. Mazzetti, »Efforts by C.I.A. Fail in Somalia, Officials Charge«.

20. Mohamed Olad Hassan (AP), »Ethiopian Troops off to Somalia«, News24. com, 11. November 2006.

21. Interview des Autors mit Abdirahman »Aynte« Ali, Juni 2011. Alle Zitate von Aynte stammen aus diesem Interview, sofern nicht anders vermerkt.

22. Interview des Autors mit Scheich Ahmed »Madobe« Mohammed Islam, Juni 2011.

23. International Crisis Group, »Somalia's Islamists«, Africa Report Nr. 100, 12. Dezember 2005.

24. Simon Robinson, »Somalia's Islamic Leaders Deny a Link to Terror«, *Time*, 6. Juni 2006.

25. Abdirahman »Aynte« Ali, »The Anatomy of al Shabaab«, unveröffentlichter Beitrag, Juni 2010, www.radiodaljir.com/audio/docs/TheAnatomyOf AlShabaab.pdf.

26. Clint Watts, Jacob Shapiro und Vahid Brown, »Al-Qaida's (Mis)Adventures in the Horn of Africa«, Combating Terrorism Center at West Point Military Akademy, 2. Juli 2007, Anhang B: Cast of Characters from the Horn of Africa, S. 131f, www.ctc.usma.edu/posts/alqaidasmisadventures-in-the-horn-of-africa.

27. Vgl. hierzu: Watts, Shapiro und Brown, »Al-Qaida's (Mis)Adventures in the Horn of Africa«, S. 89f. Sowie das Profil von Fazul Abdullah Mohammed, al-Qaida-Sanktionsliste des UN-Sicherheitsrats, aufgerufen am 14.

August 2012, www.un.org/News/Press/docs/2012/sc10755.doc.htm. Fazul besaß angeblich andere Dokumente, in denen 1976 und 1971 als sein Geburtsjahr vermerkt war. Am 12. August 2012 wurde Fazul aus der Sanktionsliste entfernt.

28. Ebd., S. 93. Die Autoren zitieren einen Brief von Fazul an seinen Bruder Omar aus dem Jahr 1991.

29. Vereinigte Staaten gegen Usama bin Laden et al., S(9)98Cr. 1023, Anklageschrift, S. 16.

30. Vgl. zu den folgenden Schilderungen: Watts, Shapiro und Brown, »Al-Qaida's (Mis)Adventures in the Horn of Africa«, S. 94–98.

31. Ebd., S. 99. Sowie: Desmond Butler, »Threats and Responses: Terrorism; Three-Year Hunt Fails to Net Qaeda Suspect in Africa«, New York Times, 14. Juni 2003.

32. Sean D. Naylor, »Years of Detective Work Led to al-Qaida Target«, Army Times, 21. November 2011.

33. Watts, Shapiro und Brown, »Al-Qaida's (Mis)Adventures in the Horn of Africa,« S. 99.

34. International Crisis Group, »Counter-Terrorism in Somalia: Losing Hearts and Minds?«, Africa Report Nr. 95, 11. Juli 2005, S. 9.

35. International Crisis Group, »Somalia's Islamists«, Africa Report Nr. 100, 12. Dezember 2005, S. 11.

36. Ali, »The Anatomy of al Shabaab«, S. 28.

37. Ebd.

38. Naylor, »Years of Detective Work Led to al-Qaida Target«.

39. »Islamic Militia Claims Mogadishu«, CNN.com, 5. Juni 2006.

40. Mitschrift, »Islamic Militia Takes Control of Somali Capital«, NewsHour, PBS, 6. Juni 2006.

41. Scheich Sharif Sheikh Ahmed, Brief an Regierungen und internationale Organisationen, »The Union of Islamic Courts in Mogadishu Break the Silence«, 6. Juni 2006, www.hiiraan.com/news/2006/jun/somali_news6_7. aspx.

42. Diplomatendepesche 06NAIROBI2640 von Botschafter William Bellamy, US-Botschaft Nairobi, »Islamist Advances, Prospects for Dialogue, but Still No Admission of the Al Qaida Presence«, 15. Juni 2006, veröffentlicht durch WikiLeaks, http://wikileaks.org/cable/2006/06/06NAIROBI2640. html. Die Depesche enthält den Text eines Briefes von Scheich Sharif, datiert vom 14. Juni.

43. Ebd.

44. Siehe Diplomatendepesche 07NAIROBI5403 von Botschafter Michael Ranneberger, US-Botschaft Nairobi, »Somalia – Sheikh Sharif and the Future Role of Islamic Courts Moderates«, 1. Januar 2007, veröffentlicht durch WikiLeaks, http://wikileaks.org/cable/2007/01/07NAIROBI5403. html.

45. Jon Lee Anderson, »The Most Failed State«, New Yorker, 14. Dezember 2009.

46. Interview des Autors mit Daveed Gartenstein-Ross, März 2011. Alle Zitate von Gartenstein-Ross stammen aus diesem Interview.

47. Mitschrift, »President's Remarks to the Travel Pool at Laredo Border Patrol Sector Headquarters«, 6. Juni 2006.

48. Mohammed Olad Hassan, »Life Under Somalia's Islamists«, BBC.news. co.uk, 11. Juli 2006.

49. »Mogadishu's Port Reopened«, AlJazeera.com, 23. August 2006.

50. Xan Rice, »Mogadishu's Miracle: Peace in the World's Most Lawless City«, *Guardian*, 25. Juni 2006.

51. Diplomatendepesche 06NAIROBI3441 von Wirtschaftsberater John F. Hoover, US-Botschaft Nairobi, »Horn of Africa, State-USAID Humanitarian Cable Update Number 8«, 8. August 2006, veröffentlicht durch Wiki Leaks, http://wikileaks.org/cable/2006/08/06NAIROBI3441.html.

52. Interview des Autors mit Ismail Mahmoud »Buubaa« Hurre, Juni 2011.

53. Memo von »Ennifar« (vermutlich Azouz Ennifar, stellvertretender UN-Sonderbotschafter für Äthiopien und Eritrea), »Meeting with US Assistant Secretary of State for African Affairs«, 26. Juni 2006, veröffentlicht durch WikiLeaks, http://wikileaks.org/wiki/US_encouraged_Ethiopian_invasion of_Somalia:_UN_meeting_memo_with_Jenday_Frazer,_Secretary_of_St ate_for_African_Affairs,_2006.

54. Michael R. Gordon und Mark Mazzetti, »U.S. Ethiopian Campaign Routed Islamic Militants in Somalia«, *International Herald Tribune*, 23. Februar 2007.

55. Thomas P. M. Barnett, »The Americans Have Landed«, Esquire, 27. Juni 2007, www.esquire.com/features/africacommando707.

56. Michael R. Gordon und Mark Mazzetti, »U.S. Used Base in Ethiopia to Hunt al Qaeda«, *New York Times*, 23. Februar 2007.

57. Siehe Stephanie McCrummen, »Interview with Meles Zenawi«, WashingtonPost.com, 14. Dezember 2006.

58. Interview des Autors mit Mohamed Afrah Qanyare, Juni 2011.

59. Diplomatendepesche 06ADDISABABA1904 von Vicki Huddleston, Chargé d'Affaires, US-Botschaft Addis Abeba, »Corrected Copy – Ethiopia: GOE Says No Incursion in Somalia«, 12. Juli 2006, veröffentlicht durch WikiLeaks, http://wikileaks.org/cable/2006/07/06ADDISABABA1904. html.

60. Interview des Autors mit Malcolm Nance, Mai 2011. Alle folgenden Zitate von Malcolm Nance stammen aus diesem Interview, sofern nicht anders vermerkt.

61. Osama bin Laden, Mitschrift einer Tonaufzeichnung, 2. Juli 2006, Übersetzung des Middle East Media Research Institute (MEMRI), aufgerufen im Dezember 2010, www.memri.org/report/en/print1872.htm.

62. Diplomatendepesche 06NAIROBI2618 von Botschafter William Bellamy, US-Botschaft Nairobi, »Jowhar Falls«, 14. Juni 2006, veröffentlicht durch WikiLeaks, http://wikileaks.org/cable/2006/06/06NAIROBI2618.html.

63. Scheich Sharif Sheikh Ahmed, »Islamists Declare Jihad (Holy War) on

Neighboring Ethiopia Following the Fall of Key Town to Ethiopian-back[ed] Somali Government Forces«, 10. Oktober 2006, Video und Mitschrift von Reuters.

64. Diplomatendepesche 06ADDISABABA3212 von Botschafter Donald Yamamoto, US-Botschaft Addis Abeba, »Somali Prime Minister Gedi Highlights Foreign Extremist Support for ICU«, 6. Dezember 2006, veröffentlicht durch WikiLeaks, http://wikileaks.org/cable/2006/12/06ADDISABA BA3212.html.

65. Diplomatendepesche 06ADDISABABA3240 von Botschafter Donald Yamamoto, US-Botschaft Addis Abeba, »Ethiopia: Meles Alters Stance on Military Action«, 8. Dezember 2006, veröffentlicht durch WikiLeaks, http://wikileaks.org/cable/2006/12/06ADDISABABA3240.html; Xan Rice und Suzanne Goldenberg, »How US Forged an Alliance with Ethiopia over Invasion«, *Guardian*, 12. Januar 2007.

66. Alex Perry, »Somalia on the Edge«, *Time*, 29. November 2007.

67. David Gollust, »US Says al-Qaida Elements Running Somali Islamic Movement«, Voice of America, 14. Dezember 2006.

68. Julie Hollar, »Rediscovering Somalia; Press Downplays U.S. Role in Renewed Crisis«, Fairness and Accuracy in Reporting, 1. März 2008, http://fair.org/extra-online-articles/rediscovering-somalia/.

69. Ebd.

70. Mitschrift, *Newsroom*, CNN, 6. Januar 2007.

71. Vgl. zu diesem und dem folgenden Absatz: Karen DeYoung, »U.S. Sees Growing Threats in Somalia«, *Washington Post*, 18. Dezember 2006.

72. Jeffrey Gettleman, »Ethiopian Warplanes Attack Somalia«, *New York Times*, 24. Dezember 2006.

73. David Axe, »Wikileaked Cable Confirms U.S.' Secret Somalia Op«, Danger Room (Blog), Wired.com, 2. Dezember 2010, www.wired.com/danger room/2010/12/wikileaked-cable-confirms-u-s-secret-somalia-op/; Scott Baldauf, »In Somalia, Foreign Intervention Won't Resolve Al Shabab Threat«, *Christian Science Monitor*, 2. September 2010. Axe schreibt, dass »rund 50.000 äthiopische Soldaten« an dem Einmarsch beteiligt waren; der *Christian Science Monitor* berichtet von 40.000.

74. Xan Rice, »Somali Hardliner Calls for Foreign Jihadists«, *Guardian*, 23. Dezember 2006.

75. Stephanie McCrummen, »Somali Islamic Fighters Flee Toward Kenya«, *Washington Post*, 2. Januar 2007.

76. Reuters, »Anti-Ethiopian Protests Rock Mogadishu«, *Toronto Star*, 6. Januar 2007.

Kapitel 18

1. Mark Trevelyan (Reuters), »Jailbreak in Yemen Stirs Concern Abroad; Inside Job Seen in Qaeda Escape«, *Boston Globe*, 10. Februar 2006.

2. Al-Wuhaischi schilderte die Flucht später in einem Artikel für eine Publika-

tion in arabischer Sprache, der von Gregory D. Johnsen übersetzt wurde. Siehe Nasir al-Wuhaishi, »The New Leader of al-Qaeda in Yemen Relates the Details of the Escape of al-Qaeda Members from an Intelligence Prison«, *al-Ghad*, 25. Juni 2007.

3. Barbara Starr, »Yemen Prison Break Raises Alarms at Sea«, CNN.com, 7. Februar 2006.

4. Interview des Autors mit einem ehemaligen US-Antiterrorexperten, Januar 2011. Alle dem ehemaligen US-Antiterrorexperten zugeschriebenen Aussagen und Zitate stammen aus diesem Interview.

5. Interview des Autors mit Dr. Emile Nakhleh, Januar 2010.

6. Vgl. Sam Kimball, »Whose Side Is Yemen On?« *Foreign Policy*, 29. August 2012.

7. Vgl. Joseph Giordono, »U.S. Military Plans to Expand Camp Lemonier in Djibouti; Lease to Provide for More Housing and Security«, *Stars and Stripes*, 9. Juli 2006.

8. Vgl. hierzu: Diplomatendepesche 07SANAA1989 von Botschafter Stephen Seche, US-Botschaft in Sana'a, »Townsend-Saleh Meeting Provides Opening for Additional CT Cooperation«, 30. Oktober 2007, veröffentlicht durch WikiLeaks, http://wikileaks.org/cable/2007/10/07SANAA1989. html. Alle Details zu Salihs Treffen mit Townsend stammen aus dieser Depesche.

9. »Security Council Committee on Somalia and Eritrea Issues List of Individuals Identified Pursuant to Paragraph 8of Resolution 1844 (2008)«, Department of Public Information, UN-Sicherheitsrat, 12. April 2010, www. un.org/News/Press/docs/2010/sc9904.doc.htm.

10. Interview des Autors mit ehemaligem US-Militär, Februar 2012.

11. *Yemen: Confronting al-Qaeda, Preventing State Failure, Hearing Before the Senate Foreign Relations Committee,* 111th Cong. 53 (2010; vorbereitete Aussage von Gregory D. Johnsen).

12. Gregory D. Johnsen, *The Last Refuge: Yemen, Al-Qaeda, and America's War in Arabia* (New York: W. W. Norton, 2012), S. 163.

13. Gregory D. Johnsen, »Al-Qaeda in Yemen Reorganizes Under Nasir al-Wahayshi«, *Terrorism Focus* 5 (11) (18. März 2008), www.jamestown.org/sing le/?no_cache=1&tx_ttnews%5Btt_news%5D=4796.

Kapitel 19

1. »Robert M. Gates; Secretary of Defense«, aufgerufen am 10. September 2012, http://georgewbushwhitehouse.archives.gov/government/gates-bio. html.

2. Lawrence E. Walsh, »Final Report of the Independent Counsel for Iran/ Contra Matters; Volume I: Investigations and Prosecutions«, 4. August 1993, S. 223.

3. Yaroslav Trofimov, »Soviets' Afghan Ordeal Vexed Gates on Troop-Surge«, *Wall Street Journal*, 30. November 2009.

4. Committee on Armed Services, Afghanistan, S. Hrg. 110-269 (2007; Aussage von Generalleutnant Douglas E. Lute).

5. Sean D. Naylor, »Spec Ops Raids into Pakistan Halted«, *Army Times*, 26. September 2008.

6. Interview des Autors mit Oberstleutnant Anthony Shaffer, Mai 2011. Alle folgenden Zitate von Anthony Shaffer stammen aus diesem Interview, sofern nicht anders vermerkt.

7. Ann Scott Tyson, »New Plans Foresee Fighting Terrorism Beyond War Zones«, *Washington Post*, 23. April 2006.

8. Mark Mazzetti und David Rohde, »Amid U.S. Policy Disputes, Qaeda Grows in Pakistan«, *New York Times*, 30. Juni 2008.

9. Kamran Haider, »Pakistan Condemns ›Cowardly‹ US Attack; Eleven Dead«, Reuters, 11. Juni 2008.

10. Eric Schmitt und Mark Mazzetti, »Bush Said to Give Orders Allowing Raids in Pakistan«, *New York Times*, 10. September 2008.

11. Interview des Autors mit Quelle bei den Spezialeinheiten, August 2010.

12. Christina Lamb, »Playing with Firepower«, *Sunday Times* (London), 14. September 2008.

13. Schmitt und Mazzetti, »Bush Said to Give Orders Allowing Raids in Pakistan«.

14. Lamb, »Playing with Firepower«.

15. Diplomatendepesche 08ISLAMABAD2907 von Botschafterin Anne Patterson, US-Botschaft in Islamabad, »GOP Condemns Alleged ISAF September 3 Incident in South Waziristan«, 3. September 2008, veröffentlicht durch WikiLeaks, http://wikileaks.org/cable/2008/09/08ISLAMABAD2907.html.

Kapitel 20

1. Eric Schmitt und Mark Mazzetti, »Secret Order Lets U.S. Raid Al Qaeda«, *New York Times*, 9. November 2008.

2. Interview des Autors mit Malcolm Nance, Mai 2011. Alle folgenden Zitate von Malcolm Nance stammen aus diesem Interview, sofern nicht anders vermerkt.

3. Vgl. hierzu: David Axe, »Hidden History: America's Secret Drone War in Africa«, Danger Room (Blog), Wired.com, 13. August 2012, www.wired.com/dangerroom/2012/08/somalia-drones/all. Sowie: Jeffrey Gettleman, »More Than Fifty Die in U.S. Strikes in Somalia«, *New York Times*, 9. Januar 2007. Und: Michael R. Gordon und Mark Mazzetti, »U.S. Used Base in Ethiopia to Hunt Al Qaeda«, *New York Times*, 23. Februar 2007.

4. Diplomatendepesche 07ADDISABABA90 des US-Botschafters Donald Yamamoto, US-Botschaft Addis Abeba, »Scenesetter for Deputy USTR Allgeier's Visit to Ethiopia«, 12. Januar 2007, veröffentlicht von WikiLeaks, http://wikileaks.org/cable/2007/01/07ADDISABABA90.html.

5. »US Somali Air Strikes ›Kill Many‹«, BBC.co.uk, 9. Januar 2007.

6. Alex Perry, »Somalia on the Edge«, *Time*, 29. November 2007.

7. Aaron Glantz, »U.S. Air Strikes in Somalia Condemned for Killing Innocent Civilians«, *OneWorld US*, 20. Januar 2007.

8. Anne Penketh und Steve Bloomfield, »US Strikes on al-Qa'ida Chiefs Kill Nomads«. *Independent* (London), 13. Januar 2007.

9. »Individuals and Entities Designated by the State Department Under E.O. 13224«, Bureau of Counterterrorism, US Department of State, 17. Dezember 2012, www.state.gov/j/ct/rls/other/des/143210.htm.

10. Interview des Autors mit Scheich Ahmed »Madobe« Mohammed Islam, Juni 2011. Alle Zitate Madobes stammen aus diesem Interview.

11. Diplomatendepesche 07NAIROBI5403 von Botschafter Michael Ranneberger, US-Botschaft Nairobi, »Sheikh Sharif and the Future Role of the Islamic Courts Moderates«, 2. Januar 2007, veröffentlicht von WikiLeaks, http://wikileaks.org/cable/2007/01/07NAIRO-BI5403.html.

12. Diplomatendepesche 07ADDISABABA311 von Botschafter Donald Yamamoto, US-Botschaft Addis Abeba, »PM Meles Highlights Land Reform as Key to Clan Reconciliation and Political Stability in Somalia«, 1. Februar 2007, veröffentlicht von WikiLeaks, http://wikileaks.org/cable/2007/02/07 ADDISAB ABA311.html.

13. Jeffrey Gettleman, »Somali Islamists' No. Two Leader Surrenders in Kenyan Capital«, *New York Times*, 23. Januar 2007.

14. Interview des Autors mit Ali Mohamed Gedi, Juni 2011. Alle folgenden Zitate von Ali Mohamed Gedi stammen aus diesem Interview, sofern nicht anders vermerkt.

15. »Somali Islamist Travels to Yemen«, BBC.co.uk, 8. Februar 2007.

16. Human Rights Watch, »Why Am I Still Here? The 2007 Horn of Africa Renditions and the Fate of Those Still Missing« (2008). Alle Angaben von Human Rights Watch zu den Überstellungen stammen aus diesem Bericht.

17. Human Rights Watch, »Why Am I Still Here?«, S. 4. Der kenianische Staatsbürger Mohammed Abulmalik wurde im Februar 2007 in Mombasa verhaftet und schließlich (ins Gefängnis) nach Guantánamo überstellt.

18. Clint Watts, Jacob Shapiro und Vahid Brown, »Al-Qaida's (Mis)Adventures in the Horn of Africa«, Combating Terrorism Center at West Point Military Akademy, 2. Juli 2007, Anhang B: Cast of Characters from the Horn of Africa, S. 99.

19. Lydia Khalil, »Foreign Fighters Face Obstacles Joining the Somali Jihad«, *Terrorism Focus* 4 (24) (25. Juli 2007), www.jamestown.org/single/?-no_cache=1&tx_ttnews[tt_news]=4326.

20. Interview des Autors mit Jusuf Mohammed Siad, Juni 2011. Die Zitate von Indha Adde stammen aus diesem Interview, sofern nicht anders vermerkt.

21. Vgl. Garowe Online, »Islamists Do Not Recognize ›Colonial Government‹, Says War Chief«, Biyokulule.com, 10. Dezember 2007; »US Warns Eritrea over ›Terrorism‹; Asmara Told to Stop Supporting Somalia Fighters to Avoid ›Terrorism Sponsor‹ Label«, AlJazeera.com, 9. September 2007. So-

wie: Matt Bryden, Gilbert Charles Barthe, Charles Lengalenga und Ignatius Yaw Kwantwi-Mensah, »Report of the Monitoring Group on Somalia Pursuant to Security Council Resolution 1811 (2008)«, UN-Sicherheitsrat, 10. Dezember 2008, S. 25.

22. Human Rights Watch, »Shell-Shocked: Civilians Under Siege in Mogadishu«, 13. August 2007, www.hrw.org/reports/2007/08/12/shell-shocked.

23. Vgl. Amnesty International, »Routinely Targeted: Attacks on Civilians in Somalia«, 6. Mai 2008, www.amnesty.org/en/library/info/AFR52/006/2008.

24. Ebd. In dem Bericht werden Schätzungen der in Somalia ansässigen Elman Human Rights Organization und der Vereinten Nationen zitiert.

25. »Somalia – Complex Emergency, Situation Report No. 1, Fiscal Year 2008«, USAID, 20. Dezember 2007, http://transition.usaid.gov/our_work/humanitarian_assistance/disaster_assistance/countries/somalia/template/fs_sr/somalia_ce_sr01_12-20-2007.pdf.

26. Interview des Autors mit Daveed Gartenstein-Ross, März 2011. Alle folgenden Zitate von Gartenstein-Ross stammen aus diesem Interview, sofern nicht anders vermerkt.

27. Interview des Autors mit Abdirahman »Aynte« Ali, Juni 2011. Alle folgenden Zitate von Aynte stammen aus diesem Interview, sofern nicht anders vermerkt.

28. Salad Duhul (AP), »Somali Fighting Kills 381; Government Warns of New Offensive«, *Deseret News*, 2. April 2007.

29. »Crowd Drags Ethiopian Corpse, Echoing 1993 Brutality«, CNN.com, 8. November 2007.

30. »Somali Prime Minister Survives Bomb Attack«, CNN.com, 3. Juni 2007.

31. »Interview: Ethiopian Prime Minister Meles Zenawi«, von Alex Perry, *Time*, 6. September 2007, www.time.com/time/magazine/arti-cle/0,9171,1659420,00.html.

32. »Designation of al-Shabaab as a Foreign Terrorist Organization«, Office of the Coordinator for Counterterrorism, US Department of State, 26. Februar 2008, www.state.gov/j/ct/rls/other/des/102446.htm.

33. Agence France-Presse, »US Missile Strike Targets ›Al-Qaeda Leader‹ in Somalia«, 3. März 2008; Jeffrey Gettleman und Eric Schmitt, »U.S. Forces Fire Missiles into Somalia at a Kenyan«, *New York Times*, 4. März 2008.

34. Stephanie McCrummen und Karen DeYoung, »U.S. Airstrike Kills Somali Accused of Links to Al-Qaeda«, *Washington Post*, 2. Mai 2008.

35. Eric Schmitt und Jeffrey Gettleman, »Qaeda Leader Reported Killed in Somalia«, *New York Times*, 2. Mai 2008.

36. McCrummen und DeYoung, »U.S. Airstrike Kills Somali Accused of Links to Al-Qaeda«.

37. Daveed Gartenstein-Ross, »The Strategic Challenge of Somalia's Al-Shabaab«, *Middle East Quarterly* (Herbst 2009), www.meforum.org/2486/soma-lia-al-shabaab-strategic-challenge#_ftn22.

38. Diplomatendepesche o8NAIROBI1363 von Botschafter Michael Ranneberger, US-Botschaft Nairobi,»Somalia – Ayrow's Demise«, 3. Juni 2008,
veröffentlicht von WikiLeaks, http://wikileaks.org/cable/2008/06/08NAI
ROBI1363.html.

39. Sicherheitsrat der Vereinten Nationen, Abteilung für öffentliche Informa-
tion,»Security Council, in Presidential Statement, Welcomes Signing of
Djibouti Agreement on Reconciliation by Parties to Somalia Conflict«,
Presseerklärung des UN-Sicherheitsrats, 4. September 2008.

40. Interview des Autors mit Präsident Scheich Sharif Sheikh Ahmed, Juni 2011.

41. Abdirahman»Aynte« Ali,»The Anatomy of al Shabaab«, unveröffentlich-
tes Manuskript, Juni 2010, www.radiodaljir.com/audio/docs/TheAnato
myOfAlShabaab.pdf.

42. Ebd., S. 20, S. 28.

43. International Crisis Group,»Somalia: To Move Beyond the Failed State«,
Africa Report No. 147, 23. Dezember 2008, S. 12f.

44. Mark Bradbury,»State-Building, Counterterrorism, and Licensing Huma-
nitarianism in Somalia«, Briefing-Papier, Feinstein International Center,
Oktober 2010.

45. International Crisis Group,»Somalia: To Move Beyond the Failed State«,
S. 14.

46. Ebd.

47. Committee on Foreign Relations, Al Qaeda in Yemen and Somalia: A Ticking Time Bomb, S. Prt. 111-40, S. 16 (2010).

48. Ali,»The Anatomy of al Shabaab«, S. 37.

49. Khaled Wassef (CNET),»Bin Laden Urges Somalis to ›Fight On‹«, CBS.
com, 19. März 2009.

Kapitel 21

1. Diplomatendepesche o7SANAA473 vom Chargé d'Affaires Nabeel Khou-
ry, US-Botschaft Sanaa,»Unmanned USG Aircraft Washes Ashore, Official Media Reports Downed Iranian ›Spy Plane‹«, 2. April 2007, veröffentlicht von WikiLeaks, http://wikileaks.org/cable/2007/04/07SA-NAA473.
html. Schilderungen des Vorfalls mit der Drohne basieren auf dieser Depesche.

2. David Campbell und Richard Norton-Taylor,»US Accused of Holding
Terror Suspects on Prison Ships«, Guardian, 1. Juni 2008.

3. Hassan M. Fattah,»Suicide Attacks Foiled at Two Oil Sites, Yemen Says«,
New York Times, 16. September 2006.

4. Gregory D. Johnsen,»Is Al-Qaeda in Yemen Regrouping?«, Terrorism Focus 4 (15) (30. Mai 2007), www.jamestown.org/single/?no_cache=1&tx_
ttnews%5Btt_news%5D=4174.

5. Yemen: Confronting al-Qaeda, Preventing State Failure, Hearing Before
the Senate Foreign Relations Committee, 111th Cong. 53 (2010; Aussage
von Gregory D. Johnsen).

6. Ahmed al-Hajj (AP), »Suicide Attacker Kills Nine at Yemen Temple«, *Washington Post*, 2. Juli 2007. Laut Aussage Johnsens vor dem Senat war die Zahl der Toten höher als ursprünglich berichtet.

7. Interviews des Autors mit Awlakis Familienangehörigen, Januar 2012.

8. Vgl. »Moazzam Begg Interviews Imam Anwar al-Awlaki«, Cageprisoners, 31. Dezember 2007, www.cageprisoners.com/our-work/interviews/item/ 159-moazzam-begg-interviews-imam-anwar-al-awlaki. Sowie: Anwar al-Awlaki, »The Lies of the Telegraph«, ImamAnwar's Blog, anwar-alawlaki.com, 27. Dezember 2008.

9. Anwar al-Awlaki, »Assalamu alaykum all«, Imam Anwar's Blog, anwar-alawlaki.com, 31. Mai 2008.

10. Anwar al-Awlaki, »A Question About the Method of Establishing Khilafa«, Imam Anwar's Blog, anwar-alawlaki.com, 29. August 2008.

11. Susan Schmidt, »Imam from Va. Mosque Now Thought to Have Aided al-Qaeda«, *Washington Post*, 27. Februar 2008.

12. Alexander Meleagrou-Hitchens, »As American as Apple Pie: How Anwar al-Awlaki Became the Face of Western Jihad«, The International Centre for the Study of Radicalisation and Political Violence, 2011, S. 55.

13. International Crisis Group, »Saudi Arabia Backgrounder: Who Are the Islamists?«, Middle East Report No. 31, 21. September 2004, S. 13.

14. Anwar al-Awlaki, »Constants on the Path of Jihad«, 2005.

15. Interview des Autors mit Dr. Emile Nakhleh, Januar 2010. Alle folgenden Zitate von Dr. Emile Nakhleh stammen aus diesem Interview, sofern nicht anders vermerkt.

16. Interview des Autors mit Scheich Saleh bin Fareed, Januar 2012. Alle folgenden Zitate von Saleh bin Fareed stammen aus diesem Interview, sofern nicht anders vermerkt.

17. Interview des Autors mit Nasser al-Awlaki, Januar 2012. Alle Informationen und Äußerungen von Nasser al-Awlaki stammen aus diesem Interview, sofern nicht anders vermerkt.

18. Scheich Harith al-Nadari, »My Story with al-Awlaki«, *Inspire* 9 (Winter 2012), veröffentlicht Mai 2012.

19. Interviews des Autors mit Awlakis Familienangehörigen, Januar 2012.

20. Interview des Autors mit Scheich Saleh bin Fareed, Januar 2012.

21. Interviews des Autors mit Awlakis Familienangehörigen, August 2012.

22. Shane Bauer, »U.S. Embassy Hit in Yemen, Raising Militancy Concerns«, *Christian Science Monitor*, 18. September 2008.

23. Agence France-Presse, »Bush Says Yemen Attack Shows Need to Fight Extremists«, 17. September 2008.

24. Nominations Before the Senate Armed Services Committee: Hearings on the Nominations of Gen. David D. McKeirnan; LTG. Raymond T. Odierno; LTG Walter L. Sharp; Gen. David H. Petraeus; Hon. Nelson M. Ford; Joseph A. Benkert; Sean J. Stackley; Frederick S. Celec; Michael B. Doley; Gen. Norton A. Schwartz; and Gen. Duncan J. McNabb, Day 3, Before the

Armed Services Committee, 110th Congress, 145 (2008; Aussage von General David H. Petraeus).

25. Athena Jones, »Obama Discusses Yemen Attack«, National-Journal.com, 17. September 2008.

26. Michael Scheuer, »Yemen's Role in al-Qaeda's Strategy«, *Terrorism Focus* 5 (5) (7. Februar 2008), www.jamestown.org/programs/gta/single/?tx_ttne ws%5Btt_news%5D=4708&tx_ttnews%5BbackPid%5D=246&no_cache= 1.

27. Interview des Autors mit einem ehemaligen hochrangigen Mitarbeiter der Terrorismusabwehr, Januar 2011.

28. Interview des Autors mit einem ehemaligen JSOC-Mitarbeiter, 2010.

29. Associated Press, »McCain, Obama Spar over Al Qaeda in Iraq«, CBSNews. com, 18. Juni 2009.

30. Anwar al-Awlaki, »Voting for the American President«, Imam Anwar's Blog, anwar-alawlaki.com, 31. Oktober 2008.

31. Anwar al-Awlaki, »Part 2: Voting for the American President«, Imam Anwar's Blog, anwar-alawlaki.com, 3. November 2008.

32. Gordon Rayner, »Muslim Groups ›Linked to September 11 Hijackers Spark Fury over Conference‹«, *Telegraph*, 27. Dezember 2008.

33. Anwar al-Awlaki, »The Lies of the Telegraph«, Imam Anwar's Blog, anwar-alawlaki.com, 27. Dezember 2008.

34. Evan Kohlmann, »Investigating Ft. Hood: Anwar al-Awlaki's ›Constants on the Path of Jihad‹«, Counterterrorism Blog, 9. November 2009, http:// counterterrorismblog.org/2009/11/investigating_ft_hood_anwar_al.php.

35. Andrea Elliott, »A Call to Jihad, Answered in America«, *New York Times*, 11. Juli 2009.

36. Anwar al-Awlaki, »Salutations to the al-Shabab of Somalia«, Imam Anwar's Blog, anwar-alawlaki.com, 21. Dezember 2008.

37. Anwar al-Awlaki, »Al-Shabaab: Reply to the Greeting and Advice of Sheikh Anwar«, Imam Anwar's Blog, anwar-alawlaki. com, 27. Dezember 2008.

38. Anwar al-Awlaki, »The Meaning of Gaza«, Imam Anwar's Blog, anwar-alawlaki.com, 28. Dezember 2008.

39. Nidal Malik Hasan, E-Mail an Anwar al-Awlaki, 17. Dezember 2008, veröffentlicht von Intelwire am 19. Juli 2012, http://news.intelwire.com/2012 /07/the-following-e-mails-between-maj.html.

40. Scott Shane, »Born in U.S., a Radical Cleric Inspires Terror«, *New York Times*, 18. November 2009.

41. Wesley Yang, »The Terrorist Search Engine«, *New York Magazine*, 5. Dezember 2010.

42. Kohlmann, »Investigating Ft. Hood«.

43. Interview des Autors mit Joshua Foust, Januar 2011. Alle folgenden Zitate von Joshua Foust stammen aus diesem Interview, sofern nicht anders vermerkt.

44. Anwar al-Awlaki, »Yemeni-American Jihadi Cleric Anwar Al-Awlaki in First Interview with al-Qaeda Media calls on Muslim US Servicemen to Kill

Fellow Soldiers«, Mitschrift des Interviews mit Al-Malahem Media am 23. Mai 2010 vom Middle East Media Research Institute (MEMRI), www.memritv.org/clip_transcript/en/2480.htm.

Kapitel 22

1. Barack Obama, »Transcript: Obama's Speech Against the Iraq War«, 2. Oktober 2002. Mitschrift erhältlich über NPR.org, www.npr.org/templates/story/story.php?storyId=99591469.
2. Barack Obama, »Illinois Sen. Barack Obama's Announcement Speech«, 10. Februar 2007, Mitschrift erhältlich über Associated Press, www.washingtonpost.com/wp-dyn/content/article/2007/02/10/AR2007021000879.html.
3. Scott Shane, David Johnston und James Risen, »Secret U.S. Endorsement of Severe Interrogations«, *New York Times*, 4. Oktober 2007.
4. Mitschrift, »Barack Obama on MSNBC«, 4. Oktober 2007, Mitschrift erhältlich über NYTimes.com, www.nytimes.com/2007/10/04/us/politics/04obama-text.html?pagewanted=all.
5. »Oct. 30 Democratic Debate Transcript«, 30. Oktober 2007, Mitschrift erhältlich über MSNBC.com, www.msnbc.msn.com/id/21528787/ns/politics-the_debates/t/oct-democratic-debate-transcript/#.UPeUQhzKZcR.
6. Associated Press, »Obama Says He Might Send Troops to Pakistan«, NBCNews.com, 1. August 2007.
7. Andy Merten, »Presidential Candidates Debate Pakistan; McCain, Clinton Criticize Obama for Threatening to Order Attacks«, NBCNews.com, 28. Februar 2008.
8. »Feb. 26 Democratic Debate Transcript«, 26. Februar 2007, Mitschrift erhältlich über MSNBC.com, www.msnbc.msn.com/id/23354734/ns/politics-the_debates/t/feb-democratic-de-bate-transcript/#.UPeVjBzKZcR.
9. »Obama Blasts McCain, Lays Out His Own Agenda«, CNN.com, 28. August 2008.
10. Karl Rove, »Thanksgiving Cheer from Obama; He's Assembled a First-Rate Economic Team«, *Wall Street Journal*, 28. November 2008.
11. Max Boot, »Obama's Picks«, *Commentary*, gepostet am 11. November 2008, www.commentarymagazine.com/2008/11/25/obamas-picks/.
12. Michael Goldfarb, »Obama the Realist«, *Weekly Standard* (Blog), 26. November 2008, www.weekly-standard.com/weblogs/TWSFP/2008/11/obama_the_realist_1.asp.
13. Mitschrift, *This Week with George Stephanopoulos*, ABC, 11. Januar 2009.
14. Mitschrift, *Face the Nation*, CBS, 10. Mai 2009.

Kapitel 23

1. Jake Tapper, Jan Crawford-Greenburg und Huma Khan, »Obama Order to Shut Gitmo, CIA Detention Centers«, ABCNews.go.com, 22. Januar 2009.
2. Daniel Klaidman, *Kill or Capture: The War on Terror and the Soul of the Obama Presidency* (New York: Houghton Mifflin Harcourt, 2012), S. 39.

3. Reprieve, »Complaint Against the United States of America for the Killing of Innocent Citizens of the Islamic Republic of Pakistan to the UN Human Rights Council«, 23. Februar 2012, http://www.reprieve.org.uk/media/downloads/2012_02_22_PUB_drones_UN_HRC_complaint.pdf. Die Klage wurde im Namen der Opfer verschiedener Angriffe eingereicht, darunter Ejaz Ahmad, dessen Angehörige bei dem fraglichen Angriff getötet bzw. verletzt wurden.

4. Klaidman, *Kill or Capture*, S. 39.

5. Bob Woodward, *Obama's Wars* (New York: Simon and Schuster, 2010), S. 93.

6. Klaidman, *Kill or Capture*, S. 40.

7. »Obama 2009 Pakistan Strikes«, *Bureau of Investigative Journalism*, 10. August 2011, www.thebureauinvestigates.com/2011/08/10/obama-2009-strikes/.

8. Reprieve, »Complaint Against the United States of America«.

9. »Obama 2009 Pakistan Strikes«.

10. Klaidman, *Kill or Capture*, S. 40.

11. Ebd., S. 40f.

12. Ebd., S. 42.

13. Adam Entous, Siobhan Gorman und Julian E. Barnes, »U.S. Tightens Drone Rules«, *Wall Street Journal*, 4. November 2011. Obama hat Berichten zufolge noch andere kleine Veränderungen am Konzept der »Signature Strikes« vorgenommen, zum Beispiel durch Einbeziehung des Außenministeriums, insbesondere des Botschafters in Islamabad in den Prozess.

14. Klaidman, *Kill or Capture*, S. 120.

15. Eric Schmitt und Thom Shanker, *Counterstrike: The Untold Story of America's Secret Campaign Against al Qaeda* (New York: Times Books, 2011), S. 232.

16. Ebd., S. 245.

17. R. Jeffrey Smith, Candace Rondeaux und Joby Warrick, »Two U.S. Airstrikes Offer a Concrete Sign of Obama's Pakistan Policy«, *Washington Post*, 24. Januar 2009.

18. Woodward, *Obama's Wars*, S. 93.

19. Jane Mayer, »The Predator War: What Are the Risks of the C.I.A.'s Covert Drone Program?«, *New Yorker*, 26. Oktober 2009.

20. Woodward, *Obama's Wars*, S. 6.

21. Peter Bergen, *Manhunt: The Ten-Year Search for Bin Laden – from 9/11 to Abbottabad* (New York: Crown Publishers, 2012), S. 116 (dt.: *Die Jagd auf Osama Bin Laden. Eine Enthüllungsgeschichte*, München: DVA, 2012, S.).

22. Jake Tapper, »Chapter Six: The President Takes Aim«, in Terry Moran, Martha Raddatz, Nick Schifrin, Brian Ross und Jake Tapper, *Target: Bin Laden – the Death and Life of Public Enemy Number One*, ABCNews.go.com, 9. Juni 2011.

23. »Obama 2009 Pakistan Strikes«.

24. Agence France-Presse, »US Drone Fires on Taliban Territory«, *National* (UAE), 24. Juni 2009.

25. Mayer, »The Predator War«.

26. Ebd.

27. Klaidman, *Kill or Capture*, S. 121.

28. »2009: The Year of the Drone«, Counterterrorism Strategy Initiative, New America Foundation, http://counterterrorism.newamerica.net/drones/20 09, aufgerufen am 17. Dezember 2009.

29. James Risen und Mark Mazzetti, »C.I.A. Said to Use Outsiders to Put Bombs on Drones«, *New York Times*, 20. August 2009.

30. Interview des Autors mit Informanten aus dem militärischen Nachrichtendienst der USA, Oktober 2009. Alle Informationen und Zitate der »Quelle militärischer Nachrichtendienst« stammen aus diesem Interview des Autors.

31. Transparency and Accountability in Military and Security Contracting Act von 2007, S. 674, 110th Cong. (2007).

Kapitel 24

1. Associated Press, »Report: Ex-Gitmo Detainee Now al-Qaeda's No. 2 in Yemen«, USAToday.com, 23. Januar 2009.

2. Memorandum des Verteidigungsministeriums zur administrativen Prüfung der Inhaftierung feindlicher Kombattanten in der US-Marinebasis Guantánamo Bay, Kuba, an Said Ali Jabir al-Khathim al-Shihri, »Unclassified Summary of Evidence for Administrative Review Board in the Case of Said Ali Jabir al Khathim al Shihri«, 16. Juni 2005, http://projects.nytimes.com/guantanamo/detainees/372-said-ali-al-shihri/documents/1/pages/41 1#3, letzter Zugriff 18. Dezember 2012.

3. Robert F. Worth, »Freed by the U.S., Saudi Becomes a Qaeda Chief«, *New York Times*, 22. Januar 2009.

4. Agence France-Presse, »Former Guantanamo Detainee Elevated to Senior Qaeda Rank«, 23. Januar 2009.

5. Vgl. Barak Barfi, »Yemen on the Brink? The Resurgence of al Qaeda in Yemen«, Counterterrorism Strategy Initiative Policy Paper, New America Foundation, Januar 2010, S. 5, S. 8.

6. Associated Press, »U.S. Report Says Pakistan Terror Attacks Up«, USAtoday.com, 30. April 2009.

7. *Hearing to Receive Testimony of Afghanistan, Before the Senate Committee on Armed Services,* 111th Cong. S. 63 (2. Dezember 2009; Aussage von Außenministerin Hillary Rodham Clinton).

8. *Annual Threat Assessment Hearing, Before the Permanent Select Committee on Intelligence,* 111th Cong. (25. Februar 2009; Aussage von Admiral Dennis Blair, Direktor Nationale Nachrichtendienste).

9. Mitschrift, »Media Roundtable with CIA Director Leon E. Panetta«, 25. Februar 2009, Mitschrift des Federal News Service.

10. Worth,»Freed by the U.S., Saudi Becomes a Qaeda Chief«.

11. Pam Benson,»Obama to Name John Brennan to Lead CIA«, Security Clearance (Blog), CNN.com, 7. Januar 2013, http://security.blogs.cnn.com/2013/01/07/obama-to-name-john-brennan-to-lead-cia/.

12. »Profile: John O. Brennan«, Who Runs Gov, www.washingtonpost.com, letzter Zugriff 15. Dezember 2012.

13. »Yemen Frees 176 al-Qaeda Suspects«, AlArabiya.net, 9. Februar 2009.

14. »Tourists Die in Yemen Explosion«, BBC.co.uk, 15. März 2009.

15. Diplomatendepesche 09SANAA495, vom Chargé d'Affaires Angie Bryan, »Saleh Shows No Flexibility on GTMO Detainees«, 23. März 2009, veröffentlicht von WikiLeaks, http://wikileaks.org/cable/2009/0309SANAA49 5.html. Die hier wiedergegebenen Einzelheiten der Besprechung stammen aus dieser Depesche.

16. Saba (Yemen),»Yemeni Leader Receives Letter from US President«, BBC Monitoring International Reports, 16. März 2009.

17. Bryan,»Saleh Shows No Flexibility on GTMO Detainees«.

18. Kevin Peraino,»Our Main Enemy Is Al Qaeda«, Newsweek, 17. April 2009.

19. Interview des Autors mit Oberst a. D. W. Patrick Lang, Februar 2011. Alle Zitate Langs stammen aus diesem Interview.

20. Gareth Porter,»True Believer: Petraeus and the Mythology of Afghanistan«, Truthout, 20. Dezember 2012.

21. General David H. Petraeus, Commander US Central Command,»The Afghanistan-Pakistan Strategic Review and the Posture of U.S. Central Command«, Stellungnahme für das Senate Armed Services Committee, 1. April 2009.

22. »Yemen«, Exzerpt von General David H. Petraeus, Commander US Central Command, zu seiner Stellungnahme vor dem Senate Armed Services Committee»Afghanistan-Pakistan Strategic Review and the Posture of US Central Command«, 16. März 2010, www.centcom.mil/yemen/.

23. Petraeus,»The Afghanistan-Pakistan Strategic Review and the Posture of U.S. Central Command«, 1. April 2009.

24. Marc Ambinder,»Obama Gives Commanders Wide Berth for Secret Warfare«, Atlantic, 25. Mai 2010, www.theatlantic.com/politics/archive/2010/05/obama-gives-commanders-wide-berth-for-secret-warfare/57202/.

25. Diplomatendepesche 09SANAA1015 von Botschafter Stephen Seche, US-Botschaft Sanaa,»Saleh Sees Foreign Hand Behind Yemen's Internal Woes«, 31. Mai 2009, veröffentlicht von WikiLeaks, http://wikileaks.org/cable/+,4/,!/09SANAA1015.html. Die hier wiedergegebenen Einzelheiten der Besprechung stammen aus dieser Depesche.

26. CNN Wire Staff,»Man Pleads Guilty to Recruiting Center Killing, Gets Life«, CNN.com, 25. Juli 2011.

27. Kristina Goetz (Commercial Appeal, Memphis),»Muslim Who Shot Soldier in Arkansas Says He Wanted to Cause More Death«, Knoxnews.com, 13. November 2010.

28. James Dao, »Suspect's Lawyer Outlines Defense in Killing of Soldier«, *New York Times*, 4. Juni 2009.

29. Pierre Thomas, Richard Esposito und Jack Date, »Recruiter Shooting Suspect Had Ties to Extremist Locations«, ABCNews.go.com, 3. Juni 2009.

30. Steve Barnes and James Dao, »Gunman Kills Soldier Outside Recruiting Station«, *New York Times*, 1. Juni 2009.

31. »Arkansas Recruiting Center Killing Suspect: ›This Was a Jihadi Attack‹«, CNN.com, 22. Januar 2010.

32. James Dao, »Man Claims Terror Ties in Little Rock Shooting«, *New York Times*, 21. Januar 2010.

33. Remarks by Richard B. Cheney, American Enterprise Institute, 21. Mai 2009, www.aei.org/article/foreign-and-defense-policy/regional/india-pakistan-afghanistan/remarksby-richard-b-cheney/.

34. Interview des Autors mit Joshua Foust, Januar 2011.

35. Interview des Autors mit ehemaligem Berater eines Spezialeinsatzkommandeurs, Februar 2011. US-Diplomatendepesche 09STATE72112 von Außenministerin Hillary Clinton an die Botschaft in Sanaa, »Eliciting Yemeni Cooperation for Arms Smuggling Interdiction Efforts«, 9. Juli 2009, veröffentlicht von WikiLeaks, http://wikileaks.org/cable/2009/07/09STATE72112.html. Der Autor hat dieser Depesche Einzelheiten zu den Diskussionspunkten von Botschafter Seche entnommen.

36. Diplomatendepesche 08SANAA1947 von Botschafter Stephen Seche, US-Botschaft Sanaa, »Saleh Tells Petraeus: ›No Restrictions‹ on CT Cooperation«, 9. August 2009, veröffentlicht von WikiLeaks, http://wikileaks.org/cable/2009/08/08SANAA1947.html. Der Autor hat Einzelheiten zu der Besprechung dieser Depesche entnommen.

37. Gregory D. Johnsen, »The Expansion Strategy of Al-Qa'ida in the Arabian Peninsula«, *CTC Sentinel*, 3. Januar 2010, www.ctc.usma.edu/posts/the-expansion-strategy-of-al-qaida-in-the-arabian-peninsula-2.

38. Mitschrift, »Defense Language Institute All Hands Call«, Defense Language Institute, Monterey, CA, 10. August 2009, www.jcs.mil/speech.aspx?id=1230.

39. Interview des Autors mit einem ehemaligen Berater eines Spezialeinsatzkommandeurs, Dezember 2010.

Kapitel 25

1. Anwar al-Awlaki, »Suicide or Martyrdom?«, Imam Anwars Blog, anwaralawlaki.com, 22. Januar 2009.

2. Anwar al Awlaki, »An Offer to Retract and Unite«, Imam Anwars Blog, anwar-alawlaki.com, 14. Februar 2009.

3. Interview des Autors mit Nasser al-Awlaki, Januar 2012.

4. Interview des Autors mit Nasser al-Awlaki, August 2012.

5. Ebd.

6. Interview des Autors mit Nasser al-Awlaki, Januar 2012.

7. Interview des Autors mit Nasser al-Awlaki, September 2012.

8. Interview des Autors mit Scheich Saleh bin Fareed, Januar 2012.

9. Anwar al-Awlaki, »Anwar al-Awlaki May 2010 Interview Video«, Mitschrift des Interviews mit Al-Malahem Media, veröffentlicht 23. Mai 2010, übersetzt von Public Intelligence, 26. Mai 2010, http://publicintelligence. net/anwar-al-awlaki-may-2010-interview-video/.

10. Anwar al-Awlaki, »The Army of Yemen Confronts the Mujahideen«, Imam Anwars Blog, anwar-alawlaki.com, 1. August 2009.

11. Interview des Autors mit Abdul Razzaq al-Jamal, Januar 2012.

12. Anwar al-Awlaki, »Anwar Al Awlaki's Posthumous Call to Jihad (Part 1)«, YouTube-Video 12:48, aus einer Ansprache gehalten von Anwar al-Awlaki im März 2010 und produziert von Al-Malahem Media, gepostet von »ClarionProductions«, 21. Dezember 2011, www.youtube.com/watch?v=E OcFKofJ5PA.

Kapitel 26

1. Joshua Partlow, »In Afghanistan, Taliban Leaving al-Qaeda Behind«, *Washington Post*, 11. November 2009.

2. Agence France-Presse, »UN Somalia Envoy Accuses Islamist of Coup Attempt«, 13. Mai 2009.

3. Agence France-Presse, »Somali Terror Group Raps in English for Recruits«, 31. März 2009.

4. Abu Mansoor al-Amriki, »The Story of an American Jihaadi, Part One«, letzter Aufruf 17. Mai 2012, http://azelin.files.wordpress.com/2012/05/om ar-hammami-abc5ab-mane1b5a3c5abr-al-amrc.abkc4ab-22the-story-of-a n-american-jihc481dc4ab-part-122.pdf. Einzelheiten aus dem Leben von Omar Hammami stammen aus seiner Autobiografie, online veröffentlicht unter dem Pseudonym Abu Mansoor al-Amriki, sofern nicht anders angegeben.

5. Andrea Elliott, »The Jihadist Next Door«, *New York Times Magazine*, 27. Januar 2010.

6. Ebd.

7. Associated Press, »American Is Charged in U.S. for Activities in Somalia«, *Washington Post*, 14. Februar 2007.

8. Elliott, »The Jihadist Next Door«.

9. Ebd.

10. Agence France-Presse, »Lawless Somalia Draws In-flux of Foreign Fighters«, 27. März 2009.

11. Omar Hammami, »A Converted American Who Joined Al Qaeda«, YouTube-Video einer CNN-Sendung, die einen Auszug aus dem von al-Shabaab produzierten Rekrutierungsvideo »Ambush at Bardal« brachte, gepostet von »shahzadkhan007«, 22. Juli 2009, www.youtube.com/watch?v= dvEdB9riTI0.

12. Omar Hammami, »Two Americans in Shabaab«, YouTube-Video, 3:38,

von al-Shabaab produziertes Video »Ambush at Bardal«, veröffentlicht am 31. März 2009, gepostet von »RabieAbuBakr«, 15. April 2009, www.you tube.com/watch?v=HMU9Vgix6E0.

13. »Somali Terrorist Group Releases Recruitment Video Featuring ›the American‹«, Anti-Defamation League, 8. September 2009, www.adl.org/main_ Terrorism/al_shabaab_video_the_american.htm.

14. 2012 kam es offenbar zu Differenzen zwischen Hammami und al-Shabaab, denn Hammami erklärte in zwei Online-Videos, wegen »Spannungen« mit anderen Führern sei sein Leben in Gefahr. Al-Shabaab leugnete die Anschuldigungen, bezeichnete Hammami als »narzistisch« und warf ihm vor, unter den Mudschahedin »Uneinigkeit zu säen«. Siehe Omar Hammami, »urgentmessage«, YouTube-Video, gepostet von »somalimuhajirwarrior«, 16. März 2012, www.youtube.com/watch?v=GAr2srINqks; The Middle East Media Research Institute, »In Second Urgent Message, American Al-Shabab Commander Hammami Confirms Major Schism Between Somali and Foreign Al-Shabab Fighters, Urges Al-Qaeda Leadership to Intervene«, Übersetzung des Online-Videos von Omar Hammami, 19. Oktober 2012, www.memri.org/report/en/print6766.htm; HSM Press Office, »Abu Mansur Al-Amriki: A Candid Clarification«, Erklärung von Harakat Al-Shabab Al-Mujahideen, gepostet auf ihrem Twitter-Feed, 17. Dezember 2012, www.twitlonger.com/show/kcjrkc.

15. Pierre Thomas und Jason Ryan, »Feds Probing Possible Minn. Terror Group«, ABCNews.go.com, 25. November 2008.

16. Daniel Volman, »Obama, AFRICOM, and U.S. Military Policy Toward Africa«, Working Paper No. 14, Program of African Studies, Northwestern University, 2009. Volman zitiert Senator Obamas schriftliche Antworten auf einen Fragenkatalog, der den Präsidentschaftskandidaten des Jahres 2008 von der Leon H. Sullivan Foundation vorgelegt wurde. Der Fragenkatalog, nicht aber die Antworten, sind unter www.afjn.org/focus-cam paigns/other/other-continental-issues/82-general/399-presidential-town hall-meeting-africa-questionnaire.html abrufbar.

17. Hillary Clinton bei der Anhörung zu ihrer Bestätigung im Amt, Senate Committee on Foreign Relations, 13. Januar 2009, Mitschrift durch CQ Transcriptions, veröffentlicht durch NYTimes.com, www.nytimes.com/ 2009/01/13/us/politics/13text-clinton.html?pagewanted=1&_r=0.

18. Marina Litvinsky und Jim Lobe, »Somalia: U.S. Confirms Arms Shipments to Bolster Besieged Gov't«, InterPress Service News Agency, 25. Juni 2009.

19. Roland Marchal, »The Rise of a Jihadi Movement in a Country at War; Harakat Al-Shabaab al Mujaheddin in Somalia«, National Centre for Scientific Research, März 2008, S. 8. Al-Shabaab bezahlte Berichten zufolge ihre Rekruten weit regelmäßiger als andere somalische Arbeitgeber, darunter die Regierung, obwohl die Bezüge selbst vergleichsweise gering waren.

20. Edmund Sanders, »Eleven African Soldiers Killed in Somalia«, *Los Angeles Times*, 23. Februar 2009.

21. »Somali Militants Kill Eleven Burundian Soldiers in Mogadishu«, *Pana Press*, 23. Februar 2009.

22. Mohamed Ibrahim, »Fighting in Somalia Kills at Least Fifteen«, *New York Times*, 24. Februar 2009.

23. Greg Jaffe und Karen DeYoung, »Obama Team Mulls Aims of Somali Extremists«, *Washington Post*, 11. April 2009.

24. Andrea Elliott, »A Call to Jihad, Answered in America«, *New York Times*, 11. Juli 2009.

25. Maalik Eng, »Somalia Piracy Falls to Six-Year Low as Guards Defend Ships«, Shabelle Media Network, 22. Oktober 2012.

26. Johan Peleman, Edward Howard Johns, Pavanjeet Singh Sandhu und John Tambi, »Report of the Panel of Experts on Somalia Pursuant to Security Council Resolution 1474 (2003)«, UN-Sicherheitsrat, 4. November 2003, S. 32.

27. »Report of the Secretary-General on the Protection of Somali Natural Resources and Waters«, UN-Sicherheitsrat, 25. Oktober 2011, S. 12f.

28. Najad Abdullahi, »›Toxic Waste‹ Behind Somali Piracy«, AlJazeera.com, 11. Oktober 2008.

29. »American Crew Regains Control of Hijacked Ship, One Pirate in Custody«, FoxNews.com, 8. April 2009.

30. Chip Cummins und Sarah Childress, »On the Mærsk: ›I Hope if I Die, I Die a Brave Person‹«, *Wall Street Journal*, 16. April 2009.

31. »Crewman's E-mail Gives Harrowing Details of Hijacking«, CNN.com, 20. April 2009.

32. Jay Bahadur, *The Pirates of Somalia: Inside Their Hidden World* (New York: Pantheon Books, 2011, Kindle-Ausgabe).

33. Mark Mazzetti und Sharon Otterman, »U.S. Captain Is Hostage of Pirates; Navy Ship Arrives«, *New York Times*, 8. April 2009.

34. James Bone, »Maersk Alabama Crew Return to US to Tell of Somali Pirate Ordeal«, *Times Online* (London), 18. April 2009.

35. Mazzetti und Otterman, »U.S. Captain Is Hostage of Pirates«.

36. Ebd.

37. »More Pirates Searching for Lifeboat, Official Says«, CNN.com, 10. April 2009.

38. Scott Wilson, Ann Scott Tyson und Stephanie McCrummen, »›Three Rounds, Three Dead Bodies‹; Precision Volley by Navy SEALs Ended a Five-Day Ordeal for an American Seaman, but Piracy Off Somalia Continues«, *Washington Post*, 14. April 2009.

39. Mitschrift, *Larry King Live*, CNN, 12. April 2009.

40. Wilson, Tyson und McCrummen, »Three Rounds, Three Dead Bodies«.

41. Mark Owen, mit Kevin Maurer, *No Easy Day: The Firsthand Account of the Mission That Killed Osama Bin Laden* (New York: Dutton, 2012), S. 94.

42. Mitschrift, *Larry King Live*, CNN, 12. April 2009.

43. Interview des Autors mit Marc Ambinder, Dezember 2010. Alle Zitate von Marc Ambinder stamen aus diesem Interview des Autors.

44. Owen, *No Easy Day*, S. 89.

45. Marc Ambinder, »Obama Gives Commanders Wide Berth for Secret Warfare«, TheAtlantic.com, 25. Mai 2010.

46. Interview des Autors mit General Hugh Shelton, März 2011.

47. Wilson, Tyson und McCrummen, »Three Rounds, Three Dead Bodies«.

48. Marc Ambinder, »SEAL Team Six v. the Pirates«, theAtlantic.com, 12. April 2009. Das Weiße Haus lieferte Hintergrundinformationen für Journalisten, in denen es hieß, Präsident Obama habe nach der Operation Militärs angerufen, darunter »Vizeadmiral William McRaven, Kommandeur Joint Special Operations Command«.

49. Interview des Autors mit einem Informanten bei den Spezialeinsatzkräften August 2012.

50. Mary Beth Sheridan, »U.S. Has Sent Forty Tons of Munitions to Aid Somali Government«, *Washington Post*, 27. Juni 2009.

51. Mitschrift, »Remarks with Somali Transitional Federal Government President Sheikh Sharif Sheikh Ahmed«, 6. August 2009.

52. John O. Brennan, »A New Approach to Safeguarding Americans«, Center for Strategic and International Studies, 6. August 2009, www.whitehouse. gov/the-press-office/remarks-john-brennan-center-strategic-and-international-studies.

Kapitel 27

1. »Saudi Prince Spoke to Bomber on Phone Before Attack«, Reuters, 2.September 2009.

2. Al Arabiya/Reuters, »Qaeda Names Man Who Tried to Kill Saudi Prince«, AlArabiya.net, 30. August 2009.

3. Abdullah Al-Oreifij (*Saudi Gazette*), »Saudi Interior Ministry Names Suicide Bomber in Attack on Prince«, BBC Monitoring International Reports, 31. August 2009.

4. »Saudi Prince Spoke to Bomber on Phone Before Attack«.

5. Al Arabiya/Reuters, »Qaeda Names Man«.

6. Richard Barrett, »Al-Qaida and Taliban Status Check: A Resurgent Threat?«, Washington Institute for Near East Policy, 29. September 2009, Mitschrift des Federal News Service, www.teachingterror.net/resources/ AQ%20Status%check.pdf. Alle Zitate und Informationen von Barrett sind diesen Äußerungen entnommen.

7. CBS/AP, »Saudi Bombmaker Key Suspect in Yemen Plot«, CBSNews.com, 1. November 2010.

8. »Profile: Al-Qaeda ›Bomb Maker‹ Ibrahim al-Asiri«, BBC.co.uk, 9. Mai 2012.

9. Diplomatendepesche 09JEDDAH343 von Generalkonsul Martin R. Quinn, US-Konsulat in Jeddah, »Presidential Assistant Brennan's Sept. 5 Discussion with Saudi Interior Minister Prince Naif«, 11. September 2009, veröffentlicht von WikiLeaks, http://wikileaks.org/cable/2009/09/09JED DAH343.html.

10. Mitschrift eines Interviews mit Gloria Borger, *State of the Union with John King, CNN*, 4. Januar 2010.

11. Mitschrift, *Meet the Press*, NBC, 3. Januar 2010.

12. Ebd.

13. Diplomatendepesche 09SANAA1669 von Botschafter Stephen Seche, US-Botschaft Sanaa, »Brennan-Saleh Meeting September 6, 2009«, 15. September 2009, veröffentlicht von WikiLeaks, http://wikileaks.org/cable/2009/09/09SANAA1669.html. Die Einzelheiten dieses Treffens zwischen Brennan und Präsident Salih sind dieser Depesche entnommen.

14. Ebd.

15. Interview des Autors mit Oberst a. D. W. Patrick Lang, Februar 2011.

16. Reuters, »US Offers Yemen Help in ›Fight Against Terrorism‹«, AlArabiya.net, 7. September 2009.

17. Interviews des Autors mit Informanten der Spezialeinsatzkräfte, Mai bis Juli 2010.

18. »Al Qaeda Extends to Somalia, Yemen«, *Washington Times*, 10. September 2009.

19. *Eight Years After 9/11: Confronting the Terrorist Threat to the Homeland, Hearing Before the Senate Committee on Homeland Security and Government Affairs*, 111th Cong. (30. September 2009; Aussage von Michael Leiter, Direktor des National Counterterrorism Center), Video unter www.senate.gov/fplayers/I2009/urlPlayer.cfm?fn=govtaff093009&st=840&dur=8355.

20. Ebd.

21. Sunlen Miller, »A Look at the President's Meetings on Afghanistan and Pakistan«, ABCNews.go.com, 10. November 2009.

22. Marc Ambinder, »Obama Gives Commanders Wide Berth for Secret Warfare«, TheAtlantic.com, 25. Mai 2010.

23. Mark Mazzetti, »U.S. Is Said to Expand Secret Actions in Mideast«, *New York Times*, 24. Mai 2010.

24. Ebd.

25. Ambinder, »Obama Gives Commanders Wide Berth«.

26. Mazzetti, »U.S. Is Said to Expand Secret Actions«.

27. Ebd.

28. Interview des Autors mit Oberst a. D. W. Patrick Lang, Februar 2011.

29. Interview des Autors mit einem Informanten der Spezialeinsatzkräfte, Mai 2010.

30. Interview des Autors mit einem ehemaligen Berater des Kommandeurs der Spezialeinheiten, Mai 2010.

31. »Yemen, U.S. Talks on Cooperation in Military, Combating Terror Fields«, Website von Präsident Salih, 4. Oktober 2009, www.presidentsaleh.gov.ye/shownews.php?lng=en&_nsid=7743.

32. »Senior Military Official Visits Yemen«, Presseerklärung der US-Botschaft in Sanaa, 4. Oktober 2009, http://yemen.usembassy.gov/smov.html.

33. Muhammad al Ahmadi, »Al Qaeda to Respond to Obama's Strategy in Yemen«, *al-Ghad*, 6. Dezember 2009.
34. Bob Woodward, *Obama's Wars* (New York: Simon and Schuster, 2001), S. 227f.

Kapitel 28

1. Ana Campoy, Peter Sanders und Russell Gold, »Hash Browns, Then Four Minutes of Chaos, *Wall Street Journal*, 9. November 2009.
2. Brooks Egerton, »Fort Hood Captain: Hasan Wanted Patients to Face War Crimes Charges«, *Dallas Morning News*, 17. November 2009.
3. James McKinley Jr. und James Dao, »Fort Hood Gunman Gave Signals Before His Rampage«, *New York Times*, 8. November 2009.
4. Dana Priest, »Fort Hood Suspect Warned of Threats Within the Ranks«, *Washington Post*, 10. November 2009.
5. Staff and wire reports, »Suspect Was to Deploy to Afghanistan«, *Army Times*, 5. November 2009.
6. Scott Shane und James Dao, »Investigators Study Tangle of Clues on Fort Hood Suspect«, *New York Times*, 14. November 2009.
7. Sudarsan Raghavan, »Cleric Says He Was Confidant to Hasan«, *Washington Post*, 16. November 2009.
8. Anwar al Awlaki, »Nidal Hassan Did the Right Thing«, Imam Anwars Blog, anwar-alawlaki.com, 9. November 2009.
9. MEMRI TV Clip No. 3240, AQAP Video Features American-Yemeni Cleric Anwar al-Awlaki Calling On American Muslims to Either Leave or Follow the Example of Nidal Hassan«, schriftliche Fassung eines von AQAP produzierten Videos mit Anwar al Awlaki, November 2011, Manuskript des Middle East Research Institute (MEMRI), 20. Dezember 2011, www. memritv.org/clip/en/3240.htm.
10. Mitschrift, »Weekly Address: President Obama Calls for Comprehensive Review of Events Leading to Tragedy at Fort Hood«, 14. November 2009.
11. »Agence France-Presse, ›Army Base Shooting Was Terrorist Attack‹: US Lawmaker«, 18. November 2009.
12. Jordan Fabian, »Lieberman: Yemen Will Be ›Tomorrow's War‹ If Pre-emptive Action Not Taken«, Briefing Room (Blog), The Hill, 27. Dezember 2009, http://thehill.com/blogs/blog-brie-ng-room/news/73651-lieberman-yemen-will-be-tomorrows-war-if-preemptive-action-not-taken.
13. Recherche des Autors, August 2011 http://who.is/whois/anwar-alawlaki. com/.
14. Anwar al-Awlaki, Interview mit dem Sender al-Malahem Media, gesendet am 23. Mai. 2010, Manuskript von MEMRI, www.memrijttm.org/clip_transcript/en/2480.htm.
15. »Grand Jury Focuses on NC Man Tied to Jihad Magazine«, *Morning Edition with Steve Inskeep*, NPR, 18. August 2010. Manuskript.
16. Interview des Autors mit Sarah Khan, April 2012. Alle zitierten Aussagen von Sarah Khan stammen aus diesem Interview.

17. Matthew Chayes, Anthony M. Destefano, Robert E. Kessler, Greg Lacour und Victor Manuel Ramos, »Samir Khan, al-Qaida Figure, Grew Up on Long Island«, *Newsday*, 7. Oktober 2001; Timothy Bolger, »Slain al Qaeda Mouthpiece Samir Khan's Westbury Roots«, LongIslandPress.com, 6. Oktober 2011.

18. Michael Moss und Souad Mekhennet, »An Internet Jihad Aims at US Viewers«, *New York Times*, 15. Oktober 2007.

19. Ebd.

20. Chayes u.a., »Samir Khan, al-Qaida Figure, Grew Up on Long Island«.

21. Robbie Brown und Kim Severson, »Second American in Strike Waged Qaeda Media War«, *New York Times*, 30. September 2011.

22. Chayes u.a., »Samir Khan, al-Qaida Figure, Grew Up on Long Island«.

23. Moss und Mekhennet, »An Internet Jihad Aims at US Viewers«.

24. »American Editor Brings US Savvy to Jihad Outreach«, *Morning Edition*, NPR, 12. Oktober 2010.

25. Alice Fordham, »A ›Proud Traitor‹: Samir Khan Reported Dead Alongside Aulaqi«, Checkpoint Washington (Blog), *Washington Post*, 30. September 2011.

26. Moss und Mekhennet, »An Internet Jihad Aims at US Viewers«.

27. Ebd.

28. »About«, The Ignored Puzzle Pieces of Knowledge, revolution.muslimpad. com.

29. »Alleged American Jihadists – Connecting the Dots«, CNN.com, 10. Oktober 2012.

30. Moss und Mekhennet, »An Internet Jihad Aims at US Viewers«.

31. Ebd.

32. Ebd.

33. »American Editor Brings US Savvy to Jihad Outreach«.

34. Michael Moss, »What to Do About Pixels of Hate«, *New York Times*, 21. Oktober 2007.

35. Fordham, »A ›Proud Traitor‹«.

36. Samir Khan, »I Am Proud to Be a Traitor to America«, *Inspire* 2 (Herbst 2010), veröffentlicht im Oktober 2010. Sofern nicht anders vermerkt, sind alle Auszüge aus Khans Schriften diesem Artikel entnommen.

37. Moss und Mekhennet, »An Internet Jihad Aims at US Viewers«.

38. Steven Stalinsky und R. Sosnow, »The Life and Legacy of American al-Qaeda Online Jihad Pioneer Samir Khan – Editor of al-Qaeda Magazine ›Inspire‹ and a Driving Force Behind al-Qaeda's Push for ›Lone-Wolf‹ Terrorist Attacks in the West«, Middle East Research Institute (MEMRI), 28. September 2012, www.memri.org/report/en/print6713.htm#_edn39.

39. Chayes u.a., »Samir Khan, al-Qaida Figure, Grew Up on Long Island«.

40. Moss und Mekhennet, »An Internet Jihad Aims at US Viewers«.

41. Steve Inskeep, »Grand Jury Focuses on NC Man Tied to Jihad Magazine«, *Morning Edition*, NPR, 18. August 2010.

42. Abu Yazeed, »Samir Khan: The Face of Joy«, *Inspire* 9 (Winter 2012), veröffentlicht im Mai 2012. Der Autor kündigt an, er werde ein »Testament« veröffentlichen, das Samir Khan auf seiner Festplatte hinterlassen habe.

Kapitel 29

1. Profil von Fazul Abdullah Mohammed, United Nations Security Council al-Qaida Sanctions List, aufgerufen am 14. August 2012, https://www.un.org/News/Press/docs//2012/sc10755.doc.htm.
2. Diplomatendepesche 09NAIROBI1395 von Michael Ranneberger, US-Botschafter in Nairobi, »Somalia – the TFG, Al-Shabaab, and Al Qaeda«, 6. Juli 2009, veröffentlicht von WikiLeaks, http://wikileaks.org/cable/2009/07/09NAIROBI1395.html.
3. Interview des Autors mit Clara Gutteridge, Juli 2011.
4. Kopie der handgeschriebenen Aussage von Ahmed Abdullahi Hassan; im Besitz des Autors.
5. Interview des Autors mit Clara Gutteridge, Juli 2011.
6. Bericht des kenianischen Nachrichtendiensts, Oktober 2010; Kopie im Besitz des Autors.
7. Leon E. Panetta, »Message from the Director: Interrogation Policy and Contracts«, Central Intelligence Agency, April 2009, https://www.cia.gov/news-information/press-releases-statements/directors-statement-interrogation-policy-contracts.html.
8. Interview des Autors mit einem Vertreter der USA, Juli 2011.
9. Interview des Autors mit einem Vertreter des somalischen Geheimdiensts, Juni 2011.
10. Sean D. Naylor, »JSOC Closes Chapter on al-Qaida Leader: Somalia Raid Nets Body of Man Wanted in Bombing«, *Army Times*, 18. September 2009.
11. Bill Roggio, »Commando Raid in Somalia Is Latest in Covert Operations Across the Globe«, *Long War Journal*, 15. September 2009.
12. Ewen MacAskill, »Somali Insurgents Vow Revenge for US Killing of Leader«, *Guardian*, 15. September 2009.
13. Jeffrey Gettleman und Eric Schmitt, »U.S. Kills Top Qaeda Militant in Southern Somalia«, *New York Times*, 14. September 2009.
14. MacAskill, »Somali Insurgents Vow Revenge«.
15. Gettleman und Schmitt, »U.S. Kills Top Qaeda Militant in Southern Somalia«.
16. Interview des Autors mit Malcolm Nance, Mai 2011. Alle zitierten Aussagen von Malcolm Nance stammen aus diesem Interview.
17. Naylor, »JSOC Closes Chapter on al-Qaida Leader«.
18. Ebd.
19. Interview des Autors mit einem Vertreter des somalischen Geheimdiensts, Juni 2011.
20. Stellungnahme des Anwaltsteams von Ahmed Abdullahi Hassan, Juli 2011.

21. Bobby Ghosh, »Domestic-Terrorism Incidents Hit a Peak in 2009«, *Time*, 23. Dezember 2009.

22. Mark Mazzetti, »U.S. Is Said to Expand Secret Actions in Mideast«, *New York Times*, 24. Mai 2010.

23. Peter Spiegel, »Gates Says Somalia Government Is Key to Problem«, *Wall Street Journal*, 14. April 2009.

24. Johnnie Carson, vorbereitete Aussage, »Developing a Coordinated and Sustainable Strategy for Somalia«, Anhörung des Senatsunterausschusses für Afrika, 20. Mai 2009, www.state.gov/p/af/rls/rm/2009/123729.htm.

25. Daniel Volman, »Obama Administration Budget Request for AFRICOM Operations and for Security Assistance Programs in Africa in FY 2010, African Security Research Project, Mai 2009, http://concernedafricascho lars.org/african-security-research-project/?p=18. Die Zahlen für den US-Haushaltsbedarfs für FY 2010 stammen aus Volmans Bericht.

26. Craig Whitlock und Greg Miller, »U.S. Assembling Secret Drone Bases in Africa, Arabian Peninsula, Officials Say«, *Washington Post*, 20. September 2011.

27. Volman, »Obama Administration Budget Request for AFRICOM Operations«.

28. »Report of the Secretary-General on Somalia Pursuant to Security Council Resolution 1872 (2009)«, UN-Sicherheitsrat, 2. Oktober 2009.

29. Mohammed Ibrahim und Jeffrey Gettleman, »African Union Base in Somalia Is Hit«, *New York Times*, 17. September 2009.

30. Einzelheiten des Anschlags siehe ebd.

31. Malkhadir M. Muhumed (AP), »Death Toll Rises to Twenty-one in Somalia Suicide Attack«, *Seattle Times*, 17. September 2009.

32. Ibrahim Mohamed, »Suicide Car Bombers Hit Main AU Base in Somalia«, Reuters, 17. September 2009.

33. Ebd.

34. Jeffrey Gettleman, »American Helped Bomb Somalia Base, Web Site Says«, *New York Times*, 25. September 2009.

35. »Overviews«, Website der Benadir University, www.benadiruniversity.net /Overviews.aspx.

36. Video der Abschlussfeier an der Benadir University, Dezember 2009, im Besitz des Autors. Viele der beschriebenen Einzelheiten des Anschlags sind diesem Video entnommen.

37. »Somalia Ministers Killed by Hotel Suicide Bomb«, BBC.co.uk, 3. Dezember 2009.

38. Stephanie McCrummen, »Attack at Graduation Ceremony Kills Nineteen in Somali Capital«, *Washington Post*, 4. Dezember 2009.

39. Allie Shah, »Minneapolis Surgeon Feels Calling Back to Somalia«, *Star Tribune*, 19. Dezember 2009.

40. Abdinasir Mohamed, »I Looked to My Right and Saw a Colleague Dead and Bleeding«, *Wall Street Journal*, 4. Dezember 2009.

41. Associated Press, »Bomber Dressed as Woman Kills Twentytwo Somalis«, FoxNews.com, 3. Dezember 2009.

42. McCrummen, »Attack at Graduation Ceremony«.

43. »Somalia Suicide Bomber ›Was from Denmark‹«, BBC.co.uk, 10. Dezember 2009.

44. Ibrahim Mohamed, »Somali Rebels Deny They Carried Out Suicide Bombing«, Reuters, 4. Dezember 2009.

45. »Remarks by the President in Address to the Nation on the Way Forward in Afghanistan and Pakistan«, Manuskript, West Point Military Academy, 1. Dezember 2009.

46. »Remarks by the President at the Acceptance of the Nobel Peace Prize«, Oslo, 10. Dezember 2009, Manuskript; dt.: http://www.uswahl2008.de/index.php?/archives/1962-Obamas-Nobelpreis-Rede-auf-deutsch.html.

47. Tweet des Korrespondenten des Weißen Hauses Mark Knoller (@markknoller), 11. Dezember 2009, http://twitter.com/markknoller/status/6567 8102.

48. Margaret Talev, »Unlikely Support: GOP Loved Obama's Nobel Speech«, McClatchy Newspapers, 11. Dezember 2009.

49. Glenn Greenwald, »The Strange Consensus on Obama's Nobel Address: Why Did So Many Liberals and Conservatives Both Find So Much to Cheer in the President's Foreign Policy Speech?«, Salon.com, 11. Dezember 2009.

Kapitel 30

1. Vgl. Daniel Klaidman, Kill or Capture: The War on Terror and the Soul of the Obama Presidency (New York: Houghton Mifflin Harcourt, 2012), S. 199–210.

2. Interview des Autors mit Scheich Saleh bin Fareed, Januar 2012. Sofern nicht anders vermerkt, stammen alle zitierten Informationen und Aussagen von bin Fareed aus diesem Interview.

3. »Dozens Killed‹ in Yemen Raids«, AlJazeera.com, 18. Dezember 2009.

4. Vgl. zu diesem Absatz: Paula Dear, »Britain's Long Relationship with Yemen«, BBC News Magazine, 12. Januar 2010, http://news.bbc.co.uk/2/hi/uk_news/magazine/8441263.stm.

5. Phil Hirschkorn, »Who Was Fahd al-Quso?«, CBSNews.com, 7. Mai 2012.

6. Interview des Autors mit Muqbal, Januar 2012. Alle zitierten Aussagen von Muqbal stammen aus diesem Interview.

7. Interview des Autors mit einer Überlebenden, Januar 2012.

8. Chris Woods, »The Civilian Massacre the US Neither Confirms Nor Denies«, Bureau of Investigative Journalism, 29. März 2012.

9. Interview des Autors mit Kamal Sharaf, Januar 2012. Alle zitierten Aussagen Kamal Sharafs stammen aus diesem Interview.

10. Specially Designated Nationals List, Office of Foreign Assets Control, US Department of the Treasury, 17. Januar 2013, www.treasury.gov/ofac/downloads/t11sdn.pdf.

11. Siehe beispielsweise Gregory D. Johnsen, *The Last Refuge: Yemen, Al-Qaeda, and America's War in Arabia* (New York: W. W. Norton, 2013), S. 235-238.

12. Scott Shane, Mark Mazzetti und Robert F. Worth,»Secret Assault on Terrorism Widens on Two Continents«, *New York Times*, 14. August 2010.

13. Dana Priest,»U.S. Military Teams, Intelligence Deeply Involved in Aiding Yemen on Strikes«, *Washington Post*, 27. Januar 2010.

14. Woods,»The Civilian Massacre the US Neither Confirms Nor Denies«. Laut Woods hatten Anwohner lange vor den Angriffen ein»Aufklärungsflugzeug« in der Luft gesehen.

15. Kimberly Dozier,»U.S. Leading Assaults on al Qaeda in Yemen«, CBS News.com, 3. Januar 2010.

16. Robert F. Worth,»Yemen Says Strikes Against Qaeda Bases Killed Thirty-Four«, *New York Times*, 17. Dezember 2009.

17. Diplomatendepesche 09SANAA2250 von Botschafter Stephen Seche, US-Botschaft Sanaa,»Yemen Abuzz with Talk of CT Operations; Attention Slowly Turns to U.S. Role«, 21. Dezember 2009, veröffentlicht von Wiki-Leaks, http://wikileaks.org/cable/2009/12/09ANAA2250.html.

18. Brian Ross, Richard Esposito, Matthew Cole, Luis Martinez und Kirit Radia,»Obama Ordered U.S. Military Strike on Yemen Terrorists«, ABC News.go.com, 18. Dezember 2009.

19. Interview des Autors mit einem Informanten aus der Armee, November 2010.

20. Ian Black,»Yemen ›Kills Thirty-four al-Qaida Members in Raids‹«, *Guardian*, 17. Dezember 2009.

21. Botschaft der Republik Jemen; Büro für Medien und Öffentlichkeit, Washington,»Press Statement«, 24. Dezember 2009.

22. »Obama Hails Yemen's Efforts in Fighting Terror in Phone Call to President Salih«, Yemen News Agency (SABA), 17. Dezember 2009.

23. »Saleh Receives Phone Call from Egyptian President«, Yemen News Agency (SABA), 17. Dezember 2009.

24. Amnesty International,»Yemen: Cracking Down Under Pressure«, 25. August 2010; www./amnesty-org/en/library/info/MDE31/010/2010

25. Ebd. Die Details über die Bomben und die Munition stammen ebenfalls aus dem Bericht von Amnesty International.

26. Kim Sengupta,»US Cruise Missile Parts Found in Yemeni Village Where Fifty-two Died«, *Independent* (UK), 7. Juni 2010.

27. Gordon Lubold,»Yemen's Air Strike on Al Qaeda May Signal New US Focus«, *Christian Science Monitor*, 24. Dezember 2009.

28. Diplomatendepesche 09SANAA2251 von Botschafter Stephen Seche, US-Botschaft Sanaa,»ROYG Looks Ahead Following CT Operations, but Perhaps Not Far Enough«, 21. Dezember 2009, veröffentlicht von WikiLeaks, http://wikileaks.org/cable/2009/12/,094SANAA2251.html.

29. Interview des Autors mit Saleh bin Fareed, Januar 2012. Die Schilderung der Versammlung von Stammesführern beruht auf bin Fareeds Bericht.

30. Johnsen, *The Last Refuge*, S. 255f.

31. Robert Worth, »Is Yemen the Next Afghanistan?«, *New York Times Magazine*, 6. Juli 2010.

32. Yemen Parliamentary Investigation, Kopie im Besitz des Autors. Einzelheiten der Ermittlungsergebnisse stammen aus diesem Bericht.

33. Interviews des Autors mit jemenitischen Journalisten und Sicherheitsexperten, Januar 2012.

34. Eric Schmitt und Robert F. Worth, »US Widens Terror War to Yemen, a Qaeda Bastion«, *New York Times*, 27. Dezember 2009.

35. Botschafter Stephen Seche, »ROYG Looks Ahead Following CT Operations, but Perhaps Not Far Enough«.

36. Amnesty International, »Yemen: Cracking Down Under Pressure«.

37. Ebd.

38. Shane, Mazzetti und Worth, »Secret Assault on Terrorism Widens on Two Continents«.

39. Botschafter Stephen Seche, »ROYG Looks Ahead Following CT Operations, but Perhaps Not Far Enough«.

40. Shane, Mazzetti und Worth, »Secret Assault on Terrorism Widens on Two Continents«.

41. Klaidman, *Kill or Capture*, S. 210.

42. Botschafter Stephen Seche, »ROYG Looks Ahead Following CT Operations, but Perhaps Not Far Enough«.

43. Diplomatendepesche 09SANAA2274 der diplomatischen Geschäftsträgerin Angie Bryan, US-Botschaft Sanaa, »ROYG Acknowledges US Intel Assistance in AQAP Strikes, Makes Case Before Parliament«, 27. Dezember 2009, veröffentlicht von WikiLeaks, http://wikileaks.org/cable/2009/12/09 ANAA2274.html.

44. Ahmed al-Haj (AP), »Yemen Claims Thirty Killed in Raid on Qaida Hide-Outs«, Guardian.co.uk, 24. Dezember 2009.

45. Dozier, »U.S. Leading Assaults on al Qaeda in Yemen«.

46. David E. Sanger und Eric Schmitt, »Threats Led to Embassy Closings in Yemen, Officials Say«, *New York Times*, 3. Januar 2010.

Kapitel 31

1. Interview des Autors mit Nasser al-Awlaki, Januar 2012. Alle Nasser al-Awlaki zugeschriebenen Informationen und Zitate stammen aus diesem Interview, sofern nicht anders vermerkt.

2. Scott Shane, Mark Mazzetti und Robert F. Worth, »Secret Assault on Terrorism Widens on Two Continents«, *New York Times,* 14. August 2010.

3. Sudarsan Raghavan und Michael D. Shear, »US-aided Attack in Yemen Thought to Have Killed Aulaqi, Two al-Qaida Leaders«, *Washington Post,* 25. Dezember 2009.

4. Reuters, »Army Kills Dozens of Suspected Al-Qaeda Members«, France24. com, 24. Dezember 2009.

5. Christopher Boucek, »Airstrike in Yemen Targets Terror Operatives«, Interview mit Jeffrey Brown, NewsHour, PBS, 24. Dezember 2009.

6. Dana Priest, »U.S. Military Teams, Intelligence Deeply Involved in Aiding Yemen on Strikes«, Washington Post, 27. Januar 2010.

7. Diplomatendepesche 09SANAA2250 von Botschafter Stephen Seche, US-Botschaft Sanaa, »Yemen Abuzz with Talk of CT Operations; Attention Slowly Turns to U.S. Role«, 21. Dezember 2009, veröffentlicht von Wiki-Leaks, http://wikileaks.org/cable/2009/12/09SANAA2250.html.

8. CBS/AP, » Suspect's Cleric Killed in Yemen?« CBSNews.com, 24. Dezember 2009.

9. »Transcript of interview with al-Awlaki«, aus dem Interview von Al-Dschasira mit Anwar al-Awlaki, 23. Dezember 2009, veröffentlicht über NBC News, 23. Dezember 2009, www.msnbc.msn.com/id/34579438/ns/us_news-tragedy_at_fort_hood/t/transcript-interview-al-awlaki/.

10. Peter Baker, »Obama's War over Terror«, New York Times Magazine, 4. Januar 2010.

11. »Investigators Cross Globe Looking for Details of Plane Bombing Suspect«, FoxNews.com, 27. Dezember 2009.

12. Seth G. Jones, Hunting in the Shadows: The Pursuit of al Qaeda Since 9/11 (New York: W. W. Norton, 2012), S. 345.

13. »Profile: Umar Farouk Abdulmutallab«, BBC.co.uk, 12. Oktober 2011.

14. Peter Kenyon, »Going Radical: a Turning Point for Christmas Bomb Suspect«, Morning Edition, NPR, 19. Februar 2010.

15. Mark Hosenball, »The Radicalization of Umar Farouk Abdulmutallab«, Newsweek, 1. Januar 2010.

16. Dan Eggen, Karen DeYoung und Spencer S. Hsu, »Plane Suspect Was Listed in Terror Database After Father Alerted US Officials«, Washington Post, 27. Dezember 2008.

17. Tom Abrahams, »Terror Suspect Attended Classes in Houston«, KTRK-TV Houston, http://abclocal.go.com/ktrk/story?section=news/local&id=7193124.

18. Andrew Gregory, »Syringe Bomber Umar Abdulmutallab Chilling Text Messages to Dad«, Mirror, 1. Januar 2010, www.mirror.co.uk/news/uknews/syringe-bomber-umar-abdulmutallab-chilling-191630.

19. Jill Dougherty, »Official: Dad Warned of Son but ›No Suggestion‹ of Terrorist Act«, CNN.com, 28. Dezember 2009.

20. »Father of Terror Suspect Reportedly Warned About Son«, FoxNews.com, 2. Dezember 2009.

21. Ron French, »Inside Story of Terror on Flight 253«, News, 18. März 2010.

22. Peter Bergen, »Analysis: Similar Explosive on Plane Used in Saudi Attack«, CNN.com, 27. Dezember 2009.

23. Victor Morton, »Awlaki Personally Blessed Attack«, Times, 29. Dezember 2009.

24. Sudarsan Raghavan, »Investigators Scrutinize Yemeni American Cleric's Ties to Plane Suspect«, *Washington Post*, 1. Januar 2010.

25. Interview des Autors mit Mullah Zabara, Januar 2012. Alle folgenden Mullah Zabara zugeschriebenen Zitate und Informationen stammen aus diesem Interview.

26. Mitschrift, »Interview: Anwar al-Awlaki«, AlJazeera. com, 7. Februar 2010.

27. Interviews des Autors mit Stammesmitgliedern, Januar 2012.

28. Mitschrift, »Interview: Anwar al-Awlaki«, AlJazeera.com.

29. Peter Baker und Scott Shane, »Obama Seeks to Reassure US After Bombing Attempt«, *New York Times*, 28. Dezember 2009.

30. Matthew Cole, Brian Ross und Nasser Atta, »Underwear Bomber: New Video of Training, Martyrdom Statements«, ABCNews.go.com, 26. April 2010.

31. Mark Hosenball, »The Radicalization of Umar Farouk Abdulmutallab«, *Newsweek*, 1. Januar 2010.

32. Mitschrift, *Fox News Sunday*, Fox News, 27. Dezember 2009.

33. Mike Allen, »Dick Cheney: Barack Obama ›Trying to Pretend‹«, *Politico*, 30. Dezember 2009.

34. Sam Stein, »Bush Waited Six Days to Discuss Shoe Bomber with No GOP Complaints«, *Huffington Post*, 18. März 2010.

35. Allen, »Dick Cheney: Barack Obama ›Trying to Pretend‹«.

36. Baker, »Obama's War over Terror«.

37. Mitschrift, »Inaugural Address«, 20. Januar 2009, The American Presidency Project, www.nytimes.com/2009/01/20/us/politics/20text-obama. html?pagewanted=all.

38. Mitschrift, *Fox News Sunday*.

39. Mitschrift, Admiral Mike Mullen im, 8. Januar 2010, www.jcs.mil/speech. aspx?id=1312.

40. Olivia Hampton, »Obama: No Troops to Somalia, Yemen«, Agence France-Presse, 11. Januar 2010.

41. »Report of Inspection; Embassy Sanaa, Yemen«, US-Außenministerium und Broadcasting Board of Governors Office of the Inspector General, Juni 2010, http://oig.state.gov/documents/organization/145254.pdf.

42. »NSDD-38: Staffing at Diplomatic Missions and Their Overseas Constituent Posts«, Text der NSDD-38, 2. Juni 1982, veröffentlicht vom Office of Management Policy, Rightsizing and Innovation, 26. April 2005, www. state.gov/m/pri/nsdd/.

43. Priest, »U.S. Military Teams, Intelligence Deeply Involved«.

44. David S. Cloud (Tribune), »White House Considers Drone Strikes, Officials Say«, *Times*, 7. November 2010.

45. Interview des Autors mit Dr. Emile Nakhleh, Januar 2010. Alle Dr. Nakhleh zugeschriebenen Zitate und Informationen stammen aus diesem Interview.

46. Diplomatendepesche 10SANAA4 von US-Botschafter Stephen Seche, US-Botschaft Sanaa, »General Petraeus' Meeting with Saleh on Security Assistance, AQAP strikes«, 4. Januar 2010, veröffentlicht durch WikiLeaks, http://wikileaks.org/cable/2010/01/10SANAA4.html. Einzelheiten zum Treffen von Salih und Petraeus stammen aus dieser Depesche.

47. Haley Sweetland Edwards, »US Lends Firepower to Yemen Fight«, *Global Post*, 24. Januar 2010.

48. Ebd.

49. Interviews des Autors mit Quellen bei den Spezialeinheiten, 2010 und 2011.

50. Peter Finn, »Return of Yemeni Detainees at Is Suspended«, *Washington Post*, 5. Januar 2010.

51. Ebd.

52. Mitschrift, »Remarks with Qatar Prime Minister Sheikh Hamad bin Jassim bin Jabr al-Thani After Their Meeting«, Washington, 4. Januar 2010.

53. Robert F. Worth, »Senior Qaeda Figures Killed in Says«, *New York Times*, 15. Januar 2010.

54. Mitschrift, Presseerklärung von Philip J. Crowley, stellvertretender Außenminister, Büro für öffentliche Angelegenheiten, »Designations of Al-Qa'ida in the Arabian Peninsula (AQAP) and Senior Leaders«, 19. Januar 2010.

55. »U.N. Security Council Sanctions al Qaeda's Yemen Wing«, Reuters.com, 19. Januar 2010.

56. Mitschrift, Philip J. Crowley, »Designations of Al-Qa'ida in the (AQAP) and Senior Leaders«.

57. Hammoud Mounasser, »Yemen Air Strikes Pound Qaeda Leader's Home: Military«, Agence France-Presse, 20. Januar 2010.

58. Der erste Luftschlag fand nicht in Marib statt, aber angeblich kam al-Shabwani dabei ums Leben; der zweite soll in der Nähe seines Hauses erfolgt sein.

59. »Airstrikes Target al-Qaida in Yemen«, Voice of America, 19. Januar 2010.

Kapitel 32

1. Dana Priest, »U.S. Military Teams, Intelligence Deeply Involved in Aiding Yemen on Strikes«, *Washington Post*, 27. Januar 2010.

2. Interview des Autors mit Oberst a. D. W. Patrick Lang, September 2010. Alle folgenden Zitate von Patrick Lang aus diesem Interview, sofern nicht anders vermerkt.

3. Glenn Greenwald, »Presidential Assassinations of Citizens«, Salon.com, 27. Januar 2010.

4. Adam Entous, »U.S. Targets American-Born Cleric in Yemen«, Reuters, 6. April 2010.

5. Zum Verbot außergerichtlicher Tötungen von US-Bürgern siehe H.R. 6010, 111th Cong. (30. Juli 2010). Der Kongressabgeordnete Kucinich zitiert Blairs Äußerung in seiner Gesetzesvorlage. Diese Äußerung wurde

aber nicht ins offizielle Protokoll von Blairs Aussage vor dem Geheimdienstausschuss am 3. Februar 2010 aufgenommen.

6. Interview des Autors mit Dr. Emile Nakhleh, Januar 2010.

7. Priest,»U.S. Military Teams, Intelligence Deeply Involved«.

8. Dem Autor vorliegende Kopie eines Briefes von Nasser al-Awlaki an Präsident Barack Obama.

Kapitel 33

1. Yochi J. Dreazen,»Lawmakers Hold Up a Top General's Nomination«, *Wall Street Journal*, 1. Mai 2008.

2. Marc Ambinder,»Obama Gives Commanders Wide Berth for Secret Warfare«, *Atlantic*, 25. Mai 2010, www.theatlantic.com/politics/archive/2010/05/obama-gives-commanderswide-berth-for-secret-warfare/57202/.

3. »Sharp Division Inside White House on Afghanistan, Analyst Says«, CNN. com, 5. Oktober 2009.

4. Peter Baker,»How Obama Came to Plan for ›Surge‹«, in *New York Times*, 5. Dezember 2009.

5. Mitschrift, Interview mit General James Jones bei *State of the Union with John King*, CNN, 4. Oktober 2009.

6. Interview des Autors mit einer vertraulichen Quelle, Dezember 2010.

7. Karen DeYoung und Scott Wilson,»Obama to Send 34,000 Troops to Afghanistan«, *Washington Post*, 1. Dezember 2009.

8. Mitschrift von Präsident Barack Obamas Ausführungen,»Address to the Nation on the Way Forward in Afghanistan and Pakistan«, West Point Military Akademy, 1. Dezember 2009.

9. Interview des Autors mit Oberst Lawrence Wilkerson, Mai 2011.

10. Interview des Autors mit Scott Horton, September 2010.

11. Spencer Ackerman,»Special Operations Chiefs Quietly Sway Policy«, *Independent*, 9. November 2009.

12. General Stanley McChrystal, Commander ISAF (COMISAF), erste Lagebeurteilung (freigegeben), veröffentlicht am 21. September 2009, aufgerufen am 1. Dezember 2012, www.washingtonpost.com/wp-dyn/content/article/2009/09/21/AR2009092100110.html.

13. *Hearing to Consider the Nominations of Admiral James G. Stavridis, USN for Reappointment to the Grade of Admiral and to be Commander, U.S. European Command and Supreme Allied Commander, Europe; Lieutenant General Douglas M. Fraser, USAF to be General and Commander, U.S. Southern Command; And Lieutenant General Stanley A. McChrystal, USA, to be General and Commander, International Security Assistance Force and Commander, U.S. Forces, Afghanistan, Day 5, Before the Senate Armed Services Committee*, 111th Cong. (2. Juni 2009; Aussage von General Stanley McChrystal).

14. Dexter Filkins,»U.S. Tightens Airstrike Policy in Afghanistan«, *New York Times*, 21. Juni 2009.

15. Memorandum des ISAF-Hauptquartiers, Kabul, Afghanistan, 6. Juli 2009, www.nato.int/isaf/docu/official_texts/Tactical_Directive_090706.pdf. Das Memo enthält nicht geheime Auszüge einer taktischen Direktive, verschickt von McChrystal am 2. Juli 2009.

16. Rowan Scarborough, »Pentagon Quietly Sending 1,000 Special Operators to in Strategy Revamp«, FoxNews.com, 5. Juni 2009.

17. Associated Press, »Analysis: Gen. Petraeus Promotes Special-Ops Success to Show Part of Afghan War US Is Winning«, FoxNews.com, 3. September 2010.

18. Interview des Autors mit Gareth Porter, September 2010.

19. Nick Davies, »Afghanistan War Logs: Task Force 373 – Special Forces Hunting Top Taliban«, Guardian, 25. Juli 2010.

20. Julian E. Barnes, »U.S. Steps Up Special Operations Mission in Afghanistan«, Los Angeles Times, 16. Dezember 2009.

21. Vgl. hierzu: Kimberly Dozier (AP), »Afghanistan Secret Prisons Confirmed by U.S.«, Huffington Post, 8. April 2011; Anand Gopal, »Ameriva's Secret Afghan Prisons«, Nation, 28. Januar 2010; Alissa J. Rubin, »Afghans Detail Detention in ›Black Jail‹ at U.S. Base«, New York Times, 28. November 2009.

22. Joshua Partlow, »July Becomes Deadliest Month for Troops in Nearly Nine-Year Afghan War«, Washington Post, 31. Juli 2010.

23. Interviews des Autors mit afghanischen Polizeikommandanten, Oktober 2010.

24. Matthew Hoh, Rücktrittsgesuch an Botschafterin Nancy J. Powell, Director General of the Foreign Service and Director of Human Resources, US-Außenministerium, 10. September 2009, www.washingtonpost.com/wp-srv/hp/ssi/wpc/ResignationLetter.pdf.

25. Karen DeYoung, »Official Resigns over Afghan War«, Post, 27. Oktober 2009.

26. Interview des Autors mit Matthew Hoh, September 2010. Alle Matthew Hoh zugeschriebenen Zitate stammen aus diesem Interview, sofern nicht anders vermerkt.

27. Michael Hastings, »The Runaway General«, Rolling Stone, 8. Juli 2010.

28. Open Society Foundations and The Liaison Office, »The Cost of Kill/Capture: Impact of the Night Raid Surge on Afghan Civilians«, 19. September 2011.

29. Jerome Starkey, »Nato ›Covered Up‹ Botched Night Raid in Afghanistan That Killed Five«, London Times, 13. März 2010.

30. »Man Loses Five Family Members in Disputed NATO Raid«, CNN Crossroads (Blog), CNN.com, 6. April 2010.

31. Interview des Autors mit Jerome Starkey, Oktober 2010. Alle folgenden Jerome Starkey zugeschriebenen Zitate stammen aus diesem Interview, sofern nicht anders vermerkt.

32. Jerome Starkey, »US Special Forces ›Tried to Cover Up‹ Botched Khataba Raid in Afghanistan«, Times Online, 5. April 2010.

33. Interview des Autors mit Mohammed Tahir, Oktober 2010. Alle Mohammed Tahir zugeschriebenen Zitate stammen aus diesem Interview, sofern nicht anders vermerkt.

34. Interviews des Autors mit Mitgliedern der Familie Sharabuddin, Oktober 2010. Einzelheiten über die Familie und die Nacht der Razzia stammen aus diesen Interviews, sofern nicht anders vermerkt.

35. »Man Loses Five Family Members in Disputed NATO Raid«.

36. Interviews des Autors mit Mitgliedern der Familie Sharabuddin, Oktober 2010.

37. Starkey, »Nato ›Covered Up‹ Botched Night Raid«.

38. Interview des Autors mit Abdul Ghafar, Oktober 2010. Alle Abdul Ghafar zugeschriebenen Zitate stammen aus diesem Interview, sofern nicht anders vermerkt.

39. Interview des Autors mit Mohammed Sabir, Oktober 2010.

40. Interviews des Autors mit Mitgliedern der Familie Sharabuddin, Oktober 2010. Auch die ersten Presseberichte, namentlich Jerome Starkeys Artikel, erwähnten, dass zwei der Frauen schwanger waren.

41. Richard A. Oppel Jr., »U.S. Admits Role in February Killing of Afghan Women«, New York Times, 4. April 2010.

42. Jerome Starkey, »Nato Accused of Cover Up over Killing of Pregnant Women«, Scotsman, 13. März 2010.

43. Dem Autor vorliegende Kopie des »Briefings« der United Nations Assistance Mission in Afghanistan (UNAMA) Human Rights Unit, datiert vom 14. Februar 2010. Alle der UN zugeschriebenen Informationen stammen aus diesem Bericht, sofern nicht anders vermerkt.

44. Interview des Autors mit Hadschi Sharabuddin, Oktober 2010. Alle folgenden Hadschi Sharabuddin zugeschriebenen Zitate stammen aus diesem Interview, sofern nicht anders vermerkt.

45. »Joint Force Operating in Gardez Makes Gruesome Discovery«, ISAF Joint Command, 12. Februar 2010, aufgerufen am 1. Dezember 2012, www.dvidshub.net/news/45240/joint-force-operating-gardez-makes-gruesome-discovery#.UOLyVBzKZcQ.

46. »Afghan, International Force Kills Enemy Fighters«, American Forces Press Service, 12. Februar 2010.

47. »Joint Force Operating in Gardez Makes Gruesome Discovery«.

48. »Bodies Found Gagged, Bound After Afghan ›Honor Killing‹«, CNN.com, 12. Februar 2010.

49. Rod Nordland, »Afghanistan Different Accounts Offered About Civilian Deaths«, New York Times, 13. Februar 2010.

50. Richard A. Oppel Jr. und Abdul Waheed Wafa, »Afghan Investigators Say U.S. Troops Tried to Cover Up Evidence in Botched Raid«, New York Times, 5. April 2010.

51. Lemar Niazai, »Intelligence Official Among Five Killed by NATO Troops«, Pajhwok Afghan News, 12. Februar 2010.

52. Amir Shah, »NATO: Raid Killed Militants; Family Says Civilians«, Associated Press, 12. Februar 2010.

53. Starkey, »US Special Forces ›Tried to Cover Up‹ Botched Khataba Raid«.

54. Laura King, »Probe Targets Elite Unit; an Inquiry into a Raid That Killed Five Afghan Civilians May Shed Light on the Role of Special Forces«, *Times*, 9. April 2010.

55. Starkey, »US Special Forces ›Tried to Cover Up‹ Botched Khataba Raid«.

56. Interview des Autors mit Jerome Starkey, Oktober 2010. Alle Jerome Starkey zugeschriebenen Zitate stammen aus diesem Interview, sofern nicht anders vermerkt.

57. Starkey, »Nato ›Covered Up‹ Botched Night Raid«.

58. Starkey, »Nato Accused of Cover Up over Killing of Pregnant Women«.

59. Ebd.

60. Starkey, »Nato ›Covered Up‹ Botched Night Raid«.

61. »ISAF Rejects Cover Up Allegation«, International Security Assistance Force (ISAF), 13. März 2010, aufgerufen am 12. Dezember 2012, www.dv idshub.net/news/46637/isafrejects-cover-up-allegation#.UOL9RhzKZcQ.

62. Michael Hastings, *The Operators: The Wild and Terrifying Inside Story of America's War in Afghanistan* (New York: Blue Rider Press, 2012), S. 294.

63. Jerome Starkey, »U.S.-led Forces in Afghanistan Are Committing Atrocities, Lying and Getting Away with It«, Nieman Watchdog (Blog), 22. März 2010, www.niemanwatchdog.org/index.cfm?fuseaction=background.view &backgroundid=00440.

64. Jerome Starkey, »Survivors of Family Killed in Afghanistan Raid Threaten Suicide Attacks«, *Times*, 15. März 2010.

65. Ebd.

66. Ebd.

67. Vgl. Richard A. Oppel Jr. und Rod Nordland, »U.S. Is Reining in Special Operations Forces in Afghanistan«, *New York Times*, 15. März 2010.

68. »Gardez Investigation Concludes«, International Security Assistance Force (ISAF), 4. April 2010, aufgerufen am 12. Dezember 2012, www.isaf.na to.int/article/isaf-releases/gardez-investigation-concludes.html.

69. Starkey, »US Special Forces ›Tried to Cover Up‹ Botched Khataba Raid«.

70. Oppel Jr. und Wafa, »Afghan Investigators Say U.S. Troops Tried to Cover Up Evidence in Botched Raid«.

71. Gareth Porter und Ahmad Walid Fazly, »McChrystal's Special Ops Probe Excluded Key Eyewitnesses«, Inter Press Service News Agency, 6. Juli 2010.

72. Interviews des Autors mit Mitgliedern der Familie Sharabuddin, Oktober 2010.

73. Jerome Starkey, »US Army Chief Begs Afghans to Forgive«, *Times*, 12. April 2010.

74. Ebd.

75. Julius Kavendish, »US Special Forces Apologise for Botched Night Raid«, *Independent*, 9. April 2010.

76. Nick Shifrin und Aleem Agha, »U.S. Vice Admiral Apologizes for Afghan Deaths«, ABCNews.go.com, 8. April 2010.

77. Interview des Autors mit General a.D. Hugh Shelton, März 2011.

78. Hastings, *The Operators*, S. 175.

79. Phil Stewart, »Civilian Casualties Rising in Afghanistan«, Reuters, 12. Mai 2010.

80. Justin Elliott, »Gen. McChrystal: We've Shot ›An Amazing Number of People‹ Who Were Not Threats«, TPMMuckraker, 2. April 2010.

81. Gareth Porter, »New Light Shed on US's Night Raids«, *Times Online*, 27. September 2010.

82. Gareth Porter, »True Believer: Petraeus and the Mythology of Afghanistan«, *Truthout*, 20. Dezember 2012.

83. Interview des Autors mit Mullah Abdul Salam Zaeef, Oktober 2010. Alle Mullah Zaeef zugeschriebenen Zitate stammen aus diesem Interview, sofern nicht anders vermerkt.

84. »Mullah Zaeef Freed from Guantanamo, Dawn.com, 12. September 2005.

85. Thomas Nagorski, »Editor's Notebook: Afghan War Now Country's Longest«, ABCNews.go.com, 7. Juni 2010.

86. James Dao und Andrew W. Lehren, »Grim Milestone: 1,000 Americans Dead«, *New York Times*, 18. Mai 2010.

87. Gareth Porter, »Petraeus Spin on IED War Belied by Soaring Casualties«, Inter Press Service News Agency, 9. September 2010.

88. Mitschrift, »Statement by the President in the Rose Garden«, 23. Juni 2010.

89. Vgl. Gareth Porter, »True Believer: Petraeus and the Mythology of Afghanistan«, *Truthout*, 20. Dezember 2012. Sowie Julian E. Barnes, »Petraeus Resets Afghan Airstrike Rules«, *Wall Street Journal*, 1. August 2010.

90. David S. Cloud, »Afghan Civilian Deaths Caused by Allied Forces Rise«, *Times*, 2. November 2010.

Kapitel 34

1. Interview des Autors mit Hunter (Pseudonym), August 2010. Alle zitierten Informationen und Aussagen von Hunter stammen aus diesem Interview.

2. Dana Priest und William M. Arkin, *Top Secret America: The Rise of the New American Security State* (New York: Little, Brown and Company, 2012), S. 204.

3. Jo Becker und Scott Shane, »Secret ›Kill List‹ Proves a Test of Obama's Principles and Will«, *New York Times*, 29. Mai 2012.

4. Priest und Arkin, *Top Secret America*, S. 205.

5. Becker und Shane, »Secret ›Kill List‹ Proves a Test of Obama's Principles and Will«.

6. Priest und Arkin, *Top Secret America*, S. 209.

7. Ebd. S. 207.

8. Nicht unbedingt jede Operation musste vor ihrem Beginn von Präsident Obama abgesegnet werden, doch gelegentlich erteilte er die Genehmigung

für das Konzept einer Operation. Siehe Eric Schmitt und Thom Shanker, *Counterstrike: The Untold Story of America's Secret Campaign Against al Qaeda* (New York: Times Books, 2011), S. 235: »In dem Bewusstsein, das manche hochrangige Terroristen nur kurz auftauchten und dann wieder verschwanden, schuf [Verteidigungsminister Robert] Gates ein System, bei dem Optionen für mögliche Missionen vorher mit dem Präsidenten besprochen wurden, sodass der Oberste Befehlshaber im Vorhinein die Befugnis für einen Schlag gegen flüchtige Zielpersonen erteilen konnte.«

9. Becker und Shane, »Secret ›Kill List‹ Proves a Test of Obama's Principles and Will«.

10. Interview des Autors mit Vertretern des JSOC, Juni 2012.

11. Becker und Shane, »Secret ›Kill List‹ Proves a Test of Obama's Principles and Will«.

12. Daniel Klaidman, *Kill or Capture: The War on Terror and the Soul of the Obama Presidency* (New York: Houghton Mifflin Harcourt, 2012), S. 121.

13. Becker und Shane, »Secret ›Kill List‹ Proves a Test of Obama's Principles and Will«.

14. Ebd.

15. Ebd.

16. Jack Goldsmith, *Power and Constraint: The Accountable Presidency After 9/11* (New York: W. W. Norton, 2012), Einleitung, S. x.

17. Becker und Shane, »Secret ›Kill List‹ Proves a Test of Obama's Principles and Will«.

18. Catherine Herridge, »Obama Administration Pressed for Accountability After Americans Killed in Anti-Terror Airstrikes«, FoxNews.com, 25. Oktober 2011.

19. Becker und Shane, »Secret ›Kill List‹ Proves a Test of Obama's Principles and Will«.

20. Interview des Autors mit Philip Giraldi, März 2012. Alle folgenden Philip Giraldi zugeschriebenen Aussagen stammen aus diesem Interview, sofern nicht anders vermerkt.

21. Vgl. Karen DeYoung und Greg Jaffe, »U.S. ›Secret War‹ Expands Globally as Special Operations Forces Take Larger Role«, *Washington Post*, 4. Juni 2010.

22. »Remarks by Assistant to the President for Homeland Security and Counterterrorism John Brennan at CSIS«, Manuskript 26. Mai 2010.

23. Interview des Autors mit einem Informanten der Spezialeinheiten, Juni 2010.

24. DeYoung und Jaffe, »U.S. ›Secret War‹ Expands Globally as Special Operations Forces Take Larger Role«.

Kapitel 35

1. »Yemen's al-Qaeda Calls for Jihad Against Jews, Christians«, Reuters, 8. Februar 2010.

2. Scott Shane, Mark Mazzetti und Robert F. Worth, »Secret Assault on Terrorism Widens on Two Continents«, *New York Times*, 14. August 2010.

3. »Al-Jazeera Airs Audio Confirming Al-Qai'dah Deaths in Yemen«, *BBC Worldwide Monitoring*, 17. Mai 2010.

4. Shane, Mazzetti und Worth, »Secret Assault on Terrorism Widens on Two Continents«.

5. »Undersecretary of Defense Visits Yemen«, Presseerklärung der Botschaft der Vereinigten Staaten, Sanaa, Jemen, 22. März 2010, http://yemen.usembassy.gov/udv3.html.

6. Congressional Record – Daily Digest, 29. April 2010, US Government Printing Office, www.gpo.gov/fdsys/pkg/CREC-2010-04-29/pdf/CREC-2010-04-29-ptI-PgD460#page=2.

7. Kopie der E-Mail im Besitz des Autors.

8. Daniel Klaidman, *Kill or Capture: The War on Terror and the Soul of the Obama Presidency* (New York: Houghton Mifflin Harcourt, 2012), S. 255.

9. Mohammed Ghobari und Mohamed Sudam, »Air Strike Kills Yemen Mediator«, Reuters, 25. Mai 2010.

10. Adam Entous, Julian E. Barnes und Margaret Coker, »U.S. Doubts Intelligence That Led to Yemen Strike«, *Wall Street Journal*, 29. Dezember 2011.

11. »Yemen Strike Kills Mediator, Tribesmen Hit Pipeline«, Reuters, 25. Mai 2010.

12. Vgl. »Air Raid Kills Yemeni Mediator«, AlJazeera.com, 25. Mai 2010.

13. Entous, Barnes und Coker, »U.S. Doubts Intelligence That Led to Yemen Strike«.

14. Klaidman, *Kill or Capture*, S. 255.

15. Entous, Barnes und Coker, »U.S. Doubts Intelligence that Led to Yemen Strike«.

16. Jeb Boone, Abdul-Aziz Oudah und Shuaib M. al-Mosawa, »Marib Sheikh: US Drones Fly over Wadi Abida Every Day«, *Yemen Observer*, 28. Oktober 2010, www.yobserver.com/front-page/10020035.html.

17. Shane, Mazzetti und Worth, »Secret Assault on Terrorism Widens on Two Continents.«

18. Hush Tomlinson, Michael Evans und Iona Craig, »›Secret‹ US War on al-Qaeda in Yemen Killing Civilians«, *Times*, 9. Dezember 2009.

19. Laura Kasinof, »US Cluster Bombs in Yemen: The Right Weapon in Al Qaeda Fight?«, *Christian Science Monitor*, 7. Juni 2010.

20. *BBC News*, »Yemen Gunmen in Deadly Raid on Aden Security Service HQ«, BBC.co.uk, 19. Juni 2010.

21. Christopher Boucek, »The Evolving Terrorist Threat«, in *CTC Sentinel* 3 (9) (September 2010).

22. »Bans Motorcycles in Qaida-Infested Abyan«, *Xinhua*, 16. September 2010.

23. Anwar al-Awlaki, »Message from Sheikh Anwar al-Awlaki to the American people«, YouTube-Video, Ausschnitt aus einem von Al-Malahem Me-

dia im März 2010 veröffentlichten Video, gepostet am 3. März 2012 von
»0109vip; www.youtube.com/watch?v=GrdK6m9TKf8; dt. siehe www.ah
lu-sunnah.com.

24. David Ignatius, »For Lack of Hard Evidence, a Terrorist Evaded Capture«,
Washington Post, 26. März 2010.

25. »Interview: Anwar al-Awlaki«, Manuskript auf AlJazeera.com, 7. Februar
2010.

26. Interview des Autors mit Saleh bin Fareed, Januar 2010. Alle zitierten
Aussagen und Informationen von bin Fareed stammen von diesem Interview.

27. »Anwar Al Awlaki Al Malahem Interview [Full] English Translation«,
YouTube-Video, Interview von Al-Malahem Media mit Anwar al-Awlaki,
23. Mai 2010, gepostet von »EastLdnMuslima« am 19. März 2012, www.
youtube.com/watch?v=q70_PQkqnt-g&playnext=1&list=PlcFlly8jyVao4
CYWvx-S9dYvik4J9NiBsy&feature=results_main.

28. Interview des Autors mit Joshua Foust, Januar 2010. Alle zitierten Aussagen und Informationen von Foust stammen aus diesem Interview, sofern
nicht anders vermerkt.

29. Interview des Autors mit Dr. Emile Nakhleh, Januar 2010. Alle zitierten
Aussagen und Informationen von Nakhleh stammen aus diesem Interview, sofern nicht anders vermerkt.

30. Interview des Autors mit Abdul Razzaq al-Jamal, Januar 2012.

31. Interview des Autors mit Nasser al-Awlaki, Januar 2012. Alle zitierten Aussagen und Informationen von Nasser al-Awlaki stammen aus diesem Interview, sofern nicht anders vermerkt.

32. Charles Fromm, »Yemen Refuses to Hunt al-Awlaki for US«, Inter Press Service News Agency, 13. April 2010. http://ipsnorthamerica.net/news.php?id-
news=2991.

Kapitel 36

1. Interview des Autors mit dem Abgeordneten Dennis Kucinich, Februar
2010. Alle Zitate und Informationen von Dennis Kucinich stammen aus
diesem Interview, sofern nicht anders vermerkt.

2. To Prohibit the Extrajudicial Killing of United States Citizens, and for
Other Purposes, H.R. 6010, 111th Cong. (30. Juli 2010).

3. Dina Temple-Raston, »U.S. Turns Up Heat on Internet Imam Awlaki«,
Morning Edition, NPR, 29. Juli 2010.

4. Interview des Autors mit Pardiss Kebriaei, März 2012. Alle Zitate und Informationen von Pardiss Kebriaei stammen aus diesem Interview.

5. »Obama Administration Claims Unchecked Authority to Kill Americans
Outside Combat Zones; Federal Court Hears Arguments Today in ACLU
and CCR Case Challenging Administration's Claimed Authority to Assas-
sinate Americans It Designates Threats«, Center for Constitutional Rights
and American Civil Liberties Union, 8. November 2010.

6. Paula Newton, »CNN Exclusive: Al-Awlaki's Father Says Son Is ›Not Osama bin Laden‹«, CNN.com, 11. Januar 2010.

7. »Treasury Designates Anwar al-Awlaki Key Leader of AQAP«, US-Finanzministerium, 16. Juli 2010.

8. ACLU und CCR v. Geithner, 1:10-cv-013 (DDC 3. August 2010).

9. »CCR and ACLU Receive License from OFAC to Pursue Challenge to Targeted Killing«, American Civil Liberties Union, 4. August 2010.

10. Nasser Al-Aulaqi v. Barack Obama, Robert Gates, Leon Panetta (»Al-Aulaqi v. Obama et al.«), 1:10-cv-01469-JDB (DDC 30. August 2010).

11. Al-Aulaqi v. Obama et al., 1:10-cv-01469-JDB (DDC 25. September 2010).

12. Al-Aulaqi v. Obama et al., 1:10-cv-01469-JDB, »Declaration and Formal Claim of State Secrets Privilege and Statutory Privileges by Leon E. Panetta, Director, Central Intelligence Agency« (DDC 25. September 2010).

13. Al-Aulaqi v. Obama et al., 1:10-cv-01469-JDB, »Public Declaration and Assertion of Military and State Secrets Privilege by Robert M. Gates, Secretary of Defense« (DDC 25. September 2010).

14. Al-Aulaqi v. Obama et al., 1:10-cv-01469-JDB, »Reply Memorandum in Support of Plaintiff's Motion for a Preliminary Injunction and in Opposition to Defendant's Motion to Dismiss by Jameel Jaffer, Ben Wizner, Jonathan M. Manes, Pardiss Kebriaei, Maria C. LaHood, William Quigley, and Arthur B. Spitzer (DDC 9. Oktober 2010).

15. Charlie Savage, »Secret U.S. Memo Made Legal Case to Kill a Citizen«, New York Times, 8. Oktober 2011.

16. Daniel Klaidman, Kill or Capture: The War on Terror and the Soul of the Obama Presidency (New York: Houghton Mifflin Harcourt, 2012), S. 214f.

17. Ebd., S. 216.

18. Rede von Harold Hongju Koh auf dem Jahrestreffen der American Society of International Law in Washington, 25. März 2010, www.state.gov/s/l/releases/remarks/139119.htm.

Kapitel 37

1. Abu Yazeed, »Samir Khan: The Face of Joy«, Inspire 9 (Winter 2012), veröffentlicht im Mai 2012. Alle Zitate und Informationen von Abu Yazeed stammen aus diesem Artikel.

2. Interview des Autors mit Sarah Khan, April 2012. Alle Zitate und Informationen von Sarah Khan stammen aus diesem Interview, sofern nicht anders vermerkt.

3. Ebd.

4. Interview des Autors mit Aaron Zelin, August 2012.

5. Richard Norton-Taylor, »British Intelligence Used Cupcake Recipes to Ruin al-Qaida Website«, Guardian, 2. Juni 2011.

6. »Letter from the Editor«, Inspire 1 (Sommer 2010), veröffentlicht im Juli 2010.

7. Stephen Castle, »Mohamed Cartoons Provoke Bomb Threats Against Danish Newspaper«, *Independent*, 1. Februar 2006.

8. »Draw Muhammad‹ Cartoonist Goes into Hiding at FBI's Insistence After Assassination Threat«, FoxNews.com, 16. September 2010.

9. Anwar al-Awlaki, »May Our Souls Be Sacrifieced for You!«, *Inspire* 1 (Sommer 2010), veröffentlicht im Juli 2010.

10. Mark D. Fefer, »On the Advice of the FBI, Cartoonist Molly Norris Disappears from View«, *Seattle Weekly*, 15. September 2010.

11. Interview des Autors mit Gregory Johnsen, August 2012.

12. Osama bin Laden, Brief an Shaykh Mahmud (Attiya Abd al-Rahman), SO-COM-2012-0000003-HT 27, 27. August 2010, veröffentlicht vom Combating Terrorism Center in West Point am 3. Mai 2012.

13. Samir Khan, »I Am Proud to Be a Traitor to America«, *Inspire* 2 (Herbst 2010), veröffentlicht im Oktober 2010.

Kapitel 38

1. Interview des Autors mit Kamal Sharaf, Januar 2012. Alle Zitate und Informationen von Kamal Sharaf stammen aus diesem Interview, sofern nicht anders vermerkt.

2. Interview des Autors mit Abdulrahman Barman, Januar 2012. Alle Zitate und Informationen von Abdulrahman Barman stammen aus diesem Interview, sofern nicht anders vermerkt.

3. Interview des Autors mit Mohamed Abdel Dayem, »Jeremy Scahill: Why Is President Obama Keeping Yemeni Journalist Abdulelah Haider Shaye in Prison?«, *Democracy Now!*, 15. März 2012. Alle Zitate und Informationen von Mohamed Abdel Dayem stammen aus diesem Interview.

4. Interview des Autors mit einer Quelle aus den US-Medien, März 2012.

5. Dexter Filkins, »After the Uprising: Can Protesters Find a Path Between Dictatorship and Anarchy?«, *New Yorker*, 11. April 2011.

6. Iona Craig, »Yemen: Press Freedom a Distant Hope«, *Index on Censorship*, 27. Oktober 2010.

7. Nasser Arrabyee, »Yemeni Journalist Sentenced to Five Years for Terror Links«, Nasser Arrabyee (Blog), 18. Januar 2011, narrabyee-e.blogspot.ca.

8. Craig, »Yemen: Press Freedom a Distant Hope«.

9. »Yemeni Journalist Accused of Being ›Media Man‹ for Al-Qaeda«, YouTube-Video, 26. Oktober 2010, gepostet von »ioniocraig«, www.youtube.com/watch?v=6J6RgbEx6Zc.

Kapitel 39

1. Mitschrift, »Remarks with British Foreign Secretary David Miliband and Yemeni Foreign Minister Abu Bakr Abdullah al-Qirbi«, London, 27. Januar 2010.

2. Aaron W. Jost, »A Comprehensive Approach to Yemen«, The White House Blog, 24. September 2010, www.whitehouse.gov/blog/2010/09/24.

Alle Äußerungen und Informationen von Jost stammen aus diesem Blog.

3. »Joint Statement from the Ministerial Meeting of the Friends of Yemen«, New York, 24. September 2010, www.fco.gov.uk/en/news/latest-news/?view=PressS&id=22916622.

4. Interview des Autors mit Oberst a. D. W. Patrick Lang, Februar 2011. Alle Zitate und Informationen von Patrick Lang stammen aus diesem Interview, sofern nicht anders vermerkt.

5. Fawaz al-Haidari, »Yemen Army ›Regains Control‹ of Southern Town«, Agence France-Presse, 25. August 2010.

6. Scott Shane, Mark Mazzetti und Robert F. Worth, »Secret Assault on Terrorism Widens on Two Continents«, New York Times, 14. August 2010.

7. Greg Miller, Greg Jaffe und Karen DeYoung, »U.S. Drones on Hunt in Yemen«, Washington Post, 7. November 2010.

8. Greg Miller, »CIA Sees Increased Threat in Yemen«, Washington Post, 25. August 2010.

9. Adam Entous und Siobhan Gorman, »U.S. Weighs Expanded Strikes in Yemen«, Wall Street Journal, 25. August 2010.

10. Miller, »CIA Sees Increased Threat in Yemen«.

11. Gareth Porter, »Behind Drone Issue in Yemen, a Struggle to Control Covert Ops«, Inter Press Service News Agency, 10. November 2010.

12. Julian E. Barnes und Adam Entous, »Yemen Covert Role Pushed; Foiled Bomb Plot Heightens Talk of Putting Elite U.S. Squads in CIA Hands«, Wall Street Journal, 1. November 2010.

13. Laura Kasinof, »Yemen Goes on Offensive Against al Qaeda«, Christian Science Monitor, 22. September 2010.

14. »Statement by National Security Council Spokesman Mike Hammer on the Visit of Assistant to the President for Counterterrorism and Homeland Security John Brennan to Yemen«, The White House, 20. September 2010, www.whitehouse.gov/the-press-office/2010/09/20/statement-national-se curity-council-spokes-man-mike-hammer-visit-assistant.

15. Mark Mazzetti und Robert F. Worth, »U.S. Sees Complexity of Bombs as Link to al Qaeda«, New York Times, 30. Oktober 2010.

16. David Jackson, »Obama Monitoring Possible Terrorist Plot, Spokesman Says«, USA Today, 29. Oktober 2010.

17. Eric Schmitt und Scott Shane, »Saudis Warned U.S. of Attack Before Parcel Bomb Plot«, New York Times, 5. November 2010.

18. Vikram Dodd, Richard Norton-Taylor und Paul Harris, »Cargo Plane Bomb Found in Britain Was Primed to Blow Up over US«, Guardian, 20. November 2010.

19. Matt Apuzzo, Eileen Sullivan und David Rising (AP), »Race to Find Mail Bombs Zigzagged as Cargo Dodged Screens«, Denver Post, 7. November 2010.

20. Duncan Gardham, »Al-Qaeda Plane Bomb Seventeen Minutes from Going Off«, Telegraph, 4. November 2010.

21. Dodd, Norton-Taylor und Harris, »Cargo Plane Bomb Found in Britain Was Primed to Blow Up over US«.

22. Ebd.

23. Scott Shane und Robert F. Worth, »Earlier Flight May Have Been Dry Run for Plotters«, New York Times, 1. November 2010.

24. Michael Scotto, »JFK-Bound Jet Escorted as Part of Increased Security Following ›Credible‹ Terror Threat«, NY1.com, 29. Oktober 2010.

25. »Terror Probe Leads to Searches in NY, NJ«, NewYork.CBSlocal.com, 29. Oktober 2010.

26. Jesse Lee, »President Obama: A Credible Terrorist Threat Against Our Country, and the Actions That We're Taking«, The White House Blog, 29. Oktober 2010.

27. »Operation Hemorrhage«, Inspire (November 2010), Sonderausgabe vom November 2010.

28. »Dubai Officials Dismiss Claim of Blast on Plane«, CNN.com, 6. November 2010.

29. Head of Foreign Operations, »The Objectives of Operation Hemorrhage«, Inspire (November 2010), Sonderausgabe vom November 2010.

30. »Yemen Orders Arrest of al-Awlaki«, AlJazeera.com, 6. November 2010.

31. Al-Aulaqi v. Obama et al., 1:10-cv-01469-JDB, »Memorandum Opinion by Judge John D. Bates« (DDC 7. Dezember 2010).

32. Charlie Savage, »Suit over Targeted Killings Is Thrown Out«, New York Times, 7. Dezember 2010.

Kapitel 40

1. Text der Vereinbarung, »Somali Website Publishes Islamists' Agreement to Unite with al-Qaidah«, Biyokulule Online, 2. Februar 2010, www.biyokulule.com/view_content.php?articleid=2511.

2. Ausschuss für auswärtige Beziehungen, »Al Qaeda in Yemen and Somalia: A Ticking Time Bomb«, S. Prt. 111-40, S. 16 (2010).

3. »Islamist MP Resigns After ›Cheating‹ Jail«, Garowe Online, 4. April 2009.

4. Interview des Autors mit Scheich Ahmed »Madobe« Mohammed Islam, Juni 2011. Alle Aussagen und Informationen von Madobe stammen aus diesem Interview, sofern nicht anders vermerkt.

5. Radio Shabelle, »Hizbul Islam Declare War on Al-Shabab in Southern Somalia«, Mareeg, 28. Februar 2010, www.mareeg.com/fidsan.php?sid=1531 2&tirsan=3. Zu diesem Zeitpunkt liefen die Kämpfe zwischen Madobes Milizionären und al-Shabaab schon seit Wochen.

6. Matt Bryden, Jörg Roofthooft, Ghassan Schbley und Babatunde Taiwo, »Report of the Monitoring Group on Somalia and Eritrea Pursuant to Security Council Resolution 1916 (2010)«, UN Security Council, 18. Juli 2011, S. 28.

7. Paul Cruickshank, »Kenya's High Stakes Shabaab Offensive«, Security Clearance (Blog), CNN.com, 24. Oktober 2011, http://security.blogs.cnn. com/2011/10/24/kenya's-high-stakesshabaab-offensive/.

8. »Somalia Tops Terror Attack List«, UPI, 18. November 2010.

9. Executive Order 13536 (12. April 2010).

10. Attorney General Eric Holder, Stellungnahme vorbereitet für einen Pressekonferenz in Washington am 5. August 2010.

11. Bryden u.a., »Report of the Monitoring Group«, S. 17.

12. Associated Press, »Militants Slaughter Lawmakers at Somali Hotel«, MSNBC.com, 24. August 2010.

13. Abdi Sheikh, »Somalia's al Shabaab Rebels Push Towards Palace«, Reuters, 25. August 2010.

14. Mohamed Ibrahim, »Somalia: Roadside Bomb Kills Eight Civilians«, New York Times, 31. August 2010.

15. Bryden u.a., »Report of the Monitoring Group«, S. 17.

16. Mitschrift, »Press briefing by Deputy Press Secretary Bill Burton and Assistant to the President for Counterterrorism and Homeland Security John Brennan«, Vineyard Haven, MA, 24. August 2010.

17. Bryden u.a., »Report of the Monitoring Group«, S. 18.

18. The Editors, »Quick Take: Map of al Shabaab's Mogadishu Offensive«, Critical Threats, 23. September 2010. www.criticalthreats.org/somalia/quick take-map-al-shabaabs-mogadishu-offensive.

19. Bryden u.a., »Report of the Monitoring Group«, S. 18.

Kapitel 41

1. Jona Craig, »Obama Intervention Puts Yemen Reporter in Jail«, Index on Censorship, 7. Februar 2011.

2. Human Rights Watch, World Report 2011, »Yemen«, www.hrw.org/wor ld-report-2012/world-report-2012-yemen.

3. Interview des Autors mit Abdulrahman Barman, Januar 2012. Alle genannten Aussagen und Informationen von Abdulrahman Barman stammen aus diesem Interview, sofern nicht anders vermerkt.

4. Interview des Autors mit Iona Craig, März 2012. Alle genannten Aussagen und Informationen von Iona Craig stammen aus diesem Interview, sofern nicht anders vermerkt.

5. »Yemeni Journalist Jailed After Alleging US Involvement in Missile Attack«, Amnesty International, 19. Januar 2011, www.amnesty.org/en/news -and-updates/yemeni-journalist-jailed-after-alleging-us-involvement-mis sile-attack-2011-01-19.

6. Interview des Autors mit Gregory Johnsen, März 2012. Alle zitierten Aussagen und Informationen von Gregory stammen aus diesem Interview, sofern nicht anders vermerkt.

7. »Readout of the President's Call with President Saleh of Yemen«, Weißes Haus, 3. Februar 2011.

8. Iona Craig, »Yemen: Shaye Commences Hunger Strike«, *Index on Censorship*, 14. Februar 2012.

9. Interview des Autors mit Beth Gosselin, März 2012. Alle Zitate von Beth Gosselin stammen aus diesem Interview, sofern nicht anders vermerkt.

10. Iona Craig, »US Has ›Direct Interest‹ in Shaye's Case«, Craigs Blog, 21. Februar 2012, http://ionacraig.tumblr.com/post/17969745744/us-ambassa dor-response-to-shaye-imprisonment.

11. Eric Holder, Interview mit Pierre Thomas, *Good Morning America*, ABC, 21. Dezember 2010.

12. Interview des Autors mit Pardiss Kebriaei, März 2012. Alle Zitate von Pardiss Kebriaei stammen aus diesem Interview, sofern nicht anders vermerkt.

13. Interview des Autors mit Malcolm Nance, Mai 2011. Alle Zitate von Malcolm Nance stammen aus diesem Interview, sofern nicht anders vermerkt.

14. Duncan Gardham und Richard Spencer, »Cargo Bomb Plot: SAS Hunting al-Qaeda in Yemen«, *Telegraph*, 2. November 2010.

15. *Understanding the Homeland Threat Landscape – Considerations for the 112th Congress, Hearing Before the House Homeland Security Committee*, 111th Cong. (9. Februar 2011«; Aussage von Michael Leiter).

16. Interview des Autors mit Joshua Foust, Januar 2011. Alle Zitate und Informationen von Joshua Foust stammen aus diesem Interview, sofern nicht anders vermerkt.

Kapitel 42

1. Peter Bergen, *Manhunt: The Ten-Year Search for Osama Bin Laden – from 9/11 to Abbottabad* (New York: Crown Publishers, 2012), S. 3 (dt.: *Die Jagd auf Osama bin Laden. Eine Enthüllungsgeschichte*, München: DVA, 2012, S. 19f.) Für Leser, die mehr über die Ereignisse wissen wollen, die zur Tötung bin Ladens führten, sowie über die Stürmung seines Hauses selbst, sind die bislang umfassendsten Darstellungen *Die Jagd auf Osama bin Laden* von Peter Bergen und *Mission erfüllt. Navy Seals im Einsatz: Wie wir Osama bin Laden aufspürten und zur Strecke brachten* von Mark Owen mit Kevin Maurer (München: Heyne 2012). Mark Owen ist das Pseudonym von Matt Bisonnette.

2. Vgl. Bergen, *Die Jagd auf Osama bin Laden*, S. 20. Sowie »Hunt for Osama Bin Laden Shifts Gears«, *Morning Edition*, NPR, 3. Juli 2006, Manuskript.

3. Bergen, *Die Jagd auf Osama bin Laden*, S. 136.

4. Michael Hastings, *The Operators: The Wild and Terrifying Inside Story of America's War in Afghanistan* (New York: Blue Rider Press, 2012), S. 92.

5. Michael Isikoff, »How Profile of bin Laden Courier Led CIA to Its Target«, NBCNews.com, 4. Mai 2011.

6. Bergen, *Die Jagd auf Osama bin Laden*, S. 143.

7. Vgl. ebd., S. 144. Sowie Mark Mazzetti, Helene Cooper und Peter Baker, »Behind the Hunt for Bin Laden«, *New York Times*, 2. Mai 2011.

8. Bergen, *Die Jagd auf Osama bin Laden*, S. 12f.

9. Ebd., S. 145f.

10. Saeed Shah, »CIA Organised Fake Vaccination Drive to Get Osama bin Laden's Family DNA«, *Guardian*, 11 Juli 2011.

11. Bergen, *Die Jagd auf Osama bin Laden*, S. 146.

12. Adam Goldman und Matt Apuzzo, »The Man Who Hunted Osama bin Laden«, Associated Press, 5. Juli 2011. Peter Bergen liefert weitere Einzelheiten über die Memos – der Titel »Auf den Fersen von Osama bin Ladens Kurier« ist ebenfalls Bergens Buch entnommen, *Die Jagd auf Osama bin Laden*, S. 127.

13. Bergen, *Die Jagd auf Osama bin Laden*, S. 149.

14. Bob Woodward, »Death of Osama bin Laden: Phone Call Pointed to Compound – and to ›the Pacer‹«, *Washington Post*, 6. Mai 2011.

15. Bergen, *Die Jagd auf Osama bin Laden*, S. 185.

16. Siobhan Gorman und Julian E. Barnes, »Spy, Military Ties Aided bin Laden Raid«, *Wall Street Journal*, 23. Mai 2011.

17. Ebd., siehe auch Bergen, *Die Jagd auf Osama bin Laden*, S. 183.

18. Gorman und Barnes, »Spy, Military Ties Aided bin Laden Raid«.

19. Bergen, *Die Jagd auf Osama bin Laden*, S. 203.

20. Owen mit Maurer, *Mission erfüllt*, S. 13.

21. Vgl. ebd., S. 153f.

22. Ebd., S. 160.

23. Vgl. ebd., S. 164.

24. Ebd., S. 166.

25. Vgl. ebd., S. 171, S. 178.

26. Ebd., S. 173.

27. Bergen, *Die Jagd auf Osama bin Laden*, S. 204.

28. Ebd., S. 204.

29. Owen mit Maurer, *Mission erfüllt*, S. 182.

30. Vgl. ebd., S. 188ff.

31. Mark Mazzetti und Helene Cooper, »Detective Work on Courier Led to Breakthrough on Bin Laden«, *New York Times*, 2. Mai 2011.

32. Thomas Donilon, Interview für History Channel special, *Targeting Bin Laden*, gesendet am 6. September 2011.

33. Owen mit Maurer, *Mission erfüllt*, S. 198f, S. 281.

34. Bergen, *Die Jagd auf Osama bin Laden*, S. 212, S. 227.

35. Jake Tapper, »President Obama to National Security Team: ›It's a Go‹«, Political Punch (Blog), ABCNews.go.com, 2. Mai 2011.

36. »2011 White House Correspondents' Dinner«, C-Span-Video, 1:28:17, Bericht über das Korrespondentendinner des Weißen Hauses am 30. April 2011, www.cspanvideo.org/program/299256-1.

37. Vgl. Owen mit Maurer, *Mission erfüllt*, S. 200f.

38. Bergen, *Die Jagd auf Osama bin Laden*, S. 230.

39. Vgl. Nicholas Schmidle, »Getting Bin Laden: What Happened That Night in Abbottabad«, *New Yorker*, 8. August 2011. Sowie »Inside the Situation

Room«, Interview mit Präsident Barack Obama, *Rock Center,* NBC, 2. Mai 2012.

40. Bergen, *Die Jagd auf Osama bin Laden,* S. 232.
41. Darlene Superville (AP), »Obama's Golf Shoes a Clue to bin Laden Raid?« NBCnews.com, 3. Mai 2011.
42. Bergen, *Die Jagd auf Osama bin Laden,* S. 236.
43. Schmidle, »Getting Bin Laden«.
44. Bergen, *Die Jagd auf Osama bin Laden,* S. 236.
45. Ebd.
46. Schmidle, »Getting Bin Laden«.
47. »Inside the Situation Room«, Interview mit Präsident Barack Obama.
48. Bergen, *Die Jagd auf Osama bin Laden,* S. 233.
49. Schmidle, »Getting Bin Laden«.
50. »*Targeting Bin Laden*«, Interview mit John Brennan, History Channel special, Sendung vom 6. September 2011.
51. Christopher Drew, »Attack on Bin Laden Used Stealthy Helicopter That Had Been a Secret«, *New York Times,* 5. Mai 2011.
52. Bergen, *Die Jagd auf Osama bin Laden,* S. 234.
53. Interview des Autors mit General Hugh Shelton, März 2011. Alle General Shelton zugeschriebenen Ausagen und Zitate stammen aus diesem Interview, sofern nicht anders vermerkt.
54. Bergen, *Die Jagd auf Osama bin Laden,* S. 235.
55. Schmidle, »Getting Bin Laden«.
56. Bergen, *Die Jagd auf Osama bin Laden,* S. 252.
57. Ebd., S. 235.

Kapitel 43

1. Peter Bergen, *Manhunt: The Ten-Year Search for Bin Laden – from 9/11 to Abbottabad* (New York: Crown Publishers, 2012), S. 218 (dt. *Die Jagd auf Osama bin Laden. Eine Enthüllungsgeschichte,* München: DVA, 2012, S. 237).
2. Mark Owen mit Kevin Maurer, *No easy Day. The Firsthand Account of the That Killed Osama Bin Laden* (New York: Dutton 2012), S. 210 (dt. *Mission erfüllt. Navy Seals im Einsatz: Wie wir Osama bin Laden aufspürten und zur Strecke brachten,* München: Heyne, 2012, S. 215).
3. Ebd., S. 216.
4. Ebd., S. 14f.
5. Bergen, *Die Jagd auf Osama bin Laden,* S. 237.
6. Vgl. Owen mit Maurer, *Mission erfüllt,* S. 15f, S. 220f.
7. Ebd., S. 221.
8. Ebd., S. 11.
9. »*Targeting Bin Laden*«, Interview mit Präsident Barack Obama, History Channel special, Sendung vom 2. September 2011.
10. Bergen, *Die Jagd auf Osama bin Laden,* S. 239.

11. »Inside the Situation Room«, Interview mit Joe Biden, *Rock Center*, NBC, 2. Mai 2012.

12. Bergen, *Die Jagd auf Osama bin Laden*, S. 239.

13. »Targeting Bin Laden«, Interview mit Ben Rhodes, History Channel special, Sendung vom 6. September 2011.

14. »Inside the Situation Room«, Interview mit Präsident Barack Obama, *Rock Center*, NBC, 2. Mai 2012.

15. »Targeting Bin Laden«, Interview mit Präsident Barack Obama, History Channel special.

16. Owen mit Maurer, *Mission erfüllt*, S. 228.

17. Ebd.

18. Bergen, *Die Jagd auf Osama bin Laden*, S. 240.

19. Owen mit Maurer, *Mission erfüllt*, S. 233.

20. Nicholas Schmidle, »Getting Bin Laden: What Happened That Night in Abbottabad«, *New Yorker*, 8. August 2011.

21. »Obama on bin Laden: The Full ›60 Minutes‹ Interview«, von Steve Kroft, *60 Minutes*, CBS, 4. Mai 2011, Manuskript.

22. »Targeting Bin Laden«, Interview mit Barack Obama.

23. Owen mit Maurer, *Mission erfüllt*, S. 236.

24. Ebd., S. 237.

25. »Killing bin Laden«, *60 Minutes*, CBS, 9. September 2012, Manuskript.

26. Owen mit Maurer, *Mission erfüllt*, S. 242.

27. Phil Bronstein, »The Man Who Killed Osama bin Laden ... Is Screwed«, *Esquire*, 11. Februar 2013, http://www.esquire.com/features/man-who-shot-osama-bin-laden-0313. Der Bericht des SEAL, der bin Laden erschoss, weicht in wichtigen Punkten von dem Bissonnettes ab. »Der Schütze«, wie er in diesem Artikel bezeichnet wird, sagte, die Frauen seien im Flur angegriffen worden und bin Laden habe im Zimmer gestanden, als der SEAL ihm ins Gesicht schoss. Außerdem behauptet er, er habe bin Laden bei Sichtkontakt eindeutig erkannt. Bissonnette hingegen unterstellt in seinem Buch, bin Laden sei tödlich getroffen worden, als die SEALs die Treppe heraufkamen. Die Differenzen in den Schilderungen sind wahrscheinlich darauf zurückzuführen, dass sich die Berichtenden in jener Nacht an verschiedenen Stellen im Haus befanden. Der Leser sollte vielleicht beide Quellen prüfen, um sich ein Urteil zu bilden.

28. Owen mit Maurer, *Mission erfüllt*, S. 241.

29. Ebd., S. 245.

30. Bronstein, »The Man Who Killed Osama bin Laden«.

31. Owen mit Maurer, *Mission erfüllt*, S. 247.

32. Ebd., S. 251.

33. Ebd., S. 251f.

34. Ebd., S. 252.

35. »Targeting Bin Laden«, Interview mit Ben Rhodes.

36. Bergen, *Die Jagd auf Osama bin Laden*, S. 245.

37. Owen mit Maurer, *Mission erfüllt*, S. 252.

38. Ebd., S. 253f.

39. Qaswar Abbas und Sandeep Unnithan, »How Pak Is Trapped in Web of Deceit«, *India Today*, 16. Mai 2011.

40. »Anderson Cooper 360 Degrees«, CNN, 12. Mai 2011, Manuskript.

41. Owen mit Maurer, *Mission erfüllt*, S. 256f.

42. Bob Woodward, »Death of Osama bin Laden: Phone Call Pointed to Compound – and to ›the Pacer‹«, *Washington Post*, 6. Mai 2011. Die Kosten für den Hubschrauber kamen ans Licht, als Obama auf die Nachricht, ein SEAL habe sich neben bin Ladens Leichnam gelegt, um seine Größe zu messen, mit den Worten reagierte: »Wir haben einen 60 Millionen Dollar teuren Hubschrauber für diese Operation geopfert und konnten uns kein Metermaß leisten?«

43. Zahid Hussain, Matthew Rosenberg und Jeremy Paige, »Slow Dawn After Midnight Raid«, *Wall Street Journal*, 9. Mai 2011.

44. Bergen, *Die Jagd auf Osama bin Laden*, S. 248.

45. Owen mit Maurer, *Mission erfüllt*, S. 268.

46. Associated Press, »Military Emails Reveal Details of bin Laden Burial«, CBSNews.com, 22. November 2012.

47. Schmidle, »Getting Bin Laden«.

Kapitel 44

1. Mitschrift, »Remarks by the President on Osama bin Laden«, 2. Mai 2011.

2. Mitschrift, »Press Briefing by Senior Administration Officials on the Killing of Osama bin Laden«, 2. Mai 2011.

3. Peter Bergen, »A Visit to Osama bin Laden's Lair«, CNN.com, 3. Mai 2012.

4. Robert Booth, Saeed Shah und Jason Burke, »Osama bin Laden Death: How Family Scene in Compound Turned to Carnage«, *Guardian*, 5. Mai 2011.

5. Amnesty International, Jahresbericht 2012, »United States of America«, 2012, https://www.amnesty.org/en/region/usa/report-2012.

6. Mitschrift, »Press Briefing by Press Secretary Jay Carney and Assistant to the President for Homeland Security and Counterterrorism John Brennan«, 2. Mai 2011.

7. Reuters, »Woman Killed in Bin Laden Raid Not His Wife: White House«, *National Post*, 2. Mai 2011.

8. Kimberly Dozier, »McRaven Tells Troops to Pipe Down«, Associated Press, The Big Story (bigstory.ap.org), 12. August 2012.

9. Vgl. Ethan Smith und Julian E. Barnes, »Walt Disney Surrenders to Navy's SEAL Team 6«, *Wall Street Journal*, 26. Mai 2011; sowie Mark Hosenball, »Senate Panel to Examine CIA Contacts with ›Zero Dark Thirty‹ Filmmakers«, Reuters, 2. Januar 2013.

10. Daniel Klaidman, *Kill or Capture: The War on Terror and the Soul of the Obama Presidency* (New York: Houghton Mifflin Harcourt, 2012), S. 238.

11. United States of America v. Ahmed Abdulkadir Warsame, Anklage 11CRIM 559 (DC Southern district of New York July 5, 2011), graphics8. nytimes.com/packages/pdf/world/Warsame_Indictment.pdf.

12. Charlie Savage,»U.S. Tests New Approach to Terrorism Cases on Somali Suspect«, New York Times, 6. Juli 2011.

13. Präsidialerlass 13491, 74 Fed. Reg. 4893, 4893-94 (27. Januar 2009).

14. »U.S. May Have Violated Domestic and International Law in Capturing and Holding Somali for Months at Sea«, Center for Constitutional Rights, 7. Juli 2011, http://ccrjustice.org/newsroom/press-releases/u.s.-may-have violated-domestic-and-international-law-capturing-and-holding-somali-months-sea.

15. Pete Williams und Jonathan Dienst,»Member of Terrorist Group Brought to US to Stand Trial«, NBCNews.com, 5. Juli 2011.

16. Klaidman, Kill or Capture, S. 252, S. 261ff.

17. Margaret Coker, Adam Entous und Julian E. Barnes,»Drone Targets Yemeni Cleric«, Wall Street Journal, 7. Mai 2011.

18. Martha Raddatz,»US Missiles Missed Awlaki by Inches in Yemen«, ABC-News.go.com, 19. Juli 2011. Sofern nicht anders vermerkt, stammen die Details zu den Militärschlägen vom 5. Mai 2011 aus diesem Artikel.

19. Sofern nicht anders vermerkt, basieren die Details zu diesem Angriff auf dem Artikel von Scheich Harith al-Nadari,»My Story with al-Awlaki«, Inspire 9 (Winter 2012), veröffentlicht im Mai 2012.

20. Gregory D. Johnsen, The Last Refuge: Yemen, Al-Qaeda, and America's War in Arabia (New York: W.W. Norton, 2013), S. 275.

21. Interview des Autors mit einem ehemaligen JSOC-Planer, Oktober 2012.

22. Mohammed Jamjoom und Hakim Almasmari,»Yemeni Source: Drone Strike Misses al-Awlaki, Hits Two Supporters«, CNN.com, 7. Mai 2011.

23. Ebd.

24. Mitschrift, CBS Evening News, 6. Mai 2011.

25. Jamjoom und Almasmari,»Yemeni Source«.

26. Mitschrift,»Deciphering bin Laden's Messages; Drone Strikes; Targeting Awlaki«, John King, USA, CNN, 6. Mai 2011.

27. Tom Finn,»I Fear for My Son, Says Father of Anwar al-Awlaki, Tipped as new Bin Laden«, Observer, 7. Mai 2011.

Kapitel 45

1. Margaret Coker,»Rebel General Fights Yemen Regime«, Wall Street Journal, 2. Juni 2011.

2. Laura Kasinof,»Islamists Seize a Yemeni City, Stoking Fears«, New York Times, 29. Mai 2011.

3. Hakim Almasmari und Margaret Coker,»Yemen Unrest Spreads South«, Wall Street Journal, 30. Mai 2011.

4. Interviews des Autors mit hochrangigen jemenitischen Regierungsvertretern, Januar 2012.

5. »Online Question and Answer Session with Abu Zubayr Adel al-Abab, Shariah Official for Member of Al-Qaeda in the Arabian Peninsula [AQAP]«, 18. April 2011, übersetzt von Amany Soliman von The International Centre for the Study of Radicalization and Political Violence, http://islamope diaonline.org/sites/default/-les/abdu_zubayr_english.pdf.

6. Interview des Autors mit General Mohammed al-Sumali, Januar 2012. Alle General al-Sumali zugeschriebenen Äußerungen und Informationen stammen aus diesem Interview.

7. Madad News Agency, »After Great Attrition of Ali Saleh's Forces on the Doofos Front; Ansar Al-Shari'ah Announces a New Strategy and Different Tactics for Urban Warfare«, Pressemitteilung Nr. 1, September 2011, Übersetzung des Online-Nachrichtenmagazins vom Ansar Al-Mujahideen English Forum, veröffentlicht via Jihadology, 26. Dezember 2011, http://aze lin.-les.wordpress.com/2011/10/ane1b9a3c481r-al-sharc4abahin-yemen 22news-report-issue-122-en.pdf.

8. Fawaz al-Haidari, »Yemen Says Hundreds Killed in Qaeda Fight«, Agence France-Presse, 11. September 2011.

9. Interview des Autors mit Abdul Ghani al-Iryani, Januar 2012. Alle al-Iryani zugeschriebenen Äußerungen und Informationen stammen aus diesem Interview.

10. Interview des Autors mit einem jemenitischen Regierungsvertreter, Januar 2012.

11. Kimberly Dozier (AP), »Al Qaeda Reeling, US Terror Chief Says«, Boston.com, 2. September 2011.

12. Al-Bawaba News, »Yemen: Al Qaeda Declares South Province as ›Islamic Emirate‹«, Eurasia Review, 31. März 2011.

13. Interview des Autors mit Gregory Johnsen, Januar 2012. Alle Johnson zugeschriebenen Äußerungen und Informationen stammen aus diesem Interview.

14. Sasha Gordon, »Abyani Tribes and al Qaeda in the Arabian Peninsula in Yemen«, Critical Threats, 25. Juli 2012, www.criticalthreats.org/yemen/gor don-abyani-tribes-and-al-qaeda-arabian-peninsula-july-25-2012#_ed n21.

15. Interview des Autors mit Abdul Razzaq al-Jamal Januar 2012. Alle al-Jamal zugeschriebenen Äußerungen und Informationen stammen aus diesem Interview.

16. »Al Qaeda Severs Boy's Hand«, Yemen Post, 25. September 2011, http://ye menpost.net/Detail123456789.aspx?ID=3&SubID=4117.

17. »Islamist Militants Execute Three Men in South Yemen«, Reuters, 12. Februar 2012.

18. Daniel Klaidman, Kill or Capture: The War on Terror and the Soul of the Obama Presidency (New York: Houghton Mifflin Harcourt, 2012), S. 253ff.

19. Robert Burns (AP), »U.S. Military Trainers Have Returned to Yemen«, Army Times, 8. Mai 2012.

20. Interview des Autors mit Abu Bakr al-Qirbi, Januar 2012.

21. Greg Miller und Julie Tate, »CIA Shifts Focus to Killing Targets«, *Washington Post*, 1. September 2011. Die *Washington Post* berichtete als erste Zeitung über den Bau dieses Stützpunkts, enthüllte aber nur, dass er sich irgendwo auf der Arabischen Halbinsel befinde. Mehr als ein Jahr später bestätigte die *New York Times*, dass er in Saudi-Arabien liegt. Siehe Robert F. Worth, Mark Mazzetti und Scott Shane, »Drone Strikes' Risks to Get Rare Moment in the Public Eye«, *New York Times*, 5. Februar 2013.

22. Interviews des Autors mit Stammesführern, Januar 2012.

23. Interview des Autors mit Scheich Ali Abdullah Abdulsalam (Mullah Zabara) Januar 2012. Alle Mullah Zabara zugeschriebenen Äußerungen und Informationen stammen aus diesem Interview.

24. Agence France-Presse, »Three French hostages Freed in Yemen Head for Home«, 14. November 2011.

25. Nasser Arrabyee, »Al Qaeda Suspects Killed Tribal Leader, Mediator, Political Asylum Seeker«, Nasser Arrabyee (Blog), 10. Januar 2013, http://narrabyee-e.blogspot.com/2013/01/qaeda-suspects-killed-tribal-leader.html.

26. Presseerklärung des Obersten Nationalen Sicherheitskomitees der Republik Jemen, 24. Januar 2013.

27. Interview des Autors mit Dr. Emile Nakhleh, Januar 2010.

28. Interview des Autors mit Oberst W. Patrick Lang, Februar 2011. Auch die folgenden Äußerungen von Oberst Lang stammen aus diesem Interview.

Kapitel 46

1. *Hearing to Consider the Nominations of Lt. Gen. John Allen, Vice Adm. William McRaven, and Gen. James Thurman, Before the Senate Committee on Armed Services*, 111th Cong. (28. Juni 2011; Aussage von Admiral William McRaven), siehe auch Video unter www.c-spanvideo.org/program/300255-1.

2. Interviews des Autors mit Informanten des somalischen und amerikanischen Geheimdiensts, Juni und Juli 2011.

3. Interview des Autors mit US-Vertreter, Juli 2011. Alle zitierten Aussagen des US-Vertreters stammen aus diesem Interview.

4. Interview des Autors mit einem Vertreter des somalischen Geheimdiensts, Juni 2011. Alle zitierten Informationen und Aussagen des hochrangigen Geheimdienstmitarbeiters stammen aus diesem Interview.

5. Die Korruption in der Übergangsregierung zu dieser Zeit ist gut dokumentiert. Siehe International Crisis Group, Somalia: The Transitional Government on Life Support«, Africa Report Nr. 170, 21. Februar 2011, S. 12: Entgegen anfänglicher Hoffnungen, Präsident Sharif werde in der Regierung aufräumen, berichtete die ICG [International Crisis Group] Anfang 2011, dass die »Korruption ungemindert anhält und laut der meisten Berichte inzwischen mehr Schaden anrichtet und schwerwiegender ist als je zuvor. Dahinter stehen mächtige Personen des Establishments, und sie durchdringt alle Ebenen der Regierung«.

6. Interviews des Autors, Mogadischu, Somalia, Juni 2011.
7. Interview des Autors mit Abdirahman »Aynte« Ali, Juni 2011. Sofern nicht anders vermerkt, stammen alle zitierten Informationen und Äußerungen Ayntes aus diesem Interview.
8. Hearing to Consider the Nomination of Hon. Leon E. Panetta to be Secretary of Defense, Before the Senate Committee on Armed Services, 111th Cong. (9. Juni 2011; Stellungnahme von Leon E. Panetta).
9. Jeffrey Gettleman, Mark Mazzetti und Eric Schmitt, »U.S. Relies on Contractors in Somalia Conflict«, New York Times, 10. August 2011.
10. Interview des Autors mit einem ehemaligen Häftling, Juni 2011.
11. Kopie der schriflichten Ausssage von Ahmed Abdulahi Hassan, im Besitz des Autors.
12. Interview des Autors mit einem somalischen Journalisten, Juni 2011.
13. Interviews des Autors mit somalischen Informanten, die über direkte Kenntnisse der NSS-Operationen verfügten, Juni 2011.
14. Siehe United States Bureau of Citizenship and Immigration Services, »Somalia National Security Service Prison (Godka), Mogadishu, Somalia«, 8. Januar 1998, Zugang am 15. November 2012, www.unhcr.org/refworld/do cid/3dfobc514.html.
15. Executive Order 13491, 74 Fed. Reg. 4893 (27. Januar 2009).
16. Brief von acht Organisationen an Präsident Obama, »Clarify Alleged CIA Role in Detention and Interrogation in Somalia«, 6. September 2011. Die Unterzeichner waren die American Civil Liberties Union, Amnesty International USA, das Center for Victims of Torture, Physicians for Human Rights, National Religious Campaign Against Torture, The Open Society Foundations, Human Rights First, Human Rights Watch. Aufgerufen am 10. November 2012, www.hrw.org/news/2011/09/20/letter-president-oba ma-cla rify-alleged-cia-role-detention-and-interrogation-somalia.
17. » Somalia: MPs Condemn Amisom for Shelling Mogadishu's Populated Areas«, Shabelle Media Network, 6. Juni 2011.
18. Interview des Autors mit Mohammed Farah Siad, Juni 2011.
19. Johnnie Carson, Assistant Secretary of State for African Affairs, »State Department: A Dual-Track Approach to Somalia«, Rede im Center for Strategic and International Studies, 20. Oktober 2010, Video unter http://csis. org/event /state-department-dual-track-approach-somalia.
20. Afyare Abdi Elmi, »Dual Track Policy in Somalia Misses the Point«, AlJazeera.com, 9. Juni 2011.
21. Gettleman, Mazzetti und Schmitt, »U.S. Relies on Contractors in Somalia Conflict«.
22. »Shabaab al-Mujahideen Announces Execution of ›CIA‹ ›Cooperator‹« Übersetzung des von al-Shabaab am 3. Februar 2011 herausgegebenen Kommuniqués, das mit der Übertragung der Hinrichtung zusammenfiel, Flashpoint Partners, https:/flashpoint-intel.com/inteldocument/flashpoint _shabaabkataibo211.pdf.

23. Interview des Autors mit Präsident Scheich Sharif Sheikh Ahmed, Juni 2011.
24. Kenneth Menkhaus zitiert in: Lauren Sutherland, »Inside Kenya's Overflowing Refugee Camps«, *Nation*, 15. August 2011, www.thenation.com/article162792/inside-kenyas-overflowi ng-refugee-camps#.
25. Matt Bryden, Jörg Roofthooft, Ghassan Schbley und Babatunde Taiwo, »Report of the Monitoring Group on Somalia and Eritrea Pursuant to Security Council Resolution 1916 (2010)«, UN-Sicherheitsrat, 18. Juli 2011, S. 43f.
26. Katharine Houreld (AP), »Unpaid Somali Soldiers Desert to Insurgency«, *Hiiraan Online*, 28. April 2010.
27. Interview des Autors mit Yusuf Mohammed Siad, Juni 2011. Sofern nicht anders vermerkt, stammen alle zitierten Informationen und Aussagen von Indha Adde aus diesem Interview.
28. International Crisis Group, »Somalia's Islamists«, Africa-Report Nr. 100, 12. Dezember 2005.
29. Interview des Autors mit Abdulkadir Moalin Noor, Juni 2011; International Crisis Group, »Somalia's Divided Islamists«, Africa Briefing Nr. 74, 18. Mai 2010.
30. Interview des Autors mit Abdulkadir Moalin Noor, Juni 2011. Alle Abdulkadir Noor zugeschriebenen Zitate stammen aus diesem Interview, sofern nicht anders vermerkt.
31. Vgl. Matt Bryden, Arnaud Laloum und Jörg Roofthooft, »Report of the Monitoring Group on Somalia Pursuant to Security Council Resolution 1853 (2008)«, 10. März 2010, S. 12. Sowie: Matt Bryden, Jörg Roofthooft, Ghassan Schbley und Babatunde Taiwo, »Report of the Monitoring Group on Somalia and Eritrea Pursuant to Security Council Resolution 1916 (2010)«, 18. Juli 2011, S. 51.
32. International Crisis Group, »Somalia's Divided Islamists.«
33. Interview des Autors mit Abdulkadir Moalin Noor, Juni 2011. Die folgenden Informationen über Noors Hintergrund und seine Rückkehr nach Mogadischu sowie alle Zitate stammen aus diesem Interview.
34. Vgl. Bryden u.a., »Report of the Monitoring Group on Somalia and Eritrea«, S. 11, S.53, S. 255, S.268f.
35. Mark Mazzetti und Eric Schmitt, »Private Army Formed to Fight Somali Pirates Leaves Troubled Legacy«, *New York Times*, 4. Oktober 2012.
36. Kareem Shaheen, »Blackwater Founder Questioned in Abu Dhabi«, *National* (VAE), 25. August 2010.
37. Robert Young Pelton, »Erik Prince, an American Commando in Exile«, *Men's Journal*, November 2010.
38. Interview des Autors mit einem westlichen Politiker, Dezember 2010.
39. Philip Ewing, »Blackwater: Thirteen Firms Want Pirate Protection«, *Navy Times*, 26. Oktober 2008.
40. Diplomatendepesche 09DJIBOUTI113 von Botschafter James Swan, US-

Botschaft, Dschibuti Stadt, »Djibouti Approves Blackwater for Commercial Counter-Piracy Operations«, 12. Februar 2009, veröffentlicht von WikiLeaks, http://wikileaks.org/cable2009/02/09DJIBOUTI113.html. Auch die anderen Informationen über das Schiff und seine Ausstattung stammen aus dieser Quelle.

41. Aufnahme der Rede von Erik Prince, Januar 2010, Kopie im Besitz des Autors.

42. Cheryl Pellerin, »Piracy Challenges Maritime Security off Somalia«, America Forces Press Service, 26. Januar 2011.

43. »›US Marines‹ Land in Arrest Suspected Pirate«, Shabelle Media Network, 21. Januar 2011.

44. Lolita C. Baldor (AP), »Admiral Calls for Counterterror Approach to Piracy«, Boston.com, 26. Januar 2011.

45. Bryden u.a., »Report of the Monitoring Group on Somalia and Eritrea«, S. 283. »Die Beobachtergruppe geht davon aus, dass diese Vereinbarung [zwischen den Piraten und al-Shabaab] eine lokale Angelegenheit von Clans ist. Es gibt keinerlei Hinweis auf eine umfassendere und systematische Beteiligung von al-Shabaab an der Piraterie.«

46. Pressemitteilung des US-Staatsanwalts, Südbezirk New York, »Somalian Pirate Sentenced in Manhattan Federal Court to 405 Months in Prison for Hijacking Three Ships and for Hostage Taking«, 16. Februar 2011.

47. Jeffrey Gettleman, »Somali Pirates Hijack Yacht with Americans Aboard«, New York Times, 19. Februar 2011.

48. »Somali Pirates Seize American Yacht Crew off Oman«, bbc.co.uk, 18. Februar 2011.

49. Vgl. Kevin Dolak, Luis Martinez und Jeremy Hubbard, »Warship Tracking Yacht Hijacked by Somali Pirates«, ABCNews.go.com, 20. Februar 2011; sowie Transkript des »DOD News Briefing with Vice Adm. Fox via Telephone from on Somali Piracy Aboard the S/V Quest«, 22. Februar 2011.

50. David Jackson, »Obama Notified of Pirate Killings at 4:42 am«, USA Today, 22. Februar 2011.

51. Eric Schmitt, »Seizing of Pirate Commanders Is Questioned«, New York Times, 23. Februar 2011.

52. »DOD News Briefing with Vice Adm. Fox«.

53. Adam Nagourney und Jeffrey Gettleman, »Pirates Brutally End Yachting Dream«, New York Times, 22. Februar 2011.

54. Vgl. »Pirates Could Face Trial in US over American Deaths«, BBC.co.uk, 23. Februar 2011; sowie Hanna Siegel, »Pirates Charged in Death of American Yachters«, ABCNews.go.com, 10. März 2011.

55. Botschafter James Swan, »Djibati Approved Blackwater for Commercial Counter-Piracy Operations«. Einzelheiten des Vertrags und die Details des Schiffs sind dieser Depesche entnommen.

56. CIA World Factbook, https://www.cia.gov/library/publications/the-world-factbook/geos/so.html.

57. Associated Press, »One-Thousand-Man Militia Being Trained in North Somalia«, *USA Today*, 1. Dezember 2010.
58. Mark Mazzetti und Eric Schmitt, »Blackwater Founder Said to Back Mercenaries«, *New York Times*, 20. Januar 2011.
59. Vgl. ebd.; sowie Bryden u. a., »Report of the Monitoring Group on Somalia and Eritrea«, S. 274.
60. Desmond Tutu, Alex Boraine, Mary Burton, Bongani Finca, Sisi Khampepe, Richard Lister, Wynand Malan, Khoza Mgojo, Hlengiwe Mkhize, Dumisa Ntsebeza, Wendy Orr, Fazel Randera, Yasmin Sooka, and Glenda Wildschut, Truth and Reconciliation Commission of Report, Bd. 2, 29. Oktober 1998, S. 138f. Lafras Luitingh wird von der Kommission als »Kernmitglied« des CCB in der Position eines »Verwaltungs- oder Produktionsmanagers« im Vorstand bezeichnet.
61. Bryden u. a., »Report of the Monitoring Group on Somalia and Eritrea Pursuant to Security Council Resolution 1916 (2010)«, S. 274.
62. Associated Press, »One-Thousand-Man Militia Being Trained in North Somalia.«
63. Bryden u. a., »Report of the Monitoring Group on Somalia and Eritrea«. Die folgenden Inforamtionen über Saracens Arbeit in Somalia sind zu finden auf den Seiten 53, 276–279 und 281f.
64. Mohamed Ibrahim und Jeffrey Gettleman, »Parliament Takes on Contractors in Somalia«, *New York Times*, 30. Dezember 2010.
65. Bryden u. a., »Report of the Monitoring Group on Somalia and Eritrea«, S. 275.
66. Ibrahim und Gettleman, »Parliament Takes on Contractors«.
67. Bryden u. a., »Report of the Monitoring Group on Somalia and Eritrea«, S. 53, S. 282.
68. Katherine Houreld (AP), »Blackwater Founder Secretly Backing Somali Militia«, Salon.com, 20. Januar 2011.
69. Jeffrey Gettleman, »Somalia Is Likely to Cut Ties to Mercenaries, Official Says«, *New York* Times, 23. Januar 2011.
70. Bryden u. a., »Report of the Monitoring Group on Somalia and Eritrea«, S. 275.
71. Ebd., S. 273.
72. Interview des Autors mit einem hochrangigen Vertreter Somalias, Juni 2011.
73. Bryden u. a., »Report of the Monitoring Group on Somalia and Eritrea«, S. 256.
74. Gettleman, Mazzetti und Schmitt, »U.S. Relies on Contractors in Somalia Conflict.«

Kapitel 47

1. Malkhadir M. Muhumed und Jason Straziuso (AP), »Fazul Abdullah Mohammed, Alleged U.S. Embassy Bomber, Dead: Somali Government«, *Huffington Post*, 11. Juni 2011.
2. Abdi Sheikh, »Somalia's al Shabaab Vows to Avenge bin Laden«, Reuters, 7. Mai 2011.

3. Interview des Autors mit einem somalischen Informanten, Mogadischu, Juni 2011. Alle zitierten Informationen und Äußerungen stammen aus dem Interview mit dieser Quelle.

4. Abdi Sheikh, »Burundi Sends 1000 Extra AU Troops to Somalia«, Reuters, 12. März 2011.

5. »Amisom Pinning Back Rebels in Mogadishu«, Agence France-Presse, News24.com, 7. April 2011.

6. »Pentagon Sends Drones, Anti-Terror Equipment to Counterterror Forces Dealing with Somalia«, Associated Press, FoxNews.com, 26. Juni 2011.

7. Malkhadir M. Muhumed (AP), »Young Somali Soldier: I Killed Top al-Qaida Operative«, NBCnews.com, 14. Juni 2011.

8. Mohamed Odowa, »Fazul's Last Moments; Soldiers Tell of Shootout That Killed Al-Qaeda Commander«, SomaliaReport.com, 16. Juni 2011.

9. Interviews des Autors mit somalischen Milizkämpfern, die beteiligt waren, und einem hochrangigen somalischen Geheimdienstmann, Juni 2011.

10. Jeffrey Gettleman, »Somalis Kill Mastermind of Two Embassy Bombings«, New York Times, 11. Juni 2011.

11. Interview des Autors mit einem Mitarbeiter des somalischen Geheimdiensts, Juni 2011. Alle zitierten Informationen und Äußerungen des Mitarbeiters des somalischen Geheimdiensts stammen aus diesem Interview. Die Einzelheiten des Geschehens nach dem Überfall stammen aus dem Interview des Autors mit dem Mitarbeiter des somalischen Geheimdiensts.

12. Außenministerin Clintons Stellungnahme gegenüber der Prese, »Death of Harun Fazul«, 11. Juni 2011, www.state.gov/secretary/rm/2011/06/165942.htm.

13. Interview des Autors mit Abdirahman »Aynte« Ali, Juni 2011. Alle zitierten Informationen und Äußerungen Ayntes stammen aus diesem Interview.

14. Malkhadir M. Muhumed (AP), »Somalia Says Forces natch Militants Hit in Drone Strike«, Boston.com, 2. Juli 2011.

15. Aweys Cadde, »Airstrikes Hit Lower Juba … Again«, SomaliaReport.com, 6. Juli 2011.

16. Interview des Autors mit Präsident Scheich Sharif Sheikh Ahmed, Juni 2011.

17. John Brennan, »Ensuring al-Qa'ida's Demise«, Manuskript für Rede an der Paul H. Nitze School of Advanced International Studies, Washington D.C., 29. Juni 2011.

18. Daniel Maxwell und Merry Fitzpatrick, »The 2011 Somalia Famine: Context, Causes, and Complications«, Global Food Security 1 (1) (Dezember 2012), http://dx.doi.org/10.1016/j.gfs.2012.07.002.

19. Jane Ferguson und Moni Basu, »Amid Famine, Somalis Flock Back to the War-Torn City They Fled«, CNN.com, 22. Juli 2011.

20. Lauren Sutherland, »Inside Kenya's Overflowing Refugee Camps«, Nation, 15. August 2011.

21. Dr. Afyare Abdu Elmi und Abdi Aynte, »The Case for Negotiating with al-Shabaab«, Al Jazeera Center for Studies, 16. Januar 2012, http://studies.al jazeera.net/ResourceGallery/media/Documents/2012/2/16/201221613431 4443734Somalia_The%20Case%20for20%Negotiating%20with%20al-Shab ab.pdf.

22. Associated Press, »Taxes Hastened Somalia's Famine, Militant Retreat«, FoxNews. com, 1. Oktober 2011.

23. Jeffrey Gettleman und Mohammed Ibrahim, »Shabab Concede Control of Capital to Somalia Government«, New York Times, 6. August 2011.

24. Mohamed Ahmed und Ibrahim Mohamed, »Somali Government Declares Islamist Rebellion Defeated«, Reuters, 6. August 2011.

25. Gettleman und Ibrahim, »Shabab Concede Control of Capital to Somalia Government«.

26. »Somalia's al-Shabab Rebels Leave Mogadishu«, BBC.co.uk, 6.August 2011.

27. Jeffrey Fleishman und Lutfi Sheriff Mohammed, »Somalia Shabab Militants Retreat from Mogadishu«, Los Angeles Times, 6. August 2011.

28. Abdi Sheikh Mohamed Ahmed, »Fighting Erupts in Somali Capital After Rebels Say Leaving«, Reuters, 7. August 2011.

29. »World Must Aid Somalia at Historic Juncture on Its Road to Stability – UN Envoy«, UN News Centre, 10. August 2011.

30. Michael G. Vickers, Staatssekretär für die Geheimdienste im Verteidigungsministerium, »The Evolution of Al-Qaeda and Associated Movements«, Manuskript für eine Rede bei einem Symposium der National Defense University, 13.–14. September 2011, www.ndu.edu/inss/docuploaded/VICKE RS.pdf.

31. Mohammed Ibrahim und Jeffrey Gettleman, »Truck Bomb Kills Dozens in Somalia's Capital«, New York Times, 4. Oktober 2011.

32. Clar Ni Chonghaile, »Mogadishu Truck Bomb: al-Shabaab Insurgents Claim Responsibility«, Guardian, 4. Oktober 2011.

33. Jeffrey Gettleman, »African Union Force Makes Strides Inside Somalia«, New York Times, 24. November 2011.

34. »The Burundian Bloodbath: Battle of Dayniile«, Video, 32:28, Propagandavideo der al Shabab's Al-Kata'ib Media Foundation, veröffentlicht am 12. November 2011, gepostet auf Vimeo von »Saadaal Wacan«, 12. November 2011, http://vimeo.com32059413. Die Einzelheiten über den Umgang al-Shabaabs mit den getöteten Soldaten und für die Stellungnahme Sheik Rage sind diesem Video entnommen.

35. Christopher Anzalone, »Al-Shabab's Setbacks in Somalia«, CTC Sentinel 4 (10) (Oktober 2011).

36. Jamal Osman, »Al-Qaida Targets Somalia Drought Victims with Cash Handouts«, Guardian, 1. November 2011.

37. »Speech of Mujahid Sheikh Mukhtar Abu Al-Zubeyr About the Death of Qaddafi and the Historical Battle of Dayniile«, Übersetzung der Rede

Mukhtar Abu al-Zubeyrs (alias Ahmed Abdi Godane), Manuskript geposted auf Ansar al-Mujahideen forum am 17. November 2011, www.an
sari.info/showthread.php?t=36981.

38. Interview des Autors mit Mohamed Ahmed Nur, Juni 2011.
39. Interview des Autors mit Ismail Mahmoud Hurre, Juni 2011.
40. Craig Whitlock, »U.S. Drone Base in Ethiopia Is Operational«, *Washington Post*, 27. Oktober 2011.

Kapitel 48

1. Im Besitz des Autors befindliche Kopie der Geburtsurkunde von Abdulrahman al-Awlaki.
2. Interview des Autors mit Nasser al-Awlaki, Januar 2012. Alle Nasser al-Awlaki zugeschriebenen Äußerungen und Informationen stammen aus diesem Interview, sofern nicht anders vermerkt. Die Einzelheiten von Abdulrahmans Suche nach seinem Vater stammen aus dem Interview des Autors
mit Nasser al-Awlaki, sofern nicht anders vermerkt.
3. Interview des Autors mit Abir al-Awlaki, September 2012.
4. Facebook-Seite von Abdulrahman al-Awlaki, vom Autor heruntergelade-
ner Screenshot.
5. Interviews des Autors mit Angehörigen der Familie al-Awlaki, August
2012. Die folgenden Einzelheiten zu Abdulrahman stammen aus den Interviews des Autors mit den Familienangehörigen.
6. Der Text von Abdulrahmans Abschiedsbrief wurde aus den Erinnerungen
seiner Familienangehörigen rekonstruiert.
7. Interview des Autors mit Saleha al-Awlaki, September 2012.

Kapitel 49

1. Interview des Autors mit Philip Giraldi, März 2012. Alle Philip Giraldi zugeschriebenen Informationen und Äußerungen stammen aus diesem Interview.
2. Interview des Autors mit einem Mitarbeiter des US-Außenministeriums,
November 2012.
3. Interview des Autors mit Oberst a. D. W. Patrick Lang, November 2012.
4. Daniel Klaidman, *Kill or Capture: The War on Terror and the Soul of the
Obama Presidency* (New York: Houghton Mifflin Harcourt, 2012), S. 263.
5. David S. Cloud, Jeffrey Fleishman und Brian Bennett, »U.S. Drone Strike
in Yemen Kills U.S.-Born Al Qaeda Figure Awlaki«, *Los Angeles Times*, 1.
Oktober 2011.
6. Mark Mazzetti, Eric Schmitt und Robert F. Worth, »C.I.A. Strike Kills U.S.-
Born Militant in a Car in Yemen«, *New York Times*, 1. Oktober 2011.
7. Sudarsan Raghavan, »Anwar al-Aulaqi, US-Born Cleric Linked to al-Qaeda, Killed in Yemen«, *Washington Post*, 1. Oktober 2011.
8. Greg Miller, »Strike on Aulaqi Demonstrates Collaboration Between CIA
and Military«, *Washington Post*, 30. September 2011.

9. »U.S. Officials Warn of Possible Retaliation After al Qaeda Cleric Is Killed«, CNN.com, 30. September 2011.

10. Interview mit Nasser al-Awlaki, August 2012. Alle Nasser al-Awlaki zugeschriebenen Äußerungen und Informationen stammen aus diesem Interview, sofern nicht anders vermerkt. Die Angaben zu Abdulrahmans Reisen in Schabwa basieren auf diesem Interview.

11. Interview mit Saleha al-Awlaki, August 2012. Alle Abdulrahmans Großmutter Saleha zugeschriebenen Äußerungen und Informationen stammen aus diesem Interview.

12. Vgl. Klaidman, *Kill or Capture*, S. 264.

13. Sudarsan Raghavan, »Awlaqi Hit Misses Al-Qaeda Bombmaker, Yemen Says«, *Washington Post*, 30. September 2011.

14. David Martin, »Al-Awlaki Strike Plan Included Jets, Special Ops«, CBS News.com, 30. September 2011.

15. Scheich Harith al-Nadari, »My Story with al-Awlaki«, *Inspire* 9 (Winter 2012), veröffentlicht im Mai 2012.

16. »Anwar al-Awlaki Killed in Yemen«, AlJazeera.com, 30. September 2011.

17. »U.S. Officials Warn of Possible Retaliation After al Qaeda Cleric Is Killed«.

18. Interview des Autors mit Nasser al-Awlaki, Januar 2012.

19. Mitschrift, »Remarks by the President at the ›Change of Office‹ Chairman of the Joint Chiefs of Staff Ceremony«, Fort Myer, 30. September 2011.

20. Interviews des Autors mit Awlakis Familienangehörigen, April 2012.

21. Interview des Autors mit Sarah Khan, April 2012. Alle Sarah Khan zugeschriebenen Äußerungen und Informationen stammen aus diesem Interview.

22. Tim Funk, »Family of al Qaida Blogger Samir Khan ›Appalled‹ by U.S. Actions«, *Charlotte Observer*, 6. Oktober 2011.

23. Klaidman, *Kill or Capture*, S. 264.

24. David S. Cloud, Jeffrey Fleishman und Brian Bennett (Tribune), »U.S. Drones Kill Influential Al-Qaida Operative in Yemen«, *Spokesman Review*, 1. Oktober 2011.

25. Tim Mak, »Peter King Praises Obama for al-Awlaki Killing«, *Politico*, 30. September 2011.

26. Senatorin Dianne Feinstein und Senator Saxby Chambliss, »Feinstein, Chambliss Release Statement on Death of al-Awlaki«, Presseerklärung auf der Website von Senatorin Feinstein, 30. September 2011, www.feinstein. senate.gov/public/index.cfm/press-releases?ID=08023496-6f2d-4600-af42 -ec-642488cea9.

27. Mitschrift, »Remarks at the Kumpris Distinguished Lecture Series«, Clinton Presidential Center, Little Rock, 30. September 2011.

28. Craig Whitlock, »U.S. Airstrike That Killed American Teen in Yemen Raises Legal, Ethical Questions«, *Washington Post*, 22. Oktober 2011.

29. Mitschrift, State of the Union with Candy Crowley, CNN, 2. Oktober 2011.

30. Michael Martinez,»U.S. Drone Killing of American al-Awlaki Prompts Legal, Moral Debate«, CNN.com, 30. September 2011.
31. Titelseite der *New York Post*, 1. Oktober 2011.
32. Chuck Bennett,»Remote-Control Really Hits the Splat«, *New York Post*, 1. Oktober 2003.
33. Joseph Straw, Aliyah Shahid und Larry McShane,»One Less Terror Big: Al Qaeda Loses Leader in Attack«, *Daily News* (New York), 1. Oktober 2011.
34. Martinez,»U.S. Drone Killing of American al-Awlaki Prompts Legal, Moral Debate«.
35. Abgeordneter Dennis Kucinich,»Kucinich on the Extrajudicial Killing of Anwar al-Awlaki: Wrong Legally, Constitutionally and Morally«, Presseerklärung auf der Website des Abgeordneten Kucinich, 30. September 2011, http://kucinich.house.gov/news/documentsingle.aspx?DocumentI D =262506.
36. Glenn Greenwald,»The Due-Process-Free Assassination of U.S. Citizens Is Now Reality«, Salon.com, 30. September 2011.
37. Mitschrift,»With Death of Anwar al-Awlaki, Has U.S. Launched New Era of Killing U.S. Citizens Without Charge?«, *Democracy Now!*, 30. September 2011.
38. Doyle McManus,»Who Reviews the U.S. ›Kill List‹?«, *Los Angeles Times*, 5. Februar 5, 2012.
39. Brian Witte (AP),»Rep. Ruppersberger Discusses al-Awlaki Death«, Fede ralNewsRadio.com, 30. September 2011.
40. Interview des Autors mit Senator Ron Wyden, März 2012.

Kapitel 50

1. Interviews des Autors mit Mitgliedern der Familie Awlaki, Januar und August 2012. Einzelheiten über die Unternehmungen Abdulrahmans am Abend des 14. Oktober stammen aus diesen Interviews, sofern nicht anders vermerkt.
2. Interview des Autors mit Nasser al Awlaki, Januar 2012. Alle Zitate und Aussagen Nasser al-Awlakis stammen aus diesem Interview, sofern nicht anders vermerkt.
3. Hamza Hendawi (AP),»Yemen: Abdul-Rahman Al-Awlaki, Anwar Al-Awlaki's Son, Among Al Qaeda Militants Killed in U.S. Drone Strike«, *Huffington Post*, 15. Oktober 2011.
4. Peter Finn und Greg Miller,»Anwar al-Awlaki's Family Speaks Out Against His Son's Death in Airstrike«, *Washington Post*, 17. Oktober 2011.
5. Ebd.
6. Öffentliche Erklärung der Familie Awlaki, Oktober 2011, zu finden unter http://upstatedroneaction.org/wordpress/2011/11/23/a-family-mourns/.
7. Interview des Autors mit Abir al-Awlaki, August 2012.
8. Interview des Autors mit Saleha al-Awlaki, September 2012.

9. Greg Miller, »Under Obama, an Emerging Global Apparatus for Drone Killing«, *Washington Post*, 27. Dezember 2011.

10. Craig Whitlock, »U.S. Airstrike That Killed American Teen in Yemen Raises Legal, Ethical Questions«, *Washington Post*, 22. Oktober 2011.

11. Interview des Autors mit einem JSOC-Vertreter, Januar 2013.

12. »Yemen's Al-Qaeda Denies Death of Its Media Chief«, Agence France-Presse, 30. Oktober 2011.

13. *State of the Union with Candy Crowley*, CNN, 11. März 2012, Manuskript.

14. Interview Ryan Devereaux mit Peter King, März 2012.

15. »Romney Rep. Peter King: Presidential Kill List Totally Constitutional«, Video, 1:53, Luke Rudkowski von We Are Change interviewt den Abgeordneten King bei einer Veranstaltung zur Präsidentendebatte am 22. Oktober 2012, WeAreChange.org, 23. Oktober 2012.

16. »Obama Top Adviser Robert Gibbs Justifies Murder of Sixteen Year Old American Citizen«, YouTube-Video, 3:26, Sierra Adamson von We Are Change interviewt Robert Gibbs bei einer Veranstaltung zur Präsidentendebatte am 22. Oktober 2012, gepostet von »wearechange«, 23. Oktober 2012, www.youtube.com/watch?feature=player_embedded&v=7MwB2z nBZ1

17. Karen DeYoung, »A CIA Veteran Transforms U.S. Counterterrorism Policy«, *Washington Post*, 24. Oktober 2012.

Epilog

1. »Inaugural Address by President Barack Obama«, 21. Januar 2013; dt.: »Einführung in die zweite Amtszeit«, *Amerika Dienst*, http://blogs.usem bassy.gov/amerikadienst/2013/01/21/einfuhrung-in-die-zweite-amtszeit/.

2. »U.S. Drone Strike Kills Four Qaeda militants in Yemen«, Reuters, 21. Januar 2013.

3. Verfügbaren Schätzungen zufolge wurden 2013 bei Drohnenangriffen in Pakistan mindestens 246 und im Jemen mindestens 185 Menschen getötet. In Somalia gab es nur zwei bestätigte Angriffe – allerdings sind gerade die Operationen in Somalia nur lückenhaft erfasst –, bei denen mindestens ein Dutzend Menschen umkamen. Siehe Chris Woods, Jack Serle und Alice K. Ross, »Emerging from the Shadows: US Covert Drone Strikes in 2012«, *Bureau of Investigative Journalism*, 3. Januar 2013. Von November 2012 an befanden sich in Guantánamo Bay 166 Gefangene; siehe »Report Shows U.S. Jails Could House Guantanamo Detainees«, Associated Press, CBSNews. com, November 2012.

4. Greg Miller, Ellen Nakashima und Karen DeYoung, »CIA Drone Strikes Will Get Pass in Counterterrorism ›Playbook‹, Officials Say«, *Washington Post*, 19. Januar 2013.

5. Admiral William McRaven, Commander, US Special Operations Command, »Posture Statement«, vorbereitetes Manuskript für den Verteidigungsausschuss des Senats, 6. März 2012.

6. Pamela Hess (AP), »Potential CIA Chief Cites Critics in Ending Bid«, *Times*, 26. November 2008.

7. Miller, Nakashima und DeYoung, »CIA Drone Strikes Will Get Pass«.

8. Greg Miller, »Plan for Hunting Terrorists Signals Intends to Keep Adding Names to Kill Lists«, *Washington Post*, 23. Oktober 2012. Die folgenden Einzelheiten über Brennans Rolle and die »Disposition Matrix« stammen aus diesem Artikel in der *Washington Post*.

9. »Lawfulness of a Lethal Operation Directed Against a U.S. Citizen Who Is a Senior Operational Leader of Al-Qa'ida or An Associated Force«, Weißbuch des Justizministeriums, zur Verfügung gestellt von NBC News, veröffentlicht am 4. Februar 2013, http://msnbcmedia.msn.com/i/msnbc/sections/news/020413_DOJ_White_Paper.pdf.

10. Michael Isikoff, »Exclusive: Justice Department Memo Reveals Legal Case for Drone Strikes on Americans«, NBCNews.com, 4. Februar 2013.

11. »Kill List Exposed: Leaked Obama Memo Shows Assassination of Citizens ›Has No Geographic Limit‹«, Manuskript, *Democracy Now!*, 5. Februar 2013.

12. Barack Obama, »Transcript: Obama's Speech Against the Iraq War«, 2. Oktober 2002, Manuskript, erhältlich über NPR.org, www.npr.org/templates/story/story.php?storyId=99591469.

13. Jim Kuhnhenn (AP), »Obama Answers Appeasement Charge: ›Ask Bin Laden‹«, *AP Online*, 8. Dezember 2011.

14. Scott Wilson und Jon Cohen, »Poll Finds Broad Support for Obama's Counterterrorism Policies«, WashingtonPost.com, 8. Februar 2012.

15. »Obama Addresses Drone Strikes During ›Hangout‹«, YouTube-Video, 4:04, Antwort Obamas auf Fragen beim Google+ Video Forum am 30. January 2012, gepostet von »TheDailyConversation«, 30. Januar 2012, www.youtube.com/watch?v=2rPMPMqOjKY.

16. Michael J. Boyle, »The Costs and Consequences of Drone Warfare«, *International Affairs* 89 (1) (2013).

17. »Debate Night«, in CNN, 22. Oktober 2012, Manuskript.

18. Michael J. Boyle, »Obama's Drone Wars and the Normalisation of Extrajudicial Murder«, Kommentar, Guardian.co.uk, 11. Juni 2012,

19. New York Times v. Department of Justice, and ACLU v. Department of Justice, -cv-09336-CM, »Corrected Opinion Granting the Government's Motion for Summary Judgment and Denying Plaintiffs' Cross Motion for Summary Judgment by Judge Colleen McMahon (DCSNY, 3. Januar 2013). Die *New York Times* und die ACLU führten 2012 die gleichen Prozesse zunächst getrennt, die aber am Ende in einen zusammengefasst wurden. Alle Zitate von McMahon stammen von http://info.kopp-verlag.de/hintergrunde/geostrategie/redaktion/das-weisse-haus-gewinnt-rechtsstreit-und-kann-freigabe-von-dokumenten-zu-gezielten-toetungen-durch.html.

20. Donald Rumsfeld, Memorandum für Gen. Richard Myers, Paul Wolfowitz, Gen. Peter Pace und Douglas Feith, »Subject: The Global War on Terro-

rism«, 16. Oktober 2003, vollständig veröffentlicht von USAToday.com, 20. Mai 2005.

21. Boyle,»The Costs and Consequences of Drone Warfare«.

22. »Remarks by President Obama and Prime Minister Dhinawatra in a Joint Press Conference«, Mitschrift, Government House, Bangkok, 18. November 2012.

23. Jeh Charles Johnson,»The Conflict Against Al Qaeda and Its Affiliates: How Will It End?«, Vortrag an der Oxford University, 30. November 2012. Der gesamte Text ist erhältlich über Lawfare (Blog), www.lawfareblog. com/2012/11/jeh-johnson-speech-at-the-oxford-union/#_ftn1. Alle zitierten Äußerungen von Jeh Johnson stammen aus diesem Vortrag.

24. Ravi Somaiya,»Drone Strike Prompts Suit, Raising Fears for U.S. Allies«, *New York Times*, 30. Januar 2013.

25. Owen Bowcott,»UN to Investigate Civilian Deaths from US Drone Strikes«, Guardian.co.uk, 25. Oktober 2012.

26. Boyle,»The Costs and Consequences of Drone Warfare.«

27. Ben Emmerson,»Statement by UN Special Rapporteur on Counter-Terrorism and Human Rights Concerning the Launch of an Inquiry into the Civilian Impact, and Human Rights Implications of the Use [of] Drones and Other Forms of Targeted Killing for the Purpose of Counter-Terrorism and Counter-Insurgency«, neu herausgegeben vom Büro des UN-Hochkommissars für Menschenrechte, 1. Januar 2012.

28. Barack Obama,»Inaugural Address«, Manuskript, Januar 2013; dt. http://blogs.usembassy.gov/amerikadienst/2013/01/21/einfuhrung-in-die-zweite-amtszeit/.

2. Auflage 2013
© der deutschen Ausgabe: Verlag Antje Kunstmann GmbH, München 2013.
© der Originalausgabe: Jeremy Scahill 2013
Titel der Originalausgabe: *Dirty Wars: The World is a Battlefield*,
erschienen bei Nation Books, New York 2013
Gekürzte vom Autor authorisierte Fassung
Umschlag: Heidi Sorg, München
Typografie, Satz und Karten: www.frese-werkstatt.de
Druck und Bindung:Pustet, Regensburg
ISBN 978-3-88897-868-5

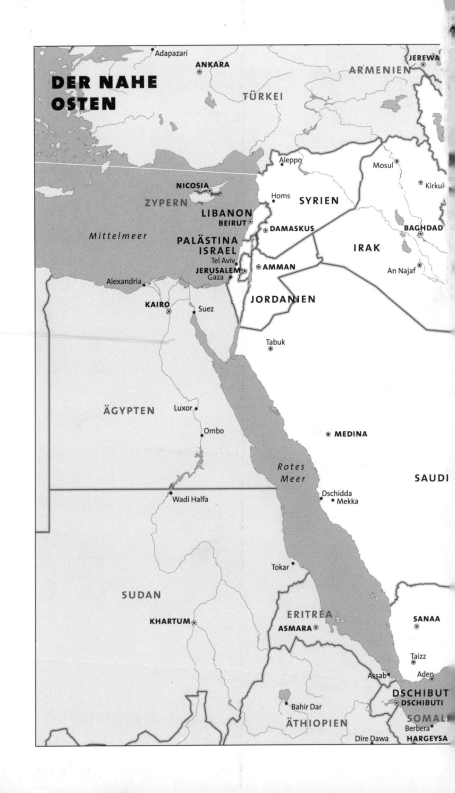